हिंदी बाल साहित्य
का इतिहास

हिंदी बाल साहित्य का इतिहास

प्रकाश मनु

प्रकाशक • **प्रभात प्रकाशन प्रा. लि.**
4/19 आसफ अली रोड,
नई दिल्ली–110002

संस्करण • 2024
मूल्य • बारह सौ रुपए
मुद्रक • नरुला प्रिंटर्स, दिल्ली

HINDI BAL SAHITYA KA ITIHAS
by Shri Prakash Manu ₹ 1200.00
Published by Prabhat Prakashan, 4/19 Asaf Ali Road, New Delhi-2
e-mail: prabhatbooks@gmail.com ISBN 978-93-5266-671-3

बीसवीं शताब्दी के प्रारंभिक दौर में
जिनकी बाल कविताएँ
'एक आश्चर्यजनक उपस्थिति' की तरह हैं
पं. श्रीधर पाठक
स्वर्ण सहोदर
और विद्याभूषण विभु की स्मृति में!

इन्हें पढ़कर ही हिंदी बाल साहित्य का इतिहास
लिखने में मेरी दिलचस्पी पैदा हुई!

भूमिका

हिंदी बाल साहित्य की परंपरा और इतिहास

इक्कीसवीं सदी हिंदी बाल साहित्य के बहुमुखी विकास और चरम उत्कर्ष की सदी है, जबकि उसकी प्राय: हर विधा में लीक को तोड़ता हुआ नया-निराला साहित्य लिखा जा रहा है और संभावनाओं के असंख्य नए द्वार खुल गए हैं। कोई सवा सौ बरसों से निरंतर अपनी जीवंत उपस्थिति का अहसास कराता हिंदी बाल साहित्य का कारवाँ इक्कीसवीं सदी के इस दूसरे शतक में अप्रत्याशित सक्रियता और धमक के साथ अपनी मौजूदगी साबित कर रहा है। यहाँ तक कि ज्ञान का भारी-भरकम टोकरा उठाए हिंदी साहित्य के बहुत से विद्वान, जो अभी तक बाल साहित्य की विकास-धारा, जीवंत हलचलों और गूँजों-अनुगूँजों को जान-बूझकर अनसुना करते रहे, अब अपनी गलती स्वीकार कर रहे हैं और बाल साहित्य की अजस्र सृजनात्मकता, सक्रिय ऊर्जा और जिजीविषा को समझने की कोशिश कर रहे हैं। पहले पत्रिकाओं में कभी-कभार बाल साहित्य की चर्चा भी दुर्लभ थी, पर अब निरंतर बदलते बाल साहित्य के मिजाज को समझने के लिए एक के बाद एक निरंतर विशेषांकों का सिलसिला शुरू हो गया है। और तो और, हिंदी बाल साहित्य के लिए पूरी तरह जीवन समर्पित करनेवाले साहित्यकारों पर बाल साहित्य की एक समावेशी पत्रिका 'बालवाटिका' ने पिछले कुछ वर्षों में इतने सुंदर और भव्य विशेषांक निकाले हैं कि देखकर सुखद आश्चर्य होता है। बाल साहित्य की इस निर्मल धारा ने बरसों से जड़ीभूत बड़ी-बड़ी कठोर पर्वत शिलाओं को हिला दिया है और अब सचमुच फिजाँ कुछ बदली-बदली सी है।

मेरे लिए यह खुशी और राहत की बात है कि जिस बाल साहित्य के इतिहास लेखन के लिए मैं पिछले दो-ढाई दशकों से निरंतर खट रहा था, उसकी पूर्णाहुति ऐसे सुखद काल में हुई, जब बाल साहित्य की दमदार उपस्थिति पर कोई सवाल नहीं उठाता। बाल साहित्य की यह विकास-यात्रा बड़े-बड़े बीहड़ों से निकलकर आई और अब एक प्रसन्न उजास हमें चारों ओर दिखाई देता है। बेशक यह यात्रांत नहीं है। होना चाहिए भी नहीं। अभी तो एक से एक बड़ी चुनौतियाँ बाल साहित्य के आगे मुँह बाए खड़ी हैं। संभावनाओं के नए से नए पुष्पदार भी, पर इतना सच है कि बाल साहित्य ने अपना 'होना' साबित कर दिया है। अब पहले की तरह कोई भी ऐरा-गैरा मुँह उठाकर सवाल नहीं दाग देता कि क्या हिंदी में भी बाल साहित्य है?

कभी सचमुच ऐसे बुरे जमाने थे और हमारे बड़े और प्रतिभावान बाल साहित्यकारों को ऐसे ही दौर

में लिखकर बाल साहित्य को एक नई-निराली सृजनात्मक आभा से जोड़ना था। पर जाहिर है, ऐसे जमाने अब चले गए। अब नया जमाना है, नए जमाने की नई मुश्किलें और चुनौतियाँ हैं, पर बाल साहित्य और साहित्यकार भी नई ऊर्जा और प्रगल्भता के साथ उनका स्वागत करने के लिए तैयार हैं।

यह तो हुई मौजूदा बाल साहित्य की बात, पर इसके साथ ही मुझे बाल साहित्य का यह इतिहास लिखने की कहानी भी बतानी चाहिए।

सच पूछिए तो हिंदी बाल साहित्य का इतिहास लिखने में मैं जिस तरह के अनुभवों से गुजरा, उनके बारे में लिखने बैठूँ तो वह एक अलग 'इतिहास' हो जाएगा। लिहाजा वह सब तो नहीं लिखने जा रहा। पर हाँ, इस काम को हाथ में लेने के बाद ही जिस तरह की उपेक्षा और व्यंग्यपूर्ण मुसकानों का सामना करना पड़ा, उनके बारे में मैं यह कहे बगैर नहीं रह सकता कि वे जरूर हमारे समाज के एक बीमार समाज होते जाने की निशानी हैं, जहाँ बच्चे की बात करना या बाल साहित्य की बात करना कहीं न कहीं खुद को हीन साबित कर लेना है।

काश, ऐसे 'विद्वान' समझ पाते कि हिंदी बाल साहित्य क्या है और वह किन आश्चर्यजनक और असंभव लगती ऊँचाइयों को छू आया है। कम से कम हिंदी बाल कविता में तो हमारे यहाँ विलक्षण और सचमुच असाधारण प्रतिभाएँ उपस्थित हैं, जो न सिर्फ दुनिया की चोटी की प्रतिभाओं की टक्कर की हैं, बल्कि उन्होंने बहुत कुछ ऐसा लिख दिया है, जिसे सिर्फ बड़ों की दुनिया में आवाजाही करनेवाले लेखकों को बता दिया जाए, तो वे हैरान और हक्के-बक्के रह जाएँगे। हिंदी बाल साहित्य की दूसरी विधाओं में स्थिति बेशक ऐसी नहीं है, पर उनमें बहुतेरी ऐसी विलक्षण कृतियाँ हैं, जिन्हें बड़ी, बहुत बड़ी मेधाएँ ही लिख सकती हैं और उन्होंने सचमुच ऐसी कृतियाँ दीं, जो न सिर्फ बाल साहित्य, बल्कि समूचे हिंदी साहित्य का गौरव हैं। यहाँ उन सबकी चर्चा तो मुश्किल है, मगर कुछ बातें तो कही ही जा सकती हैं।

हमारे यहाँ यह चर्चा तो बहुत की जाती है कि हिंदी के बड़े साहित्यकारों ने बच्चों के लिए नहीं लिखा, पर बाल साहित्य में किन-किन बड़े लेखकों की उपस्थिति दर्ज है और कितने बड़े लेखकों ने बाल साहित्य का भंडार भरा है, इसका ब्योरा बहुतों की आँखें खोल देने वाला साबित हो सकता है। न सिर्फ आजादी से पहले श्रीधर पाठक, अयोध्यासिंह उपाध्याय 'हरिऔध', मैथिलीशरण गुप्त, सुभद्राकुमारी चौहान, रामनरेश त्रिपाठी तथा दिनकर सरीखे कवियों ने बच्चों के लिए लिखा और एक से बढ़कर एक रचनाएँ दीं, बल्कि आगे चलकर सातवें-आठवें दशक में भी हरिवंश राय बच्चन, भवानीप्रसाद मिश्र, प्रभाकर माचवे, सर्वेश्वरदयाल सक्सेना, रघुवीर सहाय सरीखे कवियों ने लिखा। आगे भी यह परंपरा कमोबेश जारी रही, भले ही जितना उत्साहजनक माहौल इस क्षेत्र में बनना चाहिए था, वह नहीं बना।

इसी तरह बच्चों के कथा साहित्य को समृद्ध करने में आचार्य महावीरप्रसाद द्विवेदी, प्रेमचंद, जयशंकर प्रसाद और निराला से लेकर रामवृक्ष बेनीपुरी, जहूरबख्श, भूपनारायण दीक्षित, मस्तराम कपूर, आनंदप्रकाश जैन, भीष्म साहनी, मोहन राकेश, राजेंद्र यादव, मन्नू भंडारी, कमलेश्वर, विष्णु प्रभाकर, देवेंद्र सत्यार्थी, मन्मथनाथ गुप्त, द्रोणवीर कोहली, मनोहर वर्मा, हरिकृष्ण देवसरे और अमर गोस्वामी समेत कितने ही बड़े लेखकों और दिग्गजों का हाथ है, जिन्होंने समय-समय पर इसकी जड़ता को तोड़ा। इससे बच्चों के लिए लिखी गई कहानियों और उपन्यासों का प्रवाह एक नई ऊर्जा और जीवनी शक्ति के साथ आगे चल पड़ा। इसी तरह

बाल नाटकों को पुनर्नवा करके उसे बच्चे के मन, परिस्थितियों और बदले हुए वक्त से जोड़ने में केशवचंद्र वर्मा, आनंदप्रकाश जैन, सर्वेश्वरदयाल सक्सेना, मंगल सक्सेना, मनोहर वर्मा, श्रीकृष्ण, मस्तराम कपूर और रेखा जैन का सचमुच बड़ा योगदान है। और बाल उपन्यास लेखन में तो तमाम जाने-अनजाने लेखकों की एक लंबी कतार है, जिसमें सबकी शख्सियत अलग-अलग है, सबका अंदाज अलग है, लेकिन मिलकर वे बाल उपन्यास को एक नई सर्जनात्मक ऊँचाई पर पहुँचाने के लिए जैसे हर क्षण प्रयत्नशील हैं।

और सच पूछिए तो समूचा बाल साहित्य ही एक साझी विरासत है, जिसके सृजनकर्ताओं में बहुत से जाने-माने साहित्यकार हैं, तो ऐसे अनाम लोग भी हैं, जिन्होंने जीवन भर सिरजा। बाल साहित्य संसार में नए से नए रंग भरे, लेकिन उनके नाम का उल्लेख करने की जरूरत भी किसी ने नहीं समझी। बाल साहित्य के इस इतिहास में ऐसे बहुत से कम जाने गए या अनाम लेखक भी पहली बार सामने आएँगे। मैं इसे भी बाल साहित्य के इस इतिहास की एक उपलब्धि मानता हूँ।

༄ ❖ ༄

अब जरा एक निजी प्रसंग! ...असल में बाल साहित्य की चर्चा आते ही मन छलाँगें लगाकर बचपन की यादों में पहुँच जाता है और इसमें कुछ अजीब भी नहीं है। शायद मैं छठवीं कक्षा में था, जब पहले-पहल बच्चों की पत्रिका 'चंदामामा' के दर्शन हुए थे। उस पत्रिका को पढ़कर मैं किस कदर रोमांचित हुआ था, कह नहीं सकता। तब पहली बार समझ में आया था कि जो किताबें हम पाठ्यक्रम में पढ़ते हैं, उनके अलावा भी एक बड़ी दुनिया है; कल्पना और ज्ञान-विज्ञान की और उसे जानना बड़े आनंद की वस्तु है।

मुझे याद पड़ता है कि लगभग दीवानों जैसी मेरी हालत थी। 'चंदामामा' के उस अंक में एक समूचा उपन्यास छपा था। शायद कोई तिलिस्मी यानी रहस्य-रोमांच भरा उपन्यास रहा होगा। उसे आधा पढ़ चुका था। फिर किसी काम से बाजार जाना पड़ा, तो मुझे याद है कि रास्ते भर मैं उस उपन्यास को पढ़ता गया था। रास्ते में इक्का, ताँगे, रिक्शा, मोटर गाड़ियाँ और पैदल चलते लोगों की भीड़... ! पर मेरे लिए शायद इनमें से किसी चीज का अस्तित्व नहीं था। मैं पूरे रास्ते मजे में वही उपन्यास पढ़ता गया और आया। आज सोचता हूँ तो झुरझुरी होती है, इतनी भीड़भाड़ में अगर मेरा एक भी पैर गलत पड़ जाता तो?

पर यह तो मैं आज सोचता हूँ। तब कहाँ सोचा था? बाल साहित्य की दीवानगी और आस्वाद क्या होता है, इस बात से समझा जा सकता है।

इसके बाद बचपन में ही पढ़ी 'मनमोहन' पत्रिका की याद है। वह पत्रिका हमें किस मुश्किल से मिलती थी और अपना जेब-खर्च बचाकर कैसे हम उसके लिए पैसे जोड़ते थे, अखबारवाले से किस कदर चिरौरी करके हमें वह पत्रिका मँगानी पड़ती थी, और अपने लिए लिखी गई अपनी रचनाओं को पढ़ना बचपन में हमें सिर से पैर तक कैसे एक मीठे नशे की लपेट में ले लेता था, इसकी याद आज भी मन में एक मीठी पुलक जगा देती है। तब पहली दफा धुँधले ढंग से ही सही, पर बाल साहित्य का अर्थ समझ में आया था, यानी बाल साहित्य वह है, जिसका एक-एक शब्द बच्चे के आगे खुल पड़ता है—एक विचित्र मोह, संपृक्ति और सम्मोहन के साथ खुल पड़ता है। पाठ्यपुस्तकों में शामिल बहुत-सी रचनाओं के साथ ऐसा नहीं था। पर 'मनमोहन' की रचनाओं के साथ ऐसा था, या तब के 'चंदामामा' के साथ ऐसा था। तब समझ में आया कि

पाठ्यपुस्तकों से अलग भी बाल साहित्य की सत्ता और जरूरत है। मोटे हर्फों में यही बाल साहित्य है—बच्चों का अपना साहित्य।

तब की तुलना में आज का बाल साहित्य देखें, तो लगता है कि स्थिति एकदम बदल गई है। ढेरों एक से एक रंग-बिरंगी पत्रिकाएँ नजर आती हैं। अपनी-अपनी भूमिकाएँ निभाकर कुछ पत्रिकाएँ बंद हो गईं, पर इससे उनके ऐतिहासिक योगदान को भुलाया नहीं जा सकता। 'शिशु' और 'बालसखा' ऐसी ही पत्रिकाएँ थीं, 'पराग' ऐसी ही पत्रिका थी, जो न होती, तो हिंदी का बाल साहित्य जैसा आज है, वैसा निश्चय ही न होता। इन पत्रिकाओं के समर्पित और धुनी संपादकों ने अपने-अपने ढंग से अपने-अपने दौर में बच्चों को ऐसा दिया, जिससे आगे चलकर एक नहीं, कई सचेत, संवेदनशील और समझदार पीढ़ियों का निर्माण हुआ। इन पीढ़ियों के तमाम लोग अपने होने और तमाम विपरीत परिस्थितियों में अपने भीतर बच रही आर्द्रता के लिए उस दौर के बाल साहित्य, लेखकों और संपादकों के लिए अकसर कृतज्ञता प्रकट करते नजर आते हैं। यह सिर्फ ऊपर-ऊपर से साहित्य का पढ़ना-पढ़ाना नहीं, बल्कि यह पीढ़ी-दर-पीढ़ी हरे पेड़ों की एक कभी न खत्म होनेवाली कतार लगाते जाना है। बाल साहित्य और उसकी यह सर्जनात्मक भूमिका मजाक की नहीं, गंभीरता से सोचने और समझने की चीज है।

यों विगत पीढ़ियों की ओर झाँककर देखें, तो पता चलता है, 'शिशु', 'बालसखा', 'नंदन', 'पराग', 'बालभारती', 'चंपक', 'चकमक', 'मनमोहन', 'चंदा मामा'—सच पूछिए तो ये महज पत्रिकाएँ न होकर; पीढ़ी-दर-पीढ़ी चले आए नन्हे-मुन्नों के वे विश्वविद्यालय थे, जिनमें हँसते-खेलते जीवन के बेशकीमती पाठ सीखकर वे निकलते थे, तो फिर किसी मामले में किसी से हेठे या पीछे नहीं रहते थे और जीवन में कुछ नया करने की तड़प उनमें पैदा होती थी।...आज भी इनमें 'नंदन', 'बालभारती', 'चकमक' जैसी पत्रिकाएँ 'पुनर्नवा' होकर नए और बदलते हुए समय में अपनी रचनात्मक भूमिकाएँ बेहतर ढंग से निभा रही हैं और यह कोई मामूली योगदान नहीं है इन पत्रिकाओं का। ये बीसवीं सदी की बेहद समृद्ध और लंबी परंपरा लेकर इक्कीसवीं सदी में आई हैं और बखूबी इक्कीसवीं सदी की चुनौतियों को स्वीकार कर रही हैं तथा बदले हुए समय और परिस्थितियों में रह रहे बच्चों से अपना रिश्ता कायम कर रही हैं। बाल साहित्य की जितनी पुस्तकें छपती हैं, उतनी तो शायद बड़ों की भी नहीं—और वे बिकती भी हैं। आज तक किसी ने नहीं कहा कि बच्चों की किताबें बिकती नहीं हैं। बड़ों के लिए यह जुमला बार-बार दोहराया जाता है, पर बच्चों की किताबों के लिए शायद ही किसी प्रकाशक ने कहा हो कि वे बिकती नहीं हैं। हाँ, उनके दस-दस, पंद्रह-पंद्रह संस्करण छपे हैं, इसके उदाहरण मौजूद हैं।

इधर बाल साहित्य का इतिहास लिखने के लिए मैं बाल साहित्य की अलग-अलग विधाओं की हजारों पुस्तकें इकट्ठी करके उनके भीतर पैठा, तो अवाक रह गया। लगा, बाल साहित्य जिसे 'एक छोटा पोखर' कहकर मजाक उड़ाया जाता रहा है, वह तो एक अगाध समंदर है, जिसकी सीमाएँ दूर-दूर के अनुभव-प्रदेशों को छू आई हैं। यह ठीक है कि बाल साहित्य में भी मामूली रचनाओं की खासी भीड़ है, पर ऐसा क्या बड़ों के साहित्य में नहीं है? तो सिर्फ इसी कारण समूचे बाल साहित्य को नकारना तो बड़ा भारी अन्याय है। इतना तो अतिशय विनम्रता से कहा ही जा सकता है कि हे भद्रजनो, हिंदी बाल साहित्य की परख उसकी उम्दा रचनाओं

से की जानी चाहिए और वे यकीनन ऐसी हैं कि विश्व की किसी भी बड़ी से बड़ी भाषा के बाल साहित्य से, बड़े गर्व से उनकी तुलना की जा सकती है। और अगर हिंदी बाल साहित्य की कोई विधा कमजोर है, तो उस पर हँसने की नहीं, आगे बढ़कर उस चुनौती को स्वीकार करनेवाले लेखकों की जरूरत है। हिंदी बाल साहित्य पर हँसना तो खुद पर, खुद अपनी बेवकूफी और अक्षम्य लापरवाही पर हँसना है।

अलबत्ता जिन हजारों पुस्तकों की बात मैंने की, उनमें से कुछ तो इतनी खूबसूरत हैं—इतने खूबसूरत ढंग से लिखी और छापी गई हैं कि उन्हें देखकर फिर से बच्चा बन जाने का जी करता है। इनमें आज से कोई सत्तर बरस पहले छपी 'कुत्ते की कहानी' है—उपन्यास-सम्राट् प्रेमचंद द्वारा लिखा गया हिंदी का पहला बाल उपन्यास, तो कुछ अरसा पहले छपा एक बिल्कुल अनजान लेखक विनायक का 'नदिया और जंगल' भी, जिसे पढ़ लें तो वन्य जीवन में प्रवेश करके सिंहों के दांपत्य जीवन की छवियों को निकट से देख आने का अहसास होगा। प्रसंगवश बता दूँ कि सन् 2010 में साहित्य अकादेमी ने बाल साहित्य पुरस्कारों का सिलसिला शुरू किया तो पहला पुरस्कार उसने एक बाल उपन्यास 'एक था ठुनठुनिया' को ही दिया, जिसका कथानायक ठुनठुनिया आर्थिक विपन्नता के बीच पला, लेकिन ऐसी मुश्किलों से कभी न हारनेवाला एक अलमस्त और खुशदिल बच्चा है।

कोई हिंदी बाल साहित्य की ताकत देखना चाहता हो तो उसे दामोदर अग्रवाल, शेरजंग गर्ग, बालस्वरूप राही और सर्वेश्वर की कविताएँ पढ़नी चाहिए, मस्तराम कपूर का 'नाक का डॉक्टर' उपन्यास पढ़ना चाहिए और श्रीकृष्ण का 'हिरण्यकश्यप मर्डर केस' पढ़ना चाहिए। तब समझ में आएगा कि हिंदी का बाल साहित्य क्या है और किन-किन मंजिलों को पार कर चुका है। और वह सिलसिला बंद नहीं हुआ, लगातार चल रहा है। कुछ अरसा पहले अलका पाठक का बाल उपन्यास 'इनसान का बेटा' मैंने पढ़ा, जो एक छोटे, बहुत छोटे, नटखट बच्चे बाबू को नायक बनाकर लिखा गया है। एक साथ इतने खिलंदड़ेपन और इतनी संजीदगी से यह लिखा गया है कि इसे इस बात की नजीर के तौर पर पेश किया जा सकता है कि छोटे बच्चों के लिए लिखना है तो किस भाषा, किस अंदाज में लिखा जाना चाहिए। और बाल साहित्य में ऐसी एक नहीं, ढेरों पुस्तकें हैं। एक और खास बात यह है कि अब बच्चों के माता-पिता खुद उन्हें पुस्तकें या पत्रिकाएँ खरीदकर देने लगे हैं। वे समझ गए हैं कि बाल साहित्य बच्चे के संतुलित विकास के लिए जरूरी है। बच्चों को अपने पाठ्यक्रम की पुस्तकों के अलावा कुछ और नहीं पढ़ना चाहिए और जो बच्चे ऐसा करते हैं, वे अपना समय बरबाद करते हैं—यह धारणा तेजी से टूटती जा रही है। इसका स्वागत किया जाना चाहिए।

इसी तरह हिंदी बाल साहित्य की पुस्तकें बच्चों को रुचती और रिझाती नहीं हैं, यह धारणा गलत है। इधर हिंदी में बाल कहानियों और कविताओं की किताबें न सिर्फ बेहद आकर्षक रूप में नजर आ रही हैं, बल्कि उन्हें पढ़नेवाले उत्साही पाठकों का भी एक बड़ा वर्ग नजर आ रहा है। मैं समझता हूँ कि यह एक बेहद महत्त्वपूर्ण परिवर्तन है और आगे बन रहे या बननेवाले समाज की नब्ज को पढ़ने-समझने के लिहाज से यह 'एक जरूरी संकेत' भी है, जिसके आशयों को समझा जाना चाहिए।

एक और आश्चर्यजनक, बल्कि सुखद आश्चर्य से भरी सचाई इधर पता चली कि बड़ी संख्या में ऐसे बच्चे, जिन्हें स्कूलों में अंग्रेजी माध्यम की किताबें पढ़नी पड़ती हैं, वे भी जब अपने मन की किताब ढूँढ़ते हैं तो

हिंदी की किताब ही उनके हाथों में नजर आती है। इसलिए कि तमाम बंदिशों से परे उन्हें यहाँ एक भाषा मिलती है, जिसमें वे अपने मन की बात कह-सुन सकते हैं, जैसे कि अपनी माँ से। बच्चे इन कविता-कहानियों को पढ़ते ही नहीं हैं, बल्कि इनके आगे अपनी इच्छा, आकांक्षा और सपनों का वह पिटारा खोलकर बैठ जाते हैं, जो वरना कभी संभव ही नहीं था। यह 'जादू' अपनी भाषा में ही संभव है।···हाँ, मुझे इसका पता तब चला, जब हिंदी में बच्चों के लिए अच्छी और भव्य ढंग की सजिल्द पुस्तकें छापनेवाले एक बड़े प्रकाशक ने कुछ अरसा पहले बड़े आत्मविश्वास के साथ बताया कि वे सरकारी खरीद के कतई मुहताज नहीं हैं और उनकी पुस्तकें खूब बिकती हैं। उन्हें ज्यादातर अंग्रेजी स्कूलों में पढ़नेवाले बच्चे खरीदते हैं, जिन्हें मन की बात कहने, सुनने, पढ़ने के लिए हिंदी की किताबें चाहिए, पर वे चाहते हैं कि ये सिर्फ खूबसूरत ढंग से लिखी गई पुस्तकें ही न हों, बल्कि खूबसूरत ढंग से छपी पुस्तकें भी हों। जब हिंदी में ऐसी सुंदर, कल्पनापूर्ण पुस्तकें उन्हें देखने-पढ़ने को मिलीं, तो हिंदी के प्रति उनका पूरा रवैया ही बदल गया।

मैं समझता हूँ कि इसे हिंदी और बाल साहित्य के भविष्य और विकास-दिशा को देखने-समझने के लिहाज से 'एक जरूरी संकेत' कहा जा सकता है।

❖

बचपन में पढ़ी पुस्तकों और रचनाओं का प्रभाव किसी व्यक्ति के जीवन में कितना गहरा होता है! इस पर मैं नहीं समझता कि हमारे यहाँ कोई ढंग का अध्ययन हुआ है, लेकिन जब कभी इस तरह का अध्ययन हुआ तो समझ में आएगा कि बचपन में पढ़ी पुस्तकों का असर अंत तक हमारे मन से नहीं उतरता और घुट्टी की तरह हमारे मन और व्यक्तित्व को मजबूत करता है। इस लिहाज से बचपन में पढ़ी दिनकर की कविता 'चाँद का कुर्ता' की पंक्ति "हठ कर बैठा चाँद एक दिन, माता से यह बोला/सिलवा दे माँ, मुझे ऊन का मोटा एक झँगोला···!" तथा द्वारिकाप्रसाद माहेश्वरी की "मुन्नी-मुन्नी ओढ़े चुन्नी, गुड़िया खूब सजाई···!" का असर आज तक कम नहीं हुआ। ऐसे ही अयोध्यासिंह उपाध्याय 'हरिऔध' की 'एक बूँद' कविता थी, जिसने मेरा समूचा जीवन ही बदल दिया। मेरे जीवन की एक बहुत बड़ी निर्णायक घटना इस कविता से जुड़ी है। आज सोचता हूँ तो लगता है कि ये ही कविताएँ थीं, जो मेरे भीतर लेखक होने के बीज बो रही थीं। साथ ही मेरे और मेरी पीढ़ी के लेखकों के व्यक्तित्व और साहित्य के गहरे संस्कार भी वहीं से जुड़े हैं। बहुत से साहित्यकार परस्पर बातचीत में खुले मन से यह स्वीकारते हैं और उनके आत्मकथ्य और लेखन में भी ये स्वीकारोक्तियाँ आती हैं कि यदि बचपन में उन्होंने इस तरह की दिलचस्प कविताएँ या कहानियाँ नहीं पढ़ी होतीं, तो आज वे शायद लेखक न होते, या कम-से-कम इस ढंग के लेखक न होते!

इसी तरह बचपन में माँ या दादी-नानी से सुनी कहानियाँ बच्चे के मन में जो कल्पना-लोक और फंतासी रचती हैं, वे उसके व्यक्तित्व को गढ़ने में निर्णायक भूमिका निभाती हैं।

यही बात बचपन या किशोरावस्था में पढ़ी कहानियों की है, जो जीवन-भर हमारा पीछा करती हैं और रूप बदल-बदलकर हमें मोहती और लुभाती हैं। इस लिहाज से प्रेमचंद की 'दो बैलों की कथा', 'बड़े भाई साहब', 'गुल्ली-डंडा', 'ईदगाह', 'रामलीला' समेत ढेरों कहानियों का स्मरण होता है, जिन्होंने हमारे भीतर की संवेदना को रचा है और हमें तमाम तरह के 'सूखे' से बचाकर 'आर्द्र' बनाए रखा है!

यही बात मैं रवींद्रनाथ ठाकुर और शरतचंद्र के कथा-साहित्य के बारे में कह सकता हूँ और जब यह कह रहा हूँ तो बचपन के वे आर्द्र क्षण एकदम आँखों के आगे आ जाते हैं, जब एक हाथ में शरतचंद्र या रवींद्रनाथ ठाकुर की कोई रचना होती थी और दूसरा हाथ आँखों से चुपचाप बह आए आँसू पोंछ रहा होता था। बेहद करुणा भरे क्षण! फिर भी यह जानने की उत्कंठा जरा भी मंद न होती कि आगे क्या हुआ···आगे क्या हुआ! क्या प्रकारांतर से यह बात मैं बचपन में पढ़े साहित्य, या कहें, बाल साहित्य की अपराजेय ताकत के बारे में नहीं कह रहा!

❧ ❖ ☙

अब जरा आज के बच्चे की हालत पर गौर करें। अगर आज के समय या आज की दुनिया पर नजर डालें तो समझ में आएगा कि कल की तुलना में आज के बच्चे के सामने मुश्किलें कहीं अधिक हैं और शायद इसीलिए आज बाल साहित्य की कहीं अधिक जरूरत है। अगर हम यह देखें कि आज के बच्चे के नाजुक कंधों पर पढ़ाई और बस्ते का बोझ कितना बढ़ गया है और किस तरह बड़ों के बड़प्पन द्वारा बनाए गए 'पहाड़' के नीचे वह लगातार कुचला जा रहा है तो एक तरह का अपराध-बोध सा होता है। बच्चों का निजी 'स्पेस' लगभग खत्म ही होता जा रहा है। उसकी मस्ती, खेलकूद और नटखट शरारतें भी। क्या यह चिंता की बात नहीं है?

हमारा यह अपराध-बोध तब और बढ़ जाता है, जब हम यह देखते हैं कि बच्चों को स्वस्थ मनोरंजन देने की सामाजिक जिम्मेदारी में हमने एक तरह की अक्षम्य लापरवाही बरती है। हमने उन्हें ऐसे सीरियलों के भरोसे छोड़ रखा है, जिनमें हिंसा, मारकाट और लुच्चई है। रंगों की उलटियों से भरा ऐसा संसार, जिसमें कहीं घर और कॉरपोरेट जगत के झगड़े हैं, कहीं सेक्स और बदले की उत्तेजना से जुड़ी हुई हिंसा और षड्यंत्र हैं, कहीं विघटित परिवारों की दुनिया के झगड़े और तनाव हैं। बच्चे चाहे-अनचाहे ऐसे सीरियल देखने को अभिशप्त हैं, जो उन्हें शरीर और मन दोनों से 'बीमार' बना रहे हैं। सच तो यह है कि अकसर बच्चे मजबूरी में जिन भौंडे, भद्दे और यहाँ तक कि 'अश्लील' धारावाहिकों को देखते पाए जाते हैं, उनका असर उनपर कैसा पड़ रहा होगा और बड़े होने पर उनमें किस तरह की कुंठाएँ और विकृतियाँ सामने आ सकती हैं, इसकी कल्पना से हृदय काँपने लगता है। इसी तरह बच्चों के लिए स्वस्थ और रोचक फिल्में बनाने की दिशा में हमारे यहाँ किसने सोचा है? इस लिहाज से बच्चों के स्वस्थ और निर्मल मनोरंजन की बाल साहित्य की जिम्मेदारी कुछ और बढ़ जाती है।

फिर इससे भी बड़ा संकट। दादी-नानी की कहानियाँ, जो सदा से बच्चों की दोस्त और 'हमसफर' रही हैं, वे भी मानो नए वक्त की नई आधुनिकता के कुहासे में खोती जा रही हैं। पहले होता यह था कि बच्चे माँ-बाप से ज्यादा दादी-नानी से हिले-मिले रहते थे। इसीलिए बचपन में सुनी दादी-नानी की कहानियों का असर कहीं अधिक और गहरा पड़ता था। बच्चे खेल-खेल में इन कहानियों से बहुत कुछ सीख लेते थे। फिर इन कहानियों का एक अलग तरह का सर्जनात्मक सुख तो होता ही था। ये कहानियाँ रोज की जानी-पहचानी दुनिया से अलग एक भावपूर्ण कल्पनारंजित दुनिया में ले जाती थीं और कल्पना के नए-नए पट खोलती थीं। पर अब एकल परिवारों की सपाट और सँकरी दुनिया ने बच्चों की उस मीठी सर्जनात्मक दुनिया का बहुत सा रहस्य-रोमांच उनसे छीन लिया है।

ऐसे में मुझे लगता है कि बाल साहित्य के आगे चुनौती बढ़ी है और इसी कारण बाल साहित्य का महत्त्व दिनोदिन बढ़ता जाएगा। अगर और भी सीधे अल्फाज में कहूँ तो एक बाल लेखक को अब सिर्फ लेखक ही नहीं, बल्कि 'दादी-नानी' बनकर भी लिखना पड़ेगा। आखिर बालक के जीवन में जो रिक्तता आई है, उसे भरने की जिम्मेदारी सबसे पहले और सबसे प्रमुख रूप से बाल साहित्य की ही है न!

मगर सवाल यह है और यह सर्वाधिक महत्त्व का सवाल है कि क्या बाल साहित्य इस चुनौती का मुकाबला कर पाएगा?

निस्संदेह आज बाल साहित्य बहुतायत में लिखा जा रहा है, बच्चों के लिए छपने वाली पुस्तकों और पत्रिकाओं के अलावा अखबारों के पन्नों पर भी बच्चों के लिए खूब कविता-कहानियाँ छपती हैं, पर क्या इतना ही काफी है? इस बात से इनकार नहीं किया जा सकता कि आज बच्चों के साहित्य के नाम पर जो कुछ सामने आ रहा है, उसका एक बड़ा हिस्सा महज पिष्टपेषण है, यानी कि बार-बार कहे हुए को ही बगैर किसी 'विजन' और कल्पनाशीलता के, फूहड़ता और निर्लज्जता से बार-बार दोहराते रहना। कहानियों में लोककथाओं की भद्दी और मूर्खतापूर्ण नकल को बहुत-से बाल कथाकारों ने बाल कहानियाँ लिखना समझ लिया है। बहुत-से तथाकथित 'बड़े' लेखकों को भी इस 'फंदे' (या धंधे!) में उलझा देखकर सिर धुनने की इच्छा होती है कि यही सब कर-कराकर वे अपनी और बाल साहित्य की कौन-सी इज्जत बढ़ा रहे हैं? कविताओं में भी इतिवृत्तात्मक कविताओं और मौसम का बोलबाला है, मानो हमारा बाल कवि किसी ऊँचे टीले पर खड़ा होकर किसी हरकारे की तरह आवाज लगा रहा है—'सर्दी आई...सर्दी...!' या 'गरमी आई... गरमी आई...!' क्या इसे बाल साहित्य कहेंगे?

यह ठीक है कि लोककथाओं का अपना महत्त्व है, पर उन्हीं सुनी-सुनाई लोककथाओं को बार-बार नीरस ढंग से कल्पनाविहीनता के साथ दोहराते रहने से आखिर क्या मिलनेवाला है? इसी तरह भारत जैसे देश में यकीनन मौसम की तरह-तरह की खूबसूरत छटाएँ और दृश्यावलियाँ हैं—और उनका अपना आनंद है, पर जब तक इन खूबसूरत मौसमों की खूबसूरती को बिल्कुल बच्चा बनकर, एकदम बच्चों के अंदाज में बच्चों के आगे नहीं रखा जाएगा, तो भला वे इन कविताओं का आनंद कैसे ले पाएँगे?

❖

अब सवाल यह उठता है कि मौजूदा परिदृश्य में वे कौन सी कविता-कहानियाँ, लेख, नाटक, एकांकी वगैरह-वगैरह हैं, जिन्हें आज का 'जेनुइन' बाल साहित्य कहा जा सकता है? बाल साहित्य का मूल्यांकन आखिर किस तरह की रचनाओं से हो?

बाल साहित्य का यह इतिहास, जो हिंदी बाल साहित्य का पहला इतिहास भी है, कमोबेश इन्हीं प्रश्नों का कहीं अधिक 'ठोस' और 'सर्जनात्मक' जवाब है और संभवत: इन्हीं बेचैनियों और चुनौतियों के भीतर से निकला है। कोई पंद्रह-बीस बरसों के श्रम से निकला यह जो 'अमृत' है, उसे खुशी-खुशी आप सभी को सौंप रहा हूँ और इस बीच जो 'विष' मैंने पिया, उसकी चर्चा से फायदा? संभवत: हिंदी बाल साहित्य पर गंभीर चर्चा की शुरुआत इस 'इतिहास' के आने के बाद और कुछ नए और सकारात्मक पहलुओं से भी लोग बाल साहित्य के बारे में सोच पाएँ, थोड़ा और संजीदगी से बाल साहित्य पर काम हो। अगर ऐसा हो सका, तो मैं

समझूँगा मेरा श्रम व्यर्थ नहीं गया। और निस्संदेह इस इतिहास की 'सीमाएँ' और कुछ 'कमियाँ' या 'दोष' भी रहे होंगे। उन्हें भी मैं बाखुशी जानना चाहूँगा ताकि अगले संस्करण में उन्हें सुधारा जा सके।

फिर एक समस्या बाल साहित्य की चौहद्दी की भी है। शिशु साहित्य और किशोर साहित्य की जमीनें भी बेशक बाल साहित्य से सटी हुई हैं और इनमें अभी बहुत कुछ किया जाना बाकी है। खुशी की बात यह है कि इधर शिशु साहित्य की ओर लेखकों का ध्यान गया है और शिशुओं के लिए काफी अच्छी कहानियाँ एवं गीत निरंतर पढ़ने को मिलते हैं। इसी तरह नटखटपन से भरे किशोरों के लिए अलग साहित्य की जरूरत को भी इधर शिद्दत से महसूस किया जा रहा है। हिंदी में किशोर साहित्य की मुश्किलों और चुनौतियों को लेकर कुछ बरस पहले हिंदी में युवा लेखक देवेंद्रकुमार देवेश के संपादन में एक विचारोत्तेजक किताब सामने आई, जिसमें संभवत: पहली बार हिंदी के तीन पीढ़ियों के लेखकों ने हिंदी में किशोर साहित्य की स्थिति पर संजीदगी से विचार किया है, पर इस क्षेत्र में अभी बहुत काम करने की दरकार है।

हालाँकि विडंबना यह है कि किशोर साहित्य पर विचारोत्तेजक बहसें तो बहुत हो रही हैं, पर हिंदी में किशोर साहित्य है कहाँ—किशोरों के लिए कविता, कहानियाँ या उपन्यास कहाँ हैं, इसे लक्षित करने की कोशिश कम हुई है। नागेश पांडेय 'संजय' के संपादन में कुछ अरसा पहले किशोर कहानियों का एक संचयन निकला है, पर ये अभी शुरुआती कोशिशें ही हैं। लिहाजा इस तरह की बहसें ज्यादा अर्थपूर्ण तब तक नहीं कही जा सकतीं, जब तक किशोरों के लिए लिखी गई कविता, कहानियों के संग्रह, ज्ञान-विज्ञान सामग्री, जीवनियाँ, उपन्यास आदि नहीं प्रकाशित किए जाते, पर इस क्षेत्र में फिलवक्त तो एक अशोभन सन्नाटे के सिवाय कुछ नजर नहीं आता। शायद आगे चलकर कुछ हो।''हाँ, ऐसी बहुतेरी रचनाओं को, जिन्हें अब तक बाल साहित्य की परिधि में रखा जाता था, अब बाल साहित्य और किशोर साहित्य की परिधियों पर विचार करें, तो शायद हम किशोर साहित्य में रखना पसंद करेंगे। दामोदर अग्रवाल, सर्वेश्वरदयाल सक्सेना तथा डॉ. शेरजंग गर्ग की कई कविताएँ तथा मस्तराम कपूर, हरिकृष्ण देवसरे आदि लेखकों की बहुत-सी कहानियाँ, उपन्यास और नाटक भी तब बाल साहित्य में न गिने जाकर, किशोरों के लिए लिखी रचनाएँ या किशोर साहित्य माने जाएँगे।

❧ ❖ ❧

अलबत्ता, समस्या सिर्फ शिशु और किशोर साहित्य की पहचान की नहीं है। एक बड़ी चुनौती आज ढेरों लिखे जा रहे बाल साहित्य में अच्छे और सार्थक बाल साहित्य की पहचान की भी है। कहना न होगा कि बाल साहित्य की मुश्किल या कठिनतम पहेली भी यही है, जिसे न खोजा जाए, तो अर्थ का अनर्थ होते देर न लगेगी। जैसा बाल साहित्य के बहुतेरे उत्साही या फिर बालबुद्धि समीक्षकों ने किया और बाल साहित्य में उन्हें जो कुछ मिला, सबको एक साथ तोला और छुट्टी पाई। मगर इस तरह छुट्टी पाने से तो बाल साहित्य की ही छुट्टी हो जाएगी! आखिर किसी-न-किसी को तो पेड़ पर उलटे लटके बेताल के सवालों के जवाब देने ही होंगे। बेशक बाल साहित्य का इतिहास लिखते समय मैंने महसूस किया कि कई जगह तो भूसे के बड़े-बड़े टीले हैं और वहाँ भूसा ही भूसा है, लेकिन थोड़ा भीतर जाने पर पता चला कि इस चौतरफा भूसे के भीतर चाहे थोड़े-से ही सही, पर बेहद स्वाद भरे मीठे रसदार दाने हैं, जिन्हें खाना या पाना है तो इधर आना ही होगा, दूसरा कोई रास्ता नहीं है।

बाल साहित्य अगर सच में बाल साहित्य है—बचकाना साहित्य नहीं तो वह आपको जैसी गहरी निर्मल

और निर्व्याज प्रसन्नता देता है, वह आपको यहीं से, सिर्फ यहीं मिल सकती है, कहीं और नहीं। फिर दोहराऊँ, अगर एक पैसे से दुनिया को बदलने का जादू आपको जानना है, तो आपको दामोदर अग्रवाल के पास ही आना होगा। दूसरा कोई बड़े से बड़ा कवि, चाहे वह हिंदी का कितना ही बड़ा दिग्गज कवि क्यों न हो, यहाँ दामोदर अग्रवाल के आगे नहीं टिक सकता। ऐसे ही इब्न बतूता के जूते के उड़ने और इस 'उड़ने' के साथ सारी दुनिया के उड़ने और बदलने का फंतासी-सुख सिर्फ बच्चों के लिए लिखने वाले सर्वेश्वर के पास है, बड़ों के सर्वेश्वर के पास जरा इसे ढूँढ़कर तो दिखाइए!…पैसों का पेड़ उगाने की कला और होताम के अजीबोगरीब कारनामों का जादू कमलेश्वर के भीतर पैठे उन निहायत अबोध कमलेश्वर के पास है, जिन्होंने बच्चों के लिए बिल्कुल बच्चा बनकर लिखा है। राजेंद्र यादव ने 'हंस' के एक अतिवादी संपादकीय में हनुमानजी को आतंकवादी बता दिया, पर अपनी बाल कहानी 'गड़बड़ी पैदा करनेवाले' में वे जिन हनुमानजी को एक बच्चे के दोस्त और रक्षक, बल्कि 'हीरो' बनाकर पेश करते हैं, जरा उनसे मिलिए तो आप जानेंगे कि बच्चों के लिए लिखते समय लेखक किस कदर मन से निर्मल हो जाता है! यही बात पिछले कुछ वर्षों में अपने ढेरों राजनीतिक लेखों से पहचाने गए समाजवादी चिंतक मस्तराम कपूर का उपन्यास 'नाक का डॉक्टर' पढ़कर कही जा सकती है, जिनके इस उपन्यास में नाक की इतनी लंबी कथा है कि पढ़कर हैरानी होती है कि क्या ये वही मस्तराम कपूर हैं या फिर उनके भीतर बैठा कोई और यह लिख रहा है?

ये तो कुछ ही उदाहरण हैं, जिन्हें पढ़कर समझ में आता है कि बाल साहित्य में लेखक का किस कदर व्यक्तित्वांतर होता है! क्या फिर भी कहा जाएगा और निर्लज्जता से दोहराया जाता रहेगा कि बाल साहित्य बड़ों के साहित्य से हेठा है?

हाँ, यह स्वीकार करना होगा—और अगर हम बच्चों और बाल साहित्य से गहरा जुड़ाव महसूस करते हैं तो इसे स्वीकार किए बगैर कोई चारा नहीं कि बच्चों के लिए लिखे जा रहे बहुत से साधारण साहित्य में से उम्दा की पहचान की जानी चाहिए और उसे अलगाया जाना चाहिए। यह एक बड़ी चुनौती है। अगर यह नहीं किया गया तो सबसे बड़ा खतरा यह होगा कि धंधेबाज लेखकों द्वारा थोक में लिखे जा रहे दोयम या तीसरे दर्जे के लेखन से बाल साहित्य की पहचान बनने लगेगी। यह सचमुच बड़ी त्रासद स्थिति होगी।

इस लिहाज से बाल साहित्य की सही आलोचना और इतिहास-लेखन की जैसी जरूरत आज महसूस की जा रही है, वैसी शायद पहले कभी न थी। पिछले सौ सालों में छपी, बाल साहित्य की विभिन्न विधाओं की हजारों पुस्तकों और पत्रिकाओं की नई-पुरानी जिल्दों से गुजरकर लिखा गया यह हिंदी बाल साहित्य का इतिहास, इस दिशा में एक विनम्र पहल ही है, पर अभी बहुत कुछ किया जाना बाकी है। तभी हिंदी बाल साहित्य की पूरी शक्ति उद्घाटित हो सकेगी और निस्संदेह वे सीमाएँ भी, जिनसे मुठभेड़ करके ही आगे की नई दिशाएँ और रास्ते खोजे जा सकते हैं।

यहाँ यह स्वीकार करने में हिचक नहीं कि काम बड़ा था, बहुत बड़ा और ऐसे कई मौके आए कि मुझे लगा, मैं 'भार' से दब रहा हूँ और आगे चल पाना मुश्किल ही नहीं, असंभव है। पर घोर निराशा और टूटन के ऐसे मौकों पर बहुत-से आत्मीय दोस्तों और पत्नी सुनीता के संबल और 'अभेद्य आशावाद' से फिर-फिर बचा लिया गया। उन्हें धन्यवाद दे पाना मेरे बस की बात नहीं।

इस बीहड़ यात्रा में डॉ. शेरजंग गर्ग, जिन्हें बाल साहित्य में मैं अपना गुरु मानता हूँ, का कदम-कदम पर मार्गदर्शन मिला। इसी तरह पिछले सौ वर्षों में छपी बाल साहित्य की किताबें जुटाने में भी मित्रों देवेंद्रकुमार, रमेश तैलंग, कृष्ण शलभ, श्याम सुशील, रमेश थानवी तथा हमनाम मित्र चंद्रप्रकाश से बहुत मदद मिली। इनमें बेहद प्यारे दोस्त और असाधारण धुनी बाल साहित्यकार कृष्ण शलभ अब नहीं रहे। इस इतिहास-ग्रंथ को देखकर उन्हें बहुत खुशी होती। उनकी स्मृतियाँ अब भी साथ हैं, निरंतर रहेंगी। ...और श्याम सुशील तो इस यात्रा में हर पल, हर मोड़ पर साथ रहे, जिनसे इस काम में आने वाली कठिनाइयों की बार-बार चर्चा हुई। उन्होंने आगे बढ़कर मेरी कई उलझनों को सुलझाया भी। संपादन के काम में भी मदद दी। डॉ. सुनीता भी हाथ से सौ-डेढ़ सौ पन्ने के लंबे-लंबे अध्यायों को लिखने के साथ-साथ हर काम के लिए तैयार। उमेशकुमार ने समय-समय पर नई पुस्तकों के ब्योरे शामिल करने के कारण, फैलकर 'सीमाओं' से बाहर जाते इतिहास को अनगिनत बार नए सिरे से टंकित कर सुविन्यस्थ करने में मदद दी। यह सब न होता तो आज यह इतिहास-ग्रंथ आपके हाथ में न होता। ...और बरसों पहले आदरणीय श्यामसुंदर बाऊजी ने इस काम की प्रेरणा दी थी, बल्कि मन में एक लहर सी जगा दी थी! उसके बारे में क्या कहूँ?

मैं एक बार फिर सबके प्रति कृतज्ञता प्रकट करता हूँ और पाठकों व विद्वानों से आग्रह करता हूँ कि अगर प्रमादवश कहीं कुछ भूल-गलती रह गई हों, तो निस्संकोच उनकी तरफ लेखक का ध्यान दिलाएँ, ताकि अगले संस्करण में उन्हें सुधारा जा सके।

545 सेक्टर-29
फरीदाबाद (हरियाणा)

—प्रकाश मनु

अनुक्रम

1
काल-विभाजन

आज हिंदी बाल साहित्य की चौहद्दी इतनी विस्तृत हो चुकी है और उसकी गतियाँ इस कदर अनेकायामी हैं कि उसका इतिहास लिखना और काल-विभाजन आसान नहीं रह गया। अलग-अलग कालखंडों की आधार-सामग्री और रचनाओं का बहुत खोजबीन के बाद भी प्रचुरता से न मिल पाना एक समस्या है। आजादी से पहले के बाल साहित्यकारों की रचनाएँ बहुत श्रमपूर्वक ही उपलब्ध हो पाती हैं। यही स्थिति पाँचवें, छठे, सातवें, आठवें दशक के बाल साहित्य की भी है। कहाँ-कहाँ से ये रचनाएँ उपलब्ध हो सकीं, बताने बैठूँ तो खुद एक इतिहास बन जाए।

फिर एक मुश्किल और भ्रम की स्थिति बाल पुस्तकों के प्रकाशकों ने भी पैदा की है। किसी भी पुस्तक को अच्छी तरह खँगालने के बावजूद यह पता लगाना कि उसका पहला संस्करण कब आया था, लगभग असंभव सा है। कोई पुस्तक, जो पहली बार सन् 1960 या सन् 1977 में छपी थी, सन् 2017 में छपे उसके संस्करण पर दर्ज होगा—संस्करण 2017। इससे क्या पता चलता है? ऐसी भ्रमात्मक स्थिति में किसी लेखक के रचना-काल का निर्णय कैसे हो, या उस पुस्तक को किस कालखंड में रखकर अध्ययन किया जाए? इन सवालों ने कम नहीं उलझाया। तो भी निरंतर छानने और खोज-बीन से चीजें कुछ साफ हुई हैं और उससे काल-विभाजन के स्पष्ट आधार के साथ-साथ वाजिब तर्क और विचार भी उभरकर सामने आते गए। इस इतिहास-ग्रंथ में सन् 1900 से लेकर अब तक, यानी सौ वर्ष से अधिक अवधि के बाल साहित्य को मोटे तौर से तीन हिस्सों में बाँटा गया है और उसके उचित आधार-बिंदु कहीं-न-कहीं हमारे सामाजिक विकास की गति में भी देखने को मिलते हैं।

बेशक बड़ों के साहित्य की तरह बाल साहित्य भी देश या समाज की स्थितियों या बड़े बदलावों से निरपेक्ष या अप्रभावित नहीं रह सकता। इस लिहाज से आजादी से पहले लिखे गए बाल साहित्य और आजादी के बाद के बाल साहित्य में एक बुनियादी फर्क स्वभावत: देखने को मिलता है। आजादी से पहले स्वाधीनता आंदोलन की तेज आँधी ने बाल साहित्य और बाल साहित्यकारों को भी मथा। ऐसे में स्वाभाविक रूप से चरित्र-निर्माण की एक तेज लहर हमें नजर आती है, जिसमें देश और समाज के लिए कुछ करने का जज्बा भी शामिल है। आजादी के बाद देश-निर्माण की भावना अधिक प्रबल होकर सामने आई।

इसी तरह नवें दशक के आसपास देश या समाज में हो रही तेज उथल-पुथल या एक तरह के मोहभंग का असर हिंदी के बाल साहित्य पर पड़ा। समकालीनता का आग्रह बढ़ा और अतीत-मोह से मुक्ति के साथ-साथ उसमें ऐसे विषय, विडंबनाएँ, नई-नई समस्याएँ और उनकी ऐसी तीखी व्यंग्यात्मक अभिव्यक्ति उभरकर आई, जैसी पहले कभी न देखी गई थी। औद्योगीकरण की तेज बाढ़ और इलेक्ट्रॉनिक मीडिया के फैलाव के साथ-साथ जीवन में तेजी या एक तरह की 'दौड़' नजर आने लगी और इसने पारिवारिक-सामाजिक संबंधों पर गहरा असर डाला। यह एक नए तरह के मोहभंग और फिर से नए निर्माण का दौर था, जिसमें आदर्शों पर नहीं, जीवन यथार्थ और असलियत पर ज्यादा जोर था। बाल साहित्य में भी यह व्यापक परिवर्तन या कहें 'युगांतर' का दौर था। कमोबेश बाल साहित्य की सभी विधाएँ इससे प्रभावित हुईं और बाल कविता, कहानी, नाटक और उपन्यासों पर उसका अधिक असर दिखाई दिया।

आठवें दशक में जयप्रकाश नारायण के संपूर्ण क्रांति आंदोलन के कारण पूरे देश और खासकर युवा पीढ़ी में आई जागृति की लहर और फिर इस दशक का अंत होते-होते उसके दु:खद अवसान के कारण यह एक तीव्र मोहभंग का दौर था, पर विडंबना और मोहभंग की यह अभिव्यक्ति जिस तरह बड़ों के साहित्य में हुई, वैसी गुंजाइश बाल साहित्य में न थी। हाँ, पुराने विषय और अभिव्यक्ति के पुराने तौर-तरीके छोड़कर, नए तेवर और एक नई स्वच्छंद अभिव्यक्ति की कोशिश बाल साहित्य की प्राय: सभी विधाओं में नजर आने लगी। इस समय बाल साहित्य की रचना के लिए नई पीढ़ी के इतने लेखक एक साथ नजर आने लगते हैं कि यह खुद में किसी सुखद आश्चर्य से कम नहीं लगता। बेशक इनमें से अधिक लोग देर तक टिके नहीं, पर फिर भी उनके काम और योगदान को भुलाया नहीं जा सकता।

यों मेरा खयाल है, पिछले सौ वर्ष के बाल साहित्य के वर्गीकरण या काल-विभाजन में किसी तयशुदा जड़ रवैये के बजाय थोड़े लचीलेपन से काम लिया जाना चाहिए। अगर देश की सामाजिक-सांस्कृतिक दशा-दिशा और हिंदी बाल साहित्य के बदलते मिजाज पर एक साथ नजर डालें, तो मोटे तौर से हिंदी बाल साहित्य की पूरी विकास-यात्रा को तीन चरणों में बाँटा जा सकता है—

1. प्रारंभिक युग (1901 से 1947 तक)
2. गौरव युग (1947 से 1980 तक)
3. विकास युग (1981 से अब तक)

प्रारंभिक युग को आप चाहें तो हिंदी बाल साहित्य का 'आदि युग' कह सकते हैं। यह 1901 से 1947 तक है, यानी स्वतंत्रता-पूर्व काल। यह वह समय है, जबकि गुलामी के बंधनों को काटने के लिए, बालकों के व्यक्तित्व-निर्माण की प्रेरणा से शुरू-शुरू में सायास बालोपयोगी रचनाएँ लिखी गईं—देशभक्ति और उपदेशात्मकता के भार से अतिशय दबी हुई बाल कविता, कहानियाँ, नाटक, जीवनियाँ आदि, लेकिन जल्दी ही बाल साहित्य ने अपना 'सुर' पकड़ा और एक से एक अच्छी और मौलिक रचनाएँ सामने आने लगीं। निस्संदेह बाल कविताएँ उनमें सबसे आगे थीं और कहना न होगा कि बाल साहित्य की रंगारंग ध्वजा को लेकर आगे चलने और उसे पूरा गौरव दिलाने वालों में कवियों की पाँत सबसे लंबी और समृद्ध थी।

बाल कविता में उस दौर की हिंदी साहित्य की बड़ी और समर्थ प्रतिभाओं ने, जिनमें श्रीधर पाठक,

हरिऔध, मैथिलीशरण गुप्त, दिनकर, सुभद्राकुमारी चौहान, ठाकुर श्रीनाथ सिंह, रामनरेश त्रिपाठी आदि थे, हस्तक्षेप किया और कुछ आगे चलकर हम बाल कविता को, अपनी शर्तों पर एक स्वतंत्र रूप-विधान लेते देखते हैं, जिसमें जीवन के बहुरंगे अक्स शामिल होते जाते हैं। फिर सोहनलाल द्विवेदी, स्वर्ण सहोदर और विद्याभूषण विभु तो उस दौर के बेहद सक्षम और सही मायनों में सर्जनात्मक कवि हैं, जिन्हें हम हिंदी बाल कविता के 'शिखर व्यक्तित्व' कह सकते हैं। इन प्रतिभासंपन्न कवियों ने न सिर्फ एक से एक बेहतरीन कविताएँ लिखीं, बल्कि अच्छी कविता की एक समझ पैदा की। यों हिंदी बाल कविता की उपदेश से सृजनात्मकता की ओर यात्रा इसी दौर में शुरू हो गई थी।

इसी तरह कथा साहित्य में भी उस दौर की शीर्षस्थ हस्तियों ने हिस्सा लिया। प्रेमचंद ने उस दौर में न सिर्फ बच्चों के लिए बाल कहानियों की अनोखी पुस्तक 'जंगल की कहानियाँ' लिखी, बल्कि उन्होंने 'कुत्ते की कहानी' नाम से बड़ा ही सुंदर और कौतुकपूर्ण बाल उपन्यास लिखकर एक तरह से हिंदी में मौलिक बाल उपन्यास की नींव डाली। उनकी वीर दुर्गादास राठौर पर लिखी गई जीवनी 'दुर्गादास' भी औपन्यासिक ढंग की है, बल्कि इसे किशोरों के लिए लिखा हिंदी का पहला बाल उपन्यास कह सकते हैं। आचार्य महावीरप्रसाद द्विवेदी, शिवप्रसाद सितारेहिंद, जयशंकर प्रसाद, सुदर्शन, सुभद्राकुमारी चौहान, जहूरबख्श, हंसकुमार तिवारी सरीखे लेखकों ने हिंदी कथा साहित्य को समृद्ध किया, तो निराला जैसे दिग्गज ने ध्रुव, प्रह्लाद, भीष्म और महाराणा प्रताप जैसे प्रेरक व्यक्तित्वों की जीवनियाँ लिखकर बाल साहित्य के महत्त्व को रेखांकित किया। यही नहीं, निराला ने छोटे बच्चों के लिए 'सीख भरी कहानियाँ' भी लिखीं, जिनमें ईसप की कथाओं की नई, रोचक और कहीं अधिक रचनात्मक अभिव्यक्ति थी।

इस दौर में रामकुमार वर्मा समेत कई बड़े लेखकों ने बच्चों की ही भाषा और अंदाज में कई चुलबुले और समस्यामूलक नाटक लिखे, जिन्हें आसानी से मंचित किया जा सकता था। 'शिशु', 'बालसखा', 'वानर' सरीखी पत्रिकाओं ने कथा साहित्य और जीवनियों के अलावा बच्चों के लिए सटीक और उम्दा विज्ञान-लेखन पर भी जोर दिया और विज्ञान के नए-नए आविष्कारों और वैज्ञानिकों की जीवनियों पर अच्छी पुस्तकें और स्तरीय लेख भी नजर आने लगे।

हाँ, इसमें शक नहीं कि बाल साहित्य के प्रारंभिक दौर में बाल कविता अन्य विधाओं की तुलना में कहीं अधिक तेज रफ्तार से चली और उसमें समृद्धि और लाघव अधिक नजर आने लगा। दिलचस्प बात यह है कि हिंदी बाल कविता में आगे चलकर जो रूप और प्रवृत्तियाँ दिखाई पड़ीं, चाहे नाटकीय ढंग से कथात्मक कविताओं का चलन हो या फिर ध्वन्यात्मक प्रभावों के जरिए बच्चों के मन को रिझाने और प्रभावित करने की कोशिश, बीज रूप में ये सभी चीजें हिंदी कविता के प्रारंभिक दौर में मिल जाती हैं। यहाँ तक कि यह दौर शिशुगीतों के लिहाज से उन्नायक दौर भले ही न रहा हो, पर रामनरेश त्रिपाठी, विद्याभूषण विभु सरीखे प्रतिभासंपन्न कवियों के कुछ इतने अच्छे शिशुगीत इस कालखंड में मिल जाते हैं कि वे आज भी हमें एक मयार लगते हैं। ऐसे ही बच्चे के स्वतंत्र व्यक्तित्व की चेतना पर जोर देनेवाली बाल कविताएँ भी इस दौर में लिखी गईं और खूब लिखी गईं। रमापति शुक्ल सरीखे कवियों की कविताएँ इस लिहाज से अपने समय से इस कदर आगे हैं कि उन्हें पढ़कर हम चकित रह जाते हैं।

कुछ लोग हिंदी बाल कविता के इतिहास को बीसवीं सदी से कुछ और पीछे—उन्नीसवीं सदी के उत्तरार्द्ध तक ले जाना चाहते हैं और भारतेंदु युग तथा स्वयं भारतेंदु हरिश्चंद्र की 'चना जोर गरम' जैसी कविताओं से उसका संबंध जोड़ते हैं। पर हमारा विनम्र अनुरोध है कि ये कविताएँ मूलत: बच्चों के लिए नहीं लिखी गई थीं। इसलिए उन्हें ठीक-ठीक बाल कविता कहना उचित नहीं है। हाँ, ये कविताएँ हिंदी बाल कविता की आधार-पीठिका कही जा सकती हैं, जिनसे चुटीली बाल कविताएँ लिखने का वातावरण बना और फिर आगे चलकर अच्छी बाल कविताएँ लिखी गईं।

1947 से 1980 तक का समय हिंदी बाल साहित्य का 'गौरव युग' है। यही वह समय है, जब हिंदी बाल साहित्य अपनी सर्वोच्च ऊँचाइयों तक पहुँचता है और कई अजेय समझे जानेवाले शिखरों को छू आता है। इसे सही मायने में बाल साहित्य का सृजनात्मक युग कह सकते हैं, जब वह अपनी सृजनात्मक उपलब्धियों के चरम पर था। उसमें कल्पना और भाव-विन्यास ही नहीं, परंपरा और समसामयिक युग-बोध का भी ऐसा विलक्षण तालमेल था, जैसा न पहले कभी देखा गया और न बाद में ही। फिर इस दौर में निस्संदेह सर्वोत्तम प्रतिभाएँ बाल साहित्य के क्षेत्र में सक्रिय थीं और ऐसी अनेक बहुचर्चित, अद्वितीय बाल कविता, कहानियाँ, नाटक और उपन्यास लिखे गए, जो विश्व बाल साहित्य में 'पांक्तेय' हो सकते हैं। एक ओर दामोदर अग्रवाल, शेरजंग गर्ग, सर्वेश्वर, श्रीप्रसाद, कन्हैयालाल मत्त, योगेंद्रकुमार लल्ला और बालस्वरूप राही सरीखे कवियों ने इस दौर में हिंदी बाल कविता के ध्वज को आकाश तक फहरा दिया, तो दूसरी ओर अमृतलाल नागर, मनोहर श्याम जोशी, लक्ष्मीनारायण लाल, कृश्नचंदर, शैलेश मटियानी, भूपनारायण दीक्षित, आनंदप्रकाश जैन, मनोहर वर्मा तथा मनहर चौहान के उपन्यासों और कमलेश्वर, राजेंद्र यादव, मोहन राकेश, मन्नू भंडारी, रजिया सज्जाद जहीर, मन्मथनाथ गुप्त, विष्णु प्रभाकर, जाकिर हुसैन सरीखे दिग्गज लेखकों की कहानियों ने समाँ बाँध दिया।

ऐसे ही बाल नाटकों में आनंदप्रकाश जैन, केशवचंद वर्मा, सर्वेश्वरदयाल सक्सेना, मस्तराम कपूर, श्रीकृष्ण, मनोहर वर्मा, केशव दुबे, कुदसिया जैदी, मंगल सक्सेना और रेखा जैन ने खासा काम किया और बाल नाटकों को बच्चों की दुनिया से जोड़ने और लोकप्रिय बनाने के साथ-साथ उसे खासी ऊँचाई दी। बहुत से अन्य बड़े कवियों के साथ-साथ रघुवीर सहाय की भी इस दौर में बाल साहित्य में उपस्थिति सुखद थी, जिन्होंने बच्चों के लिए एक से एक सुंदर कविता, कहानियाँ और नाटक लिखे।

यह हमारे समाज में विज्ञान के महत्त्व की व्यापक स्वीकृति और वैज्ञानिक चेतना का दौर था और इसके स्पष्ट अक्स भी बाल साहित्य में नजर आते हैं। विज्ञान-लेखन अब पोथीगत गुरुता छोड़कर सचमुच खिलंदड़े अंदाज में पहुँचने लगा। बच्चों के लिए दिलचस्प विज्ञानपरक लेखन गुणाकर मुले, रमेश वर्मा, हरीश अग्रवाल, हरिकृष्ण देवसरे, जयप्रकाश भारती, रमेश प्रभाकर, प्रमोद जोशी, राजेश्वरप्रसाद नारायण सिंह, सुरेश सिंह, संतराम वत्स्य और श्यामनारायण कपूर ने किया। एक ओर उन्होंने वैज्ञानिकों की जीवनियाँ लिखीं तो दूसरी ओर सरल, रोचक भाषा में विज्ञान के नए-नए आविष्कारों की जानकारी बच्चों तक पहुँचाने की होड़ लग गई।

कुल मिलाकर हिंदी बाल साहित्य जितना 'मुक्त' और बहुरंगी इस दौर में था, उसने जैसी अद्भुत

उड़ानें भरीं और जीवन जितना खुलकर नाटकीय संवेगों के साथ इस युग के बाल साहित्य में आया, वैसा बाद में कभी नहीं देखा गया। इस लिहाज से इस युग को बाल साहित्य को 'गौरव युग' कहना खासा सार्थक है। हालाँकि स्पष्टतः गौरव युग के भी दो भाग नजर आते हैं, यानी पूर्वार्द्ध युग 1947 से 1960 तक और उत्तरार्द्ध 1960 से 1980 तक। जाहिर है, 'गौरव युग' का दूसरा या परवर्ती भाग रचनात्मक दृष्टि से कहीं अधिक संपन्न था, जिसमें न सिर्फ बड़े 'विजन' के साथ बाल रचनाएँ लिखी गईं, बल्कि वे कहीं अधिक ऊँचाई तक भी पहुँचीं। कहा जा सकता है कि जैसे बड़ों के साहित्य में 'साठोत्तरी आंदोलन' एक बड़ी रचनात्मक उथल-पुथल और भारी ऊर्जा लेकर आया, करीब-करीब वैसा ही बाल साहित्य में भी हुआ।

पर सौभाग्य से बाल साहित्य का 'साठोत्तरी आंदोलन' कहीं अधिक शांत और रचनात्मक रूप से ज्यादा 'उर्वर' रहा। उसने चुपचाप नए बनते समाज और मनुष्य की तेज विकास की ललक और रफ्तार को खुद में समो लिया और उसे ज्यादा से ज्यादा रचनात्मक समृद्धि में ढाला। आनंदप्रकाश जैन इस युग के सबसे चमत्कारी, बल्कि युगांतकारी व्यक्तित्वों में से हैं। इसलिए कि उन्होंने न सिर्फ बच्चों के लिए नई दृष्टि और नए विजन से जुड़ी कमाल की कहानियाँ, नाटक और उपन्यास लिखे, बल्कि साथ ही साथ बाल साहित्य को सही राह पर ले जाने के लिए बहुत कड़ा श्रम और संघर्ष किया। बाल साहित्य की उनकी दृष्टि अपने समय से बहुत आगे थी और भी उनके विचार हमें बाल साहित्य का नया पथ तलाशने में दिग्दर्शक से लगते हैं।

गौरव युग के लेखकों का यह सौभाग्य ही था कि उन्हें आनंदप्रकाश जैन सरीखे सचमुच बड़े कद के लेखक और संपादक का आत्मिक-वैचारिक साहचर्य मिला, जिनके व्यक्तित्व की छाया पूरे गौरव युग पर नजर आती है।

1981 से अब तक का समय हिंदी बाल साहित्य का 'विकास युग' है। इसलिए कि यही वह समय है जब हिंदी में सर्वाधिक बाल कविता, कहानियाँ, नाटक, उपन्यास, जीवनियाँ तथा ज्ञान-विज्ञान की दुनिया से जुड़ी दिलचस्प किताबें और छोटी-बड़ी रचनाएँ लिखी गईं। यही नहीं, बल्कि बाल साहित्य लिखनेवाले लेखकों और कवियों का एक लंबा काफिला दिखाई पड़ने लगा, जिनमें एक साथ तीन या चार पीढ़ियों के कवि सृजनलीन थे या हैं! इस दौर के बाल साहित्य की एक विशेषता यह है कि इसमें पहली बार विचार-तत्त्व का दखल दिखाई दिया तथा बच्चे पर बस्ते और पढ़ाई का बोझ, होमवर्क की चिंताएँ, बड़ों को अपनी बात न समझा पाने की बालक की लाचारी तथा उसकी भीतरी दुनिया की उलझनें बाल साहित्य में नजर आईं। इसी तरह आसपास के गरीब समाज के प्रति बच्चे की करुणा और मानसिक उद्वेलन को देवेंद्रकुमार, रमेश तैलंग और दिविक रमेश सहित इधर के कई बाल कवियों ने प्रभावशाली अभिव्यक्ति दी है। साथ ही इस दौर के कथा साहित्य में भी जैसा खुलापन और नए-नए विषयों को पकड़ने का चाव नजर आता है, वैसा पहले न था और बाल विज्ञान के क्षेत्र में तो इतनी किताबें पहले कभी लिखी ही नहीं गईं।

इस लिहाज से वर्तमान दौर बाल साहित्य के लोकतांत्रिक फैलाव और विस्तार का दौर है, जिसने

दूर-दूर तक अपनी पहुँच बना ली है। भले ही इस दौर में अधबनी हड़बड़िया रचनाओं और अधकचरी प्रतिभाओं की भीड़ का होहल्ला भी कम नहीं, जिसने तमाम शोर-शराबे के बावजूद बाल साहित्य की गति को कुंद ही किया है, पर फिर भी अच्छी और उम्दा रचनाएँ लिखी जा रही हैं, खूब लिखी जा रही हैं और गनीमत है कि 'भीड़' में उन्हें अलगाना और उनके महत्त्व को रेखांकित करना अभी इतना दुःसाध्य नहीं हुआ!

कई प्रमुख बाल कवियों ने इस दौर में बच्चे के लगातार भारी होते हुए बस्ते के बोझ और उससे दबकर 'मुक्ति' के लिए कातर अनुरोध करते बच्चे के करुण तथा मार्मिक चित्र अपनी कविताओं में उकेरे हैं। वे इतने सच्चे और हृदयद्रावक हैं कि उनसे आज के बच्चे की भारी विवशता पता चलती है, जो बाल कविता में जितनी प्रकट हुई है, वैसी शायद ही कहीं और सामने आई हो। इसी तरह आधुनिकता के पसारे के साथ-साथ बच्चे का अकेलापन और 'दोस्तहीनता' किस कदर बढ़ी है, इसे आज की बाल कहानियाँ और उपन्यास पढ़कर समझा जा सकता है।

इध आज का बाल साहित्य केवल सपनों की घाटी में ही विश्राम नहीं लेता, बल्कि बदले हुए समय की मुश्किलों और आपदाओं से भी दो-चार होता है। यहाँ तक कि महँगाई, प्रदूषण, भ्रष्टाचार और नेताओं की धाँधली पर भी बाल कहानियाँ, नाटक, उपन्यास और कविताएँ लिखी गई हैं और पूरे दम-खम के साथ लिखी गई हैं। पर्यावरण की चिंता को लेकर एक से एक सुंदर और मार्मिक कहानियाँ और उपन्यास लिखे गए हैं। बड़ों की दुनिया के गैर-जरूरी हस्तक्षेप और अन्याय पर भी कविता, कहानियाँ और नाटक लिखे गए और बच्चों में उन्होंने अपनी गहरी पैठ बनाई है। शायद इसलिए कि बच्चों को लगा कि बाल साहित्य एक अच्छे दोस्त की तरह उनके मन की हर बात, चिंता और मुश्किलों को समझ सकता है और पूरी हमदर्दी से उनका दुःख बाँट सकता है। सच तो यह है कि बाल साहित्य के इस दौर में ऐसी रचनाएँ लिखी गई हैं, जिन्हें अगर 'बड़े' पढ़ें, तो अपनी बहुत सी भूल-गलतियाँ सुधार सकते हैं और बच्चों और उनके भावना-संसार को कहीं अधिक नजदीक से समझ सकते हैं।

इधर बाल साहित्य के क्षेत्र में नई से नई, समर्थ प्रतिभाएँ शामिल हुई हैं। खासकर बीसवीं सदी के आखिरी दशक और नई सदी के प्रारंभिक वर्षों के बाल साहित्य में तो एक साथ इतने नए कवि तथा गद्य के क्षेत्र में इतनी नई प्रतिभाएँ नजर आती हैं कि इसे हिंदी बाल साहित्य की शक्ति और व्यापक स्वीकृति की तरह देखा जा सकता है। इनमें यश मालवीय, श्याम सुशील, मो. फहीम, शादाब आलम और प्रदीप शुक्ल की कविताएँ तथा सूर्यनाथ सिंह, पंकज चतुर्वेदी, अरशद खान, साजिद खान सरीखे लेखकों की कहानियाँ पढ़कर अचरज होता है कि वे आज की समस्याओं और बच्चे की संवेदना को कितनी शिद्दत से उभार पा रही हैं। बाल उपन्यास के क्षेत्र में गुलजार सरीखे लेखकों की उपस्थिति इस दौर में नजर आई तो साथ ही देवेंद्रकुमार, रमेश थानवी, हरिपाल त्यागी, द्रोणवीर कोहली, पंकज बिष्ट, अमर गोस्वामी, उषा यादव, प्रकाश मनु और क्षमा शर्मा ने बाल उपन्यासों को सृजनात्मक ऊँचाई दी और एक से एक अच्छे बाल उपन्यासों से बाल साहित्य का भंडार भरा। हालाँकि ऐतिहासिक बाल उपन्यासों की धारा, जो छठे-सातवें दशक में अपने जोम पर थी, यहाँ तक आते-आते कुछ-कुछ विरल सी हो गई है।

हाँ, बाल ज्ञान-विज्ञान के क्षेत्र में बहुत काम हुआ और तरह-तरह की उम्दा किताबें आईं। आज के बौद्धिक रूप से अधिक सचेत बालक की जिज्ञासाओं और वैचारिक भूख को देखते हुए यह जरूरी ही था। और यह इस बात का सबूत भी है कि बाल साहित्य ने निरंतर अपने समय और बच्चे से गहरा वास्ता रखते हुए लगातार अपने आपको बदला है।

इन चरणों के नाम और काल-सीमा को लेकर भी कुछ मतभेद हो सकते हैं, पर मुझे लगता है, हिंदी बाल साहित्य के मिजाज को समझने और उसके व्यवस्थित अध्ययन के लिए यह वर्गीकरण कोई बुरा नहीं। बाल साहित्य के विकास का ग्राफ भी इस वर्गीकरण से बेहतर समझा जा सकता है।

□

2

बाल कविता

एक जीवंत परंपरा की खोज का सुख और चुनौतियाँ

हिंदी बाल साहित्य की सभी विधाओं में बाल कविता सबसे आगे, निरंतर विकासशील और प्रयोगधर्मी नजर आती है और इसके साथ ही नितांत निराली और मौलिक भी। उसमें बहुत कुछ ऐसा है, जिसे बाल साहित्य की दूसरी विधाएँ ले सकती हैं और उसमें बहुत कुछ ऐसा भी है, जिसे हिंदी विश्व की किसी भी समर्थ भाषा की अच्छी से अच्छी कविताओं के आगे बड़े गर्व से रख सकती है। हिंदी बाल कविता में भारतीयता और हिंदुस्तानियत का गहरा रंग है। भले ही उसमें भारतीय संस्कृति की झाँकी किसी उपदेशात्मक रंग-ढंग से नहीं आती, पर भारतीय जीवन की सहज सादगी, प्रेम, अपनत्व और संबंधों की प्रगाढ़ता की एक गहरी छाया वहाँ देखी जा सकती है। मम्मी-पापा ही नहीं, दादा-दादी, नाना-नानी, चाचा-चाची, मामा-मामी, बुआ-फूफा आदि भारतीय पारिवारिक रिश्ते भी अपनी पूरी ऊष्मा और गरमजोशी के साथ हिंदी की बाल कविताओं में मिलते हैं और उसे एक नई ही मनोहारी छवि दे जाते हैं।

इसके साथ ही हिंदी बाल कविता की सबसे बड़ी खासियत यह रही है कि उसने समय के साथ लगातार अपना विकास किया, अपने आप को निरंतर बदला और नए-नए रूप-भंगिमाओं में पेश किया है। इस लिहाज से वह न सिर्फ भारतीय समाज और बच्चों की मन:स्थिति में हुए परिवर्तनों को खुद में ग्रहण करती रही है, बल्कि साथ ही साथ पिछली सदी में तेजी से आए परिवर्तनों की एक जीवंत गवाह भी है। और जहाँ तक बच्चों के मन, उनके सपनों और इच्छा-संसार, उनकी समस्याओं, मुश्किलों और शिकवे-शिकायतों की बात है, तो बाल साहित्य की अन्य किसी भी विधा की तुलना में हिंदी बाल कविता ने उसे अभिव्यक्त करने में आगे बढ़कर एक जिम्मेदारी भरी भूमिका निभाई है। फिर 'उफ, बस्ता कितना भारी है' जैसी कविताओं में बच्चे की नन्ही पीठ पर लाद दिए गए अनावश्यक रूप से भारी बस्ते के बोझ की शिकायत हो, 'खेल-कूद की आजादी' की माँग करती हुई बाल कविताएँ हों, या फिर सड़कों पर झाड़ू देती मेहतरानी को 'सड़कों की रानी' या 'महारानी' कहकर बच्चों के मन में मेहनत और श्रम करने वालों के प्रति आदर उत्पन्न करने का भाव हो, हिंदी बाल कविता ने अपनी जिम्मेदारी से कभी पीठ नहीं मोड़ी। यह दीगर बात है कि इस सबके बावजूद हिंदी बाल कविता को उपदेश या विचारों से बोझिल नहीं कहा जा सकता। उसमें एक खिलंदड़ापन लगातार देखा जा सकता है और खेल-खेल में बड़ी से बड़ी बातें कह देने की आश्चर्यजनक कूवत भी। इसीलिए सर्वेश्वर जब कहते हैं "किताबों

में बिल्ली ने बच्चे दिए हैं, ये बच्चे बड़े होकर अफसर बनेंगे", तो वे सिर्फ बिल्ली या बिल्ली के बच्चों पर लिखी एक कविता ही नहीं सुना रहे, बल्कि किताबों के प्रति हिंदुस्तानी समाज की एक गहरी आस्था को भी दर्शा रहे हैं कि जो किताबें पढ़ेगा या किताबों के संग-साथ रहेगा, वह आगे बढ़ेगा। बिल्ली के बच्चे किताबों में जन्म लेते हैं तो वे भी अफसर बनते है। यह बात पढ़ाई, शिक्षा और मेहनत के प्रति हमारे गहरे विश्वास को भी दर्शाती हैं। इसे एक गुनगुनाती कविता में ढाल देना सर्वेश्वर की 'कला' के साथ-साथ हिंदी बाल कविता की असाधारण सामर्थ्य को भी दर्शाता है।

इसके अलावा हिंदी बाल कविता की सबसे बड़ी शक्ति उसकी मौलिकता है और इस लिहाज से वह हिंदी बाल कहानियों, उपन्यासों तथा बच्चों के लिए लिखे गए विज्ञान-लेखन आदि को मीलों पीछे छोड़ देती है। शायद इसलिए कि हिंदी बाल कहानियों और उपन्यासों पर विश्व की अन्य भाषाओं के लेखन की कम या ज्यादा छाया देखी जा सकती है। हिंदी विज्ञान-लेखन भी विदेशी प्रभावों से अछूता नहीं बचा और विश्व की अन्य भाषाओं की तुलना में कभी-कभी कमतर भी लगता है, लेकिन यह बात हिंदी बाल कविता के लिए कतई नहीं कही जा सकती। इसलिए कि हिंदी बाल कविता अपने जन्म के प्रारंभिक चरण से ही आजाद तबीयत की, स्वच्छंद और आगे की ओर उन्मुख यानी प्रगतिशील मिजाज की थी, जिसमें भारतीय समाज और जीवन की गाढ़ी छायाएँ शुरू से देखी जाती हैं। उसकी लय अपनी और निराली थी और उसके शब्दों का लोच लोक साहित्य की एक लंबी परंपरा से आया था। लिहाजा हिंदी बाल कविता के शुरुआती चरण से हमें इतनी चुस्त-दुरुस्त और अनोखी बाल कविताएँ दिखनी शुरू हो जाती हैं, जो बच्चों के मन और इच्छा-संसार के एकदम करीब थीं और पूरी तरह से भारतीय समाज या भारतीय बच्चों की अपनी बाल कविताएँ थीं।

हिंदी बाल कविता की विकास-यात्रा

हिंदी बाल कविता अपने प्रारंभिक दौर से ही समूचे बाल साहित्य की सर्वप्रमुख और केंद्रीय विधा रही है। यही कारण है कि उसकी विकास-यात्रा निरंतर नई संभावनाओं और ऊर्जा से संपन्न दिखाई देती है। बाल साहित्य की किसी भी अन्य विधा में हिंदी के बड़े लेखकों और मूर्धन्य साहित्यकारों की इतनी बड़ी हिस्सेदारी और योगदान नहीं है, जितना बाल कविता में। बाल कविता के प्रारंभिक दौर में तो उस दौर के प्रायः सभी बड़े और प्रतिनिधि कवियों ने बच्चों के लिए कविताएँ लिखीं और उनमें वे खूब रमे। बाद में भी यह सिलसिला चलता रहा। भवानीप्रसाद मिश्र, प्रभाकर माचवे, भारतभूषण अग्रवाल, सर्वेश्वर, रघुवीर सहाय, बलवीर सिंह रंग, वीरेंद्र मिश्र, रामावतार त्यागी जैसे बड़े कवियों ने तो बाल कविताएँ लिखी हीं, फणीश्वरनाथ रेणु और कृष्णा सोबती की लिखी बाल कविताएँ भी उपलब्ध हैं। यही नहीं, बाल साहित्य के लेखकों, पाठकों की सबसे अधिक रुचि आज भी बाल कविता में ही है।

यों समय के साथ-साथ बाल कविता के रूप और शिल्प में भी निरंतर बदलाव आया। उसमें भाषा और अभिव्यक्ति को लेकर निरंतर प्रयोग हुए और हर काल में लीक तोड़कर आगे चलनेवाले ऐसे प्रतिभासंपन्न कवि नजर आते हैं, जिनके कारण हर बार बाल कविता पुनर्नवा होती रही है। इसी तरह बाल कविता के पहले चरण में राष्ट्रीयता और देश की आजादी के लिए कुछ कर गुजरने का भाव अधिक प्रबल था, तो आगे चलकर

उसमें खिलंदड़ी अभिव्यक्ति के तमाम रूप और प्रसन्न छटाएँ आईं। नवें दशक और बाद की कविताओं में बच्चों के सुख-दु:ख, शिकवे-शिकायतें और उनकी छोटी सी दुनिया की छोटी-बड़ी समस्याएँ कविता के केंद्र में आने लगीं।

अध्ययन की सुविधा के लिए बाल कविता की समूची विकास-यात्रा को तीन चरणों में बाँटा जा सकता है। पहला चरण बीसवीं शताब्दी के प्रारंभ से लेकर 1947 तक है। दूसरे चरण में आजादी से लेकर 1980 तक बाल कविताओं को सहेजा गया है। तीसरे चरण में 1981 से आज तक की बाल कविताओं की चर्चा है। इनमें पहला चरण बाल कविता का प्रारंभिक चरण है। दूसरे चरण को जब बाल कविता अपने सर्वोच्च शिखरों तक पहुँचती है, गौरव युग नाम दिया जा सकता है। तीसरे चरण में एक साथ बहुत से कवि बाल कविता लिखने के लिए प्रवृत्त हुए और बाल कविता की विकास-धारा में विस्तार आया। लिहाजा इसे विकास युग नाम दिया गया है।

इन चरणों के नामकरण को लेकर बेशक शंका या मतभेद की गुंजाइश है, पर मैं समझता हूँ, हिंदी बाल कविता के ये स्वाभाविक चरण हैं, जिनसे बेशक उसके रूप, मिजाज और बीच-बीच में आए मोड़ और बदलावों को समझा जा सकता है।

इसमें शक नहीं कि हिंदी बाल कविता में सृजनात्मक ऊर्जा प्रारंभिक चरण से ही अपने पूरे जोर और तेवर के साथ महसूस की जा सकती है। यही कारण है कि हिंदी बाल कविता के प्रारंभिक चरण में जब राष्ट्र-प्रेम का कुछ अधिक बोलबाला था और बच्चों को राष्ट्र के उत्थान के लिए उठ खड़े होने और कुछ कर गुजरने की प्रेरणा देनेवाली बाल कविताएँ अधिक लिखी गईं, तब भी हिंदी बाल कविता पूरी तरह निरानंद, सपाट या उपदेशात्मक नहीं हुई थी। उसकी सृजनात्मकता की कौंध लगातार बीच-बीच में बिजली की तरह जगमगाती रही। यहाँ तक कि राष्ट्र-उत्थान की प्रेरणा के तहत लिखी गई बाल कविताओं में भी यह सृजनात्मक कौंध कई बार इतने प्रखर रूप में देखने को मिलती है कि चकित रह जाना पड़ता है। श्यामनारायण पांडेय की 'हलदी घाटी' की जोशीली कविताएँ और सुभद्राकुमारी चौहान, दिनकर, ठाकुर श्रीनाथ सिंह, सोहनलाल द्विवेदी, द्वारिकाप्रसाद माहेश्वरी आदि कवियों की देशराग की ऐसी कई कविताएँ हैं, जिनकी लय और तड़प आज भी बेचैन करती है। इस लिहाज से कहना न होगा कि बाल साहित्य की अन्य सभी विधाओं की तुलना में बाल कविता सबसे आगे और झंडाबरदार रही। यहाँ तक कि बाल साहित्य की दूसरी सभी विधाओं—कहानी, उपन्यास, नाटक आदि ने उससे यह सृजनात्मक ऊष्मा उधार ली और उससे प्रेरणा लेकर अपना विकास किया, यह कहा जाए तो कुछ गलत न होगा।

यहाँ यह बात दोहराना जरूरी लगता है कि हिंदी बाल कविता का 'इतिहास' सहेजते हुए, मेरी दृष्टि बच्चे के मन या जिज्ञासा-संसार से जुड़े एक सीधे-सादे पाठक की दृष्टि है, किसी आचार्य या पंडित की नहीं। मुझे लगा, बाल-स्वभाव या बाल-सुलभ सरलता के साथ बालगीतों के पास जाया जाए, तब उनके अर्थ बेहतर ढंग से खुल पाएँगे और वे हमारे निकट बोलने-बतियाने लगेंगे, हमारे सँग-सँग हँसने-मुसकराने लगेंगे। किसी भी समीक्षक के चीर-फाड़वाले नजरिए से यह अबोध सरलता शायद ज्यादा काम की चीज है—कम से कम कविता के सौंदर्य और आब को महसूस करने में। इस लिहाज से यह अध्याय बाल कविता के इतिहास को पाठकों के आगे रखने के साथ-साथ उन्हें बाल कविता के जादुई अंत:संसार में भी ले जा सके तो मुझे सचमुच सुख मिलेगा।

पहला चरण : प्रारंभिक युग

एक संभावना भरी शुरुआत

यों तो हिंदी बाल कविता के शुरुआती पगचिह्न बीसवीं सदी की शुरुआत से ही नजर आने लगते हैं और कुछ लोग तो इससे भी पहले भारतेंदु या फिर सूर के वात्सल्य वर्णन में हिंदी की बाल कविता का 'उत्स' देखते हैं। 'मैया, मैं नहिं माखन खायो' या 'मैया, कबहुँ बढ़ेगी चोटी' में भी निस्संदेह बाल-मन की सरल जिज्ञासा के अक्स हैं। अमीर खुसरो की पहेलियाँ जब 'एक थाल मोती से भरा, सबके सिर पर औंधा धरा' जैसे कौतुक-संसार की निर्मिति करती हैं, तो वे बच्चे के अंत:संसार के काफी नजदीक होती हैं, पर जहाँ तक आधुनिक हिंदी बाल कविता की 'संभावना भरी शुरुआत' और उसकी निरंतर प्रवहमान धारा की बात है, हम मोटे तौर से हिंदी बाल कविता की शुरुआत बीसवीं सदी के प्रारंभ से मान सकते हैं।

बीसवीं सदी की शुरुआत में ही बाल साहित्य और खासकर बाल कविता के लिए सक्रियता दिखाई पड़ने लगती है। आचार्य महावीरप्रसाद द्विवेदी ने बीसवीं सदी के पहले दशक में ही मैथिलीशरण गुप्त की एक सुंदर बालोपयोगी रचना 'ओला' उस दौर की सुप्रसिद्ध साहित्यिक पत्रिका 'सरस्वती' में प्रकाशित की थी। इससे पता चलता है कि बाल कविता को पर्याप्त महत्त्व उस दौर में मिलने लगा था। एक परतंत्र देश में बच्चे के व्यक्तित्व के विकास और उसमें राष्ट्रीय स्वाभिमान की भावनाएँ जाग्रत् करने के लिए संभवत: बाल कविता की जरूरत महसूस की गई हो, पर इससे भी अधिक महत्त्वपूर्ण यह था कि कोई भी साहित्य तब तक संपन्न नहीं कहला सकता, जब तक उसमें अच्छा बाल साहित्य न हो।

आगे चलकर 'शिशु', 'बालसखा' और 'वानर' सरीखी महत्त्वपूर्ण बाल पत्रिकाओं ने बाल कविता को आगे लाने और उसके विकास में अपनी महत्त्वपूर्ण ऐतिहासिक भूमिका निभाई। फिर तो हिंदी साहित्य की चर्चित और बड़ी विभूतियों को भी हम बाल कविता के मैदान में उतरते देखते हैं। श्रीधर पाठक, हरिऔध, मैथिलीशरण गुप्त, रामनरेश त्रिपाठी, दिनकर, सुभद्राकुमारी चौहान, सबने एक से एक सुंदर बाल कविताएँ लिखीं, पर श्रीधर पाठक की और कविताएँ इनमें सबसे अलग थीं और हम बीसवीं सदी के प्रारंभ की हिंदी बाल कविता की सबसे बड़ी विभूति के रूप में कृतज्ञतापूर्वक उनका स्मरण करते हैं।

श्रीधर पाठक (1860-1928) द्वारा उस समय लिखी गई बेहद अच्छी बाल कविताएँ मिलती हैं, जिनकी ताजगी और बाल मनोविज्ञान पर 'पकड़' हैरत में डालनेवाली हैं। इससे भी बढ़कर ताज्जुब यह देखकर होता है कि आज से सौ वर्ष पहले लिखी गई ये कविताएँ आज के बालक के मन और सपनों से दूर नहीं हैं और उनका चंचल खिलंदड़ापन खास तौर से भाता है। सन् 1860 में आगरा जिले के जोंधरी गाँव में जनमे श्रीधर पाठक खड़ी बोली की कविता के जन्मदाताओं में से एक हैं और कविता को उपदेशात्मकता के ढर्रे से काटकर कल्पना के बड़े क्षितिज से जोड़नेवालों में उनका नाम लिया जाता है। हिंदी की बाल कविता को भी उन्होंने प्रारंभिक चरण में ही एक बड़ी आधार-पीठिका और सहज विन्यास दिया। उनकी इस अत्यंत चर्चित और कालजयी कविता में भारतीय वातावरण की गरमजोशी और बच्चे का लगाव, उसका कल्पना-संसार, दोनों ही बढ़िया ढंग से सामने आते हैं—

बाबा आज देल छे आए, चिज्जी-पिज्जी कुछ न लाए।
बाबा क्यों नहीं चिज्जी लाए, इतनी देली छे क्यों आए?
काँ है मेला बला खिलौना, कलाकंद, लड्डू का दोना।
चों-चों गानेवाली चिलिया, चैं-चैं करनेवाली गुलिया।...
बाबा तुम औ, काँ से आए, आँ-आँ चिज्जी क्यों न लाए?

यह कविता ओंकार प्रेस, इलाहाबाद से सन् 1917 में प्रकाशित श्रीधर पाठक की 'मनोविनोद' पुस्तक से ली गई है। इसमें बाल कविताओं के लिए 'बालविकास' खंड अलग से है। बच्चे की बोली की तुतलाहट सचमुच कविता को बच्चों से बहुत गहरे जोड़ देती है। एक आनंददायक अनुभव है इस कविता को पढ़ना। 'बाबा आज देल छे आए, चिज्जी-पिज्जी कुछ न लाए' के पीछे झाँकता बच्चे का नटखट चेहरा आप बिल्कुल पास से देख सकते हैं। श्रीधर पाठक की बाल कविताओं में ब्रजभाषा के कुछ प्रयोग चिपके रह गए हैं। मसलन 'कोयल' कविता में 'झकाय', 'ह्वाँ' जैसे शब्द आए हैं, लेकिन बाल कविता के प्रारंभिक दौर को देखते हुए उनकी ये कविताएँ हमें उसी तरह चकित करती हैं, जैसी चंद्रधर शर्मा 'गुलेरी' की कहानियाँ। जैसे गुलेरीजी की कहानियाँ अपने दौर से बहुत-बहुत आगे थीं, वैसे ही श्रीधर पाठक की कुछ बाल कविताएँ हिंदी बाल कविता के प्रारंभिक दौर में किसी आश्चर्य की तरह हैं।

तीतर को लेकर लिखी गई श्रीधर पाठक की एक बाल कविता में भी बड़े गजब की चुस्ती और नन्हे-मुन्ने बाल-मन का कुतूहल है। साथ ही धीरे से यह बात भी समझा दी गई है कि तीतर का नाम तीतर क्यों है, "तीइत्तड़, तीइत्तड़, तीइत्तड़, तीइत्तड़, नाम इसी से इसका तीतर।" यहाँ यह बात दर्ज कर देना जरूरी है कि छोटे बच्चों को खेल-खेल में भूगोल पढ़ाने के लिए श्रीधर पाठक ने 'बाल भूगोल' भी लिखी थी, जिसमें कुछ छोटी-छोटी उम्दा बाल कविताएँ हैं।

हिंदी के एक अन्य मूर्धन्य कवि अयोध्यासिंह उपाध्याय 'हरिऔध' (1865-1947) ने भी 'बाल कविता के एक महारथी' की-सी भूमिका निभाई। हरिऔधजी ने खूब बाल कविताएँ लिखी हैं और हिंदी बाल कविता के प्रारंभिक दौर के शीर्ष कवियों में उनकी गिनती होती है। संभवत: हिंदी में पहली बाल कविता हरिऔधजी ने ही लिखी थी। एक इंटरव्यू में बड़ी विनम्रता से उन्होंने कहा भी था कि हिंदी में बाल कविता की धारा उन्होंने ही प्रारंभ की, जबकि उसका श्रेय दूसरों को मिल गया। हरिऔधजी की मशहूर कविता 'एक बूँद' अपने झीने से कथा-सूत्र की वजह से यादगार कविता बन गई है और उसकी संरचना 'क्रिस्टल स्ट्रक्चर' जैसी लगती है, जिसमें न एक शब्द आप कहीं जोड़ सकते हैं, न घटा सकते हैं। एक बूँद 'बादलों की गोद' से निकलकर कुछ आगे बढ़ी ही थी कि, "सोचने फिर-फिर यही जी में लगी/आह, क्यों घर छोड़कर मैं यों बढ़ी!" लेकिन बूँद सीप में गिरी तो मोती बनी और इस तरह एक मीठा-सा उपदेश इस कविता के साथ जुड़ गया, "लोग यों ही हैं झिझकते-सोचते/जबकि उनको छोड़ना पड़ता है घर,/किंतु घर को छोड़ना अकसर उन्हें/बूँद लौं कुछ और ही देता है कर।"

हरिऔधजी की बाल कविताओं के संकलन हैं—'बाल विभव', 'बाल विलास', 'फूल-पत्ते', 'पद्य-प्रसून', 'चंद्र-खिलौना', 'खेल-तमाशा'। इनमें 'चंद्र-खिलौना', 'खेल-तमाशा' अधिक प्रसिद्ध हैं। हरिऔध ने

चाँद पर कुछ सुंदर कविताएँ लिखी हैं, जो आज की बाल कविताओं के मिजाज के बहुत निकट हैं—

चंदा मामा दौड़े आओ, दूध-कटोरा भरकर लाओ।
उसे प्यार से मुझे पिलाओ, मुझपर छिड़क चाँदनी जाओ।
मैं तेरा मृगछौना लूँगा, उसके साथ हँसूँ, खेलूँगा।

बच्चे और चंदा मामा की यह दोस्ती मन को रिझानेवाली है। 'बंदर', 'चिड़िया बड़ी सजीली' और 'चूँ-चूँ-चूँ म्याऊँ-म्याऊँ' भी अयोध्यासिंह उपाध्याय 'हरिऔध' की सुंदर कविताएँ हैं। इनमें 'बंदर' में उसकी नटखट शरारतों और मनोभावों का वर्णन है, तो चूँ-चूँ-चूँ म्याऊँ-म्याऊँ में पशु-पक्षियों और आसपास के परिवेश में गूँजती बोलियों के ध्वनि-चित्र हैं। हरिऔधजी ने कुछ सुंदर लोरियाँ भी लिखी हैं। इनमें 'आ री नींद, लाल को आ जा/उसको करके प्यार सुला जा··· !' जैसी मधुर लोरियाँ भी हैं।

हरिऔधजी उन कवियों में से हैं, जिन्हें पढ़कर बहुत से अन्य कवियों ने भी लोरियाँ लिखना शुरू किया था और यों हिंदी में लोरियाँ लिखने की एक परंपरा ही बनती चली गई। आगे चलकर कन्हैयालाल 'मत्त', शंभुदयाल सक्सेना, शकुंतला सिरोठिया, ब्रजकिशोर नारायण, निरंकारदेव सेवक, लक्ष्मीदेवी चंद्रिका, कमला चौधरी, विद्यावती कोकिल, सुमित्राकुमारी सिन्हा, राष्ट्रबंधु आदि ने एक से एक सुंदर लोरियाँ लिखीं। लोरियाँ ठेठ अर्थ में बाल कविता भले ही न हों, पर बाल-मन और सपनों में गहराई से जुड़ी होने के कारण हैं वे बाल साहित्य का ही अंग और बाल कविता से उनकी दूरी भी कुछ खास नहीं है। इसी तरह आज की कई पीढ़ियों के लोग हरिऔधजी की यह प्रभाती बचपन में गा-गाकर या सुनकर बड़े हुए हैं, "उठो लाल अब आँखें खोलो/पानी लाई हूँ मुँह धो लो/बीती रात कमल दल फूले/उनके ऊपर भँवरे झूले/चिड़ियाँ चहक उठीं पेड़ों पर/बहने लगी हवा अति सुंदर!" आश्चर्य, हरिऔधजी की इस सुंदर प्रभाती के बोल आज भी मन को छू जाते हैं।

सुखराम चौबे 'गुणाकर' (1867-1956) भी आरंभिक दौर के समर्थ कवियों में से हैं। उनकी 'बनावटी सिंह' कविता अपने समय में खासी चर्चित हुई थी। इस कविता में एक पूरे किस्से को चंद पंक्तियों में कहने का लाघव और नाटकीयता देखते ही बनती है, "गधा एक था मोटा-ताजा/बन बैठा वह वन का राजा।/कहीं सिंह का चमड़ा पाया/चट वैसा ही रूप बनाया।/सबको खूब डराता वन में/फिरता आप निडर हो मन में।···"

इस दौर में लिखनेवाले हिंदी के दिग्गज साहित्यकारों—मैथिलीशरण गुप्त, आचार्य महावीप्रसाद द्विवेदी और पं. कामताप्रसाद गुरु के जिक्र के बगैर बाल कविता की चर्चा पूरी नहीं हो सकती। हालाँकि महावीरप्रसाद द्विवेदी (1864-1938) ने सीधी-सरल देशभक्ति की कविताएँ या उपदेशात्मक कविताएँ ही ज्यादा लिखी हैं, जिनमें नयापन कुछ नहीं है, पर बीसवीं सदी के प्रारंभ में ही हिंदी में बाल कविताएँ लिखे जाने की जरूरत को संभवतः सबसे पहले अनुभव करने और 'सरस्वती' पत्रिका के जरिए उस ओर लेखकों को निरंतर प्रवृत्त करने के लिहाज से वे निस्संदेह हिंदी बाल कविता के उन्नायकों में गिने जाएँगे। द्विवेदीजी की कोकिल कविता की शुरुआत इस तरह होती है, "कोकिल अति सुंदर चिड़िया है, सब कहते हैं, अति बढ़िया है/ जिस रंगत के कुँवर कन्हाई, इसने भी वह रंगत पाई··· !" हालाँकि कुँवर कन्हाई से जोड़कर कोकिल को थोड़ी अतिरिक्त सुंदरता और मधुरता देने की कोशिश की गई है, पर कविता का कलेवर अत्यंत साधारण है। द्विवेदीजी की बाकी बाल कविताएँ भी उपदेशात्मक ही हैं, पर उन्होंने इस दिशा में कलम चलाई, यह कोई कम महत्त्व की बात नहीं है।

पं. कामताप्रसाद गुरु (1875–1947) के यहाँ बाल कविता की 'गति' ही नहीं, छंद और लय की भी बेहतर समझ है और वे इसे बच्चों के मन से जोड़ देते हैं। कम घेरे में दौड़ती, उनकी छड़ी की सवारी अच्छी-खासी है, "यह सुंदर छड़ी हमारी,/है हमें बहुत ही प्यारी।/हम घोड़ा इसे बनाएँ,/कम घेरे में दौड़ाएँ।/कुछ ऐब न इसमें पाएँ/है इसकी तेज सवारी।" यह कविता खासी लंबी और नाटकीय है। बीच-बीच में दृश्य-परिवर्तन होता चलता है। कभी यह छड़ी तलवार बनती है, कभी बंदूक और हर बार इसका महत्त्व और गुणवत्ता अलग ढंग से उद्घाटित होती है। छोटे-छोटे दृश्य मिलकर एक बड़ा नाटकीय विन्यास रचते हैं। फिर भी इस कविता की अभिव्यक्ति या बात कहने का ढंग कुछ पुराना ही लगता है।

इस लिहाज से मैथिलीशरण गुप्त (1886–1964) बाल कविता के मुहावरे को कहीं बेहतर ढंग से पकड़ पाए। आश्चर्य है, आज की बाल कविता की प्रकृति या मिजाज के भी वे काफी अधिक करीब पड़ते हैं। उनकी कुछ बाल कविताएँ अपनी कथात्मक प्रकृति के कारण खासकर लुभाती हैं। गुप्तजी की 'ओला' और 'सरकस' कविताएँ खासी चर्चित रही हैं और वे सच ही बाल जिज्ञासा के अंत:सूत्रों को छूते हुए आगे बढ़ती हैं। 'ओला' में बारीक-सा कथा-सूत्र है और सुनाने का ढंग कुछ यों है, "एक सफेद बड़ा-सा ओला, था मानो हीरों का गोला/हरी घास पर पड़ा हुआ था, वहीं पास मैं खड़ा हुआ था/मैंने पूछा, क्या है भाई, तब उसने यों कथा सुनाई⋯!" मैथिलीशरण गुप्त की यह कविता सन् 1906 में 'सरस्वती' पत्रिका में छपी थी। कविता की भाषा सादा होते हुए भी पर्याप्त नाटकीय है और अंत तक जिज्ञासा बनाए रखती है। पर अंत में पाप-पुण्य का झमेला और स्वर्ग से ओले का पतन बाल कविता की प्रकृति और विन्यास पर थोड़ा भारी पड़ता है।

गुप्तजी की 'सरकस' कविता में करतब हैं—ज्यादातर जानवरों के, लेकिन कथा-तत्त्व यहाँ भी मौजूद हैं। एक अजब चुटीले ढंग से सरकस का यह शब्द-चित्र प्रस्तुत किया गया है। बच्चे गहरी दिलचस्पी के साथ इसे पढ़ेंगे—

होकर कौतूहल के बस में, गया एक दिन मैं सरकस में।
भय-विस्मय के खेल अनोखे, देखे बहु व्यायाम अनोखे।
एक बड़ा-सा बंदर आया, उसने झटपट लैंप जलाया।
डट कुर्सी पर पुस्तक खोली, आ तब तक मैना यों बोली—
हाजिर है हुजूर का घोड़ा, चौंक उठाया उसने कोड़ा।
आया तब तक एक बछेरा, चट बंदर ने उसको घेरा।
टट्टू ने भी किया सपाटा, पट्टी बाँधी, चक्कर काटा।

आगे तोते के तोप चलाने, बंदर के मुँह में चुरट दबाकर ऐंठने की चर्चा है और पिंजड़े में पड़े सिंह को देखकर उपजी यह प्रतिक्रिया भी कि, "आती इस पर मुझे दया है।" मैथिलीशरण गुप्त के 'यशोधरा' काव्य का बहुचर्चित गीत 'माँ, कह एक कहानी' भी एक उम्दा बाल कविता का ही उदाहरण है जिसे आज भी बच्चे बड़ी रुचि से पढ़ते हैं। गुप्तजी की "वही मनुष्य है कि जो मनुष्य के लिए मरे⋯!" सरीखी बाल कविताएँ भले ही बच्चों के लिए न लिखी गई हों, पर उन्हें लुभाती जरूर हैं और कई बड़े-बड़े त्यागवीरों के जीवन-प्रसंगों को सामने रखकर उसी आदर्श को अपनाने की प्रेरणा देती हैं।

इसी तरह प्रारंभिक दौर में बड़ों के लिए लिखनेवाले जिन कवियों ने हिंदी बाल कविता में भी प्रमुख स्थान बनाया, उनमें रामनरेश त्रिपाठी और मन्नन द्विवेदी 'गजपुरी' उल्लेखनीय हैं। इनमें मन्नन द्विवेदी के यहाँ ग्राम्य संस्कार हैं, जबकि रामनरेश त्रिपाठी इस सीमा से निकलते हैं और ऐसी गजब की नाटकीय कविताएँ लिख जाते हैं, जिनमें कुछ तो अनुपमेय हैं। रामनरेश त्रिपाठी (1889-1962) की बच्चों के लिए लिखी गई ढेरों कविताएँ ध्यान खींचती हैं। सन् 1889 में उत्तर प्रदेश के कोइरीपुर गाँव (जि. जौनपुर) में जनमे रामनरेश त्रिपाठी ने हिंदी कविता में सम्मानपूर्ण स्थान बनाने के साथ, लोकगीतों के संग्रह के क्षेत्र में अभूतपूर्व कार्य किया। बच्चों के लिए लिखने में भी उनकी बहुत रुचि थी। बाल साहित्य को प्रोत्साहित करने के लिए उन्होंने बाल पत्रिका 'वानर' निकाली, जिसने इस दिशा में ऐतिहासिक भूमिका निभाई। खुद भी रामनरेश त्रिपाठी ने नई से नई कल्पनापूर्ण बाल कविताएँ लिखीं। खासकर 'चंदा मामा' कविता तो बेजोड़ है। चाँद पर लिखी गई इतनी बढ़िया कविताएँ बाल कविता के पूरे इतिहास में उँगलियों पर गिनी जा सकती हैं। चंदा मामा कचहरी गए, तो पीछे से मामी निशा भी घूमने चल दीं। एक सजी हुई सुंदर हवेली देख, उनका नाचने का मन हो आया। इसके बाद कविता में मामी निशा के नाच का वर्णन है—और यह सचमुच कमाल का है। नाचते-नाचते नौलखा हार टूट गया, तो चंदा मामा आए—

टूट गया नौलखा हार जब, मामी रोती-रोती,
वहीं खड़ी रह गई छोड़कर यों ही बिखरे मोती।
पाकर हाल दूसरे ही दिन चंदा मामा आए,
कुछ शरमाकर खड़ी हो गई मामी मुँह लटकाए।
चंदा मामा बहुत भले हैं, बोले—क्यों है रोती,
दीया लेकर घर से निकले चले बीनने मोती।

चंदा मामा और मामी निशा के बहाने दांपत्य की भारतीय छवि और सौंदर्य के रस-आह्लाद को रामनरेश त्रिपाठी ने बड़ी खूबसूरती के साथ एक जगह गूँथ दिया है। इसके अलावा त्रिपाठीजी ने सुंदर शिशुगीत भी लिखे। 'नंदू की छींक' उनका कमाल का शिशुगीत है, जिसका जिक्र हिंदी के सबसे अच्छे, चुस्त और कालजयी शिशुगीतों के उदाहरण के रूप में बरसों से होता रहा है और शायद बरसों तक होता रहेगा। छह पंक्तियों का यह अद्भुत शिशुगीत है, "आई एक छींक नंदू को,/एक रोज वह इतना छींका,/इतना छींका, इतना छींका,/इतना छींका, इतना छींका,/सब पत्ते गिर गए पेड़ के/धोखा उन्हें हुआ आँधी का।"

खास बात यह है कि रामनरेश त्रिपाठी की काव्य-परिधि का विस्तार काफी बड़ा है, जिसमें काफी कुछ समा जाता है। एक से एक अनोखे विषय उन्होंने चुने। मृत्यु पर लिखी उनकी यह कविता बरसों पहले बचपन में पढ़ी थी, "मृत्यु एक सरिता है, जिसमें श्रम से कातर जीव नहाकर/फिर नूतन धारण करता है काया रूपी वस्त्र बहाकर⋯!" आश्चर्य, बरसों पहले पढ़ी इस बाल कविता के रंग आज तक फीके नहीं पड़े। मृत्यु जैसे विषय पर बच्चों के लिए ऐसी उम्दा कविता लिख पाना रामनरेश त्रिपाठी के बस की ही बात थी। लंबी कविताओं में 'तिल्लीसिंह' और 'चतुर चित्रकार' त्रिपाठीजी की अद्भुत कथात्मक कविताएँ हैं, जिनमें हास्य की अनोखी छटा है। तिल्लीसिंह की लिल्ली घोड़ी और उसके दिल्ली जीतने का प्रसंग मजेदार है। इसी तरह

जंगल में शेर का चित्र बनाते चित्रकार ने किस तरह अपनी चतुराई से जान बचाई, पढ़कर चेहरे पर मीठी मुसकान आ जाती है। 'मोहन माला', 'वानर संगीत', 'कविता विनोद' (दो भाग) और 'मोतीचूर के लड्डू' त्रिपाठीजी की बालोपयोगी रचनाओं के चर्चित संग्रह हैं।

दूसरी ओर मन्नन द्विवेदी 'गजपुरी' (1885–1921) की कविताएँ ग्राम्य जीवन की स्वस्थ, पुष्ट कल्पनाओं से भरी हुई हैं। सन् 1985 में उत्तर प्रदेश के गजपुरी गाँव (गोरखपुर) में जनमे मन्नन द्विवेदी 'गजपुरी' के यहाँ सुंदरता का अर्थ जीवन का भरपूर आस्वाद है। सो इन हरे-लाल, पके-पके आमों को देखकर वे लुभा गए हैं, "पके-पके क्या आम रसीले, हरे-लाल हैं नीले-पीले।/आँधी अगर कभी आ जाती, आम हजारों पीट गिराती।/इनको लेकर चलो ताल पर, वहाँ खूब पानी से धोकर।/सौ-पचास तक खाएँगे हम, आज न भोजन पाएँगे हम।" मन्नन द्विवेदी 'गजपुरी' की यह विनती भी स्कूलों में 'प्रार्थना' के रूप में बच्चे खूब दोहराते आए हैं, "विनती सुन लो, हे भगवान्/हम सब बालक हैं नादान।" हालाँकि आज वह हमें इतनी आकर्षित नहीं करती।

छायावाद के मूर्धन्य कवियों—सूर्यकांत त्रिपाठी 'निराला', सुमित्रानंदन पंत और महादेवी वर्मा ने भी बच्चों के लिए एक से एक सुंदर कविताएँ लिखीं। इनमें सूर्यकांत त्रिपाठी 'निराला' (1899–1961) की बाल कविताओं में यथार्थ की धमक है और बार-बार उनका ध्यान हाशिए पर जी रहे मेहनतकश बच्चों और कमजोर व उपेक्षित लोगों की ओर जाता है। 'खेल' (1942), 'रानी और कानी' (1938) तथा 'गर्म पकौड़ी' (1840) उनकी ऐसी कविताएँ हैं, जिन्हें पढ़कर बच्चे उनकी कवि शख्सियत के साथ-साथ उनके मन की उदारता और विराटता को भी समझ पाएँगे। 'खेल' में जेठ की दुपहर में पेड़ पर चढ़े एक नौ-दस साल के बच्चे का जिक्र है तो 'रानी और कानी' में एक कानी लड़की और उसकी माँ का दर्द। हाँ, 'गर्म पकौड़ी' में अंदाज जरा खिलंदड़ा है, "गर्म पकौड़ी,/ए गर्म पकौड़ी/तेल की भूनी,/नमक-मिर्च की मिली/ए गर्म पकौड़ी।" निरालाजी की 'भिक्षुक' और 'राजे ने रखवाली की' भी बच्चों के लिए लिखी गई चर्चित कविताएँ हैं।

इसी तरह सुमित्रानंदन पंत (1900–1977) ने बच्चों के लिए कई अद्‌भुत कविताएँ लिखीं। इनमें चींटी पर लिखी गई उनकी कविता तो बहुत मशहूर हुई और हजारों बच्चे इसे पढ़-पढ़कर बड़े हुए। कविता की शुरुआती पंक्तियाँ ही चींटी के लिए बच्चे के मन में गहरी उत्सुकता पैदा करती हैं, "चींटी को देखा, यह सरल-विरल काली रेखा…!" पंतजी की यह कविता भी कभी बच्चों की ज़ुबान पर बहुत चढ़ी थी, जिसमें स्वामी विवेकानंद के अलमोड़े में आने का बड़ा ही रसमय वर्णन है, "माँ अलमोड़े में आए थे जब राजर्षि विवेकानंद,/तब मग में मखमल बिछवाया, दीपावलि की विपुल अमंद…!" पंतजी की मशहूर कविता 'आः, धरती कितना देती है' असल में बच्चों के लिए ही लिखी गई थी और बच्चों की पत्रिका 'कुमार' में छपी भी थी। दुर्भाग्य से बाद में उसकी गंभीर व्याख्याएँ कर-करके बड़ा ही गंभीर कलेवर दे दिया गया और वह बच्चों से दूर जा पड़ी। यह बच्चों के लिए लिखी गई एक अनूठी कविता है, जिसमें मानो धरती के हृदय में छिपी उदारता खुलकर सामने आ गई है।

पंतजी का ध्यान ऐसे बच्चों की ओर भी गया, जो पढ़-लिख नहीं पाते हैं और अभावों से भरे जीवन की

तलछट में जी रहे हैं। कूड़ा बीननेवाले दो बच्चों पर लिखी गई उनकी कविता बहुत मशहूर हुई थी। बच्चों के लिए लिखी गई पंतजी की 'घंटा' कविता में भी अद्‌भुत लयात्मकता है, जो खेल-खेल में जीवन और ब्रह्मांड के मनोरम रहस्यों से परिचित कराती है। इसी तरह सुमित्रानंदन पंत की 'सावन' कविता बड़ी रसमय है, जिसमें बाल मन की झलक है, "झम-झम मेघ बरसते हैं सावन के/छम-छम-छम गिरतीं बूँदें तरुओं से छनके/··· आओ रे सब मुझे घेरकर गाओ सावन।"

काश, पंतजी की बच्चों के लिए लिखी गई कविताओं का कोई अलग संग्रह सामने आ पाता तो उससे उनके हृदय के अछूते प्रेमल कोने सामने आते और इन बाल कविताओं का मूल्यांकन भी कहीं अधिक आसान हो जाता।

छायावाद की एक अन्य मूर्धन्य कवयित्री महादेवी वर्मा (1907-1987) ने भी बच्चों के लिए कई सुंदर, भावपूर्ण कविताएँ लिखी हैं। आश्चर्य है, महादेवीजी की इतनी अद्‌भुत बाल कविताओं की ओर भी लोगों का ध्यान नहीं गया। ये ऐसी कविताएँ हैं, जिनमें बच्चों का मन, सपने, इच्छाएँ और भावनाएँ सीधे-सादे और भोले शब्दों में पिरो दी गई हैं। 'ठाकुरजी भोले हैं' संग्रह में महादेवीजी की ऐसी नौ बाल कविताएँ शामिल हैं। 'ठाकुरजी भोले है' कुल पाँच पंक्तियों की कविता है, लेकिन बच्चों के लिए लिखी गई यादगार कविताओं में इसकी गिनती होनी चाहिए, "ठंडे पानी से नहला के/ठंडा चंदन इन्हें लगाती/इनका भोग हमें दे जातीं/फिर भी कभी नहीं बोले हैं/माँ के ठाकुरजी भोले हैं।"

इसी तरह तारों को लेकर लिखी गई उनकी एक कविता में बच्चों की सहज भावनाएँ मानो थोड़े से शब्दों में बँध गई हैं, "आओ प्यारे तारे आओ/तुम्हें झुलाऊँगी झूलों में/तुम्हें सुलाऊँगी फूलों में/तुम जुगनू से उड़कर आओ/मेरे आँगन को चमकाओ।" महादेवीजी की 'बया से' कविता में बया का तिनके लाकर अपना खूबसूरत महल बनाना तो है ही, साथ ही बया और बच्चों का यह खूबसूरत नाता भी है कि, "तुझको दूर न जाने देंगे/दानों से आँगन भर देंगे/और हौज में भर देंगे हम/मीठा-मीठा ठंडा पानी/बया हमारी चिड़िया रानी।"

कविता की आखिरी पंक्तियाँ बड़ी गजब की हैं, "फिर अंडे सेएगी जब तू/निकलेंगे नन्हे बच्चे तब/हम आकर बारी-बारी से/कर लेंगे उनकी निगरानी।/फिर जब उनके पर निकलेंगे/उड़ जाएँगे, बया बनेंगे/हम तब तेरे पास रहेंगे/तू रोना मत चिड़िया रानी/बया हमारी चिड़िया रानी!"

इसी तरह तितली को लेकर लिखी गई महादेवीजी की एक छोटी-सी प्यारी कविता है—

> मेह बरसनेवाला है, मेरी खिड़की में आ जा तितली!
> बाहर जब पर होंगे गीले, धुल जाएँगे रंग-सजीले,
> झड़ जाएगा फूल, न तुझको बचा सकेगा छोटी तितली!
> खिड़की में तू आ जा तितली!

'अब यह चिड़िया कहाँ रहेगी' महादेवी वर्मा की सुंदर बाल कविता है। यहाँ उनकी चिंता यह है कि आँधी के कारण चिड़िया का घोंसला उड़ गया है और वह बुरी तरह परेशान है। अब मुश्किल यह है कि, "घर में पेड़ कहाँ से लाएँ, कैसे यह घोंसला बनाएँ,/कैसे फूटे अंडे जोड़ें, किससे यह सब बात कहेगी,/अब यह चिड़िया कहाँ रहेगी?" महादेवीजी की बाल कविताओं के एक अन्य संग्रह 'आज खरीदेंगे हम ज्वाला'

(2002) में उनकी वीरता और देशभक्ति के जोश से भरी बाल कविताएँ हैं, जिन्हें पढ़कर स्वाधीनता संघर्ष का पूरा दौर आँखों के आगे आ जाता है।

❧ ❖ ❧

यों आजादी से पहले की बाल कविता को स्वतंत्र शख्सियत और संस्कार देने में जितना बड़ा काम विद्याभूषण विभु और सभामोहन अवधिया 'स्वर्णसहोदर' ने किया, उतना कम ही कवि कर पाए। इस दौर में दो-चार बाल कविताएँ लिखकर बाल कविता के इतिहास में शामिल हो जानेवाले कवि तो तमाम हैं, लेकिन विद्याभूषण विभु और 'स्वर्णसहोदर' जैसे बड़ी प्रतिभा के दिग्गज कवि कम ही हैं, जिन्होंने खुद को पूरी तरह बाल कविता के लिए ही समर्पित कर दिया और बाल कविता को उपदेश आदि के बहुतेरे बंधनों से छुड़ाकर स्वतंत्र और मुकम्मल रचना माने जाने पर जोर दिया।

विद्याभूषण विभु (1894-1965) को बाल स्वभाव की अंतरंग रेखाओं को पकड़ने में कमाल की महारत हासिल है और उसे वे बालगीतों की किसी न किसी नई लय में ढाल देते हैं। उत्तर प्रदेश के गाँव नाटरपुर (एटा) में जनमे विद्याभूषण विभु की 'घूम हाथी, झूम हाथी' बड़ी चर्चित कविता है और हिंदी की कुछ अक्षुण्ण और यादगार बाल कविताओं में से है। हाथी की पूरी मस्ती, चाल, शरीर की विराटता और गौरव, सभी कुछ इस कविता में है, एक खास राजसी परिवेश के ठाट के साथ—

घूम हाथी, झूम हाथी, घूम हाथी, झूम हाथी।
राजा झूमें, रानी झूमें—झूमें राजकुमार,
घोड़े झूमें, फौजें झूमें—झूमे सब दरबार।
हाथी घूम-घूम-घूम, हाथी झूम-झूम-झूम।

यह सचमुच एक विशिष्ट लय में ढली कविता है, जिसमें चलने का ओज है और मस्ती भी। इतनी परिपूर्ण लय में ढली कविताएँ आज भी ज्यादा नहीं मिलतीं। "राजमहल में बाँदी झूमें, पनघट पर पनिहारी/पीलवान पर अंकुश घूमे, सोने की अंबारी" पंक्तियाँ बड़ी जिंदादिली और सफाई के साथ पूरा राजसी वातावरण चित्रित कर जाती हैं, जो आज भी हमारी स्मृतियों में किसी न किसी रूप में जीवित हैं। इसी तरह विद्याभूषण विभु की एक और चर्चित कविता 'हिल-मिल दोनों भाई' में शब्दों का नाद-सौंदर्य ही नहीं, 'कलाकारी' भी गजब की है, "हिल हिलते हैं, मिल मिलते हैं/हिल मिलते हैं, मिल हिलते हैं।/हिल-मिल दोनों भाई।"

विद्याभूषण विभु ने हिंदी कविता के प्रारंभिक दौर में ही एक से एक सुंदर शिशुगीत लिखकर एक बड़े अभाव की पूर्ति की। 'मोरपंखी', 'गेंदा', 'चीता' आदि पर लिखे गए डॉ. विभु के शिशुगीत बड़े चुस्त, दुरुस्त और मनभावन हैं। आज भी बच्चे इन्हें झूम-झूमकर याद करते हैं। गेंदा पर लिखा गया विद्याभूषण विभु का छोटा-सा, सुंदर शिशुगीत है, "रंग निराला, गंध अनोखी/शोभा प्यारी-प्यारी,/गेंदा के हँसते ही सारी/खिल पड़ती फुलवारी।"

इसके अलावा विभुजी ने बच्चों के लिए बड़ी सुंदर और दिलचस्प कथात्मक कविताएँ भी लिखीं। 'गोबर गणेश' और 'शेख चिल्ली' उनकी ऐसी ही सुंदर कथात्मक कविताओं के संग्रह हैं। एक समर्पित बालकवि के रूप में विभुजी हमेशा याद किए जाएँगे। 'चुनमुन', 'चंदा', 'पंख, शंख', 'ता', 'बबुआ', 'गोबर गणेश',

'कोका वेली', 'दुनिया गोल पढ़ भूगोल', 'गगन गंगा', 'सागर है या जादूगर' उनकी चर्चित कविता-पुस्तकें हैं। उनकी लिखी बाल कविताओं में से कितनी आज उपलब्ध हैं, कितनी नष्ट हो गईं, इस बारे में कुछ भी कह पाना मुश्किल है। पुराने समर्थ बाल कवियों की रचनाओं को सँजोने और सहेजने की चेतना ही आज कहीं नजर नहीं आती। पुरानी छपी किताबों और पांडुलिपियों के जर्जर होते पन्ने धीरे-धीरे चिंदी-चिंदी होते, तबाह हो रहे हैं और हमें इसका खयाल ही नहीं है। वरना विद्याभूषण विभु की समग्र बाल कविताओं का कोई बढ़िया संकलन जरूर सामने आ सकता था।

सभामोहन अवधिया 'स्वर्णसहोदर' (1902-1980) भी बाल कविता के उन शीर्ष स्तंभों में से हैं, जिनका महत्त्व दिनोदिन बढ़ता दिखाई देता है। मध्य प्रदेश के शहापुरा (मंडला) में जनमे स्वर्णसहोदर की कुछ बाल कविताएँ बड़ी चुस्त-दुरुस्त और दमदार हैं, जो बाल कविता की नई संभावनाओं की पड़ताल करती हैं, खासकर उनकी कविताओं का 'नटखटपन' आकर्षित करता है। उनकी कविता-पुस्तकों के नाम 'चगन-मगन', 'नटखट हम' भी उस दौर के हिसाब से काफी चुस्त-चौकस नजर आते हैं और इससे लगता है, बाल कविता की उनकी दृष्टि बाकियों से अलग थी। उनकी कविताओं में बच्चे अपनी पूरी गतिशील ऊर्जा के साथ मौजूद हैं। यानी 'स्टिल चित्र' देने के बजाय वे बच्चों को अपनी सक्रिय दुनिया की शरारतों और नटखट क्रीड़ाओं में लीन दिखाते हैं। कहीं बंदर को चिढ़ाते, कहीं बर्र का छत्ता गिराते बच्चे यहाँ मौजूद हैं और स्वर्णसहोदर बगैर किसी अभिभावकत्ववाली टोका-टोकी के उन्हें जा पकड़ते हैं—

नटखट हम हो, नटखट हम, करने निकले खटपट हम।
आ गए लड़के, पा गए हम, बंदर देख लुभा गए हम।
बंदर को बिजकाएँ हम, बंदर दौड़ा, भागे हम।
बच गए लड़के, बच गए हम।

इन ऊधम मचाते लड़कों को कविता में ले आना और एक सही परिप्रेक्ष्य में सामने ले आना कि ऊधम भी उनकी शख्सियत का एक हिस्सा लगे, जिसके बगैर वे बे-चेहरा, बे-पहचान हैं, बड़े दुस्साहस का काम था। लेकिन स्वर्णसहोदर ने बड़े कौशल से यह कर दिखाया। उनकी बाल कविताओं में बालक के प्रति जो दृष्टि है, वह आज भी हमें खींचती जरूर है।

स्वर्णसहोदर की एक और चर्चित बाल कविता 'तुम भी नन्हे मेरे प्यारे' में हलका उद्‍बोधनात्मक स्वर है, लेकिन चुस्ती, अंदाज और भाषा का जादू वही है, जो स्वर्णसहोदर को स्वर्णसहोदर बनाता है। बच्चे के नन्हे-से मन में कितना बड़ा सपना और संकल्प भर देती है यह कविता, "चींटी नन्ही, बूँदें नन्ही, नन्हे आसमान के तारे,/नन्हे-नन्हे हीरे-मोती, तुम भी नन्हे मेरे प्यारे।/चिंता कुछ भी नहीं, अगर हैं नन्हे-नन्हे हाथ तुम्हारे,/इन नन्हे हाथों से ही तुम करो काम कुछ न्यारे-न्यारे।" इसी तरह 'जानवरों का मेला' स्वर्णसहोदर की एक मजेदार बाल कविता है। स्वर्णसहोदर ने शिशुगीतों में भी कुछ नए प्रयोग किए और ऐसे गीत लिखकर दिखाए, जिनमें मात्राओं का कम से कम प्रयोग है। इनमें से कुछ तो बड़े अनोखे हैं और झटपट याद हो जाते हैं। स्वर्णसहोदर ने सुंदर कथात्मक कविताएँ और पद्य रूप में जीवनियाँ भी लिखीं। 'वीर बालक बादल', 'सुहराब रुस्तम', 'वीर हकीकत' और 'हम्मीर राव' उनकी ऐसी ही जीवनियाँ हैं, जो मन में देशभक्ति और वीर रस का भाव पैदा करती हैं।

इसी कालखंड में 'शिशु', 'बालसखा' जैसी पत्रिकाओं के संपादक रहे ठाकुर श्रीनाथ सिंह (1901-1996) ने भी कुछ अलग ढंग की, बढ़िया बाल कविताएँ लिखी हैं। उनकी 'जब मैं कुछ बढ़ जाऊँगा' बहुत अच्छी कविता है, जिसमें बच्चे के बड़े होने का सपना है, इच्छाएँ हैं और खुद कुछ कर दिखाने की महत्त्वाकांक्षा भी। बड़ा हो जाने पर किसी पेड़ की डाल पकड़कर झट उसपर चढ़ जाना बच्चे को अच्छा लगता है। फूलों की माला खुद बनाकर पहनना और इतराते हुए घूमना भी। साथ ही एक सुख यह है कि बड़े होने पर डंडे को घोड़ा समझकर उसे यहाँ-वहाँ घुमाने से फुरसत मिलेगी। अब तो सचमुच का घोड़ा होगा और बादल को छूने, बिजली को बाँध लेने की इच्छा, "डंडे पर तब नहीं चढ़ूँगा, घोड़ा एक मँगाऊँगा,/उसपर चढ़कर इस दुनिया का पूरा पता लगाऊँगा।/ एक बड़ी सीढ़ी बनवाकर बादल तक पहुँचाऊँगा,/बिजली यहाँ बाँध लाऊँगा, अम्माँ को दिखलाऊँगा।"

आगे चलकर अध्यापक होने की कल्पना है और यह कल्पना सचमुच बेजोड़ है। अध्यापक बने इस बच्चे से कक्षा के छात्र बिल्कुल डरेंगे नहीं, न वह उन्हें डराएगा और, "जो तुतली बोली बोलेगा, राजा उसे बनाऊँगा।" अंत में, उस दौर की स्थिति और पराधीनता की वेदना से जुड़ी थाप है तो मातृभूमि का सच्चा पुत्र होने की भी। साथ ही बच्चे के उठते हुए इरादों का यह अभिमान भी कि, "एक बार दुनिया दहलेगी जब मैं कुछ बढ़ जाऊँगा!" श्रीनाथ सिंह की बाल कविताओं के संकलन 'पिपहरी' और 'खेलघर' खासे लोकप्रिय रहे हैं।

ठाकुर श्रीनाथ सिंह की 'नानी का संदूक', 'मक्खी की निगाह' जैसी कविताओं की भी अपने समय में खासी धूम रही थी। 'नानी का संदूक' की शुरुआती पंक्तियाँ बहुत मजेदार हैं, "नानी का संदूक निराला/पीछे से यह खुल जाता है, आगे लटका रहता ताला।" इसी तरह 'मक्खी की निगाह' में दुनिया की चीजें बदलकर क्या से क्या हो जाती हैं और यह दुनिया कैसी जादुई लगने लगती है, इसका वर्णन दिलचस्प है। एक प्याला भर जल उसे सागर जैसा और एक कौर रोटी पर्वत जैसी लगती होगी। और यही नहीं, "खिला फूल गुलदस्ते जैसा, काँटा भारी भाला-सा,/तालों का सूराख उसे होगा बैरगिया नाला-सा।"

ठाकुर श्रीनाथ सिंह ने कुछ ऐसे शिशुगीत भी लिखे हैं, जो खेल-खेल में बच्चों के होंठों पर चढ़ जाते हैं। शायद इसलिए कि इनमें परंपरा से अर्जित अनूठा क्रीड़ा-भाव और लास्य है। शिशुगीतों में "टूटी खाट, गिर पड़ा भालू/अब न चाहिए रोटी-आलू" वाला सुर वही कवि छेड़ सकता है, जो लोक-परिवेश और बाल-मन दोनों से गहराई से जुड़ा हो। इसी तरह 'जुड़वाँ की मुसीबत' में उनका विनोद भाव खूब प्रकट हुआ है—

एक साथ जनमे हम दोनों, मैं और मेरा भाई।
किंतु शक्ल-सूरत मिलने से बेहद आफत आई।
मैं हूँ कौन? कौन है भैया, समझ न कोई पाता।
जाता यदि वह नहीं मदरसे तो मैं ही पिट जाता।

꧁ ❖ ꧂

प्रारंभिक युग में ही हिंदी बाल कविता की नींव पुख्ता करनेवाले कवियों में गिरिजादत्त शुक्ल 'गिरीश', रमापति शुक्ल और रामेश्वरदयाल दुबे का नाम अत्यंत सम्मान के साथ लिया जाना चाहिए। बेशक हिंदी बाल कविता के प्रारंभिक युग के ये आधार-स्तंभ हैं, जिनके कारण बाल कविता का दूर-दूर तक पसारा हुआ और बड़े से बड़े कवि-लेखक का ध्यान इधर गया।

प्रसिद्ध पत्रिका 'बालसखा' के संपादक रहे गिरिजादत्त शुक्ल 'गिरीश' (1898–1959) ने बच्चों के लिए कई सुंदर कल्पनापूर्ण कविताएँ लिखीं। उत्तर प्रदेश के जोदईपुर गाँव (जौनपुर) में जनमे गिरिजादत्त शुक्ल 'गिरीश' ने 'बालसखा' का संपादन करते हुए, बाल कविता को एक अलग संस्कार भी दिया। स्वयं उन्होंने ऐसी ही कविताएँ लिखनी पसंद कीं, जो सीधे-सीधे बच्चों के मन और स्वभाव से जुड़ें। लिहाजा बाल कविता को उपदेश से बचाकर सृजनात्मकता की राह पर लानेवाले कवियों में गिरिजादत्त शुक्ल 'गिरीश' भी हैं। उनकी एक कविता में बच्चे की शिकायत है। माँ उसे बार-बार बड़ा होकर दादा (बड़े भाई) जैसा होने के लिए कहती है और बच्चा है कि हरगिज दादा जैसा नहीं होना चाहता। उसके अपने तर्क हैं और अपनी सोच। सबसे बड़ी शिकायत उसकी दादा के खिलाफ यह है कि, "नहीं खेलते कभी खिलौने, कलम चलाते रहते हैं/क्या रक्खा है इन खेलों में, हँसी उड़ा के कहते हैं!" और उसकी एक अबोध-सी मुश्किल यह भी है कि, "और बता तो मेरी अम्माँ, मुझे गोद लेगी कैसे,/सच कहता हूँ, मैं न बनूँगा दादा हैं मेरे जैसे।" गिरिजादत्त शुक्ल 'गिरीश' ने देशप्रेम की कविताएँ भी लिखी हैं, पर यहाँ भी उनकी भाषा सादा और बहती हुई है, "यही हिमालय-सा पहाड़ है, यही गंग की धारा है, जमुना लहराती है सुंदर, भारत कितना प्यारा है···!"

रमापति शुक्ल (1908–1993) भी हिंदी बाल कविता के प्रारंभिक दौर के एक अत्यंत सजग और प्रतिभावान कवि हैं। कुछ ऐसी अद्‌भुत कल्पनापूर्ण बाल कविताएँ लिखने का श्रेय उन्हें जाता है, जिन्हें हम बाल कविता के मयार के तौर पर सामने रख सकते हैं। सच तो यह है कि हिंदी बाल कविता का इतिहास उनके सम्मानपूर्ण उल्लेख के बिना लिखा ही नहीं जा सकता। 28 जुलाई 1908 को गोरखपुर जिले के नारायणपुर गाँव में जनमे रमापति शुक्ल की 'मनुष्य का बड़प्पन' बड़ी अच्छी कविता है, जिसमें ढेरों एक से एक बेहतरीन कल्पनाएँ हैं और भाषा का अंदाज बिल्कुल बातचीत जैसा है। आलपीन के सिर, कुर्सी की बांहों, कंघी के दाँत और सुराही के गले का हम अकसर जिक्र करते हैं, पर क्या यह भी कभी हमारे ध्यान में आता है कि—

आलपीन के सिर होता पर बाल न होता उस पर एक,
कुर्सी के दो बाँहें हैं पर, गेंद नहीं सकती वह फेंक।
कंघी के हैं दाँत मगर वह चबा नहीं सकती खाना,
गला सुराही का है पतला, किंतु न गा सकती वह गाना।

सुराही के पतले गले की अकसर चर्चा होती है, पर गाने के संदर्भ में पतले गले की अर्थ-व्यंजना यहाँ सचमुच कितनी अद्‌भुत है। अंत तक आते-आते कविता मनुष्य से जुड़ती है। मनुष्य में ये सब खूबियाँ हैं और इनका बढ़िया उपयोग करना भी उसे आता है, इसीलिए मनुष्य सबसे बढ़कर है। थोड़े 'भारी' या गंभीर अंत के बावजूद कविता प्रभावित करती है।

रमापति शुक्ल बच्चों की स्वतंत्रता के बहुत बड़े हामी हैं। अपनी एक कविता में वे सारी दुनिया की डाँट-फटकार, क्रोध, घूरना आदि एक बड़े-से संदूक में भरकर उसपर मजबूत ताला लगा देना चाहते हैं। और फिर वे किसी कहानी के दानव को बुला लेना चाहते हैं, जो कि, "दुनिया के सबसे गहरे सागर में उसे डुबा आता,/तब न किसी बच्चे को कोई कभी डाँटता, धमकाता।" कहना न होगा कि बाल कविता के प्रारंभिक दौर में ही बच्चों को रमापति शुक्ल के रूप में अपनी आजादी और उच्चभिमान का इतना बड़ा और प्रबल समर्थक,

इतना शक्तिशाली प्रवक्ता मिल गया कि बाद की समूची बाल कविता में बच्चे की आजादी का ऐसा कोई खुला समर्थक नजर नहीं आता। यह रमाकांत शुक्ल ही सोच सकते थे कि बच्चों को घूरनेवाली निगाहें और सारी डाँट-फटकार एक संदूक में बंद करके उसे समंदर में बहा दिया जाए, तभी यह दुनिया सुंदर बन सकती है। बच्चों की 'मुक्ति' ही नहीं, दुनिया की मुक्ति भी तभी संभव है!

बालगीतों का खिलंदड़ापन और नटखटपन तो प्रभावित करता ही है, लेकिन कभी-कभी बाल कविताओं में कहानी कहकर भी बड़ा प्रभाव पैदा किया जा सकता है। इन कविताओं की छाप कुछ अलग तरह की पड़ती है और असर ज्यादा गहरा होता है। इन दिनों तो छोटी कविताओं का आग्रह ज्यादा बढ़ा है और यह तर्क दिया जाता है कि बच्चों की दस-बारह लाइनों से बड़ी कविताओं में रुचि नहीं होती, लेकिन बाल कविताओं के प्रारंभिक युग में ऐसी कविताएँ खूब लिखी गईं, जिनमें कविता के भीतर कहानी भी चलती थी। ऐसी कविताएँ उबाऊ नहीं हैं। रमापति शुक्ल की 'मस्तराम की कहानी', 'प्रतिध्वनि' कविताएँ भी अच्छी हैं और बाल प्रकृति के बहुत निकट हैं। 'अंगूरों का गुच्छा', 'मुन्नी की दुनिया', 'शैशव', 'हुआ सवेरा' उनकी बाल कविता की चर्चित कृतियाँ हैं।

रामेश्वरदयाल दुबे (1908-2011) भी मूर्धन्य बाल कवि तथा बाल कविता के सच्चे सेवियों में से हैं, जिनका पूरा जीवन ही बाल कविता को समर्पित रहा। वे लंबी बाल कविताएँ लिखने में सिद्धहस्तता रखनेवाले समर्थ कवि हैं। उत्तर प्रदेश के हिंदूपुर गाँव (मैनपुरी) में जनमे रामेश्वरदयाल दुबे की कविताएँ अपेक्षाकृत सादा हैं, पर बच्चों को संबोधित करने की गहरी ललक भी वहाँ है। जरा देखें, बच्चों को रामेश्वरदयाल दुबे 'छोटी अठन्नी' की कविता किस तरह सुनाते हैं, "आओ तुम्हें सुनाएँ अपनी बात बहुत ही छोटी, किसी तरह आ गई हमारे पास अठन्नी खोटी।" बड़ी देर तक लेखक सोचता है कि यह अठन्नी आई कहाँ से, किसने दी? लेकिन कुछ याद नहीं आया तो फिर उसे चलाने की जुगत भिड़ाने लगता है, "साग और सब्जी लेने में उसे खूब सरकाया,/कभी सिनेमा की खिड़की पर मैंने उसे चलाया।/कम निगाहवाले बुड्ढे से मैंने चाय खरीदी,/ बेफिक्री से मनीबैग से वही अठन्नी दे दी।/किंतु कहूँ क्या, 'खोटी' कहकर सबने ही लौटाई,/बहुत चलाई, नहीं चली वह, लौट जेब में आई।" इसके बाद यह वर्णन बड़ा ही मजेदार है कि किस तरह किसी आगंतुक ने एक रुपए के छुट्टे माँगे। कवि वह खोटी अठन्नी और दो चवन्नियाँ देकर झट रुपया ले लेता है, मगर वह रुपया खोटा निकला, तो वह हक्का-बक्का रह गया।

दुबेजी की कविताओं में कुछ कर गुजरने का संदेश और भाषा की रवानी देखने लायक है, "क्या कहा, कठिन है काम, कभी मत ऐसे बोलो तुम,/कर सकते हो हर काम, शक्ति अपनी तो तोलो तुम।" 'छाया', 'मैं आऊँ', 'राजू की जेब' सरीखी रामेश्वरदयाल दुबे की कुछ छोटी कविताएँ भी चुस्त और सुंदर हैं। खासकर 'छाया' बहुत रोचक कविता है और बच्चे को समझ में नहीं आता कि यह क्या चीज है, जो निरंतर चुपके-चुपके उसका पीछा करती है। कभी खुद-ब-खुद छोटी हो जाती है तो कभी बड़ी। इसी तरह 'राजू की जेब' दुबेजी की दिलचस्प कविता है, जिसमें बड़ा खजाना भरा है, "मजेदार है बड़ा खजाना, राजूजी की जेब/··· चिकना पत्थर, टूटी पेंसिल/बटन, कील, चमकीला कागज,/छोटा शंख, तार का टुकड़ा/···भरी खचाखच जेब!" 'डाल-डाल के पंछी' दुबेजी की बाल कविताओं का चर्चित संग्रह है।

❖

हिंदी बाल कविता के प्रारंभिक युग के चौथे-पाँचवें दशक में बाल कविता की एक विराट त्रयी को हम उपस्थित पाते हैं, जिसकी विराट ऊर्जा और संभावनाओं को दूर तक फैलता देखा जा सकता है, यहाँ तक कि आज की कविता भी एक तरह से उसी के आलोक में निर्मित होती, रूप लेती कविता है। इस विराट त्रयी के ये कवि हैं—सोहनलाल द्विवेदी, निरंकारदेव सेवक और द्वारिकाप्रसाद माहेश्वरी। तीनों अलग-अलग रंग-ढंग और मिजाज के कवि और तीनों ही एक समय बच्चों की दुनिया में इस कदर छाए रहे कि उन्हें बच्चों के अंत:संसार की 'रचना' करने और उन्हें सुंदर, सजीव भावों से सज्जित करनेवाले कवियों के रूप में याद किया जाएगा।

उत्तर प्रदेश के बिंदकी कसबे (फतेहपुर) में जनमे मूर्धन्य कवि सोहनलाल द्विवेदी (1906-1988) ने राष्ट्रीय कविताएँ बहुत लिखी हैं और उन्हें राष्ट्रकवि भी कहा गया। ये कविताएँ ऐसी हैं, जिन्होंने सोहनलाल द्विवेदी को एक अलग पहचान दी, लेकिन राष्ट्रीयता द्विवेदीजी के लिए एक ऐसी तालाबंद अलमारी बन गई, जिसमें उन्हें कैद करके छुट्टी पा ली गई। सोहनलाल द्विवेदी की कविताओं के तमाम बढ़िया रंग, शेड्स और मूड्स इसी स्थिर इमेज या खाँचे के कारण नष्ट हो गए। उनकी कविताओं की ताजगी और सहजता को कम पहचाना गया और उनकी जीवंतता और जिंदादिली को जितनी दाद मिलनी चाहिए थी, नहीं मिली। बहुत प्रखर सौंदर्य-चेतना की कविताएँ द्विवेदीजी के यहाँ हैं, जो आज भी बहुत ताजी लगती हैं। उनकी 'छाया', 'ओस', 'घर की याद' ऐसी ही कविताएँ हैं। 'छाया' को बच्चा एक अजब-से कौतुक भाव के साथ देखता है और फिर बहुत देर में समझ में आता है कि यह तो वह स्वयं ही है—

पीछे-पीछे कौन आ रही/संग-संग यह कौन आ रही?
दाएँ जाती, बाएँ जाती/कभी सामने आ जाती।
लंबी कभी, कभी है छोटी/दुबली कभी, कभी है मोटी।
तरह-तरह के रूप बनाती/साथ-साथ पर हरदम जाती।

'छाया' शीर्षक से रामेश्वरदयाल दुबे द्वारा लिखी गई बहुचर्चित कविता से द्विवेदीजी की यह कविता भिन्न राह लेती है। सोहनलाल द्विवेदी की ऐसी ही एक मनोहारी कविता अलग-अलग रंग और ढंग के कबूतरों पर है और बड़े भोले अंदाज से पग आगे बढ़ाती है, "मैंने पाले बहुत कबूतर, भोले-भाले बहुत कबूतर।/ढंग-ढंग के बहुत कबूतर, रंग-रंग के बहुत कबूतर।"

यह ऐसी कविता है, जो बच्चों के मन के बहुत करीब चली जाती है। 'शिशु', 'बालसखा' जैसी पत्रिकाओं के संपादक रहे सोहनलाल द्विवेदी ने न सिर्फ उम्दा बाल कविताएँ लिखीं, बल्कि बाल कविता के एक सम्मानपूर्ण स्थान दिलाने में भी बड़ी भूमिका निभाई। उनका समूचा जीवन ही बाल साहित्य को समर्पित रहा है। 'बाँसुरी', 'बिगुल', 'बाल भारती', 'शिशुगीत', 'बच्चों के बापू', 'शिशु भारती', 'हम बालवीर', 'बाल सिपाही', 'हुआ सबेरा, उठो-उठो', 'दूध-बतासा' और 'रामू की बिल्ली' द्विवेजीजी की बाल कविताओं के चर्चित संग्रह हैं। 'बच्चों के बापू' पुस्तक में द्विवेदीजी ने बापू को बिल्कुल बच्चों की दृष्टि से आँका है और उनके व्यक्तित्व की ऐसी रेखाएँ पकड़ ली हैं, जो सचमुच बहुत मोहक हैं। 'पीछे रहना है ठीक नहीं/यह है वीरों की लीक नहीं' या "हम नन्हे-मुन्ने बच्चे हैं/नादान उमर के बच्चे हैं/...अपना सिर भेंट चढ़ाएँगे/भारत की ध्वजा उड़ाएँगे" जैसी उद्बोधनपूर्ण कविताओं से इसका मिजाज अलग है।

'घर की याद' जैसी द्विवेदीजी की अंतरंग भावों से छलछलाती कविता को भी यहाँ याद कर लेना उचित होगा। यह एक ऐसी भावपूर्ण बाल कविता है, जिसमें बचपन की स्मृतियों में लिपटा हिंदुस्तान का ग्रामीण चेहरा भल-भल करता आँख के आगे आ जाता है, "याद आ रहा वह घर अपना, लगता है, जैसे हो सपना।/पेड़ नीम का जहाँ खड़ा था, जो वर्षों से यहीं बढ़ा था।/जिसमें डाल-डालकर झूला, मैं अपने बचपन में झूला।/इसमें ही रहते थे दादा, पहना करते कुरता सादा।…" द्विवेदीजी ने बच्चों के लिए कुछ सुंदर हास्य कविताएँ भी लिखीं, जिनमें नटखटपन से भरा विनोद भाव है तो खिल-खिल हँसाने वाला स्वस्थ हास्य भी।

8 जनवरी, 1919 को बरेली (उत्तर प्रदेश) में जनमे निरंकारदेव सेवक (1919-1994) हिंदी बाल कविता के 'भीष्म पितामह' हैं। प्रारंभिक दौर में ही उन्होंने हिंदी बाल कविता को जो रंग, अंदाज और लहजा दिया, वह आज भी हमें बहुत कुछ सिखा सकता है। अपनी बाल कविताओं पर इतरानेवाले तमाम कवि चाहें तो आज भी सेवकजी से ऐसा बहुत कुछ सीख सकते हैं, जो कविता को कविता बनाता है। सेवकजी की 'अगर मगर' बेहद खूबसूरत कविता है और दो भाइयों के रूप में उन्हें जो शख्सियत दी गई है, वह कमाल की है, "अगर मगर दो भाई थे, लड़ते खूब लड़ाई थे।/अगर मगर से छोटा था, मगर मगर से खोटा था…!" यह लड़ाई जब एक दिन 'गुत्थम-गुत्था' में बदली तो दौड़कर माँ को आना पड़ा और खूब पिटाई होने के बाद, "एक ओर था अगर पड़ा/मगर दूसरी ओर खड़ा।"

और तो और, उनकी चिड़िया भी कम शरारती नहीं हैं। ऐसी दो सहेली चिड़ियों की मीठी 'कानाबाती' सुनें, जो हमें किस्से-कहानियों की तरह के गुनगुने माहौल में ले जाती है—

एक बार दो चिड़ियाँ आकर बैठ गईं छत की मुँडेर पर,
उनके पर थे नीले-पीले, हरे, बैंजनी रंग-रंगीले।
कहा एक ने पूँछ हिलाकर, कितना अच्छा यह छोटा घर।
बच्चा एक बहुत ही सुंदर, रहता है इस घर के अंदर।
मुझे बड़ा प्यारा लगता है, नाम न जाने उसका क्या है?
मैं तो उससे ब्याह करूँगी, उसको टॉफी-बिस्कुट दूँगी।

बात-बात में कब एक मीठी-सी शरारत हो गई, पता ही नहीं चलता। इस पर दूसरी चिड़िया ने टोका। पर टोका बिल्कुल सहेलीवाले अंदाज में, मंद-मंद मुसकराते हुए, "कहा दूसरी ने मुसकाकर, यह घर अच्छा तो लगता पर,/चिड़ियाँ कहीं ब्याह करती हैं, वह तो बच्चों से डरती हैं!"

इस कविता का साथ एक दुर्लभ सुख की तरह है और सेवकजी के यहाँ ऐसी मिठास और गुनगुनाहटवाली कविताएँ तमाम हैं। सेवकजी के शिशुगीतों में भी बड़ी पूर्णता है। मसलन बकरी का यह अपनत्वभरा, ममतालु चित्र देखें, जिसमें थोड़ा 'शरारतीपन' भी है, "अरे, अरे, क्या करती बकरी,/घास पराई चरती बकरी।/बकरी! बकरी! उधर न जा,/इधर चली आ, आ आ आ।/वहाँ पकड़ ली जाएगी,/में-में-में चिल्लाएगी।" 'दूध-जलेबी', 'माखन-मिसरी', 'फूलों के गीत', 'बिल्लो के गीत', 'टेसू के गीत', 'मुन्ना के गीत', 'रिमझिम', 'आजादी के गीत', 'महापुरुषों के गीत', 'चाचा नेहरू के गीत', 'धूप-छाया', 'बीन बजाती बिल्लो रानी', 'चिड़ियाँ गातीं तेरा राग', 'नन्हे-मुन्ने गीत' और 'बापू की वाणी' समेत सेवकजी की बाल कविताओं की

लगभग तीस पुस्तकें हैं। काश, ये कविताएँ एक बड़े संकलन की शक्ल में छपकर सामने आ पातीं, ताकि उन पर और अधिक गहराई और समग्रता से विचार किया जा सकता।

द्वारिकाप्रसाद माहेश्वरी (1916-1998) भी बच्चों के सिद्ध कवि हैं। सन् 1916 में उत्तर प्रदेश के रौहता गाँव (जिला आगरा) में जनमे द्वारिकाप्रसाद माहेश्वरी बच्चों के मन और उनके सपनों की 'हलचल' को अकसर नजदीक से जान-बूझ लेते हैं। इसीलिए वे बच्चों के अत्यंत प्रिय कवियों में से हैं और उनकी कविताएँ बच्चे सहज ही गुनगुनाते हैं। 'यदि होता किन्नर नरेश मैं' माहेश्वरीजी की ऐसी अद्भुत कविता है कि अपनी इस एक बाल कविता के बूते ही वे लाखों बाल पाठकों के दिलों पर राज करते रहे हैं। यह कविता असल में हर बच्चे के सपनों की दुनिया की कविता है, जिसमें उड़ानें भरने का सुख है—

यदि होता किन्नर नरेश मैं राजमहल में रहता,
सोने का सिंहासन होता, सिर पर मुकुट चमकता।
बंदीजन गुण गाते रहते, दरवाजे पर मेरे,
प्रतिदिन नौबत बजती रहती, संध्या और सवेरे।
मेरे वन में सिंह घूमते, मोर नाचते आँगन,
मेरे बागों में कोयलिया बरसाती मधु रस-कण।

माहेश्वरीजी को बच्चों के अंदाज में बात कहना आता है और उनकी भाषा खुद-ब-खुद उसी रंग में ढल जाती है। उनका यह बालगीत कोई पैंतालीस बरस पहले मैंने पढ़ा था और आज तक इसकी याद किसी न किसी शक्ल में आती ही है, "मुन्नी-मुन्नी, ओढ़े चुन्नी, गुड़िया खूब सजाई,/किस गुड्डे के साथ हुई तय इसकी आज सगाई?"

माहेश्वरीजी ने कुछ सुंदर और चुस्त शिशुगीत भी लिखे हैं। उनके एक शिशुगीत में हाथी से बच्चे का संवाद अनूठा है, "हाथी, हाथी, बाल दे/लोहे की दीवाल दे/हाथी-हाथी बाल दे/चाँदी की चौपाल दे/हाथी-हाथी बाल दे/सोने की किवाड़ दे/हाथी-हाथी बाल दे/मोतियों की माल दे/हाथी-हाथी बाल दे/अपनी जैसी चाल दे।"

शायद यही वे गीत हैं, जिन्होंने एक समय बच्चों के अंत:संसार को रचा था और उन्हें बहुत बारीक, सुकोमल धागों से परंपरा और परिवेश से जोड़ा था। माहेश्वरीजी की बाल कविताओं के प्रमुख संग्रह हैं—'हाथी घोड़ा पालकी', 'सोने की कुल्हाड़ी', 'माखन-मिसरी', 'सूरज-सा चमकूँ मैं', 'सतरंगा फूल' तथा 'बाल गीतायन'। यह खुशी की बात है कि माहेश्वरीजी की समूची कविताएँ तीन खंडों में प्रकाशित हुईं हैं, जिनमें एक खंड में उनकी संपूर्ण बाल कविताएँ उपलब्ध हैं। इस ग्रंथ का सुंदर संपादन ओम निश्चल ने किया है।

❖

आजादी से पहले की बाल कविताओं में कई प्रतिभासंपन्न कवयित्रियों का भी बड़ा योगदान है। इनमें सुभद्राकुमारी चौहान, कमला चौधरी, शकुंतला सिरोठिया, शांति अग्रवाल, तारा पांडेय, मंजुला वीर देव, सुमित्राकुमारी सिन्हा, विद्यावती कोकिल आदि का नाम लिया जा सकता है, पर इनमें सुभद्राकुमारी चौहान का व्यक्तित्व निस्संदेह सभी से अनूठा और तेजस्वी है। उनकी अनेक बाल कविताओं में आजादी का राग नए, जोशीले रूपों में प्रकट हुआ है। सुप्रसिद्ध कवयित्री सुभद्राकुमारी चौहान (1904-1948) ने बच्चों के लिए कुछ

अत्यंत सुकोमल कविताएँ भी लिखी हैं। इनमें कहीं-कहीं उनका मातृत्व जैसे फूट पड़ा है। उनकी एक कविता में बच्चे के सरलपने की यह मटियारी तसवीर जरा देखें और देखें कि माँ का फूल-फूल उठना क्या होता है—

मैं बचपन को बुला रही थी, बोल उठी बिटिया मेरी,
नंदन-वन सी फूल उठी वह छोटी-सी कुटिया मेरी।
'माँ ओ' कहकर बुला रही थी, मिट्टी खाकर आई थी,
कुछ मुँह में, कुछ लिये हाथ में मुझे खिलाने लाई थी।
मैंने पूछा—यह क्या लाई ? बोल उठी वह—'माँ, काओ।'
फूल-फूल मैं उठी खुशी से, मैंने कहा—'तुम्हीं खाओ।'

सुभद्राकुमारी चौहान की 'यह कदंब का पेड़' इतनी मनोहर कविता है कि इसे पढ़कर बच्चे तो झूम ही उठते हैं, बड़ों को भी शायद अपना बीता हुआ बचपन याद आ जाता है। माँ और बच्चे के लाड़ की यह दुर्लभ झाँकी भला और कहाँ मिलेगी, "यह कदंब का पेड़ अगर माँ होता जमुना तीरे,/मैं भी इस पर बैठ कन्हैया बनता धीरे-धीरे।⋯"

इसी तरह 'कोयल' सुभद्राजी की बड़ी रसपूर्ण कविता है, जिसमें कोयल के साथ-साथ आमों के खट-मिट्ठे स्वाद का वर्णन है। पर इसके साथ ही कोयल की कूक भी तो जुड़ी है, "काली-काली कोयल है, पर कितनी मीठी बोली है/इसने ही तो कूक-कूक, आमों में मिसरी घोली है,/यही आम जो अभी लगे हैं खट्टे-खट्टे, हरे-हरे/कोयल कूकेगी हो जाएँगे पीले, रस भरे-भरे।"

'झाँसी की रानी' की वीरता और अमर बलिदान की याद दिलानेवाली सुभद्राकुमारी चौहान की ओजपूर्ण कविता कभी बेहद लोकप्रिय हुई थी। आज भी जब-तब बच्चों के मुख से सुनाई दे जाती है, "बुंदेले हरबोलों के मुँह हमने सुनी कहानी थी/खूब लड़ी मर्दानी, वह तो झाँसीवाली रानी थी⋯!" इस कविता में समूची आजादी की लड़ाई का एक अमर बिंब समा गया है। बच्चे इसे इतने लंबे अरसे से गाते और पसंद करते आए हैं कि इसका शुमार बाल कविता में करना कुछ गलत न होगा। इसी तरह 'वीरों का कैसा हो वसंत' सुभद्राकुमारी चौहान की एक बहुचर्चित ओजपूर्ण कविता है, जिसमें वीरता के भावों की सच्ची और प्रभावपूर्ण अभिव्यक्ति है। "आ रही हिमाचल से पुकार/है उदधि गरजता बार-बार/सब पूछ रहे हैं दिग-दिगंत/वीरों का कैसा हो वसंत!" पंक्तियों को सुनते ही मन में मानो साहस और वीरता का संचार होने लगता है।

सुभद्राजी की 'सभा का खेल' जैसी कविताओं में भी नाटकीय अंदाज में राष्ट्रीयता की ही अभिव्यक्ति है। नाटक की तैयारी के दौरान बच्चों में अपने-अपने पार्ट को लेकर छोटे-मोटे मजेदार झगड़े शुरू हो जाते हैं तो लगता है कि असली नाटक तो यही है! उन्होंने 'पानी और धूप' जैसी लंबी कविताएँ भी लिखी हैं जो प्रकृति वर्णन से गुजरते हुए देशभक्ति के राग तक जा पहुँचती हैं। सुभद्राजी की कविताएँ झट होंठों पर चढ़ जाती हैं। यह भी एक समर्थ बाल कवयित्री के रूप में उनकी सफलता की ही निशानी है। 'कोयल' और 'सभा का खेल' सुभद्राजी की बाल कविताओं के महत्त्वपूर्ण संग्रह हैं। कुछ अरसा पहले चंद्रा सदायत ने 'बच्चों की सुभद्रा' (2006) शीर्षक से सुभद्राजी की बाल कविताओं का सुंदर संचयन किया है। इसमें सुभद्राजी की 'मुन्ना का

प्यार', 'कुट्टी', 'रामायण की कथा', 'पानी और धूप', 'खिलौनेवाला', 'पतंग' सरीखी कई सुंदर कविताएँ हैं, जिनसे पाठक ज्यादा परिचित नहीं हैं।

बच्चों का उन्मुक्त मन पढ़ते हुए, उसी के मुताबिक लय और भाषा की मस्ती साधने की कला शकुंतला सिरोठिया (1915-2005) के यहाँ भी निस्संदेह अनूठी है। "हाथी आता झूम के/धरती-मिट्टी चूम के!" तथा "बादल आया झूम के/पर्वत चोटी चूम के!" जैसी जादुई लय के सहारे शकुंतला सिरोठिया बाल-मन के इतने करीब आ जाती हैं कि हिंदी के बड़े शीर्षस्थ कवि भी यहाँ उनका मुकाबला नहीं कर पाते। अलबत्ता शकुंतला सिरोठिया की एक कविता पढ़िए (और सिर हिला-हिलाकर पढ़िए!) आप जान जाएँगे कि बच्चा होने के मानी क्या हैं, बच्चा होने की मस्ती क्या है—

ढुम्मक-ढुम, भई ढुम्मक ढुम
मैं हूँ राजा, नौकर तुम,
चच-चच बात गलत कहते हो
मैं हूँ राजा, नौकर तुम!

आप कहेंगे कि 'राजा' आजकल कहाँ होते हैं और 'नौकर' कहकर दूसरे को कोंचना क्या ठीक है! आपकी बात सिर-माथे, पर जरा यह देखिए कि यह कविता लिखी कब गई थी और यह भी कि सवाल शब्दों का नहीं, सवाल तो इस बात का है न कि बच्चों के स्वभाव को आप कविता में गूँथ कैसे लेते हैं और यकीनन शकुंतला सिरोठिया ने यह किया है।

शकुंतला सिरोठिया का 'काला बंदर, मस्त कलंदर' भी कम नटखट नहीं, जो कि, "किच-किच दाँत दिखाता है/खों-खों हमें डराता है!" और उनकी गुड़िया रोती-रोती इस बात की शिकायत करती है कि "चूँ-चूँ ने आफत कर डाली/कुतरी चुनरी गोटेवाली!" इसलिए अब उसकी समस्या यह है कि "डाल नहीं घूँघट पाऊँगी/दूल्हे संग कैसे जाऊँगी?" इसी तरह चंदा मामा पर हिंदी में ढेरों बाल कविताएँ लिखी गई हैं, पर शकुंतला सिरोठिया की बाल कविता की विशेषता यह है कि यहाँ बच्चा चाँद से आगे निकलने की शर्त बदता है, "चंदा मामा ठहरो थोड़ा/कहाँ चले तुम जाते हो/खेल रहे क्या आँख-मिचौनी/बादल में छिप जाते हो?/मुझे बुला लो, मैं देखूँगा/कितने हो छिपने में तेज/नहीं पकड़ पाओगे मुझको/मैं दौड़ूँगा तुमसे तेज।" शंकुतलाजी की बाल कविताओं के चर्चित संग्रह हैं 'शिशुगीत माला', 'सोन चिरैया', 'सोओ सुख निदिया', 'गा ले मुन्ना', 'चटकीले फूल', 'आ री निदिया' और 'कारे मेघा पानी दे'। उनका संपूर्ण बाल साहित्य भी अब एक साथ उपलब्ध है।

बाल कवयित्रियों में मंजुला वीरदेव, कमला चौधरी, तारा पांडेय, सुमित्राकुमारी सिन्हा, विद्यावती कोकिल और ज्ञानवती सक्सेना 'किरण' की बाल कविताएँ भी इस दौर में चर्चा में रहीं। मंजुला वीर देव (ज. 1912) की एक बाल कविता में बच्चे की फूलों, पक्षियों और अग-जग को लेकर यह जिज्ञासा मानो गूँथ दी गई है, "फूलों को किसने सिखलाया मधुर-मधुर मुसकाना,/कोयल को किसने सिखलाया मीठा-मीठा गाना?/कौन सूर्य को चमकाकर हरता जग का अँधियाला,/कौन रात को भर देता है चंदा में उजियाला?" यह कविता न सिर्फ सुथरी लय में है, बल्कि साथ ही मंजुला वीर देव ने इसे उपदेश से अलग हटाकर, बाल-मन की सहज

उत्सुकता से जोड़ दिया है। लिहाजा आज भी इसमें खासी ताजगी महसूस होती है। स्वदेशी आंदोलन, समाज-सेवा और राजनीति में पर्याप्त सक्रिय रहीं समर्थ कवयित्री कमला चौधरी (1908–1970) ने भी बच्चों के लिए खूब लिखा। उनकी बाल कविताओं के चर्चित संग्रह हैं 'मैं गांधी बन जाऊँ' और 'चित्रों में लोरियाँ'। खासकर राष्ट्रीय भावना की अभिव्यक्ति वहाँ बड़े सहज अंदाज में होती हैं। कमलाजी की एक कविता में बच्चे की गांधी बन जाने की उत्सुकता देखने लायक है—

माँ, खादी का कुर्ता दे दे, मैं गांधी बन जाऊँ,
सब मित्रों के बीच बैठ फिर 'रघुपति राघव' गाऊँ।
निकर नहीं, धोती पहनूँगा, खादी की चादर ओढ़ूँगा,
घड़ी कमर में लटकाऊँगा, सैर सवेरे कर आऊँगा।

सुमित्राकुमारी सिन्हा (1914–1994) ने भी बच्चों के लिए कई सुंदर और मनभावन कविताएँ लिखीं। सुमित्राजी की बाल कविताओं के संग्रह 'दादी का मटका', 'फूलों के गहने' और 'आँचल के फूल' खासे चर्चित हुए थे। उनकी कविताओं की सरलता और लयात्मकता खासकर बच्चों को आकर्षित करती है। सुमित्राजी की ऐसी ही एक सुंदर कविता बच्चे झूम-झूमकर गाते हैं, "हम मनमोहन, हम गोपाल,/नाचे सब मिल देकर ताल/ता-ता थैया, ता-ता थैया…/नव भारत के हम हैं लाल,/देश हमी से है खुशहाल/ता-ता थैया, ता-ता थैया!" इसी तरह सुमित्राकुमारी सिन्हा की एक सुंदर गीतात्मक कविता है—

हम बाल-गोपाल सभी मिलकर दुनिया को नई बनाएँगे,
जो अभी नींद में सोए हैं, जो अंधकार में खोए हैं।
कल उनको हमीं जगाएँगे।
जो नींवें अब तक भरी नहीं, जो फुलवारी है हरी नहीं,
कल उनको हमीं बसाएँगे।

विद्यावती कोकिल (1914–1990) ने भी इस युग में एक से एक सुंदर बाल कविताएँ लिखकर बाल कविता की धारा को समृद्ध किया। 'बालसखा' (मई 1940) में छपी उनकी यह कविता उन दिनों हर बच्चे की जुबान पर थी—

मुझको आता हुआ देखकर, चिड़ियाँ क्यों उड़ जाती हैं?
मेरे सींचे हुए आम की, इन बौराई डालों पर
कठिन गगन-यात्रा से थककर, पहर-पहर सुस्ताती हैं।
मुझको आता हुआ देखकर चिड़ियाँ क्यों उड़ जाती हैं?

अनगिनत बच्चों ने इस कविता को पढ़कर आनंद लिया और प्रकृति तथा संसार के अद्‌भुत रहस्य-लोक को जाना। विद्यावती कोकिल ने कुछ सुंदर लोरियाँ भी लिखी हैं, जो अपने समय में खासी चर्चित हुईं थीं। उनकी एक मीठी-सी लोरी की पंक्तियाँ हैं, "निंदिया बहुत ललन को प्यारी/कौन कथा कहकर न जाने परियाँ उसे हँसातीं/मैं रह जाती हूँ कहने को मन ही मन कुछ हारी।"

तारा पांडेय (ज. 1915) की भी कई कविताएँ 'बालसखा' में प्रकाशित हुई थीं। उनके देशभक्ति के एक

सुंदर बालगीत की शुरुआत कुछ इस तरह होती है, "आओ तुम्हें सुनाऊँ गान।/बोलो जय भारत की जिसके हो तुम लाल,/जो तुमको सब सुख देकर करती है सदा निहाल/करो उसी का ही गुणगान।" इसी तरह ज्ञानवती सक्सेना 'किरण' की इस दौर में लिखी गई कविताओं को भी बाल पाठकों ने पसंद किया था।

৯ ❖ ৩

इस दौर में हिंदी बाल कविता को 'लोकप्रिय विन्यास' देने का बड़ा काम रामधारीसिंह दिनकर, आरसीप्रसाद सिंह और गोपालसिंह नेपाली जैसे चर्चित और ख्यात कवियों ने भी किया। इनमें रामधारीसिंह दिनकर (1908–1974) का कद निस्संदेह सबसे बड़ा है। एक दौर था, जब उनकी 'चाँद का कुरता' कविता हर बच्चे की जबान पर नाचती थी और आज भी वह इतनी ही ताजा लगती है। बाल कविता के समूचे इतिहास में चाँद पर इतनी अच्छी बाल कविता शायद ही लिखी गई हो, "हठ कर बैठा चाँद एक दिन माता से यों बोला,/सिलवा दे माँ मुझे ऊन का मोटा एक झँगोला।/सन-सन चलती हवा, रात भर जाड़े से मरता हूँ,/ठिठुर-ठिठुरकर किसी तरह यात्रा पूरी करता हूँ।/बच्चे की सुन बात, कहा माता ने, अरे सलोने,/कुशल करें भगवान्! लगें मत तुझको जादू-टोने।/जाड़े की तो बात ठीक है, पर मैं तो डरती हूँ,/एक माप में कभी नहीं तुमको देखा करती हूँ।" आगे माँ बात को स्पष्ट करती है, "कभी एक अंगुल भर चौड़ा, कभी एक फुट मोटा,/बड़ा किसी दिन हो जाता है और किसी दिन छोटा।/घटना-बढ़ता रोज, किसी दिन ऐसा भी करता है,/नहीं किसी की आँखों को तू दिखलाई पड़ता है।/अब तू ही यह बता, नाप तेरी किस रोज लिवाएँ,/सी दें एक झँगोला जो हर रोज बदन में आए।"

दिनकर की यह कविता पढ़कर लगता है, चाँद के घटने-बढ़ने को ही नहीं, सन-सन हवाओं और ठिठुरती सर्दियों में उसके निपट एकाकी सफर को भी जैसे आँखों के आगे साकार कर दिया गया हो। 'धूप-छाँह', 'सूरज का ब्याह', 'मिर्च का मजा' दिनकरजी की बाल कविताओं के चर्चित संग्रह हैं। इनमें दिनकरजी की कई मजेदार, चुलबुली बाल कविताएँ हैं, जिनका अलग ही रंग है। 'सूरज का ब्याह' और 'मिर्च का मजा' ऐसी हास्य-विनोदपूर्ण कथात्मक कविताएँ हैं, जिन्हें पढ़कर मन में हँसी की एक फहार-सी छूटती है। इसके अलावा 'मेरे नगपति, मेरे विशाल' सरीखी उनकी देशभक्ति की ओजस्वी कविताएँ तो हैं ही। दिनकर ने ऐतिहासिक प्रसंगों पर भी लंबी कथात्मक कविताएँ लिखी हैं, जो बच्चों को झट याद हो जाती हैं। कहना न होगा, इनका मूल्यांकन भी हम अभी तक ठीक-ठीक नहीं कर पाए। इससे बाल कविता के प्रति हमारे समाज और 'विद्वानों' का रवैया जरूर पता चलता है।

आरसीप्रसाद सिंह (1911–1996) भी बहुत समर्थ कवि हैं, जिन्होंने अपने ढंग से बाल कविताओं का 'मुहावरा' साधा है। 19 अगस्त, 1911 को बिहार के गाँव पुरैख (जिला दरभंगा) में जनमे आरसीप्रसाद सिंह की बाल कविताओं में खासी विविधता और रंग-बिरंगापन है। वे विषय के हिसाब से भाषा का वितान तानने में उस्ताद कवि हैं और जैसी लगन और तल्लीनता के साथ उन्होंने बाल कविताएँ लिखी हैं, वैसी कम ही कवियों में नजर आती है। उनके यहाँ देशभक्ति का राग भी है, तो वह सुंदर बिंबों में ढला हुआ नजर आएगा। देश की सुंदरता को वह ध्रुव तारे की उज्ज्वल छवि के साथ रखकर उजागर करते हैं—

सारे जग को पथ दिखलानेवाला जो ध्रुवतारा है,
भारत-भू ने जन्म दिया है, वह सौभाग्य हमारा है,

धूप धुली है, खुली हवा है, सौ रोगों की एक दवा है,
चंदन की खूशबू से भीगा-भीगा आँचल प्यारा है।

लेकिन बचपन और उसकी नटखट शरारतों को आँकते समय उनकी भाषा ही नहीं, कविता का रंग-ढंग भी बदलता है। तब वह मस्ती और व्यंग्य के रंग में रँग जाती है, "याद है हमको अभी तक वह जमाना याद है,/कुंज में छिपकर मधुर वंशी बजाना याद है।/नित्य शैया पर पिताजी का जगाना नींद से,/रूठ जाना और माता का मनाना याद है।/जो पढ़ा था दक्षिणा में, दे दिया गुरु को वहीं,/एक रुपए में फकत अब एक आना याद है।" ऐसी चुस्त और बाँकी कविताएँ भला कितने कवि लिख सकते हैं!

दूरबीन और दूरदर्शन पर लिखी गई आरसीप्रसाद सिंह की कविताएँ भी मजेदार हैं और वे बच्चों के कौतुकी मन को खूब रिझाती और चमत्कृत करती हैं। दूरदर्शन के परदे पर शेर सरीखे वन्य पशुओं को सजीव चलते-फिरते देखकर बच्चे के मन में एक साथ भय, रोमांच, सिहरन के जो भाव पैदा होते हैं, आरसी बाबू ने मजेदार ढंग से उन्हें चित्रित किया है। इसी तरह अखाड़े पर लिखी गई उनकी एक बाल कविता कुछ इस अंदाज में शुरू होती है कि, "बहुत मशहूर दुनिया में हमारा यह अखाड़ा है/भयंकर भीम भी आकर यहाँ पढ़ता पहाड़ा है⋯!" आरसी बाबू के यहाँ मजेदार लयवाली खिलंदड़ी कविताएँ भी बहुत हैं। जरा उनका 'सैर-सपाटा' तो देखिए, "कलकत्ते से दमदम आए/बाबूजी के हमदम आए,/हम वर्षा में झमझम आए/बर्फी, पेड़े, चमचम लाए/खाते-पीते पहुँचे पटना/पूछो मत पटना की घटना⋯!" आरसीप्रसाद सिंह की बाल कविताओं के संग्रह 'चंदा मामा' और 'जादू की वंशी' मशहूर हैं।

एक समय में कवि-सम्मेलनों में खासी धूम मचानेवाले गोपालसिंह नेपाली (1913-1963) ओज और मस्ती के कवि थे और उनकी बाल कविताओं में भी ये चीजें प्रचुरता से मिलती हैं। सरिता पर लिखी गई उनकी यह कविता कभी हर बच्चे के होंठों पर नाचती थी। आज भी यह मन में एक अजब-सी चंचल हिलोर भरती है। नेपालीजी की इस कविता को कृतज्ञतापूर्वक याद किए बगैर बाल कविता के प्रारंभिक युग का इतिहास पूरा नहीं होगा, "यह लघु सरिता का बहता जल,/कितना शीतल, कितना निर्मल।/हिमगिरि के हिम से निकल-निकल,/यह विमल दूध-सा हिम का जल।/रखता है तन में इतना बल,/यह लघु सरिता का बहता जल।"

इतने गंभीर कलेवर के बावजूद अजब आकर्षण है इस गीत में। शायद इसलिए कि सरिता की चंचलता यहाँ शब्दों के संगीत में रह-रहकर खुलती है। हिंदी में ऐसी 'टकसाली' बाल कविताएँ बहुत कम हैं।

❧ ❖ ☙

यह बात गौर करने लायक है कि हिंदी बाल कविता के प्रारंभिक दौर में लीक पीटनेवाले कवियों और उनकी ढेरों कविताओं के बीच अच्छी और मन को छूनेवाली कविताएँ बराबर लिखी जाती रहीं। इस दौर में तमाम कवि पुरानी चाल की बाल कविता के ढर्रे और उपदेशात्मकता की हदों में अटके थे, तो ऐसे कवि भी कम न थे, जो गाहे-बगाहे इस तरह की हदबंदियों को तोड़कर बाहर आते थे। हिंदी बाल कविता को एक खुला और विस्तृत प्रांगण इन्हीं कवियों ने दिया, जिससे आगे चलकर नए-नए प्रयोगों से गुजरती हुई वह अधिक विकासशील हुई और बच्चों के अंतर्मन के कुछ और नजदीक आ गई। इनमें से कुछ कवियों ने तो बच्चों के सरल स्वभाव और नटखटपन को इस कदर अपनी कविता में उतार लिया है कि इन कविताओं को

भूल पाना मुश्किल है। बच्चे खुद-ब-खुद उत्फुल्ल मन से इन्हें याद कर लेते और दोहराते हैं। देवीदत्त शुक्ल, आनंदीप्रसाद श्रीवास्तव, देवीप्रसाद गुप्त कुसुमाकर, लल्लीप्रसाद पांडेय, पं. सुदर्शनाचार्य, सीताराम बी.ए., दामोदर सहाय 'कविकिंकर', रघुनंदन शर्मा, प्रो. केसरी, भूपनारायण दीक्षित, विश्वप्रकाश कुसुम, जहूरबख्श, माखनलाल चतुर्वेदी और पदुमलाल पुन्नालाल बख्शी इसी तरह की सृजनात्मक धारा के कवि हैं।

इनमें देवीदत्त शुक्त की 'बाल कविता-माला' संग्रह में शामिल कविताएँ खास ध्यान खींचती हैं। 'सरस्वती' और 'बालसखा' जैसी प्रतिष्ठापित पत्रिकाओं के संपादक रहे देवीदत्त शुक्ल (1888-1971) बच्चों के लिए कविताएँ लिखते समय एकदम बच्चे बन जाते हैं और "मैं काशी का रहनेवाला, उचकू मेरा नाम/सदा मिठाई मैंने खाई, दिया न एक छदाम!" वाली खिलंदड़ी लय अपना लेते हैं। इसी से पता चलता है कि बाल कविता में, उसी दौर में, अपनी एक अलग पहचान पा लेने की प्रवृत्ति और ललक पैदा हो गई थी। देवीदत्त शुक्ल की आँधी पर लिखी गई यह कविता भी बहुत प्रसिद्ध हुई थी, जिसमें आँधी की हबड़-तबड़ का जोरदार वर्णन करने के बाद, अंत में चुपके से यह संदेश गूँथ दिया गया है कि, "जिस प्रचंड गति से थी आई,/नहीं रही वैसी वह भाई,/सबका होता हाल यही है/सच मानो कुछ झूठ नहीं है।"

'सरस्वती' पत्रिका के संपादकीय विभाग से संबद्ध रहे एक अन्य प्रतिभावान कवि-लेखक आनंदीप्रसाद श्रीवास्तव (ज. 1899) ने भी बच्चों के लिए खासी नटखट और मजेदार कविताएँ लिखीं। फुदकते हुए मेढक को देखना भला किस बच्चे को मजेदार न लगेगा। आनंदीप्रसाद श्रीवास्तव ने भी शायद इसे बच्चे की आँखों से ही देखा है और इसीलिए इसके साथ-साथ एक अच्छा-खासा नाटक भी गढ़ लिया, "किस तरह मेढक फुदकता जा रहा,/देखने में क्या मजा है आ रहा!/कूदते चलते भला हो किसलिए?/तुम मचलते हो भला यों किसलिए?/बाप रे, गिरना न थाली में कहीं/दाल के भीतर खटाई की तरह,/हाथ पर आ बैठ जाओ, खेल लो/साथ मेरे आज भाई की तरह!" मेढक और बच्चे की जो यह लाड़-भरी दोस्ती है, असल में बाल कविता का मर्म वहीं कहीं छिपा है।

देवीप्रसाद गुप्त 'कुसुमाकर' (1893-1955) थोड़े चंचल मिजाज के कवि हैं। उन्होंने कुछ ऐसी मजेदार बाल कविताएँ लिखी हैं, जिन्हें याद करना आज भला-सा लगता है और बच्चों की आज की दुनिया से भी वे बहुत दूर नहीं हैं। होशंगाबाद के गाँव बनखेड़ी में जनमे, पेशे से वकील देवीप्रसाद गुप्त 'कुसुमाकर' की साहित्य, खासकर कविता में खासी दिलचस्पी थी, लेकिन बच्चों के लिए जो उन्होंने लिखा है, उसे भुलाया जाना मुश्किल है। बच्चा अपने दादा का पोपला मुँह देखकर क्या सोचता है और कैसे अनचाहे उसकी हँसी छूट पड़ती है, यह दृश्य देखना हो तो देवीप्रसाद गुप्त 'कुसुमाकर' की यह कविता पढ़ें, "दादा का जब मुँह चलता है, मुझे हँसी तब आती है,/अम्माँ मेरे कान खींचकर मुझको डाँट बताती है।/किंतु हँसी बढ़ती जाती है, मेरे वश की बात नहीं,/चलते देख पोपले मुख को, रुक सकती है हँसी कहीं!/ठुड्डी की वह उछल-कूद सी और पिचकना गालों का,/और कवायद वह होंठों की, नाच मूँछ के बालों का···!" किसी-किसी को लग सकता है कि यह कविता पारिवारिक शिष्टता के खिलाफ है और बच्चों को बिगाड़नेवाली है। लेकिन जो बच्चों के सरल स्वभाव के एकदम निकट है, सहज है, वह भला बाल कविताओं में न आएगा तो कहाँ आएगा?

'बालसखा' के संपादन से संबद्ध रहे लल्लीप्रसाद पांडेय (1886-1977) की भी कुछ ऐसी बढ़िया बाल

कविताएँ हैं, जिनमें बच्चों का चंचल मन आश्रय पाता है। 'बालसखा' का संपादन करते हुए उन्होंने हिंदी बाल साहित्य की जो सेवा की और उसे दिशा देने का अभूतपूर्व काम किया, वह अविस्मरणीय है। सन् 1886 में सानोदा (सागर) में जनमे लल्लीप्रसाद पांडेय ने कम ही बाल कविताएँ लिखी हैं, लेकिन उनकी बाल कविताएँ पढ़कर सीमित हदों को फलाँगने की हिंदी बाल कविता की महत्त्वाकांक्षा खूब प्रकट होती है। 'वानरजी' शीर्षक उनकी एक बाल कविता में बच्चों के लिए लिखनेवाले किसी लेखक-संपादक की प्रसन्न छवि अनूठी है और इसके लिए 'वानर' शीर्षक का चयन भी एकदम सही लगता है। अब जरा वानरजी का यह वर्णन तो पढ़िए, जिसमें हो सकता है, किसी को स्वयं लल्लीप्रसाद पांडेय का आत्मचित्र ही नजर आ जाए, "आँखों पर चश्मा है सुंदर, सिर पर गांधी टोपी है,/और गले में पड़ा दुपट्टा, निकली बाहर चोटी है।/टेबिल लगा, बैठ कुर्सी पर, लिखते हैं वानरजी लेख,/करते हैं कविता का कौशल, रहती जिसमें मीन न मेख।/तुकबंदी प्रतिमास सुनाते, लिखते लेख विचार-विचार,/कथा-कहानी और पहेली, करते नई-नई तैयार।…"

हिंदी बाल कविता के प्रारंभिक दौर में पं. सुदर्शनाचार्य (1879-1942) की चुस्त और मजेदार बाल कविताओं का अलग ही रंग है। सन् 1916 में बच्चों के लिए लोकप्रिय 'शिशु' मासिक निकालकर पं. सुदर्शनाचार्य ने उस समय बाल कविता की ओर बड़े-से बड़े लेखकों का ध्यान आकर्षित किया, जब बाल कविता अपने शैशवकाल में ही थी। कई सुप्रसिद्ध कवियों ने 'शिशु' पत्रिका में लिखा और इससे हिंदी बाल कविता को एक आश्चर्यजनक उठान मिली। खुद पं. सुदर्शनाचार्य का व्यक्तित्व बेहद आकर्षक और जादुई था तथा बहुत-से बड़े लेखकों को उन्होंने बच्चों के लिए सुंदर, सहज चीजें लिखने के लिए प्रेरित किया। पं. सुदर्शनाचार्य की 'हाऊ और बिलाऊ' कविता अपने नटखटपन और चुस्त शैली के कारण अपने समय में खासी चर्चित हुई थी और बच्चे ही नहीं, बड़े भी बहुत रस ले-लेकर इसे दोहराते थे। इस लंबी बाल कविता की शुरुआती पंक्तियाँ हैं, "किसी गाँव में थे दो भाई—हाऊ और बिलाऊ,/दोनों में था बड़ा बिलाऊ, छोटा भाई हाऊ।…"

आगे यह कविता 'हाऊ और बिलाऊ' के चरित्र की कुछ और बारीक रेखाओं को पकड़ते हुए, उनके चरित्रांकन के जरिए नेकी की विजय दिखाते हुए, बच्चों के मन में अपनी जगह बना लेती है। कहना न होगा कि अपने प्रारंभिक काल में, हिंदी बाल कविता की पहचान जिन कविताओं से बनी, उनमें 'हाऊ और बिलाऊ' जैसी ऐतिहासिक महत्त्व की कथात्मक कविता भी थी। बाद में निरंकारदेव सेवक ने कुछ-कुछ इसी तर्ज पर 'अगर-मगर' शीर्षक से कविता लिखी, जिस पर पं. सुदर्शनाचार्य की इस कविता की स्पष्ट छाया नजर आती है। यह दीगर बात है कि कुछ आगे चलते ही सेवकजी ने 'अगर-मगर' को एक बिल्कुल भिन्न दिशा में मोड़ दिया।

यहीं इस बात को दर्ज करना जरूरी है कि बीसवीं सदी के प्रारंभ में लंबी कथात्मक बाल कविताएँ लिखने का चलन था और बहुत से कवियों ने ऐसी कविताएँ लिखी हैं, जिनमें बच्चों के लिए रुचिकर कथा बेहद नाटकीय अंदाज में लंबी कविता के रूप में प्रस्तुत की गई है। ऐसी कुछ कविताएँ उस समय बेहद चर्चित हुई थीं। इनमें सीताराम बी.ए. (1858-1937) की 'बैरगिया नाला' तो उन दिनों हर बच्चे की जबान पर थी। अयोध्या में जनमे सीताराम बी.ए. 'अवध अखबार' के संपादक रहे तथा बाद में डिप्टी कलेक्टर भी रहे। उनकी कविताओं में जो राष्ट्रीयता की पुकार थी, वह जन-जन में जोश भर देती थी। उनकी लंबी कविता 'बैरगिया

नाला' में कुछ-कुछ ऐसा ही जोश और उत्साह है, जो बच्चों को बेहद भाता है। बोलचाल की भाषा और लय में लिखी गई यह कविता खुद-ब-खुद इस तर्ज पर आगे बढ़ती है, "बैरगिया नाला जुलम जोर/तहँ रहत साधु के भेस चोर/··· जब तबला बाजे धीन-धीन/तब एक-एक पे तीन-तीन··· !"

दामोदर सहाय 'कविकिंकर' (1875-1932) की एक लंबी बाल कविता में ब्रह्मा के आगे फरियाद करने गए मोरों को लेकर एक लंबा नाटकीय वृत्तांत रचा गया है। मोरों का दुःख यह है कि वे सुंदर हैं, लेकिन उनका कंठ सुरीला नहीं है। साधारण पक्षी भी जब गाते हैं तो पृथ्वी के लोग मोहित हो उठते हैं, लेकिन मोरों की बोली का हमेशा मजाक उड़ता है। क्यों भला? इस पर ब्रह्माजी का जवाब ध्यान लेने लायक है। इसलिए कि उससे इस संसार के बहुत-से रहस्य समझ में आ जाते हैं, "इस दुनिया में बिल्कुल अच्छा, बिल्कुल बुरा न कोई है/सबमें गुण हैं बँटे, वृथा ही तुमने निज मति खोई है।" सन् 1875 में छपरा में जनमे दामोदरसहाय 'कविकिंकर' ने बच्चों के लिए बहुत लिखा। उनकी कविताएँ 'रसाल', 'अंगूर' और 'सुधा-सरोवर' संग्रहों में शामिल हैं। ग्रियर्सन जैसे विद्वानों ने मुक्तकंठ से उनकी बाल कविताओं की तारीफ की है।

इसी तरह बच्चों के लिए एक लंबी नाटकीय कविता सुप्रसिद्ध हिंदीसेवी राजर्षि पुरुषोत्तमदास टंडन ने भी लिखी थी। प्रयाग में जनमे राजर्षि पुरुषोत्तमदास टंडन (1882-1962) बाल साहित्य में भी खासी रुचि लेते थे। 'बंदर-सभा' महाकाव्य में उन्होंने आल्हा की तर्ज पर एक लंबी नाटकीय कविता लिखी थी, जिसमें छंद-कौशल और भाषा की छटाएँ देखने लायक हैं। बच्चे बड़ी रुचि से इसे याद करके एक-दूसरे को सुनाया करते थे। इस कविता की उठान एक रोचक वृत्तांत को समेटे हुए कुछ यों होती है, "हियाँ की बातें हिंयने रह गईं, अब आगे कै सुनौ हवाल/गढ़ बंदर के देश बीच माँ पड़ा रहा एक खेत विशाल/सौ जोजन लंबा अरु चौड़ा, अरबन बानर जाएँ समाय/ता मैं बानर भए इकट्ठे, जौन बचे वे आवैं धाय··· !"

हिंदी के बड़े और प्रसिद्ध कवियों में माखनलाल चतुर्वेदी (1889-1968) ने भी बाल कविताएँ लिखी हैं और पूरी तरह बचपन के रस में डूबकर लिखी हैं। 4 अप्रैल 1889 को बाबई (होशंगाबाद) में जनमे माखनलाल चतुर्वेदी 'एक भारतीय आत्मा' के नाम से प्रसिद्ध थे। एक समय था, जब उनकी 'एक फूल की चाह' कविता हर बालक और किशोर के होंठों पर नाचती थी। राष्ट्रभक्ति के भाव में डूबी यह कविता सहज ही मन में ओज भरती है। इस कविता में फूल न हारों में गूँथा जाना चाहता है और न देवमूर्तियों पर चढ़ने की उसकी इच्छा है। उसके मन की चाह तो बस यह है कि जिस रास्ते पर देश पर अपने प्राण बलिदान करनेवाले शहीद जाएँ, वह उस रास्ते की धूल में पड़ा हो, ताकि देशभक्त शहीदों के चरणों का स्पर्श कर सके! यह सचमुच अपने ढंग की अद्भुत कविता है। दूसरी ओर चतुर्वेदीजी ने ऐसी कविताएँ भी लिखी हैं, जिनमें बचपन का नटखटपन, उल्लास और मस्ती भी है। राजगिरे के लड्डुओं पर लिखी उनकी इस कविता में कुछ अलग ही रस है—

ले लो दो आने के चार, लड्डू राजगिरे के यार।
यह हैं पृथ्वी जैसे गोल, ढुलक पड़ेंगे गोल-मटोल।
इनके मीठे स्वादों में ही बन जाता है इनका मोल।
दामों का मत करो विचार, ले लो दो आने के चार।

कविता का अंत भी मनभावन है, "मौसी की नजरें इनपर हैं/फूफा पूछ रहे, क्या दर हैं/जल्द खरीदो लुटा बाजार/ले लो दो आने के चार!"

इस दौर के प्रतिनिधि कवियों में ठा. गोपालशरण सिंह (1891-1960) भी हैं। वायुयान पर लिखी गई उनकी यह कविता आज से कोई सौ बरस पहले छपी थी, लेकिन आज भी इस कविता में ऐसा सजीलापन है कि हमें यह बार-बार याद आती है। शायद इसलिए कि आसमान में उड़ने का बच्चे का मन ठाकुर गोपालशरण सिंह की इस कविता में मानो गूँथ दिया गया है, "सुंदर सजीला चटकीला वायुयान एक/भैया हरे कागज का आज मैं बनाऊँगा,/चढ़ के उसी पे सैर नभ की करूँगा खूब/बादल के साथ-साथ उसको उड़ाऊँगा।/मंद-मंद चाल से चलाऊँगा उसे मैं वहाँ/चहक-चहक चिड़ियों के संग मैं गाऊँगा,/चंद्र का खिलौना, मृगछौना वह छीन लूँगा/भैया को गगन की तरैया तोड़ लाऊँगा।" सचमुच इस कविता में कल्पना की सजीवता ही नहीं, इसका आवेग भी मन में गहरे उतरता जाता है।

ऐसे ही प्रो. मोहनसिंह दीवाना एम.ए. की एक यादगार कविता में बचपन की खूबसूरती और चंचलता का यह चित्र मन को मोह लेता है, "जब नन्हा-सा मैं बच्चा था!/तब सूरज मुझे जगाता था/तब किस्से चाँद सुनाता था,/तब पानी मेघ पिलाता था/तब झूले पवन झुलाता था।/जब नन्हा-सा मैं बच्चा था!/फूलों से मेरी बातें थीं/सुख-स्वप्न भरी सब रातें थीं,/मनमोहक तब बरसातें थीं/अद्‌भुत छवि, अद्‌भुत बातें थीं···!" यह कविता क्या है बचपन का भावमग्न अभिनंदन है, जिसकी झाँकी बड़े होने पर भी मन से उतरती नहीं है।

बीसवीं सदी के चौथे-पाँचवें दशक में बच्चों के लिए नए ढंग की चुस्त खिलंदड़ी कविताएँ लिखनेवाले कवियों में रघुनंदन शर्मा (1898-1973) का नाम भी आदर से लिया जाना चाहिए। 'विद्यार्थी' और 'खिलौना' जैसी बच्चों की लोकप्रिय पत्रिकाओं के संपादक रहे रघुनंदन शर्मा ने बच्चों के लिए एक से एक मजेदार कविताएँ लिखीं। 'जलेबी', 'रसगुल्ला', 'समोसा' जैसी उनकी कविता-पुस्तकों के नाम ही प्रकट कर देते हैं कि बच्चों के लिए उबाऊ उपदेशात्मक कविताएँ लिखने में उनकी रुचि नहीं थी। वे कुछ ऐसा लिखना चाहते थे, जिसे बच्चे खुद-ब-खुद गाएँ, गुनगुनाएँ। सन् 1929 में 'शिशु' मासिक में उनका यह शिशुगीत छपा था, "डम डमा डम/खेलें-कूदें हम,/डम डमा डम-डम।/ढोल बजाते हम।/झम-झमा झम-झम/नाचें-कूदें हम।/ढम-ढमा, ढम-ढम!"

कोई नब्बे साल गुजर जाने पर भी रघुनंदन शर्मा का यह शिशुगीत हमें आज भी वैसा ही मोहक और जादुई लगता है। इक्कीसवीं सदी के बच्चे का मन भी उसे सुनकर वैसे ही झंकृत और रोमांचित होता है, जैसे कभी सत्तर बरस पहले के बच्चे का हुआ होगा, तो इसे रघुनंदन शर्मा की बाल कविता की एक बड़ी शक्ति ही कहना चाहिए। यह संभवत: इसलिए हो सका कि उनकी बाल कविता की दृष्टि सांचाबद्ध या रूढ़ नहीं थी।

प्रतिष्ठित साहित्यिक पत्रिका 'सरस्वती' के संपादक रहे प्रसिद्ध साहित्यकार पदुमलाल पुन्नालाल बख्शी (1894-1971) ने भी बच्चों के लिए कुछ ऐसी ही चुस्त-दुरुस्त खिलंदड़ी कविताएँ लिखी हैं, जिनसे उस दौर के सामर्थ्य और ऊँचाई का अंदाजा लगाया जा सकता है। उनकी यह कविता तो उस दौर में बेहद चर्चित हुई थी, जिसमें चक्की चला रही बुढ़िया का मजेदार कैरीकेचर है—

बुढ़िया चला रही थी चक्की, पूरे साठ साल की पक्की।
दोने में थी रखी मिठाई, उसपर उड़कर मक्खी आई।
बुढ़िया बाँस उठाकर दौड़ी, बिल्ली खाने लगी पकौड़ी।
झपटी बुढ़िया घर के अंदर, कुत्ता भागा रोटी लेकर।

फिर हालत यह हुई कि बेचारी बुढ़िया रोटी लेकर भागते कुत्ते को मारने के लिए बाहर भागी तो घर के अंदर बकरा घुस आया। बुढ़िया के चलने से मटका टूट गया और इस सारे कोलाहल और शोर-शराबे में बकरा न जाने कहाँ से भागकर बाहर निकल गया। बुढ़िया हैरान-परेशान-सी थककर बैठ गई और आखिर में "सौंप दिया बिल्ली को ही घर···!" ऐसे मजेदार नाटकीय वृत्तांतवाली मुकम्मल कविताएँ तो शायद हमें आज के दौर में भी बहुत अधिक न मिलें।

भूपनारायण दीक्षित (1895-1986) भी बच्चों के समर्थ कवि-कथाकार हैं, जिनकी रचनाओं में खासी जिंदादिली और बड़ी प्रतिभा के दर्शन होते हैं। बच्चों के मन की गहरी थाह लेनेवाले सशक्त कवि पं. भूपनारायण दीक्षित रसगुल्ले के जरिए किसी बच्चे के दिल के तार कुछ इस तरह छेड़ते हैं, "तू धन्य-धन्य है रसगुल्ला/तुझमें रस है, कोमलता है, नीरसता का है नाम नहीं/तुझको खाने में रसगुल्ले, दाँतों का कोई काम नहीं/सब इसीलिए तुझ पर लट्टू, चाहे काजी हो या मुल्ला।" यों 'तीन बिल्लियाँ' जैसी चुस्त कथात्मक कविताओं में भूपनारायण दीक्षित की प्रतिभा का कमाल कहीं अधिक नजर आता है। आगे चलकर दीक्षितजी ने चीनी हमले को लेकर बड़ी गजब की कविता लिखी—

चाऊ-माऊ, बेढब खाऊ, उनकी भूख अपार,
चीजें बहुत उन्होंने खाई, पर ली नहीं डकार।
खाए पर्वत, खाए दर्रे, खाए जंगल, रूख,
खाया भोला-भाला तिब्बत, तब भी गई न भूख।

आजादी से पहले की बाल कविताओं में बच्चों के लिए नित नए विषयों को तलाश कर उन्हें बाल कविता की चौहद्दी में लाने का जरूरी काम भी शुरू हो गया था। सागर में जनमे जहूरबख्श (1897-1964) ने ऐसी कई कविताएँ लिखी हैं। बढ़ई पर लिखी गई उनकी एक कविता खासी आकर्षक है। इसलिए कि इसमें बढ़ई की मेहनत और कला का बड़ा आत्मीय चित्र है। साथ ही बड़े खूबसूरत इशारे के साथ यह बता दिया गया है कि अगर यह हमारी दुनिया इतनी खूबसूरत है तो इसे सुंदर और आरामदायक बनानेवालों में उस बढ़ई का भी कम हाथ नहीं है, जो हमारे लिए रात-दिन खटता और मेहनत करता है, "बढ़ई हमारे यह कहलाते, जंगल से लकड़ी मँगवाते।/फिर उस पर हथियार चलाते, चतुराई अपनी दिखलाते।···/कुर्सी-टेबल यही बनाते, बाबू जिनसे काम चलाते।"

अफसोस, जहूरबख्श की बहुत सी रचनाएँ आज उपलब्ध नहीं हैं। काश, उनकी संपूर्ण बाल रचनाओं का कोई बृहत् संचयन सामने आता, तो बाल साहित्य के आलोचकों को उनके मूल्यांकन में काफी आसानी हो जाती। हिंदी बाल साहित्य को सम्मानपूर्ण स्थान दिलानेवाले कवि-कथाकारों में जहूरबख्श का नाम बहुत सम्मान से लिया जाना चाहिए।

इस दौर में शंभुदयाल सक्सेना, रामसिंहासन सहाय 'मधुर', अब्दुल रहमान सागरी नर्मदाप्रसाद खरे

तथा बलभद्रप्रसाद गुप्त 'रसिक' की बाल कविताओं को भी खासी लोकप्रियता मिली। हिंदी बाल कविता को शुरुआती दौर में मजबूत आधार पीठिका देने वाले कवियों में शंभुदयाल सक्सेना (1901–1976) भी हैं। उत्तर प्रदेश के फर्रुखाबाद में जनमे शंभुदयाल सक्सेना ने बच्चों के लिए नए-नए विषयों पर लिखा। उनकी 'खिड़की' ऐसी कविता है, जिसमें कल्पना का अनूठापन है। हैरानी होती है कि शंभुदयाल सक्सेना ने हिंदी बाल कविता के प्रारंभिक दौर में ही लीक से हटकर यह अनूठी कविता लिखी—

खिड़की है मकान की आँख, लेते सभी उसी से झाँक।
आता जब कोई इस ओर, खिड़की तब कर देती शोर।
अगर जाननी हो यह बात, कहाँ गए थे पापा प्रात?
तो बैठो खिड़की को खोल, देती पीट भेद का ढोल।

शंभुदयाल सक्सेना ने बड़ी सुंदर लोरियाँ भी लिखीं, जिन्होंने आनेवाले बाल कवियों के लिए राह बनाने का काम किया। शंभुदयाल सक्सेना की बाल कविताओं के संग्रह 'पालना', 'लोरी और प्रभाती', 'फूलों के गीत', 'नाचो गाओ', 'आ री निंदिया', 'रेशम झूला', 'दुपहरिया' और 'बाल कवितावली' खासे चर्चित हुए थे।

पुराने दौर के चर्चित कवियों में रामसिंहासन सहाय 'मधुर' (1903–1990) का नाम भी बार-बार लिया जाता है। उनकी कविताओं में बाल पाठकों को अच्छा बनने का संदेश और राष्ट्रीयता का स्वर मुखरित है। इस कारण उनकी कई कविताएँ सपाट लगती हैं, पर उनकी कविताओं में लय की मोहकता है, जो बच्चों को लुभाती है, "हीरा चमके, मोती चमके, चमके चाँदी-सोना/सबसे सुंदर, सबसे चमचम मेरा श्याम सलोना।" इसी तरह मधुरजी की 'अम्माँ मुझे उड़ाओ' कविता में एक बच्चे के झूला झूलने की मस्ती बड़ी खूबसूरत अभिव्यक्ति पा लेती है। कविता की शुरुआती पंक्तियाँ हैं, "अम्माँ, आज लगा दे झूला, इस झूले पर मैं झूलूँगा,/इस पर चढ़कर ऊपर बढ़कर, आसमान को मैं छू लूँगा।/झूला झूल रही है डाली, झूल रहा है पत्ता-पत्ता,/इस झूले पर बड़ा मजा है, चल दिल्ली, ले चल कलकत्ता।/झूल रही नीचे की धरती, उड़ चल, उड़ चल, उड़ चल, उड़ चल,/बरस रहा है रिमझिम-रिमझिम, उड़कर मैं छू लूँ दल-बादल···!" बलभद्रप्रसाद गुप्त 'रसिक' (ज. 1905) की बाल कविताओं में भी बच्चे के भोले मन की यह जिज्ञासा छिपी है कि, "कुछ तो बतला दो तुम हमको,/नदी कहाँ से आती हो/यह पानी यह शोर/और यह लहर कहाँ से लाती हो?"

ऐसे ही प्रो. केसरी (1909–1989) जब "आज खेलने का दिन है माँ, मुझे न यह दिन खोने दे" की तान उठाते हुए, बच्चे के मन के तारों को छू-छू लेते हैं, तो उनकी कविता की असली शक्ति और आकर्षण सामने आता है। यह वह कविता है, जिसमें बच्चे का मन मानो बोल उठा है, "आज खेलने का दिन है माँ, मुझे न यह दिन खोने दे,/घिरती है तो घिरे बदरिया, दुर्दिन है, तो होने दे।/आज बंद स्कूल, छुट्टियों की घड़ियाँ ये मनचाही,/कसम कन्हैया की न आज मैं, छुऊँगा कागज-स्याही।/इसे छोड़कर पढ़ूँ किताबें, यह कितनी नादानी है।"

आगे बच्चों के उस संसार का वर्णन है, जो पढ़ाई के बोझ और दूसरी जिम्मेदारियों को परे पटककर कुछ देर के लिए सचमुच बच्चा बनने को उकसाता है। बच्चे की भीतरी तड़प का यह दृश्य दुर्लभ है, "हरी घास की सेज सामने, कितनी भली सुहानी है/बरस रहे नभ से मोती, झरता चाँदी का पानी है/यह दुनिया लगती जैसे रिमझिम की एक कहानी है!"

विश्वप्रकाश कुसुम (ज. 1907) की बाल कविताओं का स्वर कुछ अलग है, पर एक मनमोहक नाटकीयता का पसारा वहाँ भी है। अपनी जादुई भाषा से बच्चे के मन के चारों ओर वे मानो रहस्य का एक घेरा-सा बनाते चलते हैं और बार-बार बच्चे की भीतरी दुनिया का सितार छेड़ देते हैं। बच्चे को आलू-गोभी पंसद है तो यह आलू-गोभी कैसे विश्वप्रकाश 'कुसुम' के शब्दों में गजब की पुनरावृत्ति के जरिए एक तरह की संगीतात्मकता में ढल जाता है, बाल कविता का यह निराला अंदाज इन पंक्तियों में देखा जा सकता है, "दावत ने है मन ललचाया/क्या लोगे तुम? आलू-गोभी!/क्या लोगे तुम? आलू-गोभी!/गोभी का है स्वाद बढ़ाया/ सबकी यही पुकार, आलू-गोभी!/सब करते तकरार, आलू-गोभी!"

और अंत में यह गोभी विश्वप्रकाश 'कुसम' की बाल कविता में आकर एक ऐसी नियामत हो जाती है, जिसके आगे दुनिया की हर चीज छोटी है, "गोभी जैसे हो रसगुल्ला, नरम-नरम खाते अब्दुल्ला/नहीं चाहिए हमें मिठाई, आलू-गोभी दे दो भाई।" विश्वप्रकाश 'कुसुम' की 'गुलगुल', 'तुरही', 'फूलकुमारी', 'चंद्र-खिलौना' जैसी बाल साहित्य की पुस्तकें चर्चा में रही हैं। दुर्भाग्य से आज उनकी अधिक बाल कविताएँ उपलब्ध नहीं हैं।

सागर जिले के गढ़कोटा गाँव में जनमे अब्दुल रहमान सागरी (1911-1945) उन बाल कवियों में से हैं, जो भाषा की सादगी में भी कमाल का कौशल और बाँकपन पैदा कर देते हैं। लिहाजा उनकी कविताएँ मन को गहरे छू जाती हैं। सागरीजी की बाल कविताओं का संग्रह 'मोतियों की माला' बच्चों ने बहुत पसंद किया था। 'जागो और जगाओ' शीर्षक से छपी उनकी यह प्रभाती बड़े सादा शब्दों में बड़ी बात कह देने की मिसाल के रूप में पेश की जा सकती है—

बीत चुकी आलस की घड़ियाँ
जाग चुकी अब सारी चिड़ियाँ,
जागे फूल, खिलीं सब कलियाँ
तुम भी जागो, आओ, जागो और जगाओ।
जाग उठा है कोना-कोना
फिर अपना यह कैसा सोना,
क्या सोकर है सबकुछ खोना
उठो होश में आओ, जागो और जगाओ।

नर्मदाप्रसाद खरे (1913-1975) ने बड़ों के साथ-साथ बच्चों के लिए भी लिखा है, पर लय की सफाई-सुघराई के बावजूद बालगीतों की परंपरागत राह से वे कम ही अलग हट पाए। यों नर्मदाप्रसाद खरे की बाल कविताओं की सहजता मन पर छाप जरूर छोड़ती है। तितली पर लिखे गए उनके एक गीत में बच्चा तितली से संवाद कुछ यों साधता है, "पास नहीं आती क्यों तितली, दूर-दूर क्यों रहती हो?/फूल-फूल के कानों में जा-जाकर क्या कहती हो?"

उत्तर प्रदेश के पाढ़म कस्बे में जनमे सत्यप्रकाश कुलश्रेष्ठ (1916-1949) उन कवियों में से हैं, जिन्होंने बाल कविता के शुरुआती दौर में ही बाल कवियों को शब्दों-तुकों से खेलने के आनंद से परचाया और अनूठी लय में ढली कविताएँ लिखीं। सत्यप्रकाश कुलश्रेष्ठ ने एक ओर सुंदर लोरियाँ लिखीं तो दूसरी ओर 'मै गोरी तू

काले' सरीखी नटखट बाल कविताएँ हैं, जिनमें बहन और भाई के बीच मीठी तकरार या झगड़ा है। हालाँकि बीच-बीच में परिहास की मृदुलता और विनोदी भाव बना रहता है। सत्यप्रकाश कुलश्रेष्ठ ने बड़े सुंदर और चुस्त-दुरुस्त शिशुगीत भी लिखे, जिनमें अनूठी कल्पनाशीलता है। इनसे उनकी एक अलग पहचान बनी। उनका चपल लय में बँधा एक नटखट और शरारती भंगिमावाला शिशुगीत है—

बंदर गया खेत में भाग, चुट्टर-मुट्टर तोड़ा साग।
आग जलाकर चुट्टर-मुट्टर, साग पकाया खद्दर-बद्दर।
सापड़-सूपड़ खाया खूब, पोंछा मुँह उखाड़कर दूब।
चलनी बिछा, ओढ़कर सूप, डटकर सोये बंदर भूप।

इन कवियों के अलावा रामवृक्ष बेनीपुरी, मुरारीलाल शर्मा 'बालबंधु', प्रो. मनोरंजन, रामजीलाल शर्मा, गिरिजाकुमार घोष, डॉ. रामकुमार वर्मा, वीरेश्वर सिंह 'विक्रम', लक्ष्मीनिधि चतुर्वेदी, रामेश्वर गुरु 'कुमारहृदय', बाबू गुलाबराय, ज्वालाप्रसाद ज्योतिषी, व्यथित हृदय, मदनगोपाल सिंघल, विनयमोहन शर्मा 'वीरात्मा', रुद्रदत्त मिश्र, बंधुरत्न, हरिकृष्ण दास गुप्त 'हरि', कपूरचंद्र जैन 'इंदु', डॉ. राजेश्वर गुरु, मदनमोहन व्यास, बलवीर सिंह 'रंग' आदि कवि-लेखकों ने भी बीच-बीच में बाल कविताएँ लिखी हैं। इनमें छूछे उपदेशवाली नीरस तुकबंदियाँ हैं तो ऐसी प्रसन्न कविताएँ भी, जिनमें बाल-मन की चंचल छवियाँ हैं। हरिकृष्णदास गुप्त 'हरि' (ज. 1911) की कागज की नाव को लेकर लिखी गई यह छोटी-सी बाल कविता आज भी हमें भली-भली-सी लगती है—

आओ नाव तिराएँ, दीदी से बनवाएँ,
जल टब में भर लाएँ, आओ नाव बनाएँ।
छप-छप छप-छप करती, डगमग-डगमग डोले,
नाव चली, नाव चली, उछल-उछल हम बोले।

रुद्रदत्त मिश्र, बंधुरत्न, रामदेवसिंह 'कलाधर' और गोकुलचंद शर्मा भी इस दौर में निरंतर लिखनेवाले कवियों में से हैं। बंधुरत्न (ज. 1920) की चिड़िया को लेकर लिखी गई कविता में बड़ी ताजगी है। वे "आई चिड़िया आले आई, आई चिड़िया बाले आई" वाली लोकधुन में अपनी कविता का सुर उठाते हैं, तो खुद-ब-खुद चिड़िया और बच्चे की दोस्ती और अपनापे के अनोखे बिंब बनने लगते हैं। इसी तरह रुद्रदत्त मिश्र (1906-1982) कुछ ही पंक्तियों में चिड़े-चिड़िया की मधुर कहानी कह डालते हैं। कविता की आखिरी पंक्तियाँ हैं, "रोज रात को हमें सुलाती/थपक-थपककर नानी/चिड़े और चिड़िया की कहती/कितनी मधुर कहानी।"

रामदेव सिंह कलाधर (1909-1984) कलम से ही मानो कूची का भी काम ले रहे हैं, "बोल तोता! बोल! /हरे रंग का एक-एक पर, लाल चोंच है कितनी सुंदर,/लाल फूल की माला दी है किसने तुझे अमोल ?/ कौन कला का शिक्षक तेरा, जिसने रंग गले पर फेरा,/किस विद्यालय में तू पढ़ता ? मौन न रह, मुँह खोल।" गोकुलचंद शर्मा (1888-1958) ने कुछ अलग ढंग की कथात्मक कविताएँ लिखीं। 'गूँज' शीर्षक से लिखी गई उनकी यह कविता हिंदी बाल कविता के इतिहास में इस लिहाज से भी अनूठी है कि इस अनुभव पर किसी भी अन्य कवि ने नहीं लिखा—

एक कुएँ के ऊँचे तट पर गाता था लेटा चरवाहा,
उठी तरंग, किया मुँह नीचे, बोला—हो-हो, हा-हा, हा-हा।
भरकर यह आवाज कुएँ में लौटी ज्यों ही, त्यों ही ओ-हो!
हो-हो, हा-हा, हा-हा, हो-हो!

जाहिर है, चरवाहे ने यों ही मस्ती में कुएँ के भीतर झाँककर आवाजें निकालने का जो खेल शुरू किया था, वह इतनी अधिक गूँजों-अनुगूँजों के साथ उसके सामने आया कि बच्चा हक्का-बक्का रह गया, लेकिन खेल-खेल में की गई उसकी इस गलती ने ही उसे एक दिलचस्प अनुभव से गुजार दिया।

कवि-सम्मेलनों की प्रसिद्ध शख्सियत और जाने-माने गीतकार बलवीरसिंह 'रंग' (1919-1984) ने भी बच्चों के लिए कुछ अनूठी कविताएँ लिखीं। उनकी बापू, जवाहरलाल नेहरू, नेताजी सुभाष, मौलाना आजाद आदि पर लिखी गईं राष्ट्रीय कविताएँ ऐसी हैं कि वे बच्चे के दिल में खेल-खेल में मानो गीली मिट्टी की एक ऐसी मूरत बना देती हैं, जिसकी छाप उसके मन से कभी उतरती नहीं है। इन कविताओं में बालक प्रश्न पूछता है, माँ उत्तर देती है। बालक के भोले प्रश्नों और माँ के भावुक जवाबों के बीच कविता खुद-ब-खुद आकार लेती है, जैसे 'बापू' पर लिखी गई कविता की ये शुरुआती पंक्तियाँ हैं, "चरवाहे-सी लाठी पकड़े, चिकनी, पतली, छोटी,/बप्पा जैसी घड़ी कमर में/ताऊ जैसी धोती/…अम्माँ, बतला दे मुझको—यह बाबा जैसे कौन हैं?" मजे की बात यह है कि जवाहरलाल नेहरू, नेताजी सुभाष, मौलाना आजाद आदि के साथ रंगजी ने जिन्ना पर भी कविता लिखी है, पर जिन्ना के अकड़ूपन का बच्चा जिस तरह से मजाक उड़ाता है, वह कमाल का है!

बहुत कम लोगों को पता होगा कि बचपन से स्कूलों में जिस प्रार्थना को गा-गाकर हम बड़े हुए हैं, "वह शक्ति हमें दो दयानिधे, कर्तव्य मार्ग पर डट जावें…," वह इसी कालखंड के यशस्वी कवि मुरारीलाल शर्मा 'बालबंधु' (1893-1961) की लिखी हुई है। यहीं एक दौर में बच्चों-बड़ों सभी में वीरता और देशभक्ति का जोश भरने वाले अमर झंडागीत "विजयी विश्व तिरंगा प्यारा, झंडा ऊँचा रहे हमारा' के रचनाकार शामलाल पार्षद का जिक्र करना जरूरी है। उनका यह जोशीला झंडा गीत गाकर लाखों बच्चे बड़े हुए हैं और उन्होंने गुलामी के दौर के दर्द और स्वाधीनता-संघर्ष की ज्वालाओं को महसूस किया है। लिहाजा देशभक्ति की बाल कविताओं में इसका अलग स्थान है। यों इस दौर में कई कवि थे, जिनमें नए विषयों को नए ढंग से कहने का चाव और जिद थी। बाल साहित्य की प्रसिद्धि का यह पसारा ही था, जिसने माखनलाल चतुर्वेदी, मैथिलीशरण गुप्त, दिनकर, सुभद्राकुमारी चौहान, पदुमलाल पुन्नालाल बख्शी, डॉ. रामकुमार वर्मा, बाबू गुलाबराय, विनयमोहन शर्मा, नेमिचंद्र जैन जैसे दिग्गज साहित्यकारों और राजर्षि पुरुषोत्तमदास टंडन जैसे धुरंधर हिंदी-सेवियों को भी अपने 'चुंबकत्व' से पास खींच लिया।

इसके अलावा प्रारंभिक युग के कुछ और कवि, जिनकी चर्चा के बगैर बाल कविता का इतिहास पूरा नहीं हो सकता, ये हैं—बालमुकुंद गुप्त, रामजीलाल शर्मा, गिरिजाकुमार घोष, लोचनप्रसाद पांडेय, रामवृक्ष बेनीपुरी, बाबूलाल भार्गव 'कीर्ति', गौरीशंकर 'लहरी', कपूरचंद जैन 'इंदु', तरुणभाई, वीरेश्वरसिंह 'विक्रम', लक्ष्मीनिधि चतुर्वेदी, रामेश्वर गुरु 'कुमारहृदय', प्रेमसखा, मदनगोपाल सिंघल, व्यथित हृदय, रामलक्षण शुक्ल 'मादक', देवीदयाल चतुर्वेदी 'मस्त', डॉ. सुधींद्र, नरेंद्र मालवीय, शिक्षार्थी, रामगोपाल 'रुद्र', डॉ. राजेश्वर गुरु,

मदनमोहन व्यास, हरिश्चंद्र बेरी 'बालबंधु', ज्वालाप्रसाद ज्योतिषी, विश्वप्रकाश दीक्षित 'वटुक', रामलोचन शर्मा 'कटंक', हरिमोहन झा, प्रो. मनोरंजन एम.ए. तथा त्रिभुवननाथ 'नाथ'।

निस्संदेह हिंदी बाल कविता का प्रारंभिक दौर इस बात के लिए बड़े गर्व और गौरव के साथ याद किया जाएगा कि उसकी शुरुआत में भले ही स्थूल उपदेशात्मकता का जोर रहा हो, पर जल्दी ही उसने भारी-भरकम उपदेश के वे अनावश्यक गट्ठर उतार फेंके। एक के बाद एक ऐसी समर्थ प्रतिभाएँ बाल कविता के प्रारंभिक दौर में ही नजर आती हैं, जिन्होंने बाल-मन की मुक्ति और स्वतंत्र विकास की महत्ता पहचानी। बाल कविता बाल-मन की मुक्ति की वाहक बनी और बाल-मन को रिझाने के साथ-साथ उसके सपनों, इच्छा-आकांक्षाओं और नटखट शरारतों को भी बाल कविता के रंगमंच पर पर्याप्त आदर और सम्मान मिला। बाल कविता के इतिहास के अगले चरणों में बाल कविता का जो स्वरूप और प्रवृत्तियाँ नजर आईं, वे, यह कम आश्चर्य की बात नहीं कि बीज रूप में उसके प्रारंभिक काल में ही मौजूद थीं। लंबी कथात्मक नाटकीय कविताएँ लिखने के लिहाज से तो यह बाल कविता का एक आदर्श दौर था ही, छोटी, चुस्त बाल कविताएँ और शिशुगीत भी इस कालखंड में, बीच-बीच में इतने बढ़िया लिखे गए कि उन्हें हम बड़े सम्मान से बाल कविता की उपलब्धि और कीर्ति-शिखरों के रूप में याद कर सकते हैं। इसके अलावा यह बात तो अपनी जगह महत्त्वपूर्ण है ही कि हिंदी के जितने शीर्ष कवियों ने इस दौर में बाल कविता में हिस्सेदारी की, वैसा फिर कभी देखने में नहीं आया।

दूसरा चरण : गौरव युग

शिखरों को छूने की कोशिश

हिंदी बाल कविता के 'गौरव युग' की शुरुआत सामान्यतः सन् 1947 से मान सकते हैं। 1947 से 1980 तक का समय हिंदी बाल कविता की 'ऊँचाइयों' का समय है, जब वह ऊँचे से ऊँचे दुर्जेय शिखरों को छूने की कोशिश करती है। आजादी के बाद का समय कई मामलों में चुनौती भरा समय था, तो आनंद और उत्साह भरा भी। एक ऐसा समय, जब देश के नवनिर्माण के सपने नई अँगड़ाई ले रहे थे। नया राग था, नया विहान। यह नए सिरे से रचने और भीतर-बाहर से बहुत कुछ बदल डालने की चुनौतियों का समय था। स्वाभाविक था कि ऐसे में बच्चे के साहित्यिक-सांस्कृतिक विकास की ओर हमारा ध्यान जाता। 'शिशु', 'खिलौना', 'बालसखा' जैसी पुरानी पत्रिकाओं की दमदार परंपरा को आगे बढ़ानेवाली ढेरी पत्रिकाएँ इस दौर में सामने आईं। कई नए-पुराने लेखकों ने बाल-कविता की नई संभावनाओं, नए आयामों को टटोलने की कोशिश की। शुरुआती वर्षों में राष्ट्र-निर्माण के उत्साही राग में कुछ घिसी-पिटी रचनाएँ भी छपीं। ऐसा भी हुआ कि जो बड़ों के लिए नहीं चला, वह बच्चों के खाते में डाल दिया गया। उपदेश की पुरानी परिपाटी भी छूटते-छूटते ही छूटी, लेकिन अंत तक आते-आते, खासकर सातवें दशक में हिंदी बाल-कविता में करीब-करीब क्रांतिकारी परिवर्तन और चमत्कारी ऊँचाई नजर आती है और वह बच्चों की जिज्ञासा, कौतूहल, ऊधमीपन, उत्पात, शिकवे-शिकायतें और विद्रोह—कुल मिलाकर बाल-मनोविज्ञान से बहुत सटकर चलने लगती है।

आजादी के बाद 'बालभारती', 'मनमोहन', 'पराग', 'नंदन' सरीखी बाल कविताएँ एक के बाद एक सामने आईं और उन्होंने अपने रंगारंग, प्रफुल्ल कलेवर द्वारा बच्चों तक उनके मन की चीजें पहुँचाने के लिए

बाल साहित्य का परचम थाम लिया। यों 'नंदन', 'पराग', 'बाल भारती' और 'मनमोहन' जैसी पत्रिकाओं ने इस दौर में अच्छी से अच्छी बाल कविताओं को छापा। अखबारों में भी बच्चों की रचनाओं के लिए अलग से जगह छोड़ी जाने लगी। बच्चों के कुछ अलग से अखबार भी निकले, जिनमें इलाहाबाद से प्रदीप सौरभ और अजामिल के संपादन में निकला 'नन्हे मुन्नों का अखबार' खास है। लेकिन बाल कविता को उसकी ऊँचाइयों तक ले जाने का जिस पत्रिका को सर्वाधिक श्रेय मिलना चाहिए, वह निश्चय ही 'धर्मयुग' है। 'धर्मयुग' के संपादक धर्मवीर भारती खुद भी समर्थ और बड़े कवि थे—'नई कविता' दौर के शलाका-पुरुषों में उनकी गिनती होती है। 'धर्मयुग' में बच्चों के पन्नों को नए ढंग से संयोजित करने की जरूरत महसूस हुई तो उन्होंने बाल कविता को उसके पूरे सामर्थ्य, संभावनाओं और खुले-खिले शेड्स के साथ सामने लाने का मन बनाया और बहुत हद तक उसमें कामयाब भी हुए। धर्मवीर भारती बच्चों का पन्ना खुद देखते थे, उसमें बेतरह रुचि रखते थे और जो भी कवि उस दौर में बच्चों के लिए बढ़िया लिख रहे थे, उनसे आग्रह करके कविताएँ मँगवाते भी थे और यों जाने-अनजाने धर्मवीर भारती ने बाल कविता में एक ऐतिहासिक काम किया—बाल कविता को बच्चों के मूड्स के साथ-साथ अपने समय की प्रकृति और बदलती रुचियों के साथ जोड़ने का काम। 'धर्मयुग' के अलावा 'साप्ताहिक हिन्दुस्तान' में भी बच्चों के लिए अच्छी कविताएँ छपती थीं।

इस दौर का 'गौरव युग' कहने का अर्थ यह है कि इस दौर में बाल कविता में जितनी ऊर्जित, काव्य-क्षमतापूर्ण, संभावनापूर्ण और नए युग की चेतना से लैस प्रतिभाएँ मौजूद थीं, वे न इससे पहले थीं और न बाद में ही नजर आती हैं। यह एक संयोग ही था कि दामोदर अग्रवाल, सूर्यभानु गुप्त, डॉ. शेरजंग गर्ग, श्रीप्रसाद, सर्वेश्वरदयाल सक्सेना, बालस्वरूप राही, योगेंद्रकुमार लल्ला, कन्हैयालाल मत्त, प्रयाग शुक्ल, चंद्रपालसिंह यादव 'मयंक', नारायणलाल परमार, शांति अग्रवाल, सरस्वतीकुमार दीपक, बालकृष्ण गर्ग, उमाकांत मालवीय, सीताराम गुप्त जैसे एक से एक धुरंधर लेखक उस समय बाल कविता के पटल पर मौजूद थे और सब अपने-अपने ढंग से बेहतरीन बाल कविताएँ लिख रहे थे। ऐसी कविताएँ, जिनसे अनजाने ही बाल कविता का भावी रूप और इतिहास रचा जा रहा था। यह ताज्जुब की बात है कि एक ही समय लिख रहे इन बाल कवियों की कविताओं का रूप, स्वभाव, भाषा और शैली एक-दूसरे से कितनी जुदा है और फिर भी वे मौलिक हैं। एक तरह से बेनजीर, यानी अपनी मिसाल खुद। यों इस दौर में भी बाल साहित्य के अन्य कालखंडों की तरह, लीक पीटनेवाले कवि भी थे और उनकी संख्या कम नहीं, खासी है। पर बाल कविता का जो मयार इस दौर के श्रेष्ठ कवियों ने बनाया, वह अंततः सब पर भारी पड़ा। बुरा या परिपाटीबद्ध लिखनेवालों में एक हिचक पैदा हुई और ठोक-पीटकर, तराशकर आगे निकली, जो उम्दा रचनाएँ थीं, वही कुल मिलाकर इस पूरे कालखंड में शासन करती रहीं और निरंतर कुछ नया करने को प्रेरित करती रहीं।

यहाँ यह उल्लेख भी आवश्यक है कि कुछ आगे चलकर 'नंदन' और 'पराग' पत्रिकाओं ने भी अच्छी बाल कविताएँ छापीं और 'धर्मयुग' के साथ-साथ बाल कविता को साफ, सही शक्ल देने में इन पत्रिकाओं का भी योगदान रहा, हालाँकि बीच-बीच में कमजोर, कच्ची बाल कविताएँ भी इनमें छपती रहीं और 'धर्मयुग' इस हिसाब से अव्वल और बेमिसाल रहा कि उसमें छपी कोई बाल कविता कमजोर नहीं हो सकती थी। एक और खास बात यह थी कि भवानीप्रसाद मिश्र, प्रभाकर माचवे, भारतभूषण अग्रवाल, सर्वेश्वरदयाल सक्सेना, रघुवीर

सहाय, फणीश्वरनाथ रेणु, रामावतार त्यागी, वीरेंद्र मिश्र सरीखे हिंदी के अनेक चर्चित और सिरमौर रचनाकारों ने भी इस कालखंड में बच्चों के लिए कविताएँ लिखीं। इसे बाल कविता का सौभाग्य कहना चाहिए।

❖

बाल कविता के दूसरे चरण में भी बड़ों के लिए लिखनेवाले अनेक चर्चित और जाने-माने कवियों ने बच्चों के लिए लिखा है। इनमें हरिवंश राय बच्चन, भवानीप्रसाद मिश्र, प्रभाकर माचवे, भारतभूषण अग्रवाल, लक्ष्मीकांत वर्मा के नाम खासकर लिये जा सकते हैं। 27 नवंबर 1907 को इलाहाबाद में जनमे हरिवंशराय 'बच्चन' (1907—2003) की बच्चों के लिए लिखी गई कविताएँ इसी दौर में छपी हैं। बच्चों ने इन्हें काफी पसंद किया है। बच्चन की बाल कविताओं में गेयता तो भरपूर है ही, कल्पना की सूझ भी अकसर नई मिल जाती है। उनकी एक कविता में कौआ गोरा होने की कोशिश में साबुन की टिकिया उठाकर भाग जाता है। यह कल्पना सचमुच मजेदार है, साथ ही इसमें एक स्वभाविक तार्किकता भी है। चिड़िया पर लिखा गया बच्चनजी का यह कोमल जिज्ञासापूर्ण बालगीत भी अच्छा है—

चिड़िया ओ चिड़िया, कहाँ है तेरा घर?
उड़-उड़ आती है जहाँ से फर-फर,
उड़-उड़ जाती है जहाँ को फर-फर?
इमली के एक बड़े भारी पेड़ पर
घास-फूस-तिनकों से बना मेरा घर,
उड़-उड़ आती हूँ, वहाँ से फर-फर,
उड़-उड़ जाती हूँ वहाँ को फर-फर।

'नीली चिड़िया' भी बच्चन की प्रसिद्ध कविता है, जिसकी लय बड़ी सुरीली है, "नीले आसमान से उतरी/ नीली एक निराली चिड़िया/गाती उड़नेवाली चिड़िया/उड़ती गानेवाली चिड़िया/इस फुनगी से उस फुनगी पर/ उड़कर जानेवाली चिड़िया/इन पत्तों में, उन पत्तों में/छिपकर गानेवाली चिड़िया···!" बच्चनजी की बच्चों के लिए लिखी गई कविताओं की पुस्तकें हैं—'जन्मदिन की भेंट' (1978), 'नीली चिड़िया' (1979) और 'बंदरबाँट' (1980)। बाल कविता में ऐतिहासिक महत्त्व रखनेवाली ये तीनों पुस्तकें राजपाल एंड संस (दिल्ली) ने छापी हैं।

इसी तरह हिंदी के दिग्गज कवियों भवानीप्रसाद मिश्र, प्रभाकर माचवे, भारतभूषण अग्रवाल, रघुवीर सहाय, नागार्जुन, केदारनाथ अग्रवाल और त्रिलोचन ने भी इस दौर में बच्चों के लिए नई शैली, नए अंदाज की कुछ ऐसी कविताएँ लिखीं, जिनकी कल्पनाशीलता मुग्ध कर देती है। नई कविता के दौर के मूर्धन्य कवि भवानीप्रसाद मिश्र (1913-1985) ने भी बच्चों के लिए ताजगी से भरपूर एक से एक जानदार कविताएँ लिखी हैं। और मजे की बात यह है कि शब्दों से खेलने में उन्हें खूब रस मिलता है। 29 मार्च, 1913 को होशंगाबाद के टिगरिया कसबे में जनमे प्रख्यात कवि भवानी भाई की पुस्तक 'तुकों के खेल' में कई मजेदार बाल कविताएँ हैं। प्रकृति को लेकर भी भवानी भाई ने कुछ बड़ी मोहक कविताएँ लिखी हैं, जिनकी लय मुग्ध कर देनेवाली है और अंदाज ऐसा प्यारा कि हर बच्चे को वे अपनी सी कविताएँ लगती हैं। उनके फागुन के गीत की शुरुआत इस तरह होती है, "चलो, फागुन की खुशियाँ मनाएँ!/आज पीले हैं सरसों के खेत, लो,/आज किरनें हैं कंचन

समेत, लो,/आज कोयल बहन हो गई बावली/उसकी कुहू में अपनी लड़ी गीत की/हम मिलाएँ!…"

इसी तरह जाड़ों पर लिखा गया भवानी भाई का एक गीत अलाव तापते, बातें करते हुए लोगों के प्यार से भरे चेहरे एकाएक आँखों के आगे ले आता है। नए साल पर खुले मन, खुली कल्पना के साथ लिखी गई भवानी भाई की एक प्रसन्न रंगोंवाली कविता भी खासी चर्चित हुई थी। भवानी भाई ने कुछ मजेदार शिशुगीत भी लिखे हैं। 'भाईचारा' शीर्षक से छपे उनके शिशुगीत की लय बड़ी मजेदार है, "अक्कड़-मक्कड़ धूल में धक्कड़/दोनों मूरख, दोनों अक्खड़/हाट से लौटे, ठाट से लौटे/एक साथ एक बाट से लौटे/बात-बात में बात ठन गई/बाँह उठी और मूँछ तन गई… !"

प्रभाकर माचवे (1917-1992) की बाल कविताओं में बिल्कुल नए शिल्प में ढले, प्रकृति और जीवन की हास्यपूर्ण स्थितियों के मजेदार चित्र हैं। माचवेजी की ऐसी ही एक कविता हाथी का यह कमाल का हास्य-चित्र उपस्थित करती है, "हाथी हाथी हाथी,/ऐसे मस्त चल रहे जैसे डिक्टेटर के साथी!/कई सूँड़ के लाभ,/सींच सकेंगे पूरा बाग, चमेली-जूही-गुलाब।" माचवेजी ने चंदा मामा पर एक अनोखी कविता लिखी, जिसमें चाँद का रूप एकदम बदला हुआ है, "चंदा मामा अब हम तेरा घर भी जान गए/अब वो गप्पें नहीं चलेंगी/बुढ़िया, चरखा, हिरन रेंडियर,/या स्याही का धब्बा,/अब तेरी क्या दाल गलेगी/गोल हो गया डब्बा,/चंदा मामा अब हम तेरा/तेवर भी पहचान गए,/नहीं रहे अब तुम मामाजी/दूर देश के गोल-गोल लामाजी,/नहीं रहे अब नन्हे-मुन्ने/जाओ पहन लो भी/कुरता-पाजामाजी!"

बालस्वरूप राही की एक प्रसिद्ध कविता में भी यही भाव है और चंदा का ऐसा ही आधुनिक कलेवर। यह कहना कठिन है कि कौन सी कविता पहले लिखी गई, पर बात दोनों कविताओं में एक ही है, बस कहने का अंदाज जुदा-जुदा है। जो भी हो, माचवेजी की इस कविता में चाँद की कल्पना विलक्षण है और आज भी आकर्षित करती है। बाल पत्रिका 'नंदन' में छपी माचवेजी की एक सुंदर कविता में बारिश और बादलों की सुंदरता के कुछ एकदम अनूठे और सचमुच 'आधुनिक' चित्र हैं। अपनी एक और जिंदादिली से भरपूर कविता में प्रभाकर माचवे उन बच्चों की जोरदार तारीफ करते हैं, जिनमें खेलकूद की मस्ती और ऊर्जा है। अफसोस, माचवेजी की बाल कविताओं का कोई संग्रह अभी तक नहीं छपा।

इसी तरह भारतभूषण अग्रवाल ने भी बच्चों के लिए कविताएँ लिखी हैं। 2 अगस्त, 1918 को मथुरा में जनमे भारतभूषण अग्रवाल (1918-1975) ने बच्चों के लिए कई खिलंदड़ी कविताएँ लिखीं, जिनका संचयन मेरे 'मेरे खिलौने' नाम से छपा। इसमें खिलौनों को लेकर भारतजी की बड़ी ही सुंदर कविता शामिल है, जिसे पढ़कर बच्चे ही नहीं, बड़े भी रीझ उठेंगे—

कितने सुंदर और सलोने, देखो मेरे नए खिलौने,
यह देखो फुर्तीला घोड़ा, नहीं चाहिए इसको कोड़ा।
चाबी से चलता है सरपट, और लौटकर आता झटपट।
यह देखो यह बिल्ली आई, पंजों में हैं गेंद दबाई,
जब भी इसकी पूँछ घुमाऊँ, यह करती है म्याऊँ-म्याऊँ।

जाने-माने कवि और चिंतक लक्ष्मीकांत वर्मा (ज. 1922) की बाल कविताएँ एकदम बच्चों के रंग में हैं।

खासी नटखट और मजेदार। वे हास्य और विनोद के रंग में ढालकर अपनी बात कहते हैं और बच्चों को अपनी नाटकीय संवाद-शैली से लुभा लेते हैं। एक लालाजी सब्जी खरीदने गए तो सब्जियाँ अपनी-अपनी खासियत बताकर उन्हें आकर्षित करने लगती हैं, "बैगन रामभगत थे मन के, बोले वे हर्षित मन से,/तनिक मुझे भी देखो लाला, मैं आया हूँ लंदन से।/देख टमाटर ज्यों ही लपके लालाजी ले लेने को,/लाल टमाटर बोला फौरन, क्या लाए हो देने को?" इस छोटी-सी कविता में ही लक्ष्मीकांत वर्मा की कला और प्रतिभा का स्पर्श पहचानना कठिन नहीं है। सब्जियों को लेकर जैसा चुस्त नाटक उन्होंने गढ़ा है, वह आदमी और सब्जियों के नेह-संबंध का एक मुकम्मल दृश्य आँखों के आगे प्रस्तुत कर देता है।

यह अच्छी बात है कि बड़े और नामी कवियों ने भी बच्चों के लिए लिखने की कोशिश की। इससे बड़ों के साहित्य और बाल साहित्य के बीच खामखा बना दी गईं बहुत-सी 'झूठी दीवारें' टूटीं और बाल कविता में नए विचारों की ताजगी और नयापन आया। यहाँ तक कि प्रसिद्ध कथाकार फणीश्वरनाथ रेणु (1921-1977) और सुप्रसिद्ध कवि रघुवीर सहाय की सातवें-आठवें दशक की मजेदार हास्य-विनोदयुक्त कविताएँ 'नंदन' के पुराने अंकों में मुझे देखने को मिली हैं। इनमें रघुवीर सहाय (1929-1990) की कविता की लय बड़ी मजेदार है, "गुड्डन जाएगी ससुराल रो-धो के…!" रघुवीर सहाय की एक ऐसी ही दिलचस्प कविता है 'फायदा'। इस कविता की शुरुआत कुछ दिलचस्प सवालों से, "जो जेब न होती कुरते में/तो पैसे भला कहाँ धरते/जो घास न होती धरती पर/तो गदहे-घोड़े क्या चरते/जो हवा न होती यहीं-कहीं/तो गुब्बारे में क्या भरते/जो सूँड़ न होती हाथी के/तो हाथी का हम क्या करते?" और अब जरा जवाब देखिए, जो सवालों से कम मजेदार नहीं हैं—

बेसूँड़ न हाथी खा पाता/बेसूँड़ न हाथी पी पाता,
कहने को हाथी कहलाता/पर बिना हाथ का हो जाता।
वो मुँह ललचाता रह जाता/वो दाँत दिखाता रह जाता,
फायदा-फकत इतना होता/उसको जुकाम न हो पाता!

इसी तरह रघुवीर सहाय की एक अनोखी कविता है 'एक था चूहा' जिसकी लय और कविता रचने का ढंग दोनों ही लाजवाब हैं। कविता की शुरुआत इस तरह होती है, "एक था चूहा/उसके थे दाँत/उसके थे दाँत भाई, उसके थे दाँत।/एक दिन चूहे को रोटी मिली/रोटी को चूहे ने दाँत से काटा/कुतुर-कुतुर/एक था चूहा उसके थे दाँत/उसके थे दाँत, अरे भाई उसके थे दाँत।" अब चूहे के दाँत हैं तो वह रोटी तो खाता ही है, मौका लगे तो गुपुर-गुपुर लड्डू भी खा जाता है, यहाँ तक कि कभी-कभी कुरुर-कुरुर लकड़ी भी चट। मगर फिर हुआ यह कि, "एक दिन चूहे को लोहा मिला/लोहे को चूहे ने दाँत से काटा/एक था चूहा, उसके नहीं थे दाँत।"

इस कविता में जिस होशियारी से यह बताया गया है कि शरारती चूहा अपने तीखे दाँतों से लड्डू, रोटी वगैरह-वगैरह तो चट कर जाता है, मगर जब वह लोहे पर उन्हें आजमाता है तो उसकी शामत आती है—वह तरीका नायाब है। सचमुच बाल कविता के इतिहास में ऐसी दिलचस्प कविताएँ बहुत अधिक नहीं हैं। आश्चर्य, रघुवीर सहाय की बाल कविताएँ अधिक चर्चित नहीं रहीं, पर वे निस्संदेह अद्वितीय कविताएँ हैं और साबित करती हैं कि सहायजी जैसे बड़ों के शिखर कवि थे, वैसे ही बाल कविताएँ लिखनेवाले दिग्गज कवियों में उनकी गिनती होनी चाहिए।

रघुवीर सहाय की अन्य बाल कविताएँ हैं—'हम खूब लाए', 'चलकर औरों के भी आने की राह करो', 'चल परियों के देश', 'यह न समझने लगना भाई', 'सीख'। इनमें 'हम खूब लाए' एक लंबी कथात्मक कविता है, जो सन् 1947 में आकाशवाणी से प्रसारित हुई थी। इस कविता में एक बूढ़ा व्यापारी व्यापार के लिए निकला और घूमते-घूमते देश-विदेश में गया। एक बार उसके मन में गुच्छी यानी कुकुमुत्ता खाने की इच्छा जगी, पर नौकर तो उसकी भाषा जानता नहीं था। व्यापारी बेचारा परेशान! बहुत सोचकर उसने एक तरकीब लगाई। उसने कागज पर गुच्छी का चित्र बनाया और नौकर से कहा, "ये ले आओ।" नौकर दौड़ा-दौड़ा गया और ले भी आया, मगर देखकर व्यापारी इस कदर भौचक्का था कि क्या कहे! कारण यह था कि नौकर कुकुरमुत्ते के बजाय एक छतरी ले आया था, क्योंकि चित्र में कुकुरमुत्ता छतरी जैसा ही लगता था।

यहाँ तक कि मूर्धन्य जनवादी कवियों में बाबा नागार्जुन, त्रिलोचन और केदारनाथ अग्रवाल की इस दौर में लिखी गई बहुतेरी कविताएँ बच्चे अरसे से पढ़ते-गुनगुनाते आए हैं। जनकवि बाबा नागार्जुन (1911-1998) की भी ऐसी कई कविताएँ हैं, जो बच्चों के लिए लिखी भले ही न गईं हों, पर बाल पाठकों में वे खासी लोकप्रिय हैं। यहाँ तक कि बच्चे अपनी पाठ्य-पुस्तकों में भी उन्हें पढ़ते आए हैं। 'पाँच पूत भारत माता के', 'अकाल और उसके बाद', 'चंदू, मैंने सपना देखा', 'बहुत दिनों के बाद' सरीखी बाबा नागार्जुन की कविताओं में अजब सम्मोहन और लय की गजब की जादूगरी है। ये न सिर्फ बच्चों को मोहती हैं, बल्कि एक बार पढ़ लेने के बाद खुद-ब-खुद बाल पाठकों के होंठों पर चढ़ जाती हैं। इसी तरह केदारनाथ अग्रवाल की 'वसंती हवा' बड़ी ही सुंदर लयपूर्ण कविता है, जो बाल पाठकों को रिझा लेती है।

फिल्म जगत् के सुप्रसिद्ध कवि सरस्वतीकुमार 'दीपक' (ज. 1918) ने भी बच्चों के लिए लिखा है और खूब लिखा है। उन्होंने फिल्मों के लिए भी गाने लिखे, जिन्हें खासी प्रसिद्धि मिली, पर एक बड़े, समर्थ बालकवि के रूप में भी सरस्वतीकुमार 'दीपक' का योगदान खासा बड़ा है। जिन कुछ कवियों ने हिंदी बाल कविता को 'उपदेश-पथ' से हटाकर 'अनुभूति-पथ' पर चलाने में एक बड़ी ऐतिहासिक जिम्मेदारी निभाई, उनमें सर्वेश्वरदयाल सक्सेना, शेरजंग गर्ग, दामोदर अग्रवाल, कन्हैयालाल 'मत्त' और श्रीप्रसाद की तरह सरस्वतीकुमार दीपक का नाम भी बहुत सम्मान और कृतज्ञता के साथ लिया जाना चाहिए। वे सच में बाल-मन के चितेरे कवि हैं, जिनकी बाल कविताओं में बाल संसार की इच्छा-आकांक्षाओं की रंग-बिरंगी नुमाइश सजी हुई है। उनकी कविता में सब्जियों की यह मीठी अनबन और छेड़छाड़ देखें, "ताक लगाकर बैठी थीं, मालिन की डलिया में तरकारी।/अवसर पाया, ताक-धिन्नाधिन, नाच उठीं सब बारी-बारी।/नीबू और टमाटर लुढ़के, उछल पड़े तरबूजे,/काशीफल के साथ बजाते, ढोल मगन खरबूजे,/ककड़ी अकड़ी और थाप, तबले पर उसने मारी।"

'गुड़ियाघर' के गुड्डे, गुड़ियों की बात करते हुए भी वे सचमुच मस्ती की एक 'बस्ती' ही बसा लेते हैं—

कितना सुंदर, कितना प्यारा, गुड़ियाघर, यह गुड़ियाघर!
इसमें रहतीं गुड़िया रानी, इसमें रहते गुड्डे राजा,
गुड़िया कहती नई कहानी, गुड्डा रोज बजाता बाजा।
मस्ती की बस्ती में खोए रहते बनकर बेखबर!

दीपकजी ने कुछ बड़े दिलचस्प प्रयोग किए हैं। कल्पना कीजिए, कोई राहगीर पेड़ के नीचे बाजा भूल जाए और फिर एक-एक कर जानवर आएँ। उसे देखकर ताज्जुब में पड़ जाएँ तो! उस बाजे के सुर में शायद एक ऐसी ही कविता ढल पड़ेगी, "कुछ परदेशी भूल गए, बरगद के नीचे बाजा—/बैठ गए संगीत सिखाने, अपने मिट्ठू राजा।/बाजा सुन, सारे पशु आए,/बाजा सुन, पंछी मुसकाए,/मोर नाचने लगा थिरककर/कोयल ने भी गीत सुनाए।/बंदर बाबा लेकर आए, केला ताजा-ताजा।…"

फिल्मों के मशहूर अभिनेता और प्रसिद्ध साहित्यकार हरेंद्रनाथ चट्टोपाध्याय (ज. 1898) ने बच्चों के लिए बड़ी अद्भुत कविता लिखी थी, जिसमें किस्से में कविता और कविता में किस्सा है और पानी में दूर तक बहती जाती नाव और लहरों की हलचल। बड़ी ही मजेदार लय में ढली इस नाटकीय कविता को स्वयं हरेंद्रनाथ चट्टोपाध्याय के मुख से सुनना एक अविस्मरणीय अनुभव है, "नाव चली—नानी की नाव चली,/नीना की नानी की नाव चली,/लंबे सफर पर/आओ चलो, भागो चलो, जागो चलो/आओ-आओ/नानी की नाव चली/नाव चली, नानी की नाव चली/नीना की नानी की नाव चली।"

फिल्मों की सुप्रसिद्ध अभिनेत्री कामिनी कौशल ने भी 'कामिनी दीदी' नाम से बच्चों के लिए सुंदर कविताएँ लिखी हैं। कामिनी दीदी (ज. 1927) की एक मजेदार कविता है, जिसमें बिस्तर पर लेटे-लेटे वे सोचती हैं कि आज दिन भर उन्होंने क्या-क्या खाया है। श्वेत दूध, पीला मक्खन, लाल संतरे, गुलाबी आइसक्रीम वगैरह-वगैरह। कितने ही रंगों की चीजें! कविता का अंत बड़ा मजेदार है, "मैंने इतना सब खाया/पेट अचानक फटने आया/अगर कहीं सचमुच जाता फट/इंद्रधनुष बाहर आता झट!"

प्रख्यात गीतकार वीरेंद्र मिश्र (1927-1999) ने बच्चों के लिए लिखते हुए उनके मन, सपनों और ओजपूर्ण इरादों को वाणी दी है, "हम नन्हे-मुन्ने हों चाहे, पर नहीं किसी से कम,/आकाश तले जो फूल खिलें/वे फूल बनेंगे हम।/बादल के घेरे में, कोहरे के घेरे में/भयभीत नहीं होंगे,/घनघोर अँधेरे में।/हम दीपक भी, हम सूरज भी,/तुम मत समझो शबनम/अब जान गया यह नील गगन/दिन-रात तपेंगे हम।" कविता में भाषा और लय बहुत सधी हुई है। 1 अक्तूबर, 1927 को मुरैना (म.प्र.) में जनमे वीरेंद्र मिश्र के मन में बच्चों की असाधारण शक्तियों और साहस को लेकर बड़ा आत्मविश्वास है, जो उनकी कविताओं में जगह-जगह नजर आता है। अपने एक गीत में तो वे लिखते हैं, "जिसके आगे बेकार रहे दुनिया के एटम बम/विश्वास भरी एक फौज नई तैयार करेंगे हम।"

प्रसिद्ध गीतकार और कवि सम्मेलनों की हस्ती बन चुके गोपालदास नीरज ने अपनी एक बाल कविता में बच्चों के मन और सपनों की उड़ान को व्यक्त किया है, "हम बच्चे हैं तो क्या,/हम हिंदुस्तान बदलकर छोड़ेंगे/इनसान तो क्या, हम दुनिया का भगवान् बदलकर छोड़ेंगे/मुश्किलें हमारी दासी है/आँधी, तूफान खिलौने हैं/भूचाल हमारे बिगुल/बर्फ से ढके पहाड़ बिछौने हैं/हम नई क्रांति के दूत/पुराने गान बदलकर छोड़ेंगे!"

इसी तरह रवींद्रनाथ त्यागी, नईम, माहेश्वर तिवारी और रमेश रंजक की बाल कविताएँ भी ध्यान आकर्षित करती हैं। रवींद्रनाथ त्यागी (ज. 1930) जंगल के जानवरों के एक गजब के मेले का जिक्र करते हैं, जिसमें हाथी समोसे तलता है और भालू नरम कचौड़ी, "जंगल के सब जानवरों ने एक लगाया मेला,/पोखर के तटवाला तंबू बड़ी दूर तक फैला,/हाथी लगा समोसे तलने, भालू नरम कचौड़ी,/बकरी ने दुकान लगाई

बेचने पान गिलौरी!" नईम (ज. 1935) जब किस्सों की बात कहते हैं तो भला उन्हें दादी, नानी कैसे याद न आएँगी? और दादी, नानी याद आएँ तो बच्चे और बचपन साथ ही याद आ जाते हैं, "दादी का हो या नानी का,/राजा को हो या रानी का,/किस्सा बस किस्सा होता है,/बूढ़े सुनते हों या बच्चे,/किस्से झूठे हों या सच्चे,/सबका ही हिस्सा होता है।"

माहेश्वर तिवारी (ज. 1935) पतझर में पेड़ के गिरते पत्तों की बात करते हैं, मगर बचपन की कल्पना से ऊभ-चूभ होकर, "पत्ते झरने लगे डाल से, एक-एक कर दाँत गिर रहे,/जैसे बूढ़ी दादी के/बर्फ पड़े तो लगता जैसे बिखरे टुकड़े चाँदी के,/धीरे चलने वाला सूरज, राह नापता तेज चाल से।" रमेश रंजक (ज. 1938) 'चंदा मामा दूर के' की तान उठाते हैं तो एकदम बच्चों के मन और कल्पना के नजदीक आ जाते हैं, "चंदा मामा दूर के,/तोड़ रहे हैं छत पर चढ़कर पत्ते बड़े खजूर के/नीले-नीले आसमान,/दीया जले जैसे मकान में,/बैठ गए हैं सई शाम से रंग लिये आमचूर के,/चंदा मामा दूर के··· !"

इसी दौर में प्रसिद्ध कथाकार ममता कालिया ने भी बच्चों के लिए कविताएँ लिखीं, जिनमें खासी धमा-चौकड़ी और धूम-धमाका है। छुट्टीवाले दिन की एक तसवीर उनकी कविता में इस तरह उतरती है, "अन्नूजी की छुट्टी हो गई,/मन्नूजी की छुट्टी हो गई/बस्ते से अब कुट्टी हो गई/धमा-चौकड़ी धूम-धमाका/चाट-पकौड़ी, खेल-तमाशा/कभी खिलौना, कभी पटाखा/यह है शैतानी की भाषा!" और छुट्टीवाले दिन किस्म-किस्म के पराँठे बनाने और खाने के आनंद पर तो शायद ही इतना मजेदार कोई और बालगीत लिखा गया हो—

एक पराँठा गोभी का लो, एक पराँठा मूली का,
एक पराँठा पीटर को दे, एक पराँठा भूली का।
एक पराँठा मेथीवाला, खाएगी प्यारी मुन्नी,
एक पराँठा आलूवाला, माँग रही चंचल चुन्नी।
एक पराँठा बेसनवाला, एक पराँठा पिट्ठी का
दही मँगाओ कुल्हड़ भर के, बने नाश्ता छुट्टी का।

ये सचमुच बच्चों को मगन कर देनेवाली कविताएँ हैं, जिनकी ओर वे दौड़े चले आते हैं।

❖

बाल कविता के पुराने और शीर्ष कवियों में सोहनलाल द्विवेदी, निरंकारदेव सेवक, द्वारिकाप्रसाद माहेश्वरी, रामधारीसिंह दिनकर, मैथिलीशरण गुप्त, शकुंतला सिरोठिया, 'स्वर्णसहोदर' आदि इस दौर में भी लिख रहे थे और खूब धूमधाम से लिख रहे थे। हालाँकि बाल कविता में नएपन का जो झोंका आया था, उसने पुरानी पीढ़ी के इन समर्थ कवियों को भी हर पल सतर्क रहकर, लीक से अलग हटकर अपने नए-नए रंग, नई-नई कलाएँ दिखाने और दिखाते रहने को बाध्य किया।

इस दौर में बाल कविता के पटल पर एक वरिष्ठ त्रयी को हम मौजूद पाते हैं और एक ही समय इतना अच्छा लिखनेवाले तीन कवि न इससे पहले कभी नजर आए, न बाद में। ये कवि हैं—दामोदर अग्रवाल, सूर्यभानु गुप्त तथा डॉ. शेरजंग गर्ग। इनमें दामोदर अग्रवाल (1932-2009) निश्चय ही अपेक्षाकृत बड़े कवि हैं। जिस तरह बाल कविता के प्रारंभिक युग के शलाका पुरुष निरंकारदेव सेवक हैं, उसी तरह गौरव युग के

केंद्रीय व्यक्तित्व दामोदर अग्रवाल ही ठहरते हैं, जिन्हें केंद्र में रखकर इस पूरे युग की शक्ति और संभावनाओं की पड़ताल की जा सकती है। दामोदर अग्रवाल की एक मशहूर कविता है—'कोई ला के मुझे दे'। बाल कविता का यह मोहक अंदाज और लय की ताजगी इससे पहले कभी देखने में नहीं आई थी, "कुछ रंगभरे फूल, कुछ खट्टे-मीठे फल,/थोड़ी बाँसुरी की धुन, थोड़ा जमुना का जल—/कोई ला के मुझे दे।/एक छुट्टी वाला दिन, एक अच्छी-सी किताब,/एक मीठा-सा सवाल, एक नन्हा-सा जवाब—/कोई ला के मुझे दे!" दामोदर अग्रवाल की एक और कविता 'धूप' में भी यही जिंदादिली, यही 'बाँकपन' है। वह किसी शरारती बच्ची की तरह सोफे पर आकर बैठ जाती है और मैगजीन के पन्ने पलटने लगती हैं, "खिड़की ज्यों ही खुली कि आकर अंदर झाँकी धूप,/आकर बैठ गई सोफे पर बाँकी-बाँकी धूप!"

दामोदर अग्रवाल की सबसे बड़ी खासियत है बाल कविता को अपने समय की जरूरतों और मुश्किलों से जोड़ने की कोशिश, और यहाँ उनके मुकाबले में खड़े होनेवाले कवि बहुत कम हैं। आकाश के बादलों और बिजली का 'चालीसा' पढ़नेवाले कवियों की हमारे यहाँ कमी नहीं, लेकिन ऐसे कवि कितने हैं, जो उस बिजली की बात करें, जिसकी रोशनी में हम पढ़ते हैं और जिसके चले जाने पर "पता नहीं चलता थाली में किधर दाल औ' भात!" यहाँ दामोदर अग्रवाल अकेले हैं और यहीं असली और 'फेक' कविता का फर्क भी समझ में आ जाता है। बिजली से वे बड़ी ही मीठी शिकायत करते हैं और इस शिकायत में भी बड़ा अपनापा है—

बड़ी शरम की बात है बिजली, बड़ी शरम की बात!
जब देखो गुल हो जाती हो, ओढ़ के कंबल सो जाती हो,
नहीं देखती हो यह दिन है, या यह काली रात है बिजली,
बड़ी शरम की बात।

दामोदर अग्रवाल की एक विशेषता यह है कि वे बोलचाल की, बहुत मामूली भाषा से बहुत बड़ा काम ले लेते हैं। वह बोलचाल की भाषा ही नहीं, तर्ज भी उठाते हैं और थोड़े ही शब्दों के फेरफार से उसे कुछ ऐसी जादुई लय दे देते हैं कि समूची कविता उनकी उँगलियों पर झूमने, थरथराने लगती है। वह भाषा और लय के ऐसे जादूगर हैं कि समूची हिंदी बाल कविता में उन जैसा सक्षम और शक्तिशाली कवि कोई और नजर नहीं आता। यहाँ वे बादशाह हैं—बेताज बादशाह और इसीलिए सड़क पर एक पैसा भी मिल जाए तो उससे वह क्या-क्या बनाएँगे, यह कोई और नहीं जान सकता। एक पैसा उन्हें राजा बना सकता है और अपनी इच्छाओं के घोड़े पर सवार एक स्वप्नदर्शी भी, जो दुनिया का नक्शा ही बदल देना चाहता है। जरा देखें, इस कविता का एक हिस्सा, जिसमें 'पूरा का पूरा लुटा देने' की मस्ती और फक्कड़पना है—

सड़क पर मिले जो मुझे एक पैसा!
मैं झट से उसे अपनी मुट्ठी में ले लूँ,
मैं झट से उसे अपने भाई को दे दूँ।
मैं झट से उसे अपनी माँ को दिखाऊँ,
मैं सबको चलूँ ले के, मेला दिखाऊँ।
मैं राजा बनूँ और हाथी पे घूमूँ,

मैं बागों में जाऊँ और फूलों को चूमूँ।
मैं वो पैसा पूरा का पूरा लुटा दूँ,
मैं पैसा लुटाकर गरीबी मिटा दूँ।
सड़क पर मुझे जो मिले एक पैसा!

एक बच्चे के सपनों की कोमल दुनिया और शक्ति को हासिल करके उदारता से बाँटने या दे देने का यह भाव, दोनों ही अनोखे हैं। आगे चलकर कविता में एक बड़ा व्यापक सह-बंधुत्व उभरता है, खासी ललकार और चुनौती भरी लय में, "मैं कह दूँ कि हर बच्चा हर दिन नहाए,/मैं कह दूँ कि हर बच्चा भरपेट खाए।/मैं कह दूँ कि हर बच्चा बस्ता उठाए,/मैं कह दूँ कि हर बच्चा स्कूल जाए।/सड़क पर मुझे जो मिले एक पैसा!"

कविता के अंत में आदर्श संसार की जो तसवीर है, वह भी बाल कविता में एक नई ही चीज है। इसलिए कि यह सचमुच कविता है, उपदेश नहीं। एक संवेदना की भट्ठी में तपकर यह पूरा चित्र सुनहला हो गया है। दामोदरजी की बाल कविताओं के संग्रह हैं—'चल मेरी नैया कागजवाली', 'हरियाले बालगीत' और 'झिलमिल'। अभी कुछ अरसा पहले ही दामोदर अग्रवाल की 101 चुनिंदा बाल कविताओं का संचयन 'बच्चों की 101 कविताएँ' (संपादन : प्रकाश मनु) सामने आया है। इसमें दामोदरजी की 'बस्ते में गुलमोहर', 'टायँ टूँ, टायँ टूँ', 'हरी पत्तियाँ', 'आलू की टिक्की', 'डुगरुन-डिगरिन', 'मेघ राजा गठरी में क्या है', 'अनवर मियाँ की रोटी' तथा 'जादू की गठरी' जैसी एक से एक सुंदर और रसभीनी कविताएँ एक साथ पढ़ने को मिल जाती हैं। किसी संग्रह में एक साथ इतनी अच्छी कविताएँ मिल जाना बच्चों और बाल साहित्य के अध्येताओं के लिए एक बड़े सौभाग्य से कम नहीं है।

इस दौर के एक और महत्त्वपूर्ण कवि हैं—सूर्यभानु गुप्त (ज. 1940)। उत्तर प्रदेश के नाथूखेड़ा गाँव (बिंदकी, जिला फतेहपुर) में जनमे सूर्यभानु गुप्त में दामोदर अग्रवाल जैसा प्रगीतात्मक आवेश तो नहीं है, लकिन कल्पना की सूझ और भाषा-सामर्थ्य वाकई बड़ा है। और वह नई कविता जैसे अपने समय से लिये गए प्रतीकों और बिंबों से उसे सजाने में माहिर हैं। इसीलिए सूर्यभानु की ज्यादातर कविताएँ नए विषयों पर लिखी गई हैं और अकसर बड़े प्रिय ढंग से कोई नई बात कहती हैं। आईने की एक कलात्मक प्रस्तुति उनके यहाँ चिड़िया के जरिए हुई है, "आईना रे आईना, तेरे जैसा कोई ना!/कौन दूसरी अंदर चिड़िया, देखे चोंच मारकर चिड़िया,/तू आखिर क्या चीज, इसे वह, समझ आज तक पाई ना!" इसके आगे 'गलती माफ' कर देने की आईने की सदाशयता है कि वह देखता बहुत कुछ है, कहता कुछ नहीं, "मन का साफ, गलती माफ/नीचे गिरकर भी चुपचाप,/कितना अच्छा, कभी किसी की/मुँह से करे बुराई ना।" यहाँ एक जरा-सी चूक भी हो गई है। आईना नीचे गिरता है तो 'चुपचाप' नहीं रहता, आवाज होती है, लेकिन फिर भी उसकी प्रकृति को सूर्यभानु गुप्त ने बढ़िया तरीके से पकड़ा है—पूरी अंतरंगता और सहानुभूति के साथ।

सूर्यभानु गुप्त की खासियत यह है कि पुराने विषय को उठाते हैं तो भी उसमें एक नया अर्थ, नया सौंदर्य भर देते हैं। मसलन जब वह 'चंदा मामा' पर लिखते हैं तो उन्हें ध्यान आता है कि मामीजी कहाँ हैं? आखिर वह चंदा मामा से सवाल पूछना शुरू करते हैं—एक से एक मीठे सवाल, जिनमें चंदा मामा के कुँआरेपन पर फब्तियाँ भी शामिल हैं—

चंदा मामा, चंदा मामा, मामीजी कब लाओगे,
दूध-भात भांजों का अपने, बोलो, कब तक खाओगे?
चंदा मामा, चंदा मामा, लगते कितने प्यारे हो,
लेकिन यह बतलाओ अब तक तुम क्यों भला कुँआरे हो?

और अंत में कविता को एक बहुत ही प्यारा मोड़ दिया गया है, जो किसी उस्तादाना कलम से ही संभव है, "चंदा मामा, चंदा मामा, हम राकेट में आएँगे,/मामी के हाथों की आकर पूड़ी-खीर उड़ाएँगे।" सूर्यभानु गुप्त की एक और कविता में बच्चे कबूतरों की तरह उड़ते हैं और सचमुच इसी दुनिया के भीतर एक और नई दुनिया खोज लेते हैं, "हम भी होते काश, कबूतर, मजे उड़ाते दिन भर उड़कर।/बच्चे हमें चुगाते दाने, गाते मीठे-मीठे गाने।...ना होता पापाजी का डर, हम भी हो काश, कबूतर!" इसी तरह 'फोटूग्राफर' उनकी एक मजेदार कविता है, जिसका सुर कुछ ऐसा है कि "मैं फोटूग्राफर मस्ताना/सीख लिया है मैंने, फोटू में मुसकाना!"

आजादी के बाद की हिंदी बाल कविता को सही दिशा, सही पहचान देनेवाले जिन कवियों का नाम बाल साहित्य के 'महारथियों' के रूप में लिया जाना चाहिए, उनमें डॉ. शेरजंग गर्ग (ज. 1937) भी एक हैं। 29 मई, 1937 को देहरादून (उत्तराखंड) में जनमे डॉ. शेरजंग गर्ग बाल कविता के उस्ताद कवियों में से हैं। उनके पास बड़ी ही चुस्त, बड़ी ही समृद्ध भाषा है और बात कहने का अपना ढंग, अपना मुहावरा। और उनके गीतों में जैसी पूर्णता है, वैसी कम, बहुत कम नजर आती है। इस लिहाज से वे अपनी नजीर खुद हैं और उन थोड़े से बाल कवियों में से हैं, जिनकी कविता पर उनका नाम न हो, तो भी आप यकीनन कह सकते हैं यह कविता इन्हीं की है।

खासकर छोटी कविताओं और शिशुगीतों में डॉ. गर्ग को बड़ी सफलता मिली है। और यहाँ बात कहने का जो उस्तादाना अंदाज और सफाई है, वह देखते ही बनती है। 'गाय' उनका चर्चित शिशुगीत है। गाय पर उपदेशात्मक कविताएँ तो आपने ढेरों पढ़ी होंगी, पर इतनी नटखट कविता भी लिखी जा सकती है गाय पर, यह डॉ. शेरजंग गर्ग की कविता पढ़े बगैर समझ में नहीं आ सकता। उनके एक और शिशुगीत, 'गुड़िया' में गुड़िया के साथ 'पुड़िया' ही नहीं, 'उड़िया', और 'बुढ़िया' तुकें भी लग जाती हैं, तो बड़ी ही मजेदार स्थिति बनती है, "गुड़िया है आफत की पुड़िया/बोले हिंदी, कन्नड़, उड़िया,/नानी के संग भी खेली थी/किंतु अभी तक हुई न बुढ़िया।"

ऐसे ही डॉ. शेरजंग गर्ग का एक शिशुगीत 'दादी अम्माँ' को लेकर लिखा गया है और यहाँ उसके हलवा खाने और लोरी गाने के साथ-साथ इस बात को भी याद किया गया है कि वह 'नानी की है मित्र पुरानी'। इस गीत की क्लाइमेक्स की दो पंक्तियाँ तो सचमुच कमाल की है, "हलवा खानेवाली अम्माँ,/लोरी गानेवाली अम्माँ,/मुझे सुनाती रोज कहानी,/नानी की है मित्र पुरानी।/पापा की है आधी अम्माँ,/मेरी पूरी दादी अम्माँ।" 'आधी' और 'दादी' का यह मेल सचमुच अद्भुत है और बच्चे के अंतरंग संसार की पूरी बनावट को खोल जाता है।

बात कहने का यह 'नयापन' और 'अनोखी अदा' ही डॉ. शेरजंग को ढेरों सामान्य कवियों से अलगाती है। उनकी कविताएँ औरों से अलग हटकर, हमें बार-बार याद आती हैं। मसलन नए साल पर ढर्रे की सैकड़ों कविताएँ लिखी जा रही हैं, पर डॉ. गर्ग का 'नए साल का गीत' उन सबसे अलग है। ऐसा गीत, जो नए साल

को बच्चे की चोखी खुशियों, त्योहारों, मित्रों, यहाँ तक कि भैया, दीदी की आदतों से भी जोड़ता है, "नए साल में ताजे, सुंदर फूल खिलेंगे,/नए साल में नए-पुराने मित्र मिलेंगे।/नए साल में भैया-दीदी खूब पढ़ेंगे,/कोई कितनी करे शरारत, नहीं लड़ेंगे।" आखिर में नए साल की शुभाशंसाओं की बारी आती है तो दादी के स्वस्थ रहने की कल्पना सबसे पहले आती है। और फिर गुड़िया की शादी, भैया की दाढ़ी उगने और छुक-छुक गाड़ी चलने का मजा भी—

स्वस्थ रहेगी प्यारी दादी नए साल में,
गुड़िया की भी होगी शादी नए साल में।
अच्छे-अच्छे काम करेंगे नए साल में,
सीधे-सच्चे नहीं डरेंगे नए साल में।
भैया की उग आए दाढ़ी नए साल में,
छुक-छुक चले हमारी गाड़ी नए साल में।

शेरजंग गर्ग का यह अंदाज ईंट जैसी मामूली चीज को लेकर भी एक मुकम्मल बाल कविता की इमारत खड़ी कर सकता है, "ईंट नहीं लड़ने की चीज,/यह है कुछ गढ़ने की चीज।..." इधर की लिखी डॉ. शेरजंग गर्ग की कविताओं 'तीनों बंदर महा धुरंधर' तथा 'यदि पेड़ों पर उगते पैसे' समय की नई चुनौतियों को स्वीकार करके लिखी गई ऐसी कविताएँ हैं, जो बच्चों को नए ढंग से सोचने और नई चुनौतियों के मुताबिक खुद को तैयार करने के लिए प्रेरित करती हैं। डॉ. शेरजंग गर्ग की बाल कविताओं के चर्चित संग्रह हैं—'सुमन बालगीत', 'गुलाबों की बस्ती' (1984), 'गीतों के रसगुल्ले' (1997), 'खुशबू के प्रश्न' (2003), 'भालू की हड़ताल' (1989), 'शरारत का मौसम' (1989), 'गीतों के इंद्रधनुष' (1996), 'नटखट गीत', 'यदि पेड़ों पर पैसे उगते' (2001), 'तीनों बंदर महाधुरंधर' (2002)। उनके शिशुगीतों का नया संग्रह 'अटैची में टॉफी, अटैची में बिस्कुट' (2005) छपा है, जिसमें उनके कई सुंदर शिशुगीत एक जगह आ गए हैं। इसके अलावा पुस्तकाकार छपी उनकी लंबी कविता 'सुंदर सपनों का कारीगर' (2004) में उनकी कविताई की अलग रंगत है।

इस कालखंड के बड़े और दिग्गज कवियों में डॉ. श्रीप्रसाद (1932-2012) भी हैं। 5 जनवरी, 1932 को उत्तर प्रदेश के पारना गाँव (जिला आगरा) में जनमे डॉ. श्रीप्रसाद एक ऐसे कवि हैं, जिन्होंने अपना पूरा जीवन ही बाल साहित्य के सृजन और अध्ययन में लगाया है। डॉ. श्रीप्रसाद ने बाल कविता में अपनी खास पहचान बनाई है तथा भाषा और लय को समृद्ध करनेवाले कवियों में उनका नाम बड़े ही सम्मान से लिया जाता है। डॉ. श्रीप्रसाद के गीतों की एक और खासियत है—उनकी सांस्कृतिक चेतना और परिवेश की गहरी समझ। कई बार शब्दों और वाक्यांशों की आवृत्ति से भी वह कविताओं में अनोखी लय पैदा कर देते हैं। छंद और भाषा को लेकर उनकी उस्तादाना सफाई तो अकसर चकित करती है। 'हाथी' को लेकर लिखी गई उनकी एक कविता बड़ी मशहूर हुई है, जिसमें निरर्थक ध्वनियों के बीच उभरते बिंबों की लड़ियाँ हाथी की विराटता की कथा कह जाती हैं। इस अद्‌भुत गीत की कुछ पंक्तियाँ हैं—

हल्लम-हल्लम हौदा, हाथी चल्लम-चल्लम,
हम बैठे हाथी पर, हाथी हल्लम-हल्लम।

लंबी-लंबी सूँड़ फटाफट फट्टर-फट्टर,
लंबे-लंबे दाँत खटाखट खट्टर-खट्टर।
भारी-भारी सूँड़ झटकता झम्मम-झम्मम,
हल्लम-हल्लम हौदा, हाथी चल्लम-चल्लम।

श्रीप्रसादजी की कविताओं में मजेदार चित्रों और चरित्रों की भरमार है। कहीं तो ऐसे पेटूराम मौजूद हैं, जो कई दर्जन रसगुल्ले, पूड़ियाँ, मिठाई, फल डकारकर कहते हैं, "भूखा मुझे उठाया है/पापड़ नहीं खिलाया है!" और कहीं हास्य के आलंबन के रूप में टेसूजी हैं। उनकी शादी और बारात का दिलचस्प वर्णन है, उनकी शैतानियों, शरारतों और खेल-खिलौनों की कथा है।

श्रीप्रसादजी की सबसे बड़ी विशेषता यह है कि वे बालगीतों में किस्सागोई भर देते हैं। उनकी 'नानी का किस्सा' कविता की शुरुआती लाइनें हैं, "पूँछ पकड़ दादा ने फेंके दो भारी से बंदर,/दोनों जाकर गिरे धम्म से सीधे घर के अंदर।" और आंगे चलकर तो बिल्ली, कुत्ते, चूहे सभी इसमें शामिल होते जाते हैं और कहानी एक से एक दिलचस्प मोड़ों से गुजरती हुई, आखिर में बड़े नाटकीय ढंग से खत्म होती है। 'मेरा साथी घोड़ा' (1970), 'आ री कोयल' (1987), 'मीठे-मीठे गीत', 'गीत बचपन के' (2004) श्रीप्रसादजी की बाल कविताओं के चर्चित संग्रह हैं। हिंदी में शिशुगीतों को नया रूप और कल्पांतर देने में भी कन्हैयालाल मत्त और डॉ. शेरजंग गर्ग की तरह श्रीप्रसादजी का बड़ा योगदान है। श्रीप्रसादजी निस्संदेह हिंदी बाल कविता के समर्थ कवियों में ही नहीं, शलाका पुरुषों में भी गिने जाएँगे।

❖

बालगीतों के लिए नई जमीन तोड़नेवाले और उसे सच में आधुनिक रंग-ढंग, गति और अंदाज देनेवाले कवियों में सर्वेश्वरदयाल सक्सेना (1927-1983) भी हैं, बल्कि वे इनमें कहीं न कहीं सबसे अलग हैं। 15 सितंबर, 1927 को उत्तर प्रदेश के पिकौरा गाँव (जिला बस्ती) में जनमे सर्वेश्वरदयाल सक्सेना सहज ही हिंदी बाल कविता के एक बड़े व्यक्तित्ववान कवि हैं। सर्वेश्वर जिस ढंग से एक छोटी-सी बात को लेकर आगे चलते हैं और कविता तराशते हैं, वह काट खुद में एक बड़ी चमक लिये होती है। उनकी बाल कविता को आप दूर से देखकर भी कहेंगे, यह सिर्फ सर्वेश्वर ही लिख सकते हैं और यह बात दूसरों से सर्वेश्वर को बहुत ऊपर उठा देती है। उनकी भाषा भी यहाँ ऐसी है, जैसे जीवन से सीधे-सीधे बतियाकर हाल-चाल पूछ रही हो। देखिए, 'बतूता का जूता' के इब्न बतूता का यह बेढब हाल—

इब्न बतूता पहन के जूता निकल पड़े तूफान में,
थोड़ी हवा नाक में घुस गई, घुस गई थोड़ी कान में।
कभी नाक को कभी कान को मलते इब्न बतूता,
इसी बीच में निकल पड़ा उनके पैरों का जूता।
उड़ते-उड़ते जूता उनका जा पहुँचा जापान में,
इब्न बतूता खड़े रह गए मोची की दुकान में।

इब्न बतूता की तरह ही सर्वेश्वर की 'बिल्ली के बच्चे' नायाब कविता है, जो इस मानी में एक मयार

रचती है कि बाल कविता में क्या-कुछ कहा जा सकता है और उसका केनवस ही नहीं, उसके स्वप्नों और आदर्शों की दुनिया कितनी बड़ी और फैली-फैली हो सकती है। "किताबों में बिल्ली ने बच्चे दिए हैं" और उन्हें देख-देखकर सर्वेश्वर का कवि न सिर्फ हैरान, बल्कि उत्साहित भी हो रहा है कि "…ये बच्चे बड़े होकर अफसर बनेंगे,/दारोगा बनेंगे किसी गाँव के ये,/किसी शहर के ये कलेक्टर बनेंगे!" ऐसी कविताएँ हिंदी में उँगलियों पर गिनने लायक हैं। सर्वेश्वर के कुछ शिशुगीत और 'यदि मैं घोड़ा होता' सरीखी कविताएँ भी कमाल की हैं। इन्हें पढ़कर बच्चों को लेकर उनका खुला सोच पता चलता है। सर्वेश्वर की बाल कविताओं के संग्रह हैं—'बतूता का जूता' (1971), 'महँगू की टाई' (संस्क. 1990), 'बिल्ली के बच्चे' (संस्क. 1999), 'नन्हा ध्रुवतारा' (2000)।

प्रसिद्ध गीतकार और गजलगो बालस्वरूप राही (ज. 1936) ने भी बच्चों के लिए जमकर लिखा है। उनकी बाल कविताओं में रोचक दृश्यों के साथ, कोई नया विचार भी रहता है। 16 मई, 1936 को दिल्ली में जनमे बालस्वरूप राही बाल कविता के प्रतिष्ठापित कवि हैं और उनकी कई ऐसी कविताएँ हैं, जिन्हें अच्छी बाल कविता के मयार के रूप में पेश किया जा सकता है। राहीजी के यहाँ भाषा की सफाई, सुघराई और सजावट अपने ढंग की है, जो कुछ ही रेखाओं में एक मुकम्मल चित्र बना देती है। मसलन परियों पर लिखा गया यह गीत, जिसमें बालों के रेशमी रिबन के साथ-साथ उजली चम-चम फ्राकों का भी जिक्र है, "परियाँ नाचीं छम-छम-छम,/छमक-छमक, छम-छम, छम-छम।/बालों में रेशमी रिबन/पाँवों में घुँघरू छन-छन,/हाथों में कंगन खन-खन/उजली फ्राकें चम-चम-चम!" इस गीत में विन्यास की जो पूर्णता है, वह इधर की बहुत कम बाल कविताओं में नजर आती है।

बालस्वरूप राही का 'चंदा मामा' को लेकर एक बड़ा मशहूर गीत है, जो चंदा मामा की पारंपरिक कल्पनाओं और किंवदंतियों को परे धकियाकर, उससे सीधे-सीधे हालचाल जान लेना चाहता है। आज के बच्चे को चंदा मामा की उधार की चमक-दमक (सूरज से प्रकाशित होना) और 'जाली रूप' का पता है, इसलिए स्वर में कुछ ऐसी ढिठाई है, जो सबकुछ जानते हुए बच्चों में ही हो सकती है। यह बालगीत उन बेहद महत्त्वपूर्ण बालगीतों में से है, जिनसे आप बदलते समय के हिसाब से बदलते बालगीतों के मिजाज की पड़ताल कर सकते हैं। और समय की दस्तकें जहाँ साफ सुनी जा सकती हैं। बालगीतों के प्रारंभिक युग में चाँद को लेकर अच्छी-से-अच्छी ढेरों बाल कविताएँ लिखी गईं, लेकिन ऐसी कविता एक भी नहीं। यह यकीनन ऐसी बाल कविता है, जो इसी दौर में लिखी जा सकती थी, इससे पहले नहीं। पूरी कविता इस तरह है—

चंदा मामा, कहो तुम्हारी शान पुरानी कहाँ गई,
कात रही थी बैठी चरखा, बुढ़िया नानी कहाँ गई?
सूरज से रोशनी चुराकर चाहे जितनी भी लाओ,
हमें तुम्हारी चाल पता है, अब मत हमको बहकाओ।
है उधार की चमक-दमक यह नकली शान निराली है,
समझ गए हम चंदा मामा, रूप तुम्हारा जाली है।

राहीजी की बाल कविताओं में जीवन की नई सीख और मस्ती, ये दोनों ही रंग हैं और अपनी पूरी धज

के साथ हैं। 'ऊँट, बड़े तुम ऊटपटाँग' जैसी उनकी कविताओं में हास्य की मस्ती है तो 'जब हम होंगे बड़े', 'बच्चे और बड़े', 'नई बात सोचा करते हैं', 'दुनिया नई-पुरानी' में खेल-खेल में जीवन की सीख है। राहीजी की बाल कविताओं की चर्चित पुस्तकें हैं—'दादी अम्माँ मुझे बताओ', 'हम जब होंगे बड़े', 'बंद कटोरी मीठा जल', 'हम सबसे आगे निकलेंगे', 'गाल बने गुब्बारे' तथा 'सूरज का रथ' (2001)। इनमें कई अनूठी और चकित कर देनेवाली कविताएँ हैं।

अपने छोटे-छोटे शिशुगीतों से ही पहचान बनानेवाले एक और समर्थ बाल कवि हैं—प्रयाग शुक्ल (ज. 1940)। 18 मई, 1940 को कोलकाता में जनमे प्रयाग शुक्ल उन समर्थ और प्रतिभावान कवियों में से हैं, जो अपने समय की कविता की धारा को मोड़ देते हैं। 'आए बादल', 'जंगल में बोला है मोर', 'हक्का-बक्का' जैसे उनके बालगीत संकलन खासे चर्चित हुए हैं। उनके नए अंदाज के शिशुगीतों की झाँकी 'गुड्डा-बुड्ढा' को पढ़ने से मिल जाएगी, "यह है गुड़िया, यह है गुड्डा।/यह बुढ़िया, यह है बुड्ढा।/सोच रही हूँ एक दिन गुड़िया,/हो जाएगी ऐसी बुढ़िया।/हो जाएगा इक दिन बुड्ढा,/मेरा प्यारा सा गुड्डा।/गुड़िया-बुढ़िया,/गुड्डा-बुड्ढा।"

क्रिकेट के धूम-धड़क्के पर लिखे गए प्रयाग शुक्ल के एक शिशुगीत में "सचिन का चौका/सचिन का छक्का" अपनी अलग धूम मचाता है। इसी तरह भालू पर लिखा गया उनका यह हास्यप्रधान शिशुगीत भी खासा लोकप्रिय हुआ था—

भालू की माँ बोली—कालू/आ तुमको नहला दूँ,
लगा-लगाकर साबुन तेरा सारा मैल छुड़ा दूँ!
भागा भालू ज्यों ही माँ ने डाला ठंडा पानी,
लगा चीखने जोर-जोर से, याद आ गई नानी!

इधर प्रयागजी के बड़े अनूठे शिशुगीत 'जनसत्ता', 'नंदन' समेत कई पत्र-पत्रिकाओं में छपे हैं। ढोल, नाव, पतंग, खिलौने जैसे विषयों पर उन्होंने एकदम नए अंदाज में लिखा। प्रयागजी की बाल कविताओं के चर्चित संग्रह हैं, 'सरस्वती बालगीत', 'जंगल में बोला है मोर', 'बादल आए', 'हक्का बक्का' (1994) तथा 'होली धूम मचाती आई' (2004)।

हिंदी बाल कविता में हास्य की कमी की शिकायत अकसर की जाती है। यह कहा गया है हिंदी की बाल कविता ने उपदेश के लबादे को भले ही उतार फेंका हो, लेकिन 'अति गंभीरता के रोग' से वह मुक्त नहीं हो पाई। उसमें बच्चों की दुनिया की छेड़छाड़ और शरारतें कम हैं, धौल-धप्पा और हास्य का मजा कम है। हमें मानना होगा कि यह बात पूरी तरह सच भले ही न हो, पर इसमें सत्यांश तो है। हालाँकि अपने खिलंदड़ेपन और मोहक हास्य की छेड़छाड़ से, बाल कविता को हलका-फुलका और रसमय बनाने की कोशिशें भी निरंतर जारी रहीं। खासकर उमाकांत मालवीय, योगेंद्रकुमार लल्ला, कन्हैयालाल मत्त, बालकृष्ण गर्ग जैसे कवियों ने अतिशय गंभीरता के इस कवच को तोड़ा है।

लीक से अलग हटकर तेजतर्रार, चटपटे गीतों की राह खोजी कन्हैयालाल मत्त (1911-2003) ने। 18 अगस्त, 1911 को उत्तर प्रदेश के जारखी गाँव (एत्मादपुर, जि. आगरा) में जनमे कन्हैयालाल 'मत्त' की

बाल कविताओं की पुस्तक 'लोरियाँ और बालगीत' सन् 1941 में प्रकाशित हुई थी, जिसमें खासी जिंदादिली से भरपूर बाल कविताएँ नजर आती हैं। आगे तो उनका निरंतर विकास ही होता गया। सच तो यह है कि बाल कविता को मस्ती, जिंदादिली और ऊर्जा से भरपूर, स्वतंत्र विन्यास देनेवाले कवियों में मत्तजी का नाम बहुत सम्मान से लिया जाना चाहिए। उनके यहाँ लल्ला जैसी हास्यभरी गुदगुदाहट और खिलवाड़ तो नहीं, पर ऐसा काफी कुछ है, जो 'फूल-फालकर' गीत गाने को उकसाए। जरा मंद-मंद मुसकराते हुए यह गीत पढ़िए तो, "आटे-बाटे दही पटाके, सोलह-सोलह सबने डाटे।/डाट-डूटकर चले बाजार, पहुँचे सात समंदर पार।/सात समंदर भारी-भारी, धूम-धाम से चली सवारी।/चलते-चलते रस्ता भूली, हँसते-हँसते सरसों फूली।/फूल-फालकर गाए गीत, बंदर आए लंका जीत।/जीत-जात की मिली बधाई, भर-भर पेट मिठाई खाई।"

मत्तजी के यहाँ कुछ छोटे-छोटे शिशुगीत बहुत कमाल के हैं, जैसे दो मूर्खों 'हाऊ और बिलाऊ' का यह गीत—

मिस्टर हाऊ और बिलाऊ, थे बिल्कुल बछिया के ताऊ।
लाए एक कहीं से घोड़ा, लगे जमाने उसपर कोड़ा।
उसे न डाला दाना-पानी, मुफ्त सैर करने की ठानी।
भूखा घोड़ा यों घबराया, ऐसा भागा हाथ न आया।

ऐसे ही एक शिशुगीत में चूहे की चालाकी के आगे ऊँट की लाचारी देखने लायक हैं, "चूहेमल का देखो खेल,/चले ऊँट की पकड़ नकेल।/बुड़-बुड़, बुड़-बुड़ बोला ऊँट—मुझे पिला पानी दो घूँट।"

पारंपरिक हिंदुस्तानी खेलों तथा नट, बाजीगर आदि पर लिखी गई मत्तजी की कविताएँ भी अनोखी हैं। हिंदी में इन पारंपरिक विषयों पर ऐसी दिलचस्प और भावावेगपूर्ण बाल कविताएँ किसी और ने नहीं लिखीं। काकली प्रकाशन (गाजियाबाद) से मत्तजी की बाल कविताओं और लोरियों के कई महत्त्वपूर्ण संग्रह छपे हैं। ये हैं—'रजत पालना' (1998), 'स्वर्ण हिंडोला' (1998), 'खेल तमाशा' (1998), 'जंगल में मंगल' (1995), 'बोल री मछली कितना पानी' (1994), 'बढ़े चलो भई बढ़े चलो' (1986)। इसके अलावा उनकी बाल कविताओं के कुछ अन्य संग्रह हैं—'अब है मेरी बारी' (2002), 'आटे-बाटे सैर-सपाटे' (2003), 'जमा रंग का मेला' (2005), 'सैर करें बाजार की' (2008), 'चल रे चल लकड़ी के घोड़े' (2008), 'आओ सुनें कहानी' (2011) तथा 'मेरी प्रिय बाल कविताएँ' (2012)। इनमें 'चल भई काके', 'बिना बात की बात', 'चुहिया रानी', 'अब है मेरी बारी', 'निम्मी का परिवार' समेत कई ऐसी बाल कविताएँ हैं, जो बाल कविता में एक नया मयार बनाती हैं। ऐसी कविताएँ जो मत्तजी को सेवकजी और द्वारिकाप्रसाद माहेश्वरी सरीखे बाल कविता के शीर्षस्थ कवियों की पाँत में ला बैठाती हैं। 'चल रे चल लकड़ी घोड़े' में मत्तजी के 101 नटखट और सलोने शिशुगीत एक साथ पढ़ने को मिल जाते हैं। इसी तरह 'आओ सुनें कहानी' में उनकी बड़ी सुंदर और नाटकीय कथात्मक कविताएँ हैं। काश, मत्तजी की बाल कविताओं का हम सही मूल्यांकन कर पाते!

इसी तरह उमाकांत मालवीय (1931-1982) का अंदाज अलग है। जिंदादिली से भरपूर कवि उमाकांत मालवीय ने कई अच्छी बाल कविताएँ लिखी हैं। हास्यपूर्ण स्थितियों को उभारने में उन्हें खास सफलता मिली

है। जैसे 'लोटे' और 'मोटे' का यह मेल, "लोटा ऊपर लोटा/लोटा नीचे लोटा,/बोल जमूरे मेरे/निरा अकल का मोटा।" इससे भी ज्यादा दिलचस्प है 'लंगूर की शादी' का प्रसंग। मोतीचूर की दावत हुई और शादी में क्या-क्या टनाटन इंतजाम था, यह आप खुद देखेंगे—

शादी है लंगूर की, दावत मोतीचूर की।
ऊदबिलाव बना सहबाला, घोड़ा लाया टमटमवाला।
सेहरा सोहे, तन-मन मोहे, बाँकी शक्ल हुजूर की!

उमाकांत मालवीय की कुछ और बढ़िया कविताएँ हैं—'आला बाला', 'चकई के चकभुम', 'चंदा मामा', 'किस्सों की टकसाल', 'मछली-मछली', 'टामी से कानाफूसी', 'चल रे सोटे', 'मेरे चंचल घोड़े', 'गुड़िया का स्वयंवर' तथा 'जस्सूजी हैरान हैं'। 'टामी से कानाफूसी' की शुरुआती पंक्तियों में ही एक बड़ा मजेदार सा दृश्य है, "टामी से कानाफूसी/करती है नटखट पूसी/चलो बाग की सैर करें/औ झूले पर पेंग भरें/भरा कटोरा मैं लाऊँ/पीऊँ मैं म्याऊँ-म्याऊँ/मुँह लटकाए मत बैठो/छोड़ो जी यह मनहूसी!" इसी तरह 'किस्सों की टकसाल हमारी नानी हैं' में नानी का बड़ा आत्मीय चित्र है। उमाकांतजी की बाल कविताओं का संग्रह 'चुगलखोर गीदड़' (1976) प्रकाशित हुआ था। उनकी संपूर्ण बाल कविताएँ अब एक साथ सामने आनी चाहिए।

एक और बड़े समर्थ कवि योगेंद्रकुमार लल्ला (1937-2016) के जिक्र के बगैर इस दौर की कविता की चर्चा पूरी नहीं हो सकती। 30 जनवरी, 1937 को उत्तर प्रदेश के मवाना कसबे (जिला मेरठ) में जनमे योगेंद्रकुमार लल्ला को हास्य की बारीक स्थितियों की पकड़ में कमाल की महारत हासिल है। भाषा को वे अपने ढंग से नचाते और वह प्रभाव लाकर दिखाते हैं, जो वे लाना चाहते हैं। भरपूर हास्य को बालगीतों के सहज विन्यास के भीतर सधे हुए ढंग से ले आने का ऐसा कौशल लल्ला के अलावा किसी और कवि में मुझे नजर नहीं आया। लल्ला यहाँ अकेले हैं और उनकी कविताएँ एकदम अलग ढंग से पहचान में आ जानेवाली कविताएँ! लल्ला की एक मशहूर कविता है—'तोते जी'। पिंजरे में रोते तोते को दिलासा देते-देते बच्चा कब, कैसे अपने दुःख की बात भी पिरो देता है, यह सफाई यहाँ खास तौर से देखी जा सकती है, "तोतेजी, ओ तोतेजी! पिंजरे में क्यों रोते जी?/तुम तो कभी न शाला जाते, टीचरजी की डाँट न खाते।/तुम्हें न रोज नहाना पड़ता, ठीक समय पर खाना पड़ता।/अपनी मरजी से जगते हो, जब इच्छा हो, सोते जी!/फिर क्यों बोलो, रोते जी!"

बच्चों की इच्छाओं, आवेगों और हलचलभरे अंतरंग संसार के पास लल्ला बार-बार जाते हैं और हर बार अलग तरह की झंकार सुनते हैं। कभी-कभी तो शिकवे-शिकायत का यह आलम होता है कि बच्चे बिल्कुल विद्रोह पर उतारू हैं। हड़ताल करने को सोच रहे हैं और हड़ताल भी ऐसी कि वे तो घर पर रहें, मम्मी-पापा बस्ता लेकर स्कूल पढ़ने जाएँ—

कर दो जी, कर दो हड़ताल, पढ़ने-लिखने की हो टाल।
बच्चे घर पर मौज उड़ाएँ, पापा-मम्मी पढ़ने जाएँ।
मिट जाए जी का जंजाल, कर दो जी, कर दो हड़ताल।

क्या आजादी से पहले की बाल कविता में यह दृश्य आ सकता था? जी नहीं—असंभव, एकदम असंभव! और इससे पता चलता है, हिंदी की बाल कविता कहाँ से शुरू हुई और यहाँ तक आते-आते कहाँ

जा पहुँची! 'कर दो हड़ताल' (1997) और 'तोते जी' योगेंद्रकुमार लल्ला की बाल कविताओं के बेहद चर्चित संग्रह हैं, जिन्हें बच्चों ने खासा पसंद किया है।

इसी तरह हास्य की जो प्रसन्न छटा रामावतार चेतन (1928-1986) के यहाँ है, वैसी कहीं और मिलनी मुश्किल है। 6 जुलाई 1928 को बिंदकी (फतेहपुर) में जनमे रामावतार चेतन ने हिंदी बाल कविता को हास्य की घुट्टी पिलाकर जीवंत बनाया। रोटी के इर्द-गिर्द घूमता उनका यह शिशुगीत किसी खेल जैसा है, "पंडितजी ने खाई रोटी,/उनकी बड़ी हो गई चोटी।/लालाजी ने खाई रोटी/उनकी तोंद हो गई मोटी···!"

❖

इस दौर के प्रमुख कवियों में चंद्रपालसिंह यादव 'मयंक', नारायणलाल परमार, सीताराम गुप्त और प्रेमनारायण लाल गौड़ भी हैं। चंद्रपालसिंह यादव 'मयंक' (1925-2000) उन कवियों में से हैं, जो एक लंबे कालखंड तक निरंतर लिखते रहे। 1 सितंबर 1925 को कानपुर में जनमे चंद्रपाल सिंह यादव 'मयंक' बाल कविता के प्रमुख कवियों में से हैं। पुराने ढब या पुरानी काट की कविताएँ उनके यहाँ बहुतायत में हैं और वे कई बार उनकी अच्छी कविताओं के प्रभाव को भी दबा देती हैं। फिर भी बीच-बीच में उनकी ऐसी बाल कविताएँ दिखाई दे जातीं, जिनकी चमक और मोहकता आँखों को लुभा लेती हैं।

मयंकजी की अलग काटवाली इन चंचल और उत्फुल्ल कविताओं में 'जादूगर' सबसे निराली है। एक सुंदर बाल कविता, जो अपनी सहज नाटकीयता के कारण सीधे बच्चों के मन में उतर जाती है। "छू काली कलकत्ते वाली/तेरा वचन न जाए खाली" वाली परिचित अदा से शुरू होकर यह आगे चलती है और सहज ही मन को बाँध लेती है। इसी तरह की मस्ती और धमा-चौकड़ी 'टुन्नू-मुन्नू' कविता में है, "टुन्नू-मुन्नू हैं दो भाई, दोनों करते खूब लड़ाई।/गए एक दिन हजरतगंज, वहाँ लूट ली एक पंतग।/उसको लेकर वे घर आए, लेकिन फिर मन में चकराए।/नहीं डोर थी उनके पास, इससे वे हो गए उदास।/सोचा, कैसे डोरी पाएँ, ऊँची खूब पतंग उड़ाएँ।"

मयंकजी की बाल कविताओं के चर्चित संग्रह हैं 'दूध मलाई' (1963), 'पढ़-लिखकर तुम बनो महान' (1987) 'एक डाल के फूल' (1984), 'पढ़ना है जी पढ़ना है' (2001)। उन्होंने कुछ सुंदर शिशुगीत भी लिखे हैं। उनका यह शिशुगीत बच्चे खूब रस ले-लेकर गाते हैं और कोई आश्चर्य नहीं, अगर यह हिंदी के सबसे अधिक लोकप्रिय शिशुगीतों में से हो—

चिड़िया रानी, आओ ना
अपना गीत सुनाओ ना,
मैं तो खाती हलुआ-पूड़ी,
तुम भी आकर खाओ ना!

नारायणलाल परमार (1927-2003) भी आजादी के बाद की बाल कविताओं के उन्नायकों में से हैं। 1 जनवरी, 1927 को अंजार (जि. कच्छ) में जनमे नारायणलाल परमार की बाल कविताओं के संग्रह 'बचपन की बाँसुरी' तथा 'चलो, गीत गाएँ' चर्चित हुए हैं। परमारजी ने काफी लिखा और उनकी कुछ चीजें बाल मन को लुभानेवाले नट-खटपन से भरपूर हैं, खासकर ऐसी कविताएँ, जिनमें वे कोई नई बात कहते हैं,

बच्चों को छू जाती हैं, जैसे हरी सब्जियों का उनका यह गीत खूब पसंद किया गया—

हरी मिरचियाँ जिंदाबाद!
सबके मन को ललचातीं, बिकतीं एक कतार में,
लेनेवाले लोग खड़े इतवारी बाजार में।

उनके 'खिलौना-गीत' में घोड़े और हाथी के ये चंचल चित्र भी बच्चों के मन में सीधे उतर जाते हैं, "चीकूजी का घोड़ा!/अड़ियल थोड़ा-थोड़ा,/कहा—चलो जी शिमला/पहुँच गया अलमोड़ा।/चीकूजी का हाथी/सबसे प्यारा साथी,/गुड्डे का जब ब्याह हुआ तो/बन बैठा बाराती।" 'दादाजी का खर्राटा' भी नारायणलाल परमार की मजेदार कविता है, जिसमें दादाजी के खर्राटे के मारे सबके छक्के छूट जाते हैं, "जैसे टैंक चल रहा कोई!" दूसरी ओर 'गिलहरी प्रसन्न है' कविता में नारायणलाल परमार गिलहारी का बड़ा प्रसन्न चित्र आँकते हैं, "गिलहरी प्रसन्न है, जामुन की डाल पर/जो मीठा लगता, बस उसको खाती है/नीचे खरगोश के लिए कुछ गिराती है/कभी-कभी नाचती पूँछ को सँभालकर।" हालाँकि परमारजी की बहुतेरी बाल कविताएँ बड़ी सपाट भी हैं।

सीताराम गुप्त (1927-2014) भी इस दौर के जाने-माने कवियों में से हैं, जिनकी बाल कविताओं में बच्चों की हँसी-खुशी के रंग घुले-मिले हैं। 31 जनवरी, 1927 को मुरादाबाद में जनमे सीताराम गुप्त ने कुछ मजेदार शिशुगीत लिखे हैं तो ऐसी प्रयोगात्मक कविताएँ भी, जिन्होंने बाल कविताओं के खजाने में बहुत कुछ नया जोड़ा है। 'दलबदलू हवाएँ' गुप्तजी की बड़ी मजेदार बाल कविता है, जिसमें हवाओं के रुख बदलने को बड़े मीठे कटाक्ष के साथ प्रस्तुत किया गया है, "जो पहले लू बन चलती थीं,/वे अब बर्फीली कहलाएँ!/दल-बदलू हो गई हवाएँ!/सिर्फ हवा क्या, मौसम ने ही/अब तो ऐसा मोड़ लिया है,/दादीजी ने फिर निकालकर/गरम दुशाला ओढ़ लिया है!"

इसी तरह 'रेवड़ी' सीताराम गुप्त की ऐसी मीठी कविता है, जिसे पढ़ते हुए सचमुच रेवड़ियों का स्वाद जुबान पर आ जाता है—

ठेलों चढ़ी, मेलों चढ़ी, बाजार-हाटों में अड़ी!
कैसी कड़कती ठंड में—डटकर खड़ी है रेवड़ी!
तिल-मोतियों से तन जड़ा, मन में बसा है केवड़ा,
लेकर गुलाबों की महक—लो चल पड़ी है रेवड़ी!

सीताराम गुप्त ने शिशुगीतों में भी खूब रंग जमाया है। 'कार पड़ी बीमार', 'मिला दूध में पानी' और 'सड़क और पत्ता' उनके चर्चित शिशुगीत हैं, जिन्हें बच्चों ने खासा पसंद किया है।

इस कालखंड में गोपालकृष्ण कौल ने भी बच्चों के लिए बड़े मन से कविताएँ लिखीं। उनकी कविता 'हम कुछ सीखें' में देश के लिए कुछ करने का भाव बड़े निराले अंदाज में सामने आता है, "देश हमें देता है सबकुछ/हम भी तो कुछ करना सीखें/जो अनपढ़ है उसे पढ़ाएँ/जो चुप हैं उसको वाणी दें/जो पिछड़ा है उसे बढ़ाएँ/प्यासी मिट्टी को पानी दें/हम मेहनत के दीप जलाकर/नया उजाला करना सीखें।" इसी तरह प्रकाश आतुर की एक कविता में देशराग की अनोखी अभिव्यक्ति है, "आज विश्व हो रहा चकित है, सुन करके

जयघोष हमारा/पराधीन साँसों से निकली मुक्त स्वरों की अमृत धारा।"

इसी दौर में लिखी गई ब्रजराज की यह कविता, जिसमें प्रकृति की अनोखी शक्तियों से कुछ न कुछ सीखने का भाव है, बच्चों में बड़ी मशहूर हुई है। इस तरह के भावों की कई कविताएँ लिखी गईं, पर ब्रजराज की 'संदेश' कविता इनमें एकदम अलग है—

पर्वत कहता शीश उठाकर, तुम भी ऊँचे बन जाओ,
सागर कहता है लहराकर, मन में गहराई लाओ।
समझ रहे हो क्या कहती है, उठ-उठ गिर-गिर तरल तरंग,
भर लो, भर लो, अपने दिल में, मीठी-मीठी मृदुल उमंग।
पृथ्वी कहती धैर्य न छोड़ो, कितना ही हो सिर पर भार,
नभ कहता फैलो इतना, ढक लो तुम सारा संसार।

बालकराम नागर की बाल कविताओं में थोड़ी मीठी गुदगुदी, छेड़छाड़ और हास्य का स्वर है। उनकी 'ऐसा कैसे होगा जी' कविता बड़ी मजेदार है, जिसकी शुरुआती पंक्तियाँ हैं, "ऐसा कैसे होगा जी?/तुम चाहो हाथों के तोते बनकर उड़े फिरो तुम/और खजूर पर ही तुम अटको/नभ से अगर गिरो तुम।/मोती समझ बूँद ओस की, लो झट उसे पिरो तुम।/ऐसा कैसे होगा जी?"

प्रेमनारायण गौड़ (1927-1996) ने बच्चों के लिए कहानियों के साथ-साथ कविताएँ भी लिखी हैं। 3 अप्रैल, 1927 को इलाहाबाद में जनमे प्रेमनारायण गौड़ की पारंपरिक ढंग की कई कविताएँ हैं, तो 'बल्ब' जैसे नए विषयों पर भी उन्होंने रोचक ढंग से लिखा है, "बिजली का यह बल्ब निराला/फैलाता सब ओर उजाला/दीपक दादा हुए पुराने/अपनी सूरत लगे छिपाने/तेज हवा में थे बुझ जाते/इधर मोमबत्ती घबराई/बला कहाँ की यह आई⋯!" इसी तरह उनकी एक कविता में बच्चा चंदा मामा तक पहुँचना चाहता है, पर समझ नहीं पाता कि ऐसी कौन-सी सवारी है, जो उसे वहाँ पहुँचा सकती है। चाँद जैसे विषय पर लिखी होने पर भी इस कविता में खासा नयापन है। प्रेमनारायण गौड़ की बाल कविताओं का संग्रह 'चम-चम चंदा' प्रसिद्ध हुआ है।

इस दौर में रामस्वरूप दुबे (ज. 1921) ने भी बच्चों के लिए अच्छी कविताएँ लिखीं। उनकी बाल कविताओं में कल्पना की मुक्त उड़ान है, "उड़नखटोले पर बैठूँ मैं/पंछी सा बन जाऊँ/बिना पंख उड़ जाऊँ नभ में/मन ही मन मुसकाऊँ/दूर गगन से धरती देखी/अचरज में पड़ जाऊँ/वन, महलों, नदियों को देखूँ/सबको छोटा पाऊँ!" राधेश्याम सक्सेना 'रसिकेश' (ज. 1928) की लाल-लाल, गोल टमाटरों पर लिखी गई कविता भी इतनी ही दिलचस्प है। बच्चों से सहज अपनापे का संबंध साध लेनेवाली उनकी कई कविताएँ हैं, जो खूब लोकप्रिय हुई थीं।

प्रसिद्ध गीतकार राधेश्याम 'प्रगल्भ' (1929-1999) की बाल कविताओं में नई सूझ है। बड़ी सरलता से वे बड़ी-से-बड़ी बात कह जाते हैं। हम कैसे सपने देखें और सच में अच्छा होना क्या होता है, प्रगल्भजी की यह कविता पढ़कर समझ में आ जाता है—

सपने में चाहा नदी बनूँ, बन गया नदी,
कोई भी नाव डुबोई मैंने नहीं कभी,

मैंने चाहा मैं बनूँ फूल, बन गया फूल,
बन गया सदा मुसकाना ही मेरा उसूल,
मैंने चाहा मैं मेह बनूँ, बन गया मेह,
बूँद-बूँद बरसाती रही मेरी नेह,
मैंने चाहा मैं छाँह बनूँ, बन गया छाँह,
बन गया पथिक हारे का मैं आरामगाह,
मैंने चाहा मैं व्यक्ति बनूँ सीधा-सच्चा,
खुल गई आँख, मैंने पाया मैं था बच्चा!

संतकुमार टंडन 'रसिक' (ज. 1930) की बाल कविताओं में सहज हास्य की कुछ मनोरम रेखाएँ अकसर नजर आ जाती हैं। 9 अप्रैल, 1936 को इलाहाबाद में जनमे संतकुमार टंडन 'रसिक' ने बच्चों के लिए निरंतर उत्साहपूर्वक और खूब रस लेते हुए लिखा। मथुरा के चौबेजी का एक मजेदार कैरीकेचर उनके शब्दों में दखिए, "मथुरा के चौबेजी आए, मीठे-मीठे पेड़े लाए।/सिर पर मोटी, लंबी चुटिया, एक हाथ में झोला-लुटिया।/भोजन को बैठे दम साधे, बोले श्री हरि राधे-राधे?/पूरी और कचौरी अनगिन, लड्डू खा गए किलो न आधे।"

गरमी पर लिखी गई संतकुमार टंडन की यह कविता भी ढेरों 'मौसमी' बाल कविताओं से अलग है, "उफ, यह कैसी गरमी/दिखा रही बेशरमी।/मारे लू के चाँटे/पड़े गले में काँटे/कितना बहा पसीना/मुश्किल करती जीना।/दिल में जरा न नरमी,/उफ, यह कैसी गरमी!" संतकुमार टंडन 'रसिक' का 'अन्नु का तोता' शिशुगीत भी कमाल का है, जिसमें तोते के लिए जिद करते, "अन्नुजी ने गाना छोड़ा/अन्नुजी ने खाना छोड़ा!" टंडनजी की बाद की बाल कविताओं में 'डाक टिकट' बहुत अच्छी कविता है, जिसमें डाक टिकट 'मैं हूँ भैया डाक टिकट' वाले घरेलू अंदाज में अपनी कहानी सुनाता है, बड़े ही रोचक ढंग से। टंडनजी के बालगीतों के दो संग्रह भी निकले हैं, 'गाओ गुनगुनाओ' और 'गीत हमारे कंठ तुम्हारे'।

इसी तरह बाल कविता में बड़े शांत ढंग से हस्तक्षेप करनेवाले कवियों में दिग्गज मुरादाबादी (ज. 1930) का नाम सम्मान से लिया जाना चाहिए। उन्हें ज्यादा प्रसिद्धि शिशुगीतों के क्षेत्र में ही मिली। उनके शिशुगीतों का स्वर कुछ भिन्न है। इसलिए कि वहाँ एक हलका-सा संदेश भी छिपा रहता है, लेकिन यह संदेश वहाँ इतने मोहक और सहज अंदाज में आता है कि दिग्गज मुरादाबादी के शिशुगीतों का आकर्षण उससे कम होने के बजाय बढ़ता ही है। मसलन मधुमक्खी के छत्ते पर पत्थर फेंकते किशोर को संबोधित करते हुए लिखा गया उनका एक बेहद चुस्त शिशुगीत है—

मधुमक्खी के छत्ते पर तू यों गुलेल मत चला किशोर,
इस पर वह हंगामा होगा जिसका होगा ओर न छोर।
इन्हें छोड़कर भागेगा तू चोरी करके जैसे चोर,
किंतु कहाँ तक जान बचेगी, तू बस तू, ये सवा करोड़!

दिग्गज मुरादाबादी के इस शिशुगीत की आखिरी पंक्ति इतनी सधी हुई है कि यह शिशुगीत एक अद्वितीय,

मुकम्मल कृति का-सा सुख देता है। खरगोश पर लिखा गया उनका शिशुगीत भी बड़ा मजेदार है। दिग्गज मुरादाबादी ने बहुत अधिक नहीं लिखा, पर वे बाल कविता के समर्थ कवि हैं। उनके यहाँ ऐसे कई अच्छे और मुकम्मल शिशुगीत हैं, जिनकी दुर्भाग्य से ज्यादा चर्चा नहीं हुई।

इसी धारा के एक और उल्लेखनीय कवि हैं रामनिरंजन शर्मा 'ठिमाऊ' (ज. 1930)। सीधे-सादे ढंग से बाल कविताएँ लिखनेवाले रामनिरंजन शर्मा 'ठिमाऊ' जब कभी अपनी बाल कविताओं को मौजूदा समय के संदर्भों और हालात से जोड़ देते हैं, तो उनमें एक अलग ही प्रभाव पैदा हो जाता है। ठिमाऊजी की ऐसी ही एक अच्छी कविता महँगाई पर है। घर में सब दिन महँगाई का रोना-धोना चलता रहता है और भोला बच्चा यह समझ नहीं पाता कि आखिर यह महँगाई ऐसी कौन-सी बला है, जिससे हर कोई डरा हुआ और आक्रांत है। पप्पू दीदी से महँगाई के बारे में पूछता है और यह चर्चा आगे चलते-चलते एक खूबसूरत बाल कविता की शक्ल ले लेती है, जिससे महँगाई के अर्थ सहज ही खुलने लग जाते हैं। यह सचमुच बच्चे की बोलचाल की भाषा में लिखा गया एक यादगार बालगीत है, "पप्पू ने दीदी से पूछा—क्या होती महँगाई,/सभी इसी की चर्चा करते, चली कहाँ से आई ?/हम-दोनों के गुल्लक दीदी, मम्मी ने क्यों खोले,/बिल वाले के आज कान में, पापाजी क्यों बोले ?/मटर-टमाटर बंद हुए हैं, आलू-गाजर खाते,/सेब-संतरे कभी न देखे, पापा मूली लाते।/सब चीजों के पप्पू भैया, लगते दुगने पैसे,/पापा रुपए वही कमाते, सेब मँगाएँ कैसे ?"

इस बालगीत की आखिरी दो पंक्तियों में दीदी पप्पू को संक्षेप में उसकी बातों का जो जवाब देती है, उसी में महँगाई का पूरा अर्थ सार-रूप में खुल जाता है। बालगीतों के लिए निस्संदेह यह मुश्किल विषय था, पर रामनिरंजन शर्मा 'ठिमाऊ' जितनी सहजता से इसे कह लेते हैं, उससे उनके काव्य-सामर्थ्य का भी पता चलता है। काश, ठिमाऊजी के यहाँ ऐसी सुंदर कविताएँ और भी होतीं। ठिमाऊजी की बाल कविताओं के संग्रह हैं, 'प्रार्थना संग्रह' और 'बालोत्सव'।

विश्वदेव शर्मा (ज. 1931) भी बोलचाल की लय में अपनी बात कहते हैं। 'फूल-पत्ती', 'धरती के गीत' आदि उनकी कविता की पुस्तकें चर्चित रही हैं। 29 अक्तूबर, 1931 को इलाहाबाद में जनमे विश्वदेव शर्मा अपने छोटे-छोटे, बहुरंगी बालगीतों में कुछ ऐसा कह जाते हैं कि बच्चे सहज ही उनकी कविताओं की ओर आकर्षित होते हैं। 'हरा समंदर गोपी चंदर' बच्चों का प्यारा खेलगीत है, जिसे वे अनायास ही गाते-गुनगुनाते रहते हैं, लेकिन विश्वदेव शर्मा उसी को टेक की तरह अपनाकर इस बालगीत को एक नया अर्थ दे देते हैं—

हरा समंदर गोपी चंदर, बोल मेरी मछली, कितना पानी ?
मिली नदी तो सागर लहरा, नाप न पाते कितना गहरा,
बोल मेरी मछली, कितना पानी ?

'मुन्ना राजदुलारा', 'झंडा', 'पीपल', 'किताब', 'रेडियो' विश्वदेव शर्मा की कुछ और सुंदर कविताएँ हैं, जिनमें पुराने कलेवर में भी कई नई बातें कह दी गई हैं। रेडियो पर लिखी गई कविता की पंक्तियाँ हैं, "जादू के डिब्बे-सा हमको लगा रेडियो, भाई/बटन दबाते ही जिसमें से गाने की धुन आई।" विश्वदेव शर्मा की 'मुन्ना राजदुलारा' कविता का नटखटपन भी मोहक है।

केदारनाथ कोमल (ज. 1931) ने भी बच्चों के लिए कुछ सुंदर कविताएँ लिखी हैं, जो बच्चों के मन और

स्वभाव को निकटता से स्पर्श करते हुए चलती हैं। केदारनाथ कोमल की बाल कविताओं का संग्रह 'हम सूरज के बच्चे' पढ़ने लायक है। बच्चों को बड़ी-बड़ी बातें आसान भाषा में समझा देना उन्हें आता है। आजादी पर लिखी गई उनकी यह बाल कविता ऐसी ही है—

जीवन में सबसे सुंदर क्या? आजादी है।
जीवन में सबसे सुखकर क्या? आजादी है।
जीवन में सबसे पावन क्या? आजादी है।
सबसे ज्यादा मनभावन क्या? आजादी है।
फूलों में सबसे कोमल बस आजादी का फूल है।
छोटे और बड़े, गोरे-काले का भेद फिजूल है।

"झूम-झूम झूला/झूमता है झूला" वाली चुस्त लय में भी केदारनाथ 'कोमल' ने कुछ बाल कविताएँ लिखी हैं। सपनों पर लिखी गई उनकी यह कविता 'चित्ताकर्षक' है, "सपने हँसते हैं, सपने गाते हैं/नींद के सागर में धूम मचाते हैं।"

रामवचन सिंह 'आनंद' (1932-2000) की बाल कविताओं में अपेक्षाकृत अधिक सहजता है। 25 दिसंबर, 1932 को आरा (भोजपुर) में जनमे रामवचन सिंह 'आनंद' ने लंबे समय तक बच्चों के लिए निरंतर उत्साह से लिखा। उनके यहाँ परंपरा और प्रयोग का बढ़िया मेल है। ऊँचे पर्वत से गिरकर खाई और चट्टानों से टकरानेवाले झरने का बड़ा जोशीला, गतिशील चित्र उनकी एक बाल कविता में उभरा है। आनंदजी की 'सुखी चाँद' भी एक सुंदर कविता है, जिसमें चाँद बड़े दोस्ताना अंदाज में बच्चों से बतियाता है—

एक रात थी बड़ी सुहानी, बड़ी सुरीली लगती,
अहा, चाँदनी छिटक रही थी, मुसकाती है जगती।
चिकना, चौरस बड़ा गोल-सा, चाँद टँगा ऊपर था,
कब से बस टकटकी लगाए ताक रहा भू पर था।
मैं बोला—चंदा मामा, तुम क्यों हँसते हो इतने,
चमचम, हँसमुख दीख रहे हो, पहले दिखे न जितने।

रामवचन सिंह 'आनंद' की नए अंदाज की कविताओं में 'टेलीफोन' अच्छी कविता है, जिसमें टेलीफोन के जरिए संवाद की आधुनिकतम किस्मों और नए-नए उपकरणों का चित्रण है, "सुन लो पंडित पोंगा/बिना तार अब चोंगा/चलता-फिरता 'कार्डलेस'/लो, बतियाता टेलीफोन।" आनंदजी की कविता 'स्वागत गीत' में बेटी के जन्म पर होनेवाली खुशी की असाधारण अभिव्यक्ति है। बेटी यहाँ बोझ नहीं, एक युग का द्वार खोलनेवाली, नई आशा है, "बड़ी सयानी होगी सचमुच, घर बाहर की नूरी/पीटी उषा, मदर टेरेसा, दुर्गा, सीता क्यूरी/है आशीष यही फलदायी—स्वागत, स्वागत।" उनकी एक बाल कविता में पास होनेवाले बच्चों का आनंद कुछ इस तरह प्रकट हुआ है, "पास हुए हम, हुर्रे-हुर्रे, दूर हुआ गम, हुर्रे-हुर्रे!" आनंदजी की बाल कविताओं के संग्रह हैं, 'गाओ गीत सुनाओ गीत', 'फूल और कलियाँ', 'दीप और तारा', 'बढ़े चलो तुम नन्हे राही', 'कथा-कहानी गीत बन गई', 'सुनो कहानी', 'अंगलू-मंगलू' तथा 'इतना पानी घोरो रानी'।

इस कालखंड में जिन कवियों ने निरंतर लिखकर बाल कविता में अपनी जगह बनाई, उनमें विष्णुकांत पांडेय (1933-2002) का नाम उल्लेखनीय है। 7 मई, 1933 को बिहार के संग्रामपुर (चंपारण) कसबे में जनमे विष्णुकांत पांडेय ने बच्चों के लिए बहुत लिखा है। 'ये रंग-बिरंगे फूल', 'खेलें, कूदें, नाचें-गाएँ', 'चाँद-तारे', 'खट्टे हैं अंगूर' जैसी उनकी ढेरों काव्य-पुस्तकें चर्चा में रही हैं। हालाँकि उनके साथ मुश्किल यह है कि उन्होंने बाल कविता लिखने का एक ढर्रा बना लिया है और उनके बहुत कम गीत उस परिधि को तोड़कर बाहर आ पाए हैं। घर के वफादार कुत्ते पर लिखा गया उनका शिशुगीत 'सुनिए थानेदार' बड़ा मजेदार है। घर में चोर घुस आते हैं तो 'डरपोक मालिक' के बजाय घर की सुरक्षा की जिम्मेदारी खुद कुत्ते को आगे बढ़कर सँभालनी पड़ती है। हालाँकि वह इतना सयाना है कि फोन से ही थानेदार को पूरा हाल-चाल बता देता है—

फोन उठाकर कुत्ता बोला, 'सुनिए थानेदार,
घर में चोर घुसे हैं, बाहर सोया पहरेदार।
मेरे मालिक डर के मारे छिप बैठे चुपचाप,
मुझको भी अब डर लगता है, जल्दी आएँ आप!'

विष्णुकांत पांडेय के एक शिशुगीत में जंगल के जानवरों के मजेदार नाच का वर्णन है, लेकिन इस नाच में कभी-कभी 'हाय रे दइया' भी मचती है, "घोड़ा नाचे, हाथी नाचे, नाचे सोनचिरैया,/किलक-किलककर बंदर नाचे, भालू ता-ता थैया।/ठुमक-ठुमककर खरहा नाचे, ऊँट, मेमना, गैया,/आ पहुँचा जब शेर नाचने मची हाय रे दइया!" विष्णुकांत पांडेय की चींटी और हाथी को लेकर लिखी गई यह कविता भी बड़ी मजेदार है, "चींटी ने वह चाँटा मारा/गिरा उछलकर हाथी/सरपट भागे गदहे-घोड़े/भागे सारे हाथी।/धूल झाड़कर हाथी बोला—माफ करो हे रानी।/अब न कभी लड़ने आऊँगा, जरा पिला दे पानी!"

कविता की अंतिम पंक्ति इस शिशुगीत को एक नया उत्फुल रंग दे देती है। विष्णुकांत पांडेय के यहाँ ऐसे शिशुगीत कई हैं, जिनसे एक समर्थ शिशुगीतकार की उनकी पहचान बनती है, परंतु स्वयं पांडेयजी के ही ढेरों सामान्य किस्म के 'रूटीन' शिशुगीतों से उन्हें अलगाने की जरूरत है। 'सब गीतों से प्यारे गीत', 'वीणा गाए हँसे विनोद', 'सारे गीत तुम्हारे गीत', 'मीठे-मीठे प्यारे गीत', 'कुछ पत्ते, कुछ फूल', 'खेलें कूदे गाएँ', 'आगे कदम बढ़ाएँ', 'चंदा-तारे', 'धरती-सूरज, चाँद-सितारे', 'ये रंग-बिरंगे फूल', 'आओ जगमग दीप जलाएँ', 'गाता चल दोहराता चल' तथा 'गाँव के बच्चे की पाती' पांडेयजी कविताओं के चर्चित संग्रह हैं।

बेनीमाधव शर्मा (ज. 1917) अपनी बाल कविताओं में राष्ट्रीय आंदोलन और नवजागरण की भावनात्मक छवियाँ उकेरते हैं। हालाँकि बेनीमाधव शर्मा की बाल कविताओं की भाषा इतनी सहज है और अंदाज ऐसा लुभावना कि उनकी बाल कविताएँ सहज ही बच्चों को अपनी ओर आकर्षित कर लेती हैं। उनकी इस बाल कविता में बापू की छवि एकदम बाल कल्पना से सटकर चलती है, "अम्माँ, टूटे दाँतोंवाला, लंबी-लंबी बाँहोंवाला/मुझे बता दो अरे, कौन यह लाठी लेकर चलनेवाला?" और जब माँ बताती है कि यही तो प्यारे बापू हैं, तब बच्चे का प्रश्न होता है, "अम्माँ, क्या मैं पहन लँगोटी, प्यारा बापू बन जाऊँगा?/दाँत हमारे भी टूटे हैं, क्या मैं बापू कहलाऊँगा।?" सचमुच, बापू पर लिखी गई इतनी सहज और निर्मल कविता बाल कविता के इतिहास में कोई और मिलनी मुश्किल है। इसी कालखंड के कवि रमाकांत श्रीवास्तव (ज. 1921) की बाल

कविताओं में प्रकृति की छवियाँ खासकर मोहती हैं। नील गगन पर लिखी गई उनकी यह कविता प्रसिद्ध हुई है, "सिर के ऊपर तना हुआ है नील गगन यह प्यारा/इसका है विस्तार असीमित, मिलता नहीं किनारा।/गरम इसे सूरज रखता है, ठंडक चाँद दिलाता,/रात बिछा देती है तारे, कौन उन्हें गिन पाता ?"

डॉ. किशोर काबरा (ज. 1934) की कविताएँ अधिकतर सीधे-सादे ढंग की हैं, लेकिन चिर-परिचित विषयों पर लिखी गई सीधी-सादी कविताओं में भी कभी-कभी वे कुछ ऐसा कह जाते हैं कि उनकी कविताएँ बच्चों के मन में सहज ही उतर जाती हैं। टिम-टिम तारों पर लिखी गई उनकी एक कविता में, "दुनिया सोती अपने घर में,/तारे जाग रहे अंबर में।/काँप रहे सब डर के मारे!" कुछ-कुछ इसी तरह की सीधी-सरल कविताएँ लिखनेवाले एक और उल्लेखनीय कवि हैं डॉ. रामजी मिश्र (ज. 1938)। गुड़िया को लेकर लिखी गई उनकी एक कविता में भी गुड़िया का एक अलग ही रूप है, "लोग मुझे कहते हैं गुड़िया, होती कभी नहीं मैं बुढ़िया।/मेरे गाल नहीं पिचकेंगे, ना ही मेरे बाल पकेंगे।" गुड़िया कभी 'पुरानी' नहीं होती और वह कभी उदास भी नहीं होती। इसकी वजह रामजी मिश्र के गीत की आखिरी दो पंक्तियाँ बहुत खूबसूरती से बता देती हैं, "बड़ी-बड़ी चीजें ना चाहूँ/इसीलिए हरदम मुसकाऊँ!" पर अफसोस, रामजी मिश्र की नए अंदाज की ऐसी ज्यादा कविताएँ हमें पढ़ने को नहीं मिलीं।

चंद्रदत्त 'इंदु', मनोहर वर्मा, शांता संत, विश्वनाथ गुप्त और शंभूप्रसाद श्रीवास्तव भी इस दौर के समर्थ बाल कवियों में से हैं। इनमें चंद्रदत्त 'इंदु' (1935-2008) का स्थान कहीं ऊँचा है। 15 नवंबर, 1935 को मेरठ के लुहारी गाँव में जनमे चंद्रदत्त 'इंदु' बच्चों के चहेते कवि हैं और उनकी बाल कविताओं में बच्चों के इच्छा-संसार के कई चटकीले रंग बिखरे नजर आ सकते हैं। 'एक थी गुड़िया', 'एक थी गुड्डी' इंदुजी की बहुत चर्चित बाल कविताएँ हैं, जिनमें एक-दूसरे को चिट्ठी लिखती दो चंचल लड़कियों के मन की हलचल है। इसी तरह दिल्ली के पुराने इतिहास में झाँकती इंदुजी की यह कविता अद्भुत है, "दिल्ली में कितने दरवाजे ?/दिल्ली में हैं कितने राजे ?/कितनी लंबी है यह दिल्ली ?/कहाँ गड़ी दिल्ली की किल्ली ?" उनका एक शिशुगीत 'अट्टू-बट्टू' भी कमाल का है और बच्चों को झट याद हो जाता है—

एक था अट्टू एक था बट्टू, एक था उनका घोड़ा,
अट्टू बैठा, बट्टू बैठा, तड़-तड़ मारा कोड़ा।
कोड़ा खाकर घोड़ा भागा, सँभल न पाया बट्टू,
गिरा जमीं पर, रोकर बोला—घोड़ा बड़ा निखट्टू!

चंद्रदत्त 'इंदु' की बाल कविताओं का चर्चित संग्रह है, 'हँसते-गाते गीत' (1996), जिसमें उनकी चुनिंदा इक्यावन बाल कविताएँ एक साथ पढ़ने को मिल सकती हैं। इनमें 'कुहरा', 'राहें', 'मेला', 'एक थी गुड़िया', 'एक थी गुड्डी', 'बिल्ली बोली', 'अट्टू-बट्टू' जैसी कई अद्भुत बाल कविताएँ शामिल हैं।

मनोहर वर्मा ने बच्चों के लिए कहानियाँ और उपन्यास अधिक लिखे हैं, पर उन्होंने बीच-बीच में मजेदार बाल कविताएँ भी लिखीं। उनकी एक बाल कविता में मिठाई को लेकर बच्चों के बीच एक मीठा झगड़ा है और उस झगड़े की तान कुछ इस तरह सुनाई देती है, "किसने खाई अरे मिठाई/तूने-तूने-तूने/शुरू लड़ाई तू-तू, मैं-मैं/हाथापाई/अम्माँ बोली, काली बिल्ली/तुमने पाली, उसने खा ली दूध-मलाई।"

शांता संत का नाम अधिक नहीं सुना गया, पर वे उन कवयित्रियों में से हैं, जिन्होंने बाल-मन की चंचलता से जुड़कर अभिव्यक्ति के नए रास्ते खोजे हैं। खिलौनों पर लिखा गया उनका यह गीत बहुत मजेदार है, "मेरे चारों ओर खिलौने/घेर लिया है मुझे उन्होंने/किसकी-किसकी मानूँ बात/पहले खेलूँ किसके साथ?" हवाई जहाज पर लिखा गया उनका गीत 'माँ, वह बहुत दूर क्या उड़ रहा है' बाल जिज्ञासा से सीधे-सीधे जुड़ता है।

विश्वनाथ गुप्त (ज. 1935) की बाल कविताएँ थोड़े पुराने ढंग की हैं, पर उनमें कभी-कभी वे अपनी कल्पनाशीलता से कुछ चंचलता और नयापन ले आते हैं। एक लंबे दौर से वे बच्चों के लिए लिखते आ रहे हैं और उनकी बाल कविताओं के कई संग्रह प्रकाशित हुए हैं। इनमें 'पढ़ो-गुनगुनाओ' (1992) और 'एक हमारा होगा स्वर्ग' (1987) चर्चित हुए हैं। विश्वनाथ गुप्त के कुछ शिशुगीत भी अच्छे हैं। चूहे और बिल्ली की मजेदार छेड़छाड़ पर लिखी गई उनकी एक बाल कविता की शुरुआती पंक्तियाँ हैं, "एक बार बिल्ली ने रक्खा दो दिन का उपवास,/हुआ तीसरा दिन जब उसको, लगी भूख और प्यास।/तभी वहाँ पर लड्डू लेकर आए चूहे चार।/उन्हें देख बिल्ली के मुँह से लगी टपकने लार।" बिल्ली सोचती है कि अगर लड्डुओं के साथ चूहों का भी भोग लगाया जाए तो पौ-बारह हो जाएँगे, मगर यहीं उसकी पोल भी खुल जाती है और चूहे नौ दो ग्यारह हो जाते हैं। 'चक्कर' शायद मच्छर पर लिखा गया विश्वनाथ गुप्त का सबसे अच्छा और चुस्त शिशुगीत है—

मच्छर भैया, भैया मच्छर, क्या बनते हो तुम घनचक्कर?
बेमतलब क्यों लगा रहे हो इस कमरे में इतने चक्कर?
चक्कर में होता है चक्कर, गिर जाओगे खाकर चक्कर।
भला इसी में, निकलो बाहर, इस चक्कर से, छोड़ो चक्कर।

शंभूप्रसाद श्रीवास्तव (1936-1993) कहीं अधिक समर्थ और प्रतिभावान कवि हैं, जिनकी बाल कविताओं में नएपन की छटाएँ अधिक नजर आती हैं। उनकी बाल कविताओं में कलात्मक उठान, चटकीलापन और चुस्ती भी कहीं अधिक है। 15 जून, 1931 को वाराणसी में जनमे शंभूप्रसाद श्रीवास्तव ने बच्चों के लिए 'शेरसखा' नाम से एक पत्रिका भी निकाली थी, जो खासी लोकप्रिय हुई थी। उनकी कविताओं में भाषा की रवानगी देखते ही बनती है। विषय भी वे अपेक्षाकृत नए और मजेदार ही उठाते हैं, जो बच्चों को सहज ही लुभा लें। उनकी एक बाल कविता में चंचल-चंचल चुहिया रानी रॉकेट पर चढ़कर चाँद के देश जा रही है, मगर फिर कुछ ऐसा गड़बड़ हुआ कि सारा दृश्य ही बदल गया। अपने में मजेदार नाटकीय वृत्तांत समोए हुए, यह छोटी-सी कविता पढ़ें, "राकेट पर चढ़ चुहिया रानी चली चाँद के देश,/सिर पर टोप, लबादा तन पर, अजब बनाए वेश।/हाथ मिलाकर, टा-टा करके/बोली जब 'गुड बाई!'/घर्र-घर्र आवाज तभी कानों में पड़ी सुनाई/भारी आग छोड़ता रॉकेट ऊपर उठा गरजकर,/चारों खाने चित्त, आ गिरी चुहिया रानी डरकर।"

इस कविता का असली आनंद असल में चुहिया रानी को रॉकेट की नई दुनिया के साथ जोड़ने की कल्पना में है। यहाँ हास्य की गुदगुदी भी है। असल में तो शंभूप्रसाद श्रीवास्तव की समूची बाल कविताओं में हास्य-विनोद के रंग सहज ही समोए हुए हैं।

इसी तरह गंगासहाय प्रेमी (ज. 1936) बड़ी काव्य-मेधावाले बाल कवियों में से हैं, जिनकी दुर्भाग्य से ज्यादा चर्चा नहीं हुई। उनका यह शिशुगीत मैंने हजारों बच्चों को सुनाया है और सुनकर उनके चेहरे खिल उठते

हैं। एक कवि की इससे बड़ी ताकत और सफलता क्या हो सकती है। प्रेमीजी का यह गजब का खिलंदड़ा शिशुगीत है, जिसे जितनी बार सुनें, आनंद आता है—

हाऊ-हाऊ हप्प, एक सुनाऊँ गप्प।
बाबाजी की दाढ़ी, झरबेरी की झाड़ी।
उस दाढ़ी के अंदर, घुसे बीसियों बंदर।
करते खों-खों-खों-खों, यों ही बीतें बरसों।

देवेंद्रकुमार देव ने भी बड़े निराले और रसपूर्ण शिशुगीत लिखे हैं, जिन्होंने हिंदी बाल कविता को समृद्ध बनाया। देवेंद्रकुमार देव का 'आलू के पराँठे' का यह गीत देखें, जिसमें भालू और लोमड़ी की मीठी बतकही के जरिए उसके स्वाद का बखान है—

देख पराँठा आलू का, मन ललचाया भालू का।
बोला, मैं भी खाऊँगा, कुछ घर पर ले जाऊँगा
कहे लोमड़ी ना-ना-ना, ये घर पर ले जाना ना।
इतने सेंक न पाऊँगी, खुद भूखी रह जाऊँगी।

लंबे अरसे से लिखते आ रहे बाबूराम शर्मा 'विभाकर' (ज. 1936) की कुछ बाल कविताएँ और शिशुगीत मजेदार हैं। 1 जनवरी, 1936 को खरड़ (मुजफ्फरनगर) में जनमे बाबूराम शर्मा 'विभाकर' की बाल कविताओं का संग्रह 'फुलझड़ियाँ' काफी पहले प्रकाशित हुआ था। उसमें कुछ साधारण कविताएँ थीं, तो कुछ ऐसी भी, जिनसे बाल कवि के रूप में विभाकरजी की एक अलग पहचान बनी। उनकी कविताओं में कहीं-कहीं हास्य की सुंदर छटाएँ हैं। 'बात' जैसे साधारण विषय को लेकर भी बाबूराम शर्मा 'विभाकर' की बड़ी चटपटी कविता कुछ अरसा पहले मैंने पढ़ी थी, जिसमें बात में से बात निकलते हुए 'बतक्कड़' हो जाती है। उनकी एक कविता में दादी माँ की दिलचस्प छवियाँ हैं, जो बच्चों को आकर्षित करती हैं। उनमें एक यह भी है कि वे पापा तक को डाँट देती हैं!

विभाकरजी के कुछ शिशुगीत भी मजेदार हैं। बिल्ली रानी छाता लेकर सैर करने निकली हैं। ऊँची एड़ी के जूते पहने बिल्ली रानी को सैर करते हुए, कैसी अजब स्थितियों का सामना करना पड़ा, इसका एक मजेदार दृश्य इस शिशुगीत में नजर आ सकता है—

मिस बिल्लीजी छाता लेकर निकलीं करने सैर,
ऊँची एड़ी के जूतों के कारण फिसला पैर।
तभी अचानक काला कुत्ता दीखा उनको आता,
डर के मारे छोड़ बेचारी भागीं अपना छाता।

जगदीशचंद्र शर्मा (ज. 1937) की बाल कविताएँ भी कुछ इसी ढंग की सीधी-सादी कविताएँ हैं और बच्चों के लिए उन्होंने लिखा भी बहुत है। 29 अप्रैल, 1937 को गिलूँड (राज.) में जनमे जगदीशचंद शर्मा की बहुत-सी बाल कविताएँ फीकी, नीरस भी लगती हैं, हालाँकि उनके कुछ शिशुगीतों में थोड़ा नयापन और ताजगी है। जगदीशजी का यह शिशुगीत, जिसमें बिल्ली के रेडियो खरीदने की मजेदार चर्चा है, नएपन के

साथ-साथ थोड़ा शरारती अंदाज भी लिये हुए है। शायद इसीलिए यह बच्चों को प्रिय भी है—

बिल्ली ने रेडियो खरीदा, ज्यों ही पहली बार,
जल्दी-जल्दी लगी बजाने, तोड़ दिए सब तार।
समझ न पाई, रूठ गया क्यों, हुई बहुत हैरान,
भला समझकर ले आई थी, निकल गया शैतान।

जगदीशचंद्र शर्मा की कुछ लीक से हटकर कविताएँ भी हैं। एक कविता में माँ को घर के इतने सारे कामों में व्यस्त देख, एक छोटी बच्ची छोटे-छोटे काम करके माँ की मदद करना चाहती है। एक छोटी सी बच्ची की यह सहज संवेदना मुग्ध करती है। जगदीशजी की बाल कविताओं के संग्रह हैं—'पद्य-प्रसंग नेहरू के संग' (1993), 'चलो सुनाएँ पद्य-कथाएँ' (2003), 'पर्यावरण के गीत' (2004) तथा 'प्रदूषण रोकथाम के गीत' (2004)। अभी कुछ अरसा पहले 'पतझड़' और 'खिचड़ी' जैसे विषयों पर उनकी सुंदर कविताएँ पढ़ने को मिली हैं।

चक्रधर नलिन (ज. 1939) ने भी बच्चों के लिए निरंतर अपने ढंग की कविताएँ लिखकर हिंदी बाल कविता को गति दी है। 19 जुलाई, 1939 को रायबरेली के अटोरा बुजुर्ग गाँव में जनमे चक्रधर नलिन की बाल कविताओं में एक तरह की ग्राम्य सादगी है, लेकिन अपनी बारीक निरीक्षण-क्षमता और बाल स्वभाव की पहचान के कारण वे अपने सीधे-सादे बालगीतों में कुछ नए रंग भर देते हैं। मकड़ी पर लिखा गया उनका यह सुंदर गीत ऐसा ही है, "मेरे सोने के कमरे में मकड़ी क्यों जाला बुनती है?"

चक्रधर नलिन ने वैज्ञानिक विषयों पर भी कई बाल कविताएँ लिखी हैं। इनमें नई जानकारी तो है, पर उनकी कई ऐसी बाल कविताएँ नीरस और उबाऊ भी हो गई हैं। कुछ अरसा पहले चक्रधर नलिन की 'मंगल ग्रह की यात्रा' पर लिखी गई एक बहुत सुंदर बाल कविता पढ़ने को मिली थी। इसी तरह 'सैर' भी उनकी बढ़िया कविता है, जिसमें अंतरिक्ष की सैर का मानो आँखों देखा चित्रण है, "पंख लगाए जा रहे/ग्रह, तारों की ओर।/हवा नहीं छू पा रही/हँसकर मिलता है गगन,/बादल, बिजली, रोशनी/सूरज, चंदा, ध्रुव मगन।/धरती से ऊपर-ऊपर/ग्रह, नक्षत्र बुला रहे,/आकर्षण की डोर से/पेंगें मधुर झुला रहे।/सौ-सौ सूरज पा रहे/यहाँ न संध्या-भोर!" नलिनजी की बाल कविताओं के संग्रह हैं, 'नन्ही चिड़िया फुदक रही', 'बच्चे देश महान के', 'ग्राम गीत', 'मेरा देश' और 'नन्हे राही'।

कुंजबिहारी चौबे (1940-1967) की यह कविता बच्चों की भोली दुनिया और भोले सपनों के बहुत पास की है, "यदि मैं भी चिड़िया बन पाता।/तब फिर क्या था, रोज मजे से मैं मनमानी मौज उड़ाता।/नित्य शहर मैं नए देखता, आसमान की सैर लगाता।" एकदम सीधी-सरल भाषा में लिखी गई कुंजबिहारी चौबे की यह कविता बहुत बारीकी से यह समझा जाती है कि बच्चे की चिड़िया बनकर उड़ानें भरने की इच्छा असल में बड़ों की तमाम तरह की जकड़बंदियों और बंधनों से परे, एक मुक्त दुनिया का आस्वाद पाने की इच्छा से जुड़ी है। चिड़िया बनने का अर्थ सिर्फ उड़ना ही नहीं, नित्य नए शहर देखना और रोज बगीचों में जाकर अपनी इच्छा से मीठे-मीठे फल खाना भी है!

सातवें-आठवें दशक में खासे सक्रिय रहे मँगरूराम मिश्र, बालकृष्ण गर्ग, आजाद रामपुरी और यादराम

रसेंद्र ने इस दौर में बाल कविताओं के साथ-साथ कुछ अच्छे शिशुगीत भी लिखे हैं। मँगरूराम मिश्र (जं. 1940) प्रसिद्ध फिल्मी पत्रिका 'माधुरी' के संपादकीय विभाग से संबद्ध रहे हैं। सुल्तानपुर जिले के राजीपुर कसबे में जनमे मँगरूराम मिश्र के शिशुगीतों में हास्य और नटखटपन की कुछ सुंदर छटाएँ हैं। छाता लेकर सैर करने निकले मेढक का यह मजेदार चित्र देखिए और रात में छाता लेकर चलने का उसका यह अनोखा तर्क भी सुन लीजिए—

छाता ताने चला रात में मेढक करने सैर,
बगुला भगत मिला जब उसको, लगा पूछने खैर।
बगुला बोला, छाते से यह कैसी प्रीति लगाई,
तभी छींककर मेढक बोला—ओस पड़ रही भाई!

लेकिन मँगरूराम मिश्र का इससे भी मजेदार शिशुगीत है 'चाचाजी का घोड़ा' जिसके साथ मामाजी के कोड़े का कुछ अजब-सा रिश्ता है, "जहाँ रोज बाँधा जाता था/चाचाजी का घोड़ा,/वहीं हमारे मामाजी का/छूट गया था कोड़ा।/मामा ने कोड़ा लेने को/ज्यों ही कमर झुकाई,/घोड़ेजी ने मामाजी को कसकर लात लगाई।" मँगरूराम मिश्र की 'बाबूराम खिलौनेवाला' भी याद रह जानेवाली उम्दा कविता है।

हाथरस में जनमे बालकृष्ण गर्ग (ज. 1943) की बाल कविताओं में हास्य-विनोद का भाव बड़े सहज, शिष्ट अंदाज में आता है। इसी से उनकी अलग पहचान है। साथ ही बाल कविता को चुस्त विन्यास देनेवाले कवियों में उनका नाम लिया जाता है। खासकर बाल कविता की संगीतात्मकता को उन्होंने काफी साधा है और ध्वनियों के रागात्मक बिंबों को पूरी अंतरंगता और लगाव के साथ पकड़ा है। बालकृष्ण गर्ग के यहाँ ऐसी कविताएँ तमाम हैं, जो ध्वनियों के अलग-अलग 'मेले' जैसी लगती हैं—

तड़-तड़ बजता ताशा, मीठा लगे बताशा।
मार करारा झापड़, हमने तोड़ा पापड़।
फड़-फड़ उड़े दुपट्टा, मारे चील झपट्टा।
छत पर बोले कौआ, उड़े गगन कनकौआ।...

हास्यपूर्ण बाल कविताओं में बालकृष्ण गर्ग को कहीं अधिक सफलता मिली है। 'पेटू लाला' की एक 'चटोरी' छवि वे इस बाँकपन के साथ पेश करते हैं, "पेटू लाला,/चाट मसाला,/छोले-आलू/और कचालू/... लार टपकती/जीभ लपकती/बस डट जाते/सब चट जाते।" 'मीठा सपना' भी बालकृष्ण गर्ग की प्यारी कविता है, जिसमें बाल कल्पना में ढलकर चंदा-सूरज केक और पर्वत आइसक्रीम बन जाते हैं, "चंदा-सूरज केक हमारे, चॉकलेट बन गए सितारे।/बादल के शक्कर के गोले, बरसों मीठे पानी-ओले।/आइसक्रीम बन गए पर्वत, सागर, नदियों में था शर्बत।" और कविता का अंत इन पंक्तियों से होता है, "ज्यों ही हाथ बढ़ाया अपना/टूट गया वह मीठा सपना।"

गर्गजी की बाल कविताओं में अकसर एक नटखट बच्चे की उपस्थिति नजर आती है, जो अपनी चपल चेष्टाओं और बातों से हँसा देता है। एक कविता में वह भगवान् से कुछ ऐसा वरदान माँगता है कि पढ़ते हुए होंठों पर हँसी आ जाती है—

हे मेरे अच्छे भगवान्,
मम्मी-पापा मुझे न मारें,
और न ही डाँटें-फटकारें,
मेरी करतूतों पर अब वे
कभी न खींचें मेरे कान—
दे दे बस ऐसा वरदान!

बालकृष्ण गर्ग की कुछ कविताओं में पारिवारिक रिश्तों की ऊष्मा और गरमाहट है और उसे मानो एकदम बच्चे की आँखों से देखकर चित्रित किया गया है, "नए खिलौनों का कर वादा/रोज भूल जाते हैं दादा/जब तक हैं हिमायती दादी/ऊधमबाजी की आजादी··· !" उनके यहाँ प्रकृति और मौसम पर भी लीक से हटकर लिखी गई सुंदर कविताएँ हैं। इसी तरह 'आलू का बर्थडे', 'कुट्टी कर देता कुट्टू', 'तुक्कू', 'हो जाता सब गड़बड़झाला' जैसी चटपटी और मजेदार कविताएँ भी उन्होंने लिखी हैं।

यह प्रसन्नता की बात है कि कुछ अरसा पहले बालकृष्ण गर्ग के संपूर्ण बालगीतों का बृहत् संचयन, 'बालकृष्ण गर्ग के गीत' (2015) बड़े सुंदर और भव्य रूप में छपा है। इसमें गर्गजी के अलग-अलग कालखंडों में लिखे गए विभिन्न शेड्स के बालगीत एक साथ पढ़ने को मिल जाते हैं।

बाल साहित्य में अपने ढंग से काफी महत्त्वपूर्ण काम कर रहे हरिकृष्ण देवसरे (1940-2013) ने बच्चों के लिए गद्य ज्यादा लिखा है, लेकिन शुरू-शुरू में उन्होंने कविताएँ भी लिखीं। 3 मार्च, 1940 को सतना में जनमे हरिकृष्ण देवसरे की बाल कविताओं के संग्रह हैं, 'सफेद रसगुल्ले' (1954) तथा 'गुब्बारे' (1956)। इनमें कई अच्छी कविताएँ हैं। खासकर 'बापू के बंदर' और 'पगड़ी से टोपी' बार-बार उद्धृत की गई उनकी चर्चित कविताएँ हैं। इनमें 'पगड़ी से टोपी' में गांधीजी से एक सेठ की मुलाकात का दिलचस्प प्रसंग हैं, जिसे चुस्त, काव्यात्मक अंदाज दिया गया है। 'बापू के बंदर' कविता बापू की सीख को ही दोहराती है, "बापू के ये बंदर तीन, देते हमको सीख नवीन।/मुँह को ढाँके बैठा एक, टेके चुप रहने की टेक।/कहता, कभी न बोलो झूठ, दुनिया जाए भले ही रूठ।···" 'आमों की गरज और ललकार', 'दूध-पानी सम्मिलन', 'चिड़ियाँ', 'आलू-गोभी का ब्याह' भी देवसरेजी की सुंदर कविताएँ हैं। देवसरेजी में हास्य की विलक्षण प्रतिभा है और वह उनकी 'कविवर तोंदूराम बुझक्कड़' सरीखी कविताओं में भी उभर आई है।

इस कालखंड के कवियों में आजाद रामपुरी (ज. 1945) की बाल कविताओं में ग्राम्य वातावरण की सादगी है। 28 अगस्त, 1945 को मुरैना जिले के रामपुर कलाँ गाँव में जनमे आजाद रामपुरी की कविताओं का संग्रह 'हम हैं रत्न महकते' प्रकाशित हुआ है। बरसों से वे निरंतर लिखते आ रहे हैं। किस्म-किस्म के आमों की धज पर लिखी गई उनकी यह कविता बच्चों को सहज ही लुभा लेती है, "लँगड़ा, तोतापरी कठौआ,/खुशियों भरे दशहरी आम,/रस-गुब्बारे गाल फुलाए,/सज-धज खड़े सुनहरी आम।/टूटी कमर, पीठ भी पिचकी,/लू के पिटे तिकोने लंबे,/भरी टोकरी हुए शोख सब,/देहाती कुछ, शहरी आम।" महेंद्र भटनागर ने भी इस दौर में लिखा। 'हँस-हँस गाने गाएँ हम' (1957) में उनकी कुछ रसपूर्ण बाल कविताएँ शामिल हैं। इनमें वर्षा की कुछ सुंदर पंक्तियाँ हैं, "सर-सर करती चले हवा,/पानी बरसे झम-झम-झम,/आगे-आगे गरमी भागे,/हँस-हँस गाने गाएँ हम।"

इसी तरह यादराम 'रसेंद्र' (ज. 1946) के शिशुगीतों का बाँकपन बहुत लुभाता है। उनके एक शिशुगीत में कविता करने बैठे टिल्लू का जरा यह हाल देख लीजिए, "कविता करने बैठा टिल्लू कागज-कलम सँभाल,/बस इतना ही लिख पाया था—हम भारत के लाल।/इतने में आ चढ़ा गोद में उसका कुत्ता काला,/लुढ़क गई दावात, हो गया सब गड़बड़ घोटाला।"

दूसरी ओर, लंबे अरसे से लिखते आ रहे विनोदचंद्र पांडेय 'विनोद' (ज. 1940) की कविताओं में कोई नयापन नहीं है। 'स्टीरियो' किस्म की कविताओं की ही वहाँ भरमार है। हाँ, उनकी 'ये जामुन काले-काले हैं' जैसी दो-एक कविताएँ ऐसी हैं, जो पुराने ढंग की होते हुए भी मन में सीधे उतरती हैं तथा जुबान पर चढ़ जाती हैं। 16 नवंबर, 1940 को सुलतानपुर जिले के अमेठी गाँव में जनमे विनोदचंद्र पांडेय 'विनोद' की बाल कविताओं के संग्रह हैं, 'गिलहरी', 'विपंची', 'उपवन', 'समय की पुकार', 'बाल वाटिका', 'मेल-जोल से रहना सीखो' और 'गीत देशप्रेम के'।

❧ ❖ ❧

यह बात ताज्जुब में डालनेवाली है कि इस दौर में बाल कविताएँ लिखनेवाली कवयित्रियों की संख्या ज्यादा नहीं है। ऐसी कवयित्रियाँ तो और भी कम हैं, जो निरंतर सक्रिय रहकर लिखती रही हैं। हाँ, बीच-बीच में जब-तब लिखकर अपनी उपस्थिति दर्शानेवाली कवयित्रियों की संख्या खासी है। अलबत्ता पद्मा चौगाँवकर, सरोजिनी कुलश्रेष्ठ, शीला गुजराल, आशारानी व्होरा, कमला ओबराय, सरोजिनी अग्रवाल, मधु भारतीय, शुभा वर्मा, शांति अग्रवाल, सावित्री परमार, सरोजिनी प्रीतम और इंदिरा परमार ने निरंतर लिखकर बाल कविता के दूसरे चरण में अपनी सक्रिय उपस्थिति दर्ज की।

सरोजिनी कुलश्रेष्ठ (ज. 1923) लंबे समय से परंपरावादी लीक में बँधी बच्चों की कविताएँ लिखती आ रही हैं, जिनमें अधिक नयापन नहीं है। हालाँकि उन्होंने कुछ अच्छी लोरियाँ लिखी हैं। कुछ ढंग की कविताएँ भी हैं, जैसे कागज की नाव पर लिखी गई यह कविता, "चल कागज की नाव, तुझे तो जाना है उस पार—/हइया हो, हइया हो!" इस गीत में अच्छी लय है। लेकिन सरोजिनी कुलश्रेष्ठ की सबसे अच्छी और अद्भुत बाल कविता है 'बोलो माँ', जो बाल पत्रिका 'नंदन' में प्रकाशित हुई थी। भूकंप पर लिखी गई सरोजिनी कुलश्रेष्ठ की यह बेहद प्रभावशाली बाल कविता है, जिसमें भूकंप में मची अफरातफरी और ध्वंस, विनाश को लेकर बच्चे के मन में उठे सवालों, भय और जिज्ञासाओं की बड़ी सहज अभिव्यक्ति हुई है, "माँ, धरती क्यों डोल रही थी,/घुर-घुर करती बोल रही थी?/इसके ऊपर हम रहते हैं/कूद-फाँद करते रहते हैं।/तब सह लेती सब शैतानी/कभी न की इतनी मनमानी।/अब क्यों हमको तोल रही थी।"

कविता का आखिरी पद बड़ा करुण है। मेरे खयाल से भूकंप की विनाश-लीला पर लिखी गई इतनी अच्छी बाल कविता हिंदी में कोई और नहीं है। काश, सरोजिनी कुलश्रेष्ठ इसी तरह की बाल कविताएँ और लिख पातीं। 'हंसा मोती चुगता है' (1999) सरोजिनी कुलश्रेष्ठ की बाल कविताओं का सुंदर संग्रह है।

शीला गुजराल (1924-2011) पुरानी कवयित्री हैं, पर उनकी कविताओं में आकर्षण ज्यादा नहीं है। उनकी ज्यादातर कविताएँ मानो विषय छाँटकर लिखी गई ढर्रे की कविताएँ हैं। कुछ कविताएँ अलबत्ता बच्चों को पसंद आएँगी, जैसे नौकर पर लिखी गई यह कविता, "मेरा नौकर गोल-मटोल, कौए का-सा उसका

बोल,/कछुए जैसी उसकी चाल, सिर पर उसके एक न बाल।" हालाँकि 'नौकर' के पीछे यहाँ जो दृष्टि है, वह ठेठ 'मालिक' की दृष्टि है, बच्चे की कम। इसलिए एक तरह के चटपटेपन के बावजूद यह हलकी कविता ही कही जाएगी। 16 जनवरी, 1924 को लाहौर (अब पाकिस्तान में) में जनमी शीला गुजराल की बाल कविताओं का संग्रह 'मेरा परिवार' चर्चित हुआ है। इसी तरह आशारानी व्होरा (ज. 1921) की बाल कविताएँ भी पुरानी चाल की तथा उपदेशात्मकता के भार से दबी हुई हैं। यों कभी-कभी उनके यहाँ सुंदर दृश्यांकन भी मिलते हैं, जैसे बरसात का यह चित्र, "हवा चल रही सर-सर-सर,/टहनी काँपी थर-थर-थर/चिड़िया उड़ती फर-फर-फर/पत्ते गिरते झर-झर-झर/पानी बरसा थप-थप-थप/छप्पर टपका टप-टप-टप।" आशारानी व्होरा की बाल कविताओं के संग्रह हैं, 'अक्षर-गीत' (2002), 'नन्हे-मुन्ने गाएँ गीत' (2002), 'तसवीर की बात' (2002) और 'गीत-गीत में सुनो कहानी' (2002)।

कमला ओबराय (ज. 1924) की कविता में बच्चा कुछ ज्यादा नटखट है और स्कूल से बचने के लिए बहाने गढ़ता है, "नटखट-नटखट कहती अम्मा/किससे जी बहलाएगी,/जब मैं पढ़ने जाऊँगा माँ/किसको गोद बिठाएगी?" इतने भोले बहाने गढ़ने के बाद वह ममतालु माँ की उच्छल छवि भी अपने जल्दबाज शब्दों में आँकता है, "फिर जब पों-पों करती मेरी बस नुक्कड़ पर आएगी/तब तू दौड़ी-दौड़ी अम्मा पहुँच वहाँ झट जाएगी।/आ गए बबलू, आ गए राजा—कहकर मुझे बुलाएगी।" कमला ओबराय की कविताओं का संग्रह 'बाल तरंग' छपा है, जिसमें कई याद रह जानेवाली कविताएँ हैं।

सरोजिनी अग्रवाल (ज. 1938) की बाल कविताओं की खासियत यह है कि उनमें बीच-बीच में हास्य की कुछ चपल रेखाएँ नजर आ जाती हैं। सरोजिनी अग्रवाल की बाल कविताओं की पुस्तकें हैं—'गुड़िया गाए गीत', 'हँसते-गाते' और 'इंदिरा दीदी'। अपनी एक बाल कविता में सरोजिनी अग्रवाल 'झंडू सेठ' का कैरीकेचर प्रस्तुत करती हैं, तो भाषा में एक खास तरह की शरारत ले आती हैं—

मुझको कहते झंडू सेठ, छोटा कद है, मोटा पेट।
नाक पहाड़ी मिर्च-सी, कान खटाई की फाँकें,
आँखें गोल-मटोल बड़ी, इधर-उधर ताकें-झाँकें।
टूटा दाँत बनाए गेट, मुझको कहते झंडू सेठ।

सरोजिनी अग्रवाल की 'मेरे मामा' भी इसी ढंग की कविता है, जिसमें हास्य के साथ-साथ थोड़ा 'लास्य' भाव और रसिकता भी है।

सावित्री परमार (ज. 1932) ने भी इस दौर में बच्चों के लिए अच्छी कविताएँ लिखीं। उनकी 'बरगद बाबा' बड़ी आत्मीयता से पूर्ण बाल कविता है, जिसमें बरगद बाबा की अविस्मरणीय छवि मन पर अंकित हो जाती है, "बरगद बाबा कितने अच्छे/करते प्यार इन्हें सब बच्चे/चाहे कितनी धूप पड़े/हँसते रहते हरदम चाहे/आँधी आए धूल उड़े/कहते किस्से सच्चे-सच्चे/बरगद बाबा कितने अच्छे!" 16 जनवरी, 1932 को बुलंदशहर में जनमी सावित्री परमार के यहाँ लय की सिद्धता है और वे पुराने पारंपरिक विषयों पर लिखी बाल कविताओं में भी बहुत कुछ नया कह पाती हैं। इसी दौर की शुभा वर्मा (ज. 1937) बाल कवयित्री से अधिक कथाकार के रूप में चर्चित रही हैं, पर उन्होंने एक सुंदर कथात्मक कविता लिखी है—'निशू और चाँद'। मजे की बात

यह है कि बच्चे यहाँ मामा से खूब खुले हुए हैं और मन की बात कह लेते हैं, "लेकिन मामा, आकर यहाँ खाएँगे क्या हम,/दाना-पानी बिना न मर जाएँगे क्या हम?"

मधु भारतीय (ज. 1933) लंबे अरसे से बच्चों के लिए कविताएँ लिखती आ रही हैं। उनकी बहुत-सी बाल कविताएँ रस्मी या परंपरागत किस्म की हैं, पर बीच-बीच में कुछ चुस्त, चपल बाल कविताएँ भी कौंधती हैं। मसलन चरखे पर लिखी गई यह कविता, "मेरे चरखे चूँ-चूँ चल,/सूत कातता तूँ-तूँ चल।/मेरी तकली चल घुन-घुन,/रुई बोली तुन-तुन-तुन।/सूती कपड़े बुन-बुन-बुन,/जीवन के सुख चुन-चुन-चुन।" मधु भारतीय की 'सपने में ईश्वर' कविता में ईश्वर गोल-गोल लड्डू-पेड़े जैसा है, वह गेंद खेलता है और पतंग भी उड़ाता है, "गोल-गोल लड्डू-पेड़े सा, देखा मैंने ईश्वर/गेंद खेलता था वह छत पर/हँसता पतंग उड़ाता था/वर्षा में वह खूब नहाए/पेड़ों पर चढ़ जाए/जामुन, आम, अनार तोड़कर/खाए, मुझे खिलाए!" मधु भारतीय की बाल कविताओं के संग्रह हैं—'गुड़िया का ब्याह', 'गीतों की फुलवारी', 'आओ मिलकर गीत गाएँ', 'साहसी टिल्लू' (2005), 'हम सब एक हैं' (2005) और 'अनपढ़ बंदर' (2005)। पर इन संग्रहों की ज्यादातर कविताओं में ताजगी नहीं है। हाँ, 'साहसी टिल्लू' के कुछ शिशुगीत प्रभावित करते हैं।

इंदिरा परमार (ज. 1942) ने अपेक्षाकृत सधी हुई और ज्यादा मुकम्मल बाल कविताएँ लिखी हैं। 4 नवंबर, 1942 को उड़ीसा के होलिया (बरहमपुर) कसबे में जनमी इंदिरा परमार की बाल कविताओं के कुछ संग्रह छपे हैं। इनमें 'आगे बढ़ते जाएँगे' में एक घमंडी चने की बक-झक की बड़ी मजेदार कविता है। उनके 'चूहेराम' की भी एक अलग ही धज है, "बिल से अभी-अभी निकले, देखो नटखट चूहेराम,/बिना बात के इधर-उधर, भागे झटपट चूहेराम।/चुप न कभी रह पाते हैं, करते खटपट चूहेराम,/बड़े-बड़े गोदामों तक पहुँचे अटपट चूहेराम।" इसी तरह सरला जैन की बाल कविताएँ कुछ अलग ढब की हैं। उन्होंने बड़े चुस्त छबीले शिशुगीत भी लिखे। सरला जैन के यहाँ सर्कस के शेर का यह कैरीचकेचर भला कौन भूल सकता है—

भागा जब सर्कस का शेर, की उसने जंगल की सैर।
मिला उसे गीदड़ मुँहजोर, उसने शीघ्र मचाया शोर।
सुनो शहर से आया जोकर, रिंग मास्टर का यह नौकर।
रहा न अब वह वन का राजा, चलो बजाएँ इसका बाजा।
सुनकर शेर बहुत बहुत शरमाया, फिर सर्कस में वापस आया।

बेशक बाल कविता के इतिहास में बहुत कुछ नया जोड़नेवाली बाल कवयित्रियों की इस उपलब्धि को कमतर नहीं आँकना चाहिए।

❖

इस दौर में अच्छी बाल कविताएँ लिखकर अपने-अपने ढंग से बाल कविता के विकास में योगदान करनेवाले कुछ और उल्लेखनीय कवि हैं—बाबूलाल शर्मा 'प्रेम', अमृतलाल नागर, शंभुनाथ 'शेष', डॉ. चंद्रप्रकाश वर्मा, किशोरीरमण टंडन, विद्यावती मिश्र, रघुवीरशरण मित्र, डॉ. देवेंद्रदत्त तिवारी, होरीलाल शर्मा 'नीरव', तरुण भाई, हंसकुमार तिवारी, लाला जगदलपुरी, कृष्णकांत तैलंग, नरेशचंद्र सैनिक, शिवशंकर मिश्र, रामजन्मसिंह 'शिरीष', रामानंद दोषी, चंद्रसेन विराट, रामभरोसे गुप्त 'राकेश', धर्मपाल शास्त्री, डॉ. शोभनाथ

लाल, भीष्मसिंह चौहान, कपिल, मधुर शास्त्री, चिरंजीत, प्रेमचंद गोस्वामी, कौशलेंद्र पांडेय, बालकवि बैरागी, शांति मेहरोत्रा, भगवानस्वरूप जैन 'जिज्ञासु', शंकर सुल्तानपुरी, रमाशंकर 'चंचल', रवींद्र शलभ, राजकमल चौधरी, मृदुलमोहन अवधिया, प्रेमचंद गुप्त 'विशाल', दीनदयाल उपाध्याय तथा ठाकुर जमनाप्रसाद जलेश।

अंत में, यह बात फिर रेखांकित करना चाहूँगा कि हिंदी बाल कविता के मध्यकाल में बाल कविता की संभावनाओं को खूब खँगाला गया और ये बाल कविताएँ जीवन और बाल स्वभाव के ज्यादा करीब आईं, या कहें बाल स्वभाव से सटकर चलने लगीं। खासकर शिशुगीत इस दौर में बहुत अच्छे लिखे गए। भाषा और लय की जादूगरीवाले कलात्मक गीतों की तो कमी थी ही नहीं, जिनमें भाषा की ध्वन्यात्मक शक्तियों का पूरा इस्तेमाल हुआ। शुरू में राष्ट्र-निर्माण के उत्साही राग के साथ-साथ उपदेश कहीं-कहीं चिपका रह गया था, जो बाद में खुद-ब-खुद कम होता चला गया। इस दौर के शीर्षस्थ कवियों दामोदर अग्रवाल, सूर्यभानु गुप्त और डॉ. शेरजंग गर्ग की बाल कविताएँ तो ऐसी हैं कि उनमें अलग-अलग रंग-गंधवाले फूल ही फूल, बल्कि फूलों की खूबसूरत लड़ियाँ हैं। जीवन और प्रकृति के जितने रंगारंग, गतिशील और ऊर्जाभरे चित्र इस कालखंड की कविता में मिलते हैं, वैसे पहले कभी देखे नहीं गए थे। यही वजह है कि बाल कविता का यह दौर शिशुगीत लिखने के लिए आदर्श था, जिसमें वर्णनात्मकता की पुरानी रीति और बासी लिबास से छुट्टी पा ली गई और ऐसे शिशुगीत सामने आए, जिनमें धड़कते हुए जीवन को साफ-साफ महसूस किया जा सकता था। जीवन कभी अपनी सहज गति से वहाँ बहता नजर आता था और कभी एक खिलंदड़ी नाटकीयता की शक्ल में अपने आप को प्रकट करता था। इन रंगारंग शिशुगीतों में आकर्षण इतना था कि बच्चे खुद-ब-खुद उनकी ओर खिंचते थे।

आगे चलकर हिंदी बाल कविता में नए से नए लेखकों की कतार दिखाई दी, विकास की कुछ और दिशाएँ, कुछ और संभावनाएँ खोजी गईं, लेकिन बाल कविता में जीवन की ऐसी मस्ती, ऐसा फक्कड़पन फिर बहुत कम नजर आया।

तीसरा चरण : विकास युग

बाल कविताएँ बहुत लिखी जा रहीं हैं, लेकिन…!

सन् 1980 से आगे का युग—मौजूदा दौर तक, हिंदी बाल कविता का 'विकास युग' है। विकास युग इस मानी में कि इस दौर में हिंदी में बालगीत सबसे अधिक लिखे गए। बाल कविता में बहुत से नए-नए नाम दिखाई पड़े। खासकर युवा लेखकों की हिस्सेदारी काफी बड़ी नजर आती है। बाल कविता के रूप में विविधता भी इस दौर में काफी है और वह रूप बदलती, विकास के नए-नए रास्ते तलाश करती है।

एक खास बात इस दौर की बाल कविता की यह है कि उसमें 'विचार' तत्त्व पहली बार बड़े सक्रिय रूप में नजर आया। बच्चे के भारी बस्ते और पढ़ाई के बोझ को लेकर, बच्चे के मन की घुटन, उपेक्षा और उसके मन में 'बड़ों की दुनिया' के खिलाफ उमड़ रहे शिकवे-शिकायतों को लेकर जितनी सहज और मर्मस्पर्शी बाल कविताएँ इस दौर में लिखी गईं, वैसी पहले कभी नहीं लिखी गई थीं। बच्चे के मन और भीतरी संसार की उलझनों और जटिलताओं को लेकर भी कई अच्छी बाल कविताएँ इस कालखंड में लिखी गईं। फिर अमीर और गरीब बच्चों के फर्क की तरफ भी बाल कवियों का ध्यान गया और ऐसी कई कविताएँ लिखी गईं, जिनमें गरीब और

असहाय बच्चों का दर्द बहा आता है। बल्कि सच तो यह है कि महँगाई, भ्रष्टाचार, ऊँच-नीच, गरीबी, प्रदूषण जैसे मसलों पर इस दौर के बाल कवियों की तीखी नजर है और उनसे जुड़ी कोई भी समस्या उनसे नहीं छूटती।

लेकिन इस दौर की बाल कविता को गौरव युग की बाल कविताओं—खासकर छठे-सातवें दशक के कीर्तिशिखरों के आगे रखकर देखें तो यह बहुत साफ हो जाएगा कि इस दौर की बाल कविता में, वैसा अनूठापन, वैसी शक्ति और ऊँचाई नहीं है, जो गौरव युग में नजर आती है। यानी बाल कविता का विस्तार तो हुआ, पर उसमें ज्यादा ऊँचाई नहीं है। आप कह सकते हैं कि गौरव युग में अगर कुछ दुर्जेय पर्वत थे, हिमालय थे तो इस युग में असंख्य टीले हैं। ये असंख्य टीले मिलकर विस्तार तो बनाते हैं, पर सारे मिलकर भी एक हिमालय नहीं हो सकते।

इस दौर में एक गड़बड़ यह हुई कि दुस्साहसी प्रयोग काफी कम हो गए। लिहाजा बाल कवियों की जैसी अलग, अद्वितीय पहचान 'गौरव युग' में नजर आती है, वैसी यहाँ नहीं है। ऐसा लगता है, जैसे बहुत से लोग मिलकर एक ही बाल कविता या एक ही ढंग की बाल कविता लिख रहे हैं। दूसरा यह कि इस दौर के कवियों के पास लय की वह सफाई, वह उस्तादाना कला और अंदाज नहीं है, जो गौरव युग में नजर आता है। भाषा गौरव युग के कवियों की उँगलियों पर नाचती-फुरफुराती थी। उस लिहाज से इस युग में थोड़े ही कवि हैं, जो भाषा को साध सके हैं—और लय, छंद को साधनेवाले तो और भी कम। तो भी इस दौर की कविता निस्संदेह महत्त्वपूर्ण है—बेहद महत्त्वपूर्ण और इससे आगे की दिशा और बन रही पहचानें समझ में आती हैं।

इस दौर की बाल कविता की एक खासियत यह है कि इसमें तीन या चार पीढ़ियों के बाल कवि एक साथ अपने-अपने ढंग से बाल कविताएँ लिखते नजर आते हैं। पुरानी पीढ़ी के कवियों में निरंकारदेव सेवक, सोहनलाल द्विवेदी, रामेश्वरदयाल दुबे, आरसीप्रसाद सिंह, कन्हैयालाल मत्त और द्वारिकाप्रसाद माहेश्वरी की लिखी इस दौर की कविताएँ मिलती हैं, तो बाद की पीढ़ियों में सर्वेश्वरदयाल सक्सेना, डॉ. शेरजंग गर्ग, दामोदर अग्रवाल, श्रीप्रसाद जैसे लोग इस दौर में अपनी सक्रिय उपस्थिति जताते रहे हैं। फिर रमेश तैलंग, दिविक रमेश, सूर्यकुमार पांडेय, देवेंद्रकुमार, रमेशचंद्र शाह, नवीन सागर, रमेश थानवी, रामानुज त्रिपाठी, कृष्ण शलभ, प्रकाश मनु, योगेंद्रदत्त शर्मा, रमेश आजाद, श्याम सुशील, हरीश निगम, उषा यादव, यश मालवीय, मो. फहीम, साजिद खान, मो. अरशद, शादाब आलम और प्रदीप शुक्ल जैसे कवियों ने अपने ढंग से बाल कविता के रथ की वल्गाएँ सँभालीं और इसे नए-नए रास्तों पर ले गए। खासकर शताब्दी के अंतिम दशक तथा इसके बाद के वर्षों में तो बाल कविता से जुड़नेवाले कवियों का एक बड़ा काफिला ही नजर आने लगा।

❦ ❖ ❦

इस दौर के प्रतिनिधि बाल कवि हैं—रमेश कौशिक, राष्ट्रबंधु, देवेंद्रकुमार, रामानुज त्रिपाठी, राजनारायण चौधरी, भगवतीप्रसाद गौतम, रमेश तैलंग, दिविक रमेश, कृष्ण शलभ, प्रकाश मनु, योगेंद्रदत्त शर्मा, सूर्यकुमार पांडेय, हरीश निगम, सुरेश विमल तथा श्याम सुशील। ये सभी अलग-अलग ढंग के कवि हैं, जो अपनी पहचान करीब-करीब बना चुके हैं। फिर भी यह कहना तो मुश्किल है कि वे अपना सर्वश्रेष्ठ दे चुके हैं। इस लिहाज से वे अब भी यात्रा में हैं, बल्कि यात्रा के मध्य में हैं और उनसे बेहतर की उम्मीद हमें अभी भी करनी चाहिए।

इस कालखंड के बड़े ही असाधारण संभावनापूर्ण कवि हैं—रमेश तैलंग (ज. 1946)। उनकी कविताओं

की ताजगी चकित करती है और बच्चों का-सा छलछलाता मन, उत्साह वहाँ मौजूद है। इसीलिए शायद बच्चों को ये कविताएँ बेहद आकर्षित करती हैं। चाहे उनके बस्ता घर पर भूल जानेवाले ढपलूजी हों ('ढपलूजी रोए आँ···ऊँ···') या फिर टिन्नीजी, बच्चे उन्हें अपने बहुत नजदीक पाते हैं। टिन्नीजी कविता तो बहुत लुभावनी है, "टिन्नीजी ओ टिन्नीजी, ये लो एक चवन्नीजी।/बज्जी से प्यारा-प्यारा, लाना छोटा गुब्बारा।/ऊपर उसे उड़ाएँगे, आसमान पहुँचाएँगे।"

2 जून, 1946 को टीकमगढ़ में जनमे रमेश तैलंग की कुछ कविताओं में बच्चे के तोतलेपन का भी अच्छा इस्तेमाल हुआ है और जब यह तोतलापन नटखटपन से मिलता है तो कविता का प्रभाव देखने लायक होता है। 'सुबह का गीत' ऐसा ही है, जिसमें एक शरारती सुबह के खंड-चित्र पिरोए हुए हैं, "अले, छुबह हो गई, आँगन बुहाल लूँ,/मम्मी के कमले की तीदें थमाल लूँ।/कपले ये धूल भले मैले हैं यहाँ पले,/ताय भी बनाना है पानी भी लाना है/पप्पू की छर्ट फटी, दो ताँके दाल लूँ,/मम्मी के कमले की तीदें थमाल लूँ।"

रमेश तैलंग ने शिशुगीत भी लिखे हैं। इनमें कुछ अच्छे हैं। इधर वे बाल कविताओं को लेकर तमाम तरह के प्रयोग कर रहे हैं। उनकी प्रतिनिधि बाल कविताओं के संग्रह 'इक्यावन बालगीत' में 'पापा की तनखा में', 'घर है छोटा देश हमारा', 'चक्की चले', 'दिल्ली की बस', 'एक चपाती', 'निक्का पैसा' जैसी कई खूबसूरत और जिंदादिली से छलछलाती बाल कविताएँ हैं, जो हिंदी बाल कविता के इतिहास में बहुत कुछ नया, अपूर्व और मूल्यवान जोड़ती हैं। इनमें 'निक्का पैसा' तो अद्‍भुत है, नाटकीयता, गति और रोमांच से लबालब—

निक्का पैसा कहाँ चला? कहाँ चला जी, कहाँ चला?
पहले रहा हथेली पर, फिर जा गुड़ की भेली पर—
चिपक गया चिपकू बनकर, यहाँ चला न वहाँ चला।
धूप लगी, गुड़ पिघल गया, निक्का पैसा निकल गया।

रमेश तैलंग की खासियत यह है कि उन्होंने किसी लीक पर चलने के बजाय, बदले हुए समय के हिसाब से अपनी कविताओं को नया शिल्प, नया रूप देने की कोशिश की है। 'का करें कक्का', 'चक्की चले', 'पापा की तनखा में', 'दिल्ली की बस', 'कुट्टी' जैसी उनकी बाल कविताएँ मौजूदा समय की बहुत सी मुश्किलें और दर्द खुद में समेटे हुए हैं! 'बच्चों की दुनिया में' तथा 'कोई झाँके' पढ़कर पता चलता है, रमेश तैलंग ने मानो सूरदास जैसे सिद्ध कवियों की तरह बाल मन के कोने-कोने में झाँक लिया है। इसी तरह 'रोशनी की माँ' तैलंग की बड़ी ही खूबसूरत कथात्मक कविता है, जिसे पढ़कर सीखा जा सकता है कि ऐसी कविताएँ लिखी कैसे जाती हैं। उनकी बाल कविताओं के चर्चित संग्रह हैं, 'उड़नखटोले आ', 'एक चपाती' (1998), 'कनेर के फूल' (1998), 'इक्यावन बालगीत' (2001), 'टिन्नीजी, ओ टिन्नीजी' (2005), 'लड्डू मोतीचूर के' (2008), 'रोशनी की माँ' (2014) तथा 'मेरे प्रिय बालगीत' (2010)।

इस दौर के कवियों में दिविक रमेश (ज. 1946) का स्वर भी सबसे अलग और मौलिक है। 6 फरवरी, 1946 को दिल्ली के किराड़ी गाँव में जनमे दिविक बड़ों के भी कवि हैं और समकालीन कविता में अपनी अलग जगह बना चुके हैं। लिहाजा उनकी बाल कविताओं में भी समकालीन भावबोध अनायास उभरता है और वे कभी-कभी तो कुछ ऐसा कह जाते हैं कि यकीन ही नहीं होता, बाल कविता में भी इतनी गहरी कचोटवाली

बात, इतना बड़ा विचार और यथार्थ का पेचीदा दर्शन लाया जा सकता है। इस लिहाज से दिविक की 'घर' बेजोड़ कविता है और इस दौर की सबसे अच्छी कविताओं में उसकी गिनती की जानी चाहिए। एक बच्चा पापा से सवाल पूछता है। सवालों में से कुछ और सवाल निकलते हैं और अंत आते-आते पूरी कविता एक थरथराहट में बदल जाती है। यह छोटी-सी कविता गुड्डे-गुड़ियोंवाली कल्पना से परे, घर को किसी और ही शक्ल में ला खड़ी करती है। घर यहाँ एक सुरक्षा भरी छत है, माँ-बाप के प्यार की गरमी है तथा और भी बहुत-कुछ। शब्द उस ऊष्मा को छू भर देते हैं, पूरा कहते नहीं। कविता की शुरुआत इसी तरह होती है—

पापा, क्यों अच्छा लगता है अपना प्यारा-प्यारा घर,
घूमघाम लें, खेल-खाल लें, नहीं भूलता लेकिन घर।

घर हमारे लिए माँ की गोदी जैसा है और कहीं से थककर आने पर हमारे लिए बिछ-बिछ जाता है। पर आगे चलकर 'घरहीन' बच्चों की दारुण पीड़ा और विपदा जितनी गहराई से यहाँ खुली है, वैसा शायद ही कहीं और नजर आए।

यह दरअसल एक परंपरागत अर्थ देनेवाला बालगीत नहीं, सही मायने में बाल कविता है और दिविक के यहाँ ऐसी बाल कविताएँ ही अधिक मिलती हैं, पुराने ढंग के बालगीत कम। उनकी कविता में रोशनी का गट्ठर बाँधकर लानेवाले सूरज की यह कल्पना भी आज की जिंदगी की सचाई से ज्यादा जुड़ी है। सूरज बोझा उठाता मजदूर बन जाता है और यह रोशनी वह खुद के लिए नहीं, सबके लिए ढोकर लाता है, "थकता तो होगा सूरज!/रोज सवेरे/इतना गट्ठर/बाँध रोशनी/लाता है/चोटी तक ढोकर/थकता तो होगा सूरज।"

इधर दिविक ने पारिवारिक संबंधों की आत्मीयता और उष्मा को लेकर बड़ी सुंदर कविताएँ लिखी हैं। खासकर माँ और बेटे के स्नेह राग पर जैसी ममता और वात्सल्य से छलछलाती कविताएँ उन्होंने लिखीं, वैसी कहीं और देखने को नहीं मिलतीं। दिविक रमेश की बाल कविताओं के प्रमुख संग्रह है—'हँसे जानवर हो-हो' (1987), 'कबूतरों की रेल' (1988), 'छतरी से गपशप' (1989), 'अगर खेलता हाथी होली' (1994), 'तस्वीर और मुन्ना' (1997), 'बंदर मामा' (2014), 'छुट्कल-मुट्कल बाल कविताएँ' (2016) तथा 'कोरियाई बाल कविताएँ' (2001, संकलन और अनुवाद : दिविक रमेश)। कुछ अरसा पहले दिविक की चुनिंदा बाल कविताओं का संग्रह 'एक सौ एक बाल कविताएँ' (2008) छपा है, जिसमें उनकी प्राय: सभी चर्चित कविताएँ आ गई हैं।

इस दौर में बच्चों के लिए अनूठी कल्पनाओं से सजी दमदार कविताएँ लिखनेवाले एक और समर्थ कवि हैं, कृष्ण शलभ। कृष्ण शलभ (1945-2017) ने काफी देर से बच्चों के लिए लिखना शुरू किया, लेकिन इनकी बाल कविताओं में एक अलग ही तरह का रस-आकर्षण है। 18 जुलाई, 1945 को सहारनपुर के नकुड़ गाँव में जनमे कृष्ण शलभ ने नदी, सूरज, तितली, चिड़िया जैसे चिर-परिचित विषयों पर भी एकदम नए ढंग की कविताएँ लिखी हैं। ऐसी कविताएँ, जिनमें नदी, सूरज आदि से बच्चे की बड़ी दोस्ताना बातें होती हैं। सूरज से बच्चे को शिकायत है कि आखिर वह इतनी सुबह-सुबह उठकर क्यों आ जाता है? और फिर—

कब सोते हो, कब उठ जाते, कहाँ नहाते-धोते हो,
तुम तैयार बताओ हमको, कैसे झटपट होते हो?

सूरज की तरह समंदर पर भी कृष्ण शलभ ने ऐसी कविता लिखी है, जिसमें समंदर का असली व्यक्तित्व छलछला रहा है। 'ओ मेरी मछली', 'हाथी दादा', 'मूँगफली' सरीखे कृष्ण शलभ के बालगीत एक बार पढ़ने के बाद भुलाए नहीं भूलते। बेशक बीसवीं सदी के आखिरी दशक में उभरे बेहद संभावनाशील और ऊर्जावान कवियों में कृष्ण शलभ का नाम लिया जा सकता है, जिन्होंने बाल कविता को नई गति दी और समर्थ बनाया। कृष्ण शलभ की बाल कविताओं के चर्चित संग्रह हैं, 'ओ मेरी मछली' (2001), 'टिली-लिली झर' (2005), 'इक्यावन बाल कविताएँ' (2008) 'सूरज की चिट्ठी' (2011) तथा 'नाच चिरैया ता-ता थैया' (2013)। शलभजी ने चिड़िया पर लिखी गईं कुछ सुंदर बाल कविताओं का संग्रह 'चीं-चीं चिड़िया' (2000) भी संपादित किया है। यह एक छोटी-सी, लेकिन अपने आप में निराली पुस्तक है। अफसोस, कुछ समय पहले इस प्रतिभावान कवि का निधन हो गया।

बाल कविता को लीक से हटकर एक नई चाल देनेवाले कवियों प्रकाश मनु और योगेंद्रदत्त शर्मा की बाल कविताएँ भी आठवें-नवें दशक में ही मुख्य रूप से सामने आईं। प्रकाश मनु (ज. 1950) की प्रारंभिक बाल कविताएँ रमेश तैलंग और देवेंद्रकुमार के साथ 'हिंदी के नए बालगीत' में संगृहीत हैं। 12 मई, 1950 को शिकोहाबाद (उत्तर प्रदेश) में जनमे प्रकाश मनु की कविताएँ बच्चे के मन, इच्छा-संसार और सपनों से सीधे-सीधे जुड़ती हैं। इसलिए उनमें बच्चों की व्यापक और बहुरंगी उपस्थिति नजर आती है। प्रकाश मनु की चुनिंदा बाल कविताओं का संग्रह है, 'इक्यावन बाल कविताएँ'। इस संग्रह में मनु की 'पापा, तंग करता है भैया', 'दही-बड़े', 'चलो शिमला, चलो ऊटी', 'क्रिकेट', 'आज सवेरे', 'कितनी देर हुई है', 'ओहो, चला, गया पानी', 'चिड़िया रानी', 'अपना घर भी है गुड़ियाघर' जैसी अलग-अलग रंग, अंदाज की कई बहुरंगी कविताएँ शामिल हैं। 'चिड़िया रानी' एक छोटी सी कथात्मक कविता है, जिसकी शुरुआत कुछ इस तरह की नाटकीयता के साथ होती है—

चिड़िया रानी शॉपिंग करने जाने लगीं बाजार,
लिस्ट सँभाली, पर्स उठाया होकर के तैयार।
छोटे से उनके बटुए में पैसे थे कुल तीन,
चीनी, चावल, घी लाना था औ' मुन्ने की बीन।

इसी तरह 'एक कहानी' प्रकाश मनु की दिलचस्प बाल कविता है, जिसमें एक बच्चा नानी से ढेरों कहानियाँ सुनना चाहता है, "एक कहानी परियोंवाली, एक कहानी जिसमें हाथी,/एक कहानी जिसमें नटखट जोकर बनता सबका साथी।/एक कहानी दिन भर लड्डू जिसमें खाया करता शेर,/एक कहानी जिसमें बादल से बरसे थे आहा, बेर!/एक कहानी गिल्लूवाली, पहना जिसने चाँदी छल्ला,/एक कहानी जिसमें चिड़िया खेल रही थी लेकर बल्ला।" कविता के अंत में नानी का जवाब भी मजेदार है, "इस पर हँसकर बोली नानी, कुक्कू, यह तो है मनमानी,/आ संग बैठें, रोज बनाएँ तभी बनेगी नई कहानी।" और फिर एक नया ही सिलसिला चल निकला—

नानी-कुक्कू, कुक्कू-नानी
दोनों बुनते रोज कहानी,
हर किस्से में कुक्कू होता
हर किस्से में होती नानी।

प्रकाश मनु के यहाँ नए-नए विषयों पर कई प्रयोगात्मक कविताएँ भी हैं, जिनमें खासी नाटकीय लय है। 'हाथी का जूता' संग्रह (2005) में 'चिट्ठी' और 'हाथी का जूता' समेत उनकी कई पसंदीदा कविताएँ एक साथ पढ़ने को मिल जाती हैं। उनकी बाल कविताओं का एक बड़ा संचयन 'बच्चों की एक सौ एक कविताएँ' (2006) भी छपा है, जिसमें उनकी चर्चित कविताओं के साथ-साथ 'पंपापुर जाना है', 'किसने खाई नानखताई', 'एक बिल्ली सैलानी', 'दिल्ली का भीड़-भड़क्का' सरीखी बहुत-सी नई कविताएँ भी हैं। प्रकाश मनु की हास्य-विनोदपूर्ण बाल कविताओं की पुस्तक 'बच्चों की अनोखी हास्य कविताएँ' खासी चर्चित हुई थी। बाल पाठकों के लिए नए ढंग की चुस्त, चपल गीत-पहेलियाँ भी उन्होंने लिखी हैं, जो 'बच्चों की 101 गीत-पहेलियाँ' पुस्तक में संगृहीत हैं। अभी हाल में उनकी चुनिंदा बाल कविताओं का संचयन 'प्रकाश मनु की बाल कविताएँ' (2017) छपा है।

अरसे से लिखते आ रहे समर्थ और प्रतिभावान कवि योगेंद्रदत्त शर्मा (ज. 1950) की बाल कविताओं में लय और बिंबों की जादूगरी है, जो नदी, हवा, चिड़िया, पानवाला जैसे विषयों पर लिखी गईं उनकी कविताओं में झाँकती है। आमों पर लिखा गया उनका वह बहुचर्चित गीत तो कमाल का है, जिसमें बहुत दिनों बाद आए आमों की तुलना वनवास से लौटे राम से की गई है। इस गीत की कुछ यादगार पंक्तियाँ हैं—

लौटकर वनवास से जैसे अवध में राम आए,
साल भर के बाद ऐसे ही अचानक आम आए।
चूस लें या काटकर खा लें रसीले हैं अजब ये,
आम कितने काम के, आराम से ढा लें गजब ये।
दशहरी, तोतापरी, लँगड़ा, सफेदा नाम आए!

इसी तरह 'पानपाले' हास्य की अनोखी छटाएँ लिये योगेंद्रदत्त शर्मा की बड़ी नायाब बाल कविता है, जिसमें बच्चे की पाने खाने की उत्सुकता और पानेवाले का अद्‌भुत कैरीकेचर दोनों ही नहीं भूलते। हवा पर लिखा गया उनका गीत 'ओ हवा' भी लय की जादूगरी और अनोखी बिंबात्मकता के कारण भुलाए नहीं भूलता। 30 अगस्त, 1950 को गाजियाबाद (उ.प्र.) में जनमे योगेंद्रदत्त शर्मा की बाल कविताओं के संग्रह हैं, 'आए दिन छुट्टी के' तथा 'और कैसा आया मजा' (2005)। उनके 'चटर-पटर' जैसे शिशुगीत भी मजेदार हैं, जो बच्चों के साथ खेल-खेल में अपना 'सुर' छेड़ते हैं और बच्चों से बहुत जल्दी दोस्ती साध लेते हैं।

सूर्यकुमार पांडेय (ज. 1956) भी खासे प्रतिभाशाली और दमदार कवि हैं, जिन्होंने बाल कविताओं की अपनी अलग राह खोजी है। 1 जनवरी, 1956 को बलिया में जनमे सूर्यकुमार पांडेय बाल कविताओं में नए अंदाज से अपनी बात कहने में यकीन रखते हैं और उसी में 'क्रिएटिविटी' तलाशते हैं। लेकिन उनका नयापन बच्चों से संवाद में कोई कमी नहीं आने देता। सूर्यकुमार पांडेय बदलते वक्त और बदले संस्कारों में जी रहे बच्चों के कहीं ज्यादा करीब हैं। वह अकसर पिटी हुई तुकें मिलाने में यकीन नहीं करते और तुक मिलाने में कुछ ऐसी मीठी-सी शरारत कर जाते हैं कि कविता झट जबान पर चढ़ जाती है। जैसे 'एक पान का पत्ता' कविता में—

एक पान का पत्ता, जा पहुँचा कलकत्ता।
पकड़े अपना मत्था, मिला वहाँ पर कत्था।
आगे मिली सुपारी, सबने की तैयारी।
पहुँचे फिर सब पूना, लगा वहाँ पर चूना।

सूर्यकुमार पांडेय का सौदर्य-बोध बहुत गहरा है, जिससे शब्दों में वे नया अर्थ भर देते हैं। ताजे, अछूते उपमानोंवाली धूप की यह कविता बच्चों को बहुत पसंद आएगी, "आकर बैठी दरवाजे पर, उछली, पहुँच गई छज्जे पर/वह नन्ही चिड़िया-सी धूप।" धूप यहाँ छज्जे पर बैठी नन्ही चिड़िया और जादू की पुड़िया ही नहीं, बुढ़िया भी बनती है, लेकिन सुनहरे बालोंवाली इस बुढ़िया में भी कुछ है ऐसा, जो बच्चों को बहुत पास खींच लाता है। सूर्यकुमार पांडेय की बाल कविताओं के संग्रह हैं, 'फूल खिले' (1985), 'चूहे राजा' (1982), 'गीत तुम्हारे' (1977), 'गीत चुनमुने', 'मेरी प्रिय बाल कविताएँ' (1988) तथा 'अक्कड़-बक्कड़' (2005), 'हम हैं किस से कम' (2008)।

हरीश निगम (ज. 1955) भी समर्थ कवि हैं। 31 जुलाई, 1955 को सतना (म.प्र.) जिले के मेहर कसबे में जनमे हरीश निगम खूब लिखते हैं, खूब छपते हैं। उनका कविता लिखने का ढंग नवगीतों के शिल्प से बहुत मेल खाता है। बगैर चाक्षुष बिंबों के अच्छी कविता नहीं लिखी जा सकती और हरीश निगम का कवि इस मामले में काफी समृद्ध है। उनके शिशुगीतों में भी अच्छी सफाई-सुघराई है। हाथी से कवि एक सवाल पूछता है, पर इस सवाल में बड़ा मीठा-सा मजाक भी है—

हाथी दादा! हाथी दादा!
तुम इतने क्यों मोटे हो?
आटा कहाँ पिसाते हो?
लंच-डिनर में हाथी-दादा
बोलो, क्या-क्या खाते हो?

बच्चों पर बस्ते के बढ़े हुए बोझ को लेकर हरीश निगम की सुंदर कविता है, "थोड़ा अपना वजन घटाओ/भइया बस्तेजी,/हम बच्चों का साथ निभाओ/भइया बस्तेजी।" आगे की पंक्तियाँ बहुत मार्मिक हैं, "कमर हमारी टूट रही है/काँधे दुखते हैं,/तुमको लेकर चलते हैं कम/ज्यादा रुकते हैं,/कुछ तो हम पर दया दिखाओ/भइया बस्तेजी।" हरीश निगम की बाल कविताओं का संग्रह 'टिंकू बंदर' (1991) छपा है। अफसोस, इधर वे 'मौसमी' कविताएँ खूब लिख रहे हैं और बार-बार खुद को दोहरा रहे हैं—ऊब की हद तक। समझना मुश्किल है कि ऐसी क्या मजबूरी है, जो हरीश निगम को लिख-लिखकर ढेर करने के लिए उकसाती है। खुद उनकी अच्छी कविताएँ इस ढेर के नीचे दबी, कराहती नजर आती हैं।

ताजगी के लिहाज से इस कालखंड के बड़े ही समर्थ कवि हैं सुरेश विमल (1950-2008)। वे बच्चों के पसंदीदा कवि हैं, जिनकी कविताओं में कल्पना के साथ-साथ बड़ी अद्‌भुत लयात्मकता है। 4 सितंबर, 1950 को राजस्थान के टोडाभीम कसबे में जनमे सुरेश विमल निस्संदेह इस दौर के प्रतिनिधि बालगीतकार हैं। उन्होंने बाल कविताओं में कई मौलिक प्रयोग किए हैं। खासकर ताजे, अनछुए बिंब उकेरने में उनका जवाब नहीं है।

उनकी 'टपकी बूँदें' कविता में बारिश की बूँदों का संगीत सुनाई देता है, "टप-टप-टप-टप, टप-टपा-टप/ टपकी बूँदें पानी की, टीन बजी है नानी की।…" इसी तरह 'पत्तों का गीत' में उन्होंने बहुत बारीकी से पत्तों के आकार और बनावट का जायजा लिया है—

लगते हैं केले के पत्ते हाथी के-से कान!
पीपल के पत्तों की होती चूहे जैसी पूँछ,
ताड़-वृक्ष के पत्ते लगते रावण की-सी मूँछ।
पात कमल के देख-देख, आता कछुए का ध्यान!

'कहाँ बनाए घर गौरैया', 'खिलौने लकड़ी के', 'देश हमारा', 'तितलियों के देश में', 'अगर जानती गाना तितली', 'बूँद गिरी', 'टिल्लूजी' सुरेश विमल की कुछ बढ़िया, चुस्त और नए अंदाज में लिखी गई बाल कविताएँ हैं। 'तितलियों के देश' की सुरेश विमल की कल्पना सचमुच मनभावन है, "फूल की होंगी किताबें, फूल के बस्ते वहाँ/फूल के होंगे खिलौने बोलते-हँसते वहाँ/हँसी बस होगी खनकती/तितलियों के देश में!" इस बेहद संभावनाशील कवि का कुछ अरसा पहले असामयिक निधन हो गया।

श्याम सुशील (ज. 1957) ने भी इधर बच्चों के लिए खूब लिखा है और अपने खास अंदाज में लिखा है। उनकी कविताएँ बाल-मन में सीधे उतर जाती हैं। 28 अगस्त 1957 को बस्ती में जनमे श्याम सुशील के कुछ अरसा पहले छपे संग्रह 'होती मैं भी चंचल तितली' (2002) की 'बिटिया जाएगी स्कूल', 'होती मैं भी चंचल तितली', 'घाऊँ-माऊँ', 'पापा की चिट्ठी', 'धूप जनवरी की', 'इतना भारी बस्ता', 'क्यों होता है', 'शिप्पू का बस्ता' जैसी कविताएँ अच्छी हैं। इनमें 'पापा की चिट्ठी' तो अद्भुत है, "चिट्ठी आई, चिट्ठी आई/पापाजी की चिट्ठी आई/बड़े दिनों के बाद, याद पापा को उनकी बिट्टी आई…!" श्याम सुशील का यह बालगीत आज की बाल कविता की अनुपम उपलब्धियों को समझ पाने में मददगार है। कविता के अंत में चिट्ठी पाने का रोमांच मानो आँख के आगे आकर ठहर जाता है—

यह लो मम्मी, झटपट खोलो, चिट्ठी पढ़कर मुझे सुनाओ,
क्या लिक्खा है पापाजी ने, कब घर आएँगे, बतलाओ!
बहुत दिनों के बाद, याद पापा को उनकी बिट्टी आई!
चिट्ठी आई, चिट्ठी आई, पापाजी की चिट्ठी आई!

इधर श्याम सुशील नए ढंग की बाल कविताएँ लिख रहे हैं, जिनमें मन की बड़ी आत्मीयता है। बड़े दिनों बाद गाँव जाना बच्चे को किस उल्लास से भर देता है, यह श्याम की एक कविता में बड़े हर्षाकुल स्वर में व्यक्त हुआ है, "अबकी गया गाँव तो पाँव-पाँव घूमा,/पाँव-पाँव घूमा तो ठाँव-ठाँव घूमा।/ठाँव-ठाँव घूमा तो हाट-बाट घूमा,/हाट-बाट घूमा तो दोस्त साथ घूमा।/दोस्त साथ घूमा तो नदी-नहर घूमा,/नदी-नहर घूमा तो ठहर-ठहर घूमा।/ठहर-ठहर घूमा तो मेड़-मेड़ घूमा,/मेड़-मेड़ घूमा तो खेत-खेत घूमा।" कविता की आखिरी पंक्तियाँ और भी मोहक हैं—

भाग-भाग घूमा तो बाग-बाग घूमा,
बाग-बाग घूमा तो छाँव-छाँव घूमा।

छाँव-छाँव घूमा तो गाँव-गाँव घूमा,
अबकी गया गाँव तो ठाँव-ठाँव घूमा··· !

गाँव पर लिखी गई ढेरों बाल कविताएँ मैंने पढ़ी हैं। पर बाल कविता में गाँव का ऐसा लहकता चित्र पहले कभी नहीं देखा।

❧ ❖ ❧

इस दौर में पुरानी पीढ़ी के कई समर्थ कवियों ने भी लिखा है। इनमें रमेश कौशिक का नाम प्रमुख है। पुरानी पीढ़ी के नई लीक बनाने वाले कवियों में रमेश कौशिक (ज. 1930) प्रमुख हैं। 19 मार्च, 1930 में खुर्जा (उ.प्र.) में जनमे रमेश कौशिक लंबे समय से बच्चों के लिए लिख रहे हैं और लीक से हटकर, कुछ अच्छी कविताएँ उन्होंने लिखी हैं। 'कठपुतली' ऐसा ही गीत है, जिसकी लय सचमुच खींचती है। चित्रों की हर पल बदलती गति और जिंदादिली आपको शामिल होने के लिए न्योतती है, "तकली सी नाचे कठपुतली/छम-छम, छम-छम, छम-छम, छम-छम !/एक हाथ है सिर के ऊपर/हाथ दूसरा रखे कमर पर,/लगा रही चक्कर पर चक्कर/जैसे लट्टू बीच सड़क पर।/बँधी कमर में उसके सुतली/छम-छम, छम-छम, छम-छम, छम-छम।"

इसी तरह 'शून्य', 'कैमरा', 'ग्रामोफोन रिकार्ड' जैसे विषयों पर लिखी गई रमेश कौशिक की कविताएँ चकित करती हैं कि इन विषयों पर भी इतनी अच्छी, दमदार कविताएँ लिखी जा सकती हैं। यहाँ तक कि रमेश कौशिक ने 'धरती', 'सृष्टि' जैसे बच्चों के लिए एकदम अछूते समझे गए विषयों पर भी सरस कविताएँ लिखी हैं। यह एक बड़ी चुनौती थी। उनकी 'धरती' कविता की शुरुआती पंक्तियाँ हैं—

अपनी धरती, प्यारी धरती।
हुआ जन्म तेरा कब, कैसे, ठीक-ठीक कुछ पता नहीं है,
कौन शक्ति की लट्टू-जैसी महाशून्य में घूम रही है।
बीते वर्ष करोड़ों, फिर भी कभी नहीं थक-हारी धरती।

रमेश कौशिक ने 'वह राम है', 'राम और पर्यावरण' जैसी कुछ अलग अंदाज की बाल कविताएँ भी लिखी हैं, जो बच्चों के भाव-संसार और विचारों की दुनिया में कुछ नया जोड़ती हैं। कौशिकजी की बाल कविताओं के चर्चित संग्रह हैं, 'हम हैं चाँद-सितारे' (1978) 'सोन चिरैया' (1982), 'इक्यावन बाल कविताएँ' (1988), 'गीत मेरे देश के' (1996) तथा 'एक सौ इक्यावन बाल कविताएँ' (2001)। इसके अलावा रूसी भाषा से अनूदित कौशिकजी की बाल कविताओं का संग्रह 'रूसी बाल कविताएँ' (1979) भी छपा है।

इस कालखंड के कवियों में रामानुज त्रिपाठी (1946-2005) भी सिद्ध बाल कवि हैं, जिनकी कविताओं में जगह-जगह उनकी सरलता और उस्तादी की झलक है। 10 जून, 1946 को सुलतानपुर के गरएँ कसबे में जनमे रामानुज त्रिपाठी के यहाँ हिंदुस्तानी ग्राम्य और कसबाई जीवन की बड़ी अच्छी समझ है। पर साथ ही बदले हुए समय के अक्स भी हैं और किसी नए विषय पर नए ढंग से बात कहने की कोशिश भी नजर आती है। टी.वी. के छोटे परदे पर चीजें और दृश्य किस कदर बदल जाते हैं और दुनिया कैसे नई-नई-सी लगती है, इसे रामानुज त्रिपाठी की कविता 'छोटे परदे पर' बड़ी कल्पनाशीलता के साथ दर्शाती है, "मुँह फैलाए खड़ा

सामने शेर कभी गुर्राता है,/आगे बढ़ता जब, जब लगता, पास हमारे आता है।/यह रोमांचक दृश्य देखकर हम तो सहसा जाते डर!"

रामानुजजी की एक कविता में बच्चा कल्पना करता है कि अगर वह हाथी होता तो क्या-क्या होता! इन एक से एक बहुरंगी और मजेदार कल्पनाओं में अव्वल तो यह है कि, "बिरजू दादा की मोटर को दूर खींच ले जाता,/पकड़ सूँड़ से मोटेमल को ऊपर खूब उठाता।/बैठाकर तब उन्हें पीठ पर गुपचुप उनके घर तक ढोता!" इसी तरह 'चिड़ियों का स्कूल' रामानुज त्रिपाठी की सुंदर कविता है। 'चार खिलौने' थोड़े पुराने ढंग की है, पर उनका रचनात्मक उत्साह मानो इस पुराने विषय में भी नई जान फूँक देता है—

नानी, जब मेले जाऊँगा, लाऊँगा मैं चार खिलौने।
मुझे खिलौने देंगे जब सुख, चूम-चूम लूँगा उनका मुख,
मेरे संग खेलें-कूदेंगे, हरदम हैं तैयार खिलौने।

राष्ट्रबंधु (1934-2015) मुख्य रूप से ग्राम्य परिवेश के कवि हैं। उन्होंने लंबे समय तक बाल साहित्य की अनेक विधाओं में लिखा तथा 'बाल साहित्य समीक्षा' नामक पत्रिका भी कई वर्षों तक निकाली। राष्ट्रबंधु ने प्रचुर मात्रा में लिखा है। उनकी बहुत-सी बाल कविताएँ पुराने ढंग की हैं। हालाँकि बीच-बीच में उन्होंने कुछ बिल्कुल अलग ढंग की बाल कविताएँ भी लिखी हैं, जिनकी चमक सभी का ध्यान खींचती है। उनकी लोक संगीत से जुड़ी एक लोरी ऐसी ही है, जिसकी लय भी कमाल की है, "कंतक थैयाँ घुनूँ मनइयाँ, चंदा भागा पइयाँ-पइयाँ।···" इसी तरह 'टिली-लिली' और 'चाँई-माँई खेलो' राष्ट्रबंधु की प्यारी कविताएँ हैं, जिनमें खासा खिलंदड़ापन है। 'चाँईं-माँईं खेलो' में बच्चों की सक्रिय उपस्थिति ही नहीं, उनका 'मगन भाव' और खासी संलग्नता भी नजर आती है—

चाँईं-माँईं खेलो,
हाथों में हाथ हो, सबका ही साथ हो
खुशी-खुशी घूमें, मस्ती में झूमें।
दादी से कह दो, पापड़ न बेलो।
चाँईं-माँईं खेलो, चाँईं-माईं खेलो।

राष्ट्रबंधुजी की बाल कविताओं के संकलन हैं, 'कंतक थैयाँ घुनूँ मनैयाँ', 'बाल भूषण', 'राजू के गीत', 'देशप्रेम के गीत', 'चूहों का बालदिवस', 'हँसी के बालगीत' और 'सस्ता सौदा'। इनमें 'हँसी के बालगीत' (1968) में उनके मनमौजीपन की छाप है। कुछ अरसा पहले उनकी पुस्तक 'टेसूजी की भारत-यात्रा' नाम से प्रकाशित हुई थी, जिसमें तथ्य की भूल है। पांडिचेरी आश्रम को उन्होंने अंडमान में दिखा दिया है। 'चूहों का बालदिवस' में राष्ट्रबंधुजी के कई चुस्त, चुटीले शिशुगीत हैं, जो नन्हे बच्चों को विशेष रूप से लुभाएँगे।

राजनारायण चौधरी (1938-2017) भी बच्चों के प्रिय कवि हैं जिन्होंने बच्चों के इच्छा-संसार को बहुत नजदीक से देखा है। 3 फरवरी, 1938 को नरहन स्टेट में जनमे राजनारायण चौधरी की गिनती बाल कविता के सिद्ध कवियों में होती है। किसी बच्चे में जन्मदिन मनाने की चाह कैसी होती है, यह उनकी 'मने जन्मदिन मेरा' कविता पढ़कर पता चल सकता है, "नए-नए कपड़ों में नन्हा राजकुँवर मैं लगता,/दिल में रह-रहकर खुशियों के

घुँघरू-सा है बजता।/लगे आज घर-आँगन ने भी सुमधुर स्वर है छेड़ा!" ऐसे ही तितली से एक बच्चे की बातें कैसी हो सकती हैं, यह राजनारायण चौधरी की कविता की इन पंक्तियों को पढ़कर पता चलता है—

किसने रँग दीं पाँखें तेरी, तितली जरा बताना तो!
कहाँ-कहाँ से आती तू, कहाँ तुरंत उड़ जाती है,
ले-लेकर फूलों की खुशबू, चारों तरफ लुटाती है।
नाचा करती क्यों चुप-चुप तू, कभी जरा कुछ गाना तो!

'मेरे घर आना' भी राजनारायण चौधरी की बड़ी सुंदर कविता है, जिसमें एक बच्चा परी को घर आने की दावत देता है। 'पराग' (1996) और 'अगड़म-बगड़म ना-ना' (2005) उनकी बाल कविताओं के चर्चित संग्रह हैं। इनमें 'होते जो', 'पंछी सा उड़ जाऊँ', 'गरमी ने मारा है छक्का', 'अगड़म-बगड़म ना-ना-ना', 'मौसम के नन्हे गीत', 'मिस्टर जाड़ाजी', 'मेरी नानी' आदि कविताएँ पढ़ते ही मन में उतर जाती हैं। राजनारायणजी पूरी तरह बाल कविता में डूबे हुए कवि थे, सिर से पैर तक। इसीलिए वे अंत तक लिखते रहे और आखिरी दौर में भी उनकी कलम से कई बार इतनी अद्भुत भंगिमाओंवाली रसमय कविताएँ निकलती थीं कि पाठक ठगा सा रह जाता था। अभी कुछ अरसा पहले ही उनका निधन हो गया।

इसी दौर में भगवतीप्रसाद गौतम (ज. 1943) की भी सुंदर बाल कविताएँ पढ़ने को मिलती हैं। गौतमजी की बाल कविताओं में सरस गीतात्मकता है तो छंद की सिद्धि भी। उन्होंने प्रकृति पर सुंदर कविताएँ लिखी हैं, तो बच्चों के नटखटपन और मनोभावों पर भी। जरा 'भोलू भैया' पर लिखी गई उनकी इस मजेदार कविता का आनंद लीजिए—

नटखट भोलू, अटकन-मटकन।
हिल्लम-डुल्लम, उठकन-पटकन।
टिमटिम पलकें चमकन-झपकन।
अटपट चुटिया लहरन-लटकन।
भोलू भैया, फिरकन-थिरकन।
प्यारी बतियाँ तुतलन-किलकन।
दुद्धा बोतल पकड़न-गटकन।
अब खेलो बस अटकन-मटकन।

इसी तरह 'नंदन' के जनवरी 2009 अंक में छपी 'परिंदे' भी भगवतीप्रसाद गौतम की मोहक बाल कविता है, जिसमें परिंदों के कार्य-व्यापार के साथ-साथ उनकी स्नेह-आत्मीयतापूर्ण पारिवारिक छवि भी है, "लगते क्या खुशहाल परिंदे, जब रचते चौपाल परिंदे।/छैल-छबीले, काले-पीले, श्यामल, हरियल, लाल परिंदे।/चींचीं-चूँचूँ गुटर-गुटर गूँ, देते कैसी ताल परिंदे।/दूर देश से उड़-उड़ आते, यहाँ-वहाँ हर साल परिंदे।/पढ़ लेते हैं जाने कैसे, हर मौसम की चाल परिंदे।/···सपनों में आ-आकर हमसे पूछा करते हाल परिंदे।" कुछ अरसा पहले नए साल के स्वागत में लिखी गई भगवतीप्रसाद गौतम की अनूठी बाल कविता पढ़ने को मिली थी। उन्होंने बड़ी सुंदर कथात्मक कविताएँ भी लिखी हैं।

इस कालखंड में जयप्रकाश भारती (1936–2005) ने भी कुछ अपने ढंग की बाल कविताएँ लिखीं। 'नंदन' के पूर्व संपादक जयप्रकाश भारती के शिशुगीत और बाल कविताओं की कई पुस्तकें हैं। एक बाल कविता में उनके निराले अंदाज में ढले 'राजा-रानी' की छवि बिल्कुल अलग ढंग की है, "एक था राजा, एक थी रानी, दोनों करते थे मनमानी।/राजा का तो पेट बड़ा था, रानी का भी पेट घड़ा था।/खूब वे खाते छक-छक-छककर,/फिर सो जाते थक-थक-थककर।/काम यही था बक-बक, बक-बक,/नौकर से बस झक-झक, झक-झक!" पर भारतीजी के तमाम शिशुगीतों में ध्वनियों के प्रयोग निरर्थक और अधूरे ही रह गए हैं। इसी तरह फूलों पर लिखी गईं भारतीजी की अधिकांश कविताएँ भरती की हैं। हाँ, 'रॉकेट' पर लिखा गया उनका एक शिशुगीत अलग ढंग का और बड़ा चुस्त-दुरुस्त है।

लगभग तीन दशकों तक बाल पत्रिका 'नंदन' के संपादकीय विभाग से जुड़े रहे देवेंद्रकुमार (ज. 1940) की बाल कविताओं में सबकुछ कह देने के बजाय, 'अंडरटोन' वाला अंदाज कहीं ज्यादा है। इसलिए उनकी बाल कविताएँ औरों से अलग नजर आती हैं। देवेंद्रकुमार की बाल कविताओं में प्रकृति के स्टिल चित्र ज्यादा हैं। बीच-बीच में 'हवा हुई शैतान' जैसे लाजवाब गीत भी उन्होंने लिखे। 'हैरान अम्माँ' की उपस्थिति इसे अद्वितीय बना देती है, "हवा हुई शैतान।/खिड़की-दरवाजे खड़काए/बेपर कागज खूब उड़ाए,/सारे घर में धूल बिखेरे/अम्माँ है हैरान।"

देवेंद्रजी की 'गड़बड़झाला' भी अच्छी कविता है। खासकर इसका शरारती अंदाज, जो एक अजीब-सी उन्मुक्ता लिये हुए है, "आसमान को हरा बना दें/धरती नीली, पेड़ बैगनी/गाड़ी नीचे, ऊपर लाला/फिर क्या होगा—गड़बड़झाला।" लेकिन देवेंद्रकुमार की यादगार कविता है, 'अब तो खाओ'। मुद्धिम आँच पर सिंकते हुए फुलकों की तरह की ऐसी पारिवारिकता बालगीतों के इस दौर में मुझे कहीं और नजर नहीं आई। और इस कविता का अंत हुआ है 'मीठी-मीठी' अम्माँ को भी बुलाकर खाने के इस आग्रह के साथ कि 'प्यारी अम्मा/सबने खाया/अब तो खाओ।' सचमुच पारिवारिक परिवेश की यह संतुष्टि, यह अंतरंगता विरल है और बालगीतों में यह ढल जाए, यह और भी कठिन है। इसी तरह देवेंद्रकुमार की 'हँसने का स्कूल' एक बिल्कुल अलग रंग, अलग अंदाज की बड़ी खुशनुमा बाल कविता है, जो हर बच्चे को पढ़नी चाहिए।

खुशी की बात यह है कि देवेंद्रकुमार ने इधर की बाल कविताओं में किस्म-किस्म के बड़े सार्थक प्रयोग किए हैं। उनकी बाल कविताओं के संग्रह हैं, 'इक्यावन बालगीत' (2002), 'एक सौ एक बालगीत' (2004) तथा 'यह है हँसने का स्कूल' (2008)। इनमें 'हँसने का स्कूल', 'बिस्तर छोड़', 'मीठा बोल', 'जादू हो', 'मेरे यार', 'हवा बड़ी शैतान', 'हप्प मिठाई', 'लंदन में है एक घड़ी', 'चूहा किताबें पढ़ता है', 'सो जा माँ, मैं गाऊँ' सरीखी कई लीक से हटकर लिखी गईं कविताएँ पढ़ना बाल पाठकों को अच्छा लगेगा।

इस दौर में विनोद शर्मा की बाल कविताएँ भी अपनी अलग छाप छोड़ती हैं। उनकी बाल कविताओं के संग्रह हैं, 'बूझो तो जानें' और 'चुहिया राजकुमारी का स्वयंवर'। 'बूझो तो जानें' (1999) में छोटी-बड़ी कई सुंदर कविताएँ हैं। इनमें 'बूझो तो जानें', 'जाड़ा', 'कौन बनाए यह फर्नीचर' जैसी कई अच्छी कविताएँ हैं। इसी तरह 'चुहिया राजकुमारी का स्वयंवर' (2011) में भी बच्चों के लिए लिखी गई विनोद शर्मा की कई

रोचक कविताएँ हैं। इनमें 'जान है तो जहान है', सैर-सपाटा' और 'यदि मैं होता' याद रह जाती हैं। 'यदि मैं होता' की कुछ सुंदर पंक्तियाँ हैं—

यदि मैं होता
कोई तोता, तो क्या होता?
बादल की मैं नाव बनाता
साथ हवा के दौड़ लगाता,
पर फिर मम्मी का क्या होता,
प्यारे पापा का क्या होता?

विनोद शर्मा की कई कविताएँ बड़े मार्मिक शब्दों में गरीब बच्चों के आँसू, व्यथा और बेबसी की बात करती हैं। वे यह संदेश देती हैं कि बच्चे तो बच्चे हैं। फिर गरीब और अमीर बच्चों में इतना फर्क क्यों है? सच ही बच्चे सामाजिक समरसता का पाठ सीखेंगे, तभी आगे चलकर एक सुंदर समाज बनेगा।

कुछ और समर्थ बाल कवि

परंपरा से प्रयोग तक बहुविध छवियाँ

विकास युग में तीन पीढ़ियों के एक से एक समर्थ और प्रतिभाशाली बाल कवियों की पूरी एक कतार नजर आती है। इस दौर के कुछ और महत्त्वपूर्ण कवि हैं—गोपीचंद श्रीनागर, रत्नप्रकाश 'शील', रामसेवक शर्मा, अब्दुल मलिक खान, किसलय बंद्योपाध्याय, शिवकुमार गोयल, अश्वनीकुमार पाठक, राजा चौरसिया, भैरूँलाल गर्ग, रोहिताश्व अस्थाना, भगवतीप्रसाद द्विवेदी, विश्वनाथ गुप्त, जहीर कुरेशी, रमेशचंद्र पंत, घमंडीलाल अग्रवाल, अहद प्रकाश, अशोकरंजन सक्सेना, अखिलेश श्रीवास्तव 'चमन', रामनिवास मानव तथा सुरेंद्र विक्रम।

इस कालखंड के बड़े समर्थ और रससिद्ध कवि हैं गोपीचंद श्रीनागर (ज. 1934)। आकर्षक लय और शिल्प-विधानवाले कवि गोपीचंद श्रीनागर की बाल कविताओं में पारिवारिकता के साथ-साथ एक तरह की उत्सवधर्मिता भी है। 17 मार्च, 1934 को कानपुर में जनमे गोपीचंद श्रीनागर ने बच्चों के लिए खूब रस लेकर लिखा। लिहाजा उनके यहाँ बच्चों के बहुत से दृश्य और छवियाँ हैं। बच्चे के लिए दीदी की शादी की कल्पना ही कितनी सुंदर और रंग-बिरंगी है, इसे गोपीचंद श्रीनागर अपनी कविता 'दीदी की शादी' में कुछ यों दर्शाते हैं, "दीदी दिल्ली जाएगी, छोटू ढोल बजाएगा,/दीदीजी को शादी में, डोली में बिठलाएगा।/पापा पापड़ परसेंगे, बाबा बरफी लाएँगे,/सभी बराती शादी में, छक-छक भोग लगाएँगे।" यहाँ तक कि गोपीचंद श्रीनगर का संवेदनशील मन कोयल दीदी, गिल्लो रानी और गौरैयाजी की अटपट क्रियाओं में भी यही पारिवारिकता का रस ढूँढ़ लेता है—

कोयल दीदी खाकर गाती मीठा-मीठा आम रे,
गिल्लो रानी कुट-कुट खाती बैठी ले बादाम रे!
गौरैयाजी बैठ डालपर करती हैं आराम रे,
सूरज दादा लौट चले हैं ढल जाती जब शाम रे!

रत्नप्रकाश 'शील' (ज. 1935) हरफनमौला अंदाज के कवि-लेखक हैं। 15 मार्च, 1935 को बुलंदशहर (उ.प्र.) में जनमे रत्नप्रकाश 'शील' के यहाँ लय की जादूगरी ऐसी है कि बच्चे खुद-ब-खुद उनके बालगीत दोहराए बगैर नहीं रह पाते। रत्नप्रकाश 'शील' ने बाल पत्रिका 'मिलिंद' भी निकाली थी, जिसने कुछ ही समय में बाल पत्रिकाओं में अपना स्थान बना लिया। शीलजी वर्षों तक 'नंदन' पत्रिका के संपादन से जुड़े रहे। उनके यहाँ वर्णन की अदाकारी और सुघड़ता अधिक है। जैसे 'अक्कड़-बक्कड़' कविता के लाल बुझक्कड़ के इस 'कैरीकेचर' में, "अक्कड़-बक्कड़ लाल बुझक्कड़,/कितना पानी बीच समंदर, कितना धरती अंदर ?/…लाल बुझक्कड़ जेब टटोलें, अक्ल नदारद, बिल्कुल फक्कड़।"

चिड़िया पर भी शीलजी ने एक मजेदार कविता लिखी है, "आ जा चिड़िया हम गाएँगे लारा-लप्पा!" शीलजी ने बच्चों के लिए कुछ बढ़िया हास्य-कविताएँ भी लिखी हैं। रत्नप्रकाश 'शील' की बाल कविताओं के संग्रह हैं, 'बालगीत' (2002) तथा 'उड़ी पतंग' (2003)। इनमें 'उड़ी पतंग' संग्रह में नटखटपन से भरी कुछ अच्छी बाल कविताएँ हैं।

शिवकुमार गोयल (1938-2014) ने बच्चों के लिए सुंदर कहानियों के साथ-साथ कविताएँ भी लिखी हैं। 31 अक्तूबर, 1938 को पिलखुवा (हापुड़) में जनमे शिवकुमार गोयल की बाल कविताओं की चर्चित पुस्तक है, 'छतरी चाँद-सितारों की' (2013)। इसमें गोयलजी की कई सुंदर कविताएँ हैं। इनमें शीर्षक कविता 'छतरी चाँद-सितारों की' के अलावा 'बादल बोला', 'खुशबू का नजराना' अच्छी कविताएँ हैं। 'बादल बोला' कविता की शुरुआत इस तरह होती है, "बादल बोला, पानी भरकर लाया हूँ मैं मालीजी,/कलियों से, फूलों से कह दो, मैं आया हूँ मालीजी।/माली बोला, भले पधारे, आओ-आओ बादल जी,/उमड़-घुमड़कर रहो बरसते, मन हरषा दो बादल जी।" इसी तरह 'खुशबू का नजराना' एक चुस्त, चपल शिशुगीत है, जो एक बार पढ़ते ही याद हो जाता है—

तितली बोली एक कली से, आओ मिलकर खेलें,
खुशबू बाँटें, खुशी बिखेरें, रंज सभी के ले लें।
कहा कली ने, तितली रानी, आज नहीं कल आना,
फूल बनूँगी, तब ले लेना खुशबू का नजराना।

रामसेवक शर्मा (1940-2008) के यहाँ बेशक विविधता और विस्तार कहीं अधिक है। 1 अगस्त, 1940 को बेतिया में जनमे रामसेवक शर्मा की बाल कविताओं में प्रकृति के अनेक रंग नजर आते हैं और यहाँ माहौल ठेठ देसी किस्म का है। कुछ ही पंक्तियों में वे भोर का यह सरस चित्र पेश कर देते हैं, "नदी-झील पर जुड़ते मेले, भोर हुई।/उड़े चुनरिया धीरे-धीरे, गाता माँझी तीरे-तीरे,/चमके रेती जैसे चाँदी भोर हुई।" लेकिन रामसेवक शर्मा की इससे कहीं अच्छी कविता वह है, जिसमें वे देशी खेल कबड्डी की चर्चा करते हैं और जमकर करते हैं—

देशी खेल हमारा, खेल कबड्डी का,
सबसे सस्ता, प्यारा खेल कबड्डी का।
महँगा क्रिकेट, साथी टेनिस-बल्ला है,
समझ नहीं आता क्यों इतना हल्ला है?

बोल कबड्डी, बोल कबड्डी, बोलो भी,
कितना दमखम है, आपस में तोलो भी!

अब्दुल मलिक खान (ज. 1943) के बालगीतों में अभिव्यक्ति का 'बाँकपन' है। 1 फरवरी, 1943 को झालावाड़ के सरोलाकला गाँव में जनमे अब्दुल मलिक खान कुछ ही शब्दों में पूरा कैरीकेचर उपस्थित कर देते हैं। "बाँके मुँह के बाँकेलाल/चलें ऊँट-सी तिरछी चाल।" सरीखी पंक्तियों में खासकर उनका 'खुरदरा' ग्राम्यत्व लुभाता है। उनके ध्वनि-बिंब भी बहुत सुगढ़ हैं। 'दिन प्यारे गुड़धानी के' में पानी गिरने की ध्वनियों का बहुत बढ़िया इस्तेमाल है, "तान तड़ातड़, तान तड़ातड़/पानी पड़ता पड़-पड़-पड़,/तरपट-तरपट टीन बोलते/हिलते पत्ते सर-सर-सर।/टप्पर-टप्पर, छप्पर-छप्पर,/टपक रहे हैं टप-टप-टप।"

'गाँव की हाट' भी अब्दुल मलिक खान की अपने ढंग की अद्भुत चित्रात्मक कविता है, जिसमें ग्रामीण जीवन की अनेक रंग-बिरंगी छवियाँ पिरोई हुई हैं। इसी तरह किसलय बंद्योपाध्याय (ज. 1944) ने लोकगीतों और लोकसंगीत की तर्ज पर अनोखे शिशुगीत लिखे। उनके एक शिशुगीत में 'छिन-छिनाकी बुबला-बू' जैसी लय में ढली पंक्तियाँ आती हैं, तो मन पर उसका जादुई असर पड़ता है। उनके शिशुगीत की शुरुआत ही मन को बाँध लेती है—

छिन-छिनाकी बुबला-बू, मेले से लाया बिट्टू···!
ढम-ढम ढोलक, बाजी बीन, गांधीजी के बंदर तीन!
सुनकर भालू की खड़ताल, नीलू-पीलू हैं बेहाल।
उनका घर है टिंबकटू, छिन छिनाकी बुबला-बू!

अश्वनीकुमार पाठक, राजा चौरसिया और भैरूँलाल गर्ग बहुत कुछ परंपरावादी कवि हैं, जिनके यहाँ ग्राम्य छवियाँ प्रचुरता से मिलती हैं, पर वे अपनी अभिव्यक्ति में कुछ नयापन लाने की कोशिश करते हैं। इनमें अश्वनीकुमार पाठक (ज. 1939) की कविताएँ बड़ी सधी हुई हैं, जिनमें बाल मन की तरंगें हैं। 20 नवंबर, 1939 को सिहोरा (जि. जबलपुर) में जनमे अश्वनीकुमार पाठक समर्थ कवि हैं और खासी लयात्मक कविताएँ लिखते हैं। उनकी 'छोटा होना बहुत बुरा है' कविता कुछ अलग सी है। इसमें एक छोटे बच्चे की बड़ी सीधी-सच्ची शिकायत है—

भैया मुझको कहता पिन्ना,
दीदी कहती कितना घिन्ना।
साथी मुझे बनाते घोड़ा,
और लगाते कसकर कोड़ा।

अश्वनीकुमार पाठक के यहाँ बड़ी सुंदर और नाटकीय कथात्मक कविताएँ भी हैं। उनकी बाल कविताओं के संग्रह हैं, 'तुम धरती के राजदुलारे' (2008), 'चाँद-सितारे छू लेने दो' (2011) और 'बनें फूल से हम बच्चे'। इनमें 'गबडू चाचा', 'आलू की बारात', 'टॉमी', 'कबड्डी', 'ततैया' जैसी कई अच्छी कविताएँ हैं। अभी कुछ अरसा पहले अश्वनीजी की बाल कविताओं का सुंदर संग्रह 'बढ़े चलो' (2015) छपा है, जिसमें उनकी पचपन कविताएँ एक साथ पढ़ने को मिल जाती हैं। इनमें 'शेर की चेतावनी' जैसी कविताएँ तो भुलाए नहीं भूलतीं।

राजा चौरसिया (ज. 1945) भी बाल कविताओं की परंपरावादी जमीन से ही खाद-पानी लेते हैं। 10 अप्रैल, 1945 को जबलपुर के उमरियापान कसबे में जनमे राजा चौरसिया की कई बाल कविताएँ बड़ी चुस्त, छबीली हैं और बहुत थोड़े शब्दों में एक धड़कता हुआ जीवंत चित्र आँख के आगे रख देती हैं। फूलों के मेले के रूप में सजी उनकी यह बगिया भी ऐसी ही है, "फूलों की बस्ती है बगिया, मुसकाती-हँसती है बगिया।/ताजे-ताजे फूलों द्वारा हर लेती सुस्ती है बगिया।/तन झूमेगा, मन झूमेगा, खुशबू की मस्ती है बगिया।"

राजा चौरसिया ने अपनी एक कविता में मनचाहा चित्र बनाकर तृप्ति महसूस करनेवाले एक बच्चे के रचनात्मक क्षण को खूबसूरती से पकड़ा है, "पर्वत से जो निकल रही है, मैदानों में मचल रही है,/कल-कल करती हुई नदी का मैंने चित्र बनाया तो!" चौरसियाजी की बहुत सी बाल कविताएँ बाल गजल के ढंग पर लिखी गई हैं। इधर उनकी बाल कविताओं का नया संग्रह 'ऐसा बोलो बरसें फूल' (2015) छपा है, जिसमें 'मटका और लोटा', 'मेहनत के रंग', 'गेंदा के फूल', 'खुशी के खजाने', 'रास्ते हजार हैं', 'आलू', 'खरगोश और कछुआ' सरीखी ढंग की कविताएँ हैं।

भैरूँलाल गर्ग (ज. 1949) अपनी बाल कहानियों के लिए अधिक जाने जाते हैं, पर वे लंबे अरसे से बाल कविताएँ भी लिखते आ रहे हैं। उन्होंने ज्यादातर प्रकृति, वनस्पति और पशु-पक्षियों पर रम्य कविताएँ लिखी हैं। इनमें बहुत नयापन नहीं है, पर लय सधी हुई है। कहीं-कहीं उनका प्रकृति-वर्णन मोहता है। गर्गजी की बाल कविताओं के संग्रह हैं, 'गीत सुहाने बचपन के' (2009) और 'जहाँ चाह वहाँ राह' (2010)। इनमें 'गिलहरी', 'वर्षा गीत', 'चिड़ियाघर', 'नाचे मोर, पपीहा गाए' जैसी कई मन को छू लेने वाली कविताएँ हैं। 'गिलहरी' बड़ी सादा, लेकिन चुस्त कविता है—

चुलबुल, चंचल जान गिलहरी,
बगिया की है शान गिलहरी।
हर आहट पर चौकन्नी हो,
देती कैसा कान गिलहरी।
पेड़ों की डाली को समझे,
खेलों का मैदान गिलहरी।

इसी तरह उनके 'वर्षा गीत' की सुंदर पंक्तियाँ हैं, "बादल गरजे, नाचे मोर, खूब मचा रिमझिम का शोर।/कल-कल नदियों का संगीत, झर-झर गाते झरने गीत।/इंद्रधनुष क्या खूब तना, नभ का श्यामल रंग घना।/भरे लबालब पोखर, ताल, हरियाली का फैला जाल।" गर्गजी की 'लल्लूलाल', 'शेर बबर' कुछ अलग ढंग की चुस्त कविताएँ हैं। कुछ अरसा पहले 'छुट्टियों के मौसम' में बच्चों की मस्ती और अलबेले क्रियाकलापों को लेकर उनकी एक अच्छी कविता पढ़ने को मिली है।

मधुसूदन साहा (1940) भी समर्थ कवि हैं, जो अकसर पुराने विषयों को ही सधे हुए ढंग से नए शिल्प में प्रस्तुत करते हैं। 15 जुलाई, 1940 को गाँव धमसाईं (गोड्डा, बिहार) में जनमे मधुसूदन साहा की बाल कविताओं का संग्रह 'तुम इतिहास बदलते रहना' चर्चित हुआ था। उनके एक और संग्रह 'ऋषियों का देश चलो हम देख आएँ' (2011) में ज्यादातर देशप्रेम और प्रकृति-प्रेम की कविताएँ हैं। पर इसके साथ ही बाल

मन से जुड़ी कुछ चंचल, चपल कविताएँ भी हैं, जिनमें अभिव्यक्ति का अनूठापन है। 'बादल मादल बजा रहा है' कविता की पंक्तियाँ हैं—

बादल मादल बजा रहा है, वर्षा नाच रही है छम-छम।
आसमान पर काले-काले, मेघ घूमते बन मतवाते,
खुशियाँ अँजुरी में भर-भरकर, आया है बूँदों का मौसम।

रामनिवास मानव (ज. 1954) की बाल कविताओं में कुछ पुरानापन है और नए प्रयोग अपेक्षाकृत कम हैं। फिर भी बीच-बीच में उनकी बाल कविताएँ मन को छू लेती हैं। 2 जुलाई, 1954 को तिगरा (जि. महेंद्रगढ़, हरियाणा) में जनमे रामनिवास मानव ने बच्चों के लिए काफी लिखा है। दादी पर लिखी गई उनकी इस कविता में बड़ी सीधी-सहज पंक्तियाँ हैं, जो हर बच्चे के दिल में उतर जाती हैं—

अनुभव की गठरी है दादी, जीवन की पटरी है दादी,
माना अब तो उम्र पकी है, लेकिन दादी नहीं थकी है।
धीरे-धीरे चलती दादी, आशीषों में फलती दादी···

रामनिवास मानव की बाल कविताओं के संग्रह 'मिलकर साथ चलें' (2012) में उनकी उनतीस कविताएँ शामिल हैं, जिनमें 'चूहे की मूँछ', 'कबूतर', 'बिल्ली भूरी-काली' जैसी कुछ कविताएँ याद रह जाती हैं।

अशोकरंजन सक्सेना, रोहिताश्व अस्थाना, घमंडीलाल अग्रवाल और जहीर कुरेशी ने भी इस दौर में खासा लिखा। अशोकरंजन सक्सेना (ज. 1947) के इस 'वर्षा-गीत' की ताल पर किस बच्चे के पाँव थिरक न उठेंगे, "छम-छम, छम-छम करते घुँघरू/बाँधे बिजली पाँव में /झींगुर की शहनाई लेकर/वर्षा आई गाँव में···!" रोहिताश्व अस्थाना (ज. 1949) भी कई दशकों से निरंतर बालगीत लिखते आ रहे हैं। 1 दिसंबर, 1949 को हरदोई के अटवाअली मर्दनपुर में जनमे रोहिताश्व के 'आओ बच्चो, गाओ बच्चो', 'आओ गाएँ धूम मचाएँ', 'आओ गाएँ गीत रसीले', 'नन्ही गजलें', 'मोनू के गीत', 'नन्ही-मुन्नी गजलें' समेत कई बालगीत संकलन हैं।

रोहिताश्व ने ज्यादातर गजल के ढंग पर बालगीत लिखे हैं। इनमें कुछ अच्छे भी हैं। जंगल भर में डाक बाँटती लोमड़ी का यह चित्र सचमुच आकर्षक है और उसके स्वभाव की काफी जानकारी दे जाता है, "कितनी है चालाक लोमड़ी,/खूब जमाती धाक लोमड़ी।/सदा सफलता पाती है वह/नहीं छानती खाक लोमड़ी।/भोली बनकर सबको ठगती/करती खूब मजाक लोमड़ी।/अपनी चतुराई के बल पर/है जंगल की नाक लोमड़ी।" 'फूल बनकर मुसकराना चाहिए' भी रोहिताश्व की एक प्यारी बाल गजल है। इसमें सीख भी है, खिलंदड़ापन भी। काश, उन्होंने ऐसी कुछ और बढ़िया गजलें लिखी होतीं।

जहीर कुरेशी (ज. 1952) अपेक्षाकृत ज्यादा दमदार कवि हैं, जिनकी बाल कविताओं का अपना मुहावरा और अलग रंग-ढंग है। सातवें-आठवें दशक में जिन कवियों ने निरंतर लिखकर अपनी सरस रचनाओं से बाल कविता को समृद्ध किया, उनमें जहीर कुरेशी भी हैं। 'उगते सूरज, तुम्हें सलाम' नाम से उनकी बाल कविताओं का संग्रह छपा है। जहीर कुरेशी के बालगीतों में एक चुस्त सधापन मिलता है, जो बच्चों को सहज

ही आकर्षित कर लेता है। उन्होंने गजल के ढंग पर भी कई बालगीत लिखे हैं, जिनमें कुछ अच्छे हैं। कुछ बिल्कुल अलग अंदाज के, प्रयोगात्मक बालगीत भी जहीर के यहाँ हैं। मसलन उनके एक बेजोड़ बालगीत में, "पापा बबलू, बबलू पापा बन जाते हैं सपने में!···" और उसके बाद कैसी-कैसी मजेदार स्थितियाँ पैदा होती हैं, उनकी कल्पना की जा सकती है। इसी तरह 'पप्पी का शिकायतनामा' जहीर कुरेशी की एक बड़ी प्यारी कविता है, जो बाल मनोविज्ञान से एकदम सटकर चलती है, "पापा के घर में घुसते ही बोल उठी पप्पी,/पापा-पापा, आज हमें मम्मी ने मारा था।"

अब तक ढेरों बालगीत लिख चुके घमंडीलाल अग्रवाल (ज. 1954) भी पुरानेपन के खोल से कम ही बाहर निकल पाते हैं। 25 अक्तूबर, 1954 को रेवाडी के पाडला गाँव में जनमे घमंडीलाल अग्रवाल की बाल कविताओं के 'आओ पापा बात करें' (2000), 'बाल कवितावली' (2001), 'बाल गीतावली' (2004) समेत कई संग्रह हैं। इनमें 'टाइप्ड' किस्म की अभिव्यक्ति के बीच कभी-कभी कुछ ढंग की पंक्तियाँ वहाँ नजर आ जाती हैं। उदाहरण के लिए 'मत रूठो मुन्ने' कविता में, "पापाजी ने डाँटा तो क्या, माँ ने मारा चाँटा तो क्या,/बड़े सिखाते हैं अनुशासन, प्यार बहन ने बाँटा तो क्या।/बूढ़ी नानी कब से बोले—हँसने में कैसी कंजूसी!" 'अनुशासन' वाली यांत्रिक पंक्ति न होती, तो इस कविता का असर कहीं ज्यादा होता।

कुछ अरसा पहले घमंडीलाल अग्रवाल के शिशुगीतों और छोटी बाल कविताओं का संग्रह 'हैलो पापा' छपा है, जिसमें 'शोभा', 'दो हाथों से', 'हैलो पापा' सरीखी कुछ ठीक-ठाक कविताएँ अच्छी हैं। उनकी 'ऐसा देश हमारा' (2008) पुस्तक में देशभक्ति, पर्वों, जयंतियों आदि पर लिखी निहायत सपाट और बेअसर कविताओं की पूरी 'झाँकी' देखी जा सकती है। उन्होंने बच्चों के लिए ऐसे दोहे भी लिखे हैं, जो बहुत साधारण और निरानंद हैं। घमंडीलाल अग्रवाल ने बाल कविता की कुछ पुस्तकों का संपादन भी किया है।

भगवतीप्रसाद द्विवेदी (ज. 1955) ने अपनी बाल कविताओं में कुछ नए और उम्दा प्रयोग किए हैं, मसलन 'बिसकुट' पर लिखी गई उनकी एक बाल कविता की शुरुआत इस तरह होती है, "नहीं दूध अथवा तिलकुट/हमें चाहिए बस बिसकुट।" इसी में आगे ये पंक्तियाँ आती हैं, "जाता है दिल सबका लुट/ज्यों ही दिख जाते बिसकुट।" मीठी-मीठी आइसक्रीम की चर्चा करते हुए उन्हें अचानक महाबली भीम की याद आती है, "लू से लड़ती जैसे भीम, आइसक्रीम, आइसक्रीम···!"

1 जुलाई, 1955 को बलिया के छलछपरा गाँव में जनमे भगवतीप्रसाद द्विवेदी की एक अच्छी कविता प्रदूषण पर भी है, जिसमें प्रदूषण के धुएँ के कारण उन्हें अपने आसपास का संसार 'मौत का कुआँ' सरीखा लगने लगता है। हालाँकि उनके यहाँ ऐसी कविताएँ भी बहुतायत में हैं, जिनमें बाल कविता लिखने की सिर्फ कवायद भर है। भगवतीप्रसाद द्विवेदी की बाल कविताओं के संग्रह हैं, 'इक्कीसवीं सदी के खेल' (1990, दो भाग), 'नन्हे गीत' (1989), 'गीत खुशी के, गीत प्यार के' (1990) तथा 'मेरी प्रिय बाल कविताएँ' (2014)।

रमेशचंद्र पंत (ज. 1955) के यहाँ लय का आनंद और तल्लीनता कहीं अधिक है। 10 अगस्त, 1955 को केहरा बाजार, गोंडा में जनमे रमेशचंद्र पंत के यहाँ कई ऐसे गीत हैं, जिन्हें बच्चे पढ़ते हैं तो खुद-ब-खुद रम जाते हैं। शायद इसलिए कि पंतजी के ज्यादातर गीत बच्चों को सीधे-सीधे संबोधित हैं, मसलन 'नानीजी

के गाँव में' की शुरुआत इस तरह होती है, "आओ चलो बिताएँ छुट्टी, नानीजी के गाँव में!/अमराई की सघन छाँव में बैठ मजे से खेलेंगे हम,/पके आम खाएँगे जी भर, हिला टहनियाँ पेड़ों की हम।/आता खूब मजा है हमको नानीजी के गाँव में!" बेशक इसमें गाँव का एक बड़ा सादा, संपूर्ण चित्र आँखों के आगे आ जाता है। इसी तरह चिड़िया पर लिखा गया उनका यह गीत भी प्यारा है—

हुआ सवेरा, चिड़िया आओ, खिड़की से भीतर घुस आओ।
दादाजी हैं गए टहलने, चलो, बैठ कुर्सी पर जाओ।
आया है अखबार, अभी ही इसे मेज पर रख, फैलाओ।
अलमारी में ऐनक उनकी, उसे आँख पर जरा चढ़ाओ।

रमेशचंद्र पंत की चुनी हुई बाल कविताओं का बड़ा संग्रह 'एक सौ एक बाल कविताएँ' (2006) छपा है, जिसमें विभिन्न रंग-शेड्स की उनकी कई अच्छी बाल कविताएँ एक साथ पढ़ने को मिल जाती हैं।

नौवें दशक में उभरे सशक्त बालकवि अहद 'प्रकाश' (ज. 1951) का नाम भी अधिक चर्चित नहीं रहा। हालाँकि उन्होंने कुछ अच्छी बाल कविताएँ लिखी हैं, जिनमें भाषा की रवानी के साथ-साथ नए किस्म के बिंबों का आकर्षण भी है। उनकी धूप 'कश्मीरी बच्चों' जैसी है—

रेशम की लच्छी जैसी है चिकनी-चिकनी धूप,
कश्मीरी बच्चों जैसी है यह सर्दी की धूप।

जाड़े पर लिखी गई अहद प्रकाश की एक कविता में 'बूढ़े बाबा' और 'सूरज दद्दा' का बड़ा सुंदर कसबाई चित्र है। 17 जून, 1951 को बरेली के रायसेन कसबे में जनमे अहद 'प्रकाश' की कविताओं में कहीं-कहीं "अप्पक अप्पा, टप्पक टप्पा/ढूँढ़ लो हमको चप्पा-चप्पा" जैसी खेलकूद की कौतुकपूर्ण मस्ती और मजा अलग समाँ बाँधता है। अहद प्रकाश की बाल कविताओं का छोटा सा, पर बड़ा ही सुंदर संग्रह है 'आँखों में आकाश' (1990), जिसमें 'पैसा पैसा पैसा', 'चुम्मक-चुम्मक', 'नानी जी के दाँत' जैसी कई खूबसूरत कविताएँ हैं।

इस कालखंड के कुछ और उल्लेखनीय कवि हैं, श्यामलाकांत वर्मा, कौशलेंद्र पांडेय, शिव मृदुल, हूँदराज बलवाणी, कमलेश भट्ट 'कमल', अखिलेश श्रीवास्तव 'चमन', अनंतप्रसाद रामभरोसे, पीयूष वर्मा, हरिश्चंद्र, रमेश राज, कृष्णबल्लभ पौराणिक, योगेंद्रसिंह भाटी 'योगी', शेषपाल सिंह 'शेष'। इनमें कौशलेंद्र पांडेय (ज. 1937) ने लीक से हटकर कुछ बाल कविताएँ लिखीं। उनके 'टॉफी' संग्रह की कुछ कविताएँ याद रह जाती हैं। मौसम और पर्वों आदि पर भी उन्होंने कुछ नए ढंग से लिखने की कोशिश की है। कौशल पांडेय (ज. 1956) कुछ अरसे से बच्चों के लिए निरंतर लिख रहे हैं। बात में कोई न कोई भंगिमा लाने की कोशिश करते हैं। उनकी एक बाल कविता की पंक्तियाँ हैं, "गौरैया साथी से बोली, जा रहा नदिया तीर,/बीन-बीनकर चावल लाना, आज बनेगी खीर।/बिना रुके ही लौट के आना, सीधे घर की ओर/हुई गाँव की भोर।" 'जंगल की ओर' तथा 'सोन मछरिया गहरा पानी' उनकी बाल कविताओं के संग्रह हैं।

श्यामलाकांत वर्मा (1930-2014) की क्रिकेट के रोमांच को लेकर लिखी गई कविता 'ले लो बल्ला' भी बच्चों ने खूब पसंद की है, "चौका मारो, छक्का मारो/बनो सचिन सा बल्लेबाज/विजयी बनकर ले ट्रॉफी/

पहनो अपने सिर पर ताज।" 9 जुलाई, 1930 को वाराणसी में जनमे श्यामलाकांत वर्मा अपनी बाल कविताओं में अकसर बच्चों के ऐसे ही प्रसन्न क्रियाशील रूप उभारते हैं। कृष्णबल्लभ पौराणिक (ज. 1921) के संग्रह 'रेल चली भई रेल चली' में वैसे तो पारंपरिक कविताएँ ही अधिक हैं, पर बीच-बीच में कभी-कभार कोई ढंग की कविता भी मिल जाती है। ऐसी ही एक दिलचस्प कविता है 'कद्दू की पुकार'। यह एक तरह का नाटकीय दृश्यविधान लिये हुए आकर्षक कथात्मक कविता है, जिसकी शुरू की पंक्तियाँ हैं, "बंदर एक कद्दू को लाया, उसे सड़क पर था दौड़ाया,/अंदर से पोला था कद्दू, जोर-शोर से वह चिल्लाया।" आखिर इस हालत में पालक की मदद से कद्दू की जान बची और उसने पालक को धन्यवाद दिया, "धन्यवाद पालक भैया, तुमने मुझको खूब बचाया,/बंदर देख रहा है गुमसुम, कर न पाया वह मन भाया।"

23 अक्तूबर, 1921 को शाजापुर के टिमाचयी गाँव में जनमे कृष्णबल्लभ पौराणिक इस अवस्था में भी इतने उत्साह से बाल कविता लिख रहे हैं। यह खुद में बड़ा सुखद है। डॉ. हूँदराज बलवाणी (ज. 1946) ने बच्चों के लिए कहानियों के साथ-साथ कविताएँ भी लिखी हैं। उनकी बच्चों के लिए लिखी गई कविताओं के संग्रह 'नानी चुप है' (2002) में 'कर दी बंद लड़ाई', 'नानी चुप है', 'टीचर' जैसी कुछ कविताएँ ठीक हैं।

शिव मृदुल (ज. 1941) की कविताओं में बड़ी सधी हुई लयात्मकता और ताजगी है। 13 जुलाई, 1941 को चित्तौड़गढ़ में जनमे शिव मृदुल की पुस्तक 'रानी बिटिया' (2002, तीन भाग) में शामिल शिशुगीतों में से बहुत से शिशुगीत ऐसे हैं, जो बच्चों को रिझाएँगे। खासकर पतंग को लेकर उन्होंने बड़ी खूबसूरत कविता लिखी हैं, जिसकी शुरुआती पंक्तियाँ ही मन को बाँध लेती हैं, "मौसम आज पतंगों का है, नभ में राज पतंगों का है।" शिव मृदुल की बाल कविताओं के संग्रह हैं, 'शत-शत नमन हिमालय' (1987), 'चिड़िया का जन्मोत्सव' (2005)। इनमें 'मानसूनजी आए हैं', 'निमंत्रण', 'फुलवारी', 'सम्मेलन' जैसी कई अच्छी और बच्चों के मन को लुभानेवाली बाल कविताएँ हैं। 'मानसूनजी आए हैं' कविता की कुछ सरस और भावपूर्ण पंक्तियाँ हैं, "मानसूनजी आए हैं।/कुंभकर्ण बन सोते थे/सपनों में ये खोते थे,/दर्शन कहीं न होते थे/आज गगन में छाए हैं,/मानसूनजी आए हैं।"

'कविताएँ विज्ञान की' (2016) पुस्तक में शिव मृदुल की विज्ञानपरक कविताएँ हैं, जिनमें काव्य-रस भी है। सूरज पर लिखी गई उनकी एक कविता की पंक्तियाँ हैं, "कई गुना पृथ्वी से मोटा, पर दिखता है बिल्कुल छोटा,/यों दिखने में उजला भोला, मगर आग का जलता गोला।..."

शेषपाल सिंह 'शेष' (ज. 1952) के यहाँ पारंपरिक कविताएँ अधिक हैं, पर बीच-बीच में वे लीक से हटकर कुछ नया भी लिखते हैं। 'आया युग विज्ञान का', 'गुल्लक', 'ताँगा', 'सजा' और नया जमाना सरीखी कुछ नए अंदाज की कविताएँ भी उनके यहाँ हैं। 4 मई, 1952 को गाँव रूपधनूँ (एत्मादपुर, उ.प्र.) में जनमे शेषजी की बाल कविताओं के संग्रह हैं 'आशाओं का दीप' तथा 'सूरज उग आया'। इनमें कुछ अच्छी, कुछ साधारण कविताएँ हैं। योगेंद्रसिंह भाटी 'योगी' (ज. 1930) की कविता पुस्तकों 'बच्चों की दुनिया' 'फूल चमन के', 'जंगल में मंगल' तथा 'बिखरे मोती' में ज्यादातर पारंपरिक ढंग की कविताएँ और शिशुगीत हैं, पर कहीं-कहीं ये कविताएँ मन को छू लेती हैं।

इधर निशेष जार की 'बातें सूरज की', कमलेश भट्ट कमल की 'अजब-गजब' तथा अनंतप्रसाद

रामभरोसे की 'कानाबाती कुर्र' बाल कविता पुस्तकें छपी हैं। इनमें निशेष जार (ज. 1961) की पुस्तक 'बातें सूरज की' में कई ढंग की कविताएँ हैं। खासकर 'पापा की ऐनक बड़ी मजेदार है। कमलेश भट्ट 'कमल' की पुस्तक 'अजब-गजब' (2005) में रोजमर्रा के काम आनेवाली मशीनों के बारे में छोटी-छोटी कविताएँ हैं, पर ये ज्यादा रोचक नहीं बन पाईं। अनंतप्रसाद रामभरोसे (ज. 1945) के संग्रह 'कानाबाती कुर्र' (2006) में चवालीस बाल कविताएँ हैं, जिनमें उनकी बाल कविताओं के विविध रंग हैं। इनमें कुछ कविताएँ तो बड़ी चुटीली हैं और बच्चे खेल-खेल में उन्हें याद कर लेंगे।

पीयूष वर्मा (ज. 1947) की कविताओं में बच्चे का मन और इच्छा-संसार है। अपनी एक कविता में वे इस कल्पना में डूब जाते हैं कि 'अगर नहीं मैं होता' तो फिर क्या-क्या होता और क्या-क्या न होता। यह सचमुच एक अच्छी और दिलचस्प रचना है और इधर की कुछ बेहतरीन कविताओं में इसे शामिल किया जाना चाहिए, "इस बेढंगी-सी दुनिया में/अगर नहीं मैं होता,/सोचो, दुनिया कैसी लगती/और मेरा क्या होता!/ अध्यापक तब कक्षा में फिर/मुरगा किसे बनाते,/और बनाकर मुरगा किससे/कुकड़ूँ-कूँ करवाते?"'/माँ किसके तब कान खींचती/पापा किसको दुलराते,/दादा-दादी किसे प्यार से/अपने पास बुलाते।/लिख-लिखकर तब कौन सैकड़ों/पन्ने काले करता,/इन पन्नों से संपादक का/दफ्तर कैसे भरता!" 1 अगस्त, 1947 को जनमे पीयूष वर्मा ने ऐसी कई कविताएँ लिखी हैं, जो मन को मोह लेती हैं।

इसी तरह रमेश राज (ज. 1954) की यह बाल कविता बच्चे के मन की भीतरी तहों को खोल देती है, "पर्वत-पर्वत बर्फ जमी हो/जिसपर फिसल रहे हों।/फूलों की घाटी हो कोई—/उसमें टहल रहे हों।/ऐसे कुछ सपनों में खोएँ, मन करता है!" 15 मई, 1954 को अलीगढ़ में जनमे रमेश राज ने बहुत अधिक नहीं लिखा, पर उनकी यह अनोखी कविता उनके नाम को कभी भूलने नहीं देती।

अखिलेश श्रीवास्तव 'चमन' (1958) की बाल कविताओं के कई रंग हैं। 19 दिसंबर, 1958 को बलिया के मनियर कसबे में अखिलेश श्रीवास्तव 'चमन' ने विज्ञान को लेकर भी कुछ ढंग की कविताएँ लिखी हैं। 'एक पते की बात' (2002) में उनकी वैज्ञानिक विषयों पर लिखी गई चौदह कविताएँ हैं, पर इन कविताओं में ज्यादा खुलापन और कल्पनाशीलता नहीं है। फिर भी 'अक्कड़-बक्कड़' और 'एक पते की बात' सरीखी कविताएँ याद रह जाती है। 'बिल्ली की भक्ति' (2005) में अखिलेश की कुछ हास्य-विनोदपूर्ण मनोरंजक कविताएँ हैं। खासकर 'बंदर मामा' तो बड़ी ही चुटीली कविता है, जिसकी शुरुआती पंक्तियाँ हैं—

बंदर मामा पहन पजामा, सिंगापुर से आए हैं,
जूता, मोजा, ऐनक, टाई सिर पर हैट लगाए हैं।
अंग्रेजी में हँसते हैं वे, अंग्रेजी में गाते हैं,
मूँछ झटककर, पूँछ पटककर, बातें बहुत बनाते हैं।

सुरेंद्र विक्रम (ज. 1961) की कुछ कविताएँ बोझिल शब्दों से लदी हुई हैं, पर बीच-बीच में 'हम भी काश, मदारी होते' जैसी कविताएँ भी पढ़ने को मिल जाती हैं, जिनमें किसी बच्चे के मन की सच्ची, उच्छल तरंग नजर आ सकती है। सुरेंद्र विक्रम की 'बादल भैया कहाँ चले' कविता भी दमदार है, "अकस्मात तुम बादल भैया कहाँ चले,/प्यासी रह गई मेरी गैया, कहाँ चले?" उनकी कुछ कविताओं में आज के बदले हुए

समय की चोट और मुश्किलें भी हैं। महँगाई की मार ने तितली और कोयल के संगीत को सोख लिया है और पूरी दुनिया त्रस्त नजर आती है, "रंग उधार लिया तितली से, फिर भी छाई नहीं बहार।/जाने यह कैसा वसंत है, फूल नहीं खिलते इस बार।/लगता सारे पस्त हुए हैं खाकर महँगाई की मार।" सुरेंद्र विक्रम की बाल कविताओं के संग्रह हैं, 'सूरज-चंदा' (1986) और 'इक्कीसवीं सदी की ओर' (1997)। उन्होंने कुछ सुंदर कथात्मक बाल कविताएँ भी लिखी हैं।

विनोद भृंग, शंभुनाथ तिवारी और आर.पी. सारस्वत की कविताओं में भी खासा चुलबुलापन है। इनमें आर.पी. सारस्वत (1954) कुछ बरसों से निरंतर लिख रहे हैं और उनका स्वर भी काफी सधा हुआ है। 1 अप्रैल, 1954 को सोंखरखेड़ा (मथुरा) में जनमे डॉ. सारस्वत की बाल कविताओं के संग्रह हैं, 'नानी का गाँव' (2008), 'चटोरी चिड़िया' (2009) और 'छुटकी की चुटकी' (2016), जिनमें कई कविताएँ बच्चों के मन को गुदगुदानेवाली हैं। 'चटोरी चिड़िया' कविता की शुरुआत इस तरह होती है, "चिड़िया बड़ी चटोरी अम्माँ, चिड़िया बड़ी चटोरी,/खाली पड़ी कटोरी अम्माँ, चिड़िया बड़ी चटोरी…!" सारस्वतजी की कई कथात्मक कविताएँ भी बड़ी चुस्त और नाटकीय हैं। इसी तरह विनोद भृंग (ज. 1952) की कुछ बाल कविताएँ भी मन को छू जाती हैं। 1 सितंबर, 1952 को सहारनपुर में जनमे विनोद भृंग की बाल कविताओं के चर्चित संग्रह 'जादूगर बादल' (2010) में उनकी कई अच्छी और सहज कविताएँ हैं। 'चलो घुमाने' कविता में बच्चे की घूमने और घर से बाहर निकलकर दुनिया देखने की उत्कंठा प्रकट हुई है—

हरिद्वार ले चलो घुमाने, दादी अम्माँ प्यारी,
बैठे-ठाले बीत न जाएँ, ये छुट्टियाँ हमारी।
जल्दी-जल्दी रख लो सबकुछ, करो न गड़बड़झाला,
धोती, गमछा, लुटिया, गुटका, रख लो कंठी माला
मुँह के दाँत भूल मत जाना, मुश्किल होगी भारी।

विनोद भृंग की 'खेल-तमाशा', 'मम्मी कहाँ गई', 'गुड़िया रानी', 'चुलबुल चिड़िया' जैसी कई बाल कविताएँ मन को लुभाती हैं। हालाँकि उनके यहाँ पिटे-पिटाए ढर्रे की कविताएँ भी हैं। विनोद को इनसे बचना चाहिए।

रमेश आजाद (ज. 1954) भी अपनी बाल कविताओं में अकसर कोई नई बात लाते हैं। 'दादी का जन्मदिन' उनकी एकदम नए ढंग की कविता है, "गप्पू, अप्पू, गोलू, भोलू/जन्म दिवस सबका मनता है/पर इन बच्चों की दादी का/जन्म हुआ कब, नहीं पता है।" फिर भी दादी से सवाल पूछकर सही-सही जन्मदिन का अंदाज लगाया जाता है, मोमबत्तियाँ जला-बुझाकर दादी का जन्मदिन मनाने का निर्णय हो जाता है और उन्हें भेंट देने के लिए नए हुक्के से बेहतर और क्या हो सकता है! 5 जनवरी, 1954 को बिहार के चकनवाटा गाँव (पटना) में जनमे रमेश आजाद की 'लोमड़ी', 'सुन भई भालू', 'गैंडा राजा', 'चल मेरी साइकिल', 'आँखें', 'चकई के चकदुम' और 'अरे शिवानी, सुनो कहानी' बाल कविताएँ भी बहुत अच्छी हैं।

रमेश आजाद उन कवियों में से हैं, जो जब भी कलम उठाते हैं, बासी तौर-तरीके छोड़कर कुछ नया करने की धुन के साथ ही अपनी एक अलग दुनिया रचते हैं। इसलिए वे उन कवियों में से हैं, जिन पर अधिक

गौर किया जाना चाहिए। उनकी 'बुआ लोमड़ी' से जरा मिलिए, "रहते इक बाड़े के अंदर/शेर, लोमड़ी, भालू, बंदर/भालू से बंदर लड़ बैठा/हाथापाई तक कर बैठा/…देख रही थी खड़ी-खड़ी/बुआ लोमड़ी बोल पड़ी—/ नहीं-नहीं मत करो लड़ाई/वरना समझो आफत आई/रहना है जब सबको साथ/फिर क्यूँ थप्पड़-घूँसे-लात?"

जाने-माने गजलकार लक्ष्मीशंकर वाजपेयी (ज. 1955) की कुछ कविताएँ भी परिचित विषयों को नए ढंग, नए अंदाज में पेश करने के कारण एक अलग-सी ताजगी लिये दिखती हैं। 'मच्छर मामा समझ गया हूँ' (2000) उनकी चुनिंदा बाल कविताओं का संग्रह है। 'मकड़ी रानी' हो या 'मच्छर मामा', 'मैडम' हो या 'भोलू हाथी', बिजली हो या सुई, सभी का रूप उनके यहाँ निराला है। लक्ष्मीशंकर वाजपेयी की नाटकीय अंदाज की एक मजेदार कविता है 'भोलू हाथी', जिसमें भोलू हाथी डरा हुआ है। और मम्मी से डरे हुए उस भोलू हाथी को सांत्वना देता है नन्हा, चपल चींटी का बच्चा, "चींटी का बच्चा बोला, तुम तनिक नहीं घबराना,/ मम्मी के आते ही बस मेरे पीछे छुप जाना।"

10 जनवरी, 1955 को कानुपर के मुजगवाँ गाँव में जनमे लक्ष्मीशंकर वाजपेयी की कंप्यूटर पर लिखी गई 'ऐसा कमाल' भी अच्छी कविता है। इसी तरह 'पत्र-मित्र', 'गरमियों की छुट्टी में' तथा 'मैडम को समझाओ ना' कविताएँ भी दिलचस्प हैं।

शंभुनाथ तिवारी (ज. 1962) उन कवियों में से हैं, जिनके पास भाषा और लय की सिद्धि है और कुछ कहने की सूझ भी। खासकर प्रकृति को लेकर उन्होंने बड़ी सुंदर कविताएँ लिखीं। उनकी ज्यादातर बाल कविताएँ बहुत लयात्मक हैं। 11 जुलाई, 1962 को गोरखपुर के गोहुअना गाँव में जनमे शंभुनाथ तिवारी की बाल कविताओं का संग्रह है, 'धरती पर चाँद' (2008) जिसमें कई सुंदर और रसपूर्ण कविताएँ हैं। इनमें 'माँ की ममता', 'जादू का पीरियड', 'यादों का गाँव', 'आई शाम', 'बचपन के खेल' कविताएँ खासी चर्चित हुई थीं। 'जादू का पीरियड' कविता की शुरुआती पंक्तियाँ हैं, "जादू का गर एक पीरियड विद्यालय में होता।/जादू वाली सभी कलाएँ टीचरजी सिखलाते,/बड़े-बड़े जादू के करतब कक्षा में दिखलाते।/आता मजा सभी को, कोई वक्त कभी ना खोता।" इसी तरह 'यादों का गाँव' शंभुनाथ तिवारी की बड़ी सुंदर कविता है, जिसमें गाँव के सीधे-सरल, आडंबरहीन जीवन की छवियाँ हैं।

कुछ अरसा पहले लक्ष्मी खन्ना 'सुमन', बलजीत सिंह और जयप्रकाश मानस की बाल कविताएँ भी पढ़ने को मिली हैं। इनमें लक्ष्मी खन्ना 'सुमन' (ज. 1942) ने बच्चों के लिए गद्य अधिक लिखा है, पर उन्होंने बीच-बीच में ढंग की बाल कविताएँ भी लिखी हैं। खन्नाजी की बाल कविताओं के संग्रह हैं, 'चिड़ियाघर की सैर कराएँ' (2012) और 'नन्हे-मुन्ने गीत संग्रह'। इनमें शामिल कविताओं में उनकी 'छुपन-छुपाई', 'चिड़ियाघर की सैर', 'मेरे जूते', 'मूँगफली' कविताएँ याद रह जाती हैं। इसी तरह बलजीत सिंह (ज. 1935) ने भी जमकर बाल कविताएँ लिखी हैं। 10 जून, 1935 को गाँव चाँदनेर (गाजियाबाद) में जनमे बलजीत की बाल कविताओं की दो पुस्तकें छपी हैं, 'छट्टी के दिन बड़े सुहाने' (2011) और 'दिन बचपन के' (2011)। पर उनके यहाँ अच्छी और मन को छू लेनेवाली कविताएँ नहीं हैं। ज्यादातर पुराने ढंग की इन कविताओं में बीच-बीच में कुछ चुस्त, चुटीली पंक्तियाँ जरूर अपनी चमक दिखाती हैं। अलबत्ता 'अद्‌भुत बरसात', 'पैसे ले लो', 'तकरार' उनकी कुछ ठीक-ठाक सी कविताएँ हैं। जयप्रकाश मानस भी अपनी बाल कविताओं में

कहीं-कहीं बच्चे के मनोभावों को ढंग से चित्रित करते हैं। उनके संग्रह 'मिलकर दीप जलाएँ' (2001) में छंद की गड़बड़ियाँ न होतीं, तो कई कविताएँ सुंदर और आकर्षक बन सकती थीं।

एक समय था जब अजय प्रसून (ज. 1954), विनयकुमार मालवीय (ज. 1950), श्याम बेबस (1956), कलीम 'आनंद' (1957) आदि कवियों ने बड़ी सक्रियता से लिखा था, पर वहाँ कहे हुए को फिर-फिर कहना जितना था, उतना नएपन का चाव नहीं। शायद इसलिए भी उनकी यात्रा बहुत आगे नहीं चली। इनमें अजय प्रसून और विनयकुमार मालवीय कुछ बेहतर कहे जा सकते हैं, जिनकी कविताएँ कभी-कभी बँधी हुई लीक से बाहर निकलती हैं।

❧ ❖ ☙

यों इस कालखंड के समर्थ और सुपरिचित कवियों में यश मालवीय, वसु मालवीय, शिवदेव मन्हास, दिनेश दधीचि, सुशील सिद्धार्थ, संजीव ठाकुर, सूर्यनाथ सिंह, ओमप्रकाश चतुर्वेदी 'पराग', ओमप्रकाश कश्यप, किशोरकुमार कौशल, सूरजपाल चौहान, डोमन साहु 'समीर', विपुलकुमार, शिवचरण चौहान, संतोषकुमार सिंह, अरविंद बख्शी, आसिम पीरजादा, शिवनारायण मिश्र, बलराम गुमाश्ता के नाम भी अलग पहचान में आते हैं।

कुछ अरसा पहले दिनेश दधीचि (ज. 1954) की बाल कविताओं की पुस्तक 'फुहार' (2004) छपकर आई, जिसमें उनकी इकतीस बाल कविताएँ संगृहीत हैं। इनमें कई बाल कविताएँ एकदम अलग काट की हैं और पढ़ते ही मन पर असर डालती हैं। 'अखबार' में बच्चे की अखबार पढ़ने की इच्छा के साथ उसकी यह जिज्ञासा भी जुड़ी है कि 'कैसे चलती है भारत की चुनी हुई सरकार, पढ़ूँगा।' इसी तरह 'चीनी की बोरी' में बच्चा अपनी पीठ पर लदी छोटी बहन के लिए बड़े मीठे अंदाज में गा उठता है, "ले लो जी चीनी की बोरी ले लो···!" बेशक दिनेश दधीचि का यह पहला ही बाल कविता संग्रह उम्मीद जगाता है कि आगे भी उनकी नए ढंग की बाल कविताएँ पढ़ने को मिलती रहेंगी।

एकदम नए मिजाज के कवि बलराम गुमाश्ता (ज. 1954) की 'एक झील का टुकड़ा' भी अच्छी कविता है, जिसकी शुरुआत ही बड़ी दिलचस्प है, "डब्बूजी को थोड़ा डाँटा/तो लटका बैठे मुखड़ा।/दुःख में कविता लिखने बैठे/'एक झील का टुकड़ा'।" इसी तरह लक्ष्मीनारायण 'पयोधि' (ज. 1957) नन्हे 'गब्बर' का यह अलमस्त चित्र प्रस्तुत करते हैं, "नन्हा गब्बर, है बित्ता भर,/रोब जमाए, जैसे अफसर।/सूट निराला, काला-काला,/छोटी कार बनी इंपाला,/होती नहीं कभी यह पंचर।" इलाशंकर गुहा ने बहुत अधिक नहीं लिखा, पर जितना लिखा, वह कमाल का है। उनकी खासी दिलचस्प कविता में "एक बड़ा सा चिंपाजी/चुनमुन के घर आया जी!" और वह चुनमुन के साथ खेलकूद में ऐसे मस्त हो जाता है, जैसे उसका पुराना दोस्त हो। हालाँकि शाम ढलने पर जब सूरज का गोला डूबता है, यही चिंपाजी घर जाने की बात कहता है, "माँ ने मुझे बुलाया जी!"

किशोरकुमार कौशल (ज. 1961) ने भी बच्चों के लिए कविताएँ लिखी हैं। 10 मई, 1961 को फरीदाबाद के फतेहपुर बिल्लौच में जनमे कौशल की कविताओं में बड़ी सहजता है। अकसर बोलचाल की भाषा में ही वे अपनी बात कहते हैं। 'क्या करता भगवान् जी' कौशलजी की बहुत अच्छी कविता है, जो बाल

मन को छू जाती है। कविता पढ़ते समय उसके पीछे झाँकता एक सरल और अबोध बच्चे का चेहरा नजर आने लगता है। किशोरकुमार कौशल की बाल कविताओं का संग्रह है, 'धुन्नक धुन' (2003), जिसमें पुराने ढब की बाल कविताओं के साथ-साथ 'धुन्नक धुन', 'परियों की रानी', 'गाँव चलें', 'उलट-पुलट' जैसी बच्चों को लुभानेवाली कविताएँ भी हैं।

इसी तरह सुशील सिद्धार्थ (ज. 1958) ने एकदम अलग अंदाज की बाल कविताएँ लिखी हैं। 'पापा की गौरैया', 'रोमी जाग उठा', 'चमकीले पत्थर' समेत उनकी कई ऐसी कविताएँ हैं, जो ध्यान खींचती हैं। 'पापा की गौरैया' में एक बच्ची का मन और इच्छा-संसार है, जो बड़े निराले अंदाज में सामने आता है, "मैं अपनी मम्मी की बुलबुल, पापा की गौरैया⋯!" 'पढ़ाई' कविता में एक नन्ही बच्ची को पढ़ाने को लिए घर भर की सिरदर्दी का बड़ा ही मजेदार चित्र है, "पापा पढ़ते हैं, नौकर पढ़ता है/मेरी खातिर सारा घर पढ़ता है।" ऐसे ही 'माँग हमारी पूरी हो' कविता में बच्चों की यह बेहद जरूरी माँग सुशील सिद्धार्थ ने अपनी कविता के जरिए सामने रखी है, "माँग हमारी पूरी हो, कोई घर बनवाए, उसमें आँगन एक जरूरी हो!"

यश मालवीय (ज. 1962) की बाल कविताओं में भाषा की किस्म-किस्म की छवियाँ हैं और कई बार अनूठी कल्पनाएँ वहाँ मिल जाती हैं। ऐसी ही एक बाल कविता में उन्होंने हाथी की सवारी के बारे में सोचा और सोच-सोचकर परेशान हो गए। अगर उसकी सवारी होती भी तो क्या होता—

सबकी बनी सवारी लेकिन उसकी नहीं सवारी है,
परेशान हाथी बेचारा, कैसी दुनियादारी है?
यही सोच, खुद को समझाता—शायद सबसे भारी है,
इसीलिए पैदल चलता है, उसकी नहीं सवारी है।
उसकी अगर सवारी होती, चर्र-चर्र, चूँ-चूँ करती,
गिर पड़ता तो अस्पताल में कौन उसे करता भरती?

18 जुलाई, 1962 को कानपुर में जनमे यश मालवीय ने बाल कविता को लेकर कई दिलचस्प प्रयोग किए हैं और बड़े अनूठे अंदाज की कविताएँ लिखी हैं, जिनसे बाल कविता की आगे की यात्रा के बारे में कुछ सुखद उम्मीदें की जा सकती हैं। इधर यश मालवीय की 'हमारी दादीजी' सरीखी बाल कविताओं में बड़ी आर्द्र और ममतालु किस्म की पारिवारिकता नजर आती है, जिसमें नन्हे, मुन्नों की नटखट, चंचल शरारतों के अक्स जगह-जगह नजर आ सकते हैं। यश मालवीय की 'रेनी डे' (2003) में कुल तेरह कविताएँ हैं, जिनमें 'रेनी डे', 'हाथी बेचारा, 'गड़बड़झाला', 'माघ महीना', 'दावतनामा', 'प्यारा नाता', 'होम वर्क जब न हो पाए' जैसी कविताएँ ध्यान खींचती हैं।

संजीव ठाकुर (ज. 1967) ने बड़ों के लिए अलग अंदाज की कहानियाँ और कविताएँ लिखकर अपनी खास पहचान बनाई है। इधर वे बच्चों के लिए भी लिख रहे हैं। संजीव ठाकुर जब रावण पर लिखते हैं तो बाल कविता के परंपरागत तरीकों को एक ओर रखकर 'मोटे-मोटे रावणजी' से सीधे-सीधे बतियाते हैं। उनके शब्दों में एक किस्म की भोली अनौपचारिकता है, "मोटे-मोटे रावणजी, सच-सच बतलाओगे,/जल-जलकर हर साल कहाँ से फिर जलने आ जाते हो?/कहाँ राम हैं, कहाँ हैं लक्ष्मण, यह भी जरा बताना,/गुजरे इतने साल,

मगर जारी क्यों तेरा आना ?···" संजीव ठाकुर की बाल कविताओं का संग्रह है 'मैं भी गीत लिखूँगा', जिसमें उनकी अलग-अलग रंग और मूड्स की कई कविताएँ हैं।

डॉ. अजय जनमेजय (ज. 1955) ने भी कई अच्छी लयकारीवाली सुंदर बाल कविताएँ लिखी हैं। 'अक्कड़-बक्कड़ हो-हो' और 'हरा समंदर गोपी चंदर' (2003) उनकी बाल कविताओं के चर्चित संग्रह हैं। इनमें अजय जनमेजय की नटखटपन से भरी ऐसी कई बाल कविताएँ हैं, जो बच्चों को रिझा लेती हैं। जैसे 'टुम्मक टू' में, "छुट्टी के दिन टुम्मक टू/बच्चे नाचे छुम्मक छू।/सरकस आया, हाथी लाया/कोड़ा पटका, जोकर मटका/देखो-देखो टुम्मक टू!" इसी तरह 'खेल तमाशा खूब हुआ', 'जाड़े भैया', 'छूमंतर', 'राजपाट चौपट जी' भी अजय जनमेजय की अच्छी बाल कविताएँ हैं। 'प्यारे शिशुगीत' (2012) में अजय जनमेजय के सोलह शिशुगीत हैं, जो बच्चों को सरलता से याद हो जाएँगे। इनमें कुछ बड़े चुस्त, चंचल शिशुगीत हैं।

सूर्यनाथ सिंह (ज. 1966) का नाम बाल कथाकार के रूप में अधिक जाना जाता है, पर उन्होंने बच्चों के लिए कुछ सुंदर कविताएँ भी लिखी हैं 'नानू पहुँची नानी के घर' और 'गबरू' उनकी नए रंग-ढंग की अच्छी बाल कविताएँ हैं। 'नानू पहुँची नानी के घर' में नानू नानी के घर पहुँची तो उसे सबसे अधिक भाए नानी के बागों के आम। और यों उसने अपना नटखटपन दिखा ही दिया, "नानू पहुँची नानी के घर/नानी हुई निहाल···!" सूर्यनाथ सिंह ने कुछ ढंग के शिशुगीत भी लिखे हैं। चूहे और छिपकली पर लिखे उनके शिशुगीत ध्यान खींचते हैं। इसी दौर में सुप्रसिद्ध गीतकार ओमप्रकाश चतुर्वेदी 'पराग' ने भी बाल कविताएँ लिखी हैं। उनकी बाल कविताओं के संग्रह 'बड़ा दादा छोटा दादा' (2005) में कुछ कविताएँ अच्छी हैं। इनमें 'दस पैसे', और 'गुड्डा किरकिट खेलेगा' कविताएँ तो बार-बार याद आती हैं। 'दस पैसे' कविता की शुरुआत इस तरह होती है—

चिड़ियाजी को पड़े मिल गए दस पैसे,
लगी सोचने, इनको खर्च करूँ कैसे ?
क्या मैं अपना नया घोंसला बनवा लूँ,
या फिर इसमें ही फर्नीचर डलवा लूँ ?···

हरि मृदुल (ज. 1969) एक भोले बच्चे की इस मुश्किल की तरफ हमारा ध्यान खींचते हैं कि उसका छोटा-सा दिमाग बड़े-बड़े रिश्तों के बड़े से उलझाव को भला कैसे समझे ? 4 अक्तूबर, 1969 को उत्तराखंड के ग्राम बगोटी (चंपावत) में जनमे हरि मृदुल अपनी बाल कविताओं में अकसर बातचीतवाला अंदाज ही अपनाते हैं, "मेरे पापा के पापा, कहलाते हैं दादा/क्यों दादा ही कहलाते, पता नहीं ज्यादा।/मेरी मम्मी की मम्मी, कहलाती क्यों नानी,/रिश्ते कैसे बनते हैं, मुझको है हैरानी।" शिव गौड़ (ज. 1955) परंपरावादी ढाँचे में रहकर ही कोई नई बात उठाते हैं। उनकी बाल कविताओं का संग्रह 'हल्ला-गुल्ला' (2004) कुछ अरसा पहले छपा था, जिसमें 'मुरगे मियाँ टहलने जाते' और 'अक्कड़-मक्कड़' सरीखी कुछ चपल कविताएँ ध्यान खींचती हैं।

संतोषकुमार सिंह (ज. 1951) की बाल कविताओं में पर्याप्त नाटकीयता है, जो बाल पाठकों को रिझाती है। उनकी बाल कविताओं के संग्रह 'हाथी गया स्कूल' में कई ढंग की कविताएँ हैं। राकेश 'चक्र' (ज. 1955) भी लंबे अरसे से बाल कविताएँ लिखते आ रहे हैं, पर उनकी बाल कविताएँ बड़ी सपाट और अनगढ़ हैं। 'लट्टू-सी ये धरती घूमे' (2005) में राकेश 'चक्र' की निन्यानवे बाल कविता शामिल हैं, पर इन कविताओं में

नयापन और ताजगी नहीं है। छंद और लय की गड़बड़ियाँ भी हैं। रतनसिंह किरमोलिया (ज. 1951) की एक कविता में शोर मचाते बच्चे मानो अपनी एक अलग पहचान गढ़ रहे हैं, "हंडा-बंडा, मुर्गी-अंडा/गली-गली में गिल्ली-डंडा/शोर मचाते हम।/मार-मार डंडे से गिल्ली/सैर कराते उसको दिल्ली,/शोर मचाते हम।" इस कविता पर स्वर्णसहोदर की 'नटखट हम' कविता का कुछ असर दिखाई पड़ता है, फिर भी यह एक प्यारी कविता है।

सच तो यह है कि इधर की बाल कविताओं में मानो यह होड़ लगी है कि वे इधर-उधर के तमाम बनावटी बंधनों से आजाद होकर और उपदेश-संदेश आदि-आदि का सारा भार उतारकर एकदम हलकी-फुलकी होकर बच्चों के नजदीक आ जाएँ। लिहाजा आज की बाल कविताओं में एक गजब की अनौपचारिकता है।

प्रतिभासंपन्न बाल कवयित्रियाँ

यथार्थ और कल्पना का नया वितान

इधर बच्चों के लिए लीक से हटकर कविताएँ लिखनेवाली कवयित्रियों की भी एक लंबी कतार नजर आती है। पद्मा चौगाँवकर, उषा यादव, शकुंतला कालरा, विद्याबिंदु सिंह, मालती शर्मा, मीरा हिंगोरानी, निर्मला सिंह, सुधा गुप्ता 'अमृता', नीलिमा सिन्हा, प्रतिमा पांडेय, नवीन जैन, पूनम भट्ट, मधु पंत, रमा सिंह, लता पंत, रमा सिंह, रेखा राजवंशी, आभा श्रीवास्तव, पुष्पलता गर्ग, रश्मिस्वरूप जौहरी, रचना सिद्धा, कमला भसीन, इंदिरा गौड़, डॉ. रंजना अग्रवाल, रेनू चौहान, प्रभाकिरण जैन, प्रवेश सक्सेना, रमा तिवारी, रजनी सिंह, सुषमा भंडारी, उर्मिल सत्यभूषण, मृदुला प्रधान, धीरजा शर्मा, सुनैना अवस्थी, अंजु दुआ 'जैमिनी' और अंजना वर्मा की कविताएँ अकसर पत्र-पत्रिकाओं में देखने को मिलती हैं। इनमें पद्मा चौगाँवकर, उषा यादव, शकुंतला कालरा, बानो सरताज, प्रभाकिरण जैन, विद्याबिंदु सिंह, रेखा राजवंशी, आभा श्रीवास्तव, मधु पंत, डॉ. सरोजिनी प्रीतम, रेनू चौहान और रंजना अग्रवाल तो समर्थ कवयित्रियाँ हैं और पिछले कुछ वर्षों में उन्होंने अपनी अलग पहचान बनाई है।

बेशक इस कालखंड की कवयित्रियों में पद्मा चौगाँवकर (ज. 1942) ज्यादा अंतरंगता से बच्चों को समझ पाई हैं। शायद इसलिए कि वे बच्चों की शैतानियों में भी रस लेती हैं और चीजों के स्थिर दृश्य नहीं, पूरी नाटकीय संभावनाएँ उनके यहाँ मिलती हैं। जैसे छींके पर चढ़ने की कोशिश करती बिल्ली की यह हालत—

बिल्ली आई एक कलूटी, छींके ऊपर देखी मटकी!
कूदी, लपकी, उछली, लटकी, यहाँ चढ़ी, वहाँ से अटकी!
ऊपर-नीचे, उलझी-अटकी, मगर मिली ना, घी की मटकी!
अम्माँ की फिर टूटी झपकी, गई बेचारी मारी-डपटी।

इसी तरह बादलों का चित्र खींचते समय वे लोक-साहित्य के प्रतीकों की ओर मुड़ पड़ती हैं, "आसमान में बजे नगाड़े/या बुढ़िया दलती सिंघाड़े/या फिर भूरे-काले बादल/जोर-जोर से पढ़ें पहाड़े।" 6 नवंबर, 1942 को शाजापुर (म.प्र.) में जनमी पद्मा चौगाँवकर के यहाँ ऐसी कई दिलचस्प कविताएँ हैं। उनकी एक कविता में घंटा भी बच्चों के साथ रहते-रहते, इतना 'ह्यूमन' तो जरूर हो जाता है कि सोचने लगता है, "नहीं करूँगा छुट्टी कल से, क्यूँ यों सूने रहें मदरसे!"

डॉ. सरोजिनी प्रीतम (ज. 1939) की बाल कविताओं में चपल हास्य की मस्ती अधिक है, पर कहीं-कहीं 'गहने' जैसी छोटी, चपल और मुकम्मल बाल कविताएँ भी उनके यहाँ मिलती हैं। गुड़िया के गहने चोरी हो जाते हैं तो बिल्ली दिल्ली जाकर चोरों को पकड़वाती है और गहने वापस ले आती है। यह कल्पना वाकई मजेदार है। सरोजिनी प्रीतम की पुस्तक 'लौट के बुद्धू घर को आए' (1991) में एक बुद्धू बच्चे को लेकर लिखी गई किस्म-किस्म की मजेदार कविताएँ हैं। इनमें 'मैंने तो बस खाया चाँटा', 'मैं तो फिर बुद्धू का बुद्धू', 'फिर बुद्धू ने बस्ता फेंका', 'बुद्धू ने तब सिर मुँडवाया' जैसी कविताएँ बाल पाठकों के मन को गुदगुदानेवाली हैं। सरोजिनी प्रीतम की हास्यपरक बाल कविताओं का संग्रह 'हँसो-हँसाओ' (2003) भी बाल पाठकों को खूब रिझाता है।

उषा यादव (ज. 1948) बच्चों के लिए कहानियाँ तो लंबे अरसे से लिखती आ रही हैं, पर उनकी कविताएँ पिछले दशक से ही पढ़ने को मिलीं। वे अपनी एक अलग-सी कविता 'नई कहानी' में बच्चों की कहानी सुनने की जिद को अपने अंदाज में कहती हैं, "माँ, तुम आज सुनाओ कहानी।/रोज यही कहती हो मुझसे/बेटा, यह कैसी जिद ठानी,/बहुत काम है तनिक न फुर्सत/नल से भरना सारा पानी।/आज काम को मारो गोली/कल भर लेना पानी-वानी।" इसी तरह उनके यहाँ छोटी-सी गुड़िया की यह शिकायत हमारे मन को तरल कर देती है कि उसका बस्ता इतना भारी है कि उसके कंधे उठा-उठाकर हार गए हैं, "माँ, तेरी छोटी-सी गुड़िया,/इसको उठा-उठा हारी है,/उफ, बस्ता कितना भारी है!"

उषा यादव की चुनिंदा कविताओं के संग्रह 'इक्यावन बाल कविताएँ' (2005) में 'मम्मी की साड़ी', 'क्या-क्या खाया आज', 'हाँ, बसंत आनेवाला है' जैसी कई सुंदर बाल कविताएँ हैं।

डॉ. रंजना अग्रवाल (ज. 1951) ने कुछ ही अरसा पहले बच्चों के लिए लिखना शुरू किया है। उनके संग्रह 'मच्छर ने समझाया' की कविताएँ बच्चों को खूब अच्छी लगेंगी, क्योंकि इनमें खेल-खेल में विज्ञान की बातें इतने नए, निराले ढंग से बता दी गई हैं कि इन्हें पढ़कर खुद विज्ञान खेल लगने लगता है। 20 जुलाई, 1951 को बरेली में जनमी रंजना अग्रवाल की 'ठंड सताती है', 'खाऊँगा पीजा बर्गर' 'घर में घुस आए बंदर', 'भैंस बजाएगी सारंगी', 'मेरा तो घर पानी है' और 'चंदा की छुट्टी' कविताएँ बच्चों को लुभाती हैं। खासकर 'घर में घुस आए बंदर' में उकेरा गया बंदरों की शरारतों का यह दृश्य तो अद्‌भुत है, "घर में घुस आए बंदर, ऊधम खूब किया जमकर,/डिब्बे सारे फेंक दिए, जो खुल पाए खोल दिए।/बिखराई चीजें सारी, उलट-पुलट की अलमारी⋯!"

शकुंतला कालरा (ज. 1946) भी लंबे अरसे ले बाल कविताएँ लिख रही हैं। उनकी बाल कविताओं में बड़ी सहजता है। 'दादी माँ का बगीचा' उनकी ऐसी ही कविता है, जिसमें दादी माँ का स्नेह भरा रूप मन में बस जाता है, "प्यारा-प्यारा एक बगीचा, जिसको दादी माँ ने सींचा,/हरदम रहती है हरियाली, चिड़ियाँ चहकें डाली-डाली।⋯" हालाँकि आगे 'प्रदूषण से उसे बचाती' जैसी पंक्तियाँ आती हैं, जिससे कविता का सारा आनंद तिरोहित हो जाता है। 'प्यारी मुनिया करे तमाशा' भी शकुंतलाजी की बड़ी सुंदर कविता है, जिसमें मदारी के संग करतब दिखा रही बच्ची का रोमांचकारी खेल है। उसका यह खेल देखकर सबकी साँसें थम जाती हैं।

शकुंतला कालरा की बाल कविताओं के संग्रह हैं—'प्यारी मुनिया करे तमाशा' और 'फुलवारी' (2006)। इनमें परिपाटीबद्ध बाल कविताएँ हैं तो 'दूल्हा किस्मतवाला', 'भूली बिल्ली आई दिल्ली', 'टिंकू

एक आलसी बच्चा' जैसी कविताएँ ध्यान खींचती हैं। पर शकुंतलाजी को साँचेबद्ध बाल कविताओं की 'रीति' से खुद को अलग करना होगा।

इसके बरक्स पिछले कुछ बरसों से लिख रहीं रेखा राजवंशी की कविताएँ बाल-मन के कहीं अधिक निकट हैं। उनमें कल्पनाशीलता भी है और नाटकीयता भी। उनकी एक कविता में बच्चा अपने कमरे के बारे में बता रहा होता है, तो बदला हुआ समय और नए जमाने की नई रुचियाँ वहाँ साफ नजर आती हैं। 'छोटे-छोटे पंख' (2002) उनकी चुनिंदा बाल कविताओं का संचयन है। पूनम भट्ट अधिकतर प्रकृति चित्रण में रुचि लेती हैं। एक कविता में नदी की सुंदरता का उन्होंने मोहक चित्रण किया है। नवीन जैन ने अधिक नहीं लिखा, पर 'दादी का चश्मा' उनकी कमाल की कविता है। अफसोस, इस अच्छी कवयित्री की काव्य-यात्रा आगे नहीं चली।

रेनू चौहान की बाल कविताओं में भी यही नटखटपन और बाल मन की क्रीड़ाएँ हैं। उनकी 'अगड़म-बगड़म ढम्मक ढू' मजेदार कविता है, जिसमें बच्चों की खेल की मस्ती का चित्रण है—

अगड़म-बगड़म ढम्मक ढू, आओ खेलें छुअन छू।
तन-तना-तन लँगड़ी टाँग, कुश्ती का है खेल महान।
चकमा देकर खेलें खो, आगे-पीछे हल्ला हो।

'अगड़म-बगड़म ढम्मक ढू' (2013) संग्रह में रेनू चौहान की कई चंचल, चपल बाल कविताएँ हैं, पर इनमें छंद की शिथिलता है, जिससे कविताओं का प्रभाव कम हो जाता है। 'बारहसिंगा की कहानी' (2014) पुस्तक में रेनू की कथात्मक कविताएँ हैं, जिनकी मूल कथा पंचतंत्र तथा ईसप की कथाओं से ली गई है। प्रभाकिरण जैन (ज. 1963) की बाल कविताओं में भी रस है। 30 अक्तूबर, 1963 को देहरादून (उत्तराखंड) में जनमी प्रभाजी की बाल कविताओं के संग्रह 'गीत खिलौने' (2000) में उनकी कुल उन्नीस बाल कविताएँ शामिल हैं। इनमें 'आजादी सबको प्यारी', 'अपना घर' कविताएँ अच्छी हैं। 'आजादी सबको प्यारी' कविता की शुरुआत बहुत सधे ढंग से होती है, "सबको ही प्यारा लगता है खुला-खुला नीला आकाश/पंछी उड़ते, बादल उड़ते, हम सब भी उड़ पाते, काश।"

इस दौर की अन्य कवयित्रियों में विद्याबिंदु सिंह, डॉ. बानो सरताज, मालती शर्मा, प्रवेश सक्सेना और लता पंत भी हैं। इनमें बानो सरताज ने बच्चों के लिए कहानियाँ और नाटक अधिक लिखे हैं। 'नटखट बंदर' (1999) में उनकी पंद्रह बाल कविताएँ हैं, जिनमें 'बारिश के दिन' सरीखी कुछ कविताएँ ठीक-ठाक हैं। विद्याबिंदु सिंह की कुछ ही बाल कविताएँ पढ़ने को मिली हैं। उनकी 'कितना पानी घग्घा रानी' यों तो खेलगीतों की पुरानी परंपरा की उठान पर आगे बढ़ती है, पर गप्पूजी के नेता बनने के दृश्य और स्थितियाँ इसे एक नया रंग और परिवेश दे देती हैं। बाल कविता में यह 'राजनीतिक' व्यंग्य दिलचस्प लगता है। इसी तरह मालती शर्मा ने भी इधर बच्चों के लिए कविताएँ लिखी हैं। उनके संग्रह 'रंग-बिरंगा छाता' में 'हम तेरी प्यारी बिटियाँ हैं' जैसी कुछ कविताएँ बच्चों को रिझाएँगी।

लता पंत (ज. 1947) की पुस्तक 'रंगों का मेला' (2004) की ज्यादातर बाल कविताएँ परंपरागत ढंग की हैं, जिनमें सीधे कथन पर जोर दिया गया है। लिहाजा बहुत-सी कविताएँ अनावश्यक ढंग से लंबी और

सपाट हो गई हैं। फिर भी बीच-बीच में कुछ ढंग की कविताएँ मिल जाती हैं। 'चल-चल चक्की', 'मामा जी', 'दियासलाई' जैसी लता पंत की कविताएँ कुछ ठीक-ठाक-सी हैं। प्रवेश सक्सेना की बाल कविताओं में भी बचपन के अक्स हैं। उनकी बाल कविताओं के संकलन 'हँसता-गाता बचपन' (2005) में 'भारी बस्ता', 'चीकू' जैसी कुछ अच्छी कविताएँ हैं। पर अफसोस, ऐसी कई कविताएँ भी इस संग्रह में हैं, जो भले ही बच्चे पर लिखी गई हैं, पर उन्हें सही मायनों में बाल कविता कह पाना कठिन है। इसलिए कि बच्चे न उन्हें समझ पाएँगे और न उनका आनंद ही ले पाएँगे।

कमला भसीन की बाल कविताएँ बेशक एक नया 'तेवर' लिये हुए हैं। उनकी 'धम्मक धम' पुस्तक में अलग रंग-ढंग की कविताएँ हैं, जो बच्चों को जिम्मेदार बनाती हैं और आसपास की दुनिया को समझने की एक दृष्टि देती हैं। जैसे 'धम्मक-धम' कविता में खेल-खेल में यह बात कह दी गई है कि लड़के और लड़की में फर्क करना ठीक नहीं है। लड़कियाँ लड़कों से किसी भी मामले में कम नहीं हैं, "धम्मक धम भई, धम्मक धम/छोटे-छोटे बच्चे हम,/लड़की ना लड़के से कम/धम्मक धम भई, धम्मक धम।" ऐसे ही जो लोग काम नहीं करते और आराम सारा उठाने चाहते हैं, उनको लेकर भी कमला भसीन ने कुछ तीखी बातें कही हैं। पर उनका अंदाज-ए-बयाँ ऐसा है कि ये बातें बाल कविता के 'खेल' में छिप गई हैं, "तुम गंदा करते हो?/हाँ जी, हाँ जी, हाँ जी, हाँ!/तुम सफाई भी करते हो?/ना जी, ना जी, ना जी, ना!/गंदे की हाँ, सफाई की ना/ऐसे कैसे चले जहाँ?" अपनी एक कविता में कमलाजी एक ऐसे सुखी परिवार का खाका खींचती हैं, जिसमें अकेली माँ ही कामों में पिसी नहीं रहती, बल्कि सब लोग मिलकर काम करते और घर को चमकाते हैं। ऐसे घर में चारों ओर खुशियाँ बिखरी हुई महसूस की जा सकती हैं, "आओ मिलकर कपड़े धोएँ/हम सब मिलकर कपड़े धोएँ··!"

इंदिरा गौड़ (ज. 1943) की कविताएँ बाल स्वभाव के भोलेपन को पकड़ती हैं। 'सात समंदर पार' (1997) उनकी बाल कविताओं का पहला ही संग्रह है, पर अपनी शुरुआती रचनाओं में वे निराश नहीं करतीं। 'घुमक्कड़ चिड़िया' पर लिखी गई उनकी एक मजेदार कविता की कुछ पंक्तियाँ हैं—

अरी घुमक्कड़ चिड़िया सुन, उड़ती फिरे कहाँ दिन भर,
कुछ तो आखिर पता चले, कब जाती है अपने घर।
रोज-रोज घर में आती है पर अनबूझ पहेली-सी,
फिर जाने क्यों लगती है अपनी सगी सहेली-सी।
कितना अच्छा लगता जब, मुझे ताकती टुकुर-टुकुर।

आभा श्रीवास्तव, रचना सिद्धा, मृदुला प्रधान, अंजना वर्मा आदि कवयित्रियों की भी कुछ अच्छी कविताएँ देखने में आई हैं। इधर रचना सिद्धा की 'एक था तोता' कविता में तोता गायक बनता है तो उसकी सब ओर धूम मच जाती है। तोता यहाँ एक गायक के पूरे ठाट के साथ चित्रित है, "एक जंगल में एक था तोता, बड़ा चतुर और बड़ा सयाना।/अपनी मीठी-सी बोली में, गाता था वह बढ़िया गाना।/कोई जो भी जलसा होता, तोता वहाँ बुलाया जाता।/फरमाइश के गाने गाकर, तोता सब पर रंग जमाता।" मृदुला प्रधान के संग्रह 'पीली सरसों' (2001) की 'पीली सरसों', 'एक कहानी', 'फूल खिले हैं' जैसी कुछ कविताएँ ठीक-सी हैं। अंजना वर्मा की 'पलकों पर निंदिया' में नन्हे बच्चों के लिए सुंदर लोरियाँ हैं, जिनमें सधी हुई लय के साथ-साथ बड़ी सुंदर

लुभावनी कल्पनाएँ भी हैं। अंजु दुआ 'जैमिनी' के 'मिट्टू की मिट्ठी और बाल कविताएँ' (2008) संग्रह की ज्यादातर कविताओं में लय और छंद सध नहीं पाया।

आभा श्रीवास्तव और धीरजा शर्मा की कविताएँ अपेक्षाकृत बेहतर हैं और आभा श्रीवास्तव ने तो कहीं-कहीं बहुत रमकर लिखा है। आभा श्रीवास्तव के बाल कविता संग्रह 'रिमझिम पड़ी फुहार' और धीरजा शर्मा के 'पंखुड़ियाँ'(2003) संग्रह की बहुतेरी कविताएँ बाल पाठकों की स्मृति में दस्तक देनेवाली हैं। सुधा गुप्ता 'अमृता' (1954) की कविताएँ पुराने ढंग की हैं, पर बीच-बीच में कुछ पंक्तियाँ बाल मन को छू लेती हैं। उनके बाल कविता संग्रह 'ताकि बची रहे हरियाली' में 'छोटा फक्कड़ बड़ा बुझक्कड़' जैसी कुछ कविताएँ याद रह जाती हैं। निर्मला सिंह भी लंबे समय से बाल कविताएँ लिखती आ रही हैं। उनकी बाल कविताओं का संग्रह '21 बालगीत' (2002) छपा है, जिसमें कुछ ढंग की कविताएँ हैं।

चर्चित कवियों की बाल कविताएँ

इस कालखंड में लिखनेवाले रससिद्ध और प्रतिभावान कवियों में त्रिलोचन सरीखे दिग्गज भी शामिल हैं। इसके अलावा रमेशचंद्र शाह, रवींद्रनाथ त्यागी, नवीन सागर, राजेश जोशी, ध्रुव शुक्ल, विनय दुबे, कामतानाथ, सफदर हाशमी, विष्णु नागर, अश्वघोष, चंद्रसेन विराट, रमेश थानवी, श्यामसिंह 'शशि', ज्योतिप्रकाश सक्सेना, राधेश्याम 'प्रगल्भ', कृष्णा सोबती, वीरकुमार अधीर, डॉ. ओमप्रकाश सिंहल, मधुर शास्त्री, वीरेंद्र मिश्र, रामावतार त्यागी, गोपालकृष्ण कौल, रामप्रसाद मिश्र, विजयकिशोर मानव, अशोक चक्रधर, धनंजय सिंह, उदभ्रांत, श्याम विमल, केवल गोस्वामी, चंद्रमोहन दिनेश, अमरनाथ श्रीवास्तव, प्रह्लाद श्रीमाली, ब्रजेश कृष्ण, बजरंगबिहारी तिवारी और डॉ. वीरेंद्र शर्मा के नाम तत्काल याद आ रहे हैं। इनमें से ज्यादातर कवियों के बालगीत बच्चों के मन और जिज्ञासा से एकदम सटकर चलते हैं।

हिंदी साहित्य के दिग्गज कवियों ने इस दौर में भी बच्चों के लिए लिखा। इनमें त्रिलोचन (ज. 1917) अपेक्षाकृत कुछ देर से बाल कविताओं की ओर आए। कुछ अरसा पहले ही उनकी बाल कविताएँ पढ़ने को मिली हैं। बीसवीं सदी के आखिरी दशक में लिखी गई जनकवि त्रिलोचन की 'बाबू' कविता में खिलंदड़ापन अधिक है। बाबा और पोते का यह खेल मनोहर है, "पकड़ो-पकड़ो बाबू भागे/भाग-भाग के बाबू नाचे/नाच-नाच के बाबू भागे/बाबा पीछे, बाबू आगे/पकड़ो-पकड़ो बाबू भागे।" इसी की अगली कड़ी के रूप में लिखी गई त्रिलोचन की एक और अलमस्त कविता है, 'बाबू खाँ की पूँछ', "खोजी गई, नहीं मिली/बाबू खाँ की पूँछ,/चिंता है उनको बड़ी/जमी नहीं जो मूँछ।"

इसी तरह कवि-कथाकार रमेशचंद्र शाह (ज. 1937) की बाल कविताओं का अंदाजेबयाँ कुछ खास है और इसकी सबसे बड़ी खासियत है, कविता के शब्द-शब्द, पंक्ति-पंक्ति में पिरोई हुई एक खास तरह की किस्सागोई। 'जादू सपना' (1993) और 'गोलू के मामा' (1998) रमेशचंद्र शाह की बाल कविताओं के खासे महत्त्वपूर्ण संग्रह हैं। इनमें 'गोलू के मामा' में 'कहानी' शीर्षक से रमेशचंद्र शाह की एक लंबी बाल कविता है, जिसमें कविता में कहानी का-सा आनंद है और साथ अल्लादिया चचा की मीठी-सी यादें, "बहुत दिनों की बात है बच्चो, बूढ़ा एक शहर था,/उसके बीचोबीच हमारा फटा-पुराना घर था।/फटा-पुराना घर था

लेकिन हम सब नए-नए थे,/अल्लादिया चचा लड़कों के नेता नए-नए थे।...."

जब कोई सब्जी, फल, मेवे या मिठाईवाला मीठी आवाज लगाते हुए आता है तो बच्चों की दुनिया में एक चंचल लहर पैदा हो जाती है, "खाओ तो भी पछताओ/छोड़ो तो भी पछताओ/लगा दिया मिट्टी के मोल/आ जाओ भई, आ जाओ।" रमेशचंद्र शाह कैरीकेचर के उस्ताद हैं। वे गोलू के मामा का ऐसा जबदरस्त खाका खींचते हैं, जिसमें हास्य-विनोद की नटखट रेखाओं के साथ-साथ एक तरह का चुलबुलापन भी है, "गोलू के मामा आए, सब देख रहे मुँह बाए।/मुँह उनका है गुब्बारा, था किसने उन्हें पुकारा?/नारंगी उनको भाए, गोलू के मामा आए।" 'जादू सपना' संग्रह में रमेशचंद्र शाह की एक बड़ी प्यारी-सी कविता है 'कक्कू की बरसात'। बाल कविता की दुनिया में जिंदादिली से भरपूर ऐसी रागात्मक और मजेदार कविताएँ बहुत कम हैं! रमेशचंद्र शाह की बाल कविताओं का संग्रह 'नाना के गीत' (2009) भी चर्चित हुआ है, जिसमें 'हरदम तुझे', 'कैसे हम बतलाएँ' जैसी दिलचस्प कविताएँ हैं।

प्रसिद्ध व्यंग्यकार रवींद्रनाथ त्यागी (1930-2004) ने भी बच्चों के लिए मजेदार कविताएँ लिखी हैं। त्यागीजी की बालोपयोगी रचनाओं की पुस्तक 'सुंदरबन' (1995) में उनकी बाल कहानियों के साथ-साथ रसपूर्ण बाल कविताएँ भी हैं। इनमें 'सुंदरबन की रेल' बड़ी कौतुकपूर्ण कविता है, जिसकी शुरुआत इस तरह होती है, "सुंदरबन के एक कोने में ऐसी चलती रेल,/सारा काम जानवर करते, वही चलाते मेल।/भालू चश्मा झाड़-पोंछकर इंजन में बैठा है,/बंदर फायरमैन बना है, काम खूब करता है...!"

इस कालखंड में नवीन सागर, राजेश जोशी और ध्रुव शुक्ल ने भी लीक से हटकर बाल कविताएँ लिखी हैं। पर इनमें नवीन सागर (ज. 1948) का अंदाजेबयाँ ही कुछ और है। उन्होंने बाल कविताओं में लय और कथ्य के स्तर पर अनेक प्रयोग किए हैं। इनमें सभी तो सार्थक नहीं हैं, लेकिन बाल कविता की पहुँच कितनी दूर तक हो सकती है और उसमें आज के जीवन की कितनी हलचल और तनाव समेटा जा सकता है, वह भी बच्चों के-से एकदम सहज कौतूहल के अंदाज में, यह नवीन सागर के 'आसमान भी दंग' (1996) संग्रह में शामिल कविताओं को पढ़कर जाना जा सकता है। उनका एक बालगीत 'माँ का गीत' एक नए ढंग की मीठी लोरी है, जो बच्चों के मन को एकदम बाँध लेती है, "सो जा ओ, सो जा रे,/उधर ना आए नींद अगर, तो इधर गोद में आ जा रे!..." बारिश होती है तो किस तरह गली में बच्चों की टोली शैतानी करने निकल पड़ती है, यह नवीन सागर के 'गिरा पानी, गिरा पानी' बालगीत में बड़े मजेदार ढंग से दर्शाया गया है। नवीन के 'टालूराम' बालगीत में एक ऐसे शख्स का व्यंग्यपूर्ण खाका है, जिसकी काम टालने की अदा एक नायाब कलाकारी तक पहुँच जाती है—

करना है दस दिन में काम,/हाँ-हाँ, बोले टालूराम,
हमने कहा, समझ लो काम/बोले—कभी समझ लेंगे।
हमने कहा, करोगे कब?/बोले—जब चाहोगे तब।
पर पहले समझोगे तो!/बोले—तभी समझ लेंगे।

इसी तरह 'लौट के बुद्धू', 'बैठे वे दम साध', 'गोटे साईं की पतंग', 'खेल', 'भोलू का सपना' नवीन की कुछ और बढ़िया कविताएँ हैं। नवीन की एक खासियत यह है कि उनकी हर कविता का मिजाज और लय-विधान दूसरी से अलग है और बालगीतों की चालू परंपरा से तो वह एकदम हटकर है ही। नवीन ने कहीं-कहीं

अपनी बाल कविताओं में आज के बच्चों की घुटन और मर्म-व्यथा का चित्र दिया है, "अम्माँ, खेलें कहाँ बताओ, गलियाँ सूनी, द्वार बंद हैं, जिधर जहाँ भी जाओ, मिले न कोई संगी-साथी। जालीदार बना दी खिड़की, बिल्ली तक न आती।"

राजेश जोशी और ध्रुव शुक्ल ने भी अपनी बाल कविताओं में कुछ अलग हटकर बात कहने की कोशिश की है, लेकिन इन्हें नवीन जैसी सफलता नहीं मिली और ध्रुव शुक्ल की बाल कविताएँ तो बच्चों के लिए एकदम अपाठ्य और असंप्रेषणीय हो गई हैं। हाँ, राजेश जोशी (ज. 1946) कहीं-कहीं अपनी बाल कविताओं से बच्चों के मन को छू लेते हैं। 18 जुलाई, 1846 को जनमे राजेश जोशी के संग्रह 'गेंद निराली मीठू की' (1996) में कई मजेदार बाल कविताएँ हैं। मसलन 'मीठू रानी' बाल कविता में उन्होंने एक अत्यंत लोकप्रचलित बालगीत को ही थोड़ा उलट-फेरकर नया रंग दे दिया है, जिससे उसमें अलग ही आकर्षण पैदा हो गया है, "मीठू रानी बड़ी सयानी/पीती दूध बताती पानी/चुप-चुप, चुप-चुप/गुप-चुप, गुप-चुप/करती रहती है वह शैतानी।"

राजेश जोशी की बादलों पर लिखी गई बाल कविता में बादल अपनी जेबों में ताल-तलैयों का पानी भरकर ले आते हैं और जब पापा की डाँट पड़ती है, तो वे जेबें उलट देते हैं, "आए बादल, आए बादल, पानी जेबों में भर लाए,/इतने सारे ताल-तलैया कहाँ से तुम भर लाए?/जेबों में भी कहीं ठहरता पानी बुद्धू!/बादल के पापा चिल्लाए।/जेब उलट दी उसने झटपट,/पानी बरसा टप-टप, टप-टप!" राजेश जोशी का एक और दिलचस्प गीत है 'बोल चिया री, जल्दी बोल'। एक ऐसा गीत, जो खेल-खेल में बच्चों के होंठों पर चढ़ जाता है।

बालगीतों में 'बुद्धिजीवी मुद्रा' ध्रुव शुक्ल (ज. 1953) के यहाँ कुछ अधिक है। इसलिए 'उड़ न पाए पतंग का प' संग्रह में शामिल उनके ज्यादातर बालगीत इस तरह के निर्थरक उलझाव से भरे हैं, "हमसे खेल खेलना हमको, हम ही हममें खेलें, हमसे हमकी तू-तू मैं-मैं, हम ही हममें झेलें।" 'खोजो तो बेटी पापा कहाँ है' लंबी कविता को भी उन्होंने बाल कविताओं के अपने संग्रह में शामिल किया है, लेकिन यह ऐसी कविता है जो बच्चों के सिर के ऊपर से गुजर जाती है। इसी तरह उनकी लंबी कविता 'वर्णनाक्षरी' भी बच्चों से जुड़ नहीं पाती। हाँ, 'दूबी का बस्ता' जैसी उनकी एकाध बाल कविता अच्छी है। इस कविता की शुरुआती पंक्तियाँ हैं—

ये दूबी का बस्ता है, इसकी हालत खस्ता है।
खाली कर दो रोता है, भरो किताबें हँसता है।...

काश, ध्रुव शुक्ल ने अपनी खामखा की बुद्धिजीवी मुद्रा उतारकर इसी तरह की कुछ सहज बाल कविताएँ और लिखी होतीं।

समकालीन कविता से जुड़े एक और समर्थ कवि विनय दुबे ने भी बच्चों के लिए कविताएँ लिखी हैं। 'भौं-भौं, म्याऊँ' और 'छुटकी गिलहरी और राजा' में विनय दुबे की बाल कविताएँ हैं। इनमें 'नीम' और 'अपने घर की चिड़ियाँ' जैसी कुछ ढंग की कविताएँ याद रह जाती हैं। नीम के वर्णन में किसी लोकगीत जैसी सादगी है—'अपने घर के सामने/पेड़ लगाया राम ने/धीरे-धीरे बड़ा हुआ/पेड़ नीम का खड़ा हुआ!' इसी तरह सुप्रसिद्ध कथाकार कामतानाथ (1935-2015) ने भी बच्चों के लिए सुंदर कविताएँ लिखी हैं। उनकी बाल कविताओं का संग्रह है, 'रेल चली, रेल चली' (2010), जिसमें 'रेल चली, रेल चली', 'भगवान् अगर तुम

बच्चे होते', 'मैं हूँ नन्हा जादूगर' जैसी कई सुंदर कविताएँ हैं। इनमें 'मैं हूँ नन्हा जादूगर' कविता की शुरुआत बड़े ही मजेदार ढंग से होती है—

मैं हूँ नन्हा जादूगर।
टोपी से खरगोश निकालूँ
पानी में मैं फूल खिलाऊँ,
बिल्ली को भौं-भौं बुलवा दूँ
कुते को बुलवा दूँ म्याऊँ।

अपने एक नाट्य-प्रदर्शन के दौरान शहीद हुए प्रसिद्ध नाट्यकर्मी सफदर हाशमी (1954-1998) ने भी बाल कविताएँ लिखी हैं और स्वाभाविक रूप से उनकी बाल कविताओं में नाटकीयता और किस्सागोई भरपूर है। मसलन 'किताबें' शीर्षक से दी गई इस लंबी कविता में, "किताबें करती हैं बातें/बीते जमानों की, दुनिया के इनसानों की।···/क्या तुम नहीं सुनोगे इन किताबों की बातें?" लेकिन सफदर हाशमी के यहाँ मजेदार बालगीत भी बहुत हैं, जो किसी किस्से-कहानी की तरह अपने साथ बहा ले जाते हैं, "एक था राजू एक था काजू, दोनों पक्के यार,/एक दूजे के थामे बाजू, जा पहुँचे बाजार।" सफदर की कई कविताएँ निबंध जैसी हो गई हैं। उनकी बाल कविताओं में लय भी जगह-जगह टूटती है। फिर भी बाल कविता में प्रयोग करने और नई जमीन तोड़नेवाले कवियों में उनका नाम सम्मान से लिया जाना चाहिए। कुछ मजेदार खिलंदड़ी कविताएँ भी उन्होंने लिखीं, जो बच्चों को दोस्त सरीखी लगेंगी।

सुप्रसिद्ध कवि-व्यंग्यकार विष्णु नागर (ज. 1950) ने भी बच्चों के लिए कई छोटी-छोटी मजेदार कविताएँ लिखीं, जिनमें शब्दों के खेल के जरिए कई बारीक बातें कही गईं। नागरजी के इन बालगीतों में बच्चों के प्रसन्न मूड्स के साथ जगह-जगह हास्य भी फूटता नजर आ सकता है। उनकी 'अंकल-आंटी' सरीखी कई बाल कविताएँ हैं, जो शब्दों के हलके खिलवाड़ के साथ शुरू होती हैं और फिर देखते ही देखते कई गंभीर अर्थ वहन करने लगती हैं। कहना न होगा कि बाल कविता में यह अंदाज एकदम नया है। इसी तरह आज के समाज और विसंगतियों को दर्शाती और उन पर मीठी चुटकी जैसी, उनकी कई कविताएँ 'नंदन' में छपी हैं, जिनमें एक अलग तरह का शिल्प और संवेदना है।

एक और समर्थ कवि अश्वघोष (ज. 1941) की बाल कविताएँ हालाँकि परंपरागत किस्म की हैं, पर वे बार-बार अपनी सीमाओं का अतिक्रमण करने की कोशिश करती हैं और नए जमाने के बच्चों से जुड़ती हैं। मसलन 'समय नहीं है' में बच्चों की एक छोटी-सी उलझन है, जो बड़े सहज अंदाज में सामने आती है, "नानी-नानी, कहो कहानी, समय नहीं है—बोली नानी।/मैंने फिर पापा को परखा, बोले समय नहीं बरखा।/भइया पर भी समय नहीं था, उनका मन भी और कहीं था।/मम्मीजी भी लेटी-लेटी, बोलीं समय नहीं है बेटी।···" अश्वघोष की कुछ कविताएँ बात-बात में आज के बदले हुए जमाने और उसके हालचाल को खोल देती हैं। मसलन 'मैना बोली' कविता में मैना तोते को जो बताती है, वह आज के समय की एक कठोर सच्चाई है, "मैना बोली, सुन रे तोते, सबके मुख पर ताले हैं,/कभी न जाना अब बस्ती में, लोगों के मन काले हैं।/झूठ यहाँ घर-घर पलता, रिश्तों में रुपया चलता,/सबके साथ हवाले हैं, लोगों के मन काले हैं।" अश्वघोष की बाल

कविताओं के संग्रह हैं, 'राजा हाथी', 'बाइस्कोप निराला', 'ताक धिना-धिन' और 'तीन तिलंगे'।

श्यामसिंह 'शशि' (ज. 1936) की एक कविता 'उड़ा कबूतर गोपी चंदर' की तर्ज में बच्चों के कुतूहल-संसार से बिल्कुल सटकर खड़ी हो जाती है। लगता है, जैसे बच्चों के पंख उग आए हों और कवि उन्हें देख रहा हो, "उड़ा कबूतर/गोपी चंदर/सुन रे भइया/कहाँ उड़ोगे/तारों के घर।/मुझे ले चलो/अपने संग में···" कहीं-कहीं आधुनिक बच्चों के नटखटपन के अच्छे चित्र 'शशि' के यहाँ मिल जाते हैं, "बिट्टू बड़ा निखट्टू/खाने में है चट्टू! सबकी च्युइंगम खा गया/कुट्टी करके आ गया,/खूब चलाया लट्टू!"

1 जुलाई, 1936 को हरिद्वार के बहादुरपुर जट गाँव में जनमे श्यामसिंह 'शशि' अपनी एक कविता में 'बाल वर्ष' की बात करते हैं तो उन्हें काम के बोझ से लदे छोटे-छोटे बच्चों की याद आती है और उनका नजरिया बदल जाता है, "बाल वर्ष के बिट्टू-बिटिया/बोले—हम हैं राजा-रानी/पापा-मम्मी, नाना-नानी/तुमसे सुननी नहीं कहानी।" रॉकेट पर लिखा गया उनका एक शिशुगीत है, "मैंने अपना नोट बचाया/नन्हा रॉकेट एक बनाया,/घर-घर, घर-घर उड़ा दिया जब/दुश्मन को थरथरा दिया तब।" बेशक इसे 'हिंदी का एक आदर्श शिशुगीत' कह सकते हैं। डॉ. शशि की बाल कविताओं के संचयन 'नन्हे सैनिक' (1985) में उनके कई सुंदर शिशुगीत शामिल हैं।

चंद्रसेन 'विराट' (ज. 1936) की पहचान एक चर्चित कवि-सम्मेलनी कवि के रूप में है, पर उन्होंने बीच-बीच में बच्चों के लिए भी कविताएँ लिखीं हैं। उनकी बाल कविताओं में लयकारी के साथ-साथ, कहीं-कहीं लोकधुनों की सी लोच और चपलता भी है। बारिश पर लिखी गई उनकी यह कविता एक लोकगीत की टेक को उठाकर स्वतंत्र रूप से आगे बढ़ती है, "बरसो राम धड़ाके से/बुढ़िया मरे न फाके से!/··· घर के दरवाजे-खिड़की/खड़के खूब खड़ाके से!" एक बच्चा चलता है, तो उसके साथ पूरी दुनिया चलती है। चंद्रसेन 'विराट' की इन पंक्तियों में चलना सीख रहे एक बच्चे का स्वाभाविक नटखटपन और चंचलता है, "मुन्ने को चलना क्या आया, घर भर में तूफान उठाया।/··· शाम हुई तो पापा के संग, रोज टहलना सीख रहा है।"

बाल शिक्षा और साहित्य से लंबे अरसे से जुड़े कवि-कथाकार और चिंतक रमेश थानवी (1945) ने भी बच्चों के लिए अलग अंदाज की कई बेहतरीन कविताएँ लिखी हैं। खासकर मोर पर लिखी गई रमेश थानवी की यह कविता तो लाजवाब ही है, "छत पर चढ़कर बोला मोर,/बादल क्यों करते हो शोर···!" थानवीजी बहुत डूबकर लिखते हैं और अपनी अद्‌भुत लयात्मकता से ऐसी कविताएँ सिरजते हैं, जो बच्चों के होंठों पर नाचती और फुरफुराती हैं। लिहाजा एक बार सुनने या पढ़ने के बाद बच्चे उन्हें कभी भूल नहीं पाते और जाने-अनजाने उन्हें बार-बार दोहराते हैं। रमेश थानवी की बाल कविताओं के संग्रह हैं—'दौड़ा-दौड़ा मन का घोड़ा' (1972), 'बीते पूरे बरस हजार' (2003) तथा 'गुनगुन गुन' (1989)। इनमें शामिल थानवीजी की कई कविताएँ खासी चर्चित हुई हैं और जगह-जगह उनकी गूँजें-अनगूँजें सुनी जा सकती हैं। यहाँ तक कि बच्चे ही नहीं, बड़े भी उनकी बाल कविताओं के मुरीद हैं और उन्हें रस ले-लेकर पढ़ते हैं। रमेश थानवी की 'देखो बेटी बादल आए' नन्हे-मुन्नों के लिए बड़ी सुंदर कविता पुस्तक है।

यहीं रमेश थानवी की एक लंबी कथात्मक कविता 'रहमान भाई' का जिक्र किया जा सकता है, जिनकी खुद्दारी और लंबे तप को भूल पाना असंभव है। जगह-जगह लालटेनें जलाते रहमान भाई अँधेरे के खिलाफ

रोशनी की लड़ाई के जीवंत प्रतीक जान पड़ते हैं। जिस अटूट और शानदार धुन के साथ वे अपने काम में जुटे हैं और अपनी समूची जिंदगी उन्होंने रोशनी की लड़ाई के लिए समर्पित की है, उसे सलाम करने को जी चाहता है।

ज्योतिप्रकाश सक्सेना (ज. 1931) ने बच्चों के लिए ज्यादा नहीं लिखा है, लेकिन उनकी कुछ कविताएँ कमाल की हैं। 28 नवंबर, 1931 को छतरपुर (म.प्र.) में जनमे ज्योतिप्रकाश सक्सेना की 'कहीं घूम आओ' कविता में 'इत्ती-सी बात' पर 'इत्ता-सा गुस्सा' दिखानेवाले बच्चे को समझाने का उनका अंदाजा तो देखिए, "इत्ती-सी बात पर, इत्ता-सा गुस्सा!/क्या हुआ जो मम्मी ने तड़के ही जगा दिया,/उठते ही पापा ने कमरे से भगा दिया।/चाचा ने चिज्जी में माँग लिया हिस्सा!" श्यामसुंदर घोष (ज. 1934) 'दादी-नानी' कविता में हमें झक्की बुढ़िया से मिलवाते हैं, जो बच्चों को कथा-कहानी ही नहीं सुनाती, जरूरत पड़ने पर उन्हें पैसे भी देती है और जी भरकर दुलारती है, "झक्की बुढ़िया, कुबड़ी-कानी, लेकिन नहीं करो शैतानी,/वह भी तुझ जैसे कितने ही, बच्चों की है दादी-नानी।"

विजयकिशोर मानव (ज. 1950) एक नवगीतकार के रूप में चर्चित हैं, पर बच्चों के लिए कुछ अनूठी कविताएँ भी उन्होंने लिखी हैं। 9 अक्तूबर, 1950 को कानपुर के लालपुर गाँव में जनमे विजयकिशोर मानव 'ऊँची चिमनी, छोटे घर, हमने देखा एक शहर' जैसी सधी हुई लय में अकसर खेल-खेल में जीवन के कुछ बड़े प्रामाणिक चित्र आँखों के आगे खड़े कर देते हैं। उन्होंने प्रकृति की छवियों और उल्लास को लेकर भी कुछ सुंदर कविताएँ लिखी हैं। वर्षा का एक अनोखा और बड़ा ही प्रसन्न दृश्य मानो उनके इस बालगीत की शुरुआती पंक्तियों से झाँकता है, "सारी धरती हरी हो गई/कैसी जादूगरी हो गई!" ऐसे ही जाने-माने गीतकार अमरनाथ श्रीवास्तव की बच्चों के लिए लिखी गई कथात्मक कविताएँ ध्यान खींचती हैं। 'छोटू चूहा' में वे कुछ शरारती चूहों को पेश करते हैं, जो बिल्ली के मुँह में लगी 'उजली-उजली मलाई' को देखकर उसे खाने की अटकलें लगाते हैं। एक अन्य कविता में वे जूडो और कराटे सीखते बंदर मामा की बेचारगी का चित्र खींचते हैं, जिन्हें बात-बात पर शिक्षक भालू के चाँटे बरदाश्त करने पड़ते हैं, "बंदर मामा सीख रहे हैं जूडो और कराटे।/···पाँव जरा भी काँप गया तो भालू जड़ता चाँटे!" जाहिर है, जूडो और कराटे सीखने के चक्कर में चाँटे खाते बंदर मामा की बेचारगी में कहीं न कहीं स्कूली बच्चों की एक अकथ पीड़ा भी घुली-मिली है। मानो इस गीत में अध्यापक से पिटते, डरे हुए बच्चे चुपके से गुहार कर रहे हों।

केवल गोस्वामी और श्याम विमल की बाल कविताएँ भी उल्लेखनीय हैं। श्याम विमल की बाल कविताएँ मानो उड़कर बचपन, बादल और मौसमों की पुरानी स्मृतियों में पहुँच जाना चाहती हैं। दूसरी ओर केवल गोस्वामी की ज्यादातर बाल कविताएँ अपने समय और समाज की मुश्किलों से जुड़ती हैं। हालाँकि लय और छंद को लेकर वे बहुत सावधान नहीं लगते। कवि सम्मेलन के चर्चित कवि अशोक चक्रधर (ज. 1951) की बाल कविताओं का अपना अलग अंदाज और पहचान है। 8 फरवरी, 1951 को खुर्जा (उ.प्र.) में जनमे अशोक चक्रधर की 'कोयल का सितार' (1994) पुस्तक में कोयल के संगीत-प्रेम और सितार को लेकर बुनी गई एक लंबी कथात्मक कविता है, जिसकी नाटकीयता लुभाती है। इसी तरह प्रह्लाद श्रीमाली ने भी लीक से हटकर अच्छी और सलीके की बाल कविताएँ लिखी हैं। यहाँ तक कि गणित जैसे विषय पर भी उनकी

बेहतरीन बाल कविता पढ़ने को मिली है। पिछले कुछ वर्षों में उनकी बच्चों के लिए लिखी गई कई अच्छी बाल कविताएँ पत्र-पत्रिकाओं में नजर आई हैं। इनमें बाल मन और उनके इच्छा-जगत की समझ तो है ही, भाषा में भी खासा प्रवाह और ताजगी है। 'रेल का खेल', 'पहाड़ और पहाड़े', 'कभी चाँद तक जाना', 'मेरे घर में परियाँ रहतीं', 'किस्मत के ताले की चाबी', 'देश को स्वस्थ बनाओ', 'दीवाली भरपूर', 'सर्दी की तुकबंदी', 'क्यों तेरे गाने पर ताली है' उनकी कुछ अच्छी कविताएँ हैं।

पिछले दिनों छपे चंद्रमोहन दिनेश के 'मछली दीदी, सुनो, सुनो' में कुछ कविताएँ अच्छी हैं और याद रह जाती हैं। खासकर 'चलो, नुमाइश देखेंगे' और 'मछली दीदी, सुनो, सुनो' कविताएँ सहज ही बाल मन को लुभा लेती हैं। 'मछली दीदी सुनो, सुनो' कविता की शुरुआती पंक्तियाँ हैं, "मछली दीदी, सुनो, सुनो/मेरी भी कुछ बात सुनो/शीशे में क्यों बंद यहाँ ?/अच्छा लगता तुम्हें यहाँ ?/घर की याद सताती है ?/उसकी याद रुलाती है/कैसा, कहाँ तुम्हारा घर ?/क्या मेरे जैसा घर ?/क्या खिड़की-दरवाजे हैं ?/क्या वे भी पानी के हैं ?/क्या आती है धूप वहाँ ?/क्या खिलते हैं फूल वहाँ ?…" इधर सुप्रसिद्ध कवि ब्रजेश कृष्ण की भी बच्चों के लिए लिखी गई कई अच्छी कविताएँ पढ़ने को मिली हैं, जिनमें नयापन और ताजगी है। उम्मीद है, ब्रजेशजी आगे भी बच्चों के लिए लिखते रहेंगे।

कुछ नए रचनाकार : नई संभावनाओं का आकाश

इधर नई संभावनाओं के साथ सामने आए कवियों में मो. साजिद खान, मो. अरशद खान, मो. फहीम, प्रभात, प्रदीप शुक्ल, नागेश पांडेय 'संजय', अभिरंजन कुमार, शादाब आलम सरीखे कवियों ने अपनी अलग पहचान बनाई है। साजिद खान (ज. 1976) की कई कविताओं में बड़ी निराली सूझ है और बच्चों का मन वहाँ बड़े करीने से खुलकर आता है। उनके बाल कविता संग्रह 'छपछैया' (2001) में कई अच्छी बाल कविताएँ हैं, जिनकी ताजगी मन को भाती है। 'नानीजी का बिस्तर' साजिद खान की बढ़िया कविता है, जिसमें नानी के जरिए खेल-खेल में साजिद खान पूरी भारतीय संस्कृति का बखान कर जाते हैं—

नानी के बिस्तर की सुन लो, बात निराली है,
रखी हुई ढेरों चीजें, जगह न कोई खाली है।
कढ़ा हुआ बटुआ प्यारा, दाँतखोदनी छोटी-सी,
दूध धुला रूमाल रखा, तकिया फूली मोटी-सी,
चंदन की है छड़ी रखी, मुठिया चाँदीवाली है।

साजिद खान ने कंप्यूटर के माउस सरीखे कुछ नए विषयों पर भी कलम चलाई है और यहाँ भी उनकी कला और अंदाज वही है, जो बच्चों को भा जानेवाला है। साजिद खान की 'सूरज सोया है', 'पिंजरे का टॉमी', 'छपछैया', 'नहीं आऊँगी' और 'क्या गमले में उग सकता है आम' भी सुंदर कविताएँ हैं।

मो. अरशद खान (ज. 1977) भी अच्छे कवि हैं। उनका बाल कविता संग्रह 'रेल के डिब्बे में' (2001) अपनी ताजगी के कारण लुभाता है। इसमें एक ओर 'समोसा' और 'आओ भीगें बरखा में' जैसी मजेदार कविताएँ हैं, तो दूसरी ओर 'अखबार में' और 'पढ़ने दो' जैसी भावपूर्ण कविताएँ हैं, जो मन में गहरे नक्श हो जाती हैं। एक ओर उन्होंने 'वाह समोसा! वाह समोसा!' जैसी मजेदार लयवाली कविता लिखी, तो

दूसरी ओर 'अलादीन का जिन्न' को लेकर बड़ी ही संजीदगी भरी यह कविता, जिसे पढ़ते हुए उनके दिल का दर्द पता चलता है, "माँगूँ उससे जग में कोई, रहे न भूखा-नंगा/एक रहें सब भाई-भाई, मचे न दंगा।/जाति-धर्म की रेखा हमको करे कभी न भिन्न।" इसी तरह 'पढ़ने दो' कविता में अरशद बड़ी मार्मिकता के साथ उन बच्चों का दर्द सामने लाते हैं, जिनके हाथों में कलम नहीं है, बल्कि जूठे बरतन माँजने का थका देनेवाला काम—

नहीं जिन्होंने पुस्तक देखी, नहीं जिन्होंने पाया ज्ञान,
खेल-खिलौने छुए कभी न, रूठ गई जिनसे मुसकान।
जूठे बरतन हैं जिन हाथों, उनको कलम पकड़ने दो,
बस थोड़ा-सा पढ़ने दो।

इसी तरह एक नए और धुनी लेखक प्रभात (ज. 1972) का अंदाजे बयाँ भी एकदम अलग है। इधर प्रभात का कविता संग्रह 'पानियों की गाड़ियों में' (2006) छपकर आया है, जिसमें उनकी खूबसूरत कविताओं की बेहद खूबसूरत प्रस्तुति है। हिंदी में इतने सुंदर और कल्पनापूर्ण ढंग से छपा हुआ कोई बाल कविता संग्रह कम से कम मेरी नजरों से नहीं गुजरा। 'पानियों की गाड़ियों में' संग्रह में प्रभात की इक्कीस बाल कविताएँ शामिल हैं, जिनमें 'मुबारक', 'पिंकी नाम का गीत', 'पानी की गाड़ियों में', 'टनक टन टोपी', 'रमजान मियाँ', 'गप्प सुनो गप्प', 'ओ बादल फेरी वाले', 'टीटी और चींटी' सरीखी एक से एक नायाब कविताएँ शामिल हैं, जिनकी ताजगी एक साथ मुग्ध और हैरान करती है।

प्रदीप शुक्ल (ज. 1967) ने पिछले कुछ बरसों से ही लिखना शुरू किया है, पर अपनी ताजगी भरी सुरीली कविताओं से उन्होंने अपनी अलग जगह बनाई है। 29 जून, 1967 को लखनऊ के भौकापुर गाँव में जनमे प्रदीप की कविताओं का एक सिरा परंपरा से जुड़ता है तो दूसरा विज्ञान की अधुनातन गतिविधियों से और वे दोनों को अपनी कविताओं में बड़ी खूबसूरती से पिरोते हैं। इसीलिए वे एक ओर 'गुल्लू का गाँव' जैसी सादा कविता लिखते हैं तो दूसरी ओर 'गूगल बाबा', 'एक अमीबा' और 'गुल्लू का कंप्यूटर' जैसी सुंदर विज्ञानपरक कविताएँ लिखकर दिखा देते हैं कि बाल कविता में कितना कुछ सहेजा जा सकता है। चाँद पर भी प्रदीप शुक्ल ने बेजोड़ कविता लिखी है, जिसमें चाँद और बच्चे की दोस्ती देखकर मन मुग्ध हो उठता है—

अच्छा होता, चाँद हमारे घर के ऊपर होता,
कभी-कभी रातों में उसका हाथ पकड़कर सोता।
आसमान की सारी बातें वह मुझको बतलाता,
रूठ गए तारों के किस्से गाकर मुझे सुनाता।

प्रदीप शुक्ल की बाल कविताओं में ध्वन्यात्मकता और संगीत का जादू भी खूब है और इसीलिए उनकी बाल कविताएँ झट बच्चों के होंठों पर चढ़ जाती हैं, "दौड़ रही मुन्ना की गाड़ी, घुर्रम-घुर्रम घुर्र,/लिये नगाड़ा मुन्नी पीछे, कुर्रम-कुर्रम कुर्र।" 'गुल्लू का गाँव' (2016) प्रदीप शुक्ल की बाल कविताओं का पहला संग्रह है, जिसमें उनकी विविध रंगों की मनोहर कविताएँ हैं। इनमें नयापन है, ताजगी भी। इसलिए एक बार पढ़ने पर प्रदीप शुक्ल की कविताएँ भुलाए नहीं भूलतीं और जब-तब बच्चों के होंठों पर नाचती रहती हैं।

नागेश पांडेय 'संजय' (ज. 1974) ने भी निरंतर बच्चों के लिए कविताएँ और शिशुगीत लिखे हैं।

2 जुलाई, 1974 को शाहजहाँपुर के खुटार कसबे में जनमे नागेश पांडेय 'संजय' की बाल कविताओं में परंपरागत स्वर भी हैं और नयापन भी। मोबाइल पर लिखी गई उनकी एक कविता की सुंदर पंक्तियाँ हैं, "मोबाइलजी, सचमुच तुम हो बड़े काम की चीज।/गेम, कैमरा, कैलकुलेटर, एफ.एम. इंटरनेट/कंप्यूटर भी इसमें आया, फिर भी सस्ता रेट।/एक टिकट में कई तमाशेवाली तुम टाकीज।" 'चालू-लालू' (2016) पुस्तक में उनके शिशुगीत हैं, जिनमें कुछ चुस्त और सधे हुए हैं।

कुछ अरसा पहले नागेश की 'नंदन' (फरवरी, 2015) में बड़ी सुंदर कविता पढ़ने को मिली थी, 'मेरे घर में'। कविता की शुरुआती पंक्तियाँ हैं, "मेरे घर में हुई पुताई/भैया, समझो आफत आई,/पूरे घर में मचा झमेला/बच्चे-बड़े सभी ने झेला।···" हालत यह हुई कि बच्चे का बस्ता तक कहीं गुम हो गया, लेकिन पुताई के बाद जब सारा घर चमकने लगा, तो सभी खुश थे। नागेश की इक्यावन बाल कविताओं का संग्रह 'यदि ऐसा हो जाए' (2011) छपा है, जिसमें अलग-अलग शेड्स की उनकी कई सुंदर कविताएँ हैं। हालाँकि संग्रह में कई साधारण कविताएँ भी हैं, जो न होतीं तो संग्रह का महत्त्व कहीं अधिक बढ़ जाता। 'बंदर मामा का तरबूज' (2015) में उनके कुछ चुनिंदा शिशुगीत हैं।

एक और नए कवि अभिरंजन कुमार (ज. 1976) की बाल कविताओं के संग्रह 'मीठी-सी मुसकान दो' (2001) में कुछ पुरानी लीकवाली बाल कविताएँ हैं तो 'नानाजी के खेत में', 'मुन्ना आया गाँव', 'तितली रानी आना री' जैसी ताजगी लिये कुछ अलग मिजाज की कविताएँ भी हैं। इनमें 'नानाजी के खेत में' सबसे सुंदर कविता है। इसमें एक तरह की मस्ती और नटखटपन है, "आओ चलकर खेलें-कूदें, नानाजी के खेत में,/कभी बैल की पूँछ पकड़कर, दूर-दूर तक भागेंगे/नानाजी के कंधों पर चढ़, उनकी मूँछ उखाड़ेंगे।" इस तरह की ग्राम्य छवियाँ आज की बाल कविताओं में कम ही हैं। कुछ अरसा पहले प्रकाशित हुए अभिरंजन कुमार के संग्रह 'बचपन की पचपन कविताएँ' (2014) में उनकी कुछ नए रंग-ढंग की अच्छी प्रयोगात्मक कविताएँ पढ़ने को मिली हैं, जिनमें सधी हुई लयकारी है। इससे उनकी आगे की काव्य-यात्रा के प्रति आश्वस्ति अनुभव होती है।

पिछले कुछ वर्षों से सक्रियता से बाल कविताएँ लिख रहे फहीम अहमद (ज. 1977) ने भी अपनी बाल कविताओं में नया सुर साधा है। उनके यहाँ लय की जादूगरी भी है और अभिव्यक्ति का बाँकपन भी। 'दिल्लीवाले चाचाजी' फहीम की सुंदर कविता है। इसे पढ़कर पता चलता है कि वे बच्चों के मन को बखूबी जानते हैं। बाहर से कोई आए और उनके लिए उपहार लेकर आए, तो बच्चों का मन लहराने लगता है—

छुट्टी लेकर आए हैं घर, दिल्लीवाले चाचाजी,
हँसनेवाली गुड़िया लाए, चाबीवाला बाजा भी।
चाचाजी लेकर जाते हैं रोज हमें बाजार घुमाने,
ला देते हैं टॉफी-बिस्किट, खुशी-खुशी हम लगते खाने।

इधर फहीम की नए-नए विषयों पर नए-नए रंगोंवाली कविताएँ पढ़ने को मिल रही हैं, जिनमें बदले हुए समय के नए-नए अनुभवों के साथ शैली भी मँजी हुई है। उनकी कविताओं में कसबाई जीवन का सोंधापन जगह-जगह झाँकता है। साथ ही नदी की लहरों सरीखी लय मुग्ध करती है। 'खुशबू की सौगात' उनकी ऐसी ही प्यारी कविता है—

बैठ हवा के झूले आई, खुशबू की सौगात।
बरसा पानी रिमझिम-रिमझिम, सोंधी मिट्टी महके,
पाकर खुशबू अमराई की तोता टें-टें चहके।
खोल रही खुशबू की पुड़िया, फूलों की हर पाँत!

एक और संभावनापूर्ण कवि शादाब आलम की कई अच्छी कविताएँ इधर पढ़ने को मिली है। कुछ अरसा पहले जनसत्ता (1 फरवरी, 2015) में छपे उनके शिशुगीतों में काफी नयापन और ताजगी है। इनमें हँसी और गुस्से पर लिखा गया यह गीत तो एकदम अनूठा है। गुस्सा कितना ही जोर दिखाए, पर आखिर तो उसे बच्चे सरीखी निश्छल हँसी के आगे हार माननी पड़ती है, "बिला वजह इक रोज हँसी पर, गुस्सा जब चिल्लाया,/ बड़े प्यार से हँसी ने फिर भी गुस्से को समझाया।/लेकिन गुस्सा न माना तो हँसी खुशी से उछली,/भगा जोर से गुस्सा अपने सिर पर करता खुजली।" 'दादाजी ने पतंग उड़ाई' (जनसत्ता, 1 फरवरी, 2015) भी शादाब का मजेदार गीत है। दादाजी ने खूब तैयारी करने के बाद पतंग उड़ाई तो सभी ने खूब तारीफ की। फिर भला दादाजी मूँछों पर ताव क्यों न दें—

मंझा, चरखी, डोर, मँगाई, दादाजी ने पतंग उड़ाई।
ग्यारह पेंच उन्होंने काटे, इसी खुशी में लड्डू बाँटे।
मम्मी, पापा, मौसी, ताई, दी सबने ही उन्हें बधाई।
दादाजी के मिले न भाव, घूमे मूँछों पर दे ताव।

इस दौर के कवियों में बजरंगबिहारी तिवारी कबीर की तरह उलटबाँसीवाली नाटकीय शैली में अपनी बाल कविताओं के लिए नया मुहावरा खोजते हैं। पिछले दिनों जनसत्ता (25 जनवरी, 2015) में उनकी दो बड़ी मजेदार बाल कविताएँ छपी हैं। इनमें पहली कविता में माँ के आने का वर्णन है और माँ के आते ही पूरा घर खुद-ब-खुद सँवरने लगता है और खाने-पीने की चीजों में स्वाद भर जाता है, "ठंडा कंबल गरम तौलिया, यह अचरज की बात,/माँ आई तो सब कुछ बदला, बैंगन में भी स्वाद।/भीड़ भरा घर फिरे अकेला, बगिया में कुम्हिलात,/सूखा मन अब यों हरियाया, ज्यों बसंत के पात।/भूख लगे खूब किचन महकता, क्या पुलाव क्या भात,/चुन्नू-मुन्नू संगी-साथी, खेलों की बरसात।" दूसरी कविता में घर की सारी चीजें बेतरतीब हैं और कवि उस गड़बड़झाले में ही एक सुंदर सी कविता खोज लेता है, "अटकल पच्चू गड़बड़झाला, काव्या ने मुश्किल में डाला,/गीला रस्ता, सूखा नाला, कुछ भी हो मौसम मतवाला।/...सादी सब्जी कौन बनाए, नहीं मिल रहा गरम मसाला।"

बेशक इधर लिख रहे कवियों की भाषा ही नहीं, अंदाज भी कुछ बदला हुआ है और वे बहुत कुछ नया करने का सामर्थ्य रखते हैं। उम्मीद है, बाल कविताओं में अभी बहुत कुछ नया देखने को मिलेगा।

❧ ❖ ❧

इस दौर के कुछ अन्य उल्लेखनीय बालकवि हैं—निकष परमार, बाबूलाल शर्मा 'प्रेम', प्रेमकिशोर पटाखा, भगवानस्वरूप सक्सेना 'मुसाफिर', ओम उपाध्याय, छविनाथ तिवारी, अंजन अशोक, सुंदरलाल 'अरुणेश', विश्वबंधु, चंद्रेश, प्रमोद जोशी, राकेश अचल, अशोक आंद्रे, ज्ञानेंद्र साज, श्यामकुमार दास,

रूपसिंह चंदेल, सुनीता कट्टी, मदनगोपाल शर्मा, स्नेहलता प्रसाद, कपिल, विष्णु खन्ना, पुष्पारानी गर्ग, सत्यनारायण जटिया 'सत्य', श्यामदत्त पराग, श्याम निगम, तारादत्त निर्विरोध, धीरेंद्रकुमार यादव, शंकर सुल्तानपुरी, सुधीर सक्सेना 'सुधि', धर्मपाल शास्त्री, रामभरोसे गुप्त 'राकेश', गोपालकृष्ण कौल, राकेश 'चक्र', रजनीकांत शुक्ल तथा पूरन सरमा।

इनमें पुष्पारानी गर्ग के कुछ अच्छे शिशुगीत पिछले दिनों पढ़े हैं। तारादत्त निर्विरोध, श्यामदत्त पराग की भी कुछ ढंग की कविताएँ याद आ रही हैं। डॉ. तारादत्त निर्विरोध की बाल कविताओं की पुस्तक 'बाल चालीसा' (2003) कुछ बरस पहले छपी थी। इनमें कुछ अच्छी तो कुछ सामान्य कविताएँ भी हैं। रामकुमार गुप्त की पुस्तक 'मेरी फुलवारी' (2017) में भी कुछ पुरानी चाल की कविताएँ हैं। दरअसल इस दौर में ऐसे कवियों की भी लंबी कतार है, जिनकी बाल कविताएँ महज कहे हुए को बार-बार दोहराने की कवायद भर हैं। इसी तरह बीसवीं सदी के आखिरी दशक तथा नई सदी के प्रारंभिक वर्षों में तेजी से उभरे नए और सामर्थ्यवान बालकवियों की एक लंबी सूची बनाई जा सकती है।

इस कालखंड में एक कवि महोदय का ऐसा संग्रह भी छपा है, जिसकी ज्यादातर कविताओं पर हिंदी के जाने-माने कवियों की कविताओं की साफ छाया दिखाई पड़ती है और चिड़िया पर लिखी गई एक कविता में तो हिंदी के जाने-माने और दिग्गज कवि डॉ. शेरजंग गर्ग की कविता पंक्तियाँ जस की तस उठाकर रख ली गई हैं। कृष्ण शलभ समेत अनेक प्रतिष्ठित कवियों की कविताओं के साथ यही मजाक हुआ। यह शर्म और लज्जा की बात है, लेकिन इससे भी ज्यादा दु:खद बात यह है कि हमारे दो वरिष्ठ कवियों ने इस संग्रह की भूमिकाएँ लिखी हैं और इन कविताओं की भूरि-भूरि प्रशंसा की है। इससे पता चलता है हिंदी बाल साहित्य में अराजकता किस हद तक फैल गई और हमारे वरिष्ठ और सम्मानित कवि भी इस मामले में कितने लापरवाह हैं। इस तरह के नकलची कवियों का पनपना पूरे बाल साहित्य के लिए दुर्भाग्य की बात है।

पिछले कुछ बरसों में परशुराम शुक्ल, रमेश मिलन, गयाप्रसाद, हरीशकुमार अमित, गोविंद पाल, आदिल असीर देहलवी, डॉ. रमेशचंद्र खरे, कुँवर प्रदीप निगम, शंभूलाल शर्मा 'वसंत', अनिल द्विवेदी तपन, श्रीनिवास आर्य, पृथ्वीनाथ पांडेय आदि कवियों की बाल कविताएँ भी पढ़ने को मिली हैं। इन कवियों के संग्रह भी छपे हैं, जिनमें बहुत ढूँढ़ने पर कोई एकाध अच्छी कविता मिल सकती है। अलबत्ता पिछले कुछ वर्षों में छपी हिंदी बाल कविताओं की उल्लेखनीय पुस्तकें हैं—विनोदचंद्र पांडेय 'विनोद' की 'मास, मास के गीत', उद्भ्रांत की 'भारत देश महान' तथा 'चंद्रलोक की सैर', गयाप्रसाद की 'आजादी के गीत', हरीशकुमार अमित की 'चाबीवाला बंदर' तथा 'मम्मी-पापा की लड़ाई', गोविंद पाल की 'मुन्ना बोला', डॉ. कृष्णनारायण पांडेय की 'संवत् प्रवर्तक विक्रमादित्य', श्रीकांत प्रसून की 'बोलें जय-जय भारती', डॉ. परशुराम शुक्ल की 'आओ गुनगुनाओ', 'तितली', 'छुक-छुक रेल', 'प्रतिनिधि बाल कविताएँ', आदिल असीर देहलवी की 'चिड़ियाघर', डॉ. रमेशचंद्र खरे की 'आओ गाएँ शाला में पढ़ते-पढ़ते...' और 'आओ सीखें मैदानों में गाते-गाते' ओमप्रकाश सिंहल की 'कहा पेड़ ने', कुँवर प्रदीप निगम की 'हम भारत के बच्चे हैं', शंभूलाल शर्मा 'वसंत' की 'है ना, मुझे कहानी याद', अनिल द्विवेदी 'तपन' की 'मेढक दादा', श्रीनिवास आर्य की 'रोचक बाल गीत', रमेश मिलन की 'कोकिल कंठ सलोने गीत', 'सोने की मछली', और 'सरस गीत ज्ञान-विज्ञान

के', पृथ्वीनाथ पांडेय की 'गाओ-गुनगुनाओ', 'खट्टे-मीठे और रसीले', महेश सक्सेना की 'यह गणतंत्र हमारा है', 'बालगीतों के राजहंस', आशीष शुक्ला की 'बाल बगीचा', भगवत दुबे की 'छुपन-छुपाई', 'अक्कड़-बक्कड़', 'अटकन-चटकन', 'गीत स्वाभिमान के', बिनय षड़ंगी राजाराम की 'अठखेलियाँ', सुनयना अवस्थी की 'पढ़ ले बिटिया', राज सक्सेना की 'ममता बाल गंगा', कुमार आनंद की 'अस्सी नब्बे पूरे सौ', त्रिलोकसिंह ठकुरेला की 'नया सवेरा', गोविंद भारद्वाज की 'सूरज का संदेश', माँघीलाल यादव की 'राजदुलारे पेड़', मुकेश गुप्त राज की 'टिक-टिक', नेहा बंसल की 'फुलवारी', नरेंद्र गोयल की 'झूला झूलें' और प्रतीक मिश्र की 'अंत्याक्षरी शिशुगीत'।

इनमें ढंग की कविता की पुस्तकें अधिक नहीं हैं। सिर्फ शंभूलाल शर्मा 'वसंत', रमेश मिलन, ओमप्रकाश सिंहल और डॉ. रमेशचंद्र खरे की कुछ कविताएँ ही असर छोड़ती हैं। इससे लगता है हिंदी में बाल कविता के नाम पर कुछ भी लिखकर छपाना जितना आसान है, अच्छी बाल कविता लिखना उतना ही मुश्किल काम है और इसमें कुछ ही लोग सफल हुए हैं।

❖

नन्हे-मुन्ने बच्चों के लिए सुंदर, सुचित्रित कथात्मक कविताओं की परंपरा हिंदी में इधर नजर नहीं आती, जबकि नन्हे बच्चे ऐसी किताबों को बड़े शौक से पढ़ते हैं, जिनमें गेय कविताओं के रूप में कोई मजेदार कथा-कहानी सुनाई जाती है। साथ ही खूबसूरत भावपूर्ण चित्र भी अपनी छटा बिखेरते हुए नन्हे पाठकों को अपनी ओर आकर्षित करते हैं। पर किताबघर प्रकाशन से छपी कथात्मक कविताओं की चार बड़ी ही खूबसूरत किताबें इस कमी की कुछ हद तक भरपाई करने की कोशिश करती हैं। अंजु संदल की 'सपना के साथी' (2004) तथा 'टिंकू चला नाना के घर'(2003), मंजू कपूर की 'नानी की खिचड़ी' (2004) और तनु मलकोटिया की 'चुनमुन और गोपा' (2004) ऐसी ही खूबसूरत किताबें हैं, जिनकी मिसाल कम ही मिलती है। इन सभी किताबों का बड़ा ही सजीव और भावपूर्ण चित्रांकन करके उनमें जान डाल देनेवाले अत्यंत समर्थ चित्रकार हैं एम.ए. जोमराज (ज. 1927)। जोमराज की रेखाएँ बोलती हुई ही नहीं, बल्कि कभी-कभी तो दौड़ती हुईं, रोती और हँसती हुई भी नजर आती हैं। उनके पीछे हिंदुस्तानी लोक-कला की परंपरा का पूरा बल और वैविध्य हैं। इसीलिए उनके चित्र इस कदर बोलते हुए और सैकड़ों दूसरे चित्रकारों के चित्रों से अलग पहचान में आ जानेवाले हैं। अलबत्ता लेखकों ने इन किताबों की रचना में जितनी मेहनत की है, एक चित्रकार के रूप में जोमराजजी की सृजनात्मकता उससे कहीं अधिक ही लगी है। उसके कारण इन किताबों को एक ऐसा प्यारा रूप मिला है कि ये किताबें कम, नन्हे-मुन्नों के खेलने के लिए बने खिलौनों सरीखी अधिक लगती हैं।

इसी तरह हिंदी के चर्चित बाल कवि रमेश तैलंग की भी चार खूबसूरत कविता पुस्तकें छपी हैं—'एक चपाती' (2006) 'निक्का पैसा' (2006), 'कुट-कुट गिलहरी' (2006), 'सोन मछरिया' (2006)। इन कविताओं को उन्होंने 'बाल चित्र-कथागीत' नाम दिया है। हर पुस्तक में सिर्फ एक कविता है, जो बेहद खूबसूरत चित्रांकन के साथ पेश की गई है। कहना न होगा कि बेहद खूबसूरत ढंग से छपी ये चारों पुस्तकें बच्चों के लिए ऐसे रंग-बिरंगे खिलौनों सरीखी हैं, जिन्हें वे हर वक्त अपने पास रखना पसंद करते हैं।

हिंदी में बाल कविताओं के संचयन भी खूब छपे हैं। इस तरह की संपादित पुस्तकें निकालने की परंपरा पुरानी है और हर दौर में नए-पुराने कवियों के संचयन देखने को मिल जाते हैं, जिससे नए ढंग से इन कवियों की कविताओं पर नजर जाती है और उनमें से अच्छे के चयन की राह भी निकलती दिखती है। पर दिक्कत यह है कि इधर ऐसे बहुतेरे संग्रह बगैर किसी दृष्टि के और खासी हड़बड़ी में किए जा रहे हैं। इस लिहाज से हरिकृष्ण देवसरे द्वारा संपादित 'बच्चों की सौ कविताएँ', जयप्रकाश भारती द्वारा संपादित 'हिंदी की श्रेष्ठ बाल कविताएँ' तथा कृष्ण शलभ द्वारा संपादित 'बचपन एक समंदर' आज भी एक तरह के मानक संग्रह कहे जा सकते हैं। यों अच्छी-बुरी कविताओं के जो और संचयन इधर देखने में आए हैं, उनमें डॉ. श्रीप्रसाद द्वारा संपादित 'प्रतिनिधि बालगीत' (1994) और जाकिर अली 'रजनीश' द्वारा संपादित 'एक सौ इक्यावन बाल कविताएँ' (2003) कुछ ठीक-ठाक हैं। मीना अग्रवाल की पुस्तक 'चुने हुए राष्ट्रीय गीत' में कई जाने-माने कवियों और शायरों की देशभक्ति की कविताएँ एक जगह आ गई हैं। यहाँ तक कि शहीदों और क्रांतिकारियों की कविताएँ भी उन्होंने ढूँढ़कर इस पुस्तक में शामिल की हैं।' लिहाजा यह एक संग्रहणीय पुस्तक बन गई है। इसी तरह घमंडीलाल अग्रवाल ने 'देशप्रेम के बालगीत' (2008) शीर्षक से 121 बालगीतों का एक संचयन निकाला है, जिसमें बयालीस कवियों की देश-राग से जुड़ी कविताएँ एक साथ पढ़ने को मिल जाती हैं। रोहिताश्व अस्थाना ने भी 'चुने हुए बालगीत' (दो खंड) में हिंदी के नए-पुराने कवियों की चुनिंदा बाल कविताओं का संचय किया, पर इसमें बहुत से महत्त्वपूर्ण कवि छूट गए।

कुछ अरसा पहले प्रकाश मनु द्वारा संपादित 'बच्चों के प्रिय कवि' सीरीज में कन्हैयालाल मत्त, योगेंद्रदत्त शर्मा, रमेश तैलंग, प्रकाश मनु, डॉ. शेरजंग गर्ग, देवेंद्रकुमार और सूर्यकुमार पांडेय की चुनिंदा बाल कविताओं के संग्रह बड़े खूबसूरत कलेवर में प्रकाशित हुए हैं। इसके पीछे दृष्टि यह रही है कि हर रचनाकार की सर्वाधिक चर्चित और श्रेष्ठ रचनाएँ एक जगह पढ़ने को मिल जाएँ। ये संग्रह हैं—'जमा रंग का मेला' (2005, कन्हैयालाल मत्त), 'कैसा आया मजा' (2005, योगेंद्रदत्त शर्मा), 'टिन्नीजी और टिन्नी जी' (2005, रमेश तैलंग), 'हाथी का जूता' (2005, प्रकाश मनु), 'हो-हो हँसते मिस्टर जोकर' (2008, शेरजंग गर्ग), 'यह है हँसने का स्कूल' (2008, देवेंद्रकुमार) और 'हम है किससे कम' (2008, सुर्यकुमार पांडेय)। इस सीरीज में कई और कवियों की कविताएँ भी पढ़ने को मिलेंगी।

इसके अलावा संपादित संग्रहों में डॉ. अजय जनमेजय और डॉ. गजेंद्र बटोही द्वारा संपादित बाल कविता संकलन 'ईचक दाना बीचक दाना' (2005) में कोई चार पीढ़ियों के सौ से ज्यादा बाल कवियों की कविताएँ संकलित हैं। अभी कुछ अरसा पहले हिंदी के सुप्रसिद्ध बाल कवियों की कविताओं का संग्रह 'इब्नबतूता का जूता' (2016) भारतीय ज्ञानपीठ से बड़े सुंदर ढंग से छपा है। इसका संपादन डॉ. प्रभाकिरण जैन ने किया है, लेकिन अफसोस, इसमें हिंदी के कई बड़े और जाने-माने कवि छूट गए हैं।

❖

बाल कहानियों और उपन्यासों की तुलना में अन्य भाषाओं से हिंदी में अनूदित बाल कविताओं के संग्रह बहुत कम आए हैं। इस लिहाज से दिविक रमेश की कोरियाई कविताओं के चर्चित संग्रह के अलावा शशिपाल शर्मा 'बालमित्र' की 'बालगीतम्' (1999) और उरी ओरलेव की 'दादी ने की बुनाई' (2001, अनुवाद :

प्रयाग शुक्ल) पुस्तकें ही देखने में आई हैं। शशिपाल शर्मा 'बालमित्र' की पुस्तक में कुल तेरह संस्कृत कविताएँ हैं, जिनका हिंदी अनुवाद भी साथ ही दिया गया है। ये संस्कृत कविताएँ इतनी सहज और आसान भाषा में लिखी गई हैं कि पढ़ते ही झटपट याद हो जाती हैं।

दिविक रमेश द्वारा अनूदित कोरियाई कवियों की बाल कविताओं के संचयन 'कोरियाई बाल कविताएँ' (2001) में 'दुनिया का मानचित्र', 'आओ तोड़ के लाएँ चाँद', 'छप-छप', 'नन्हा झरना', 'झनझनाती जीभ' जैसी कई सुंदर कविताएँ हैं। पढ़ने पर उनकी सुवास देर तक मन में रह जाती है। कोरियाई कवि यून सक जूंग की 'नन्हा झरना' कविता की शुरुआती पंक्तियाँ हैं, "भीतर वहाँ पहाड़ों पर, नन्हे एक झरने में,/जाने आता कौन वहाँ पर, पानी पीने झरने में?…" और कविता का अंत इन सुंदर भावनात्मक पंक्तियों के साथ होता है, "रात चाँदनी सभी हिरनियाँ, प्यास लगे दौड़ी आतीं,/छुप्पन-छुप्पी खेल खेलतीं, पानी पीकर वे जातीं।" दिविक रमेश द्वारा किया गया कोरियाई बाल कविताओं का अनुवाद सचमुच चित्ताकर्षक है।

उरी ओरलेव की 'दादी ने की बुनाई' एक लंबी कथात्मक कविता है, जिसके केंद्र में दादी है। वह दादी, जिसके पास दो सलाइयाँ और ऊन का गोला है, मगर इनके जरिए ही वह एक अनोखा जादू कर दिखाती है। जब वह एक अनजान शहर में गई और उसे टिकने के लिए कोई जगह नहीं मिली, तो उसने अपने थके हुए पैरों के लिए दो चप्पलें बनाईं। फिर उन चप्पलों को धूल से बचाने के लिए टाट बनाया। फिर झोंपड़ी बनी, खिड़की और लैंप शेड बना, चाय के प्याले और केतली बनी, फूल-पौधे और झूला बना, सुंदर-सुंदर बच्चे बने और सचमुच एक हँसती-खिलखिलाती प्यारी दुनिया दादी के चारों ओर दिखाई पड़ने लगी। प्रयाग शुक्ल द्वारा किया गया अनुवाद भी बहुत सहज और प्रभावपूर्ण है।

❖

और तो और, बीसवीं सदी के अंत में स्वयं नन्हे रचनाकारों में अपनी बात को बाल कविता की शक्ल में कहने की बेचैनी नजर आती है। ऐसे नन्हे-मुन्ने कवियों में शिवांक, मोक्ष गौड़, लक्ष्मी, अपूर्व जगता और सृष्टि पांडेय के नाम खासकर याद आ रहे हैं और इनकी बाल कविताओं की पुस्तकें भी छपी हैं। एक नन्हे कवि शिवांक (ज. 1991) की एक नन्ही सी, लेकिन मजेदार कविता है 'बस्ते पर चूहा', "मेरे बस्ते पर चूहा/नाच रहा था/ठुम्मक-ठुम्मक/मैंने शोर मचाया/भाग गया चूहा/ठुम्मक-ठुम्मक।" शिवांक की 'एक परी आए' भी बड़ी सुंदर कविता है, सहज भी—

> एक परी आए/गरमी को दूर भगाए।
> परी हमारी दोस्त बन जाए
> साथ हमारे खेले/साथ हमारे गाए,
> एक परी आए/दुनिया की सैर कराए।

इसी तरह छोटे बच्चों द्वारा स्वयं लिखी गई कविताओं में मोक्ष गौड़ के 'आँख मिचौली' (2005), लक्ष्मी के 'मेरे गीत' (1998), अपूर्वा जगता (1994) के 'पंख लगाकर उड़ता बचपन' और सृष्टि पांडेय के 'चुनमुन के गीत' संग्रह की कविताओं का उल्लेख किया जा सकता है।

कुछ अरसा पहले अपने विद्यार्थियों से बेहद प्रेम करनेवाली समर्पित शिक्षिका बिमला सहदेव (1940)

ने 'छू सकते हो नभ के तारे' (2000) शीर्षक से गरीब तबके के बहुत साधारण और उपेक्षित बच्चों की कविताओं का संग्रह निकाला है। इनमें बच्चों द्वारा लिखी गई कविताएँ हैं तो उन्हीं के बनाए खूबसूरत चित्र भी। इन कविताओं में बच्चों का इच्छा-संसार खूब सामने आया है। एक नन्ही कवयित्री कविता वर्षा को देखकर लिखती है—'क्यों न लिख डालें एक कविता इस बारिश के ऊपर,/मूसलधार बरसता पानी,/याद आ गई मुझको नानी।' और दीपा बिष्ट लिखती हैं, 'कविता शब्द निराला, कविता शब्द मुझे प्यारा है/…आने लगते हैं अच्छे भाव, जब मैं कविता लिखती हूँ।'

यह बेशक सँजोकर रखने लायक पुस्तक है, जिसे पढ़कर हजारों-लाखों उपेक्षित बच्चों के अंतर्मन को जानने और उनसे मिल लेने का-सा एहसास होता है। इस लिहाज से अध्यापिका बिमला सहदेव की जितनी तारीफ की जाए, कम है। ऐसे ही रमेश गुप्त 'नीरद' द्वारा संपादित 'कच्ची मिट्टी (एक)' (2004) में चेन्नई के स्कूली बच्चों द्वारा लिखी कविताएँ सम्मिलित हैं। इनमें बच्चों का मन और भावनाएँ ही नहीं, उनकी मुश्किलें भी कहीं-कहीं झलकती नजर आ सकती हैं।

बाल कविता की यात्रा में सभी कवियों के बारे में चाहते हुए भी हम लिख नहीं सके। बहुतों के बारे में तो इसलिए कि प्रामाणिक और विस्तृत जानकारी हमें नहीं मिल सकी। फिर पुस्तक की भी एक सीमा थी, लेकिन जिन लगभग चार सौ कवियों की चर्चा हुई है, उससे बाल कविता के ग्राफ यानी उसके मोड़ों और पड़ावों की जानकारी हो सकती है और समय के साथ-साथ उसका रूप, बच्चों के साथ उसका रिश्ता और आस्वाद कैसे चुपके से बदलता रहा है, यह भी। पहले गीत बच्चों को याद कराने के लिए लिखे जाते थे। वे उनसे अलग कोई चीज होते थे, जिनसे वे सीख लें, यह उम्मीद की जाती थी। लेकिन अब वे खिलौने हैं, यानी बच्चे उनसे खेलें, खेल-खेल में याद करें! हालाँकि 'मौसमी' गीतों और भद्दी नकलवाले गीतों की भी इधर कमी नहीं है, लेकिन फिर भी ऐसी बाल कविताएँ नजर आ जाती हैं, जो बाल कविता की विकास-यात्रा और समय के साथ उसके रिश्ते के प्रति आश्वस्त करती हैं। जरूरत तो उसे मामूली रचनाओं के कूड़े के ढेर से अलगाने और सही मूल्यांकन की है।

तमाम कोशिशों के बावजूद बड़े और अच्छे कवियों द्वारा लिखी गईं बहुत-सी बाल कविताएँ अब भी 'अदृश्य' हैं और पता नहीं, कभी मिल पाएँगी भी या नहीं! बहरहाल जरूरत इस काम को आगे बढ़ाने और 'शिद्दत' से बच्चे और बाल साहित्य के सरोकारों से जुड़ने की है। हिंदी बाल कविता का मुकम्मल चेहरा तभी सामने आ पाएगा।

□

3
बाल कहानी

बाल कहानी यानी सातवीं कोठरी का सच

बाल कहानी बेशक बच्चे की सर्वाधिक प्रिय और अपनी-सी चीज है। एक ऐसा 'जादुई खिलौना' जो बच्चों के मन में सबसे ज्यादा सपनीले रंग भरता है और उसके भीतर अनंत रूप-रंगवाली ऐसी दुनिया बसा जाता है, जिसके कमरों में से कमरे, दरवाजों में दरवाजे खुलते चले जाते हैं और यों जिंदगी अपने पूरे आदमकद रूप में, पूरी खूबसूरती से उसके भीतर दस्तक देती है।

दुनिया के प्राय: सभी बड़े चिंतकों और मनोविज्ञानियों ने माना है कि बचपन में पढ़ी या सुनी कहानियों का बच्चों के व्यक्तित्व पर बहुत गहरा असर पड़ता है और आगे चलकर वह क्या बनेगा, उसका व्यक्तित्व किस रूप में ढलेगा, इसका बहुत कुछ निर्धारण इस बात से होता है कि उसका बचपन किस तरह की कथा-कहानियों की दुनिया के बीच गुजरा है। कहते हैं, छत्रपति शिवाजी को महान वीर और तेजस्वी उन अदम्य वीरतापूर्ण कहानियों ने बनाया, जो माँ जीजाबाई उन्हें बचपन में सुनाया करती थीं। इसी तरह महात्मा गांधी को भारत का महानायक और महात्मा बनाने का श्रेय बचपन में सुनी पौराणिक कथाओं और 'सत्य हरिश्चंद्र' जैसे नाटकों को जाता है। विश्व के कई प्रतिष्ठित लेखकों ने भी स्वीकार किया है कि उनके व्यक्तित्व-निर्माण के पीछे बचपन में सुनी कथा-कहानियों का बड़ा हाथ है। हिंदी के मूर्धन्य कथाकार शैलेश मटियानी का बचपन घोर गरीबी और अभावों में गुजरा, पर बचपन में सुनी कहानियाँ इस हालत में भी उन्हें चुपके-चुपके लेखक बनने की राह पर ले जा रही थीं। यहाँ तक कि बड़े होकर उन्होंने बच्चों और बड़ों के लिए जो कुछ लिखा, उसके पीछे बचपन में सुनी कहानियों का असर साफ नजर आता है। इसी तरह बहुचर्चित कहानीकार कमलेश्वर की 'राजा निरबंसिया' पढ़कर भी साफ समझ में आता है कि वे कौन से प्रभाव, कल्पनाएँ, दबाव और अंत:प्रेरणाएँ थीं, जो बड़े होकर उन्हें लेखक बना रही थीं। बचपन में सुनी कहानियों के रंग और ताने-बाने बड़े होने पर यथार्थ के नए ताने-बाने में बदले और ऐसी कहानियाँ ढलकर सामने आने लगीं, जिनमें आप चाहें तो उनके बचपन के मूल कथा-संसार की अंत:छवियाँ भी देख सकते हैं। कमोबेश यह बात दुनिया के सभी प्रसिद्ध लेखकों के बारे में कही जा सकती है। उन्हें बचपन के जादुई और विविधतापूर्ण कथा-संसार ने ही आगे चलकर एक बड़ा लेखक बनाया।

सच तो यह है कि मैं जब भी बाल कहानियों के बारे में सोचना शुरू करता हूँ तो बचपन की सपनीली

दुनिया में पहुँचे बगैर नहीं रह पाता। वह दुनिया, जिसमें माँ और नानी द्वारा सुनाई एक से एक खूबसूरत और अचरजभरी कहानियों का अकूत खजाना था। उन्हीं में 'अधकू' की कहानी भी थी। एक हाथ, एक पैरवाला दुबला-पतला सींकिया अधकू, जो अपने कद्दावर, बलशाली भाइयों से लगातार तिरस्कृत होता है। उसे बे-काम का समझकर मारने की कोशिशें भी होती हैं। तब एक माँ है, जो उसे हर बार बचाती है। वही सींकिया अधकू बड़ा होता है तो इतना समझदार बनता है कि राजकारा में बंदी अपने भाइयों का 'मुक्तिदाता' साबित होता है। कहानी का अंत होते-होते अधकू राजदरबार में भरपूर सम्मान पाता है और अपने भाइयों को भी ढंग का काम-काज दिला देता है। माँ जब यह कहानी सुना रही होती थीं तो लगता था, वह दुबला-पतला सींकिया अधकू मैं ही हूँ। और फिर कहानी के आगे बढ़ने के साथ-साथ एक तेज झंझावात की तरह अधकू का दर्द मेरे भीतर बहने लगता था। आँखों के आगे भविष्य के सपने और उजली कामनाओं के चिराग जलने लगते थे।

बचपन में सुनी ऐसी ही एक और कहानी थी उस राजकुमार की, जिसे चेतावनी दी जाती है कि वह महल की छह कोठरियाँ तो देख सकता है, पर सातवीं कोठरी में जाने की उसे मनाही है। वह राजकुमार भी पगला है, धुनी है। वह मन-ही-मन तय करता है कि चाहे जो हो, वह सातवीं कोठरी भी देखेगा कि आखिर इसमें क्या है? और फिर एकाएक कहानी में तेज गति, बल्कि एक भूचाल-सा आ जाता है। राजकुमार के सिर पर एक के बाद एक मुसीबतें, खौफनाक बिजलियों की तरह टूटने लगती हैं! इधर कहानी सुननेवाला नन्हा बालक, जो कि मैं हूँ, लगभग सम्मोहन की हालत में है। छाती में धड़-धड़, धड़-धड़ शुरू हो जाती है। अजब-सा खौफभरा मंजर! लेकिन बड़ा मजा आता है।... कहानी भागती हुई आगे बढ़ती जा रही है और एक के बाद एक तिलिस्मी दरवाजे खुलते जाते हैं। राजकुमार बड़े से बड़े दुःख उठाता है, लेकिन हारता नहीं है, उफ तक नहीं करता और अंत में वह विजयी भाव से सामने आता दिखाई पड़ता है। उसका माथा गर्व से दमक रहा है।...आँखों में चमक!

याद है, बचपन में यह कहानी सुनते हुए लगता था, सातवीं कोठरी में जानेवाला वह अधपगला, दुस्साहसी राजकुमार मैं ही हूँ। बड़ा होऊँगा तो मैं भी उस सातवीं कोठरी में जाकर देखूँगा कि उसमें क्या कुछ रहस्य छिपा है। जो भी मुसीबतें आएँगी, झेलूँगा, लेकिन रुकूँगा नहीं, हारूँगा नहीं। और आज लगता है, मेरी कलम को बचपन में सुनी उन्हीं कहानियों का 'वरदान' मिला है। हृदय में करुणा, सहृदयता और पर-दुःखकातरता शायद उन्हीं कहानियों से आई हो, जो जाने-अनजाने मुझे इनसानियत का गहरा पाठ पढ़ा रही थीं। जाने क्या बात है कि उसके बाद सुनी-पढ़ी सैकड़ों कहानियाँ फीकी पड़ीं, मुरझा गईं, पर बचपन में सुनी कहानियों का असर आज तक कम नहीं हुआ।

यह है बाल कहानियों की अदम्य शक्ति या ताकत, जिस पर अकसर कम ही गौर किया जाता है। वरना आज के ज्यादातर बड़े लेखक बाल कहानियों से इस कदर उदासीन न होते और न दोयम दर्जे के तमाम लेखकों द्वारा बाल कहानी के नाम पर रद्दी भाषा में कुछ भी लिख देने का सिलसिला चल पाता। कुछ लोग तो बाल कहानी को उपदेश देने का बहाना भर ही मानते हैं और अपनी हर कहानी पर भारी-भरकम उपदेशों की ऐसी गठरियाँ लाद देते हैं कि कहानी उसके नीचे कलपती-कराहती और दीर्घ निःश्वास लेती नजर आती है। इन कहानियों को पढ़नेवाले बच्चों की जो हालत होती होगी, उसकी कल्पना सहज ही की जा सकती है।

फिर एक बात हमें यह भी नहीं भूलनी चाहिए कि 'कल की कहानी' से 'आज की कहानी' का मिजाज एकदम बदला हुआ है, बल्कि सच तो यह है कि वह लगातार बदलता गया है और बदल रहा है। आज की बाल कहानी पर आज के समय और हालात का तथा निरंतर बदलती हुई दुनिया की सच्चाइयों का इतना सीधा असर पड़ा है कि उसे नजरअंदाज करना मुमकिन नहीं है। आज के बच्चों को तिलिस्म उतना नहीं भाता, जितना अपने आसपास की दुनिया की छोटी-से-छोटी हलचल, या कि अपनी नन्ही-मुन्नी दुनिया की नन्ही-नन्ही मुश्किलें, सुख-दुःख, सपने, आकांक्षाएँ, यहाँ तक कि शिकवे-शिकायतें भी। यह दीगर बात है कि यहीं एक 'अच्छे' और 'बुरे' कहानीकार की परख भी अच्छी तरह हो जाती है। एक बुरा कहानीकार किसी चीज को उपदेशात्मक ढाँचे में, मुर्दा भाषा में कहेगा और झट से एक तीसरे दर्जे की फार्मूला कहानी लिख मारेगा, जिसका आदि और अंत एकदम तय है, जिसके चरित्र बेजान हैं और संवाद फीके, नीरस। लेकिन बढ़िया कहानीकार भाषा की जिंदादिली और किस्सागोई में ढालकर यही सब कहेगा तो उसमें जीवन का रस छलछला रहा होगा और ये ऐसी कहानियाँ होंगी, जिन्हें एक बार पढ़ना शुरू करने के बाद बच्चे छोड़ नहीं पाएँगे, बल्कि बार-बार उनकी ओर खिंचेंगे। इन्हें पढ़ते हुए उनकी कल्पनाशीलता और 'क्रिएटिव' ऊर्जा दोनों का खुद-ब-खुद विकास होगा। इस लिहाज से सुभद्राकुमारी चौहान, सियारामशरण गुप्त, जैनेंद्रकुमार, आचार्य चतुरसेन, पदुमलाल पुन्नालाल बख्शी, विष्णु प्रभाकर, देवेंद्र सत्यार्थी, मोहन राकेश, भीष्म साहनी, कमलेश्वर, राजेंद्र यादव, मन्नू भंडारी, रजिया सज्जाद जहीर, मन्मथनाथ गुप्त, उपेंद्रनाथ अश्क, अमृतलाल नागर, यशपाल, वृंदावनलाल वर्मा, कृश्न चंदर, इस्मत चुगताई, शिवानी, अमृता प्रीतम, हरिशंकर परसाई, लक्ष्मीनारायण लाल, जाकिर हुसैन, रामकुमार वर्मा, शैलेश मटियानी सरीखे बड़े लेखकों की एक से एक सुंदर बाल कहानियाँ मिसाल के तौर पर पेश की जा सकती हैं!

अलबत्ता अच्छी कहानी क्या होती है और बच्चों पर उसका असर कितना गहरा और रचनात्मक किस्म का होता है, इस पर खूब विस्तार से ढेरों बातें कही जा सकती हैं। पर मुझे लगता है कि इससे कहीं बेहतर है, नए-पुराने लेखकों की जो बढ़िया कहानियाँ मैंने गुजरे कुछ बरसों में पढ़ी हैं और जिनकी गूँजें-अनुगूँजें आज भी मैं लगातार अपने भीतर महसूस करता हूँ, उनकी यहाँ चर्चा की जाए, क्योंकि कोई अच्छी कहानी शायद खुद-ब-खुद यह बता देती है कि वह अच्छी क्यों है या कि उसमें दूसरी कहानियों से अलग और असरदार चीज क्या है।

इसी तरह हिंदी के अनेक बड़े और मूर्धन्य लेखकों की यादगार कहानियों का जिक्र किया जा सकता है। खासकर विष्णु प्रभाकर की 'पहाड़ चढ़े गजनंदनलाल', देवेंद्र सत्यार्थी की 'मौसी पपीते वाली' तथा 'एक फूल', हरिशंकर परसाई की 'टिंगू की क्या गलती थी', सुभद्राकुमारी चौहान की 'हींगवाला', सियारामशरण गुप्त की 'काकी', आलमशाह खान की 'मिनी महात्मा' जैसी तमाम कहानियाँ हैं, जो एक बार पढ़ने के बाद भुलाई नहीं जा सकतीं।

हिंदी बाल कहानी : एक विकास-यात्रा

बाल कहानी बेशक बच्चों की सबसे प्रिय विधा है। न जाने कब से बच्चे दादी-नानी की कहानियों से

किस्सागोई के रस के साथ-साथ कल्पना और फंतासी की दुनिया में विचरण करने का आनंद ग्रहण करते रहे हैं। इसके अलावा शायद बिना कहे जीवन में कुछ कर गुजरने और आगे बढ़ने की सीख तो खेल-खेल में उनसे मिलती ही है। बाल कहानियाँ जिस तरह बच्चों को अपने आप में लीन करके देर तक एक कथा-धारा में बहने का सुख देती हैं, उसे हम सभी ने अपने-अपने बचपन में महसूस किया है। इसलिए हम सभी जानते हैं कि बच्चों के नजदीक होने का मतलब ही है, उनकी ओर से एक कहानी सुनाने की फरमाइश होना।

कहना न होगा कि जो जितना अच्छा कहानी सुनानेवाला होगा, वह बच्चों को उतना ही अधिक भाएगा भी, क्योंकि कोई अच्छा किस्सागो ही उसे कल्पना-लोक में इतनी दूर की सैर करा लाता है, जहाँ आनंद ही आनंद, मजे ही मजे हैं और कुछ ऐसे नाटकीय ढंग से चीजें घटित होती हैं कि रोजमर्रा की दुनिया का बासीपन और ऊब वहाँ खत्म हो जाती है। तो भला दादी-नानी की कहानियों से अधिक किसकी कहानियाँ उन्हें भाएँगी? दादी-नानी सिर्फ दादी-नानी ही नहीं होतीं, वे कथा कहने की उस्ताद भी होती हैं, और यह ऐसी चीज है, जिसे वे परंपरा से अपने आप सीख लेती हैं। ग्रिम बंधुओं, जैकब (1765-1863) और विल्हैम (1786-1859) ने जगह-जगह घूमकर बेहतरीन लोककथाओं का संग्रह किया था। अपनी किताब की भूमिका में उन्होंने लिखा है कि उन्होंने ये कहानियाँ किस तरह इकट्ठी कीं, या इसके लिए उन्हें कहाँ-कहाँ जाना पड़ा और कैसी-कैसी कोशिशें करनी पड़ीं। वे लिखते हैं कि एक बूढ़ी स्त्री, जिसे कि काफी कहानियाँ याद थीं, के पास वे कुछ छोटे-छोटे बच्चों को बिठा दिया करते थे, जो उनसे कहानियाँ सुनाने का आग्रह करते थे। खुद ग्रिम बंधु दरवाजे के पीछे ओट में बैठ जाते थे और कहानियाँ सुनते और लिखते जाते थे।''' वे बताते हैं, जिस बूढ़ी स्त्री ने यह कथा सुनाई, उसके सामने दुनिया के बड़े-से-बड़े लेखक और किस्सागो शायद पानी भरने लगेंगे। इसलिए कि उसके कथा सुनाने में एक अजब-सा रस और नाटकीयता थी, जो बच्चों को सम्मोहित कर लेती थी। कहानी सुनाते समय आवाज में उतार-चढ़ाव लाना तथा आख्यानों को नाटकीय संवादों के जरिए आगे बढ़ाना उसे बखूबी आता था। यहाँ तक कि कहानियों में शेर, बकरी और दूसरे जानवरों के आने पर वह उन्हीं की आवाज में नकल करके सुनाती थी, तो बच्चों पर जैसे जादुई सम्मोहन-सा छा जाता था।

एक अच्छी कहानी का प्रभाव और असली जादू तो यही है!

पहला चरण : प्रारंभिक युग

नींव रखने का काम

हिंदी बाल कहानी का प्रारंभिक युग बीसवीं शताब्दी के प्रारंभ से लेकर 1947 तक है। जाहिर है, बीसवीं शताब्दी के प्रारंभ में जिन बाल कहानियों की नींव रखी गई थी, उनके पीछे दादी-नानी की कथा सुनाने की यह सदियों पुरानी वाचिक परंपरा भी थी, जो लिखित शब्द या कागजों पर आने के लिए विकल थी। हाँ, उसे अपेक्षित संशोधन या संपादन की दरकार थी, जिससे वह अपनी किस्सागोई को बरकरार रखते हुए भी, आधुनिक और नए अर्थों का वहन करे। कम से कम आज के समय या आधुनिक समाज के नैतिक मूल्यों का हनन करनेवाली या उन्हें पीछे ले जानेवाली कहानियाँ वे न हों। आजादी से पहले 'बालसखा' और 'बाल विनोद' आदि पत्रिकाओं में छपनेवाली कई कहानियों में नयापन और आधुनिकता की धमक

है। इनमें जेपी कांत विशारद की 'साहब का नौकर', महावीरप्रसाद श्रीवास्तव की 'गंदा लड़का', दीनबंधु पाठक की 'नाशपातीवाला' और बलराम वनमाली की 'बाल मनोविकास' कहानियाँ तो अपने समय में खासी चर्चित हुई थीं।

अलबत्ता बीसवीं शताब्दी के शुरुआती दौर में, जब बाल साहित्य की जरूरत और महत्त्व के बारे में गंभीरता से सोचा गया, तभी बाल कहानियों की जरूरत की तरफ लेखकों का ध्यान गया और इस बात पर भी कि बच्चों के लिए कैसी कहानियाँ होनी चाहिए। इस दौर में हिंदी बाल कहानियाँ लिखने या कहें कि इस विधा की नींव रखनेवाले प्रमुख कहानीकार थे—महावीरप्रसाद द्विवेदी, प्रेमचंद, जयशंकर प्रसाद, मोहनलाल महतो 'वियोगी', सुदर्शन, पदुमलाल पुन्नालाल बख्शी, विद्याभूषण विभु, रामवृक्ष बेनीपुरी, रामनरेश त्रिपाठी, हंसकुमार तिवारी, जहूरबख्श, शेख नईमुद्दीन मास्टर तथा स्वर्ण सहोदर।

हिंदी में बाल कहानी-लेखन का यह शुरुआती चरण था, इसलिए इस कालखंड में लिखी गई कहानियों से बहुत ज्यादा कलात्मकता की उम्मीद नहीं की जा सकती थी। इन बाल कहानियों का एक उद्देश्य बच्चों को विदेशी शासन की गुलामी के दुःख बताना, ज्यादा जिम्मेदार और विवेकशील होकर आगे बढ़ने और परतंत्रता की बेड़ियों को काट फेंकने को तैयार करना भी था। तो जाहिर है, नीति-शिक्षा भी इन कहानियों के साथ किसी न किसी कदर जुड़ी थी। इसके अलावा इस दौर की बाल कहानियों पर लोककथाओं का सीधा-सीधा असर भी था। यानी चिरपरिचित लोककथाओं को थोड़ा अदल-बदलकर बच्चों के लिए पेश किया जा रहा था। पर अच्छी बात यह है कि इस दौर के ज्यादातर लेखक जो कहानियाँ लिख रहे थे, वे बच्चों का मनोरंजन करने के साथ-साथ उन्हें जिम्मेदार और समझदार नागरिक बनाने के उद्देश्य से लिखी जा रही थीं। इसलिए स्वाभाविक रूप से उनके पीछे प्रगतिशील दृष्टि और विचार था। खासकर महावीरप्रसाद द्विवेदी और जहूरबख्श की इस तरह की कई कहानियाँ मिलती हैं, जिससे उस दौर की कथा-दृष्टि और विजन को समझा जा सकता है।

महावीरप्रसाद द्विवेदी (1864-1938) की 'पांडवों का विवाह' एक पौराणिक प्रसंग की बच्चों के लिए साफ-सुथरी प्रस्तुति है। सहज, सरल भाषा में लिखी गई इस कहानी में पर्याप्त नाटकीयता है और मनोभावनाएँ भी। द्विवेदीजी ने बच्चों के लिए ऐसी कहानियाँ भी लिखी हैं, जिनमें परी-तत्त्व और फंतासी का अच्छा इस्तेमाल है। उनकी एक फंतासी कथा में स्वर्ग की तुलना में धरती के जीवन और यथार्थ की महिमा कहीं अधिक है। जहूरबख्श और मास्टर नईमुद्दीन की भी ऐसी कई कहानियाँ हैं। जहूरबख्श की 'कुत्ते की दुम' खासी चर्चित कहानी है, जिसके पीछे एक विचार भी है। शेख नईमुद्दीन की 'मुंशीजी' एक सीधी-सादी भावनात्मक कहानी है तो बाबूलाल भार्गव की 'समुद्र की परी' एक सुंदर परीकथा है। इस दौर में कई प्रसिद्ध साहित्यकारों ने बच्चों के लिए कहानियाँ लिखीं, जिनमें मूर्धन्य कवि-कथाकार जयशंकर प्रसाद और मोहनलाल महतो 'वियोगी' भी शामिल हैं। कुल मिलाकर राजा शिवप्रसाद सितारेहिंद की 'राजा भोज का सपना', 'बच्चों का इनाम' और 'लड़कों की कहानी', हंसकुमार तिवारी की 'काला कुदरा', जयशंकर प्रसाद की 'बालक चंद्रगुप्त', सुदर्शन की 'हार की जीत', मोहनलाल महतो 'वियोगी' की 'लोहार और तलवार' वे कहानियाँ हैं, जिनसे आजादी से पहले की हिंदी बाल कहानी का एक मुकम्मल और प्रभावपूर्ण चेहरा सामने आता है। इनमें राजा शिवप्रसाद सितारेहिंद की 'राजा भोज का सपना' और सुदर्शन की 'हार की जीत' तो ऐसी कालजयी कहानियाँ हैं, जिनकी

हर काल में चर्चा हुई और बहुत दूर तक जिनका प्रभाव नजर आता है।

जयशंकर प्रसाद (1889–1936) की 'बालक चंद्रगुप्त' छोटी-सी ऐतिहासिक कहानी है, पर आगे चलकर इतिहास के महानायक बननेवाले चंद्रगुप्त के बचपन की बुद्धिमत्ता और विलक्षणता इसमें झाँक जाती है। बचपन में राजसी अभिनय करते हुए चंद्रगुप्त से चाणक्य की मुलाकात का दृश्य बहुत नाटकीय है, लेकिन इससे भी अधिक प्रभावी है चंद्रगुप्त का अपनी माता के साथ नंद की सभा में जाना और अपनी बुद्धिमत्ता से सबको चकित कर देनेवाला प्रसंग। किसी मित्र राजा ने नंद के पास पिंजरे में बंद मोम का शेर भिजवाया था। पर नंद के सभासदों की परीक्षा लेने के लिए साथ ही शर्त जोड़ दी थी कि बिना पिंजरे का द्वार खोले इस सिंह को बाहर निकाला जाए। नंद के सभासदों में कोई इस कार्य में सफल न हो सका। तब बालक चंद्रगुप्त ने दूर से ऊँची आवाज में कहा, "मैं निकाल सकता हूँ।" पहले तो सभी बालक चंद्रगुप्त के दुस्साहस पर अचकचाए, पर फिर जब उसने बुद्धिमत्ता से लोहे की गरम सलाखों से मोम को पिघलाकर शेर को बाहर निकाला, तो नंद समेत सभी हैरान रह गए। इस छोटी सी कथा को जयशंकर प्रसाद ने बड़े ही नाटकीय विन्यास के साथ लिखा है।

ऐसे ही सूर्यकांत त्रिपाठी 'निराला' (1899–1961) की बच्चों के लिए लिखी गई कहानियों की पुस्तक 'सीखभरी कहानियाँ' अपने समय में खासी चर्चित हुई थी और बाल पाठकों ने उसे बहुत पसंद किया था। 'सीखभरी कहानियाँ' में निरालाजी ने ईसप की चर्चित कहानियों को ही बड़े अनूठे अंदाज और सहज भाषा-शिल्प में बाल पाठकों के लिए प्रस्तुत किया है। निराला की लेखनी के चमत्कार से इन कहानियों में एक नया ही जादू पैदा हो गया है। हर कहानी के अंत निरालाजी ने यह भी लिखा है कि इस कहानी से हमें क्या सीख मिलती है। आज ये सीख देनेवाली टिप्पणियाँ हमें कुछ पुरानी लग सकती हैं, पर इन कहानियों का रस और जादू आज भी नया-नया है और सबसे खास बात यह कि निरालाजी ने इस पुस्तक की भूमिका में बड़े आत्मीय ढंग से इस बात की चर्चा की है कि बच्चों के लिए लिखना क्यों जरूरी है! उन्होंने तो यहाँ तक माना है कि बच्चे किसी लेखक की रचनाओं को पढ़ें, तभी उसका लेखन सार्थक है और यही लेखक की अमरता भी है! इसलिए उन्हें बड़ों के साथ बच्चों के लिए लिखना भी इतना जरूरी लगा।

रामनरेश त्रिपाठी और रामवृक्ष बेनीपुरी ने भी बच्चों के लिए एक से एक सुंदर कहानियाँ लिखीं। रामनरेश त्रिपाठी (1889–1962) की 'बाल कथा-कहानी' पुस्तक दस खंडों में हैं और आजादी से पहले लिखे गए बाल कथा साहित्य में इसे मील का पत्थर माना जाता है। उनके 'पकड़ पूँछकटे को', 'चटक-मटक की गाड़ी', 'तीन सुनहले बाल' और 'तीन मेमने' सरीखे बाल कहानियों के संग्रह अपने समय में खासे चर्चित हुए थे।

रामवृक्ष बेनीपुरी (1900–1968) ने बड़ी ही रुचि और जिम्मेदारी से बच्चों के लिए एक से एक अच्छी कहानियाँ लिखीं और आजादी से पहले के बाल कथा साहित्य को समृद्ध करने में उनका ऐतिहासिक योगदान है। बेनीपुरीजी की रोचक और भावनात्मक कहानियाँ बाल पाठकों को अपने साथ बहा ले जाती हैं। उनकी बहुत सी कहानियाँ लोकशैली के अंदाज में लिखी गई हैं, जिनमें चरित्रों के विकास के जरिए वे बहुत नयापन ले आते हैं। इस लिहाज से बेनीपुरीजी की 'हीरामन तोता' एक अनोखे तोते हीरामन की बड़ी दिलचस्प कहानी है। कहानी में हीरामन एक बोलनेवाला बुद्धिमान और समझदार तोता है। वह राजा को रानी पद्मावती की सुंदरता

के बारे में बताता है। अब तो राजा के कौतुक की कोई सीमा नहीं रहती। उसने पद्मावती को पाने का तरीका पूछा तो हीरामन तोते का जवाब था कि उस तक पहुँचने के लिए एक उड़नबछेड़ा चाहिए। रानी पद्मावती को पाने के लिए राजा चल पड़ता है। रास्ते में एक से बढ़कर एक तकलीफों के बाद वह उड़नबछेड़ा हासिल करता है और फिर रानी पद्मावती को खोजने निकल पड़ता है। राजा और रानी पद्मावती दोनों को ही बहुत कष्ट झेलने पड़ते हैं। कहानी के अंत में राजा फिर से उड़नबछेड़े में बैठकर रानी पद्मावती और हीरामन तोते के साथ अपने महल में पहुँचता है और सुख से रहने लगता है। हीरामन तोते की यह कहानी तो जानी-पहचानी है, पर बेनीपुरीजी की अत्यंत नाटकीय भंगिमावाली कलम इसे बेहद रसवंत बना देती है।

बेनीपुरीजी की एक और कहानी 'लाल बुझक्कड़' चार दोस्तों की कहानी है। इनमें एक राजा है, एक दरजी। बाकी दो दोस्तों की भी अपनी-अपनी खासियतें हैं। चारों एक साहसिक अभियान पर निकलते हैं। कहानी में कई करिश्माई मोड़ आते हैं। इसी तरह 'अमृत की वर्षा' भी बेनीपुरीजी की बहुचर्चित कहानी है। पौराणिक परिवेश पर लिखी गई बड़ी ही सुंदर और अविस्मरणीय कहानी। कहानी में राजा जीमूतकेतु के बेटे जीमूतवाहन का बड़ा दिव्य चरित्र उभरा है। एक बार जीमूतवाहन नदी की सुंदरता निहार रहा था, तभी नदी में उसे सफेद पहाड़ दिखाई दिया। उसे लगा, मानो एक हिमालय यहाँ भी उतर आया है। पर फिर पता चला कि यह तो हड्डियों का पहाड़ है और ये गरुड़ द्वारा मारे हुए नागों की हड्डियाँ हैं। सुनकर उसे बड़ा भारी दुःख हुआ। कहानी के अंत में जीमूतवाहन का परोपकार, उसकी करुणा और सरलता की छवि बाल पाठकों के मन में गहराई से अंकित हो जाती है। पौराणिक परिवेश की कहानी होने पर भी बेनीपुरीजी ने इतनी तल्लीनता और भावपूर्ण भाषा में इसे लिखा है कि साँस रोककर पढ़ना पड़ता है।

इसी तरह 'दिनों की कहानी' बेनीपुरीजी की एक सुंदर फंतासी कथा है। सप्ताह में सात दिन होते हैं, पर हर दिन एक जैसा नहीं है। हर दिन की एक अलग कहानी है। ऐसी ही हर्ष-विषाद और चमत्कारपूर्ण कई कहानियाँ 'दिनों की कहानी' में गुँथी हुई हैं, जिन्हें पढ़ते हुए बच्चे कल्पना की अनोखी सैर करने का सा आनंद महसूस करते हैं। साथ ही हर दिन की एक अलग शख्सियत उनकी आँखों में साकार हो जाती है।

कहानी में इस बात का बड़ा रोचक और रसपूर्ण वर्णन है कि एक महल में ये सातों दिन अपने-अपने प्रभामंडल के साथ विराजमान हैं। सभी का अपना-अपना एक अलग कक्ष है। सभी का स्वभाव और परिवेश भी अलग-अलग है। सप्ताह का पहला दिन है रविवार, पर वह भी कोई कम मौजूँ नहीं। जरा बेनीपुरीजी के शब्दों में उसकी यह कहानी सुन लीजिए, जिसमें उसने बच्चों को अपनी खासियत बताई है—

"...मेरा हाल क्या पूछते हो? जानते हो, अपने लोक का सबसे पुराना सदस्य मैं ही हूँ। सबसे बजुर्ग, इसलिए सबसे पूजा पाता रहा हूँ। जब लोगों ने समय को सप्ताह में बाँटने का तय किया, मुझसे प्रार्थना की कि पहले दिन का नाम मुझ पर ही रखने दिया जाए। मैंने हाँ कर दी, पर एक शर्त रख दी। शर्त यह रखी कि जो दिन मेरे नाम का हो, उस दिन कोई काम न किया जाए। छुट्टी रहे, पूरी छुट्टी! बच्चे स्कूलों में न जाएँ, बड़े दफ्तरों में न जाएँ। सब खेलें-कूदें और मौज करें। हाँ, जो लोग धार्मिक जीवन बिताना चाहें, वे व्रत करें, उपवास करें, मंदिरों में जाकर प्रार्थना करें, किंतु एक काम हरगिज न करें, वह है काम। एक दिन काम मत करो, आराम करो या जो करो—कहो बच्चे, मेरी यह शर्त तुम्हें पसंद है कि नहीं?"

'संसार की मनोरम कहानियाँ' पुस्तक में बेनीपुरीजी ने भारत और संसार के अन्य देशों की उन बहुचर्चित कहानियों को सुंदर कलेवर में प्रस्तुत किया है, जिनकी प्रसिद्धि देश-काल की सीमाओं को पार करके दूर देशों तक पहुँची है। इस पुस्तक में शामिल कहानियाँ हैं, 'पृथ्वी पर गंगा', 'स्वप्न-वासवदत्ता', 'कुमुद-कुमारी', 'उड़न-बछेड़ा', 'पंडुक का जोड़ा' और 'चोंच-कटी गौरैया'। इन्हें बाल पाठकों के लिए प्रस्तुत करना किसी बड़ी चुनौती से कम नहीं था। पर बेनीपुरीजी अपनी भावपूर्ण भाषा के बल पर कहानियों को पुरअसर बना देते हैं।

बेनीपुरीजी की बच्चों के लिए लिखी गईं कहानियों की सबसे बड़ी विशेषता यह है कि वे बच्चों का भरपूर मनोरंजन करने के साथ ही उनके मन में कुछ नया करने का सपना जगाती हैं और सुंदर सीख भी देती हैं। हालाँकि उनकी बाल कहानियाँ इतने भावपूर्ण शब्दों में लिखी गईं, तेज प्रवाहवाली कहानियाँ हैं कि उनके बीच धीरे से गूँथ दी गई सीख भी बाल पाठकों को अखरती नहीं है और वह कहानी का एक हिस्सा ही लगती है।

इतना ही नहीं, बेनीपुरीजी ने बच्चों के लिए संसार के अलग-अलग देशों में लिखे जा रहे बाल साहित्य को भी हिंदी में अनूदित किया है। बहुत सी सुंदर रचनाओं को उन्होंने रूपांतरित कर बच्चों की सुंदर कहानियों की शक्ल में ढाला है। उनकी पुस्तक 'फूलों का गुच्छा' में उनकी ऐसी बहुत सी रचनाएँ एक साथ पढ़ने को मिल जाती हैं। इससे बच्चे बेनीपुरीजी के शब्दों में विश्व साहित्य की एक झलक देख पाएँगे। फ्रांस के साहित्यकार विक्टर ह्यूगो की कहानी 'अभागा', यूनान के महाकवि होमर की 'रानी की चोरी', बेल्जियम के लेखक मेटरलिंक की 'टिलटिल की शादी', इंग्लैंड के साहित्यकार चौसर की 'गरीब की लड़की', महान रूसी लेखक टॉलस्टास की 'सच्चा राजकुमार', जर्मनी के लेखक जौर्ग की 'मिस्र की शहजादी', स्पेन के सर्वेंट्स की 'अलबेले बहादुर', शेक्सपीयर की 'सच्ची दोस्ती' और डेपो की 'नटखट लड़का' वे अमर रचनाएँ हैं, जिन्हें बेनीपुरीजी ने हिंदी में बाल पाठकों के लिए प्रस्तुत किया है। इसके अलावा बेनीपुरीजी ने ऐसी छोटी-छोटी प्रेरक कथाएँ भी लिखी हैं, जो बच्चों के मन में वीरता, साहस, दया और उपकार का भाव उत्पन्न करती हैं।

सुभद्राकुमारी चौहान (1904-1948) की कहानियाँ भी बच्चों के मन को छू लेती हैं। उनकी 'हींगवाला' बड़ी भावनात्मक कहानी है, जिसे भूल पाना मुश्किल है। कहानी में हींगवाला खान "हेरा हींग है माँ, हमको तुम्हारे हाथ की भौनी लगता है। एक ही तोला ले लो, पर लो जरूर।" कहकर बार-बार हींग दे जाता है। सावित्री के बच्चे हर बार उस पर बिगड़ते हैं कि क्यों खामखा हींग लेकर पैसे लुटाए जा रहे हैं, जबकि घर में हींग की इतनी तो जरूरत ही नहीं है! मगर खान का प्यार ऐसा है कि सावित्री हर बार न चाहते हुए भी हींग जरूर ले लेती है। यही खान एक दिन शहर में दंगा भड़कने पर तीनों बच्चों के घर से बाहर होने की चिंता में अकुला रही सावित्री के लिए देवदूत बनकर आता है। वह तीनों बच्चों को सकुशल अपनी बाँहों में भरकर ले आता है। तब बच्चे जान पाते हैं कि खान सिर्फ हींग बेचनेवाला दुकानदार नहीं है, उसके पास सचमुच एक फरिश्ते जैसा दिल है।

सियारामशरण गुप्त (1895-1963) की 'काकी' भी मार्मिक और अविस्मरणीय कहानी है, जिसमें दो बच्चे श्यामू और उसका दोस्त भोला मिलकर पतंग उड़ाने का जतन करते हैं। श्यामू की इच्छा है कि वह पतंग

ऊँची, बहुत ऊँची, आसमान तक जाए। इसलिए कि लोग कहते हैं कि उसकी काकी आसमान में चली गई है। वह रात-दिन आकाश की ओर ताका करता है, पर काकी उसे नजर नहीं आती। श्यामू सोचता है कि अगर पतंग आकाश तक चली जाएगी, तो जरूर काकी उस पर बैठकर धरती पर आ जाएगी और उसे बहुत-बहुत प्यार करेगी। विश्वेश्वर श्यामू की पतंग उड़ाने की धुन और उसके लिए कोट से रुपया चुरा लेने के कारण इतने नाराज हैं कि उसे दो तमाचे जड़ देते हैं, मगर जब श्यामू का दोस्त भोला बताता है कि "पतंग इसलिए उड़ा रहे थे, क्योंकि पतंग तानकर काकी को राम के यहाँ से नीचे उतारेंगे।" तब विश्वेश्वर की आँखें आँसुओं से भर जाती हैं। उन्होंने देखा कि पतंग पर एक कागज चिपका हुआ था और उस पर बड़े-बड़े अक्षरों में लिखा था, 'काकी'। आम तौर से ऊधमी समझे जाते बच्चों का मन कितना सरल होता है, इसकी एक प्यारी और मार्मिक झलक सियारामशरण की 'काकी' कहानी में है। यह ठीक है कि काकी मूल रूप से बच्चों के लिए लिखी गई कहानी नहीं है, पर इसमें कुछ ऐसी कशिश है कि हर बच्चा जो पढ़ेगा, इसके साथ जुड़ाव महसूस करेगा।

इसी तरह जैनेंद्रकुमार (1905-1988) की 'सुंदरिया' एक गाय की इतनी सुंदर और मार्मिक कहानी है कि उसे पढ़ते हुए आँखें भीग जाती हैं। जैनेंद्रजी की 'पाजेब' भी एक न भूलनेवाली कहानी है, जिसमें घर में काम करने वाले एक छोटे बच्चे की सरलता और मनोविज्ञान का अनोखा चित्रण है। उस पर चोरी का इलजाम लगता है और घर में जैसे तूफान आ जाता है, लेकिन खोई हुई पाजेब जब घर में ही मिल जाती है, तो बड़ों की शर्मिंदगी का अंदाजा लगाया जा सकता है। 'खेल' भी जैनेंद्रकुमार की खासी उस्तादाना कहानी है, जिसमें रेत में घरोंदा बनानेवाले बच्चों की सरल-निश्छल भावनाओं का गजब का चित्रण है।

इस कालखंड में ठाकुर श्रीनाथ सिंह (1901-1996) की परीकथाओं की भी खूब चर्चा रही। 'चाँद की सैर' उनकी बड़ी दिलचस्प कहानी है। इस सुंदर और नाटकीयतापूर्ण परीकथा को पढ़ते हुए अंत तक उत्सुकता बनी रहती है। बिल्ली बच्चे को चाँद पर चलने के लिए कहती और बच्चा इस नायाब यात्रा के लिए तैयार हो जाता है। पर शुरू में पता नहीं चलता कि चाँद पर जाने की यह अबूझ कथा कैसी रोमांचक साबित होनेवाली है और उसमें तमाम मुश्किलों के बावजूद कैसा आकर्षण, कैसी रहस्यात्मक मंजिलें, अकथनीय भँवर और चढ़ाइयाँ हैं। बिल्ली वाकई बड़ी नायाब बिल्ली है जो पल-पतिपल नए-नए रूप बदलती है और उसकी मोहिनी किसी जादूगर से कम नहीं है। बेशक यह ऐसी कहानी है, जिसे दिल को थामकर पढ़ना पड़ता है। और सबसे बड़ी बात, कहानी में पुराने दौर की नाटकीय कहानी-कला का आस्वाद है, जो कहानी पढ़ने के बाद भी देर तक बना रहता है।

श्रीनाथ सिंह ने 'परीदेश' शीर्षक से बड़ी सुंदर और मुग्ध करनेवाली नन्ही परीकथाएँ लिखी हैं। उनकी यह पुस्तक सन् 1932 में प्रकाशित हुई थी। पुस्तक की भूमिका में श्रीनाथ सिंह लिखते हैं, "ये कहानियाँ छोटे बच्चों के लिए लिखी गई हैं। लेखक ने इन्हें छोटे बच्चों के बीच में बैठकर और उनकी मदद से लिखा है। इसलिए इनमें कोई ऐसी बात नहीं आ पाई, जो बच्चों को पसंद न हो। छोटे बच्चे क्या चाहते हैं? हँसना, खेलना, रूप बदलना, अज्ञात जगहों में जाना, सब जीवों से दोस्ती करना और अपनी अड़चनों पर अपने ढंग से विचार करना। इन कहानियों में आपको यही बातें मिलेंगी।"

साथ ही श्रीनाथ सिंह ने एक महत्त्वपूर्ण बात और कही है, जिससे आजादी से पहले के दौर में भी एक

बाल कथाकार की सजगता पता चलती है। वे लिखते हैं, "लेखक ने बच्चों को कहीं पर उपदेश देने की कोशिश नहीं की। प्रत्येक कहानी में उसका उद्देश्य बच्चों के सामने मनोरंजन के साथ विचार की कुछ सामग्री उपस्थित कर देना रहा है। आजकल हिंदी में बच्चों के लिए जो कहानियाँ लिखी जाती हैं, उनमें ऊपर लिखी बातें कम मिलती हैं। इसलिए इन कहानियों को तैयार करने में लेखक का उद्देश्य मातृभाषा के बालसाहित्य में एक नई लहर पैदा करना भी रहा है… ! लेखक को तो सिर्फ इस विश्वास से संतोष है कि उसकी इस कृति को चाहे कोई पसंद न करे, पर छोटे बच्चे जरूर पसंद करेंगे।"

यह भूमिका आज से कोई पचासी बरस पहले 1 जनवरी, 1932 को लिखी गई है। इस लिहाज से यह किसी कीमती दस्तावेज से कम नहीं है। पुस्तक में नन्हे-मुन्नों के लिए खूब रस लेकर लिखी गई 'मुन्नू, मुन्नी और चंपा', 'तारा की गुड़िया', 'नए खिलौने', 'पहरेदार', 'गोपाल और चिड़िया' सरीखी कहानियाँ हैं, जिन्हें पढ़ते हुए बच्चों को तो आनंद आएगा ही, बड़े भी जैसे किसी जादू की डोर से बँधे बच्चे बन जाएँगे। बच्चों का स्कूल, बच्चों के मास्टरजी, बच्चों के खिलौने और गुड्डे-गुड़ियाँ, बच्चों की आसपास की दुनिया, उनका हास्य-विनोद, उनकी सरल बातें, इन्हीं सब से इन कहानियों के तार निकलते हैं और पाठकों के दिलों पर अपनी एक मोहिनी सी छोड़ जाते हैं।

जहूरबख्श (1897-1964) भी इस दौर के बड़े कथाकार हैं, जिन्हें बाल साहित्य का प्रेमचंद कहा जाता है। उन्होंने साहित्य की अनेक विधाओं में लिखा, पर बच्चों के लिए कहानी लिखते समय उनकी कलम का कमाल देखते ही बनता है। जहूरबख्श की कई कहानियाँ ऐसी हैं, जिन्हें बाल साहित्य की कालजयी कहानियाँ कहा जा सकता है। इनमें 'पागल है' कहानी खासी दमदार है, जिसे पढ़ते हुए एंडरसन की 'राजा नंगा है' कहानी की याद आती है। हालाँकि जहूरबख्श की कहानी एक अलग धरातल पर चलती है। एक बादशाह है, जो अपने दरबारियों और चापलूसों से घिरा हुआ हमेशा मौज-मस्ती में लगा रहता है। अचानक एक दिन उसके पास एक नजूमी या भविष्यवक्ता पहुँचता है। उसने कहा, फलाँ तारीख को आपके राज्य में एक ऐसी हवा चलेगी के सब लोग पागल हो जाएँगे। अब तो राजा परेशान हो उठा। उसने अपने सलाहकारों से बात की तो सबने उसे सलाह दी कि "चिंता की क्या बात है? हम जमीन में एक मजबूत तहखाना बनाएँगे और उसमें बंद होकर रहेंगे। फिर हवा भला हम तक कैसे पहुँचेगी?" आखिर यही हुआ, वह दु:ख और परेशानी की घड़ी निकल गई। पर उसके बाद राजा और उसके चापलूस दरबारी जब बाहर निकले तो जनता उन्हें खदेड़कर फिर से उसी तहखाने में बंद कर देती है और बाहर से ताला लगा दिया जाता है। जनता हँसी-खुशी अपनी जिंदगी गुजारने लगती है। अब लोगों को स्वार्थ में अंधे किसी ऐसे राजा की जरूरत नहीं थी, जो बस जनता के धन पर मौजमस्ती करता हो और जिसे किसी की परवाह न हो।

जहूरबख्श की यह कहानी बिना कुछ कहे, चुपके से यह सीख दे देती है कि जो राजा अपनी प्रजा का खयाल नहीं रखता, जनता उसे दिल से उतार देती है। और फिर उसकी राजगद्दी भी ज्यादा समय तक नहीं चल पाती। यों देखा जाए तो एक अच्छी कहानी की सबसे बड़ी खासियत भी यही है कि वह अलग से कुछ नहीं कहती या उसमें ऊपर से उपदेश चस्पाँ करने की जरूरत नहीं पड़ती, पर उसे पढ़कर मन विचलित न हो, ऐसा हो नहीं सकता। यही वजह है कि जहूरबख्श की यह बाल कहानी इतनी चुटीली और अर्थपूर्ण है कि हिंदी

में बच्चों के लिए लिखी गई सबसे बेहतरीन कहानियों में इसकी गिनती की जा सकती है।

जहूरबख्श की एक और दिलचस्प कहानी 'देवता का दान' में भी यही दृष्टि है। इसमें कथाकार की सहानुभूति एक गरीब भिखारी के साथ है, जिसे खाने को कुछ नहीं मिलता। इसलिए उसके और उसके परिवार के दुःख का कोई ठिकाना नहीं है। कहानी में भिखारी के साथ-साथ एक कंजूस सेठ का चित्रण भी कमाल का है। जहूरबख्श की 'जवाहर का सपना' में भी एक भिखारी की कथा है। कथानायक जवाहर सपना देखते हैं, जिसमें भिखारी के कष्टों का वर्णन है। पर अंत में वह भिखारी अमेरिका पहुँच जाता है। वहाँ भीख माँगने पर पाबंदी है, पर सबको काम मिल जाता है। लिहाजा भिखारी के दुःख दूर हो जाते हैं।

जहूरबख्श ने बच्चों के लिए बड़ी मजेदार हास्य कथाएँ भी लिखी हैं। 'आधी रोटी तीन करेला' और 'तीन के तीन' उनकी दिलचस्प बाल हास्य कथाएँ हैं, जिन्हें पढ़ते ही बच्चे खिलखिलाकर हँसने लगते हैं। यहाँ कहानियों का विषय ही नहीं, उनकी भाषा और लहजा भी बदला हुआ है। 'आधी रोटी तीन करेला' में एक बूढ़े आदमी का चित्रण है, जिसे बच्चे आधी रोटी तीन करेला कहकर चिढ़ाते हैं। बूढ़ा गुस्से में आकर उन्हें मारने दौड़ता है, पर बच्चों से पार नहीं पा सकता। इसलिए कि जिधर भी वह जाता है, उसे यही सुनने को मिलता है कि आधी रोटी तीन करेला। उस बूढ़े के दुःख का कोई अंत नहीं है, पर कहानी का अंत दिलचस्प और हैरान कर देनेवाला है। जहूरबख्श के यहाँ हास्य के रंगों में रँगी ऐसी तमाम कहानियाँ हैं, जिनमें भरपूर जिंदगी और जिंदादिली छलछला रही है।

इसी तरह जहूरबख्श ने बड़ी रोचक और रसपूर्ण परीकथाएँ और फंतासी कथाएँ भी लिखी हैं, पर उनमें कोरे चमत्कार की जगह मानवीय भावनाओं पर बल है। 'सोने का पानी' उनकी ऐसी ही परीकथा है। इसमें एक अच्छी और भली-सी रानी है, जिसकी आँखें दुखने लगी हैं। तमाम तरीके आजमाए गए, पर वे ठीक नहीं हुईं। तब एक वैद्य ने कहा कि अगर कोई सोने का पानी ला सके, तो उसे आँखों में डालने पर रानी की आँखें एकदम ठीक हो जाएँगी। पर सोने का पानी कैसे लाया जाए? वह राक्षसों के कब्जे में था और वे बड़े खूँख्वार और जबरदस्त थे। इसलिए कोई वहाँ तक जाने की हिम्मत नहीं कर सका। तब आखिर राजकुमार सोने का पानी लेने चल पड़ता है। अपनी नेकी, सदाशयता और हिम्मत के बल पर वह राक्षसों के बीच जाकर पानी लेकर आता है। उसे डालने से रानी की आँखें ठीक हो गईं और हर कोई राजकुमार की प्रशंसा करने लगा। यह कहानी लोककथा की तर्ज पर लिखी गई है, पर जहूरबख्श की भाषा और अंदाज ऐसा है कि इसमें बहुत कुछ नयापन आ गया है।

जहूरबख्श की कुछ कहानियाँ आत्मकथात्मक ढंग की भी हैं। इनके पीछे कोई न कोई मार्मिक अनुभव है, जो कहानी पढ़ने के बाद पाठक के दिल में बहुत समय तक घर बनाए रखता है। 'चुभती भूल' इसी तरह की आत्मकथात्मक कहानी है, जिसमें उनके बचपन का वर्णन है। उन दिनों वे एक पेड़ के नीचे खेलते थे। वहीं एक दाढ़ीवाला बूढ़ा आदमी नमाज पढ़ता था और दुआएँ माँगता था। बच्चा उसे तरह-तरह से तंग करता है। कभी उसकी कोई चीज खींच लेता है तो कभी धूल डाल देता है। पर बूढ़ा बड़े प्यार से बरजता है कि देखो, यह ठीक नहीं है, पर बच्चे का तो यही खेल और मनोरंजन था। एक दिन तो हद ही हो गई। जब बूढ़ा नमाज पढ़ने के लिए झुका तो बच्चे ने उसकी टोपी खींच ली। इस पर बूढ़े ने तो कुछ नहीं कहा, पर तभी अचानक

उस बच्चे के पिता ने उसे बुरी तरह फटकारा और पीटने लगे। बूढ़ा तब भी उन्हें बच्चे को पीटने से रोकता है। बड़े होने पर कथानायक को अपने बचपन की यह भूल बुरी तरह सालती है।

जहूरबख्श की बाल कहानियों की चर्चित पुस्तकें हैं—'इतिहास की कहानियाँ', 'मजेदार कहानियाँ', 'हवाई कहानियाँ', 'सोनपरी', 'हाय नागिन', 'घोड़ों की खेती', 'आदिवासियों की कहानियाँ', 'वीरों की सच्ची कहानियाँ', 'मनोरंजक कहानियाँ', 'अनोखी कहानियाँ', 'ईसप की कहानियाँ', 'इतिहास की कहानियाँ', 'मनोरंजक ऐतिहासिक कहानियाँ' तथा 'कथा-माला'।

जाहिर है, हिंदी साहित्य के इन दिग्गजों और बाल साहित्य के शुरुआती दौर के लेखकों की बच्चों के लिए लिखी गई कहानियों में बच्चों के मन और उनकी रुचियों के अनुकूल लिख पाने की विकलता है। लिहाजा बाल साहित्य के प्रारंभिक दौर की इन कहानियों में परीकथाएँ हैं, ऐतिहासिक, पौराणिक कहानियाँ हैं, तो ऐसी कहानियाँ भी, जो अपने समय के यथार्थ से सटकर चलते हुए बच्चों को खेल-खेल में कुछ नया सिखा जाती हैं और उनके व्यक्तित्व-विकास में अदृश्य रूप से सहायक होती हैं। परीकथाएँ और फंतासी कथाएँ भी ऐसी हैं, जिनमें जीवन की दृष्टि साफ और खुली है। मसलन हंसकुमार तिवारी (1918-1980) की 'काला कुदरा' में डरावने भूत का जिक्र है। मगर आदमी इसे वश में कर लेता है और आखिर काला कुदरा नाम के इस भूत को आदमी का हर हुक्म मानना पड़ता है।

❦ ❖ ❦

आश्चर्य, प्रेमचंद (1880-1936) जैसे कथा-सम्राट् ने बाल कथा-लेखन को पर्याप्त महत्त्व देते हुए बाल कहानियाँ लिखीं और अपने मौलिक ढंग की कहानियों से उसे एक नया मोड़ दिया, तो भी प्रेमचंद की लिखी बाल कहानियों की ज्यादा चर्चा नहीं हुई। 'जंगल की कहानियाँ' (1936) शीर्षक से प्रेमचंद ने चीता, बाघ, भालू, बनमानुष आदि को लेकर जंगल के जीवन या कहें वन्य पशुओं की जिंदगी पर बड़ी संवेदना से छलछलाती सुंदर और मार्मिक कहानियाँ लिखी थीं। विडंबना यह है कि बाल साहित्य के अंतर्गत अकसर प्रेमचंद की उन कहानियों की चर्चा होती है, जो उन्होंने बच्चों के लिए नहीं, बड़ों के लिए लिखी थीं और अफसोस, बच्चों के लिए लिखी गईं उनकी एक-से-एक रोचक और खूबसूरत कहानियों को एकदम भुला ही दिया गया। जबकि सच तो यह है कि वे इतनी भावपूर्ण कहानियाँ हैं कि सीधे बाल पाठकों के दिल में उतरकर उन्हें अधिक सरल, मानवीय और करुणायुक्त बनने की सीख देती हैं। 'जंगल की कहानियाँ' में कुल मिलाकर बारह कहानियाँ हैं, जो प्रेमचंद ने अपने जीवन के आखिरी दौर में लिखी थीं, जब वे एक तरह से कीर्ति के शिखर पर थे। उस समय उन्हें बच्चों के लिए लिखना जरूरी लगा, यह बात खुद में बाल साहित्य के महत्त्व को उजागर कर देती है।

प्रेमचंद की लिखी 'जंगल की कहानियाँ' किस कदर रोमांचक हैं, यह इस पुस्तक की पहली ही कहानी 'शेर और लड़का' पढ़कर जाना जा सकता है। हुआ यह है कि एक लड़का बाघ के डर से पेड़ पर चढ़कर बैठ गया। बाघ उसे खाना चाहता था, पर बाघ पेड़ पर तो चढ़ नहीं सकता था। अलबत्ता वह पेड़ के नीचे ही इंतजार कर रहा था कि यह लड़का नीचे उतरे तो इसे खाऊँ। लड़का हताश है और बीच-बीच में ईश्वर से प्रार्थना भी करता है कि वह उसे बचा ले। फिर उसे दूर कुछ लोग दिखाई दिए। उन्हें देखते ही हताश बालक में

जैसे प्राण लौट आते हैं। वह धोती लहराकर उन्हें पास आने का इशारा करता है और उनके पास आने पर उन्हें शेर खा न जाए, यह सोचकर चिल्लाकर पेड़ के नीचे शेर के होने की बात भी बताता है। इस कहानी की खास बात यह है कि प्रेमचंद ने बच्चों को बचाने के लिए न किसी परी को तकलीफ दी और न किसी चमत्कार की ओट ली। बस, अपनी थोड़ी समझदारी और धीरज से बच्चा खुद को खूँख्वार बाघ से बचा लेता है। इसी तरह 'बनमानुष' की दर्दनाक कहानी' कभी भुलाई न जा सकनेवाली मार्मिक कहानी है। कहानी के अंत में खून से बुरी तरह लथपथ बनमानुष का कारुणिक विलाप इतना दर्द भरा था कि खुद शिकारी से देखा नहीं गया और अंत में एक गोली मारकर उसे वह शांत कर देता है। हालाँकि खुद उस शिकारी का दिल जोर-जोर से रोता हुआ कह रहा है, "मैंने खून किया है! मैं खूनी हूँ!"

'गुब्बारे पर चीता' शायद जंगल की कहानियों में सबसे दिलचस्प है। इसमें एक बच्चा चिड़ियाघर देखने आया है और अभी वह चिड़ियाघर के जानवरों को देख ही रहा है कि अचानक पता चला, चीता पिंजरे से छूट निकला है। डरकर लड़का भागा और फुरती से एक गैस के गुब्बारे पर चढ़ गया, जो उसे लेकर ऊपर उड़ने लगा। तभी चीता भी उछला और उस गुब्बारे पर सवार हो गया। पर गुब्बारे को लगातार ऊपर उठता देखकर उस पर बैठा चीता कुछ इस कदर घबराया कि उसकी सिट्टी-पिट्टी गुम हो गई। बच्चे को खाना तो दूर, खुद वह डर के मारे नीचे कूदता है और अपने प्राण गँवा देता है। वैसे डरा हुआ तो वह बच्चा भी है, पर वह ज्यादा घबराता नहीं है, बल्कि चतुराई से उस गुब्बारे की गैस को निकाल देता है, जिससे वह गुब्बारा नीचे आ जाता है। इस रोमांचक कथा में भी बच्चा आखिर अपनी समझदारी से ही खुद को बचा लेता है। कहानी में न कोई फंतासी है और न चमत्कार, लेकिन कहानी इतनी रोमांचक है कि हर बच्चा दम साधकर इसे पढ़ेगा।

'जंगल की कहानियाँ' पुस्तक में शामिल प्रेमचंद की अन्य कहानियाँ हैं, 'पागल हाथी', 'साँप की मणि', 'वनमानुष', 'खानसामा', 'मिट्ठू', 'पालतू भालू', 'बाघ की खाल', 'मगर का शिकार' तथा 'जुड़वाँ भाई'। इन कहानियों की खासियत यह है कि कहीं न कहीं इन कहानियों में बच्चे शामिल हैं, जो जानवरों के दर्द और संवेदना से काफी गहराई से जुड़े हैं। शायद इसके पीछे प्रेमचंद का यह विचार रहा हो कि वन्य पशुओं और बच्चों दोनों की दुनिया में एक बड़ी समानता यह है कि उनमें छल-कपट नहीं होता और दोनों के मन सरल होते हैं। शायद यही वजह है कि प्रेमचंद की वन्य पशुओं की इन कहानियों में मानवीय करुणा पर काफी बल दिया गया।

प्रेमचंद की बालोपयोगी कहानियों के कुछ और संग्रह इधर छपे हैं। इनमें प्रमुख हैं, 'प्रेमचंद की तेरह बाल कहानियाँ' (2005), 'प्रेमचंद की श्रेष्ठ बाल कहानियाँ' (2005), 'प्रेमचंद की अमर कहानियाँ' (2007), 'दो बैलों की कथा' तथा 'मोटेराम शास्त्री' (2005)। इनमें सबसे प्रमुख है हरिकृष्ण देवसरे द्वारा संपादित पुस्तक 'प्रेमचंद की तेरह बाल कहानियाँ'। इसमें प्रेमचंद द्वारा बच्चों के लिए लिखी गई 'जंगल की कहानियाँ' से 'मिट्ठू', 'पागल हाथी', 'शेर और लड़का' जैसी कहानियाँ ली गई हैं तो उनकी 'गुल्ली-डंडा', 'दो बैलों की कथा' और 'बड़े भाईसाहब' सरीखी वे कहानियाँ भी, जो भले ही बच्चों के लिए न लिखी गई हों, पर बच्चों ने बड़े प्रेम से उन्हें अपनाया और उनका भरपूर रस-आनंद लिया है। आश्चर्य, देवसरेजी ने इस पुस्तक में 'कुत्ते की कहानी' को भी प्रेमचंद की कहानी मानकर शामिल किया है, जबकि यह प्रेमचंद का बच्चों के लिए लिखा

गया उपन्यास है और बाल कहानी तो हरगिज नहीं है। किताब के कोई चालीस पृष्ठों में फैले और दस खंडों में बँटे इस बाल उपन्यास को देवसरेजी ने कहानी कैसे मान लिया, सोचकर दु:ख और आश्चर्य होता है। सिर्फ रचना के नाम में 'कहानी' जुड़े होने से ही क्या कोई रचना कहानी हो जाती है ?

'दो बैलों की कथा' और 'मोटेराम शास्त्री' भी प्रेमचंद की बच्चों के लिए खासकर लिखी गई कहानियाँ नहीं हैं, पर पीढ़ी-दर-पीढ़ी बालक इसका आनंद लेते आए हैं। अनुराग ट्रस्ट ने इन्हें खूबसूरत कलेवर में छापा है। 'प्रेमचंद की श्रेष्ठ बाल कहानियाँ' पुस्तक में प्रेमचंद की सात कहानियाँ छपी हैं। इनमें 'ईदगाह', 'दो बैलों की कथा', 'रामलीला', 'गुल्ली-डंडा', 'नमक का दारोगा', 'बूढ़ी काकी' और 'पंच परमेश्वर' सरीखी उनकी चर्चित कहानियाँ शामिल हैं, पर जाने क्यों इसमें प्रेमचंद द्वारा बच्चों के लिए खासकर लिखी गई 'जंगल की कहानियाँ' पुस्तक की एक भी कहानी शामिल नहीं है। यह भूल या अज्ञानता शर्मनाक लगती है। गिरिराजशरण अग्रवाल ने 'प्रेमचंद की अमर कहानियाँ' पुस्तक में उनकी दस बाल कहानियाँ संचयित की हैं। ये सभी बच्चों को भाएँगी।

दूसरा चरण : गौरव युग

बदल गया बाल कहानी का चेहरा

बाल कहानी-यात्रा के दूसरे चरण (1947-80) को 'गौरव युग' कहना सचमुच सार्थक है। इस कालखंड में बाल कथा-लेखन का पाट चौड़ा हुआ और उसमें नए से नए प्रयोग करने की प्रवृत्ति भी दिखाई देने लगी। हालाँकि आजादी के बाद के शुरुआती कुछ वर्षों में बाल कहानियों का मिजाज लगभग पहले जैसा ही परंपरागत और सुधारवादी रहा। इस दौर में भी बाल कहानियों के नाम पर ज्यादातर लोककथाओं और बच्चों को अच्छा बनने का संदेश देनेवाली सुधारवादी कहानियों की ही बहुलता थी। पर बीच-बीच में बच्चों के मन को भानेवाली खिलंदड़ी और कथा-रस से छलछलाती कलात्मक कहानियाँ भी लिखी जाती रहीं। ज्यादा पत्र-पत्रिकाओं में भी दोनों तरह की मिली-जुली कहानियाँ छपती रहीं, जिनमें पारंपरिक ढंग की कहानियाँ ही अधिक होती थीं। लेखकों और संपादकों में भी अभी बच्चों के मन को लुभाने और उनकी दुनिया से एकदम सटकर चलने या उनकी समस्या को लेकर कहानियाँ कहने-छापने की चेतना शुरू-शुरू में नजर नहीं आती।

लेकिन सन् 1960 के बाद की बदली हुई परिस्थितियों में, जिसमें देश-राग और देश की प्राचीन संस्कृति और सभ्यता के अतिशयतापूर्ण बखान से हटकर जब लोगों का ध्यान देश के यथार्थ और रोजमर्रा की समस्याओं की ओर गया, तो इस बदली हुई चेतना का प्रभाव बच्चों और बाल साहित्य पर भी पड़ना लाजमी था। लिहाजा सातवाँ दशक बाल कथा-साहित्य की रचना के लिहाज से सबसे अधिक महत्त्वपूर्ण और क्रांतिकारी साबित हुआ। सच तो यह है कि यह ऐसा दौर था, जिसने देखते ही देखते समूचे बाल साहित्य का चेहरा बदल दिया। बाल कहानियाँ हों या बाल कविताएँ, बाल उपन्यास हों या बच्चों के लिए लिखे गए नाटक, जीवनियाँ और विज्ञान साहित्य, सभी मानो एक तेज संक्रमण से गुजर रहे थे। यह हिंदी बाल साहित्य का एक महान क्रांति काल था, जिसमें एक ओर नई से नई बाल रचनाएँ लिखी गईं, एक से एक नए और अद्भुत प्रयोग हुए, तो दूसरी ओर बाल साहित्य की श्रीवृद्धि इतनी तेजी से हुई और देखते-ही-देखते हर विधा में एक से एक

उत्कृष्ट रचनाओं का ऐसा ढेर लग गया कि आश्चर्य होता है कि यह आँधी पहले कहाँ थी! इसका श्रेय बेशक इसी कालावधि में निकली 'पराग' और 'नंदन' जैसी उम्दा और बेहतरीन बाल पत्रिकाओं को था, जिन्होंने लोकप्रियता के एकदम नए मानक बनाए और बाल साहित्य को बच्चे की दुनिया के एकदम पास ले जाने की कोशिशें कीं। दूसरी ओर 'धर्मयुग', 'साप्ताहिक हिंदुस्तान' जैसी पत्रिकाओं और अखबारों के साप्ताहिक परिशिष्टों के बाल पृष्ठों ने भी मानो क्रांति कर दी और बच्चों के लिए लिखी गई एक से एक खूबसूरत रचनाएँ बच्चों की ही भाषा में उन तक पहुँचने लगीं।

इस दौर में जिन प्रमुख लेखकों ने बच्चों के लिए बड़ी तल्लीनता के साथ निरंतर लिखा, उनमें अमृतलाल नागर, श्रीनाथ सिंह, जैनेंद्र, कमलेश्वर, राजेंद्र यादव, मोहन राकेश, भीष्म साहनी, कृश्नचंदर, उपेंद्रनाथ अश्क, विष्णु प्रभाकर, मन्नू भंडारी, रघुवीर सहाय, आनंदप्रकाश जैन, यादवेंद्र शर्मा 'चंद्र', शैलेश मटियानी, लक्ष्मीनारायण लाल, मन्मथनाथ गुप्त, रजिया सज्जाद जहीर, शिवानी, शकुंतला सिरोठिया, मनहर चौहान, राजेंद्र अवस्थी, महीप सिंह, अवतार सिंह, हरिकृष्ण तैलंग, शीला इंद्र, यादराम 'रसेंद्र', महेंद्र भटनागर, मालती जोशी, मस्तराम कपूर, देवेश ठाकुर, हरिकृष्ण देवसरे, जयप्रकाश भारती, सत्यस्वरूप दत्त, राजेश जैन, मनोहर वर्मा, वीरकुमार अधीर, हसन जमाल छीपा, हमीदुल्ला खाँ, व्यथित हृदय, शिवमूर्ति वत्स, नरेंद्र कोहली, बालबंधु, रामनारायण उपाध्याय, प्रमोदशंकर भट्ट, स्वराज शुचि, मालती शंकर, विमला मेहता, शिवकुमार गोयल, शंकर सुल्तानपुरी आदि के नाम लिये जा सकते हैं।

शिवमूर्ति वत्स की बाल कहानियों की पुस्तक 'लाल हाथी' (1959), रामनारायण उपाध्याय की 'चतुर चिड़िया' (1962), बालबंधु की 'बहादुर दमकलवाले और मोती' (1965), विष्णु प्रभाकर की 'सरल पंचतंत्र' (1971), 'तपोवन की कहानियाँ' और 'बाबूजी बारात में', बंशीलाल गुप्त की 'शेर का दिल', संतराम वत्स्य की 'छात्र जीवन की कहानियाँ', 'पौराणिक कहानियाँ' तथा व्यथित हृदय की 'नई नीति कथाएँ', 'बूँदें जो मोती बन गईं', 'दीदी ने कहा, बच्चे ने सुना' बाल कहानियों के ऐसे संग्रह हैं, जिनमें आजादी के बाद की बाल कहानियों की बानगी देखने को मिलती है। इनमें एक ओर भारतीय संस्कृति के गौरव का बखान और परंपरा से जुड़ने की ललक है, तो दूसरी ओर नए परिवर्तनों के संकेत-चिह्न भी दिखाई देने लगते हैं।

इस कालखंड के अन्य कहानीकारों से व्यथित हृदय (1908-1990) का स्वर अपेक्षाकृत भिन्न है। 8 अक्तूबर, 1908 को वाराणसी जिले के जगन्नाथपुर गाँव में जनमे व्यथित हृदय भावावेगी लेखक हैं, जिनके स्वर में मन को छू लेनेवाली भावुकता और सादगी है। 'दीदी ने कहा, बच्चों ने सुना' (संस्क. 2004) उनकी बाल कहानियों की चर्चित पुस्तक है। इनमें ज्यादातर पंचतंत्र आदि प्राचीन ग्रंथों से ली गई कहानियाँ शामिल हैं, जिन्हें बड़े सरस ढंग से लिखा गया है। 'देवशर्मा की कहानी', 'रामधन की कहानी', 'एक राजा की कहानी', 'अमीर आदमी की कहानी', 'दधिपुच्छ की कहानी', 'धीवर की कहानी' आदि इस पुस्तक की सुंदर और पठनीय कहानियाँ हैं। व्यथित हृदय की 'जात-पाँत पूछे नहिं कोई' (संस्क. 2002) पुस्तक में भी प्राचीन परिवेश की सीख देने वाली कहानियाँ हैं, जिन्हें बड़े रोचक ढंग से लिखा गया है। 'सरोवर का जल', 'भील के द्वार पर', 'फूलों की वर्षा', 'गाधि का स्वप्न' और 'पत्थर का बाट' इस संग्रह की पढ़ने लायक कहानियाँ हैं। इन कहानियों में रस और रोचकता भी है, सीख भी। इसी तरह मूर्धन्य कथाकार जैनेंद्र ने इस दौर में भी बच्चों

के लिए लिखा है। उनकी 'अपना-अपना भाग्य' कहानी में पहाड़ की यात्रा में मिले एक बच्चे का बड़ा मार्मिक चित्रण है। इसमें अमीरी की दुनिया और गरीबों की दुनिया का जो फर्क है, वह आँखें खोल देनेवाला है।

आनंदकुमार (ज. 1913) भी बच्चों के जाने-माने लेखक हैं, जिन्होंने प्रचुर बाल साहित्य लिखा है। बाल कहानी उनकी प्रिय विधा है। आनंदजी ने ज्यादातर बच्चों को सीख देनेवाली छोटी-बड़ी कहानियाँ लिखी हैं, जिनमें कथा-रस है, आकर्षण भी। उनका शिल्प कुछ पुराने ढंग का है, पर कहन में चुस्ती और लालित्य है। आनंदकुमार की बाल कहानियों की पुस्तकें हैं, 'बुद्धिमान शत्रु', 'लालची गधा', 'अनमोल मोती', 'अपने को पहचानो', 'कपटी बिलाव', 'चतुर सियारिन' तथा 'भारतीय कथाएँ'। इनमें 'समय और बुद्धि', 'धर्मबुद्धि और पापबुद्धि', 'लालची गधा', 'अपने को पहचानो', 'बुद्धिमान से शत्रुता न करो' तथा 'लोभ अंधा बना देता है' अच्छी कहानियाँ हैं। खासकर 'अपने को पहचानो' आनंदकुमार की यादगार कहानी है, जिसमें किस्सागोई का रस और आनंद है। आनंदजी की 'कपटी बिलाव', 'चतुर सियारिन' जैसी कहानियाँ भी खासी मशहूर हुई हैं। उनकी कथा पुस्तकों 'लालची गधा' और 'बुद्धिमान शत्रु' की ज्यादातर कहानियाँ 'पंचतंत्र', 'हितोपदेश' आदि की कहानियाँ हैं, जिन्हें नीति-शिक्षा देने के लिए लिखा गया है। 'भारतीय कथाएँ' में आनंदकुमारजी ने महाभारत और पुराणों की चुनी हुई अठारह शिक्षाप्रद कहानियाँ सहेजी हैं। बाल पाठक इन्हें बड़ी रुचि से पढ़ेंगे और अपने देश की प्राचीन परंपराओं को भी अच्छी तरह समझ पाएँगे।

इसी तरह पृथिवीकुमार ने इस कालखंड में बच्चों के लिए छोटी-छोटी मनोहारी कहानियाँ लिखीं, जिनमें कल्पना भी है और कथा-रस भी। भाषा बड़ी सीधी-सादी, मन को बाँध लेनेवाली। उनकी 'हिरन और राजा' तथा 'तीन कुमार' पुस्तकों में बड़ी सरस बाल कहानियाँ हैं। ये कहानियाँ प्राचीन ग्रंथों से ली गई हैं, पर उन्हें लिखा इतने रोचक ढंग से गया है कि बच्चे एक बार पढ़ना शुरू करें तो पुस्तक बीच में छोड़ नहीं पाएँगे।

शिवकुमार गोयल (1938-2014) ने बच्चों को सीख देनेवाली कहानियों और प्रेरक प्रसंगों के साथ-साथ मन में देशप्रेम की भावना जगानेवाली कहानियाँ और इतिहासप्रसिद्ध न्याय की कहानियाँ भी सुंदर शब्दों में लिखी हैं। उनकी 'न्याय की कहानियाँ' पुस्तक की काफी चर्चा हुई थी। इसमें इतिहास के सुने-अनसुने ऐसे प्रसंग हैं, जो हमारे मन में सच्चाई और नैतिकता के लिए गहरे सम्मान का भाव पैदा करते हैं। 'गोस्वामी विट्ठलनाथ का न्याय', 'शिवाजी का न्याय', 'बादशाह सुलेमान का न्याय', 'जहाँगीर का न्याय', 'महाराजा रणजीत सिंह का न्याय', 'बूँदी-नरेश का न्याय' जैसी एक से एक सुंदर कहानियाँ इस पुस्तक में हैं। बाल पाठक इन्हें पढ़कर वैसा ही बनने और आदर्श जीवन अपनाने के लिए प्रेरित होते हैं।

इस दौर में लिखी गई महेंद्र भटनागर की कहानियों को भी बाल पाठकों ने पसंद किया। 'दादी की कहानियाँ' (1974) महेंद्रजी की बाल कहानियों की चर्चित पुस्तक है। इसमें कई सुनी-अनसुनी लोककथाएँ हैं, जिनका रोचक ढंग से पुनर्कथन किया गया है। पुस्तक की भूमिका में महेंद्र भटनागरजी ने लिखा है, "प्रत्येक लोककथा अपना शैक्षिक प्रभाव श्रोताओं पर अनिवार्य रूप से अंकित करती है। उपदेश सदैव अप्रत्यक्ष ही नहीं, कभी-कभी प्रकट भी रहता है। अच्छे और बुरे पात्रों के बीच श्रोता प्राय: अच्छे का ही चयन करते हैं। कभी-कभी दुष्ट पात्र अपनी योजना में सफल हो जाते हैं, पर श्रोताओं की सहानुभूति उन्हें नहीं मिल पाती। ऐसी कथाओं को सुनकर बच्चे होशियार भी बनते हैं।···" पुस्तक में 'लबलूस बिकेगा जा दिन्ना', 'हलदी और

सोंठ', 'दो बहनें', 'खिलाड़ी बंदर' और 'बुढ़िया का बेटा' जैसी कई रोचक कहानियाँ हैं।

इसके अलावा इस दौर में लिखी गई नए मिजाज की कहानियों की कुछ और बढ़िया उल्लेखनीय पुस्तकें हैं—राजेंद्र अवस्थी की 'लाल रोशनियाँ', मन्मथनाथ गुप्त की 'ठग नगरी के ठग', मनोहर वर्मा की 'परी बिटिया धरती पर आई', प्रमोदशंकर भट्ट की 'नंदू', प्रयाग शुक्ल की 'पंखों वाले कपड़े', मनहर चौहान की 'अपने आप को सजा' और 'शेर बच्चा', श्रीकृष्ण की 'राष्ट्रप्रेम की कथाएँ', 'प्रेरक कथाएँ', 'प्रेरणा की गंगा' तथा 'जीवन-सागर के मोती', नवलबिहारी मिश्र की 'साहसी बालक'(1971), हरिकृष्ण देवसरे की 'बंदरों का नाटक' तथा 'नया पंचतंत्र', जयप्रकाश भारती की 'गुब्बारे', अक्षयकुमार जैन की 'कहानियाँ बलिदान की' तथा मालती जोशी की 'दादी की घड़ी'। बेशक इन संग्रहों की कहानियों में सिर्फ भाषा और शैली का नयापन ही नहीं, नए विचारों की ताजगी और अपने समय के मिजाज को जानने-परखने के साथ-साथ बच्चों के लिए उन्हें प्रभावशाली ढंग से प्रस्तुत करने की ललक भी है। इन कहानियों में बच्चे के मन की उलझनों के साथ-साथ घर-परिवार की रोजमर्रा की स्थितियाँ हैं, तो देश और समाज के बदलते हालात और समस्याएँ भी।

❖

हिंदी कहानी-यात्रा के इस दौर में ऐसी कई दिलचस्प और जानदार कहानियाँ लिखी गईं, जो बच्चों के मन को तो टटोलती ही हैं, साथ ही हमेशा उनका साथ निभाते हुए जीवन में आगे राह टटोलने में मदद करती हैं। ऐसी कहानियाँ अच्छे दोस्तों की तरह हैं, जिनसे एक बार दोस्ती होती है तो फिर वे पूरी जिंदगी भर साथ चलती हैं। लिहाजा बचपन में पढ़ी गईं ऐसी कहानियाँ बीस-पच्चीस क्या, पचास बरस बाद भी याद रहती हैं और जब लोग उनका जिक्र करते हैं तो इतने प्यार और संवेदना से ऊभ-चूभ होकर कि लगता है, इन कहानियों को याद करते-करते वे खुद भी अपने बचपन में जा पहुँचे हैं। शायद हर अच्छी कहानी की खासियत और मयार भी यही है। वृंदावनलाल वर्मा की 'हाथ भर का बुद्धा', हरिशंकर परसाई की 'टिंगू की क्या गलती थी', श्रीराम शर्मा की 'बाघ से भिड़ंत', अमृता प्रीतम की 'जागृति का गीत', मन्मथनाथ गुप्त की 'गानेवाली चिड़िया', आचार्य चतुरसेन की 'कुंभा की तलवार', शिवानी की 'बदला', घनश्यामदास बिरला की 'हवा और ऊँट', राजेंद्र अवस्थी की 'काँच का पहाड़' और 'तमाचा', जाकिर हुसैन की 'एक बौना और लकड़हारा', कमलेश्वर की 'होताम के कारनामे', मन्नू भंडारी की 'नहले पर दहला', भीष्म साहनी की 'चमगादड़ का रस', कृश्न चंदर की 'झुनझुना', विष्णु प्रभाकर की 'कावेरी की कहानी', हरिकृष्ण तैलंग की 'बाद का बतंगड़', हरिकृष्ण देवसरे की 'सीख ना दूँगा बानरा', पदुमलाल पुन्नालाल बख्शी की 'हीरे की आत्मकहानी', मंगल सक्सेना की 'अकड़घोंघोंजी', लक्ष्मीनारायण लाल की 'गरीब परी', विष्णु प्रभाकर की 'बाबूजी बारात में', अवतार सिंह की 'एटमबम बनाया', मनहर चौहान की 'तीन मजाक : एक रहस्य', चंद्रदत्त 'इंदु' की 'काले हिरन', राजेंद्र यादव की 'पिटाई का एक दिन', मृणाल पांडे की 'राजा चाँद पर', हसन जमाल छीपा की 'टेढ़ा शंकर', अमृतलाल नागर की 'अंतरिक्ष सूट में बंदर', के.पी. सक्सेना की 'मिर्जा चोया', शकुंतला सिरोठिया की 'हलुए की गंध', विभा देवसरे की 'रामचरण भिंडी', कन्हैयालाल नंदन की 'सफरनामा : सिंदबाद जहाजी का', आलमशाह खान की 'मिनी महात्मा' और सूर्यबाला की 'दम्मू उस्ताद मुर्दाबाद, चिंतू भाई जिंदाबाद' ऐसी ही दिलचस्प और कभी न भुलाई जा सकने वाली यादगार कहानियाँ हैं।

एक खास बात यह भी है कि हिंदी बाल कहानी के गौरव युग में एक से एक बड़े और दिग्गज लेखकों ने बच्चों के लिए कहानियाँ लिखीं। कृश्न चंदर, इस्मत चुगताई, भीष्म साहनी, मन्मथनाथ गुप्त, रघुपतिसहाय फिराक, मैथिलीशरण गुप्त, श्यामू संन्यासी, निर्मल वर्मा, शैलेश मटियानी, नागार्जुन, कमलेश्वर, मोहन राकेश, मन्नू भंडारी, राजेंद्र यादव, उपेंद्रनाथ 'अश्क', विष्णु प्रभाकर, देवेंद्र सत्यार्थी, शिवानी, द्रोणवीर कोहली, सावित्रीदेवी वर्मा, दिलीप कौर टिवाणा, अभिमन्यु अनत, यादवेंद्र शर्मा 'चंद्र', राजेंद्र अवस्थी, गोविंद मिश्र, शशिप्रभा शास्त्री, शकुंतला सिरोठिया और यहाँ तक कि पूर्व राष्ट्रपति तथा शिक्षा-शास्त्री डॉ. जाकिर हुसैन की लिखी ऐसी खूबसूरत कहानियाँ भी पढ़ने को मिलती हैं, जिनमें बच्चे का मन और इच्छा-संसार शामिल है और बच्चे बिना पूरा पढ़े उन्हें छोड़ नहीं पाते।

इस लिहाज से डॉ. जाकिर हुसैन की 'अब्बू खाँ की बकरी' तो पहाड़ के परिवेश पर लिखी गई लाजवाब कहानी है, जो बच्चों के साथ बड़ों को भी मोह लेती है। यह पहाड़ पर रहनेवाले एक बहुत प्यारे और खूबसूरत इनसान अब्बू खाँ की कहानी है, जिन्हें बकरियाँ पालने का शौक है। वे इतने प्यार से बकरियों को पालते थे और इतना उनका खयाल रखते थे कि क्या कहना! मगर इसके बाद भी अब्बू खाँ की बकरियाँ रस्सी तुड़ाकर पहाड़ के ऊँचे शिखर पर चली जाती थीं। वहाँ एक भेड़िया रहता था, जो उन्हें मारकर खा जाता था। अब्बू खाँ इससे परेशान थे। वे बकरियों को और कसकर बाँधते और ज्यादा खयाल रखते, मगर बकरियाँ थीं कि उन्हें पहाड़ पर जाए बगैर चैन न पड़ता। वहाँ वे पूरी आजादी के साथ साँस लेती थीं, भले ही भेड़िया उन्हें क्यों न खा जाए! ऐसे ही अब्बू खाँ की एक बहुत प्यारी खूबसूरत बकरी थी चाँदनी, जिस पर वे बहुत प्यार लुटाते थे और उन्हें लगता था, यह बकरी उन्हें कभी छोड़कर नहीं जाएगी। मगर चाँदनी भी उसी तरह रस्सी तुड़ाकर पहाड़ की चोटी पर गई। वहाँ उसने पूरी आजादी के साथ साँस ली और भेड़िए का शिकार हो गई। उसकी सफेद काया रक्त-रंजित होकर पहाड़ के शिखर पर गिर पड़ी और भेड़िया उसे खा गया। लेकिन कहानी का असली मर्म-बिंदु यह है कि मरने से पहले अपने दो सींगों के बल पर उस नाजुक-सी बकरी ने रात भर उस दुष्ट भेड़िए का मुकाबला किया और उसे बार-बार पछाड़ा। सुबह जब मसजिद से अजान की आवाज आई, चाँदनी ने मन में कहा, "अल्लाह, तेरा शुक्र है। मैंने अपने बस भर मुकाबला किया, अब तेरी मरजी।" यों उस खूबसूरत बकरी चाँदनी की साहस-कथा खत्म हो गई, मगर पेड़ पर बैठी एक बूढ़ी-सी चिड़िया इस बात को जरूर जानती है कि चाँदनी खत्म जरूर हो गई, मगर आखिरकार तो भेड़िया नहीं, चाँदनी ही जीती।

डॉ. जाकिर हुसैन की 'अब्बू खाँ की बकरी' (1969) किताब में शीर्षक कथा के अलावा 'मुरगी चली अजमेर', 'पूरी जो कढ़ाही से निकल भागी', 'मुरगी का निराला बच्चा', 'अंधा घोड़ा', 'आओ घर-घर खेलें' और 'उकाब' सरीखी ऐसी अनोखी बाल कहानियाँ शामिल हैं, जिनमें उनका अंदाजेबयाँ ही नहीं, हास्य-रस और बाल मनोविज्ञान पर पकड़ चकित और चमत्कृत करती है। खासकर, 'पूरी जो कढ़ाही से निकल भागी' और 'मुरगी चली अजमेर' जाकिर हुसैन की ऐसी कहानियाँ हैं, जो हिंदी बाल कहानियों के संसार में बहुत कुछ नया जोड़ती हैं। 'पूरी जो कढ़ाही से निकल भागी' कहानी इतनी मजेदार है और उसमें हास्य की ऐसी अजीबोगरीब छटाएँ हैं कि पढ़ते-पढ़ते पेट में बल पड़ जाते हैं। हुआ यह है कि एक किसान की बीवी गुरिया पूरियाँ तलने बैठी तो इसी बीच उसका छोटा बेटा भी वहाँ आ गया, जिसकी नाक बह रही थी। पूरी अभी

कढ़ाही में थी कि किसान की बीवी बेटे की बहती हुई नाक को अपने आँचल से पोंछ देती है और फिर पूरी सेंकने में लग जाती है। मगर कढ़ाही में पड़ी पूरी तो बुरी तरह चिढ़ गई। उसने सोचा कि मेरी तो परवाह ही नहीं की गई और बुद्धू की नाक पोंछी जा रही है, तो लो, मैं तो जाती हूँ। अब तो पूरी भाग खड़ी हुई, पर इसके बाद वो-वो तमाशे हुए कि क्या कहने! 'आओ घर-घर खेलें' भी जाकिर हुसैन की बहुत दिलचस्प कहानी है, जिसमें बच्चे घर-घर खेलते हैं तो कभी गुड्डे की टाँग टूटती है तो कभी गुड़िया बीमार होती है और कैसे-कैसे गंभीर जतन किए जाते हैं उनको दुरुस्त करने के लिए, इसका वर्णन बड़ा मजेदार है।

अमृलाल नागर (1916-1990) की बाल कहानियों में गजब का आकर्षण और किस्सागोई है। उनकी शुरुआती कहानियों में 'नटखट चाची' बड़ी दिलचस्प है। यों तो यह चाची कहानी के कथावाचक, यानी एक छोटे-से बच्चे के साथ बड़ा कठोरता भरा व्यवहार करती है, पर जब रात के समय घर में चोर के आने का अंदेशा होता है तो चाची की सारी दबंगी हवा हो जाती है। उस समय जिस तरह की बेचारगी और घिघियाहट से भरा उनका रूप नजर आता है, नागरजी ने उसे बड़ा रस लेकर और हास्य की फुहारों में लपेटकर प्रस्तुत किया है, हालाँकि वह चोर असल में चोर नहीं है और यह बात कहानी के अंत में खुलती है, जिससे कहानी का मजा और बढ़ जाता है।

'साझा' इसकी तुलना में एकदम अलग मिजाज की और थोड़ी गंभीर कहानी है। यह दो मित्रों की कहानी है, जिनकी मित्रता खुद एक मिसाल है। डूँगरसिंह के पास काफी धन है। उन्होंने पंडितजी के साथ किसी काम में पैसा लगाया और दोनों का साझा व्यापार अच्छा चल निकला। पर तभी एक ऐसी बात अचानक डूँगरसिंह के मुँह से निकली, जो पंडितजी को चुभ गई। इसके बाद कहानी में पंडितजी और डूँगरसिंह के झगड़े, या कहिए कशमकश का वर्णन है। पर यह बहुत ही प्यार भरा झगड़ा है, जिसमें पंडितजी हर हाल में डूँगरसिंह के पैसे लौटाना चाहते हैं और डूँगरसिंह उसे लेने को हर्गिज तैयार नहीं हैं। दोनों के व्यक्तित्व का जो बड़प्पन इस कहानी में वर्णित है, उसे अमृतलाल नागर सरीखा एक बड़े दिल का बड़ा लेखक ही लिख सकता था। इसी तरह 'सूअर की कहानी' भी एक अलग लीक पर चलती दिलचस्प कहानी है, जिसमें मानो सूअर बनकर उसके भीतर के दर्द को महसूस किया गया है। एक चित्र को आधार बनाकर पत्रिका के संपादक के अनुरोध पर लिखी गई यह कहानी तमाम रंग बदलती है और यहाँ तक कि पत्रिका के संपादकजी भी उसकी लपेट में आ जाते हैं। उन पर भी हास्य की फुहारें पड़ती हैं।

नागरजी की कुछ कहानियों में हास्य के बड़े मजेदार छींटे हैं। इनमें 'अंतरिक्ष सूट में बंदर', 'अमृतलाल नागर बैंक लिमिटेड' तथा 'लिटिल रेड इजिप्शिया' तो खासी दिलचस्प हैं, जिन्हें भुलाया ही नहीं जा सकता। 'अंतरिक्ष सूट में बंदर' कहानी में अपनी धरती जैसी कई धरतियों का जिक्र है, जहाँ हमारे जैसे ही लोग रहते हैं और उनके पास विज्ञान के नए-नए साधन भी हैं। ऐसे ही एक अंतरिक्ष-लोक से उड़ती हुई एक लड़की, एक दफा हमारी धरती पर आ गई। वह अंतरिक्ष सूट पहने हुई थी, जिसमें किस्म-किस्म की शक्तिशाली मशीनें लगी थीं। लिहाजा उड़ने में उसे कोई मुश्किल नहीं आई। धरती पर उतरी तो उसने झील के पास पेड़ों के एक झुरमुट में रह रहे बूढ़े साधु बाबा को देखा। साधु बाबा उसकी बोली तो नहीं समझे, लेकिन यह जरूर समझ गए कि लड़की को खासी भूख लगी है। उन्होंने उसे खाने को मीठे फल दिए। लड़की को धरती और यहाँ के लोग अच्छे लगे।

इस कहानी का सबसे दिलचस्प प्रसंग यह है कि एक दिन बंदर उस अंतरिक्ष सूट को पहनकर अंतरिक्ष में जा पहुँचा, मगर वहाँ उसकी घबराहट और उस घबराहट में किए जानेवाले कारनामे कुछ ऐसे थे कि तोबा-तोबा। उसने एक साथ बहुत सारे बटन दबा दिए, जिससे और भी गड़बड़झाला हो गया। बमुश्किल बाबाजी ने उसे नीचे उतारा। फिर इस कहानी के अंत में जंगल में रहनेवाले सीधे-सादे बाबाजी भी अंतरिक्ष यात्रा पर जाने की सोचें, यह अनोखी कल्पना शायद नागरजी को ही सूझ सकती है।

'अमृतलाल नागर बैंक लिमिटेड' तथा 'लिटिल रेड इजिप्शिया' में छोटे बच्चों की उपस्थिति और उनकी दुनिया की उलझनों के साथ-साथ उनकी नटखट शरारतों का बड़ा ही दिलचस्प वर्णन है। इनमें 'अमृतलाल नागर बैंक लिमिटेड' में छोटे-छोटे बच्चे अचानक बड़े हो जाते हैं और एक बैंक खोल लेते हैं। इसलिए कि ये छोटे बच्चे इस बात से परेशान हैं कि जरा-जरा सी बात पर कभी टीचर डाँट देता है तो कभी घरवाले आफत मचा देते हैं। टीचर बार-बार इसलिए टोकते हैं कि इस सेंटेंस में यह व्याकरण की गड़बड़ है, उसमें वह भूल है, मगर एक दफा बैंक खोलकर बड़े आदमी बन जाएँ तो हर आदमी दौड़-दौड़कर हम तक आएगा। तो खैर, बैंक खुला और ऐसे ताबड़तोड़ उत्साह और जोश के साथ खुला कि क्या कहने! मगर फिर इन बच्चा दोस्तों और बच्चा अफसरों के आपसी झमेले शुरू हुए और होते-होते कुछ ऐसे उलझ गए कि उन्हें शायद सुलझाने में ही सदियाँ लग जातीं और फिर जैसा कि होना ही था, एक महान महत्त्वाकांक्षी बैंक का विसर्जन हो गया, मगर बड़े ही गुदगुदा देनेवाले मीठे अनुभव के साथ। कुछ-कुछ यही मिठास 'लिटिल रेड इजिप्शिया' कहानी के नायक रेड इजिप्शियाजी में है, जो छोटेलाल मिश्र से रेड इजिप्शिया बने तो उनके नाम की पहेली हल करने में बड़े अच्छे-अच्छे खाँ चकरा गए।

'पराग' पत्रिका में छपी नागरजी की बहुचर्चित कहानी 'एक पत्ता जो जासूस नहीं था' में भी उनका यही हुनर है। कहानी का नाम तो है 'एक पत्ता जो जासूस नहीं था', मगर सच्ची पूछो तो वह जासूस इतना तगड़ा है कि आज के तमाम सीआईडीवालों के कान काट ले। इसलिए कि उसकी आँखें एकदम खुली हैं। वह एक पत्ता भले ही हो, मगर हद दर्जे तक संवेदनशील है और उसने पता नहीं मुक्तिबोध को पढ़ा या नहीं, मगर इस सवाल का जवाब उसके पास है कि "पार्टनर, तुम कहाँ खड़े हो?" और वह एक अकेला पत्ता, जिसे लोग बेचारा पत्ता भी कह सकते हैं, मगर इतना मजबूत तो वह है कि हमेशा कमजोर आदमी की बात करता है, उसके बारे में सोचता है और उसके दुःख-दर्द से विचलित होता है। इसीलिए बड़े-बड़ों का भ्रष्टाचार उसके आगे खुलता है तो वह उसी तरह तिलमिलाता है, जैसे हमारे देश का एक आम आदमी, जो अपने चारों ओर भ्रष्टाचार का बाजार देखकर गुस्से से भर जाता है, मगर कहीं न कहीं लाचार भी है। 'बलिया के बाबा' भी एकदम अलग ढंग की कहानी है, जिसमें हमारे पूरे स्वाधीनता-संग्राम और देशभक्तों के बलिदानों की महक है।

नागरजी ने बच्चों के लिए कुछ दिलचस्प लोककथाएँ भी प्रस्तुत की हैं, पर उनका पुनर्कथन करते हुए वे उन्हें एकदम नए शिल्प और अंदाज में ढाल देते हैं। इससे वे लोककथाएँ जैसे निखर-सी गई हैं। 'सात पूँछोंवाला चीकू' इसका सबसे बेहतर उदाहरण है, जिसमें सात पूँछोंवाले चूहे का किस्सा एक नए ही रंग में सामने आता है। और एक चर्चित लोककथा में ढोल में बैठकर जंगल पार करनेवाली 'बुढ़िया की चालाकी' का तो कोई जवाब ही नहीं। यह कहानी कई दफा पढ़ी है, सुनी भी है, पर नागरजी के शब्दों में इसे पढ़ते हुए लगा,

मानो नागरजी नहीं, मेरी दादी या नानी यह किस्सा सुना रही हैं, जिनके किस्सों या किस्सागोई से हम सब जनमे हैं, जैसे गोगोल के ओवरकोट की जेबों से रूस की पूरी एक पीढ़ी ने जन्म लिया था। सचमुच लोककथाओं को लिखने की सार्थकता इसी में है कि उसे दादी-नानी की किस्सागोई के इसी रस और कल्पनाशीलता से जोड़ दिया जाए, जिसमें हर बार सुनाते समय कुछ न कुछ नया जुड़ जाता था। कुछ-कुछ यही बात नागरजी की 'सोने का चूहा' सरीखी कहानियों के बारे में कही जा सकती है, जिनमें कुछ कहानियों को दादी-नानी की किस्सागोई के मौलिक रस से जोड़ने के लिए उनके अंत में ये सतरें जुड़ जाती हैं कि "जैसे उनके सुख के दिन लौटे, राम करे हर किसी के बहुरें।" थोड़े-थोड़े शब्द बदलते हैं, पर भाव वही।

मोहन राकेश (1925-1972) ने भी बच्चों के लिए अद्भुत कहानियाँ लिखीं, जिनकी चर्चा के बगैर हिंदी बाल कहानियों की शक्ति को नहीं समझा जा सकता। 'बिना हाड़-माँस के आदमी' (1974) में उनकी बच्चों के लिए लिखी गई चार कहानियाँ शामिल हैं, 'कँटिदार आदमी', 'बिना हाड़-माँस के आदमी', 'सुनहरा मुरगा, काला बंदर और लाल अमरूद का पेड़' तथा 'गिरगिट का सपना'। मोहन राकेश ने बच्चों के लिए कुल मिलाकर यही चार कहानियाँ लिखी हैं, पर इन कहानियों में बहुत कुछ ऐसा है जिसकी ताजगी आज भी मुग्ध करती है। मसलन 'कँटिदार आदमी' में बड़ी बारीकी से यह बात उभरकर आती है कि वह आदमी, जो अपने मन और इच्छा से नहीं जी पाता, कैसे उसके जीवन में धीरे-धीरे विवशता के काँटे उगते जाते हैं और उसका जीना मुहाल हो जाता है। ये काँटे उसके हाथ-पैरों पर ही नहीं, जुबान पर भी उग आते हैं और वह न अपनी इच्छा से चल सकता है, न बोल सकता है और न कुछ काम कर सकता है। 'बिना हाड़-माँस का आदमी' में ऐसे वैज्ञानिक दावों का मजाक उड़ाया गया है, जिनके अनुसार कल आदमी नहीं रहेगा और मशीनें ही सारा काम करेंगी। 'बिना हाड़-माँस का आदमी' में मोहन राकेश बड़ी खूबसूरती से यह बात सामने रखते हैं कि विज्ञान द्वारा बनाया गया आदमी कितना ही मुकम्मल क्यों न हो, वह आदमी की जगह नहीं ले सकता। 'सुनहरा मुरगा, काला बंदर और लाल अमरूद का पेड़' में तीन मित्रों की दोस्ती है, जो एक-दूसरे पर जान देते हैं, लेकिन फिर उनमें फर्क पैदा हुआ तो उनकी दोस्ती भी एक मजाक की चीज बन गई।

मोहन राकेश की 'गिरगिट का सपना' भी एक खूबसूरत कहानी है, जिसमें गिरगिट सपना देखते हुए कभी साँप बनता है, कभी कौआ। वह हवा में मुक्त उड़ानें भरता है, लेकिन सपना टूटते ही उसे पता चलता है कि अरे, यह सब तो केवल उसके मन की कल्पना ही थी, जो उसके सपनों में ढल गई! वरना तो वह गिरगिट का गिरगिट ही है।

प्रसिद्ध बाल पत्रिका 'नंदन' के प्रवेशांक (नवंबर 1964) में छपे कमलेश्वर (1932-2007) के 'होताम के कारनामे' भी खासे दिलचस्प हैं। यहाँ होताम हातिमताई की तरह या फिर बोतल से निकले जिन्न की तरह एक चमत्कारी आदमी है, जिसके सोचते ही पल भर में बड़े से बड़े अजूबे और नए से नए करिश्मे हो उठते हैं। मगर वही होताम आज की दुनिया में आया तो बेचारा इस कदर बेबस और लाचार दिखाई दिया कि राजू का होमवर्क भी ठीक-ठीक नहीं करवा पाया। उसने इम्तिहान में जो-जो जवाब राजू को बताए, वे इस कदर गलत-सलत, सदियों पुराने और पिछड़े हुए थे कि होताम का बड़ा मजाक बना। उसे लगने लगा कि वह नए जमाने में फिट नहीं है। इसलिए वह पुराने किस्से-कहानियों की दुनिया में ही बंद रहे तो अच्छा है। इसी तरह

पंचतंत्र की एक कथा को भी, जिसमें गीदड़ शेर की तर्ज पर युद्धभूमि में लड़ने पहुँचता है और वहाँ उसका खूब मखौल बनता है, कमलेश्वर ने बड़े सुंदर कलात्मक ढंग से लिखा है। कमलेश्वर की यह बाल कहानी उनके निधन से कुछ अरसा पहले 'नंदन' में प्रकाशित हुई थी।

राजेंद्र यादव (1929–2013) ने भी बच्चों के लिए लिखने में रुचि दिखाई। उनकी 'परी नहीं मरती' (1978) और 'घर की तलाश' (संस्क. 1995) पुस्तकों में बच्चों के लिए लिखी गई कुछ अलग अंदाज की बाल कहानियाँ पढ़ने को मिल जाती हैं। इनमें 'गड़बड़ी पैदा करने वाले' तो बड़ी ही नायाब कहानी है। इसी तरह 'परी नहीं मरती' और 'जय गंगे' राजेंद्रजी की ऐसी कहानियाँ हैं, जो खेल-खेल में बहुत कुछ कह जाती हैं। 'परी नहीं मरती' में परी धरती के एक राजकुमार से विवाह कर लेती है, लेकिन विवाह इस शर्त पर होता है कि राजकुमार न्यायप्रिय राजा बनेगा और जनता की भलाई के काम करेगा। शुरू में तो राजकुमार को परी की इन बातों का असर पड़ा, लेकिन फिर वह घमंडी होता जाता है और परी के टोकने पर उसे कैद कर लेता है। मगर फिर कैसे परी जेल से छूटती है और राजकुमार को हम गहरे पछतावे के साथ परी से माफी माँगते देखते हैं, राजेंद्रजी ने खूबसूरती से कहानी का यह अंत रचा है। राजेंद्र यादव की 'कलाकार' भी एक बहरूपिए को लेकर लिखी गई ऐसी मार्मिक और यादगार कहानी है, जिसे भूलना मुश्किल है। ये ऐसी कहानियाँ हैं, जो हिंदी बाल कहानियों की दुनिया में सार्थक हस्तक्षेप करते हुए, उसे बदलने की कोशिश करती हैं।

हालाँकि मन्नू भंडारी, भीष्म साहनी, शैलेश मटियानी, रामकुमार वर्मा, कृश्न चंदर, कृष्ण बलदेव वैद और श्यामू संन्यासी की कहानियाँ कहीं अधिक सहज हैं। मन्नू भंडारी (ज. 1931) की बाल कहानियों के संग्रह 'आँखों देखा झूठ' (संस्क. 2004) में आठ कहानियाँ शामिल हैं। इनमें 'आँखों देखा झूठ', 'दुर्भाग्य की हार', 'वशीकरण' और 'बढ़ा हुआ यश' एक लंबी कहानी के ही अलग-अलग हिस्सों की तरह हैं। 'संकट की सूझ' में एक किसान की कहानी है, जिसकी फसल चुराने के लिए चार चोर खेत में घुस आते हैं। उनमें एक राजपूत है, दूसरा साहूकार, तीसरा ब्राह्मण और चौथा किसान। अब वह किसान जिसपर संकट आ पड़ा है, उन चारों से किस तरह होशियारी से निपटता है, मन्नू भंडारी ने यह किस्सा मजेदार ढंग से लिखा है। मन्नू भंडारी की 'आवाजें' और 'नहले पर दहला' भी अच्छी कहानियाँ हैं, पर सबसे अच्छी कहानी है 'हिम्मती सुमेरा'। यह एक छोटे हिम्मती बच्चे की कहानी है, जो अपने साहस से अपने लिए जीवन का रास्ता खोज लेता है।

भीष्म साहनी (1915–2003) की बहुचर्चित कहानी 'अनोखी हड्डी' के राजा उदयगिरी को नए-नए राज्यों को जीतने का शौक है और उनकी यशलिप्सा और कामना बढ़ती ही जाती है। मगर फिर उनका सामना एक बूढ़े, दुर्बल आदमी से होता है। उसके पास एक नाखून के बराबर छोटी-सी सफेद हड्डी का टुकड़ा है और बूढ़े की इच्छा है कि राजा इस हड्डी के वजन के बराबर सोना उसे दे दे। मगर यह कामना की हड्डी है, जिसपर राजा का सारा राजपाट तुल जाता है।...अब राजा चुप है। जिस महाबली राजा ने अपनी अकूत सेना के बल पर अनेक शक्तिशाली राज्यों को जीता है, वह एक अकेले बूढ़े आदमी से हारकर वापस लौट पड़ता है। भीष्मजी की 'गुलेल का खेल' और 'वापसी' भी सुंदर कहानियाँ हैं। 'गुलेल का खेल' में गुलेल मारकर पक्षियों के घोंसले तोड़नेवाले बोधराज की कहानी है, मगर यही बोधराज बाद में बदला तो इस कदर बदल गया कि उसके हाथ में गुलेल की जगह अब पक्षियों के चुग्गे दिखाई पड़ते हैं। 'वापसी' में चिड़ियाघर के जानवरों का

किस्सा है, जो ट्रेनर के चाबुक फटकारने और पीटने से दुःखी हैं। फिर ये जानवर एक दिन आपस में सलाह करते हैं, और एक साथ सर्कस की चौहद्दी से निकलकर जंगल की ओर चल पड़ते हैं। उनके मन में एक छोटी दुनिया से बच निकलकर एक बड़ी दुनिया में शामिल होने का रोमांच है, लेकिन साथ ही मन में छिपा हुआ एक भय भी है कि पता नहीं, जंगल के जानवर उनके साथ कैसा बरताव करेंगे? मगर जंगल में उनके पहुँचते ही जैसा आनंद का समाँ बँध गया, उसे भीष्म साहनी ने बड़े ही गजब अंदाज में पेश किया है और सर्कस की बंद दुनिया में रहनेवाले पशुओं की एक नई मुक्ति-कथा रच डाली है। प्रसिद्ध कवि और नाटककार रामकुमार वर्मा (1905-1990) ने भी बच्चों के लिए कहानियाँ लिखीं। उनकी 'ठनठन पाल' (संस्क. 2003) और 'सेर ऊपर सवा सेर' (संस्क. 2003) पुस्तकों में कुल मिलाकर सोलह बाल कहानियाँ हैं। इन कहानियों में लोककथाओं का रंग गाढ़ा है और बहुत-सी परिचित या सुनी-सुनाई कहानियाँ भी हैं। पर रामकुमार वर्मा ने उन्हें सुंदर ढंग में लिखा है, जिससे इन बाल कहानियों में अनोखा कथा-रस पैदा हो गया है।

हिंदी के विख्यात कथाकार शैलेश मटियानी (1931-2003) की बाल कहानियों का अलग रंग, अलग अंदाज है, खासकर उनका किस्सागोईवाला अंदाज मोहता है। मटियानीजी की बाल कहानियों का चर्चित संग्रह है, 'बिल्ली के बच्चे' (1955)। इसमें उनकी चार उम्दा और यादगार कहानियाँ शामिल हैं, 'मत बाजे घुँघुरुवा', 'बिल्ली के बच्चे', 'सिली मिड ऑन पर छक्का' और 'बिद्दू अंकल'। हालाँकि ये कहानियाँ अलग-अलग रंग-अंदाज की हैं। 'मत बाजे घुँघुरुवा' में लोककथाओंवाली किस्सागोई का गाढ़ा रंग है। लेकिन मटियानी ने उसे अपने ढंग से साधा है और एक नया ही शिल्प दे दिया है। लिहाजा अंत तक आते-आते कहानी खासी मार्मिक और प्रभावी हो जाती है, जो बाल पाठकों के मन पर गहरा असर छोड़ती है। 'बिल्ली के बच्चे', 'सिली मिड ऑन पर छक्का' और 'बिद्दू अंकल' मटियानीजी की आधुनिक परिवेश की कहानियाँ हैं। इनमें 'बिल्ली के बच्चे' तो खासी मार्मिक कहानी है। 'सिली मिड ऑन पर छक्का' में हास्य की कमाल की झाँकी है, तो 'बिद्दू अंकल' में एक घरेलू नौकर की मार्मिक दास्तान है, जो इतनी संवेदनशीलता से लिखी गई है कि भुलाए नहीं भूलती।

इसी तरह शैलेश मटियानी की 'धनुष-भंग' लाजवाब बाल कहानी है, जिसमें रामलीला के मैनेजर ख्यालीराम और बाँकेराम साहजी के घराने की पुश्तैनी दुश्मनी रामलीला में नाटक के अंदर एक और रसीले नाटक को जन्म देती है। इधर जनता 'सियावर रामचंद्र की जय' बोलने को उतावली है और उधर रामजी का धुनष टूटने में ही नहीं आ रहा। इस अद्भुत प्रसंग को मटियानीजी ने कहानी के अंत में बड़ी सूझ के साथ, अनोखे ढंग से सँवारा, यह कहकर कि 'धनुष-भंग की बाकी लीला कल दिखाई जाएगी!' इससे यह कहानी एक स्वाभाविक प्रसन्नताभरी पूर्णता पा लेती है। मटियानीजी की कहानियों का एक और संग्रह है, 'ईश्वर की मिठाई' (1996)। इसमें उनकी चार चुस्त और दमदार कहानियाँ शामिल हैं, 'ईश्वर की मिठाई', 'राजा क्या धनी, मैं धनी', 'लछुवा कोठारी के लड़के' और 'श्यामा बिल्ली'।

मटियानीजी ने बच्चों के लिए लोककथाएँ भी अनोखी किस्सागोई में ढालकर प्रस्तुत कीं। उनकी 'छोटी मछली, बड़ी मछली' (संस्क. 2000) बच्चों के लिए ढंग से पेश की गई लोककथाओं की अनोखी पुस्तक है। इसमें कुल तीन कहानियाँ हैं, 'छोटी मछली, बड़ी मछली', 'ईमानदारी का फल' और 'चारों कोनों में

दीये जलाओ'। इनमें 'छोटी मछली, बड़ी मछली' में एक अहंकारी राजा सिंधुराज का किस्सा है, जिसने यह घोषणा की थी कि सभी राजा आकर उसके पास अपना खजाना जमा कर दें। मगर सिंधुराज के मित्र गंगराज जब काँच के बरतन में छोटी मछली और बड़ी मछली लेकर पहुँचे तो क्या अजब तमाशा हुआ और अहंकारी सिंधुराज का सिर शर्म से किस तरह झुक गया, मटियानी ने इसे खूबसूरत ढंग से लिखा है। लेकिन 'ईमानदारी का फल' कहानी में गलदुम यानी गले में घेघावाले फकीरराम और उसके भाई खिमराम का किस्सा तो इससे भी गजब का और हास्य के रंगों से इस कदर सराबोर कर देनेवाला है कि कुछ कहते नहीं बनता। 'चारों कोनों में दीये जलाओ' में एक बकरी कावेरी की कथा है। वह समझदार बकरी ईर्ष्यालु और झगड़ालू कुत्ते को कैसे मजेदार ढंग से पाठ पढ़ाती है, मटियानी ने यह किस्सा बड़े जोरदार ढंग से लिखा है। 'चाँदी का रुपैया और रानी गौरैया', 'तराई प्रदेश की लोककथाएँ' तथा 'काली पार की लोककथाएँ' शैलेश मटियानी की लोककथाओं की अन्य उल्लेखनीय किताबें हैं। इनमें 'चाँदी का रुपैया और रानी गौरैया' पद्य में लिखी गई सुंदर लोककथा है।

ऐसे ही जाने-माने कथाकार श्यामू संन्यासी की 'खरहा भाई और भेड़िया दादा' भी खासी रोमांचक कथा है। हर बार भेड़िया खरहा के बच्चों पर घात लगाकर हमला करता है और खा-पीकर डकार लेता है। खरहा भाई-भौजाई रोते-धोते हैं और उनका रोना-कलपना देख, पेड़-पौधों तक के आँसू आ जाते हैं, आसमान की छाती फटने लगती है। पर कहानी का अंत आते-आते भेड़िया दादा और खरहा भाई की कहानी एकाएक उलट जाती है। भेड़िया दादा संदूक में बंद हुए और आखिर 'परम धाम' पहुँच गए। खरहा भाई-भौजाई के बच्चे जिंदगी में पहली बार निडर होकर कमरे-बरामदे और आँगन-अहाते में कूदे-फाँदे और किलकारियाँ लगाईं! मशहूर कहानीकार कृश्न चंदर (1914-1977) की कहानी 'गंडक का भूत' यों तो परंपरागत परीकथाओं जैसी है, लेकिन लिखने का अंदाज और भाषा जिंदादिली से ऐसी भरपूर है कि समझ में आता है कि एक बड़े कहानीकार की कलम का स्पर्श कहानी को क्या से क्या बना देता है। 'गंडक का भूत' में राजा उदास है, क्योंकि उसके खजाने पर एक भूत ने कब्जा कर लिया है और इस भूत का मुकाबला कोई नहीं कर पाता। मजे की बात यह है कि इस जबरदस्त ताकतवर भूत को एक छोटा, बहुत छोटा बच्चा ही काबू करता है और उससे माफी मँगवाता है।

कृष्ण बलदेव वैद (ज. 1927) की 'जादू का चोगा' भी राजाओं के परिवेश पर लिखी गई कहानी है, मगर उसे इस बात के उदाहरण के रूप में देखा जाना चाहिए कि किसी राजा की कहानी में भी आज के जीवन का सत्य कितने पुरजोर ढंग से आ सकता है। कृष्ण बलदेव वैद की कहानी 'जादू का चोगा' में भी इसी तरह बड़ा राजकुमार तलवार के बल पर चीजें हासिल करने में यकीन करता है और छोटा राजकुमार, जिसके पास फटा-पुराना चोगा है, जनता के दुःख और तकलीफों से जुड़ा है। कहानी के अंत में छोटा भाई खत्म हो जाता है, मगर मरते-मरते वह अपना चोगा बड़े भाई के कंधे पर डाल जाता है और आश्चर्य, हम बड़े भाई को एकाएक बदलते और ममतालु होते देखते हैं।

इस्मत चुगताई (1915-1991) गजब की किस्सागो हैं और खासकर अपने चुटीले अंदाज के लिए जानी जाती हैं। उनकी बच्चों के लिए लिखी गई, अलमस्त कहानी 'कामचोर' इस लिहाज से इन सब कहानियों से अलग है कि यहाँ बच्चे अपने पूरे नटखट अंदाज, शरारतीपन और क्रिएटिव ऊर्जा के साथ मौजूद हैं। वे अगर

काम नहीं करते तो इस कदर नहीं करते कि अपनी जगह से हिलकर पानी लेने में भी उन्हें तकलीफ होती है। मगर आखिर इस बात से परेशान होकर बड़े लोग घर के तमाम छोटे-बड़े कामों में उनकी 'ड्यूटी' लगाते हैं। नौकरों की छुट्टी कर दी जाती है और 'बच्चा पार्टी' को बताया जाता है कि उन्हें आँगन का कूड़ा बुहारना है, पेड़ों में पानी देना है वगैरह-वगैरह। बस, हुक्म मिलने की देर थी कि बच्चे अपनी 'धम-धम, धम-धम' के साथ शुरू हो जाते हैं और वो धमाचौकड़ी मचाते हैं, वो धींगामस्ती करते हैं कि पूरा घर मानो एक तूफान की लपेट में आ जाता है। इसके अलावा जो नाटक हुए और चीजों की जैसी टूट-फूट हुई, उससे तो सभी सकते में आ गए। आखिर बच्चों से सारे काम वापस ले लिये गए, मगर बच्चे जो हुड़दंगी इतिहास बना चुके थे, वह कहाँ जाता? वह अंततः इस्मत चुगताई की 'कामचोर' कहानी में आता है और कुछ इस अंदाज में आता है कि अच्छा तो यह होगा कि बच्चे खुद कहकहे लगाते हुए इस कहानी को पढ़ें और पढ़ने के बाद भी देर तक 'कहकहाते' रहें!

चर्चित कवयित्री शकुंतला सिरोठिया (1915–2005) ने भी इस दौर में बच्चों के लिए बड़ी सुंदर और भावपूर्ण कहानियाँ लिखी हैं। उनकी बाल कहानियाँ थोड़ी परंपरागत ढंग की होते हुए भी किस्सागोई से भरपूर और बड़ी सरस कहानियाँ हैं, जिन्हें बच्चे चाव से पढ़ते हैं। जीवन का घात-प्रतिघात वहाँ खुलकर आता है और बाल मन की समस्याएँ और जटिलताएँ भी। बच्चे वहाँ अपनी राह से भटकते भी हैं और अनुभव की गहरी चोट खाकर फिर राह पर लौटते भी हैं। पर हाँ, शकुंतलाजी का मानना है कि बच्चों को डाँट-फटकारकर या उपदेश की तगड़ी डोज पिलाकर सुधारा नहीं जा सकता। वे प्यार और ममता की कद्र करते हैं और इसी प्यार और ममता की डोर से बँधे, वे अपने भटकावों से उबरकर जीवन की सीधी-सच्ची राह पर आते हैं। कई कहानियों में तो शकुंतलाजी बच्चे की मौसी या फिर ऐसे ही किसी हमदर्द पात्र के रूप में स्वयं उपस्थित लगती हैं और बिगड़े हुए बच्चे को अपनी ममता के स्पर्श से कंचन-सा खरा बना देती हैं। यथार्थ और फंतासी दोनों के मेल से बनी ये कहानियाँ अनायास बच्चे के मन और सपनों को छूते हुए आगे बढ़ती हैं। इसीलिए हर बच्चे को बिल्कुल अपनी-सी लगती हैं।

शकुंतलाजी की चुनिंदा दस बाल कहानियों का एक सुंदर संचयन 'गुलमोहर' (1990) प्रकाशन विभाग से प्रकाशित हुआ है। ये ऐसी कहानियाँ हैं, जिनमें उनका कथाकार रूप और कवयित्री-रूप एक साथ देखने को मिलता है। इसलिए कि इन कहानियों की भाषा और संवेदना कविता के रंग में रँगी हुई है। इनमें सबसे चर्चित और बेहद चुस्त-दुरुस्त कहानी है, 'शेरू की जासूसी'। इसमें एक कुत्ते शेरू की समझदारी और स्वामिभक्ति की बड़ी अद्‌भुत मिसाल सामने आती है। चाचा प्रताप के घर में शेरू और बिल्लू कुत्ते पल रहे हैं, पर वे उन्हें पसंद नहीं करते। उनका मानना है कि दोनों महा झंझटी हैं और कुछ न कुछ उत्पात करते रहते हैं। पर चाचा को दोनों कुत्तों पर जितना गुस्सा आता था, उनकी बेटी नीली का उतना ही ज्यादा उन पर भरोसा है। एक बार तो हद ही हो गई। दराज में रखी चाचा की वसीयत खो गई, यहाँ तक कि सारा सामान भी उलट-पुलट था। उन्हें बेहद गुस्सा आ रहा था शेरू पर, कि जरूर उसी ने कुछ गड़बड़ की होगी। फिर कुछ समय बाद उसके मुँह में फटी हुई, वसीयत का आधा टुकड़ा देखकर तो उन्हें पक्का यकीन हो गया कि शेरू ने ही वसीयत फाड़ दी है। पर कहानी के अंत में जब शेरू पूरी वसीयत खोज लाया और चाचा को पता चला कि शेरू ने वसीयत गायब नहीं की थी और न फाड़ी थी, वह तो अपराधियों के चंगुल से उसे लेकर आया है तो शेरू के

लिए उनके भीतर प्यार फूट पड़ता है। वे शाम को जिस पार्टी में जानेवाले थे, उसमें शेरू और बिल्लू को भी साथ ले गए और वहाँ जिस किसी ने भी यह किस्सा सुना, हैरान हो उठा। शेरू उस पार्टी में हीरो बन गया।

शकुंतला सिरोठिया की कई कहानियाँ सामाजिक समरसता को लेकर लिखी गई हैं। 'अपने ही घर में' ऐसी ही एक भावपूर्ण कहानी है। इसमें एक बच्चा राकेश अपने मुसलिम दोस्त नईम के घर ईद की सेवइयाँ खाने गया है। वहाँ स्वादिष्ट सेवइयों का आनंद लेकर वह चलने को ही था कि तभी गली में दंगाइयों की जोर-जोर की आवाजें सुनाई दीं। पर नईम जिस तरह होशियारी से राकेश को उनसे बचाता है, वह आपसी प्रेम की एक आदर्श मिसाल है। शाम को राकेश ने पिता को फोन करके बताया कि वह अपने दोस्त नईम के घर है और अब जल्दी ही यहाँ से घर आएगा। इस पर उसके पिता ने जो कहा, वे शब्द मानो पाठकों के दिल पर हमेशा के लिए अंकित हो जाते हैं। उनका कहना था कि बेटे, तुम अपने घर में ही हो। वहीं रहो, क्योंकि वहाँ तुम कहीं ज्यादा सुरक्षित हो! आज के माहौल में, जिसमें इनसानी विश्वास की परतें लगातार कमजोर हुई हैं, शकुंतलाजी की यह कहानी पढ़कर सचमुच बड़ी राहत मिलती है।

शकुंतलाजी ने ऐसी और भी कहानियाँ लिखी हैं, जिनमें बच्चों के मन की उदारता, परस्पर प्रेम और धार्मिक सहिष्णुता की बड़ी सुंदर झलक शब्दों में उतर आई है। उनकी 'धर्म का संगम' ऐसी ही एक मर्मस्पर्शी कहानी है, जिसे पढ़कर मन भीगता है। यह भाई और बहन के प्रेम की एक अनमोल कहानी है, जिसमें बहन हिंदू है और बड़े संकट में है। उसका मुँहबोला भाई एक मुसलमान है, पर वह जिस शानदार अंदाज में भाई का कर्तव्य पूरा करता है, उससे पाठक मुग्ध और भावमग्न हो जाता है। शकुंतलाजी की 'गुलमोहर' भी बहुत अच्छी कहानी है। सेठ रतनलाल ने सड़क पर रोते हुए जिस अनाथ बच्चे नंदलाल को दया करके पाला-पोसा और समर्थ बनाया, बाद में वही उनके जाने के बाद पूरे परिवार के लिए कितना बड़ा सहारा बन गया। कहानी का अंत भी बड़े सुंदर और भाव-व्यंजक शब्दों में हुआ है, "सेठ और सेठानी के पुण्य का गुलमोहर फूलों से लदा लहलहा रहा था।" 'गुलमोहर' कहानी पढ़ते हुए लगता है, हमने सच्ची मानवता के दर्शन कर लिये। निस्संदेह यह शकुंतलाजी की सबसे सुंदर, सुगठित और भावपूर्ण कहानियों में से है।

'माँ' कहानी भारत-चीन युद्ध के दौर की है। चीन ने भारत पर आक्रमण किया तो पूरा देश मर्माहत हो उठा। उसी समय अरुण का पढ़-लिखकर सेना में अफसर के रूप में चयन हो गया। इस पर उसकी माँ की खुशी का कोई अंत न था। अरुण उनकी इकलौती संतान था। पति थे नहीं तो अरुण को उन्होंने अकेले ही बड़े लाड़ से पाला था और अच्छी सीख दी थी, पर वही अरुण अब उससे दूर चला जाएगा। माँ खुश थी, पर आँखों में आँसू भी थे। बेटे के पूछने पर माँ के जवाब में उनकी ममता और आदर्श दोनों की मिली-जुली छाप है। वे कहती हैं, "अरुण बेटा, क्या तू आज तक मुझे नहीं समझ पाया? तू यह सोचता है कि मैं इसलिए रो रही हूँ कि तू मातृभूमि की रक्षा करने जा रहा है? पागल, मुझे तो गर्व हो रहा है कि मेरा नन्हा अरुण आज इतना बड़ा और योग्य हो गया है कि भारत माँ की रक्षा कर सके!…" एक हिंदुस्तानी माँ का गर्व इन शब्दों में छलछला उठा है।

'आशीर्वाद' एक सुधारवादी कहानी है, पर इसमें किसी उपदेश का सहारा नहीं लिया गया। यह कहानी एक अपराधी बब्बू की है, जिसे चोरी की बुरी लत पड़ गई है और वही उसे जेल भी ले जाती है। जेल से छूटने के बाद बब्बू को सबसे पहले मौसी की याद आई, जो उसे बचपन से ही बहुत प्यार करती थी। कहानी का अंत

बहुत अच्छा है। यही कहानी थोड़े भिन्न रूप में 'राकेश की नाव बच गई' कहानी में है। खास बात यह है कि शकुंतला सिरोठिया की ऐसी कहानियाँ अच्छी सीख देते हुए भी, अपने स्थापत्य में बड़ी यथार्थपरक कहानियाँ हैं और बाल मन की परतें खोलती हुई, बड़े सहज अंदाज में आगे बढ़ती हैं। वहाँ कोई परिवर्तन आकस्मिक नहीं होता। धीरे-धीरे एक क्रमिक विस्तार में चीजें खुद-ब-खुद घटित होती नजर आती हैं।

'करोड़पति भिखारी' भी शकुंतलाजी की बड़ी अनोखी कहानी है, जिसका नायक एक भावुक युवक यशमणि की है। वह एक दिन अपने चित्रकार मित्र नीलांबर के घर गया तो वहाँ वह फटे कपड़े पहने एक दीन-हीन भिखारी को देख, द्रवित होकर जेब में पड़े तीन रुपए दे देता है, जिससे कि वह कुछ खाकर अपनी भूख मिटा सके। बाद में उसे पता चला है कि वह भिखारी तो असल में एक करोड़पति सेठ जीवनदास हैं, जिन्हें अलग-अलग रूपों में अपना चित्र बनवाने का शौक है और वही भिखारी का स्वांग करके उसके चित्रकार मित्र के पास बैठे हुए थे।

शकुंतलाजी ने बच्चों के लिए कुछ सुंदर और भावपूर्ण लोककथाएँ भी लिखी हैं, पर उन्हें भी अपनी कल्पना के स्पर्श से उन्होंने सँवार दिया है। उनकी बाल कहानियों के संग्रह हैं, 'गुलमोहर', 'फूल का पहरेदार', 'बेला चली घूमने', 'उन्होंने शिकार खेला', 'नीना की भेंट', 'चूजे की छींक' और 'मैं दुलहन लेने आया'। इनमें आधुनिक परिवेश की कहानियाँ हैं तो पारंपरिक ढंग की या लोकशैली में लिखी गई कहानियाँ भी। हालाँकि यह बात गौर करने लायक है कि शकुंतलाजी की कहानियों का विन्यास आधुनिक हो या पारंपरिक, पर उसका संदेश जरूर कुछ न कुछ ऐसा होगा, जो आज के बच्चे के काम का होगा और उसे राह दिखाने का काम करेगा।

इस दौर में शीला गुजराल (1924-2011) ने भी बच्चों के लिए कहानियाँ लिखीं। उनकी बाल कहानियों का संग्रह है, 'कठपुतली नर्स तथा अन्य कहानियाँ' (2000)। इनमें शीर्षक कथा 'कठपुतली नर्स' मार्मिक कथा है, जिसमें एक संवेदनशील बच्ची का मन है। अपनी सुंदर और बेहद प्यारी कठपुतली को वह अपनी बीमार सहेली के पास भिजवा देती है, ताकि उसका मन बहले और वह जल्दी ठीक हो जाए। 'हनुमानजी को भेंट' में धर्मभीरु दादीजी का चरित्र बड़ी खूबसूरती से उभरा है। 'नन्हा मोती', 'असली चाँदी के सिक्के', 'बाँसुरी का रहस्य' और 'एक घटना' भी शीला जी की सुंदर और भावपूर्ण कहानियाँ हैं, जिसमें बदले हुए समय की आहटें हैं। धर्म और चमत्कार के नाम पर ठगनेवाले साधुओं पर लिखी गई 'व्यासजी से भेंट' भी शीलाजी की दिलचस्प कहानी है। बड़ी-बड़ी बातें बनानेवाले ढोंगी साधु कहानी के अंत में जिस तरह खिसकते हैं, उससे समझ में आता है कि आज के जमाने में सही तर्क और विवेक के साथ ही जिया जा सकता है, वरना मीठी बातें बनाकर ठगनेवाले लोगों की कमी नहीं है।

❖

नई कहानी के दौर के चर्चित कथाकारों में हरिशंकर परसाई और आलमशाह खान जैसे समर्थ लेखकों ने भी बच्चों के लिए लिखा और अपने खास अंदाज में लिखा। आलमशाह खान की 'मिनी महात्मा' एक अलग अंदाज की आधुनिक परिवेश की कहानी है। हुआ यह कि मोहन एक दिन डेरी पर दूध लेने के लिए गया और जब पुलिस का एक थानेदार यानी 'पुलिस अंकल' भी आए और बिना लाइन के दूध लेने लगे तो जैसे कि उसे

स्कूल में अनुशासन सिखाया गया था, उसने 'पुलिस अंकल' से भी लाइन में आकर दूध लेने के लिए कहा। इस पर अपनी अकड़ में थानेदार ने उसे जोर का तमाचा जड़ दिया। मोहन को तमाचे की पीड़ा थी, पर इससे ज्यादा पीड़ा इस बात की थी कि आखिरी उसे पीटा क्यों गया, उसने गलती क्या की? और वह रोता है। देर तक रोता रहता है और हर बार यही सवाल पूछता है कि आप बताइए, मेरी गलती क्या थी? धीरे-धीरे मोहन का यही सवाल एक ऐसे सत्याग्रह की शक्ल ले लेता है कि आसपास झंडियाँ लिये दर्जनों बच्चे वहाँ नजर आ जाते हैं। वे एक राष्ट्रीय पर्व की प्रभात फेरी में हिस्सा लेने के लिए जा रहे हैं, लेकिन उन्हें लगा कि प्रभात फेरी की जरूरत तो यहीं है। और पुलिस अंकल के घर के बाहर नारे गूँजने लगते हैं, "महात्मा गांधी की जय, अंकल बाहर आओ···!" इस पर पुलिस अंकल को जिस कदर शर्मिंदा होकर माफी माँगनी पड़ी, इसका वर्णन पढ़ते-पढ़ते सचमुच मजा आ जाता है। हाँ, इतना जरूर है कि जब पुलिस अंकल ने खुद यह मान लिया कि "अच्छा बच्चा, आज सुबह मुझसे एक ज्यादती हो गई, मैं शर्मिंदा हूँ!" तो इतना सुनना था कि मोहन ने आगे बढ़कर अंकल के चरण छुए और जोर से नारा लगाया, "अंकल जिंदाबाद!"

स्वतंत्रता-प्राप्ति के बाद लिखी गई बाल कहानियों में हरिशंकर परसाई (1924-1995) की 'मुन्नू की स्वतंत्रता' (1949) बेहद महत्त्वपूर्ण है और हरिकृष्ण देवसरे ने इसे हिंदी की पहली आधुनिक बाल कहानी माना है। इस कहानी में जब सब ओर आजादी मिलने की बात होती है, तो एक छोटा बच्चा मुन्नू भी अपने को आजाद मानकर थोड़ा लीक से इधर-उधर हटकर चलने की कोशिश करता है। मगर हर बार उसे या तो डाँट पड़ती है या पिटाई होती है। तब मुन्नू के मन से आजादी का चाव मर जाता है और वह सोचने लगता है कि यह कैसी आजादी मिली है, जिसमें मुझे कुछ भी करने की स्वतंत्रता नहीं है? बेशक हरिशंकर परसाई की 'मुन्नू की स्वतंत्रता' लीक से हटकर लिखी गई कहानी है, जो आज भी प्रभावित करती है। इस कहानी में उठाए गए सवाल मानो पीछा करते जान पड़ते हैं। हरिशंकर परसाई की 'टिंगू की क्या गलती थी' भी अपने ढंग से सोचने-विचारनेवाले एक नटखट बच्चे टिंगू की कहानी है। कहानी के अंत में हरिशंकर परिसाई एक मजेदार सवाल छोड़ देते हैं कि, "टिंगू को कोई गलती समझ में नहीं आई। इस कहानी को पढ़नेवाले लड़के बताएँ कि टिंगू की क्या गलती थी?" इसी तरह लक्ष्मीनारायण लाल (1927-1987) की 'गरीब परी' एक नए निराले ढंग की परीकथा है, जो परीकथाओं की बनी-बनाई लीक से एकदम अलग अपना रास्ता खोजती है।

इस कालखंड में जिन शीर्ष रचनाकारों ने बच्चों के लिए कहानियाँ लिखीं, उनमें मूर्धन्य साहित्यकार रघुवीर सहाय (1929-1990) का नाम बड़े सम्मान से लिया जाना चाहिए। हालाँकि रघुवीर सहाय ने बच्चों के लिए कुल तीन कहानियाँ लिखीं, पर उनमें कथारस ऐसा है कि हिंदी बाल कहानी में रघुवीर सहाय के योगदान को भुलाना मुश्किल है। सहायजी की ये बाल कहानियाँ हैं, 'मोती-हीरा', 'अच्छे लड़के कैसे बनें', तथा 'रामशंकर मगरशंकर'। इनमें 'मोती-हीरा' का आधार एक पुरानी लोककथा है, जिसे रघुवीर सहाय ने अपनी कलम का स्पर्श देकर उसमें एक अनोखी चमक पैदा कर दी है। हुआ यह कि एक बड़ा प्रतापी राजा था, जो एक भव्य किले में रहता था। मगर एक दिन एक पथिक से चरखा चलानेवाली एक अनोखी बुढ़िया के बारे में सुनकर वह अपनी आँखों से उसे देखने के लिए चल दिया। फिर राजा न जाने किन-किन मुश्किलों और परेशानियों के भँवर जाल में फँसा। पीछे नौकरों ने राजकुमार हीरा और राजकुमारी मोती को

सताना शुरू किया और फिर उन्हें भूखा-प्यासा रखकर उनसे नौकरों की तरह काम लेने लगे। खुद उनके बेटे राजकुमारों के से कपड़े पहनते। हीरा और मोती ने क्या-क्या दुःख न उठाए। पर अंत में दुःखों का यह जाल टूटा और राजा को अपने खोए हुए बच्चे मिले और अंत में सुख का सवेरा फिर लौटकर आ गया। 'रामशंकर मगरशंकर' में एक लड़के और मगरमच्छ की दोस्ती का कथानक अनोखे शिल्प में ढलकर सामने आता है।

'अच्छे लड़के कैसे बनें' सहायजी की एकदम भिन्न तरह की कहानी है, जिसमें बातों-बातों में मीठी सीख देने की कोशिश है। एक लड़का अच्छा लड़का बनना चाहता था और वह अपने इन्हीं विचारों में खोया था। वह सोच रहा था कि अच्छा बने तो कैसे? इस बीच उसने अपनी छोटी बहन मिन्नी के कुछ कहने पर उसे डाँटा। मम्मी के नहाने के लिए कहने पर चिल्ला पड़ा और छोटे भाई बन्नू से डपटकर भाग जाने के लिए कहा। लेकिन जब सोचते-सोचते थक गया और पिताजी के पास यह पूछने के लिए गया कि मैं अच्छा लड़का कैसे बनूँ, तो पिताजी की एक छोटी सी बात ने उसकी आँख खोल दी और उसे अपनी गलतियों पर सच्चा पछतावा होने लगा। रघुवीर सहाय की इन कहानियों में यों तो शिल्प का कोई अलग चमत्कार नहीं है, पर उनकी भाषा में सफाई और सादगी का बल है और ये कहानियाँ सुनते ही मन पर असर डालती हैं। लिहाजा इनकी चर्चा के बगैर हिंदी बाल कहानियों की चर्चा पूरी नहीं हो सकती।

'पराग' के पूर्व संपादक आनंदप्रकाश जैन (1927-1996) की कहानियों का भी अलग रंग है। वे मुख्य रूप से इतिहास रस के सिद्ध कथाकार हैं, पर बच्चों के लिए लिखी गई अपनी ऐतिहासिक कथाओं को वे जिस तरह हास-परिहास की विनोदपूर्ण झाँकी के साथ आगे बढ़ाते हैं, वह कला और लाघव अनूठा है और मैं समझता हूँ, यहाँ वे अकेले हैं। इस मामले में उनसे होड़ लेनेवाला कोई दूसरा नहीं है। आनंदजी की बड़ी ही खूबसूरत और हास्य-विनोद के रंगों में रँगी कहानी है, 'कहानी में कहानी'। वीरता और शौर्य की किसी इतिहास कथा को ऐसे शोख और चटकीले रंगों और बच्चों के विनोद भाव के बीच पेश किया जा सकता है, यह कला हमें आनंदजी की जिंदादिली से भरपूर रचनाओं से सीखनी चाहिए।

आनंदजी की 'गोरी लक्ष्मी काली लक्ष्मी' भी बड़ी दिलचस्प कहानी है, जो अंत में आते-आते अनायास एक गंभीर रुख ले लेती है और तब दीवाली पर नकली चाकचिक्य, शान-शौकत और दिखावे की तड़क-भड़क से अलग लक्ष्मी और लक्ष्मीपूजन का सही अर्थ भी खुल पड़ता है। आनंदजी पर निकले विशेषांक ('बालवाटिका', जुलाई 2016) में भी उनकी चार सुंदर कहानियाँ छपी हैं, 'लोहे की गोलियाँ', 'हिरनकसप और परल्हाद', 'मुसीबत का साल', 'छब से पैला काम', जिनमें हास्य-विनोद के साथ ही उनकी कहानी कला के सामर्थ्य और ऊँचाइयाँ देखने को मिल सकती हैं।

शिवानी (1923-2003) बड़ों के लिए लिखी गई अपनी कहानियों और उपन्यासों के कारण खासी चर्चित रही हैं, पर उन्होंने बच्चों के लिए भी लिखा है और उसी तल्लीनता के साथ डूबकर लिखा है। उनकी बाल कहानियों की किस्सागोई सबसे अधिक प्रभावित करती है। 'सूखा गुलाब' (संस्क. 1994) में शिवानी की केवल चार बाल कहानियाँ हैं, 'मूलन', 'सूखा गुलाब', 'हमका बिठाओ धुआँगाड़ी में बबुआ' और 'मामा गरजो'। मगर ये कहानियाँ ऐसी हैं, जिनकी किस्सागोई बाँध लेनेवाली है। बच्चे गहरी जिज्ञासा के साथ कथा-रस से छलछलाती इन कहानियों को पढ़ेंगे और इनका आनंद लेंगे। इनमें 'मामा गरजो' कहीं अधिक मजेदार

कहानी है। इसमें तराई के घने जंगले में रहनेवाले एक भले शेर का किस्सा है जो किसी को तंग नहीं करता। वह कोमल और दयालु है, इसलिए वन्य पशुओं को तो छोड़िए, मुँहफट कौए और चिड़ियाँ भी उसका मजाक उड़ाने से बाज नहीं आतीं। और एक बार तो चतुर लोमड़ी ने मेला जाते हुए शेर पर अच्छी-खासी सवारी भी गाँठी। मगर शेर को जब पता चला कि यह चालाक लोमड़ी उसे बिल्कुल बेवकूफ ही समझ रही है तो शेर ने उसे किस तरह याद दिलाया कि वह आखिर शेर है। यह किस्सा शिवानी ने बहुत मजेदार ढंग से लिखा है। शिवानी की बाल कहानियों के संग्रह 'राधिका सुंदरी' और 'स्वामिभक्त चूहा' भी खासे चर्चित रहे हैं।

इसी तरह प्रसिद्ध कथाकार शशिप्रभा शास्त्री (1923-2000) ने भी बच्चों के लिए लीक से हटकर सुंदर कहानियाँ लिखीं। 'फूल और सपना' (1970) संग्रह में शशिप्रभा शास्त्री की ग्यारह कहानियाँ शामिल हैं, जिनमें ज्यादातर कहानियों में छोटे बच्चों की उपस्थिति ध्यान खींचती है तथा उनकी मुश्किलों और परेशानियों को बड़ी सहानभूति से कथात्मक विन्यास दिया गया है। संग्रह की शीर्षक कथा 'फूल और सपना' बड़ी भावपूर्ण है, जिसमें एक बच्चा बाल दिवस पर चाचा नेहरू से मिलने चल पड़ता है, ताकि उन्हें वह फूल भेंट कर सके। वह चाचा नेहरू से नहीं मिल सका, पर यह अनुभव ही उसके जीवन की एक यादगार घटना बन गया, जिसने उसे पूरी तरह बदल दिया। 'एक अकेली', 'पतंगबाज बेटा', 'छोटे सैनिक—घना जंगल', 'मिठाई का पेड़', 'घड़ी मिला लो', 'मोटा अमरूद' और 'खोया रास्ता' भी शशिप्रभाजी की यादगार कहानियाँ हैं। 'खोया रास्ता' में एक बच्चा एक दिन चलते-चलते जंगल में जा पहुँचा। वहाँ वह खो गया और अपने घर का रास्ता भूल गया। वह चाहता था कि जंगल की चिड़िया, बंदर या दूसरे जीव-जंतु उसकी मदद करें, पर वह खुद किसी की मदद नहीं करना चाहता था। आखिर हुआ यह कि वह बिल्कुल अकेला छूट गया। कहानी के अंत में यह राज खुलता है कि यह तो उस बच्चे का सपना था, पर उसने सपने में जो कुछ देखा और जाना, उससे उसके भीतर-बाहर बहुत कुछ बदल गया। 'मोटा अमरूद' का किस्सा भी बड़ा मजेदार है, जिसमें अमरूद की कहानी बड़े रोचक ढंग से पेश की गई है।

शशिप्रभा शास्त्री की बाल कहानियों का एक और चर्चित संग्रह है, 'आसमान की मेज' (1992), जिसमें उनकी नौ बाल कहानियाँ हैं। इनमें आज के बच्चे का मन और समस्याएँ हैं। भीतरी उलझनें और सवाल भी। इनमें 'जंगल के भीतर' में बच्चों के साहस और समझदारी से मुसीबत में रास्ता निकलता है। 'आसमान की मेज' में दिन-रात पतंग उड़ाने का सपना देखनेवाला बच्चा भीतर-बाहर से बदलता है। 'नए इनसान' भी बिल्कुल नए ढंग की बाल कहानी है।

प्रसिद्ध कथाकार महीप सिंह (1930-2015) की बच्चों के लिए लिखी गई कहानियाँ भी खूब चर्चित हुई हैं। एक दौर था, जब महीप सिंह की बाल कहानियाँ पत्र-पत्रिकाओं में छपती थीं और बच्चे उत्सुकता से उनकी प्रतीक्षा करते थे। इसलिए कि महीपजी की कहानियों में हर बार आधुनिक जीवन से जुड़ी कोई न कोई नई समस्या या नया विषय होता था, यहाँ तक कि पुराने कथानकों पर उन्होंने लिखा तो भी उसमें कोई न काई नया पहलू जरूर जोड़ा, जिससे वह कहानी मौजूदा वक्त के हिसाब से एकदम नई और सटीक लगने लगी। 'एक थी संदूकची' उनकी ऐसी ही कहानी है, जिनमें बेटे बहुओं की हृदयहीनता से दुःखी परमेश्वरी एक संदूक लेकर आती है और उसके बारे में एक किस्सा गढ़कर सुनाती है। जाहिर है, उसी दिन के बाद से बेटे-बहुओं

का व्यवहार बदलने लगा। संदूक से कुछ मिलने का लालच था, जिसकी वजह से वे परमेश्वरी की सेवा करते थे। परमेश्वरी की मृत्यु के बाद जब संदूक खोला गया तो उन्हें असलियत पता चली। इससे उन्हें थोड़ा दुःख तो हुआ, पर जीवन की नई सीख भी मिली।

'जीभ का रस' महीपजी की बड़ी मजेदार कहानी है। इसमें टीटू की शैतानियों का जिक्र है, जिनके कारण सारा मोहल्ला परेशान है। टीटू को बढ़िया चीजें खाने का शौक है और इसके लिए वह छोटे-मोटे झूठ बोलता है और चालाकियाँ दिखाता है। मगर एक दिन उसकी यही गपबाजी उलटा उसके लिए ऐसी मुसीबत बन गई कि बेचारे की पिटने तक की नौबत आ गई। और रात में थक-हारकर जब वह घर आया तो पसीने-पसीने था। माँ के पूछने पर उसने पस्त होकर चारपाई पर लुढकते हुए कहा, "माँ यह पसीना नहीं… यह मेरी जीभ का रस है।" 'भोला और वह' में एक किशोर बच्चे की उलझन है। भोला के भीतर एक 'वह' है, जो उसे हर बार गलत काम करने पर रोकता-टोकता है। भोला हर बार उसकी बात अनसुनी करता और किसी न किसी मुसीबत में पड़ जाता है। अंत में वह पछताता है कि अगर उसने 'वह' यानी अपने मन की बात मान ली होती तो वह क्यों इस मुसीबत में पड़ता। 'पास का दर्द' में संदीप इस बात से दुःखी है कि उसे जेबखर्च के लिए ज्यादा पैसे नहीं मिलते, लेकिन फिर सच्चाई सामने आने पर वह बदलता है। 'डाकू से पाला', 'न इस तरफ न उस तरफ', 'कैसी बेटी, कैसी माँ', 'कोयल के बच्चे', 'चौदहवीं की रात और नौकर की करतूत' तथा 'सुनहरे बालोंवाली रानी' भी महीपजी की चर्चित कहानियाँ हैं। महीपजी की कई कहानियों में बच्चों से संवाद भी है। कई बार वे अपनी कहानियों के अंत तक आते-आते खुद बच्चों को उसमें शामिल कर लेते हैं। मसलन 'एक थी संदूकची' में वे बाल पाठकों से पूछते हैं, "अच्छा… तुम्हीं बताओ, पत्र में क्या लिखा होगा?" महीपजी ने सिख गुरुओं की कथाएँ भी बड़े सुंदर ढंग से लिखी हैं।

द्रोणवीर कोहली (1932-2012) की बच्चों के लिए लिखी गई कहानियों में भी बड़ा रस और आकर्षण है। उन्होंने बच्चों के लिए एकदम अलग अंदाज में किस्सागोई से भरपूर कहानियाँ लिखीं। 'बाल भारती' के एकदम शुरू के अंकों में ही कोहलीजी की कहानियाँ नजर आने लगती हैं। लगता है, पाँचवें दशक में ही उन्होंने बाल कहानियों का मुहावरा पा लिया था। शुरू में उन्होंने आधुनिक परिवेश के अनुरूप एक नए विन्यास में ढालकर लोककथाएँ लिखीं, जिनमें स्पष्ट ही उनका जोर किस्सागोई पर था। वे अपनी साफ-सुथरी शैली में लोककथाओं के पुराने चरित्रों को निखारते और उन्हें कथा के अनुरूप नए ढंग से उभारते। पाँचवें-छठे दशक में कोहलीजी ने दर्जनों लोककथाओं को सर्जनात्मक स्पर्श देकर खूबसूरत ढंग से पेश किया, जिनमें उनकी कथाशैली और मोहक अंदाज तारीफ के लायक है।

कुछ बहुचर्चित विदेशी कथाओं को भी कोहलीजी ने रोचक ढंग से बच्चों के लिए प्रस्तुत किया। 'बाल भारती' पत्रिका में छपी 'कलुमुँही मुँगरी' भी उन्हीं में से एक है। यह एक अंग्रेजी लोककथा है, जिसका कोहलीजी ने बड़ी खूबसूरती से रूपांतरण किया है। कहानी में जगह-जगह हास्य-विनोद के छींटे हैं। इसी तरह स्वीडन की मशहूर लोककथा 'तीन गाने वाले पत्ते' को भी द्रोणवीर कोहली ने बड़े नाटकीय अंदाज में लिखा है। कहानी में इतना तेज घटना-क्रम है कि उसे साँस रोककर पढ़ना पड़ता है। कोहलीजी ने ऐसी चुस्त-दुरुस्त भाषा में कहानी लिखी है कि बच्चे इसका शब्द-शब्द पढ़ेंगे और आनंद लेंगे। साथ ही यह कहानी हर मुश्किल

का धीरज और हिम्मत के साथ मुकाबला करने की सीख तो देती ही है।

कुछ आगे चलकर द्रोणवीर कोहली आधुनिक परिवेश की उन बाल कहानियों की ओर मुड़े, जिनमें बच्चा और बच्चे का मन अधिक खुलकर सामने आता है। 'उपहार', 'तूफान और कली', 'गाँव', 'शाहजहाँ का हीरा', 'कैप्टन इनामवाला', 'चोरी', 'खँडहर', 'चूड़ियाँ', 'कंघी और शीशा' तथा 'पांडेजी ने बुद्धिमान बनना चाहा' कोहली जी की ऐसी ही कहानियाँ हैं। इनमें 'उपहार' निस्संदेह एक छोटी सी बच्ची जेन के मन की सरलता से जुड़ी बड़ी ही सुंदर और भावपूर्ण कहानी है। कहानी में दो छोटे बच्चों शंकर और जेन के उस निश्छल स्नेह की झलक है, जो आदमी और आदमी के बीच की झूठी दीवारों को ढहाकर, इसानियत का परचम लहराता है। 'तूफान और कली' पढ़कर पता चलता है कि एक ही घर में बेटे और बेटी के स्वभाव में कई बार इतना फर्क होता है, जितना तूफान और कली में। अंत में बेटी अपने सरल स्नेहपूर्ण स्वभाव के कारण जीवन में बहुत आगे बढ़ जाती है। 'गाँव' भी बड़ी मजेदार कहानी है। शहरी परिवेश में पला बच्चा पहले तो दादी के साथ उनके गाँव कुफरी जाने को तैयार ही नहीं होता। पर कुफरी जाने पर धीरे-धीरे वहाँ उसे इतना अच्छा लगने लगता है कि फिर गाँव छोड़कर शहर आना उसे अखरता है। 'शाहजहाँ का हीरा' एक बच्चे के लोभ की कहानी है, जिसे अंत में शर्मिंदा होना पड़ता है। कोहलीजी की 'चोरी' और 'खँडहर' भी याद रह जानेवाली बड़ी स्वाभाविक कहानियाँ हैं।

कोहलीजी की कहानियों में विविधता बहुत है, इसलिए पाठक उन्हें अधिक रुचि से पढ़ते हैं। उनकी 'घाट के कछुए' और 'पांडेजी ने बुद्धिमान बनना चाहा' हास्य-विनोद से भरी खिलंदड़ी कहानियाँ हैं, जिन्हें पढ़ते हुए बरबस होंठों पर हँसी आ जाती है। दूसरी ओर 'चूड़ियाँ' पाठकों को भावुक कर देनेवाली ऐसी पुरअसर कहानी है, जिसमें ईश्वर दिया का चरित्र नहीं भूलता। 'कंघी और शीशा' एक अंधविश्वासी बच्चे की कहानी है, जिसके मन में जाने कैसे-कैसे उलटे-सीधे खयाल आते रहते हैं। हॉस्टल में उसके आने पर हर कोई परेशान है, पर कहानी के अंत में उसकी इतनी खिल्ली उड़ती है कि आखिर वह खुद अपने झूठे भ्रम पर शर्मिंदा होता है। 'बड़े-बड़े जूतोंवाला बालक' और 'ईश्वर का जमाई' कोहलीजी की सुंदर परीकथाएँ हैं, जो बड़े दिलचस्प ढंग से लिखी गई हैं। 'कैप्टन इनामवाला' निस्संदेह कोहलीजी की सबसे सुंदर कहानियों में से है। कहानी में अंत तक रहस्य का साया पसरा रहता है। इसके अलावा कोहलीजी की कई ऐसी कहानियाँ याद आती हैं, जिनमें पशु-पक्षियों और खासकर नन्हे परिंदों की चह-चह करती उपस्थिति मन में गहरे बस जाती है।

यह प्रसन्नता की बात है कि कोहलीजी की चुनिंदा बाल कहानियाँ अभी कुछ अरसा पहले ही 'उपहार' (2016) शीर्षक से एक सुंदर पुस्तक के रूप में छपी हैं। इसी तरह कोहलीजी द्वारा लिखी गई पंजाब की लोककथाओं की पुस्तक 'ठूठी का ब्याह' (2014) भी प्रकाशित हुई है। पुस्तक में पंजाब की नौ सरस लोककथाएँ शामिल हैं, जिन्हें कोहलीजी ने बड़ा रस लेकर लिखा है।

हिमांशु जोशी (ज. 1935) ने बच्चों के लिए अधिक नहीं लिखा, पर जितना लिखा है, उस पर उनके व्यक्तित्व की गहरी छाप नजर आती है। 'नन्हे घरौंदे' (2002) पुस्तक में छोटे बच्चों के लिए लिखी गई उनकी पाँच कहानियाँ शामिल हैं। इनमें 'नन्हे घरौंदे' और 'टूटा किनारा' कहानियाँ खासकर बहुत अच्छी हैं। 'नन्हे घरौंदे' में तिब्बत के दो छोटे-छोटे मासूम बच्चों की कहानी है, जिनमें एक का नाम छवंग है और दूसरा छेरिंग।

वे हर दिन अपने माता-पिता का इंतजार करते हैं, जबकि उन्हें पालनेवाले दादाजी अच्छी तरह जानते हैं कि चीनी आक्रमण में मारे गए उनके माता-पिता कभी नहीं लौटेंगे। लेकिन यह बात वे उन नन्हे-मुन्ने अबोध बच्चों से कैसे कहें? बच्चे बार-बार पूछते हैं, "दादाजी, हमारी माँ कब आएँगी, पिता कब आएँगे?" तो उन्हें ढेर सारी अच्छी-अच्छी कहानियाँ सुनाते हुए वे उनके मन में यह नन्ही आशा सँजोए रखते हैं कि नन्हे बच्चो, जिस दिन पीली धूप खिलेगी तो तुम्हारे माता-पिता अवश्य लौट आएँगे।

हिमांशुजी की कहानी 'टूटा किनारा' में एक भले साधु का किस्सा है, जिसके पास गाँव के सभी लोग आते हैं और सिर झुकाते हैं। बस, गाँव का एक किसान ही है, जो अपने काम में लगा रहता है और उसके पास कभी नहीं आता। आखिर में वह साधु किसान के पास जाता है और उसका कारण पूछता है। इस पर किसान का जवाब गौर करने लायक है। उसका कहना है, "मैंने कोई तप नहीं किया, न मेरे पास कोई सिद्धि है। मैं तो सीधा-सादा किसान हूँ। बस, हर काम को भगवान् का आदेश समझकर पूरी लगन से करता हूँ।" उसका यह जवाब सुनकर तथा उसका दमकता चेहरा देखकर साधु को लगा, जैसे आदमी के रूप में उसके सामने देवता खड़ा है।

प्रसिद्ध कथाकार से.रा. यात्री (ज. 1933) ने भी बच्चों की कई सुंदर कहानियाँ लिखीं, जो पत्र-पत्रिकाओं में बिखरी हैं।'21 बोध कथाएँ' (2008) में यात्रीजी की इक्कीस ऐसी कहानियाँ हैं, जो अपनी नाटकीयता और कथारस के कारण तो असर डालती ही हैं, साथ ही हमें अच्छा बनने और आगे बढ़ने की सीख भी देती हैं। इनमें कुछ पौराणिक कथाएँ हैं तो कुछ लोककथाएँ भी, जिन्हें यात्रीजी ने बाल पाठकों के लिए रोचक कलेवर दिया है। इसी तरह नारायणदत्त पांडेजी की 'मूरखों की दुनिया' भी बड़ी रोचक और हास्य-विनोदपूर्ण बाल कहानियों की पुस्तक है। पुस्तक में चार कहानियाँ शामिल हैं, 'पढ़े-लिखे मूरख', 'स्वर्गलोक के यात्री', 'रोना किसलिए' और 'घर के बुद्धू घर को आए'। कहानियाँ इतनी मजेदार हैं कि एक बार पढ़ना शुरू करें तो बच्चे उन्हें बीच में छोड़ नहीं पाएँगे।

❖

वरिष्ठ कथाकारों में विष्णु प्रभाकर और हजारीप्रसाद द्विवेदी की बाल कहानियों की अलग ही धज है, जिनमें कथा-कौशल के साथ-साथ भाषा का जादुई सम्मोहन भी बाँधता है। इनमें विष्णु प्रभाकर (1912-2009) ने तो बच्चों के लिए खूब जमकर लिखा है। उनकी 'पहाड़ चढ़े गज़नंदनलाल', 'दक्खन गए गजनंदनलाल', 'कहीं कुछ नहीं बदला', 'सबसे सुंदर लड़की', 'धन्य है आपकी परख' सुंदर कहानियाँ हैं, जिनमें 'पहाड़ चढ़े गजनंदनलाल' तो लाजवाब है। इस कहानी की खूबसूरत भाषा तथा गजनंदनलाल के मजेदार कैरीकेचर और जिंदादिली के कारण यह कभी भुलाई नहीं जा सकती। 'पहाड़ चढ़े गजनंदनलाल' में हास्य की बड़ी प्रसन्न छटाएँ हैं। गजनंदनलाल के भारी शरीर को देखकर किसी को यकीन नहीं था कि वे पहाड़ की दुर्गम चढ़ाई चढ़ पाएँगे, मगर गजनंदनलाल बाकायदा पहाड़ पर चढ़े और अपने सहयात्रियों के दिलों के साथ-साथ सारे वातावरण में उन्होंने ऐसी जिंदादिली घोल दी कि वह यात्रा सभी के लिए एक यादगार घटना बन गई। विष्णुजी की 'बाबूजी बारात में' भी बड़ी मज़ेदार कहानी है।

विष्णु प्रभाकर ने 'सुनो कहानी' (1991) में सोमदेव भट्ट की महान पुस्तक 'कथा-सरितसागर' की

कहानियों को बच्चों के लिए बड़े मजेदार अंदाज में प्रस्तुत किया है। पुस्तक दो खंडों में बँटी है। पहले का शीर्षक है, 'सोचो और सोचो' और दूसरे खंड का शीर्षक है, 'हँसो और हँसो'। इनमें पहले खंड की 'दो भाई खरगोश और हाथी' 'अशरफियों का चोर', 'कानों का सुख' कहानियाँ अच्छी हैं, लेकिन दूसरे खंड 'हँसो और हँसो' की कहानियाँ बच्चों को ज्यादा लुभाएँगी। इनमें ज्यादातर कहानियाँ ऐसी हैं, जिन्हें बच्चे पढ़कर सचमुच खिल-खिल हँसेंगे और खेल-खेल में जीवन के नए पाठ भी पढ़ेंगे। खासकर 'सातवीं पूरी' और 'मूर्ख ब्राह्मण' तो ऐसी मजेदार कहानियाँ हैं कि बच्चे पढ़ते-पढ़ते लोट-पोट हो जाएँगे।

विष्णु प्रभाकर के संग्रहों 'खोया हुआ रतन' (2006) और 'घमंड का फल' (2004) में भी किशोरों के लिए उपयोगी कुछ पौराणिक ऐतिहासिक कथाएँ हैं, जिन्हें पढ़ते हुए एक बड़े कथाकार की कलम के जादुई स्पर्श की अनुभूति होती है। ये कहानियाँ बेशक किशोरों को अच्छा बनने की सीख देती हैं, पर इनमें कथा-रस और कथा भंगिमा भी है। 'खोया हुआ रत्न' में उनकी चौदह कहानियाँ शामिल हैं, हालाँकि इनमें ऐतिहासिक-पौराणिक पात्रों की जीवनियाँ भी शामिल कर ली गई हैं। 'खोया हुआ रत्न' विष्णुजी की सुंदर बाल कहानी है, जिसमें कथा-रस है और मीठी सीख भी। इसी तरह 'अबदुल्ला' बड़ी मार्मिक कहानी है, इसे पढ़ते हुए आँखें भीग जाती हैं। विष्णुजी के खजाने में ऐसी ढेरों कहानियाँ हैं। यह प्रसन्नता की बात है कि उनकी संपूर्ण बाल कहानियाँ अब एक साथ पुस्तकाकार (दो खंडों में) उपलब्ध हैं। राष्ट्रीय पुस्तक न्यास ने भी 'विष्णु प्रभाकर की चुनिंदा बाल कहानियाँ' (2016) शीर्षक से उनकी श्रेष्ठ कहानियों का संचय छापा है।

मूर्धन्य लेखक और आलोचक आचार्य हजारीप्रसाद द्विवेदी (1907-1979) ने भी बच्चों के लिए कहानियाँ लिखी हैं। उनकी 'बड़ा कौन है', 'प्रतिशोध' और 'धनवर्षण' पुस्तकों में ऐसी कई बाल कहानियाँ हैं, जो सहज ही जीवन की बड़ी सीख देती हैं और पुराने परिवेश की होने पर भी नए मूल्यों और नए विचारों की ओर इंगित करती हैं। मसलन 'बड़ा कौन है' कहानी में एक ओर से कौशलराज और दूसरी ओर से काशीराज का रथ आता है और एक समय में एक ही रथ आगे निकल सकता है। अब प्रश्न यह है कि कौन अपना रथ रोके और कौन आगे बढ़ाए। बड़ा कौन है और छोटा कौन? इस पर काशीराज के सारथी ने काशीराज के बारे में जो कुछ कहा, उसे सुनकर कौशलराज मन-ही-मन काशीराज के बड़प्पन की सराहना करते हैं। वे काशीराज को प्रणाम करते हैं और रथ को रास्ता दे देते हैं। 'बड़ा क्या है' में एक बड़े राजा की राजसभा में एक ब्राह्मण के मन में विचार आया कि आखिर सम्मान किसका किया जाता है और इस संसार में बड़ा क्या है? इसका जवाब ढूँढ़ते हुए जो कुछ घटा, उसके बाद वे संन्यासी होकर तप करने जंगल में चले जाते हैं।

'मंत्र-तंत्र' भी आचार्य द्विवदी की एक सुंदर बाल कहानी है, जिसमें राजा यह हुक्म देता है कि हाथी गाँववालों को कुचल दे, जिन पर मुखिया ने झूठे इलजाम लगाए हैं। पर हाथी जब उन असहाय बेकसूर लोगों को कुचलने के लिए आगे नहीं बढ़ता, तो उसे लगता है कि शायद ये लोग कुछ तंत्र-मंत्र जानते हैं। पर फिर उसे पता चलता है कि आदमी की सादगी और सरलता से बड़ा तंत्र-मंत्र कुछ और नहीं है। द्विवेदीजी की 'प्रतिशोध' और 'धनवर्षण' पुस्तकों में भी बच्चों को खेल-खेल में सीख देनेवाली कई मनभावन कहानियाँ हैं, खासकर 'प्रतिशोध' तो पांडु सेठ की बहुत ही नाटकीय कथा है। उन्होंने काशी जाते हुए एक गरीब किसान पर बिना बात अत्याचार किया। इस पर एक बौद्ध श्रमण ने उन्हें सही-गलत का बोध कराया। उस समय तो

सेठजी को श्रमण की बात समझ नहीं आई, पर जब आई तो उनका पूरा जीवन ही बदल गया। अब वे जीवन का यह मर्म समझ गए थे कि "जो दूसरों को दु:ख देता है, वह अपने को ही दु:ख देता है और जो दूसरे की भलाई करता है, वह अपनी ही भलाई करता है।"

बाबा नागार्जुन (1911-1998) की दो भागों में छपी बाल कहानियों की पुस्तक 'कथा-मंजरी' (1995) में ज्यादातर सुनी-सुनाई हुई लोककथाएँ हैं, जिन्हें उन्होंने बच्चों के लिए आसान भाषा और चुस्त विन्यास में प्रस्तुत किया है। नागार्जुन की 'कथा-मंजरी' के दो खंडों में पंचतंत्रवाले शिल्प को अपनाकर पशु-पक्षियों की बड़ी रोचक और जानदार कहानियाँ बुनी गई हैं, जो आज के जीवन से भी जोड़ती हैं और खेल-खेल में नए पाठ सिखाती चलती हैं।

प्रसिद्ध साहित्यकार तथा बाल पत्रिका 'बालभारती' के संपादक रहे मन्मथनाथ गुप्त (1908-2000) ने भी लीक से हटकर बाल कहानियाँ लिखी हैं, जो खेल-खेल में कोई बड़ी बात कहती हैं। गुप्तजी की बाल कहानियों के संग्रह 'ज्ञानी चूहा' (1981) में उनकी दस चुनिंदा बाल कहानियाँ शामिल हैं। ये कहानियाँ हैं—'ज्ञानी चूहा', 'कर्ज', 'बड़ा कौन', 'खुली खिड़की', 'ठगनगरी का कायापलट', 'खोटे रुपये', 'लाल छाता', 'होनी' और 'परोपकारी बंदर'। इनमें शीर्षक कथा 'ज्ञानी चूहा' तो एक दौर में खासी चर्चित हुई थी। इस कहानी में ज्ञानी चूहा जापानी चूहों से मुलाकात होने पर परमाणु बम और हाइड्रोजन बम समेत दुनिया की तमाम विभीषिकाओं से परिचित हो जाता है। फिर वह जमीन में गड्ढा खोदकर बिल बनाना शुरू कर देता है, ताकि बम गिरे तो वह बच जाए। यही नहीं, बल्कि चूहों ने किताबें काटना भी इसीलिए शुरू कर दिया है, क्योंकि वे समझ गए हैं कि यही सारी आफत की जड़ है! इसी तरह 'कर्ज' बड़ी अच्छी कहानी है। एक अनजान आदमी द्वारा दिए गए दस रुपए के नोट ने बेरोजगार रामू को बड़ा सहारा दिया। उसका सारा जीवन ही बदल गया। तरक्की करते-करते वह धनी आदमी बन गया, पर उसे हमेशा लगता था कि उस पर किसी का कर्ज है। इसलिए वह जीवन भर लोगों की मदद करके कर्ज उतारता रहा। 'खुली खिड़की', 'ठगनगरी की कायापलट', 'खोटे रुपये' और 'लाल छाता' भी गुप्तजी की बड़ी सुंदर और यादगार कहानियाँ हैं।

मन्मथनाथ गुप्त ने लोककथाओं को भी बड़े सुंदर कलेवर में प्रस्तुत किया है, जिसमें खासा रस और किस्सागोई है। 'बाल कथा-कहानियाँ' (1969) में गुप्तजी द्वारा कलमबद्ध की गई दस सुंदर लोककथाएँ शामिल हैं, जिनमें चीनी लोककथा 'जैसी करनी, वैसी भरनी', 'फ्रांसीसी लोककथा 'चरवाहे का स्वप्न', नार्वे देश की लोककथा 'लोमड़ी और बतख' तथा बाँग्ला लोककथा 'मणिमाला' खासी मर्मस्पर्शी हैं। 'बालभारती' पत्रिका की संपादक रहीं सावित्रीदेवी वर्मा ने भी बच्चों के लिए बड़ी सरस कहानियाँ लिखीं। उनकी 'पुरस्कार' मन को छू लेनेवाली भावपूर्ण कहानी है।

इसके अलावा मैथिलीशरण गुप्त, रघुपति सहाय फिराक, अभिमन्यु अनत, दिलीप कौर टिवाणा, यादवेंद्र शर्मा 'चंद्र' और गोविंद मिश्र ने भी इस दौर में बच्चों के लिए कहानियाँ लिखीं। मैथिलीशरण गुप्त की 'जगद्देव', सावित्रीदेवी वर्मा की 'बर्फ का दूल्हा', रघुपति सहाय 'फिराक' की 'बोतल का भूत', अभिमन्यु अनत की 'मायापुर की अगमजानी', दिलीप कौर टिवाणा की 'सेमल' भी बच्चों के लिए लिखी गई दिलचस्प कहानियाँ हैं। पुराने ढंग की शैली में लिखी होने पर भी इनमें किस्सागोई का रस-आनंद है। यादवेंद्र शर्मा

'चंद्र' की पुस्तक 'टिड्डी-पुराण' और गोविंद मिश्र की 'कवि के घर में चोर' में भी बच्चों के लिए लिखी गई यादगार कहानियाँ हैं।

सुदर्शन की 'हार की जीत' और 'साइकिल की सवारी' जैनेंद्र की 'अपना-अपना भाग्य' और पांडेय बेचन शर्मा 'उग्र' की 'जमालो का छुरा' कहानियाँ हालाँकि बच्चों के लिए नहीं लिखी गईं, पर इनमें बहुत कुछ है, जो बच्चों के मन को छूता और द्रवित करता है। प्रभाकिरण जैन ने पांडेय बेचन शर्मा 'उग्र' की 'जमाल का छुरा' (2006) कहानी का पुनर्लेखन कर, नए रूप में पुस्तकाकार छपाया है। इसी तरह अनुराग ट्रस्ट (लखनऊ) ने 'हार की जीत' और 'अपना-अपना भाग्य' (2005) कहानियों को बड़े खूबसूरत और प्रभावशाली चित्रांकन के साथ प्रकाशित किया है।

जाने-माने व्यंग्यकार रवींद्रनाथ त्यागी (1930-2004) ने भी खूब रस लेकर बच्चों के लिए लिखा है। त्यागीजी की 'सुंदरबन' (1995) पुस्तक में उनकी चुनी हुई बाल रचनाएँ हैं। इनमें कविताओं के अलावा विविध पत्रिकाओं में छपी उनकी आठ बाल कहानियाँ भी शामिल हैं। इनमें 'समझदार काजी', 'मिर्जा गालिब की खुशमिजाजी' और 'सबसे बड़ा शिकारी' अच्छी कहानियाँ हैं।

❖

हिंदी बाल कहानी के दूसरे चरण यानी गौरव युग में जिन बाल कहानीकारों की कहानियों को आदर्श या मानक समझकर इस पूरे कालखंड की कहानियों पर नजर डाली जा सकती है, उनमें बेशक मस्तराम कपूर (1926-2013) भी हैं, जो न सिर्फ हिंदी बाल साहित्य के मूर्धन्य लेखक हैं, बल्कि वे इस दौर के शायद सर्वाधिक प्रतिनिधि बाल कथाकार भी हैं। इधर मस्तराम कपूर की संपूर्ण बाल कहानियाँ, जो संख्या में केवल सैंतालीस हैं, लेकिन अपनी विविधता और उपलब्धियों के लिहाज से समूचे बाल कथा-लेखन को प्रभावित करती हैं—एक बृहत् संग्रह 'बाल कथा-निधि' (1998) के रूप में सामने आई हैं। इस पुस्तक में कपूर साहब की समूची बाल कहानियों को फिर से एक साथ पढ़ने पर इन कहानियों का महत्त्व कहीं अधिक प्रमुखता के साथ सामने आता है। इस बृहत् संचयन में कुल आठ बाल कथा-संग्रहों के रूप में सामने आईं मस्तराम कपूर की कहानियाँ उन्हीं संग्रहों के क्रम से दी गई हैं। उनके ये बाल कथा-संग्रह हैं—'निर्भयता का वरदान', 'दंड का पुरस्कार', 'पहला पड़ाव', 'बेजुबान साथी', 'मुँहमाँगा इनाम', 'सहेली', 'पारस की खोज' तथा 'बीजू की दादी'। एक दिलचस्प बात यह है कि कपूर साहब के यहाँ दोहराव नहीं है और उनके अलग-अलग संग्रहों में शामिल कहानियों की प्रकृति भी काफी जुदा-जुदा है। मसलन 'निर्भयता का वरदान' संग्रह की ज्यादातर कहानियाँ ऐसी हैं, जिनके केंद्र में कोई-न-कोई बच्चा है और इस बच्चे की साहस-कथा, उसकी बहादुरी और हिम्मत चकित करती है। कपूर साहब की इन कहानियों में बच्चे ऐसे दिलेरी के काम कर दिखाते हैं, जिन्हें बड़े भी करने में झिझकेंगे। 'भूतों का इंस्पेक्टर' और 'वीर चंदन' इस लिहाज से मस्तराम कपूर की इस संग्रह की सबसे अच्छी और जबरदस्त कहानियाँ हैं।

मस्तराम कपूर की 'लाल बस' भी दो नन्ही बच्चियों अंजू और मंजू को लेकर लिखी गई बड़ी ही मजेदार शिशुकथा है। घर से पहली बार निकली दो नन्ही बच्चियाँ कनाट सर्कस को कोई मजेदार सर्कस समझकर उसे देखने पहुँच जाती हैं। मगर वहाँ जाकर कुछ इस कदर भटकती और परेशान होती हैं कि उनका रोना छूट जाता है।

तब लाल बस का कंडक्टर और ड्राइवर उन्हें चुप कराने के लिए खाने को टॉफियाँ देते हैं। और यह संयोग ही है कि लाल बस जहाँ जाकर खत्म होती है, उसके सामने अंजू और मंजू का घर है। और घर पहुँचकर मम्मी-पापा से मिलते हुए उन दो डरी, सहमी, लेकिन खुश-खुश लड़कियों की जो हालत होती है, वह तो बयान से बाहर है। मस्तराम कपूर की 'पहाड़ी मैना चुलबुल' (2002) और 'एक थी चिड़िया' किताबों में भी नन्हे-मुन्ने पाठकों के लिए सीधी, सरल भाषा और रोचक अंदाज में लिखी गई कहानियाँ पढ़ने को मिलती हैं। इनके साथ वरिष्ठ चित्रकार एम.ए. जोमराज के बनाए हुए बेहद खूबसूरत और भावपूर्ण चित्र बड़ी प्रमुखता के साथ छापे गए हैं।

'पहाड़ी नैना चुलबुल' कहानी में एक चालाक चिड़िया चुलबुल का किस्सा है, जो यहाँ-वहाँ उड़ते हुए शहर में आई तो सभी चिड़ियों ने उस अजनबी चिड़िया चुलबुल की घोंसला बनाने में मदद की। चुलबुल ने अपने घोंसले में रहना शुरू किया और घमंड के कारण भूल गई कि कितने लोगों ने उसकी मदद की है। लेकिन एक दिन आँधी आई, चुलबुल का घोंसला टूटा और उसे हमेशा-हमेशा के लिए चले जाना पड़ा, क्योंकि उसकी चालाकी खुल चुकी थी। अब न तो कोई चिड़िया उसकी मदद करना चाहती थी और न गिलहरी और झबरा कुत्ता ही। मस्तराम कपूर ने बड़े नायाब अंदाज में ऐसी किस्सागोई के साथ यह कहानी लिखी है कि नन्हे बच्चे इसे पढ़ते हुए रीझ जाएँगे और पूरी तरह रमकर इसे पढ़ेंगे। मस्तराम कपूर की 'एक थी चिड़िया' भी बड़ी मजेदार कहानी है, जिसे खासी किस्सागोईवाली शैली में लिखा गया है।

मस्तराम कपूर के 'दंड का पुरस्कार' संग्रह में भी बच्चे और उनके छोटे-छोटे काम केंद्र में हैं। इसी तरह 'पहला पड़ाव', 'पुस्तकें फाड़नेवाला भूत', 'बैल किसका', 'भोला के साथी', 'बूढ़ी दादी', 'माँ को न बताना', 'आजा होजा', 'पारस की खोज', 'बीजू की दादी', 'हाजमे की गोलियाँ', 'फेंसी ड्रेस शो', 'सहेली', 'लाल बस' और 'परी की मुक्ति' मस्तराम कपूर की ऐसी कहानियाँ हैं, जिन्हें पढ़ते हुए बाल पाठकों को न सिर्फ आनंद आएगा, बल्कि वे इन्हें बार-बार पढ़ना चाहेंगे, क्योंकि इन कहानियों में उन्हीं के अपने सुख-दुःख, अपनी मुश्किलें, उलझनें, खेलकूद, पढ़ाई और इम्तिहान के झंझट और दूसरे तमाम मसले हैं। इनकी ओर बड़े तो ध्यान नहीं देते, लेकिन कपूर साहब ने बड़े प्यार और हमदर्दी से उन्हें समझने और जानने की तथा एक से एक खूबसूरत कहानियों में ढालने की भरसक कोशिश की है।

इस दौर के महत्त्वपूर्ण कथाकारों में मनोहर वर्मा (1931-2015) भी हैं। उन्होंने एक ओर 'आँख का तारा' और 'ऐसा नहीं होगा' सरीखी भावनात्मक कहानियाँ लिखीं तो दूसरी ओर 'आकाश का भूत' और 'यह मैं हूँ' जैसी विज्ञान कथाएँ भी, जो मन के अंधविश्वासों और जड़ता को तोड़कर हमें बैज्ञानिक चेतना से जोड़ती हैं और भीतर कुछ करने का माद्दा पैदा करती हैं। इनमें 'आकाश का भूत' बड़ी मजेदार कहानी है। आकाश में उड़ते हुए एक बड़े से गुब्बारे को देखकर जंगल के सभी जानवर उसे भूत समझकर डर जाते हैं। मगर तभी यह राज खुलता है कि यह भूत कुछ और नहीं, बल्कि एक उड़ने वाला गुब्बारा है तो जंगल के जानवरों के दिलों पर पड़ी हुई भय की छाया दूर हो जाती है। और फिर जंगल में हँसी-खुशी का माहौल छा जाता है। यह कहानी बड़े अनायास ढंग से बच्चों के मन में वैज्ञानिक दृष्टि और आधुनिक विजन पैदा करती है। यानी भूतों पर वही विश्वास करते हैं, जो कम पढ़े-लिखे हैं। पढ़ने-लिखने का अर्थ ही है, हम नई से नई चीजें जानें, जिससे हमारे मन से अंधविश्वास दूर हो।

मनोहर वर्मा की कहानी 'शक्कर आंदोलन' में भी छोटे-छोटे बच्चे हैं, जो इस बात के लिए एक प्यारी जिद ठानकर बैठ जाते हैं कि घर में उनके लिए शक्कर की कटौती न की जाए। तब एक ओर बच्चों की माँगें पूरी करने और दूसरी ओर घर के गड़बड़ाते बजट को सँभालने के लिए दादाजी जिस ढंग से हस्तक्षेप करते हैं, वह बड़ा ही अनोखा, नाटकीय और असरदार है। मनोहर वर्मा की 'यह मैं हूँ' कहानी भी खासी दिलचस्प है। इसमें एक व्यक्ति कंप्यूटर के आगे सारी बातें कहता है और अंत में कंप्यूटर बता देता है कि तुम असल में यह हो। कंप्यूटर उसके आगे उसका जो रूप सामने रखता है, उससे खुद उसे शरमिंदगी महसूस होती है।

इस कालखंड में यादवेंद्र शर्मा 'चंद्र', शोभनाथ लाल, चक्रधर नलिन, धर्मवीर, राजेशनारायण सक्सेना, वीरकुमार अधीर, द्रोणवीर कोहली, हरिकृष्ण तैलंग, विष्णुकांत पांडेय, शकुंतला मिश्र, गोपालदास नागर और हरदर्शन सहगल ने भी बच्चों के लिए रोचक कहानियाँ लिखीं। इनमें यादवेंद्र शर्मा 'चंद्र' की 'सेठ को बधाई', शोभनाथ लाल की 'चोरी गया जन्मदिन', चक्रधर नलिन की 'हरे-भरे वन' और 'भूल के लिए', धर्मवीर की 'मातवर नाई' (बालसखा, 1956), राजेशनारायण सक्सेना की 'गजराज सिंह' (बालसखा, सितंबर 1948), वीरकुमार अधीर की 'प्रधानमंत्री का चुनाव', हरिकृष्ण तैलंग की 'रत्न चाचा का रंगीन बगीचा', गोपालदास नागर की 'पाँच रुपया', विष्णुकांत पांडेय की 'चींटा चूजे भाई-भाई', हरदर्शन सहगल की 'रंग-बिरंगे पत्र' की खासकर चर्चा की जा सकती है।

इस दौर में पत्र-पत्रिकाओं में छपी कुछ कहानियों ने दिशा-निर्देशन का काम किया। 'बालसखा' में ऐसी कई कहानियाँ समय-समय पर छपीं। इनमें शकुंतला मिश्र की 'सुधीर की मौसी' (बालसखा, दिसंबर 1955) एक सुंदर भावनात्मक कहानी है। इसे पढ़कर पता चलता है कि आज की दुनिया में पारिवारिक संबंधों को भी पैसे और शानो-शौकत की तुला पर तौला जाता है। कहानी में बच्चों को पता चलता है कि उनकी अमीर मौसी, जो कि मुंबई में रहती है, उनसे मिलने आ रही हैं। मौसीजी आती हैं, पर उनकी सरलता देखकर बच्चे नाक-भौं सिकोड़ते हैं। बाद में जब पता चला कि वे बच्चों के लिए कीमती उपहार छोड़कर गई हैं तो बच्चों को अपनी भूल पता चलती है। इसी तरह 'बालसखा' में छपी राजेशनारायण सक्सेना की 'गजराज सिंह' और धर्मवीर की 'मातवर नाई' बच्चों पर असर डालनेवाली सुंदर कहानियाँ हैं। द्रोणवीर कोहली की 'कैप्टन इनामवाला' भी बड़ी रोमांचक कहानी है, जिसमें शुरू से अंत तक बड़ी रहस्यात्मकता है। कहानी का अंत बड़ा ही मजेदार है, जिससे बच्चों के मन में कैप्टन इनामवाला की कभी न भूलनेवाली छवि अंकित हो जाती है। वे मन ही मन बच्चों के दोस्त कैप्टन इनामवाला को धन्यवाद दिए बिना नहीं रह पाते।

हिंदी कहानी के इस चरण में भी बनी-बनाई लीक पर चलनेवाली परंपरावादी किस्म की कहानियाँ लिखी गईं, लेकिन इसके बावजूद इस दौर में ऐसी बाल कहानियाँ बहुत देखने को मिलती हैं, जो बच्चों के मन और कल्पनाशीलता से सटकर चलने की कोशिश करती हैं और उनके अंत:संसार में उतरने के लिए अपने को अधिक-से-अधिक रोचक और दिलचस्प अंदाज में सामने लाती हैं। बाल कहानियों को पिटे-पिटाए ढर्रे से अलग कुछ नए रंग, कुछ नए अंदाज में ढालने की कोशिशें पाँचवें-छठे दशक से ही शुरू हो गईं थीं। भले ही ऐसी कहानियाँ बहुत अधिक न लिखी जाती हों—और अकसर बाल कहानियों के नाम पर परोसी गई लोककथाओं के विशाल ढेर में हम उन्हें गुम होता हुआ देखते हैं। पर इसके बावजूद बाल कहानियों में

नए-से-नए प्रयोग करने की धुन लगातार जारी रही और उसने सचमुच आगे चलकर न सिर्फ बाल कहानियों की भाषा और शिल्प, बल्कि उसका पूरा मिजाज ही बदल दिया। इक्कीसवीं सदी तक आते-आते हम बाल कहानियों का एक नया आत्मीय चेहरा देखते हैं, जिसमें बच्चों की दुनिया का भोलापन और नटखटपन है तो उनके शिकवे-शिकायतें, इच्छाएँ, भय और सपने भी। खासकर आज की हिंदी बाल कहानियाँ तो बच्चों के इस अंत:संसार को समझने और उसे पूरी तरह खोलने की कोशिश करती नजर आती हैं।

प्रसिद्ध बाल साहित्यकार और 'नंदन' के पूर्व-संपादक जयप्रकाश भारती (1936-2005) ने भी बच्चों के लिए ढेरों कहानियों लिखी हैं। 'लो गुब्बारे', 'शीशे का महल' 'दीप जले शंख बजे', 'सूरज का खेल', 'झिलमिल कथाएँ', 'हीरे-मोती मणियाँ' और 'मेरी प्रिय बाल कहानियाँ' समेत उनकी बाल कहानियों के कई संग्रह हैं। 'लो गुब्बारे' (1978) भारतीजी का सबसे चर्चित संग्रह है, जिसमें उनकी चुनी हुई ग्यारह कहानियाँ शामिल हैं। इनमें 'जन्मदिन', 'ढोल', 'गुब्बारे', 'छोटा झोला-बड़ा झोला', करामाती केतली', 'शीशे का महल' कहानियाँ खासी प्रसिद्ध हैं। खासकर 'ढोल' कहानी तो ऐसी मजेदार है कि बच्चे पढ़ते-पढ़ते चहक उठेंगे। 'ढोल' में एक जादूगरनी का किस्सा है, जिसके पास जादू की जूतियाँ थीं। एक दिन वह कहीं से घूम-फिरकर लौटी और नींद की खुमारी में जल्दी-जल्दी जूतियाँ उतारकर फेंकीं तो फिर वे जा पहुँचीं कूड़े के ढोल में। अब तो कूड़े के ढोल के पैर लग गए और वह कैसे भागा। भागते-भागते सड़क पर आया। यहाँ पहुँचा, वहाँ पहुँचा और क्या-क्या उसने तमाशे किए, इस सबका किस्सा भारतीजी ने बड़े नाटकीय अंदाज में बयाँ किया है। कहानी के अंत में जादूगरनी की नींद खुली तो वह दौड़ी-दौड़ी गई अपने ढोल को पकड़ने के लिए। और जब उसने ढोल को पकड़ा, तब लोगों की साँस में साँस आई और लोग चिल्ला पड़े कि भूत पकड़ा गया। 'छोटा झोला, बड़ा झोला में' एक लालची बूढ़े वैद्य का किस्सा है, जो नागराज से खासा धन वसूलने के चक्कर में बुलबुल को पकड़कर अपने साथ ले जाना चाहता है। मगर मुक्त हवा में घूमने और विचरण करने की आदी बुलबुल उसके चक्कर से बच निकलती है और लालची वैद्य बेचारे मुँह मारे-से देखते रह जाते हैं।

'नंदन' के अंकों में समय-समय पर छपी भारतीजी की कहानियाँ बाद में 'दीप जले शंख बजे' (संस्क. 2000) और 'सूरज का खेल' (संस्क. 1994) संग्रहों के रूप में प्रकाशित हुईं, जिनमें भारतीजी की कई अच्छी कहानियाँ संकलित हैं। इनमें 'दीप जले शंख बजे' तो बड़ी ही सुंदर भावनात्मक कहानी है, जो मन पर गहरी छाप छोड़ती है। यह वेल्दी नामक एक विदेशी लड़की की कहानी है, जिसने दीपों के त्योहार के बारे में अपनी नानी से सुना था। तभी से उसने तय कर लिया था कि वह भारत जाएगी और स्वयं अपनी आँखों से उस त्योहार की जगर-मगर देखेगी। आखिर वेल्दी नारायणपुर में आई, स्वामी सदानंद से मिली और भारत में आकर कुछ इस कदर 'भारतीय' हो गई कि गाँव की औरतें कहने लगीं, 'यह औरत तो लक्ष्मी है। इसने हमारे गाँव को बदल दिया। हमें नई रोशनी में जीना सिखा दिया।' इसी तरह 'अंतरिक्ष के नगर', 'दीप जले शंख बजे', 'अंतरिक्ष में अर्जुन', 'गीत लिखे उसने', 'जन्मदिन' जैसी भारतीजी की कई चर्चित कहानियाँ इन संग्रहों में शामिल हैं। इनमें परंपरागत कहानियोंवाला माहौल है, पर साथ ही नई सूझ और किस्सागोई भी है।

भारतीजी के 'हीरे-मोती मणियाँ' (2004) संग्रह में उनकी छोटी-छोटी, लेकिन मन को छू लेनेवाली उनसठ कहानियाँ शामिल हैं। ये कहानियाँ बाल पत्रिका 'नंदन' में 'आओ बात करें' नाम से छपनेवाले

भारतीजी के संपादकीयों के रूप में सामने आ चुकी हैं तथा 'नंदन' के बाल पाठकों ने इन्हें खासा सराहा था। 'हीरे-मोती मणियाँ' में इन्हें एक साथ पढ़ना बड़ा सुखद लगता है। खासकर 'नागोजी ने लिखा', 'उड़ गया सिंहासन', 'देश के तिलक' 'सेठ से संत', 'मुखौटों का महल', 'मैं दानव महान', 'चाँदी के गोले ढालो', 'मखमल का जूता', 'वेमना के बोल' और 'पापा ने किताब दी' तो न भुलाई जा सकनेवाली बड़ी ही सुंदर कहानियाँ हैं। इसी तरह 'झिलमिल कथाएँ' (1989) में भारतीजी की सीख देनेवाली छोटी-छोटी सुंदर कथाएँ हैं। 'मेरी प्रिय बाल कहानियाँ' (2000) में भारतीजी की इक्कीस पसंदीदा कहानियाँ संगृहीत हैं, जिनमें 'माई के लाडू' और 'गुब्बारे' जैसी यादगार कहानियाँ भी हैं।

हरिकृष्ण देवसरे (1940-2013) भी इस दौर के प्रतिनिधि कहानीकार हैं, जिन्होंने बच्चों के लिए बड़े सचेत भाव से कहानियाँ लिखीं। उनकी कहानियों में आधुनिकता-बोध और यथार्थ की धमक है, इसलिए आज के बच्चे की समस्याओं से वे सीधे-सीधे जुड़ती हैं। देवसरेजी के 'पीपलवाला भूत' और 'बिल्ली रास्ता काट गई' संग्रहों में अंधविश्वासों पर चोट करनेवाली प्रभावशाली कहानियाँ हैं, तो 'गुब्बारे की चोट' में मौजूदा जिंदगी के रंग-ढंग से जुड़ी सुंदर, भावनात्मक कहानियाँ हैं। देवसरेजी की कहानियाँ बच्चे को आधुनिकता की राह पर ले जानेवाली कहानियाँ हैं, जो उसे अधिक उदार, संवेदनशील और तर्कसंगत भी बनाती हैं। 'गुब्बारे की चोट' उनका कहीं अधिक प्रभावशाली कहानी-संग्रह है। इसमें शामिल 'हार की खुशी', 'गुब्बारे की चोट' और 'मुसकान' तो बेहद मर्मस्पर्शी कहानियाँ हैं। इसी संग्रह की 'घर आओ ढक्कन' खेल-खेल में बहुत कुछ कह देनेवाली एक छोटी सी प्रतीकात्मक कहानी है।

डॉ. देवसरे की 'महीनों की कहानियाँ' (2002) एकदम अलग ढंग की पुस्तक है। इसलिए कि इस पुस्तक में जनवरी से लेकर दिसंबर तक हर महीना खुद अपनी कहानी सुनाता है। महीनों की इन बिल्कुल नए ढंग की जीवंत कहानियों में बहुत कुछ है। मसलन किस महीने में जाड़ा पड़ता है, गरमी या बारिश पड़ती है। किस महीने के साथ कोई बड़ी ऐतिहासिक घटना या प्रसंग जुड़ा है ? यह सब हर महीने की कथा में एक तरह की किस्सागोई में ढलकर सामने आता है, तो बच्चों को उन्हें पढ़ते हुए अनोखा रस मिलता है। इसी तरह देवसरेजी की 'पच्चीस बोधकथाएँ' (2005) भी बच्चों के लिए लिखी गई सुंदर कहानियों की पुस्तक है। देवसरेजी की बाल कहानियों की सबसे अच्छी पुस्तक है 'हैलो बीरबल' (संस्क. 2003), जिसमें उनकी सात मजेदार कहानियाँ हैं। इनमें 'हैलो बीरबल' तो इतनी मजेदार कहानी है कि बच्चे इसे पढ़ते-पढ़ते लोटपोट हो जाएँगे। इसी तरह 'घंटियाँ', 'राजा का चुनाव' और 'हार की खुशी' देवसरेजी की ऐसी कहानियाँ हैं, जिनमें कथा-रस के साथ-साथ एक तरह का नयापन भी है, जो बच्चों को लुभाता है और उनके सोच और व्यक्तित्व में इजाफा करता है।

डॉ. देवसरे ने कुछ बढ़िया हास्य-कथाएँ भी लिखी हैं। इनमें 'साप्ताहिक धमाका' कुछ अलग-सी है। इसलिए कि इसमें बच्चे मुख्य पात्र हैं और वे अपनी सक्रिय ऊर्जा के साथ मौजूद दिखाई पड़ते हैं। बच्चे मोहल्ले में जो कुछ गड़बड़झाला देखते हैं, उसे अपने साप्ताहिक अखबार 'साप्ताहिक धमाका' में छापकर जगह-जगह पहुँचा देते हैं। लोग देखकर भौचक्के हैं कि ऐसी खबरें कौन छाप रहा है और ये क्यों छापी जा रही हैं ? जब भी 'साप्ताहिक धमाका' का नया अंक आता है, सचमुच मोहल्ले भर में धमाका हो जाता है। हरिकृष्ण देवसरे की

'नंदन' में प्रकाशित कहानी 'सीख न दूँगा वानरा' भी एक खूबसूरत कहानी है, जिसमें पंचतंत्र का नया 'पाठ' है। यों परंपरा और आधुनिकता दोनों का इसमें मेल है और किस्सागोई भी बनी रहती है। इधर छपी देवसरेजी की 'पापा, मम्मी को मत मारो' सरीखी कहानियों में आज की एकदम बदली हुई स्थितियाँ और समस्याएँ नजर आती हैं।

शिवमूर्ति सिंह 'वत्स' भी लंबे अरसे से बच्चों के लिए कहानियाँ और उपन्यास लिखते आ रहे हैं। उनके कथा साहित्य में परीकथाओं सरीखी फंतासी होने पर भी कुछ ऐसी सहजता है, जो बच्चों को भाती है। शिवमूर्ति वत्स की 'नीरा की चिड़िया' (संस्क. 1999) पुस्तक में कुछ ऐसी छोटी-छोटी कहानियाँ हैं, जिनमें बच्चों के सरल स्वभाव की झलक है तथा उन्हें चुपके से आगे बढ़ने की सीख भी दी गई है। इनमें 'नीरा की चिड़िया' बच्चों को खासकर अच्छी लगेगी। हुआ यह कि नीरा ने एक चिड़िया को पकड़कर इतने जोर से दबोचा कि बेचारी का एक पंख टूट गया। डॉक्टर ने आकर देखा और बोला, "अरे, इसे तो बहुत तेज बुखार है!" डॉक्टर की दवा से चिड़िया ठीक हुई और उड़ गई। उड़ती हुई चिड़िया को देखकर अब नीरा खुश है, क्योंकि वह जान गई है कि चिड़िया के साथ खेलने का सुख उसे दबोच लेने में नहीं, बल्कि उसे उड़ते हुए देखने में है। 'अच्छी माँ' और 'केले का छिलका' भी संग्रह की ऐसी ही नन्ही-नन्ही अच्छी कहानियाँ हैं। 'नटखट चुनमुन' (1958), 'पिंजरे में शेर' (संस्क. 1984) और 'आटे का लड़का' (संस्क. 2002) भी शिवमूर्ति वत्स के उल्लेखनीय कहानी-संग्रह हैं।

बच्चों के जाने-माने कवियों ने भी इस दौर में बच्चों के लिए उम्दा कहानियाँ लिखीं। इनमें उमाकांत मालवीय, योगेंद्रकुमार लल्ला, चंद्रपालसिंह यादव 'मयंक', राष्ट्रबंधु और रामवचन सिंह आनंद के नाम खासकर लिये जा सकते हैं। उमाकांत मालवीय (1931-1982) ने छठे-सातवें दशक में बच्चों के लिए कविताओं के साथ-साथ कहानियाँ भी खूब लिखी थीं। कुछ अरसा पहले 'होनहार' और 'सद्भावना की सीख' किताबों में वे संकलित होकर सामने आईं हैं। महान लोगों के जीवन-प्रसंगों पर आधारित छोटी-छोटी कहानियाँ हैं, जो बड़े सहज अंदाज में लिखी गई हैं और बच्चों को अच्छी लगेंगी। इनमें 'होनहार' (2004) में अपेक्षाकृत छोटे-छोटे प्रसंगों पर बुनी गईं कथाएँ हैं। इनमें 'सत्यवादी', 'मेहनत पर भरोसा', 'नटखट', 'भूत-भूत', 'लगन चाहिए', 'भगवान बुद्ध और गाली', 'माँ का बेटा', तथा 'होनहार' कहानियाँ शामिल हैं, जो गोपालकृष्ण गोखले, अब्राहम लिंकन, मार्क ट्वेन, पं. बोपदेव, भगवान् बुद्ध, चाणक्य और भारतेंदु हरिश्चंद से जुड़े मार्मिक प्रसंगों पर आधारित हैं। 'सद्भावना की सीख' (2004) में अपेक्षाकृत बड़ी कहानियाँ हैं। इनमें 'चिम्माजी अप्पा की ईसाई बहन', 'शिवाजी और तुलजा भवानी', 'भालों की सेज' तथा 'प्रताप की माँ' बेहद मर्मस्पर्शी कहानियाँ हैं।

योगेंद्रकुमार लल्ला (1937-2016) के लेखन में उनके खुशदिल व्यक्तित्व की झलक दिखाई देती है। लल्ला ने बच्चों के लिए चुलबुली कविताएँ लिखी हैं, तो नटखटपन से भरी कहानियाँ भी। 'टिंगटिंग' (2000) पुस्तक में योगेंद्रकुमार लल्ला की पाँच मजेदार कहानियाँ हैं, 'टिगटिंग', 'दयालु बाँसुरीवाला', 'बूढ़ा मछेरा और सुनहरी मछली', 'चूहे बिल्ली और कुत्ते में शत्रुता क्यों' तथा 'बोतल की परी'। इनमें 'टिंगटिंग' सबसे मजेदार कहानी है। वह अपना बस्ता कंधे पर लटकाए हुए स्कूल जाती है तो सड़क के दूसरे किनारे पर बैठे

कुत्ते को देखकर डर जाती है। टिंगटिंग सोचती है, 'अरे, मैं तो कुत्ते से डर गई। हर कोई कहता है कि मैं बहुत डरपोक हूँ।' टिंगटिंग इसका कारण जानने के लिए चींटी के पास जाती है। पीपल के पास जाती है। नदी के पास जाती है। मुरगे के पास जाती है और अपनी इस यात्रा में नदी में बहती हुई ऐसी मुसीबतें उठाती है और ऐसी हिम्मत से बच निकलती है कि नन्ही चींटी को कहना पड़ा, "अरे टिंगटिंग, तुम डरपोक तो बिल्कुल नहीं हो। इतना साहस तो अच्छे-अच्छे बहादुरों में नहीं होता।" और सचमुच उस दिन के बाद न टिंगटिंग ने कभी आलस किया और न कभी किसी से डरी। वह सचमुच एक बहादुर और हिम्मतवाली टिंगटिंग बन गई थी।

चंद्रपाल सिंह यादव 'मयंक' (1925-2000) ने बच्चों के लिए कविताएँ अधिक लिखी हैं, पर उन्होंने कुछ अच्छी कहानियाँ भी लिखी हैं। मयंकजी की 'खिलाड़ी लड़के', 'चुनौती' और 'भूत से भिड़ंत' कहानियाँ भी बच्चों के मन और समस्याओं से जुड़ी हुई हैं। इनमें 'खिलाड़ी लड़के' जो 'बालसखा' के सितंबर 1948 अंक में छपी थी, पढ़ाई से जी चुराकर भागनेवाले बच्चों को केंद्र में रखकर लिखी गई है। कहानी में ऐसी स्वाभाविक बातों का मनोवैज्ञानिक चित्रण है, जो अमरसिंह और राणा जैसे बच्चों को ललचाती हैं, पर बिट्टो को नहीं। बिट्टो दादाजी की बात मानती है और अपना पढ़ाई का काम पूरा करती है। आखिर इनाम भी उसी को मिलता है, हालाँकि कहानी का नाम 'खिलाड़ी लड़के' ठीक नहीं लगता। यह कहानी खिलाड़ी नहीं, लापरवाह या भगोड़े लड़कों की है, जबकि 'खिलाड़ी लड़के' कहने से कुछ और ही तस्वीर सामने आती है। मयंकजी की अन्य कहानियों में 'चुनौती' और 'भूत से भिड़ंत' भी चर्चित हुईं थीं। इनमें 'भूत से भिड़ंत' 'बालसखा' के नवंबर-दिसंबर 1965 अंक में छपी थी और बच्चों ने इसे खूब सराहा था।

मयंकजी की पुस्तक 'रंग-बिरंगे फूल' (2000) में उनकी तीन सुंदर कहानियाँ शामिल हैं, 'मीठा गीत गानेवाली चिड़िया', 'लोमड़ी मौसी ने नैनीताल की सैर की' तथा 'वीर बालिका'। इनमें 'मीठा गीत गानेवाली चिड़िया' और 'वीर बालिका' तो पारंपरिक ढंग की कथाएँ हैं, लेकिन 'लोमड़ी मौसी ने नैनीताल की सैर की' खासी दिलचस्प कहानी है, जिसे पढ़ते हुए बाल पाठक खुद लोमड़ी मौसी के साथ नैनीताल की सैर का आनंद लेंगे।

राष्ट्रबंधु और रामवचन सिंह आनंद ने भी बाल कहानियाँ लिखीं। राष्ट्रबंधु (1934-2015) की कहानियों में 'अनोखा उपहार', 'प्रायश्चित', 'फटी शर्ट' चर्चित हुई हैं। इनमें 'फटी शर्ट' राष्ट्रबंधु की सबसे अच्छी कहानी है, जिसमें पिता से शर्ट की फरमाइश करने और फिर गुस्से में पिता की शर्ट जला देनेवाले बच्चे का पश्चात्ताप कहानी के अंत में बड़े मार्मिक ढंग से सामने आता है। बच्चों के लिए एक से एक अच्छी कविताएँ लिखनेवाले रामवचन सिंह 'आनंद' (1932-2000) की कहानियों में वैज्ञानिक दृष्टि और तार्किक दृष्टिकोण है। फिर भी ये कहानियाँ शुष्क न होकर मन पर गहरा असर डालती हैं। 'गणेशजी ने दूध पिया', 'दादाजी की बातें' और 'ग्रहों का चक्कर' संग्रहों में रामवचनसिंह 'आनंद' की कई सुंदर विज्ञान कथाएँ हैं, जो बच्चों को आधुनिक दृष्टि से संपन्न करती हुई अधिक समझदार और तर्कशील बनाती हैं। 'लड़ाई का मुद्दा' आनंदजी की एक अच्छी भावनात्मक कहानी है।

सातवें दशक में चर्चित बाल उपन्यासकार डॉ. राधेश्याम विगत (ज. 1934) ने भी बच्चों के लिए परंपरागत ढंग की सुंदर कहानियाँ लिखीं। उनके संग्रह 'गूँगा राजकुमार' में 'छोटी राजकुमारी', 'एक कप

कॉफी', 'चतुर राजकुमार', 'जैसे को तैसा', 'गाने का फल', 'सच्चा मित्र', 'सच्ची क्षमा' सरीखी अच्छी कहानियाँ हैं। इनमें छोटी राजकुमारी में दो जुड़वाँ राजकुमारियों का विवाह दो जुड़वाँ राजकुमारों के साथ तय होता है। पर फिर समस्या यह आई कि दोनों जुड़वाँ राजकुमारों में कौन छोटा, कौन बड़ा है, इसका पता कैसे चलाया जाए? राजा का चतुर मंत्री आखिर इसकी राह निकालता है और कहानी एक सुखांत मोड़ पर खत्म होती है। 'एक कप कॉफी' में एक साहसी राजकुमारी ग्रेस के अनोखे साहस की कथा है। वह अपनी छोटी सी नाव लेकर जाती है और समुद्र में डूब रहे लोगों को बचाकर ले आती है। 'गूँगा राजकुमार' राधेश्याम विगत की सबसे भावपूर्ण कहानी है। यह एक गूँगे राजकुमार मदन वर्मा की सूझ-बूझ और समझदारी की कथा है। राजा ने उसे गूँगा जानकर महल से बाहर छुड़वा दिया था, पर अपनी समझदारी से उसने राज्य प्राप्त किया और अपने पिता को भी यह सीख दी,कि गूँगा होने से कोई अक्षम नहीं हो जाता।

इस कालखंड में विभा देवसरे (ज. 1940) ने एक ओर आधुनिक रंग-ढंग की तथा प्रयोगात्मक कहानियाँ लिखीं, तो दूसरी ओर सीधी-सरल परंपरागत ढंग की कहानियाँ भी लिखीं, जिनमें पुराने लोक आख्यानों को नया रंग देकर थोड़े चुस्त और आकर्षक कलेवर में प्रस्तुत किया गया। विभाजी की बाल कहानियों के संग्रह हैं, 'शेर बोला म्याऊँ' (1979), 'कठपुतली की आँखें' (1980), 'पाँच पूँछ का चूहा' तथा 'हवा और धूप' (2012)। विभा देवसरे की बाल कहानियों में 'लाली रे चिरैया', 'हवा और धूप', 'इस बार जब होली आई', 'जंगल का अखबार', 'कल्लू का पट्टा', 'पोपट का स्कूल', 'कवि गप्पी की कविता', 'चंदा आओ तारे आओ', 'अजनबी अंजी' और 'मेढकों की टर्र-टर्र' खासकर उल्लेखनीय हैं। विभाजी की कहानियों में कल्पनाशीलता भी है और बाल स्वभाव की पकड़ भी। इन कहानियों के बीच-बीच में आनेवाली सुरीली कविताएँ भी बच्चों को लुभाती हैं। विभाजी ने कुछ मजेदार हास्य कथाएँ भी लिखी हैं, जिनमें चपलता है तो साथ ही गहरी भावनात्मकता भी। उनकी 'रामचरण भिंडी' कहानी में घर के नौकर रामचरण का किस्सा है, जिसे बच्चे 'भिंडी' कहकर चिढ़ाते हैं। रामचरण 'भिंडी' कहने से जितना चिढ़ता है, बच्चों को उसे 'भिंडी' कहकर चिढ़ाने में उतना ही ज्यादा मजा आता है। मगर रामचरण को 'भिंडी' कहनेवाले जब ये बच्चे पिता के ट्रांसफर के कारण विदा होने लगते हैं, तब दुःख के कारण रामचरण भिंडी की आँखों में आँसू छलछला आते हैं। रोंआसा होकर वह कहता है, "अब मुझे भिंडी कहकर कौन चिढ़ाएगा?" तो सचमुच कहानी को एक अलग ही और बड़ा उदात्त अर्थ मिल जाता है। हास्य तब स्थूल न होकर एक गहरी संवेदनीयता में बदलता हुआ दिखाई देता है।

इसके अलावा मंगल सक्सेना, अवतार सिंह, हसन जमाल छीपा सरीखे लेखकों ने भी बच्चों के लिए जमकर कहानियाँ लिखीं। मंगल सक्सेना की 'अकड़ घोंघोंजी', अवतार सिंह की 'एटमबम बनाया', विष्णु प्रभाकर की 'बाबूजी बारात में', के.पी. सक्सेना की 'मिर्जा चोया', बड़ी ही नायाब किस्म की हास्य-कथाएँ हैं, जिनका हास्य लीक से हटकर इतना अजब और निराला हास्य है कि इन कहानियों को बच्चे कभी भूल नहीं पाएँगे। हसन जमाल छीपा (ज. 1942) की 'टेढ़ा शंकर' कुछ-कुछ सुधारवादी कहानी होते हुए भी सुधारवादी कहानियों की लीक से एकदम अलग और मन में सीधे उतर जानेवाली कहानी है। 'टेढ़ा शंकर' कहानी के जबरदस्त शरारती बच्चे शंकर को भूल पाना किसी के लिए भी संभव नहीं। मगर यही शंकर कहानी के अंत

में किस कदर बदला, इसे पढ़ते-पढ़ते आँखें नम हो जाती हैं। हसन हमाल छीपा की कुछ और बढ़िया बाल कहानियाँ भी नहीं भूलतीं, जो उस दौर की प्रसिद्ध बाल पत्रिकाओं में छपकर चर्चित हुई थीं। इनमें कुछ मजेदार हास्य कथाएँ भी हैं, जिन्हें पढ़ते हुए हँस-हँसकर पेट में बल पड़ जाते हैं। इसी तरह राजेंद्र यादव की 'पिटाई का एक दिन', मनहर चौहान की 'तीन मजाक : एक रहस्य', राजेंद्र अवस्थी की 'तमाचा' और कन्हैयालाल नंदन की 'सफरनामा : सिंदबाद जहाजी का' थोड़े आधुनिक कलेवर की ऐसी चुस्त, बढ़िया और जानदार कहानियाँ हैं, जिन्हें हजारों कहानियों की भीड़ में बड़ी आसानी से अलगाया जा सकता है।

सचमुच, यही वे कहानियाँ हैं, जो हिंदी कहानी की बासी और बनी-बनाई लीक को बार-बार तोड़कर उसे नई भाषा, नया मुहावरा ही नहीं देतीं, बल्कि नई ताजगी से भी जोड़ती हैं। और यों ये कहानियाँ आज के उस बच्चे की दुनिया से कहीं ज्यादा सटकर चलती हुई कहानियाँ हैं, जिसमें अगर बड़े आदर्श और भावुक स्वप्न हैं तो यथार्थ की ऐसी मुश्किलें, शिकवे-शिकायतें और कहीं-कहीं तो बड़ों की दुनिया के खिलाफ एक ऐसा विद्रोह भी, जिसे नए कहानीकार बखूबी समझ रहे हैं और अपनी कहानियों में उन्हें सही अल्फाज देने की कोशिश करते हैं। लिहाजा ये कहानियाँ आज के बच्चों को कहीं ज्यादा अपनी-अपनी सी कहानियों तो लगती ही हैं, बल्कि उन्हें वे अपनी बड़ी से बड़ी मुश्किलों और जटिल गुत्थियों को सुलझाते हुए राह निकालनेवाली सच्ची, प्यारी और जिंदगी से लबालब कहानियाँ भी लगती हैं।

❦ ❖ ❧

समय और परिवर्तनों की तेज उथल-पुथल के बावजूद यह एक अजीब-सी सच्चाई है कि हिंदी में ज्यादातर बाल कहानियाँ पारंपरिक ढंग की ही लिखी जा रही हैं। बाल कहानियों की ज्यादातर किताबों से गुजरने पर पता चला कि उनमें भी लगभग तीन-चौथाई कहानियाँ परंपरागत परिवेश की ही थीं। दुःख तो इस बात का है कि इनमें से ज्यादातर कहानीकार बगैर यह जाने कि समय कितना बदल चुका है और दुनिया कहाँ से कहाँ पहुँच चुकी है, या कि इधर बच्चों की रुचियाँ कितनी तेजी से बदली हैं, इससे निहायत बेपरवाह रहकर पिटे-पिटाए ढंग से बासी कहानियाँ लिख रहे थे। ऐसी कहानियाँ, जिनमें न भाषा नई है, न कहन। इस कालखंड में भी यह एक दुःखद सचाई है कि पुरानी लोककथाओं को ही उठा-उठाकर भद्दे ढंग से टीपा जा रहा था। बगैर यह जाने कि इससे बाल कहानियाँ और बाल कहानीकार दोनों की उपहास की वस्तु बनते जा रहे हैं।

हाँ, बेशक कुछ ऐसे समर्थ बाल कहानीकार भी हैं, जो पारंपरिक कथा-परिवेश का सहारा तो लेते हैं, पर उन्हें एक बिल्कुल नया सर्जनात्मक विन्यास देकर नए ढंग की कहानियाँ गढ़कर दिखाते हैं। संतराम वत्स्य (ज. 1923) की 'ईमानदार लकड़हारा' और 'फूल का मूल्य' में भी पौराणिक और ऐतिहासिक चरित्रों से जुड़ी ऐसी प्रेरक कथाएँ हैं, जो खेल-खेल में ऐसा पाठ पढ़ा देती हैं, जिससे जीवन बदलने लगता है और सचमुच कुछ नया करने की प्रेरणा पैदा होती है। इसी तरह बच्चों के लिए 'मछली जल की रानी है' जैसा कमाल का शिशुगीत लिखनेवाले रमेश भाई ने भी अपने अनोखे अंदाज में छोटी-छोटी शिक्षाप्रद और मनोरंजक बाल कहानियाँ लिखी हैं। 'मित्रों की खोज' (संस्क. 1994) में उनकी छह बाल कहानियाँ शामिल हैं, जिनमें 'छोटा परपोदना', 'सुनहरा घड़ा', 'चीना रानी', 'मित्रों की खोज' बड़ी सुंदर कहानियाँ हैं, जो लोककथाओंवाले अंदाज में लिखी गई हैं। रमेश भाई ने बच्चों से गहरे भावनात्मक जुड़ाव के साथ इन कहानियों को रचा है, इसीलिए इनमें अनूठा

आकर्षण हैं। 'नटखट पूसी' भी उनकी सीख देनेवाली रोचक बाल कहानी है।

सुप्रसिद्ध कथाकार यादवेंद्र शर्मा 'चंद्र' (1932-2009) ने भी इस कालखंड में भावपूर्ण कहानियाँ लिखीं, जिनकी जड़ें इतिहास, लोक और परंपरा में हैं। उनकी बाल कहानियों के संग्रह हैं, 'अनमोल दीपक', 'राजस्थान की श्रेष्ठ लोककथाएँ', 'कन्हैया', 'सोने की चिड़िया', 'चौहान और पठान', 'कर भला हो भला', 'नारी जागी, जगा देश', 'टिड्डी पुराण', 'टप-टप मोती' तथा 'मछली परी'। इन संग्रहों में शामिल ज्यादातर कहानियों में किस्सागोई तो है, पर नयापन अधिक नहीं दिखाई पड़ता। कुछ ही कहानियाँ हैं, जो लीक से हटकर नया कहने की कोशिश करती हैं। इनमें एक कहानी है 'अनमोल दीपक'। सेठ के घर भोजन करने गए एक संत को काँचघर में सोने का दीपक दिखाई पड़ा, जिस पर हीरे-मोती जड़े हुए थे। संत के मन में पाप जगा और उन्होंने वह अनमोल दीपक चुरा लिया। सेठ ने सोचा, यह नौकरों की कारस्तानी है। बात राजा तक पहुँची और तब एक दासी ने बाकी सबको बचाने के लिए अपराध अपने सिर पर ले लिया और कहा कि वह अनमोल दीपक मैंने चुराया है। कहानी के अंत में सारा राज खुलता है और राजा ने दासी को छोड़ते हुए कहा, "यह दीपक अनमोल नहीं है। अनमोल दीपक तो तू है दासी, जो सत्य, दया और करुणा की खान है।" 'दो प्रश्न दो उत्तर' में एक सीधे-सच्चे विद्वान पंडित का किस्सा है, तो 'कर भला हो भला' और 'टप-टप मोती' चंद्रजी की परीकथाएँ हैं, जिनमें बहुत नयापन नहीं है। चंद्रजी ने आधुनिक परिवेश की कहानियाँ भी लिखी हैं। 'साहसी शोभा' उनकी ऐसी ही कहानी है, पर वह अति नाटकीयता का शिकार हो गई है। राजस्थान की अनेक त्याग-बलिदान और वीरता भरी इतिहास-कथाओं को भी उन्होंने बाल कहानियों के रूप में प्रस्तुत किया है। 'मेरी प्रिय बाल कहानियाँ' (2010) में चंद्रजी की चुनी हुई अट्ठाईस कहानियाँ संकलित हैं। इनमें 'नजरबंदी', 'मुर्शिद खाँ का न्याय', 'सत्तावन से पहले', 'एक छोटा राजपूत', 'हम टूट जाएँगे लेकिन...' पढ़ने लायक कहानियाँ हैं।

सुरजीत (1937-2017) की कहानियों में भी अनोखा कथा-रस है। उनकी पुस्तक 'मोटी दीदी' (संस्क. 2002) में शामिल कहानियों का रस आस्वाद कुछ अलग है, क्योंकि इन कहानियों में एक तरह का हँसोड़पन है। खासकर 'मोटी दीदी' कहानी तो इतनी मजेदार है कि एक बार पढ़ने के बाद बच्चे इसे कभी भूल न पाएँगे। सुरजीत का कहानी कहने का ढंग ही नहीं, उनकी किस्सागोई में भी एक तरह का जादुई असर है, जिससे वे कहानी कहते-कहते बाल पाठकों के दिलो-दिमाग पर छा जाते हैं। लिहाजा 'मोटी दीदी' में शामिल ये कहानियाँ बाल कहानियों में एक अलग लीक बनाती नजर आती हैं। सुरजीत के कहानी संग्रह 'देशप्रेम' (संस्क. 2005) और 'नन्हा सिपाही तथा अन्य साहसिक कहानियाँ' भी खासे महत्त्वपूर्ण हैं। 'देशप्रेम' में साहस और रोमांच से भरपूर दस कहानियाँ हैं, जिनमें इतिहास के कुछ रोमांचक वीरतापूर्ण क्षणों को उन्होंने गूँथने की कोशिश की है। इनमें 'देशप्रेम', 'बर्फानी चट्टान', 'मौत से कुश्ती', 'बर्फ ने उन्हें बंदी बना लिया', 'खेल-खेल में' हैं जिन्हें एक बार पढ़ने के बाद बाल पाठक कभी भूल नहीं पाते। सुरजीत की भाषा बेहद दमदार है और लिखने की शैली एकदम जादुई है। 'देशप्रेम' में संगृहीत ये दस कहानियाँ सचमुच मन में अपने देश के लिए मर मिटने का भाव और समर्पण पैदा करती हैं।

'नन्हा सिपाही तथा अन्य साहसिक कहानियाँ' (संस्क. 2007) में शामिल ग्यारह कहानियाँ भी सुरजीत के अलग ढंग के किस्सागोई के अंदाज को सामने रखती हैं। उनके ज्यादातर कथानायक, जिनमें बच्चे भी हैं,

अपनी दिलेरी से मन पर गहरी छाप छोड़ते हैं। 'बराबरी के धागे' (संस्क. 2007), 'पहेलियों की शहजादी' (2007) तथा 'मटकी का धन' (संस्क. 2007) में शामिल कहानियाँ लोककथा के अंदाज में लिखी गईं हैं, जिनमें किस्सागोई भी है, सीख भी, पर सुरजीत ने इन्हें बड़ी सरस भाषा में लिखा है। 'बाल हास्य कहानियाँ' (संस्क. 2007) भी सुरजीत का महत्त्वपूर्ण बाल कथा-संग्रह है। इसमें सुरजीत की दस मजेदार कहानियाँ हैं, जिनमें 'चाचा चंद्रमी के साथ कुछ दिन' तथा 'जुकाम और बनियान' तो भुलाए नहीं भूलतीं। सच तो यह है कि सुरजीत ने बच्चों के लिए ऐसी दर्जनों कहानियाँ लिखी हैं, जो बाल पाठकों के दिलों में अपनी जगह बना लेती हैं। अगर वे एक बड़े संचयन के रूप में सामने आएँ, तो यह हिंदी बाल साहित्य की बड़ी सेवा होगी।

सुरजीत ने बच्चों के लिए सुंदर ढंग से लोककथाएँ भी प्रस्तुत कीं। 'ठगे हुए ठग' (1996) में उनकी लोककथा शैली में लिखी गई कुल आठ कहानियाँ हैं, जिनमें बहुत-सी ऐसी चतुराई की कहानियाँ है, जो बच्चों को खासकर अच्छी लगेंगी। 'बर्फगाड़ी', 'धरती गोल है', 'अबू नवाज की चतुराई' ऐसी ही कहानियाँ हैं। 'बर्फगाड़ी' डेनमार्क की कहानी है, जिसमें जमींदार की एक उदास लड़की का जिक्र है, जो कभी हँसती नहीं थी। जमींदार को डर था कि कहीं उसकी प्यारी पुत्री मर ही न जाए। तब पास के गाँव में रहनेवाले किसान जैक ने एक बुढ़िया की बर्फगाड़ी ली और ऐसे-ऐसे तमाशे किए कि हँसते-हँसते जमींदार की बेटी के गालों पर आँसू बहने लगे और उसका चेहरा गुलाबी हो गया। जमींदार को इतनी खुशी हुई कि उसने अपनी बेटी का विवाह जैक से कर दिया।

इसी तरह जगतराम आर्य (1910-1993) ने भी इस कालखंड में बच्चों के लिए रोचक कहानियाँ लिखीं। उनकी पुस्तक 'रोचक कथाएँ' (संस्क. 2003) में बच्चों को सीख देनेवाली कई सुंदर कहानियाँ हैं। इनमें 'दयालु मुन्नी की कहानी', 'उपकारी पेड़ की कहानी', 'मुन्ना की कहानी जो चीजें सँभालकर रखता था', 'कूड़ेवाले ट्रक की विजय-कहानी', 'बातूनी की कहानी—ऐसों से बचते रहो' पढ़ने लायक कहानियाँ हैं। जगतरामजी ने इन्हें लिखा भी बड़े रसपूर्ण ढंग से है। उनकी भाषा इतनी सुंदर और आकर्षक है कि बच्चे एक बार कहानी शुरू करने के बाद उसे पूरा किए बिना नहीं छोड़ पाएँगे।

❖

हिंदी में हास्य की कमी की अकसर शिकायत की जाती है और इसे तो लगभग तयशुदा ही मान लिया गया है कि बड़ों के कथा-साहित्य में भी ज्यादा बढ़िया हास्य कथाएँ नहीं है। इस लिहाज से हिंदी का बाल कथा साहित्य थोड़ा सौभाग्यशाली है। यहाँ बहुत अधिक मात्रा में तो नहीं, लेकिन ऐसी चुस्त, खिलंदड़ी बाल कथाएँ हर दौर में लिखी गईं, जो बच्चों के मन को गुदगुदाएँ और उदासी के कोहरे को चीरकर उसे हँसना, खिलखिलाना सिखाएँ। हिंदी कहानी के गौरव युग में भी अमृतलाल नागर, विष्णु प्रभाकर, जाकिर हुसैन, रजिया सज्जाद जहीर, मन्मथनाथ गुप्त, शैलेश मटियानी, द्रोणवीर कोहली, मनहर चौहान, मंगल सक्सेना, हरिकृष्ण देवसरे, विभा देवसरे, के.पी. सक्सेना, कन्हैयालाल नंदन, लक्ष्मीकांत वैष्णव, हरीश तिवारी, अमर गोस्वामी, नारायण प्रसाद, मुबारक अली, विद्याधर शुक्ल, अवतार सिंह आदि की जोरदार बाल कहानियाँ पढ़ने को मिलती हैं। इनमें कुछ कथाकार श्रुति-परंपरा से चली आती पारंपरिक हास्य-कथाओं को ही नए अंदाज में ढालकर पेश करते हैं, तो कुछ के यहाँ हास्य की एकदम मौलिक सूझ और उद्भावना है। नए ढंग की सृजनात्मकता,

कलात्मक शैलियाँ और स्वाभाविक अंदाज इन हास्य कथाओं को सिर्फ यादगार ही नहीं बनाता, बल्कि बच्चों के लिए 'सबसे प्रिय और अनमोल उपहार' भी साबित करता है। इनमें सुप्रसिद्ध कथाकार अमृतलाल नागर की बाल कहानी 'अंतरिक्ष सूट में बंदर' खासी दिलचस्प है। कहानी के अंत में जंगल में रहनेवाले सीधे-सादे बाबाजी अंतरिक्ष यात्रा पर जाने की सोचें, यह अनोखी कल्पना शायद नागरजी को ही सूझ सकती है।

यदुनाथ थत्ते (ज. 1922) की 'आटपाट नगर की कहानियाँ' में भी हास्य की प्रफुल्ल छटा नजर आती है। यदुनाथ थत्ते ने बच्चों के लिए खूब रस लेकर लिखा है। खिलंदड़े अंदाज में लिखी गई इस पुस्तक में आटपाट नगर की एक से एक अनोखी और मजेदार बारह कहानियाँ दी गई हैं, जिन्हें पढ़ते-पढ़ते मन सचमुच एक अनोखे आटपाट नगर की सैर पर चला जाता है और वहाँ से लौटना नहीं चाहता। इन कहानियों में 'ऊ, टू और शू', 'दादी माँ', 'चूहे मियाँ', 'पुरोहित पुत्र', 'परजीवा सेठ' कहानियाँ तो ऐसी मजेदार हैं कि आटपाट नगर का एक अनोखा नक्शा मन में गढ़ देती हैं। लगता है, सचमुच आटपाट नगर कहीं हो या न हो, मगर इन कहानियों का आटपाट नगर अगर सचमुच बसाया जा सके तो यह दुनिया बड़ी सुंदर और प्यारी-प्यारी-सी हो जाएगी। यदुनाथ थत्ते का कहानी कहने का अंदाज दिलचस्प है और उनकी किस्सागोई बाल पाठकों के मन को बाँध लेनेवाली है।

बाल-कथा साहित्य में अपनी एक अलग धज, अलग पहचान बनानेवाले बड़े ही समर्थ लेखकों मंगल सक्सेना और अवतार सिंह की हास्य कथाओं का भी एकदम अलग और अनूठा अंदाज है और वे बड़े सहज ढंग से बच्चों को रिझाती नजर आती हैं। मंगल सक्सेना (1936-2016) की 'अकड़ घोंघोंजी' तो इतनी मजेदार कहानी है कि पढ़ते हुए कोई रूखा-सूखा पाठक भी अकेले में खिलखिलाकर हँसने लगेगा। अवतार सिंह (ज. 1948) की 'एटमबम बनाया' के नायक हैं मुन्नेजी। इन मुन्नेजी को एक दफा एटम बम बनाने की सूझती है तो बाजार में यूरेनियम खरीदने पहुँच जाते हैं। जाकर सीधा रामू पंसारी की दुकान पर पहुँचे और बोले, "ताऊजी, यूरेनियम किस भाव दिया है।" इस पर "यूरेनियम, ई का हौवे है?" कहते हुए रामू पंसारी की आँखें फैल गईं। मुन्नेजी को काफी क्रोध आया, "यही लोग तो भारत को ले डूबते हैं, खैर…!" फिर वे रतीराम हलवाई समेत किस-किस के पास पहुँचे और क्या-क्या तमाशा हुआ, यह सारा किस्सा अवतार सिंह की 'एटमबम बनाया' कहानी पढ़कर ही जाना जा सकता है। यों बच्चों के लिए निर्मल और खिलंदड़ा हास्य क्या हो सकता है, इसे अवतार सिंह की 'एटमबम बनाया' कहानी बड़ी खूबसूरती से बता देती है।

बरसों बाल पत्रिका 'पराग' के संपादक रहे कन्हैयालाल नंदन (1933-2010) की बाल कहानियों का अलग रंग है। उनकी बहुचर्चित कहानी 'सफरनामा : सिंदबाद जहाजी का' भी काफी दिलचस्प है। जमाना बदल गया और बदलते-बदलते कहाँ से कहाँ आ पहुँचा, लेकिन सिंदबाद जहाजी अभी शायद वहीं का वहीं ठहरा हुआ है। मगर इस बदले जमाने में जब वह आता है और अपनी उन्हीं यात्राओं पर निकलने की योजना बना रहा होता है कि बीच में अजीबोगरीब मुश्किलें आ खड़ी होती हैं। कभी तो उसे इसलिए पकड़ लिया जाता है कि उसके पास ढेर सारा सोना है और उस पर यह आरोप लगता है कि वह छिपे हुए ढंग से सोने की तस्करी कर रहा है। कभी वह इसलिए गिरफ्त में आ जाता है कि उसके पास पासपोर्ट और वीजा नहीं है, तो भला वह दूसरे देशों की यात्रा कैसे कर सकता है! सिंदबाद जहाजी लाख चीखता-चिल्लाता कि उसके जमाने में तो ऐसे नियम-कानून नहीं थे, तो उसे यों खामाखा क्यों परेशान किया जा रहा है? मगर उसकी मुश्किलों का अंत होने

में नहीं आता। इस कहानी की खास बात यह है कि हास्य भौंडा या स्थूल कहीं नहीं है, बल्कि यह एक तरह का 'इंटेलीजेंट' हास्य है, जिसमें चीजों के विरूपण के बजाय एक नए तरह के विचार या स्थितियों के अंतर्विरोध के जरिए हास्य उत्पन्न करने की कोशिश की गई है।

नंदनजी की बाल कहानियों की पुस्तक 'आगरा में अकबर' (1990) में कई उम्दा हास्य कथाएँ हैं। इनमें शीर्षक कथा 'आगरा में अकबर' तो नंदनजी की बड़ी ही रोचक और यादगार कहानी है, जिसमें बीच-बीच में हास्य-विनोद के छींटे हैं। कहानी बड़ी ही मजेदार भाषा में लिखी गई है। 'उपहार का उपहार' महान सम्राट् चंद्रगुप्त से जुड़ी सुंदर ऐतिहासिक कथा है। 'शंकराचार्य और हाथी' भी बड़ी रोचक कहानी है।

बच्चों के लिए अजीबोगरीब चरित्रों के कैरीकेचर से जुड़ी दिलचस्प हास्य कथाएँ भी बीच-बीच में पढ़ने को मिलती हैं। विभा देवसरे की 'रामचरण भिंडी' और के.पी. सक्सेना की 'मिर्जा चोया' ऐसी ही हास्य कथाएँ हैं, जिन्हें बाल पाठक एक बार पढ़ने के बाद कभी भूल नहीं पाएँगे। इनमें विभा देवसरे की 'रामचरण भिंडी' कहानी में अंत में जाकर ऐसी करुणा पैदा होती है कि सचमुच कहानी को एक अलग ही और बड़ा उदात्त अर्थ मिल जाता है। सचमुच यह एक बढ़िया और यादगार कहानी है। इसी तरह के.पी. सक्सेना (1934-2013) की 'मिर्जा चोया' का कैरीकेचर इतना अजीब है कि बरबस उनकी अदाओं पर हँसी छूट निकलती है और हम लाख चाहें, खुद को हँसने से रोक नहीं पाते। इस कहानी में मिर्जा चोया की अजीबोगरीब सनकों का तो खासा चित्रण है ही। उनके बचकानेपन से भरी जिदों और अदाओं को भी कुछ इस कदर हू-ब-हू उतार दिया गया है कि कहानी को पढ़ते हुए मिर्जा चोया सामने उपस्थित हो जाते हैं। 'मिर्जा चोया' की खास बात यह थी कि बड़े तो हो गए थे, मगर दिमाग उनमें एक बच्चे का ही था और उन्हें बच्चों के-से ही खेल-खिलौनों में मजा आता था। हालाँकि कहानी का अंत ऐसा है कि मिर्जा चोया के प्रति हास्य खुद-ब-खुद एक गहरी करुणा में तब्दील होता नजर आता है।

'सुनो भई गप्प' में के.पी. सक्सेना की ऐसी कई नायाब हास्य कथाएँ पढ़ने को मिलती हैं। के.पी. सक्सेना के हास्य की खासियत यह है कि उसमें एक ओर लखनवी नजाकत और दूसरी ओर किसी उर्दूदाँ किस्सागो की तरह बात में से बात निकालने और किस्से में किस्सा जोड़नेवाला फन और फड़कता हास्य नजर आता है। लिहाजा उनके एक से एक अजीबोगरीब पात्र और उनके कमाल के कारनामे और किस्से चाहे कितने ही झूठे लगें, मगर मजा दे जाते हैं और दूर की कौड़ी लाने की उनकी अदा पर तो पाठक बार-बार निसार होता है। लिहाजा उनके 'मँझले नबाव' किस्से में ताँगे का साईस रात के अँधेरे में घोड़े के बजाय मँझले नवाब यानी उनके प्यारे मुरगे को जोतकर ले जाता है और उन्हें वक्त पर लखनऊ से कानपुर पहुँचा देता है। यों के.पी. सक्सेना की गप्प का सबसे बड़ा नमूना तो 'हकीम टकले का दवाखाना' कहानी में है, जिसमें हकीम टकले सिर्फ एक से एक ऊँचे डोज की गप्पें सुनाकर ही मरीज का सारा दर्द और बीमारी दूर कर देते हैं। वह रोते हुए आता है और हँसते-हँसते जाता है। मगर के.पी. सक्सेना की गप्पों की डोज सिर्फ यहीं खत्म नहीं होती। आप उनकी 'मि. टुनटुनिया', 'जूतों का डिनर', 'लँगोटीलाल तैराक', 'कई मन का बंदर', 'मुंशी रगड़चंद', 'मीर नेपोलियन चश्मा मास्टर', 'पजामा खलीफा', 'इक्को बीबी' और 'अपने-अपने छक्के' हास्य कथाएँ पढ़ लें तो वाकई उदासी नाम का रोग दूर-दूर तक आपके पास नहीं फटकेगा और आप कितने ही थके या परेशान

क्यों न हों, खुद को एकदम तरोताजा और चुस्त-दुरुस्त महसूस करेंगे।

इसके अलावा चर्चित कथाकार उपेंद्रनाथ अश्क, लक्ष्मीकांत वैष्णव तथा हरिकृष्ण तैलंग ने भी उम्दा हास्य कथाएँ लिखी हैं। इनमें हरिकृष्ण तैलंग की 'बात का बतंगड़' मजेदार कहानी है और एक अनोखे पात्र कल्लू उस्ताद का दिलचस्प कैरीकेचर प्रस्तुत करती है। लक्ष्मीचंद्र गुप्त की 'मुहावरे और मुंशीजी की सनक' में भी हास्य है, पर यह हास्य थोड़ा स्थूल और भौंडे किस्म का हो गया है।

विश्वनाथ मुखर्जी, हरीश तिवारी, विद्याधर शुक्ल, कुंदनलाल और हसन जमाल छीपा की हास्य कथाएँ अपने अलग-अलग रंग और शेड्स के कारण ध्यान खींचती हैं। विश्वनाथ मुखर्जी की कहानी 'झबरा की मुसीबत' में एक बाल न कटवानेवाले बच्चे का किस्सा है, जिसे बाल कटवाने के लिए घर से पैसे दिए जाते हैं तो भी वह उन्हें बचाने के चक्कर में अपने एक सहपाठी दोस्त के अनाड़ी हाथों से उलटे-सीधे बाल कटवाकर चला आता है। उसे देखनेवाले हैरान हैं कि 'अरे, यह क्या! झबरा के बालों को बकरी खा गई!!' हरीश तिवारी की 'उधार की वसूली' और 'अरे, मैं लंबा हो गया' में दूसरों को बेवकूफ बनाकर उधार सामान ले जाने और उसे मजे से डकारनेवाले कज्जन बाबू की बड़ी ही चुहलभरी कथा है। विद्याधर शुक्ल की 'चोर से मुठभेड़', कुंदनलाल की 'कल्लू चाचा जागे' और हसन जमाल छीपा की 'कल्लू चाचा ने सिनेमा देखा' कहानी में भी शुद्ध हास्य की बड़ी अजब-गजब छटाएँ हैं।

इसी तरह सुधीर भटनागर ने भी कुछ बड़ी मजेदार हास्य कथाएँ लिखी हैं। 'मोम का राजा' और 'राजू की जासूसी' संग्रहों में 'शिकारी चाचा की करतूत', 'चोर का स्वागत', 'भैया रामभरोसे', 'नवाब साहब', 'ताऊ घासीराम' और 'कुंभकरण का भतीजा' सरीखी उनकी कई हास्य कथाएँ हैं, जिन्हें पढ़ते हुए बच्चे मजे में हँसते-खिलखिलाते हैं और खेल-खेल में कुछ नया सीखते भी हैं। सुधीर भटनागर की भाषा में चुस्ती और बाँकपना है, जिससे ये कहानियाँ बड़ी प्रभावपूर्ण बन गई हैं।

तीसरा चरण : विकास युग

नई समस्याएँ, नए प्रयोग

हिंदी बाल कहानियों के विकास के तीसरे चरण (1980 से आज तक) में एक साथ चार पीढ़ियों के कथाकारों की उपस्थिति नजर आती है। एक ओर विष्णु प्रभाकर, देवेंद्र सत्यार्थी, कमलेश्वर सरीखे कहानीकारों ने इस दौर में लिखा तो दूसरी ओर नई दृष्टि और नई संभावनाओं से युक्त युवा लेखकों की एक बेहद सशक्त पीढ़ी इधर दिखाई देती है, जो हिंदी बाल कहानियों में कथ्य और भाषा के स्तर पर नए से नए प्रयोग कर, उसे बच्चों के मन, सपनों और इच्छा-संसार के अधिक-से-अधिक निकट ले जाना चाहती है। इसलिए यह ताज्जुब की बात नहीं कि इधर लिखी जा रही कहानियों में बच्चों के मन की उलझनों, चिंताओं, गुस्से और शिकवे-शिकायतों की जितनी तीव्रतर और सशक्त अभिव्यक्ति होती है, उतनी शायद पहले कभी नहीं देखी गई। यों आज की कहानियाँ बच्चों के मन और इच्छा-संसार से न केवल सटकर चलती हैं, बल्कि वे एक ऐसा आईना भी हैं, जिसमें बच्चों के मन की हलचल, भय, सपनों और भीतर दबे हुए गुस्से और आक्रोश की झलक देखी जा सकती है।

बाल कहानियों के ताजा दौर में लिखनेवाले कहानीकारों की खासी लंबी श्रृंखला है, जिसमें कुछ महत्त्वपूर्ण

नाम हैं—हरिकृष्ण देवसरे, जयप्रकाश भारती, डॉ. श्रीप्रसाद, देवेंद्रकुमार, रत्नप्रकाश 'शील', चंद्रदत्त 'इंदु', डॉ. रत्नलाल शर्मा, उषा यादव, उषा महाजन, नरेंद्र कोहली, अमर गोस्वामी, प्रेम जनमेजय, विभा देवसरे, दिविक रमेश, क्षमा शर्मा, प्रदीप पंत, प्रकाश मनु, अनंत कुशवाहा, हरदर्शन सहगल, यादराम रसेंद्र, गोविंद शर्मा, मधु बी. जोशी, बानो सरताज, शकुंतला कालरा, रेनू चौहान, हूँदराज बलवाणी, कमला चमोला, विनयकुमार मालवीय, भगवतीप्रसाद द्विवेदी, मुकेश नौटियाल, रोहिताश्व अस्थाना, दर्शनसिंह आशट, श्रीनिवास वत्स, साबिर हुसैन, राकेश तिवारी, देवेंद्र मेवाड़ी, राजीव सक्सेना, संजीव जायसवाल 'संजय', जाकिर अली 'रजनीश', कमलेश भट्ट कमल, जयपाल तरंग, परशुराम शुक्ल, देशबंधु शहाजहाँपुरी, फकीरचंद शुक्ला, सुशील सरित, सुधीर सक्सेना 'सुधि', सुशील सिद्धार्थ, डॉ. विद्याबिंदु सिंह, विमला रस्तोगी, विमला मेहता, भगवतीशरण मिश्र, शशि गोयल, रमाशंकर, संदीप सक्सेना, संदीप कपूर, शमशेर अहमद खान, अखिलेश श्रीवास्तव 'चमन', डॉ. सुनीता, रश्मिस्वरूप जौहरी, ओमप्रकाश कश्यप, प्रह्लाद श्रीमाली, मंजुरानी जैन, रश्मि गौड़, सुकीर्ति भटनागर, सूर्यनाथ सिंह, संजीव ठाकुर, सविता चड्ढा, विमला भंडारी, पंकज चतुर्वेदी, जगजीत सिंह, कुसुमलता सिंह, कुलदीप शर्मा, कल्पना सिंह, कीर्तिकुमार सिंह, मो. साजिद खान, मो. अरशद खान, हेमंत कुमार, नागेश पांडेय 'संजय', मनोहर चमोली 'मनु', अरविंदकुमार साहू तथा मंजरी शुक्ला।

इनमें कई कहानीकारों की कहानियों के आकर्षक संग्रह प्रकाशित हुए हैं। आत्माराम एंड संस ने 'मेरी इक्यावन बाल कहानियाँ' सीरीज में देवेंद्रकुमार, अमर गोस्वामी, प्रकाश मनु, क्षमा शर्मा, भगवतीशरण मिश्र और दिनेश चमोला 'शैलेश' की चुनिंदा कहानियों के संग्रह छापे। इसी तरह इंद्रप्रस्थ प्रकाशन की 'मेरी प्रिय बाल कहानियाँ' पुस्तक-शृंखला बहुत चर्चित हुई है। इसमें डॉ. श्रीप्रसाद, मनोहर वर्मा, देवेंद्रकुमार, प्रकाश मनु और भगवतीप्रसाद द्विवेदी की कहानियों के संचयन सामने आए। बहुत से कहानीकारों की कहानियाँ पत्र-पत्रिकाओं में नजर आती हैं और वे अपनी अलग और सक्षम पहचान बनाने की कोशिशों में हैं। ओमप्रकाश कश्यप, सूर्यनाथ सिंह, जाकिर अली 'रजनीश', रश्मिस्वरूप जौहरी, कुसुमलता सिंह, डॉ. सुनीता, मंजुरानी जैन, रश्मि गौड़, सुकीर्ति भटनागर, प्रह्लाद श्रीमाली, मो. साजिद खान, मो. अरशद खान, मनोहर चमोली 'मनु', रवींद्रकुमार रवि, अनिल जायसवाल, संजीव ठाकुर, मंजरी शुक्ला की कहानियाँ पिछले कुछ अरसे से ही पढ़ने को मिल रही हैं और वे बहुत कुछ अपनी अलग पहचान बना चुके हैं।

इस दौर के प्रतिनिधि कहानीकार हैं—हरिकृष्ण देवसरे, जयप्रकाश भारती, डॉ. श्रीप्रसाद, देवेंद्रकुमार, रत्नप्रकाश 'शील', चंद्रदत्त 'इंदु', सुरेखा पणंदीकर, उषा यादव, उषा महाजन, अमर गोस्वामी, विभा देवसरे, दिविक रमेश, प्रकाश मनु, क्षमा शर्मा, अनंत कुशवाहा, राजेश जैन, हरदर्शन सहगल, रमेश आजाद, भैरूँलाल गर्ग, बानो सरताज, शकुंतला कालरा, डॉ. सुनीता, रश्मिस्वरूप जौहरी, रेनू चौहान, हूँदराज बलवाणी, भगवतीप्रसाद द्विवेदी, संजीव जायसवाल 'संजय', जाकिर अली 'रजनीश', अखिलेश श्रीवास्तव 'चमन', ओमप्रकाश कश्यप, सूर्यनाथ सिंह, संजीव ठाकुर, कुसुमलता सिंह, सुकीर्ति भटनागर, विमला भंडारी, मंजुरानी जैन, मो. साजिद खान तथा मो. अरशद खान। इन कहानीकारों ने खासे लुभावने अंदाज में बच्चों के लिए कहानियाँ लिखी हैं, जिनमें परंपरा और प्रयोग दोनों साथ-साथ चलते हैं। साथ ही बच्चे का मन और संवेदना ही इधर लिखी जा रही अधिकांश कहानियों के केंद्र में है।

डॉ. श्रीप्रसाद (1932-2012) बच्चों के कवि के रूप में अधिक चर्चित हैं, पर उन्होंने बच्चों के लिए सुंदर कहानियाँ भी लिखी हैं। श्रीप्रसाद (1932-2012) की 'फ्लोरेंस नाइटिंगेल' (2002) पुस्तक में भी कुछ नए ढंग की आधुनिक कहानियाँ हैं, पर इनमें कहीं-कहीं किस्सागोई से ज्यादा उपदेश हावी हो गया है। फिर भी ये कहानियाँ प्रभावित करती हैं, खासकर 'प्रथम श्रेणी' कहानी, जिसमें एक बच्चा सितांशु परीक्षा में प्रथम आने पर सबसे बधाइयाँ ले रहा है, पर खुद उसका मन सुखी नहीं है, क्योंकि वह जानता है कि वह मेहनत करके नहीं, थोड़ी नकल और थोड़ी इधर-उधर की जल्दबाज पढ़ाई करके ही प्रथम आया है। वह सोचता है, आगे वह मेहनत करके प्रथम आएगा और तभी शायद उसे सच्ची खुशी हासिल होगी। 'यह मेरा देश है' कहानी में एक विदेशी स्त्री की छोटी-सी कथा है, जो पौड़ी में आकर रहने लगी है और उसे हिंदुस्तान इतना अच्छा लगता है कि उसे लगता है कि यह मेरा देश है। आसपास के बच्चे और लोग भी उसे प्यार से 'नानी' कहकर बुलाते हैं और वह नानी सब बच्चों को प्यार बाँटती है। इस देश के बारे में ज्यादा-से-ज्यादा जानकर उसे खुशी मिलती है। इसी तरह 'फ्लोरेंस नाइटिंगेल' एक अच्छी कहानी है, जिसमें एक महिला डॉक्टर के स्वभाव के बारे में बताया गया है, जिसे मरीजों की सेवा करने में सुख मिलता है। और सच ही लोग उसे 'फ्लोरेंस नाइटिंगेल' कहकर बुलाते हैं तो कुछ गलत नहीं कहते। 'बालवाटिका' के श्रीप्रसादजी पर निकले विशेषांक (जनवरी, 2015) में उनकी बाल मन और मनोविज्ञान से जुड़ी कहानी 'क्या बनोगे' शामिल है। इस आत्मकथात्मक कहानी में खुद उनके जीवन के संघर्ष और परेशानियों के साथ-साथ मन के वे भाव, सपने और सुंदर झाइयाँ भी देखने को मिल जाएँगी, जो आगे चलकर उन्हें दिग्गज बाल साहित्यकार श्रीप्रसाद बनानेवाली थीं।

कुछ अरसा पहले श्रीप्रसाद की चालीस बाल कहानियों का बड़ा संग्रह 'मेरी प्रिय बाल कहानियाँ' छपा है। इसमें उनकी 'सरकस', 'समाचार', 'मैं कुँवर साहब से मिला', 'सायरन बज उठा', 'दोस्त,' रामलीला', 'डर', 'कुरता', 'राजकुमार', 'जिद्दी', 'चंदू मेरा मित्र', 'जीजी की जयंती', और 'बरसात' सरीखी बढ़िया कहानियाँ शामिल हैं। डॉ. श्रीप्रसाद की खासियत यह है कि वे कहानी कहते नहीं जान पड़ते। बात-बात में से बात निकलती है और कब अचानक कहानी का वितान तन जाता है और हमें अपने प्रभाव में ले लेता है, पता ही नहीं चलता। 'पाँच बाल कहानियाँ' (2002), 'समय के पंख' (2002), 'सरकस और अन्य हास्य कहानियाँ', 'डॉ. श्रीप्रसाद की चुनिंदा बाल कहानियाँ' (2013) तथा 'कहावतों में कहानियाँ' (2014) श्रीप्रसादजी के चर्चित कहानी संग्रह हैं। इसी तरह 'बेताल पचीसी' (2004) पुस्तक में उन्होंने लोक परंपरा में लंबे अरसे से चलती आईं बेताल पचीसी की कहानियों का बाल पाठकों के लिए सुंदर रूपांतरण किया है।

देवेंद्रकुमार (ज. 1940) बच्चों के लिए नए-नए अंदाज में कहानियाँ लिखने वाले सिद्धहस्त या 'उस्ताद' कहानीकार हैं। उनकी कहानियों की किताब 'कबूतरोंवाली हवेली' (1990) में कुछ पारंपरिक कहानियाँ हैं तो कई ऐसी कहानियाँ भी हैं, जिनमें नयापन है और वे देर तक सोचने के लिए विवश करती हैं। 'कितनी गहरी नींव' ऐसी ही एक बढ़िया कहानी है। एक सेठजी बड़े बाजार में अपनी शानदार हवेली बनवा रहे थे। उन्होंने राज-मजदूरों के मुखिया से कहा, "देखो, गाँव में हमारी पुश्तैनी हवेली पिछले दो सौ सालों से खड़ी है। इस हवेली को भी वैसा ही बनना चाहिए। इसकी नींव जरा गहरी खुदवाओ।" जब सेठ गर्व से भरकर यह कह रहे थे तो एक बूढ़ा मजदूर मुँह फेरकर हँसने लगा। उस समय तो सेठजी को बड़ा गुस्सा आया और उन्होंने उस

मजदूर को काम से निकलवा दिया। लेकिन फिर सेठजी खुद ही यह सोच-सोचकर परेशान हो गए कि वह बूढ़ा आखिर हँसा क्यों था ?

इसी तरह 'कबूतरोंवाली हवेली', 'सिक्का और साँप' तथा 'क्या लिखा है' इस किताब की इतनी अच्छी कहानियाँ हैं कि बच्चे इन्हें बार-बार रस लेकर पढ़ेंगे। इनमें खासकर 'कबूतरोंवाली हवेली' तो लाजवाब कहानी है। एक पुरानी हवेली पर इतने कबूतर आकर मँडराते थे और उन्होंने वहाँ अपना घर बना लिया था कि लोग उस हवेली को 'कबूतरोंवाली हवेली' कहकर ही पुकारने लगे। बाद में हवेली के मालिक, जो विदेशों में थे, लौटकर आए तो उन्होंने कबूतरों को हटाना चाहा। उन्हें मरवाने की भी कोशिशें कीं, लेकिन उस हवेली का नाम कबूतरोंवाली हवेली ही रहा। यह अलग बात है कि कबूतरों को बुरी तरह परेशान करने के कारण उन सेठजी की ऐसी बेइज्जती हुई कि कबूतर तो कबूतर, शहर में कोई भी उनसे प्यार से बात करने को तैयार नहीं था। लिहाजा एक दिन वे सेठजी जैसे आए थे, गाड़ी में अपना सामान रखकर वैसे ही चले गए। कबूतरोंवाली हवेली पर फिर से पहले की तरह चहचहाते हुए कबूतरों का डेरा हो गया। फिर से दाने बेचनेवाले लोग जुट गए और वहाँ सब ओर जीवन का गुंजार और चहल-पहल नजर आने लगी।

एक मामूली चरित्र पर लिखी गई देवेंद्रजी की अद्‌भुत कहानी है 'रिक्शा डॉक्टर'। यह एक मामूली रिक्शाचालक रामदास की कहानी है, जो मरीजों को रात हो या दिन, डॉ. राय के क्लीनिक पर पहुँचाता है और इसमें उसे अजानी खुशी मिलती है। ऐसे ही 'ईमानदार रोशनी' एक सनकी से बाबा रंगी बाबा की कहानी है, जो खाली मोमबत्तियाँ बेचते हैं, क्योंकि वे उन लोगों में से हैं, जो घुप अँधेरे में भी रोशनी की उजास को खत्म नहीं होने देना चाहते, भले ही उन्हें उसके लिए जीवन भर क्यों न खटना पड़े। देवेंद्रजी की 'पूरी बाबा', 'निमंत्रण' और 'साइकिल' लीक से हटकर लिखी गईं यादगार कहानियाँ हैं, जिनमें गरीब और गरीबी का दर्द कौंधता है। देवेंद्रकुमार की कहानियों के प्रमुख संग्रह हैं, 'चादर बोली', 'धत जादूगर', 'एक और खजाना', 'मेरी इक्यावन बाल कहानियाँ', 'बच्चों की ग्यारह कहानियाँ' तथा 'मेरी प्रिय बाल कहानियाँ'। हालाँकि देवेंद्रजी की 'बच्चों की ग्यारह कहानियाँ' (2006) पुस्तक में कहीं अधिक यथार्थपरक कहानियाँ हैं। इनमें 'तरकीब', 'डॉ. प्याऊ' और 'बीमार छाता' बड़ी सुंदर और प्रभावशाली कहानियाँ हैं। ऐसी कहानियाँ, जिन्हें बार-बार पढ़ने का मन करता है। देवेंद्रकुमार की इधर की कहानियों में जीवन के विविध रंग और छवियाँ नए-नए अनुभवों के साथ सामने आ रहे हैं। आधुनिकता की चमक-दमक और जगर-मगर से दूर, जीवन की तलछट में जीनेवाले बच्चों की पीड़ा और स्वाभिमान इन कहानियों में अनायास ही कौंधता है। ऐसे बच्चे जो भूख, गरीबी और लाचारी का सामना करते हुए भी हार नहीं मानते और ऊपर के मैलेपन के बावजूद इनकी आत्मा की उज्ज्वलता जगह-जगह झलक उठती है।

देवेंद्रजी की 'मेरी प्रिय बाल कहानियाँ' (2010) में उनकी चुनिंदा कहानियाँ एक साथ आ गई हैं। इनमें उनकी परंपरागत ढाँचे की कहानियों और फंतासी कथाओं के साथ ऐसी कई कहानियाँ भी शामिल हैं, जो जीवन-यथार्थ से काफी सटकर चलती हैं। कुछ अरसा पहले देवेंद्रजी की लोककथाओं के दो संग्रह छपे हैं, 'एशिया की सर्वश्रेष्ठ लोककथाएँ' तथा 'यूरोप की सर्वश्रेष्ठ लोककथाएँ'। इनमें कई लोककथाएँ बड़ी भावपूर्ण और ममस्पर्शी हैं, जिन्हें बड़े करीने, बल्कि उस्तादाना लाघव से लिखा गया है। रमेश तैलंग के साथ मिलकर उन्होंने 'विश्वप्रसिद्ध किशोर कथाएँ' (2009) पुस्तक तैयार की है। बेशक हिंदी बाल कहानियों की विकास-

यात्रा में देवेंद्रकुमार का बड़ा और सार्थक योगदान है। उन्होंने हिंदी बाल कहानी के केनवास को विस्तार देने के साथ-साथ उसे अधिक संवेदनशील भी बनाया है।

बड़े समर्थ कथाकार विनायक (ज. 1936) भी कहानी के सहज विन्यास में ही बड़ा अद्‌भुत कौतुक रच डालने की कला के उस्ताद हैं। 31 मार्च, 1936 को फैजाबाद में जनमे विनायक एक सहज, सतर्क कथाकार हैं, जिनकी कहानी का एक शब्द भी फिजूल नहीं होता। वे हर बार कुछ ऐसा लेकर आते हैं कि उनकी कहानियाँ खोज-खोजकर पढ़ने का मन होता है। पुरानी पीढ़ी के विलक्षण कथाकार विनायक का समूचा लेखन ही प्रकृति, वन्य जीवों और पर्यावरण मैत्री पर ही न्योछावर है और अपनी हर कहानी में वे कुछ ऐसा कहते हैं कि पाठक के भीतर हलचल मच जाती है। कुछ अरसा पहले छपी 'मेरी कहानी' में विनायक ने एक बाघ शावक की आत्मपरक कहानी के जरिए जंगल के जीवों की पुकार को बाल पाठकों तक पहुँचाया है। इसी तरह 'किस्सा एक आईने का' में हास्य का जो बढ़िया सामान उन्होंने जुटाया है, उससे अनायास ही होंठों पर हँसी आ जाती है। कहीं से मिला एक मामूली शीशा जंगली जीवों के लिए सचमुच बढ़िया तमाशे की चीज बन गई।

विनायक की 'देवीप्रसाद' और 'छोटा गांधी' भी अविस्मरणीय कहानियाँ हैं। इनमें 'देवीप्रसाद' बड़ी भावनात्मक कहानी है। हालाँकि एक अद्‌भुत चरितगाथा सरीखी इस कहानी में विनायक अंत में जाकर पाठक को एकदम अवाक् ही छोड़ देते हैं। मजे की बात यह है कि देवीप्रसाद के विचित्रता भरे बचपन और बड़े होने पर उनके साहबी ठाट-बाट के बीच बहुत बड़ा फासला है, विषमता भी, लेकिन स्नेह का एक धागा दोनों को बड़ी खूबसूरती से बाँधता है। 'छोटा गांधी' भी एक बार पढ़ते ही सीधे दिल में उतर जाने वाली कहानी है। असल में विनायक धीरे से बात सरकाकर बहुत कुछ कह देनेवाले उस्ताद कलमकार हैं, जो हलके हाथों से मास्टर स्ट्रोक लगाते हैं। 'छोटे गांधी' का पोर्टेट भी वे इसी तरह अनायास करते हैं। और हैडमास्टर साहब के मार्मिक शब्दों के साथ ही जब वे आखिरी स्ट्रोक लगाते हैं, तब हकीकत में 'छोटे गांधी' का निर्माण किया जा चुका था। एक सीधे-सरल बच्चे की शक्ल में ऐसा गांधी, जो हम सबके दिलों में पैठा हुआ है।

हाँ, 'छोटा गांधी' के बारे में हैड मास्टर साहब के ये शब्द जरूर यहाँ दोहराने का मन है, "इस स्कूल में हमने हजारों साक्षर पैदा किए, आज एक इनसान भी पैदा किया है।"

❖

हिंदी बाल कहानी की विकास-यात्रा में अमर गोस्वामी (1945-2012) की कहानियों का भी अपना योगदान है। उनकी कहानियों में एक निराली चुस्ती और ताजापन है। अमर गोस्वामी की बहुत सी कहानियाँ पशु-पक्षियों को लेकर लिखी गई हैं, पर पशु-पक्षियों को लेकर लिखी गईं आम या रुटीन कहानियों से अमरजी की कहानियाँ एकदम भिन्न लगती हैं। कारण यह है कि अमरजी अपनी कहानियों के पात्रों को, चाहे वह कोई मामूली-सी चिड़िया या मछली ही क्यों न हो, एक ऐसा व्यक्तित्व दे देते हैं कि हर बच्चे को उसकी बोली और कार्यकलापों में अपनी चंचलता, अपनी तसवीर नजर आने लगेगी। फिर इन कहानियों की एक बड़ी खासियत इनकी नाटकीयता और शब्द-शब्द में पिरोया हुआ एक नटखटपन है, जो बाल पाठकों को इन कहानियों की ओर आकर्षित करता है। मसलन अमरजी की 'टुन्नी मछली' कहानी एक सैलानी मछली की कहानी है, जिसे जगह-जगह घूमने और जीवन के तरह-तरह के अनुभव बटोरने में मजा आता है। इसी तरह 'जंगल में घड़ी'

कहानी में उछलकूद बंदर शहर से एक घड़ी चुराकर जंगल में ले आया। अब जंगल में शेर समेत किसी ने घड़ी देखी नहीं थी। लिहाजा वह एक ऐसा अजूबा था कि किसी की समझ में नहीं आया, इसका क्या करें? उसकी मीठी 'टिक-टिक' ने शेर को सुला दिया और जंगल के जानवर परेशान हो गए, "अरे, दरबार में शेर सो गया, अब उसे जगाए कौन?" फिर ऐसे अजब-गजब किस्से हुए कि बेचारा नन्हा बंदर काँपता-काँपता इस घड़ी को शहर में वापस छोड़ने के लिए दौड़ पड़ा।

अमर गोस्वामी की 'शेरसिंह का चश्मा', 'खुशबू की ताकत' जैसी कहानियाँ भी शेर, हाथी वगैरह को लेकर लिखी गई बड़ी दिलचस्प कहानियाँ हैं। खासकर उनकी मजेदार हास्य कथा 'शेरसिंह का चश्मा' की तो बात ही क्या! कहानी से लेकर भाषा तक मानो हास्य के कुंड में नहाई हुई! जंगल के राजा शेरसिंह को कम दिखने लगा तो उनके लिए सही चश्मे की तलाश में बड़े अजब-गजब तमाशे हुए। उन्हें ऐसे मजेदार हास्य-व्यंग्य के वृत्तांत में पिरोना अमरजी के ही बस की बात थी और मानो खेल-खेल में ही उन्होंने हास्य की यह मनोहर रचना लिख डाली। प्रेमचंद की कहानियों की तरह जितनी बार पढ़ो, यह नई लगती है। 'भालू का घर' भी अमरजी की बड़ी खूबसूरत और चुटीली कहानी है। हुआ यह कि बरसात से पहले भालू ने अपना एक घर बना लिया। सभी ने घर को खूब पंसद किया और बधाई देते हुए कहा, "वाह, भालू भाई जिंदाबाद!" अब भालू की इच्छा हुई कि जरा हाथी को भी बुलाकर इस घर को दिखाया जाए, मगर हाथी आया तो भालू का पूरा घर ही हाथी की पीठ पर छाते जैसा तन गया। यह कहानी इतने खूबसूरत ढंग से बुनी गई है और भालू और उसके घर का वर्णन ऐसा लाजवाब है कि यह छोटी-सी कहानी हर बच्चे को नई-नई सी और लाजवाब लगेगी।

'फूल ने कहा' अमरजी की एक छोटी-सी, सुंदर कहानी है, जिसमें आज के पर्यावरण की समस्या यानी प्रदूषण का भी बड़ा सही चित्रण है। यहाँ हवा दुर्गंधित है, कहकर एक प्रवासी पक्षी फूल को अपने साथ ले जाना चाहता है, "फूल-फूल, मेरी तुमसे पक्की दोस्ती हो गई है। तुम्हारा यह हाल मुझसे देखा नहीं जाता। कब तक इस मैली झील के किनारे रहोगे? चलो, मेरे साथ मेरे देश चलो।" मगर इस पर फूल का जवाब था, "नाराज मत होना मित्र, मैं वहाँ खिल नहीं पाऊँगा। अपने देश की धरती को छोड़कर भी कोई खिलता है!" अमर गोस्वामी की बाल कहानियों के प्रमुख संग्रह हैं, 'शेरसिंह का चश्मा' 'मॉनीटर का चुनाव', 'भालू का घर', 'पगड़ी पर परियाँ', 'पिकनिक धमाल', 'भालू का बच्चा', 'नाव चली', 'जिद्दी पतंग' तथा 'अरब देश की अजब कथाएँ'। राष्ट्रीय पुस्तक न्यास ने 'अमर गोस्वामी की चुनिंदा बाल कहानियाँ' (2016) शीर्षक से उनकी दस श्रेष्ठ बाल कहानियों का एक सुंदर संग्रह भी प्रकाशित किया है।

उषा यादव (ज. 1948) ने भी लंबे समय से बाल कथा-क्षेत्र में अपनी निरंतर उपस्थिति दर्ज की है। उषाजी की ज्यादातर कहानियाँ नाटकीय विन्यास लिये, सुंदर भावनात्मक कहानियाँ हैं, जो बच्चों को अपने साथ बहा ले जाती हैं। 'दीप से दीप जले' उनकी एक ऐसी ही भावुक और यादगार कहानी है। एक महिला एक दिन अपने घर के दरवाजे पर खड़ी थी, तभी एक बच्चा मुफ्त में एक थैला देने आया, जिससे बाजार जाते समय वह महिला प्लास्टिक की थैलियों में सामान न लाए। ऐसे ही थैले बच्चा घर-घर जाकर दे रहा था, ताकि प्लास्टिक की थैलियाँ खत्म हों और उनके कारण जो इतनी गायें और पशु मरते हैं, वे बच जाएँ। उषा यादव की 'खुशबू का रहस्य', 'जन्मदिन का उपहार' और 'मेवे की खीर' पुस्तकों में भी कई कहानियाँ हैं, जो बच्चों

को एकदम ताजी और नई-नई सी लगेंगी तथा उन्हें चुपके से जीवन में कुछ अच्छा बनने की राह सुझाएँगी। 'खुशबू का रहस्य' (1999) पुस्तक की शीर्षक-कथा खुद में एक सुंदर कहानी है। इसमें एक ऊँची पहाड़ी पर रहनवाले एक खुशबूवाले बाबा हैं, जिनके चारों ओर इतनी सुगंध फैली रहती है कि वहाँ से निकलेवालों को यह एक अजूबा लगता है। उन्हें समझ में नहीं आता कि यह खुशबू कहाँ से आ रही है! होते-होते यह खुशबू का किस्सा एक बच्चे राहुल तक भी पहुँचा। राहुल धुनी था और उसने तय कर लिया कि वह बाबा के पास जाकर इस खुशबू का रहस्य जानकर रहेगा। खूब परेशान होने के बाद उसे पता चला कि बाबा के आसपास जो हमेशा खुशबू बिखरी रहती है, वह किसी और चीज की नहीं, बल्कि नेकी के फूलों की है।

उषाजी की 'गुरुदक्षिणा' कहानी में एक छोटे-से स्कूल के गुरुजी और उनके योग्य शिष्य राहुल का किस्सा है, जिन्हें एक चमचमाते होटल में एक कंपीटीशन में हिस्सा लेने जाना है। वहाँ सभी मामूली कपड़े पहने राहुल और उसके सीधे-सादे गुरुजी का मजाक उड़ा रहे हैं। मगर जब क्विज में सिर्फ राहुल ही मुश्किल से मुश्किल सवालों के जवाब दे पाया और बाकी प्रतियोगी उसका मुँह ताँकते रह गए, तो सारा दृश्य ही बदल गया। यह कहानी बहुत खूबसूरती से यह बता जाती है कि आधुनिकता का संबंध चमक-दमकवाले कपड़ों से नहीं है, बल्कि सही आधुनिकता तो मन और विचारों से होती है। 'जन्मदिन का उपहार' (1996) और 'मेवे की खीर' (1999) पुस्तकों में भी ज्यादातर उषा यादव की आधुनिक परिवेश की ही कहानियाँ हैं। इनमें बहुत कुछ ऐसा है, जो आज के बच्चे को अपना-अपना सा लगेगा और आकर्षित भी करेगा। खासकर 'खोई हुई दादी' कहानी एकदम अलग-सी है। विभु छोटा-सा है, एकदम नन्हा बच्चा, लेकिन जल्दी ही वह समझ गया कि जन्मदिन पर उपहार में मिलनेवाली तीन पहिएवाली नन्ही साइकिल चाहे कितनी ही अच्छी हो, लेकिन दादी के प्यार से ज्यादा अच्छी नहीं हो सकती।

उषा यादव की कई कहानियों में गरीब और अभावग्रस्त लोगों की टीस और उनके संवेदना से लबालब, ईमानदार चेहरे नजर आ जाते हैं। खासकर उनकी 'खट्टी-मिट्ठी गोलियाँ' कहानी तो भुलाई ही नहीं जा सकती है। उषाजी की 'तसवीरें' भी हाशिए की जिंदगी जी रहे एक बच्चे की ईमानदारी की मार्मिक कथा है। 'दीप से दीप जले' (2002), 'बजी बाँसुरी' (2002), 'सपने सच हुए' (1990) तथा 'परीकथाएँ' (2006) उषा यादव की बाल कहानियों के चर्चित संग्रह हैं। जाकिर अली 'रजनीश' के संपादन में उषाजी की चुनिंदा बाल कहानियों का संग्रह 'उषा यादव की श्रेष्ठ बाल कथाएँ' (2012) भी प्रकाशित हुआ है।

सुरेखा पाणंदीकर (1938-2015) उन कहानीकारों में से हैं, जिन्होंने बच्चों को कहानियाँ सुनाने की परिपाटी शुरू करके कहानी विधा को लोकप्रिय बनाया। साथ ही उन्होंने आज की कहानी को नया विन्यास भी दिया, ताकि उनमें बदले हुए समय की दस्तकें सुनाई दे सकें। उनके 'तीसरी लड़की' (2000), 'सफर वापसी का' (2005) तथा 'कार्बन कापियों की करामात' (1993) कथा-संग्रहों की ज्यादातर कहानियाँ ऐसी हैं, जिनमें नए जमाने की नई लड़की का आत्मविश्वास मानो शब्द-शब्द से छलक रहा है। 'छोटा गांधी', 'सफर वापसी का' और 'कार्बन कापियों की करामात' सुरेखा पाणंदीकरजी की याद रह जानेवाली कहानियाँ हैं। इनमें 'छोटा गांधी' तो भुलाई ही नहीं जा सकती। वह कुष्ठ रोग से पीड़ित अपने साथी की जिस हिम्मत और दिलेरी से मदद करता है, उसे देखकर हर कोई हैरान है। समाज की रूढ़ियों और अंधविश्वासों से टकराने का

उसका हौसला ही उसे छोटा गांधी बना देता है। सुरेखाजी की कहानियों की नायिकाएँ ज्यादातर किशोर उम्र की लड़कियाँ ही हैं, जो अपने को इस बात के लिए हेय मानने को कतई तैयार नहीं हैं कि वे लड़कियाँ हैं। वे अपने बुद्धिमत्तापूर्ण कार्यों, हौसले और दिलेरी से पग-पग पर साबित करती हैं कि आज की 'नई लड़की' बदल चुकी है और उसे कृपया हीन न समझा जाए!

राजेश जैन (ज. 1949) ने अपनी बाल कहानियों में कुछ नए प्रयोग किए हैं। उन्होंने बच्चों के लिए लीक से हटकर आधुनिक परिवेश की कुछ बढ़िया कहानियाँ लिखी हैं। 'बड़े से बड़ा' और 'कथा-वृक्ष' उनकी सुंदर बाल कहानियों के दो बढ़िया संग्रह हैं। 'बड़े से बड़ा' (1992) में कुल पाँच कहानियाँ हैं, 'घर', 'बड़े से बड़ा', 'फीके रंग', 'विद्रोह' और 'पके आम'। इन सभी कहानियों का नायक लेखक का अपना बेटा मयंक ही है। लिहाजा सभी कहानियाँ आज के बच्चों को अपनी-अपनी-सी और एकदम वास्तविक लगेंगी। मसलन 'घर' कहानी में मुद्दा यह है कि सबसे बड़ा कौन है? पापा इसी सवाल की चर्चा करते हुए एक कहानी सुनाते हैं, जिसमें घर के सारे कमरों में एक बहस छिड़ जाती है। किचन, बाथरूम, डाइनिंग रूम और स्टोर, सभी अपने-अपने को एक-दूसरे से बड़ा बता रहे हैं, मगर अंत में बात यह खुलती है कि अपनी-अपनी जगह तो सभी बड़े हैं। किसी एक के बिना तो घर पूरा नहीं होता।

'कथावृक्ष' (1992) में भी राजेश जैन की लिखी पाँच दिलचस्प कहानियाँ हैं, 'गड्ढे को गड्ढा', 'कौन बड़ा', 'स्वयंसेवा', 'कंप्यूटर कथा' और 'लॉस्ट प्रापर्टी'। इन कहानियों की नायिका खुद लेखक की बेटी प्रियंका है, जिसे हर रोज सोने से पहले पापा से कहानी सुनाने की जिद करना अच्छा लगता है। पापा कहानियाँ सुनाते हैं, पर कभी-कभी उनका स्टॉक खत्म हो जाता है। लिहाजा वे प्रियंका के लिए कहानियाँ सुनानेवाला एक कंप्यूटर ले आए, जिसका नाम है कथावृक्ष। उसमें से हर रोज नई-नई कहानियाँ निकलती हैं और वे कहानियाँ भी ऐसी हैं कि चुपके-चुपके प्रियंका की हर समस्या का हल कर देती हैं। राजेश जैन की कहानियों की खासियत यह है कि वे हर बच्चे के भीतरी संसार में जाकर उनकी उलझनों और पेंचों को खोलती हैं और उनकी ऐसी मुश्किलों के हल बता देती हैं, जिनपर उन्हें बात करने के लिए दूसरा नहीं मिलता। राजेश जैन ने बड़ी सुंदर विज्ञान कथाएँ भी लिखी हैं। 'नैनो जादूगर तथा अन्य विज्ञान कथाएँ' (2012) में उनकी कई अचरज भरी विज्ञान कथाएँ हैं।

दिविक रमेश (ज. 1946) बच्चों के प्यारे कवि हैं, जिन्होंने बच्चों के लिए कुछ बहुत ही सुंदर, लाजवाब कविताएँ लिखी हैं, पर दिविक की कहानियाँ भी कुछ कम नहीं मोहतीं। खासकर 'किस्सा चाचा तरकीबूराम का' तो दिविक की लाजवाब कहानी है। असल में स्कूल में पढ़नेवाले एक नन्हे-से बच्चे वीनू के खाने के डिब्बे में से खाना रोजाना गायब हो जाता है और यह पता ही नहीं चलता कि वीनू का खाना कौन खा गया? माँ खाने में वीनू के लिए एक से एक बढ़िया चीजें रखती हैं, लेकिन आधी छुट्टी में जब वीनू खाने का डिब्बा निकालता है तो डिब्बा हमेशा खाली निकलता है। आखिर वीनू और उसके दोस्त चाचा तरकीबूराम के पास पहुँचे और चाचा तरकीबूराम ने ऐसा कमाल दिखाया कि चोर झट पकड़ में आ गया। सचमुच बात ही बात में हर समस्या का हल पेश कर देनेवाले, दिविक के तरकीबूराम हैं भी खासे दिलचस्प पात्र। एक बार पढ़ते ही दिल में ऐसे नक्श होते हैं कि भुलाए ही नहीं जा सकते। कहानी सहज हास्य-विनोद के रंगों के साथ आगे

बढ़ती है। दिविक बार-बार कहानी के बने-बनाए फ्रेम को तोड़ते हैं, और यही उनकी कहानियों का सबसे बड़ा आकर्षण है।

दिविक रमेश की ताजा बाल कहानियों के संग्रह हैं, 'अपने भीतर झाँको' (2014), 'लू लू की सनक' (2014) और 'मेरे मन की बाल कहानियाँ' (2016)। इनमें 'लू लू की सनक' (2014) तो खासी दिलचस्प पुस्तक है। इसमें एक नटखट और संवेदनशील बच्चे लू लू को केंद्र में रखकर लिखी गई बड़ी सुंदर कहानियाँ हैं, जो छोटे बच्चों के मन और मिजाज को गहराई से समझती हैं, उनकी खराब आदतों और जिदों को भी। फिर खेल-खेल में उसे सही रास्ता भी सुझा देती हैं। पुस्तक में छह कहानियाँ शामिल हैं, जिनमें 'लू लू की सनक', 'लू लू बड़ा हो गया' और 'लाल बत्ती पर' बहुत अच्छी हैं। इसी तरह 'आँखें मूँदो नानी' दिविकजी की बड़ी अद्‌भुत परीकथा है, जो परीकथाओं के परंपरागत ढाँचे से एकदम भिन्न है। दिविक रमेश की संपूर्ण गद्य रचनाएँ 'बचपन की शरारत' (2016) पुस्तक में संगृहीत हैं। इनमें उनकी समूची बाल कहानियाँ भी हैं।

दिविक रमेश ने कुछ अलग ढंग से लोककथाएँ भी प्रस्तुत की हैं। 'और पेड़ गूँगे हो गए' (1992) में उन्होंने विश्व की श्रेष्ठ लोककथाओं को एक पुस्तक में समाहित करने की कोशिश की है। दिविकजी ने अच्छी और जीवंत भाषा में तथा चुस्त अंदाज में इन्हें लिखा है। इन लोककथाओं में चेकोस्लोवाकिया की 'बौने के जूते' और 'सुआ पहुँचा जंगल में' तथा कांगो की लोककथा 'मेढक ने तुरही बजाई' बाल पाठकों को ज्यादा अच्छी लगेंगी। इसी तरह 'भालू और मधुमक्खियाँ' भी बड़ी दिलचस्प कहानी है।

प्रकाश मनु (ज. 1950) की ज्यादातर कहानियों के केंद्र में बच्चे हैं। अपने छोटे-छोटे सुख-दुःख, भय, इच्छाओं, आकांक्षाओं और रोमांच भरे संसार के साथ बहते हुए नटखट बच्चे। उनके संग्रह 'नंदू भैया की पतंगें' (2002) में शामिल 'जमुना दादी' में ज्यादातर ऐसे ही बच्चों का वर्णन है, जो जमुना दादी के घर में कूदकर खूब उत्पात मचाते हैं और पत्थर फेंककर जामुन के एक पेड़ से जामुन गिराते और खाते हैं, मगर कहानी का अंत होते-होते सब बदल जाता है। तब बच्चे चोटिल जमुना दादी की सेवा करते हैं और जमुना दादी उन्हें इतनी प्यारी-प्यारी कहानियाँ सुनाती हैं कि फिर बच्चों और जमुना दादी में जो दोस्ती हुई, वह अंत तक चलती रही। ऐसे ही प्रकाश मनु की 'रंग-बिरंगे खरगोश' कहानी में एक नन्हे से बच्चे मखना का वर्णन है, जो माँ से जिद करके अपने लिए खरगोश मँगवा लेता है और होली खेलते समय जब ये प्यारे-प्यारे नरम खरगोश होली के रंगों से सराबोर हो जाते हैं तो उसका मन भी भीग जाता है। 'झटपट सिंह', 'मिठाईलाल' और 'होली है भई होली है' हास्य के रंगों से सराबोर कहानियाँ हैं। 'चीं-चीं चिड़िया' में लंबी-चौड़ी गप हाँकनेवाले अज्जू का किस्सा है, तो 'नंदू भैया की पतंग' में ऐसे प्यारे से गोल-मटोल नंदू भैया हैं, जिनके नटखटपन और शरारतीपन का जवाब नहीं। 'तुम भी पढ़ोगे जस्सू', 'माँ का प्यार' और 'रहमान चाचा' आज के बच्चों की तकलीफों से जुड़ी, कुछ अलग तरह की भावनात्मक कहानियाँ हैं।

प्रकाश मनु की 'तितली का घर', 'चींटी चढ़ी पहाड़ पर', 'चुनमुन और चिड़िया का बच्चा', 'चिड़ियाघर में चुनमुन' तथा 'शेर गिरा धड़ाम' कहानियाँ पशु-पक्षियों के आनंदमय संसार में झाँकने की कोशिश करती हैं। इनमें ज्यादातर कहानियाँ ऐसी हैं, जो छोटे बच्चों को बहुत अच्छी लगेंगी। 'तितली का घर' में एक छोटे बच्चे सोनू और तितली की दोस्ती की कथा है। खेल-खेल में सोनू से तितली का घर टूट गया। अब कैसे सोनू

तितली के लिए दोबारा से सुंदर घर बनाता है और तितली के कहने पर फिर सजावट भी करता है, यह कथा एक छोटी-सी कहानी 'तितली का घर' में नाटकीय ढंग से कही गई है। 'चींटी चढ़ी पहाड़ पर' में चींटी पहाड़ की चढ़ाई का फैसला कर लेती है और उसे पहाड़ पर चढ़ते देख हाथी, घोड़ा, ऊँट, शेर, खरगोश सब हँसे। मगर चींटी जब सचमुच पहाड़ पर पहुँच गई तो उसने साबित कर दिया कि सच्ची हिम्मत तो मन में होती है। 'चिड़ियाघर में चुनमुन' सरीखी कहानियों में नटखट चुनमुन का चरित्र बच्चों को अपना सा लगेगा।

कुछ अरसा पहले 'बालवाटिका' में छपी प्रकाश मनु की 'फागुन गाँव की परी' (फरवरी 2016) ऐसी कहानी है, जो परीकथा है भी और नहीं भी। असल में 'फागुन गाँव की परी' में एक परी है; निम्मा परी, जो श्रम का सम्मान करती है। वह बुधना के साथ ईंटें तो ढोती ही है। साथ ही उसे गाँव की बूढ़ी अम्माँ के साथ आटा गूँदने, रोटियाँ सेंकने और पानी भरकर लाने में भी आनंद आता है। मनु ने 'फागुन गाँव की परी' कहानी में जो प्रयोग किया था, कुछ-कुछ यही कोशिश थोड़े नए अंदाज में 'बुद्धू का रिक्शा कमाल' कहानी में भी रही। यह भी असल में एक ऐसी परीकथा है, जिसमें परी है भी और नहीं भी। और अगर है भी, तो बस केवल एक खुशनुमा अहसास की तरह, खुशबू की तरह, जिससे चीजें बदली सी नजर आती हैं और हम खुद को भीतर-बाहर से बदला हुआ महसूस करते हैं। तब मुश्किलें खुद-ब-खुद हल होती जाती हैं। शायद बुद्धू रिक्शेवाले की कहानी भी कुल मिलाकर यही कहानी है।

आजादी की लड़ाई से जुड़ी प्रकाश मनु की कहानियाँ हैं, 'और लहरा उठा तिरंगा' तथा 'हिरनापुर का शहीद मेला'। इनमें 'और लहरा उठा तिरंगा' कहानी के तकली बाबा में जैसे सचमुच गांधीजी उपस्थित हैं। कहानी में मोहना की बलिदानी भावना और गुलामी की पीड़ा मन को झकझोर जाती है। होली के रंगों में रँगी प्रकाश मनु की कहानी 'भुल्लन चाचा के साथ होली' में बचपन की मस्ती के रंग हैं। यही भुल्लन चाचा क्रिसमस पर लिखी गई कहानी 'भुल्लन चाचा के साथ क्रिसमस' में भी मौजूद हैं। एकदम देशी ठाट वाली बड़ी-बड़ी मूँछों और बुलंद आवाजवाले लहीम-शहीम भुल्लन चाचा प्रकाश मनु के सदाबहार किरदार हैं, जो उनकी कई कहानियों में उपस्थित हैं। 'लो चला पेड़ आकाश में' और 'मंगल ग्रह की लाल चिड़िया' प्रकाश मनु की रोचक विज्ञान कथाएँ हैं। इन्हें पढ़ते समय पाठकों के मन में परीकथाओं सरीखी उत्सुकता उत्पन्न होती है। प्रकाश मनु की बाल कहानियों के प्रमुख संग्रह हैं, 'इक्यावन बाल कहानियाँ', 'चिन-चिन चूँ', 'भुलक्कड़ पापा', 'लो चला पेड़ आकाश में', 'नटखट नंदू की कहानियाँ', 'अजब-अनोखी विज्ञान कथाएँ', 'मेले में ठिनठिनलाल', 'मैं जीत गया पापा' तथा 'मेरे मन की बाल कहानियाँ' जिनमें एक ओर परपंरागत किस्सागोईवाली कहानियाँ हैं तो दूसरी फंतासी कथाएँ और विज्ञान कथाएँ भी। ऐसे ही प्रकाश मनु की कहानी 'करामातीलाल की तलवार' में हास्य-विनोद के रंग हैं।

अरसे से से बच्चों के लिए लिखती आ रहीं क्षमा शर्मा (ज. 1955) की बाल कहानियों के कई रंग हैं। उन्होंने परंपरागत ढंग की कहानियाँ लिखी हैं, तो कुछ नए अंदाज की छोटी-छोटी, दिलचस्प कहानियाँ भी, जो हर बच्चे को गुदगुदाएँगी। उनकी चुनिंदा कहानियों के संग्रह 'इक्यावन बाल कहानियाँ' (2000) में 'तितली की खुशी', 'भालू ही भालू', 'पेड़ पर झंडियाँ', 'छोटी बहन', 'परियों के बच्चे' खासकर बच्चों को अच्छी लगेंगी। इन कहानियों में 'तितली की खुशी' एक बड़ी छोटी-सी दिलचस्प कहानी है, जिसमें मानो एक नन्ही-

सी तितली का दिल खुल पड़ता है। रहमदिल तितली को खुशियाँ बाँटना अच्छा लगता है और जब वह एक ऊँ-ऊँ रोते हुए बच्चे को देखती है, तो उसकी समझ में नहीं आता, बच्चा रो क्यों रहा है? क्या उसको किसी ने डाँटा है या वह अपने बस्ते के भारी बोझ से दुखी है। आखिर बच्चे के सिर पर मँडराती हुई वह उसे इस कदर दौड़ने-भागने के लिए उकसाती है कि तितली को पकड़ने के लिए भागता हुआ बच्चा न जाने कब अपनी मुसीबत भूल जाता है और खिल-खिल हँसने लगता है।

क्षमा शर्मा की कई कहानियों में उनके बचपन और निजता की झलक है। ऐसी कहानियाँ बच्चों को खासकर अच्छी लगेंगी। इनमें 'छोटी बहन' एक ऐसे पहलवान की कहानी है, जिसे रात सोते हुए इस बात का डर लगता है कि कहीं भेड़िया उसकी सोती हुई नन्ही बहन को न उठा ले जाए। लिहाजा वह बकरी की रस्सी खोलकर छोटी बहन को खाट से बाँध देता है और फिर आराम से सो जाता है। सुबह बकरी गायब थी, मगर इसका किस्सा तो सिर्फ पहलवान को ही मालूम था, जो दौड़कर उसे ढूँढ़ने निकल जाता है। मगर वह इस बात से खुश है कि आखिर भेड़िया उसकी बहन को तो नहीं ले गया। 'पप्पू चला ढूँढ़ने शेर' भी क्षमाजी की बड़ी खूबसूरत कहानी है, जिसमें शेर की कहानी पढ़ते-पढ़ते पप्पू एकाएक जंगल में जा पहुँचता है। अब पप्पू जंगल में शेर ढूँढ़ रहा है और वहाँ शेर तो नहीं मिलता, मगर एक के बाद एक ऐसे मंजर नजर आते हैं, जो बच्चे के मन को मोह लेते हैं। कहानी के अंत में पप्पू को पता चलता है कि जंगल में अब कोई शेर तो है ही नहीं। सिर्फ एक ही शेर था, जो अब शहर के चिड़ियाघर में है। क्षमा शर्मा की 'जंगल की रानी' की नायिका एक बकरी है, जिसने साबित किया कि चुस्ती-फुर्ती के लिहाज से तो आखिर जंगल की रानी वही है। 'पानी-पानी' (1995), 'पप्पू चला ढूँढ़ने शेर' (1997), 'फिर से गाया बुलबुल ने' (2005), 'एक रात जंगल में' (2006), 'बुलबुल और मुन्नू' (2009), 'बोलने वाली घड़ी' (2013) तथा 'मानू और बादल की दुनिया' (2013) भी क्षमा शर्मा की बाल कहानियों के चर्चित संग्रह हैं। इनमें एक चंचल मेढक की कहानी 'बुलबुल और मुन्नू' याद रह जाती है।

उषा महाजन (ज. 1948) की बाल कहानियाँ परंपरा और प्रयोग के बीच एक संतुलन साधकर चलती हैं और कहानी के पुराने फार्म के बीच ही कोई नया विचार उठाती हैं। उनकी बाल कहानियों के संग्रह 'लड़कों का गाँव' (2003) की शीर्षक-कथा एक अनोखी परीकथा है, जिसमें आज के समय का दर्द और सच्चाई है। यह सही मायनों में एक आधुनिक परीकथा है। संग्रह की अन्य उल्लेखनीय कहानियाँ हैं, 'टिमटिम रोशनी', 'दूसरा बेटा', 'छोटी बहन' और 'अपनी गठरी'। इन कहानियों की खासियत यह है कि ये जीवन में पिछड़े रह गए कमजोर पात्रों के प्रति खासी सहानुभूति रखकर बुनी गई हैं। इसलिए 'टिमटिम रोशनी' में सेना को राह दिखाने का काम एक ऐसी अंधी लड़की करती है, सब जिसका मजाक उड़ाते थे और बाद में दूर-दूर तक उसका नाम हुआ। 'दूसरा बेटा' में सेठ अपने दूसरे बेटे से इस कारण दु:खी रहता था, क्योंकि वह विकलांग होने के कारण उसकी नजरों में नाकारा था। पर बड़े बेटे के आवारा निकल जाने पर इसी छोटे विकलांग बेटे ने सेठ को कैसे संकट से बचाया, इसका किस्सा उषा महाजन ने दिलचस्प अंदाज में लिखा है।

उषा महाजन की 'अपनी गठरी' भी बहुत अच्छी कहानी है, जिसमें एक दु:खी सेठ का वर्णन है। वह परेशान होकर ईश्वर से प्रार्थना करता है कि हे प्रभु, आप मेरे दु:खों की झोली हलकी कर दो। तब देवता

प्रकट हुए और उस सेठ को अपने साथ ले गए। एक जगह जाकर वे रुके, जहाँ बहुत-सी गठरियाँ पड़ी हुई थीं। उन्होंने सेठ से कहा, "अपनी गठरी यहाँ छोड़ दो और जो गठरी तुम्हें हलकी लगे, वह उठा लो।" सेठ ने अपनी गठरी छोड़कर हर गठरी को उठाकर देखा, मगर वे सभी उसे अपने से भारी लगीं तो आखिर दौड़कर उसने अपनीवाली गठरी ही उठा ली। उषा महाजन की बाल कहानियों के अन्य चर्चित संग्रह हैं, 'जैसे को तैसा' (1993), 'चतुर चरवाहा' ओर 'दोस्ती की उम्र' (2004)। इनमें 'दोस्ती की उम्र' खासा महत्त्वपूर्ण संग्रह हैं, जिसमें 'गुठलियों का कमाल' और 'दोस्ती की उम्र' सरीखी कई बेहतरीन कहानियाँ शामिल हैं।

डॉ. बानो सरताज (ज. 1945) ने भी इधर निरंतर लिखकर अपनी पहचान बनाई है। 'कहानी में कहानी' (2001) संग्रह में उनकी पच्चीस परंपरागत ढंग की बाल कथाएँ शामिल हैं, जिनमें ज्यादातर बच्चों की दुनिया और उनके आसपास की चीजें हैं। बहुत-सी कहानियाँ पशु-पक्षियों को लेकर भी बुनी गई हैं और उनका उद्देश्य बच्चों को सीख देना तथा उनके मन में करुणा पैदा करना है। परंपरागत ढंग की होते हुए भी डॉ. बानो सरताज की कहानियों में एक ऐसी कशिश है कि वे बच्चों को स्वाभाविक ढंग से छूती और अपनी-सी लगती हैं।

इधर बानो सरताज की चुनिंदा कहानियों का एक बड़ा संचयन 'इकतालीस बाल कहानियाँ' (2007) छपा है, जिसमें उनकी कई अच्छी कहानियाँ एक साथ पढ़ने को मिल जाती हैं। खासकर 'मम्मी न बोली', 'प्यारा बचपन', 'भादो रे भादो', 'नन्हा फरिश्ता', 'जूनू ने प्याऊ खोली', 'नानी ने दाँत खाए', 'अनोखी शरारत', 'सजा' और 'जब नाना घर से भागे' बानो सरताज की इतनी जिंदादिली से भरपूर कहानियाँ हैं कि उन्हें भूल पाना कठिन है। बानो सरताज ने पशु-पक्षियों को लेकर भी कुछ अच्छी कहानियाँ लिखी हैं, पर उनकी सबसे अच्छी कहानियाँ वे हैं, जिनके केंद्र में किसी नटखट बच्चे की खिलंदड़ी अदाएँ हैं। या फिर 'जब नाना घर से भागे' सरीखी पारिवारिक रस से भरपूर कहानियाँ याद रह जाती हैं। यों बानो सरताज की कुछ कहानियाँ उपदेशात्मक भी हो गई हैं, पर उनके यहाँ अच्छी और सृजनात्मक कहानियाँ काफी हैं, जिनमें स्नेह और ममता का झरना बहता है। बानो सरताज से बेशक कुछ और अच्छी कहानियों की उम्मीद की जा सकती है।

रमाकांत 'कांत' (ज. 1949) की ज्यादातर कहानियाँ परंपरागत ढंग की है, जिनमें बहुत-सी एक ही ढब पर लिखी गईं। उन्होंने काफी लिखा है। 'सरस बाल-कथाएँ', 'सूझ-बूझ कथाएँ', 'जंगल की कहानियाँ', 'परिश्रम का वरदान' तथा 'दोस्ती का पैगाम' संग्रहों में उनकी कहानियाँ उपलब्ध हैं। पत्र-पत्रिकाओं में भी उनकी कहानियाँ प्रचुरता से पढ़ने को मिल जाती हैं। रमाकांत 'कांत' अपनी परंपरागत ढंग की कहानियों में कोई न कोई नई बात कहने की कोशिश करते हैं। उनकी पुस्तक 'जंगल की कहानियाँ' में जंगल के जानवरों की कथाएँ हैं, जो एक तरह का आधुनिक स्पर्श भी लिये हुए हैं। लिहाजा ये कहानियाँ बाल पाठकों को रोचक ढंग से आज की समस्याओं से परिचित कराते हुए, सजग और विचारवान बनाने की कोशिश करती हैं। 'दोस्ती का पैगाम' रमाकांत कांत की कहानियों का सबसे अच्छा संग्रह है, जिसमें लीक से हटकर कहानियाँ हैं तथा देश-विदेश के कई यादगर चरित्र इनमें आ गए हैं। 'ह्यूम अंकल' और 'ईमानदारी का इनाम' तो बहुत ही मार्मिक कहानियाँ हैं।

रमेश आजाद (ज. 1954) भी बच्चों के लिए कहानियाँ लिखनेवाले एक समर्थ लेखक हैं, जिन्होंने अपनी

बाल कहानियों में एक से एक खूबसूरत प्रयोग किए हैं और लीक से हटकर कुछ ऐसी कहानियाँ लिखी हैं, जो बच्चों को दिलचस्प तो लगेंगी ही, एकदम नई भी लगेंगी। उनकी बाल कहानियों के संग्रह हैं, 'आसमान ऊपर उठ गया' और 'सौ साल की नींद'। इनमें 'आसमान ऊपर उठ गया' (2004) पुस्तक में 'ढेंचू भागा घर से', 'नाम बदलना होगा', 'गोलू का कंबल', 'आसमान ऊपर उठ गया' और 'छिपी हुई मूर्ति' सुंदर कहानियाँ हैं। इनमें 'नाम बदलना होगा' थोड़ी नटखटपन से भरी कहानी है, जिसमें एक शरारती बच्चे बबुआ का किस्सा है, घर में जिसे टनटन नाम से बुलाया जाता है। कुछ और नाम नहीं सूझा तो दादी ने स्कूल में जाकर यही नाम लिखा दिया—टनटन। मगर इस टनटन ने अपनी शरारतों से स्कूल में क्या टंटे किए! कितनी बार उसके मुँह से उसका नाम टनटन सुनकर बच्चों ने सोचा कि 'टनटन, टनटन' यानी स्कूल की छुट्टी हो गई है और अपने-अपने बस्ते लेकर घर को भाग लिये। इस सबका किस्सा रमेश आजाद ने कुछ ऐसे अंदाज में लिखा है कि पढ़ते-पढ़ते अपने आप होंठों पर मुसकान आ जाती है।

रमेश आजाद की बाल कहानियों के संग्रह 'सौ साल की नींद' (2004) में भी कई नए ढंग की मजेदार कहानियाँ हैं। इनमें 'आलू की वापसी' बड़ी दिलचस्प कहानी है। शायद हिंदी में आलू पर लिखी गई ऐसी कोई दूसरी मजेदार कहानी है ही नहीं। इसमें मिट्टी के नीचे दबे हुए दो आलुओं का किस्सा है, जिनमें एक बड़ा भाई था, दूसरा छोटा और उनकी बातें इतने भोलेपन से भरी हुई हैं कि लगता कि जैसे वे दो आलू नहीं, दो छोटे-छोटे गोल-मटोल बच्चे हों। रमेश आजाद ने कुछ सुंदर विज्ञान-कथाएँ भी लिखी हैं, जो हिंदी के बाल विज्ञान-फंतासी साहित्य में बहुत कुछ नया जोड़ती हैं। उनकी 'स्वाभिमानी बूढ़ा और कंप्यूटर' उस वक्त की कहानी है, जब दुनिया में सब ओर कंप्यूटर ही कंप्यूटर होंगे। सब ओर कंप्यूटरों का आतंक होगा और बगैर कंप्यूटर के जीने के बारे में कोई सोच भी नहीं पाएगा। मगर ऐसे वक्त में भी एक स्वाभिमानी बूढ़ा ऐसा है, जो कंप्यूटर के आतंक को मानने से इनकार कर देता है और अपनी शक्तियों पर ज्यादा भरोसा करता है। लोग उसे सनकी और झक्की मानते हैं, लेकिन एक दिन जब कंप्यूटरों की सत्ता बैठ गई तो आखिर उस स्वाभिमानी बूढ़े की बात ही सच हुई। 'चौथी धरती का खिलौना' (1996) तथा 'और कंप्यूटर बैठ गया' (1997) भी रमेश आजाद की अनोखी बाल विज्ञान-कथाएँ हैं।

सुधीर सक्सेना 'सुधि' (ज. 1956) की कहानियाँ भी अलग से ध्यान आकर्षित करती हैं। उनकी कहानियाँ बच्चे के मन में पैठकर उसकी भीतरी गुत्थियों को सुलझाती जान पड़ती हैं। 'थानेदार का बेटा' और 'तेंतीस गधे' उनकी चर्चित कहानियाँ हैं। इनमें 'थानेदार का बेटा' में एक बच्चा, जिसके पिता थानेदार हैं, हमेशा अकड़ा रहता है और खुद को दूसरों से ऊँचा समझता है, लेकिन कहानी के अंत में उसे अपने झूठे अहंकार पर ग्लानि होती है। 'तेंतीस गधे' में बच्चों को पढ़ानेवाले अध्यापक की एक अजब सी आदत पर व्यंग्य है। अध्यापक बात-बात में बच्चों को गधे कहता है, पर जब उसके सामने यह सवाल आया कि क्या ये बच्चे तेंतीस गधे हैं, जिन्हें कल देश का कर्णधार बनना है तो अध्यापक को अपनी गलती समझ में आ जाती है।

संजीव जायसवाल 'संजय' (ज. 1958) की कहानियाँ कुछ-न-कुछ नयापन लिये हुए हैं तथा विभिन्न पत्र-पत्रिकाओं में प्रमुखता से छपी हैं। कुछ अरसा पहले उनकी चुनी हुई बाल कहानियों का बड़ा संग्रह 'रंग-बिरंगी कहानियाँ' (2003) छपा था, जिनमें एक ओर पशु-पक्षियों पर लिखी गईं मनोरंजक कथाएँ हैं तो दूसरी

ओर बड़े खूबसूरत फंतासी कथाएँ भी हैं। इनमें 'चिन-चिन का कोट', 'जादुई चोगा', 'ऐमली', 'अब पत्थर के इनसान' सरीखी संजीव जायसवाल 'संजय' की बहुचर्चित कहानियाँ भी शामिल हैं। बेशक हिंदी के उम्दा बालकथा संग्रहों में इसकी गिनती हो सकती है। इधर संजीव जायसवाल 'संजय' एक बिल्कुल नए अंदाज की कहानी 'नए जमाने का जिन्न' पढ़ने को मिली, जिसमें आज के समय की ठगी और षड्यंत्र का बड़ा कमाल का चित्रण है, हालाँकि जिस गाँववाले को मुंबई महानगर में ठगा गया, वह अपने देशी अंदाज में इस ठगी का बदला भी बड़े खूबसूरत अंदाज में लेता है। सचमुच यह ऐसी कहानी है, जिसमें आज का समय और यथार्थ देखने को मिलता है। काश, संजीव ने ऐसी कहानियाँ और लिखी होतीं। संजीव जायसवाल 'संजय' ने हास्य कथाएँ भी लिखी हैं। 'टिन्नू मियाँ का कुरता' (2009) में उनकी बारह हास्य कथाएँ शामिल हैं। इनमें 'झुम्मन चाचा', 'टिन्नू मियाँ का कुरता', 'कड़क सिंह' और 'गप्पी का शिकार' भी हैं।

संजीव जायसवाल 'संजय' ने शिशुओं और छोटे बच्चों के लिए कई रसपूर्ण कहानियाँ लिखी हैं। उनकी कुछ कहानियाँ प्रथम बुक्स ने बड़े खूबसूरत ढंग से छपी हैं। 'टूटा पंख', 'चंदा मामा', 'सूरज का गुस्सा', 'राजा का दर्द', 'पहलवान जी' प्रथम बुक्स द्वारा प्रकाशित संजीव जायसवाल 'संजय' की सुंदर किताबें हैं। इनमें शब्द कम हैं, लेकिन नाटकीयता खासी है। इन सभी किताबों में चित्र कहीं अधिक चित्ताकर्षक हैं। यूनीसेफ (लखनऊ) द्वारा प्रकाशित संजीव जायसवाल 'संजय' की 'बादल' भी सुंदर पुस्तक है, जिसमें एक ही कहानी को बड़े नायाब चित्रों से सजाया गया है। निस्संदेह हिंदी में शिशुओं के लिए यह आदर्श पुस्तक है और एक बड़ी कमी को पूरा करती है। उम्मीद है, प्रथम बुक्स और यूनीसेफ के अलावा और प्रकाशक भी शिशुओं के लिए ऐसी छोटी-छोटी रंग-बिरंगी किताबें छापने का सिलसिला शुरू करेंगे।

बड़े कथाकारों ने भी लिखी हैं बाल कहानियाँ

गौरव युग में हिंदी के कई बड़े और चर्चित लेखकों ने बच्चों के लिए कहानियाँ लिखी थीं। मौजूदा दौर में भी बाल कहानियों के गलियारे में टहलते हुए उन बड़े और उस्ताद कहानीकारों की कहानियाँ पढ़कर मन मुग्ध होता है, जिनकी भाषा, चरित्रांकन, संवादों की अदायगी और कहानी कहने का उस्तादाना अंदाज, हर चीज का अपना अलग आकर्षण है। कहानी पढ़ते ही मन पर नक्श हो जानेवाला जादू। इनमें देवेंद्र सत्यार्थी, विजयदान देथा, अमृतलाल नागर, रामदरश मिश्र, रमाकांत, रवींद्रनाथ त्यागी, हरिपाल त्यागी, रमेश बक्षी, कन्हैयालाल नंदन, आबिद सुरती, श्यामसिंह 'शशि', मालती जोशी, मृदुला गर्ग, चंद्रकांता, चित्रा मुद्‌गल, मृणाल पांडे, नासिरा शर्मा, स्वयंप्रकाश, सुरेंद्र तिवारी और हसन जमाल की कहानियाँ भीतर निरंतर एक ताजगी का अहसास कराती हैं।

हिंदी के मूर्धन्य कथाकार और लोकयात्री देवेंद्र सत्यार्थी (1908-2003) ने बच्चों के लिए एक-से-एक अनोखी कहानियाँ लिखी हैं। उनकी बालकथाओं का सुंदर संग्रह है, 'सदारंग अदारंग' (2013)। इसके अलावा 'नंदन' पत्रिका की पुरानी जिल्दों में उनकी लिखी कई एक से एक बाल कहानियाँ पढ़ने को मिल सकती हैं। इनमें 'सदारंग-अदारंग', 'मौसी पपीते वाली', 'माटी की महक', खाना नहीं खाऊँगा' 'काली शिला' और 'एक फूल' जैसी एक से एक सुंदर और मर्मस्पर्शी कहानियाँ हैं। खासकर 'सदारंग-अदारंग' और

'मौसी पपीते वाली' तो बड़ी ही हृदयस्पर्शी कहानियाँ हैं, जो पढ़ते ही सीधे दिल में उतर जाती हैं। 'सदारंग-अदारंग' ('नंदन', नवंबर 1986) में राजा मयूरदेव के दरबार के दो संगीतकारों की कथा है, जिनके नाम हैं सदारंग और अदारंग। ये दोनों सगे भाई हैं, लेकिन स्वभाव दोनों का अलग-अलग है। सदारंग संगीत में तो निपुण है, लेकिन साथ ही राजदरबार की ठकुरसुहाती की कला भी खूब जान गया है। लेकिन अदारंग किसी की हाँ में हाँ मिलाना नहीं जानता और सिर्फ अपनी संगीत की साधना में लीन रहता है। यही वजह है कि एक दिन अदारंग को दरबार से निकाल दिया गया। उसके जाने के बाद राजा मयूरदेव जो संगीत और गुणों के पारखी भी हैं, बहुत बुरी तरह छटपटाते हैं। कहानी के अंत में वेश बदलकर आए अदारंग ने कैसे अपने संगीत के सुर छेड़े और पूरे दरबार में जादू बिखरा दिया और फिर कैसे पहले मूँछें और फिर दाढ़ी और फिर आखिर पग्गड़ उतारकर अपना असली रूप सामने रखा। सत्यार्थीजी ने बड़े ही उस्तादाना कौशल और नाटकीयता के साथ इस किस्से का वर्णन किया है।

'मौसी पपीतेवाली' ('नंदन', नवंबर 1987) सत्यार्थीजी की एक आत्मकथात्मक कहानी है, जिसमें उनके घुमंतू जीवन का एक अनोखा प्रसंग है। वे घूमते हुए बस्तर गए और वहाँ की सुंदरता में इतने खो गए कि बस्तर के बारे में एक किताब लिखने के लिए वहीं ठहर गए। उनके घर के आगे से पपीते बेचनेवाली स्त्री कालिंदी निकलती है और अमृतयान की बेटी कविता को इतना प्यार करती है कि रोजाना एक ताजा बढ़िया पपीता उसे दे जाती है और बदले में पैसे लेने से हर बार इनकार करती है। कविता मौसी पपीतेवाली से इतनी हिल-मिल गई कि पपीतेवाली उसे रोजाना अपने साथ ले जाती और शाम को लौटते समय घर छोड़ जाती। मगर एक दिन कविता वापस नहीं आई और मौसी पपीतेवाली का भी कुछ पता नहीं चला, तो अमृतयान और देवयानी पर क्या कुछ गुजरी और कैसे फिर पपीतेवाली कालिंदी के साथ कविता को वापस आया देखकर पूरा किस्सा उनके सामने खुला। यह वर्णन बड़ा ही नाटकीय है। सत्यार्थीजी की यह मर्मस्पर्शी कहानी रवींद्रनाथ ठाकुर की 'काबुलीवाला' कहानी की याद दिलाती है।

'माटी की महक' ('नंदन', नवंबर 1988) सत्यार्थीजी की एक अनोखी परीकथा है, जिसमें स्वर्गलोक में जाकर अमरता का वरदान हासिल कर लेनेवाले हंसपाल को आखिर धरती की पुकार सुनाई पड़ती है तो वह विकल हो उठता है और एक दिन परीलोक से चुपके से चल पड़ता है। 'खाना नहीं खाऊँगा' ('नंदन', जून 1989) में एक प्यारे से नौकर फत्तू की कहानी है, तो 'एक फूल' ('नंदन', नवंबर 1991) में सत्यार्थीजी के घुमंतू जीवन का एक ऐसा मार्मिक प्रसंग है, जिसका संबंध महात्मा गांधी से है। देवकांत काशी छोड़कर अमृतसर आ गए थे और नकली दाढ़ी-मूँछ लगाकर आजादी की लड़ाई में हिस्सा ले रहे थे तथा पुलिसवालों की नजरों से जैसे-तैसे खुद को बचाए हुए थे। साथ में बेटी गौरी भी थी। एक दिन पता चला कि महात्मा गांधी रेलगाड़ी से सफर करते हुए वहाँ से निकलेंगे, तो देवकांत गौरी को लेकर वहाँ पहुँचा। गौरी के हाथ में इकन्नी थी, जिसे वह महात्मा गांधी को देना चाहती थी। महात्मा गांधी ने खुशी-खुशी गौरी से उपहार लिया और बदले में उसे ढेरों फूलमालाएँ दे दीं। कहा, "लो, ये तुम्हारे लिये हैं।" गाड़ी चली गई तो एक-एक करके वे फूल सबको बाँट दिए गए, पर देवकांत गिरफ्तार हो गए। कहानी के अंत में जब गौरी पिता को यह कहते हुए वह फूल देती है कि "एक फूल मैंने बचा लिया आपके लिए। आपने भी तो भारत माँ की आजादी के लिए कष्ट

सहे हैं!" तो देवकांत की आँखें छलछला उठती हैं। सत्यार्थीजी सचमुच किस्सागोई के उस्ताद हैं। उनकी बाल कहानियाँ पाठकों को अपने साथ बहा ले जाती हैं।

हिंदी में बच्चों के लिए लोककथाएँ तो बहुत लिखी जाती हैं, पर लोककथाओं का खूबसूरत ढंग से पुनर्कथन करने में विजयदान देथा (1926-2013) का जवाब नहीं। उन्होंने लोककथाओं को इतने अधिक सृजनात्मक ढंग से बाल पाठकों के आगे उपस्थित किया है कि उनमें सचमुच एक नई चमक और नया ही प्रभाव पैदा हो गया है। विजयदान देथा की ऐसी ही अनोखी और जादुई कहानियों की पुस्तक है 'कब्बू रानी' (1992)। इस पुस्तक में देथा की केवल पाँच कहानियाँ शामिल हैं, 'कब्बू रानी', 'ये गँवार लोग', 'गँवार का सपना', 'कमेड़ी और साँप' तथा 'दिवाले की बकौती'। इनमें 'कब्बू रानी' बेशक सबसे खूबसूरत और किस्सागोई से भरपूर कहानी है। कहानी की शुरुआत में एक बुढ़िया का वर्णन है, जो जनम दुखियारी है और हर घर के सामने हाथ फैलाकर भीख माँगकर अपनी जिंदगी घसीट रही है। पर उस बुढ़िया की सूनी जिंदगी में अचानक एक दिन कब्बू रानी आ गई। कब्बू रानी यानी कबूतरी का एक नन्हा-सा बच्चा, जिसकी आवाज में छम-छम संगीत है और वह नाचती है तो बुढ़िया को लगता है कि उसकी झोंपड़ी में जीते-जी स्वर्ग उतर आया है। ऐसे ही एक दिन उस बुढ़िया की झोंपड़ी के पास से गुजरते हुए, राजकुमार ने कब्बू रानी का संगीत सुन लिया, तो उसने फैसला कर लिया कि वह विवाह करेगा तो कब्बू रानी से ही। रानी बनने के बाद एक से एक हैरतअंगेज काम कब्बू रानी करती है, मगर परदे से बाहर नहीं आती और लोग उसकी शक्ल देखने को तरसते हैं। फिर कैसे कब्बू रानी स्वर्ग की अप्सरा जैसी एक असीम सुंदर युवती में बदल जाती है, यह किस्सा इस कहानी को पढ़कर ही जाना जा सकता है और तभी बाल पाठकों को कहानी का पूरा आनंद भी आएगा। 'ये गँवार लोग' और 'गँवार का सपना' कहानियों में विजयदान देथा बड़े कमाल के अंदाज में यह बात बच्चों के आगे रखते हैं कि जिन्हें हम गाँव के सीधे-सादे अनपढ़ और गँवार लोग कहते हैं, वे कई बार अपनी चतुराई से बड़ों-बड़ों के कान काट देते हैं और ऐसे कमाल के किस्से गढ़ते हैं कि बस सुनते ही रह जाओ।

मूर्धन्य कथाकार अमृतलाल नागर (1916-1990) ने छठे-सातवें दशक में बच्चों के लिए खूब कहानियाँ लिखी थीं। इस कालखंड में उन्होंने फिर से बच्चों के लिए लिखा। अपने उपन्यास 'पीढ़ियाँ' को खत्म करने के बाद उन्होंने बच्चों के लिए चार मोहक कहानियाँ लिखीं। ये नागरजी की अंतिम रचनाएँ हैं, जो 'फूलों की घाटी' (2002) पुस्तक के रूप में सामने आईं। नागरजी की ये चार कहानियाँ हैं—'फूलों की घाटी', 'नटखट खरगोश', 'घमंड की सजा' तथा 'बुढ़िया की चालाकी'। इनमें 'फूलों की घाटी' बड़ी सुंदर फंतासी कथा है। 'नटखट खरगोश' और 'घमंड की सजा' भी छोटी-छोटी मजेदार कहानियाँ हैं। 'बुढ़िया की चालाकी' में एक चर्चित लोककथा को नागरजी ने सुंदर शब्दों में पिरो दिया है।

वरिष्ठ साहित्यकार डॉ. रामदरश मिश्र (ज. 1924) ने भी पिछले कुछ वर्षों में बच्चों के लिए कई उम्दा और खिलंदड़ी बाल कहानियाँ लिखी हैं। इनमें 'एक था बंदर, एक था बकरा', 'मेला देखने गए', 'कुछ यादें बचपन की', 'मस्त मौला', 'चोरी', 'पटाखे', 'पड़ोसन' ऐसी कहानियाँ हैं, जिन्हें बच्चों ने खूब पसंद किया है। इनमें 'मेला देखने गए' और 'कुछ यादें बचपन की' रामदरशजी के बचपन के प्रसंगों पर आधारित बाल कहानियाँ हैं, जिनमें बड़ी गहरी टीस और संवेदना है। लिहाजा ये ऐसी कहानियाँ हैं, जो बाल पाठकों पर गहरा

असर छोड़ती हैं और उन्हें अपने साथ बहा ले जाती हैं। यों रामदरशजी ने 'एक था बंदर, एक था बकरा' जैसी खिलंदड़ी कहानियाँ भी लिखी हैं, जिनमें उनकी किस्सागोई और उस्तादाना फन देखते ही बनता है। 'एक था बंदर, एक था बकरा' एक मदारी के खेल से जुड़ी हुई कहानी है, जिसमें बंदर और बकरा दोनों ही हिस्सा लेते थे। दोनों खेल-खेल में बढ़िया अभिनय करते थे। एक-दूसरे पर खीजते भी थे, मगर यह सब तमाशा दिखाने के बाद फिर पहले की तरह एक हो जाते थे। एक बार बंदर, जो खेल में साहब बनता था, बकरे को तंग करने पर आमादा हो गया, तो आखिर परेशान बकरे को अपना अलग ही रंग दिखाना पड़ा और बंदर इस कदर सकपकाया कि आखिर उसकी सारी शरारतें बंद हो गईं। 'एक थी लोमड़ी' में पंचतंत्र की कथा का नया रूपांतरण है, पर रामदरशजी की कलम से निकलकर यह कहीं अधिक खिलंदड़े अंदाज में सामने आती है। इसी तरह 'पानी', 'चोरी' और 'पटाखे' बाल पाठकों को अपने साथ बहाने और रिझानेवाली कहानियाँ हैं। 'पटाखे' (2010) में दीवाली के समय होनेवाले शोर और प्रदूषण का सुंदर ढंग से चित्रण है।

वरिष्ठ कथाकार राजेंद्र अवस्थी और गोविंद मिश्र ने भी बच्चों के लिए लिखा है। राजेंद्र अवस्थी (1930-2009) की 'छोटे सरकार' (2011) अच्छी कहानी है, जिसमें एक गाँव के बदलने का सपना है। गोविंद मिश्र (ज. 1939) की 'कवि के घर में चोर' (1994) पुस्तक में बच्चों के लिए लिखी गई उनकी पाँच सुंदर कहानियाँ शामिल हैं। इनमें 'सूखी क्यारी' और 'चिड़ियाँ' मर्मस्पर्शी कहानियाँ हैं, जिन्हें एक बार पढ़ने के बाद भूलना मुश्किल है। ढब्बूजी के नाम से मशहूर आबिद सुरती (ज. 1935) ने भी इस दौर में बच्चों के लिए कहानियाँ लिखी हैं। उनकी छोटी-छोटी कहानियों की पुस्तक '365 कहानियाँ' (2001) भी इस दौर की उल्लेखनीय पुस्तकों में से है। यह ऐसी मजेदार कथा-पुस्तक है, जिसकी हर रोज एक नई कहानी बच्चों को सुनाई जाए, तो साल भर यह सिलसिला चलता रह सकता है। नन्हे-मुन्नों को केंद्र में रखकर लिखी गई आबिद सुरती की ये कहानियाँ अच्छी हैं। इनमें बाल मन का नटखटपन है, रस और आकर्षण भी। साथ ही इन कहानियों में मीठी सीख भी है, जो बच्चों को खेल-खेल में बहुत कुछ सिखाएगी भी। रमेश बक्षी की 'तिली-तितली' (1982) भी नन्हे-मुन्नों के लिए लिखी गई बड़ी सुंदर कहानी है। यह एक नन्ही नटखट तितली तिली और उसकी सुंदर सहेली लिली की बड़ी ही कल्पनापूर्ण और मजेदार कहानी है, जिसमें कविता का सा रस है। नन्हे-मुन्नों के लिए रसपूर्ण कहानियाँ कैसे लिखी जाएँ, उनकी भाषा कैसी हो, यह रमेश बक्षी से सीखना चाहिए।

चर्चित कथाकार स्वयंप्रकाश (ज. 1947) ने भी इस कालखंड में बच्चों के लिए बहुत रमकर कहानियाँ लिखीं। 20 जनवरी, 1947 को इंदौर में जनमे स्वयंप्रकाश की बाल कहानियों का अपना रंग, अपना अंदाज है और वे बाल पाठकों को अपनी कहानियाँ लगती हैं। स्वयंप्रकाश की बहुत सी कहानियाँ आत्मकथात्मक हैं। 'प्यारे भाई रामसहाय' (2012) में उनकी दस बाल कहानियाँ शामिल हैं, जो बच्चों को अपने साथ बहा ले जाती हैं। साथ ही इधर लिखी जा रही कहानियों से वे एकदम अलग भी हैं। उनमें बचपन का कौतुक, जिज्ञासाएँ, मस्ती, नटखटपन, शरारतें, सच्चाई और साहसी करतब—सब कुछ है। खासकर 'बेर की गुठली', 'सप्पू बन गया चाचा नेहरू', 'आखिर चुक्कू कहाँ गया' और 'प्यारे भाई रामसहाय' तो ऐसी कहानियाँ हैं, जिन्हें भुलाया ही नहीं जा सकता। 'बेर की गुठली' में एक बच्चे के मन का भय है। एक बार बेर खाते समय

गलती से उसकी गुठली पेट में चली गई तो बच्चे को लगा कि उसके पेट में पेड़ उग आएगा और फिर यह डर का भूत उसके दिमाग में कुछ इस तरह बैठ गया कि खूब तमाशे हुए। स्वयंप्रकाश ने बहुत रस लेकर इनका वर्णन किया है। 'सप्पू बन गया चाचा नेहरू' में एक बच्चे सप्पू ने चाचा नेहरू को भाषण देते हुए सुना तो उनका भाषण देने का अंदाज उसे भा गया। बाद में वह भी पीठ पीछे हाथों को बाँधकर ठीक चाचा नेहरू की तरह भाषण देता है तो अहाते में बच्चों और बड़ों की भीड़ लग जाती है और सुननेवालों का खूब मनोरंजन होता है। लगता है, यह स्वयंपकाश के अपने जीवन की कहानी है, जिसे उन्होंने एक सुंदर आत्मकथात्मक कहानी में बहुत सुंदर तरीके से गूँथ दिया। 'आखिर चुक्कू कहाँ गया' में एक प्यारे से कुत्ते चुक्कू का किस्सा है, जिस पर सारे बच्चे जान निसार करते थे। पर वह एक दिन गायब हो गया, बाद में मिला तो एक ऐसे अशक्त बूढ़े-बुढ़िया के पास, जिन्हें उसकी कहीं अधिक जरूरत थी। कहानी का अंत भावुक कर देनेवाला है। 'प्यारे भाई रामसहाय' में भी स्वयंप्रकाश के बचपन का एक रोमांचक किस्सा है।

स्वयंप्रकाश की ये आत्मकथात्मक्र कहानियाँ इतने सहज और सुंदर ढंग से लिखी गई हैं कि एक बार पढ़कर उन्हें भुला पाना मुश्किल है। किस तरह एक छोटी सी घटना को किस्सागोई के दम पर एक खूबसूरत कहानी में ढाला जाए, यह कला स्वयंप्रकाश से सीखनी चाहिए।

प्रसिद्ध कथाकार रमाकांत ने भी बच्चों के लिए एक सुंदर कहानी लिखी, 'होशियार सिंह' (1989)। इसका चतुर कथानायक ऐसा शख्स है, जिसने एक लाख रुपए में सेठ धर्मचंद को तीन अच्छी नसीहतें बेची थीं, पर सेठजी पर मुसीबत आने पर उसने उनकी जिस तरह मदद की, उससे लगा कि वह तो वाकई होशियार सिंह ही है। इसी तरह व्यंग्यकार रवींद्रनाथ त्यागी (1930-2004) ने बच्चों के लिए रोचक कहानियाँ लिखी हैं। उनकी पुस्तक 'सुंदरबन' में बच्चों के लिए लिखी गई आठ कहानियाँ शामिल हैं। इनमें 'आधा झूठ' और 'आर्थर का आना' दिलचस्प कहानियाँ हैं। चित्रकार और वरिष्ठ कथाकार हरिपाल त्यागी (ज. 1934) ने भी बच्चों के लिए सरस कहानियाँ लिखी हैं। उनकी बाल कहानियों की पुस्तकें हैं, 'अमर फल' और 'चमकीला मोती'। इनमें उनकी कई रुचिकर और पठनीय बाल कहानियाँ हैं। ये कहानियाँ सुपरिचित लोककथाएँ हैं, जिनका पुनर्लेखन त्यागीजी ने रोचक अंदाज में किया है।

बरसों से बड़ों के साथ-साथ बच्चों के लिए भी लिख रहे हसन जमाल की कहानियाँ अपनी किस्सागोई के लिए चर्चित हैं। उनके संग्रह 'हसन जमाल की चार बाल कहानियाँ' (2009) में शामिल कहानियाँ हैं, 'समदर्शी', 'मुक्ति अभियान', 'भूख' तथा 'भीख ही क्यों'। इनमें 'समदर्शी' बड़ी मर्मस्पर्शी कहानी है। हमेशा दूसरों का मजाक उड़ानेवाले सतीश को आखिर ऐसा सबक मिला कि वह पूरी तरह बदल गया। अब उसने जीवन का गहरा मर्म समझ लिया था। सुप्रसिद्ध कथाकार सुरेंद्र तिवारी के बाल कहानी-संग्रह 'हम एक हैं' में कई अच्छी, पढ़ने लायक कहानियाँ हैं, जिनमें नए समय की चेतना है। 'खून का रंग एक है', 'सच्चा धर्म', 'बड़ा कौन' ऐसी कहानियाँ हैं, जो जाति और धर्म के ढकोसलों से ऊपर उठकर सच्चा मनुष्य बनने का आह्वान करती हैं। श्यामसिंह 'शशि' (ज. 1935) की बाल कहानियों की पुस्तक 'जंगल में मोर नाचा' (1988) यथार्थ और फंतासी की मिली-जुली कहानियाँ हैं। ये सभी आदिवासी जीवन के बच्चों की कहानियाँ हैं, जो अपनी सहज भावनाशीलता के कारण याद रह जाती हैं। शशिजी की बाल कहानियों की एक और

पुस्तक है, 'अच्छे बच्चे, कितने सच्चे' (2000)। इसमें 'मेहनत की रोटी', 'हुड़दंगा गुरु के घर में', 'हिरन के पाँव में चक्की' जैसी कुछ रोचक कहानियाँ हैं।

इस कालखंड में प्रसिद्ध महिला कथाकारों—मालती जोशी, मृदुला गर्ग, चंद्रकांता, चित्रा मुद्गल, मृणाल पांडे, नासिरा शर्मा और मैत्रेयी पुष्पा ने बच्चों के लिए खासी प्रयोगात्मक और भावनात्मक कहानियाँ लिखीं। वरिष्ठ कथाकार मालती जोशी (ज. 1934) की कई बाल कहानियाँ बच्चों ने पसंद कीं। उनकी एक कुत्ते को लेकर लिखी गई 'मेहमान की वापसी' इतनी मार्मिक कथा है कि कहानी का अंत आते-आते आँखें भीग जाती हैं। चित्रा मुद्गल (ज. 1944) ने भी बच्चों के लिए कहानियाँ लिखी हैं। 'दूर के ढोल' (संस्क. 2013) संग्रह में चित्राजी की छह बाल कहानियाँ शामिल हैं। इनमें 'दूर के ढोल', 'जंगल का राज', 'पेड़ पर खरगोश' और 'भरोसा' याद रह जाती हैं। खासकर 'दूर के ढोल' कहानी तो बड़ी ही मार्मिक है। कहानी के अंत में गाँव के ऊँट उड़कू का दर्द और पछतावा सीधे पाठकों के दिल में उतर जाता है। चित्राजी की 'देश-देश की लोककथाएँ' (2002) भी पठनीय पुस्तक है, जिसमें उन्होंने जानी-पहचानी लोककथाओं को एक नए कलेवर में प्रस्तुत किया। मृणाल पांडे (ज. 1946) ने अपनी बाल कहानियों में कई प्रयोग किए। कुछ अरसा पहले 'नंदन' में प्रकाशित हुई 'राजा चाँद पर' उनकी बड़ी दिलचस्प कहानी है, जिसमें एक सनकी राजा का चित्रण है। राजा के पास सारे साधन हैं, जी हुजूर दरबारी हैं, अपार धन-दौलत और खजाना है, अधिकार हैं और अकड़ है और अब उसकी सनक है कि वह चाँद पर पहुँचे। उसकी इस अजीब सी जिद के चलते क्या-क्या तमाशे हुए, मृणालजी ने इस कहानी में बड़े खूबसूरत अंदाज में उन्हें व्यक्त किया है।

नासिरा शर्मा (ज. 1948) की कहानियों में विविध रंग हैं। उन्होंने सुमधुर परीकथाएँ लिखी हैं तो बच्चों से जुड़ी जीवन यथार्थ की कहानियाँ भी। 'संसार अपने-अपने' (2012) उनकी बाल कहानियों का बड़ा संग्रह है। इसमें शीर्षक कथा 'संसार अपने-अपने' के अलावा 'रेशम परी', 'बादलघर', 'नए घर के नए बच्चे', 'राजू का सपना', सुंदर कहानियाँ हैं। खासकर 'राजू का सपना' और 'नए घर के नए बच्चे' तो अपनी सादगी और संवेदनशीलता के कारण भुलाई ही नहीं जा सकतीं। नासिरा शर्मा की बाल कहानियों का एक और संग्रह है, 'दर्द का रिश्ता व अन्य कहानियाँ' (2010)। इनमें 'दर्द का रिश्ता' बड़ी सुंदर कहानी है। एक छोटा बच्चा घर में काम कर रहे बढ़ई के लिए जो हमदर्दी और प्यार प्रकट करता है, उससे बड़ों की भी आँखें खुल जाती हैं। संग्रह में शामिल 'दादाजी की लाठी' और 'नन्हा पिकासो' भी सुंदर कहानियाँ हैं। इसी तरह 'पढ़ने का हक', 'सच्ची सहेली' और 'एक थी सुल्ताना' नासिराजी की पढ़ने लायक बाल कहानियाँ हैं।

मनहर चौहान ने सातवें दशक में एक से एक सुंदर कहानियाँ और उपन्यास लिखे थे। मौजूदा दौर में भी उनकी कुछ ऐसी ही मजेदार परीकथाएँ पढ़ने को मिलीं, जिनमें फंतासी के साथ-साथ हास्य-विनोद के भी छींटे हैं। इससे इन कहानियों में अनोखा रस आ गया है। राजकुमारी की नाक के लंबे होते जाने का किस्सा बड़ा पुराना है, पर मनहर चौहान ने उसे ऐसी मजेदार कथा में ढाला है कि कहानी पढ़ते-पढ़ते पाठक बेसाख्ता हँसने लगता है। सुरेश सेठ (ज. 1942) की कहानियाँ भी खेल-खेल में बहुत कुछ नया कहने की कोशिश करती हैं। 'खजाने की खोज' (2002) में उनकी नए ढंग अंदाज की कहानियाँ शामिल हैं, 'खजाने की खोज', 'अँधेरा तहखाना', 'राजा कौन बनेगा' तथा 'हलवा'। ये चारों कहानियाँ खासी दिलचस्प हैं और बाल कहानियों

के विकास में बहुत कुछ नया जोड़ती हैं। प्रताप सहगल (ज. 1945) ने परंपरावादी कहानी के ढाँचे में थोड़ा फेरबदल कर, कुछ नई बाल कहने की कोशिश की। 'नंदन' पत्रिका में प्रकाशित प्रताप सहगल की 'भँवरा गुन-गुन', 'स्वर्ग के फूल', 'हरियाली की रानी', 'वरदान बेटे का' सरीखी कहानियाँ बाल पाठकों ने पसंद कीं। इनमें 'हरियाली की रानी' कहानी में पंजाब की मिट्टी की सुवास है। इसी तरह 'भँवरा गुन-गुन' प्रताप सहगल की रोचक परीकथा है, जिसमें किस्सागोई का आनंद मन को बाँध लेता है। 'संप्रेषण' पत्रिका के संपादक चंद्रभानु भारद्वाज ने भी दो सुंदर कहानियाँ लिखी हैं, 'हम सब एक हैं' तथा 'जियो और जीने दो'। इनमें 'हम सब एक हैं' राष्ट्रीय एकता पर एक अभिनव कथा है तथा 'जियो और जीने दो' महाभारत के शांति पर्व से प्रेरित अनु और करीम भाई की संवेदनात्मक कहानी है।

प्रेम जनमेजय (ज. 1949) की 'शहद की चोरी' (2000) में कुल चार कहानियाँ हैं, 'शहद की चोरी', 'जंगल में कार, शेर का शिकार', 'पीशू की दावत' और 'गधे की दोस्ती'। इन चारों कहानियों का नायक पीशू नाम का एक भोला-सा भालू का बच्चा है, जिसकी भोली छवियाँ बाल पाठकों के दिल में गहरे उतर जाती हैं। लेखक ने अपने बेटे उज्ज्वल को सुनाने के लिए कहानियाँ रचीं और सचमुच इनमें ऐसा कुछ है कि नन्हे-मुन्ने बच्चे भालू के बच्चे की इन प्यारी कहानियों में बड़ा रस लेंगे। 'अगर ऐसा होता' और 'हुड़क' भी प्रेम जनमेजय की बाल कहानियों के संग्रह हैं। इनमें 'अगर ऐसा होता' की अनोखी, मजेदार कल्पनाओं से जुड़ी कहानियाँ बच्चों को कहीं अधिक रसमग्न कर लेंगी। प्रदीप पंत (ज. 1941) की भी बाल कहानियों की चार पुस्तकें छपी हैं—'पेड़ में सुरंग', 'पानी में सड़क', 'दादाजी की बातें' और 'तितलियों के देश में'। इनमें कई सुंदर और पढ़ने लायक कहानियाँ हैं।

कुछ अरसा पहले विष्णु नागर (ज. 1950) की भी एक दिलचस्प कहानी पढ़ने को मिली थी, जिसमें चूहे और बिल्ली की सनातन लड़ाई के जरिए एक बड़ी बात कह दी गई। बिल्ली की चतुराई से परेशान चूहा उससे बचने के लिए मीटिंग करता है और उसमें तरह-तरह के सुझाव आते हैं और उन सुझावों को लेकर आपस में झगड़ा-झंझट हो जाता है। तब एक चूहे की सूझ कुछ ऐसा कमाल कर गई कि चूहे को बिल्ली के आतंक से छुटकारा मिल गया। नागरजी ने यह कहानी बड़े खिलंदड़े अंदाज में लिखी ही है, जिसमें सहजता से एक संदेश गूँथ दिया गया है। वरिष्ठ कथाकार विजय (ज. 1936) की 'सलोनी की जिद' में उनकी बच्चों के लिए लिखी गई चार कहानियाँ शामिल हैं। 'धन्यवाद परियो', 'सलोनी की जिद', 'टॉमी और बबलू' तथा 'अंधा कानून'। इन कहानियों में बहुत नयापन नहीं है, फिर भी ये बच्चों के मन को छू लेनेवाली कहानियाँ हैं। इसके अलावा बड़ों के लिए लिखनेवाले रचनाकारों में राज बुद्धिराजा और क्षितिज शर्मा ने भी बच्चों के लिए कुछ अलग ढंग की कहानियाँ लिखीं।

कहानियों की सतत धारा : स्वरूप और विकास

इस दौर में अपनी कहानियाँ से एक अलग पहचान बनानेवाले लेखकों में रत्नप्रकाश 'शील', हरदर्शन सहगल, हूँदराज बलवाणी, यादराम रसेंद्र, अनंत कुशवाहा, निरंकारदेव सेवक, कन्हैयालाल मत्त, दामोदर अग्रवाल, रामानुज त्रिपाठी, ब्रह्मदेव, भैरूँलाल गर्ग, गोविंद शर्मा, रूपसिंह चंदेल, रोहिताश्व अस्थाना, साबिर

हुसैन, श्रीनिवास वत्स, राजनारायण चौधरी, कमलेश भट्ट 'कमल', अखिलेश श्रीवास्तव 'चमन', दर्शनसिंह आशट, प्रेमचंद गुप्त 'विशाल', जगदीश व्योम, जयप्रकाश मानस, इंदरमन साहू, दिनेश पाठक 'शशि' आदि भी हैं। इनकी कहानियाँ कुछ-कुछ देशी ढब की हैं, पर उनमें गहरी भावनात्मक अपील है।

इनमें अपनी बाल कविताओं के कारण चर्चित रहे सुप्रसिद्ध बाल साहित्यकार निरंकारदेव सेवक, दामोदर अग्रवाल और रामानुज त्रिपाठी भी हैं। निरंकारदेव सेवक (1919-1994) की गिनती बाल साहित्य के शीर्ष कवियों में होती है, हालाँकि उन्होंने कविता के साथ-साथ बच्चों को रिझानेवाली बहुत छोटी-छोटी भावनात्मक कहानियाँ भी लिखीं, जो अपनी सरलता के कारण शिशुओं को भी रिझा लेती हैं। इनमें एक कहानी 'तितली और रंग' में रंगों की बात छिड़ जाने पर तितलियों में आपस में झगड़ा शुरू हो जाता है। तब एक समझदार तितली बड़ी अच्छी बात कहती है कि बाग में फूल भी बहुत हैं और रंग भी बहुत हैं, तो फिर इतनी छोटी सी बात को लेकर झगड़ा क्यों? इससे तितलियों को सीख मिलती है और वे लड़ना-झगड़ना छोड़कर प्रेम से रहने लगती हैं। इसी तरह सेवकजी की एक और छोटी सी मजेदार कथा है। एक चोर ने किसी के घर का सारा सामान चुराया और गठरी में बाँधकर चल दिया। इतने में घर के मालिक की भी नींद खुल गई। उसने चोर से तो कुछ कहा नहीं, पर हाँ, उसके पीछे-पीछे चल दिया। चोर को भी यह पता चला तो उसने पीछे मुड़कर कहा, "तुम मेरे पीछे-पीछे क्यों आ रहे हो? अपने घर क्यों नहीं जाते?" इस पर उस आदमी ने कहा, "अपने घर ही तो जा रहा हूँ। जहाँ मेरा सामान, वहीं मेरा घर!" चोर को बड़ी शर्म आई, वह उसकी गठरी उतारकर आगे चला गया। इसी तरह सुप्रसिद्ध बाल कवि कन्हैयालाल मत्त की पुस्तक 'तराजू का करिश्मा' (1990) में भी पंचतंत्र पर आधारित कई रोचक और रसपूर्ण बाल कहानियाँ हैं।

दामोदर अग्रवाल (1932-2009) की 'आपके हिस्से का अनार' इस लिहाज से बेमिसाल है और मैंने सचमुच इससे पहले किसी कहानी में बच्चे के मन में गूँजती किसी इच्छा का ऐसा चित्रण कभी नहीं पढ़ा। इस कहानी का बच्चा मुरारी स्कूल जाते-आते रास्ते में दुकानदार से अनार का भाव पूछता है और चकराता है। बीमार होने का झूठा बहाना बनाता है, अनार की खीर खाने की इच्छा प्रकट करता है और जब सारे तीर बेकार जाते हैं तो वह रोते-रोते कहता है, "पिताजी, आप चाहे मुझे मारिए, पर मैं अभी इसी समय, एक अनार खाऊँगा। साढ़े चार रुपए दीजिए।" कितनी सादा-सी कहानी, लेकिन उसमें बच्चे का मन जिस तरह खिंचा चला आया है, उसका कोई जवाब नहीं है। आज की बाल कहानियों की एक बड़ी खासियत यह है कि उनमें बच्चे का उथल-पुथल भरा खदबदाता मन बार-बार उझक-उझककर सामने आता है। आज की कहानी एक छोटे-से-छोटे बच्चे के इच्छा-संसार को भी नजदीक से जाकर समझना चाहती है। भले ही बच्चे के मन में अनार खाने की इच्छा हो और यह इच्छा बढ़ते-बढ़ते इतनी बड़ी हो गई हो कि उसे अपने आसपास की दुनिया, पढ़ाई-लिखाई और तमाम शौक भी अनार खा लेने की उस नन्ही-सी इच्छा के आगे छोटे लगने लगते हैं।

ऐसे ही दामोदर अग्रवाल की एक कहानी के 'मास्टरजी' आदर्शवादी होकर भी हमें बहुत प्यारे और अपने-से लगते हैं। उनका अभिमानी छात्र भले ही साधारण वस्त्रों के कारण उनका मजाक उड़ाए, पर जब वह अपने पिता को आदर से मास्टरजी के आगे झुकते देखता है और जब यह राज उसके आगे खुलता है कि मास्टरजी ने बहुत से विद्यार्थियों की धन से मदद करके उन्हें पढ़ाया है और जीवन में आगे बढ़ने में मदद की

है, तो इस गर्वीले छात्र का अभिमान खुद-ब-खुद चूर-चूर हो जाता है।

वर्षों तक बाल पत्रिका 'नंदन' के संपादन से जुड़े रहे रत्नप्रकाश 'शील' की कहानियों में अनोखी कल्पनाशीलता और कौतुक के साथ ही हास्य-विनोद का पुट भी है। 'अनमोल परीकथाएँ' (2003) में शीलजी की कई सुंदर कहानियाँ एक साथ पढ़ने को मिल जाती हैं। इनमें 'कहाँ गया उड़नखटोला', 'शैतान परी' और 'फूलों की रोटियाँ' ऐसी कहानियाँ हैं, जिन्हें बच्चे पढ़ना शुरू करेंगे तो सचमुच एक नई और अचरज भरी दुनिया में पहुँच जाएँगे। इसी तरह अपने समय के चर्चित फोटोग्राफर तथा लेखक-पत्रकार ब्रह्मदेव ने भी बड़ी रोचक कहानियाँ लिखी हैं। उनके संग्रह 'कलिंग के बुद्धिमान' (1997) में शीर्षक-कथा 'कलिंग के बुद्धिमान' के अलावा 'रोहित की तितली' और 'क्रिसमस की भेंट—बौना खिलौना' अच्छी बाल कहानियाँ हैं। ब्रह्मदेव ने लोककथाओं का पुनर्लेखन भी अच्छे ढंग से किया है। 'विश्वप्रसिद्ध इक्यावन लोककथाएँ' (2004) उनके द्वारा प्रस्तुत की गई मनमोहक लोककथाओं की सुंदर पुस्तक है। ऐसे ही रामानुज त्रिपाठी (1946-2004) की कीर्ति एक सुकवि के रूप में है, पर प्रारंभ में उन्होंने भी बड़ी सुंदर कहानियाँ लिखी थीं। रामानुजजी पर निकले 'बालवाटिका' के विशेषांक में उनकी बड़ी ही दमदार कहानी 'धोखा' छपी है, जो उनके सशक्त गद्य की बानगी है। कहानी में जगह-जगह स्थानीयता का रंग, मुहावरे और ग्राम्य जीवन की छवियाँ हैं, बल्कि यह पूरी तरह वहाँ की भाषा और लोक संस्कृति में पगी हुई है। ठाकुर छत्रपाल सिंह ऊँचे कद के इनसान हैं और कहानी के अंत में उनके साथ हुआ हादसा उदास कर देता है। जब खेल, खेल न रहकर धोखा हो जाए, तो खेल के कुछ मानी भी नहीं बचते।

हरदर्शन सहगल (ज. 1935) ने भी इस दौर में लीक से हटकर कहानियाँ लिखीं। 26 फरवरी, 1935 को कुंदियाँ, जि. मियाँवाली (अब पाकिस्तान में) में जनमे हरदर्शन सहगल की कई कहानियाँ आज के बच्चे के मन और इच्छा-संसार तक पहुँचती हैं। उनकी बाल कहानियों के संग्रह हैं, 'रँगीला' (2007), 'कीचड़ का कमल' (2007), 'नैतिक शिक्षा की बाल कहानियाँ' (2016), 'प्रेरणास्पद बाल कहानियाँ' (2016), 'ज्ञानवर्धक बाल कहानियाँ' (2016) तथा 'किशोरोपयोगी बाल कविताएँ' (2017)। इनमें कई कहानियाँ आज की कठोर दुनिया में बच्चे की अजीबोगरीब मुश्किलों और उलझनों से जुड़ी हैं। खासकर 'मानीटर का चुनाव', 'भटकते हुए', 'चाची आएगी', 'रंगीन कोट', 'बिछुड़ी हुई गुड़िया', 'अपने-अपने काम', 'शर्तबाजी', 'सम्मान-पत्र', 'लँगड़ी चिड़िया' तथा 'रँगीला' कहानियाँ मन को छू लेती हैं। एक खास बात यह भी है कि हरदर्शन सहगल की ज्यादातर कहानियों में बच्चे की बड़ी सक्रिय उपस्थिति है। उसके भीतर कुछ करने की इच्छा-आकांक्षा है। कभी वह राह से भटकता है तो कभी अपने दृढ़ संकल्प के जरिए कुछ ऐसा कर दिखाता है कि हर कोई हैरान रह जाता है। पर सहगलजी की कहानियाँ सीधी और इकसार कहानियाँ नहीं हैं। उनके बहुत से कथानायक जटिल पात्र हैं, जिनके भीतर गहरा द्वंद्व है, पर जब उससे निकलकर आते हैं तो कुछ ऐसा कर दिखाते हैं कि हर कोई उनकी तारीफ करता है। हरदर्शन सहगल ने पशु-पक्षियों को पात्र बनाकर भी 'चाल', 'मेलजोल', 'अपने-अपने काम' तथा 'दुश्मन के आने पर' जैसी कई रोचक और रसमय कहानियाँ लिखी हैं।

बच्चों के लिए काफी अरसे से लिखते आ रहे हूँदराज बलवाणी (ज. 1946) की कई कहानियाँ आज के बदले हुए समय और यथार्थ को बड़े चुटीले ढंग से पेश करती हैं। उनकी बाल कहानियों के संग्रह 'नहीं चलेगा

जादू' और 'खोए हुए नाम' में ऐसी कई कहानियाँ हैं, जो बच्चों को अच्छी लगेंगी और उन्हें बदले हुए समय के हिसाब से खुद को नए रूप में ढालने में मदद करेंगी। 'नहीं चलेगा जादू' (1999) पुस्तक की शीर्षक कथा में एक जादूगर का किस्सा है, जो जादू के नाम पर अपने हाथ की सफाई दिखाकर लोगों को बेवकूफ बना रहा है। पर जादू का खेल देखनेवालों में चतुर नाम का एक लड़का भी था। चतुर ने अपनी चतुराई और वैज्ञानिक सूझ से जब जादूगर से बढ़कर खेल दिखाया, तो बेचारे जादूगर की सिट्टी-पिट्टी गुम हो गई और उसे नगर छोड़कर भाग जाना पड़ा। 'बालवाटिका' के नवंबर 2016 अंक में हूँदराज बलवाणी की एक बड़ी ही दमदार कहानी 'ताश के पत्तों का देश' पढ़ी है, जिसमें दो देशों के मंत्रियों के विचित्र दाँव-पेच हैं। वे अपने-अपने देश के चापलूसीपसंद राजाओं को मूर्ख बनाकर कैसे अपना काम बना रहे थे, इसे हूँदराज बलवाणी ने ताश के पत्तों के जरिए एक सांकेतिक कथा में बड़े प्रभावी ढंग से व्यक्त किया है।

यादराम रसेंद्र (ज. 1946) भी इस कालखंड के चर्चित हस्ताक्षर हैं, जिन्होंने यथार्थ जीवन से जुड़ी बड़ी दमदार बाल कहानियाँ लिखी हैं। 14 जुलाई, 1946 को भुनगड़ा अहीर (अलवर, राज.) में जनमे यादराम रसेंद्र की दर्जनों बाल कहानियाँ पत्र-पत्रिकाओं में प्रकाशित हुई हैं। उनकी कहानियाँ ऐसी हैं, जो बिल्कुल अलग पहचान में आती हैं, खासकर निचले वर्ग के दबे-कुचले शोषित वर्ग की पीड़ा इन कहानियों से बार-बार झाँकती है। 'अगली बार' रसेंद्रजी की मार्मिक कहानी है, जिसमें एक गरीब कामगार बच्चा खिलौनों के लिए तरसता है। तब माँ की सीख उसे बदल देती है। ऐसे ही 'भूख' में अखबार बाँटनेवाले एक बच्चे का मन खुलता है। रोज वह शहर में अखबार बाँटते हुए हलवाई के यहाँ भी अखबार डालने जाता है। वहाँ बनती हुई जलेबियों की दुर्निवार गंध उसकी भूख जगा देती है, पर उसे अपनी भूख से ज्यादा अपने परिवार की जरूरतों का खयाल है। कहानी का अंत भुलाए नहीं भूलता। 'जेब़ कतरने से पहले' कहानी में भूख से परेशान एक बच्चा मजबूरी में किसी की जेब काटने का फैसला करता है, पर अंत आते-आते सबकुछ बदल जाता है। 'लाली', 'दो मिनट प्लीज', 'पुराना टिकट' और 'रूठ-मनौवल' भी रसेंद्रजी की याद रह जानेवाली सुंदर कहानियाँ हैं, जिनमें बाल मन की उलझनें और जिज्ञासाएँ हैं।

रसेंद्रजी की बाल कहानियों के संग्रह हैं, 'बोली का घाव' और 'टेसू के रंग'। इसके अलावा जाकिर अली 'रजनीश' के संपादन में यादराम रसेंद्र की चुनिंदा बाल कहानियों का सुंदर संचयन 'यादराम रसेंद्र की श्रेष्ठ बाल कहानियाँ' (2008) छपा है। इसमें रसेंद्रजी की प्रायः सभी चर्चित कहानियाँ आ गई हैं।

भैरूँलाल गर्ग (ज. 1946) की कहानियाँ परंपरागत होते हुए भी कहीं न कहीं नयापन लिये हुए हैं। शैली और भाषा भी चुस्त है। लिहाजा अपनी कहानियों के जरिए जो बात वे कहते हैं, झट से बाल पाठकों के दिल में उतर जाती है। गर्गजी की बाल कहानियों के प्रमुख संग्रह हैं, 'उपकार का फल', 'अनोखा बलिदान', 'तलवारों पर ताला' 'रक्षा का उपाय', 'सही रास्ता', 'नन्हा जासूस' तथा 'मन का बोझ'। इनमें 'मन का बोझ' कहानी का कथानायक रंजन जिस बुढ़िया से सब्जी लेकर आया करता था, उसने एक दिन उसे गलती से एक की जगह दो रुपए का सिक्का दे दिया। रंजन ख़ुश था और सोच रहा था कि इस सिक्के से वह चाट और अपनी पसंद की दूसरी चीजें खाएगा। पर रात को सपने में उसे लगा कि हर कोई उसे चोर कहकर धिक्कार रहा है। कहानी का अंत बड़ा ही भावपूर्ण है। 'समझ गया रमन' में एक छोटा बच्चा रमन कभी चिड़िया के घोंसले से

उसके बच्चे को निकाल लेना चाहता है तो कभी पिल्ले को चुपके से उठा लेना चाहता है, पर बाद में रमन को माँ की बात समझ में आई। 'माँ के बिना' में गली के पिल्लों को उठाकर ले आनेवाले शरारती मुकुल को एक दिन स्कूल से लौटने पर घर में माँ नहीं नजर आई। तब उसे समझ आया कि किसी पिल्ले को माँ से दूर कर देना कितना बड़ा अन्याय है। कुछ कहानियाँ बच्चों की दोस्ती और रूठ-मनोवल की भी हैं, जिनमें वे बातों-बातों में बहुत कुछ सीखते भी हैं। राजस्थान की जमीन के कई त्याग और वीरतापूर्ण ऐतिहासिक प्रसंगों को भी गर्गजी ने सुंदर कहानियों में ढाला है।

गोविंद शर्मा (ज. 1946) ने भी ज्यादातर परंपरागत ढंग की कहानियाँ लिखी हैं। उनकी बाल कहानियों के संग्रह हैं, 'चालाक चूहे तथा मूर्ख बिल्लियाँ', 'चीची ने किया कमाल', 'मेहनत का मंत्र', 'दोस्ती का रंग', 'सच्चे दोस्त', 'हीरा मिल गया', 'बंदर की करतूत', 'गंगू की गरमी' तथा 'काचू की टोपी'। इनमें कई पढ़ने लायक कहानियाँ हैं। 'ईश्वर' कहानी में बच्चों की क्रिकेट की गेंद अकसर ईश्वर अंकल के घर के दरवाजे से टकराती है और वे बड़ी मुश्किल से उसे लौटाते हैं। इसीलिए बच्चों ने उन्हें राक्षस कहना शुरू कर दिया, पर एक दिन बॉल एक गड्ढे में गिरी और उसे निकालने के लिए गड्ढे में उतरा बच्चा मुसीबत में पड़ गया तो इन्हीं ईश्वर अंकल ने फरिश्ते की तरह आकर मदद की। तब बच्चे समझे कि ईश्वर अंकल का हृदय कितना बड़ा है। 'मोबाइल कबूतर' कुछ अलग ढंग की कहानी है। इसी तरह 'फन्ने खाँ' में स्वतंत्रता संग्राम का एक जोशीला पृष्ठ आँखों के आगे उभरता है। चीची चूहे को पात्र बनाकर लिखी गई छोटी-छोटी कहानियाँ भी मन मोहती हैं। पर 'काचू की टोपी' गोविंद शर्मा की सबसे अच्छी कहानी है। खासकर कहानी के नायक भोले-भाले पहाड़ी युवक काचू की अबोधता याद रह जाती है, जो किसी को उसकी मूर्खता भी लग सकती है। कहानी में बड़ा सहज हास्य-बोध है। अफसोस, ऐसी कहानियाँ गोविंद शर्मा के यहाँ अधिक नहीं हैं, जिनमें कथा-रस हो; साथ ही बच्चे के मन की सहज अभिव्यक्ति हो।

रोहिताश्व अस्थाना (ज. 1949) के कथा-संग्रह 'भूत से टक्कर' (1993) में उनकी आठ कहानियाँ शामिल हैं, जिनके पीछे सीख देनेवाली सुधारवादी दृष्टि है। इन कहानियों में कथा-रस अधिक नहीं है। हाँ, 'चमत्कारी अँगूठी', 'भूत से टक्कर' जैसी दो-एक कहानियों में अंत तक उत्सुकता बनी रहती है। रोहिताश्व के कहानी-संग्रहों 'सुनो कहानी, गुनो कहानी' और 'साहस की महिमा' की भी कुछ कहानियाँ अच्छी हैं। खासकर 'नन्हे मेहमान' और 'साहस की महिमा' कहानियाँ याद रह जाती हैं। अशोक गुजराती (ज. 1947) की कहानियों में कहीं अधिक विविधता है। उनके संग्रह 'पंछी-सी उड़ान' में आधुनिक परिवेश की छोटी-छोटी कहानियाँ हैं। इनमें 'आदत' और 'पंछी-सी उड़ान' खासकर बाल पाठकों को लुभाएँगी। 'पंछी-सी उड़ान' में एक छोटा बच्चा शालीन पक्षियों जैसे खूब बड़े-बड़े पंख बनाकर हवा में खूब दूर तक उड़ता हुआ जंगल की सैर कर आता है। हालाँकि बाद में पता चलता है कि यह सारा किस्सा शालीन के सपने का था। मगर फिर भी पंखों के सहारे हवा में उड़ने का आनंद तो इस कहानी को पढ़कर मिलता ही है। रूपसिंह चंदेल (ज. 1951) के 'अपना घर' और 'चतुर रबीला' संग्रहों में भी ठीक-ठाक कहानियाँ हैं। इनमें खासकर ऐतिहासिक प्रसंगों पर लिखी गई कहानियाँ बच्चों को अधिक प्रभावित करेंगी।

भगवतीप्रसाद द्विवेदी (ज. 1955) लंबे अरसे से बाल कहानियाँ लिखते आ रहे हैं। 1 जुलाई, 1955 को

बलिया जनपद के छलछपरा गाँव में जनमे भगवतीप्रसाद द्विवेदी की ज्यादातर बाल कहानियाँ बच्चों के इर्द-गिर्द घूमती हैं। साथ ही बच्चे के मन की भोली जिज्ञासाएँ, सवाल और उलझनें उनके केंद्र में हैं, इसलिए कई कहानियों में बाल मन और मनोविज्ञान की झलक है। 'एक शरारत एक नसीहत', 'अपने पराए', 'छोटा कद बड़ा पद', 'जिज्ञासा' आदि उनकी ऐसी ही कहानियाँ हैं। भगवतीप्रसाद द्विवेदी की कई कहानियों में ऐसे बच्चे हैं, जो गरीबी और गर्दिश में भी हार नहीं मानते और अपनी हिम्मत से रास्ता निकालते हैं। 'गलती का अहसास' का कथानायक राजू ऐसा ही एक दृढ़निश्चयी बच्चा है। 'बोझ' कहानी में लड़की को बोझ समझनेवाली रूढ़िग्रस्त मानसिकता को व्यक्त किया गया है। इसके साथ ही भगवतीप्रसाद दिवेदी के यहाँ ऐसी आदर्शवादी कहानियाँ भी बहुत हैं, जिनका अंत पूर्व निर्धारित सा होता है। कुछ अरसा पहले उनकी चुनिंदा बाल कहानियों का संग्रह 'मेरी प्रिय बाल कहानियाँ' (2010) छपा है, जिसमें उनकी विविध रंगों की कहानियाँ एक साथ आ गई हैं।

प्रेमचंद गुप्त 'विशाल' (ज. 1938) की 'गुब्बारेवाला' कहानी खासी चर्चित है। इस कहानी में बच्चे को गुब्बारे पसंद हैं और एक दिन गुब्बारे की लालसा में भटकता हुआ वह अपने घर से काफी दूर निकल जाता है। इधर बच्चे के घर में रोना-कलपना मचा है और उधर गुब्बारेवाला घर तलाशते हुए उसे छोड़ने जा पहुँचता है। कहानी का यह अंत भावुक कर देनेवाला है। 'छोटू की ईमानदारी' में प्रेमचंद गुप्त 'विशाल' की ग्यारह कहानियाँ हैं, जिनमें कुछ ठीक-ठाक हैं। इसी तरह इंदरमन साहू की एक न्यायप्रिय राजा और उसके उद्धत शरारती बेटों को लेकर लिखी गई बड़ी सुंदर और भावनात्मक कहानी कुछ अरसा पहले पढ़ी है, जिसमें प्रस्तुत की गई आदर्श राजा की छवि मन में गहरे खुब जाती है। जंगली जीवों को लेकर हमारी थोक में कहानियाँ लिखी जाती हैं, लेकिन उनमें ज्यादातर निहायत चलताऊ किस्म की हैं, क्योंकि उनके पीछे कोई विचार या संवेदना नहीं है, जबकि इंदरमन साहू की एक आदर्श राजा बाघ की यह कथा एकदम अलग है। ऐसे ही दिनेश पाठक 'शशि' (ज. 1957) की कहानियों में परंपरा और आधुनिकता के बीच अच्छा तालमेल है। उनके कहानी-संग्रह 'पुस्तकों की हड़ताल' (1996) की शीर्षक कथा में जब एक लापरवाह बच्चा आकाशदीप इम्तिहान के पास आ जाने पर इधर-उधर रखी अपनी किताबें ढूँढ़ता है, तब वे किताबें हड़ताल कर देती हैं और उसके पास आने से इनकार कर देती हैं। तब आकाशदीप को समझ में आता है कि आखिर उसे शुरू से पढ़ाई करनी चाहिए थी और वह किताबों से माफी माँगता है। 'अपना घर' में पक्षियों की एक प्यारी, भोली-सी दुनिया है। इसमें एक नई, नकचढ़ी चिड़िया टोनी आती है तो खासी हलचल मचती है। आखिर में दीवाली पर कोठी में सफाई होने पर घमंडी चिड़िया टोनी का घोंसला उतार दिया गया। तब बेचारी टोनी को पता चला कि उसका घमंड करना कितना फिजूल था! दिनेश पाठक 'शशि' के 'अनुपम बाल कहानियाँ', 'अमर ज्योति' और 'जादुई अँगूठी' संग्रहों में भी कुछ पठनीय कहानियाँ हैं। खासकर 'अनोखा दंड', 'घमंडी का सिर नीचा', 'सजा' और 'चैतन्य की धुन' उनकी अच्छी कहानियाँ हैं।

अखिलेश श्रीवास्तव 'चमन' (ज. 1958) भी लंबे अरसे से कहानियाँ और अन्य विधाओं में लिखते आ रहे हैं। उनकी बाल कहानियों के संग्रह हैं, 'खीर का पेड़', 'बहादुर टीपू', 'बंटी का कंप्यूटर', 'फौजी का बेटा', 'बीनू की डायरी', 'सब बुद्धू हैं', 'गुल्लक' और 'सोनपरी से दोस्ती'। अखिलेश की कहानियों का एक बना-बनाया ढंग है। इसलिए उनकी कहानियों में बाल चंचलता और कथा-रस अधिक नहीं है। कहानी शुरू

करते ही समझ में आ जाता है कि इसका अंत क्या होगा। कुछ कहानियों में आदर्श की छाया इतनी अधिक है कि कहानियों की सहजता दब गई है, पर बीच-बीच में वे इस लीक से हटकर भी लिखते हैं। 'वर्षगाँठ', 'दोस्ती', 'गुल्लक', 'अप्पू ने जिद छोड़ी', 'बुद्धिमान बंटी', 'सब बुद्धू हैं', 'ऊधो और माधो' जैसी उनकी कुछ अलग सी कहानियाँ याद रह जाती हैं। इनमें एक छोटे बच्चे बंटी पर लिखी गई 'सब बुद्धू हैं' में आज के बदले हुए बच्चे की कुछ छवियाँ हैं। अगर कहानी अधिक फैल न जाती तो इसका कहीं अधिक प्रभाव पड़ता। अखिलेश श्रीवास्तव 'चमन' ने विज्ञान कथाएँ भी लिखी हैं। 'बंटी का कंप्यूटर' (2005) पुस्तक में उनकी ग्यारह बाल-विज्ञान कहानियाँ शामिल हैं। इनमें कुछ अच्छी कहानियाँ हैं। इसी तरह 'बहादुर टीपू' (2005) में उनकी कुछ ऐतिहासिक कथाएँ हैं।

श्रीनिवास वत्स (ज. 1959) ने बच्चों के लिए काफी लिखा है। उनकी बाल कहानियों की पुस्तक 'हिलने लगी धरती' में कुल इक्कीस कहानियाँ हैं। इनमें अधिकतर ऐसी परंपरागत कहानियाँ हैं, जो कुछ-न-कुछ सीख देने के लिए लिखी गई हैं। उदाहरण के लिए 'मालपुए' में एक कामचोर पत्नी का किस्सा है, जो पति के सामने बीमार होने का बहाना करके लेटी रहती है, लेकिन उसके बाहर जाते ही अच्छी-अच्छी चीजें और पकवान बनाकर खाती है। कैसे उसका भेद खुला और कैसे वह ठीक रास्ते पर आई, 'मालपुए' में यही किस्सा है। 'अधूरी रचना' इस संग्रह की याद रह जानेवाली कहानी है। इसमें एक विद्वान के बेटे गोपाल की कथा है। उसने पिता के अधूरे ग्रंथ को पूरा करने का संकल्प किया और सचमुच नीति-शास्त्र का वह अनोखा ग्रंथ तैयार हुआ, जिसे गोपाल के पिता हरिदेव लिखना चाहते थे। श्रीनिवास वत्स की बाल कहानियों के कुछ और संग्रह हैं, 'शंखवाला राजकुमार', 'अनुपम प्रेरक कथाएँ', 'अनोखा फल', 'बगिया में फूल', 'लाल फूल', 'रात में पूजा', 'सुनहरा पत्थर', 'मेरा पेड़, मेरा हार', 'करामाती कटोरा' तथा 'नई सदी की रोचक बाल कहानियाँ'। इनमें श्रीनिवास वत्स का कहानी कहने का अंदाज पुराना ही है। 'लाल फूल', 'रात में पूजा' संग्रहों में प्राचीन ग्रंथों से ली गई पौराणिक कहानियाँ हैं, लेकिन उन्हें बहुत कल्पनाशीलता के साथ नहीं लिखा गया।

दर्शनसिंह आशट (ज. 1965) पिछले एक-डेढ़ दशक से बच्चों के लिए निरंतर लिख रहे हैं। 'बिंटी की सूझ' (2005) उनकी चुनिंदा बाल कहानियों की पुस्तक है, जिसमें पंद्रह कहानियाँ शामिल हैं। ये बड़ी सीधी-सादी और परंपरागत ढंग की कहानियाँ हैं लेकिन अपनी सहजता के कारण बच्चों से सीधे जुड़ जाती हैं। लिहाजा उन्हें ये खेल-खेल में बहुत कुछ सिखा देती हैं। दर्शनसिंह आशट की भाषा सहज है, इसीलिए उनकी कहानियाँ बच्चों के मन को छू लेती हैं। 'पवित्र कार्य' (2000) संग्रह में भी आशट की कुछ पढ़ने लायक बाल कहानियाँ हैं। ज्ञानदेव मुकेश की 'प्रेम की पुकार' (2007) में पारंपरिक ढंग की कई कहानियाँ हैं, जिनमें अधिकतर सपाट ही रह गईं हैं। पर बीच-बीच में ज्ञानदेव मुकेश की कुछ ढंग की कहानियाँ भी पढ़ने को मिल जाती हैं। इधर छपी उनकी 'चींटी की धरोहर' सुंदर कहानी है, जिसमें चींटी के निरंतर श्रम और हर तरह की बाधा के बावजूद अपना काम करते रहने की लगन को अच्छे ढंग से दरशाया गया है।

राजनारायण चौधरी (1938-2017) मुख्य रूप से बच्चों के लिए कविताएँ लिखते हैं, पर उन्होंने कुछ अलग ढंग की कहानियाँ भी लिखीं। उनके कहानी संग्रह 'पंख किसने रँगे हैं' में पाँच कहानियाँ संगृहीत हैं, जिनमें उनकी कविताई के कोमल रंग भी छिटके नजर आ सकते हैं। रामकुमार आत्रेय (ज. 1944) की बाल

कहानियों में प्रेमचंदीय सादगी और वर्णनात्मकता है। उनकी बाल कहानियों के संग्रह हैं, 'समय का मोल', 'ठोला गुरु' और 'अनोखा घुड़सवार'। इनमें 'अनोखा घुड़सवार' में सीधी-सरल भाषा में लिखी गई तेईस सच्ची और प्रेरक कहानियाँ हैं। इन कहानियों में देश-विदेश के महापुरुषों के प्रेरणा देनेवाले प्रसंग हैं, जिन्हें छोटी-बड़ी सुंदर बाल कहानियों में ढाल दिया गया है। इसी तरह 'समय का मोल' (2004) में शामिल आत्रेयजी की बहुत सी कहानियाँ बच्चों के दिलों को छू लेती हैं। 'ठोला गुरु' (2012) में उनकी छोटी-छोटी सीख देनेवाली कहानियाँ हैं। रामकुमार आत्रेय की सीधी-सरल कहानियों में भावना का रस है, इसलिए बाल पाठक उन्हें रुचि से पढ़ते हैं। राकेश 'चक्र' (ज. 1955) की कई कहानियाँ अति विस्तार के कारण ढीली-ढाली लगती हैं। उनके बाल कथा-संग्रहों 'तीसरी माँ' तथा 'आजादी के दीवाने' में एक साथ कई कहानियाँ पढ़ने को मिल जाती हैं। इनमें कुछ सपाट कहानियाँ हैं, तो 'सड़क पर क्रिकेट' और 'फेरीवाले बच्चे' सरीखी कुछ ठीक सी कहानियाँ भी हैं। राकेश बहुत अरसे से लिख रहे हैं। साजिद खान ने उनकी चुनिंदा बाल कहानियों का संचयन 'राकेश चक्र की श्रेष्ठ बाल कहानियाँ' (2016) शीर्षक से किया है। इसमें कहानियों के बने-बनाए ढर्रे से अलग हटकर लिखी गई कहानियाँ कम ही हैं।

साबिर हुसैन (1954-2011) की काफी कहानियाँ पत्र-पत्रिकाओं में छपी हैं। उनमें कुछ अच्छी भावपूर्ण कहानियाँ भी हैं, पर साबिर के यहाँ देर तक स्मृति में रह जाने वाली यादगार कहानियाँ अधिक नहीं हैं। उनकी बाल कहानियों का चर्चित संग्रह है, 'नुपूर नक्षत्र' (2004)। इसमें विज्ञान फंतासी-कथा 'नूपुर नक्षत्र' के अलावा 'जामुन का पेड़' अच्छी भावनात्मक कहानी है। घमंडीलाल अग्रवाल (ज. 1954) ने बच्चों के लिए कविताओं के साथ-साथ कहानियाँ भी लिखीं। उनकी बाल कहानियों की पुस्तक 'वैज्ञानिक सोच' (2004) छपी है, पर संग्रह की कहानियाँ बड़ी फार्मूलाबद्ध-सी हैं, जिनमें विचार कहानियों पर हावी है। लिहाजा घमंडीलाल अग्रवाल की बाल कहानियाँ अधिक प्रभावित नहीं करतीं। कमलेश भट्ट 'कमल' (ज. 1959) ने भी बच्चों के लिए सीख देनेवाली कहानियाँ लिखी हैं। 'मंगल टीका' में उनकी ऐसी ही चार कहानियाँ शामिल हैं। इनमें 'कृष्णा चाची' और 'मंगल टीका' कहानियाँ याद रह जाती हैं। जगदीश व्योम (ज. 1960) ने पशु-पक्षियों को पात्र बनाकर कहानियाँ लिखी हैं। कुछ कहानियों में आज के बच्चों की दुनिया है। उनके कहानी-संग्रह 'सगुनी का सपना' (2001) में 'सरूपी का घोड़ा' और 'सगुनी का सपना' पढ़ने लायक कहानियाँ हैं। रमेशचंद्र पंत की पुस्तक 'बाल मन की प्रतिनिधि कहानियाँ' (2010) में उनकी बत्तीस बाल कहानियाँ शामिल हैं। इनमें ज्यादातर सीख देनेवाली पुराने कलेवर की कहानियाँ हैं, पर बीच-बीच में 'पुतई', 'फ्यूँली', 'बहादुर बाघसिंह', 'मिली ने दिलाई मुक्ति' जैसी सुंदर कहानियाँ भी हैं, जिनमें कथा-रस और संवेदना दोनों ही हैं। डॉ. सूरज मृदुल और जयप्रकाश मानस ने भी बच्चों के लिए कहानियाँ लिखीं। इनमें ज्यादातर पारंपरिक किस्म की कहानियाँ हैं। कुछ पर तो लोककथाओं का स्पष्ट प्रभाव है।

❖

वर्तमान दौर में बच्चों के लिए लीक से हटकर कहानी लिखनेवाले कथाकारों में अनंत कुशवाहा, राकेश तिवारी, सुशील सिद्धार्थ और ओमप्रकाश कश्यप भी हैं। 'बालहंस' पत्रिका के संपादक रहे अनंत कुशवाहा (ज. 1938) की कहानियों में बदले हुए समय का जीवन यथार्थ बड़े मार्मिक ढंग से आता है। उनका कहानी

कहने का अलग ढंग है, अलग अंदाज। इसलिए अनंत कुशवाहा की हर कहानी एक नएपन और ताजगी का अहसास लेकर आती है और देर तक उसकी सुवास मन में बसी रहती है। जाकिर अली 'रजनीश' द्वारा संपादित 'अनंत कुशवाहा की श्रेष्ठ बाल कथाएँ' (2008) पुस्तक में उनकी भिन्न-भिन्न आस्वाद की उन्नीस चुनिंदा बाल कहानियाँ एक साथ पढ़ने को मिल जाती हैं। इनमें 'लाल पतंग', 'सच्ची का टापू', 'चौथे कुंड का पानी', 'पहाड़ परी घाटी परी', 'भीगी आँखों का ब्रेक', 'बाजरे की रोटी' जैसी कहानियाँ तो भुलाई ही नहीं जा सकतीं। 'भीगी आँखों का ब्रेक' अनंत कुशवाहा की सबसे चर्चित कहानी है। कथावाचक को पिछले रोज ही समय पर दफ्तर आने की चेतावनी मिली है, इसलिए आज वह समय से कुछ पहले ही घर से साइकिल उठाकर निकल पड़ा है, पर रस्ते में एक छोटे बच्चे की भीगी आँखें उसकी साइकिल में ब्रेक लगा देती हैं। उसे समय से परीक्षा-केंद्र पहुँचना है, नहीं तो उसका पेपर छूट जाएगा। कथावाचक के मन में हिचकिचाहट है, वह क्या करे, क्या नहीं? आखिर दफ्तर पहुँचना भी तो जरूरी है, पर उसकी साइकिल मानो आगे बढ़ने से इनकार कर देती है। उस बच्चे को स्कूल पहुँचाकर वह दफ्तर पहुँचा तो फिर से लेट हो चुका है, पर आज उसके मन में घबराहट नहीं है। जो खुशी उसने हासिल की है, उसके आगे वह सब कुछ सहने को तैयार हो जाता है। कहानी का अंत सादा सा है, पर उसे भुला पाना मुश्किल है। एक छोटी सी कहानी में कैसे बड़ी बात कही जा सकती है, यह हमें अनंत कुशवाहा से सीखना चाहिए।

राकेश तिवारी (ज. 1958) की बाल कहानियाँ आठवें-नौवें दशक में विभिन्न पत्र-पत्रिकाओं में छपी थीं। इन कहानियों में कोई सीख न होकर, बदलाव की राह की ओर इशारा भर है। इनमें 'महारानी म्याऊँ' और 'किसकी जीत' पशु-पक्षियों को लेकर लिखी गई मजेदार कहानियाँ हैं। राकेश तिवारी की सबसे अच्छी कहानियाँ हैं 'छिद्दू हॉकर की होली' और 'जासूस राधा', जिनमें आज की नई बनती हुई बाल कहानी के अक्स देखे जा सकते हैं। सुशील सिद्धार्थ (ज. 1958) ने भी बच्चों के लिए लीक से हटकर कहानियाँ लिखी हैं। सुशीलजी की बाल कहानियों में अकसर बच्चे और उनकी छोटी सी दुनिया की छोटी-बड़ी मुश्किलें केंद्र में रहती हैं। 'असली दुनिया के साथी' तथा 'चीची और हवा दीदी' सुशील सिद्धार्थ की सुंदर कहानियाँ हैं। 'असली दुनिया के साथी' में टीवी पर कॉमिक पात्रों को देखनेवाला रजत उनके कारनामों का इस कदर फैन है और इस कदर उनकी दुनिया में रम जाता है कि इस कल्पित दुनिया को ही असली दुनिया समझ लेता है। और यही नहीं, असली दुनिया उसे कुछ-कुछ फिजूल और बेमानी लगती है। 'चीची और हवा दीदी' में एक नन्ही बच्ची चीची है, जिसे कल्पना और फंतासी की दुनिया पसंद है। यह अबोध बच्ची कल्पना में कभी हवा दीदी से बात करती है तो कभी ऐसे ही और पात्रों से। बेशक सुशील का कहानी लिखने का अपना अंदाज है, जो बाल पाठकों को मोहता है।

ओमप्रकाश कश्यप (ज. 1959) की कई कहानियाँ परंपरागत ढंग की हैं, पर उनमें एक अलग ही प्रभाव है। उनकी 'गुट्टी काका' कहानी के गुट्टी काका तो इतने प्यारे और लाजवाब हैं और बच्चों पर उनका प्यार कुछ इस कदर निसार होता है कि एक बार इस कहानी को पढ़ने के बाद इसे भूल पाना किसी के बस की बात नहीं रह जाती। इसी तरह उनकी 'लालटेनवाली बुढ़िया' कहानी की रहस्यमयी बुढ़िया शुरू से ही बाँध लेती है। शाम होते ही वह अपनी झोंपड़ी के दरवाजे पर लालटेन जलाकर क्यों रखती थी और फिर ऊँघती-सी किसकी प्रतीक्षा करती थी? इसे गाँव में कोई नहीं जान पाया। सभी उसका मजाक भी उड़ाते रहे, लेकिन उस बुढ़िया

की मौत के बाद उसके संदूक से जो डायरी मिली, उससे उस बुढ़िया की जो कथा खुलती है, वह थरथरा देती है। ऐसे ही ओमप्रकाश कश्यप की एक छोटी-सी बच्ची को लेकर लिखी गई बिल्कुल अलग सी कहानी है 'नन्ही का बटुआ'। यह सचमुच भावुक कर देनेवाली कहानी है, जो पाठकों के दिल में गहरे नक्श हो जाती है। 'बालवाटिका' के फरवरी 2016 अंक में छपी कश्यपजी की 'सुपर कप्तान' भी बड़ी सुंदर और यादगार कहानी है। इस कहानी में तीन प्यारी सहेलियाँ बिछुड़ने पर जब अकेले-अकेले टूटने लगती हैं, तो कहीं न कहीं पाठक का दिल भी टूक-टूक होता है। शायद एक अच्छी कहानी का जादू यही है।

इसी तरह ओमप्रकाश कश्यप की आजादी की लड़ाई से जुड़ी एक यादगार कहानी है, 'आजाद सरोवर की कथा'। इस कहानी में कश्यप ने पराधीनता के काल में भी जनता का एक मुक्त विस्तृत तालाब दिखाया, आजाद सरोवर, जिसके आसपास जीवन लहलहाता है। एक गोरे अफसर की निगाह उस पर पड़ी तो उसने जो करतब और अत्याचार किए, सो तो किए ही, पर साथ ही साथ अपनी नासमझी में जनता को भी इस तरह बूट की ठोकरें लगाकर जगा दिया कि सीधी-सादी हिंदुस्तानी जनता की सामूहिक लड़ाई के आगे वह गोरा और उसकी फौज की जो दुर्दशा हुई, वह कहने लायक भी नहीं है। जनता जब जागती है और उसका सोया हुआ आत्मबल जब धू-ध करके लपटों की शक्ल लेता है, तो वह क्या कर गुजरता है, यह जानना हो तो 'आजाद सरोवर की कथा' पढ़नी चाहिए। कुछ अरसा पहले ओमप्रकाश कश्यप की बाल कहानियों का सुंदर संग्रह छपा है, 'साहसी की सदा जय', जिसमें उनकी इधर लिखी गई ताजा कहानियाँ शामिल हैं।

राजीव सक्सेना (ज. 1963) भी बच्चों के लिए लंबे अरसे से कहानियाँ लिख रहे हैं। उनकी बाल कहानियों के संग्रह हैं, 'फिर आए देवता', 'हरित वन में मिकी माउस', 'डमरू काका का बाइस्कोप', 'रॉबिनहुड का हैट', और 'रेलवे पुल का गोलू'। इनमें 'अमेजन का उपहार', 'हरितवन में यूनीकार्न', 'रॉबिनहुड का हैट', 'रेलवे पुल का गोलू' समेत कई कहानियाँ पढ़ने लायक हैं। राजीव सक्सेना की बाल कहानियों की रेंज बहुत है। एक ओर वे पशु-पक्षियों की रोचक कहानियाँ लिखते हैं तो दूसरी ओर आज के बच्चे के जीवन यथार्थ से जुड़ी कहानियाँ। इसके साथ ही उनकी कहानियाँ कल्पना और फंतासी का एक नया लोक रचने की भी कोशिश करती हैं। हालाँकि राजीव की कहानियों का एक बड़ा दोष है। उनकी ज्यादार कहानियाँ लगभग एक ही ढंग, एक ही पैटर्न की कहानियाँ लगती हैं। इसीलिए उनमें किस्सागोई कम है और संवेदनात्मक छुअन भी, जबकि किसी अच्छे लेखक की हर कहानी का अलग शिल्प, अलग कहन होती है, तभी वह सार्थक रचना बन पाती है। यह उन्हें समझना चाहिए।

❖

इस तरह देखा जाए, तो हिंदी कहानी के विकास युग में बच्चों के लिए कहानियाँ लिखनेवाले लेखकों की एक बड़ी कतार नजर आती है। पर दुर्भाग्य से इनमें नई दृष्टि, नए विजन के साथ बच्चे की संवेदना और मनोविज्ञान को समझते हुए लिखनेवाले सचेत और प्रतिभा-संपन्न लेखक अधिक नहीं हैं। ज्यादातर लेखक तो परंपरागत कहानियाँ ही लीक पीटनेवाले अंदाज में लिख रहे हैं। हालाँकि सुकून देनेवाली बात यह है कि परंपरावादी कहानियों के विशाल ढेर के बीच कभी-कभार ही सही, कोई अच्छी और मन को छू लेनेवाली कहानी भी देखने को मिल जाती है।

भगवतीशरण मिश्र लंबे अरसे से बच्चों के लिए कहानियाँ लिखते आ रहे हैं। उनकी कहानियों में ज्यादा नयापन नहीं है, पर उनकी चुनी हुई बाल कहानियों के संग्रह 'मेरी इक्यावन बाल कहानियाँ' (2002) में शामिल 'जब राजा हँस पड़ा', 'असली कौन', 'कंजूस सेठ' जैसी कहानियाँ पारंपरिक कथा-परिवेश से निकलकर अलग राह लेती हैं। ऐसे ही जगदीश चंद्रिकेश की पुस्तक 'तक्षशिला का विद्वान' में एक ओर मानवीय व्यवहार सिखानेवाली लोक-कथाएँ हैं तो दूसरी ओर कुछ जीव-जगत की कहानियाँ भी हैं, जिन्हें जगदीश चंद्रिकेश ने चुस्त लहजे में लिखा है। भारतप्रकाश भाटिया (ज. 1937) ने भी परंपरागत ढंग की सुंदर और सलीके की कहानियाँ लिखी हैं। उनकी 'फूल लाओ' पुस्तक में शामिल सत्रह कहानियों में से अधिकतर पारंपरिक कथाओं को ही चुस्त कलेवर में नए रंग-अंदाज में पेश करती हैं। जयव्रत चटर्जी की 'गिलहरी का दुःख' (2002) की दस कहानियों में ज्यादातर सुनी-सुनाई परिचित कहानियाँ हैं, पर इनमें 'बेमौसम का आम' तथा 'संत और सत्ता' कहानियाँ कुछ याद रह जाती हैं। इसी तरह उनकी 'दो पैर का घोड़ा' (2002) पुस्तक की कहानियों में खासकर 'लँगड़ी गौरैया' और 'दो पैर का घोड़ा' बच्चों को भानेवाले कहानियाँ हैं। ऋषिमोहन श्रीवास्तव (ज. 1954) की 'गधों की घबराहट' में लोमड़ी जब गधों को झूठ-मूठ कहती कि तुम्हें पता नहीं, कितना बड़ा संकट सिर पर आ गया है तो गधे भाग खड़े होते हैं। उन डरे हुए गधों को आदमी आश्रय देता है, लेकिन हमेशा के लिए उन्हें अपना गुलाम बना लेता है और उनपर बोझा लादने लगता है। इस तरह वे गधे एक झूठे संकट के डर से बचकर आदमी के कब्जे में आ गए।

बिलास बिहारी (ज. 1934) की ज्यादातर कहानियों का नायक एक छोटा बच्चा है, जिसे वे बात ही बात में अच्छा बनने की सीख देते हैं। 'दूध के दाँत' की शीर्षक कथा में मनु को रोज मुँह अच्छी तरह धो लेने की सीख दी जाती है, तो 'बिट्टू का विश्वास' में यह बताया गया कि बिट्टू जो पढ़ाई से दूर भागता था और कुछ नया करना चाहता था, उसे आखिर डॉक्टर हाजरा की बात कैसे लग गई। उसने कुछ नया करने के संकल्प के साथ अब रात-दिन किताबें पढ़नी शुरू कर दी हैं! पर 'दूध के दाँत' की कहानियाँ कई जगह उपदेशात्मक अधिक हो गई हैं। इनमें कथा-रस और किस्सागोई अधिक होती, तो ये बच्चों को ज्यादा प्रभावित करतीं। बिलास बिहारी की 'आठ हजार वर्ष का बालक' (2004) में उनकी चुनी हुई बाल साहस और विज्ञान कथाएँ हैं। शीर्षक कथा 'आठ हजार वर्ष का बालक' खुद में एक अद्भुत विज्ञान कथा है। इस संग्रह में 'समुद्र में छिपा सोना', 'किशोर वैज्ञानिक' और 'आठ हजार वर्ष का बालक' जैसी अनोखी विज्ञान कथाएँ पढ़ने को मिलती हैं, जो एक साथ हैरत और आनंद पैदा करती हैं।

ब्रजभूषण (ज. 1933) की 'माटी महकी धरती चहकी' में कथा-रस कहीं अधिक है और बच्चों की नटखट शरारतें एक साहस-कथा का रूप लेती दिखाई पड़ती हैं। 'माटी महकी धरती चहकी' में चार खिलंदड़े दोस्त अगर खौफनाक डाकुओं को भगा देते हैं तो 'हारिए न हिम्मत' का राकेश साइकिल-चोरों के पूरे गिरोह को पकड़वाता है। मदन मोहन की 'एक थी गल्लो' में ज्यादातर परिचित लोककथाएँ ही सीधे-सादे ढंग से दोहरा दी गई हैं। इनमें 'एक थी गल्लो' कुछ ठीक है। महेशनारायण भारती की 'नन्हे बालक ने दी सीख' पुस्तक में शामिल कहानियाँ परपंरागत ढंग की, सुधारवादी कहानियाँ हैं, जिनमें कोई न कोई सीख दी गई है। 'विद्वान चला चोरी करने' में थोड़ा नयापन है।

इस दौर के अन्य उल्लेखनीय कथाकारों में शंकर सुल्तानपुरी, फकीरचंद शुक्ला, रमेश मिलन, जगदीश लछाणी, शिव मृदुल, मनोहर पुरी, कुलदीप तलवार, दिनेश चमोला 'शैलेश', शेषपाल सिंह 'शेष' आदि हैं। शंकर सुल्तानपुरी (ज. 1940) की 'बहादुर बेटी' में उनकी छह छोटी-छोटी कहानियाँ शामिल हैं, जिनमें 'गिद्धू दादा', 'बहादुर बेटी' और 'प्यारे दादू न्यारे दादू' सुंदर कहानियाँ हैं। फकीरचंद शुक्ला (ज. 1944) की कहानियाँ बाल पाठकों में नई चेतना उत्पन्न करती हैं। उनके पीछे आधुनिक सोच और विचारशीलता है। शुक्लाजी की 'चमत्कार', 'पोल खुल गई' और 'जादू नहीं चला' पुस्तकों में बच्चों को वैज्ञानिक सोच के साथ सचेत और तर्कशील बनानेवाली कहानियाँ हैं। रमेश मिलन (ज. 1946) की कहानियों में अधिक नयापन नहीं है। उनकी बाल कहानियों के संग्रह हैं, 'मेहनत की महक' और 'थिरकते पंख'। इनमें परंपरागत ढंग की कहानियाँ हैं, जिनमें बच्चों के आसपास की दुनिया के साथ-साथ हिरन, कोयल जैसे पशु-पक्षियों की भी उपस्थिति है, जो इन कहानियों को कुछ अधिक दिलचस्प बना देती है। जगदीश लछाणी के यहाँ भी ज्यादातर परंपरागत ढंग की कहानियाँ हैं। उनकी बाल कहानियों के संग्रह हैं, 'नानी की कहानियाँ', 'रूपनगर की राजकुमारी', 'चूहों की बस्ती', 'सिंधी लोक कथाएँ' और 'विज्ञान की कहानियाँ'।

मनोहर पुरी की ज्यादातर कहानियाँ पारंपरिक कहानियाँ हैं। उनकी 'सात बाल कहानियाँ' (2004) पठनीय पुस्तक है। मनोहर पुरी की बाल कहानियों की अन्य पुस्तकें हैं, 'जंगल के दोस्त' और 'जंगल के रंग'। शिव मृदुल की 'सुजाता की सास' सीख देनेवाली कहानी है। कहानी में बदलते समय की झलक है। कुलदीप तलवार की बाल कहानियों की पुस्तक है, 'हँसी-हँसी में' (1980)। इसमें उनकी कुछ दिलचस्प हास्यकथाएँ हैं। उनकी 'नाना-नानी की कहानियाँ' (2014) पुस्तक में बच्चों के लिए सरस कहानियाँ हैं। दिनेश चमोला 'शैलेश' ने भी प्रचुर मात्रा में कहानियाँ लिखी हैं, पर उनमें कुछ नयापन नहीं है। दिनेश चमोला की बाल कहानियों के संग्रह हैं, 'श्रेष्ठ बाल कहानियाँ' तथा 'मेरी इक्यावन बाल कथाएँ'। शेषपाल सिंह की 'टियूँ-टियूँ' (2003) की कुछ कहानियाँ बच्चों के लिए रुचिकर हैं।

हर समाज में कुछ न कुछ कहावतें चलती हैं, जिनके पीछे जीवन का गहरा अनुभव ही नहीं, दिलचस्प कहानियाँ भी होती हैं। इन कहावतों के पीछे छिपी कहानियों को बाल पाठकों के लिए लिखा जाए, तो उनमें एक निराला रस आ जाता है। सुरजीत की पुस्तक 'कहावतों की कहानियाँ' ऐसी ही है, जिसमें कुल अट्ठाईस 'छोटी-छोटी' मजेदार कहानियाँ हैं। ये कहानियाँ खुद तो बच्चों के मन को बाँधती ही हैं, जिन कहावतों के ऊपर लिखी गई हैं, उन्हें भी बखूबी उजागर कर देती हैं। सीताराम खोड़ावाल की 'कहावतों की कहानियाँ' (2006) में भी ज्यादातर पारंपरिक ढंग की रोचक कथाएँ हैं, जिन्हें किसी न किसी कहावत के साथ जोड़कर पेश किया गया है। बेशक इन कहानियों के जरिए बाल पाठक हिंदी भाषा की कहावतों और उनके मर्म को कहीं बेहतर ढंग से समझ सकेंगे। पुस्तक में ऐसी सत्ताईस कहानियाँ हैं, जिनके साथ कोई न कोई कहावत जुड़ी हुई है।

हर वर्ष देश के साहसी बच्चों को राष्ट्रीय पुरस्कार दिया जाता है। हर बाधा, हर मुसीबत से आगे आकर भिड़नेवाले इन साहसी बच्चों के कारनामों को पुस्तकाकार प्रस्तुत करने की कोशिशें भी हुई हैं। संजीव गुप्ता (ज. 1975) की पुस्तकें 'साहसी बाल कथाएँ' तथा 'साहसी बच्चों के कारनामे' ऐसे साहसी बच्चों के कारनामे सामने लाती हैं जिन्होंने अपने साहस से दूसरों को बचाया और बड़ा नाम कमाया। रजनीकांत शुक्ल की 'बहादुर

बच्चों की सच्ची कहानियाँ' (2010) भी ऐसी ही सुंदर और पठनीय पुस्तक है।

विकास युग की बाल कहानियों में छोटे बच्चों यानी शिशुओं के लिए लिखी गई कहानियों का रंग अलग है। इसलिए कि शिशुकथाओं में न सिर्फ हमारी भाषा और वर्णन-शैली बदलती है, कल्पनाएँ, बिंब और बात कहने का अंदाज भी बदल जाता है। छोटे-छोटे नन्हे वाक्यों में मजेदार किस्से उतरने लगते हैं, जो संक्षेप में भी बहुत कुछ कह डालते हैं। इस लिहाज से गीतिका गोयल और संगीता सेठी की नन्हे-मुन्ने पाठकों के लिए लिखी गई कहानियाँ खासकर ध्यान आकर्षित करती हैं। इनमें 'जादू' और 'यथार्थ' का अनोखा मेल है। खासकर संगीता सेठी (ज. 1966) की 'आस्था की कहानियाँ' (चार खंड, 2004) का तो जवाब ही नहीं। यह सच में शिशुओं के मनोविज्ञान से जुड़ी अद्‌भुत किताब है। सच तो यह है कि संगीता सेठी की 'आस्था की कहानियाँ' सीरीज में शामिल 'अब आस्था चप्पल पहनेगी', 'मेरे पापा को काला ही पसंद है', 'हमने तो पहले ही कहा था', 'माँ, तुम कितनी अच्छी हो' हिंदी में नए ढंग की सृजनात्मक शिशुकथाओं के लिए मॉडल कही जा सकती हैं। संगीता सेठी ने अपनी बेटी आस्था के लिए इतने ममत्त्व से भरकर ये कहानियाँ लिखी हैं, कि आस्था का चेहरा इन कहानियों के हर शब्द से झाँक उठता है। ये ऐसी कहानियाँ हैं जिन्हें हर छोटे बच्चे को पढ़कर सुनाया जा सकता है। न सिर्फ छोटे बच्चे, बल्कि उनके मम्मी-पापा भी पढ़ें तो इस नायाब किताब का खासा आनंद लेंगे।

इसी तरह गीतिका गोयल (ज. 1971) की 'चुनमुन की कहानियाँ' (2005) में भी छोटे बच्चों के लिए लिखी गईं कई उम्दा कहानियाँ हैं। ये बड़ी कल्पनाशीलता के साथ लिखी गईं हैं। हालाँकि पुस्तक में कुछ भरती की कहानियाँ भी आ गई हैं। शिशुकथाओं की कुछ और दिलचस्प पुस्तकें हैं—अमर गोस्वामी की 'भालू का बच्चा' और 'नाव चली', वर्षा दास की 'सूरज और शशि', आशा नेहेमिया की 'लुढ़कता पहिया', संजीव जायसवाल 'संजय' की 'चंदा मामा', 'टूटा पंख' तथा 'सूरज का गुस्सा', हेमलता की 'नटखट बछिया', उषा जोशी की 'इंद्रधनुष', लोइस हैमिल्टन फुलर की 'छोटा शेर बड़ा शेर' तथा रत्ना मनूचा की 'ईर्ष्यालु कौआ'। इसके अलावा हिंदी में अनूदित होकर बड़ी सज-धज के साथ छपी, शिशुकथाओं की कुछ पुस्तकें हैं—सिगरुन श्रीवास्तव की 'मैं तुमसे अच्छा हूँ', 'अप्रैल फूल' तथा 'क्या सही क्या गलत', मिकी पटेल की 'रूपा हाथी', बदरी नारायण की 'हाथी और कुत्ता', आशीष सेनगुप्ता की 'लाल पतंग और लालू' (अनु. सुबीर शुक्ला), अलका शंकर की 'मेरा गब्बू' (अनु. मनमोहिनी पुरी) तथा हरिनी गोपालास्वामी श्रीनिवासन की 'चिड़ियाघर की बतख' (अनु. कुसुमलता सिंह)।

बाल कथा लेखिकाओं की दमदार उपस्थिति

इस कालखंड में निरंतर लिखकर अपनी उपस्थिति दर्ज करानेवाली लेखिकाओं की संख्या काफी बड़ी है। खासकर कृष्णा अग्निहोत्री, उमा पंत, मालती शर्मा, विमला मेहता, सत्यप्रभा पाल, कृष्णा अग्निहोत्री, स्नेह अग्रवाल, शशि गोयल, मधुमालती जैन, विमला रस्तोगी, राज बुद्धिराजा, अलका पाठक, बानो सरताज, सरोजिनी प्रीतम, वैजयंती टोणपे, डॉ. शंकुतला कालरा, मधु बी. जोशी, मीनाक्षी स्वामी, सुधा गुप्ता 'अमृता', रश्मिस्वरूप जौहरी, विमला भंडारी, इंद्रा स्वप्न, रेनू चौहान, डॉ. सुनीता, सुकीर्ति भटनागर, पवित्रा अग्रवाल,

शांता ग्रोवर, नीलम राकेश, मंजुरानी जैन, रश्मि गौड़, कामाक्षी शर्मा, सुधा भार्गव, नीरू तिवारी, जया नर्गिस और सुधा गोस्वामी की बाल कहानियाँ बाल पाठकों का ध्यान खींचती हैं।

इनमें कृष्णा अग्निहोत्री (ज. 1934) की कहानियों में काफी विविधता और सृजनात्मकता है। लिहाजा वे परंपरागत ढंग की कहानियाँ लिखती हैं तो भी उनमें नया रस पैदा हो जाता है। इसी तरह आधुनिक जीवन के यथार्थ और आज के बच्चे की उलझनों और मुश्किलों से जुड़ी कई मर्मस्पर्शी कहानियाँ भी उन्होंने लिखी हैं। कृष्णा अग्निहोत्री की बाल कहानियों की चार पुस्तकें हैं, 'एक था रोबी', 'अक्षरों की हड़ताल', 'समय की कीमत' तथा 'सुनहरा सवार', जो हिंदी बाल कहानियों के खजाने में बहुत कुछ नया जोड़ती हैं। खासकर 'एक था रोबी' (2003) और 'अक्षरों की हड़ताल' (2002) पुस्तकों में शामिल कहानियाँ तो ऐसी हैं कि हर बाल पाठक को वे अपनी-सी लगेंगी और इन कहानियों के नटखट पात्रों और उनकी शरारतों का वे खास मजा लेंगे। स्नेह अग्रवाल (1940-1995) की कहानियों के भी कई संग्रह छपे हैं। उसकी 'नीली रोशनी का महल' पुस्तक में ज्यादातर सुनी-सुनाई परीकथाओं की गूँजें-अनगूँजें सुनाई पड़ती हैं। पर इनमें 'मुसकाया सूरज' और 'बिना मुकुट का राजा' कुछ अलग ढंग की कहानियाँ हैं।

शकुंतला वर्मा ने भी बच्चों के लिए चुस्त-चुटीली कहानियाँ लिखी हैं। ऐसी कहानियाँ, जो आज के बच्चे की समस्याओं की तह तक जाती हैं। उनके बाल कथा संग्रह 'बस पाँच मिनट' (1990) में कई अच्छी और पढ़ने लायक कहानियाँ हैं। इनमें 'अभिमान', 'खेल-खेल में' और 'बस पाँच मिनट' बच्चों को बहुत पसंद आएँगी। इसके अलावा 'हार की जीत', 'लेट लतीफ', 'उपकार' और 'परिवर्तन' भी उनकी सुंदर बाल कहानियाँ हैं। इसी तरह मीनाक्षी स्वामी की बाल कहानियाँ बाल मन और रुचियों के अनुकूल हैं। 'पीतल का पतीला' (2007) उनकी बड़ी दिलचस्प बाल कहानी है। इस सुंदर कथा-पुस्तक में छोटे-छोटे वाक्यों में बड़े नाटकीय ढंग से पीतल के पतीले की मनोरंजक दास्तान कही गई है, जो छोटे बच्चों के मन को भाएगी। सुधा भार्गव ने भी इधर बच्चों के लिए रमकर लिखा है। उनकी कहानियों में परंपरा और प्रयोग साथ-साथ चलते हैं और बीच-बीच में हास्य का पुट लिये हुए काफी खिलंदड़ी कहानियाँ भी वहाँ मिलती हैं। इधर उनकी कहानियों के तीन संग्रह छपे हैं, 'अँगूठाचूस', 'जितनी चादर उतने पैर पसार' तथा 'अहंकारी राजा'। इनमें कई अच्छी और जिंदादिली से भरपूर कहानियाँ हैं, जिन्हें बच्चे खूब पसंद करेंगे। पर कहीं-कहीं वे अपनी कहानियों में उपदेशात्मक छोंक भी लगाती चलती हैं, जिससे कहानियों का आनंद कम हो जाता है। तो भी 'अँगूठाचूस', 'गलफुल्ला' और 'गुलब्बो रानी' सरीखी उनकी कहानियाँ बार-बार पढ़ी जाने लायक हैं।

उमा पंत की बाल कहानियों में बड़ी सुथराई और सुघराई है। 'कौन हँसा' (1997) संग्रह में उनकी नौ बाल कहानियाँ शामिल हैं, जिन्हें बड़े चुस्त कलेवर में प्रस्तुत किया गया है। इनमें 'चिड़िया बोली', 'कबूतर का घोंसला' बड़ी संवेदनात्मक कहानियाँ हैं। उमाजी ने पहाड़ी अंचल की लोककथाओं और परीकथाओं को भी अपनी बाल कहानियों में सुंदर ढंग से सहेजा है। सत्यप्रभा पाल की 'काका की कहानियाँ' (2001) पुस्तक में ज्यादातर सुनी-सुनाई पारंपरिक कहानियाँ हैं, पर 'डॉक्टर सबे बूझनहार', 'संगीत-सभा', 'बात का बतंगड़' तथा 'सिपाही और फौजासिंह' कहानियाँ सुंदर ढंग से लिखी गई हैं और अपनी किस्सागोई के कारण बच्चों को अच्छी लगेंगी। इनमें 'बात का बतंगड़' एक मजेदार कहानी है, जिसमें इस किस्से का वर्णन है कि

जरा सी बात बढ़ते-बढ़ते बढ़कर कैसे बतंगड़ बन जाती है और हर कोई उससे परेशान हो जाता है। इसी तरह मधुमालती जैन की कहानियाँ पारंपरिक होते हुए भी कुछ नई सूझ लिये होती हैं, जिससे वे बच्चों को सहज ही आकर्षित कर लेती है। 'कुछ और कहानियाँ' (1993) में उनकी उन्नीस कहानियाँ हैं, जिनमें कुछ का आधार पौराणिक कथाएँ हैं तो कुछ लोककथाओं के आधार पर बुनी गई हैं। पर मधुमालती जैन ने उन्हें नए समय के नए रंग-ढंग, चुनौतियों और सवालों से भी जोड़ने की कोशिश की है।

रश्मिस्वरूप जौहरी (ज. 1944) की बाल कहानियों की पुस्तक 'लाल फूलोंवाला पेड़' (2002) में कुल पंद्रह कहानियाँ हैं, जिनमें कुछ बने-बनाए ढंग और लीक पर चलनेवाली कहानियाँ हैं, तो कुछ एकदम नए अंदाज की कहानियाँ भी हैं, जो आज के बच्चों को कहीं ज्यादा अच्छी लगेंगी। 'अशर्फीवाला टीला', 'सिर मुँड़ाते ओले पड़े', 'कौन गिरा' और 'गरमागरम कड़क चाय' ऐसी ही दिलचस्प कहानियाँ हैं। इनमें 'गरमागरम कड़क चाय' तो बड़ी ही मजेदार है। इस कहानी में असल में किस्सा उन मामाजी का है जो यों तो बड़े रोबीले थे और बड़े ठाट-बाट वाले थे, मगर दूसरों को बेवकूफ बनाना जिन्हें अच्छा लगता था। खासकर चायवाले को खोटे सिक्के या फटा नोट देकर चाय पीने में उन्हें बड़ा मजा आता था। कितने ही चायवाले उनकी आदत से परेशान थे और उन्हें 'खोटे सिक्केवाले बाबूजी' कहते थे। कहानी का अंत बड़ा मजेदार है।

डॉ. शकुंतला कालरा (ज. 1946) की बाल कहानियों में विविधता और भाव-विस्तार है। 11 सितंबर, 1946 को बक्खर (अब पाकिस्तान में) में जनमीं शकुंतला कालरा ने बाल साहित्य आलोचना में सक्रिय रहते हुए, बच्चों के लिए बहुत कुछ लिखा भी है। खासकर बाल कहानी उनकी प्रिय विधा है, जिसे उन्होंने ढंग से साधा है और उसमें बहुत कुछ नया कहने की कोशिश की है। सन् 2006 में उनकी बाल कहानियों के तीन संग्रह छपे हैं, 'रात में दिन', 'चमत्कार का रहस्य', और 'अपना घर'। इनमें 'रात में दिन' में उनकी पाँच परीकथाएँ शामिल हैं। 'चमत्कार का रहस्य' डॉ. शकुंतला कालरा की बाल-विज्ञान कथाओं का संग्रह है, तो 'अपना घर' में आधुनिक भावों की उनकी पाँच कहानियाँ संगृहीत हैं। शकुंतला कालरा की कहानियों में किस्सागोई या कहानीपन का असर कम है। इसलिए कभी-कभी उनमें सीधे कथन जैसी सपाटता आ जाती है। हालाँकि 'नई साइकिल', 'सजा', 'अपना घर' सरीखी उनकी कई कहानियों में भावनात्मक गहराई भी है और एक मार्मिक छुअन भी। शकुंतलाजी की कई कहानियाँ आज के बच्चे के मन और उलझनों को गहराई से समझने की कोशिश करती हैं। 'माँ का उपहार' (2009) शकुंतला कालरा की कहानियों का बड़ा संग्रह है, जिसमें आधुनिक बोध की कहानियों के साथ-साथ उनकी सुंदर परीकथाएँ और विज्ञान कथाएँ भी शामिल हैं। शकुंतलाजी ने दो खंडों में छपी पुस्तक 'बालकथा सुमन माला' (2006) में हिंदी की चुनिंदा बाल कथाओं का संचयन भी किया है।

रेनू चौहान (ज. 1955) की बाल कहानियों में कहीं अधिक नयापन और ताजगी है। उनके बाल कहानी संग्रह 'रात की बारात' (2008) की शीर्षक कथा बहुत रोचक है। इसमें रात के विवाह का किस्सा है, जिसमें बादल, चाँद, हवा सभी की खुशी के रंग मिलते हैं तो बड़ी मजेदार हास्यपूर्ण स्थितियाँ उत्पन्न होती हैं। रेनू चौहान की 'सुनहरा बादल' और 'गुटर गूँ से दोस्ती' भी बड़ी दिलचस्प कहानियाँ है। कुछ अरसा पहले रेनूजी की बाल कहानियों का संग्रह 'चाँद और चिंटू' (2014) छपा है। इसमें 'नीली पतंग', 'चाँद और

चिंटू', 'घमंडी पेड़' तथा 'छुटकी' जैसी कई दिलचस्प कहानियाँ हैं। खासकर 'नीली पतंग' तो रेनू की बड़ी ही मोहक कथा है। नीली पतंग उड़ते-उड़ते आसमान में पहुँची, तो वहाँ पहले से धाक जमाए बैठी पतंगों ने उसका मजाक उड़ाया, पर नीली पतंग ने प्यार से बोलकर सबका दिल जीत लिया। कहानी पढ़ते हुए लगता है, जैसे इस कहानी में नीली पतंग महज पतंग न रहकर, एक अच्छी भोली बच्ची बन गई हो, जो दूसरों को अड़ंगा लगाकर नहीं, प्यार और खुलूस के सहारे आगे बढ़ना चाहती है जिससे जिंदगी थोड़ी और प्यारी और खूबसूरत बने। 'छुटकी' भी रेनूजी की पढ़ने लायक कहानी है। जिसमें एक छोटी कैंची का मजेदार किस्सा है। रेनू चौहान की बाल कहानियों का एक और सुंदर संग्रह है, 'रामू हाथी' (2004), जिसमें उनकी छोटी-छोटी कई दिलचस्प कहानियाँ हैं। इसके अलावा रेनूजी की लोककथाओं का संग्रह है, 'राजा के दो सींग' (2008)। इसमें कुछ सुनी-अनसुनी कहानियाँ हैं, जिन्हें रोचक ढंग से लिखा गया है।

डॉ. सुनीता (ज. 1954) जीवन यथार्थ से जुड़ी कथाकार हैं। उनकी ज्यादातर बाल कहानियाँ गाँव के परिवेश की कहानियाँ हैं, जिनमें भगती, करमू चाचा, लच्छो चाची, सींक वाली ताई, सिंघू, मिल्दू और हरिदत्त भगतजी जैसे सीधे-सादे पात्र हैं। पर उनकी सरलता और सादगी में भी बहुत कुछ ऐसा है, जो निरंतर जगमगाता रहता है। डॉ. सुनीता ने अपनी कहानियों में गाँव के पात्रों की उसी सरलता और खूबसूरती का चित्रण किया है, जो गरीबी और अभावों के बीच भी अपनी अलग पहचान छोड़ती है। इसीलिए ये कहानियाँ चुपके-चुपके अच्छा बनने की सीख देती हैं। 'वह मासूम भोला बच्चा', 'कोमा का प्ले स्कूल', 'गरीब घर की रानी' और 'करुणा का बस्ता' शहराती परिवेश की कहानियाँ हैं, पर उनकी सहानुभूति ऐसे पात्रों के साथ है, जो गरीब, लेकिन खुद्दार हैं और इसीलिए तमाम मुश्किलों के बावजूद जीवन में आगे बढ़ते जाते हैं। डॉ. सुनीता की बाल कहानियों के संग्रह 'नानी के गाँव में' की ज्यादातर कहानियों में भी हाशिए पर रह रहे गरीब और अभावग्रस्त लोगों की पीड़ा है। खासकर 'जलमुर्गाबियाँ' कहानी उस समृद्ध भारतीय परंपरा को टोहती है, जिसमें पर्यावरण रक्षा कोई अलग चीज नहीं, बल्कि हमारे करुणामय जीवन और परंपरा का स्वाभाविक हिस्सा है। इसीलिए गाँव के प्रधान भगतजी अंग्रेज अधिकारी की जलमुर्गाबियों को मारकर खाने की लालसा का जवाब जिस अंदाज में देते हैं, उससे वह हकबका सा जाता है। उसे समझ में आ जाता है कि तालाब के पानी में किल्लोल करते ये जलविहग तो हमारे जीवन को सुंदर बनाने के लिए आते हैं। इन्हें मारकर भला कौन सा सुख हमें मिलेगा ? सुनीताजी की 'मुबारक-मुबारक नया साल हो' में एक बच्ची की मजदूर बस्ती के लोगों के साथ मिलकर नया साल मनाने की कामना बड़े सुंदर रूप में सामने आती है। खासकर मजदूरों की उत्साहपूर्ण भागीदारी ने नए साल के इस प्रोग्राम को चार चाँद लगा दिए।

'किस्सा एक मासूम चोरी का' भी सुनीताजी की ध्यान खींचनेवाली कहानी है, जिसमें मध्यवर्गीय जीवन की कथा है। कहानी के अंत में स्याही के हर डोबे के लिए एक चवन्नी देने के लिए मजबूर एक छोटे बच्चे की बेबसी खुलकर सामने आती है तो हर कोई हैरान रह जाता है। कहानी मन को भिगोती है। इसी तरह सुनीताजी की 'वह भोला मासूम बच्चा' और 'गरीब घर की रानी' कहानियों में भी जीवन की सच्चाइयाँ और सुख-दुःख भरे अक्स हैं, जो कहानी पढ़ते समय पाठक के दिल पर अपनी गहरी छाप छोड़ते हैं। डॉ. सुनीता की 'खेल-खेल में बातें' (2006) में उनकी बच्चों के साथ बतकही जैसी कहानियाँ हैं, जो बच्चों को खेल-खेल में जीवन

के अनमोल पाठ पढ़ाती हैं। डॉ. सुनीता की बाल कहानियों के प्रमुख संग्रह हैं, 'साकरा गाँव की रामलीला', 'नानी के गाँव में', 'फूलों वाला घर', 'बच्चों की भावपूर्ण पारिवारिक कहानियाँ' (2014), 'रंग-बिरंगी कहानियाँ' (2015) तथा 'मानिक रायतंग की बाँसुरी' (2017)।

विमला भंडारी (ज. 1955) भी सुपरिचित कथाकार हैं, जिन्होंने इस कालखंड में निरंतर लिखा है। 1 फरवरी, 1955 को राजनगर (जि. राजसमंद, राज.) में जनमी विमला भंडारी की बाल कहानियों के कई संग्रह हैं। 'प्रेरणादायक बाल कहानियाँ' (2009) में उनकी रंग-रंग की तेरह बाल कहानियाँ शामिल हैं। इनमें 'तलाश सूरज की', 'नटखट तितली', 'गप्पी और पप्पी' तथा 'अपना-अपना सच' मजेदार कहानियाँ हैं। 'तलाश सूरज की' में सूरज के बादलों में छिप जाने की कहानी है। सारे पशु-पक्षी इस बात से परेशान हैं कि आखिर सूरज गया तो कहाँ गया, वे एक-दूसरे से पूछते हैं कि भाई क्या तुमने सूरज को देखा है, वह आज निकला क्यों नहीं? फिर वे उसकी तलाश में निकलते हैं। आखिर हवा को पूरा किस्सा पता चला तो उसने तेजी से चलते हुए बादलों को उड़ा दिया, जिससे सूरज निकल आया। इस पर सबकी खुशी का अंदाज लगाया जा सकता है। 'नटखट तितली' कहानी में एक छोटी सी नटखट तितली की माँ बीमार है तो वह पराग लेने बाग में पहुँची, पर अपनी चंचलता से उसने सबको परेशान किया। आखिर में एक नटखट गुलाब ने काँटा चुभो दिया तो उसे भागना पड़ा। वह इस बात से दु:खी थी कि माँ के लिए पराग नहीं ला पाई, पर माँ की बात ने उसे बहुत कुछ सिखा भी दिया। 'गप्पी और पप्पी' दो नटखट मेढकों की कहानी है, जो घूमने के चक्कर में न जाने किन-किन झंझटों में पड़े, पर आखिर वे इस मनोरंजक सैर से वापस आए तो इस बात से खुश थे कि उन्होंने सैर का पूरा आनंद लिया। हाल ही में छपी 'किस हाल में मिलोगे दोस्त' (2014) भी विमलाजी की सुंदर कथा-पुस्तक है।

अलका पाठक (ज. 1952) की कीर्ति एक सशक्त व्यंग्यकार के रूप में रही है, पर उन्होंने बच्चों के लिए बड़ी सरस कहानियाँ भी लिखी हैं। 'नटखट बाबू' (1993) में उनकी पंद्रह बाल कहानियाँ शामिल हैं और ये सभी एक छोटे से चपल बालक बाबू के इर्द-गिर्द बुनी गई हैं। बाबू नटखट है, कुछ भोला, कुछ जिद्दी है। बड़ों की कुछ बातें मानता है, कुछ नहीं मानता। उसके अपने भीतर की बहुत मुश्किलें, उलझनें और पेचीदगियाँ हैं। मम्मी हँसकर उन्हें सुलझा देती हैं तो बाबू खुश हो जाता है। यों उसकी गुम हुई राहें बीच में अचानक कहीं मिल भी जाती हैं। 'बाबू की कहानी', 'रोटी की कीमत', 'बाबू की सैर', 'बाबू का चश्मा', 'बाबू का सर्कस', 'बड़े होकर क्या बनोगे' और 'बाबू ने लिखना सीखा' अलका पाठक की याद रह जानेवाली कहानियाँ हैं, जिनमें एक बच्चे के चंचल मन और शरारतों के अनोखे बिंब है।

सरोजिनी प्रीतम (ज. 1939) ने लीक से हटकर हास्य-विनोदपूर्ण कहानियाँ लिखी हैं। 'गिनतीलाल की छींक' (1988) में उनकी एक साथ पंद्रह कहानियाँ पढ़ने को मिल जाती हैं। इनमें 'गिनतीलाल की छींक', 'खटपटराय', 'मुसकराने की बात' अच्छी कहानियाँ हैं। सुकीर्ति भटनागर (ज. 1943) भी इधर निरंतर बच्चों के लिए कहानियाँ लिख रही हैं। उनकी कहानियाँ भावनात्मक रूप से मन को आंदोलित करती हैं और देर तक उनका प्रभाव बना रहता है। 'बालवाटिका' पत्रिका में छपी सुकीर्ति भटनागर की एक सुंदर कहानी की याद आ रही है। कहानी में बूढ़े दंपती हैं। उनके यहाँ पेइंग गेस्ट बनकर एक लड़की ठहरती है, जो उसी शहर

में डाक्टरी की पढ़ाई कर रही है। वहाँ उस लड़की को इतना प्यार मिलता है, उसकी छोटी से छोटी चीजों की इतनी चिंता-फिक्र की जाती है कि उस लड़की के लिए वे बूढ़े दंपती माता-पिता से कहीं बढ़कर हैं, जिनकी वह दिल से कद्र करती है। बाद में उनके गुजर जाने पर वह उसी घर को खरीदकर अस्पताल खोलना चाहती है, जिससे कि जरूरतमंद लोगों की मदद की जा सके। यह प्यार के एक दीये से असंख्य दीये जलाने जैसा है। इसी तरह 'बालवाटिका' के फरवरी 2016 अंक में छपी उनकी कहानी 'सपने' दिलचस्प है, हालाँकि उसकी एक सीमा भी है। यह कहानी पढ़नी शुरू की तो मन बँध गया। एक छोटी बच्ची के सुख-दुःख और इच्छाओं के दिल को छू लेनेवाले एक-से-एक प्रसंग और बाल मनोविज्ञान की बारीक परतें। पर बाद में एक दस साल की बच्ची का स्कूल की पढ़ाई-वढ़ाई छोड़कर किसी मॉलवाले से शादी का सपना…! एक सजग कथाकार क्या एक बच्ची के इस सपने को किसी जीवन आदर्श की तरह पोसेगा? मैं बिल्कुल समझ नहीं पाया। यों सुकीर्ति भटनागर की ज्यादातर कहानियाँ सहज भावनात्मक हैं और इस तरह की गड़बड़ी उनमें नहीं है। कहीं-कहीं उनके यहाँ मधुर हास्य-विनोद भी है। उनकी एक कहानी में नकली दाँतों की बत्तीसी के उलट-पुलट हो जाने का चक्कर बड़ा मजेदार है।

नीलम राकेश (ज. 1962) ने भी बच्चों के लिए कुछ नए ढंग की चुस्त कहानियाँ लिखी हैं। उनकी बाल कहानियों के संग्रह हैं, 'अनोखी छुट्टियाँ' और 'हिम्मत ने जीती बाजी'। इनमें 'अनोखी छुट्टियाँ' (2006) संग्रह में नीलमजी की विविध रंगों की पच्चीस बाल कहानियाँ शामिल हैं। उनकी ज्यादातर कहानियों में बच्चों की उपस्थिति के साथ-साथ बाल मन की सुंदर अभिव्यक्ति है। 'अनोखी छुट्टियाँ', 'घड़ी ने खोला राज', 'छाया का किराया', 'सुदेश की भूल' तथा 'कॉकरोच का आतंक' नीलम राकेश की पढ़ने लायक कहानियाँ हैं। इसी तरह नीलमजी की 'हिम्मत ने जीती बाजी' (2006) संग्रह में कई नए अंदाज की कहानियाँ हैं। इनमें 'हिम्मत ने जीती बाजी', 'जन्मदिन के बहाने' और 'दादा बने खिलाड़ी' बाल पाठकों को भाएँगी।

पवित्रा अग्रवाल (ज. 1952) की कहानियों में बच्चे का मन खुलता है, उसका ऊहापोह और उलझनें भी सामने आती हैं। 17 मई, 1952 को कासगंज (उ.प्र.) में जनमी पवित्राजी पिछले चालीस बरसों से कहानियाँ लिख रही हैं। 'फूलों से प्यार' (2012) और 'चिड़िया मैं बन जाऊँ' (2014) में उनकी कई बड़ी सहज और सुंदर कहानियाँ हैं। इनमें 'जन्मदिन का उपहार', 'फौजी का बेटा', 'कपड़े की थैली क्यों', 'पतंग लूटने का मजा', 'चिड़िया मैं बन जाऊँ', 'खाली कागज का कमाल', 'थोड़ी सी सूझबूझ', 'दंड या पुरस्कार' अच्छी कहानियाँ हैं, जिन्हें पढ़ते हुए हर बच्चे को लगेगा कि वह भी चाहे तो अपने को थोड़ा सा बदल सकता है और इस थोड़ा सा बदलने से बहुत कुछ बदल जाता है। पवित्राजी अगर कुछ और रमकर कहानियाँ लिखें तो उनका आनंद और बढ़ जाएगा। कहानियों में बात ही नहीं, किस्सागोई भी होनी चाहिए।

इसके बरक्स मंजुरानी जैन (ज. 1951) की बाल कहानियों में किस्सागोई का रस है। एक छोटे बच्चे को केंद्र में रखकर लिखी गई उनकी कहानी 'पहली जीत का झंडा' ('बालवाटिका', जनवरी, 2016) में कुछ अलग बात है और उसकी गूँज मन में रह जाती है। दिग्गज बाल साहित्यकार आनंदप्रकाश जैन की बेटी मंजुरानी जैन की यह पहली ही कहानी मैंने पढ़ी है, पर वे मन पर छाप छोड़ती हैं। उनकी कहानी वाकई एक बच्चे की जीत का झंडा गाड़ती है, जिसे बड़ों की खींची हुई दीवारें पसंद नहीं हैं। 'बालवाटिका' के अक्तूबर,

2016 अंक में छपी मंजुजी की दीवाली के माहौल की कहानी 'कलियुग के चूहे' भी बड़ी खिलंदड़ी कहानी है, जिसमें पापा और बच्चों के बीच होनेवाली पल-प्रतिपल की आँख-मिचौनी बड़ी प्यारी है। काश, ऐसे प्यारे और थोड़े से शरारती पापा हर किसी को मिलें! मंजुरानी जैन की 'अनोखा उपहार' बच्चों की कोमल भावनाओं से जुड़ी अविस्मरणीय कहानी है। कथ्य, शिल्प और भाव-विस्तार तीनों स्तरों पर बड़ी सधी हुई और एकदम मुकम्मल कहानी। मंजुजी ने बहुत जल्दी बाल कहानियों की नब्ज को पकड़ लिया। उनसे आगे भी बहुत उम्मीदें हैं।

रश्मि गौड़ (ज. 1952) की बड़ों के लिए लिखी गई कहानियाँ तो पढ़ी थीं। इधर उनकी बच्चों के लिए लिखी गई सुंदर और प्रभावशाली कहानियाँ पढ़ीं तो लगा, उनके भीतर बहुत संभावनाएँ हैं। खासकर जीवन की तलछट में पड़े मैले-कुचैले बच्चों के सुंदर मन की झलक उनकी कुछ कहानियों में एक अलग आकर्षण पैदा कर देती है। उनकी कहानी 'खिलौने' टूटे-फूटे खिलौनों से खेलनेवाले गरीब परिवार के गरीब बच्चों के बड़े सपनों और उमंग की कहानी है! पढ़कर मन भीगता है। इसी तरह 'स्नूपी के कारनामे' कहानी भी आँखों के आगे किसी फिल्म सरीखी चलती है। 'बालवाटिका' के जनवरी, 2017 अंक में छपी 'फूलों की रानी' भी रश्मिजी की सुंदर बाल कहानी है। फूलों को तोड़नेवाली एक लड़की अपने सहृदय माता-पिता की समझदारी से कैसे फूलों से प्रेम करने लगती है और फिर उसे तोड़ने का खयाल मन में आता ही नहीं, कहानी का यह मोड़ बहुत सुंदर है।

शशि गोयल (ज. 1945) लंबे अरसे से बच्चों के लिए कहानियाँ लिख रही है। उनकी सीदी-सादी और भावना के रस से सराबोर कहानियाँ पाठकों को अपनी सी लगती हैं। शशिजी की बाल कहानियों के संग्रह हैं, 'सोने का पेड़', 'नटखट चाँद', 'एक फूल का भाग्य', 'मीठे फल' तथा 'श्रेष्ठ बाल कहानियाँ'। इनमें 'श्रेष्ठ बाल कहानियाँ' (2007) शशि गोयल की चुनिंदा बाल कहानियों का संग्रह है। इस संग्रह में 'चंचल किरन', 'फू···फू···फू···', 'ढेर सारा प्यार' तथा 'साँझी और माँझी' जैसी दिल को लुभानेवाली प्यारी कहानियाँ हैं। खासकर 'चंचल किरन' तो शशि गोयल की सबसे सुंदर और यादगार कहानी है, जिसमें एक चंचल किरन की सुंदरता, मस्ती और नटखटपन ऐसा है कि मन मुग्ध हो जाता है। इसी तरह कामना सिंह ने भी इधर बच्चों के लिए कहानियाँ लिखी हैं। उनकी कहानी 'हम होंगे कामयाब' कूड़े को लेकर लिखी गई है और राजनेताओं के इस ढोंग की कलई खोलती है कि उन्हें बजबजाते कूड़े और लोगों के नारकीय जीवन से अधिक आत्मप्रचार की भूख है। पर कहानी में आश्चर्यजनक ढंग से नेताजी का बेटा नई पीढ़ी के प्रतिनिधि के रूप में उपस्थित है, जो तमाम लांछन सहता है, भला-बुरा सुनता है, पर ढोंग उसे बर्दाश्त नहीं है। वह सचमुच काम कर दिखाने में यकीन करता है। यों कामना की कहानी 'हम होंगे कामयाब' नई पीढ़ी का सही घोषणा-पत्र है।

शांता ग्रोवर, सुधा गुप्ता 'अमृता' और इंद्रा स्वप्न पारंपरिक ढंग की कहानियाँ लिखनेवाली कथाकार हैं। इनमें शांता ग्रोवर (ज. 1959) की कहानियों में भाषा काफी सधी हुई है। शांताजी के 'बहुत पुरानी बात' (2005) संग्रह में प्राचीन ग्रंथों से ली गई उनकी चौदह बाल कहानियाँ शामिल हैं। इनमें 'पेड़ पर माला', 'ज्ञान की देवी', 'सिर पर गदा', 'हमें भी सोमरस···' सुंदर कहानियाँ हैं। शांता ग्रोवर की बाल कहानियों के दो और संग्रह हैं, 'जंगल में कौन' तथा 'बाँसुरी की धुन'। इनमें 'पेड़ बोला', 'पेटू चिड़िया', 'बाँसुरी की धुन' सरीखी

कई रोचक और रसपूर्ण कहानियाँ हैं। सुधा गुप्ता 'अमृता' (ज. 1954) के कहानी-संग्रह 'चुलबुली' (2012) में कुछ रोचक और सीख देनेवाली कहानियाँ हैं। उनकी बाल कहानियों की दो अन्य पुस्तकें छपी हैं, 'जंगल की एकता' और 'पम्मी-शम्मी'। इनमें पशु-पक्षियों पर केंद्रित कुछ छोटी-छोटी पठनीय कहानियाँ हैं। इंद्रा स्वप्न की कहानियों में विचार और किस्सागोई का संतुलन है। उनकी बाल कहानियों के संग्रह हैं, 'मीठी बोली' और 'मित्रता की कसौटी'। इनमें शामिल 'समय का सदुपयोग', 'लोभ', 'सद्व्यवहार' और 'दया' जैसी कहानियाँ बच्चों को आकर्षित करती हैं और कुछ-न-कुछ नया सिखाती हैं। कामाक्षी शर्मा (ज. 1960) अपनी कहानियों में कोई न कोई संदेश देने की कोशिश करती हैं। उनके बालकथा-संग्रह 'चमकीले फूल' (2005) में एक ओर 'नन्हा सिपाही' जैसी देशभक्ति की कहानियाँ शामिल हैं, तो दूसरी ओर 'झील के किनारे' तथा 'चंदा परी और अंजलि' सरीखी परीकथाएँ हैं। 'खिलखिला उठी मिनी' में चिड़िया दुःखी और परेशान मिनी की मदद करती है, तो 'आलराउंडर' जैसी गहरी संवेदना से लबालब कहानी में एक सफाई करनेवाली स्त्री का बेटा रवि मोहल्ले की क्रिकेट टीम में शामिल होकर कुछ ऐसे कमाल कर दिखाता है कि ऊँचे घरों के जो बच्चे उसे देखकर नाक-मुँह सिकोड़ रहे थे, उन्हें आखिर शर्मिंदा होना पड़ा।

मधु बी. जोशी की 'पैसों का पेड़' में भी चार अलग ढंग की प्रयोगात्मक कहानियाँ हैं, जो बच्चों के मन से गहरे जुड़ती हैं और बाल कहानियों के संसार में बहुत कुछ नया, नटखट प्रभाव और गहरी संवेदना जोड़ती हैं। मधु बी. जोशी की ये मजेदार कहानियाँ हैं, 'शेखूजी फरमाते हैं', 'पैसों का पेड़', 'अजीब लड़का' और 'नन्ना नखरैलू'। मधुजी खेल-खेल में बच्चों के दिल की बात इस खूबसूरती और खिलंदड़ेपन से कह जाती हैं कि पाठकों के चेहरे पर एक मीठी मुसकान आ जाती है। बेशक भाषा की यह उस्तादी खुद में एक बड़ी कला है। 'मेरी बहन नेहा' (1999) भी मधुजी की बालमन के अनुरूप बड़ी रोचक कहानी है। कहानी में एक छोटी बच्ची की माँ और नन्ही बहन के लिए भावनाएँ बड़े ही कोमल शब्दों में सामने आती हैं। शांति अग्रवाल (ज. 1920) की ख्याति बाल कवयित्री के रूप में है, पर उन्होंने बच्चों के लिए रसपूर्ण कहानियाँ भी लिखी हैं। शांतिजी की 'जान आफत में' (1997) और 'अधूरी छतरी' (2002) पुस्तकों में ज्यादातर पारंपरिक ढंग की कहानियाँ हैं, पर उन्हें अच्छे ढंग से लिखा गया है। गाढ़े अनुभूति-रस और भाषा के लालित्य के कारण ये कहानियाँ अलग नजर आती हैं तथा बच्चों को सहज ही अपनी संवेदना की दुनिया में ले जाती हैं। लीलावती भागवत की 'स्वर्ग की सैर' और मीना शर्मा की 'सुबह की धूप' पुस्तकों में पुरानी चाल की ठीक सी कहानियाँ हैं।

इस दौर में महिला कथाकारों ने सरोजिनी कुलश्रेष्ठ, मालती शर्मा, विमला रस्तोगी, सावित्री परमार, कमला चमोला, कल्पना सिंह, निर्मला लोहार, सुधा गोस्वामी ने भी बच्चों के लिए कहानियाँ लिखीं। इनमें निर्मला लोहार की 'पहचान खो गई', मालती शर्मा की 'यदि फूलों की नींद न तोड़ी तो···', विमला रस्तोगी की 'उपहार की कीमत' और 'अच्छा इनसान', सरोजिनी कुलश्रेष्ठ की 'मैं कसम खाती हूँ', कल्पना सिंह की 'साहसी बच्चे', कमला चमोला की 'वक्त की सूझ', सावित्री परमार की 'गोपी' ऐसी कहानियाँ हैं, जो आज के बच्चे के मन और समस्याओं की तह तक जाती हैं। सुधा गोस्वामी की पुस्तक 'रोचक कहानियाँ' (2012) में भी बच्चों के लिए लिखी गई कई अच्छी कहानियाँ हैं। हालाँकि बीच-बीच में बने-बनाए ढर्रेवाली रूटीन कहानियाँ भी हैं।

पशु-पक्षियों की रोचक कहानियाँ

यह बात कम चकित नहीं करती कि आज की बाल कहानी बहुत से मोड़ों और पड़ावों से गुजरने के बाद फिर से पशु-पक्षियों की ओर लौट रही है। इसकी वजह शायद यह है कि बच्चे पशु-पक्षियों के साथ खासा लगाव महसूस करते हैं। पशु-पक्षियों को नायक बनाकर जो कहानियाँ लिखी जाती हैं, बच्चों के लिए उनका आकर्षण कुछ अलग ही होता है। इस लिहाज से बाल कहानियों का एक बड़ा हिस्सा वह भी है, जिसमें चिड़िया, बंदर, कछुआ, शेर, खरगोश, तितली या गिलहरी आदि के जरिए कहानियों के ताने-बाने बुने जाते हैं और इन कहानियों का एक सिरा बड़े खिलंदड़े अंदाज में बच्चे तक भी पहुँचता है। तब बच्चे के लिए चिड़िया या तितली, गिलहरी, कछुआ या शेर, खरगोश, जानवर न रहकर ऐसे प्यारे-प्यारे दोस्त हो जाते हैं, जिनके आगे उसका मन बहा चला आता है। उनके आगे वह अपने मन का सारा हाल कह सुनाता है। इसीलिए पशु-पक्षियों से जुड़ी कहानियाँ पढ़कर बच्चे का मन आनंदित तो होता ही है, वह एक तरह का हलकापन भी महसूस करता है। देवेंद्रकुमार, अमर गोस्वामी, हरिकृष्ण देवसरे, रमेश बक्षी, शोभनाथ 'लाल', क्षमा शर्मा, अजामिल, मो. साजिद खान, ओमप्रकाश कश्यप, कुसुमलता सिंह, उषा यादव, प्रकाश मनु, रामगोपाल वर्मा, प्रेमलता 'वात्स्यायन', अजय जनमेजय सरीखे कई कहानीकारों ने पशु-पक्षियों को पात्रों के रूप में उपस्थित करके एक से एक दिलचस्प कहानियाँ लिखीं। इनमें बहुतों की चर्चा पहले हो चुकी है। अजामिल, कुसुमलता सिंह और मालती जोशी की पशु-पक्षियों को आधार बनाकर लिखी गई कहानियों की चर्चा यहाँ की जा सकती है।

इनमें युवा कथाकार अजामिल की 'एक थी गिल्लू' गिल्लू मौसी की अजब कहानी है, तो शोभनाथ 'लाल' की 'कछुआ और पाजी खरगोश' भी कुछ लीक से हटकर लिखी गई कहानी है। कुसुमलता सिंह की 'छुपमछुपाई' और शकुन शमी की 'पंडुक चिड़िया' पुस्तक की भी ज्यादातर कहानियाँ पशु-पक्षियों के संसार में विचरण करती हैं। कुसुमलता सिंह की 'छुपमछुपाई' (2004) में एक छोटी-सी बच्ची टुकटुक की कथा है, जिसके मन में छुपमछुपाई खेलने की इच्छा है। वह अपने छोटे भाई टीकू से कहती है कि चलो, छुपमछुपाई खेलें! अपनी दादी से कहती है, माँ से कहती है, यहाँ तक कि कठफोड़वे और गौरैया से कहती है, मगर किसी को उसकी बात सुनने की फुरसत ही नहीं। तब आखिर एक तितली उसके मन की इच्छा को समझती है और उसके साथ छुपमछुपाई खेलती है। और कहना न होगा, इस खेल में टुकटुक खूब हँसी, उछली-कूदी और दौड़ी, हालाँकि उसने लौटकर घर पर यह किस्सा सुनाया, तो किसी को यकीन न हुआ। कुसुमलता सिंह की 'जुगनू और गेंद' में टीनी की पालतू कुतिया जुगनू का किस्सा है, जो टीनी को बहुत प्यार करती है। एक दिन घर में खेलते-खेलते टीनी की गेंद गायब हो गई और वह उदास बैठी थी। तब जुगनू घरभर में सूँघती-सूँघती खूँटी पर लटके सब्जी के झोले के पास जा पहुँची और बार-बार मुँह उठाकर उधर इशारा करने लगी। जब टीनी ने झोला उठाकर देखा तो आलुओं के बीच गेंद पड़ी थी और अब टीनी की खुशी का अंदाजा लगाया जा सकता है।

अजय जनमेजय (ज. 1955) मूलतः बाल कवि हैं, पर उन्होंने रस-कौतुकपूर्ण बाल कहानियाँ भी लिखी हैं। 'नन्हे पंख ऊँची उड़ान'(2005) पुस्तक में पशु-पक्षियों के आत्मीय परिवेश से जुड़ी उनकी ग्यारह सुंदर कहानियाँ हैं, जो बाल पाठकों के दिल में स्थान बना लेती हैं। इनमें 'कहानी चीं-चूँ की', 'प्रेम की कुंजी', 'चीं-चूँ और चील', 'चीं-चूँ और तोता' पढ़ने के बाद देर तक स्मृतियों में दस्तक देती हैं। डॉ. रामगोपाल वर्मा

के बृहत् संग्रह 'एक सौ एक बाल कहानियाँ'(1998) में भी पशु-पक्षियों को लेकर लिखी गई नन्ही-मुन्नी कहानियाँ हैं। इनमें 'कुट-कुट' एक चूहे को लेकर लिखी गई नन्ही मजेदार कहानी है, लेकिन उनकी इससे भी दिलचस्प कहानियाँ वे हैं, जिनमें 'चूहेसिंह' के चुहिया रानी के नाम लिखे गए अलग-अलग पत्र हैं और वे पत्र चूहेसिंह और चुहिया रानी के दांपत्य के सचमुच बड़े मनोहर चित्र आँख के आगे उपस्थित कर देते हैं। इसी तरह 'जनसत्ता' की रविवारी पत्रिका में छपी उमेशकुमार (ज. 1981) की कहानी 'रिंकू और टिंकू' में एक नन्हे, भोले बच्चे रिंकू और उसके दोस्त पिल्ले टिंकू की नटखट शरारतों और दोस्ती का बड़ा खिलंदड़ा चित्रण है। शकुन शमी की 'पंडुक चिड़िया' (2005) में भी पशु-पक्षियों को लेकर लिखी गई बड़ी दिलचस्प कहानियाँ हैं। उनकी 'पंडुक चिड़िया', 'नटखट गिलहरी', 'पेड़-पौधों वाला घर' और 'गंगूबाई'—ये चारों ही कहानियाँ बच्चों को रिझाने में कामयाब हैं। मनोहर पुरी ने जंगल के जीव-जंतुओं को आधार बनाकर बच्चों के लिए बहुत कहानियाँ लिखी हैं। इनमें कुछ पंचतंत्र और हितोपदेश के रूपांतरण सरीखी हैं, तो कुछ कहानियों में थोड़ा नयापन भी है। 'सात बाल कहानियाँ', 'जंगल के दोस्त' और 'जंगल के रंग' संग्रहों में मनोहर पुरी की पशु-पक्षियों की दुनिया से जुड़ी बहुतेरी बाल कहानियाँ संकलित है।

इसके अलावा नागार्जुन, आनंदकुमार, प्रेमलता वात्स्यायन, उषा यादव, शोभनाथ लाल, प्रभात, ध्रुव गुप्त, संजीव जायसवाल 'संजय' रमेशचंद पंत, नागेश पांडेय 'संजय' और ऊषा रानी की भी पशु-पक्षियों को नायक बनाकर लिखी गई कहानियाँ पढ़ने को मिलती हैं। इनमें शोभनाथ लाल की 'कछुआ और पाजी खरगोश' में कछुआ बड़े विश्वसनीय अंदाज में है और उसकी बुद्धिमत्ता आकर्षित करती है। प्रभात ने अन्य पशु-पक्षियों के अलावा साँप पर भी एक छोटी-सी सुंदर कहानी लिखी है, जिसमें आदमियों से डरे हुए साँप का भोलापन और अबोधता मन को छू लेती है।

प्रेमलता वात्स्यायन (ज. 1952) की 'काना गीदड़' (1987) पुस्तक में पशु-पक्षियों से जुड़ी कई कहानियाँ हैं। इनमें शीर्षक कथा 'काना गीदड़' खासी मजेदार है। कुसुम गुप्ता की 'शिक्षाप्रद कहानियाँ' (2002) में भी पशु-पक्षियों से जुड़ी कई कहानियाँ हैं, पर इनमें बहुत नयापन नहीं है। ऊषा रानी (ज. 1973) की 'चूँ-चूँ चिड़िया' चिड़िया और उसके बच्चों को लेकर लिखी गई एक अद्‌भुत बाल कहानी है। पशु-पक्षियों को लेकर लिखी गई कहानियों में यह एकदम नजर आती है, क्योंकि यहाँ बच्चा कहानी के एकदम केंद्र में है और बच्चे तथा पशु-पक्षियों की नैसर्गिक दोस्ती खुद-ब-खुद कहानी की शक्ल लेती, आगे बढ़ती है। पुष्पा सिंह 'विसेन' की 'बूढ़ा घड़ियाल' (2013) एक दयालु बूढ़े घड़ियाल भी सुंदर कहानी है, जिसने आखिर सच्चाई का साथ दिया और मछलियों की मदद की।

हरिकृष्ण देवसरे की कहानियों की चर्चा बाल साहित्य के दूसरे चरण यानी गौरव युग में हो चुकी है, पर मौजूदा दौर में भी उन्होंने पूरी सक्रियता से लिखा। 'पीपल वाला भूत' तथा 'और बिल्ली रास्ता काट गई' संग्रहों में बात-बात में सीख देनेवाली कहानियाँ हैं। इसी तरह 'खरबूजे ने बदला रंग' (2000) में देवसरेजी ने पशु-पक्षियों को लेकर लिखी गई कहानियों को एक अलग विन्यास ही नहीं दिया, बल्कि एक अलग राह भी खोज निकाली है। इस पुस्तक की कथाओं में देवसरेजी ने 'पंचतंत्र' के कथा-शिल्प को एक आधुनिक कलेवर में पेश किया है। 'मैं पढ़ नहीं सका' और 'चिट्‌ठी' संग्रहों में भी उनकी कई सुंदर कहानियाँ हैं।

देवसरेजी की चर्चित बाल कहानियों का संग्रह 'हरिकृष्ण देवसरे की चुनिंदा बाल कहानियाँ' (2013) भी कुछ अरसा पहले छपा है।

गरीब और कमजोर लोगों के प्रति सहानुभूति

निस्संदेह आज की बाल कहानियाँ इस यकीन के साथ लिखी जा रही हैं कि आज के बच्चे न सिर्फ ज्यादा 'सयाने' हैं, बल्कि वे संवेदनशील भी अधिक हैं और वे कहानी सिर्फ सुनने के लिए ही नहीं सुनते, बल्कि कुछ कर गुजरना भी चाहते हैं। चाहे वे एक छोटी-सी थाप ही लगा पाएँ, लेकिन सच्चाई और अच्छाई के पक्ष में वे अपनी यह छोटी-सी भूमिका निभाने में हिचकते नहीं हैं। इस लिहाज से कहानी उनके लिए सिर्फ 'रस' या मनोरंजन का खजाना ही नहीं, बल्कि जीवन का निर्माण करनेवाली किसी जिंदा शख्सियत या उत्फुल्ल प्रेरणा की तरह भी है। यही वजह है कि आज की बाल कहानियों में न सिर्फ बच्चों की सक्रिय उपस्थिति बढ़ी है, बल्कि यहाँ वे अपनी पूरी रचनात्मक शक्ति, ऊर्जा और खिलंदड़ेपन के साथ मौजूद नजर आते हैं, जैसे इन बाल कहानियों से उन्हें जो शक्ति और रचनात्मक प्रेरणा मिलेगी, उससे वे अपनी पढ़ाई, खेल-कूद और दूसरे तमाम कामों को कहीं अधिक बेहतर ढंग से कर पाएँगे।

आज की बाल कहानियों की एक और बड़ी खासियत दु:खी और कमजोर लोगों के साथ कहानीकार ही नहीं, बल्कि बच्चे का भी सच्चा प्यार और गहरी हमदर्दी का होना है। इन बाल कहानियों में कमजोर और गरीब लोगों के लिए बच्चे का यह प्यार या हमदर्दी कोरी हवाई या दिखावटी नहीं है, बल्कि बच्चे उस दर्द को निकट से महसूस करके अपने आपको बदलने और कुछ कर दिखाने के लिए विकल होते हैं। आज की बाल कहानियों में ऐसे उदाहरण कदम-कदम पर नजर आते हैं और यह मैं समझता हूँ, एक बड़ी चीज है, क्योंकि आज किसी बच्चे के नजरिए में जो बदलाव आया है, उससे कल की दुनिया एकाएक बदल जानेवाली है।

गोपीचंद श्रीनागर की 'पानीवाली लड़की', सरोजिनी कुलश्रेष्ठ की 'बबीता' जैसी कहानियाँ इसी संवेदना को अपने-अपने ढंग से विस्तार देती हैं। गोपीचंद श्रीनागर (ज. 1934) की 'पानीवाली लड़की' एक गरीब लड़की है, जिसने फटा-पुराना फ्रॉक पहना हुआ है और वह पानी बेचकर दो पैसे कमा लेने के लिए घर से निकली है! पूछने पर पता चला, ट्रेन में लोटा भरकर स्वच्छ पानी बेचनेवाली इस लड़की का नाम मीना है और फिर उसकी कहानी भी पता चली कि वह यात्रियों को जो मीठा पानी पिलाकर पैसे इकट्ठे करती है, ये पैसे उसके पढ़ने के काम आएँगे। यह लड़की पानी जरूर बेचती है, लेकिन बेईमानी से पैसे कमाने में उसका यकीन नहीं है। इसलिए जैसे ही बस रेंगती है, वह बाकी पैसे लौटाती हुई सुरीली आवाज में कहती हैं, "बाबूजी, यह लीजिए अपने पचास पैसे!" और तब उन यात्रियों के चेहरे उतर जाते हैं, जो उसे बेईमान कहकर मजाक उड़ा रहे थे। सरोजिनी कुलश्रेष्ठ (ज. 1923) की 'बबीता' भी ऐसी ही एक गरीब लड़की की कहानी है, जो दूसरों के घर काम करके भी हर हाल में पढ़ लेना चाहती है।

जगजीत सिंह (ज. 1955) की खूबसूरत कहानी 'नन्ही शिक्षिका' (2002) की नायिका एक नन्ही बच्ची है, जो अड़ोस-पड़ोस के धोबियों को पढ़ाना शुरू करती है और इस काम में उसे इतना आनंद आता है कि अपनी अद्भुत लगन के कारण सब ओर इस भली-भली-सी नन्ही शिक्षिका की कीर्ति फैल जाती है।

शंकर सुल्तानपुरी की 'खिलौनेवाली' संग्रह में भी पठनीय कहानियाँ हैं। इसी तरह देवेंद्रकुमार की 'निमंत्रण', 'साइकिल', 'पूरी बाबा' समेत कई कहानियाँ हैं, जिसमें जीवन की तलछट में जीनेवाले लोगों का दर्द और पीड़ा कहानी के शब्द-शब्द में बह निकली है।

ताजगी के स्वर : नए लेखकों की कहानियाँ

इधर ऐसे लेखकों की एक कतार नजर आने लगी है, जिन्होंने मोटे तौर से बीसवीं शताब्दी के आखिरी दशक से अपने लेखन की शुरुआत की और अब धीरे-धीरे एक पहचान ग्रहण कर रहे हैं। इन लेखकों में परंपरागत ढंग की कहानियाँ लिखनेवाले लेखक हैं, तो ऐसे लेखक भी कम नहीं हैं, जो अपनी भाषा और शैली में निरंतर प्रयोग करके उसे माँजते और बच्चों के मन और आकांक्षाओं के नजदीक ले जाते दिखाई पड़ते हैं। इधर के नए लेखकों की पीढ़ी की कहानियों में नई चुनौतियों तो आ ही रही हैं, साथ ही बच्चों को शिष्ट, शालीन और धैर्यवान बनकर आगे बढ़ने और बारीक इशारों में दूसरों के लिए कुछ करने की सीख देने की कोशिश भी दिखाई पड़ जाती है। हालाँकि यह सब बाल कहानी के छोटे-से कलेवर में, उसकी भाषा और शिल्प में ढलकर ही सामने आता है। इस लिहाज से नए लेखकों की पीढ़ी की रचनाओं में भाषा के स्तर पर थोड़ा बहुत कच्चापन भले ही हो, लेकिन बाल कहानियों की उनकी दृष्टि और समझ निश्चित रूप से अचूक है। लिहाजा वे बच्चों से सीधा-सीधा रिश्ता बना पाती हैं।

यही नहीं, नौवे दशक में उभरी बाल कथाकारों की पीढ़ी में अपने समय और बच्चों की नन्ही दुनिया की छोटी-बड़ी समस्याओं के प्रति सचेत भाव और संवेदनशीलता कहीं अधिक है। यह इस दौर में लिखी गई बाल कहानियों को पढ़ने पर बार-बार पता चलता है। सूर्यनाथ सिंह (ज. 1966) की बाल कहानियों में एक नए ढंग की ताजगी है, जिससे वे बच्चों को खासकर आकर्षित करती हैं। 'शेरसिंह को मिली कहानी' (2004) संग्रह में सूर्यनाथ सिंह की ऐसी कहानियाँ हैं, जिनमें एक-से-एक नए रंग और छवियाँ नजर आती हैं। खास बात यह है कि सूर्यनाथ सिंह की ज्यादातर बाल कहानियों का नायक बच्चा ही है। उसकी भोली नटखट शरारतें, छोटी-छोटी इच्छाएँ और छोटे-बड़े कारनामे ही अकसर सूर्यनाथ सिंह की खूबसूरत बाल कहानियों के रूप में ढलकर सामने आते हैं। मसलन 'राहुल और काकुल' में एक छोटे बच्चे राहुल की कहानी है, जिसे नाचता हुआ मोर अच्छा लगता है और उसकी इच्छा होती है कि वह मोर उसका दोस्त बन जाए। उसने उस मोर का नाम काकुल रख दिया है। एक दिन राहुल की खुशी का ठिकाना नहीं रहता, जब उसे काकुल अपने ही लॉन में भागता हुआ दिखाई पड़ जाता है। वह उसे पकड़ने की कोशिश करता है। कहानी के अंत में हम राहुल को उसके पंखों पर हाथ फिराते हुए बातें करते देखते हैं, "सॉरी काकुल मुझसे गलती हो गई, अब मैं तुम्हें परेशान नहीं करूँगा। तुम्हारे बिना अच्छा नहीं लगता काकुल।"

सूर्यनाथ सिंह के यहाँ बड़ा सहज हास्य भी है। उनकी कहानी 'मोदकमल से मिले गपोड़ी' के अनोखे ठाटदार पात्रों मोदकमल और गपोड़ीजी का किस्सा बड़ी आंतरिक मस्ती और सधे हुए सुर-ताल में चलता है और ये दोनों ही अजूबा किस्म के पात्र खुद सीरियस रहकर अंत तक पाठकों को एक मीठी खुदर-खुदर के साथ हँसाते हैं। पर सूर्यनाथ चुप रहकर गहरी चोट करना भी जानते हैं। उनकी 'पिज्जावाला' ('बालवाटिका',

नवंबर 2016) कहानी तो इस मामले में अविस्मरणीय है। सूर्यनाथ सिंह की इधर लिखी गई एक-से-एक सुंदर कहानियों का संग्रह है, 'तोड़ी कसम फिर से खाई' (2014)।

पंकज चतुर्वेदी (ज. 1963) की कहानियों की अलग तासीर भी मन पर गहरा असर डालती है और उन्हें भुला पाना मुश्किल है। उनकी चर्चित कहानी 'बेलगाम घोड़ा' कहने को विज्ञान कथा है, पर किसी विज्ञान कथा को कितना सरस और दिलचस्प कलेवर दिया जा सकता है, यह इस बेहद पठनीय और बिल्कुल नए अंदाज की विज्ञान कथा को पढ़कर जाना जा सकता है। पुराने जमाने के खारिज किए जा चुके कंप्यूटर जिस कबाड़खाने में बंद थे, उसमें पता नहीं कैसे एक वायरस सक्रिय हो गया और अजब-गजब तमाशे होने लगे। ऐसे में कबाड़खाने में पड़े कंप्यूटरों में जो दिलचस्प संवाद होते हैं और उस कबाड़खाने में एक से एक मजेदार दृश्य उपस्थित होते हैं, उनकी कल्पना भी शायद मुश्किल थी। विज्ञान की तकनीकी शब्दावली का इस्तेमाल करके भी पंकज अपनी कहानी को जरा भी बोझिल नहीं बनने देते और उसमें एक दिलचस्प परीकथा का सा आनंद आता है। उनकी इस कला की तारीफ करनी होगी। पंकज चतुर्वेदी की प्रदूषण पर केंद्रित एक परीकथा भी अकसर याद आती है, जो 'बालवाटिका' के नवंबर, 2016 अंक में छपी है। इसमें एक बेहद लाचार परी है और उसकी लाचारी की यह कहानी ही बड़े मार्मिक ढंग से कह जाती है कि अपनी धरती के प्रदूषण को किस कदर खौफनाक दैत्य में हमने बदल दिया है! और इराक जैसे मुल्कों की धरती तो बारूदी गंध से इस कदर पट चुकी है कि वहाँ साँस लेना तक मुश्किल है। कहानी में जादुई शक्तियोंवाली एक परी की बेचारगी वह अनकहा भीषण सच कह जाती है, जिसे किसी और ढंग से शायद कहा ही नहीं जा सकता। कुछ अरसा पहले पंकज चतुर्वेदी की चुनिंदा बाल कहानियों का संग्रह 'बेलगाम घोड़ा व अन्य कहानियाँ' (2015) छपा है, जिसमें उनकी कई चर्चित कहानियाँ शामिल हैं। 'गुल्लो बड़ी हो गई है' (2011) भी पंकज की सुंदर कहानी है।

संजीव ठाकुर (ज. 1967) भी इधर की पीढ़ी के सशक्त हस्ताक्षर हैं। उनकी कहानियाँ पत्र-पत्रिकाओं में अकसर देखने को मिल जाती हैं। संजीव की कहानियाँ चाहे लोक परिवेश को लेकर हों या आधुनिक बच्चे की मुश्किलों से जुड़ी हों, उनमें अभिव्यक्ति का बाँकपन और एक तरह की चुस्त नाटकीयता अकसर आकर्षित करती है। उनकी पिछले कुछ बरसों में छपी चर्चित कहानियाँ हैं, 'कबूतर आंटी', 'धपरो', 'दुष्ट कौआ', 'दो दोस्तों की कहानी' और 'चुन्नू मुन्नू का स्कूल'। इनमें 'कबूतर आंटी' बड़ी ही खूबसूरत कहानी है, जिसमें एक छोटी बच्ची की अबोध नजरों से कबूतर-कबूतरी और उनके पूरे परिवार को देखने पर चीजें इतनी मनोहारी और दिलचस्प लगने लगती हैं कि मन में एक मीठी गुदगुदी सी होती है। बच्चे की नजर यों भी हर चीज पर सुंदरता की कूची सी फेर देती है। इस छोटी सी कहानी को भी इसी ने नायाब बना दिया है। इसी तरह 'धपरो' लोक परिवेश से जुड़ी बड़ी दमदार कहानी है। संजीव ठाकुर की 'दुष्ट कौआ', 'दो दोस्तों की कहानी' और 'कबूतर आंटी' पशु-पक्षियों को लेकर लिखी गई बड़ी मजेदार कहानियाँ हैं। 'चुन्नू-मुन्नू का स्कूल' में घर से भागने वाले चुन्नू-मुन्नू की शरारतें हैं, मगर अंत तक आते-आते उन्हें खुद ही समझ में आ गया कि इस तरह बिना बात यहाँ-वहाँ भटकने से अच्छा है कि स्कूल ही चले जाएँ। संजीव ठाकुर ने अंगिका लोककथाओं पर आधारित कुछ रोचक कहानियाँ भी लिखी हैं। उनकी बाल कहानियों के संग्रह हैं, 'यहाँ ऐसा वहाँ वैसा' तथा 'चुन्नू-मुन्नू का स्कूल'।

इसी तरह प्रह्लाद श्रीमाली (ज. 1956) की कहानियों की अलहदा पहचान है। 'इनसानियत का फल देने वाले पेड़' ('बालवाटिका', जून 2016) उनकी बड़ी सहज कहानी है। यहाँ चरित्र और रिश्ते बड़े आत्मीय किस्म के हैं और कहानी कोई अच्छी बात बच्चे तक पहुँचाने की कोशिशों से निकलती है। पर घर के बड़े सदस्यों का तरीका इतना अपनेपन के अधिकार से भरा है और मनोवैज्ञानिक धरातल पर चलता है कि बच्चा न सिर्फ उसे ग्रहण करता है, बल्कि उसमें एक सहज कृतज्ञता भी नजर आती है। यों पर्यावरण की समस्या हो या बच्चे की पढ़ाई-लिखाई से जुड़ी कोई चिंता, प्रह्लाद श्रीमाली बाहर से कहीं अधिक भीतर के पर्यावरण की चिंता करते हैं, क्योंकि वह बिगड़ा तो कुछ भी बचनेवाला नहीं है।

युवा कथाकार रमाशंकर (ज. 1970) की बाल कहानियाँ भी ध्यान खींचती हैं। रमाशंकर की कहानियाँ आज के बच्चों की समस्याओं और मन:स्थिति को समझने की कोशिश करती हैं, पर कई बार वे थोड़ी सी बोझिल भी हो गई लगती हैं। रमाशंकर की 'गंगाराम पकड़ा गया' अच्छी कहानी है, जो एक मुनाफाखोर सेठ की पोल खोलती है। 'जस्सी और अन्य कहानियाँ' (2007) संग्रह में रमाशंकर की बाईस कहानियाँ शामिल हैं, जिनमें 'जस्सी', 'डिटेक्टिव जोजो' और 'फँस गए खर्चीलेलाल' जैसी विविध रंगों की कहानियाँ हैं। इनमें परंपरागत ढंग की वर्णात्मक कहानियाँ हैं तो जासूसी और विज्ञान कथाएँ भी। जासूसी कहानियों और विज्ञान कथाओं में रमाशंकर को खासकर सफलता मिली हैं। यों उनकी ज्यादातर कहानियाँ किशोर पाठकों को ध्यान में रखकर लिखी गई हैं। अगर वे सहज भाषा में कुछ धैर्य के साथ रची हुई कहानियाँ लिखें तो उनका प्रभाव और बढ़ेगा।

जाकिर अली 'रजनीश' (ज. 1975) की कहानियाँ भी सहज ही मन को छू लेती है। उनकी 'सुम्मी का सपना', 'बेबी माने अप्पी', 'मैं स्कूल जाऊँगी' और 'टी फॉर टीचर' एक छोटी बच्ची को केंद्र में रखकर लिखी गई बड़ी अबोधता और मासूमियत भरी कहानियाँ हैं। शुरू में उसके मन में स्कूल और स्कूल की मैडम को लेकर न जाने कैसे-कैसे भय हैं। वह क्लास में डरी-डरी रहती है, लेकिन टीचर का स्नेहिल चेहरा उसके सारे भय और आशंकाओं को धो देता है और अचानक उसे लगने लगता है कि टीचर कितनी प्यारी हैं और वह उत्साह से भरकर कहती है, 'मैं स्कूल जाऊँगी।' 'सुम्मी का सपना' में भी एक छोटी बच्ची की पढ़ने और स्कूल जाने की ललक है। इन कहानियों में जाकिर अली 'रजनीश' ने बड़े प्यार से यह संदेश गूँथ दिया है कि हर बच्चा पढ़ना चाहता है अगर उसे प्यार से पढ़ाया जाए, मगर दुर्भाग्य से हमने शिक्षा को इतना रूखा-सूखा और आतंकपूर्ण बना दिया है कि बच्चे उससे दूर भागते हैं। ऐसी शिक्षा बच्चों के लिए मानसिक उत्पीड़न से कम नहीं है। जाकिर अली 'रजनीश' ने कई उम्दा ऐतिहासिक कहानियाँ भी लिखी हैं। जाकिर की चुनिंदा बाल कहानियों के संग्रह 'जाकिर अली 'रजनीश' की श्रेष्ठ बाल कथाएँ' (2008) में उनकी इक्कीस चर्चित बाल कहानियाँ शामिल हैं। इनमें से ज्यादातर कहानियों के पात्र बच्चे ही हैं, जिनका भोला मन, छोटी-बड़ी उलझनें और जिज्ञासाएँ सहज ही इन कहानियों में ढल जाती हैं।

इसी तरह नए और संभावनाशील लेखकों में मो. साजिद खान (ज. 1976) की आज के जीवन-यथार्थ से एकदम सटकर चलती कहानियाँ बाल पाठकों के मन पर गहरा असर छोड़ती हैं। 'मन का रिश्ता' (2002) संग्रह में साजिद की ऐसी कई कहानियाँ हैं। इनमें 'महबूब मियाँ का इक्का' तो भुलाई ही नहीं जा सकती।

कहानी 'महबूब मियाँ का इक्का' में एक बूढ़े महबूब मियाँ हैं, जो शुरू से इक्का चलाते आए हैं, लेकिन अब जमाना बदल गया। महबूब मियाँ अब अकेले, उदास रहने लगे, मगर उन्होंने अपनी पुरानी टेक नहीं छोड़ी। मेले के अंत में अपनी सवारियों का इंतजार करने के बाद खाली इक्का लिये लौटते महबूब मियाँ की ईमानदारी के दर्द को साजिद ने इस कहानी में खूब मार्मिकता से बयान किया है। इसी तरह 'बालवाटिका' के जून 2015 अंक में छपी साजिद खान की कहानी 'बरगदी गाँव' बड़ी ही संवेदनात्मक कहानी है। जब सारा गाँव बरगद को ढहाने के बाद सड़क निकल जाने की खुशी को किसी अंधे उन्माद की तरह जी रहा है, तब अकेला बटेसर ही है, जो सौ लटिया बरगद के लिए अकुलाता, सिसकता है, किसी ऐसे बेटे की तरह, जिसकी आँखों के आगे उसके बाप का वध हो रहा है। कहानी के अंत में बरगद के उस विशाल पेड़ को काटे जाने और सब ओर धूल और स्तब्धता छा जाने का दृश्य किसी करुण शोकगीत की तरह हमारी आत्मा में बजने लगता है।

पर साजिद की शायद सबसे पुरअसर कहानी है, 'लटकन मियाँ' ('बालवाटिका', जनवरी 2017)। इस कहानी में वे पतंगबाजी के उस्ताद मियाँ लटकन की जो तसवीर उभारते हैं, वह हमेशा-हमेशा के लिए दिल के परदे पर छप जाती है। बुढ़ापे में लटकन मियाँ का अकेलापन और उदासी, यहाँ तक कि घर-परिवार में जाने-अनजाने दुरदुराया जाना, पर एक दिन नई पीढ़ी के कुछ लड़के आए लटकन मियाँ से पतंग की जादूगरी सीखने तो उनके भीतर से वही उस्ताद पतंगबाज निकला, जिसके आगे अच्छे-अच्छे पानी माँगते थे। कहानी का अंत बेहद मार्मिक है। इतनी लंबी कहानी को किस्सागोई के रस से आखिर तक जानदार और दिलचस्प बनाए रखना, साजिद की ही कला का जादू है। साजिद खान की चार सुंदर और भावपूर्ण बाल कहानियों का संग्रह है, 'रहमत मियाँ का घोड़ा' (2011)। ये चारों पठनीय तथा बाल पाठकों को अपने साथ बहा ले जानेवाली कहानियाँ हैं।

मो. अरशद ख़ान (ज. 1977) इधर की पीढ़ी के सशक्त कथाकारों में से हैं, जिनकी बाल कहानियों में प्रेमचंद की तरह किस्सागोई का रस है। वे उन संभावनापूर्ण कथाकारों में से हैं, जिनकी हर कहानी कुछ न कुछ नया लेकर आती है। किसी छोटी सी बात को भी खूबसूरत कहानी में ढाल देना उन्हें आता है, इसलिए उनकी कहानियाँ सबसे अलग नजर आती हैं। अरशद की एकदम अलग-सी कहानी है 'किराए का मकान'। एक बहुत छोटी सी कहानी। लगभग घटनाहीन, लेकिन जब से मैंने इसे पढ़ा है, इसका असर और गूँजें-अनुगूँजें लगातार बढ़ती ही गई हैं। हुआ यह कि एक किराए के मकान में पुराने किराएदार गए और उनकी जगह नए आ गए। इन नए किराएदारों में एक छोटा सा बच्चा भी है, जिसका ध्यान पुराने किराएदारों की छूटी हुई छोटी-छोटी चीजों पर जाता है। तब उसे मालूम पड़ता है, इस मकान में उस जैसा ही एक छोटा-सा बच्चा भी रहता था। उसकी एक बहन थी। वे कैसे-कैसे मजेदार खेल खेलते थे, क्या-क्या उनके शौक थे। छूटी हुई चीजें मानो इस सबकी कहानी कह रही हैं और अब इस बच्चे के मन में उन दो छोटे बच्चों के लिए, जो यह मकान छोड़कर जा चुके हैं, जैसा गहरा-गहरा लगाव पैदा होता है, उसे मो. अरशद खान ने बड़े कमाल के ढंग से एक छोटी-सी कहानी में इस तरह गूँथ दिया है कि यह कहानी भुलाए भूलती ही नहीं।

कुछ अरसा पहले छपी अरशद खान की 'पानी-पानी रे' (बालाटिका जून 2015) कहानी भी ध्यान खींचती है। एक सुबह पानी के न होने पर घरों और सार्वजनिक नल पर मचे हड़कंप की क्या ही खूबसूरत

तसवीर खींचते हैं अरशद, जिसमें अविकल और बड़ी सजीव दृश्यात्मकता है, जैसे आँखों के सामने कोई क्षिप्र नाटक चल रहा हो। इस नाटक का चरम तब सामने आता है, जब पंप हाउस के कर्मचारी मंडल ने पंप सुधारा, पानी फिर से आने लगा और फिर सब पानी को उसी बेरहमी और लापरवाही से बरबाद करने लगे, जिसे अभी दो घड़ी पहले बूँद-बूँद जमा करने के लिए वे बेचैन थे। कहानी के अंत में कही गई मंडल की बात कि 'कॉलोनी का पंप खराब हुआ तो फिर से बन गया, पर कभी इस धरती का पंप खराब हो गया तो… ?' मानो कहानी के फ्रेम से बाहर हमारे समय का एक चेतावनी संदेश बन जाता है। एक मामूली से आदमी ने ऐसा गूँजदार सवाल कर दिया, जिसका उत्तर हमें और हमारे समय को देना ही होगा, वरना हम जीते जी एक बरबादी का इतिहास लिखकर जाएँगे… ! 'सच होते-होते' (2012) और 'जंगल से होकर' (2013) संग्रहों में अरशद की कुछ सुंदर बाल कहानियाँ पढ़ने को मिलती हैं। जाकिर अली 'रजनीश' ने अरशद खान की चुनिंदा कहानियों का एक सुंदर संचयन तैयार किया है, 'मोहम्मद अरशद खान की श्रेष्ठ बाल कथाएँ' (2012)। इसमें अरशद की चुनी हुई उन्नीस यादगार कहानियाँ शामिल हैं।

मुकेश नौटियाल (ज. 1971) की 'स्कूल में अन्ना' भी बहुत मार्मिक, बल्कि लगभग स्तब्ध कर देनेवाली कहानी है। इस कहानी में गाँव में संयुक्त परिवार में रहने वाला छोटा सा बच्चा अन्ना, जो अपने चाचाओं और पूरे घर का लाड़ला है, एकाएक यह भरा-पूरा प्यारभरा हँसता-किलकता संसार छोड़कर अपनी माँ के साथ शहर चला आता है। वहाँ उसका स्कूल में दाखिला करा दिया जाता है। उसी स्कूल में, जहाँ उसकी माँ मुख्याध्यापिका है। अब अन्ना के जीवन में इतना सूनापन, इतना अकेलापन भर जाता है कि जब उसका चाचा उससे मिलने के लिए गाँव से चलकर स्कूल आता है, तो अन्ना अकेला बैठा अपने आप ही बड़बड़ा रहा होता कि 'मैंने शरारतें की थीं, उसी का मुझे यह फल मिला है। लेकिन तुम ये शरारतें कभी न करना चाचा!' अन्ना की यह बड़बड़ाहट सुनकर कथानायक की आँखें छलछला आती हैं तो साथ ही साथ पाठक की आँखें भी भीगने लगती हैं। लेकिन कहानी का इससे भी मर्मांतक क्षण वह है कि जब कहानी के अंत में यह राज खुलता है कि अन्ना ने अपने अकेलेपन को काटने के लिए एक बूढ़े पेड़ को दादी मान लिया था और बाकी पाँच पेड़ों को पाँच चाचा। और अब वह अकेला देर-देर तक उन्हीं से बतियाता हुआ, उनके आगे अपने मन का दुःख प्रकट किया करता था, मानो इन पेड़ों से ही उसे वह सहानुभूति मिल जाएगी, जिससे वह अपने अकेलेपन में भी टूटेगा नहीं।

मुकेश नौटियाल ने इसी भोलेभाले नटखट अन्ना को नायक बनाकर 14 कहानियाँ लिखी हैं, जिनके जरिए आज के बच्चे की मुश्किलों और उलझनों को दर्शाया गया है। 'बहुत कठिन है डगर' में बच्चे के सिर पर लाद दिए गए पढ़ाई के बोझ और बच्चे के उसके नीचे दबे होने की मार्मिक अभिव्यंजना है। ऐसे ही 'खेल-खेल में' मुकेश नौटियाल की सुंदर कहानी है, जिसमें अन्ना चाचा के साथ शतरंज खेलते हुए चतुराई से उनकी ज़ीती हुईं कुछ मोहरें अपनी तरफ रख लेता है, हालाँकि अन्ना यह भी नहीं चाहता कि चाचा खेल में हार जाएँ। अन्ना की यह नन्ही दुविधा मुकेश नौटियाल की इस कहानी में बखूबी सामने आती हैं। 'दोस्त बहादुर' में एक विकलांग नेपाली बच्चा है, लेकिन उसे मेहनत करके कमाना पसंद है, किसी की दया उसे अच्छी नहीं लगती। 'सरकारी दादी' में सबको प्यार करने वाली ऐसी दादी है, जो सबका खयाल रखती है और उसके पास हर

कोई अपना दुखड़ा सुनाने जा सकता है। इसीलिए अब वे सरकारी दादी कहलाती हैं। 'जमुना मेरी माँ' और 'सुंदर सी सुंदरी' मुकेश की गायों पर लीक से हटकर लिखी गईं कहानियाँ हैं। इसी तरह 'इमरती' और 'तीसरा इनाम' कहानियाँ भी याद रह जाती हैं। मुकेश नौटियाल की कहानियों में कुछ अलग दर्द और एहसास है, जो उन्हें आज के बाल कहानीकारों में विशिष्ट बनाता है। काश उनकी कहानियों का कोई अच्छा संचयन सामने आ पाता!

बच्चे के मन को पढ़ने की ऐसी ही कुछ उम्दा कोशिशें ससि बिष्ट की 'बब्बू जी की तीर्थ यात्रा' और मेधाविनी मोहन की 'हँसती कली' कहानियों में नजर आती हैं। ये कहानियाँ आश्चर्यजनक ढंग से एक-दूसरे से अलग हैं, लेकिन अपने जुदा तरीकों से वे बच्चे के मन को टोहने-टटोलने में बेशक कामयाब होती हैं। इसी से समझा जा सकता है कि अब बाल कहानियों में 'टाइप्ड' चरित्रों और निश्चित अंतवाले बने-बनाए कथानकों का जमाना चला गया। जब तक हर कहानी अपने बिल्कुल अलग अंदाज में बच्चे तक नहीं पहुँचती, तो उसे बाल कहानी या कोई 'क्रिएटिव' रचना कहना मुश्किल है। इनमें ससि बिष्ट की 'बब्बू जी की तीर्थ-यात्रा' में बब्बूजी का नटखटपन और बातूनीपन ही याद नहीं रहता, बल्कि पूरी कहानी में शुरू से आखिर तक उनके नटखट बातूनीपन की रंग-छवियाँ सजी नजर आती हैं। इन सबके बीच कभी-कभी तो नानाजी को भी 'मीठा उपदेश' देते हुए बब्बूजी का जो लुभावना चित्र बनता है, उसे भुला पाना क्या आसान है! मेधाविनी मोहन की 'हँसती कली' में एक बालिका परेशानी में पड़े अपने एक भले सहपाठी की मदद करती है तो पूरी क्लास में उसका मजाक उड़ता है, मगर वह इसकी परवाह नहीं करती। फिर एक दिन रफीक नाम का यह बालक बिछुड़ता है तो तोहफे के रूप में बालिका को गुलाब का एक पौधा दे जाता है। उस गुलाब के पौधे में जब कोई नई कली आती है तो बालिका के चेहरे पर भी खुशी मँडराने लगती है।

नागेश पांडेय 'संजय' (ज. 1974) ने भी इस दौर में निरंतर बाल कहानियाँ लिखीं। उनकी बाल कहानियों के संग्रह हैं, 'भाग गए चूहे', 'अपमान का बदला', 'नेहा ने माफी माँगी', 'दीदी का निर्णय', 'मुझे कुछ नहीं चाहिए' और 'यस सर, नो सर'। इनमें 'भाग गए चूहे' में ज्यादातर जानवरों को लेकर लिखी गई कहानियाँ हैं, जो एक बनी-बनाई लीक से बाहर निकलने का खतरा नहीं उठातीं। 'अपमान का बदला' संग्रह की 'कल करे सो आज कर' कहानी जरूर मन को छू लेती है। यह एक नन्ही-सी चींटी और उसकी मम्मी चींटी की कहानी है। नागेश की 'नेहा ने माफी माँगी' संग्रह की 'देखा तो चौंकी' और 'नेहा ने माफी माँगी' कहानियाँ भी कुछ अलग ढंग की हैं। 'दीदी का निर्णय' में नागेश की बारह छोटी-छोटी बाल कहानियाँ शामिल हैं, जिनके मुख्य चरित्र बच्चे ही हैं। 'मुझे कुछ नहीं चाहिए' संग्रह की शीर्षक कथा बड़ी सुंदर और भावनात्मक है, जिसमें एक बच्चे का सच्चा पछतावा और ग्लानि है। 'यस सर नो सर' में नागेश पांडेय 'संजय' की किशोर कहानियाँ शामिल हैं, जिनमें शीर्षक कथा 'यस सर नो सर' के अलावा 'मन का डर', 'क्या मेरे पापा भी…', 'नया टेलीफोन' और 'नेहा की दीदी' पढ़ने लायक कहानियाँ हैं।

रावेंद्रकुमार 'रवि' की अधिक कहानियाँ पढ़ने को नहीं मिलीं, पर उनकी कहानियाँ का एक अलग सम्मोहन है। बड़ी सहज, पर गठी हुई कहानी वे लिखते हैं। 'बालवाटिका' के फरवरी 2016 अंक में छपी 'तितली उड़कर जा रही है' उनकी खूब सधी हुई कहानी है। इसमें दो नन्ही बहनों नयना और सलोनी के चरित्र

खूब उभरे हैं और नन्ही सी नयना की नन्ही सी उलझन भी, जिसका राज एकदम अंत में खुलता है। यह सचमुच रावेंद्र की बड़े ही कोमल स्पर्श की कहानी है। पिछले दिनों बलराम अग्रवाल की भी कुछ दमदार कहानियाँ पढ़ी हैं। इनमें 'बेबी गिलहरी और छोटा खरगोश' बाल मन की अबोधता से जुड़ी बड़ी सुंदर और चंचलता भरी कहानी है। काश, उनकी ऐसी ही शानदार कुछ और कहानियाँ पढ़ने को मिलतीं!

जितेंद्र 'जीतू' (ज. 1965) ने बड़ों के साथ-साथ बच्चों के लिए भी कुछ कहानियाँ लिखी हैं, जिसमें उनका अंदाजेबयाँ कुछ अलग है। उनकी बाल कहानियों के संग्रह हैं, 'झूठ बोले कौआ काटे' तथा 'कटी पतंग'। 'झूठ बोले कौआ काटे' (2007) में जीतू की दस बाल कहानियाँ हैं, जिनमें 'नाचती किताबें' और 'चाचा चौधरी इंदिरा पार्क में' एकदम नए अंदाज की याद रह जानेवाली कहानियाँ हैं। 'हाफ पैंट', 'जस्सी जैसी जमीला' और 'वाह क्या सीन है' भी उनकी अच्छी बाल कहानियाँ है। 'कटी पतंग' (2017) संग्रह में भी जीतू की कुछ अच्छी कहानियाँ हैं। इनमें शीर्षक कहानी 'कटी पतंग' के अलावा 'मन्नू मोबाइल' और 'गधे का भूत' कहानियाँ पढ़ने लायक हैं। इन कहानियों को पढ़ते हुए जीतू की अपनी कला, अपने खास अंदाज का पता चलता है। हालाँकि जीतू के यहाँ कुछ साधारण कहानियाँ भी हैं। उन्हें पिटे-पिटाए ढर्रे पर कहानियाँ लिखने से बचना चाहिए।

पिछले कुछ अरसे से मंजरी शुक्ला (ज. 1977) की कहानियाँ भी निरंतर छप रही हैं। उनकी बाल कहानियों में ज्यादातर परीकथाओं सरीखी फंतासी है, पर वे कोशिश करके उसमें कुछ न कुछ नयापन भी ले आती हैं। इस कारण उनकी कहानियाँ आज के समय और बच्चे के मन से जुड़ती हैं। उनकी तीस बाल कहानियों का संग्रह है, 'जादुई गुब्बारे' (2014)। इसमें कुछ अच्छी और पढ़ने लायक कहानियाँ हैं, तो पिटे-पिटाए ढर्रे की कहानियाँ भी। इधर 'फूलों का रंग' (2016) शीर्षक से मंजरी शुक्ला की बाल कहानियों का नया संग्रह छपा है, जिनमें फंतासी और कल्पना के नए रंग हैं। पुस्तक में कछ सुंदर और पढ़ने लायक परीकथाएँ हैं। इसी तरह नए संभावनाशील उमेशकुमार (ज. 1981) की कई कहानियाँ पत्र-पत्रिकाओं में पढ़ने को मिली हैं। 'जनसत्ता' की रविवारी पत्रिका में प्रकाशित उनकी 'रिंकू और टिंकू' और 'चतुर गोपाल' बड़े चुस्त ढंग से लिखी गई मर्मस्पर्शी कहानियाँ हैं। इसके अलावा सहज नाटकीय विन्यास में लिखी उनकी कुछ और याद रह जानेवाली कहानियाँ हैं, 'आवाजें', 'मिल गई राह' 'चुन्नू की फौज' तथा 'दो दोस्त'। सुकेश साहनी की 'अक्ल बड़ी या भैंस' (2005) संग्रह में छोटे बच्चों के लिए लिखी गई कहानियाँ हैं। आशीष शुक्ला (ज. 1989) की पुस्तक 'सपनों का तकिया' (2011) में भी कुछ ठीक सी कहानियाँ हैं।

इधर के कहानीकारों में अनिल जायसवाल (ज. 1967) ने कुछ नए अंदाज की कहानियाँ लिखी हैं, जिनमें कल्पना भी है, नई सूझ भी। उनकी 'फुटबॉल की हवा', 'परीलोक में लैपटॉप' और 'रोबोट का सबक' कहानियाँ याद रह जाती हैं। इनमें 'परीलोक में लैपटॉप' और 'रोबोट का सबक' में परीकथा और फंतासी का मिला-जुला रूप है, तो फुटबॉल की हवा में आधुनिक परिवेश के समझदार बच्चे का चित्रण है। सुनीता तिवारी (ज. 1965) की कहानियों में कहीं भावुक कर देनेवाले कथानक हैं, तो कहीं मन की मुक्त उड़ान। उनकी एक कहानी में सपने देखनेवाली एक लड़की की उड़ान का चित्रण है, और यह उड़ान उसके मन की है। वह जीवन में कुछ बनकर दिखा देना चाहती है और यही उसका सपनों में उड़ना है। रश्मि बड़थ्वाल भी समर्थ बाल

कथाकार हैं, जिन्होंने शिशुकथाएँ बहुत अच्छी लिखी हैं। उनकी छोटी-छोटी कहानियाँ भी बड़ी नाटकीयता लिये हुए हैं। 'एक थी चिड़िया' रश्मि बड़थ्वाल की मन को छू लेनेवाली कहानी है।

इसके साथ ही देशबंधु शाहजहाँपुरी, मुरलीधर वैष्णव, सत्यनारायण 'सत्य', वैद्यनाथ झा, शिवचरण सरोहा और सिराज अहमद की अलग-अलग रंग-अंदाज की कहानियों की याद आ रही हैं। 'बालवाटिका' के मार्च, 2016 अंक में छपी देशबंधु शाहजहाँपुरी की होली की गाथा मन को भिगो देती है। उनकी यह कहानी निस्संदेह बड़ी रसमय है। टाइप्ड कहानियों से एकदम अलग। उनकी 'दादी जी का पेड़' कहानी भी अपनी आत्मीयता के कारण याद रह जाती है। देशबंधु के 'मुक्ति' (2003) संग्रह में उनकी छह बाल कहानियाँ संगृहीत हैं। मुरलीधर वैष्णव की कहानियों में भी बच्चे यथार्थ की जमीन से गहरे जुड़े हैं और गहरी संवेदना में डूबी उनकी बाल छवियाँ मन में रह जाती हैं। सिराज अहमद की 'रूपल रूठी है' को पढ़े काफी अरसा हो गया, पर उसकी सरल और चंचल रूपल अब भी आँखों में बसी है। सच पूछिए तो सिराज अहमद की बाल मनोविज्ञान से जुड़ी बड़ी सहज और स्वाभाविक कहानी है, 'रूपल रूठी है'। सत्यनारायण 'सत्य' की 'नेकी की दीवार' और ओमप्रकाश भाटिया की 'अपने काम अपने हाथ' में कुछ अलग कहने की तड़प है। इसी तरह वैद्यनाथ झा की कहानी 'हार नहीं मानूँगा' यथार्थ जीवन से जुड़ी कहानी है, जिसे भूल पाना कठिन है। 'बालवाटिका' के सितंबर, 2016 अंक में छपी शिवचरण सरोहा (ज. 1961) की एक छोटी बच्ची की पढ़ने की लगन और बड़ी सच्ची मासूमियत लिये हुए छोटी मगर पुरअसर कहानी 'दीदी, आप बहुत अच्छी हैं' अब भी जैसे साथ-साथ चली आती है। उनकी 'छोटा सांताक्लाज' कहानी भी बहुत अच्छी है। सचमुच भावुक कर देनेवाली। इन सभी कहानियों में जैसे अपने आपको पढ़वा लेने की होड़ है।

हिंदी कहानी के समकालीन परिदृश्य में तीन पीढ़ियों के लेखकों की यह उपस्थिति उसकी संभावनाओं के प्रति आश्वस्त करती है।

किस्म-किस्म की कहानियाँ

आज का युग वैज्ञानिक युग है, लिहाजा बच्चों की विज्ञान में स्वाभाविक रुचि है, जो निरंतर बढ़ती ही जाती है। आज के बाल कथाकारों ने भी ऐसी एक-से-एक खूबसूरत विज्ञान कथाएँ या विज्ञान फंतासी कथाएँ लिखी हैं, जो एक ओर पाठकों को रिझाती हैं, तो दूसरी ओर खेल-खेल में उन्हें विज्ञान के जटिलतम सिद्धांतों और एक नए रहस्यलोक से भी परिचित कराती चलती हैं। अरविंद मिश्र, हरीश गोयल, विष्णुप्रसाद चतुर्वेदी, हरिकृष्ण देवसरे, देवेंद्र मेवाड़ी, प्रकाश मनु, संजीव जायसवाल 'संजय', डॉ. प्रदीप मुखोपाध्याय 'आलोक', रमेश आजाद, जाकिर अली 'रजनीश', ओमप्रकाश कश्यप, रमाशंकर, अनिल जायसवाल, नास्तिक सरीखे बहुत से बाल कथाकारों ने उम्दा बाल विज्ञान कथाएँ लिखी हैं।

देवेंद्र मेवाड़ी ने विज्ञान और पर्यावरण पर केंद्रित कई सुंदर कहानियाँ लिखी हैं। उनकी विज्ञान फंतासी कथाएँ भी बड़ी रोचक हैं। पिछले दिनों उनकी कई यात्रा-कथाएँ पढ़ने को मिलीं, जो अपने में किसी दिलचस्प किस्से-कहानी से कम नहीं हैं। मेवाड़ीजी की 'सरोवरों की सैर' के साथ नैनीताल की सैर का आनंद ही क्या है और बाल पाठकों के साथ मैंने भी उसका पूरा लुत्फ उठाया। उनके देवी दादा बच्चों ही नहीं, हम बड़ों के

भी देवी दादा हैं। यहाँ इस यात्रा-प्रसंग में वे प्रकट नहीं हैं, पर पापा के रूप में उनकी अप्रकट उपस्थिति ही अनायास एक कथा-रस की सृष्टि करती है, जिससे यह यात्रा-वृत्तांत एक कहानी का-सा मजा देता है। अपने इस कथात्मक आलेख में थोड़े नटखट और शरारती अंदाज में बच्चों से बतियाते और उनके साथ वसंत के आनंदलोक की सैर करते हुए, मेवाड़ीजी ने वह सब बता दिया, जो शायद किसी लंबे लेख में भी बता पाना मुश्किल था। ऐसे ही 'बालवाटिका' के फरवरी 2017 अंक में भोपाल यात्रा के साथ-साथ मेवाड़ीजी ने बच्चों को पेड़-पौधों की दुनिया से अंतरंग संवाद करके उनके सुख-दुःख से परचने का जो रहस्य बताया, वह कोई बच्चा हो या बड़ा, भला कैसे भूल सकता है ? विज्ञान और पर्यावरण के निगूढ़ रहस्य भी देवेंद्र मेवाड़ी जिस सहजता से बाल पाठकों के अंतर्मन में बिठा देते हैं, वह कला प्रकृति के साथ लंबे साहचर्य से ही आती है। किसी स्कूल या विद्यालय में सीखनी नहीं पड़ती। देवेंद्र मेवाड़ी का पूरा लेखन इस बात का गवाह है।

प्रकाश मनु भी लंबे अरसे से विज्ञान फंतासी कथाएँ लिखते आ रहे हैं। उनकी 'लो चला पेड़ आकाश में' और 'मंगल ग्रह की लाल चिड़िया' सरीखी विज्ञान कथाओं की बहुत चर्चा रही है। 'लो चला पेड़ आकाश में' कहानी में महानगर के यातायात जाम जैसी परेशानियाँ झेल रहे अज्जू के पापा सुकांत भट्टाचार्य सोचते हैं, क्या ही अच्छा हो, अगर उनके घर के सामनेवाला पेड़ ही यान बन जाए। वे उस पर बैठकर रोज सुबह दफ्तर जाएँ और शाम को वहाँ से मजे में घर आ जाया करें। बात हँसी-हँसी में कही गई थी, पर सचमुच कुछ समय बाद ऐसा ही हुआ। उनके घर के सामने खड़ा पेड़ उड़ते हुए उन्हें दफ्तर ले गया और शाम को वापस ले आया। और फिर नाटकीय फंतासी से जुड़े एक से एक मजेदार किस्से इस कहानी में हैं। इसी तरह 'मंगल ग्रह की लाल चिड़िया' बड़ी दिलचस्प विज्ञान फंतासी कथा है। मन की तरंगों पर हवा में उड़नेवाली कुप्पू की कुरसी भी किसी आश्चर्यलोक से कम नहीं है। 'गोपी की फिरोजी टोपी' और 'पप्पू की रिमझिम छतरी' में कंप्यूटर और लेजर किरणों के कमाल से एक अद्भुत फंतासी हमारी आँखों के आगे साकार हो उठती है। यही नहीं, प्रकाश मनु की इन फंतासी कथाओं में कहीं कोई रोबोट गिलगिल सेवन चौकीदार बनकर सबको अचंभे में डाल देता है तो कहीं कोई शिंगाई फू शुम्मा चिड़िया छोटे बच्चों को एक अदृश्य लोक की सैर कराने ले जाती है, जहाँ का मंजर देखकर मन मुग्ध हो उठता है। प्रकाश मनु की विज्ञान फंतासी कहानियों के दो संग्रह छपे हैं, 'अजब-अनोखी विज्ञान कथाएँ' (2006) तथा 'विज्ञान फंतासी कथाएँ' (2015)।

विष्णुप्रसाद चतुर्वेदी भी जाने-माने विज्ञान-कथा लेखक हैं। 'आधुनिक विज्ञान बाल कहानियाँ' (2014) पुस्तक में उनकी तीस विज्ञान कथाएँ शामिल हैं, पर इनमें पर्याप्त विविधता है। यहाँ तक कि प्राचीन परंपराओं को भी विष्णुजी ने आधुनिक वैज्ञानिक संदर्भों में देखने और नए ढंग से व्याख्यायित करने की कोशिश की है। 'चमत्कार का रहस्य', 'ऐसी रही पहली स्पेस वाक', 'प्लूटो हुआ टीम से बाहर', 'मुफ्त का केक' उनकी चर्चित विज्ञान कथाएँ हैं। विष्णुप्रसाद चतुर्वेदी की विज्ञान कथाओं का एक और संग्रह है, 'कैक्टस के फूल' (2003)। इसमें उनकी आसपास के जीवन से जुड़ी दो विज्ञान कथाएँ हैं।

पिछले दिनों राजीव सक्सेना की भी कई सुंदर विज्ञान कथाएँ पढ़ने को मिलीं, जिनका आस्वाद एकदम अलग है। राजीव की इस बात के लिए तारीफ करनी होगी कि भारतीय संस्कृति में बहुत सी बातें और परिकल्पनाएँ, जो मिथक के रूप में मौजूद हैं, वे अपनी विज्ञान गल्पों में उन्हें न सिर्फ विज्ञान की कसौटी पर

परखते हैं, बल्कि कई बार तो उनके पीछे की वैज्ञानिक आधार पीठिका को बड़े ही तार्किक ढंग से पाठकों के आगे ले आते हैं। हालाँकि राजीव की विज्ञान कथाएँ अति वर्णनों के भार से कुछ अधिक दबी होने के कारण कई बार बोझिल हो जाती हैं। कैसे खेल-खेल में विज्ञान की बड़ी जटिल बातों को पाठकों के दिल में उतार दिया जाए, यह कला उन्हें दूसरे विज्ञान फंतासी लेखकों के विज्ञान गल्प से सीखनी चाहिए। यों उनकी जिन विज्ञान कथाओं ने मुझे प्रभावित किया, उनमें 'गणित' एक स्वाभाविक लय में चलती है। विचार भी एकदम नया और वर्णन सधा हुआ है। इसी तरह होली के रंगों, माँ की लोरियों और हिंदी भाषा सरीखी भारतीय परिवेश की सांस्कृतिक चीजों को भी बड़ी सक्षम विज्ञान कथाओं में गूँथ देना राजीव की ऐसी विशेषता है, जिसकी तारीफ करनी होगी।

जाकिर अली 'रजनीश' ने ऐसी कई विज्ञान कथाएँ लिखीं, जिनमें वैज्ञानिक तथ्यों के साथ फंतासी का अच्छा मेल है। इधर जाकिर अली 'रजनीश' की विज्ञान कथाओं का एक बड़ा संग्रह छपा है, 'विज्ञान की कथाएँ' (2006), जिनमें उनकी उन्नीस विज्ञान कथाएँ संगृहीत हैं। इनमें 'नेमो मेरा नौकर', 'रूबी का रोबट', 'समय के साथ', 'सुपरमैन', 'मेरा क्लोन दो' और 'अंतरिक्ष में स्टेशन' खासकर याद रह जाती हैं। जाकिर अली 'रजनीश' की विज्ञान कथाओं में विविधता के साथ-साथ विश्वसनीय वैज्ञानिक वातावरण की सृष्टि करने की कोशिश भी दिखाई देती है। इसलिए उनकी विज्ञान कथाएँ सिर्फ चमत्कृत ही नहीं करतीं, बल्कि खेल-खेल में बच्चों को नवीनतम वैज्ञानिक खोजों की जानकारी भी उपलब्ध करा देती हैं। लिहाजा ये एक साथ सिखाने और रिझानेवाली बाल कथाएँ हैं।

रमाशंकर की पुस्तक 'अंतरिक्ष का स्वप्नलोक' तथा बिलास बिहारी की 'आठ हजार वर्ष का बालक' में भी कई अच्छी और याद रह जानेवाली विज्ञान कथाएँ हैं। रमाशंकर की 'अंतरिक्ष का स्वप्नलोक' (2006) में उनकी दस विज्ञान कथाएँ शामिल हैं, जिनमें खासी विविधता है तथा रूटीन किस्म की विज्ञान कथाओं के अलावा दो-एक ढंग की विज्ञान कथाएँ भी हैं। विज्ञान कथाओं के कुछ संचयन भी निकले हैं। इनमें जाकिर अली 'रजनीश' और रमाशंकर द्वारा संपादित किताबें, खासकर ध्यान आकर्षित करती हैं। हालाँकि अफसोस, इन संग्रहों में रचनाओं के चयन में संपादकीय विवेक का बहुत खयाल नहीं रखा गया तथा अच्छी-बुरी और 'तथाकथित विज्ञान कथाएँ' सब एक साथ समेट ली गई हैं। रमाशंकर द्वारा संपादित संग्रह 'विज्ञान बाल कथाएँ' (2006) में शामिल पचीस विज्ञान कथाओं में ढंग की विज्ञान कथाएँ शायद पाँच-सात भी नहीं हैं।

इस कालखंड में ऐसी विज्ञान-कथाएँ बहुतायत से लिखी गईं, जो एक ओर हमें झूठे भय और आडंबरों के भ्रमजाल से बाहर निकालती है तो दूसरी ओर विज्ञान के नए-नए आविष्कारों के जरिए अनोखे फेंटेसी और कल्पना जगत की रचना करके बच्चे को एक नए कल्पना-संसार में ले जाती हैं। पर परीकथाओं की तुलना में विज्ञान कथाओं का कल्पना-संसार इस माने में भिन्न है कि विज्ञान-कथाओं की कल्पना और फंतासी के पीछे कहीं न कहीं ठोस सिद्धांतों का बल है। लिहाजा जो आज फंतासी है, वह कल यथार्थ भी हो सकती है। इस दौर में लिखी गई कहानियों में हरीश गोयल की 'हरे मानव', कमलेश भट्ट 'कमल' की 'मृत संजीवनी का आविष्कार', साबिर हुसैन की 'स्पोटिक स्टेशन', ओमप्रकाश क्षत्रिय 'प्रकाश' की 'सिक्का बना राख', दिलीप एम. सालवी की 'रोबोट चालाक होते जा रहे हैं', जयंत विष्णु नार्लीकर की 'आखिरी उपाय', डॉ. राजेंद्रपाल

सिंह की 'शनि की छाया', हरिकृष्ण देवसरे की 'और बिल्ली रास्ता काट गई' तथा 'पीपल वाला भूत' ऐसी कहानियाँ हैं, जो बच्चे के भीतर वैज्ञानिक दृष्टिकोण का विकास करती है।

हिंदी में बच्चों के लिए अच्छे ढंग की जासूसी कहानियाँ भी ज्यादा नहीं लिखी गईं। इस लिहाज से पी.आर. शुक्ल (ज. 1947) की पुस्तक 'नन्हा जासूस' (1989) की कहानियाँ अपना एक अलग रंग और अंदाज रखती हैं। 'नन्हा जासूस' में शामिल जासूसी की कथाएँ हैं—'नन्हा जासूस', 'बुद्धिमान आलोक', 'धमाका', 'लालच का फल', 'दुगने का चक्कर' और 'चार जासूस'। ये कहानियाँ सहज अंदाज में लिखी गई हैं और अंत तक बच्चों में उत्सुकता जगाए रखती हैं। कुछ अरसा पहले 'नंदन' पत्रिका में देवेंद्रकुमार ने कई विदेशी जासूसी कथाओं का बच्चों के लिए बड़े प्रभावी ढंग से रूपांतरण किया। मृणालिनी श्रीवास्तव की भी कुछ अच्छी जासूसी कहानियाँ पढ़ने को मिलीं, जिनमें आखिर तक रहस्य और रोमांच बना रहता है। मृणालिनी श्रीवास्तव दक्ष कहानीकार हैं और भाषा की रवानगी उनकी कहानियों में अकसर देखने को मिलती है।

लोककथाएँ तथा पौराणिक-सांस्कृतिक कहानियाँ

यों तो लोककथाएँ केवल बच्चों को सुनाने के लिहाज से नहीं रची जातीं, इसलिए लोककथाओं को 'बाल कहानियाँ' कहना अटपटा लगता है। लेकिन सच यह भी है कि हिंदी में हर साल बाल कहानियों की जो सैकड़ों पुस्तकें छपती हैं, उनमें बाल कहानियों के नाम पर तीन चौथाई कहानियाँ लोककथाएँ ही होती हैं। यानी बाल कहानियों के नाम पर सुनी-सुनाई लोकथाओं को न सिर्फ आज, बल्कि शायद बीसवीं शताब्दी के प्रारंभ से ही पेश किया जाता रहा है। इसे बाल कहानियों के साथ किया जानेवाला खासा मजाक ही कहा जा सकता है, जिसमें एक ही लोककथा को बीसियों लोग लगभग एक ही तरह से लिख देते हैं और उसे वे अपनी-अपनी कहानियाँ समझ बैठते हैं। पर सच तो यह है कि कोई भी अच्छी बाल कहानी बिना सृजनात्मकता के और बाल-मन, बाल मनोविज्ञान, बाल-संसार की गतिविधियों से निकटता से जुड़े बगैर बाल कहानी नहीं कहला सकती।

हाँ, इतना जरूर है कि हमारी लोककथाओं में एक बड़ा हिस्सा अब भी ऐसा है जिसमें खेल-खेल में कथा-रस और किस्सागाई के साथ बड़ी-बड़ी बातें कह दी जाती हैं। ऐसी बातें या ऐसी बातों से जुड़ी लोककथाएँ बच्चों के लिए दिलचस्प हो सकती हैं, पर इसकी अनिवार्य शर्त यह है कि उन्हें बच्चों के लिए एकदम अलग अंदाज में पेश किया जाए। उनमें बच्चों की अपनी भाषा के रंग-अंदाज और नटखटपन पैदा किया जा सकता है और एक तरह की सृजनात्मकता से गुजरकर ऐसी लोककथाओं की पुनर्रचना की जा सकती है, ताकि उसमें एक नया अर्थ और कथारस पैदा हो। बच्चों के लिए पेश की जानेवाली लोककथाओं का चयन कहीं अधिक सतर्कता के साथ किया जाना चाहिए और उन्हें एक गहरी नाटकीयता के साथ जोड़कर, बिल्कुल नए अंदाज में लिखा जाए, तो सचमुच वे बाल कहानियों की दुनिया में कुछ नए रंग और शेड्स जोड़ सकती हैं।

इस कालखंड में लक्ष्मीनिवास बिड़ला, ब्रह्मदेव, शिवमूर्ति सिंह वत्स, रमेश कौशिक, विनोदिनी मिश्रा और परदेशीराम वर्मा ने भी बच्चों के लिए लोककथाओं को दिलचस्प अंदाज में पेश किया है। लक्ष्मीनिवास बिड़ला की 'लखटकिया' (1978) में राजस्थान की एक से एक दिलचस्प उन्नीस लोककथाएँ हैं, जिन्हें

सीधी-सरल भाषा और खासे रोचक अंदाज में प्रस्तुत किया गया है। इनमें 'चतुर बनजारिन', 'दिल्ली की सैर', 'राजकुमार रिसालू', 'लखटकिया' और 'राजकुमारी फूलमदे' बेहद दिलचस्प हैं। बच्चों के लिए लोककथाओं की खूबसूरत प्रस्तुति ब्रह्मदेव की पुस्तक 'विश्वप्रसिद्ध इक्यावन लोककथाएँ' (2004) में भी देखने को मिलती है। आज के बाल पाठकों की रुचियों और मिजाज के हिसाब से लोककथाओं के चयन और उन्हें खूबसूरत नाटकीय अंदाज में पेश करने में अनोखे फोटोग्राफर और कलमकार ब्रह्मदेव का जवाब नहीं। उनकी इस पुस्तक में भाषा की रवानगी और नाटकीय अंदाज बाल पाठकों को खासकर प्रभावित करता है। रमेश कौशिक (ज. 1930) बच्चों के लिए सुंदर बाल कविताएँ लिखनेवाले कवि के रूप में अधिक जाने जाते हैं, पर उन्होंने बच्चों के लिए कुछ अलग ढंग की कहानियाँ भी लिखी हैं। 'दो सिरवाला दैत्य' (1990) कौशिकजी की सादगी से लिखी गई अठारह लोककथाओं का संकलन है। इनमें फिजी, रोतूमा, टोंगा, समोआ, कुकद्वीप, फिलीपिन, मलेशिया, श्रीलंका, बाँग्लादेश, पाकिस्तान, तुर्की, बुल्गारिया, मैक्सिको आदि देशों की विश्व प्रसिद्ध लोककथाएँ भी शामिल कर ली गई हैं।

काफी लंबे अरसे से बच्चों के लिए कहानियाँ लिखते आ रहे शिवमूर्ति सिंह वत्स की 'आटे का लड़का' (2002) किताब में चुस्त ढंग से लिखी गई पाँच छोटी-छोटी लोककथाएँ हैं, जिन्हें बच्चों को लुभानेवाले बड़े ही नाटकीय अंदाज में प्रस्तुत किया गया है। इनमें 'तीन खरगोश' और 'आटे का लड़का' कहानियाँ बच्चों को खासकर अच्छी लगेंगी। 'तीन खरगोश' में तीन प्यारे-प्यारे दोस्त खरगोशों की बड़ी मनोरंजक कहानी है। शिवमूर्ति सिंह वत्स की 'आटे का लड़का' कहानी भी खासी मजेदार है। विनोदिनी मिश्रा की 'कौआ-हँकिनी' (2002) पुस्तक में नौ मजेदार ढंग से सुनाई गई लोककथाएँ हैं, जिन्हें खूब अच्छे, चुस्त अंदाज में लिखा गया है। इन कहानियों को पढ़ते हुए बच्चों को लगेगा जैसे वे ये कहानियाँ पढ़ नहीं रहे, बल्कि इन्हें सुन रहे हैं। इनकी शैली और भाषा में एक तरह की जिंदादिली है। पुस्तक की 'कौआ-हँकिनी', 'टीला मंग्गा' और 'झुनझुन गुड़िया' कहानियाँ बच्चों को खासकर अच्छी लगेंगी। इनमें 'झुनझुन गुड़िया' तो इतनी प्यारी कहानी है और इसमें गुड़िया का वर्णन इतना रसपूर्ण और लुभावना है कि इसे भूल पाना मुश्किल है। म.ना. भारती की 'अक्ल की दुकान' (2003) और 'जैसे को तैसा' (2003) तथा सपना अनिल की 'सेर को सवा सेर' भी लोककथाओं की पठनीय पुस्तकें हैं।

लेकिन इधर छपी लोककथाओं की सबसे अच्छी और दिलचस्प किताब जाने-माने कथाकार परदेशीराम वर्मा ने लिखी है। उन्होंने बच्चों के लिए ऐसी लोककथाएँ लिखी हैं, जिनमें भाषा की खूबसूरती और कल्पना का कमाल दोनों एक साथ देखने को मिलते हैं। सच तो यह है किसी स्थान की लोककथाओं को कैसे जिंदादिली और वहाँ की ठेठ सांस्कृतिक रंगत के साथ पेश किया जाए, इसे 'छत्तीसगढ़ की लोककथाएँ' (2004) के लेखक परदेशीराम वर्मा से सीखा जा सकता है। परदेशीराम वर्मा की इस पुस्तक में कुल छह लोककथाएँ हैं, जिनमें छत्तीसगढ़ की लोकभाषा का स्पर्श ही नहीं, कहानी कहने का ढंग और गजब का कथा-रस भी पाठकों को बेहद प्रभावित करता है। 'ढोल में पोल', 'लोटा और पोरा' तथा 'धीर में खीर' इस किताब की ऐसी खूबसूरत कहानियाँ हैं, जिन्हें बार-बार पढ़ा जाना चाहिए। 'ढोल में पोल' पेड़ काटनेवाले काटूराम की कहानी है। राजा का आदेश था पेड़ न काटे जाएँ, मगर काटूराम था चतुर। उसने पेड़ काटा और तेल लगाकर ढोलक

बना ली। फिर राजा के ही दरबार में जा पहुँचा उस ढोलक का संगीत सुनाने के लिए। मगर उस ढोल ने कैसे काटूराम की पोल खोल दी, यह किस्सा इस लोककथा में बड़े ही मजेदार ढंग से कहा गया है। 'धीर में खीर' भी दो चूहों से जुड़ी ऐसी मजेदार लोककथा है, जिसे पढ़ते जाओ और खिल-खिल हँसते जाओ।

श्रीकृष्ण (1934-2011) भी बच्चों के महत्त्वपूर्ण रचनाकार हैं, जिन्होंने बाल-मन की पेचीदगियों और उलझनों को समझकर, खूब रुचिपूर्वक तथा रस लेते हुए बच्चों के लिए लिखा है। उनकी कई कहानियों में लोककथाओं का नया रूपांतरण हैं, पर वे उसमें भी एक नया जादू भर देते हैं, जिससे ये लोककथाएँ बच्चे के मन में सदा-सदा के लिए दर्ज हो जाती हैं। 'पसीने के फूल', 'सुनो सबकी करो मन की', 'बुरे काम का अंकुर', 'जापान की लोककथाएँ', 'परियों की कहानियाँ', 'जैसी अवस्था, वैसी व्यवस्था' तथा 'अक्ल बड़ी या भैंस' श्रीकृष्ण की उल्लेखनीय पुस्तकें हैं। 'जापान की लोककथाएँ' में तीन लोककथाएँ हैं, जिनमें 'बोलनेवाली रजाई' बड़ी मर्मस्पर्शी और कभी न भुलाई जानेवाली लोककथा है। हुआ यह कि एक व्यापारी एक सराय में पहुँचा और वहाँ एक कमरे में उसे ठहराया गया। ओढ़ने के लिए उसे रजाई दी गई। व्यापारी रजाई ओढ़कर सोना ही चाहता है कि तभी उस कमरे की शांति में दो आवाजें उभरकर आती हैं। एक आवाज कहती है, "प्यारे बड़े भाई, क्या आपको ठंड लग रही है?" और उत्तर में आवाज आई, "क्या तुम्हें भी ठंड लग रही है?" व्यापारी अचकचा गया। उसे कुछ समझ में नहीं आया कि यह आवाज कहाँ से आ रही है? तब अंत में यह राज खुलता है कि इस रजाई का संबंध गरीब माँ-बाप और उनके छोटे-छोटे बच्चों से था, जो ठंड से ठिठुरकर मर गए और रजाई पहुँच गई कबाड़ी के घर। वही रजाई घूमते-घूमते इस सराय में आ गई थी। वे बच्चे तो अब नहीं रहे, लेकिन रजाई में उनकी करुण आवाजें बची थीं, जो उन भोले-भाले गरीब बच्चों की ऐसी दु:खभरी कहानी सुना रही थी कि जिसने भी सुना, वह फूट-फूटकर रो पड़ा।

बच्चे अपने देश की कहानियों और विविध प्रदेशों की आंचलिक कथाओं के साथ-साथ विश्व के अन्य देशों की कहानियाँ भी रुचि से पढ़ना चाहते हैं। इस लिहाज से अबरार मोहसिन और कामगार मोहसिन द्वारा संपादित विभिन्न देशों की कथाओं की शृंखला महत्त्वपूर्ण है, जिसे राजकमल प्रकाशन और उसके सहयोगी संस्थानों ईशान प्रकाश, ज्ञान-विज्ञान प्रकाशन, प्रगति संस्थान ने मिलकर छापा है। इस शृंखला में इक्कीसवीं सदी के पहले दशक में 'यूनान की कहानियाँ', 'जापान की कहानियाँ', 'रूस की कहानियाँ', 'ईरान की कहानियाँ', 'चीन की कहानियाँ', 'अरब की कहानियाँ', 'यूरोप की कहानियाँ' और 'अफ्रीका की कहानियाँ' पुस्तकें छपी हैं। अबरार मोहसिन और कामरान मोहसिन ने बड़ी मेहनत से इन देशों की प्रतिनिधि कथाओं का चयन किया है और उन्हें सरल भाषा और रोचक अंदाज में बाल पाठकों के लिए पेश किया है। खास बात यह है कि इन कहानियों का चयन इस तरह किया गया है कि हर देश की अपनी जमीन, लोक-जीवन और संस्कृति की सुवास इनमें महसूस की जा सकती है। अबरार मोहसिन की 'अल्फ लैला' (2003) पुस्तक भी महत्त्वपूर्ण है, जिसमें सारे संसार में प्रसिद्ध अल्फ-लैला की कहानियों को बाल पाठकों के लिए प्रस्तुत किया गया है। ऐसे ही सुभाष सेतिया की 'देश-विदेश की लोककथाएँ' (2007) पुस्तक भी पढ़ने लायक है, जिसमें देश के विभिन्न राज्यों के साथ-साथ रूस, चीन, ईरान, मिस्र, नेपाल आस्ट्रेलिया आदि की सुंदर लोककथाएँ सँजोई गई हैं। इस कारण यह पुस्तक देश-विदेश की लोककथाओं के मनोहरी गुलदस्ते सरीखी बन गई है। विराज

(ज. 1921) ने भी बच्चों के लिए लोककथाओं की सुंदर प्रस्तुति की है। उनकी 'मध्यकालीन लोककथाएँ' चर्चित पुस्तक है।

इस कालखंड में देश के अलग-अलग अंचलों की लोककथाओं को सुंदर ढंग से सहेजने की भी कोशिशें हुईं। भारत के विभिन्न अंचलों की लोककथाओं की कुछ अच्छी और पढ़ने लायक पुस्तकें हैं—'उत्तर प्रदेश की लोककथाएँ' (प्रेमशरण शर्मा), 'उत्तर प्रदेश की लोककथाएँ', भाग-2 (स्वराज्य शुचि), 'बिहार की लोककथाएँ, भाग-2' (मृदुला सिन्हा), 'झारखंड की लोककथाएँ' (सत्यनारायण नाटे), छत्तीसगढ़ की लोककथाएँ (गोपालचंद्र अग्रवाल), 'अवध की लोककथाएँ' (विद्याबिंदु सिंह), 'बंगाल की लोककथाएँ' (आशीष सान्याल), 'भोजपुरी लोककथाएँ' (मदनमोहन सिन्हा 'मनुज'), 'हरियाणा की लोककथाएँ' (अनिल सवेरा), 'पंजाब की लोककथाएँ' (डॉ. गुरबचन कौर नंदा) तथा 'तेलुगु लोककथाएँ' (डॉ. सरगु कृष्णमूर्ति)। इन पुस्तकों में लोककथाओं की पुनर्प्रस्तुति इतनी अच्छी है कि लोककथाओं का मूल प्रभाव और सांस्कृतिक परिवेश बना रहता है, पर साथ ही कहानियों में नया रस भी आ जाता है। खासकर सत्यनारायण नाटे ने झारखंड की लोककथाओं को बहुत अच्छे ढंग से प्रस्तुत किया है। अनिता पंडा की 'मेघालय की लोककथाएँ' (2006) पुस्तक भी काफी रोचक अंदाज में लिखी गई है। इसमें मेघालय की प्राचीन संस्कृति और लोक परंपराओं से जुड़ी बीस कहानियाँ शामिल हैं। अनिता पंडा ने इन कहानियों को इस ढंग से लिखा है कि मेघालय के इतिहास और संस्कृति की खुशबू इनमें बसी जान पड़ती है तथा वहाँ के लोगों का मन, उत्सवधर्मिता तथा साथ ही साथ उनकी चिंताएँ भी सामने आती हैं।

इसी तरह संसार के भिन्न-भिन्न अंचलों की लोककथाओं को सहेजने की भी कोशिश हुई है। देवेंद्रकुमार की 'एशिया की सर्वश्रेष्ठ लोककथाएँ', 'यूरोप की सर्वश्रेष्ठ लोककथाएँ' तथा 'कॉमनवेल्थ देशों की अद्भुत लोककथाएँ' इस लिहाज से सुंदर पुस्तकें हैं। प्रकाश मनु ने 'भारत की श्रेष्ठ लोककथाएँ' पुस्तक लिखी, जिसमें विभिन्न राज्यों की लोककथाएँ बच्चों की ही भाषा में ढलकर सामने आती हैं। उषा आयंगर ने 'अमरीकी आदिवासी लोककथाएँ' पुस्तक में सुंदर ढंग से वहाँ की लोककथाओं की पुनर्प्रस्तुति की है।

बाल कहानियों में लोक-संस्कृति और लोक-परिवेश में रच-बस गए उम्दा हास्य चरित्रों—बीरबल, तेनालीराम, खोजा नसरुद्दीन, गोनू झा, गोपाल भांड आदि को आज के बदलते वक्त के हिसाब से, नए और दिलचस्प ढंग से उभारने की कुछ अच्छी कोशिशें भी हुई हैं। वीरेंद्र जैन की 'खोजा के कारनामे' (2005), 'खोजा बादशाह' (2005), सत्यजित राय की 'मुल्ला नसरुद्दीन की कहानियाँ', वीरेंद्र झा की 'गोनू झा की रोचक कथाएँ' (2001) और गीतिका गोयल की 'बीरबल की मनोरंजक कहानियाँ' (2005) इसी ढंग की पुस्तकें हैं। इनमें वीरेंद्र जैन (ज. 1955) की 'खोजा के कारनामे' और 'खोजा बादशाह' तो बेहद पठनीय हैं और खोजा नसरुद्दीन को एक निराले ही अंदाज में पेश करती हैं। इन पुस्तकों को पढ़कर समझ में आता है कि खोजा के बुद्धूपने की चाहे कितनी ही गप्पें उड़ाई जाती हों, पर असल में वह बेहद समझदार और गरीब जनता का हिमायती इनसान था। इसीलिए उसे तंग करने और परेशान करने की लगातार कोशिशें हुईं, उसकी लगातार खिल्ली उड़ाई जाती रही और उसके खिलाफ षड्यंत्र भी होते रहे। लेकिन खोजा कुछ अलग ही मिट्टी का बना जीवटवाला शख्स था, जो ऐसे हर षड्यंत्र के जाल को काटकर बाहर आ जाता था और हर बार अपनी

चतुराई और समझदारी से दूसरों को चमत्कृत करता था।

सत्यजित राय की 'मुल्ला नसरुद्दीन की कहानियाँ' में कुल सत्तावन कहानियाँ हैं जिन्हें बाल पाठक खेल-खेल में पढ़ेंगे और खासा मजा लेंगे। सत्यजित राय ने मुल्ला नसीरुद्दीन की इन कहानियों को बड़े हास्य-बोध के साथ लिखा है। लिहाजा उनका असली रस और मजा बरकरार है। पुस्तक का हिंदी अनुवाद विमल मिश्र ने किया है, जिसमें मूल पुस्तक का-सा आनंद आता है। वीरेंद्र झा की पुस्तक 'गोनू झा की रोचक कथाएँ' भी गोनू झा के चरित्र को खासे मुकम्मल तौर से और रोचक अंदाज में पेश करती हैं, पर इसमें कहीं-कहीं हलके और अशालीन प्रसंग भी हैं, जिन्हें संपादित किया जा सकता था।

प्रकाश मनु ने 'तेनालीराम की चतुराई के अनोखे किस्से' पुस्तक लिखी, जिसमें तेनालीराम की कहानियों की कुछ नए और सृजनात्मक ढंग से प्रस्तुति है। इन्हें पढ़ते हुए तेनालीराम के हास्य-विनोद के साथ ही उसकी बुद्धिमत्ता की भी मन पर गहरी छाप पड़ती है। बच्चे इन कहानियों का आनंद लेंगे, इनसे बहुत कुछ सीखेंगे भी। गुलशन मधुर की 'तेनाली का फैसला' में तेनालीराम की हाजिरजवाबी से जुड़ी कुछ रोचक कथाएँ हैं, जिन्हें दिलचस्प अंदाज में पेश किया गया है। बच्चों को ये कहानियाँ गुदगुदाएँगी और विपरीत से विपरीत हालत में भी सूझ-बूझ से काम लेने की सीख देंगी। विजय भटनागर की 'अक्ल का घड़ा' (2002) पुस्तक में बीरबल की सूझ-बूझ की छह मजेदार कहानियाँ हैं। 'अनोखा जंतु', 'दो गज रस्सी' और 'अक्ल का घड़ा' ऐसी कहानियाँ हैं, जिन्हें बच्चे कभी भूल नहीं पाएँगे। सुरजीत की 'मुल्ला नसीरुद्दीन के कारनामे' में मुल्ला नसीरुद्दीन के बीस कारनामे हैं, जिनमें कहीं उनकी सरलता, कहीं उनकी बुद्धिमत्ता और कहीं-कहीं घोर बेवकूफी भी पता चलती है। मगर इन सबके बावजूद मुल्ला नसीरुद्दीन की बड़ी ही प्यारी छवि सुरजीत की इस किताब को पढ़ने के बाद मन में बनती है। विनोद गर्ग की 'आधी धूप आधी छाँव' (1996) में चाणक्य, कालिदास, गोपाल भांड, नाना फड़नवीस और बीरबल की सूझ-बूझ की कहानियाँ शामिल की हैं। इनमें 'असली चोर' और 'आधी धूप और आधी छाँव' कहानियाँ अच्छी हैं।

भारत की लोककथाओं और किस्से-कहानियों की दुनिया की तरह अरब देश में किस्से-कहानियों की एक बड़ी ही पुरानी और समृद्ध परंपरा है। 'अरेबियन नाइट्स' इसी तरह की एक विश्वप्रसिद्ध पुस्तक है, जिसमें एक से एक हैरतअंगेज कहानियों का खजाना छिपा हुआ है। अमर गोस्वामी ने उसी खजाने की कुछ कहानियों को 'अरब देश की अजब कथाएँ' (2004) नाम से बच्चों के लिए इतने प्यारे अंदाज में पेश किया है कि यह हिंदी में सचमुच अपने ढंग की एक निराली और अनोखी पुस्तक है, बच्चे जिसका शब्द-शब्द पढ़ना चाहेंगे। 'गलत सलाह का नतीजा', 'जरा-सी भूल', 'मछेरे का सौभाग्य', 'हसीद की हैरानी' सरीखी इस किताब की कहानियों को बच्चे साँस रोककर पढ़ेंगे और हमेशा याद रखेंगे।

लोककथाओं में किसी समाज का जीवन और रंग-ढंग ही नहीं, उसकी संस्कृति की गंध भी बसी होती है, पर बच्चों के लिए लोककथाओं की प्रस्तुति खुद में एक बड़े कौशल की माँग करती है। इस लिहाज से शैलेश मटियानी, मन्मथनाथ गुप्त, सावित्रीदेवी वर्मा, गोपालकृष्ण कौल सरीखे लेखकों ने भारत के अलग-अलग क्षेत्रों की लोककथाएँ प्रस्तुत करके एक बड़ा काम किया है। शैलेश मटियानी की 'कालीपा की लोककथाएँ' तथा 'तराई प्रदेश की लोककथाएँ', विजय अग्रवाल और राखी गोपाल की 'उत्तर प्रदेश की लोककथाएँ',

पुरुषोत्तमलाल मैनालिया की 'भीलों की लोककथाएँ' भी उल्लेखनीय हैं। इसके अलावा लोककथाओं की कुछ अन्य चर्चित पुस्तकें हैं—रामप्रताप सक्सेना की 'बघेल खंड की लोककथाएँ', डॉ. गोविंद चातक की 'गढ़वाल की लोककथाएँ', गोपालकृष्ण कौल तथा कमलादेवी कौल की 'अवध की लोककथाएँ', कृष्णलाल हंस की 'निमाड़ी की लोककथाएँ', राजाराम शास्त्री की 'हरियाणा की लोककथाएँ', सवित्रीदेवी वर्मा की 'उत्तर भारत की लोककथाएँ', आनंदप्रकाश जैन की 'तेलंगाना की लोककथाएँ', श्रीकांत व्यास की 'गुजरात की लोककथाएँ', हंसराज रहबर की 'रूस की लोककथाएँ' तथा 'चीन की लोककथाएँ' और मन्मथनाथ गुप्त की 'फ्रांस की लोककथाएँ'। देवेंद्र कुमार की कुछ अरसा पहले छपी 'एशिया की सर्वश्रेष्ठ लोककथाएँ' (2008) तथा 'यूरोप की लोककथाएँ'(2008) लोककथा के क्षेत्र में एक नए ढंग की सृजनात्मक प्रस्तुति लिये हैं।

इनमें से अधिकांश लोककथाओं की पुस्तकें आत्माराम एंड संस (दिल्ली) द्वारा 'हमारी सचित्र लोककथा-माला' सीरीज के अंतर्गत छपी हैं। लोककथाओं की ये पुस्तकें अलग-अलग अंचलों की सुगंध को खुद में समेटे हुए हैं और समूचे भारत के एक सांस्कृतिक नक्शे या लोक संस्कृति को बड़े जीवंत रूप में हमारे सामने लाती हैं। इसके अलावा भारत सरकार (सूचना और प्रसारण मंत्रालय) के प्रकाशन विभाग से भी देश के विभिन्न अंचलों की लोककथाओं की सुंदर और उत्कृष्ट किताबें छपी है। मुझे याद नहीं पड़ता कि इसके अलावा भारत और विश्व की लोककथाओं का इतना बड़ा खजाना प्रस्तुत करने की कोई और गंभीर कोशिश कहीं हुई है।

❧ ❖ ❧

हिंदी की परंपरागत कहानियों की धारा में ही पौराणिक-सांस्कृतिक पृष्ठभूमि पर लिखी गई बाल कहानियों की चर्चा की जा सकती है। हिंदी कहानी के हर युग में इस तरह की कहानियाँ लिखी गईं और बच्चे उन्हें पढ़ते और पसंद भी करते हैं। हिंदी कहानी के विकास युग में भी कई लेखकों ने बाल पाठकों के लिए मनोरम और सुचारु ढंग से पौराणिक-सांस्कृतिक कहानियों का पुनर्कथन किया है और उन्हें बड़े सजीव अंदाज में बच्चों के लिए प्रस्तुत किया है। इनमें आनंदकुमार, राजबहादुर सिंह, सुरेश सिंह, डॉ. कुँवरलाल व्यासशिष्य, इकराम राजस्थानी, नीरा, मनोरमा, सुधा जैन, उषा बाला दुबे, अशोक गुजराती के नाम खासतौर से लिये जा सकते हैं। इनमें नीरा की 'मन के हारे हार' और मनोरमा की 'नैतिक कथाएँ' पुस्तकों में ज्यादातर धार्मिक ग्रंथों और पुराणों आदि की चिर-परिचित कथाएँ ही इस रूप में प्रस्तुत की गई हैं कि वे बच्चों को अच्छा और शीलवान बनने की प्रेरणा दें। नीरा की 'मन के हारे हार' (2004) में कुछ महापुरुषों और प्रेरणा देनेवाले ऐतिहासिक प्रसंगों को बाल-कथाओं के रूप में ढाला गया है। आनंदकुमार की 'भारतीय कथाएँ' (1998) में महाभारत एवं पुराण की चुनी हुई अठारह शिक्षाप्रद कथाएँ हैं, जिन्हें सुंदर भाषा और चुस्त विन्यास में प्रस्तुत किया गया है। इनमें चिर-परिचित कथाओं के अलावा बहुत-सी ऐसी कथाएँ भी हैं, जिनसे बाल पाठक अधिक परिचित न होंगे।

स्वामी विवेकानंद की बातों और व्याख्यानों के बीच-बीच में रोचक प्राचीन कथाओं के प्रसंग आते थे, जो उनके पूरे व्याख्यान को रसमय बना देते थे। साथ ही इन रोचक कथाओं के कारण उनकी बातें अधिक स्पष्टता से समझ में आती थीं। विवेकानंद की इन्हीं रोचक और सरस कथाओं को दो पुस्तकों में सहेजा गया

है। ये पुस्तकें हैं, 'विवेकानंद की बोध कथाएँ' और 'विवेकानंद की मनोरम कहानियाँ'। इनका पुनर्कथन स्वामी ईशात्मानंद और आइरिन आर. रे ने किया है। इसी तरह आयरिन रे तथा मल्लिका क्लेयर गुप्ता ने रामकृष्ण देवजी की सुमधुर कथाओं को 'श्रीरामकृष्ण की कहानियाँ' शीषक से सुंदर बाल कहानियों के रूप में ढाला है। पुस्तक का अनुवाद स्वामी आत्मानंद ने किया है।

राजबहादुर सिंह की 'सांस्कृतिक कहानियाँ' (2005) में पुराणों, कथा-सरितसागर और बृहतकथा-मंजरी से चुनकर प्रस्तुत की गई राजबहादुर सिंह की सुंदर कथाएँ हैं, जिन्हें पढ़ने पर बाल पाठकों के मन में भारतीय संस्कृति की गहरी छाप पड़ती है। इस पुस्तक की खासियत यह है कि पौराणिक परिवेश की कहानियाँ होने पर भी, कहीं उपदेशात्मकता हावी नहीं हुई। डॉ. कुँवरलाल व्यासशिष्य की 'मनुकथा भारती' (1990) में पुराणपुरुष मनु से जुड़ी चौदह कहानियाँ हैं। चिल्ड्रन बुक ट्रस्ट द्वारा सावित्री की 'पौराणिक कहानियाँ' (1965) में छह प्राचीन कथाओं को बड़े आकर्षक कलेवर में छापा गया है। इनमें 'गणपति और कुबेर', 'बकासुर' तथा 'भीम और हनुमान' बड़ी सुंदर कथाएँ हैं। पुस्तक को पुलक विश्वास ने अपने कमाल के चित्रों से सज्जित किया है। सुरेश सिंह की पुस्तक 'रक्त के दाग' (2002) में कुल छह कहानियाँ हैं, जिनमें 'न्याय का सम्मान', 'रक्त के दाग' और 'भवानी का हुक्म' कहानियाँ ज्यादा प्रभावशाली हैं। 'न्याय का सम्मान' में मराठा राज्य के विद्वान न्याय-शास्त्री रामजी शास्त्री के जीवन से जुड़ा प्रसंग है। अन्याय करने पर वे पेशवा के बड़े से बड़े सरदार को भी दंड देने से नहीं हिचकते। खुद पेशवा उनके इस निर्णय को बदलने के बजाय सम्मान से उनके सामने हाथ जोड़कर खड़ा हो जाता है। 'रक्त के दाग' भी सुरेश सिंह की मर्मस्पर्शी कहानी है। यह कहानी दो छोटे बच्चों—हासी और ताता की है। ये तोतले बच्चे एक दिन तिरुपुरा के महाराज गोविंद माणिक्य से अपनी तोतली भाषा में पूछते हैं, "महाराज, घाट की सीढ़ियों पर ये खून के दाग क्यों हैं?" और महाराज के मन में उथल-पुथल मच जाती है। पीढ़ियों से चली आती बलि की प्रथा को वे बंद करने का आदेश देते हैं। पुरोहित समेत बहुत-से शक्तिशाली लोगों का उन्हें विरोध सहना पड़ा, पर जीत हुई हासी और ताता की। वे नन्हे बच्चे, जिनकी बात राजा को लग गई थी और यों बलि प्रथा हमेशा-हमेशा के लिए बंद हो गई।

डॉ. राजनारायण राय ने पारंपरिक कथा लेखन में एक अलग राह पकड़ी। उनकी 'उड़ते घोड़े, लड़ते वीर' (2006) तथा 'मशहूर हाथियों की कहानियाँ' (2006) में इतिहास और पौराणिक कथाओं में चर्चित घोड़े और हाथियों से जुड़ी हुई कथाओं को नए अंदाज में सामने रखने की कोशिश की गई है। डॉ. राजनारायण राय की कथा-शैली आकर्षक है और उनकी कहानियाँ सहज ही बाल पाठकों को बाँध लेती हैं। उनकी इन दोनों पुस्तकों में शामिल कोई दो दर्जन कहानियाँ बाल पाठकों के मन में रोमांच पैदा करने के साथ-साथ उन्हें भारतीय संस्कृति और परंपराओं से गहराई से जोड़ती भी हैं।

इसी क्रम में सुधा जैन की 'जैन कहानियाँ' (1984), इकराम राजस्थानी की 'पैगंबरों की कथाएँ' (1992) तथा उषाबाला दुबे की 'स्वर्णहंस तथा अन्य जातक कथाएँ' (1981) पुस्तकों की चर्चा की जा सकती है। यहीं यशपाल जैन द्वारा संपादित 'जैन कहानियाँ' (संस्क. 2002) का भी जिक्र किया जा सकता है। इन पुस्तकों की खासियत यह है कि इनमें प्राचीन धार्मिक और सांस्कृतिक कथाओं को भी बाल पाठकों के अनुरूप सुंदर ढंग से प्रस्तुत किया गया है। खासकर उषाबाला दुबे ने जातक कथाओं को बहुत रोचक

और सर्जनात्मक बाल कहानियों के रूप में ढाल दिया है। इसी तरह इंदिरा गुप्ता ने 'सच का फल' (1996) में सुंदर कलेवर में उपनिषदों की कथाएँ प्रस्तुत की हैं। नरेंद्रकुमार ने 'बाल रामायण' (1999) पुस्तक में रामायण की कथा को बच्चों के लिए सुंदर ढंग से प्रस्तुत किया। उन्होंने बच्चों के लिए 'पंचतंत्र की रोचक कहानियाँ' (1998) पुस्तक भी लिखी। बच्चों को उनकी विरासत और प्राचीन परंपराओं से जोड़ने की यह कोशिश सचमुच प्रशंसनीय है। यशपाल जैन ने 'मुसलिम कहानियाँ' पुस्तक में मुसलिम समाज की सुंदर और सीख देनेवाली कहानियों का संपादन किया है।

हिंदी में अनूदित बाल कहानियाँ

यहाँ हिंदी में अनूदित अन्य भाषाओं की बाल कहानियों की पुस्तकों की चर्चा की जा सकती है। हिंदी में बाँग्ला बाल कहानियों का सबसे ज्यादा अनुवाद हुआ है। रवींद्रनाथ ठाकुर, उपेंद्रकिशोर रायचौधुरी, सुकुमार राय, विभूतिभूषण बंद्योपाध्याय, सत्यजित राय जैसे मूर्धन्य लेखकों की बाल कहानियाँ अनूदित और रूपांतरित होकर हिंदी में आईं। इसी तरह मराठी, गुजराती आदि भाषाओं की बाल कहानियाँ भी हिंदी में अनूदित हुईं। विदेशी भाषाओं में अंग्रेजी और रूसी बाल कहानियों का सबसे अधिक अनुवाद हुआ। अलबत्ता हिंदी में अनूदित बाल कहानियों के कुछ उल्लेखनीय संग्रह हैं—विभूतिभूषण बंद्योपाध्याय का 'किशोर कहानियाँ' (अनु. अमर गोस्वामी), 'वामाचरण का खजाना' तथा 'तालनवमी' (अनु. अमर गोस्वामी), रवींद्रनाथ ठाकुर का 'दद्दू की कहानियाँ' (अनु. अमर गोस्वामी) तथा 'वापसी', उपेंद्रकिशोर रायचौधुरी का 'बुलबुल की किताब' (अनु. स्वप्नादत्त), शरतचंद्र चट्टोपाध्याय का 'वह भयानक रात' (अनु. अमर गोस्वामी) मोमोको इशिई का 'लालची बछिया गुलाबो' (अनु. मंजुला माथुर), वी. सुटेयेव का 'रूसी और पूसी', वीक्तोर वज्दायेव का 'लाल कलगीवाला मुरगा' (अनु. योगेंद्र नागपाल) तथा जुज्जा और टॉमस वाइजलैंडर का 'कजरी गाय झूले पर' (अनु. अरविंद गुप्ता)।

इनमें रवींद्रनाथ ठाकुर की कहानी 'वापसी' और विभूतिभूषण बंद्योपाध्याय की कहानियों के संग्रह 'किशोर कहानियाँ' की रोमांचक फंतासी कथाएँ अपेक्षाकृत बड़े बच्चों को लुभाएँगी, तो उपेंद्रकिशोर रायचौधुरी के संग्रह 'बुलबुल की किताब' (1993) की कहानियाँ छोटे बच्चों को भी प्यार से गुदगुदाएँगी। रवींद्रनाथ ठाकुर की 'वापसी' (2003) तो अविस्मरणीय है। यह गाँव के एक शरारती बच्चे फटीक चक्रवर्ती की बेहद मार्मिक और करुण कथा है, जो अपने मामा के पास रह रहा है। मगर मामा के घर जाकर फटीक पर जो कुछ बीती, फटीक जिस तरह अकेला और असहाय होता गया, यह कथा रवींद्रनाथ ठाकुर ने बहुत मर्मस्पर्शी शब्दों में कही है। कहानी के अंत में माँ की आवाज सुनकर धीरे से वह अपनी आँखें खोलता है और उसके मुँह से शब्द निकलते हैं, "छुट्टियाँ आ गई हैं माँ!" और उसके साथ ही सबकुछ समाप्त हो जाता है। रवींद्रनाथ ठाकुर की 'दद्दू की कहानियाँ' (2007) भी अनोखी पुस्तक है, जिसमें गुरुदेव रवींद्रनाथ ठाकुर द्वारा अपनी पोती कुसुमी को सुनाई गई दिलचस्प कहानियाँ संगृहीत हैं। इन्हें पढ़ते हुए बाल पाठकों को लगेगा, मानो महाकवि स्वयं उपस्थित होकर उन्हें ये कहानियाँ सुना रहे हैं। देवलीना द्वारा अनूदित 'रवींद्रनाथ ठाकुर की बाल कहानियाँ' (1984) पुस्तक प्रकाशन विभाग से छपी है। इसी तरह शरतचंद चट्टोपाध्याय की पुस्तक 'वह

भयानक रात' (2007) में उनके बचपन की कई मार्मिक और रोमांचक घटनाएँ हैं, जो कहानियों के रूप में ढल गई हैं।

विभूतिभूषण बंद्योपाध्याय (1894–1950) की किशोर कहानियों का मिजाज एकदम अलग है। 'किशोर कहानियाँ' (2000) संग्रह में उनकी कुल सोलह कहानियाँ हैं, जिनका बेहद जिंदादिली से भरपूर, जानदार भाषा में अनुवाद प्रसिद्ध कथाकार अमर गोस्वामी ने किया है। विभूतिभूषण बंद्योपाध्याय की कहानियाँ अजब से रहस्य-रोमांच भरे परिवेश की कहानियाँ हैं, जिनमें एक से एक अनोखी और हैरतअंगेज घटनाएँ घटती हैं। कहीं भूत नजर आते हैं तो कहीं भुतहे पलंग की चर्चा है। कहीं किसी गुजर चुके वीर सैनिक के ऐसे मेडल की चर्चा, जिसे हाथ में लेते ही पहाड़ी से कूद पड़ने या फिर ऐसे ही खुद का अंत कर देने की अजीब-सी प्राणघाती इच्छा मन में पैदा होने लगती है। इन कहानियों के चरित्र भी अजीबोगरीब हैं और एक बार पढ़ लेने के बाद सचमुच पाठकों का पीछा नहीं छोड़ते। 'नीलगंज के फालमन साहब', 'खुकी का कारनामा', 'मेडल' 'विधू मास्टर' जैसी विभूतिभूषण बंद्योपाध्याय की कहानियाँ बेशक बार-बार पढ़ी जाएँगी और बार-बार सराही जाएँगी। अमर गोस्वामी ने इन्हें हिंदी में लाकर सराहनीय काम किया है। विभूतिभूषण बंद्योपाध्याय की बाल कहानियाँ 'वामाचरण का खजाना' और 'तालनवमी' (2007) भी बड़े खूबसूरत कलेवर में पुस्तकाकार छपी हैं।

उपेंद्रकिशोर रायचौधुरी (ज. 1863) भी बाँग्ला साहित्य के बड़े लेखक और खासे किस्सागो हैं। 'बुलबुल की किताब' (1993) में बच्चों के लिए लिखी गई उनकी छब्बीस छोटी-बड़ी कहानियाँ शामिल हैं, जिनमें लोककथा का गाढ़ा रंग है। मगर उपेंद्रकिशोर रायचौधुरी अपने किस्सागोई से उसमें एक नए तरह की सृजनात्मकता और एक नया कथा-रस भी पैदा कर देते हैं। 'बुलबुल और बिल्ली', 'बुलबुल और नाई' 'बुलबुल और राजा', 'नरहरिदास', 'बाघ चढ़ा पालकी', 'चींटा, हाथी और ब्राह्मण का नौकर', 'मजनताली सरकार' सरीखी उपेंद्रकिशोर राय चौधरी की कहानियाँ बच्चों को खासकर रिझाएँगी और उन्हें बार-बार पढ़ने के लिए आमंत्रित करेंगी। सुकुमार राय की 'मुँहपटक और धरपटक' (1997) तथा 'चुनिंदा कहानियाँ' (2002) और नवनीता देवसेन की 'पलाशपुर की पिकनिक' भी महत्त्वपूर्ण पुस्तकें हैं। सुकुमार राय (ज. 1887) की कहानियों का बड़ा ही सुंदर और जिंदादिली से भरा अनुवाद अमर गोस्वामी ने किया है। उनकी 'वह आदमी', 'व्योमकेश का मंझा' तथा 'मुँहपटक और धरपटक' ऐसी कहानियाँ हैं, जिन्हें पढ़कर एक बड़े और उस्ताद कहानीकार के रूप में उनकी अमिट छाप मन पर अंकित होती है।

पंजाबी के चर्चित कथाकार गुरदयाल सिंह की 'छोटी-छोटी बातें' (2010) भी बात की बात में बहुत कुछ सिखानेवाली सुंदर कहानी है। इसका हिंदी अनुवाद जतिंदर कुमार ने किया है। इसी तरह जीलानी बानो की बाल कहानियों में बाल हृदय की संवेदना है। 'जीलानी बानो की दो बाल कहानियाँ' (2007) का हिंदी अनुवाद शम्स इकबाल ने किया है। शरतचंद्र बडोदेकर की एक हास्यपूर्ण मराठी कहानी का 'भाल की तमन्ना' (2014) शीर्षक से सुरेखा पाणंदीकर ने हिंदी अनुवाद किया है। ऐसे ही अंग्रेजी के प्रसिद्ध कथाकार मुल्कराज आनंद की लिखी 'मोरा' (1972) एक हाथी के बच्चे की संवदेनशीलता से लबालब, यादगार कहानी है। मुल्कराज आनंद की यह कहानी इतनी प्यारी है कि जंगल में हाथियों की जिदगी का पूरा चित्र आँखों के आगे आ जाता है। साथ ही यह भी पता चलता है कि आदमी जो खुद को बड़ा सयाना

प्राणी समझता है, उसकी क्रूरता ने जंगलों को किस तरह बरबाद किया है और भोले-भाले वन्य-पशुओं के जीवन में कैसी उथल-पुथल पैदा कर दी है। रस्किन बॉण्ड (ज. 1934) की अंग्रेजी कहानियों का भी हिंदी में अनुवाद हुआ है। उनके अनूदित कहानी संग्रहों में 'साहसिक कहानियाँ' (2011), 'रंग-बिरंगी कहानियाँ' (2012) तथा 'हास्य-विनोद की कहानियाँ' (2012) बहुत मशहूर हैं। अंग्रेजी से अनूदित कॉन्ताँ ग्रेबाँ की 'बरास्ता तरबूज' (2011) भी मजेदार बाल कहानी है। इसी तरह गीता धर्मराजन की एक चुस्त, चंचल अंग्रेजी कहानी 'रेड काइट' का 'लाल पतंग' (1984) शीर्षक से रमेश बक्षी ने बहुत सुंदर हिंदी अनुवाद किया है। जगदीश चंद्रिकेश ने जर्मनी के प्रसिद्ध कथाकार पीटर हेबल की बाल कहानियों का 'अनोखी शादी' (2003) शीर्षक से अनुवाद किया है।

मोमोको इशिई की छोटी-सी कहानी 'लालची बछिया गुलाबो' (1992), जुज्जा और टॉमस वाइजलैंडर की 'कजरी गाय झूले पर' (1996), वी. सुटेयेव की 'रूसी और पूसी' (1998) तथा वीक्तोर वज्दायेव की 'लाल कलगीवाला मुरगा' (1981) सच में शिशु कहानियों की बेहद मजेदार और बेजोड़ किताबें हैं, जिन्हें छोटे बच्चों के हाथ में दिया जाए, तो वे इन्हें पढ़े बगैर छोड़ेंगे नहीं। वे बार-बार इन्हें पढ़ना और इनमें छपे हुए आकर्षक चित्रों को देखकर रीझना पंसद करेंगे। खासकर 'लालची बछिया गुलाबो' और 'कजरी गाय झूले पर' कहानियाँ इतनी मजेदार हैं और उनका प्रस्तुतीकरण इतना लाजवाब है कि बार-बार मन दौड़कर उन किताबों के पास जाता है।

हिंदी में भारतीय भाषाओं से अनूदित पुस्तकों में 'सूरज और मोर' (2003) मेघालय की बड़ी ही अच्छी, जानदार लोककथाओं की पुस्तक है, जिसके लेखक हैं वेवस्टार डेविस जीरवा तथा किताब का हिंदी अनुवाद किया है आल्मा सोहिल्या ने। किताब में मेघालय की तेरह लोककथाएँ हैं, जिनमें मेघालय का लोकजीवन मानो छलछलाकर सामने आ जाता है। खासकर 'कहानी तीन नदियों की' तो बड़ी ही मासूमियत से भरी खूबसूरत कथा है। हिंदी में अनूदित बाल कथाओं की कुछ और महत्त्वपूर्ण पुस्तकें हैं, 'तेरह अनुपम कहानियाँ', 'जादू का दीपक' (रूपा. श्रीकांत व्यास), तारा तिवारी की 'सोना की कहानी' (अनु. मोहिनी राव), कामाक्षी बालसुब्रह्मण्यम् की 'बरसात कब होगी' (अनु. रमेश बक्षी) तथा 'मुत्थू के सपने' (अनु. रमेश बक्षी), कमला नायर की 'जिस दिन नदी बोली थी' (अनु. सुरेश उनियाल), शांता रंगाचारी की 'युग-युग की कहानियाँ' (अनु. मोहिनी राव), लीला मजूमदार की 'बड़ा पानी' (अनु. इंद्रा नूपुर), लीलावती भागवत की 'स्वर्ग की सैर तथा अन्य कहानियाँ', दीपा अग्रवाल की 'बिरजू और उड़नेवाला घोड़ा' (अनु. मोहिनी राव), जगदीश जोशी की 'एक दिन' (अनु. पृथ्वीराज मोंगा), मेरेलिन हर्श की 'मैं क्या बनूँगा', शांता रामेश्वर राव की 'मोहिनी और भस्मासुर' (अनु. रमेश बक्षी), लाइस हैमिल्टन फुलर की 'छोटा शेर बड़ा शेर', एम.सी. गेब्रियल की 'दुमदार कहानी' (अनु. रमेश बक्षी), राधा खंबादकोणे की 'सबसे प्यारा कौन' (अनु. पृथ्वीराज मोंगा), बैलिंदर धनौआ की 'टूटा पंखा और अन्य कहानियाँ' (अनु. द्रोणवीर कोहली), जयंती मनोकरण की 'सूरजमुखी और तितलियाँ' (अनु. मस्तराम कपूर), मदनलाल 'मधु' की 'जादुई घोड़ा', मक्सिम गोर्की की 'बाज का गीत', निकोलाई तेलेशोव की 'घर की ललक', होल्गर पुक्क की 'दो साहसिक कहानियाँ', 'आम जिंदगी की मजेदारी कहानियाँ' तथा 'रोजमर्रे की कहानियाँ', शंकर की 'समझ का फेर', लेव तोलस्तॉय की

'तीन सवार' (अनु. चंद्रकिरण राठी), एंड्रीला मित्रा की 'पक्की दोस्ती' (अनु. पृथ्वीराज मोंगा), वी. सुत्येव की 'मैं भी', हैंस एंडरसन की कहानियाँ, गिजू भाई की 'बाल कथाएँ' तथा 'खड़बड़-खड़बड़' (अनु. सां. जे. पटेल) विताउते जिलिंस्काइते की 'छत पर फँस गया बिल्ला और तीन कहानियाँ', 'सर्कस की कहानियाँ', एशिया और प्रशांत क्षेत्र की कहानियाँ 'आओ हँसें एक साथ' और पेतेर क्रिस्तेन असबयोर्नसेन तथा योर्गेन मूए द्वारा संकलित 'नार्वेजीय लोककथाएँ' (अनु. सुरेशचंद्र शुक्ल 'शरद आलो')।

पर हिंदी में अनूदित बाल कहानियों का संभवत: सबसे महत्त्वपूर्ण संग्रह 'हैंस एंडरसन की कहानियाँ' (दो भाग, 1999, साहित्य अका., न.दि.) है। हैंस एंडरसन की इन साठ विश्वविख्यात कहानियों का अनुवाद और रूपांतरण सुप्रसिद्ध बाल साहित्यकार हरिकृष्ण देवसरे ने किया है। इस संग्रह की खासियत यह है कि देवसरेजी ने संग्रह के दोनों खंडों की अलग-अलग भूमिकाओं के रूप में हैंस एंडरसन के जीवन और उसकी अनोखी परीकथाओं के जादू से पाठकों का परिचय कराया है। देवसरेजी ने साहित्य अकादमी के लिए ग्रिम बंधुओं की विश्वप्रसिद्ध परीकथाओं (दो भाग) का भी रूपांतरण किया है। इसी तरह उमा पाठक ने भी 'ग्रिम ब्रदर्स की विश्वप्रसिद्ध कहानियाँ' (2005) शीर्षक से ग्रिम बंधुओं की चुनिंदा कहानियों का अनुवाद किया है।

दिविक रमेश ने कोरियाई बाल कहानियों का अनुवाद किया है। 'जादुई बाँसुरी और अन्य कोरियाई कथाएँ' (2009) कोरियाई बाल कहानियों की सुंदर और पठनीय पुस्तक है। इसी तरह स्पेनी बाल कथाओं का भी हिंदी में अनुवाद हुआ है। विश्वप्रसिद्ध कथाकार ओगासियो किरोगा की उरुगवाई बाल कहानियों का 'जंगल-कथा' (2008) शीर्षक से सुंदर अनुवाद प्रीति पंत ने किया है। 'फूल खिलानेवाला बुड्ढा व अन्य जापानी लोककथाएँ' (2010) पुस्तक में जापानी लोककथाओं का सुंदर अनुवाद और पुनर्कथन हेमा पांडे ने किया है।

❖

मदनलाल मधु द्वारा संकलित और अनूदित 'जादुई घोड़ा' किताब में रूसी, उक्रेनी तथा उज्बेक आदि की कुल छत्तीस लोककथाएँ शामिल हैं। कुल मिलाकर ये सोवियत संघ की हर जाति की लोककथाएँ हैं। इनमें एक से एक अनोखे, जादुई कमाल, रहस्य-रोमांच और फंतासी की मजेदार दुनिया है, जो बाल पाठकों को एक अलग ही दुनिया में ले जाएगी। रूसी साहित्यकारों में मक्सिम गोर्की की 'बाज का गीत' पुस्तक में उनकी दो विश्वप्रसिद्ध कहानियाँ शामिल हैं। 'बाज का गीत' और 'तूफानी पितरेल पक्षी का गीत'। ये दोनों ही पक्षियों के जरिए कठिन संघर्षों से जूझने की इनसानों और जीवधारियों की असाधारण जिजीविषा को दर्शानेवाली खूबसूरत कहानियाँ हैं। इसके अलावा बाल साहित्य के बहुचर्चित लेखक होल्गर पुक्क की कहानियाँ बच्चों का भीतर-बाहर की दुनिया से कही अधिक गहरा संवाद करती, चुटीली और कल्पनापूर्ण कहानियाँ हैं। ऐसी कहानियाँ, जिनमें उनकी छोटी-छोटी शरारतें भी हैं, शिकवे-शिकायत, लड़ाई-झगड़े भी और उनकी इच्छाओं का पसारा भी। मजे की बात यह है कि होल्गर पुक्क बच्चे की रोजमर्रा की जिंदगी के बीच ही एक ऐसा जादुई संसार रच देते हैं कि उनकी काबिलियत और उस्तादाना फन का कायल होना पड़ता है। 'रोजमर्रे की कहानियाँ', 'अजीबोगरीब क़िस्से', 'नए जमाने की परीकथाएँ', 'आम जिंदगी की मजेदार कहानियाँ', 'दो साहसिक कहानियाँ' किताबों में शामिल होल्गर पुक्क की दिलचस्प कहानियों का अनुवाद मीनाक्षी ने बड़े

खूबसूरत अल्फाज में किया है। लिहाजा होल्गर पुक्क की ये कहानियाँ अनूदित होने के बावजूद बच्चों को एकदम अपनी कहानियाँ लगती हैं।

इसके अलावा निकोलाई नोसोव की बच्चों के लिए लिखी गई चंचलता और नटखटपन से भरपूर एक से एक दिलचस्प कहानियाँ ग्यारह खंडों में 'नजानू की कहानियाँ' शीर्षक से छपी हैं। इन सभी कहानियों का नायक नजानू नाम का एक चंचल और नटखट बच्चा नजानू है, जिसके सपने बहुत बड़े हैं और जीवन में वह बहुत कुछ कर गुजरना चाहता है। लेखक निकोलाई नोसोव ने नजानू के चरित्र को इतनी खूबसूरती से गढ़ा है और उसमें कल्पनाशीलता के प्यारे रंग भरे हैं कि नजानू न सिर्फ बच्चों, बल्कि बड़ों का भी लाड़ला बन जाता है। लिहाजा दुनिया की अनेक भाषाओं में निकोलाई नोसोव की इन कहानियों का अनुवाद हुआ और लाखों लोग इनके दीवाने हैं। हिंदी में ग्यारह खंडों में छपी इन कहानियों की पुस्तकों के शीर्षक ही यह बात साफ कर देते हैं कि ये कहानियाँ बहुत आनंद लेकर, बच्चों के लिए बहुत दिलचस्प ढंग से लिखी गई हैं। अलग-अलग खंडों में छपी इन कथा-पुस्तकों के शीर्षक हैं—'फूल नगर के बौने', 'नजानू चित्रकार कैसे बना', 'नजानू कवि कैसे बना', 'नजानू ने उड़न गुब्बारा कैसे बनाया', 'चलो चलें', 'और फट गया गुब्बारा' तथा 'अपरिचितों के बीच' वगैरह-वगैरह। इन कहानियों के अनुवादक हैं सरस्वती हैदर, अचला जैन तथा संगमलाल मालवीय। विदेशी भाषा प्रकाशन गृह, पेरिस से छपी 'चीन की लोककथाएँ' (1998) भी उल्लेखनीय पुस्तक है, जिसमें बारह रोचक चीनी लोककथाएँ प्रस्तुत की गई हैं।

नेशनल बुक ट्रस्ट द्वारा प्रकाशित 'तेरह अनुपम कहानियाँ' भारतीय भाषाओं की तेरह सुंदर और अनोखी कहानियों का संकलन है, जिसके खूबसूरत चित्र मिकी पटेल ने बनाए हैं। इस पुस्तक में असमिया, बाँग्ला, अंग्रेजी, गुजराती, हिंदी, कन्नड़, मलयालम, मराठी, ओडिया, पंजाबी, तमिल, तेलुगु और उर्दू की प्रतिनिधि बाल कहानियाँ शामिल हैं। इनमें अनंतदेव शर्मा की 'विशेष पुरस्कार', सत्यजित राय की 'सेप्टोपस की भूख', रस्किन बॉण्ड की 'सीता और नदी', पन्नालाल पटेल की 'अदल-बदल', भीष्म साहनी की 'गुलेलबाज लड़का' और बी.आर. भागवत की 'फास्टर फेंडे की करामात' दिलचस्प कहानियाँ हैं।

चुनिंदा बाल कहानियों के संग्रह और महत्त्वपूर्ण संपादित ग्रंथ

अकसर हिंदी में बाल कहानियों के छोटे-छोटे संग्रह छापने का रिवाज है, जिन्हें बच्चे आसानी से पढ़ लेते हैं। उनका मूल्य भी अधिक नहीं होता, पर इधर हिंदी में बाल कहानियों के कुछ ऐसे बृहत् संग्रह भी छापे जा रहे हैं, जिनमें एक लेखक की समूची कथा-यात्रा में से बहुत-सी चुनिंदा या प्रतिनिधि कहानियाँ एक साथ पढ़ने को मिल जाती हैं। इससे किसी बाल कथाकार की कहानियों के अलग-अलग रंग, शेड्स को जानने का मौका तो मिलता ही है, साथ ही उसके मूल्यांकन के लिए एक सही जमीन भी तैयार होती है। इस लिहाज से आत्माराम एंड संस (दिल्ली) ने इक्यावन बाल कहानियों की एक अच्छी और खूबसूरत सीरीज शुरू की है। इसमें अलग-अलग लेखकों की इक्यावन बाल कहानियाँ एक जिल्द में पढ़ने को मिल जाती हैं। इक्यावन बाल कहानियों की इस सीरीज में देवेंद्रकुमार, अमर गोस्वामी, प्रकाश मनु, क्षमा शर्मा, भगवतीशरण मिश्र समेत कई लेखकों की बाल कहानियाँ छपी हैं। अमरजी की कहानियाँ 'किस्सों का गुलदस्ता' शीर्षक से छपी हैं। बाल

कहानियों के इन संग्रहों में विविधता काफी है और नन्हे-मुन्ने शिशुओं से लेकर किशोर बच्चे भी उनका आनंद ले सकते हैं।

इसके अलावा हिंदी बाल कहानियों के बड़े संपादित ग्रंथ भी कई हैं। डॉ. हरिकृष्ण देवसरे द्वारा संपादित बाल कहानियों के बृहत् संचयन 'बच्चों की सौ कहानियाँ' (1979) में कहानियों का चयन इस तरह किया गया है कि पिछले सौ वर्ष की बाल कहानियों की समूची यात्रा आँखों के आगे आकर ठहर जाती है। इसमें जयशंकर प्रसाद की 'बाल चंद्रगुप्त', सियारामशरण गुप्त की 'बैल की बिक्री', श्रीराम शर्मा की 'बाघ से भिड़ंत', मोहनलाल मेहतो 'वियोगी' की 'लोहार और तलवार', जहूरबख्श की 'कुत्ते की दुम', पदुमलाल पुन्नालाल बख्शी की 'हीरे की कहानी' और 'दौड़' तथा विष्णु प्रभाकर की 'बाबूजी बारात में' जैसी हिंदी के जाने-माने मूर्धन्य लेखकों की रचनाएँ शामिल हैं। इस संग्रह की खासियत यह है कि इसमें हिंदी बाल कहानी के प्राय: सभी रंग और नए-से-नए अंदाज एक साथ देखने को मिल जाते हैं। कुछ अरसा पहले देवसरेजी ने भारतीय भाषाओं की चुनिंदा बाल कहानियों का भी एक संचयन तैयार किया था। तीन खंडों में 'भारतीय बाल कहानियाँ' (2009) का प्रकाशन साहित्य अकादेमी ने किया है।

डॉ. उषा यादव और डॉ. राजकिशोर सिंह द्वारा संपादित 'हिंदी की श्रेष्ठ बाल कहानियाँ' (2001) में परंपरागत किस्म की बाल कहानियाँ हैं तो कुछ नए ढंग की प्रयोगात्मक बाल कहानियाँ भी शामिल हैं। कुल इकसठ बाल कहानियों के इस संग्रह में बेशक कई यादगार कहानियाँ हैं। शमशेर अहमद खान ने 'बच्चों की बयालीस कथाएँ' (1991) संग्रह संपादित किया है, जिसमें कुछ ढंग की कहानियाँ हैं। इसी तरह डॉ. शोभनाथ लाल ने भी हिंदी की चुनिंदा बाल कहानियों का संग्रह 'चौबीस बाल कहानियाँ' शीर्षक से संपादित किया है। जाकिर अली 'रजनीश' द्वारा संपादित 'इक्कीसवीं सदी की बाल कहानियाँ' (दो खंडों में, 1998) में कुल एक सौ सात कहानियाँ शामिल हैं, जिनमें बच्चों के अंत:संसार से जुड़ी कई यादगार कहानियाँ पढ़ने को मिल जाती हैं। रोहिताश्व अस्थाना ने भी 'चुनी हुई बाल कहानियाँ' (दो खंडों में, 2002) नाम से हिंदी की चुनिंदा और प्रतिनिधि बाल कहानियों को एक जगह लाने की कोशिश की है। उनके इस बृहत् संग्रह में हिंदी की कुल बहत्तर चुनिंदा कहानियाँ शामिल हैं, जिनमें कई मर्मस्पर्शी यादगार कहानियाँ हैं, तो कुछ एकदम सामान्य कहानियाँ भी हैं। बहुत से महत्त्वपूर्ण कहानीकार छूट भी गए हैं। यों यह पुस्तक बहुत ही आकर्षक कलेवर में सामने आई है। हिंदी में इस तरह के काम कुछ और बड़े विजन के साथ हों तो बड़ा और ऐतिहासिक काम हो सकता है। अलबत्ता इसमें शक नहीं कि हिंदी बालकथा साहित्य में इस तरह के कथा-संग्रहों का अपना योगदान है।

इसी तरह रमाशंकर (ज. 1970) ने भी बच्चों की कहानियों के कई संचयन निकाले हैं। इनमें 'इकतीस परीकथाएँ', 'इक्यावन हास्य बाल कहानियाँ', 'इक्यावन ऐतिहासिक बाल कहानियाँ', '51 शिक्षाप्रद मनोरंजक बाल कहानियाँ', 'चौबीस जासूसी बाल कहानियाँ', 'विज्ञान बाल कथाएँ', 'लघु बाल कथाएँ' तथा 'इकतीस पर्यावरण की कहानियाँ' जैसी किंचित हड़बड़ी में छापी गई पुस्तकें हैं, जिनके पीछे कोई सम्यक संपादकीय दृष्टि और विवेक नजर नहीं आता। लिहाजा इनमें भरती की रचनाओं की भरमार है।

किशोर पाठकों के लिए निकलनेवाले कहानियों के संचयन अपेक्षाकृत कम हैं और इस ओर अभी तक गंभीरता से किसी ने नहीं सोचा है। अलबत्ता कुछ अरसा पहले नागेश पांडेय 'संजय' द्वारा संपादित

'किशोरों की श्रेष्ठ कहानियाँ' (2005) पुस्तक छपकर आई है, जिसमें हिंदी के चौबीस कहानीकारों की किशोर कहानियों को एक संग्रह में प्रस्तुत करने की कोशिश की गई है। संग्रह में मनोहर वर्मा की 'चैलेंज', डॉ. रत्नलाल शर्मा की 'एक योजना', डॉ. श्रीप्रसाद की 'सुनीता', कमला चमोला की 'पिता का बँटवारा', रोहिताश्व अस्थाना की 'विज्ञान परी', रमाशंकर की 'मैं शाहरुख बनना चाहता हूँ', उषा यादव की 'विश्वास की जीत' और हूँदराज बलवाणी की 'मुकाबला' कहानियाँ खासी मार्मिक हैं। संग्रह में बच्चों और किशोरों के लिए लिखनेवाले हिंदी कथाकारों का सही प्रतिनिधित्व नहीं हो पाया। इस लिहाज से हिंदी की अच्छी किशोर कथाओं का दूसरा और यहाँ तक कि तीसरा खंड भी निकाला जा सकता है। इसी तरह नागेश पांडेय 'संजय' द्वारा संपादित 'बालिकाओं की श्रेष्ठ कहानियाँ' (2007) का महत्त्व इस अर्थ में है कि इस संग्रह में शामिल पच्चीस कहानियों में सभी की नायिका कोई न कोई बालिका है, जिसका मन, संघर्ष और सपने इन कहानियों के जरिए सामने आते हैं। नागेश ने 'ग्रामीण परिवेश की बाल कहानियाँ' (2016) पुस्तक का भी संपादन किया है। गँवई जमीन और परिवेश की इन सीधी-सच्ची कहानियों को पढ़ना एक अलग अनुभव है।

यों जहाँ तक बाल और किशोर पाठकों के लिए लिखी जा रही कहानियों के सही प्रतिनिधित्व और दृष्टिसंपन्नता की बात है, इनमें कोई भी संग्रह इसलिए सफल नहीं कहा जा सकता, क्योंकि प्राय: इन सभी में भरती की कहानियों की भरमार है और अच्छी बाल कहानी का कोई 'विजन' यहाँ मौजूद नहीं है। साथ ही प्राय: सभी में अच्छे, समर्थ रचनाकार छूट गए हैं और हर जगह फुदकते ऐसे रचनाकर बहुतायत में मौजूद हैं, जिनके लिए बाल कहानियाँ लिखना महज एक 'धंधा' है! तो भी ये नाकामयाबियाँ और सीमाएँ निराश इसलिए नहीं करतीं, क्योंकि किसी भी बड़ी सफलता का रास्ता आखिर नाकामयाबियों से ही गुजरता है। उम्मीद की जा सकती है, कभी हिंदी बाल कहानियों के सचमुच प्रतिनिधि कहे जा सकनेवाले बड़े संग्रह भी देखने में आएँगे और हिंदी बाल कहानी के मूल्यांकन की कहीं अधिक गंभीर और ईमानदार कोशिशें भी। मगर इतना तय है कि आज के बच्चे अपने लिए लिखी गई अच्छी कहानियाँ ढूँढ़-ढूँढ़कर पढ़ते हैं, पढ़ना चाहते हैं और यह बात खुद में बाल कहानी के भविष्य और संभावनाओं के बारे में हमें पूरी तरह आश्वस्त करती है।

इसी तरह पिछले कुछ वर्षों में बाल पत्रिकाओं ने कहानी केंद्रित विशेषांक निकालकर बड़ा काम किया है। 'बालवाटिका' पत्रिका ने इधर एक नई परंपरा शुरू की है, नवंबर अंक को उपहार विशेषांक के रूप में सामने लाने की। सन् 2015 के बाद 2016 में भी नवंबर माह में ही कहानी पर केंद्रित उपहार विशेषांक निकला। इसका स्वागत होना चाहिए। उम्मीद है, यह परंपरा एक समृद्ध श्रृंखला का रूप लेती जाएगी। सन् 2016 में निकले 'बालवाटिका' के कहानियों पर केंद्रित उपहार अंक में उचित ही, एक से एक खूबसूरत कहानियाँ हैं। विनायक की उनके खास अंदाज में लिखी गई बड़ी ही करुणा भरी मर्मकथा 'जाओ अपनी नदी में तुम', हूँदराज बलवाणी की प्रतीक-कथा के जनता से खेलनेवाले राजा और मंत्री, पंकज चतुर्वेदी की धरती के भीषण प्रदूषण के आगे एकदम पस्त, दु:खी और लाचार परी, गोविंद शर्मा का जनता की पीड़ा को आवाज देने वाला खुशदिल मसखरा, संजीव ठाकुर और ओमप्रकाश भाटिया के भटके हुए स्कूली बच्चे, रामदरश मिश्रजी का घर में ही चोरी के बाद पिता के दर्द से व्याकुल हबसता हुआ बच्चा, दर्शनसिंह आशट का कुछ देर से ही सही, बालदिवस की भावना में बहनेवाला नन्हा अभिनेता और डॉ. सुनीता का अतीत की धुँधली यादों

से निकलकर आया भोला, मासूम महिपाल, सब मिलकर जैसे संवेदनाओं का एक खूबसूरत गुलदस्ता पाठकों को सौंपते हैं। कैसा दुर्लभ उपहार! खासकर विनायक, हूँदराज बलवाणी और पंकज चतुर्वेदी की कहानियाँ तो एक बार पढ़ने के बाद कभी भुलाई ही नहीं जा सकतीं और इनकी अगर एक विशेषता बनानी हो तो मैं कहूँगा, कहानी की लीक को तोड़कर अपनी बात कहने की कोशिश। इसीलिए इन कहानियों की संवेदना इतनी व्यापक है और किरदार ऐसे, कि हमेशा के लिए आपके साथ हो लेते हैं।

ऐसे कुछ महत्त्वपूर्ण प्रयास और भी हुए हैं। सन् 2012 में प्रकाश मनु के अतिथि संपादन में निकला 'साहित्य अमृत' का बाल साहित्य विशेषांक अच्छी बाल कविताओं के साथ-साथ सुंदर और रसपूर्ण बाल कहानियों के लिहाज से भी एक मील का पत्थर था, जिसे आज भी लोग आदर से याद करते हैं।

आज के समय में एक अच्छी कहानी क्या हो सकती है? इसके बहुत जवाब हो सकते हैं। एक-दूसरे को काटते हुए और परस्पर विरोधी भी। मगर अपने तईं जो जवाब मैं लेकर चलता हूँ, वह यह कि आज की कहानी में किस्सागोई और भाषा की रवानी तो दादी-नानी की कहानियों की परंपरावाली हो, पर भाव और संवेदना आधुनिक जीवन और मूल्यों से जुड़ी हुई। यानी हमें दादी-नानी की कहानियों की परंपरा को पुनर्नवा करना होगा। हिंदी के बड़े से बड़े साहित्यकारों ने माना है कि बचपन में सुनी दादी-नानी की कहानियों ने ही आगे चलकर उन्हें साहित्यकार बनाया और साथ ही उन्हें जीवन की गहरी समझ दी। आज के बच्चों का यह दुर्भाग्य है कि उन्हें जाने-अनजाने दादी-नानी की इस महान कथा-परंपरा से दूर कर दिया गया है। ऐसे में मैं सोचता हूँ कि आज बाल साहित्य के लेखकों को ही दादी-नानी बनकर लिखना होगा, ताकि वह कथा-परंपरा बदलते समय के मुताबिक एक नए कलेवर में सामने आ सके।

□

4
बाल उपन्यास

तमाम कही-अनकही बातों का खजाना

बाल उपन्यास माने बच्चों के दिल में छिपी तमाम कही-अनकही बातों का खजाना। बाल साहित्य की जितनी भी विधाएँ हैं, उनमें बाल उपन्यास में बच्चों का जितना मन खुलता है और जितनी देर तक बच्चा उसके प्रभाव से बिंधा हुआ, उसमें रमा रहता है, उतना किसी और विधा में नहीं। निस्संदेह बच्चों को अपने लिए लिखी गई कविताएँ और कहानियाँ पढ़ना पसंद है, पर बाल उपन्यास पढ़कर किसी बच्चे को जिस ढंग की तृप्ति मिलती है और वह देर तक उसी प्रभाव में बँधा-बिंधा रहता है, वैसा असर न बच्चों के लिए लिखी गई कहानियों का होता है और न कविताओं का। इसलिए कि बाल उपन्यास का मतलब ही है, बच्चों के किन्हीं दुर्गम और मनोहारी रास्तों पर सैर, जी भरकर घूमने-घामने, यहाँ तक कि उड़ने और उछलने, कूदने-फाँदने के लिए एक और भरी-पूरी दुनिया रच देना। यह दुनिया अगर सचमुच सलीके से रची गई है, तो बच्चों पर उसका सम्मोहन इस कदर तारी हो जाता है कि कई दिनों या महीनों नहीं, बरसों तक उसका प्रभाव मन से नहीं उतरता। कई बार तो हम जीवन के आखिरी छोर पर बैठे लोगों को बचपन में पढ़े हुए उपन्यास के 'थ्रिल' की चर्चा इस कदर शिद्दत से करते देखते हैं कि चकित रह जाना पड़ता है।

मुझे याद पड़ता है, बचपन में 'चंदा मामा' पत्रिका में पढ़े कुछेक उपन्यासों के अलावा 'गुलीवर की यात्राएँ' वह पहला अविस्मरणीय उपन्यास था, जिसने मानो पहली बार मुझे भीतर से छुआ और जगा दिया था। पहली बार जीवन में कल्पनाओं और बिंबों, चरित्रों और कथानकों का ऐसा पिटारा खुला कि उसका रंग और आकर्षण आज तक फीका नहीं हुआ। 'गुलीवर की यात्राएँ' उपन्यास मुझे अपने विद्यालय, यानी शिकोहाबाद के पालीवाल इंटर कॉलेज की लाइब्रेरी से मिला था, जो अकसर बंद रहती थी और हमें जिसका पता तक न था कि यहाँ लाइब्रेरीनुमा भी कोई चीज है। आठवें दर्जे में कुछ प्रतिभाशाली विद्यार्थियों को मैनपुरी में किसी कंपीटीशन में हिस्सा लेने जाना था। वहाँ जानेवाले विद्यार्थियों में एक मैं भी था। जिस दिन जाना था, उससे एक दिन पहले कॉलेज लाइब्रेरी के लौह-कपाट खुले और एक-एक, दो-दो किताबें हम लोगों के हिस्से आई थीं। मुझे बस 'गुलीवर की यात्राएँ' की ही याद है। उसकी रहस्यपूर्ण कल्पना और किताब में बने चित्र, दोनों ने ही मन पर कुछ ऐसा असर डाला कि लगा, एक दुनिया के भीतर 'एक और दुनिया' बन रही है, जो मेरे बाल-मन में कहीं अधिक कौतुक भरती है। कहीं अधिक अपनी-सी है और गुदगुदाती है। जिस प्रतिभा-टेस्ट के लिए

हम लोग गए थे, उसका क्या हुआ, क्या नहीं, यह अब बिल्कुल याद नहीं है। मगर 'गुलीवर की यात्राएँ' की याद आज भी उतनी ही ताजा है और लगता है, कभी फीकी नहीं पड़ेगी। एक अच्छे उपन्यास का बच्चे के मन पर क्या असर पड़ता है और कितनी दूर तक वह उसका सहयात्री बना चलता है, इसका अंदाजा इसी बात से लगाया जा सकता है। गुलीवर जिस बौनों के देश लिलिपुट की यात्रा करता है, वे बौने असल में थे कि नहीं? और उपन्यास में जिन महाकार दैत्य जैसे प्राणियों का वर्णन है, वे सचमुच इतने विशाल लोग पृथ्वी पर कहीं थे कि नहीं थे, यह सब कुछ मायने नहीं रखता। बच्चों की कल्पना के लिए तो वे थे और हमेशा-हमेशा के लिए इस दुनिया के किसी अज्ञात या अल्पज्ञात देश में बस गए थे, इस दुनिया को कहीं अधिक खूबसूरत और रंगारंग बनाने के लिए। बस, इतना ही काफी है। यानी उपन्यास जिस कल्पना की दुनिया को रचता है या मोटे शब्दों में कहें तो जिस 'झूठ' को रचता है, अगर वह बच्चों के मन को रिझाने और सुकून देनेवाला हुआ तो झूठ भी झूठ नहीं रह जाता और कल्पना असली जामा पहनकर एक रंग-बिरंगा खूबसूरत संसार बसा देती है। यह है एक बच्चे के दिल पर उपन्यास का असर!

यह आश्चर्य की बात है कि बाल उपन्यास जैसी बाल साहित्य की सबसे अधिक महत्त्वपूर्ण विधा आज हिंदी में खासी उपेक्षित है। दुनिया की शायद ही कोई समर्थ भाषा हो, जिसमें अच्छे बाल उपन्यास न लिखे गए हों। किसी भाषा में अच्छे बाल उपन्यास का होना उस भाषा की जीवंतता, लोच और कल्पनाशीलता का परिचायक है। उस देश के लोग अपने बच्चों से कितना प्यार करते हैं और उनकी कितनी परवाह करते हैं, इसका भी यह एक मयार है। इस लिहाज से हिंदी भाषा और साहित्य को लेकर बड़े-बड़े दावे भले ही किए जाते हैं, पर हिंदी की स्थिति बहुत अच्छी नहीं है। बाल साहित्य के पिछले सौ वर्षों के इतिहास में ऐसे सौ उपन्यास ढूँढ़ना भी मुश्किल है, जिन्हें सच में बच्चों के दिल में उतरने और उनसे दोस्ती कर लेनेवाले उपन्यास कहा जा सकता है। हालाँकि यह बात दीगर है कि इस घनघोर उपेक्षा के बावजूद, हमारे यहाँ बच्चों के कोई पच्चीस-तीस उपन्यास तो ऐसे हैं, जिनका होना किसी आश्चर्य की तरह है और वाकई ताज्जुब होता है कि इस घनघोर उपेक्षा भरे माहौल में भी ऐसे बढ़िया उपन्यास कैसे लिखे जा सके! यह आश्चर्य तब और बढ़ जाता है, जब हम देखते हैं कि बच्चों के लिए उपन्यास लिखनेवालों में प्रेमचंद, अमृतलाल नागर, कृश्न चंदर, शैलेश मटियानी, मनोहर श्याम जोशी, भगवतशरण उपाध्याय, मन्नू भंडारी, लक्ष्मीनारायण लाल, श्रीलाल शुक्ल, सूर्यबाला, द्रोणवीर कोहली और गुलजार जैसे बड़े लेखक भी शामिल हैं। इसी तरह रमेश थानवी, पंकज बिष्ट, हरिपाल त्यागी, प्रदीप पंत सरीखे समकालीन लेखकों ने बच्चों के लिए उपन्यास लिखे, तो बाल साहित्यकारों में भूपनारायण दीक्षित, मस्तराम कपूर, हरिकृष्ण देवसरे और देवेंद्रकुमार के ऐसे उपन्यास खूब चर्चित हुए, जिनमें किस्सागोई के साथ बच्चे के भीतर-बाहर की हलचलें भी शामिल हैं। आगे चलकर अमर गोस्वामी, सुरेखा पाणंदीकर, विनायक, प्रकाश मनु, उषा यादव, क्षमा शर्मा, बानो सरताज, विमला भंडारी, अलका पाठक, हरीश तिवारी, बल्लभ डोभाल, सुशीलकुमार फुल्ल, प्रेमस्वरूप श्रीवास्तव, क्षितिज शर्मा, प्रह्लाद श्रीमाली, सूर्यनाथ सिंह, अभिलाष वर्मा, दिनेश पंचाल, अखिलेश श्रीवास्तव 'चमन', जाकिर अली 'रजनीश', रमाशंकर, नीलम राकेश, साजिद खान और नागेश पांडेय 'संजय' ने अपने-अपने अलग अंदाज में बच्चों के लिए उपन्यास लिखे।

इसमें शक नहीं कि बच्चे बाल उपन्यासों को न सिर्फ पढ़ना पसंद करते हैं, बल्कि उनके दीवाने हैं।

इसकी मिसाल देनी हो तो विश्व-प्रसिद्ध बाल उपन्यासों के हिंदी अनुवादों की स्थिति देखी जा सकती है। वे इतने अधिक बिकते और पसंद किए जाते हैं कि प्रकाशक सचमुच यह माँग पूरी कर पाने में अपने को लाचार पाते हैं। इसका ताजा उदाहरण है कई खंडों में छपे तिलिस्मी उपन्यास 'हैरी पॉटर' की अपार लोकप्रियता। अब सवाल यह है कि विदेशी बाल उपन्यासों के हिंदी अनुवाद हिंदी में धड़ाधड़ बिक सकते हैं तो हिंदी के मौलिक उपन्यास क्यों नहीं? ऐसा नहीं कि हिंदी में अच्छे किस्म के मौलिक उपन्यास लिखे ही नहीं जा रहे। बल्कि मुझे तो लगता है कि हिंदी में लिखे गए या लिखे जा रहे बाल उपन्यास किसी से हेठे नहीं हैं, पर प्रकाशक उनका जमकर प्रचार नहीं करते, जिससे वे लोगों के सामने आ ही नहीं पाते। विदेशी पुस्तकें पहले से ही बहुप्रचारित होती हैं, इसलिए बाल पाठक ललककर ऐसे बाल उपन्यासों की ओर दौड़ते हैं या उन्हें खोज-खोजकर पढ़ते हैं।

जो भी हो, हिंदी में बाल उपन्यासों की धारा में अभी बहुत काम होना बाकी है। प्रकाशकों का अनुत्साहपूर्ण रवैया और अच्छे उपन्यासों की चर्चा न होना एक बड़ी बाधा है और सचमुच इस स्थिति को बदलने की जरूरत है। नहीं तो बच्चों को आनंद और रोमांच देनेवाले एक बड़े सुख से हम उन्हें वंचित कर देंगे।

हिंदी बाल उपन्यासों की विकास-यात्रा

हिंदी बाल साहित्य की अन्य विधाओं की तुलना में बाल साहित्य की विकास-यात्रा थोड़ी भिन्न है। इसलिए कि बाल साहित्य के पहले चरण में कविता, कहानी, नाटक आदि की तुलना में बाल उपन्यास अपेक्षाकृत कम लिखे गए हैं। फिर भी हिंदी बाल साहित्य के लिए यह कम गौरव की बात नहीं है कि उपन्यास सम्राट् प्रेमचंद ने 'कुत्ते की कहानी' लिखकर हिंदी बाल उपन्यासों के लिए जमीन तैयार की। यह बात आज हमें रोमांचित करती है कि प्रेमचंद का 'कुत्ते की कहानी' ही हिंदी का पहला बाल उपन्यास है।

दूसरे चरण में बहुत से लेखकों का ध्यान इस विधा की ओर गया और स्वतंत्रता-प्राप्ति से लेकर सन् 1980 तक का कालखंड हिंदी बाल उपन्यास का स्वर्णकाल है। इस कालखंड में जैसे साहसिक अभियानोंवाले रोचक बाल उपन्यास लिखे गए, वैसे बाद में नजर नहीं आए। इसी तरह एक ओर असाधारण वीरता और जोश से भरे ऐतिहासिक उपन्यास इस दौर में लिखे गए तो दूसरी ओर विज्ञान फंतासी के नए-नए रूप भी उपन्यासी वितान में नजर आने लगे। बाल मन और बच्चे की समस्याओं पर केंद्रित उपन्यासों की तो इस दौर में जैसे बाढ़ ही आ गई।

उसके बाद दुर्भाग्य से हिंदी बाल उपन्यासों की धारा में वह क्षिप्रता और समृद्धि नजर नहीं आती। हालाँकि पिछले एक डेढ़ दशक से बाल साहित्य के लेखकों का ध्यान फिर से इधर गया है और लीक से हटकर लिखी गई कई उत्कृष्ट औपन्यासिक कृतियाँ नजर आने लगी हैं। वर्तमान दौर में जहाँ एक ओर पर्यावरण, अशिक्षा, कुरीतियों और विकलांगता सरीखी समस्याओं पर केंद्रित उपन्यास लिखे जा रहे हैं, वहीं दूसरी ओर पशु-पक्षियों पर केंद्रित इतने रोचक और रसपूर्ण उपन्यास लिखे गए हैं कि उन्हें बार-बार पढ़ने का मन होता है। इसी तरह बड़े ही महत्त्वपूर्ण विज्ञान फंतासी उपन्यास भी पिछले कुछ बरसों में लिखे गए हैं, जिन्होंने इस दिशा में नई दिशाएँ खोली हैं। नटखट और शरारती बच्चों के हास्यपूर्ण करतबों से जुड़े उपन्यास लिखे गए तो दूसरी ओर आदर्शवादी रुझानवाले त्याग-प्रधान बाल उपन्यास लिखने का सिलसिला भी जारी है, जिसमें

बहुत बार भावुकता का अतिरेक उपन्यास की सहज गति और प्रवाह को बाधित करता है। पर इसमें संदेह नहीं कि वर्तमान दौर में बाल उपन्यासों का कैनवस विविधता भरे इंद्रधनुषी रंगों से सजा है और उसमें भविष्य की अनगिन संभावनाएँ नजर आती हैं। युवा लेखक इस क्षेत्र में आगे आएँ, तो अभी बहुत कुछ हो सकता है।

कुल मिलाकर बाल उपन्यासों की यह विकास-यात्रा बहुत आशा भरी न भी हो, तो कम से कम निराश तो नहीं करती। एक खास बात यह भी है कि हर कालखंड में उसमें बीच-बीच में ऐसी असाधारण कृतियाँ झिलमिला उठती हैं, जो इसके बड़े से बड़े अभाव की भी पूर्ति कर देती हैं। जब हम यह देखते हैं कि प्रेमचंद, अमृतलाल नागर, शैलेश मटियानी, लक्ष्मीनारायण लाल, श्रीलाल शुक्ल सरीखे हिंदी साहित्य के बड़े महारथियों का ध्यान भी इधर गया और उन्होंने लीक से हटकर बाल उपन्यास लिखकर इसे दिशा देने का काम किया, तो मन में उम्मीद की लौ झिलमिला उठती है। और अब तो खैर, नए लेखक भी उत्साह से इधर आने लगे हैं।

पहला चरण : प्रारंभिक युग

विलंबित शुरुआत

हिंदी बाल साहित्य में कहानी, कविता और नाटक की तुलना में उपन्यास-विधा कुछ देर से आई। जहाँ बीसवीं शताब्दी के पहले-दूसरे दशक में हमें हिंदी में मौलिक ढंग के कथ्य और विन्यासवाली एक से एक सुंदर बाल कविताएँ, बाल कहानियाँ, बाल नाटक मिलने लगते हैं, वहीं बाल उपन्यास के क्षेत्र में एक अनजानी हिचक या सन्नाटा दिखाई देता है। यह कोई कम अफसोस की बात नहीं कि गिनती के पाँच-सात उपन्यासों को छोड़ दें, तो हिंदी में बाल साहित्य के पहले चरण में, यानी आजादी से पहले मौलिक ढंग के बाल उपन्यास लगभग थे ही नहीं। यह बात तब हमें और भी विचित्र लगती है, जब हम देखते हैं कि इसके बरक्स जहाँ तक बड़ों के लिए उपन्यास लिखने का सवाल है, प्रेमचंद तो 'गोदान', 'रंगभूमि', 'कर्मभूमि', 'गबन' जैसे उपन्यासों में अपनी महानता का परचम लहरा ही चुके थे। साथ ही जयशंकर प्रसाद, जैनेंद्र, अज्ञेय जैसे उपन्यासकार हिंदी उपन्यास के नए-नए क्षितिजों का अनुसंधान कर रहे थे। तो फिर हिंदी बाल उपन्यास के क्षेत्र में यह शोचनीय सन्नाटा क्यों? इसका सही-सही जवाब ढूँढ़ना मुश्किल है। कहा जा सकता है कि बाल उपन्यास या बच्चे की मनोवैज्ञानिक जरूरतों को गंभीरता से लेने की आदत तब तक हमारे समाज या लेखकों में आ नहीं पाई थी।

हाँ, दुनिया की सब अच्छी भाषाओं में बच्चों के मनोरंजन के लिए इस दुनिया के समानांतर एक और साहसी और रोमांचक दुनिया बसाने की तरह, एक से एक अनूठे और कलात्मक उपन्यास लिखे जा रहे थे। उनकी धमक हिंदी में भी जरूर सुनी जा रही थी। लिहाजा आजादी से पहले हिंदी में मौलिक बाल उपन्यास भले ही न लिखे गए हों, पर उस शून्य या सन्नाटे को तोड़ने की जानी-अनजानी कोशिशें जरूर शुरू हो गई थीं। इसी का नतीजा यह था कि अंग्रेजी और अन्य भाषाओं से बाल उपन्यासों या फिर बाल कल्पना को रंजित करनेवाली कृतियों के अनुवाद का सिलसिला शुरू हो गया। आजादी से पहले हिंदी में अनुवाद या रूपांतरण के जरिए 'रॉबिन्सन क्रूसो', 'सिंदबाद जहाजी', 'अली बाबा चालीस चोर' जैसी दिलचस्प कथात्मक कृतियों का आना शायद इसी कोशिश का नतीजा था।

हालाँकि हिंदी बाल उपन्यास का यह एक बड़ा सौभाग्य है कि उसकी नींव रखने का श्रेय उपन्यास-सम्राट् प्रेमचंद (1880-1936) को जाता है। प्रेमचंद की रचना 'कुत्ते की कहानी' (1936) अभी तक प्राप्त जानकारी के अनुसार 'हिंदी का पहला बाल उपन्यास' है। 'कुत्ते की कहानी' में 'कहानी' शब्द जुड़ा देखकर बहुतों को भ्रम हो सकता है कि शायद यह प्रेमचंद द्वारा बच्चों के लिए लिखी गई कहानी है। यहाँ तक कि हरिकृष्ण देवसरे ने भी इसे प्रेमचंद की बाल कहानियों के संचयन में शामिल कर लिया है। पर दस खंडों में बँटी प्रेमचंद की यह लंबी और सुव्यवस्थित कथाकृति निश्चित रूप से बाल उपन्यास ही है, कहानी नहीं। अपनी संरचना से लेकर भाव-विस्तार, शैली और कथ्य तक। एक संपूर्ण बाल उपन्यास के रूप में यह पुस्तकाकार प्रकाशित हुई थी। इसकी भूमिका में प्रेमचंद ने बाल पाठकों को संबोधित करते हुए लिखा कि उम्मीद है, तुम्हें यह कुत्ते की कहानी अच्छी लगेगी, क्योंकि इस कुत्ते के भीतर भी तुम्हारे जैसा ही सरल, निश्छल बच्चा बैठा हुआ है।

गौर करने की बात है कि सन् 1936 में प्रेमचंद अपनी कीर्ति और रचनात्मकता के शीर्ष पर थे। 'गोदान' की रचना वे कर चुके थे। तब उन्हें बच्चों के लिए यह बाल उपन्यास 'कुत्ते की कहानी' लिखने की जरूरत महसूस हुई, जिससे बाल पाठकों को इस साहसी और भले कुत्ते की कहानी के जरिए एक नया संस्कार दिया जा सके तथा साहस, स्वाभिमान और उदारता का पाठ पढ़ाया जाए। इससे इतना तो कहा ही जा सकता है कि प्रेमचंद का सन् 1936 में आकस्मिक निधन न हुआ होता, तो शायद ऐसे और एक से एक बढ़िया कलात्मक बाल उपन्यासों से वे बाल साहित्य की झोली भरते।

अंग्रेजी में जैसे 'ब्लैक ब्यूटी' एक घोड़े की कहानी है, प्रेमचंद की 'एक कुत्ते की कहानी' भी लगभग उसी अंदाज और ढब की है, जिसे उन्होंने खासी मौलिक रंगत दी है। कुत्ते का नाम कल्लू है। उसका एक भाई है, माँ है, पर उनसे कल्लू का स्वभाव अलग है। जब उसका भाई ही उसे जबरन रोटी छीन रहा होता है तो कल्लू दुःखी होकर सोचता है, "हम कुत्तों में यही तो बुराई है। एक कुत्ता दूसरे का सुख नहीं देख सकता।" कितना जोरदार व्यंग्य है! उपन्यास के आखिर में उसके कई बड़े और हैरतअंगेज कारनामों के बाद, अब उसके पास सारे सुख हैं। अखबारों में उसकी वीरता की कहानी छप चुकी है। लोग लाखों रुपए देकर उसे खरीदना चाहते हैं। नौकर-चाकर हमेशा सेवा करने और टहलाने के लिए मौजूद हैं। साहबों की तरह टेबल पर खाना मिलता है, पर कल्लू सुखी नहीं है। उसका मन अब भी पहले की तरह गलियों में घूमने और धमाचौकड़ी मचाने को करता है। वह महसूस करता है कि अब उसके पास सारे सुख हैं, लेकिन गले में गुलामी का पट्टा बँधा हुआ है और गुलामी से बड़ा कोई दुःख नहीं है, "और तब से कई नुमाइशों में जा चुका हूँ, कई राजाओं का मेहमान रह चुका हूँ। ...मगर अब यह मान-सम्मान बहुत अखरने लगा है। यह बड़प्पन मेरे लिए कैद से कम नहीं है। उस आजादी के लिए जी तड़पता रहता है, जब मैं चारों तरफ मस्त घूमा करता था।" उपन्यास के अंत में यह संकेत करके प्रेमचंद खेल-खेल में आजादी की लड़ाई की पूरी मर्म-भावना और तड़प को प्रकट कर जाते हैं। प्रेमचंद के इस अनोखे बाल उपन्यास को कई प्रकाशकों ने अब फिर से नए कलेवर में छापा है। वहाँ यह जिक्र भी है कि 'कुत्ते की कहानी' हिंदी का पहला बाल उपन्यास है।

इसी तरह प्रेमचंद का 'दुर्गादास' हिंदी का अपने ढंग का अनूठा ऐतिहासिक बाल उपन्यास है। बेशक प्रेमचंद ने 'दुर्गादास' को जीवनी के रूप में लिखा है, पर उसकी पूरी बनावट और कथा-विन्यास को देखकर

लगता है कि यह हिंदी का पहला सफल और अपूर्व ऐतिहासिक बाल उपन्यास है। उपन्यास-सम्राट् मुंशी प्रेमचंद ने 'दुर्गादास' जैसा दमदार उपन्यास लिखकर बाल पाठकों को मानो एक अनोखा उपहार दिया है। इस उपन्यास की नाटकीय ढंग की शुरुआत और अंत, दुर्गादास के दुर्जेय चरित्र और वीरता की एक से एक साहसिक, उदात्त छवियाँ, मुगल-सम्राट् औरंगजेब को हँसते-हँसते खिलाने और खिजाने की उसकी जिद और अंत में इस महाशूरवीर की उदात्त किस्म की उपरामता जिस नाटकीय भाषा और लाघव के साथ सामने आई, उसमें प्रेमचंद की उपन्यास-कला की श्रेष्ठता और ऊँचाई देखी जा सकती है। और सबसे बढ़कर है पाठक को खुद में लीन कर लेनेवाला आकर्षण, जिसके कारण इस पूरी कथाकृति को साँस रोककर पढ़ना पड़ता है। जाहिर है, ये गुण 'दुर्गादास' को जीवनी से अधिक ऐतिहासिक बाल उपन्यास साबित करते हैं और बेशक यह हिंदी का पहला ऐतिहासिक बाल उपन्यास है।

इसके अलावा हिंदी उपन्यास-लेखन के प्रारंभिक युग में पहले जिन लेखकों ने बच्चों के लिए उपन्यास लिखकर एक बड़े अभाव की पूर्ति करने की चुनौती स्वीकार की, उनमें ठाकुरदत्त मिश्र, धर्मवीर और विनोदी दादा के नाम खासतौर से लिये जा सकते हैं। ठाकुरदत्त मिश्र का बच्चों के लिए लिखा गया उपन्यास 'हीरों का द्वीप', धर्मवीर का 'बालक प्रेम और परियाँ' तथा विनोदी दादा का 'टिल्लू-बिल्लू' उस दौर की प्रतिष्ठित पत्रिकाओं 'बालसखा' और 'बालविनोद' में बड़े सम्मान से छपे थे। यह एक आश्चर्य की बात है कि प्रेमचंद की 'कुत्ते की कहानी' जहाँ यथार्थ की लीक पर आगे बढ़ती है, वहाँ ठाकुरदत्त मिश्र और धर्मवीर के उपन्यास बच्चों में गहरा कौतुक उत्पन्न करनेवाली फंतासी की राह पकड़ते हैं।

ठाकुरदत्त मिश्र का 'हीरों का द्वीप' एक अनोखा फंतासी उपन्यास है, जो 'बालसखा' पत्रिका में अक्तूबर 1944 से सितंबर 1945 तक धारावाहिक रूप से प्रकाशित हुआ था। आज यह उपन्यास उपलब्ध नहीं है, पर बच्चों के लिए एक रोचक कल्पना-संसार रचने की ठाकुरदत्त मिश्र की इस शुरुआती कोशिश को महत्त्व तो दिया ही जाना चाहिए। उपन्यास में हीरों की खोज की कहानी कई तरह के उतार-चढ़ाव और कौतुकपूर्ण घटनाओं के जरिए आगे बढ़ती है। उपन्यास में तीन दोस्त सुरेश, नरेश और रतन हीरों की खोज में एक द्वीप में पहुँचते हैं, जहाँ उन्हें अजीबोगरीब परिस्थितियों का सामना करना पड़ता है। कथावस्तु में एक से एक रोमांचक घटनाएँ जुड़ती हैं और कल्पना तथा फंतासी के नए-नए रंग नजर आते हैं। तीनों दोस्तों में से रतन के पास असाधारण शक्ति है। वह जब चाहे गायब हो सकता है। लिहाजा कथानक में अद्भुत घटना-क्रम और फंतासी का रंग अचानक गाढ़ा होने लगता है। बीच-बीच में हीरों के द्वीप में रहनेवाले जंगली लोगों के चरित्र भी खुलते हैं और उनका भोलापन भी। कहानी में एकाएक बहुत बड़ा खजाना मिल जाने की खुशी और रोमांच है, तो नई से नई कौतुकपूर्ण घटनाओं से जुड़ा आश्चर्य-लोक भी। लिहाजा आजादी से पहले के उपन्यासों में ठाकुरदत्त मिश्र के 'हीरों का द्वीप' का खास महत्त्व है। यह ऐसा उपन्यास है, जिसे बाल पाठकों ने बेहद पसंद किया और आज भी यह पुस्तकाकार सामने आए तो बच्चे इसे साँस रोककर पढ़ेंगे।

धर्मवीर का 'बालक प्रेम और परियाँ' भी अनोखा फंतासी उपन्यास है, जिसमें एक से एक असाधारण घटनाएँ घटती हैं। इस उपन्यास के मुख्य पात्र भी तीन बच्चे हैं—योगेंद्र, वेदी और मधु। इन तीनों भाई-बहन के माता-पिता दानी साहब और श्रीमती दानी बड़े उदार स्वभाव के हैं। कहानी में तीनों बच्चों के साथ-साथ नीना

नाम के उनके पालतू कुत्ते का चरित्र भी खूब उभरा है। नीना है भी गजब का कुत्ता, जो योगेंद्र, वेदी और मधु के साथ पूरी तरह दोस्ती निभाता है और हर वक्त उनकी मदद के लिए तैयार रहता है। नीना में और कुत्तों की तुलना में अगर दोस्ती का जज्बा अधिक है, तो संवेदना और समझदारी भी। इसीलिए वह ऐसे-ऐसे काम कर दिखाता है कि पढ़ते हुए बच्चे दाँतों तले उँगली दबा लेते हैं। बच्चों के माता-पिता दावत में गए तो पीछे बच्चों को भरपूर आजादी मिलती है और फिर उनके अनोखे करतब और कारनामे शुरू होते हैं, जिनमें नीना का भी कमाल शामिल है। वह अपने मुँह से बिजली का बटन दबाकर रोशनी कर सकता है। बच्चों के कपड़े उनके पास ले जा सकता है और यही नहीं, मधु को सवारी कराके उसका जी भी खुश कर सकता है।

जाहिर है, धर्मवीर के 'बालक प्रेम और परियाँ' उपन्यास में बहुत कुछ ऐसा है, जो बाल पाठकों को रिझाता है। 'बालसखा' पत्रिका में सन् 1946 में धारावाहिक रूप में छपे इस उपन्यास में उपन्यासकार धर्मवीर की सधी हुई भाषा-शैली ही नहीं, चुस्त कथा-विन्यास भी आकर्षित करता है और आजादी से पहले के उपन्यासों में इसकी खास जगह है। यहाँ ध्यान देने की बात यह है कि प्रेमचंद ने सन् 1936 में बाल उपन्यास 'कुत्ते की कहानी' लिखा था। सन् 1946 में छपे धर्मवीर के बाल उपन्यास 'बालक प्रेम और परियाँ' में नीना कुत्ते के चरित्र में कहीं-न-कहीं प्रेमचंद के बाल उपन्यास 'कुत्ते की कहानी' की छाया देखी जा सकती है।

आजादी से पहले के उपन्यासों में विनोदी दादा के 'टिल्लू-बिल्लू' का रंग सबसे अलग है। इसलिए कि यह ऐसा उपन्यास है, जिसमें प्रसन्न हास्य के छींटे हैं और कहीं-कहीं तो ऐसी मजेदार घटनाएँ कि पाठक पढ़ते-पढ़ते खुद ही ठहाके लगाने लग जाता है। विनोदी दादा द्वारा लिखे गए इस विनोदी बाल उपन्यास में दो नटखट शरारती बच्चे हैं, टिल्लू और बिल्लू। वे क्या-क्या शरारतें करते हैं और कैसे दूसरों को हँसाते और कभी-कभी भौचक्का कर देते हैं, यह तो उपन्यास पढ़कर ही जाना जा सकता है। यहाँ बस इतना ही कहना काफी है कि आज से कोई साठ वर्ष पहले छपे इस उपन्यास को पढ़कर आज के बच्चे भी खास रस और आनंद लेंगे और कभी भूल नहीं सकेंगे। विनोदी दादा का 'टिल्लू-बिल्लू' सन् 1946 में 'बाल विनोद' पत्रिका में धारावाहिक रूप से छपा था तथा बाल पाठकों ने इसे बेहद पसंद किया था।

इस तरह आजादी से पहले बाल उपन्यास भले ही संख्या में कम लिखे गए हों, पर उनमें विविधता और बच्चों के मन को छूनेवाली कल्पना का पसारा निश्चय ही है। उस दौर के बहुत से उपन्यास इस समय अनुपलब्ध हैं। अगर उन्हें पत्र-पत्रिकाओं के पन्नों से खोजकर पुस्तकाकार लाने का प्रयत्न हो, तो यह हिंदी बाल साहित्य की बड़ी सेवा होगी और तब इस भ्रम का कोहरा भी छँटेगा कि हिंदी में बाल उपन्यास आजादी से पहले थे ही नहीं और वे आजादी के बाद लिखे जाने लगे।

दूसरा चरण : गौरव युग

आगे की राह और मंजिलें

जाहिर है प्रेमचंद के 'एक कुत्ते की कहानी' सरीखे महत्त्वपूर्ण बाल उपन्यास को शामिल कर लिया जाए, तो भी हिंदी में मौलिक बाल उपन्यासों की धारा मोटे तौर से आजादी के बाद ही दिखाई देती है। हिंदी बाल साहित्य के दूसरे चरण (1947 से 1980 तक) में लिखा गया पहला मौलिक और सच में बच्चों की भाषा में

बच्चों के लिए लिखा गया उपन्यास भूपनारायण दीक्षित का 'खड़-खड़ देव' माना जा सकता है। हालाँकि इस दौर में भूपनारायण दीक्षित जैसे मूर्धन्य और बहुमुखी प्रतिभावाले बाल कवि, कथाकार के साथ-साथ रामवृक्ष बेनीपुरी, दयाशंकर मिश्र 'दद्दा' तथा अयोध्याप्रसाद झा जैसे समर्थ बाल उपन्यासकार भी सक्रिय रहे हैं। रामवृक्ष बेनीपुरी का 'सियार पांडे', दयाशंकर मिश्र 'दद्दा' का 'दीनू बेटा' तथा अयोध्याप्रसाद झा के 'लाल पुतला', 'स्वर्ण अभियान', 'नकपुरी', 'वे माई के लाल' ऐसे बाल उपन्यास हैं, जो हिंदी बाल उपन्यास की विकास-यात्रा में ऐतिहासिक महत्त्व रखते हैं। ये निस्संदेह बच्चे के मन और मनोविज्ञान के हिसाब से लिखी गई कथात्मक कृतियाँ हैं और इनमें मौलिकता के साथ-साथ एक तरह की अंतर्हित पूर्णता भी है। पर जहाँ तक भूपनारायण दीक्षित का सवाल है, उनका कद इन सभी से बड़ा है।

भूपनारायण दीक्षित (1895-1986) के बाल उपन्यासों में जिस तरह बच्चों के साथ एकमेक हो जानेवाला खिलंदड़ापन और नटखटपन है, वह इस दौर में उनके अलावा बहुत कम लोगों में मिलता है। सच तो यह है कि भूपनारायण दीक्षित इस दौर में बाल उपन्यास की दुनिया में लगभग एक आश्चर्य की तरह उपस्थित होते हैं। बेशक वे हिंदी बाल उपन्यास के शलाकापुरुष हैं और अगर कोई कहना चाहे कि भूपनारायण दीक्षित 'हिंदी बाल उपन्यास के प्रेमचंद' या कि 'बेताज बादशाह' हैं, तो जरा भी आश्चर्य न होगा!

भूपनारायण दीक्षित का 'खड़-खड़ देव' बाल उपन्यास पढ़ते हुए, स्वर्ण सहोदर की एक अद्भुत बाल कविता बार-बार याद आती है, "नटखट हम हो नटखट हम/करने निकले खटपट हम···!" 'खड़-खड़ देव' में भी नटखट बच्चों की यही शरारत है और मौका भी ऐसा ही है—होली का, जब बच्चे शरारत न करें तो त्योहार का मजा क्या खाक आएगा! लिहाजा बच्चों की एक टोली गधे के गले में रस्सी से एक खाली कनस्तर बाँध देती है और फिर उस गधे को जगह-जगह घुमाया जाता है। बाल मित्रों के लिए होली का यह जुलूस कितना आनंददायक रहा होगा, यह कल्पना की जा सकती है! शाम होने पर बच्चे उस गधे को तो छोड़ देते हैं, पर उसके गले में खाली कनस्तर अभी भी बँधा रहता है। कनस्तर की खड़-खड़ की आवाज खुद गधे को इतनी अजीब लगती है कि वह बस, ताबड़-तोड़ भागता जाता है। और भागते-भागते एक जंगल में जा पहुँचता है। जंगल के जानवरों के लिए भी यह आवाज एकदम नई और अजीब सी है। तिस पर गधे का यों बदहवास भागते जाना। उन्होंने सोचा, यह तो कोई अजीब ही खड़-खड़ देव आ गए!···फिर वहाँ उस खड़-खड़ देव के क्या खेल-तमाशे हुए और शहर की होली के साथ-साथ जंगल में भी कैसी विचित्र होली मनी, इसे भूपनारायण दीक्षित का खड़-खड़ देव एकदम सहज, ग्राम्य हिंदुस्तानी मुहावरे में हमारे सामने रखता है।

भूपनारायण दीक्षित के दो और अद्भुत बाल उपन्यास 'नानी के घर में टंटू' और 'बाल-राज्य' बच्चों के नटखटपन तथा अनोखी कल्पना और ऊर्जा से इस कदर लबरेज हैं कि उन्हें अपने ढंग की सिरमौर कृतियाँ कहना चाहिए। कहना न होगा कि हिंदी बाल उपन्यास-धारा में भूपनारायण दीक्षित के ये तीन जबरदस्त बाल उपन्यास एक ऐसे शिखर की रचना करते हैं, जहाँ तक कोई दूसरा बाल उपन्यासकार अभी तक नहीं पहुँच पाया। याद पड़ता है, जब पहली दफा मैंने 'नानी के घर में टंटू' (संस्क. 1992) पढ़ा था, तो उसके साथ-साथ इतनी दूर तक बहता चला गया, जैसे उपन्यास ने कुछ समय के लिए मुझे भी एक बच्चे में तब्दील कर दिया हो। आश्चर्य, इतने अच्छे और दिलचस्प बाल उपन्यास की जितनी जमकर चर्चा हिंदी में होनी चाहिए

थी, उतनी नहीं हुई। और तो और, हिंदी बाल साहित्य के प्रमुख चिंतकों और लेखकों ने भी उसका कोई खास नोटिस नहीं लिया।

'नानी के घर में टंटू' बड़ी मजेदार, हँसोड़ शैली में लिखा गया है और एक शरारती नटखट बच्चे टंटू की शरारतों का वर्णन इतनी जिंदादिली के साथ हुआ है कि लगता है, सूर की ही भाँति भूपनारायण दीक्षित ने भी चंचल, शरारती बाल-मन का कोना-कोना झाँक लिया है। उपन्यास में किस्सा सिर्फ इतना है कि टंटू के माता-पिता जहाँ रहते थे, वहाँ बच्चों के पढ़ने के लिए कोई स्कूल नहीं था। इसलिए टंटू को नानी के घर भेजा गया कि वह पढ़-लिखकर कुछ योग्य बने। पर नानी के गाँव में शरारती टंटू के पहुँचते ही, उसकी कारगुजारियों ने एक के बाद एक प्रकट होना शुरू किया, तो नानी तो नानी, सारे गाँववालों की आँखें विस्मय से फटने लगीं। जब टंटू की शरारतें एक सीमा को पार कर गईं और घर का सारा सामान दरहम-बरहम हो गया, तो नानी को इससे पार पाने का एक ही तरीका समझ में आया कि टंटू को पढ़ने के लिए स्कूल भेज दिया जाए। टंटू स्कूल गया, मगर वहाँ भी उसके कमाल के करतब प्रकट हुए और फिर क्या-क्या न हुआ! हिंदी में बाल उपन्यास लिखे तो गए हैं और उनमें अच्छे बाल उपन्यास भी हैं, पर भूपनारायण दीक्षित के 'नानी के घर में टंटू' जैसा बच्चों को खुद में लीन कर देनेवाला उपन्यास कोई दूसरा नहीं है।

भूपनारायण दीक्षित के एक और अनूठे उपन्यास 'बाल-राज्य' (संस्क. 1998) की गिनती भी हिंदी के सबसे अच्छे और नए ढंग के बाल उपन्यासों में की जा सकती है। बल्कि अगर कोई पूछे कि अच्छे बाल उपन्यास कैसे होने चाहिए, तो जवाब में मैं कहूँगा कि वे भूपनारायण दीक्षित के 'बाल-राज्य' की तरह होने चाहिए, जिनमें बच्चों के नटखटपन का वर्णन है और जो सहज ही बच्चों के मन को छू लेनेवाले हैं। 'बाल-राज्य' की कल्पना सचमुच अनोखी है। यह एक ऐसा राज्य है, जिसमें बच्चों का शासन चलता है और सभी प्रमुख काम बच्चे ही करते हैं। कथावाचक बाल-राज्य की सैर करने के लिए रेलगाड़ी में सवार होता है। बस तभी से बाल-राज्य की एक से एक अनोखी झाँकियाँ उसे मिलनी शुरू हो जाती हैं। पता चलता है कि यहाँ रेलगाड़ियों के आने-जाने का कोई निश्चित समय या टाइम टेबल ही नहीं है। वे जब चाहे चलती हैं, जहाँ मरजी रुक जाती हैं। कहीं बीच में नदी है तो ड्राइवर और सवारियाँ नदी में स्नान का पूरा आनंद लेती हैं। कुछ आगे चलते ही रेलगाड़ी फिर रुक जाती है, क्योंकि नहाने के बाद अब सभी को जोर की भूख लग आई है और गाड़ी से उतरकर, वे पेट-पूजा में लग जाते हैं। ऐसे बाल-राज्य में घूमने की इच्छा भला किस बच्चे और बड़े में न होगी?

'साहसी कौआ' और 'चिलगोजा कवि' भूपनारायण दीक्षित के लघु उपन्यास हैं। इनमें 'साहसी कौआ' में काँइयाँ उर्फ नेताजी के बहाने कौओं के जीवन, उनकी आदतों स्वभाव और खतरों से खेलनेवाले साहस का वर्णन है। दीक्षितजी ने अकसर बेरंग समझी जानेवाली कौओं की जिंदगी के तमाम रंगों और बारीकियों से बाल पाठकों का परिचय कराया। खास बात यह है कि उन्होंने कौओं के प्रति बहुत प्रेमपूर्ण ढंग से लिखा है, जिससे कौओं के जीवन को भी सहानुभूति से समझने की एक नई दृष्टि सामने आती है। ऐसे ही 'चिलगोजा कवि' में हास्य की चुहल और मीठे मनमौजीपन से भरे रंग हैं।

इसमें संदेह नहीं कि भूपनारायण दीक्षित ने न सिर्फ हिंदी में अच्छे और मजेदार बाल उपन्यासों की कमी को पूरा किया, बल्कि साथ ही बाल उपन्यास-लेखन की एक दिशा भी तय की। वे मानो बिन कहे यह इशारा

कर रहे हैं कि बाल उपन्यास अति-उपदेशात्मकता से बोझिल या 'पीड़ित' नहीं होने चाहिए। बाल उपन्यासों में बच्चों के मन और कल्पना की खुली आवाजाही हो। इस लिहाज से बाल कविता में निरंकारदेव सेवक ने जो बड़ा काम किया, बाल कथा-साहित्य में भूपनारायण दीक्षित का काम भी उतना ही महत्त्वपूर्ण, दिशा-निर्देशक और ऐतिहासिक महत्त्व का समझा जाना चाहिए।

इसी तरह रामवृक्ष बेनीपुरी (1899-1968) ने बच्चों के लिए रोचक कहानियों के साथ-साथ एक दिलचस्प उपन्यास भी लिखा है, 'सियार पांडे'। जंगल के जानवरों के किस्म-किस्म के चरित्रों और करतबों पर आधारित बेनीपुरीजी का दिलचस्प बाल उपन्यास 'सियार पांडे' लोककथाओं की शैली में लिखा गया है, जिसके केंद्र में एक चतुर और सयाना सियार है। उसे सब सियार पांडे कहकर बुलाते हैं। जिस तरह प्रेमचंद ने बच्चों के लिए रोमांचक घटनाओं से भरा बाल उपन्यास 'कुत्ते की कहानी' लिखा, ऐसे ही बेनीपुरीजी ने खूब रमकर सियार पांडे का रोचक किस्सा बाल उपन्यास के रूप में प्रस्तुत किया है। इसमें एक चतुर सियार का कई घटनाओं के उतार-चढ़ाव और कौतुक से भरा अनोखा चरित्र उभरता है।

उपन्यास की शुरुआत में जिस सियार पांडे से हमारी मुलाकात होती है, उसकी व्यथा खुद उसके शब्दों में ढलकर सामने आती है। पिता की अचानक मृत्यु हो जाने पर उसके जीवन में एक के बाद एक बड़ी मुश्किलें आ जाती हैं। सबसे पहले मुसीबत एक बाघ के रूप में आती है। हुआ यह कि एक चालाक बंदर बाघ को सियार के स्वस्थ गदबदे बच्चे को खाने का लालच देकर वहाँ ले आता है, पर सियार भी कम नहीं है। वह समझ गया कि इस संकट का हल निकालना जरूरी है। सियार पांडे होशियारी से इस बला का सामना करता है और दोनों को वहाँ से भागना पड़ता है। इसी तरह सियार की पूँछ कट जाने पर बड़ी मजेदार स्थितियाँ बनती हैं। उनका भी उपन्यास में सुंदर ढंग से वर्णन है।

यों बेनीपुरीजी के बाल उपन्यास 'सियार पांडे' में बहुत नयापन चाहे ज्यादा न हो, पर लोकशैली के रंग के साथ-साथ भाषा का प्रवाह और घटनाओं का ताना-बाना इतना रोचक है कि बाल पाठक एक बार इसे प्रारंभ करने के बाद पूरा पढ़े बिना छोड़ नहीं सकते।

❖

हिंदी के मूर्धन्य कथाकार अमृतलाल नागर और सुप्रसिद्ध चिंतक भगवतशरण उपाध्याय ने भी बच्चों के लिए उपन्यास लिखे। इनमें नागरजी के बच्चों के लिए लिखे गए बाल उपन्यासों का अलग ही रंग और मस्ती भरा अंदाजेबयाँ है। अमृतलाल नागर (1916-1990) ने बड़ी ही कद्दावर शख्सियतवाले बजरंगी पहलवान को केंद्रीय चरित्र बनाकर 'बजरंगी-नौरंगी', 'बजरंगी पहलवान' और 'बजरंगी स्मगलरों के फंदे में' नाम से तीन उपन्यास लिखे। इनमें 'बजरंगी-नौरंगी' अपने ढंग का लाजवाब और जिंदादिली से भरपूर उपन्यास है। यह उपन्यास सन् 1965 में बाल पत्रिका 'नंदन' में दो किस्तों में छपा था और आश्चर्य नहीं कि इस उपन्यास में भारत पर चीन के हमले की छायाएँ बहुत स्पष्ट रूप में नजर आती हैं। यों 'बजरंगी-नौरंगी' (1969) एक ऐसा दिलचस्प उपन्यास है, जिसमें नागरजी की किस्सागोई का जाना-पहचाना अंदाज अपने पूरे रंग में नजर आता है। बजरंगी और नौरंगी के रूप में उन्होंने जिन पात्रों को लिया है, वे हैं भी बड़े गजब के। बजरंगी और नौरंगी दोनों भाई हैं और दोनों में ऐसी-ऐसी खासियतें हैं कि अपनी-अपनी जगह दोनों ही बेजोड़ हैं। इनमें

बजरंगी तो बड़े लहीम-शहीम और ऐसे आदमकद किस्म के पहलवान हैं कि चारों ओर उनके नाम की दुंदुभी बजती है। सब ओर उनके प्रशंसक हैं और हर ओर उनके निराले किस्से सुनने को मिलते हैं। उपन्यास में बजरंगी पहलवान मायावी किलेवाले जादूगर को पछाड़ने निकलते हैं, जिसने सबको आफत में डाल रखा है। मायावी किलेवाले इस जादूगर का जो वर्णन 'बजरंगी नौरंगी' में है, वह नाम और शख्सियत दोनों में किसी चीनी तानाशाह शासक जैसा लगता है। यानी इस उपन्यास में भारत पर चीनी आक्रमण की छाया साफ नजर आती है, जिससे भारतीय जनता में गहरा रोष पनप गया था।

अब बजरंगी पहवान उस राजा से भिड़ने चले तो क्या-क्या तैयारियाँ उन्होंने कीं, वहाँ जाकर किन-किन मुसीबतों में पड़े? इस सबका वर्णन नागरजी ने ऐसी किस्सागोईवाली शैली में किया है कि एक-एक शब्द-चित्र मन को बाँध लेता है। वह राजा इतनी रहस्यमय शक्तियों से पूर्ण है कि उससे लड़ते-लड़ते बजरंगी पहलवान भी विचित्र मुसीबतों में फँस गए तो आखिर उन्हें छोटे भाई नौरंगी को याद करना पड़ा। फिर दोनों प्यारे और लाजवाब भाई बजरंगी और नौरंगी मिलकर उस धूर्त राजा की रहस्यमयी शक्तियों की काट करते हुए किस तरह उसे पछाड़ते हैं और उस किले में गुलामों की-सी जिंदगी जी रहे लोगों को मुक्ति दिलाते हैं, यह उपन्यास पढ़कर ही जाना जा सकता है। उपन्यास इतनी जानदार भाषा-शैली में लिखा गया है तथा बजरंगी और नौरंगी के चरित्र इतने गजब के और जिंदादिली से भरपूर हैं कि हिंदी के बाल उपन्यासों में 'बजरंगी-नौरंगी' की धज कुछ अलग ही नजर आती है।

'बजरंगी-नौरंगी' की तो अब भी यत्र-तत्र चर्चा भी मिलती है, लेकिन नागरजी के 'बजरंगी पहलवान' और 'बजरंगी स्मगलरों के फंदे में' बाल उपन्यासों को तो मानो भुला ही दिया गया है। हालाँकि ये खासे रोमांचक और विलक्षण बाल उपन्यास हैं। 'बजरंगी पहलवान' (1969) बाल उपन्यास की कथावस्तु काऊकाऊ नाम के एक कीमियागर के इर्द-गिर्द घूमती है। काऊकाऊ नाम के इस दुष्ट कीमियागर ने एक ऐसे अनोखे रसायन का आविष्कार किया था, जिससे बर्फ को मिश्री की डली में बदला जा सकता है। अपने इस आविष्कार से काऊकाऊ का दिमाग कुछ इतना बिगड़ा कि उसने पूरे हिमालय पहाड़ को मिश्री में बदलने का षड्यंत्र कर लिया, ताकि अरबों की संपदा कमाई जा सके। इसके लिए उसने चीन, जापान, इंग्लैंड आदि मुल्कों के राजाओं को चिट्ठियाँ लिखीं। नवाब इंग्लैजुद्दौला जैसा स्वार्थी आदमी फौरन काऊकाऊ की मदद करने के लिए तैयार हो गया। इधर कुबेरपुर की हालत खराब है। कुबेरपुर के राजा इस बात से परेशान हैं कि सुगंधा नदी समेत सब नदियाँ सूख गईं, यह हो क्या रहा है? तब राजा के कहने पर बजरंगी पहलवान बिजली नाम की अपनी घोड़ी पर चढ़कर हाथों में दूरबीन लेकर निकले और काऊकाऊ और इंग्लैजुद्दौला के किले में तबाही मचा देते हैं। कुबेरपुर में नदियाँ फिर बह उठती हैं तथा वहाँ खुशहाली छा जाती है। नागरजी का 'बजरंगी स्मगलरों के फंदे में' (संस्क. 2001) उपन्यास भी खासा जोरदार है। इसके नायक भी बजरंगी पहलवान ही हैं, मगर उनके सामने अब समस्या दूसरी है। शहर में स्मगलरों और मुनाफाखोरों के अड्डे बढ़ते जा रहे हैं और लोग त्राहि-त्राहि कर रहे हैं। बजरंगी पहलवान यहाँ भी अपने उसी खास मस्तमौला अंदाज में नजर आते हैं और खेल-खेल में ऐसा करतब करते हैं कि कलात्मक मूर्तियों की चोरी करनेवाले सेठ मानकचंद का असली चेहरा सामने आ जाता है।

नागरजी का 'अक्ल बड़ी या भैंस' (संस्क. 1982) इस उपन्यास-त्रयी से कुछ भिन्न तरह का यथार्थपरक उपन्यास है। हालाँकि उनकी गजब की किस्सागोई के कारण यह भी बच्चों को खुद में लीन कर देनेवाला बाल उपन्यास बन गया है। एक ऐसा मजेदार बाल उपन्यास, जिसमें उनकी आत्मकथा के रंग छिटके हुए नजर आते हैं। यही वजह है कि इसमें बाँध लेनेवाला कथा-रस है, हास्य-विनोद के छींटे जिसके आनंद को लगातार बढ़ाते हैं। पर इसके साथ-साथ इसमें गाँव के चरित्रों की असलियत और यथार्थ का ऐसा दृश्यांकन है, जो भुलाए नहीं भूलता। इसी तरह तुलसीदासजी पर केंद्रित नागरजी का बाल उपन्यास 'त्रिलोकविजय' भी चर्चित हुआ।

❖

इस कालखंड में हिंदी के बड़े और जाने-माने लेखकों में नागरजी के अलावा भगवतशरण उपाध्याय, मनोहर श्याम जोशी, शैलेश मटियानी, लक्ष्मीनारायण लाल, मन्नू भंडारी, रजिया सज्जाद जहीर, मधुकर सिंह, द्रोणवीर कोहली तथा आबिद सुरती आदि ने भी बच्चों के लिए उपन्यास लिखे। सुप्रसिद्ध विचारक और विद्वान भगवतशरण उपाध्याय (1910-1982) ने 'सक्का और शेरा', 'सागर का घोड़ा', 'शीशमहल की राजकुमारी', 'खजाने का चोर', 'सूरजपंखी चिड़िया' सरीखी कथा कृतियों की रचना की। इनमें 'सागर का घोड़ा' (संस्क. 1978) बाल उपन्यास सचमुच अनोखा है। भगवतशरण उपाध्याय के इस चर्चित बाल उपन्यास की कथाभूमि उड़ीसा है। यहाँ समुद्र में नौका-यात्रा करते और रंग-रंग की सीपियाँ बटोरते माँझिल का बचपन बीता और यहीं पुर्तगाल के गोरे डाकुओं द्वारा अपने पिता की हत्या कर दिए जाने पर, उसने रुँधे हुए गले से प्रतिज्ञा की कि वह उन गोरे डाकुओं से पिता की हत्या का बदला लेगा। इसके बरसों बाद माँझिल अब उठता हुआ नौजवान है और उसकी साहसिक यात्राएँ शुरू होती हैं। किस तरह वह गोरे समुद्री लुटेरों का पता लगाता है, कहाँ-कहाँ उसे घूमना-भटकना पड़ा और कैसी विपदाओं और मुश्किलों का सामना करना पड़ा, यह पूरी कथा बेहद रोमांचक है। भगवतशरण उपाध्याय के इस उपन्यास में माँझिल और उसके पिता के जरिए उड़ीसा के मछुआरों का जीवन इतनी सजीवता से उभरा है कि बच्चे ही नहीं, बड़े भी इस उपन्यास को साँस रोककर पढ़ेंगे।

मनोहर श्याम जोशी (1933-2006) के 'आओ करें चाँद की सैर' (1964) उपन्यास में जोशीजी की गजब की किस्सागोई विज्ञान फंतासी की शक्ल में ढलकर आती है। इस उपन्यास का नायक एक छोटा-सा बच्चा है, जिसे इस बात पर हैरानी होती है कि इस ब्रह्मांड में सारे ग्रह-उपग्रह और सूरज, चाँद-तारे कैसे रुके हुए हैं, वे गिर क्यों नहीं जाते। तब उसके राकेश चाचा न सिर्फ उसे सृष्टि के गहन रहस्यों से परिचित कराते हैं, बल्कि चाँद को लेकर उसकी उत्सुकता को देखते हुए उसे अपने साथ चंद्र-यात्रा पर ले जाते हैं। फिर इस चंद्र-यात्रा की कैसी-कैसी तैयारियाँ हुईं, किस तरह का आश्चर्यजनक रॉकेट था, जिसमें बैठकर वे चाँद पर पहुँचे और वहाँ कैसे निराले अनुभव हुए, इसे मनोहर श्याम जोशी की उस्तादाना शैली और अंदाज में पढ़ना अच्छा लगता है। मनोहर श्याम जोशी भाषा के जादूगर हैं, लिहाजा इस छोटे-से उपन्यास को उन्होंने अपनी कलम के जादुई स्पर्श से एक यादगार दस्तावेजी कृति में तब्दील कर दिया है। यह उपन्यास 1964-65 में 'नंदन' में धारावाहिक रूप से छपा था।

हिंदी की वरिष्ठ कथा-लेखिका मन्नू भंडारी (ज. 1931) का 'आस माता' भी अपने ढंग का एक मार्मिक और यादगार बाल उपन्यास है। यों तो यह उपन्यास लोक-कथा की शैली में लिखा गया है, लेकिन

मन्नू भंडारी ने इसमें बहुत कुछ नया डाल दिया है। उपन्यास में एक राजा की दो रानियाँ हैं। एक प्यारी रानी, दूसरी बिचारी रानी। प्यारी रानी ठाट से महलों में रहती है और बिचारी रानी झोंपड़ी में किसी तरह दिन काट रही है। बिचारी रानी का बेटा वीरसिंह राज्य से निकाल दिया गया और संयोगवश वह पड़ोसी राज्य का राजा बना। एक दिन सेविका बनी बिचारी रानी भी वहाँ आ गई और फिर एक मैले कपड़े में लिपटी चार सूखी रोटियों के साथ बहुत कुछ सामने आ गया। मन्नू भंडारी ने एक लोककथा को बाल उपन्यास का रूप देते हुए उसमें अनोखी संवेदना और आर्द्रता भर दी है।

इस कालखंड में प्रसिद्ध कथाकार रजिया सजाद 'जहीर' (1917-1979) का 'नेहरू चाचा का भतीजा' भी बच्चों के लिए लिखा गया यादगार उपन्यास है। इस उपन्यास में एक स्कूल में पढ़नेवाले बच्चे राकेश का बड़ा ही प्रभावशाली चित्रांकन है। राकेश खुद को नेहरूजी का भतीजा बताता है और इस बात को लेकर पूरे स्कूल में उसकी धाक है। पर संयोग से जब उस स्कूल में नेहरूजी आए तो राकेश को पोल खुलने का डर लगा, तो वह घबरा गया। तब नेहरूजी प्यार से उसे समझाते हैं कि किसी बड़े आदमी से संबंध जोड़कर कोई बड़ा नहीं होता, आदमी अपने कामों से बड़ा होता है। फिर वे 'चाचा की ओर से भेंट' लिखकर उसे एक उपहार देते हैं, जिसे राकेश हमेशा सँभालकर रखता है। इसलिए कि इसके साथ नेहरूजी की स्मृति के साथ-साथ जीवन का एक बड़ा पाठ भी जुड़ा है।

लक्ष्मीनारायण लाल (1927-1987) ने भी कुछ बाल उपन्यास लिखे, जो सातवें दशक में बच्चों की पत्रिका 'नंदन' में धारावाहिक रूप से छपे थे। इनमें अद्भुत फंतासी कथा पर आधारित बाल उपन्यास 'हरी घाटी' तो बेहद मशहूर हुआ था। इसी तरह मधुकर सिंह का 'राधा' (1978) भी बच्चों के लिए लिखा गया रोचक उपन्यास है। इसमें परंपरागत लीक के बावजूद बीच-बीच में कई नाटकीय भंगिमाएँ जुड़ती चली गई हैं। उपन्यास की कथा-वस्तु, मुख्य रूप से राधा के इर्द-गिर्द घूमती है, जिसका विवाह काफी समय पहले मोरंग देश के विजय से कर दिया गया था। राधा अपने भावी पति का पता लगाने के लिए भाई देवदास के साथ निकल पड़ती है। फिर कथा में और कई उतार-चढ़ाव आते हैं, पर अंत में राधा और विजय मिलते हैं और उपन्यास एक सुखद मोड़ पर खत्म होता है।

द्रोणवीर कोहली (1932-2012) ने भी बच्चों के लिए बड़े अद्भुत उपन्यास लिखे, जिन्हें आज भी सम्मान से याद किया जाता है। इनमें 'टप्पर गाड़ी' और 'करामाती कद्दू' तो बहुत चर्चित हुए। कोहलीजी अतिशय विनम्रतावश अपने बाल उपन्यास 'करामाती कद्दू' को मौलिक उपन्यास न मानकर विदेशी कृतियों से प्रभावित मानते हैं। संभव है, ऐसी कोई हलकी छाया वहाँ रही हो, पर उनकी शैली का जादू और अंदाजेबयाँ ऐसा है कि 'करामाती कद्दू' एक मौलिक बाल उपन्यास का-सा रस-आनंद देता है। इसी तरह कोहलीजी का 'टप्पर गाड़ी' तक्षशिला की पृष्ठभूमि पर लिखा गया अद्भुत बाल उपन्यास है, जिसमें इतिहास और मिथक के कई रंग घुले-मिले नजर आ सकते हैं। कोहलीजी ने वर्षों के लंबे शोध के बाद इसे लिखा था। इसमें सिकंदर के आक्रमण के समय तक्षशिला में फैली अफरातफरी, भय और उत्तेजना का चित्रण है। इस आतंककारी माहौल में प्रजा किस तरह अपना जीवनयापन कर रही थी और सिकंदर के आतंक की झाइयों के बीच भी जीवन अपनी धुरी पर चल रहा था, इसका चित्रण उपन्यास में ऐतिहासिक साक्ष्यों के आधार पर किया गया है। उस दौर की

कई रोमांचक घटनाएँ उपन्यास को स्मरणीय बना देती हैं।

कोहलीजी का 'डाक बाबू का पार्सल' और 'हार न माने वीर' भी बड़े सुंदर बाल उपन्यास हैं। 'डाक बाबू का पार्सल' में डाक बाबू की मानवीय संवेदना छल-छल कर रही है, तो 'हार न माने वीर' मन में साहस, वीरता और रोमांच पैदा करनेवाला बाल उपन्यास है, जिसकी मूल कथा यूनानी मिथक कथाओं के बीच से निकली है। इनमें कोहलीजी का 'डाक बाबू का पार्सल' (1994) बाल उपन्यास बहुत चर्चित हुआ है। हिमाचल प्रदेश की कुल्लू घाटी के पनारसा कसबे में नियुक्त डाक बाबू अपने भले-भले से चरित्र और सदाशयता के कारण कभी भूलते नहीं हैं। एक बार पार्सल से उनके पास एक बड़ा सा पत्थर आया तो वे बुरी तरह चौंक गए। वह पार्सल दिल्ली से किसी अजनबी लड़के सुरेश ने भेजा था। उसकी इच्छा थी कि इस पत्थर को नदी के किनारे वहीं छोड़ दिया जाए, जहाँ से कुछ अरसा पहले इसे वह उठाकर ले गया था। पर क्यों भला, ऐसा क्यों? बाद में पूरी कहानी पता चली तो सिर्फ डाक बाबू ही हैरान नहीं हुए, पाठक भी अचंभित रह जाते हैं। द्रोणवीर कोहली का 'डाक बाबू का पार्सल' उपन्यास अत्यंत रोचक है और बिना कुछ कहे, पर्यावरण की गहरी सीख मन में उतार देता है। इसी तरह कोहलीजी के 'हार न माने वीर' (संस्क. 2004) और 'पराक्रम का पुरस्कार' (2012) यूनानी मिथक कथाओं से प्रेरित सुंदर बाल उपन्यास हैं।

कोहलीजी का 'मटकी मटका मटकैना' भी बहुत सुंदर बाल उपन्यास है, जिस पर उन्हें मरणोत्तर साहित्य अकादेमी के बाल साहित्य पुरस्कार से सम्मानित किया गया। उपन्यास में तीन भाई-बहन हैं। मटकी, मटका और मटकैना। उपन्यास में इन छोटे-छोटे बच्चों का प्यार और झगड़ा इतने स्वाभाविक रूप से सामने आता है कि पढ़ते हुए चेहरे पर मुसकान आ जाती है। पर आगे चलकर उपन्यास स्वाभाविक रूप से प्रकृति के मुक्त विस्तार में पहुँच जाता है। विदेशी पृष्ठभूमि के इस उपन्यास में सर्दी के दिनों में बरफ पड़ने पर गिलहरियों की मुसीबतों और त्रासदी की कथा है। दुर्भाग्य से तेजी से सड़क पार करते हुए उनमें से बहुत सी गिलहरियों को अपनी जान गँवानी पड़ती है। उपन्यास का कथा-विधान इतना दिलचस्प है कि उसमें सहज ही कहानी में से कहानी और नए-नए चरित्र फूटते हैं और आखिर उपन्यास के अंत में, एक फंतासी के रूप में ही सही, समस्या का समाधान मिल जाता है। उपन्यास हँसी-खुशी के माहौल में खत्म होता है।

इसी तरह ढब्बूजी के नाम से मशहूर आबिद सुरती (ज. 1935) ने भी बाल उपन्यासों के क्षेत्र में हाथ आजमाया। उनका 'बहत्तर साल का बच्चा' (संस्क. 2010) इस दौर का महत्त्वपूर्ण बाल उपन्यास है। यह उपन्यास सातवें दशक में प्रसिद्ध बाल पत्रिका 'पराग' में छपा तो इसे सराहनेवालों की बाढ़ आ गई। बाल पाठकों के साथ-साथ बड़ों ने भी इसे बहुत पसंद किया। उपन्यास है ही ऐसा कि बड़े भी पढ़ें तो बच्चे बन जाएँ। उपन्यास के अनोखे कथानायक मुंबई की एक पॉश कालोनी में रहनेवाले हरबंसजी के पिता चौधरी साहब हैं। वे अचानक पूर्वी बंगाल से चलकर मुंबई में अपने बेटे के घर पधार गए। उनका आना भी विचित्र था। उनके आने की कोई खबर तो थी ही नहीं कि उन्हें स्टेशन से लेने जाया जाता। फिर वे आए भी अजब ढंग से थे। कलकते तक वे पैदल आए और वहाँ से किसी लॉरी में बैठे और मुंबई बेटे के घर आ पहुँचे।

मगर चौधरी साहब जब से आए, उस घर में हर कोई हलकान था। सबको लगता था कि यह कौन शख्स आ गया, जिसने सब दरहम-बरहम कर दिया। यहाँ तक कि नौकर और खानसामा भी परेशान कि इस शख्स

के आने से समझो आफत ही आ गई है। इसलिए कि यह अकेला पाँच जनों का खाना खा जाता है। हर वक्त अपनी मनमर्जी चलाता है। पर चौधरी साहब का दिल एकदम बच्चों जैसा है। इसलिए पोते जॉली से उनकी खासी दोस्ती हो गई है। हालाँकि यहाँ भी एक किस्सा हो गया। वे पोते के साथ क्रिकेट खेलने नीचे उतरे तो जोर से हिट सगाने के चक्कर में बल्ला हाथ से छूटा और पड़ोसी वकील साहब की खिड़की का काँच चूरमचूर हो गया। पर इस सबके बावजूद लहीम-शहीम चौधरी साहब में ऐसा बहुत कुछ है कि होते-होते सब उन्हें प्यार करने लग जाते हैं। सचमुच आबिद सुरती का यह अनोखा बाल उपन्यास है, जिसे पढ़ते हुए हर पाठक बेसाख्ता हँसने लगता है।

इसी तरह 'नवाब रँगीले' भी आबिद सुरती का अनोखा बाल उपन्यास है, जिसमें नवाब साहब के अद्भुत और बहुरंगे चरित्र के पन्ने खुलते हैं और पाठकों के दिलों में अजीब सी फुरफुरी उठती है। हँसते-हँसते उनके पेट में दर्द होने लगता है। उपन्यास में नवाब रँगीले के ऐसे एक से एक विचित्र करतबों का बखान है, जिनकी कल्पना शायद आबिद सुरती ही कर सकते थे। खासकर डाकू भूतनाथ को पकड़ने के चक्कर में उन्हें जो पापड़ बेलने पड़े, उसका वर्णन मजेदार है। इसी तरह नवाब रँगीले के चुनाव लड़ने का किस्सा भी ऐसा है कि पढ़ते जाओ और हँसते जाओ।

दयाशंकर मिश्र 'दद्दा' और अयोध्याप्रसाद झा ने भी इस कालखंड में बड़े सशक्त उपन्यास लिखे, जिन्हें बच्चों ने पसंद किया। इन उपन्यासों में कथारस था तो बच्चों को साहसी और दिलेर बनानेवाला भाव भी। इनमें दयाशंकर मिश्र 'दद्दा' के 'दीनू बेटा' और 'साहसी मोहन' कहीं अधिक ध्यान आकर्षित करनेवाले बाल उपन्यास हैं। इनमें 'दीनू बेटा' में स्नेह और ममता का पारिवारिक रस है। यह उपन्यास 'साप्ताहिक हिन्दुस्तान' में धारावाहिक रूप से छपा था और बच्चों ने इसे बहुत पसंद किया था। दयाशंकर मिश्र 'दद्दा' के बाल उपन्यास 'साहसी मोहन' (संस्क. 2006) के कथानायक मोहन में ऐसा जीवट और साहस है कि तमाम बड़े-बड़े लोग भी उसे देखकर चकित हो जाएँ। उड़नखटोले पर अपनी साहसिक यात्रा में उसे ऐसे अद्भुत दृश्य और लोग मिलते हैं कि खतरों से भरी उसकी रोमांचक यात्रा की सब ओर चर्चा होने लगी। दयाशंकर मिश्र 'दद्दा' ने बड़े सीधे-सादे अल्फाज में हर मुश्किल से हँसकर टकराने वाले मोहन के साहस और दिलेरी का बहुत अच्छा वर्णन किया है।

इसी दौर के सशक्त उपन्यासकार अयोध्याप्रसाद झा ने 'लाल पुतला', 'स्वर्ण अभियान', 'नकपुरी' बाल उपन्यासों में रोमांचक फंतासी-लेखन की शुरुआत की। अलबत्ता दयाशंकर मिश्र 'दद्दा' और अयोध्याप्रसाद झा के बाल उपन्यास इतना तो जरूर प्रकट कर देते हैं कि बाल उपन्यास के इस प्रारंभिक चरण में ही उसके विकास की कुछ दिशाएँ एकदम स्पष्ट हो गई थीं। एक ओर लोक-कथाओं और फंतासी को लेकर चलनेवाले बाल उपन्यासों की रचना की जा रही थी तो दूसरी ओर स्नेह, ममता और सीख देनेवाले भावों से जुड़े उपन्यास थे। तीसरी ओर, साहसिक अभियानों से जुड़े बाल उपन्यासों की धारा मानो जन्म लेने को विकल थी।

कुल मिलाकर बच्चों के मन और मनोविज्ञान से जुड़े कई पहलू इन बाल उपन्यासों के जरिए प्रकट होने की राह देख रहे थे। यह बाल उपन्यासों के शुरुआती चरण से ही काफी कुछ स्पष्ट होने लगा था।

❖

गौरव युग में बेशक बाल उपन्यासों की विकास-यात्रा अधिक तेजी से आगे बढ़ी तथा विविध विषयों और कथा-भूमियों से जुड़े ढेरों बाल उपन्यास लिखे गए। लगता था, हिंदी बाल उपन्यासों की धारा, जो अभी तक काफी पिछड़ी हुई थी, अपने दूसरे चरण में खासी तेजी पकड़कर मानो शुरुआती अभाव की पूर्ति कर लेना चाहती हो। हिंदी बाल उपन्यास का यह दौर उसकी विकास-यात्रा का शीर्ष चरण है। हिंदी बाल उपन्यास के इस स्वर्णिम दौर में इतनी विविधता भरे, नई-नई कथाभूमियों का संधान करनेवाले और कलात्मक रूप से इतने मुकम्मल बाल उपन्यास लिखे गए, इतनी अधिक संख्या में वे छपे भी कि आज उस दौर की चर्चा करना ही मानो हमें एक तरह के विस्मय से भर देता है।

इस कालखंड में पारंपरिक ढंग के कथानकवाले तथा ऐतिहासिक उपन्यास खूब लिखे गए। साथ ही बाल उपन्यासों में नए-नए प्रयोग करके उन्हें बच्चों के कल्पना-संसार और भीतर-बाहर की मुश्किलों और चिंताओं के नजदीक लाने की कोशिशें भी शुरू हुईं। इसी तरह विज्ञान-फंतासी से जुड़े बाल उपन्यास तथा जासूसी बाल उपन्यास भी खूब लिखे गए। बाल उपन्यास के जरिए बच्चों के यथार्थ जगत की समस्याओं को छूने और अभिव्यक्ति देने की कोशिशें हुईं। बाल उपन्यासों के इस दौर में हम हिमांशु श्रीवास्तव, कृश्न चंदर, हरिकृष्ण देवसरे, सत्यप्रकाश अग्रवाल, श्रीप्रशांत जैसे लेखकों की उत्साही और सक्रिय उपस्थिति महसूस करते हैं। यह दौर एक तरह से बाल उपन्यासों की विविधता और संभावनाओं का दौर है, जिसमें हिंदी में नए ढंग से बनते हुए मौलिक बाल उपन्यास के नए-नए क्षितिजों को हम खुलता देख सकते हैं। इस दौर के चर्चित उपन्यास हैं—हिमांशु श्रीवास्तव का 'चंदा मामा दूर के', कृश्न चंदर का 'खरगोश का सपना', हरिकृष्ण देवसरे का 'चंदा मामा दूर के', 'डाकू का बेटा', सत्यप्रकाश अग्रवाल का 'एक डर, पाँच निडर', लक्ष्मीनारायण लाल का 'हरी घाटी', शशिप्रभा शास्त्री का 'सुनहरा', श्रीप्रशांत का 'सुनहला हिरन' तथा 'जादू की टहनी', मनहर चौहान का 'हल्दीघाटी' तथा 'खूब लड़ी मर्दानी', शिवमूर्ति वत्स का 'वीर कुणाल', सुदर्शन चोपड़ा का 'भीष्म', वीरेंद्रमोहन रतूड़ी का 'वीर कुँवरसिंह' तथा शत्रुघ्नलाल शुक्ल का 'दुर्गादास'।

इस दौर में लीक से हटकर लिखे गए तथा अपनी अलग गूँज-अनुगूँज छोड़नेवाले उपन्यास हैं—हिमांशु श्रीवास्तव का 'चंदा मामा दूर के', सत्यप्रकाश अग्रवाल का 'एक डर, पाँच निडर', कृश्न चंदर का 'खरगोश का सपना' तथा उलटा दरख्त, लक्ष्मीनारायण लाल का 'हरीघाटी', द्रोणवीर कोहली का 'करामाती कद्दू', बाँकेबिहारी भटनागर के 'जय सोमनाथ' और 'मेवाड़ का सूर्य', शांति भटनागर के 'माँ का आँचल' और 'नन्हे जासूस', स्वदेशकुमार का 'हाथियों के घेरे में', वीरकुमार अधीर के 'बीस बरस की मौत', 'बर्फ का आदमी', 'एक घंटे बाद' तथा 'बोतल में बंद आदमी', रामकुमार भ्रमर का 'डाकुओं के बीच', मधुकर सिंह का 'राधा', राधेश्याम 'प्रगल्भ' के 'शाही हकीम', 'एक कटोरा पानी', 'दोस्त की कुर्बानी' तथा 'इंदल का विवाह', ललित सहगल का 'बीरबल', विमला शर्मा का 'एक था छोटा सिपाही', अवतार सिंह का 'खोखला सिक्का', राजेशकुमार जैन का 'नकली चाँद', हरिकृष्ण देवसरे के 'होटल का रहस्य', 'सुरखाब के पर', 'सोहराब रुस्तम', 'जाली नोट', 'जाली चेक' और 'डाकू का बेटा', विभा देवसरे का 'शनिलोक', देवेंद्रकुमार का 'नानी माँ का महल', यादवेंद्र शर्मा 'चंद्र' का 'अस्सी घाव', वीरेंद्रकुमार गुप्त का 'चाणक्य', व्यथित हृदय का 'आकाशवाणी', कुणाल श्रीवास्तव के 'राजपूत का बेटा' और 'लव-कुश', योगेश गुप्त का 'रेडियो का

सपना', ओमप्रकाश का 'चाँद से आगे', जयप्रकाश भारती का 'नमक का कर्ज', गोविंद सिंह का 'सूरज का बेटा' तथा चंद्रदत्त 'इंदु' का 'रामगंगा का शेर'। बच्चों के मन को लुभाने और उनमें एक उच्छल तरंग पैदा करनेवाले इन बाल उपन्यासों की उनके नएपन और मौलिक ढंग की रचनाधर्मिता के कारण खासी चर्चा रही।

इस दौर के बाल उपन्यासों के लेखकों पर एक नजर डालें तो पता चल जाएगा कि एक साथ कई पीढ़ियों के लेखक मानो बाल उपन्यास-रचना को बच्चों के प्रति अपना पहला और जरूरी दायित्व मानते थे। उपन्यास-लेखन में जुटे अनेक बड़े, दिग्गज लेखक और स्थापित नाम थे तो ऐसे नए लेखक भी जो बड़ी ईमानदारी से बाल साहित्य के क्षेत्र में कुछ नया कर दिखाने के लिए उत्सुक और प्रयत्नशील थे। अलबत्ता इस दौर में लिखे गए बाल उपन्यासों के प्रमुख लेखक हैं—भगवतशरण उपाध्याय, कृश्न चंदर, बाँकेबिहारी भटनागर, वीरकुमार अधीर, यादवेंद्र शर्मा 'चंद्र', रामकुमार भ्रमर, शांति भटनागर, मधुकर सिंह, राधेश्याम 'प्रगल्भ', ललित सहगल, विमला शर्मा, अवतार सिंह, राजेशकुमार जैन, हरिकृष्ण देवसरे, विभा देवसरे, चंद्रदत्त 'इंदु', देवेंद्रकुमार, श्रीकृष्ण, वीरेंद्रकुमार गुप्त, योगेश गुप्त, व्यथित हृदय, जयप्रकाश भारती, ओमप्रकाश, गोविंद सिंह तथा कुणाल श्रीवास्तव। इनमें भगवतशरण उपाध्याय तथा बाँकेबिहारी भटनागर जैसे हिंदी साहित्य के मूर्धन्य लेखक व संपादक शामिल हैं तो रामकुमार भ्रमर, यादवेंद्र शर्मा 'चंद्र', मधुकर सिंह, योगेश गुप्त, जयप्रकाश भारती, हरिकृष्ण देवसरे, वीरकुमार अधीर, जैसे जाने-माने लेखक भी हैं। दूसरी ओर अवतारसिंह और राजेशकुमार जैन जैसे लेखक भी थे, जो उस समय तो नए और अल्पख्यात ही थे, हालाँकि बाद में निरंतर महत्त्वपूर्ण लिखकर राजेश जैन ने ख्याति अर्जित की। अवतार सिंह भी संभावनाशील लेखक थे, जो असमय ही गुजर गए। हिंदी बाल उपन्यासों की विकास-यात्रा के इस चरण में संभव है कि सौ से अधिक अच्छे बाल उपन्यास लिखे गए हों। इनमें ऐसे महत्त्वपूर्ण और चर्चित बाल उपन्यास भी हैं, जिनके बगैर बाल उपन्यासों का इतिहास नहीं लिखा जा सकता।

इस दौर के बाल उपन्यासों की सबसे बड़ी विशेषता उनकी कलात्मक पूर्णता और विविधता है, मानो उस कालखंड में लिखे गए बाल उपन्यास जीवन के उन सभी क्षेत्रों में; जिनमें बच्चों की उत्सुकता होती है, पहुँचना चाहते हैं। इस दौर में एक ओर ऐसे उपन्यास लिखे गए, जिनमें मौजूदा यथार्थ जीवन और उसमें बच्चे की मुश्किलों की चर्चा थी, तो दूसरी ओर ऐतिहासिक कथानकों और इतिहास-प्रसिद्ध पात्रों को बाल उपन्यासों के जरिए सामने लानेवाले उपन्यासों की बेहद सशक्त और दमदार धारा दिखाई पड़ती है। कहना चाहिए, एक साथ इतने दमदार बाल उपन्यास न इससे पहले कभी लिखे गए और न बाद में। इसी तरह इस दौर में 'हाथियों के घेरे में' तथा 'डाकुओं के बीच' जैसे रोमांचक, साहसिक कारनामोंवाले उपन्यास लिखे गए, तो 'बीस बरस की मौत', 'बर्फ का आदमी', 'होटल का रहस्य' जैसी विज्ञान-फंतासी भी। इसके अलावा 'नन्हे जासूस', 'खोखला सिक्का', 'नकली चाँद', 'जाली नोट', 'जाली चेक' जैसे अच्छे, कलात्मक रूप से पूर्ण और समझदारी पैदा करनेवाले जासूसी बाल उपन्यास इस दौर में पहली बार दिखाई पड़े। प्रकृति और वन्य पशुओं से निकटता से रू-ब-रू कराते 'रामगंगा का शेर' सरीखे बाल उपन्यास इस चरण की उपलब्धि कहे जा सकते हैं। इसी तरह कृश्न चंदर का 'उलटा दरख्त' इस दौर का बेहद रोचक और महत्त्वपूर्ण फंतासी उपन्यास है, जिसमें एक के बाद एक ऐसी रोमांचक स्थितियाँ घटती हैं कि इसे साँस रोककर पढ़ना पड़ता

है। उपन्यास की कहानी एक छोटे से बच्चे यूसुफ पर केंद्रित है, जो बादशाह सलामत का आदेश नहीं मानता और अपने ढंग से जीना चाहता है। फिर जादू के दरख्त के जरिए उसकी ऐसी रोमांचक यात्रा शुरू होती है कि पाठक अचंभित रह जाता है।

इस दौर के प्रतिनिधि बाल उपन्यासकार हैं आनंदप्रकाश जैन, मनोहर वर्मा, यादवेंद्र शर्मा 'चंद्र', सत्यप्रकाश अग्रवाल, शांति भटनागर, रामकुमार भ्रमर, मुद्राराक्षस, स्वदेशकुमार, वीरकुमार अधीर, सुशीलकुमार, मनहर चौहान, मस्तराम कपूर, हरिकृष्ण देवसरे, राधेश्याम 'प्रगल्भ', व्यथित हृदय तथा ललित सहगल। इनमें सत्यप्रकाश अग्रवाल तो सिर्फ अपने एक बाल उपन्यास 'एक डर पाँच निडर' के कारण इतने चर्चित हुए कि इसकी चर्चा के बगैर हिंदी बाल उपन्यास का इतिहास लिखा ही नहीं जा सकता। यह सच में उन उपन्यासों में से है, जिन्होंने हिंदी बाल उपन्यास की सही और चुनौतीपूर्ण राह खोली।

सत्यप्रकाश अग्रवाल का 'एक डर, पाँच निडर' (संस्क. 1996) न सिर्फ अनूठा है, बल्कि इस दौर के बाल उपन्यासों में उसका स्थान सबसे ऊँचा है। यह उपन्यास 'पराग' में एक वर्ष तक धारावाहिक रूप में प्रकाशित हुआ था और 'पराग' के नन्हे-मुन्ने पाठकों ने इसे बेहद पसंद किया था। सत्यप्रकाश अग्रवाल ने इतने सहज ढंग से 'एक डर, पाँच निडर' में बच्चों के मन की आकुलता और कुछ कर गुजरने की ललक को एक साहसिक कथा में ढाला है कि देखकर आश्चर्य होता है। 'एक डर, पाँच निडर' उपन्यास में जैसा कि उसके नाम से ही पता चलता है, पाँच निडर बच्चे हैं। जिनमें मोहन दादा के अलावा बिरजू, आशा, मुन्नी और नन्हे हैं और ये पाँचों बच्चे बड़ों के अत्याचारों से पीड़ित हैं। अब अत्याचार क्या होता है, इसका अर्थ तो शायद बच्चे भी ठीक-ठीक नहीं जानते, मगर लगता है, वे इसे थोड़ा-थोड़ा समझते जरूर हैं। हालाँकि उनके पास इसे कहने के लिए भाषा नहीं है। इसलिए मोहन दादा बहुत कोशिश करके बच्चों को अत्याचार का अर्थ इस तरह समझाता है, "ये जो रोज जुल्म होते हैं न...बस, इन्हीं को अत्याचार कहते हैं। तुम इसे यों समझो कि दुनियावाले हम बच्चों पर जो करते हैं न, वह सब अत्याचार ही होता है। समझ गए न!" और सचमुच बच्चे इस अत्याचार को इस कदर समझे कि जब बिरजू ने कहा "तो फिर इस दुनिया में रहते ही क्यों हो, एक नई दुनिया क्यों नहीं बसाते?" तो इस पर दादा ने भी जोश में भर बिरजू की हाँ में हाँ मिलाई, "हाँ, हमें एक नई दुनिया बसानी ही पड़ेगी। बच्चों की एक दुनिया, जहाँ बड़ों के अत्याचार नहीं होंगे, जहाँ हम सुख से रहेंगे।" आखिर पाँचों बच्चे थोड़ी-बहुत तैयारी करके उस भूतिया हवेली में आ जाते हैं, जहाँ लोग जाने से भी डरते थे। मगर पाँच निडर बच्चों के साहस के आगे भूतिया हवेली का डर भाग जाता है। सत्यप्रकाश अग्रवाल के इस रोमांचक बाल उपन्यास को बेशक हिंदी बाल उपन्यासों की विकास-यात्रा में एक यादगार कृति, बल्कि 'मील का पत्थर' कहना होगा, जिसने यह राह सुझाई कि बच्चों के लिए लिखे गए उपन्यास कैसे होने चाहिए। उपन्यास की भूमिका आनंदप्रकाश जैन ने लिखी है, जिन्होंने इसके महत्त्व को बार-बार रेखांकित किया है।

इस कालखंड में लिखे गए मस्तराम कपूर (1926-2013) के बाल उपन्यास भी खासे महत्त्वपूर्ण हैं और उन्हें बाल उपन्यास लेखन में एक मयार कह सकते हैं। कपूर साहब ने बच्चों के लिए एक से एक बेहतरीन उपन्यास लिखे, खासकर उनका 'नाक का डॉक्टर' (पाँच उपन्यास, पंद्रह नाटक, संस्क. 2003) अपने ढंग का एक लाजवाब बाल उपन्यास है। इतना सशक्त और खूबसूरत बाल उपन्यास कि अगर हिंदी के दस

सबसे अच्छे बाल उपन्यास छाँटे जाएँ तो उनमें मस्तराम कपूर के 'नाक का डाक्टर' बाल उपन्यास का तो जिक्र करना ही होगा। यह बाल उपन्यास मस्तराम कपूर ने इमरजेंसी के दिनों में लिखा था और 'धर्मयुग' में धारावाहिक रूप से छपा था। शायद इमरजेंसी की कुछ हलकी छायाएँ भी इस उपन्यास में कहीं-कहीं दिखाई पड़ें, लेकिन उपन्यास का मूल कथ्य वह नहीं है। उपन्यास असल में एक छोटी-सी लड़की कल्पना की कहानी है—कल्पना की अजीबोगरीब मुश्किलों की कहानी, जिन्हें छोटे बच्चे तो समझ सकते हैं, लेकिन बड़ों के लिए जिन्हें समझ पाना मुश्किल है। इसी तरह कल्पना की उलझनें छोटी-छोटी हैं, लेकिन खुद उसके लिए तो इतनी बड़ी हैं कि बेचारी सारे दिन सोचते-सोचते परेशान हो जाती है। मसलन यही कि उसकी नाक बहुत सुंदर है, औरों से ज्यादा लंबी, पतली और नोकदार है और इतनी खूबसूरत है कि घर में जो भी मेहमान आता है, उसका ध्यान बस कल्पना की नाक पर ही अटक जाता है। मगर इस नाक की अपनी मुश्किलें हैं, मसलन एक बार उसे जुकाम हुआ तो मुसीबत हो गई। वह नाक को बार-बार मसलती और परेशान होती। आखिर नाक की समस्या बढ़ते-बढ़ते इतनी बढ़ गई कि कल्पना बिस्तर से उतरी और चल पड़ी। चलते-चलते उसे एक बुढ़िया मिली, जिसने कल्पना को नाक के डॉक्टर के बारे में बताया। फिर आगे दस खंभों की सड़क मिली, जहाँ अजीब-अजीब तरह की मुश्किलें थीं और बेचारी कल्पना के लिए सड़क पार करना तक मुश्किल था। फिर अजब देश के गजब लोग मिले, घोर सनकी और निकम्मे राजा-रानी मिले, रीछ, भेड़िए, लकड़बग्घे, खरगोश, बाघ मिले, मायावी हंस मिले और वह उनके पेट में जा पहुँची। इसके बाद की कहानी कल्पना की हिम्मत की कहानी है कि किस तरह वह अपनी चतुराई से राक्षस के पेट से बाहर आती है और आखिर सब कुछ ठीक-ठाक हो जाता है। मस्तराम कपूर का यह उपन्यास एक ऐसी खूबसूरत और जिंदादिली से भरपूर भाषा में लिखा गया है कि बच्चे का मन और बच्चे की दुनिया पूरी तरह हमारी आँखों के आगे खुल पड़ती है।

मस्तराम कपूर के बाकी उपन्यास 'सुनहरा मेमना', 'भूतनाथ', 'नीरू और हीरू' तथा 'सँपेरे की लड़की' भी सुंदर बाल उपन्यास हैं और अपने-अपने ढंग से अपनी बात कहते हैं। इनमें 'सँपेरे की लड़की' (संस्क. 2003) सबसे प्रभावशाली है। यह पूरा उपन्यास एक छोटे-से अनाथ बच्चे नंदू तथा सँपेरे और उसकी लड़की मैना के इर्द-गिर्द घूमता है। कपूर साहब का 'सुनहरा मेमना' एक खूबसूरत फंतासी उपन्यास है, जिसमें छोटी-सी बच्ची तनु और उसके एक प्यारे-से मेमने मुनमुन की कथा है। 'नीरू और हीरू' (1971) एक बच्चे और बड़े नखरैल किस्म के बैल हीरू की दोस्ती को दर्शाता है। इसमें नीरू और हीरू की दोस्ती के ऐसे सहज रंग और हीरू की बहादुरी के ऐसे गजब के प्रसंग हैं कि उन्हें एक बार पढ़कर बच्चे कभी भूल नहीं सकेंगे।

मस्तराम कपूर का 'भूतनाथ' हास्य-विनोद के रंग में रंगा थोड़ा अलग ढंग का बाल उपन्यास है। 'भूतनाथ' नाम से भ्रम होता है कि उपन्यास में किसी भूत-वूत का चक्कर है, पर नहीं। भूतनाथ तो एक चमत्कारी डंडे का नाम है, जो एक छोटे-से बच्चे मन्ने के पास है और उसे वह अपना डंडा प्यारा लगता है कि उसने प्यार से उसका नाम भूतनाथ रख छोड़ा है। इसी भूतनाथ को एक दफा हॉस्टल के नौकर ने साधारण डंडा समझकर कुत्ते को मारा और भूतनाथ बहता-बहता नदी में पहुँच गया, हालाँकि वहाँ भी उसका जादू कम नहीं हुआ। उसका पता तब चला, जब पनचक्की के मालिक की लड़की चक्की के पाट के ऊपर गिर पड़ी और लग रहा था कि अब उसका अंत निकट है। तभी अचानक भूतनाथ ने अपना करिश्मा दिखाया और अजीबोगरीब

कमाल होने लगे। 'भूतनाथ' में सचमुच किस्सागोई के रंगों के साथ-साथ एक सहज, ग्राम्य हास्य-बोध की ऐसी छटा है कि देखते ही बनता है। हिंदी में 'भूतनाथ' जैसे जिंदादिली से भरपूर बाल उपन्यास कम ही हैं।

मनोहर वर्मा (1934-2015) भी बच्चों के लिए लिखनेवाले सिरमौर उपन्यासकारों में से हैं। उन्होंने एक ओर 'लोहासिंह' और 'श्री टाइगर्स' जैसे साहसिक कथानकों वाले उपन्यास लिखे, तो दूसरी ओर 'हम सब एक हैं', 'पिलपिली बहादुर', 'सोनबाला और बौने', 'वचन का मोल' और 'एक थी चुहिया' जैसे दिलचस्प उपन्यास, जिनमें कथाप्रवाह इतना जबरदस्त है कि अंत तक जिज्ञासा बनी रहती है कि आगे क्या हुआ ? मनोहर वर्मा के साहसिक कथानकोंवाले रोमांचक बाल उपन्यासों ने गौरव युग में बाल उपन्यासों की धारा को समृद्ध करने के साथ-साथ उसमें एक नया आकर्षण पैदा किया। इस तरह के उनके उपन्यासों में 'लोहासिंह' (संस्क. 1996) खासा चर्चित हुआ था। लोहासिंह एक शक्तिशाली पहलवान जैसा बहादुर और साहसी आदमी है, जिसकी वीरता ही नहीं, विशाल डील-डौल देखकर भी अच्छे-अच्छे पानी माँगते हैं। मगर यही लोहासिंह अपने चाचा की चाल को न समझकर, उनके कहने पर सुनहरे सेब लाने चल देता है। रास्ते में पानी भरती स्त्रियाँ उसकी वीरता के वर्णन से प्रभावित होती हैं और उसे सुनहरे सेब के बाग तक जाने का रास्ता बता देती हैं। फिर आगे चलने पर लोहासिंह के आगे क्या-क्या मुश्किलें आईं, वह अपनी वीरता, उदारता और सचाई के जरिए कैसे रास्ता बनाता हुआ आगे बढ़ा, उपन्यास में इसका दिलचस्प वर्णन है। लोहासिंह की एक बड़ी खासियत यह है कि उसमें ताकत तो है, लेकिन बिना बात किसी को सताना उसे पसंद नहीं है। हाँ, जब आकाश कंधों पर लिये एटलस दैत्य से भिड़ंत हो, तो लोहासिंह की बहादुरी देखिए कि वह कैसे, उसे चटपट पछाड़ देता है। कुल मिलाकर मनोहर वर्मा का 'लोहासिंह' ऐसा मजेदार उपन्यास है, जिसे बच्चे एक बार पढ़ना शुरू करें तो पूरा किए बगैर छोड़ेंगे नहीं।

'पिलपिली बहादुर' और 'एक थी चुहिया दादी' भी मनोहर वर्मा के ऐसे मजेदार उपन्यास हैं कि बच्चे तो क्या, बड़े भी पढ़ें तो कुछ देर के लिए सचमुच बच्चे बन जाएँगे। इनमें मीठी चुहल है, हास्य-विनोद और मन को लगातार बाँधनेवाली गहरी नाटकीयता भी। इनमें 'पिलपिली बहादुर' में एक ऐसे विचित्र शख्स का वर्णन है, जिसे कल्पना में बड़े-बड़े दुश्मन और उनकी विशाल सेनाएँ नजर आती हैं। वह खयालों में ही उनसे भिड़ता है और बात की बात में उन्हें पछाड़ देता है, पर असलियत तो शायद कुछ और है। उसके पास एक मरियल सा घोड़ा और एक पुरानी तलवार है। उन्हीं से वह दुनिया जीतने निकल पड़ता है। फिर एक के बाद एक ऐसी घटनाएँ घटती हैं, जिनमें पिलपिली बहादुर की बड़ी दुर्गति होती है। उसे बुरी तरह मार खानी पड़ती है, पर बार-बार चोटिल होकर भी पिलपिली बहादुर यह सब नहीं समझना चाहता। उसे हमेशा लगता है कि वह विकराल दैत्यों और महाबलशाली दुश्मनों से वीरता से लड़ते हुए हारा है।

'पिलपिली बहादुर' सर्वांते के विश्वप्रसिद्ध बाल उपन्यास 'डान क्विजाँ' का रूपांतरण है, पर मनोहर वर्मा ने बड़ी खूबसूरती से इसका रूपांतरण किया है, साथ ही उनकी भाषा और अभिव्यक्ति में ऐसी निजता है कि यह किसी जिंदादिली से भरपूर मौलिक उपन्यास का सा रस देता है। हिंदी रूपांतरण में उपन्यास का नामकरण 'पिलपिली बहादुर' भी बहुत जँचता है, जिससे उपन्यास पढ़ने की उत्सुकता मन में पैदा हो जाती है।

मनोहर वर्मा के लेखक की स्वाभाविक अदा और उनके बाँक भरे कथानकों की सुंदर बानगी देखनी

हो, तो 'एक थी चुहिया दादी' जरूर पढ़ जाइए। यह बड़ी सुंदर कथात्मक लयवाला बाल उपन्यास है, जिसमें प्रेम, वात्सल्य, भय, रोमांच और फंतासी सारी चीजें एक साथ मिलकर आती हैं और उनमें कहीं-कहीं बड़ा अनोखा, गुदगुदी करता विनोद भाव भी मिल जाता है, जिससे यह पूरा उपन्यास 'एक विचित्र वृत्तांत' का सा सुख देता है। इस उपन्यास में वर्माजी ने चुहिया दादी और उसके पोतों का जिस स्नेह-वत्सलता से चित्रण किया है, वैसा कहीं और मैंने नहीं देखा। उपन्यास का कथानक भी बड़ा मजेदार है। एक बिल में चुहिया दादी अपने पाँच पोतों चिनमिन, चूँ, चीना, चीनिया और चीं के साथ रहती है। चुहिया दादी अपने पाँचों पोतों को बहुत प्यार करती है। जब से उसका बेटा और बहू हलवाई भीखामल की दुकान पर मारे गए हैं, तब से दादी का अपने पोतों के लिए प्यार और अधिक बढ़ गया है। वह उन्हें रोज एक से एक मजेदार कहानियाँ सुनाती है और बाहर की दुनिया का हाल सुनाती है। मनुष्य की विचित्र आदतों और बिल्लियों के बारे में एक से एक रोचक बातें बताती है, जिससे वे थोड़े सतर्क हों। दादी की ये कहानियाँ सुनकर पोतों को भी अब बाहर की दुनिया के बारे में बहुत कुछ पता चल गया है। वे बड़ी उत्सुकता से सुनते हैं और यह जिद भी करने लगे हैं कि उन्हें भी बाहर घूमने का मौका मिले, ताकि वे खुद भी बाहर की दुनिया को अपनी आँखों से देख सकें।

आखिर तय हुआ कि पहले बुढ़िया का सबसे बड़ा पोता चिनमिन बाहर घूमने जाएगा। फिर उसके लौटने पर एक-एक करके उसके छोटे भाई भी जाएँगे। पर उनमें सबसे छोटे चीं का कारनामा ही ऐसा था कि सुनकर सबको बड़ा ताज्जुब हुआ। दादी ही नहीं, सब भाइयों ने भी उसे प्यार किया और फिर सब खुशी-खुशी उस बिल में रहने लगते हैं। मनोहर वर्माजी के इस उपन्यास में चुहिया दादी का स्नेह-वात्सल्य भरा गृहस्थिन रूप इतना प्यारा है कि पढ़कर बच्चों को अपनी दादी की याद आ जाएगी। चुहिया दादी सच में किस्से-कहानियाँ सुनाने वाली एक ममतालु दादी लगती है, जो हर क्षण पोतों की चिंता करती है और उन पर अपना प्यार लुटाती है।

'सोनबाला और बौने' भी वर्माजी का बड़ा सुंदर और दिलचस्प बाल उपन्यास है, एक लंबी परीकथा की तरह जो बाल पाठकों को बाँध लेता है। कहानी की नायिका एक सुंदर राजकुमारी सोनबाला है। रानी उसे जन्म देते ही गुजर गई। जो नई रानी आई, वह सुंदर और ईर्ष्यालु थी। नई रानी ने गुस्से में उसे मरवाने की चाल चली। एक शिकारी ने उसे जंगल में जाकर छोड़ दिया। तब सात मित्र बौनों ने किस तरह प्यारी सोनबाला को बचाया, यह कथा बड़ी रोचक है, साथ ही किसी साहस कथा की तरह पल-पल उत्सुकता पैदा करनेवाली। इसी तरह वर्माजी के सुंदर फंतासी उपन्यासों में 'मधु' की भी चर्चा होनी चाहिए है, जो कि बड़ी सरल, उत्साही और कल्पना की दुनिया में रमनेवाली है। यह छोटी सी प्यारी बच्ची मधु ही उपन्यास की नायिका है। उपन्यास इतना रोचक और रसपूर्ण है कि एक बार शुरू करने के बाद पूरा खत्म किए बिना उसे बीच में छोड़ा ही नहीं जा सकता। उपन्यास पर बेशक 'एलिस इन वंडरलैंड' का असर है, पर बहुत जल्दी वह उससे मुक्त होकर अपनी स्वतंत्र राह ले लेता है।

मनोहर वर्मा के यथार्थ पर टिके उपन्यास भी कम रोचक नहीं हैं। कथानक कैसा भी हो, उसमें कथा-रस लाना उन्हें आता है। 'हम हारेंगे नहीं' विकलांगों के जीवन पर लिखा गया वर्माजी का बड़ा ही भावपूर्ण उपन्यास है। उपन्यास में तमाम तकलीफों से गुजरे विकलांग बच्चों की मेहनत, सच्चाई और ईमानदारी देखकर हर कोई प्रभावित होता है और उनके जीवन में हँसी-खुशी नजर आने लगती है। वर्माजी ने बड़े सधे हाथों से

यह उपन्यास लिखा है। उपन्यास की कथा बहुत स्वाभाविक रूप से आगे बढ़ती है और बच्चों के साथ-साथ ममतामयी माँ गोमती का चरित्र भी भुलाए नहीं भूलता। मनोहर वर्मा का 'हम सब एक हैं' बाल उपन्यास भी बहुत मशहूर हुआ था। उपन्यास बड़े रोचक ढंग से मित्रता का संदेश देता है।

वर्माजी ने बड़ा सुंदर ऐतिहासिक उपन्यास भी लिखा है। सातवें दशक में छपे उनके बाल उपन्यास 'वचन का मोल' में मेवाड़ के आन-बानवाले राजा हमीर के साहस और वीरता की कथा है। अलाउद्दीन खिलजी का दिल्ली की गद्दी पर कब्जा हो चुका है और अब उसकी कुटिल नजरें राजपूताने पर हैं, पर ऐसी हालत में भी मेवाड़ के राणा हमीर शरण में आए अलाउद्दीन के सेनानायक मीर और उसके साथियों को शरण देते हैं। उन्हें अभयदान देते हुए उनका कहना है कि वीर राजपूत प्राण भले ही दे दें, पर अपने वचन से टलते नहीं है। अलाउद्दीन खिलजी को यह पता चला तो उसने राणा हमीर को सबक सिखाने के लिए अपनी सेना भेजी, पर हमीर और उसकी बहादुर सेना ने उसके दाँत खट्टे कर दिए। एक के बाद एक युद्ध होते हैं, पर हमीर के आगे मुगल सेना टिक नहीं पाती। हर बार उसे मैदान छोड़कर भागना पड़ता है। पर अंत में हमीर के कुछ साथियों ने उनके साथ विश्वासघात किया और जाकर अलाउद्दीन से मिल गए, जो किसी भी तरह रणथंभौर का किला जीतना चाहता है। इस पर भी स्वाभिमानी हमीर बहादुरी से लड़े और मारे गए, पर उन्होंने मुगल सेना को ऐसा सबक सिखाया कि एक सच्चे राजपूत राजा की आन-बान के आगे सभी का सिर झुक गया।

मनोहर वर्मा का 'वचन का मोल' उपन्यास बेहद रोमांचक है, जिसका शब्द-शब्द मन में जोश की लहर पैदा कर देता है। उपन्यास लिखने की प्रेरणा उन्हें कहाँ से मिली, इसका जिक्र भूमिका में है। बच्चों को संबोधित करते हुए वर्माजी लिखते हैं, "हमारे देश के इतिहास में ऐसे लोगों की कमी नहीं रही है, जिन्होंने अपने स्वार्थ, लोभ और आपसी दुश्मनी के कारण विदेशी दुश्मनों से मिलकर उन्हें हमारे देश में पाँव जमा लेने में मदद की थी। हमीर की इस कहानी में भी तुम ऐसे लोग पाओगे, जिनके कारण सारे देश को हानि उठानी पड़ी।... आज भी हमारा देश दुश्मनों से घिरा हुआ है।...आओ, आज हम हिमालय जैसे दृढ़प्रतिज्ञ वीर हमीर की तरह वचन दें कि हम मरते दम तक अपने देश की रक्षा करेंगे। चाहे हमारे प्राण चले जाएँ, हम जयचंद, भोजदेव, रतिपाल और रणमल की तरह अपनी मातृभूमि के साथ, अपने देश के साथ कभी विश्वासघात नहीं करेंगे... कभी नहीं...!"

उपन्यास पढ़ते हुए बाल पाठकों की आँखों के आगे वीर राजपूतों की बहादुरी और सच्चे बलिदान के साथ-साथ इतिहास के गौरवशाली पन्ने झिलमिला उठते हैं। वर्माजी ने ऐतिहासिक सत्यों को बहुत करीने से प्रस्तुत किया है, जिससे राणा हमीर का व्यक्तित्व और कद सचमुच बड़ा ऊँचा और प्रभावशाली लगता है।

इसी तरह वर्माजी ने जासूसी कथानक पर भी बड़ा दिलचस्प ताना-बाना बुनते हुए, बेहतरीन उपन्यास लिखा है। 'थ्री टाइगर्स' उनका बेहद रोमांचक जासूसी उपन्यास है, जिसमें तीन बच्चों—भरत, रेखा और सुदीप के जासूसी दल थ्री टाइगर्स ने वह काम कर दिखाया, जो बड़ों के लिए भी संभव नहीं था। भरत के पापा डॉ. सेठी आयात अधिकारी हैं, साथ ही वे बहुत बड़े डाक्टर भी हैं। उन पर कुछ दिनों से एक विदेशी कंपनी ए.डी. एंड कंपनी का बड़ा जोर था कि वे उनकी दवा को आयात के लिए लाइसेंस दे दें, जबकि डॉ. सेठी अच्छी तरह जानते थे कि यह दवा हजारों लोगों की सेहत से खिलवाड़ कर सकती है। जिस कंपनी ने उसे बनाया था,

वह भी बहुत से अपराध के कामों में लगी एक खराब कंपनी थी। पर उस कंपनी का प्रतिनिधि पीला गुलाब डॉ. सेठी पर लगातार दबाव बनाए हुए था। उसने इस काम के बदले डॉ. सेठी को एक लाख रुपए देने का ललाच दिया। ईमानदार अधिकारी डॉ. सेठी के दृढ़ता से इनकार करने पर उसने उनसे ऊपर के अधिकारी को रिश्वत देकर अपनी ओर मिला लिया। बड़े अधिकारी के दबाव के बाद भी डॉ. सेठी नहीं माने तो अपराधियों ने अमेरिका इलाज के लिए गई उनकी पत्नी का अपहरण कर लिया। पर इस बीच बच्चा जासूस पार्टी थ्री टाइगर्स सक्रिय हो चुकी थी। भारी खतरा उठाकर पीला गुलाब को उसी के अड्डे पर पहुँचकर, रँगे हाथों पकड़वा देना थ्री टाइगर्स का बहुत बड़ा कमाल था। उसके लिए जैसी मुसीबतों का उन्होंने सामना किया और हर परेशानी में अपनी सूझ-बूझ से रास्ता निकालते रहे, यह पूरा घटनाक्रम बड़ा ही रोमांचक है। उपन्यास एक सुखद मोड़ पर खत्म होता है, पर नन्हे जासूसी दल की हिम्मत को देखकर मुँह से अनायास निकल पड़ता है, "शाबाश···!"

आश्चर्य, मनोहर वर्माजी के इन दमदार उपन्यासों का सही मूल्यांकन नहीं हुआ तथा उन्हें इतनी जल्दी भुला दिया गया। अगर वर्माजी के सभी बाल उपन्यास एक जिल्द में सामने आएँ, तो उनकी सर्जनात्मक शक्ति के साथ-साथ बाल साहित्य के एक गौरवशाली दौर का इतिहास भी सामने आ सकेगा।

इसी तरह आनंदप्रकाश जैन (1927-1996) की गिनती उन मेधासंपन्न दिग्गज बाल साहित्यकारों में होती है, जिन्होंने बाल साहित्य को दिशा देने का ऐतिहासिक कार्य किया। आनंदप्रकाश जैन ने एक से एक रोचक उपन्यास लिखे। इनमें एक ओर ऐतिहासिक उपन्यास थे तो दूसरी ओर ऐसे उपन्यास, जिनमें कल्पना और फंतासी के साथ-साथ आधुनिक विचारों की झलक थी। आनंदप्रकाश जैन के इन उपन्यासों में रोमांचक कल्पना और बिंबों से युक्त 'महाबली का भ्रम' और 'भूलना मत काका' की खासी चर्चा हुई थी और बच्चों ने इन्हें बेहद सराहा था। असल में ये ही वे उपन्यास हैं, जिनके कारण यह कालखंड बाल साहित्य का 'गौरव युग' कहलाता है। आनंदजी एक उस्ताद किस्सागो हैं। उनके बाल उपन्यास बच्चों में रमकर लिखे गए, पूरी तरह बच्चों की दुनिया के ही उपन्यास हैं। इन्हें पढ़कर बच्चों के अनोखे सामर्थ्य का भी पता चलता है कि जिन्हें हम हमेशा छोटे बच्चे कहकर उपेक्षा से देखते हैं, वे अपनी पर आ जाएँ तो क्या कुछ नहीं कर सकते।

आनंदजी के बाल उपन्यासों में डाकुओं के आत्मसमर्पण को लेकर लिखा गया 'भूलना मत काका' (1979) बहुत चर्चित हुआ था। यों भी यह आनंदजी का सर्वश्रेष्ठ बाल उपन्यास है, जिसमें गहन भावनात्मकता के साथ-साथ बच्चों के हास्य-विनोद की एक चटुल धारा निरंतर चलती है। साथ ही बच्चों और डाकुओं का चरित्रांकन हो या कथानक का उतार-चढ़ाव, उसमें बड़ी नाटकीयता है। उपन्यास ग्वालियर के पास एक छोटे से कसबे शिवाजीगंज के एक स्कूल में पढ़नेवाले दो बच्चों जग्गू और नीलू पर केंद्रित है। सच पूछा जाए तो ये बच्चे ही उसके सच्चे नायक भी हैं, जो उपन्यास को एक बड़े और निर्णायक मोड़ तक ले जाते हैं। इनमें जग्गू बड़ा है और नीलू, जो एक धनी पिता की बेटी है, उससे कुछ छोटी है। दोनों में आपस में बड़ी दोस्ती है। एक दिन क्लास में एक ऐसी घटना घटी, जिससे हर कोई हक्का-बक्का रह गया। जिस इलाके में वह स्कूल था, वहाँ डाकुओं का बड़ा आतंक था और उनके बारे में तरह-तरह के किस्से-कहानियाँ कहे-सुने जाते थे। पर जब एक डाकू स्कूल में दाखिल होकर सीधे उस क्लास में आ गया, जिसमें नीलू और जग्गू पढ़ते थे, तो मास्टरजी समेत सभी का जी धक से रह जाता है। मुँह पर मुँड़ासा बाँधे डाकू दोनों बच्चों जग्गू और नीलू को

अपने साथ ले जाता है, ताकि उनके घर वालों से फिरौती की रकम वसूल कर सके।

जंगल में डाकुओं का अड्डा है और वहीं डाकुओं का सरदार भी है, जो बच्चों को बड़े प्यार से अपने साथ रखता है, ताकि उन्हें जरा भी तकलीफ न हो। जग्गू और नीलू भी डाकुओं के सरदार को प्यार से 'काका' कहकर बुलाते हैं। उधर जग्गू और नीलू के गायब होने पर उनके घर पर भी हड़कंप मच जाता है। बड़ी तेजी से ढुँढ़ाई शुरू होती है। डाकुओं को जंगल में घेर लिया जाता है। डाकू एक जगह से दूसरी जगह पलायन करते हैं, ताकि पुलिस को चकमा दे सकें। अंत में काका आत्मसमर्पण करने को तैयार हो जाते हैं और इसका श्रेय प्यारे और समझदार बच्चों जग्गू और नीलू को ही जाता है। वे न सिर्फ निर्भय हैं, बल्कि अपनी समझदारी से डाकुओं के सरदार के मन में भी जगह बना लेते हैं और कहानी को एक सुखद अंत तक पहुँचाते हैं। डाकू अपराध की दुनिया छोड़कर आम आदमी की जिंदगी जिएँ, इसके पीछे जाहिर है, जेपी और भूदान आंदोलन के प्रवर्तक विनोबा भावे के विचारों का प्रभाव है। कहीं-कहीं इसे पढ़ते हुए राजकपूर की फिल्म 'जिस देश में गंगा बहती है' के भावुक कर देनेवाले दृश्य याद आते हैं। आनंदप्रकाश जैन ने कथा का ताना-बाना इतने खूबसूरत ढंग से गढ़ा है कि मन एक साथ कई तरह की भावनाओं में बहता है। जग्गू और नीलू के मासूम बेफिक्री भरे चरित्र जानदार हैं, साथ ही डाकुओं के सरदार का रोबीला, पर अंदर स्नेह से छल-छल करता चरित्र भी भुलाए नहीं भूलता।

हास्यपूर्ण शैली में लिखा गया 'महाबली का भ्रम' भी आनंदजी का बड़ा रोचक और पठनीय बाल उपन्यास है। 'महाबली का भ्रम' में भीम की वीरता के बहुत प्रसंग हैं, पर इन वीरतापूर्ण घटनाओं में भी हास्य के प्रसंगों के लिए काफी गुंजाइश आनंदजी ने ढूँढ़ ली है। लिहाजा उपन्यास में भोजनभट्ट भीम की ऐसी-ऐसी हास्यपूर्ण छवियाँ सामने आती हैं कि पढ़ते-पढ़ते पेट में बल पड़ जाते हैं। सच ही किसी पौराणिक कथा का ऐसा दिलचस्प रूपांतरण पहले कभी देखने को नहीं मिला। आनंदजी का 'ताऊ तिलकू की कहानी' (1962) भी कम रोचक नहीं है। उपन्यास बड़े ही मजेदार कठपुतलीनुमा चित्रों के साथ 'पराग' (अक्तूबर 1962 से जनवरी 1963 तक) में धारावाहिक रूप से छपा था और बच्चों ने खासे उत्साह और दीवानगी के साथ इसका स्वागत किया था। शायद इसलिए कि बाल साहित्य में ऐसी प्रस्तुति पहली और अनोखी थी। उपन्यास में ग्राम्य हास्य की बड़ी अद्भुत छवियाँ हैं। ताऊ तिलकू धुर गाँव के बड़े ठाटदार आदमी हैं। शुद्ध घी-दूध पीनेवाले ताऊ में जान है, सो पैरों से मीलों दूर चल लेते हैं और बहुत लंबी यात्रा करनी हो तो उनकी बैलगाड़ी जिंदाबाद! उनका छोटा भाई कप्तान बंबई में है, जो अभी कुछ अरसा पहले तक फौज में कप्तान था और अब सेवामुक्त होकर घर आ गया है। एक दफा ताऊ को छोटे भाई कप्तान से मिलने की हुड़क लगी तो ताई को साथ ले, वे चुस्त-दुरुस्त बैलोंवाली अपनी शानदार बैलगाड़ी में बैठे और बैलगाड़ी शहर की सड़कों पर फर्राटे भरने लगी। बंबई में छोटे भाई कप्तान, बहू और बच्चों से मिलकर उन्होंने अपने गँवई ठाट से ऐसा जिंदादिली भरा माहौल पैदा कर दिया कि हर कोई उनका मुरीद था। शहरी गुसलखाने को वे गुरसलखाना समझकर बड़ी अजीबोगरीब कल्पना कर लेते हैं, ब्रेड को ईंट समझकर बिदकते हैं और फिर एक के बाद एक हास्य-विनोद की फुरफुरियाँ छूटती हैं।

उपन्यास का एक मजेदार दृश्य यह है कि ताऊ, ताई, कप्तान, कप्तानी और उनका पूरा परिवार बैलगाड़ी

पर बैठ लंबी सैर पर निकल पड़ता है। मुंबई में कारों और बसों के बीच फर्राटा भरती बैलगाड़ी की अद्भुत झाँकी देखकर भला कौन है, जो दाँतों तले उँगली न दबा ले। पर ऐसे-ऐसे कमाल न करें तो ताऊ तिलकू ठेठ गाँव के ठेठ ताऊ कैसे लगेंगे और यह कैसे पता चलेगा कि उन्हें आनंदप्रकाश जैन जैसे बेजोड़ कथाशिल्पी ने रचा है! ऐसे ही 'पराग' में धारावाहिक रूप से छपा आनंदप्रकाश जैन का बाल उपन्यास 'सोमबाला और सात बौने' (अगस्त 1964-नवंबर 1964) ग्रिम बंधुओं की विश्वप्रसिद्ध कथा 'स्नोड्रॉप एंड सेवन ड्वार्फ्स' के आधार पर लिखी गई सुंदर कृति है। पर ग्रिम बंधुओं की कहानी का बाल उपन्यास के रूप में इतना खूबसूरत रूपांतरण आनंदजी ने किया कि उसने 'पराग' के बाल पाठकों को मोह लिया और आज भी इसकी भाषा की चमक मोहती है।

आनंदप्रकाश जैन ने वैज्ञानिक फंतासी कथाएँ और उपन्यास भी लिखे हैं। चींटियों की अनोखी दुनिया पर लिखा गया 'साँवरी सलोनी' भी ऐसा ही उपन्यास है, जिसमें बड़ी लंबी और रोचक फंतासी कथा है। पापा ने चुन्नू को चींटियों पर लिखी गई एक रोचक किताब भेंट की। अगले दिन सुबह-सुबह पार्क में फुर्सत से उसे पढ़ने के लिए गया, तो मुन्नू वहाँ भी मौजूद। दोनों भाई पार्क में घूम रहे थे, तभी एकाएक मुन्नू की आवाज सुनाई दी, "भैया...!" चुन्नू दौड़ा तो देखा, मुन्नू मिट्टी के ढेर में दब चुका है, जहाँ चींटी ने उस पर अपनी टाँग रख दी थी। उसकी तीन टाँगें नीचे थीं, एक मुन्नू पर और एक बड़ा कमाल यह हुआ कि छोटी सी चींटी देखते ही देखते इतनी बड़ी हो गई कि बिल्कुल राक्षसी लगने लगी। इतना ही नहीं, एक और कमाल यह हुआ कि दोनों भाई चुन्नू और मुन्नू एकदम से छोटे हो गए और फिर तो कमाल पर कमाल होते गए। उपन्यास का अंत खासा मजेदार है। आनंदजी के इस फंतासी उपन्यास में कल्पना की दुनिया, किस्सागोई और विज्ञान, सब एक अनोखी कथावस्तु में ढल जाते हैं। इसी कारण 'साँवरी सलोनी' इतनी रोचक और पठनीय कृति बन सकी।

आनंदजी के बाल व किशोर पाठकों के लिए लिखे गए जासूसी उपन्यासों की भी खासी धूम रही है। खासकर 'राम और श्याम सीरीज' के जासूसी उपन्यासों में तो बच्चों के कारनामे ऐसे हैं कि वे बच्चों के साथ-साथ बड़ों को भी चकित करते हैं। कुछ रोमांचक जासूसी उपन्यास आनंदजी ने स्वतंत्र रूप से भी लिखे। इनमें 'पराग' (अक्तूबर 1983 से सितंबर 1984 तक) में धारावाहिक रूप से छपे उपन्यास 'ढीली ईंट का रहस्य' को बाल पाठकों ने बेहद पसंद किया था। आश्चर्य नहीं कि 'ढीली ईंट का रहस्य' में जासूस बच्चों की होशियारी और सक्रियता ही नहीं, जगह-जगह उनकी बुद्धिमत्ता की ऐसी छाप है, जिसने जज साहब और पुलिस अधिकारी को भी मुग्ध कर दिया। बच्चों की इंटेलीजेंस का कमाल ऐसा है कि कहानी का रस और जिज्ञासा अंत तक बनी रहती है। यही कारण है कि 'पराग' में धारावाहिक रूप से छपने पर इसकी धूम मच गई थी। 'डबल सीक्रेट एजेंट जीरो-जीरो वन बाई टू' भी आनंदजी का बहुत मशहूर बाल जासूसी उपन्यास है, जिसे बाल पाठकों ने बहुत सराहा था, पर जहाँ 'ढीली ईंट का रहस्य' में जासूस बच्चों की इंटेलीजेंस की छाप है, वहाँ 'डबल सीक्रेट एजेंट जीरो-जीरो वन बाई टू' में ताकत, चुस्ती और सतर्कता का। उपन्यास के केंद्र में नशे के कारोबार में जुटे ऐसे दुष्ट लोग हैं, जो कुछ बच्चों को नशे का आदी बनाकर उनकी मदद से पूरे स्कूल में अपना जाल फैला देते हैं। इससे बड़ी अराजकता सी फैलती है और स्कूल की पढ़ाई चौपट हो जाती है। इन दादा किस्म के नशेड़ियों के खौफ से हर कोई डरा हुआ है, पर बाद में एक के बाद एक ऐसी

घटनाएँ हुईं कि स्कूल में तोड़फोड़ और हंगामा करनेवाले दादाओं की हवा निकल गई। इस उपन्यास की खास बात यह है कि पूरे उपन्यास में अंत तक सस्पेंस बना रहता है और एक के बाद ऐसी घटनाएँ सामने आती हैं कि उसे दम साधकर पढ़ना पड़ता है। शायद इसीलिए पॉकेट बुक के रूप में छपा यह अपने समय का बेस्ट सेलर बाल उपन्यास था।

बच्चों के जाने-माने कवि-कथाकार चंद्रदत्त 'इंदु' (1935-2007) ने भी कई अच्छे बाल उपन्यास लिखे हैं। उनका 'रामगंगा का शेर' (1978) भी एक याद रह जाने वाला उपन्यास है। इस बाल उपन्यास में रामगंगा के जंगल में वास करनेवाले शेर के परिवार, उसकी राजसी अदाओं और आदतों का ऐसा लुभावना चित्रण है, जैसा बहुत कम देखने को मिलता है। कुछ समय बाद माधोसिंह, जो बरसों पहले इन शेरों को जंगल में लाया था, लालच में आकर उन्हें जिंदा पकड़ने के लिए तैयार हो जाता है, ताकि शेर को विदेश के एक धनी आदमी के पास भेजा जा सके। जैकब इस काम में उसका साथ देता है। दोनों की साझा मुहिम में शेर पकड़ा जाता है, पर माधोसिंह का मन भीतर ही भीतर रो रहा है। उपन्यास के अंत में शेर को फिर रामगंगा के जंगल में ही आजादी से घूमने के लिए छोड़ दिया जाता है। माधोसिंह की आँखों में खुशी के आँसू छलछला उठते हैं। इंदुजी का 'रामगंगा का शेर' सचमुच भावविभोर कर देनेवाला उपन्यास है। खासकर उपन्यास के अंत में माधोसिंह की कशमकश और आत्मग्लानि सीधे दिल में उतरती चली जाती है। उपन्यास के वे हिस्से, जिनमें शेर-शेरनी के दांपत्य प्रेम और सुंदरता का वर्णन किया गया है, सचमुच अद्भुत हैं और आँखों में सदा के लिए बस जाते हैं।

इंदुजी का 'हवा की बेटी' (1973) उपन्यास भी खासा चर्चित हुआ है। यह एक फंतासी उपन्यास है, जो अपनी अनोखी कल्पना और नाटकीय घटनाओं के कारण याद रह जाता है। उपन्यास के केंद्र में राजा सोमदेव की बेटी है, जिसे अशुभ समझकर राजा जंगल में छुड़वा देता है, पर जंगल में जीव-जंतुओं के बीच पलनेवाली उस बालिका में अद्भुत क्षमताएँ हैं। जंगल में जानवर उस पर प्राण छिड़कते हैं और उसकी हिम्मत देखकर सभी दाँतों तले उँगली दबा लेते हैं। उपन्यास का अंत बड़ा दिलचस्प है। इंदुजी की अन्य औपन्यासिक कृतियाँ हैं—'उस्तादों के उस्ताद', 'पर्वत की बेटी' और 'नकटा भूत'। इनमें 'उस्तादों के उस्ताद' में खोजा नसरुद्दीन के कारनामे मजेदार ढंग से सामने आते हैं। 'पर्वत की बेटी' ऐतिहासिक कथानक पर लिखा गया उपन्यास है तो 'नकटा भूत' में दो बच्चों की साहस कथा है। वे जंगल में एक भूत बँगले में जा पहुँचते हैं और डाकुओं को पकड़ने में कामयाब होते हैं। इंदुजी ने 'जंगल का आदमी' शीर्षक से विश्वप्रसिद्ध उपन्यास 'रोबिनहुड' का अनुवाद भी किया है।

इस कालखंड में रत्नप्रकाश 'शील' (ज. 1935) ने भी बच्चों के लिए कई उपन्यास लिखे, जिनमें किस्सागोई का रस और रोचकता है। इनमें एक ओर 'फुटबॉल की वापसी' जैसे अपने ढंग के अनोखी जासूसी उपन्यास थे, तो दूसरी ओर 'अंबापुर की राजकुमारी' जैसे परंपरागत ढंग के उपन्यास, जिन्हें शीलजी ने कुछ अलग अंदाज में पेश किया। 'बुरे फँसे', 'स्कूल में चोरी', 'अंधी गली', 'हरी घाटी', 'चतुर चोर नन्हे जासूस', 'बंद संदूक का रहस्य' तथा 'नीली डायरी का रहस्य' शीलजी के कुछ और चर्चित बाल उपन्यास हैं, जिनकी आठवें दशक में खूब धूम मची थी। शीलजी के उपन्यासों की खासियत यह है कि उनमें बच्चों की कल्पना और

क्रियात्मक शक्ति का भरपूर इस्तेमाल हुआ है। मसलन 'बुरे फँसे' में चतुर नाती और उसकी दादी की कुछ ठगों से लुकाछिपी की रोमांचक गाथा सामने आती है, तो 'स्कूल में चोरी' में बच्चे स्कूल में हुई पुरस्कारों की चोरी करनेवालों का पर्दाफाश करते हैं। 'अंधी गली' में बच्चे भूत-प्रेतोंवाली गली का राज खोलते हैं, तो 'हरी घाटी' में एक ऐसी रहस्यपूर्ण घाटी में वे जा पहुँचते हैं, जहाँ की हर चीज हरी है। शीलजी के 'चतुर चोर', 'बंद संदूक का रहस्य' और 'नीली डायरी का रहस्य' भी ऐसे ही दिलचस्प जासूसी बाल उपन्यास हैं, जिन्हें पूरा पढ़कर ही बच्चे छोड़ पाते हैं। शीलजी के अधिकांश बाल उपन्यास 'मिलिंद', 'पराग' आदि में धारावाहिक रूप से प्रकाशित हुए थे। 'फुटबॉल की वापसी' और 'चतुर चोर नन्हे जासूस' उपन्यास 'शकुन बाल पॉकेट बुक्स' में छपकर चर्चित हुए थे। उन्होंने 'कर्ज से मुक्ति' (1982) जैसा सीख देनेवाला बाल उपन्यास भी लिखा है।

शीलजी के बाल उपन्यास 'फुटबॉल की वापसी' और 'नीली डायरी का रहस्य' बहुत मशहूर हुए हैं। इनमें 'फुटबॉल की वापसी' बड़ा दिलचस्प बाल उपन्यास है, जिसका किस्सा कुल मिलाकर यह है कि एक बच्चे को उसके पापा जन्मदिन पर उपहार के रूप में फुटबॉल देते हैं। अपने साथियों के साथ वह फुटबॉल खेल रहा होता है कि एक जोरदार किक के साथ वह फुटबॉल गायब हो जाती है। पूछने पर फुटपाथ पर सामान बेचनेवाली एक औरत बताती है कि एक सुकचिड़ी-सा लड़का उसे ले गया है। पूरे उपन्यास में इस लड़के की तलाश चलती है तो नए-नए मजेदार तथ्य सामने आते हैं। अंत में फुटबॉल मिलती है उसी औरत के पास, जिसने बच्चों से यह छोटा-सा मजाक किया था। 'नीली डायरी का रहस्य' भी शीलजी का ऐसा बाल उपन्यास है, जिसमें कुछ नया होने और जानने की उत्सुकता अंत तक बनी रहती है। इस उपन्यास में बच्चे को एक पुरानी, नीली डायरी मिलती है, जिसे पढ़ने पर एक के बाद एक नए रहस्यों के दरवाजे खुलते चले जाते हैं। शीलजी के ऐसे कई जासूसी बाल उपन्यास हैं, जो अंत तक उत्सुकता बनाए रखने के लुभावने अंदाज के कारण बच्चों को मोह लेते हैं।

इस दौर में बाल उपन्यासों की धारा को समृद्ध करने में हरिकृष्ण देवसरे (1940-2013) का काफी बड़ा योगदान है। एक ओर उन्होंने एक से एक दिलचस्प जासूसी उपन्यास लिखे, तो दूसरी ओर उनके ऐतिहासिक उपन्यासों का भी ऊँचा स्थान है। देवसरेजी के 'महानायक मंगल पांडे' और 'तात्या की तलवार' भी बच्चों के लिए लिखे गए अच्छे और प्रभावी ऐतिहासिक उपन्यास हैं। इनमें 'महानायक मंगल पांडे' (संस्क. 2004) पढ़ते हुए सन् 1857 के स्वाधीनता संग्राम का पूरा चित्र आँख के आगे आ जाता है। मंगल पांडे समूची भारतीय जनता के गुस्से और विद्रोह के प्रतीक बनकर उभरे और आखिर अपनी कुर्बानी देकर उन्होंने अंग्रेजों के खिलाफ एक ऐसी लड़ाई छेड़ दी, जिसमें सारी भारतीय जनता का गुस्सा धधकते हुए लावे के रूप में फूट पड़ा। तब 1857 का ऐतिहासिक महत्त्व का स्वाधीनता संघर्ष सामने आया, जिसने समूचे विश्व को भारतीय जनता की आजादी की तड़प और आक्रोश से परिचित करा दिया। देवसरेजी ने बहुत सहज लेकिन नाटकीय शैली में मंगल पांडे के व्यक्तित्व और बहादुरी का बखान किया है। इसी तरह 'तात्या की तलवार' हरिकृष्ण देवसरे का अनूठा बाल उपन्यास है, जिसमें तात्या के विलक्षण साहस और बहादुरी का जिक्र है, जिसके आगे अंग्रेज भी थर-थर काँपते थे। इसीलिए 1857 के स्वाधीनता संघर्ष में वे भारतीय विद्रोही सेना के सेनानायक बने। देवसरेजी के अन्य ऐतिहासिक बाल उपन्यासों में 'अमीर खुसरो' और 'चित्तौड़ के गौरव' भी खासे चर्चित

रहे हैं। इसी तरह उनके बाल उपन्यास 'सुरखाब के पर' में पक्षियों के सुंदर रंगारंग संसार और उसके प्रति आदमी के संवेदनशील रवैये का बखान है। उपन्यास में सुरखाब पक्षी की खासियतों के साथ-साथ, बादशाह के बेटे परवाज का चरित्र बखूबी उभरता है।

देवसरेजी के जासूसी उपन्यासों का भी अलग अंदाज है। उन्होंने न सिर्फ एक से एक अच्छे जासूसी बाल उपन्यास लिखे, बल्कि इस दिशा में पथ-प्रदर्शक का काम किया। उनके 'बहादुर भालू', 'जाली नोट', 'होटल का रहस्य' सरीखे जासूसी बाल उपन्यासों की खासी धूम रही है। इनमें 'बहादुर भालू' एक बहादुर कुत्ते को लेकर लिखा गया बड़ा ही रोमांचक जासूसी बाल उपन्यास है। इसमें कुत्ते की बहादुरी और खोजी कारनामे तो हैं ही, साथ ही कुत्तों को कैसे प्रशिक्षित किया जाता है और प्रशिक्षित कुत्ते कैसे-कैसे बहादुरी के काम कर दिखाते हैं, इस बारे में भी काफी अच्छी जानकारी दी गई है, जो बच्चों का खासा मनोरंजन करती है। 'दूसरे ग्रहों के गुप्तचर' भी हरिकृष्ण देवसरे का कमाल का जासूसी बाल उपन्यास है, जिसमें वैज्ञानिक फंतासी की मदद ली गई है। बरसों पहले यह उपन्यास 'होटल का रहस्य' नाम से छपा था। शकुन प्रकाशन ने बाद में उसी को दोबारा 'दूसरे ग्रहों के गुप्तचर' (संस्क. 2003) नाम से छापा है। उपन्यास में वैज्ञानिक फंतासी बहुत करीने से बुनी गई है तथा कथा-विन्यास और दृश्य गजब के हैं, जो खासी रहस्यात्मकता की सृष्टि करते हैं। होता यह है कि किसी दूसरे ग्रह के लोग, जो विज्ञान में यहाँ से काफी ज्यादा उन्नत हैं, जासूसी करने के लिए पृथ्वी पर आते हैं। अधिक समय तक यहाँ रहने और यहाँ की ज्यादा से ज्यादा चीजों की जानकारी के लिए वे एक अनोखा तरीका खोजते हैं। वे यहाँ एक ऐसा भव्य होटल स्थापित करते हैं, जो लोगों के लिए किसी आश्चर्य से कम नहीं है। पूरे होटल में ऑर्डर लेने, खाने-पीने की चीजें लाने, सफाई करने या फिर पैसे लेने के लिए कोई आदमी नहीं है। सारा काम रोबोटों के जरिए होता है।

उपन्यास में दो किशोर दोस्त राकेश और राजेश सारा रहस्य पता लगाते हैं। तब मालूम पड़ता है कि यह होटल चलानेवाले असल में किसी दूसरे ग्रह के लोग हैं, जिनकी शक्ल हरे कीड़ों जैसी है, लेकिन बुद्धि और चतुराई में वे हमसे बहुत आगे हैं। बहुत छिपकर और चतुराई से ये सारी बातें नोट की गई थीं, पर फिर भी जाने कैसे उन प्राणियों को पता लग गया और फिर अचानक एक चमत्कार हुआ। 'घर्र-घर्र' की बड़ी तेज आवाज हुई और होटल उड़ता और चक्कर काटता हुआ गायब हो गया। उपन्यास का यह अंत अद्भुत है। हरिकृष्ण देवसरे के इस दौर में लिखे गए अन्य चर्चित बाल उपन्यास हैं—'चंदा मामा दूर के', 'पाँवों से पंखों तक' तथा 'हांगकांग की गुड़िया'। इनमें 'चंदा मामा दूर के' तथा 'पांवों से पंखों तक' बाल पत्रिका 'पराग' में धारावाहिक रूप से छपे थे। आगे चलकर देवसरेजी ने 'तोता-मैना का नया संवाद' 'जंगल में तीन दिन', 'एक और भूत' तथा 'डब्ल्यू डब्ल्यू डब्ल्यू घना जंगल . कॉम' उपन्यास लिखे, जिनकी तीसरे चरण में चर्चा करेंगे।

वरिष्ठ कवयित्री शकुंतला सिरोठिया (1915-2005) ने भी बच्चों के लिए रोचक कविता और कहानियों के साथ-साथ कुछ अलग ढंग के उपन्यास लिखे, जिनमें उन्होंने साहसिक चरित्रों और कथानकों को पेश किया। उनके बाल उपन्यास दादी-नानी के लंबे किस्सों सरीखे अपने साथ बहा ले जाते हैं। बच्चों के लिए लिखे गए उनके उपन्यास हैं, 'गंधराज', 'छोटा मुसाफिर लंबा सफर', 'वीर बालिका श्यामली' तथा 'जंगली जानवरों के बीच लड़की'। शकुंतलाजी के ये बाल उपन्यास कुछ-कुछ लोककथाओंवाले अंदाज में लिखे गए

हैं। देर तक चलनेवाली किसी लंबी फंतासी फिल्म की तरह उनमें रोमांचित करनेवाली एक से एक अद्भुत घटनाएँ घटती हैं और बाल पाठक का मन आगे क्या हुआ, यह जान लेने के लिए उत्सुक हो उठता है। शकुंतलाजी के इन बाल उपन्यासों में 'जंगली जानवरों के बीच लड़की' और 'वीर बालिका श्यामली' बहुत चर्चित हुए थे। इनमें 'जंगली जानवरों के बीच अकेली लड़की' उपन्यास तो खासा रोमांचक है, जिसे पढ़ते हुए उनके उस्तादाना फन का कायल होना पड़ता है।

इसी तरह बच्चों की सुप्रसिद्ध लेखिका शांति भटनागर (ज. 1915) का 'माँ का आँचल' (बच्चों के बारह उपन्यास, संस्क. 1977) घर से भागे हुए एक बच्चे पर लिखा गया बड़ा मार्मिक उपन्यास है। उसे एक घरेलू नौकर के रूप में काम मिला, मगर साथ ही इतने कष्ट भी कि वह थरथरा उठता है, लेकिन उसकी मुसीबतें यहीं खत्म नहीं हुईं। बच्चों को पकड़नेवाला एक गिरोह उसके पीछे पड़ गया और बड़ी मुश्किल से रोहित घर पहुँचा। उसकी हालत देखकर घरवाले भौचक्के थे और रोहित को लग रहा था, वह एक सचमुच के नरक से निकलकर वापस आया है। लौटने पर 'माँ का आँचल' उसे बड़ा सुख देता है। उसे लगता है, माँ पास हैं, तो अब कोई मुसीबत उसके पास नहीं आ सकेगी। शांति भटनागर के अन्य उपन्यासों में 'नन्हे जासूस' भी खासा चर्चित है, जिसमें छोटे-छोटे बच्चों की समझदारी और हैरतअंगेज करतब हैं। इन्हें देख बड़े भी दाँतों तले उँगली दबा लेते हैं।

प्रसिद्ध कथाकार शशिप्रभा शास्त्री (1923-2000) ने भी बच्चों के लिए कुछ सुंदर उपन्यास लिखे हैं। इनमें 'सुनहरा' सबसे अधिक महत्त्वपूर्ण है, इसलिए कि यह एक गरीब बच्चे के मनोविज्ञान को बड़ी बारीकी और गहराई से उकेरता है। उपन्यास का नायक सुनहरा ही है, जिसके पिता असमय गुजर गए हैं, इसलिए माँ के साथ वह अब चाचा-चाची के पास रह रहा है। पर चाची ईर्ष्यालु है और उसे सुनहरा और उसकी माँ का अपने घर में आकर टिकना बिल्कुल अच्छा नहीं लगता। लिहाजा वह माँ-बेटे दोनों को ही जली-कटी सुनाती रहती है। सुनहरा जब पढ़ने के लिए स्कूल जाता है तो उसकी मुलाकात सतीश से होती है, जो धनी घर का बच्चा है, लेकिन सुनहरा को वह खूब प्यार करता है। दोनों की अच्छी दोस्ती हो जाती है, पर सुनहरा के भीतर अजब सी कुंठा और ईर्ष्या है। अपने साथ भलाई का व्यवहार करनेवाले सतीश के लिए भी वह बुरा सोचता है और अपने ही बुरे विचारों के भँवर जाल में इतना फँस जाता है कि फेल हो जाता है। बड़ी मुश्किल से उसकी अगली क्लास की पढ़ाई चल पाती है। सतीश सबकुछ जानकर भी उसे सहारा देता है तो सुनहरा के अंदर से भी मानो प्रकाश फूटता है। वह बाघ का मुकाबला करके अपने सहपाठियों को बचाते हए एक सच्चे स्काउट के रूप में अपने 'सुनहरा' नाम को सार्थक करता है। अब वह सोने जैसा दमकता हुआ सुनहरा है, जिसे हर कोई चाहता है और उसे सचमुच जीवन की मंजिल मिल गई है।

इस कालखंड में डॉ. राधेश्याम विगत (ज. 1934) के बाल उपन्यासों की भी खासी धूम रही। 'ज्ञानभारती बाल पॉकेट बुक्स' से उनके कई बाल उपन्यास उन दिनों छपकर चर्चित हुए थे। इनमें 'गधा चला गंधर्व लोक को', 'तू जीता मैं हारा', 'राखीबंद राजकुमार' और 'दूध के दाँत' खासकर उल्लेखनीय हैं। इनमें 'तू जीता मैं हारा' राजा मोरध्वज के पौराणिक आख्यान पर आधारित मर्मस्पर्शी उपन्यास है, तो 'दूध के दाँत' और 'राखीबंद राजकुमार' ऐतिहासिक बाल उपन्यास हैं। 'तू जीता मैं हारा' में राजा मोरध्वज के साथ-साथ

उनके बेटे ताम्रध्वज का चरित्र भी खूब उभरा है, हालाँकि बेटे को आरी से चीरनेवाला प्रसंग भले ही पौराणिक आख्यान पर आधारित हो, उसे बाल उपन्यास का विषय बनाना क्या उचित है? इसे लेकर कुछ सवाल तो उठ ही सकते हैं। डॉ. विगत के 'दूध के दाँत' और 'राखीबंद राजकुमार' कहीं अधिक प्रभावपूर्ण ऐतिहासिक बाल उपन्यास हैं। इनमें 'दूध के दाँत' में राजा जसवंत सिंह के बेटे पृथ्वीसिंह के अद्भुत साहस और वीरता की कथा है। पृथ्वीसिंह शक्ति और वीरता में दूसरा शेर ही था। लिहाजा जब भूखे शेर से उसका सामना हुआ तो उसने पिंजड़े में बंद शेर को निहत्था परास्त करके दिखा दिया। 'राखीबंद राजकुमार' में कैदखाने में पड़े मुगल बादशाह शाहजहाँ की बेटी जहाँआरा वीर युवक छत्रसाल हाड़ा के पास राखी बनाकर भेजती है। साथ ही एक पत्र में अपने को संकट से बचाने के लिए तुरंत वहाँ आने का अनुरोध करती है। उपन्यास में छत्रसाल के साहस, वीरता और सूझबूझ का कमाल का चित्रण है। डॉ. राधेश्याम विगत का 'गधा चला गंदर्भ लोक को' (1964) भी बड़ा अनोखा बाल उपन्यास है। डॉ. विगत का यह पहला उपन्यास था, जो अपनी रोचक घटनाओं और फंतासी के कारण बच्चों को बहुत भाया। इसी तरह शिवसागर मिश्र का 'बहादुर लड़का', अमरनाथ शुक्ल (ज. 1928) का 'कुंदन', भगवतीशरण मिश्र का 'बाल सेना' इस कालखंड में बच्चों के लिए लिखे गए उल्लेखनीय उपन्यास हैं।

गौरव युग में जिन लेखकों ने निरंतर बाल उपन्यास लिखकर अपनी उपस्थिति दर्ज की, उनमें शंकर सुल्तानपुरी (ज. 1940) का नाम भी उल्लेखनीय है। शंकर सुल्तानपुरी ने परंपरागत ढंग के उपन्यासों के साथ-साथ बच्चों के मन को रिझानेवाले फंतासी उपन्यास भी खूब लिखे, जिनमें किस्सों में से किस्से निकलते हैं और अंत तक जिज्ञासा बनी रहती है। उन्होंने बच्चों के मन को लुभानेवाले पोपटलाल, खैरातीलाल सरीखे एक से एक बढ़िया चरित्र भी गढ़े। 'मामा खैरातीलाल', 'किस्सा पोपटलाल का', 'हवा महल', 'वनदेवी का बेटा', 'मिट्टी की राजकुमारी', 'अंतरिक्ष यात्रा', 'पत्थर का पुतला', 'बोलता पेड़', 'दोस्त हो तो ऐसा' तथा 'आकाशवाणी के चमत्कार' शंकर सुल्तानपुरी के ऐसे उपन्यास हैं, जिन्हें बच्चों ने खूब पसंद किया।

इस कालखंड में नरेंद्र कोहली (ज. 1940) ने भी कई बाल उपन्यास लिखे, जिनमें बच्चों की दुनिया और उनसे जुड़ी समस्याएँ उभरकर आईं। उनके उपन्यास 'हम सबका घर' में पर्यावरण की समस्या को बड़े प्रभावी ढंग से उठाया गया है। हम सब अपने घर का कूड़ा बाहर इस तरह फेंक देते हैं, जैसे घर से बाहर की दुनिया से हमारा कोई नाता ही नहीं। ऐसा करके हम पृथ्वी और पृथ्वी के पर्यावरण को किस कदर बिगाड़ रहे हैं, इस पर हमारा ध्यान ही नहीं जाता। जबकि यह पृथ्वी हमारा घर है और इसकी हमें उसी तरह चिंता करनी चाहिए, जिस तरह हम अपने छोटे से घर की चिंता करते हैं। नरेंद्र कोहली का यह उपन्यास बड़े भावनात्मक ढंग से यह सीख देता है।

रामकृष्ण शर्मा के 'चल अकेला चल' और 'नया वर्ष' भी इस दौर के महत्त्वपूर्ण बाल उपन्यास है। 'चल अकेला चल' में एक छोटे से बच्चे रामू का चरित्र बहुत प्रभावशाली ढंग से उभरा है। वह एक चोर का बेटा है और उसके पिता चाहते हैं कि वह भी चोरी में उसकी मदद करे। अपने पिता की बात मानकर वह एक घर में चौकी के नीचे दुबक जाता है, पर बाद में उसे बहुत मार पड़ती है और उसे पिता और पिता के काम दोनों से ही नफरत हो जाती है। तब वह अकेला ही जीवन की अनंत राहों पर चल पड़ता है और तरह-तरह की

तकलीफें उठाता है। अंत में एक धनी सेठ उसे पिता जैसा प्यार देते हैं। रामू अब बड़ा होकर बड़े-बड़े बाँध बनवाने लगा है, लेकिन जब उसे पता चला कि इस काम के लिए भी रिश्वत दी जाती है तो वह विरक्त होकर फिर घर छोड़कर निकल पड़ता है। पर अंत में उसे सही राह मिल जाती है। 'नया वर्ष' अंग्रेजी के एक बाल उपन्यास का रूपांतरण है, पर रामकृष्ण शर्मा ने उसे एकदम नए रूप और कलेवर में पेश किया है। इसमें दो शरारती बच्चों राजू और गिरीश की शरारतों का गजब का वर्णन है। माँ के साथ रेलगाड़ी में बैठकर वे पिता से मिलने जाते हैं। वहाँ अजब तरह के हालात देखने को मिलते हैं, क्योंकि पिता को अचानक कहीं जाना पड़ गया था। अब दूर-दूर तक फैले सन्नाटे के बीच तमाम खतरों का सामना करते हुए वे किस तरह रहे और पिता के आने पर वे किस प्रफुल्लता से उनका स्वागत करते हैं, रामकृष्ण शर्मा ने 'नया वर्ष' उपन्यास में बड़ी सुंदर और प्रभावी भाषा में इसे लिखा है।

इसी दौर के अन्य उपन्यासों में जयप्रकाश भारती (1936-2005) का 'बर्फ की गुड़िया' और ओमप्रकाश का 'चाँद से आगे' फंतासी उपन्यास हैं। जयप्रकाश भारती का 'नमक का कर्ज' परंपरागत ढंग का भावनात्मक उपन्यास है।

❧ ❖ ☙

जाहिर है, इस दौर में ऐतिहासिक या जीवनीपरक उपन्यास सबसे अधिक लिखे गए, पर वहाँ भी कोशिश यही दिखाई देती है कि अधिक उपदेशात्मकता की जगह किसी चरित्र या घटना की कुछ ऐसी नाटकीय प्रस्तुति की जाए कि बच्चे के मन या कल्पना में हमेशा के लिए उसकी एक तसवीर अंकित हो जाए। बाँकेबिहारी भटनागर का बाल उपन्यास 'जय सोमनाथ', राधेश्याम 'प्रगल्भ' का 'शाही हकीम', यादवेंद्र शर्मा 'चंद्र' का 'अस्सी घाव', वीरेंद्रकुमार गुप्त का 'चाणक्य' तथा ललित सहगल का 'बीरबल' ऐसे ही याद रह जानेवाले ऐतिहासिक बाल उपन्यास हैं। इतने सुंदर और कलात्मक ढंग से लिखे गए ऐतिहासिक बाल उपन्यास न हमें आजादी से पहले के दौर में मिलते हैं और न आगे चलकर विकास युग में। यों इसमें शक नहीं कि बाल उपन्यासों में सबसे लोकप्रिय शायद ऐतिहासिक बाल उपन्यास ही हैं। ऐसे उपन्यास, जो इतिहास के महान चरितनायकों, उनकी वीरतापूर्ण लड़ाइयों और तेजस्वी चरित्रों को पूरी नाटकीयता के साथ सामने रखते हैं। इस दौर में लिखे गए ऐतिहासिक उपन्यासों की एक बड़ी खासियत यह है कि वे एक साथ जीवनियाँ भी हैं और उपन्यास भी। लिहाजा उनका महत्त्व कहीं अधिक बढ़ जाता है। उन्हें औपन्यासिक कथा-रस के साथ-साथ इतिहास के किसी खास कालखंड या कुछ खास चरितनायकों के बारे में जानकारी हासिल करने के लिए भी पढ़ा जा सकता है।

बेशक इस दौर में भी ज्यादातर ऐतिहासिक बाल उपन्यास सीधी-सादी वर्णनात्मक शैली में लिखे गए हैं, हालाँकि सक्षम उपन्यासकारों ने इस परंपरावादी वर्णनात्मक शैली को एक नया नाटकीय मोड़ देकर अच्छे ऐतिहासिक बाल उपन्यास रचे। छठे-सातवें दशक में ऐतिहासिक बाल उपन्यासों की धारा तेजी से आगे बढ़ी। बाँकेबिहारी भटनागर, राधेश्याम 'प्रगल्भ', ललित सहगल, मनहर चौहान, सुशीलकुमार, हरिकृष्ण देवसरे, यादवेंद्र शर्मा 'चंद्र', राधेश्याम विगत आदि लेखकों ने ऐतिहासिक चरित्रों को आधार बनाकर एक से एक प्रभावशाली और मार्मिक ऐतिहासिक बाल उपन्यास लिखे। हरिकृष्ण देवसरे का 'सोहराब रुस्तम', 'आल्हा-

ऊदल', 'तात्या की तलवार', 'महानायक मंगल पांडे', बाँकेबिहारी भटनागर का 'जय सोमनाथ', व्यथित हृदय का 'लाला हरदयाल', यादवेंद्र शर्मा 'चंद्र' का 'राणा सांगा' राधेश्याम 'प्रगल्भ' का 'दोस्त की कुर्बानी' तथा राधेश्याम विगत के 'दूध के दाँत' तथा 'राखीबंद राजकुमार' भी बच्चों में वीरता और देशभक्ति की भावना भरनेवाले ऐतिहासिक बाल उपन्यास हैं।

राधेश्याम 'प्रगल्भ' (1929–1999) के उपन्यास 'शाही हकीम' का ऐतिहासिक बाल उपन्यासों की धारा में काफी प्रमुखता से जिक्र किया जाना चाहिए। इस बाल उपन्यास की खासियत यह है कि इसमें केवल ऐतिहासिक वृत्तांत की नाटकीय प्रस्तुति ही नहीं है, बल्कि उसके पीछे इनसानियत और इनसानी प्रेम का इतना गहरा आदर्श भी है, जो शब्दों से सीधा दिल में उतर जाता है। उपन्यास की कथावस्तु के एक छोर पर बादशाह सलाहुद्दीन है, तो दूसरे छोर पर अंग्रेज राजा रिचर्ड और उसका सेनापति फिलिप, जो सलाहुद्दीन पर विजय प्राप्त करके धर्म-परिवर्तन के इरादे से आए हैं। वे मुसलमानों को तलवार के बल पर जीतकर ईसाई बना लेना चाहते हैं। उपन्यास का सबसे नाटकीय प्रसंग यह है कि बादशाह सलाहुद्दीन अपने शाही हकीम को बीमार रिचर्ड का इलाज करने भेजता है, जो तीन दिन में उसे एकदम भला-चंगा कर देता है। इसके बाद भी रिचर्ड सलाहुद्दीन को बेवकूफ ही समझता है और अपने जाल में फँसाकर पराजित करना चाहता है। बाद में जब उसे पता चला कि यह तो खुद बादशाह सलाहुद्दीन ही था, जो शाही हकीम बनकर उसका इलाज करने आया था, तो उसकी नजरें जमीन में गड़ गईं और बादशाह सलाहुद्दीन प्यार से मुसकरा रहा था। इसके बाद उन्होंने एक-दूसरे को बाँहों में भर लिया और उनमें ऐसी दोस्ती कायम हो गई, जो धर्म के भेद-भाव की दीवारों से ऊँची थी। पूरा उपन्यास इतने सधे हुए ढंग से आगे बढ़ता है कि राधेश्याम 'प्रगल्भ' की कथा-शैली की बार-बार दाद देनी पड़ती है।

इसी तरह प्रगल्भजी के नायाब उपन्यास 'दोस्त की कुर्बानी' (संस्क. 2003) में अमरसिंह राठौर की वीरता के धधकते हुए पन्ने हमारी आँखों के आगे खुलते हैं। अमरसिंह राठौर ही नहीं, उसके भतीजे रामसिंह का साहस और वीरता भी ऐसी है कि बादशाह शाहजहाँ दिल खोलकर उनकी तारीफ करता है। अमरसिंह राठौर को सलावत खाँ धोखे से मरवा देता है। तब हाड़ा रानी के कहने पर अमरसिंह का भतीजा रामसिंह उसके शव को लेने जाता है। उस समय नरशेबाज पठान जिस तरह जान पर खेलकर उसकी मदद करता है, वह इतिहास का एक बहुमूल्य पन्ना है। नरशेबाज पठान ने मुसलमान होकर भी अपने हिंदू मित्र के लिए प्राणों की बलि दे दी और दोस्ती का एक ऐसा आदर्श सामने रखा, जिसके लिए आज भी हमारा सिर झुकता है। प्रगल्भजी का 'दोस्त की कुर्बानी' इस लिहाज से एक विलक्षण बाल उपन्यास है कि यह बच्चों को सचमुच इतिहास के मार्मिक दृश्यों से गुजारता हुआ, इनसानियत का सच्चा पाठ पढ़ाता है। प्रगल्भजी के 'सूरदास', 'विवेकानंद' और 'प्रेमचंद' भी इस कालखंड के चर्चित जीवनीपरक उपन्यास हैं।

हिंदी के ऐतिहासिक बाल उपन्यासकारों में सुशीलकुमार और मनहर चौहान के नाम भी खासे चर्चित हैं। सुशीलकुमार (ज. 1935) के 'आचार्य चाणक्य' (संस्क. 1985), 'चंद्रगुप्त मौर्य' (1978), 'ज्वालामुखी के फूल', 'सीता', 'विश्वामित्र', 'महाबली इंद्र', 'चक्रवर्ती दशरथ' तथा 'महाकवि कालिदास' प्रभावशाली ऐतिहासिक बाल उपन्यास हैं, जो पाठक को बाँध लेते हैं और एक बार शुरू करके उन्हें छोड़ पाना मुश्किल

है। सुशीलकुमार की खासियत यह है कि वे अपने बाल उपन्यासों में कथा के नाटकीय हिस्सों को उपन्यास के बीच-बीच में प्रभावशाली ढंग से उभारकर चरित्रों की आत्मीय और आंतरिक छवियों को सामने रखते हैं। इस लिहाज से उनके बाल उपन्यास हमें शीर्ष ऐतिहासिक या पौराणिक नायकों से इतनी निकटता से मिलवा देते हैं कि मन में हमेशा के लिए उनका एक प्रभाव-चित्र बन जाता है। इसी कारण सुशीलकुमार के ऐतिहासिक बाल उपन्यास बच्चों में खासे लोकप्रिय हुए हैं और एक बार पढ़ने पर, वे हमेशा पीछा करते हैं। सुशीलकुमार के ऐतिहासिक बाल उपन्यासों में 'आचार्य चाणक्य' और 'चंद्रगुप्त मौर्य' सबसे अधिक प्रभावशाली हैं। इसका कारण चाणक्य का वह तेजस्वी चरित्र है, जिसे सुशीलकुमार ने बड़े दमदार शब्दों में उतार दिया है।

मनहर चौहान की शैली कुछ भिन्न है और उनके ऐतिहासिक उपन्यासों में मार्मिक क्षण तथा नाटकीय वृत्तांत कहीं अधिक मिलते हैं। अपने अलग अंदाज के लिए चर्चित लेखक मनहर चौहान ने भी छठे-सातवें दशक में कई उम्दा ऐतिहासिक बाल उपन्यास लिखे हैं, जो अपनी तेज गति, नाटकीयता और तेजस्वी चरित्रों के कारण ध्यान खींचते हैं। 'खूब लड़ी मर्दानी', 'जय भवानी', 'हलदी घाटी' मनहर चौहान के कुछ प्रसिद्ध ऐतिहासिक बाल उपन्यास हैं। इनमें महाराणा प्रताप के जीवन पर लिखा गया 'हलदी घाटी' (संस्क. 1983) बेशक बाल पाठकों के आगे महाराणा प्रताप की एक वीर और तेजस्वी छवि रख पाने में कामयाब है। महाराणा प्रताप के पूरे जीवन का तप और संघर्ष तथा अकबर के आगे सिर न झुकाने का उनका राजपूती स्वाभिमान इस उपन्यास को पढ़ते हुए आँखों के आगे झिलमिलाने लगता है। उपन्यास का सबसे मार्मिक प्रसंग वह है, जब एक नदी को पार करते हुए महाराणा प्रताप का प्रिय घोड़ा चेतक मारा जाता है। दो मुगल सरदार अपने-अपने घोड़ों पर सवार महाराणा प्रताप का पीछा कर रहे हैं। पीछे-पीछे शक्तिसिंह भी है। उस समय राणा प्रताप और शक्तिसिंह की मुलाकात और शक्तिसिंह द्वारा राणा प्रताप की रक्षा करने का प्रसंग रोमांचक है। उपन्यास का वह प्रसंग भी खासा मार्मिक है, जिसमें विपत्तियों से घबराकर राणा प्रताप अकबर को पत्र लिखते हैं कि वे उनकी अधीनता स्वीकार करने को तैयार हैं। तब अकबर के दरबार में मौजूद एक राजपूत ने दूत के हाथ महाराणा प्रताप को ये पंक्तियाँ लिख भेजीं, "आप हैं, इसलिए राजपूत अब भी गर्व से सिर उठाकर और सीना तानकर चल सकते हैं। आप ही झुक जाएँगे, तो सभी राजपूतों के सिर झुक जाएँगे!" पत्र पढ़ते ही राणा प्रताप के शरीर में बिजलियाँ दौड़ गईं। उन्होंने जवाब में पत्र लिखा, "मुझे सौ बार मरना मंजूर है, लेकिन राजपूतों का सिर और स्वाभिमान कभी नहीं झुकेगा।" फिर भामाशाह की मदद से नई सेना खड़ी होती है और राणा प्रताप अकबर के दाँत खट्टे करते हैं।

व्यथित हृदय (1908-1990) के 'लाला हरदयाल' (संस्क. 2004) उपन्यास में उनके उस क्रांतिकारी हृदय की झलक है, जिसमें हर क्षण विद्रोह की चिंगारियाँ उठती रहती थीं। विदेशों में रहकर भी उन्होंने भारत की आजादी का अलख जगाया और सारे संसार के सामने यह बात रखी कि भारत माता अंग्रेजों के अत्याचारों के कारण इतनी दु:खी है। अंग्रेज जो सभ्य समझे जाते हैं, उन्होंने भारतीयों को कितने कष्ट दिए हैं। लाला हरदयाल की वाणी और उनकी कलम से ये शब्द फूटते थे तो सारे संसार का ध्यान उनकी ओर जाता था। इस तरह लाल हरदयाल ने कितनी बहादुरी से देश की आजादी की लड़ाई में हिस्सा लिया और भारतीय जनता की स्वाधीनता की पुकार को पूरी दुनिया तक पहुँचाया, व्यथित हृदय के इस उपन्यास को पढ़कर यह अच्छी तरह समझ में आ जाता है।

ललित सहगल (ज. 1934) ने बच्चों के लिए बहुत अधिक नहीं लिखा, पर उनका 'बीरबल' (बच्चों के बारह उपन्यास, संस्क. 1977) एक अलग ढंग का, अनूठा और यादगार उपन्यास है। यह एक जीवनीपरक उपन्यास है, पर चूँकि इसके पात्र बीरबल और शहंशाह अकबर इतिहास-प्रसिद्ध व्यक्तित्व हैं, इसलिए बेशक यह ऐतिहासिक उपन्यास भी है। बीरबल के जीवन के साथ इतने किस्म के प्रसंग जुड़ गए हैं कि उनसे बीरबल की बुद्धिमत्ता से अधिक उनका हँसोड़पना या विदूषकाना व्यक्तित्व ही उभरता है। जबकि बीरबल सच में काशी से पढ़े हुए बुद्धिमान विद्वान थे और अकबर के सच्चे शुभचिंतक और सलाहकार भी थे। लेकिन इसके साथ ही साथ वे जनता का दु:ख-दर्द भी जानते थे। अच्छे-बुरे की गहरी पहचान उन्हें थी। लिहाजा दरबार में कोई भी नई समस्या आने पर अकबर बीरबल की ओर बड़ी उम्मीद से देखते थे। उपन्यास में ऐसे कई प्रसंग भी हैं, जिन्हें हम बीरबल के चुटकुलों के रूप में अरसे से पढ़ते आए हैं। पर यहाँ वे इस गरिमा के साथ मौजूद हैं और इतने सलीके से लिखे गए हैं कि वे अकबर और बीरबल दोनों के व्यक्तित्व में बहुत कुछ नया जोड़ते हैं। जहाँ तक मेरी जानकारी है, बीरबल के चरित्र को ऐतिहासिक आधार देकर लिखा गया हिंदी का यह अकेला बाल उपन्यास है, जिनके लिए ललित सहगल को बार-बार सम्मान से याद किया जाएगा।

इसके अलावा बाँकेबिहारी भटनागर (ज. 1909) के 'जय सोमनाथ' और 'मेवाड़ का सूर्य' इस दौर के शीर्ष ऐतिहासिक उपन्यास हैं। 'जय सोमनाथ' में सोमनाथ के मंदिर पर गजनवी के आक्रमण की घटना को उपन्यास का रूप दिया गया है, तो 'मेवाड़ का सूर्य' में महाराणा प्रताप का महान चरित्र है। भटनागरजी ने मेवाड़ का सूर्य बाल उपन्यास में महाराणा प्रताप के शौर्य और साहस का बखान किया है, तो उनकी उस महानता का भी, जिसका मुगल सम्राट् अकबर भी सम्मान करता था। बाँकेबिहारी भटनागर की शैली में सरलता के साथ-साथ सुंदर प्रवाह भी है, इसीलिए ये ऐतिहासिक बाल उपन्यास उस दौर में खासे चर्चित हुए थे। हरिकृष्ण देवसरे के 'तात्या की तलवार' और 'महानायक मंगल पांडे' भी इस दौर में लिखे गए महत्त्वपूर्ण ऐतिहासिक बाल उपन्यास हैं।

ऐतिहासिक महत्त्व के पात्रों, संतों, चिंतकों, लेखकों और वीर योद्धाओं की जीवनियों को औपन्यासिक ढंग से सामने लाने की परंपरा भी गौरव युग में बड़े समृद्ध और कलात्मक रूप में दिखाई दी। वीरेंद्रकुमार गुप्त का 'चाणक्य', राधेश्याम 'प्रगल्भ' का 'सूरदास', 'विवेकानंद' और 'प्रेमचंद' तथा हरिकृष्ण देवसरे का 'अमीर खुसरो' और 'चित्तौड़ के गौरव' इसी ढंग के ऐतिहासिक बाल उपन्यास हैं। इनमें वीरेंद्रकुमार गुप्त का 'चाणक्य' तो कई दृष्टियों से बेमिसाल है। चाणक्य पर बहुत उपन्यास लिखे गए हैं, पर वीरेंद्रकुमार गुप्त ने ऐतिहासिक शोध करके जितनी प्रामाणिकता और ठोस आधार पर चाणक्य का चरित्र निरूपित किया है, उसका जवाब नहीं।

इसी से जुड़ी हुई पौराणिक उपन्यासों की धारा है, खासकर सातवें-आठवें दशक में बच्चों के पौराणिक उपन्यास भी खूब लिखे गए। राधेश्याम 'प्रगल्भ' का 'द्रोपदी' और 'सीता' ऐसे ही उम्दा बाल उपन्यास हैं, जो पौराणिक चरित्रों को बड़ी नाटकीयता के साथ आँखों के आगे रखते हैं। जयदयाल गोयंदका का 'नल-दमयंती' (संवत् 2048) भी पौराणिक पृष्ठभूमि पर लिखा गया अच्छा बाल उपन्यास है।

❖

गौरव युग में मनोरम कल्पना पर आधारित उपन्यास लिखे गए, तो कई अच्छे विज्ञान फंतासी उपन्यास

भी। मुरलीधर वोडाई का फंतासी बाल उपन्यास 'फूलों की घाटी' छठे दशक में 'नवजीवन' में धारावाहिक रूप से छपा था और बाल पाठकों ने इसे खूब सराहा था। सन् 1996 में यह उपन्यास पुस्तकाकार सामने आया। 'फूलों की घाटी' में वोडाईजी ने एक परंपरागत लोक कथानक को ही अनूठी कल्पना से सजाकर सामने रखा और उसमें फंतासी के तरह-तरह के रंग भरे। आज भी यह उपन्यास अपनी ताजगी के कारण फंतासी बाल उपन्यासों में अलग स्थान रखता है। चंद्रदत्त 'इंदु' का 'हवा की बेटी' भी उस दौर में लिखे गए चर्चित उपन्यासों में से है। इस दौर में लिखे विज्ञान फंतासी उपन्यासों में हरिकृष्ण देवसरे के 'होटल का रहस्य' की चर्चा हो चुकी है। इसके अलावा मुद्राराक्षस के 'चींटीपुरम् के भूरेलाल', विभा देवसरे के 'शनिलोक' और वीरकुमार अधीर के 'बीस वर्ष की मौत' और 'हिम मानव' में कल्पना और फंतासी की बड़ी ताजगी है। मुद्राराक्षस का 'चींटीपुरम् के भूरेलाल' अपने समय में खासा चर्चित हुआ था। नन्ही-नन्ही चींटियों का संसार किस तरह का हैरतअंगेज, अनोखा संसार है, जिसमें हर क्षण हलचल रहती है, हर क्षण कुछ न कुछ नया घटता रहता है और छोटी-सी चींटी की दुनिया में भी कैसी-कैसी रहस्यपूर्ण और रोमांचक चीजें छिपी हैं, इसे मुद्राराक्षस ने एक बड़ी दिलचस्प कथा में ढालकर बाल पाठकों के लिए प्रस्तुत किया है। साथ ही इसके जरिए, आधुनिक जीवन की एक झलक या मॉडल भी पेश किया गया है। कहना न होगा कि 'चींटीपुरम् के भूरेलाल' इतनी चुस्त और जानदार भाषा में लिखा गया, इतनी गहरी संवेदना से भरा बाल उपन्यास है कि एक बार पढ़ने के बाद बच्चे इसे कभी भूल नहीं पाएँगे। चींटी जैसी नन्ही शख्सियत को भी एक बाल उपन्यास में ढालकर कितनी उदात्त छवि दी जा सकती है, मुद्राराक्षस का 'चींटीपुरम् के भूरेलाल' इसकी एक उम्दा मिसाल है।

एक अन्य समर्थ बाल उपन्यासकार वीरकुमार अधीर (ज. 1937) का 'बीस बरस की मौत' भी एक अनोखा वैज्ञानिक बाल उपन्यास है। इस उपन्यास का केंद्रीय विचार यह है कि एक दिन विज्ञान मृत्यु पर भी विजय पा लेगा और यह संभव है कि मनुष्य अनंत काल तक जिए। उपन्यास का यह केंद्रीय विचार डॉ. एल्फाबेट के मन में उस क्षण आया, जब उन्होंने हिम प्रदेश की एक चौंकानेवाली खबर पढ़ी। हुआ यह कि बर्फीले प्रदेश में साहसिक यात्रा पर निकला एक यात्री बर्फ में दब गया। उसके कोई बीस साल बाद उस बर्फीले क्षेत्र में यात्रा कर रहे एक साहसिक अभियान दल को उसका पता चला और जब बर्फ को खोदकर उसे निकाला गया, तो यात्रियों के लिए ही नहीं, वैज्ञानिकों के लिए भी यह परम आश्चर्य की बात थी कि वह आदमी जीवित था। भले ही बीस साल तक बर्फ में दबा हुआ आदमी बीस साल लंबी बेहोशी की हालत में क्यों न रहा हो, पर मृत्यु उसे अपना ग्रास नहीं बना सकी। डॉ. एल्फाबेट सोचते हैं, अगर इसी तरह मनुष्य को उसके अनुकूल ताप आदि मुहैया कराया जाए, तो हो सकता है कि वह हजारों सालों तक जिए। इस उपन्यास में बर्फीले साहसिक अभियान की कथा भी जुड़ी है, जो उपन्यास को निरंतर गति और ऊर्जा देती रहती है।

वीरकुमार अधीर का एक और दिलचस्प बाल उपन्यास 'हिम मानव' (संस्क. 1996) हिम मानवों और उनसे जुड़े रहस्यों के बारे में खासी रोचक जानकारी देता है। हिम मानव कहाँ-कहाँ देखे गए, उनकी शक्लें और स्वभाव कैसा है, इस बारे में वीरकुमार अधीर ने खासी प्रामाणिक और शोधपरक जानकारी इकट्ठी की है, लेकिन इन बातों को बाल पाठकों को सीधे-सीधे बताने के बजाय उन्होंने हिम मानव से जुड़ी आश्चर्यजनक किंवदंतियों और तथ्यों को एक अचरज भरी रहस्य-कथा में ढाला है।

विभा देवसरे (ज. 1940) का 'शनिलोक' (बच्चों के बारह उपन्यास, 1977) एक बिल्कुल अलग तरह का वैज्ञानिक बाल उपन्यास है, जिसका कल्पनालोक और फंतासी सचमुच बच्चों को रिझा लेती है। इस उपन्यास का नायक एक किशोर है। अखबारों, पत्रिकाओं में उड़नतश्तरियों के बारे में छपी खबरें पढ़ने के बाद उसे उड़नतश्तरियों के बारे में कुछ और जानने की उत्सुकता होती है। उसने अपने वैज्ञानिक पिता से यह चर्चा की तो वे उसे उड़नतश्तरियों पर एक किताब पढ़ने के लिए देते हैं। रात को उपन्यास का वह किशोर नायक वही किताब पढ़ते-पढ़ते सो गया। सपने में उसे उड़नतश्तरियाँ अपने साथ उड़ाकर शनिलोक ले गईं, जहाँ एक उन्नत सभ्यता बसी हुई है। वहाँ की सुंदरता सचमुच किसी अदेखे और अद्वितीय कल्पना-लोक जैसी लगती है। एक अच्छी बात यह है कि शनिलोक के साथ जुड़ी फूहड़ कल्पनाएँ यहाँ नहीं हैं। इसके बाद उपन्यास में शनिलोक और वहाँ के वैज्ञानिक विकास का कमाल का चित्रण है।

विभाजी ने कुछ अलग ढंग के बाल उपन्यास भी लिखे, जिनमें बाल मन और भावनाओं के स्वाभाविक चित्रण के साथ-साथ, रोचकता और कल्पना का चमत्कार है। उनके इन उपन्यासों में 'लेट लतीफ' (1965), 'टीनू खरगोश' (1966) तथा 'मूर्खों का नगर' (1966) खासे चर्चित हुए।

❧ ❖ ☙

बच्चों के भीतर कुछ नया कर गुजरने की इच्छा और तड़प होती है, जिससे दुनिया की तसवीर बदले और उनका नाम चारों ओर छा जाए। उनके भीतर मुश्किलों का सामना करके आगे बढ़ने की यह तड़प इतनी अधिक होती है कि वे किसी बड़े से बड़े खतरे में कूद पड़ने से भी नहीं घबराते। बच्चों की यह असीम ऊर्जा इसी तरह एक रचनात्मक रूप लेती है। लिहाजा बच्चे ऐसे उपन्यास पढ़ना पसंद करते हैं, जिनमें किसी साहसिक अभियान में आगे बढ़ने का रोमांचक वर्णन हो या युद्ध और वन्य पशुओं के बीच समय गुजारने का हैरतअंगेज किस्सा और रोज की देखी-भाली दुनिया के घिसे-पिटे कथानकों से अलग, एक बिल्कुल अलग और नई दुनिया की झाँकी दिखाई गई हो। दुनिया की सभी अच्छी भाषाओं में साहसिक कथानकोंवाले ऐसे रोमांचक बाल उपन्यास लिखे गए हैं, जिन्हें पढ़ते हुए एक ओर मन में अजब-सी सिहरन होती है, तो दूसरी ओर साहस और वीरता का भाव भी पैदा होता है।

विमला शर्मा के उपन्यास 'एक था छोटा सिपाही' (बच्चों के बारह उपन्यास, 1977) में देशभक्ति का जज्बा है। यह लद्दाख के साहसी बच्चे सुरजा की कथा है। उसकी बहुत इच्छा थी कि वह बड़ा होकर सेना में भरती हो और देश के लिए बाहदुरी के काम करे। एक वीर और ममतालु सैनिक दयाराम से उसकी मित्रता हो जाती है, जो उस भोले-भाले साहसी बच्चे पर अपना प्यार लुटाता है और उसे सैनिकोंवाले बहुत से करतब तथा हिम्मत और वीरता के काम सिखा देता है। बाद में चीनी आक्रमण के समय जब भारतीय सैनिक जान हथेली पर रखकर बहादुरी से लड़े, तो सुरजा भी किसी से पीछे नहीं रहा। वह दौड़-दौड़कर सारे काम करता रहा, जिससे भारतीय सैनिकों को उनकी जरूरत की चीजें मिलती रहें और वे दुश्मन के दाँत खट्टे कर सकें। उपन्यास के अंत में सुरजा एक चट्टान से लुढ़ककर मौत के गहरे खड्ड में जा गिरा। वह अपनी अंतिम साँसें ले रहा है, पर उसके चेहरे पर संतोष है कि उसने अपने जीवन में सचमुच एक बड़ा वीरता का काम कर दिखाया। हिंदी के देशभक्तिपूर्ण बाल उपन्यासों में सचमुच 'एक था छोटा सिपाही' का कोई जोड़ नहीं!

स्वदेशकुमार (ज. 1921) का बाल उपन्यास 'हाथियों के घेरे में' हमें सीधे-सीधे जंगल के परिवेश के बीच ला खड़ा करता है, जहाँ कुछ अलग ही रोमांचक अहसास होता है। कुल मिलाकर किस्सा यह है कि एक छोटे से बच्चे आनंद को उसके पिता मेजर रंजीत सिंह खतरों से भरे उस जंगल की सैर कराते हैं। भीषण बाघ और विशालकाय अजगर से ही नहीं, कितने ही अन्य वन्य प्राणियों से भी उनका आमना-सामना हुआ। एक बार तो हाथियों का झुंड एकाएक आ निकला और वे उसके घेरे में आ गए। आनंद जंगल से लौटा है तो वह एक बदला हुआ आनंद है, जो जान गया है कि वन्य पशु भी आदमी की तरह ही स्नेहशील और प्यारे प्राणी होते हैं। बस, उनके मूड्स और स्वभाव को जानने की जरूरत है। इस जंगल कथा में हालाँकि शिकार का वर्णन कहीं नहीं है, पर फिर भी इसमें शिकार-कथाओं जैसा रोमांच है।

रामकुमार भ्रमर ने डाकुओं के जीवन पर काफी कुछ लिखा है। उनके रोमांचक बाल उपन्यास 'डाकुओं के बीच' में भी डाकुओं के जीवन का भीतरी संसार खुलकर सामने आता है। उपन्यास की खासियत यह है कि इसमें डाकुओं की क्रूरता और सख्ती को दिखाने के साथ ही, उनके भीतर का वह ममतालु हृदय भी दिखा दिया गया है, जो किसी भी दूसरे मनुष्य जैसा है और उसमें प्यार, ममता जैसे भाव छल-छल कर रहे हैं। 'डाकुओं के बीच' उपन्यास का नायक चंबल के इलाके में रहनेवाला एक नन्हा बच्चा चंदन है, जो न जाने कब से डाकुओं के अत्याचार और खौफ की कहानियाँ सुनता आया है। एक दिन डाकुओं से यह अनुरोध करने के लिए वह उनके बीच जा पहुँचता है कि वे लोगों पर अत्याचार बंद कर दें, क्योंकि इससे किसी को सुख नहीं मिल सकता। उपन्यास में बीच-बीच में चंदन के व्यक्तित्व की बड़ी ही उजली रेखाएँ उभरती हैं और वे हममें यह विश्वास भरती हैं कि एक बच्चा भी चाहे तो बहुत कुछ कर सकता है। रामकुमार भ्रमर का 'देवता के आँसू' (संस्क. 1987) भी अंधविश्वासों का खंडन करता, एक रोचक और पठनीय बाल उपन्यास है।

❦ ❖ ❧

बाल पाठकों को जासूसी बाल उपन्यासों का रोमांच और तिलिस्मी ताना-बाना भी खूब लुभाता है। इन उपन्यासों में कुछ न कुछ अनजाना खोजने और मंजिल पर पहुँचने का रोमांच उपन्यास की कथा-वस्तु को लगातार उत्तेजक बनाए रखता है और उपन्यास के आखिर तक बच्चों की यात्रा मानो साँस रोककर दौड़ते हुए ही पूरी होती है। हालाँकि अच्छे जासूसी बाल उपन्यास वही कहे जा सकते हैं, जो इस खोज की उत्तेजना में एक बड़ा लक्ष्य या एक बड़े उद्देश्य को पाने का आनंद भी जोड़ देते हैं। तब ये जासूसी उपन्यास केवल बैठे-ठाले का धंधा न होकर, सच में बाल पाठकों को जाने-अनजाने देश-समाज की बड़ी चिंताओं से भी जोड़ते चले जाते हैं। एक अच्छा बाल उपन्यासकार अपनी कृति में इसे इतने सलीके से गूँथ देता है कि यह उद्देश्यपूर्ण खोज उपन्यास का स्वाभाविक हिस्सा लगती है, ऊपर से थोपी हुई उपदेशात्मकता नहीं। इस लिहाज से गौरव युग में बच्चों के मन में कौतुक और रहस्य-संसार की सृष्टि करनेवाले एक से एक बेहतरीन उपन्यास लिखे गए, जिन्होंने जासूसी बाल उपन्यासों को एक तरह की ऊँचाई और लोकप्रियता दी। शांति भटनागर का 'नन्हे जासूस', इकबालबहादुर सिंह का 'पाँच हीरे', राजेशकुमार जैन का 'नकली चाँद', अशोक शर्मा का 'हीरों की चोरी', राजकुमार अनिल का 'पुराने किले का रहस्य', अवतार सिंह का 'खोखला सिक्का', देवेंद्रकुमार का 'हीरों के व्यापारी', हरिकृष्ण देवसरे के 'जाली नोट', 'बहादुर भोलू' और 'होटल का रहस्य' तथा रत्नप्रकाश

'शील' के 'चतुर चोर' और 'नीली डायरी का रहस्य' गौरव युग के बेहतरीन जासूसी बाल उपन्यास हैं।

इनमें अवतार सिंह का 'खोखला सिक्का' और राजेश जैन का 'नकली चाँद' काफी ताजगी लिये अलग ढंग के बाल उपन्यास हैं, जिनसे हिंदी बाल उपन्यासों के बदले हुए रंग-ढंग के साथ-साथ उसकी रचनात्मक ऊर्जा का भी पता चलता है। अवतार सिंह (ज. 1948) के 'खोखला सिक्का' उपन्यास में बच्चे खेल-खेल में देश के दुश्मनों को पकड़वाने में कामयाब होते हैं और यह किस्सा बड़े स्वाभाविक ढंग से घटित होता है। होता यह है कि बच्चे खेल-खेल में फैसला करने के लिए पच्चीस पैसे का सिक्का उछालते हैं, पर वह सिक्का दीवार की एक संध में चला जाता है। उसे खोजते हुए बच्चों को दस पैसे का एक रहस्यपूर्ण सिक्का मिलता है, जो भीतर से खोखला है। सिक्के के दोनों फलक अलग-अलग हो जाते हैं और अंदर किसी गोपनीय स्थान का पता लिखा हुआ दिखाई पड़ता है। सिर्फ पता ही नहीं, मिलने के लिए समय का संकेत भी है। बच्चे समझ जाते हैं कि हो न हो, इसके पीछे कोई न कोई बड़ा षड्यंत्र है। लिहाजा वे न सिर्फ उस गोपनीय ठिकाने का पता लगा लेते हैं, बल्कि सेना तक को सूचित करके अपराधियों को गिरफ्तार करवा देते हैं। यों 'खोखला सिक्का' उपन्यास के अंत में जीत का सेहरा बच्चों के सिर पर बँधता है। 'खोखला सिक्का' की कथा इतने स्वाभाविक ढंग से आगे बढ़ती है कि हिंदी के इस अनूठे जासूसी बाल उपन्यास को भूल पाना कठिन है।

राजेश जैन (ज. 1949) का 'नकली चाँद' भी एक बढ़िया जासूसी बाल उपन्यास है, जिसमें चाँद का प्रतीकार्थ है—गंजा सिर। असल में यह पूरा उपन्यास इसी 'नकली चाँद' या गंजे सिर के इर्द-गिर्द घूमता है। जासूसी में खासी रुचि रखनेवाले कुछ खिलंदड़े किस्म के बच्चों का ध्यान इस बात की ओर जाता है कि बहुत-से विदेशी लोग हमारे देश में आते हैं तो वे गंजे होते हैं, पर जाते समय उनके सर पर बाल उग चुके होते हैं। आखिर इसका क्या मतलब हो सकता है ? बच्चों का जासूसी दिमाग बड़ी तेजी से इस सवाल के इर्द-गिर्द घूमने लगता है। आखिर उपन्यास के अंत में सोने की तस्करी से जुड़े एक बड़े विदेशी गिरोह का पर्दाफाश होता है। सबसे बड़ी बात यह है कि इस षड्यंत्र का पता लगाने और अपराधियों को कानून के जाल तक ले आने में सबसे महत्त्वपूर्ण और केंद्रीय भूमिका उन बच्चों की रही है, जिनके दिमाग में हमेशा सवालों के साथ-साथ एक तरह की जासूसी खुड़पेंच भी चलती रहती है। ये बच्चे एक वीरान-से खँडहर में इकट्ठे होते हैं। अपनी-अपनी देखी-सुनी बातें एक-दूसरे को बताते हैं। बातों से बातें जुड़ती हैं और आखिर अपराधियों के गिरोह का पूरा ताना-बाना खुल जाता है। बच्चों के समर्थ और हरफनमौला लेखक रत्नप्रकाश 'शील' ने भी इस कालखंड में कई मौलिक अंदाज के जासूसी बाल उपन्यास लिखे हैं। इनमें 'फुटबॉल की वापसी', 'नीली डायरी का रहस्य' की काफी चर्चा हुई थी। इसके अलावा 'हरी घाटी', 'चतुर चोर, नन्हे जासूस', 'बुरे फँसे', 'स्कूल में चोरी' और 'अंधी गली' भी शीलजी के बड़े रोचक और पठनीय बाल उपन्यास हैं।

प्रसिद्ध कथाकार सुरजीत (1937-2017) ने भी कुछ बढ़िया जासूसी उपन्यास लिखे हैं, जिनमें 'हैंड्सअप' तो ऐसा है, जिसे साँस रोककर पढ़ना पड़ता है। 'हैंड्सअप' का कथानायक एक छोटा सा गप्पी बच्चा राजेश है, जिसे बात को बढ़ा-चढ़ाकर कहने और उलटी-सीधी गप्पें हाँकने की बीमारी है। वह जिस भी व्यक्ति से मिलता है, उसे कोई न कोई उलटी-सीधी सूचना दे देता है कि वह बेचारा यहाँ से वहाँ घबराया हुआ घूमता रहता है। बाद में मालूम पड़ता है कि यह तो झूठी बात थी और यह गप्पी राजेश ने सिर्फ ऊँची हाँकने

के लिए कही थी, तो उस शख्स की हालत अजब सी हो जाती थी। मगर फिर इसी गप्पी राजेश ने अपने पड़ोस के घर में रहनेवाले मि. बाली का एक ऐसा क्रूरता भरा करतब देख लिया, जिसे वह चाहकर भी भूल नहीं पा रहा। वह अपने मम्मी-डैडी, यहाँ तक कि वह पुलिस को भी बताता, मगर कोई उस पर यकीन नहीं करता और सब राजेश की गप ही मानते। लेकिन बाली साहब राजेश की बातों से परेशान हैं और एक दिन उसे अपने रास्ते से हटाने का निश्चय कर लेते हैं। तब इस छोटे से बच्चे राजेश को किन खतरों से जूझना पड़ता है और वह मौत से बाल-बाल बचता है। उपन्यास में यह वर्णन रोंगटे खड़े कर देने वाला है। पर अंत में शरीफ समझे जानेवाले बाली साहब पकड़े गए और उनका असली चेहरा सामने आ गया तो सबने राजेश की बहादुरी और जासूसी की जमकर तारीफ की।

सचमुच सुरजीत ने 'हैंड्सअप' बाल उपन्यास इतनी चुस्त भाषा में लिखा है कि अंत तक पाठक की जिज्ञासा बनी रहती है और पूरा पढ़ लेने के बाद ही इसे छोड़ा जा सकता है। ऐसे ही हरिकृष्ण देवसरे के 'बहादुर भोलू', और 'होटल का रहस्य' बेहतरीन जासूसी बाल उपन्यास हैं, पर इनके बारे में पीछे विस्तार से लिखा जा चुका है।

तीसरा चरण : विकास युग

संभावनाएँ अभी हैं!

हिंदी बाल उपन्यास अपनी विकास-यात्रा के दूसरे चरण, गौरव युग में काफी ऊँचाइयों को छू चुका था। कहा जा सकता है कि इस विकास में तेजी भी थी, ऊँचाई भी। इस लिहाज से उम्मीद की जा सकती थी कि बाल उपन्यासों की आगे की यात्रा बहुत समृद्ध और विकासमान होगी, पर दुर्भाग्य से ऐसा नहीं हो सका। हिंदी बाल उपन्यास-धारा के तीसरे चरण (1981 से आज तक) यानी विकास युग में उपन्यास लिखे तो गए, और कहा जा सकता है कि एक से एक सुंदर बाल उपन्यास लिखे गए, पर आठवें दशक में बाल उपन्यासों में जो उत्साहप्रद माहौल था और जो तेज संभावनाएँ कौंध रही थीं, वे पूरी नहीं हुईं और हिंदी बाल उपन्यास-लेखन की गति कुछ मंद पड़ गई। उसमें विविधता और कलात्मक पूर्णता भी बीच-बीच में दिखाई देती है, काफी उपन्यास छपकर भी आए, फिर भी कहीं कोई रिक्तता या खालीपन भी था, जिससे हिंदी बाल उपन्यास-लेखन में बहुत अधिक उत्साह की स्थिति नहीं दिखाई दी।

तो भी इस कालखंड के बाल उपन्यासों और उनके लेखकों पर एक नजर डालें, तो कम से कम यह चीज आश्वस्त करती है कि पहले की तरह इस दौर में भी एक साथ कई पीढ़ियों के लेखक बाल उपन्यासों की रचना में सक्रिय रहे हैं। खासकर गुलजार का लिखा 'बोसकी का कौआनामा' खासा रोचक उपन्यास है। गौरव युग के कई चर्चित बाल उपन्यासकारों ने इस दौर में लिखा और हिंदी बाल उपन्यासों की धारा को आगे बढ़ाया। इनमें हरिकृष्ण देवसरे, राधेश्याम 'प्रगल्भ', मनोहर वर्मा, चंद्रदत्त 'इंदु', रत्नप्रकाश 'शील', यादवेंद्र शर्मा 'चंद्र', देवेंद्रकुमार, विनायक, उषा यादव, प्रकाश मनु, क्षमा शर्मा, संजीव जायसवाल 'संजय' और सूर्यनाथ सिंह के नाम लिये जा सकते हैं। इनमें देवेंद्रकुमार तो विकास युग के सर्वाधिक महत्त्वपूर्ण और प्रतिनिधि बाल उपन्यासकार हैं। इसके अलावा इस दौर में बाल उपन्यास लिखनेवाले अन्य लेखक हैं—हरिपाल त्यागी, अमर

गोस्वामी, चित्रा मुद्‌गल, नासिरा शर्मा, सुरेखा पाणंदीकर, पंकज बिष्ट, बल्लभ डोभाल, रतन शर्मा, हिमांशु जोशी, श्रीप्रसाद, रमेश थानवी, शकुंतला वर्मा, गीता पुष्प शॉ, हरीश तिवारी, योगेंद्रदत्त शर्मा, अभिलाष वर्मा, इरा सक्सेना, अलका पाठक, बानो सरताज, भगवतीशरण मिश्र, सुशीलकुमार फुल्ल, प्रेमस्वरूप श्रीवास्तव, बिलास बिहारी, क्षितिज शर्मा, प्रह्लाद श्रीमाली, श्रीनिवास वत्स, बलवीर त्यागी, यादराम रसेंद्र, रमेश आजाद, कुसुम गुप्ता, पृथ्वीनाथ पांडेय, अखिलेश श्रीवास्तव 'चमन', पी.आर. शुक्ल, रोहिताश्व अस्थाना, दिनेश पांचाल, लक्ष्मी खन्ना 'सुमन', ओमप्रकाश कश्यप, जाकिर अली 'रजनीश', रमाशंकर, साबिर हुसैन, साजिद खान, कामना सिंह, मोनिका गुप्ता, गोविंद शर्मा, दिनेश चमोला 'शैलेश', आनंद शर्मा तथा नागेश पांडेय 'संजय'।

विकास युग के चर्चित और उल्लेखनीय बाल उपन्यास, जिनसे इसका मूल्यांकन किया जाना चाहिए, ये हैं—गुलजार के 'बोसकी के कप्तान चाचा' तथा 'बोसकी का कौआनामा', सूर्यबाला का 'झगड़ा निपटारक दफ्तर', हरिपाल त्यागी का 'ननकू का पाजामा', नासिरा शर्मा के 'भूतों का मैकडोनल' और 'दिल्लू दीमक', अमर गोस्वामी का 'शाबाश मुन्नू', चित्रा मुद्‌गल का 'माधवी कन्नगी', पंकज बिष्ट का 'भोलू और गोलू', बल्लभ डोभाल का 'उस्ताद भूरेलाल', विनायक के 'नदिया और जंगल' तथा 'नदी किनारे की चिड़िया', रमेश थानवी का 'घड़ियों की हड़ताल', देवेंद्रकुमार के 'पेड़ नहीं कट रहे हैं', 'चिड़िया और चिमनी', 'एक छोटी बाँसुरी', 'नीलकान' तथा 'अधूरा सिंहासन', उषा यादव के 'नन्हा दधीचि', 'हीरे का मोल', 'सबक', 'लाखों में एक', 'सोना की आँखें' और 'फिर से हँसो धरती माँ', प्रकाश मनु के 'गोलू भागा घर से', 'एक था ठुनठुनिया', 'चीनू का चिड़ियाघर', 'नन्ही गोगो के कारनामे', 'खुक्कन दादा का बचपन', 'खजाने वाली चिड़िया', 'नटखट कुप्पू के अजब-अनोखे कारनामे', हरीश तिवारी का 'मैली मुंबई का छोकरा लोग', शकुंतला वर्मा का 'पाँच जासूस', क्षमा शर्मा के 'शिब्बू पहलवान', 'मिट्ठू का घर', 'पीलू', 'इंजन चले साथ-साथ' तथा 'होमवर्क', रतन शर्मा का 'काजू और किशमिश', इरा सक्सेना के 'कंप्यूटर के जाल में', 'मनमौजी मामाजी' तथा 'गजमुक्ता की तलाश', क्षितिज शर्मा के 'भवानी के गाँव का बाघ' तथा 'पामू का घर', अभिलाष वर्मा का 'गोल्डी सिल्विया के कारनामे', योगेंद्रदत्त शर्मा का 'रेगिस्तान में खरगोश', सूर्यनाथ सिंह के 'बर्फ के आदमी' तथा 'बिजली के खंभों जैसे लोग', अलका पाठक का 'इनसान का बेटा' तथा ओमप्रकाश कश्यप का 'मिश्री का पहाड़'।

जाहिर है, इस दौर में परंपरागत ढंग के कथानकवाले या उपदेशात्मक किस्म के साथ-साथ ऐसे बाल उपन्यास भी खासे लिखे गए, जो बच्चों के मन, कल्पना और सुख-दुःख से सीधा संवाद कायम करके उन्हें अपने साथ एक नई निराली दुनिया की सैर कराने ले जाना चाहते थे। यों इस दौर के बाल उपन्यासों में कथानक के लिहाज से खासी विविधता नजर आती है। लिहाजा एक ओर प्रकृति और पशु-पक्षियों से जुड़े उपन्यास काफी लिखे गए तो दूसरी ओर कंप्यूटर और नेटवर्क से जुड़ी तकनीकी दुनिया के द्वार खोलनेवाले 'कंप्यूटर के जाल में' जैसे आकर्षक और लुभावने उपन्यास भी लिखे गए। कुछ बढ़िया हास्य उपन्यास लिखे गए, जिनमें सूर्यबाला का 'झगड़ा निपटारक दफ्तर' तो लाजवाब है। इसी तरह तलछट की जिंदगी जीनेवाले गरीब, अभावग्रस्त और हाशिए के लोगों पर भी बाल उपन्यास लिखे गए। हरीश तिवारी का 'मैली मुंबई का छोक्रा लोग', नासिरा शर्मा का 'भूतों का मैकडोनल' और ओमप्रकाश कश्यप का 'मिश्री का पहाड़' ऐसे ही उपन्यास हैं।

बड़े कथाकारों ने भी लिखे हैं बाल उपन्यास

यह हिंदी बाल साहित्य की एक उपलिब्ध की तरह है कि इस दौर में एक ओर शैलेश मटियानी सरीखे दिग्गज कथाकार ने बाल पाठकों के लिए उपन्यास लेखन में रुचि ली, तो दूसरी ओर शीर्ष व्यंग्यकार श्रीलाल शुक्ल ने बच्चों के लिए 'बब्बर सिंह और उसके साथी' सरीखा महत्त्वपूर्ण बाल उपन्यास लिखा। बालकथा साहित्य में हमारे दिग्गज साहित्यकारों की यह रुचि अनायास तो नहीं है।

शैलेश मटियानी (1931-2003) के बच्चों के लिए लिखे गए उपन्यासों में भी उसी किस्सागोई के दर्शन होते हैं, जिसके लिए मटियानीजी जाने जाते हैं। उनके लाजवाब उपन्यासों में 'माँ तुम आओ' (1989) की याद सबसे पहले आती है। 'माँ तुम आओ' की कथा बेशक कुछ पारंपरिक ढंग की है, लेकिन मटियानी ने बड़े भावपूर्ण ढंग से उसे साधा है। यह कहानी एक छोटे-से परिवार की है, जिसमें माँ गंगादेवी एक जुझारू आदर्श महिला के रूप में प्रभावित करती हैं। खासकर वह प्रसंग तो बहुत मजेदार है, जिसमें बच्चे अपने बकरे चनुवा को माधो काका के कलुआ के साथ भिड़ाना चाहते हैं और गंगादेवी बच्चों की इच्छा जानकर उनकी हिम्मत बढ़ाती हैं। आखिर सारे गाँव में गंगादेवी और उसके बच्चों की दिलेरी की कथा सुनाई देने लगती है। उपन्यास का अंत बड़ा मार्मिक है, जब 'माँ, तुम आओ' की पुकार के साथ घर से निकले बच्चों को माँ रास्ते में ही आती हुई दिखाई पड़ जाती है और उपन्यास का सारा परिदृश्य एक सुखांत दृश्य में बदल जाता है। उपन्यास में गंगादेवी का चरित्र मटियानी ने इतने सहज भावनापूर्ण शब्दों में बुना है कि बालमन पर उसकी गहरी छाप पड़ती होती है।

मटियानीजी का 'फूलों की नगरी' (1999) भी खासा महत्त्वपूर्ण बाल उपन्यास है, पर इसकी शैली और मिजाज अलग है। 'फूलों की नगरी' असल में लोक-परिवेश से सटकर चलनेवाला, या कहें लोककथाओं के अंदाज में लिखा गया बाल उपन्यास है। हालाँकि मटियानीजी ने इस बाल उपन्यास में भी अपनी किस्सागोई का पूरा रंग जमाया है तथा भाषा और संवादों की चुस्ती ने इसमें एक अलग ही आकर्षण पैदा कर दिया है। उपन्यास की कथा-भूमि पुष्पक नगर यानी फूलों की नगरी है, जिसमें राजकुमार चंद्रसेन राजकुमारी चित्रगंधा के साथ आकर ठहरा हुआ है। अचानक एक दिन राजकुमार को आँधी चलती महसूस हुई। लगा, हजारों-हजार मृदंग एक साथ बज उठे हैं। उसके बाद इस माया नगरी की माया प्रकट होने लगी और बहुत कुछ उलट-पुलट हो गया। मटियानी के इस बाल उपन्यास में गजब का कथा-रस और जादुई प्रवाह है, जो अंत तक बाल पाठकों को बाँधे रखता है।

मटियानीजी के उपन्यास 'हाथी और चींटी की लड़ाई' (1989) में किस्सागोई का रंग कुछ और गाढ़ा हुआ है। उपन्यास की कथा कुल मिलाकर यह कि आनंद भवन के बाल मेले में मस्तराम नाम का हाथी शहंशाही मूड में सैर करने निकला और जो कुछ सामने आया, उसे तोड़ता-फोड़ता और चिंघाड़ता हुआ, वह सब्जी मंडी तक धावा मारता हुआ चला गया। इस विशालकाय मस्तराम को चुनौती देने का साहस किसी और में नहीं दिखाई पड़ा, तो छुटकी रानी यानी चींटी उस पर्वताकार हाथी को चुनौती देने के लिए आगे बढ़ी। आखिर उसकी चतुराई से मस्तराम हाथी जो अपनी ताकत के घमंड में चूर है, अपनी मूर्खता के कारण एक विशाल दलदल में आ फँसता है। उस वक्त इस चक्रव्यूह को रचनेवाली चींटी का मुक्त खिलखिलाना लोगों

के कानों में आया, तब सबकी समझ में आया कि लड़ाई ताकत से नहीं, अक्ल से और भीतर की हिम्मत से लड़ी जाती है। शैलेश मटियानी ने इस छोटे-से बाल उपन्यास में हाथी और चींटी की लड़ाई को इस कदर रोमांचक बना दिया है कि देखते ही बनता है। बेशक हिंदी के बाल उपन्यासों में मटियानीजी के 'हाथी और चींटी की लड़ाई' बाल उपन्यास का एक अलग ही रंग और ऊँचा स्थान है। 'सुबह के सूरज' (1999) भी मटियानीजी का रोचक और पठनीय बाल उपन्यास है, जिसमें यशोधर मास्टरजी का चरित्र बड़े सुंदर ढंग से उभरा है। वे बच्चों को अच्छी बातें सिखाते हैं, जिससे लखनपुर को बुराइयों से बचाया जा सके। बच्चे जुलूस बनाकर निकलते हैं और जंगल काटनेवालों तथा शराब का धंधा करनेवालों के खिलाफ आंदोलन शुरू कर देते हैं। आखिर लखनपुर की तसवीर बदल ही जाती है।

इसी तरह श्रीलाल शुक्ल (1925-2011) द्वारा इसी दौर में बच्चों के लिए लिखा गया बाल उपन्यास 'बब्बर सिंह और उसके साथी' (1999) एक महत्त्वपूर्ण घटना की तरह है। 31 दिसंबर, 1925 को लखनऊ के ग्राम अतरौली में जनमे श्रीलाल शुक्ल ने इस उपन्यास में बच्चों और बब्बर शेर की दोस्ती के जरिए पिंजरे में बंद शेर के दर्द के साथ-साथ बच्चों के मन और भाव संसार तथा कुछ करने की उनकी तड़प को बखूबी व्यक्त किया है। इस बाल उपन्यास में कुछ बच्चे चिड़ियाघर में जाते हैं तो वहाँ शेर बब्बर सिंह उनसे बातें करने लगता है और धीरे-धीरे उसकी पूरी कहानी किसी दर्दभरी गाथा की तरह बच्चों के सामने आ जाती है। बब्बर सिंह का दर्द बच्चों को दिलों को छू लेता है। बब्बर सिंह उन्हें बताता है कि जंगल में वह कितने सुख और आजादी से जीवन जीता था और फिर कैसे निर्दयता से उसे पकड़कर चिड़ियाघर लाया गया। यहाँ पिंजरे में बंद जिंदगी उसके लिए इस कदर दु:खदायी है कि उसके जीवन का सारा सुख-आनंद ही खत्म हो गया। बब्बर सिंह की बातों के जरिए बच्चों को आगे यह खुलता है कि मनुष्य बेजुबान जानवरों पर कितने जुल्म ढहाता है। बच्चों का ध्यान बार-बार शेर की देखभाल करने वाले शख्स पर जाता है, जो शक्ल, सूरत से बड़ा सख्त और डरावना लगता है। बच्चों को लगता है, यह जरूर शेर पर जुल्म ढहाता होगा और उसे पूरी खुराक देने के बजाय सबकुछ खुद हड़प जाता होगा। पर उसके घर जाने पर उसकी गरीबी और शेर के लिए उसकी सच्ची हमदर्दी बच्चों के आगे आती है और वे समझ जाते हैं कि जुल्म करनेवाला आदमी यह नहीं कोई और है।

बच्चों की हमदर्दी बब्बर सिंह के प्रति बढ़ती ही जाती है। वे सोचते हैं कि किसी तरह बब्बर सिंह आजाद हो जाए और उसका दु:ख-दर्द खत्म हो जाए। वह फिर से अपनी आजाद जिंदगी जीने लगे। संयोग से उपन्यास के अंत में हालात ऐसे बनते हैं कि बब्बर सिंह पिंजरे से निकल भागता है। बच्चों के लिए वह दिन किसी सपने के पूरा होने सरीखा है। सचमुच श्रीलालजी का 'बब्बर सिंह और उसके साथी' हृदय को गहराई से छू लेनेवाला बेहद मर्मस्पर्शी बाल उपन्यास है, जिसमें बब्बर सिंह और बच्चों की दोस्ती के जरिए शेर और बच्चे दोनों के साझा भावना संसार की एक तसवीर मन में बनती है। दोस्ती, भागीदारी और आजादी, ये तीन इस बाल उपन्यास के बीज शब्द हैं, जो इसे पढ़ते हुए बार-बार दिल में दस्तक देते हैं। बेशक श्रीलाल शुक्ल का यह यादगार बाल उपन्यास हिंदी बाल उपन्यास की दुनिया को समृद्ध करता है।

वरिष्ठ कथाकार सूर्यबाला और चित्रा मुद्गल ने भी इस दौर में बच्चों के लिए उपन्यास लिखे। इनमें सूर्यबाला (ज. 1952) का 'झगड़ा निपटारक दफ्तर' (1982) बड़ा मजेदार उपन्यास है। इसमें मोहल्ले के

बच्चे तय करते हैं कि उन्हें कोई बड़ा और महत्त्वपूर्ण काम करना चाहिए। लोगों के आपसी झगड़े देख-देखकर आखिर उन्होंने तय किया कि झगड़ा निपटारक दफ्तर खोलना चाहिए। एक पुरानी और कबाड़ा कार में बाकायदा झगड़ा निपटारक दफ्तर खुल गया और फिर क्या-क्या मजेदार कारनामे हुए, यह आप इस दिलचस्प उपन्यास में सूर्यबाला की जादुई शैली में पढ़िए। उपन्यास के कई प्रसंग तो ऐसे हैं, जिन्हें पढ़ते हुए पाठक हँसते-हँसते लोटपोट हो जाते हैं। सचमुच यह एक ऐसा हास्य उपन्यास है, जो वर्षों तक अपनी जीवंतता और ताजगी के कारण बच्चों को लुभाता रहेगा।

इसी तरह चित्रा मुद्गल (ज. 1944) ने भी बच्चों के लिए उपन्यास लिखा है। उनका तमिल लोक आख्यानों की पृष्ठभूमि पर लिखा गया 'माधवी कन्नगी' (2002) पारंपरिक ढंग का बाल उपन्यास है, पर वह बच्चों के अनुभव-संसार में बहुत कुछ नया जोड़ता है। 'माधवी कन्नगी' उपन्यास की नायिका कन्नगी भारतीय जीवन-आदर्शों में ढली एक आदर्श पत्नी है, जिसका पति कोवलन चोल राज्य के प्रमुख व्यवसायी परिवार का युवा बेटा है। एक दिन उसने नर्तकी माधवी को देखा, जिसका नृत्य ही नहीं, सुंदरता का जादू भी ऐसा है, जिसने कोवलन को पूरी तरह सम्मोहित कर दिया। अब कोवलन के जीवन में एक से बढ़कर एक मुसीबतें आती हैं। उपन्यास के अंत में दुःखी और अपमानित कोवलन फिर घर जाकर पत्नी से क्षमा माँगता है। कन्नगी और कोवलन अब नए सिरे से गृहस्थी की शुरुआत करने के लिए किसी और शहर में चल पड़ते हैं, पर यहाँ भी मुसीबतें पीछा नहीं छोड़तीं। उपन्यास में एक आदर्श भारतीय पत्नी कन्नगी के आदर्श की कई छवियाँ हैं। उपन्यास खासा रोचक है और बच्चे, खासकर किशोर पाठक इसे पूरा पढ़े बगैर छोड़ेंगे नहीं।

प्रसिद्ध उपन्यासकार द्वारकाप्रसाद ने भी बच्चों के लिए एक दिलचस्प उपन्यास लिखा है, 'भटका साथी' (1997)। उपन्यास में दो साहसी बच्चे रामा और जतिन जंगल में घूमने जाते हैं, वहाँ उन्हें एक से एक खतरनाक स्थितियों से दो-चार होना पड़ता है। कहीं जंगली जीवों तो कहीं विचित्र प्रथाओंवाले आदिवासी लोगों से उनका सामना होता है। आखिर में वे डाकुओं से घिर जाते हैं, पर अपनी हिम्मत से वे हर मुश्किल से बाहर आते हैं। वहीं उनका भटका साथी वीरेन भी मिल जाता है। उपन्यास का अंत बड़े सुखद ढंग से होता है।

देवेंद्रकुमार (ज. 1940) इस दौर के सबसे सक्षम और प्रतिभाशाली बाल उपन्यासकारों में से हैं। उनके बाल उपन्यासों में 'एक छोटी बाँसुरी' (2003) की सबसे पहले चर्चा की जानी चाहिए। इस मार्मिक बाल उपन्यास में एक छोटे बच्चे अमर की कथा है, जो इस बात को लेकर दुःखी है कि सबके पिता हैं, लेकिन उसके पिता कहीं नहीं नजर आते। पिता की तलाश अमर को घर से बाहर ले जाती है। तभी अचानक उसे बाँसुरी बजाते हुए एक बूढ़ा भिखारी मिलता है, जिसका कहना है कि वह उसको उसके पिता के पास ले जाएगा। लेकिन मृत्यु के करीब पहुँचने पर वह बूढ़ा भिखारी इस सच्चाई को बताए बगैर नहीं रहता कि "बेटा, मैं नहीं जानता, तेरे पिता कहाँ हैं?" इसके बाद बूढ़े की मौत हो जाती है। अंत में डॉ. रायजादा की मदद से बच्चा घर पहुँचता है तो रोती-बिलखती माँ उसे देखते ही छाती से चिपका लेती है। तब अमर को लगता है कि घर से भागकर उसने माँ को कितना संतप्त किया है। देवेंद्रकुमार की भाषा और शिल्प में एक उस्तादाना कलात्मक संपूर्णता है। इस लिहाज से 'एक छोटी बाँसुरी' की गिनती बेशक हिंदी के कुछ अच्छे मार्मिक बाल उपन्यासों में होनी चाहिए।

देवेंद्रकुमार के एक और भावनात्मक उपन्यास 'खिलौने' में खिलौने बेचनेवाले बच्चे की कहानी है, जो खिलौने बनानेवाली फैक्टरी से खिलौने लाकर घर-घर बेचता है और इसी तरह अपना गुजर-बसर करता है। तमाम मुश्किलों के बीच वह बच्चा जीने के अपने रास्ते को ईजाद करता चलता है और नई से नई मुश्किलों से टकराता हुआ हिम्मत से जीना सीख लेता है। पर देवेंद्र का सबसे सशक्त उपन्यास है 'चिड़िया और चिमनी' (2000), जो आज की पर्यावरण की समस्या को इतनी संजीदगी से उठाता है कि उससे बाल उपन्यास को एक नई शक्ति ही नहीं, बल्कि एक अलग पहचान और अर्थवत्ता भी मिल जाती है। 'चिड़िया और चिमनी' में एक फैक्टरी है, जिसकी चिमनी से रात-दिन काला धुआँ निकलता रहता है। इससे चिड़िया का गला खराब हो जाता है और खाँसी के कारण उसकी हालत लगातार बिगड़ती जाती है। नन्ही चिड़िया की यह हालत हाथी दादा से देखी नहीं जाती। हाथी दादा के बहुत आग्रह पर चिड़िया उन्हें वह चिमनी दिखाने ले जाती है, जिससे निकलनेवाला काला जहरीला धुआँ हर किसी के स्वास्थ्य का शत्रु है। उधर जंगल के दूसरे जानवरों में भी हलचल है। वे भी इस समस्या से इतने ही परेशान हैं। आखिर जंगल के सारे जानवर मिलकर उस फैक्टरी को घेर लेते हैं और चिमनी को तोड़ देना चाहते हैं। मगर फिर समझ में आया कि फैक्टरी के बंद हो जाने पर सैकड़ों मजदूर बेरोजगार हो जाएँगे। अब यह एक नई समस्या आ गई, जिस पर जंगल के जानवर संजीदगी से सोचते हैं। तब आखिर रास्ता यह निकलता है कि चिमनी में ऐसा यंत्र लगा दिया जाए, जिससे नुकसान पहुँचानेवाले रसायन उस यंत्र में ही रह जाएँ और केवल गरम हवा छनकर चिमनी से बाहर आए। बेशक 'चिड़िया और चिमनी' बड़ी खूबसूरती से बुना गया बाल उपन्यास है, जिसमें प्रदूषण की समस्या बहुत करीने से कहानी का एक हिस्सा बनकर सामने आती है।

देवेंद्रकुमार के बाल उपन्यास 'पेड़ नहीं कट रहे हैं?' (1989) के केंद्र में भी पर्यावरण की समस्या है, हालाँकि आगे चलकर इसमें कई और समस्याओं के तार जुड़ते चले जाते हैं। आठवें दशक में देवेंद्रकुमार का एक अच्छा उपन्यास 'हीरों के व्यापारी' (1973) छपा। इस उपन्यास की खासियत यह है कि दो साहसी और निर्भीक बच्चे राजेश और सुरेंद्र ही अपराधियों का पता लगाते हैं और फिर उन्हें जेल की हवा खाने पर मजबूर कर देते हैं। धीरे-धीरे उलझी हुई कथा की कड़ियाँ खुलती हैं और अपराध में शामिल लोगों के चेहरों पर भी धीरे-धीरे टार्च की रोशनी फैलती जाती है। अंत तक आते-आते सारे रहस्यों का जवाब मिलता है और वे एक प्रभावशाली कथा की शक्ल ले लेते हैं। इस बाल उपन्यास में दोनों सूझ-बूझवाले उत्साही बाल जासूसों राजेश और सुरेंद्र के अलावा नारायण भाई और बप्पा के चेहरे भी नहीं भूलते।

देवेंद्रकुमार के 'नीलकान' और 'अधूरा सिंहासन' बाल उपन्यास भी बहुत रोचक हैं। इनमें 'अधूरा सिंहासन' (2008) में एकदम नए निराले ढंग से पर्यावरण की समस्या को उठाया गया है। पर्यावरण की रक्षा के लिए गजब की सूझ-बूझ और दिलेरी का परिचय देनेवाली रानी देवयानी का चरित्र कमाल का है। उपन्यास इस बात को दृढ़ता से सामने लाता है कि गुजरे जमाने में भी पर्यावरण की रक्षा के लिए इतनी ही चिंता करनेवाले लोग हमारे यहाँ मौजूद थे। 'नीलकान' (2007) एक गधे को प्रमुख पात्र बनाकर लिखा गया बड़ा दिलचस्प फंतासी उपन्यास है। देवेंद्रजी के सभी उपन्यास अलग-अलग धज और विन्यास में सामने आते हैं। इससे भी एक विलक्षण बाल उपन्यास के रूप में उनकी शक्ति और सामर्थ्य का पता चलता है।

यादवेंद्र शर्मा 'चंद्र' (1932-2009) ने भी बच्चों के लिए कई उपन्यास लिखे। इनमें मनोरम फंतासी पर आधारित 'सतरंगा हाथी' (1992) काफी दिलचस्प उपन्यास है। उपन्यास मुख्य रूप से राजा उदयन और वासवदत्ता की कथा को केंद्र में रखकर लिखा गया है। राजा उदयन, जितने प्रतापी राजा थे, उतने ही कुशल वीणावादक भी। उनकी वीणा का संगीत मनुष्यों को ही नहीं, पशु-पक्षियों को भी मुग्ध कर देता था। पर इन्हीं राजा उदयन का बहुत रहस्यपूर्ण ढंग से अपहरण होता है और उन्हें राजकुमारी वासवदत्ता को संगीत सिखाने के लिए कहा जाता है। इनकार करने पर उन्हें कारागार में डाल दिया जाता है। आगे की कथा खासी रहस्यपूर्ण और रोमांचक है, जो कई मोड़ों से गुजरती है और अंत में राजा उदयन और वासवदत्ता का विवाह होता है। चंद्रजी ने इस कथा को इतने अनोखे ढंग से लिखा है कि बाल पाठक इसे साँस रोककर पढ़ेंगे। हमारे पौराणिक चरित्रों और कथाओं में ऐसा बहुत कुछ है, जो अनोखे बाल उपन्यासों के रूप में ढलकर आए, तो वह बाल पाठकों को खासा रिझाएगा। काश, हिंदी के बाल कथाकार इस ओर ध्यान दे पाते!

चंद्रजी का 'जादुई थैला' (संस्क. 2007) भी रोचक बाल फंतासी उपन्यास है, जिसमें मनोरम कल्पना और किस्सागोई के रंग हैं। उपन्यास में राजा धरणीधर का साहस और वीरतापूर्ण चरित्र बहुत अच्छी तरह उभरा है। इसके अलावा चंद्रजी ने कुछ अच्छे जासूसी उपन्यास भी लिखे हैं। उनका 'चतुर चौकड़ी' (2001) 'पराग' में धारावाहिक रूप में छपा था। 'चतुर चौकड़ी' में भी ऐसे बुद्धिमान और सतर्क बच्चे हैं, जो बड़े से बड़ा जोखिम उठाने से घबराते नहीं हैं। यह चतुर चौकड़ी हरिद्वार में जाकर एक ऐसे अपराधी को पकड़वाती है, जिसने वहाँ के लोगों, खासकर यात्रियों का जीना हराम कर दिया है। वहाँ सभी लोग ऐसे चोर से परेशान थे, जो न जाने कहाँ से आता था। यात्रियों को क्लोरोफार्म सुँघाकर कीमती गहने उतारकर ले जाता था। दिल्ली से आई चतुर चौकड़ी ने पता लगाया कि यह चोर कोई और नहीं, बल्कि एक सधाया हुआ बंदर था, जिसके जरिए दीनानाथ नाम का चालाक आदमी तीर्थ-यात्रियों को लूटता था। इस अपराधी को पकड़वाने में बच्चों ने निडरता और साहस ही नहीं, ऐसी सूझबूझ और होशियारी का भी परिचय दिया कि इस समझदार चतुर चौकड़ी को भूल पाना मुश्किल है। 'मित्रता का बल' और 'रहस्यमयी कोठी' चंद्रजी के दिलचस्प जासूसी बाल उपन्यास हैं।

ऐतिहासिक पृष्ठभूमि पर लिखा गया चंद्रजी का 'डूँगजी जवारजी' (1996) उपन्यास भी बेहद पठनीय है। इसमें उत्कट स्वाधीनता सेनानियों के रूप में डूँगजी और जवारजी के चरित्र भुलाए नहीं भूलते। भारतीय जनता के दुःख-दर्द और अंग्रेजों के उत्पीड़न से दुःखी होकर डूँगजी, जवारजी और उनके साथियों—लोटिया जाट और करणिया मीणा ने हथियार उठा लिये तो अंग्रेजी शासन थर्रा उठा। इन शेरों के मुकाबले में आगे आने की किसी की हिम्मत ही न पड़ती थी। चंद्रजी ने बड़े सुंदर शब्दों में यह रोमांचक कथा लिखी है। इसके अलावा 'दीपू एक फरिश्ता' (1996) भी चंद्रजी का उल्लेखनीय बाल उपन्यास है।

गाँव की पृष्ठभूमि पर भी बच्चों के लिए उपन्यास लिखे गए। खासकर हरिपाल त्यागी का 'ननकू का पाजामा' और नासिरा शर्मा के 'भूतों का मैकडोनल' और 'दिल्लू दीमक' इसी तरह के उपन्यास हैं। अपने ही अंदाज के लेखक-चित्रकार हरिपाल त्यागी (ज. 1934) का 'ननकू का पाजामा' (2003) बच्चों के लिए लिखा गया उनका एकमात्र उपन्यास है। पर इसके जिक्र के बगैर नई काट के बाल उपन्यासों की चर्चा पूरी नहीं

हो सकती। हरिपाल त्यागी की कथा-शैली बहुत प्रभावशाली है, जिसमें कहीं-कहीं तीखा व्यंग्य भी शामिल है। उपन्यास की शुरुआत खासी दिलचस्प है। गाँव के एक मास्टरजी हैं, जो अध्यापक होने के साथ-साथ बकरियाँ भी चराते हैं। गाँव में एक नौटंकी पार्टी आई तो उसके हीरो ननकू के सफेद झकाझक कपड़े देखकर उन्हें अपने मैलेपन और हीनता का बोध हुआ। वे कैसे मास्टर हैं कि उनके पास पहनने के लिए एक ढंग का पाजामा तक नहीं! हालत यह हुई कि नहाने के लिए तालाब में उतरे नौटंकी के हीरो ननकू का सफेद लट्ठे का पाजामा लेकर वे भाग खड़े होते हैं और अंतत: पकड़े जाते हैं। फिर उन मास्टरजी की शादी और गाँव के टिपिकल दर्जी का लंबा किस्सा चलता है। अलबत्ता ननकू के पाजामे ने जो-जो गुल खिलाए, उसे हरिपाल त्यागी अपने इस उपन्यास में बड़े चित्रात्मक और नाटकीय अंदाज में दर्ज करते हैं। 'ननकू का पाजामा' की एक खासियत यह है कि वह कहीं-कहीं भदेस होता हुआ भी, एकदम असली लगता है। हिंदी में गाँव की जमीन पर लिखे गए इतने सच्चे और खरे बाल उपन्यास बहुत कम हैं।

गाँव की पृष्ठभूमि पर नासिरा शर्मा (ज. 1948) ने भी दो बाल उपन्यास लिखे हैं, 'भूतों का मैकडोनल' और 'दिल्लू दीमक'। इनमें 'भूतों का मैकडोनल' में पाँच दोस्तों की कहानी है, जिनके घरेलू नाम बड़े दिलचस्प हैं, कंचा, सुतली, लड्डू, कंडा और सोंटी। मास्टरजी उन्हें नियमित स्कूल आने और पढ़ने के लिए कहते हैं, पर उनका ध्यान तो हर वक्त नई-नई शरारतों में ही लगा रहता है। वे स्कूल न जाकर जंगल और खेतों में पहुँच जाते हैं। वहाँ उनकी ऊधमबाजी की एक खास जगह है, उनका मैकडोनल और ये पाँच ऊधमी दोस्त जो गुलेल से परिंदों को मारते और उनका मांस खाने में ज्यादा रुचि लेते हैं, पाँच भूतों से कम नहीं हैं, जिनकी शरारतों से हर कोई परेशान है। पर जब उन्होंने सुना कि पाँचवीं में अच्छे नंबर आने पर शहर में छठी में उनका बड़े आराम से दाखिला हो जाएगा और उनकी फीस भी माफ हो जाएगी, तो वे सारी शरारतें छोड़कर पढ़ने का फैसला करते हैं। रात-दिन पढ़ाई करके वे इतने अच्छे नंबर लेकर आते हैं कि मास्टरजी गद्गद होकर उनकी प्रशंसा करते हैं। मास्टरजी ने अपनी ओर से विशेष भेंट के रूप में उन्हें पाँच सौ रुपए दिए और गले में गेंदे का हार डालकर उनका स्वागत किया गया। पाँचों दोस्तों को लगा कि वे अब कंचा, सुतली, कंडा आदि-आदि नहीं रहे, कुछ बदल से गए हैं और अब वे इसी तरह अपने गाँव को भी बदलने का फैसला करते हैं।

नासिराजी के बाल उपन्यास 'दिल्लू दीमक' में भी एक शरारती बच्चे का किस्सा है, जिसका नाम तो अमन है, पर उसकी अजीबोगरीब आदतों की वजह से घर में कोई उसे दिल्लू कहकर बुलाता है तो कोई दीमक कहता है। कुछ समय तक तो दिल्लू का यह व्यवहार लोग सह लेते हैं, पर जब घर में छोटा भाई आया तो बड़ी मुसीबत हो गई। इसलिए कि दिल्लू उससे भी चिढ़ता था और सोचता था कि इस नन्हे बच्चे आबिद को कोई प्यार न करे और आबिद के हिस्से की चीजें भी उसे ही मिल जाएँ। उसकी ईर्ष्या और चिढ़ के बावजूद जब नन्हे आबिद को घर में सब लोग प्यार करते हैं तो अमन को बड़ा गुस्सा आता है। उसे लगता कि सब नन्हे आबिद के बजाय बस उसी की बात करें, उसी का खयाल रखें। कुछ दिन तो वह रूठता है, हड़कंप मचाता है, पर धीरे-धीरे उसका व्यवहार बदलने लगता है। जब उसे पता चलता है कि वह नन्हा आबिद उसका भोला, नटखट भाई है तो उसके मन में उसके लिए प्यार उमड़ता है। इसी तरह अपनी बड़ी बहन वफा से भी वह प्यार से बोलने लगता है। उपन्यास का अंत आते-आते दिल्लू दीमक की आदतें इस कदर बदल जाती हैं कि पहले

सब उससे परेशान थे, पर अब वह सबको अच्छा लगने लगता है।

इस कालखंड में रमेश थानवी और अमर गोस्वामी ने भी बड़े विलक्षण और कलात्मक संपूर्णता लिये बाल उपन्यास लिखे। इनमें रमेश थानवी (ज. 1945) का उपन्यास 'घड़ियों की हड़ताल' (1989) सही मायने में एक प्रयोगधर्मी उपन्यास है, जिसमें हमारा समय और सच्चाइयाँ खुलकर सामने आती हैं। उपन्यास की कथा बहुत संक्षिप्त-सी है, पर उसे इस जिंदादिली से कहा गया है कि 'घड़ियों की हड़ताल' इधर के बाल उपन्यासों में एक यादगार उपन्यास बन गया है। उपन्यास की शुरुआत में ही घड़ियों की इस अनोखी हड़ताल का जिक्र है, जिससे सब जगह हड़कंप मच जाता है और सारे काम रुक जाते हैं। लोग हैरान होकर देखते हैं कि अरे, यह क्या? घड़ी की सूइयाँ तो आगे बढ़ ही नहीं रहीं! तो फिर हमें कैसे पता चले कि काम करते हुए कितना समय हो गया? जो लोग अलार्म लगाकर उठते थे, उनकी मुसीबत यह है कि अब वे कैसे उठें। फिर एक बच्चा इस मुश्किल को हल करने के लिए आगे आता है। वह समस्या की तह तक पहुँचता है और बमुश्किल घड़ियों की यह हड़ताल खत्म होती है, जिसने जीवन के पहियों की गति को ही रोक दिया था और पूरा देश जैसे थम-सा गया था। रमेश थानवी का यह बच्चों के लिए लिखा गया अकेला उपन्यास है, पर यह बेशक बच्चों के मन में अपनी गहरी छाप छोड़ता है।

अमर गोस्वामी (1945-2012) ने भी मनोरम कल्पना और फंतासी से जुड़ा बड़ा रोचक बाल उपन्यास लिखा है, 'शाबाश मुन्नू' (2003)। अमरजी की कथा-शैली में हास्य-विनोद की मनोरम छटाएँ बीच-बीच में खासा मनोरंजन करती चलती हैं। इससे उनके इस छोटे-से बाल उपन्यास में अनूठा रस आ गया है। इस बाल उपन्यास का नायक मुन्नू नाम का एक नन्हा-मुन्ना चूहा है, जो एक दफा जंगल के राजा शेर से मिलने चल पड़ता है। उसकी यात्रा में क्या-क्या मुश्किलें आई होंगी, इसका तो अंदाज ही लगाया जा सकता है। आखिर मुन्नू चूहा राजा शेर का एकदम प्रियपात्र और खास अंगरक्षक बन गया। यहाँ तक कि वही हाथीराम, जो एक दिन रास्ता चलते मुन्नू चूहे का बेरहमी से अपमान करके आगे बढ़ गया था, अब उसे ठाट से सवारी कराते हुए चूहे के आगे खुद को शर्मिंदा महसूस करता है। उपन्यास का ताना-बाना ऐसा है, जैसे किसी लंबी लोककथा को उपन्यास की शक्ल दी गई हो। अमर गोस्वामी का यह पहला ही बाल उपन्यास है, पर अपने आपमें यह इतना विलक्षण और पूर्ण है कि 'शाबाश मुन्नू' की चर्चा के बगैर हिंदी बाल उपन्यासों पर चर्चा पूरी नहीं हो सकती।

इरा सक्सेना (ज. 1949) बच्चों के लिए लिखनेवाली बड़ी समर्थ कथा-लेखिका और उपन्यासकार हैं, जिन्होंने कई अच्छी कृतियाँ दी हैं। 'कंप्यूटर के जाल में' और 'मनमौजी मामाजी' उनके अत्यंत चर्चित और महत्त्वपूर्ण बाल उपन्यास हैं। इनमें विज्ञान-फंतासी उपन्यास 'कंप्यूटर के जाल में' खासी ताजगी लिये हुए है। उपन्यास की कहानी कुल मिलाकर यह है एक स्कूल के मेधावी बच्चे अंशुमान को अचानक एक अपराधी गिरोह अगवा कर लेता है। किसी बहाने से उसे स्कूल से बाहर बुलाया जाता है और फिर अपराधी कार में बिठाकर उसे ले उड़ते हैं। अंशुमान क्योंकि कंप्यूटर में खासा होशियार है और कंप्यूटर की नेटवर्किंग के बहुत-से भेद और जटिलताएँ उसे पता हैं, इसलिए अपराधी लोग चुनकर उसे ही अगवा करते हैं। वहाँ उसे आतंकित करके एक कंप्यूटर के आगे बैठा दिया जाता है। मगर आखिर में अंशुमान की चतुराई से कंप्यूटर के जरिए अपराध करनेवाले अपराधी खुद कंप्यूटर के जाल में फँस जाने पर पकड़ लिये जाते हैं। आज के

अच्छे वैज्ञानिक बाल उपन्यास कैसे हों, इसके आदर्श या 'मॉडल' के रूप में बेशक इरा सक्सेना के उपन्यास 'कंप्यूटर के जाल में' को पेश किया जा सकता है।

यों इरा सक्सेना के उपन्यासों के कई रंग हैं। उनके 'मनमौजी मामाजी' (1990) उपन्यास के अनोखे नायक मामाजी सचमुच इतने मनमौजी हैं कि उनके जोड़ का कोई दूसरा आदमी ढूँढ़ना हो तो शायद बरसों लग जाएँगे, लेकिन मनमौजी मामाजी जैसा कोई दूसरा व्यक्ति नजर नहीं आएगा। वे ऐसे कमाल के काम करते हैं कि अड़ोस-पड़ोस के लोग ही नहीं, बल्कि राह चलते लोग भी ठिठक जाते हैं और अचकचाकर देखने लगते हैं कि यह अद्‌भुत पराक्रम कौन शख्स कर रहा है। पर मनमौजी मामाजी के करतब रुकते नहीं। वे लगातार बढ़ते ही जाते हैं और हर बार देखनेवाले लोग आँखें फाड़े उन्हें देखते, कभी-कभी झल्लाते तो कभी जी भरकर तारीफ करते नजर आते हैं। इरा सक्सेना ने इतने दिलचस्प अंदाज में यह उपन्यास लिखा है कि नन्हे पाठक सचमुच इसे पढ़ते-पढ़ते लोटपोट हो जाएँगे। इरा सक्सेना का 'गजमुक्ता की तलाश' भी खासा दिलचस्प बाल उपन्यास है, जिसमें रहस्य-रोमांच और फंतासी साथ-साथ चलते हैं।

इस चरण में उषा यादव ने भी निरंतर बाल उपन्यास लिखकर अपनी पहचान बनाई। उषा यादव (ज. 1948) के बाल उपन्यास आदर्शवादी अधिक हो गए लगता है। उनके 'नन्हा दधीचि' उपन्यास में धनी परिवार के एक संवेदनशील बच्चे दीपक की कहानी है, जो किसी का भी दुःख-दर्द देखकर व्याकुल हो जाता है और उसे दूर करने के लिए कोई भी खतरा उठाने के लिए तैयार रहता है। बाढ़-पीड़ितों की मदद का सवाल आता है तो हर काम में दौड़-दौड़कर आगे रहनेवाला यह बच्चा एकाएक सभी का आदर्श बन जाता है। उपन्यास का अंत बेहद करुण है। अगर यह उपन्यास अति आदर्शवाद का शिकार न होता, तो इसका असर गहरा होता। 'हीरे का मोल', 'सबक' और 'लाखों में एक' (1992) भी उषा यादव के पारंपरिक बाल उपन्यास हैं। इनमें 'लाखों में एक' निस्संदेह सबसे प्रभावशाली है। एक निम्न मध्यवर्गीय परिवार की बेटी को केंद्र में रखकर लिखा गया यह उपन्यास बड़े सुंदर ढंग से यह बात सामने रखता है कि हमारे परिवारों में हर जगह बेटे और बेटियों के बीच भेद-भाव होता है। बेटों को सारी सुविधाएँ मिलती हैं और बेटियाँ तिरस्कृत होती हैं, लेकिन अधिकतर बेटियाँ बुरे हालत में रहते हुए भी जो काम कर दिखाती हैं, वह अकसर एक नजीर बन जाता है। उषा यादव का 'सबक' (2002) एक कुत्ते से दोस्ती के कथानक पर लिखा गया भावनात्मक उपन्यास है, तो 'हीरे का मूल्य' (2001) में एक भटके हुए किशोर को आखिर में सही राह मिलती है।

'सोना की आँखें' (2002) भी उषा यादव का विशिष्ट बाल उपन्यास है, जिसमें सोना हिरनी की कथा बड़े मार्मिक अंदाज में सामने आती है। 'सोना की आँखें' उपन्यास की कथा एक राजकीय उद्यान से जुड़ी है, जिसमें लगातार एक के बाद एक हिरनों की मौत की खबरें सुनाई देती हैं और इससे सबसे ज्यादा दुःखी और बेचैन होता है मनोज, जिसके दिल में भोले-भाले हिरनों के लिए सचमुच सच्चा प्यार है। फिर मनोज को राजकीय उद्यान के निदेशक के बेटे राजन का साथ मिलता है और दोनों अपनी बेचैन खोज में जुट जाते हैं। अंत में यह सचाई पता चलती है कि असली अपराधी राजन के पिता और राजकीय उद्यान के निदेशक हैं तथा वहाँ चौकीदारी का काम करनेवाले मनोज के पिता सेवाराम भी इसमें शामिल हैं। हिरन असल में मरते नहीं हैं, उन्हें धीरे-धीरे विष देकर मारा जाता है, ताकि उन मरे हुए हिरनों से कमाई की जा सके। बच्चों का साहस

और सतर्कता आखिर काम आती है और राजकीय उद्यान में अब एक नया खुशनुमा अध्याय शुरू हो जाता है।

कुछ अरसा पहले उषा यादव के दो और बाल उपन्यास पढ़ने को मिले हैं—'फिर से हँसो धरती माँ' और 'किले का रहस्य'। इनमें 'फिर से हँसो धरती माँ' में प्रदूषण और ग्लोबल वार्मिंग की चिंता है। 'किले का रहस्य' अपेक्षाकृत अधिक रोचक और बाँध लेनेवाला उपन्यास है, जिसमें एक छोटी सी बच्ची मिनी रोचक फंतासी के जरिए पाल राजाओं के किले में जा पहुँचती है। बड़ों के लिए वह किला महज एक खँडहर है, पर एक नन्ही बच्ची उसे अपनी कल्पना से पुनर्जीवित कर इतिहास के गौरव युग में जा पहुँचती है। निश्चित रूप से यह एक बेहद रोचक और महत्त्वपूर्ण बाल उपन्यास है। 'नाचें फिर जंगल में मोर' (2006) भी पर्यावरण की समस्या पर केंद्रित उषाजी का पठनीय बाल उपन्यास है।

प्रकाश मनु (ज. 1950) के प्राय: सभी बाल उपन्यासों के नायक छोटे-छोटे बच्चे ही हैं, हालाँकि इन उपन्यासों की जमीन और मिजाज अलग-अलग हैं। उनके पहले उपन्यास 'गोलू भागा घर से' (2005) में भी एक छोटे बच्चे गोलू की ऐसी दुनिया है, जिसे समझनेवाले लोग आज की दुनिया में बहुत कम हैं। गोलू परेशान होकर घर छोड़कर भाग निकलता है, लेकिन घर से बाहर निकलते ही जिस बीहड़ दुनिया में वह जा पहुँचता है, वहाँ कदम-कदम पर किस तरह के भय और कैसी खतरनाक स्थितियाँ हैं, शायद पहले उसे इसका अंदाजा नहीं था। वह अनजाने ही एक अपराधी गिरोह के चंगुल में जा पड़ता है, लेकिन फिर पुलिस कप्तान रहमान चाचा से उसकी मुलाकात होती है, जो अपराधियों को पकड़ते हैं और बार-बार गोलू की बहादुरी और समझदारी की दाद देते हैं। वही गोलू को अपनी गाड़ी में साथ बैठाकर उसके घर मक्खनपुर छोड़ने आते हैं। अब दूर-दूर तक गोलू का इतना नाम हो गया है कि सारा शहर उसे देखने के लिए उमड़ पड़ता है।

इसी तरह प्रकाश मनु के 'एक था ठुनठुनिया' (2006) उपन्यास का हँसोड़ नायक ठुनठुनिया 'ठुन-ठुन, ठुन-ठुन ठुनठुनिया, ठिन-ठिन, ठिन-ठिन ठुनठुनिया' वाली मस्ती के साथ जीता हुआ खुद हँसता है और सबको हँसाता है। स्कूल में एडमिशन के समय उसने हेडमास्टर साहब के सामने अपनी गँवई बहादुरी की ऐसी मिसाल कायम की कि वहाँ मौजूद अध्यापकों का हँसते-हँसते बुरा हाल हो गया और आखिर हेडमास्टर साहब को उसे एडमिशन देना ही पड़ा। 'एक था ठुनठुनिया' में ठुनठुनिया के ऐसे कई प्रसंग हैं, जो एक साथ हास्य और कौतुक पैदा करते हैं। ठुनठुनिया की खासियत यह है कि वह जीवन के खुले विश्वविद्यालय में सीख लेता है। इसीलिए कभी उसे रग्घू चाचा के मिट्टी के खिलौने आकर्षित करते हैं तो कभी मानिकलाल की कठपुतलियाँ। अंत में उसका जीवन बदलता है। पढ़-लिखकर कुछ बनने के माँ के सपने को वह पूरा करता है, पर अपने पुराने साथियों को नहीं भूलता। अंत में भारतीय कलाओं का एक केंद्र बनाकर वह सबको पास बुला लेता है। प्रकाश मनु के इस उपन्यास को सन् 2010 में साहित्य अकादेमी के पहले बाल साहित्य पुरस्कार से नवाजा गया।

प्रकाश मनु के उपन्यास 'चीनू का चिड़ियाघर' और 'नन्ही गोगो के कारनामे' अपने-अपने ढंग से आज के बच्चे के दिल को छूते और अलग ढंग से अपनी बात कहते नजर आते हैं। 'चीनू का चिड़ियाघर' (2006) की नायिका एक छोटी-सी भोली बच्ची चीनू है, जिसे घूमना पसंद है। वह घूमने जाती है तो कभी उसे हिरन मिलता है, कभी बारहसिंघा, कभी मुटकल्ला हाथी का बच्चा, तो कभी भालू का बच्चा। चीनू सबसे हँस-हँसकर

बातें करती हैं और सबसे उसकी दोस्ती हो जाती है। ओखिर में चीनू के पापा के फार्महाउस पर बना उसका वह अनोखा चिड़ियाघर, जिसकी दूर-दूर तक धूम मच गई। प्रकाश मनु के बाल उपन्यास 'नन्ही गोगो के कारनामे' (2007) में गोगो बड़ी खिलंदड़ी और कल्पनाशील बच्ची है। उपन्यास में घर और पार्क में उसकी नन्ही-नन्ही मीठी शरारतों का वर्णन है। 'खुक्कन दादा का बचपन' (2008) में खुक्कन दादा अपने बचपन के मजेदार किस्से-कहानियाँ सुनाते हैं तो बच्चे हँसते-हँसते लोट-पोट होने लगते हैं।

साहित्य अकादेमी से छपा प्रकाश मनु का बाल उपन्यास 'खजाने वाली चिड़िया' एक रोमांचक खोज से जुड़ा है। होता यह है कि चार दोस्त खजानेवाली चिड़िया की खोज में निकलते हैं। उनमें से हर किसी को खजानेवाली चिड़िया का सपना आता है। चारों को लगता है कि यह खजानेवाली चिड़िया मिल जाए तो उनकी सारी समस्याएँ दूर हो जाएँगी। और बस, घरवालों को बिना बताए वे चुपचाप उस अनोखी चिड़िया की खोज में निकल पड़ते हैं। पर यह यात्रा खतरों से भरी है। कभी उन्हें वन्य जीवों से भरे बीहड़ जंगल में भटकना पड़ा, तो कभी एक से एक अजीबोगरीब जगहों पर वे गए, जहाँ बड़ी से बड़ी आपदाएँ उन्हें आतंकित करने के लिए मौजूद थीं, पर हिम्मती बच्चे डरे नहीं, आगे बढ़ते गए। आखिर एक जगह एक अंधे बाबा मिले। उन्होंने बच्चों को घर जाने की सलाह दी और समझाया कि तुम लोगों ने खजानेवाली चिड़िया की तलाश में भटकते हुए जीवन के इतने रूप देख लिये, सच पूछो तो ये अपने में किसी खजाने से कम नहीं है। प्रकाश मनु के उपन्यास 'नटखट कुप्पू के अजब-अनोखे कारनामे' में एक छोटे से बच्चे कुप्पू की नटखट शरारतों के किस्से हैं, पर इन्हीं के बीच खेल-खेल में वह जीवन के जरूरी पाठ भी सीख लेता है और भविष्य के सपने बुनता है।

समर्थ कथाकार क्षमा शर्मा (ज. 1955) ने भी कुछ अच्छे बाल उपन्यास लिखे हैं। इनमें 'होमवर्क', 'भाईसाहब', 'दूसरा पाठ', 'मिट्ठू का घर', 'पीलू', 'होमवर्क', 'शिब्बू पहलवान', 'इंजन चले साथ-साथ' और 'गोपू का कछुआ' खासे चर्चित हैं। उपन्यास 'दूसरा पाठ' (1991) में एक आदर्शवादी तरुण गौतम की संघर्ष कथा है। घर-भर का लाड़ला गौतम बेहद प्रतिभाशाली और कर्मठ है। पिता की असमय मृत्यु हो जाने पर उस पर दुःखों का पहाड़ टूट पड़ा। कच्ची उम्र में ही उसने अध्यापकी शुरू की, पर साथ के अध्यापकों द्वारा उसे तंग करने के लिए तरह-तरह की चालें चली जाती हैं। उपन्यास का अंत एक प्रसन्न मोड़ पर होता है। गौतम को ऐसी जगह नौकरी मिल जाती है, जहाँ पढ़ाना और पढ़ना साथ-साथ हो पाएगा और उसकी आँखों में तब ऐसी चमक उभरती है, जिसका वर्णन करना मुश्किल है। 'भाईसाहब' (2009) भी क्षमाजी का एक सुंदर आत्मकथात्मक उपन्यास है। यह एक ऐसे युवक रमेश की कहानी है, जिसमें विकलांग होते हुए भी गजब का जीवट और हौसला है। यह प्रतिभाशाली युवक निरंतर संघर्ष करके खुद तो अपने लिए एक मुकाम बनाता ही है, अपने छोटे भाई-बहनों को भी स्नेह बाँटते हुए उन्हें आगे बढ़ाने में भरपूर सहयोग करता है।

क्षमा शर्मा का 'मिट्ठू का घर' (1998) एक तोते से जुड़ा बड़ा सुंदर भावनात्मक सुंदर उपन्यास है, तो 'पीलू' में बतख के नन्हे, नटखट बच्चे की अदाएँ और चंचलता मन मोह लेती है। उनका 'शिब्बू पहलवान' (1992) भी खासा दिलचस्प उपन्यास है, जिसमें शिब्बू पहलवान की बहादुरी और पहलवानी दावँ-पेच के अलावा उनकी दयालुता, सरलता, खुद्दारी और स्वाभिमान की भी एक से बढ़कर एक ऐसी झाँकियाँ हैं, जो मोह लेती हैं। उपन्यास का अंत खासा रोमांचक है। एक दिन गाड़ी में शिब्बू पहलवान यात्रा कर रहे थे कि

अचानक गाड़ी रुकी, एक आदमी तेजी से खेतों की ओर भागा। शिब्बू पहलवान को असलियत मालूम हुई कि वह किसी के पैसे चुराकर भागा है, तो वे चोर के पीछे-पीछे इस कदर तेजी से भागे कि उसके होश उड़ गए। चोर बंबे में कूदा, पर दूसरे किनारे पर पहुँचने पर बेचारा जहाँ से भी सिर निकाले, उसे यमराज जैसे शिब्बू पहलवान नजर आ जाते। सचमुच शिब्बू पहलवान का चरित्र ऐसा है कि एक बार पढ़ने के बाद भुलाया नहीं जा सकता। हाँ, यह कसक जरूर रहती है कि काश, इसमें ऐसे ही मजेदार कुछ प्रसंग और होते।

क्षमा शर्मा के 'इंजन चले साथ-साथ' और 'होमवर्क' सरीखे बाल उपन्यास आज के बच्चों के मिजाज से जुड़ते हैं। इनमें 'इंजन चले साथ-साथ' (1998) बच्चों के अंदर छिपी कलात्मक और कुछ नया रचने-गढ़ने की संभावनाओं की अपने ढंग से खोज करता है। इसी तरह 'होमवर्क' (2000) काफी अलग ढंग का उपन्यास है, जिसमें 'होमवर्क' के कुछ नए ही अर्थ खुलते हैं। असल में होमवर्क उपन्यास बच्चों से ज्यादा उनके मम्मी-पापा के होमवर्क का उपन्यास बन गया है। वे रोज-रोज बच्चों को समझानेवाला होमवर्क न करें, तो न घर चल पाएगा, न नौकरी। समस्या का यह कोण एकदम नया है और होमवर्क का अर्थ भी, लेकिन लगता है, लेखिका ने अपने, यानी बड़ों के होमवर्क को कुछ ज्यादा ही खींच दिया है, जिससे बच्चों का होमवर्क कुछ दब-सा गया है। वरना बच्चों की होमवर्क की यह चिंता भी कोई मामूली नहीं है, जिससे ज्यादातर बच्चे दबे रहते हैं और उनका बचपन सिसकता है। 'गोपू का कछुआ', 'घर या चिड़ियाघर' तथा 'नाहरसिंह के कारनामे' (2006) भी क्षमा शर्मा के उल्लेखनीय बाल उपन्यास हैं। ऐसे ही 'डायनासोर की पीठ पर' (2012) क्षमाजी का खासा रोचक बाल उपन्यास है, जिसमें चाचा अफलातून के एक से एक मजेदार किस्से हैं, जिन्हें सुनकर बच्चे आनंदित होते हैं।

अरसे से बच्चों के लिए लिखते आ रहे एक बड़े ही समर्थ और प्रतिभाशाली लेखक हरीश तिवारी का बाल उपन्यास 'मैली मुंबई का छोक्रा लोग' (2006) भी ध्यान खींचता है। यह सचमुच हिंदी बाल उपन्यासों के इतिहास में बहुत कुछ नया जोड़नेवाला एक अद्‌भुत बाल उपन्यास है, जिसमें मुंबई की जिंदगी के सच्चे अक्स हैं। 'मैली मुंबई का छोक्रा लोग' उपन्यास का नायक रोज-रोज दु:ख और अपमान के धक्के खाता झोंपड़पट्टी का एक लड़का है, जिसके भीतर आखिर पढ़ने और कुछ कर दिखाने की लौ पैदा हो जाती है। उसके सामने दु:ख ही दु:ख, अभाव ही अभाव हैं और कल की रोटी तक का ठिकाना नहीं है। लेकिन किताबों के लिए उसका प्यार बढ़ता ही जाता है और आखिर जब वह अपने जीवन की इस कठिन परीक्षा से गुजरकर, अपनी प्रतिभा की धाक जमा लेता है, तो लोग भौचक्के रह जाते हैं कि झोंपड़पट्टी की मैली जिंदगी के बीच भी क्या प्रतिभा के ऐसे अनोखे फूल खिल सकते हैं, जिनकी सुवास दूर तक फैलती जाती है। उपन्यास के किशोर नायक को हर कदम पर जिस तरह की मुश्किलों का सामना करना पड़ता है, यहाँ तक कि अकारण उसे पुलिस थाने में बंद कर दिया जाता है, इस सबका हरीश तिवारी ने इतनी संवेदना से धड़कते हुए शब्दों में वर्णन किया है कि यह उपन्यास बाल पाठकों के दिल में उतर जाता है। हरीश तिवारी का 'नटखट बाबू की मिठाई-लीला' (2005) हास्यपूर्ण बाल उपन्यास है, जिसमें नटखट बाबू की कभी न भुलाई जा सकने वाली कुछ दिलचस्प अदाएँ हैं।

निम्न वर्ग के पात्रों को लेकर ओमप्रकाश कश्यप ने भी एक उपन्यास लिखा है, 'मिश्री का पहाड़'।

इस उपन्यास का नायक एक बच्चा टोपीलाल है, जो बचपन से भी अपनी प्रतिभा और बुद्धिमत्ता से दूसरों को प्रभावित करता आ रहा है। टोपीलाल एक राजमिस्त्री का बेटा है। उसके जन्म के बाद उसकी माँ भी काम करना शुरू करती है। इस हालत में मजदूरी करना उसके लिए मुश्किल है, इसलिए वह भी पति की तरह राजमिस्त्री बनने का निर्णय करती है और सचमुच राजमिस्त्री बनकर अपने हुनर से सभी को प्रभावित करती है। टोपीलाल बचपन से माता-पिता के कष्टों को देखता आ रहा है, साथ के और गरीब लोगों की तकलीफों को भी वह महसूस करता है। उसके अंदर पढ़ने-लिखने और आगे चलकर कुछ बनने का सपना है। एक दिन वह एक डाकिए को चिट्ठी पकड़ाता है, जिसमें उसने राष्ट्रपति को अपनी पढ़ने-लिखने की इच्छा के बारे में लिखा है। उपन्यास का अंत एक उम्मीद भरे सपने के साथ होता है। उपन्यास में लेखक के विचार कई जगह सीधे-सीधे आकर कथारस को भंग करते हैं। भाषा भी कहीं-कहीं बच्चों के लिहाज से बोझिल और कृत्रिम हो गई है। अगर उपन्यास एक सहज कथा-धारा के रूप में चलता तो बाल और किशोर पाठकों को कहीं अधिक रुचिकर लगता।

कृष्णकुमार लंबे अरसे से बालशिक्षा और बच्चों की समस्याओं पर लिखते आ रहे हैं। इधर उनका बच्चों के लिए बड़ा सुंदर उपन्यास छपा है, 'पूड़ियों की गठरी' (2013)। उपन्यास में एक स्कूल के बच्चों की पिकनिक का किस्सा है। इसके लिए खूब तैयारियाँ होती हैं। बड़ी बहनजी यानी हेड मास्टरनी और उनके यहाँ काम करनेवाली तिजिया भी ढेर सारी पूड़ियाँ बेलकर उत्साह से इस पिकनिक की तैयारियों में व्यस्त है। स्कूल की कई बरसों से बेकार खड़ी हुई खटारा बस को ठीक कराया जाता है और उसी पर बैठकर लड़कियाँ पिकनिक पर जाती हैं। उनके उत्साह का ठिकाना नहीं है, मगर मन में आशंका भी है कि कहीं यह खटारा बस रास्ते में ही न रुक जाए। इस लिहाज से दो छात्राओं पुष्पा और राधा की आपसी शर्त के जरिए उपन्यास की शुरुआत खासी दिलचस्प है। मगर इस कहानी के बीच में पूड़ियों की गठरी का ऐसा मजेदार किस्सा जुड़ जाता है कि अंत तक कौतुक बना रहता है। उपन्यास का आखिरी हिस्सा खासा रोमांचक है, जिसमें स्कूल की उसी खटारा बस के जरिए आगे-आगे दौड़ती जा रही उस बस का पीछा किया जाता है, जिसमें पूड़ियों की गठरी छूट गई है। स्कूल की पुरानी खटारा बस सचमुच यहाँ किसी थ्रिलर जैसा कमाल दिखाती है। निश्चय ही 'पूड़ियों की गठरी' कृष्णकुमार का यादगार उपन्यास है, जिसमें एक ऐसे स्कूल का वर्णन है, जिसमें बच्चे, कर्मचारी और हेड मास्टरनी तक, सभी एक परिवार का हिस्सा लगते हैं।

योगेंद्रदत्त शर्मा (ज. 1950) बच्चों के चहेते कवि हैं, पर उन्होंने एक अनूठा बाल उपन्यास भी लिखा है—'रेगिस्तान में खरगोश' (2007)। उपन्यास में एक छोटे बच्चे की कहानी है, जिसके मन में हमेशा आस-पास की दुनिया को देखकर नए-नए सवाल, नई-नई जिज्ञासा और नई-नई कल्पनाएँ उठती रहती हैं। उसके सवालों के जवाब देनेवाला कोई नहीं है। उसकी मुश्किलें कोई हल नहीं करता और वह यह भी नहीं जानता कि वह अपनी कल्पनाओं में किसे साझीदार बनाए? लेकिन जब वह एक बार घूमने के लिए अपनी मौसी के पास देहरादून गया तो उसे मौसी में एक ऐसी मित्र दिखाई पड़ी, जो शायद उसकी बाल कल्पनाओं को समझ सकती थी और उससे अनोखे ढंग से बात कर सकती थी। बच्चे के मन की कई उलझनें सुलझती हैं और जब वह लौटकर घर आता है तो वह एक बदला हुआ बच्चा होता है। उसकी दोस्ती तब एक खरगोश

से होती है और पड़ोसी के कुत्ते ने उसे मार दिया, तो अपने प्यारे खरगोश के लिए उसके मन में कविता की कुछ पंक्तियाँ फूटती हैं। और जो दोस्ती बच्चे की खरगोश के साथ थी, वही बड़े होने पर कविताओं के साथ हो जाती है। अपनी सीधी-सच्ची कविताओं में वह अपने खोए हुए खरगोश को पा लेता है। योगेंद्रदत्त शर्मा ने इतनी मासूमियत से इस उपन्यास का ताना-बाना बुना है कि हर बच्चे को यह एकदम अपना-सा उपन्यास लगेगा।

इस कालखंड में विमला भंडारी, अलका पाठक और मोनिका गुप्ता ने भी बाल उपन्यास लिखे। विमला भंडारी (ज. 1955) का दो खंडों में प्रकाशित 'इल्ली और नानी' (1999) बहुत रोचक बाल उपन्यास है। इस उपन्यास में कीड़े-मकोड़ों की हैरतअंगेज कहानी बड़े ही खूबसूरत अंदाज में पेश की गई है। सब जानते हैं कि कीड़े-मकोड़े ही हमारे आसपास तरह-तरह की बीमारियाँ फैलाते हैं, पर कीड़े-मकोड़ों की यह दुनिया होती कैसी है, उनका आपस का कार्य-व्यापार कितना अद्भुत और रोमांचक है, यह नानी और इल्ली की बातों से समझा जा सकता है। उपन्यास इतना रसपूर्ण है कि आप इसे पूरा पढ़े बिना छोड़ नहीं सकते। कीड़े-मकोड़ों के संसार के काम-काज को रोचकता से समझानेवाले ऐसे उपन्यास हमारे यहाँ अधिक नहीं हैं। इसी तरह विमला भंडारी का 'सुनेहरी और सिमरू' (2011) वन्य जीवों पर लिखा गया रोचक बाल उपन्यास है। 'सितारों से आगे' (2012) भी विमलाजी का उल्लेखनीय उपन्यास है। इसमें कूड़ा बीननेवाले बच्चे दल्ला और एक छोटी बच्ची नुसरत से जुड़े प्रसंग बहुत भावनात्मक और मर्मस्पर्शी हैं।

अलका पाठक (ज. 1952) का 'इनसान का बेटा' भी छोटे बच्चों के लिए लिखा गया अपने ढंग का अद्भुत बाल उपन्यास है। अलका पाठक समर्थ कहानीकार और व्यंग्यकार हैं, पर इधर बच्चों के लिए भी उन्होंने कुछ अच्छी कहानियाँ और उपन्यास लिखे हैं। इनमें 'इनसान का बेटा' (1998) तो इतना रोचक और बाँध लेनेवाला उपन्यास है कि इसका एक-एक शब्द बच्चों के मन में उतरता जाता है। उपन्यास का नायक है बाबू, यानी कथावाचिका का अपना बेटा। बाबू थोड़ा नटखट, थोड़ा चंचल है, लेकिन समझदार भी तो कम नहीं है। फिर भी रोज उसकी एक से एक नई शरारतें सामने आती हैं और ममतामयी कथाकार माँ किस लाड़ से उसकी उलझनों को सुलझाती और उसे भला और समझार बच्चा बनने की राह दिखाती है, यह सब इतने मजेदार ढंग से इस उपन्यास में वर्णित है कि बच्चे इसे पढ़ते-पढ़ते लोटपोट हो जाएँगे। हिंदी में छोटे बच्चों के लिए लिखे गए उपन्यास अधिक नहीं हैं। इस लिहाज से 'इनसान का बेटा' सचमुच एक अनोखा और यादगार बाल उपन्यास है, जिसे बार-बार पढ़ा जाएगा और वर्षों तक याद रखा जाएगा।

मोनिका गुप्ता का 'वो तीस दिन' (2014) भी इस कालखंड में लिखा गया बड़ा भावपूर्ण बाल उपन्यास है। उपन्यास की कथा एक अध्यापिका प्रिया दी को केंद्र में रखकर आगे चलती है। प्रिया दी छुट्टियों में तीस दिन तक बच्चों को कुछ अलग ढंग से पढ़ाती हैं, जिससे बच्चे कुछ नई बातें सीखें और अपने जीवन में अपनाएँ। दी की कक्षा में आना बच्चों को इतना अच्छा लगता है कि वे बड़ी उत्सुकता से कक्षा के समय का इंतजार करते हैं। दी की बातें ऐसी हैं, जिनसे मन में कुछ करने की उमंग पैदा होती है। हर बच्चा उनका मुरीद है, पर तीस दिन बाद पता चलता है कि दी को कैंसर है और वे अस्पताल में हैं। दी कैंसर से बच नहीं पातीं, पर बच्चों के मन में उनकी जो भली-भली सी सुंदर छवि अंकित होती है, उसे वे कभी भूल नहीं पाते। उपन्यास बोलचाल की रोचक भाषा में लिखा गया है। इसलिए बच्चे इसे बेहद रुचि से पढ़ेंगे और हमेशा याद रखेंगे।

इसी तरह लता पंत का 'राममोहन सर' (2000) एक आदर्श अध्यापक पर केंद्रित पठनीय बाल उपन्यास है।

साजिद खान (ज. 1976) ने एक छोटी सी बच्ची अल्लू की भोली शरारतों पर केंद्रित 'अल्लू' (2005) बाल उपन्यास लिखा है। अल्लू में बड़ी अबोधता है और उसकी भोलेपन से भरी बातें सुनकर हँसी आती है। दादीजी और चाचू से जुड़े उसके कई मजेदार प्रसंग भुलाए नहीं भूलते। उपन्यास में अल्लू के अलावा जबीं, रमीज, पन्नू, उमरा, निशी आदि बच्चे भी हैं, पर इनमें अल्लू सबसे अलग है और बड़ी मनमोहक है। कथावाचक का कहना है, "सचमुच अल्लू के खिलौने बंदर, भालू और छोटा जोकर हैं और हमारा खिलौना अल्लू है। उससे खेले बिना हम उदास रहते हैं।" पर इसी के साथ ही इतनी छोटी उम्र में भी उसमें बड़ी समझदारी है, जो बड़ों को प्रभावित करती है। अल्लू जिद्दी है और अपनी बातें मनवाना जानती है। कभी-कभी उसकी जिद पर खीज भी आती है, पर अपनी इन्हीं नटखट शरारतों और भोलेपन से वह मन में इतनी जगह बना लेती है कि उसके शहर जाने पर हर किसी की आँखें नम हैं और सब मानो एक-दूसरे से आँखें चुरा रहे हैं। उपन्यास के कथा-संयोजन में कुछ शिथिलता है, जिससे कई बार वह अल्लू से हटकर दूसरी चीजों पर केंद्रित हो जाता है। अगर पूरा उपन्यास अल्लू पर ही केंद्रित होता तो इसका प्रभाव बेशक और बढ़ जाता।

बाल उपन्यासों में पशु-पक्षियों के लिए अनुराग

बच्चों का पशु-पक्षियों से स्वाभाविक लगाव होता है। इसलिए ऐसे उपन्यास, जो पशु-पक्षियों के चरित्र को केंद्र में रखकर लिखे जाते हैं या उनकी दुनिया के अंदर दूर तक झाँकने की कोशिश करते हैं, बच्चों को खासकर रिझाते हैं। विकास युग में भी पशु-पक्षियों को लेकर कई उपन्यास लिखे गए। इनमें बल्लभ डोभाल का 'उस्ताद भूरेलाल' (1996) थोड़ा पारंपरिक ढंग का उपन्यास होने पर भी खासा रोचक है। उपन्यास एक सहृदय, उदार किस्म के बाबाजी और भूरेलाल नाम के एक निहायत चंचल शरारती चूहे के बीच पनपी एक मजेदार कथा को आधार बनाकर चलता है। इसे अजीब-से प्यार और चिढ़ की कथा भी कह सकते हैं। शायद सच तो यह है कि बाबाजी का भूरेलाल से खासा लगाव-सा है और वे उसका नुकसान कतई नहीं चाहते। मगर इसका क्या किया जाए कि भूरेलाल बाबाजी को छकाने और तंग करने में कोई कसर नहीं छोड़ता। अलबत्ता बल्लभ डोभाल का 'उस्ताद भूरेलाल' उपन्यास पढ़कर समझ में आता है कि आदमी और पशु-पक्षियों के जीवंत संसार का रिश्ता इतना सीधा और एकरेखीय नहीं है, जितना ऊपर से नजर आता है। इसमें कई पेंच ही नहीं, मिली-जुली भावनाओं के कई ऐसे शेड्स भी हैं, उपन्यासकार जिन्हें उजागर करे तो रचना में नई जान आ जाती है। इस लिहाज से बल्लभ डोभाल का यह बाल उपन्यास खासा दिलचस्प और मन को बाँध लेनेवाला है।

पंकज बिष्ट (ज. 1945) के बाल उपन्यास 'भोलू और गोलू' (1994) में सरकस में काम करनेवाले एक भालू के बच्चे भोलू और महावत के बच्चे गोलू की दोस्ती है। बड़ी ही प्यारी दोस्ती, जिससे दोनों को ही बड़ी खुशी मिलती है। खासकर भोलू तो गोलू से दोस्ती से पहले एकदम उदास और अनमना रहता है। इतना कि गोलू उसके निकट आया तो उसे देखकर उलटे खीज गया और उसे सबक सिखाने पर उतारू हो गया। पर आखिर भोलू ने गोलू के दिल के प्यार को पहचाना और फिर तो उसके जीवन में एक नया उत्साह और उमंग भर जाती है। सर्कस में अपनी बारी आने पर ऐसे-ऐसे कमाल के खेल वह दिखाता है कि क्या कहें! अंत

में यह गोलू की कोशिशों का ही नतीजा है कि भोलू सर्कस से छूटकर जंगल में जा पहुँचता है। उस जंगल में, जो सचमुच उसका अपना और बड़ा घर है। वहाँ चिड़ियों, पेड़ों और हवा से उसकी दोस्ती हो जाती है और अंदाजा लगाया जा सकता है कि अब अपने घर में आ जाने पर, अपनी मस्ती से जीते हुए भोलू कितना खुश है!

हिमांशु जोशी (ज. 1935) का 'तीन तारे' (2000) बाल उपन्यास भी खासी तन्मयता से लिखा गया है। उसमें तीन दोस्तों की कथा है। इनमें एक नटखट बच्चा है टिंकू और दो उसके प्यारे-प्यारे दोस्त हैं—गब्बू और नब्बू। चौंकिए नहीं, ये गब्बू और नब्बू गधे के बच्चे हैं, पर इतने प्यारे और मासूम कि इन पर सचमुच बड़ा प्यार आता है। हालाँकि उनके प्यार और दोस्ती की कद्र करनेवाले हैं ही कहाँ! सभी तो 'गधे के बच्चे' कहकर उन्हें 'दुर-दुर' करके दूर भगाते हैं, पर टिंकू है कि उन पर जान छिड़कता है। उनके लिए घर में भी झगड़ता है और बाहर भी। फिर तीनों बिछुड़ते हैं, मिलते हैं और एक अजीब-सी यात्रा पर चल पड़ते हैं, जिसमें कई तरह के कमाल के काम होते हैं। उपन्यास के अंत में ये तीन दोस्त, जो एक-दूसरे के सच्चे हमदर्द तथा सीधे-सरल प्राणी हैं, तीन तारों की तरह चमकते और झिलमिलाते नजर आते हैं। हिमांशु जोशी की शैली में किस्सागोई का इतना गहरा पुट है कि पाठक के मन में अंत तक उत्सुकता बनी रहती है कि अब क्या होनेवाला है या आगे क्या होगा! यों 'तीन तारे' बगैर किसी उपदेश के भी बड़े सीधे-सरल ढंग से मन में दूसरों, खासकर पशुओं के प्रति प्यार और हमदर्दी पैदा करनेवाला उपन्यास है।

सुरेखा पाणंदीकर (1938-2015) का 'सहेली' (2006) भी इसी धारा का एक महत्त्वपूर्ण बाल उपन्यास है। इसमें एक दिलेर लड़की सोहनी और उसकी प्यारी ऊँटनी मोहनी की कथा है। यह अचरज की बात है कि दोनों का जन्म एक साथ हुआ और उनका आपस में इतना प्रेम है कि मोहनी बिना कहे सोहनी की बात समझ जाती है। उसी गाँव में मुखिया का ऊधमी बेटा बीरसिंह अकसर अपने स्कूटर पर बैठकर शान बघारता हुआ, लड़कियों को तंग करता है। इस पर सोहनी के इशारे पर मोहनी ने उसे खूब सबक सिखाया। अब मुखिया सोहनी और मोहनी दोनों से बदला लेने के लिए तरकीब सोचता है। एक दिन उसने मोहनी पर कब्जा करने की ऐसी चाल चली कि सोहनी परेशान हो गई। पर गाँव की सब लड़कियाँ, यहाँ तक कि बीरसिंह की बहन रज्जो भी उसकी मदद के लिए आगे आ गई। आखिर में मुखिया, जो चोरी-छिपे चरस का धंधा कर रहा था, उसकी पोल सोहनी और मोहनी ही खोलती हैं। अपनी दुष्टता से दूसरों को सतानेवाले मुखिया को जेल की हवा खानी पड़ी। पूरा गाँव सोहनी और मोहनी की हिम्मत की तारीफ करता है। सोहनी की अलबेली सहेली मोहनी को भी अब दूर-दूर तक लोग जान जाते हैं।

बानो सरताज (ज. 1945) का 'पक्या और परीछम' (2011) भी ऐसा ही रोचक बाल उपन्यास है। इसमें एक छोटे से बच्चे पक्या और उसकी प्यारी बकरी परीछम की कथा कई तरह के रोचक उचार-चढ़ाव के साथ आगे बढ़ती है और पाठकों को बाँध लेती है। पक्या एक गरीब, लेकिन दिलखुश बच्चा है, जो बकरियाँ चराता है। वह सभी बकरियों को बड़े प्यार से रखता है, पर परीछम से बहुत प्रेम करता है। एक दिन पक्या की और सब बकरियाँ तो लौट आईं, पर परीछम नहीं लौटी। चिंतित और परेशान पक्या परीछम की तलाश में निकला तो एक से एक विचित्र और हैरतअंगेज घटनाएँ घटती गईं। उपन्यास में रानी और पक्या की दोस्ती बड़े मजेदार ढंग से होती है। इसी तरह करीम और चंद्रभागा का प्रसंग भी सुंदर है।

पक्या अपने मित्रों के साथ अपराधियों की तलाश में आगे बढ़ा तो लगा, रहस्य हर घड़ी गहरा होता जा रहा है। अंत में न सिर्फ परीछम के खोने का राज पता चला, बल्कि अपराधियों का गिरोह भी पकड़ा गया। अब हर कोई पक्या की हिम्मत की तारीफ कर रहा है। पक्या और उसके साथियों का सम्मान हुआ। उनके स्कूल जाने का इंतजाम हुआ और पक्या को उपहार के रूप में उसकी प्यारी परीछम मिल गई। उपन्यास में कुछ कमजोरियाँ भी हैं, पर बानो सरताज ने सचमुच मन से यह उपन्यास लिखा है, इसलिए यह बाल पाठकों को बाँध लेता है। बानो सरताज का एक और उल्लेखनीय बाल उपन्यास है 'जंगल में मंगल' (1997)। उपन्यास का नायक एक छोटा-सा अनाथ बच्चा राजा है, जो अपने नेक कामों और हिम्मत के कारण सभी को अच्छा लगता है। उपन्यास में कई नाटकीय प्रसंग हैं, पर अधिक आदर्शवादी हो जाने के कारण कहीं-कहीं फीका और प्रभावहीन भी लगता है।

प्रेम जनमेजय (ज. 1949) ने हास्य और व्यंग्य की छटाओं से भरपूर 'नल्लूराम' (1982) उपन्यास लिखा है। उपन्यास का नायक नल्लूराम एक चुस्त और दिलेर पिल्ला है, जो अपनी कमाल की अदाओं से मोहल्ले के बच्चों को छकाए रखता है। शुरू में कुछ बच्चे नल्लूराम से चिढ़े भी और उसे घर से दूर छोड़ आए, यहाँ तक कि मारने की कोशिश भी की, मगर नल्लूराम तो ठहरा नल्लूराम। उसने अपने अजब-गजब कारनामों से मोहल्ले के सारे बच्चों को इस कदर ललचाया कि सभी नल्लूराम के दीवाने हो गए। नल्लूराम एक के बाद एक अपने शानदार कारनामों से सचमुच एक वीर नायक सरीखा लगता है। इस बाल उपन्यास में प्रेम जनमेजय ने हास्य की ऐसी मीठी फुलझड़ियाँ भर दी हैं कि पढ़ते-पढ़ते बरबस हँसी छूट पड़ती है।

पशु-पक्षियों की दुनिया के इर्द-गिर्द रचे गए बाल उपन्यासों में क्षितिज शर्मा (ज. 1950) के 'भवानी के गाँव का बाघ' तथा 'पामू का घर' भी बिल्कुल अलग ढंग के उपन्यास हैं। 'पामू का घर' (1997) में पामू हिरन का एक छोटा-सा बच्चा है और पामू का घर है जंगल, जहाँ वह मस्त कुलांचें भरता है। पामू जब छोटा-सा था तो किस तरह उसकी माँ ने उसे जंगल और वहाँ के जानवरों के बारे में बताया, किस तरह उसे जंगल में शिकार करने आए आदमियों से बचना सिखाया, 'पामू का घर' में क्षितिज शर्मा ने सुंदर ढंग से इसका वर्णन किया है। असल में पामू हिरन का बच्चा सही, लेकिन उसके दिल में एक आदमी के बच्चे जैसी भावना और कौतूहल है। इस दुनिया को जानने-समझने की जिज्ञासा है और कल्पना की दुनिया के नए-नए रंग और कौतुक हैं। यही चीजें कई बार पामू को भटका भी देती हैं। जब शिकारी के आतंक से हिरन भाग रहे थे तो पामू भटक गया, मगर फिर कैसे चतुराई और साहस के साथ खुद को बचाता हुआ वह वापस अपनी माँ के पास पहुँचा और उसने जीवन की कितनी बड़ी सीख ली, यह प्रसंग उपन्यास में अच्छे ढंग से आया है।

क्षितिज शर्मा का 'भवानी के गाँव का बाघ' (1994) भी अपने ढंग का अनूठा और बाँध लेनेवाला उपन्यास है। क्षितिज ने पहाड़ के ग्राम्य जीवन की कई अनूठी और मनोहारी छवियाँ उपस्थित करने के साथ-साथ बड़ी बारीकी से इस ओर इशारा किया है कि पहाड़ पर बच्चे बाघ के आने के आतंक की छाया में बड़े होते हैं। 'कहीं बाघ न आ जाए!' बड़ों से बार-बार सुनी गई यह बात बच्चों के मन में बाघ के प्रति भय के साथ-साथ एक खास तरह का रोमांच भी पैदा करती है और फिर एक दिन सचमुच भवानी और उसके दोस्तों की बाघ से भिड़ंत हो जाती है। मजे की बात यह है कि उस बाघ को उन्होंने भालू समझकर पत्थर मार-मारकर

भगाया, तो उन निर्भय बच्चों को एक बड़े आदमी ने ही आकर बताया कि "अरे, वह तो बाघ था, भालू नहीं!" और सुनते ही क्षण भर के लिए तो बच्चों का दिल दहल गया।…मगर फिर जहाँ डर था, वहाँ एक अनोखा साहस का भाव पैदा हुआ। कुल मिलाकर 'भवानी के गाँव का बाघ' पहाड़ पर मनुष्य और वन्य पशुओं के बीच साहचर्य की एक बिल्कुल अलग-सी कथा है। क्षितिज शर्मा ने इसे खूब रचाकर लिखा है।

वन और वन्य पशुओं की सुंदरता और सम्मोहन से भरे उपन्यासों में विनायक (ज. 1936) के 'नदिया और जंगल', 'चाची और चुनौतियाँ', 'चरखी का बेटा', 'नदी किनारे वाली चिड़िया' तथा 'पानी बरसने वाला है' का जिक्र भी जरूरी है। इनमें 'नदिया और जंगल' (2002) तो लाजवाब है। उपन्यास के शुरू में शेर-शेरनी के दांपत्य और पारिवारिकता का बड़ा ही खूबसूरत चित्र है। शेर और घड़ियाल की दोस्ती हो जाती है। फिर एक के बाद एक कई प्रसंग घटित होते हैं और घड़ी चाचा ऐसी आदर्श दोस्ती की मिसाल कायम करते हैं, जैसी शायद आदमियों की दुनिया में भी न हो। उपन्यास का आखिरी हिस्सा बड़ा करुण है। एक शिकारी दल जंगल में शिकार के लिए आया। शेर-शेरनी का बेटा जंगल उनकी पकड़ में आ जाता है। बेटे को बचाने के लिए छलाँग लगाकर कैद में पहुँची शेरनी को गोली लगती है और वह मारी जाती है, पर मरते हुए भी उसे इस बात की खुशी है कि जंगल अब आजाद है। उपन्यास के अंत में बच्चों के साथ बैठा हुआ शेर आसमान की ओर मुँह उठाए दहाड़ता है, 'शेरनी तुम कहाँ हो?' तो पूरे जंगल में उसकी करुण पुकार छा जाती है। विनायक का उपन्यास 'नदिया और जंगल' बार-बार पढ़ने लायक उपन्यास है, क्योंकि इसे पढ़कर समझ में आ सकता है हिंदी बाल उपन्यास कहाँ से चलकर और किन-किन रास्तों से गुजरकर, किन ऊँचाइयों तथा पूर्णता तक आ पहुँचा है।

विनायक का एक नन्ही, मगर हिम्मती चींटी पर लिखा गया 'चाची और चुनौतियाँ' (2004) भी इधर छपे बाल उपन्यासों में सचमुच बेजोड़ है। इस उपन्यास की नायिका है एक नन्ही-सी चीज समझी जानेवाली चींटी, मगर विनायक की यह खासियत है कि नाजुक-सी कायावाली इस नन्ही-सी चींटी को उन्होंने चाची बनाकर जो गजब का व्यक्तित्व दिया है, उसके आगे जंगल के सारे प्राणी छोटे लगते हैं, मानो चाची के छोटे-छोटे गतिमान पैर पूरे जंगल पर भारी हों। लेकिन उपन्यास का अंत बेहद कारुणिक है। गुस्से में बिफरे हुए जानवर जब शहर पर हमला बोल देते हैं, तो देखते ही देखते मशीनें और राइफलें आग उगलती हैं। जानवरों की लाशों के अंबार लग जाते हैं। गज्जू हाथी, जो सबसे आगे चल रहा था, मारा जाता है और उसकी आँख में छिपकर चाची, जो संग्राम में पहुँची थीं, आखिर खत्म हो जाती हैं। जंगल की बेटी की कहानी इस तरह खत्म होती है, लेकिन विनायक ने कहानी को जिस मार्मिक अंत तक पहुँचाया है, उसमें वह खत्म न होकर फिर से एक नई चेतना और एक नई शक्ति के साथ आगे बढ़ती जान पड़ती है। ऐसे ही विनायक के उपन्यास 'चरखी का बेटा' (2006) में एक सियारिन चरखी के बुद्धू बेटे चतुरी की अद्भुत कथा है। शुरू में उसके सीधे-सादेपन के कारण हर कोई उसका मजाक उड़ाता है। पर बाद में इसी बुद्धू चतुरी में आत्मविश्वास जागा, तो वह बुद्धिराजा बना और शेर उसी को अपना उत्तराधिकारी बनाकर मानो जंगल से विदा लेता है। विनायक ने अपने सभी उपन्यासों में जंगल को बचाने के लिए जो मार्मिक पुकार गूँथ दी है, उसके लिए उनकी बेशक तारीफ करनी होगी। 'नदी किनारे वाली चिड़िया' (2009) भी विनायक का काफी दिलचस्प बाल उपन्यास है, जिसमें

एक नन्ही चिड़िया और मगरमच्छ की दोस्ती के बड़े स्वाभाविक प्रसंग हैं। इसी तरह 'पानी बरसने वाला है' (2011) में शेर परिवार और रीछ-रीछनी के आपसी प्रेम की बड़ी ही भावपूर्ण कहानी है। जंगल के कटने से शेर समेत जंगल के सारे जीव किस तरह अनाथ हो गए हैं, उपन्यास में इसका बहुत ही मार्मिक चित्रण हुआ है।

सरोज मुखर्जी, श्रीकृष्णकुमार त्रिवेदी, दिनेश पंचाल, राकेश 'चक्र' और कमलेश भट्‌ट 'कमल' ने भी पशु-पक्षियों के जीवन में झाँकनेवाले उपन्यास लिखे। इनमें सरोज मुखर्जी का 'अम्माँ का परिवार' (1992) खासा दिलचस्प बाल उपन्यास है। अम्माँ के परिवार में नील गाय कजरी से लेकर उल्लू, बंदर तक तमाम जीव-जंतु शामिल हैं, जिन्हें अम्माँ बेतरह प्यार करती हैं, बल्कि उनसे खूब बातें भी करती हैं। 'अम्माँ का परिवार' सचमुच इतना दिलचस्प बाल उपन्यास है कि बच्चे एक साँस में उसे पूरा पढ़ डालेंगे। इसी तरह श्रीकृष्णकुमार त्रिवेदी के उपन्यास 'मधुमक्खियों की वापसी' (2014) में ऐसे बच्चे हैं, जिनमें जिंदगी और जिंदादिली कट-कूटकर भरी हुई है। इसलिए वे पढ़ाई में तो अपनी कक्षा में आगे हैं ही, अपने आसपास के पशु-पक्षियों से भी बेहद प्रेम करते हैं। अपने घर के आसपास रहनेवाले कुत्ते हों या घर में आकर चह-चह करनेवाली चिड़िया, बच्चे उनसे जी भर बतियाना चाहते हैं। इसी तरह उनके घर के पास मधुमक्खियों का छत्ता है, पर कुछ समय से वहाँ मधुमक्खियाँ नजर नहीं आतीं। फिर कुछ अरसे बाद उसमें मधुमक्खियों का लौटना उन्हें रोमांच से भर जाता है और उन्हें मधुमक्खियों के निरीक्षण का नया खेल मिल जाता है।

दिनेश पंचाल (ज. 1965) ने 'कछुए की उड़ान' (2014) उपन्यास में पंचतंत्र की कछुए की कथा को आधुनिक संदर्भ देकर बड़े नाटकीय ढंग से लिखा है। 'कछुए की उड़ान' खासा रोचक उपन्यास है और उसमें पर्यावरण की समस्या के साथ-साथ आधुनिक जीवन की बहुत सारी चिंताएँ भी हैं, जो इसमें अपने ढंग से कथात्मक अन्विति पा लेती हैं। उपन्यास की कथा बाँध लेनेवाली है, पर दिनेश पंचाल की भाषा कई बार बड़ों जैसी भाषा हो जाती है, जिससे बाल पाठकों को उपन्यास का आनंद लेने में मुश्किल आएगी। इसे करीने से संपादित किया जाता तो यह बच्चों का एक यादगार उपन्यास बन सकता था। प्रबोधकुमार गोविल का 'उगते नहीं उजाले' (2003) भी जंगल के जानवरों पर केंद्रित एक पठनीय उपन्यास है।

राकेश 'चक्र' (ज. 1955) के अपने ढंग के बाल उपन्यास 'बर्फ में डी टू और मिस टी' (2005) में डी टू सुधीरजी के एक प्यारे कुत्ते का नाम है और मिस टी एक बिल्ली का बच्चा है। पुस्तक में न सिर्फ डी टू और मिस टी की प्यारी दोस्ती के नए-नए किस्से हैं, बल्कि पहाड़ों की बर्फ में रहनेवाले लेखक सुधीरजी के निराले पशु-प्रेम की भी झलक है। राकेश 'चक्र' ने संस्मरणात्मक अंदाज में इस बाल उपन्यास को लिखा है, जो कहीं-कहीं ढीला-ढाला भी लगता है, मगर फिर भी बेशक यह अपने ढंग का अलग उपन्यास है। राकेश 'च्रक' के बाकी उपन्यासों में 'कंजूस गोन्तालू' (2005) का जिक्र जरूरी है। उपन्यास में एक अजीबो-गरीब पात्र अत्रूसिंह का किस्सा है, जिसका नाम बच्चों ने कंजूस गोन्तालू रख छोड़ा है। उपन्यास में कंजूस गोन्तालू के तमाम ऐसे किस्सों पर किस्से हैं, जिन्हें पढ़कर हँसी आती है। पहाड़ी गाँव की झलक भी इसमें बड़े विश्वसनीय रूप से आती है।

कमलेश भट्‌ट 'कमल' (ज. 1959) के 'तुर्रम' (2006) में एक मेढक की कथा है। एक छोटे-से बच्चे विनीत को अचानक घर में फुदकती हुई एक चीज दिखाई दी और फिर मालूम पड़ा कि वह मेढक है। यों

मेढक और विनीत की दोस्ती हो गई। ऐसी प्यारी दोस्ती कि न विनीत को उस मेढक के बगैर चैन पड़ता और न मेढक को विनीत के बगैर। आखिर में जब विनीत के पापा का तबादला हुआ और घर बदलने की बारी आई तो विनीत को भरे दिल से तुर्रम को विदा कर देना पड़ा। एक बड़े तालाब में उसे छोड़कर आते हुए विनीत की आँखों में आँसू थे, पर उसे खुशी भी थी कि तुर्रम अब अपने भाई-बंधुओं से जाकर मिल गया है। कमलेश भट्ट कमल ने जंगल के जानवरों को केंद्र में रखकर भी एक उपन्यास लिखा है, 'जंगल का लोकतंत्र'। इसमें जंगल में लोकतंत्र की हवा चलती है तो राजा शेर को हटाकर उसकी जगह हिरन को राजा बना दिया जाता है। पर राजा बनने के बाद हिरन का व्यवहार इस कदर डिक्टेटराना हो जाता है कि जंगल के जानवर ही नहीं, बल्कि कल तक राजा रहा शेर भी उसके आगे थर-थर काँपता है। यह उपन्यास इतना कृत्रिम और अस्वाभाविक है कि हैरानी होती है, इसे लिखते समय लेखक ने जंगल के जानवरों के स्वभाव, चरित्र आदि का कोई खयाल ही नहीं रखा। इससे उपन्यास नितांत अपठनीय हो गया है। दिनेश पाठक 'शशि' (ज. 1957) के 'किट्टी' (2002) बाल उपन्यास में एक बिल्ली की कहानी है। घर के लोगों की आत्मीयता में रँगकर, उसके लाड़-प्यार के अंदाज बदले और व्यक्तित्व निखरा। काश, यह उपन्यास थोड़ा रमकर लिखा जाता।

मोतीलाल क्यमू (ज. 1933) का 'पशु-गाथा' (2003) इस तरह के उपन्यासों में थोड़ा भिन्न है। कारण यह है कि पशु-गाथा के जरिए कश्मीर की मौजूदा त्रासदी और दुर्दशा को सामने रखा गया है। उपन्यास में एक ओर सियार जैसे पशु हैं तो दूसरी ओर गधा, हाँगुल और हिरन भी। इन्हीं के जरिए कश्मीर की जनता को जिस तरह की मुश्किलों और आतंकवाद के साथ-साथ राजनीतिक दुष्चक्रों को भी झेलना पड़ रहा है, उपन्यास में जगह-जगह उसकी झलक है। लेकिन पशुओं के जरिए राजनीतिक अभिप्रेत निकालने की कोशिश में कथा की स्वाभाविकता दब जाती है और हिरन, गधा और सियार जैसे पशु भी अपनी स्वाभाविकता खोकर सिर्फ राजनीतिक प्रतीक बन जाते हैं। इस कारण यह उपन्यास कुछ अलग ढंग का होते हुए भी बाल स्वभाव के अनुकूल नहीं बना।

बँधी-बँधाई लीक से हटकर सुंदर कलात्मक उपन्यास

विकास युग में बँधी-बँधाई लीक से हटकर, कुछ ऐसे सुंदर कलात्मक तथा प्रयोगात्मक उपन्यास लिखे गए, जो परिचित विषयों को भी नए शिल्प में ढालकर सामने लाते हैं। नई संवेदना और जमीन से जुड़े ये उपन्यास बड़ी शिद्दत से आज के समय के बच्चे, उसके मन, सुख-दुःख, उसकी मुश्किलों और जिज्ञासा-संसार को समझने की कोशिश करते हैं। जाहिर है, इसके लिए नए ढंग के पात्रों की ही नहीं, नए शिल्प और भाषा की भी दरकार है, जिसमें एक किस्म की प्रयोगात्मकता और लीक तोड़कर अपने ढंग से अपनी बात कहने की जिद भी शामिल है। हिंदी में नए ढंग के मयार रचनेवाले उपन्यासों में हरिकृष्ण देवसरे का 'डब्ल्यू डब्ल्यू डब्ल्यू.घना जंगल.कॉम' और 'एक और भूत' उपन्यासों की चर्चा की जा सकती है। यों तो देवसरेजी का उपन्यास-लेखन सातवें दशक में ही प्रमुखता से सामने आने लगा था और गौरव युग में उसकी विस्तार से चर्चा भी है, पर पिछले कुछ वर्षों में लिखे गए उनके इन दो महत्त्वपूर्ण उपन्यासों का वर्णन मौजूदा दौर युग में करना ही उचित होगा।

इनमें देवसरेजी का 'डब्ल्यू डब्ल्यू डब्ल्यू.घना जंगल.कॉम' (2006) अपने ढंग का एक निराला बाल उपन्यास है, जिसमें पशु-पक्षियों के जरिए कुछ ऐसी बातें कही गई हैं, जिनसे आज का आदमी भी बहुत कुछ सीख सकता है। उपन्यास का राजा शेरसिंह हो या लुप्पो लोमड़ी, चीता चौधरी, पतलू हिरन, केशु भालू, ये सभी आधुनिक दुनिया की वैज्ञानिक तरक्की और इंटरनेट के राज से अच्छी तरह परिचित हैं। इसीलिए वे आधुनिक वैज्ञानिक आविष्कारों के प्रयोग से हिचकते नहीं, बल्कि उनके इस्तेमाल से अपने जंगल को एक आदर्श जंगल बनाने की कोशिश करते हैं। यह दीगर बात है कि वे क्लोनिंग जैसे मसले पर तीखा रुख अपनाते हैं और विज्ञान को संयत और नियंत्रित रखने को उचित मानते हैं। हरिकृष्ण देवसरे का यह उपन्यास दिलचस्प है, पर कहीं-कहीं 'मोनोटोनस' भी हो गया लगता है। नेशनल बुक ट्रस्ट ने इसे खूबसूरत ढंग से छापा है। अगर हिंदी के उपन्यास इसी तरह आकर्षक रूप में छपें तो वे बेशक बच्चों को लुभाए बगैर न रहेंगे।

इसी तरह देवसरेजी का 'एक और भूत' (2003) नई संवेदना और समकालीन बोध से जुड़ा उपन्यास है। उपन्यास के नाम को देखकर भ्रम हो सकता है कि यह कोई 'भूतकथा' है, पर यह उपन्यास किसी भूत की कथा न होकर, भूतकथाओं के विरोध में लिखा गया है। हालाँकि हरिकृष्ण देवसरे ने तथाकथित भूत के रोज-रोज के करतबों और उससे होनेवाली खासी उथल-पुथल और चर्चाओं का भी जमकर वर्णन किया है, जिससे उपन्यास में फंतासी का अजब-सा ताना-बाना बुना गया है। सब लोग इस दुष्ट भूत के कामों से दुःखी और परेशान हैं और उसे सचमुच भूत ही मानते हैं। पर उपन्यास का साहसी किशोर नायक इस भूत से भिड़ंत करने निकल पड़ता है और अपनी हिम्मत और साहस से साबित करता है कि भूत के नाम पर चल रही कहानियाँ असल में लोगों को ठगने और मूर्ख बनाने के किसी न किसी धंधे से उपजी हैं। देवसरेजी के 'जंगल में तीन दिन' (1997) तथा 'तोता-मैना का नया संवाद' (1997) भी नए अंदाज के उपन्यास हैं, पर अफसोस, इनमें किस्सागोई का आनंद नहीं है।

राकेश तिवारी (ज. 1958) का उपन्यास 'तोता उड़' भी एक अलग जमीन पर लिखा गया व्यंग्यात्मक बाल उपन्यास है, जो खेल-खेल में आज की बहुत सी समस्याओं को उठाता है और बुराइयों पर चोट करता है। उपन्यास कुछ-कुछ भारतेंदु के विख्यात नाटक 'अंधेर नगरी' की याद दिलाता है। यों 'तोता उड़' एक तरह से 'अंधेर नगरी' की अगली कड़ी है भी। अंधेर नगरी के राजा चौपट की मृत्यु हुई, तो उसके बेटे ने अंधेर नगरी का नाम चौपट नगरी रख दिया। चौपट नगरी 'तोता उड़' उपन्यास की जमीन है और उपन्यास में जिस राजा पोपट का किस्सा है, वह राजा चौपट का ही पड़पोता या लकड़पोता है और खासा मूर्ख है। इस तरह कहानी में कई तरह के पेच चलते हैं। मूर्ख राजा को गधे पर बिठाने के लिए झूठ और तिकड़में चलती हैं। रानी जेल पहुँचती है। राजा को अपने आम के बाग में फूटा कनस्तर बजाकर तोते उड़ाने की सजा मिलती है तथा और भी ढेर सारे खेल-तमाशे होते हैं। आखिर राजा को समझ में आ जाता है कि अगर वह पढ़-लिखकर समझदार बनेगा, तभी उसे दोबारा राज्य मिल सकता है, वरना उसे जिंदगी भर तोते ही उड़ाते रहना होगा। राकेश तिवारी का यह दिलचस्प उपन्यास अब 'चौपट नगरी, पोपट राजा' नाम से छपने की तैयारी में है।

इसके अलावा बच्चे ऐसे उपन्यासों को भी बहुत पसंद करते हैं, जिनके केंद्र में बच्चों की शरारतें, खेल-कूद और जमकर धमा-चौकड़ी हो या फिर किसी और तरह के मजेदार और हैरतअंगेज कारनामे हों। इन्हें पढ़कर

बाल पाठकों को भी जैसे कुछ नया कर गुजरने की ऊर्जा और ताजगी मिलती है। कुछ और नहीं तो हँसाते-हँसाते लोटपोट कर देने का गुण तो ऐसे उपन्यासों में होता ही है, जिससे बच्चे अपनी बहुत-सी मुश्किलें और तनाव भूल जाते हैं और फिर से तरोताजा हो जाते हैं। विश्व की सभी भाषाओं में ऐसे बाल उपन्यास बहुत लिखे गए हैं और अब भी निरंतर लिखे जा रहे हैं, पर हिंदी में जाने क्यों ऐसे उपन्यासों का टोटा है। फिर भी अभिलाष वर्मा का 'गोल्डी सिल्विया के कारनामे', रतन शर्मा का 'काजू और किशमिश', गुलजार के 'बोसकी के कप्तान चाचा' तथा 'बोसकी का कौआनामा', सूर्यबाला का 'झगड़ा निपटारक दफ्तर', प्रदीप पंत का 'चंदू-नंदू की हैरानीवाली हरकतें', रमेश दवे का 'करतब, लंबू द्वीप में', राकेश 'चक्र' का 'कंजूस गोन्तालू' तथा रामनरेश उज्ज्वल का 'हाँकूजी' ऐसे उपन्यास हैं, बच्चे जिनका भरपूर मजा लेंगे।

इनमें अभिलाष वर्मा का 'गोल्डी सिल्विया के कारनामे' (2000) खासा दिलचस्प है। इसलिए कि इसके किशोर पात्र गोल्डी और सिल्विया टाइप्ड नहीं, सचमुच बड़े जीवंत पात्र हैं। उनका वर्णन भी लेखक ने इतने दिलचस्प अंदाज में किया है कि बार-बार इन नटखट पात्रों की शरारती मुद्राएँ और शक्लें उपन्यास से निकलकर आँखों के आगे नाचने लगती हैं। गोल्डी और सिल्विया भाई-बहन हैं, जिन्हें पढ़ाई से घोर चिढ़ है और बस बातें अच्छी लगती हैं। खेल-कूद और शरारतें अच्छी लगती हैं। ऐसे में भला उनके नंबर क्या खाक आएँगे! और वे तरक्की कैसे करेंगे? गोल्डी और सिल्विया के माँ-बाप तो इस बात से परेशान हैं ही। छुट्टियों में जब वे नाना-नानी के घर जाते हैं, तो वहाँ भी उनकी शरारतें एक-एक कर सामने आती हैं। एक मजे की बात यह भी है कि गोल्डी-सिल्विया अभी किशोर बच्चे ही सही, पर उनका अपने आसपास की दुनिया को देखने और राय बनाने का निराला ढंग है। इसी कारण वे नाना और नानीजी तथा घर में आनेवाले तमांम छात्रों के व्यक्तित्व की बारीक से बारीक रेखाएँ तो पकड़ते ही हैं, खासे मजाकिया ढंग से उन्हें प्रकट भी करते हैं। उपन्यास में उन्हें पढ़ते ही, हँसी के फव्वारे छूट पड़ते हैं। अभिलाष वर्मा का 'अद्‌भुत साहस' (2004) एक अनोखी साहस-कथा को लेकर बुना गया आकर्षक बाल उपन्यास है। मजे की बात यह है कि उपन्यास का नायक राजू पूरे मोहल्ले में एक डरपोक लड़के के रूप में प्रसिद्ध था। फिर वह एक रहस्यमय भूत का पता करने निकलता है और होते-होते एक के बाद एक ऐसी घटनाएँ घटती हैं कि राजू की हिम्मत और दिलेरी की दास्तान हर आदमी के दिल में बस जाती है। अभिलाष वर्मा ने काफी खिलंदड़े अंदाज में राजू के इस अद्‌भुत साहस की कथा कही है।

रतन शर्मा के उपन्यास 'काजू और किशमिश' (2000) में काजू भाई है और किशमिश बहन और उपन्यास असल में इन दो शरारती बच्चों काजू और किशमिश की शरारतों का किस्सा ही है। काजू अपनी बहन किशमिश से कोई साल भर बड़ा है, पर शरारतों के मामले में दोनों में से कोई कम नहीं है। इस बाल उपन्यास की खासियत यह है कि काजू ओर किशमिश की ये शरारतें खुद उनकी माँ बड़े सहज आत्मकथात्मक तरीके से बयान करती हैं। इसलिए उसमें बड़ा स्नेह और ममता का बल आ गया है। छोटे बच्चों की छोटी-छोटी जिज्ञासाओं, भोले सवालों और इच्छाओं के पीछे उनका जो निर्मल मन छिपा होता है, वह उपन्यास में जगह-जगह उझककर अपनी झलक दिखाता है। फिर काजू और किशमिश की मन को मोह लेनेवाली तोतली बातें और सरल अदाएँ! भला उन्हें कौन भूलना चाहेगा? लिहाजा रतन शर्मा का 'काजू और किशमिश' बेशक याद रह जानेवाला एक बढ़िया बाल उपन्यास है।

पर गुलजार (ज. 1936) का 'बोसकी के कप्तान चाचा' (1986) इन सबसे अलग हटकर लिखा गया गया सचमुच निराला उपन्यास है। उपन्यास इतने मजेदार लहजे में लिखा गया है कि बच्चे इसके शब्द-शब्द का पूरा आनंद लेंगे। इस उपन्यास की कथा छोटी-सी है, पर बात कहने का अंदाज बड़ा गजब का है। जिस 'जयहिंद चाल' की यह कहानी है, उसी में ऊपर कप्तान चाचा रहते हैं जिनकी 'चाल' के बच्चों से गहरी दोस्ती है। हालत यह है कि न तो कप्तान चाचा बच्चों के बगैर रह पाते हैं और न बच्चों को ही कप्तान चाचा के बगैर चैन पड़ता है। कप्तान चाचा ने सीमाओं पर युद्ध करते हुए ऐसी बहादुरी दिखाई थी कि गोली लगने के बावजूद वे अपनी जगह से हिले तक नहीं। उनकी इसी बहादुरी के कारण उन्हें मैडल मिला। आज भी देशभक्ति का जज्बा उनमें कम नहीं है और सैनिक अनुशासन की कड़ाई तो ऐसी है कि चाल के लोग थोड़ा-थोड़ा उनसे डरते हैं, पर प्यार भी करते हैं। गुलजार का उपन्यास 'बोसकी के कप्तान चाचा' पढ़ते समय बार-बार मन में आता है कि ऐसे कप्तान चाचा तो सबको मिलें। वे थोड़े कड़क, थोड़े सख्त भले ही हों, मगर उनकी सख्ती के भीतर प्यार का जो दरिया बह रहा है, उसे पहचाना तो सिर्फ बच्चों ने और फिर बच्चों के साथ-साथ चाल के लोग भी उन्हें बेतरह प्यार करने लगते हैं।

एक कौए पर लिखा गया गुलजार का 'बोसकी का कौआनामा' (2003) भी उनके और बाल उपन्यासों की तरह ही एक अनोखी कथाकृति है। हुआ यह है कि एक दिन एक कौआ जख्मी होकर छत पर आ गिरा। बोसकी ने उसे देख लिया और उठा लाई। डॉक्टर अंकल आए और उन्होंने कौए का इलाज किया। अब तो कौए और बोसकी की दोस्ती ऐसी परवान चढ़ी कि बोसकी के दिल-दिमाग में हर वक्त उसका प्यारा कौआ ही छाया रहता। खूब सोच-विचारकर कौए का नाम रखा गया अकबर। एक दिन कौए ने अपनी आखिरी लंबी उड़ान उड़ी और उड़ गया। हाँ, बोसकी को अब भी उम्मीद है कि "अकबर किसी दिन आएगा जरूर⋯!" और यह कहते-कहते उसकी आवाज रुँध जाती है, आँखें भर आती हैं।

प्रदीप पंत और रमेश दवे ने भी बच्चों के लिए लीक से हटकर उपन्यास लिखे। इनमें प्रदीप पंत (ज. 1941) का 'चंदू-नंदू की हैरानी वाली हरकतें' (2006) उनका पहला, लेकिन खासा दिलचस्प बाल उपन्यास है। उपन्यास के नायक चंदू-नंदू अब बड़े हो गए हैं, लेकिन अपनी बचपन की मीठी शैतानियों को वे नहीं भूले। अपने पोते-पोतियों को वे अपने बचपन की इन्हीं शरारतों को किस्से-कहानियों के अंदाज में सुनाते हैं, तो उपन्यास में सचमुच नया रस और आकर्षण पैदा हो जाता है। रमेश दवे (ज. 1935) का 'करतब लंबू द्वीप में' (2000) भी खासा रोमांचक बाल उपन्यास है। इसमें करतब नाम का एक उत्साही बालक अजीबोगरीब दुनिया में जा पहुँचता है, जिसमें कहीं भालू मानव रहते हैं, तो कहीं इतने लंबे लोग रहते हैं कि वहाँ की लंबी औरतें जब करतब को अपनी बाँहों में उठाती हैं, तो करतब महज एक नन्हे गुड्डे सरीखा लगता है। वहाँ लोग पेड़ के तनों से बने लंबे गिलासों में दूध पीते हैं और बाँस की मोटी नलियों को मुँह में लगाकर यह दूध पिया जाता है। यहाँ तक कि करतब को खाट पर चढ़ने के लिए इतनी मुसीबत सहनी पड़ी कि खाट पर एक सीढ़ी लगाने के बाद ही वह उस पर चढ़कर बैठ पाया। ऐसे लंबू द्वीप में जहाँ सब लंबे ही लंबे थे, करतब को बहुत मुश्किलें सहनी पड़ीं, मगर मजा भी आया। ऐसी ही अजीबोगरीब मुश्किलों और मजेदारी को मिला-जुलाकर रमेश दवे ने 'करतब लंबू द्वीप में' उपन्यास लिखा, जिसमें सचमुच अनोखा रस और रोमांच है।

यहीं बाल साहित्य के जाने-माने लेखक प्रेमस्वरूप श्रीवास्तव (1929-2016) के बाल उपन्यास 'मौत के चंगुल में' (2012) की चर्चा की जा सकती है। कुछ बच्चे अति उत्साही जहाजी वाटसन के साथ एटलस में सवार होकर लंबी यात्रा पर गए तो उन्हें कैसे-कैसे खतरों का सामना करना पड़ा, उपन्यास में इसका बड़ा रोमांचक वर्णन है। बच्चे इन खतरों से डरते भी हैं, पर उनका उत्साह कम नहीं होता। एक बार जब एटलस पानी में डूब रहा था, तो ग्लोब और सन आफ इंडिया के जहाजियों ने जिस तरह साहस करके उसे बचा लिया, वह पूरा प्रसंग साँस रोककर पढ़ना पड़ता है। आखिर में इस यात्रा का सुखद समारोप होता है तो बच्चों की खुशी और आनंद का ठिकाना नहीं है। बच्चों की इस तरह की साहस कथाओं पर केंद्रित उपन्यास पढ़ना बाल पाठकों को रोमांचित करता है। चर्चित कथाकार बिलास बिहारी ने भी ऐसा एक रोचक बाल उपन्यास लिखा है, 'पाँच भूत' (2003)। यह भूतोंवाले अंधविश्वास पर केंद्रित बड़ा दिलचस्प बाल उपन्यास है, जिसमें पुकु का चरित्र और उसके कारनामे मुग्ध करते है। इसी दौर में लिखा गया बिलास बिहारी का 'आठ हजार वर्ष का बालक' उपन्यास भी खासा चर्चित हुआ था।

प्रह्लाद श्रीमाली का 'पापा मुसकराइए ना' और राजेश आहूजा का 'हैट्रिक' भी इस दौर के उल्लेखनीय बाल उपन्यास हैं। प्रह्लाद श्रीमाली (ज. 1956) के बाल उपन्यास 'पापा मुसकराइए ना' (2010) में एक मध्यवर्गीय परिवार की कथा है, जिसमें पिता का चरित्र गैर-जिम्मेदारी से भरा और असामान्य है। वे हमेशा हर बात से नाराज और चिढ़े हुए से रहते हैं। इस कारण परिवार में हर कोई उनसे खौफ खाता है। पूरा परिवार उनके आतंक के साए में जी रहा है, पर किशोर बच्चा अनंत मन ही मन तय करता है कि वह पिता को बदलकर रहेगा, ताकि परिवार में हँसी-खुशी नजर आए। उपन्यास के अंत में मरीना बीच पर फोटो खिंचवाते हुए पापा का सहज ही मुसकरा देना साबित करता है कि उस बच्चे ने जो सोचा था, उसे पूरा कर दिखाया। आर्य स्मृति साहित्य सम्मान से पुरस्कृत इस उपन्यास में बहुत कुछ ऐसा है, जिसे भुला पाना कठिन है। राजेश आहूजा (ज. 1964) के 'हैट्रिक' (2010) में एक बच्चे रणवीर की क्रिकेट के लिए दीवानगी है, जो उसे एक दिन सफलता की चोटी पर पहुँचा देती है। उसकी दीवानगी किसी भी मुश्किल या विरोध की परवाह नहीं करती। उपन्यास की एक खासियत और भी है। कथानायक रणवीर को बार-बार लगता है, जैसे कृष्ण उसके निकट आकर उसे सहारा दे रहे हैं और हिम्मत बँधा रहे हैं। उसे तो बस चिंतामुक्त होकर खेलना, खेलना और बस खेलना है। रणवीर के इस मुश्किलों भरे सफर की रोमांचक कथा बेशक पाठकों को बाँध लेती है। राजेश आहूजा के इस बाल उपन्यास को भी आर्य स्मृति साहित्य सम्मान से नवाजा गया था।

लक्ष्मी खन्ना 'सुमन' (ज. 1942) ने भी इधर बच्चों के लिए उपन्यास लिखे हैं। इनमें 'अजूबे', 'नन्हे अजूबों की दुनिया', 'छुटके-मुटके जंगल में', 'गधा बत्तीसी' और 'ईनी-मीनी की मजेदार दुनिया' बाल मन से जुड़े हुए उपन्यास हैं। 'अजूबे' में बौनों की रहस्यमय दुनिया है। जमीन में एक पौधे से पैदा हुए ये बौने भले ही नन्हे-मुन्ने से हैं, पर पलक झपकते ही बड़े-बड़े काम कर दिखाते हैं, जो इनसानों के भी बस के नहीं हैं। फिर आपस में उनका प्यार, बुद्धिमत्ता, चतुराई और मस्ती सब कुछ ऐसी है, जो बच्चों को रिझा लेती है। 'नन्हे अजूबों की दुनिया' और 'छुटके-मुटके जंगल में' यही कथा आगे नए-नए रूपों में विस्तार पाती है। इनमें भी बौनों की दुनिया के ही मजेदार किस्से हैं। 'छुटके-मुटके जंगल में' (2015) उपन्यास में जंगल की दुनिया

का रोमांच है, परीकथाओं का सा परिवेश है और बीच-बीच में कुछ भावुक प्रसंग भी आते हैं। 'ईनी-मीनी की मजेदार दुनिया' (2014) मधुमक्खियों की दुनिया पर केंद्रित उपन्यास है, जिसमें अंत तक कौतुक बना रहता है। मधुमक्खियों की दुनिया के संकट और परेशानियों की कथा है तो उनके असीम उत्साह की भी, जिससे दुश्मन के छक्के छूट जाते हैं। बर्र और भालू अगर मुश्किलें खड़ी करते हैं तो तितली और चिड़ियों से दोस्ती उनके आनंद को और बढ़ा देती है। मुनमुन माहिरा रानी का जन्मदिन और फूलों से होली का त्योहार मनाने के प्रसंग खासे रोचक हैं। 'गधा बत्तीसी' (2014) हास्य-विनोदपूर्ण बाल उपन्यास है। खेद है कि लक्ष्मी खन्ना 'सुमन' के बाल उपन्यासों में कई जगह विदेशी कथानकों का प्रभाव बहुत साफ दिखाई पड़ता है।

तीन खंडों में छपा श्रीनिवास वत्स (ज. 1959) का उपन्यास 'गुल्लू और एक सतरंगी' (2010) भी इस दौर का चर्चित बाल उपन्यास है। यह एक चिड़िया, जिसका नाम सतरंगी है, के इर्द-गिर्द घूमता है। उपन्यास की कथावस्तु कल्पनापूर्ण है, जिसमें फंतासी के बीच बहुत से मानवीय और भावनात्मक प्रसंग भी जुड़े हैं। कहानी का नायक एक बच्चा गुल्लू है, जिसे एक अनोखी सतरंगी चिड़िया मिलती है, जिससे उसकी गहरी दोस्ती हो जाती है। सतरंगी और गुल्लू की दोस्ती के कुछ सुंदर और यादगार प्रसंग इस उपन्यास में हैं, जो पाठकों के दिल में उतर जाते हैं। कई खंडों में बँटे इस उपन्यास का पहला खंड तो पठनीय है, पर बाद के खंडों में जबरदस्ती कथा खींची गई है। आगे चलकर अस्वाभाविक और निरर्थक प्रसंग बढ़ते जाते हैं और उपन्यास बाल मन और कल्पना से परे चला जाता है। तो भी 'गुल्लू और एक सतरंगी' इस दौर में छपे उल्लेखनीय बाल उपन्यासों में से एक है, इसमें संदेह नहीं। इसकी भाषा कुछ अधिक सर्जनात्मक और बाल पाठकों की दृष्टि से स्वाभाविक होती तो उपन्यास का प्रभाव कहीं अधिक बढ़ जाता। उपन्यास बहुत सुंदर और आकर्षक ढंग से छपा है और इसकी मूल कल्पना भी बेशक लुभावनी है, हालाँकि दुर्भाग्य से, जबरन 'हिंदी का सबसे बड़ा बाल उपन्यास' साबित करने के लिहाज से इसे बिना वजह खींचा गया है। इस कारण यह बहुत स्वाभाविक बाल उपन्यास नहीं बन सका। इसके अलावा 'माँ का स्वप्न' (1997) श्रीनिवास वत्स का परंपरावादी बाल उपन्यास है। उपन्यास इतना अधिक आदर्शवादी न होता, तो यह कहीं अधिक रुचिकर और प्रभावशाली होता।

हरदर्शन सहगल (ज. 1935) का 'छोटे कदम लंबी राहें' (1997) भी इस दौर में छपा महत्त्वपूर्ण बाल उपन्यास है। इस उपन्यास का कथानायक पारस एक बुद्धिमान और हिम्मती बच्चा है, जो बड़ी से बड़ी मुश्किलों में भी नहीं घबराता। इतना ही नहीं, वह किसी का दुःख नहीं देख पाता और आगे बढ़कर मुसीबत में फँसे लोगों की मदद करता है। इस उपन्यास में वह चोर समझे जानेवाले एक बच्चे की मदद करता है, जो बेचारा भूख और अभावों से बेहाल है। उसकी बुद्धिमत्ता और हिम्मत देखकर उसके इर्द-गिर्द अच्छे बच्चों की एक टोली बनती जा रही है। ये बच्चे मेहनत से पढ़ते हैं और जीवन में आगे निकलने के सपने देखते हैं। यहाँ तक कि पारस और उसके साथियों की हिम्मत से शातिर अपराधी पकड़े जाते हैं। उपन्यास पढ़ते हुए मन पर पारस के मित्र मंगतराम के व्यक्तित्व की छाप पड़ती है। उसके चाचाजी का व्यक्तित्व भी प्रभावित करता है।

हिंदी में विशुद्ध हास्य की छटावाले बाल उपन्यास बहुत कम हैं, यहाँ तक कि ऐसे बाल उपन्यास भी अधिक नहीं हैं, जिनमें बीच-बीच में हास्य के मजेदार छींटे हों। इस लिहाज से रामनरेश उज्ज्वल का पहला बाल उपन्यास 'हाँकू बाबा' ही मन में गहरी थाप लगा देनेवाला बाल उपन्यास है। जाकिर अली 'रजनीश' द्वारा

संपादित 'ग्यारह बाल उपन्यास' (2006) में संगृहीत रामनरेश उज्ज्वल का 'हाँकू बाबा' बाल उपन्यास एक असाधारण हँसोड़ चरित्र हाँकू बाबू के मजेदार किस्सों की ऐसी झाँकी आँखों के आगे रखता है कि उन्हें भूल पाना असंभव है। उपन्यास के अंत में किस्से कहते-कहते ही हाँकू बाबा की मृत्यु एक ऐसा करुण दृश्य पैदा करती है, जिसकी मन पर बहुत गहरी छाप पड़ती है। आचार्य परमहंस प्रसाद का 'गोपाल भाँड़' (1991) भी एक विनोदी हास्य उपन्यास है, जिसमें गोपाल भाँड़ की चतुराई और सहज हास्य के रोचक प्रसंग हैं।

इसके अलावा सहज मानवीय कार्य-व्यापार से लेकर फंतासी तक को बाल उपन्यास की परिधि में लाने के उत्सुक लेखकों की एक बड़ी कतार है। हरदेव चौहान का 'फिड्डू फलूगर', कमल चोपड़ा का 'मास्टर जी ने कहा था', कामना सिंह के 'पानी है अनमोल' और 'शीना विचित्र लोक में', स्वर्णलता वर्मा का 'पर्वत की पुकार', गोविंद शर्मा का 'डोबू और राजकुमार' तथा नागेश पांडेय 'संजय' का 'टेढ़ा पुल' भी इस कालखंड में आए उल्लेखनीय बाल उपन्यास हैं। 'फिड्डू फलूगर' (2011) असल में एक चंचल और नटखट बच्चा गोमा है, जिसे कोई समझता नहीं है। मम्मी-पापा को लगता है कि वह बीमार है या फिर सिरचढ़ा होता जा रहा है। अकेली दादी ही समझती है कि उसे कोई रोग नहीं है और फिड्डू को बहुत प्यार मिले तो वह बदल सकता है। अंत में सचमुच दादी की कहानियों ने उसे अंदर-बाहर से बिल्कुल बदल दिया। कमल चोपड़ा का बाल उपन्यास 'मास्टर जी ने कहा था' (2009) कुछ-कुछ आदर्शवादी उपन्यास है, जिसका कथात्मक ढाँचा पूर्व-निर्धारित सा लगता है।

कामना सिंह का 'पानी है अनमोल' (2009) पर्यावरण की समस्या पर केंद्रित बाल उपन्यास है। एक बार शुभम मम्मी-पापा के साथ गाँव सुंदरपुर गया, जहाँ उसके दादा-दादी जी रहते हैं। पर वहाँ कदम-कदम पर उसे ऐसे दृश्य दिखाई दिए, जिन्होंने उसे भीतर से हिला दिया। नहर का पानी एकदम सूख गया था। जमीन में पड़ी डरावनी दरारें। पानी का संकट और साथ ही कितना कुछ था, जिसने शुभम को अलग ढंग से सोचने के लिए विवश कर दिया। उपन्यास का अंत एक सुखद मोड़ पर होता है। कामना सिंह का 'शीना विचित्र लोक में' एक नन्हे कीड़े पर केंद्रित रोचक फंतासी उपन्यास है। 'जंगल की सैर', 'बस्ता' और 'फूलों का गीत' बाल मन से जुड़े उनके पठनीय लघु उपन्यास हैं। गोविंद शर्मा के 'डोबू और राजकुमार' (2010) का परिवेश परीकथाओं जैसा है। उपन्यास की कथा एक गधे के बच्चे डोबू के इर्द-गिर्द घूमती है और आगे चलकर कई रोमांचक घटनाओं से जुड़ती है। उपन्यास रोचक है, हालाँकि शिल्प तथा कथ्य के स्तर पर उसमें कोई खास नयापन नहीं है।

स्वर्णलता वर्मा का 'पर्वत की पुकार' (2003) भी इस कालखंड का उल्लेखनीय उपन्यास है, जिसकी कथा बहुत सरस है। छुट्टियों में सुधा और वैभव अपने नाना-नानी और मामा के साथ सूदूर पर्वतीय राज्य सिक्किम की सैर करने जा पहुँचे। वहाँ बौद्ध धर्म की प्राचीन परंपराएँ और पर्वतों से आनेवाली निर्मल हवाएँ दोनों एक साथ उनके मन को शीतल कर देती हैं। फिर वहाँ जीवन का एक नया रूप, नया रंग है। उसमें जितना डूबते जाओ, आनंद उतना बढ़ता ही जाता है। आखिर में जब ये सिक्किम से वापस आ रहे थे, तो पर्वत से आती हवाओं ने पुकारकर उनसे फिर दुबारा आने का अनुरोध किया। उपन्यास बड़ी ही रोचक भाषा में लिखा गया है। लगता है, इसे पढ़कर पाठक भी सिक्किम की समूची यात्रा कर लेता है और वहाँ की प्रकृति हो या

अचरज भरी बौद्ध परंपराएँ, कुछ भी उसके लिए अपरिचित नहीं रह जाता।

नागेश पांडेय 'संजय' का 'टेढ़ा पुल' (2016) उनका पहला, पर काफी सधा हुआ बाल उपन्यास है। यह एक ऐसे बच्चे गिजू की कथा है, जिसके पिता उसकी माँ और घर-परिवार को छोड़कर अलग रहने लगे हैं। इससे गिजू को जो सदमा लगता है, पग-पग पर उसे जैसे हालात का सामना करना पड़ता है, उपन्यास में उसका बहुत ही सुंदर और प्रभावी चित्रण हुआ है। अंत में पिता के लौट आने का दृश्य बड़ा ही भावपूर्ण और कुछ-कुछ नाटकीय भी है। उपन्यास का नाम 'टेढ़ा पुल' भी सांकेतिक है, जिसकी व्यंजना अंत में जाकर खुलती है तो उपन्यास का प्रभाव कहीं अधिक बढ़ जाता है।

परंपरागत उपन्यासों में भी बहुत कुछ अच्छा है

यों परंपरागत ढंग की वर्णनात्मक कथा-शैलीवाले बाल उपन्यास विकास युग में भी निरंतर लिखे जाते रहे हैं। इनमें कुछ उपन्यास तो एकदम बँधी-बँधाई या घिसी-पिटी कथा-शैली के कारण बासी और निष्प्रभावी लगते हैं। पर बीच-बीच में ऐसे उपन्यास भी लिखे गए, जो परंपरागत शैली के होते हुए भी, बाल पाठकों को अपने साथ बहा ले जाते हैं और कुछ न कुछ नया और ताजगी भरा अनुभव उनके अंत:संसार में जोड़ते हैं। बानो सरताज, गीता पुष्प शॉ, कुसुम गुप्ता, रूपसिंह चंदेल, डॉ. भगवतीशरण मिश्र, सुशीलकुमार फुल्ल, यादराम रसेंद्र, बलबीर त्यागी, श्रीनिवास वत्स, ब्रजभूषण, रमेश आजाद आदि लेखकों ने परंपरागत लीक के उपन्यासों में कुछ नया जोड़ने की कोशिश की है।

इनमें यादराम रसेंद्र (ज. 1946) का 'सत्य का बल' (1991) घर से भागे हुए एक सच्चे और आदर्शवादी बच्चे सत्य की कहानी है, जबकि बलबीर त्यागी का उपन्यास 'कमाल का कमाल' (1996) कश्मीर के आतंकवाद की पृष्ठभूमि पर लिखा गया है। ब्रजभूषण का 'सोमू' (1997) भी कमोबेश ऐसा ही आदर्शवादी उपन्यास है, पर अपेक्षाकृत कुछ बेहतर। 'सोमू' बाल उपन्यास का केंद्रीय पात्र एक अभावग्रस्त विकलांग बच्चा सोमू है। शुरू में सोमू अपने दादाजी की बातों से प्रेरित होकर, बैसाखी लेकर घर-घर अखबार बाँटने का काम करता है। अखबार बाँटते हुए एक कला-केंद्र की सीढ़ी पर बैठकर वह भीतर से आते हुए संगीत के सुरों में विभोर हो उठता है। तभी सोमू के मन में खयाल आता है कि क्या संगीत मन में इतनी इच्छा-शक्ति पैदा कर सकता है कि आदमी विकलांगता से पार पा ले? क्या संगीत मन के साथ-साथ तन का भी इलाज कर सकता है? यह प्रश्न वह प्रस्थान-बिंदु बनता है कि सोमू के भीतर की तड़प उसे आगे बढ़ाती चली जाती है। न सिर्फ अपनी विकलांगता से वह पार पाता है, बल्कि साथ ही नेकी और परोपकार के ऐसे काम भी करता है कि सभी खुलकर उसकी तारीफ करते हैं। उपन्यास बीच-बीच में उपदेशात्मक कथनों के कारण कुछ सपाट हो गया है। थोड़ा ढंग से लिखा जाता, तो यह एक उल्लेखनीय बाल उपन्यास बन सकता था। ब्रजभूषण का 'बच्चों में एक बच्चा' (संस्क. 2000) भी पठनीय बाल उपन्यास है। मिथिलेश्वर के लघु बाल उपन्यास 'एक था पंकज' (2006) का छोटा सा अनाथ बच्चा पंकज अपनी हिम्मत और समझदारी से ऐसे काम करता है कि उपन्यास के अंत में आखिर उसे जीवन की दिशा मिल जाती है। इसी तरह पृथ्वीनाथ पांडेय के बाल उपन्यास 'बौने की किस्मत' (1991) में बिना गदा के ही एक दानव से लड़ने गए बौने के साहस की कथा

है। उपन्यास में लोककथाओं का असर साफ दिखाई देता है।

डॉ. श्रीप्रसाद (1932–2012) मुख्य रूप से बच्चों के समर्थ कवि के रूप में जाने जाते हैं, पर उन्होंने अच्छा गद्य भी लिखा है। उनकी कई कहानियों के संग्रह आ चुके हैं, 'अंतू की आत्मकथा' उनका बढ़िया बाल उपन्यास है, जो जाकिर अली 'रजनीश' द्वारा संपादित '11 बाल उपन्यास' (2006) पुस्तक में संगृहीत है। इस उपन्यास में डॉ. श्रीप्रसाद ने एक गाँव के बच्चे की मार्मिक कथा लिखी है। यह बहुत कुछ आत्मकथात्मक कृति लगती है, जो गाँव के बचपन का एक भावनात्मक चित्र आँख के आगे ले आती है। फिर भी यह कुछ बिखरी-बिखरी सी है और उसे एक अच्छा बाल उपन्यास कहना मुश्किल है। श्रीप्रसाद का 'शाबाश श्यामू' भी उल्लेखनीय बाल उपन्यास है। उम्मीद है, डॉ. श्रीप्रसाद के कुछ और बढ़िया बाल उपन्यास पढ़ने को मिलेंगे। मो. साजिद खान (ज. 1976) का 'गाँव की तसवीर' और रोहिताश्व अस्थाना का 'एक था रमुआ' भी पारंपरिक ढंग के वर्णनात्मक बाल उपन्यास हैं, जिनमें 'गाँव की तसवीर' अपेक्षाकृत अधिक प्रभावी है।

सुशीलकुमार फुल्ल के बाल उपन्यास 'लाल मिट्टी की करामात' (2012) में भगतसिंह के क्रांतिकारी व्यक्तित्व का कथात्मक निरूपण है। भगतसिंह बचपन से ही औरों से अलग थे। वे हर वक्त देश के बारे में सोचते थे और आखिर भारत माँ की इज्जत और आजादी की खातिर उन्होंने अपनी जान कुर्बान कर दी। सुप्रसिद्ध कथाकार सुशीलकुमार फुल्ल ने भगतसिंह के जीवन की इन प्रेरक घटनाओं के आधार पर बड़े सुंदर ढंग से उपन्यास का कथानक बुना है। उपन्यास में भगतसिंह और उसके साथियों का ही नहीं, लंगा का चरित्र भी कमाल का है, जिसने जलियाँवाला कांड में अपने पिता को खो दिया था। उनके भीतर विद्रोह की जो लपटें हैं, वे पाठक के दिल में भी उतर जाती हैं। इसी तरह शिवमूर्ति सिंह वत्स का 'आँगन का गुलाब' (2001) सुंदर बाल उपन्यास है। इसका कथानायक एक छोटा बच्चा राजीव है, जिसके मन में बड़े होकर देश के लिए कुछ करने का सपना है। बचपन में ही उसकी समझदारी भरे करतब देखकर हर कोई हैरान रह जाता था। बड़ा होकर वह डाक्टर बना, पर डाक्टर बनकर पैसा कमाने की इच्छा बिल्कुल उसके मन में न थी, बल्कि वह तो लोगों की मदद करने के लिए डाक्टर बना था। उसका मन था कि गाँव में बड़ा अस्पताल खोला जाए। राजीव का उत्साह देखकर हर कोई हैरान है। देखते ही देखते वह सबका लाड़ला बन जाता है। वत्सजी का 'चली चलो माँ' भी बड़ा भावपूर्ण बाल उपन्यास है। उपन्यास में दीनू और उसकी नेत्रहीन माँ के चरित्र भुलाए नहीं भूलते।

इसी तरह दिनेश चमोला 'शैलेश', कुसुम गुप्ता, परशुराम शुक्ल, मालती बसंत और सुरंजन के बाल उपन्यासों में भी आज के बच्चे के मन और कठिन परिस्थितियों की झलक देखी जा सकती है। इनमें दिनेश चमोला 'शैलेश' (ज. 1957) के 'टुकड़ा-टुकड़ा संघर्ष' तथा 'एक था रॉबिन' उपन्यासों में एक ओर पहाड़ के कठिन जीवन और संघर्षों का वर्णन है तो दूसरी ओर पहाड़ की लोक-संस्कृति और परंपराओं का। कुसुम गुप्ता के 'साहसी भोला' (2001) उपन्यास में एक सीधे-सच्चे किशोर भोला की कहानी है। बचपन से ही उसके जीवन पर दुर्भाग्य की छायाएँ पड़ती रहीं। आखिर ठाकुर जगदीश सिंह की कोठी पर उसे सहारा मिला और ठाकुर साहब जल्दी ही उसके काम से इतने खुश हो गए कि भोला उनका अंतरंग साथी बन गया। मालती बसंत (ज. 1954) के उपन्यास 'दादाजी की सैर' में कथा मयंक और उसके दादाजी की बातचीत के जरिए आगे बढ़ती है। परशुराम शुक्ल का 'मास्टर दीनदयाल' (2013) एक आदर्शवादी अध्यापक दीनदयालजी के

चरित्र पर केंद्रित बाल उपन्यास है, पर इसमें कथा-विन्यास सहज नहीं बन पाया। अमित भटनागर का बाल उपन्यास 'रानी का कंगन' (2004) भी रोचक फंतासी के ताने-बाने को लेकर चलता है, पर कुल मिलाकर यह कोई उल्लेखनीय कृति नहीं बन सका। सुरंजन का उपन्यास 'शापित फल्गु' (1992) परंपरावादी होते हुए भी, किसी हद तक लीक से अलग हटकर है। यह एक छोटे बच्चे नरेंद्र की कथा है, जिसमें सचाई के साथ जीने की तड़प है। फल्गु की कथा उसे विचलित करती है। उसने तय कर लिया कि वह हर हाल में अपने आप से सवाल पूछता रहेगा और जीवन भर सच्चाई के पक्ष में लड़ेगा।

अखिलेश श्रीवास्तव 'चमन' का बाल उपन्यास 'बीनू का सपना' और नीरू का 'हरियाली में खुशहाली' पर्यावरण की समस्या को लेकर लिखे गए हैं। अखिलेश श्रीवास्तव 'चमन' (ज. 1958) के उपन्यास 'बीनू का सपना' (2003) का नायक बीनू है, जिसे कक्षा में पर्यावरण का पाठ पढ़ाया जाता है तो उसका ध्यान अध्यापक की बातों पर अधिक नहीं जाता। लेकिन गाँव में जाकर जब उसने नदियों का हाल देखा, लोगों की परेशानियाँ और मुश्किलें देखीं तो वह समझ गया कि अगर आज हमने पर्यावरण के बारे में गंभीरता से नहीं सोचा तो कल की दुनिया उजाड़ हो चुकी होगी। 'बीनू का सपना' में पर्यावरण को लेकर काफी अच्छी और उपयोगी बातें बताई गई हैं, पर सीधे-सीधे सीख देने के चक्कर में इस उपन्यास का कथा-प्रवाह जगह-जगह टूटता है। अखिलेश का साहसिक बाल उपन्यास 'आपरेशन अखनूर' (2013) कहीं बेहतर है और इस दौर का उल्लेखनीय बाल उपन्यास है। कश्मीर की गजराला घाटी के दो बच्चे अनवर और हमीद किस तरह अपनी बहादुरी और समझदारी से दुश्मन के षड्यंत्र को नाकामयाब करके अपने देश की सेवा करते हैं, इसका रोमांचक वर्णन इस बाल उपन्यास में है। उपन्यास सधे हाथों से लिखा गया है और पाठकों को अपने साथ बहा ले जाता है।

नीरू के 'हरियाली में खुशहाली' उपन्यास में पर्यावरण की चेतना एक अद्भुत सँपेरे के जरिए प्रकट होती है, जिसे साँप को पकड़ने के लिए बुलाया गया है। उपन्यास में कोई सुव्यवस्थित कथा नहीं है और बीच-बीच में पर्यावरण को लेकर बातचीत चल पड़ती है, जिससे एक के बाद एक दृश्य जुड़ते चले जाते हैं। नीरू तिवारी का 'हम अपाहिज नहीं हैं' (1999) विकलांगों की समस्याओं, मुश्किलों और आत्मविश्वास को लेकर लिखा गया ढंग का बाल उपन्यास है। ऐसे ही रमेश आजाद (ज. 1954) का बाल उपन्यास 'ताड़ भर पानी' (2005) एक कबीलाई परिवेश की कथा है। उपन्यास में नाटकीयता तो है, पर वह बहुत अर्थपूर्ण और प्रभावी नहीं बन पाया। गीता पुष्प शॉ (ज. 1943) के उपन्यास 'आँगन-आँगन फूल लिखे' (1981) में कथा-भूमि बदलती है और आज का परिवेश और जीवन-स्थितियाँ सामने आती हैं। फौजी चाचा और डॉक्टरनी राधा के चरित्र अच्छे हैं, पर उपन्यास में अनावश्यक उपदेशात्मकता उबाती है।

इस कालखंड में ऐतिहासिक-पौराणिक उपन्यासों की धारा गौरव युग की तरह अधिक समृद्ध नजर नहीं आती, तो भी बीच-बीच में कुछ अच्छे उपन्यास नजर आ जाते हैं। मसलन चित्रा मुद्गल का 'माधवी कन्नगी' और रूपसिंह चंदेल' के अजीमुल्ला खाँ और कर्तारसिंह सराबा के बलिदानों पर लिखे गए उपन्यास बड़े मर्मस्पर्शी हैं। इस कालखंड के प्रमुख उपन्यासों में उनकी गिनती होनी चाहिए। रूपसिंह चंदेल (ज. 1951) के 'क्रांतिदूत अजीमुल्ला खाँ' (1992) तथा 'अमर बलिदान' (1991) खासे प्रभावशाली बाल उपन्यास हैं।

इनमें 'अजीमुल्ला खाँ' उपन्यास में सन् 1857 के भारतीय स्वाधीनता संग्राम का बड़ा गौरवशाली चित्र सामने आता है। बालक अजीम में बचपन के सरल स्वभाव और निर्भीकता के किस्सों के साथ-साथ उनके भीतर जन्म लेती विद्रोही भावना के चित्र बखूबी उभरे हैं। पहले नानाजी पेशवा के सलाहकार और फिर मंत्री के रूप में जिम्मेदारी सँभालते हुए, नाना के साथ मिलकर क्रांति की योजनाएँ बनाने और अंग्रेजों को धूल चटाने में उनकी बड़ी भूमिका थी। उपन्यास की ये घटनाएँ ऐतिहासिक तथ्यों पर आधारित हैं, जिन्हें चंदेलजी ने इस उपन्यास में बड़े अच्छे ढंग से साधा है। रूपसिंह चंदेल का 'अमर बलिदान' स्वतंत्रता की बलि-वेदी पर प्राण न्योछावर करने वाला युवा क्रांतिकारी कर्तारसिंह सराबा के बलिदान की कहानी को बड़े मार्मिक ढंग से बाल पाठकों के सामने रखता है। उपन्यास के कई दृश्य मन को छू लेते हैं।

ऐतिहासिक-पौराणिक उपन्यासों की धारा में शिव मृदुल और डॉ. नरेंद्रकुमार का भी जिक्र किया जा सकता है। कुछ अरसा पहले शिव मृदुल (ज. 1941) के 'चंदन और उदय' (2005) उपन्यास में पन्ना धाय के चरित्र की दृढ़ता तो है ही, पन्ना के बेटे चंदन के चरित्र की खुशबू भी महसूस की जा सकती है। डॉ. नरेंद्रकुमार (ज. 1960) का 'बाल रामायण' (1999) पौराणिक पृष्ठभूमि पर लिखी गई औपन्यासिक कृति है। इधर ऐतिहासिक बाल उपन्यासों की धारा कुछ रुक गई-सी लगती है, जबकि उसमें बहुत कुछ नया करने की गुंजाइश है।

❧ ❖ ❧

हिंदी उपन्यास के दूसरे चरण में विज्ञान फंतासी पर आधारित कई अच्छे बाल उपन्यास लिखे गए थे। विकास युग में यह धारा बहुत आगे नहीं बढ़ी, हालाँकि इरा सक्सेना, डॉ. शोभनाथ लाल, डॉ. जाकिर अली 'रजनीश', सूर्यनाथ सिंह, आर.पी. सिंह, रमाशंकर आदि लेखकों ने कुछ नए ढंग के विज्ञान फंतासी उपन्यास लिखे हैं। डॉ. शोभनाथ लाल (ज. 1936) ने बच्चों के लिए कविता, कहानियाँ, उपन्यास समेत कई विधाओं में लिखा है, पर रहस्यमय कल्पनाओं से जुड़ा उनका विज्ञान फंतासी उपन्यास 'सीपियांडेला की सैर' बेशक उनकी सर्वोत्तम कृति है। इस बाल उपन्यास में सीपियांडेला नाम के ग्रह से आए दो रहस्यपूर्ण, लेकिन भोले बच्चों के साथ अंतरिक्ष-यात्रा पर गए राजू की कथा है, जिसके मन में कई तरह के भय हैं, संकोच भी। अपने घर और धरती से दूर आकर वह डर रहा है कि अब कभी वापस जा भी सकेगा या नहीं? पर वहाँ चकसिंग जैसे प्यारे दोस्त को नजदीक से जाना, तो राजू का सारा भय हिरन हो गया और उसे लगने लगा, दूसरे ग्रहों के लोग उतने बुरे नहीं हैं, जितनी कल्पना हमने कर ली है। इसी तरह इरा सक्सेना का 'कंप्यूटर के जाल में' अद्भुत विज्ञान फंतासी उपन्यास है, जिसमें अपराधियों का गिरोह एक छोटे बच्चे अंशुमान का स्कूल से अपहरण कर लेता है। वे उससे कंप्यूटर के जरिए जालसाजी कराना चाहते हैं, पर अंशुमान की बुद्धिमानी से आखिर वे खुद फँस जाते हैं।

नई पीढ़ी के लेखकों में सूर्यनाथ सिंह, रमाशंकर, ओमप्रकाश कश्यप और आर.पी. सिंह के विज्ञान-फंतासी उपन्यास भी कुछ अरसा पहले छपे हैं। इनमें सूर्यनाथ सिंह (ज. 1966) के बाल उपन्यासों में नूतन वैज्ञानिक परिवेश के साथ-साथ कल्पना की ताजगी और गुंफन कहीं अधिक हैं। उनके विज्ञान फंतासी उपन्यास 'बर्फ के आदमी' (2007) मम्मी-पापा के साथ सरिस्का अभयारण्य में घूमने गया तन्मय अचानक

एक अनोखे ग्रह पर जा पहुँचता है, जहाँ बर्फीला मौसम है और बर्फ के आदमी। वहाँ के वैज्ञानिक विकास और वातावरण की बड़ी ही अनोखी कल्पना 'बर्फ के आदमी' में है। उपन्यास का अंत ज्यादा प्रभावी नहीं बन पाया है, पर उपन्यास में बहुत कुछ है, जो हमें कल्पना में सचमुच एक नए लोक की सैर करा देता है, जहाँ सबकुछ नया-नया है और जीवन का रंग-ढंग बड़ा अनोखा है।

'बिजली के खंभों जैसे लोग' (2009) सूर्यनाथ सिंह का कहीं बेहतर उपन्यास है। इसमें एक प्रसिद्ध अंतरिक्ष विज्ञानी एस. सुंदरास्वामी के बेटे गुरु के अचानक गायब होकर किसी विचित्र लोक में पहुँचने की रोमांचक कथा है। इस नए और अनोखे लोक में बिजली के खंभों जैसे लंबे लोग हैं, रिमोटवाली कुरसी और बादलोंवाला बाथरूम है। यहाँ तक कि यहाँ भूख लगने पर डिजिटल डोसा परोसा जाता है। इस विचित्र लोक के लोग विज्ञान में धरती से कहीं ज्यादा उन्नत हैं और भले भी। वे किसी गलत प्रयोजन से गुरु को धरती से नहीं लाए थे। अंत में गुरु, जो कि धरती पर डिस्कवरी यान से गायब हुआ था, वापस धरती पर पहुँचता है। पर उस विचित्र लोक की विचित्र बातें पाठक के मन में हमेशा के लिए अंकित हो जाती हैं। उपन्यास में उस विचित्र लोक के प्राणियों में बुलाकी और उसकी बेटी सेलिना के चरित्र नहीं भूलते, जिन्होंने धरती से आए गुरु को सचमुच बड़े स्नेह-प्यार के साथ रखा। कुछ अरसा पहले सूर्यनाथ सिंह का एक और दिलचस्प विज्ञान फंतासी उपन्यास छपा है, 'सात सूरज, सत्तावन तारे' (2013)। उपन्यास में वैज्ञानिक आधारभूमि पर कल्पना और फंतासी का जैसा जादू सूर्यनाथ रचते हैं, वैसा बहुत कम देखने में आता है। उम्मीद है, आगे उनके और भी विज्ञानपरक बाल उपन्यास पढ़ने को मिलेंगे।

रमाशंकर (ज. 1970) का 'मिशन इंपॉसिबल' भी याद रह जानेवाला उपन्यास है, जिसमें विज्ञान फंतासी के साथ-साथ जासूसी और रहस्य रोमांच का भरपूर इस्तेमाल है। उपन्यास में बच्चों के निर्भीक उत्साही चेहरों के साथ-साथ प्रोफेसर भट्ट का चरित्र भी याद रह जानेवाला है। उपन्यास में कथा का ताना-बाना रोचक है। 'मिशन इंपॉसिबल' बेशक बच्चों के दिलों में विज्ञान के साथ-साथ साहसिक अभियानों के प्रति भी आकर्षण पैदा करनेवाला विज्ञान-फंतासी उपन्यास है। दूसरी ओर, आर.पी. सिंह का विज्ञान फंतासी उपन्यास 'मंगल की मेम' (2005) और ओमप्रकाश कश्यप (ज. 1959) का 'विजय-पथ' कोई विशेष प्रभाव नहीं छोड़ पाते। शिव मृदुल का 'मैं पृथ्वी हूँ, मुझे बचाओ' (2012) पर्यावरण की समस्या पर केंद्रित कुछ अलग तरह का बाल विज्ञान उपन्यास है।

इस तरह हिंदी में अच्छे विज्ञान फंतासी उपन्यास लिखे तो गए हैं और उनमें वैज्ञानिक जानकारी के साथ-साथ कथा-रस या किस्सागोई भी खासी है, पर उनकी संख्या दुर्भाग्य से अधिक नहीं है। आज का युग विज्ञान-युग है, जिसमें एक से एक दिलचस्प वैज्ञानिक जानकारियों का नित्य नया विस्फोट हो रहा है। उसे रोमांचक कथा में ढालकर बच्चों के आगे लाना एक बड़ी चुनौती है। लिहाजा सारी दुनिया में वैज्ञानिक फंतासी से जुड़े उपन्यास अब लिखे जा रहे हैं। हिंदी में भी लेखक इधर आएँ तो बेशक अभी बहुत कुछ किया जा सकता है।

मौजूदा दौर में जासूसी बाल उपन्यासों की धारा भी उतनी समृद्ध नजर नहीं आती, जितनी गौरव युग में थी। इस लिहाज से केवल संजीव जायसवाल 'संजय', जाकिर अली 'रजनीश', कमला चमोला, शकुंतला वर्मा, पी.आर. शुक्ल, जया नर्गिस और रमाशंकर के बाल उपन्यास ही ध्यान आकर्षित कर पाते हैं। इनमें

संजीव जायसवाल 'संजय' (ज. 1958) को बेशक जासूसी उपन्यास लिखने में खासी महारत हासिल है। इधर काफी सक्रियता से लिख रहे संजीव जायसवाल के 'हवेली', 'लाल बँगला' और 'आपरेशन डम-डम डिगा-डिगा' में जासूसी कारनामों का रोमांच है। 'लाल बँगला' में बच्चे अंडरवर्ल्ड के अपराधी अल्बर्टो की रहस्यात्मक दुनिया में सेंध लगाते हैं, बड़े से बड़े खतरे उठाते हैं, लेकिन हिम्मत नहीं हारते और आखिर अल्बर्टो का अपराधी किला पूरी तरह ध्वस्त हो जाता है। 'आपरेशन डम-डम डिगा-डिगा' में महान वैज्ञानिक आविष्कार करनेवाले प्रोफेसर हेमंत राय के अपहरण से जुड़ी सनसनीखेज घटनाएँ हैं।

पर संजीव जायसवाल 'संजय' का संभवतः सबसे महत्त्वपूर्ण जासूसी बाल उपन्यास 'हवेली' (2001) है। लखीमपुर खीरी के एक गाँव में बनी बड़ी पुरानी-सी हवेली है, जो राजा वीरेंद्रप्रताप सिंह की मृत्यु के बाद लगभग सुनसान-सी नजर आने लगी। एक पुराना विश्वासपात्र नौकर देवीदत्त उसकी देखभाल करता था। वर्षों बाद राजा वीरेंद्रप्रताप सिंह का पोता यानी कुँवर साहब गाँव में आए तो हवेली में अजीबो-गरीब घटनाएँ घटने लगी हैं। कभी-कभी अचानक घुँघरुओं की आवाज आती। एक काली बिल्ली उछलती और सब गड़बड़ हो जाता। अंत में खुला उस रहस्यपूर्ण काली बिल्ली और घुँघरुओं की आवाज का रहस्य। तब मालूम पड़ा कि हवेली के पुराने सेवक देवीदत्त का भतीजा ही परदे के पीछे छिपकर अजीबो-गरीब काम करा रहा है ताकि यह हवेली बिके नहीं और उसका धंधा चलता रहे। उपन्यास बेहद रोचक अंदाज में लिखा गया है और इसमें पुराने राजा-रजवाड़ों का रंग-ढंग और तौर-तरीके बड़े सधे ढंग से आए हैं। निस्संदेह हिंदी में कुछ अलग तरह के और अच्छे जासूसी उपन्यासों में इसकी गिनती होनी चाहिए, जिसमें अतिरंजना कम है और घटनाएँ बड़े सहज और विश्वसनीय रूप में सामने आती हैं। जाकिर अली 'रजनीश' द्वारा संपादित 'ग्यारह बाल उपन्यास' में शामिल संजीव जायसवाल 'संजय' का 'पीली फाइल' भी एक रोमांचक जासूसी बाल उपन्यास है, जो अंत तक बाल पाठकों को बाँधे रखता है। इसके अलावा संजीव का 'फिर सुबह होगी' (2012) भी चर्चित उपन्यास है।

बच्चों की क्रियात्मक ऊर्जा से भरपूर हिंदी के जासूसी उपन्यासों में शकुंतला वर्मा के 'पाँच जासूस', कमला चमोला के 'जासूसों की जासूस' और यादवेंद्र शर्मा 'चंद्र' के 'चतुर चौकड़ी' का भी जिक्र किया जाना चाहिए। बच्चों की रचनात्मक ऊर्जा का जितना बढ़िया और मजेदार इस्तेमाल इन जासूसी बाल उपन्यास में हुआ है, वैसा अकसर कम ही नजर आता है। खासकर शकुंतला वर्मा (ज. 1932) ने तो बिल्कुल बच्चों के-से मन और ऊर्जा के साथ 'पाँच जासूस' (1996) उपन्यास लिखा है। कहना न होगा कि इस उपन्यास के पाँच जासूस असल में पाँच चंचल, लेकिन बुद्धिमान बच्चे ही हैं, जिनके भीतर कुछ कर गुजरने की तीव्र लालसा है। नन्हे जासूस दल की इस काबिलीयत की तो तारीफ करनी होगी कि जिस अपहरण का सुराग पुलिस तक नहीं पा सकी, उसे न सिर्फ यह खोजी दल पा लेता है, बल्कि अपनी हिम्मत और हौसले से अपने नन्हे जासूस साथी को छुड़वा भी लेता है। यों पाँच जासूसों का यह नन्हा खोजी दल अपनी बहादुरी, हिम्मत और खोजी नजर का सिक्का जमा लेता है। एक अच्छे जासूस की सबसे बड़ी खासियत यह है कि उसे 'खतरों का खिलाड़ी' होना चाहिए, जो बुरे से बुरे हालात में भी घबराए नहीं और दिमाग लगाकर अपराधियों के चंगुल से छूट जाए। इस नन्हे जासूस दल के सभी सदस्य ऐसे ही हैं। इसलिए उपन्यास इतना मजेदार और रोमांचक है कि बच्चे इसे पूरा किए बगैर छोड़ेंगे नहीं।

कमला चमोला का 'जासूसों की जासूस' (2006) भी दिलचस्प जासूसी बाल उपन्यास है। उपन्यास की नायिका नैना इतनी सूझ-बूझवाली और बहादुर लड़की है कि उसका व्यक्तित्व पूरे उपन्यास में छाया हुआ है। नैना के बाबा ऐसे उदार और दयालु चिकित्सक हैं, जो रात-दिन सभी की मदद करने के लिए तैयार रहते हैं। पर एक दिन वे जड़ी-बूटियाँ चुनने के लिए गए तो वापस नहीं लौटे। इसके बाद नैना की सूझ-बूझ और हिम्मत की कथा शुरू होती है। फिर गाँव में एक अध्ययन दल आया, जो जड़ी-बूटियों की खोज में निकला है, तो नैना खुद-ब-खुद उसकी अगुवा बन गई। आखिर उसने अपने बाबा का भी पता लगा लिया। यही नहीं, बल्कि नैना की सूझ-बूझ से तस्करी करने वालों के बड़े षड्यंत्र का भी पर्दाफाश हो गया। कमला चमोला ने उपन्यास में पर्यावरण और पहाड़ के परिवेश की भी अच्छी जानकारी गूँथ दी है।

रोहिताश्व अस्थाना (ज. 1949) अपनी कविताओं के कारण अधिक जाने जाते हैं, पर उन्होंने बच्चों के लिए उपन्यास भी लिखे हैं। 'बच्चों की वापसी' (1987) रोहिताश्व का रोचक बाल उपन्यास है, जिसमें साहसपूर्ण कारनामे और जासूसी नजर का कमाल दोनों ही देखने को मिलते हैं। उपन्यास में सेठ दमड़ीलाल का बेटा कपिल स्कूल से लापता हो जाता है। दो छोटे बच्चे नीरज और धीरज उसका पता लगाने के लिए निकल पड़ते हैं। तब मालूम पड़ता है कि वे कालिया डाकू के चंगुल में आ गए हैं, जहाँ कपिल पहले से ही है। लेकिन जब तीनों बच्चे मिल जाते हैं और इशारों-इशारों में अपनी बात ही नहीं, अपनी योजना एक-दूसरे तक पहुँचा देते हैं तो डाकू कालिया के किले में सचमुच दरार नजर आने लगती हैं। बच्चे हिम्मत से राह बनाने लगते हैं। उन्हें मदद करनेवाले लोग भी मिलते हैं। वे गुप्त मार्ग की खोज करके पुलिस तक पहुँच जाते हैं और फिर आखिर पुलिस डाकुओं को घेर लेती है। अगर भाषा थोड़ी और चुस्त और संयमित होती तो यह अच्छा बाल उपन्यास बन सकता था। रोहिताश्व अस्थाना के 'काफिले का सूरज', 'सोनू की उड़ान' परंपरागत ढंग के उपन्यास हैं, पर बच्चों की सक्रिय उपस्थिति उन्हें रोचक बना देती है।

पी.आर. शुक्ल (ज. 1947) के उपन्यास 'जासूस परमचंद के कारनामे' में भी जासूसी घटनाओं और किस्सागोई का यही कमाल है। यह उपन्यास पाँच अध्यायों में बँटा है, जिनमें परमचंद जासूस की सूझबूझ और होशियारी की पाँच अलग कथाएँ चलती हैं। खासकर परमचंद का चरित्र बड़े सहज, स्वाभाविक रूप से बुना गया है और उसका काम करने का और बात करने का अंदाज ऐसा है कि बच्चे जल्दी ही उससे प्रभावित हो जाते हैं।

इसी तरह नीलम राकेश (ज. 1961) का 'अनजाना द्वीप' (2007) बड़ा रोमांचक बाल उपन्यास है। मुंबई के कुछ बच्चे घर से एक साहसिक अभियान पर निकलते हैं। वे एक ऐसे निर्जन स्थान पर पहुँच जाते हैं, जिसे भूतों का डेरा कहा जाता है, पर बच्चे वहाँ घबराते नहीं हैं। वे सचाई को जान लेना चाहते हैं और यह भी कि भूत अगर होते हैं तो वे कैसे होते हैं? उस अनजाने द्वीप पर उन्हें भूत तो नहीं मिलते, पर दुश्मन की मदद करनेवाले गद्दार आतंकवादी जरूर मिल जाते हैं। उन्हीं में कर्नल साहब का बेटा भी है, जो चोरी-छिपे शत्रुओं की मदद के षड्यंत्र में शामिल है। कर्नल साहब को पता चला तो अपने गद्दार बेटे को वे खुद पुलिस के हाथों में सौंप देते हैं। उपन्यास इतना रोचक है कि एक बार पढ़ना शुरू करें तो इसे बीच में छोड़ पाना मुश्किल है। 'यह कैसा चक्कर' (2004) तथा 'आतंकवादी और नन्हा अमित' (2009) भी नीलम राकेश के उल्लेखनीय

बाल उपन्यास हैं। साबिर हुसैन (ज. 1954) का 'पापा की खोज' भी पठनीय बाल उपन्यास है, जिसमें अंत तक रोचकता बनी रहती है। इसी तरह फकीरचंद शुक्ला के बाल उपन्यास 'साहस का फल' (1998) में दो छोटे बच्चों का साहस और सूझ-बूझ देखकर दंग रह जाना पड़ता है। अपनी हिम्मत और बहादुरी से उन्होंने भूतों की कोठी में छिपकर बैठे हुए चोरों को पकड़वाया।

इस कालखंड में जाकिर अली 'रजनीश' (ज. 1975) ने भी रोचक जासूसी उपन्यास लिखे। उनका 'हम होंगे कामयाब' काफी प्रभावशाली और देर तक मन पर छाप डालनेवाला जासूसी बाल उपन्यास है। कुछ बच्चे मिलकर जिस हिम्मत और बहादुरी से अपने एक साथी किशोर को एक लोभी और क्रूर सेठ लक्खूलाल से छुड़ाते हैं, मन पर सचमुच उसका गहरा प्रभाव पड़ता है। बेशक यह बाल पाठकों के मन में अपने कुछ होने और दुनिया को बदलने का हौसला भर देनेवाला, नए वक्त का बाल उपन्यास है। इसमें हिम्मत और जासूसी दोनों का मेल है। हातिमताई की कथा को आधार बनाकर लिखा गया जाकिर अली 'रजनीश' का बाल उपन्यास 'सात सवाल' (1996) भी खासा रोचक है। बच्चों की जानी-मानी लेखिका जया नर्गिस का 'तीन दोस्त' (2009) भी पढ़ने लायक बाल उपन्यास है। यह एक रोमांचक साहस कथा है। मोहन के छोटे भाई सुरेश का बदमाशों ने अपहरण कर लिया। इस पर मोहन अपने दोस्त जयंत और उसके बड़े ही होशियार कुत्ते टाइगर के साथ अपराधियों की तलाश में निकल पड़ा। आखिर वे अपराधियों के गढ़ में जा पहुँचते हैं। पुलिस इंस्पेक्टर विक्रम भी उनकी पूरी मदद कर रहे हैं। अंत में बच्चों को चुरानेवाले अपराधियों का पूरा गिरोह पकड़ा गया और इसका सेहरा बँधा तीन दोस्तों के सिर पर। इनमें मोहन और जयंत के अलावा उनका बहादुर कुत्ता टाइगर भी है। आखिर वह भी तो उनका एक प्यारा और हमदर्द दोस्त ही है।

इसी तरह आनंद विश्वास (ज. 1949) के बाल उपन्यास 'बहादुर बेटी' (2015) में देश को बचाने के लिए बड़ा उत्सर्ग करनेवाली बहादुर बेटी आरती का चरित्र प्रेरक है। उपन्यास अनावश्यक रूप से फैलता नहीं और भाषा बच्चों के अनुरूप होती तो यह उपन्यास बाल पाठक अधिक पसंद करते। आनंद के दो और बाल उपन्यास हैं, 'देवम' (2012) और 'परकटी पाखी' (2014), पर ये उल्लेखनीय नहीं बन पाए। मालती बसंत (ज. 1954) के बाल उपन्यास 'ज्ञान के अनमोल हीरे' (2012) में भी कोई नवीनता नहीं है।

❧ ❖ ❧

इसके अलावा विकास युग में जिन अन्य लेखकों ने बच्चों के लिए उपन्यास लिखे, उनमें भगवान चौरसिया, प्रत्यूषकुमार रत्न, शमशेर अहमद खान, जितेंद्र ठाकुर, कल्पनाथ सिंह, जगदीश व्योम, अखिल चंद्र, आर.पी. शुक्ल, ए. असफल तथा सुंदरलाल त्यागी आदि के नाम लिये जा सकते हैं। इनमें भगवान चौरसिया का 'इक्कीसवीं सदी में आंजनेय', शमशेर अहमद खान का 'पापा का उपहार', प्रत्यूषकुमार रत्न का 'माही गुणाजी', देवेश का 'खामोश हत्या', शशि पाठक का 'निखिल और ग्रहों की अनोखी दुनिया', जितेंद्र ठाकुर का 'एक शहर की मौत', देवेंद्रकुमार का 'चक्कर मिलेनियम धमाके का', कल्पनाथ सिंह का 'डायनासोर और शेरसिंह' (2004), जगदीश व्योम का 'नन्हा बलिदानी', अखिल चंद्र का 'मोबाइल के जादूगर', आर.पी. शुक्ल का 'चींचीं और चीकू', ए. असफल का 'बारह बरस का विजेता' तथा सुंदरलाल त्यागी का 'गोरा बादल' (2006) भी इस दौर के उल्लेखनीय बाल उपन्यास हैं। इनमें भगवान चौरसिया का 'इक्कीसवीं सदी में

आंजनेय' 'बालवाटिका' (1999) में तथा जितेंद्र ठाकुर का 'एक शहर की मौत' और देवेंद्रकुमार का 'चक्कर मिलेनियम धमाके का' बाल उपन्यास 'सुमन सौरभ' में छपे थे।

अपने दौर के अनेक बाल उपन्यासों का संग्रह करके उन्हें सामने लाने की कुछेक कोशिशें भी इधर नजर आती हैं। जाकिर अली 'रजनीश' द्वारा संपादित 'ग्यारह बाल उपन्यास' (2006) ऐसी ही पुस्तक है। दो भागों में छपी इस पुस्तक में कुल ग्यारह बाल उपन्यास शामिल हैं। ये बाल उपन्यास हैं—डॉ. श्रीप्रसाद का 'अंतू की आत्मकथा', जाकिर अली 'रजनीश' का 'हम होंगे कामयाब', रामनरेश उज्ज्वल का 'हाँकू बाबा', रमाशंकर का 'मिशन इंपोसिबल', मो. साजिद खान का 'गाँव की तसवीर', उषा यादव का 'लाखों में एक', शोभनाथ लाल का 'सीपियांडेला की सैर', साबिर हुसैन का 'पापा की खोज', 'रोहिताश्व अस्थाना का 'एक था रमुआ', संजीव जायसवाल 'संजय' का 'पीली फाइल' और अखिलेश श्रीवास्तव 'चमन' का 'बीनू का सपना'। इनमें शोभनाथ लाल का विज्ञान फंतासी उपन्यास 'सीपियांडेला की सैर', उषा यादव का 'लाखों में एक', संजीव जायसवाल 'संजय' का 'पीली फाइल' और जाकिर अली 'रजनीश' का 'हम होंगे कामयाब' बेशक अच्छे बाल उपन्यास हैं। अलग-अलग रंगत और शेड्स के ग्यारह समकालीन लेखकों के बाल उपन्यासों को एक साथ उपलब्ध कराना बड़ी बात है। जाकिर अली 'रजनीश' के इस प्रयत्न की सराहना करनी होगी।

इस तरह की कोशिशें और भी हों तो इससे अनुपलब्ध बाल साहित्य के साथ-साथ, इसके मूल्यांकन की एक आधार-पीठिका भी खुद-ब-खुद तैयार होगी। हालाँकि संग्रह की भूमिका बड़ी हड़बड़ी में और सतही ढंग से लिखी गई। इससे हिंदी बाल उपन्यास की विकास-यात्रा तथा मौजूदा परिदृश्य के बारे में बहुत कम पता चल पाता है।

हिंदी में अनूदित बाल उपन्यास

हिंदी में अनूदित बाल उपन्यासों की संख्या बहुत बड़ी है। संभवत: हिंदी में मौलिक उपन्यास जितने लिखे गए हैं, अनूदित बाल उपन्यासों की संख्या उनसे कम नहीं होगी। इनमें विश्व की प्रमुख भाषाओं से अनूदित बाल उपन्यास हैं, तो भारतीय भाषाओं से अनूदित बाल उपन्यासों की भी एक बड़ी संख्या है।

भारतीय भाषाओं से अनूदित बाल उपन्यासों में बाँग्ला उपन्यासों की संख्या शायद सबसे ज्यादा है। इसके अलावा गुजराती, मराठी, तमिल, असमी आदि भाषाओं के बाल उपन्यासों का भी हिंदी में अनुवाद हुआ है। इनमें अनिता देसाई के 'मोरों वाला बाग' और जयंत विष्णु नार्लीकर के 'अंतरिक्ष में विस्फोट' उपन्यासों की खासी चर्चा रही। बाँग्ला बाल उपन्यासों में विभूतिभूषण बंद्योपाध्याय का 'चंद्रपहाड़' (1994, अनुवाद : अमर गोस्वामी) उपेंद्रकिशोर रायचौधुरी का 'गोपी गाए बाघा बजाए' (1997, अनु. अमर गोस्वामी) और शीर्षेंदु मुखोपाध्याय का 'गोसाईं बागान का भूत' (1993, अनुवाद : अमर गोस्वामी), महाश्वेता देवी का 'इतवा मुंडा ने लड़ाई जीती' (1993, अनुवाद : गोविंदसिंह), नवनीता देवसेन का 'समुद्र की संन्यासिनी' (2003, अनुवाद : चंद्रकिरण राठी) और 'विषहरि प्रसाद' (2003, अनुवाद : चंद्रकिरण राठी) तथा अरूपकुमार दत्त के 'चमकदार गुफा' (अनुवाद : प्रयाग शुक्ल) और 'जंगरीला की ओर' (1993) सबसे अधिक महत्त्वपूर्ण हैं।

विभूतिभूषण बंद्योपाध्याय के अत्यंत चर्चित उपन्यास 'चंद्रपहाड़' में एक अजीबोगरीब और असाधारण

साहस-कथा का वर्णन है। इस बाल उपन्यास का नायक शंकर एक दिन नौकरी की तलाश में निकला, तो भटकते हुए न जाने कब उसके पैर उसे मध्य अफ्रीका ले गए, जहाँ एक से एक अजीबोगरीब घटनाएँ घटीं। उसे हीरे की खानों का पता चला और वह ऐसी जगहों पर भी पहुँचा, जहाँ मुश्किल से आदमी के पाँव पड़े होंगे। यहाँ तक कि उसकी जिंदगी और मौत के बीच बस एक झीना-सा फासला रह गया। ऐसे में वह न सिर्फ अपनी सारी ताकत बटोरकर जूझा और मौत के घेरे से बचकर आया, बल्कि अखबारों में उसने अपनी यात्रा के बारे जो वर्णन छपाए, उससे सारी दुनिया में हड़कंप मच गया। विभूतिभूषण बंद्योपाध्याय का 'चंद्रपहाड़' सचमुच रोमांचक उपन्यास है। विभूतिभूषण बंद्योपाध्याय का 'सुंदरवन में सात वर्ष' भी चर्चित बाल उपन्यास है। इसका अनुवाद मुक्ति गोस्वामी ने किया है। उपेंद्रकिशोर रायचौधुरी के 'गोपी गाए बाघा बजाए' में मन को बाँध लेनेवाली किस्सागोई के बीच-बीच में हास्य-विनोद के रंग हैं।

शीर्षेंदु मुखोपाध्याय का 'गोसाईं बागान का भूत' भी दिलचस्प बाल उपन्यास है। इसमें एक हिम्मती और धुन के पक्के लड़के बरुन की कथा है, जिसके पिता शहर के प्रसिद्ध डॉक्टर तथा दादाजी प्रसिद्ध वैद्य हैं। पर इसके बावजूद बरुन के गणित में केवल तेरह नंबर आए। दूसरे विषयों में उसके अच्छे नंबर थे, पर गणित में कम नंबर आने पर घर और बाहर उसे इतनी उपेक्षा झेलनी पड़ी कि एक दिन वह घर से निकल पड़ा और गोसाईं बागान में जा पहुँचा, जहाँ सच्ची-मुच्ची एक भूत से उसका आमना-सामना हो गया। फिर तो एक से एक मजेदार घटनाएँ हुईं। शीर्षेंदु मुखोपाध्याय ने इस उपन्यास में भूतों का जिस तरह का वर्णन किया है, वह डराता नहीं, उलटे हँसा-हँसाकर लोट-पोट कर देता है। भूत भी यहाँ दिलचस्प और दोस्ताना किस्म के हैं और शीर्षेंदु मुखोपाध्याय का 'गोसाईं बागान का भूत' उनके कारण एक यादगार उपन्यास बन गया। 'कलागुरु' के नाम से जाने जाते भारत के सिरमौर चित्रकार अवनींद्रनाथ ठाकुर का बहुचर्चित बाल उपन्यास 'खोए का गुड्डा' एक लोककथा का रूपांतरण है, पर अवनींद्र बाबू ने इतने उस्तादाना ढंग से इसे लिखा है और लोक-आख्यान की शैली को जिस ढंग से निखारा है, उससे यह एक अविस्मरणीय कथाकृति बन गया है। इसी तरह बाँग्ला से अनूदित उपन्यासों में नवनीता देवसेन के 'विषहरि प्रसाद' तथा 'समुद्र की संन्यासिनी' का भी जिक्र किया जा सकता है।

दो आदिवासी बच्चों द्वारा की गई 'नमक की खोज' के कथानक से जुड़ा अरूपकुमार दत्त का बाँग्ला बाल उपन्यास 'चमकदार गुफा' भी खासा प्रभावशाली है। उपन्यास में आदिवासी परिवेश खासी जीवंतता से उभरा है। एक पकवान थिन्याक और छंगुम को बड़ा ही स्वाद-भरा लगता है, तो दादी माँ कैमलांग उस स्वाद का रहस्य बताती है—नमक! यानी नमक ने ही उस चीज के स्वाद को ऐसा अपूर्व और अद्वितीय बना दिया है। दादी माँ कैमलांग से नमक के झरने की बात सुनकर दोनों हिम्मती भाई-बहन उसकी खोज में निकलते हैं और फिर नमक को पा लेने की खुशी क्या होती है, यह इस उपन्यास को पढ़कर जाना जा सकता है। अरूपकुमार दत्त का एक और दिलचस्प उपन्यास 'जंगरीला की ओर' पर्वतारोहण से जुड़ी एक साहस-कथा है, जो मुख्य रूप से यासू और चरनजीत के चरित्रों के इर्द-गिर्द घूमती है। जंगरीला जैसी खतरनाक चोटी पर चढ़ने का दुस्साहसी अभियान खासकर किशोर पाठकों को बहुत आकर्षित करता है।

कुछ अरसा पहले रेमाधव पब्लिकेशंस (नई दिल्ली) ने 'किशोर साहित्य माला' सीरीज के अंतर्गत

रवींद्रनाथ ठाकुर, विभूतिभूषण बंद्योपाध्याय तथा सत्यजित राय की औपन्यासिक कृतियाँ बड़े सज-धज के साथ प्रकाशित की हैं। रवींद्रनाथ ठाकुर के बाल उपन्यास 'दद्दू की कहानियाँ', विभूतिभूषण बंद्योपाध्याय के 'सुंदर वन में सात वर्ष' और सत्यजित राय के 'फटिकचंद' और 'मास्टर अंशुमान' के चरितनायकों में ऐसी खूबी और मोहिनी है कि इन महान कृतियों को बार-बार पढ़ने का मन होता है।

हिंदी में अनूदित मराठी उपन्यासों में जयंत विष्णु नार्लीकर का बाल उपन्यास 'अंतरिक्ष में विस्फोट' (1992) सबसे अधिक महत्त्वपूर्ण है। यह एक वैज्ञानिक फंतासी पर आधारित बाल उपन्यास है। कथा की शुरुआत हर्षवर्धन के समय यानी छठी शताब्दी से होती है और जैसा कि महान नक्षत्र-विज्ञानी सारिपुत्त ने भविष्यवाणी की थी, मनुष्य फिर से बैलगाड़ी युग में पहुँच गया है। अब उपन्यास में सन् 2710 का दृश्य है, जिसे पढ़ते हुए मन में एक झुरझुरी-सी होती है। मराठी से अनूदित बाल उपन्यासों में लीलावती भागवत का 'जंगल की एक रात' (1994) भी भुलाए नहीं भूलता। यह खासा रोमांचक उपन्यास है, जिसे पढ़ते समय मन में साहस के साथ-साथ भयप्रद बीहड़ यात्रा की-सी उत्तेजना पैदा होती है। इस बाल उपन्यास में चार सहेलियाँ—गौतमी, मीना, स्वाति और यमु पातालेश्वर की कठिन और बीहड़ यात्रा पर निकलती हैं, जहाँ दिन में भी वन्य पशुओं का आतंक रहता है। फिर रात का तो ठिकाना ही क्या! पर ये लड़कियाँ चंचल ही नहीं, निर्भय भी हैं और खतरों से तो कतई नहीं डरतीं। इसी तरह प्रसिद्ध मराठी लेखक ना.धो. ताम्हनकर का 'गोट्या' (1992, अनु. सुरेखा पाणंदीकर) हास्य की बहुरंगी छवियों से भरा, अनोखी ताजगी लिये बाल उपन्यास है। गोट्या असल में एक अनाथ बच्चे का नाम है, जिसे जिंदगी की मुश्किलों ने हँसना सिखाया। गोट्या की शरारतें छोटी-छोटी, मासूमियत भरी हैं, लेकिन वे बार-बार हँसने को बाध्य करती हैं। गंगाधर गाडगील के बहुचर्चित बाल उपन्यास 'पक्या और उसका गैंग' (2007) का माधवी देशपांडे ने हिंदी में अनुवाद किया है। एक नटखट बच्चे पक्या के चरित्र पर केंद्रित इस सुंदर बाल उपन्यास को साहित्य अकादेमी ने प्रकाशित किया है।

गुजराती के हरगोविंद मोदी भी सशक्त उपन्यासकार हैं, जिनकी कलम बच्चों के मन की नटखट चंचलता को पकड़ती है और उसे शब्दों में ढाल देती है। 'सब्बू सरपट' (1964) उनका बढ़िया बाल उपन्यास है, जो आज भी पाठकों को उतना ही रोचक और आकर्षक लगता है। उपन्यास एक नटखट खरगोश सब्बू के इर्द-गिर्द घूमता है। सब्बू के एक से एक मजेदार और रोमांचक करतब बाल पाठकों को आनंदित करेंगे। उपन्यास का हिंदी रूपांतरण राजगोपाल माथुर ने किया है।

भवेंद्रनाथ सैकिया के भावपूर्ण असमी बाल उपन्यास 'प्यारे पिताजी' (1999, अनु. नवारुण वर्मा) का मिजाज एकदम अलग है। यह पूरा उपन्यास एक शरारती और बिगड़ैल किशोर विपुल के इर्द-गिर्द घूमता है, पर उपन्यास में दुःख और मुश्किलों की छाया इतनी गहरी है कि इसे पढ़ते हुए मन गहरी उदासी से भरता जाता है। उपन्यास का अंत बेहद भावुक कर देता है। शशिप्रभा दास का 'पप्पू की परेशानी' (2000, अनु. पापोरी गोस्वामी) भी एक दिलचस्प बाल उपन्यास है, जिसमें पप्पू का खरा चरित्र लुभाता है। पप्पू को प्रकृति की शांत गोद में रहना बहुत प्रिय है और शहर के ध्वनि-प्रदूषण से चिढ़कर आखिर उसने कुछ ऐसा काम कर दिखाया कि सभी अचंभित रह गए। शशिप्रभा दास के इस बाल उपन्यास में रोचक कथा-विन्यास है तो सीख भी। मोहन सुंदर राजन के विज्ञान-फंतासी पर आधारित तमिल बाल उपन्यास 'अंतरिक्ष यान के कारनामे' (2002)

में किसी अज्ञात लोक से आए एक वायुयान और उससे जुड़ी अजीबोगरीब घटनाओं का चित्रण है। भारतीय भाषाओं से अनूदित उपन्यासों में मीठी चोक्सी और पी.एम. जोशी के बाल उपन्यास 'बहुत दिन हुए' (1972) का भी जिक्र किया जा सकता है, जिसमें मोहन जोदड़ो काल के जीवन की कथा देवी, देवदत्त और भीमक के जरिए बड़े प्रभावी ढंग में कही गई है। पुस्तक का अनुवाद प्रसिद्ध कथाकार शुभा वर्मा ने किया है। ऐसे ही अवसराला रामकृष्णा राव के सुप्रसिद्ध तेलुगु बाल उपन्यास 'गणितविशारद' (2006) का बड़ा रसपूर्ण हिंदी अनुवाद आर. शांता सुंदरी ने किया है।

उर्दू के जाने-माने लेखक मिर्जा अदीब के मजेदार किशोर उपन्यास 'चचा चोंच' (2008) का हिंदी अनुवाद सुरजीत ने किया। उपन्यास दो शरारती बच्चों उमरदीन और शुबराती पर केंद्रित है, जो दिन भर तरह-तरह की शरारतें करते हैं। उन्हें पढ़ाई के बजाय अपना प्यारा गधा पसंद है, जिसके साथ खेलने में उन्हें समय का कुछ होश नहीं रहता। पर आगे चलकर वे सँभलते हैं और पढ़ाई-लिखाई पर ध्यान देते हैं। आखिर में वे एक स्कूल खोलते हैं तो उसकी मशहूरी दूर-दूर तक हो जाती है। इसलिए कि उमरदीन और शुबराती जैसे अध्यापक दूर-दूर तक नहीं हैं और हर बच्चा उनसे ही पढ़ना चाहता है। यह बेहद रोचक और पठनीय उपन्यास है, जो बच्चों को एक लंबी उड़ान का सुख देता है। इस उपन्यास को पाकिस्तान के मशहूर 'आदमजी पुरस्कार' से नवाजा गया था। उर्दू की मशहूर लेखिका इस्मत चुगताई का दिलचस्प किशोर उपन्यास 'नकली राजकुमार' (2007, अनु. सुरजीत) भी कुछ अरसा पहले प्रकाशित हुआ है। उर्दू से अनूदित ये दोनों किशोर उपन्यास एक बड़ी उपलब्धि की तरह हैं।

❧ ❖ ☙

हिंदी में विदेशी भाषाओं से अनूदित बाल उपन्यासों की भी एक बड़ी संख्या है और ये निरंतर बाल पाठकों को लुभाते रहे हैं। अकसर ये विदेशी बाल उपन्यास थोड़े संक्षिप्त और रूपांतरित होकर ही हिंदी बाल पाठकों तक पहुँच पाते हैं। फिर भी अगर रूपांतरण अच्छा और समझदारी से हुआ हो, तो इनमें मूल कथानक का पूरा रस-आनंद बना रहता है।

इस लिहाज से राजपाल एंड संस की अनूदित बाल उपन्यासों की सीरीज काफी स्तरीय होने के साथ-साथ बच्चों में खासी लोकप्रिय रही है। इस सीरीज में 'गुलीवर की यात्राएँ', 'राबिंसन क्रूसो', 'खजाने की खोज में' 'चाँदी का बटन', 'कठपुतला', 'वीर सिपाही', 'चमत्कारी ताबीज', 'तीसमारखाँ', 'तीन तिलंगे', 'काला फूल', 'कैदी की करामात', 'डेविड कॉपरफील्ड', 'बर्फ की रानी', 'रॉबिनहुड', 'अस्सी दिन में दुनिया की सैर', 'रोमांचकारी यात्रा', 'जादू नगरी', 'मूँगे का द्वीप', 'बहादुर टॉम', 'सिंदबाद की सात यात्राएँ', 'डिक', 'जंगल की कहानी' जैसे बाल उपन्यास बड़ी चुस्त और चटकीली भाषा में उपलब्ध हैं। इन उपन्यासों का अनुवाद भी ज्यादातर अच्छे और जाने-माने लेखकों-अनुवादकों ने किया है। कहीं-कहीं अनुवाद में मूल उपन्यासों के नाम बदल दिए गए हैं, पर मूल उपन्यास का नाम, परिचय आदि वहाँ भी दर्ज किया गया है, ताकि बाल पाठकों को उपन्यास के असली स्रोत और लेखक का भी पता रहे। मसलन अलेक्जेंडर ड्यूमा के उपन्यास 'थ्री मस्केटीयर्स' का अनुवाद उचित ही 'तीन तिलंगे' नाम से हुआ है। लेविस कैरोल के उपन्यास 'एलिस इन वंडरलैड' का अनुवाद 'जादूनगरी' नाम से हुआ है। मार्क ट्वेन के प्रसिद्ध उपन्यास 'टॉम सॉयर'

का अनुवाद 'बहादुर टॉम' नाम से, जैक लंडन के उपन्यास 'कॉल ऑफ द वाइल्ड' का अनुवाद 'जंगल की कहानी' नाम से तथा जूले वर्न के प्रसिद्ध उपन्यास 'ट्वेन्टी थाउजेंड लीग्स अंडर द सी' का अनुवाद 'समुद्री दुनिया की रोमाचंकारी यात्रा' नाम से हुआ है। इनमें से ज्यादातर किताबों के अनुवादक और रूपांतरकार हैं श्रीकांत व्यास। श्रीकांत व्यास स्वयं भी जाने-माने, संवेदनशील लेखक हैं। इसलिए उनके रूपांतरण में कल्पनाशीलता, समझदारी तथा मूल उपन्यासों का रस और प्रभाव बना रहता है।

इन विश्वप्रसिद्ध बाल उपन्यासों में जूले वर्न के 'समुद्री दुनिया की रोमांचकारी यात्रा' तथा 'अस्सी दिन में दुनिया की सैर' हरमन मेलविल के 'मोबीडिक', आर.एम. वेलेंटाइन के 'मूंगे के द्वीप' और डेनियल डिफो के 'रॉबिंसन क्रूसो' उपन्यासों में मनुष्य की साहसिक यात्राओं की अविस्मरणीय, रोमांचक कथाएँ पढ़ने को मिलती हैं। ये ऐसे उपन्यास हैं, जिनमें इस दुनिया से अलग किस्म की ऐसी दुनिया बसाई गई है, जिसके बारे में शब्द-शब्द साँस रोककर पढ़ना पड़ता है। बेशक इन उपन्यासों में कल्पना से बसाई गई दुनिया है, पर इसके पीछे कहीं-न-कहीं उन वास्तविक साहसिक अभियानों की स्मृतियाँ हैं, जिन्हें पढ़ते हुए बार-बार मनुष्य की दुर्निवार जिज्ञासा और प्रकृति को जीतने की दुर्दम्य इच्छा का पता चलता है। शायद यही वजह है कि ये उपन्यास सारी दुनिया के बाल पाठकों में इस कदर प्रसिद्ध हुए कि भाषा की दीवारें खुद-ब-खुद टूटती चली गईं। कहा जा सकता है कि सारी दुनिया के बच्चों ने खूब रस और आनंद लेते हुए उन्हें पढ़ा और फिर हमेशा के लिए अपने दिल में बसा लिया।

फंतासी पर आधारित उपन्यासों का बच्चों के लिए एक अलग आकर्षण होता है और अगर उनके पीछे कथा और कल्पना का अनूठापन है तो ऐसे उपन्यास बच्चों के मन को बहुत जल्दी छू लेते हैं। लेविस कैरोल का 'जादूनगरी' (एलिस इन वंडरलैंड), कार्लो कालोदी का 'कठपुतला' (पिनोकियो) अगर हमें कभी न भूलनेवाले जादुई संसार में ले जाते हैं और हमेशा के लिए हमारे अवचेतन का हिस्सा जाते हैं, तो जैक लंडन के बाल उपन्यास 'जंगल की कहानी' में जंगल अपने पूरे विस्तार और वन्य पशुओं के रोमांच के साथ उपस्थित है। यह हमें अपनी सीमाओं से निकालकर, किसी अवर्णनीय आनंद के साथ पास बुलाता-सा जान पड़ता है। सच तो यह है कि ये उपन्यास अब हमारे लिए महान कृतियाँ ही नहीं, बल्कि दंतकथाओं सरीखे हैं। इसी तरह अलेक्जेंडर ड्यूमा के 'तीन तिलंगे' में युद्ध के साथ-साथ प्रेम और घृणा के मिले-जुले भाव पर टिके मनुष्य के पेचीदा रिश्तों की झलक है, तो मार्क ट्वेन के 'बहादुर टॉम' में विनोद और हास्य की मीठी-सी छुअन है। यह एक चतुर बच्चे टॉम की कहानी है, जो चतुराई से दूसरों को बुद्धू बनाकर अपना काम निकाल लेता है, पर टॉम की चतुराई में भी एक तरह की ग्राम्य सरलता है, घाघपना नहीं। इसलिए मार्क ट्वेन के इस दिलचस्प बाल उपन्यास को पढ़ते हुए बरबस हम मुसकरा पड़ते हैं और टॉम की लुभावनी छवि हमारे भीतर बस जाती है।

वर्नोन थॉमस का 'दीपू गधे के रोमांचक कारनामे' और ई.बी. ह्वाइट का 'सरला, बिल्लू और जाला' मन में पशु-जगत की रागात्मक छवियाँ उकरनेवाले बाल उपन्यास हैं। वर्नोन थॉमस के दिलचस्प बाल उपन्यास 'दीपू गधे के रोमांचक कारनामे' (1994) में सोनार बागान में रहनेवाले एक भले और साहसी दीपू गधे की कथा कही गई है। दीपू गधे को जोखिम के काम करना पसंद है और लगातार एक जैसा जीवन जीते-जीते वह ऊब और नीरसता महसूस करता है। फिर आखिर उसके जीवन में एक से एक रोमांचक घटनाएँ घटती हैं और

वह बहुतों की मदद करके जब आखिर अपने सोनार बागान में लौटता है तो उसके चेहरे पर निराली तृप्ति और संतोष है। इस उपन्यास का हिंदी अनुवाद अमित सिन्हा ने किया है।

ई.बी. ह्वाइट का 'सरला, बिल्लू और जाला' (2006) भी निराला फंतासी उपन्यास है। इसमें सरला एक चतुर और सयानी मकड़ी है और बिल्लू एक साहसी और भोला-भाला सूअर का बच्चा। मकड़ी छोटी सी है, लेकिन बुद्धि की बड़ी तेज, जो किसी भी मुसीबत से घबराती नहीं और अपने मित्रों की मदद करने के लिए हमेशा तैयार रहती है। उपन्यास का बड़ा ही खूबसूरत रूपांतरण जाने-माने लेखक मुद्राराक्षस ने किया है। एक छोटी बच्ची लिनेट के चरित्र पर केंद्रित हान्ना ब्रामनेस के अंग्रेजी उपन्यास का 'लिनेट का सफर' (2014) नाम से पूर्वा याज्ञिक कुशवाहा ने हिंदी अनुवाद किया है। इस सुंदर पुस्तक को एकलव्य ने प्रकाशित किया है। द्रोणवीर कोहली ने 'पिनोकियो' (2012) शीर्षक से ही कार्लो कोलोदी के विश्वप्रसिद्ध बाल उपन्यास 'पिनोकियो' का अनुवाद किया है।

इसी तरह के.एस. नागराजन के दिलचस्प अंग्रेजी उपन्यास 'ग्रैंडफादर गोज ऑन स्ट्राइक' का मधुबाला जोशी ने 'दादाजी की हड़ताल' (2009) शीर्षक से सुंदर अनुवाद किया है। यह बहुत रोचक और पठनीय उपन्यास है। तनुका भौमिक एंडो के अंग्रेजी बाल उपन्यास 'एडवेंचर ऑन क्ली आइलैंड' का 'क्ली टापू पर रोमांच' (2011) शीर्षक से अनुवाद विजयकुमार झा ने किया है। इसी तरह सुनीति नामजोशी के एक अंग्रेजी बाल उपन्यास को पूर्वा याज्ञिक कुशवाहा ने 'अदिति और उसके दोस्त शेमीक की तलाश में' (2012) शीर्षक से अनूदित किया। रामकृष्ण शर्मा ने विश्वप्रसिद्ध उपन्यास 'चूक एंड गेक' का 'नया वर्ष' नाम से सुंदर रूपांतरण किया। स्कॉटिश लेखक जेम्स मैथ्यू बेरी के अत्यंत लोकप्रिय उपन्यास 'पीटर पैन' का इसी शीर्षक से रमेश तैलंग ने सुंदर रूपांतरण किया है। 'पीटर पैन' (2013) में एक बच्चे की कहानी है, जो उम्र बढ़ने पर भी बड़ा नहीं होता, बच्चा ही बना रहता है और इसलिए जहाँ भी वह हो, वहाँ एक से बढ़कर एक अजूबे देखने को मिलते हैं। देवेंद्रकुमार ने जैक लंदन के बहुत मशहूर उपन्यास 'काल ऑफ द वाइल्ड' का 'जंगल की पुकार' (2013) शीर्षक से बड़ा ही रुचिकर अनुवाद किया है, जिसे बच्चे किसी मौलिक कृति की तरह आनंद लेते हुए पढ़ सकते हैं। जैक लंदन की इस सर्वाधिक चर्चित कृति का विश्व की अनेक भाषाओं में अनुवाद हो चुका है।

❖

कई रूसी बाल उपन्यासों के हिंदी अनुवाद भी बाल पाठकों में खासे लोकप्रिय हुए हैं। इनमें सर्गेई मिखालोव का 'मनमानी के मजे' तो अद्‌भुत बाल उपन्यास है, जिसका बड़ा कमाल का अनुवाद और रूपांतरण सोमदत्त ने किया है। हालाँकि एक गड़बड़ यह हुई कि रूपांतरण करते हुए पात्रों के नाम भी उन्होंने भारतीय बच्चों जैसे कर दिए हैं। यह अच्छी परंपरा नहीं है। अलबत्ता इस उपन्यास में गोलू, नीलू जैसे कुछ बच्चे हैं, जिन्हें इस बात से खासी चिढ़ है कि बड़े लोग अकसर बात-बेबात उन्हें रोकते-टोकते हैं और अपनी मर्जी से काम नहीं करने देते। मगर एक दिन शहर में सभी बड़े लोग अचानक गायब हो जाते हैं और अब उन्हें रोकने-टोकनेवाला कोई नहीं है, न कोई स्कूल में पढ़ानेवाला। बस, फिर क्या था! बच्चे घूमने-घामने, सैर-सपाटा और मनमर्जी करने निकल पड़ते हैं। फिर क्या-क्या गड़बड़झाला हुआ, इसे उपन्यास पढ़कर ही

जाना जा सकता है। बेशक सर्गेई मिखालोव का 'मनमानी के मजे' एक ऐसा बाल उपन्यास है, जिसे सैकड़ों बाल उपन्यासों में बड़ी आसानी से अलगाया जा सकता है। यह सही मायने में बच्चों और बड़ों के बीच एक समझदारी भरा पुल बनाने का काम करता है।

अलेक्सांग रास्किन का 'पापा जब बच्चे थे' (1967, अनु. नरेश बेदी) भी रूसी भाषा में बच्चों के लिए लिखा गया जोरदार उपन्यास है। इस उपन्यास की विलक्षणता यह है कि पापा अपनी बीमार बेटी का मन बहलाने के लिए अपने बचपन के किस्से सुनाते हैं, जिनमें उनके खेलकूद, घुमक्कड़ी, झगड़े-झंझट, जिद, रूठने-मनाने, आवारागर्दी और यहाँ तक कि बेवकूफियों के एक से बढ़कर एक किस्से होते हैं। और बेटी पापा से वे किस्से इतना रस ले-लेकर सुनती है कि खुद-ब-खुद यह अनोखा उपन्यास रचा गया। इस उपन्यास में इतना रस इसलिए है कि जितनी देर बेटी पापा से उनके बचपन के ये मजेदार किस्से और रोचक बातें सुनती है, कम से कम उतनी देर के लिए पापा, पापा नहीं रहते, उसे वे अपने जैसे ही एक बच्चे लगते हैं। बेशक यह बच्चों के लिए एक न भूलनेवाली किताब है। जितनी बार पढ़ो, अनोखा रस मिलता है। रूसी लेखक लियोनिद सोलोवयेद की बहुचर्चित और दिलचस्प औपन्यासिक रचना 'मुल्ला नसरुद्दीन' (2001) का प्रकाश नगायच ने बढ़िया अनुवाद और रूपांतरण किया। यह निश्चित रूप से बड़ा जानदार उपन्यास है, जिसके चतुर और हाजिरजवाब कथा नायक मुल्ला नसरुद्दीन को आप भूल ही नहीं सकते। इसी तरह निकोलाई नोसोव के एक सुंदर रूसी बाल उपन्यास का 'प्यारा कुनबा' (2006) शीर्षक से विजया उमराणीकर ने अनुवाद किया है। मजे की बात यह है कि बच्चों के इस प्यारे कुनबे में नन्हे चूजे भी शामिल हैं, जो इसे अधिक सुंदर और रसमय बना देते हैं।

यहीं रूसी भाषा से अनूदित चिंगिका ऐटमाटोव के एक अनोखे बाल उपन्यास 'पहला अध्यापक' (1999, अनु. : भीष्म साहनी) की चर्चा की जा सकती है और यह पहला अध्यापक वह दूइशेन है, जो कुछ ज्यादा पढ़ा-लिखा नहीं है, मगर जिसके मन में अपने अनपढ़ गाँव के लोगों को शिक्षा देकर उन्हें जीवन में आगे बढ़ाने और नई रोशनी की ओर ले जाने की गहरी तड़प है। दूइशेन ने अपना स्कूल एक टीले पर पॉपलर पेड़ों के बीच एक बाड़े में खोला था, जो अब खँडहर हो चुका है, लेकिन दूइशेन के पढ़ाए हुए बच्चे आज आगे बढ़कर बड़े अधिकारी और राजनेता बन चुके हैं। 'पहला अध्यापक' का अंत बेहद करुण है और बड़े भीगे हुए शब्दों में वह कहता जान पड़ता है कि जो लोग अपने खून, पसीने और आँसुओं से इस धरती को सींचते हैं, कई बार वे अनजाने रह जाते हैं, मगर इससे उनका तप और त्याग कम नहीं हो जाता। 'पहला अध्यापक' का दूइशेन ऐसा ही रोशनी का फरिश्ता है, जो इस दुनिया को और सुंदर बनाने के लिए शायद धरती पर आया था। उपन्यास का अनुवाद सुप्रसिद्ध कथाकार भीष्म साहनी ने किया है, जिन्होंने बड़ी जीवंत भाषा में और मार्मिक ढंग से दूइशेन के चरित्र को बाल पाठकों के आगे रखा है।

जिन दिग्गज रूसी लेखकों ने बड़े मन और जिम्मेदारी के साथ बच्चों के लिए लिखा है, उनमें लेव तोलस्तोय और अंतोन चेखव का नाम भी शामिल है। अनुराग ट्रस्ट (लखनऊ) ने लेव तोलस्तोय के 'कोहकाफ का बंदी' (2004) और अंतोन चेखव के 'लाखी' (2004) को बड़े आकर्षक विन्यास में हिंदी में छापा है। लेव तोलस्तोय के 'कोहकाफ का बंदी' में कैदी झिलिन और दुबली-पतली नन्ही लड़की दीना के चरित्र की

उदारता मुग्ध करती है तो अंतोन चेखव के 'लाखी' उपन्यास की कुतिया लाखी अपने अनोखे कारनामों के कारण भुलाए नहीं भूलती। ये दोनों ही उपन्यास बाल पाठकों को अपनी रोचक किस्सागोई के कारण बाँधे रखे हैं। अनुराग ट्रस्ट ने दो चीनी उपन्यासों सुन यओच्युन के 'नन्हे गुदड़ीलाल के साहसिक कारनामे' (2005) और ली शिन-थ्येन के 'चमकता लाल सितारा' (2005) को खूबसूरत ढंग से हिंदी में छापा है। इसी तरह जापानी लेखिका तेत्सुको कुरोयानागी के विश्वप्रसिद्ध बाल उपन्यास 'तोत्तो-चान' (1996) का बड़ा ही सुंदर और रसपूर्ण अनुवाद पूर्वा याज्ञिक कुशवाहा ने किया है। आज के बच्चों के कल्पनाशील मन की एक सरल झाँकी इस पुस्तक में है। स्कूलों में उन्हें भेड़चाल की तरह दी जा रही निरर्थक और बेढंगी शिक्षा के तौर-तरीकों को नकारते हुए लिखी गई यह ऐसी पुस्तक है, जिसे हर बच्चे और बड़े को पढ़ना चाहिए।

हिंदी में अनूदित बाल उपन्यासों की चर्चा स्पानी बाल उपन्यास 'लासारो' (1997, अनु. सुरेश धींगड़ा) की चर्चा के बिना अधूरी है, जिसका मूल स्पानी से अनुवाद डॉ. सुरेश धींगड़ा ने किया है। कोई साढ़े चार सौ बरस पहले लिखे गए इस बहुचर्चित बाल उपन्यास का लेखक अज्ञात है, पर स्पानी साहित्य में इसकी खासी धूम रही है। ऐसे ही ऑतुआन द सैंतेक्जूपेरी का फ्रांसीसी बाल उपन्यास 'नन्हा राजकुमार' (2001, अनु. डॉ. लालबहादुर वर्मा) भी एक बिल्कुल भिन्न ढंग का उपन्यास है, जिसमें एक अनोखे ग्रह से आए एक नन्हे राजकुमार की कथा चलती है, जो सुकून की तलाश में लंबी अंतरिक्ष-यात्रा पर निकल पड़ता है और एक से एक अनोखे ग्रहों पर पहुँचता है। वहाँ उसे किस्म-किस्म के लोग मिले, मगर आश्चर्य किसी ग्रह पर सच्चा जीवन या जीवन का संगीत नहीं था और आखिर नन्हे राजकुमार की खोज एक बड़ा-सा सवाल बनकर खत्म हो जाती है।

हावर्ड फास्ट का 'स्पार्टकस' (1977, अनु. हरिपाल त्यागी) भी अपने ढंग का उपन्यास है। इस उपन्यास की कहानी कोई दो हजार साल पुरानी रोम की कथा है, जिसमें गुलाम प्रथा थी और गुलामों से जानवरों की तरह काम लिया जाता था। इन्हीं गुलामों का नेता था स्पार्टकस। उसने भीषण यातनाएँ झेलीं, लेकिन सारे कष्ट झेलते हुए भी कहीं न कहीं उसका मन स्वतंत्र रहा और उसके अंदर विद्रोह का लावा और बेचैनी लगातार उबलती रही। उपन्यास में गुलामों पर किए जानेवाले भीषण अमानुषिक अत्याचारों का वर्णन थरथरा देता है, लेकिन स्पार्टकस यह सब देखता हुआ भी कैसे भीतर-भीतर अपने आपको विद्रोह के लिए तैयार कर रहा है, कैसे धीरे-धीरे गुलामों के भीतर यह भावना भर रहा है कि आखिर वे भी इनसान हैं और उन्हें इनसानों की तरह जीने का हक है! यह पढ़ने लायक है। आखिर स्पार्टकस के विद्रोह की जीत होती है और इस महान विजय के बाद गुलामी प्रथा का अंत हो जाता है।

उपन्यास बेहद नाटकीय और रोमांचक शैली में बुना गया है, जिसका शब्द-शब्द मन पर अंकित हो जाता है। हरिपाल त्यागी द्वारा किया गया रूपांतरण बहुत प्रभावशाली है। कुल मिलाकर 'स्पार्टकस' ऐसा उपन्यास है, जो हर किशोर पाठक को पढ़ना ही चाहिए।

❖

अंग्रेजी से हिंदी में अनूदित भारतीय उपन्यासों की चर्चा आर.के. नारायण के अनोखे बाल उपन्यास 'स्वामी और उसके दोस्त', सुरेखा पाणंदीकर के 'बोरी का पुल', रस्किन बॉण्ड के 'कबूतरों की उड़ान',

'रस्टी के कारनामे' तथा 'संकट साँप का', अनिता देसाई के 'बिल्ली हाउसबोट पर', ई.आर.सी. दावेदार के 'टोडा और टाहर' और उमा आनंद के 'तैयार रहो' के जिक्र के बगैर पूरी नहीं हो सकती। इन सभी उपन्यासों की कथा-भूमियाँ अलग-अलग हैं। वे बच्चों के मन और मनोविज्ञान से तो जुड़ते ही हैं, पर साथ ही इनमें से कुछ बाल उपन्यास भारतीय इतिहास की एक उथल-पुथल भरी कालावधि को सामने लाते हैं और बाल पाठकों को गहराई से प्रभावित करते हैं। इनमें रुडयार्ड का 'जंगल बुक' तो किसी महाकाव्य जैसे अमर कीर्ति पाकर कालजयी रचना बन चुका है। संजीवदत्त द्वारा हिंदी में रूपांतरित रुडयार्ड किपलिंग की पुस्तक 'मोगली के कारनामे' भी बेहद आकर्षित करती है। संजीवदत्त ने इसका रूपांतरण करते समय खयाल रखा है कि पुस्तक की भाषा इतनी सीधी-सादी और बोलचाल के करीब हो तथा उसे इतने खूबसूरत अंदाज में पेश किया जाए कि बच्चों के मन में मोगली के बहाने जंगल और उसमें रहनेवाले जीव-जंतुओं के जीवन के बारे में ज्यादा से ज्यादा जानने, समझने की दिलचस्पी और जिज्ञासा पैदा हो। पुस्तक की भूमिका में संजीवदत्त ने बाल पाठकों को संबोधित करते हुए बड़े प्यारे ढंग से यह बात लिखी है, "मुझे यकीन है कि इस किताब को पढ़ने में तुम्हें मजा आएगा। इतना मजा आएगा कि तुम जंगल और जानवरों के बारे में और किताबें पढ़ना चाहोगे और किताबें पढ़ोगे तो जिस दुनिया में हम रहते हैं, उसे और बेहतर ढंग से जानोगे। बेहतर ढंग से जानोगे तो बेहतर इनसान भी बनोगे।"

आर.के. नारायण (1906-2001) का 'स्वामी और उसके दोस्त' (1995 अनु. मस्तराम कपूर) भी बच्चों के लिए लिखा गया कभी न भुलाया जानेवाला कालजयी उपन्यास है। जैसा कि उपन्यास के नाम से ही जाहिर है, यह उपन्यास एक नटखट शरारती बच्चे स्वामी और उसके दोस्तों को लेकर के लिखा गया है। ये बच्चे बड़ों द्वारा थोपे गए अनुशासन और पढ़ाई इन दोनों चीजों से ऊबते हैं और इन्हें खेलना, घूमना और बातें करना अच्छा लगता है। उपन्यास का आखिरी हिस्सा बड़ा मार्मिक है। एक अच्छा और दमदार बाल उपन्यास कैसा होना चाहिए, अगर किसी को जानना हो, तो उसे आर.के. नारायण का 'स्वामी और उसका दोस्त' जरूर पढ़ना चाहिए। किताब का अनुवाद जाने-माने लेखक मस्तराम कपूर ने किया है और कहना न होगा कि यह बहुत जानदार और जिंदादिली से भरपूर भाषा में किया गया अनुवाद है। सुरेखा पाणंदीकर (1938-2015) का 'बोरी का पुल' (2001) बाल उपन्यास भी मूल रूप से अंग्रेजी में लिखा गया था। बाद में नेशनल बुक ट्रस्ट के लिए खुद ही उन्होंने इसका हिंदी अनुवाद किया। लिहाजा अनूदित होने पर भी यह उपन्यास बिल्कुल मौलिक उपन्यास जैसा आनंद देता है। 'बोरी का पुल' की कथा कुल मिलाकर गोवा-मुक्ति की कथा है, जिसके केंद्र में एक गरीब मछुआरे का बेटा जोजे है। उपन्यास में जोजे के चरित्र की रेखाएँ इतने दमदार ढंग से उभरी हैं कि वह अनजाने ही बाल पाठकों का एक निराला, साहसी दोस्त बन जाता है।

अंग्रेजी के चर्चित बाल उपन्यासकार रस्किन बॉण्ड (ज. 1934) का 'कबूतरों की उड़ान' (1995, अनु. सौमित्र मोहन) भी एक दिलचस्प उपन्यास है, जिसमें सन् 1857 के स्वाधीनता संग्राम का एक उथल-पुथल भरा दौर बाल पाठकों के आगे आता है। पर रस्किन बॉण्ड का कहीं ज्यादा चर्चित उपन्यास है 'रस्टी के कारनामे' (1995, अनु. द्रोणवीर कोहली)। नेशनल बुक ट्रस्ट से प्रकाशित इस उपन्यास के शुरू में दादी और केन काका के व्यक्तित्वों का ऐसा अद्भुत वर्णन है कि लगता है बस, उन्हें पढ़ते ही जाएँ। दूसरे भाग 'स्कूल

से भागना' में रस्टी के अपने दोस्तों के साथ स्कूल से भागकर नई-नई जगहों पर जा पहुँचने की कथा है, जहाँ उन्हें एक से बढ़कर एक खतरे झेलने पड़े। इस साहसिक यात्रा में उन्हें डाकुओं से भी मुठभेड़ करनी पड़ी और जीवन के इतने नजारे उन्होंने देखे कि उन्हें लगा, जीवन का सच्चा रोमांच तो उन्होंने अब जाना है। 'संकट साँप का' (1992) भी रस्किन बॉण्ड का बड़ा ही मजेदार उपन्यास है। पुस्तक को पढ़ते हुए जगह-जगह उनकी कलम का जादू देखा और महसूस किया जा सकता है।

प्रसिद्ध लेखिका अनिता देसाई (ज. 1937) ने भी बच्चों के लिए लिखा है। साहित्य अकादेमी से प्रकाशित उनके उपन्यास 'बिल्ली हाउसबोट पर' (1993, अनु. विमला मोहन) की कथा असल में एक बहुत ही चंचल और नटखट किस्म की बिल्ली की कथा है, जिसका बहुत अजीब-सा नाम बच्चों ने रखा है—पपाया यानी पपीता। पूरे उपन्यास में पपाया बिल्ली के एक से एक मजेदार और हैरतअंगेज कारनामे हैं, जो बच्चों का खासा मनोरंजन करते हैं। नेशनल बुक ट्रस्ट द्वारा प्रकाशित ई.आर.सी. दावेदार का 'टोडा और टाहर' (1994, अनु. इंदरराज बैद) तथा उमा आनंद का 'तैयार रहो' (1975, अनु. पृथ्वीराज मोंगा) बाल उपन्यास भी ध्यान खींचते हैं। ऐसे ही अशोक दावर का 'तानसेन : जादूगर संगीतज्ञ' (1987, अनु. रमेश बक्षी) एक जीवनीपरक बाल उपन्यास है, जिसमें तानसेन के संगीतकार रूप के साथ-साथ उनके भोले सुकुमार मन का भी अच्छा बखान किया है। यहीं अंग्रेजी से हिंदी में अनूदित बाल उपन्यासों में कृष्ण चैतन्य के एक ही पुस्तक में समाहित दो रोचक और हृदयस्पर्शी बाल उपन्यासों 'रोहंत और नंदिय' (1972, अनु. मोहिनी राव) की भी चर्चा की जानी चाहिए। कृष्ण चैतन्य के ये दोनों बाल उपन्यास दो जातक-कथाओं की खूबसूरत प्रस्तुति हैं।

गुजराती लेखिका हंसा मेहता (1897-1995) के अंग्रेजी उपन्यास 'प्रिंस ऑफ अयोध्या' का सुंदर रूपांतरण नेशनल बुक ट्रस्ट ने 'रामायण' (1993, अनु. विश्वनाथ सिंह) शीर्षक से छापा है। बच्चे पौराणिक आख्यान पर आधारित इस रोचक औपन्यासिक कृति को पढ़कर बड़ी सरलता से रामकथा और श्रीराम के सुंदर चरित्र से परच जाएँगे। हंसा मेहता ने अपनी सुंदर कथात्मक शैली में राम के उन गुणों पर फोकस किया है, जिनसे आज के बच्चे प्रेरणा लेकर आगे बढ़ सकते हैं।

□

5
बाल नाटक

जीवन-रंगशाला की एक रंगारंग दुनिया

हिंदी बाल साहित्य में बाल नाटकों का महत्त्व इस नाते सबसे अधिक है कि बाल नाटक एकांतिक नहीं, सामाजिक विधा है और अकसर सिर्फ बच्चे ही नहीं, अभिभावक भी इसके दर्शक यानी आस्वाद लेनेवालों में शामिल होते हैं। लिहाजा नाटक की एक दोहरी भूमिका है। पुस्तक के रूप में पढ़ने पर जहाँ वह बच्चे को किसी एक संपूर्ण बाल-रचना का-सा सुख और आस्वाद देता है, वहीं अकसर मंच पर खेले जाने पर वह आप से आप बच्चों और अभिभावकों के बीच संवाद की अनोखी कड़ी बन जाता है।

बच्चे के मन और इच्छा-संसार को समझने के लिहाज से तो बाल नाटकों का निर्विवाद महत्त्व है ही, क्योंकि किसी कविता या कहानी की तुलना में बाल नाटक में बच्चे को अपने भीतर की सर्वाधिक मुकम्मल अभिव्यक्ति मिलती है। बच्चे के मन के कोने-प्रांतरों में छिपे भय, गुस्से, खीज को, जिसमें बहुत-सा बड़ों के प्रति या बड़ों के अन्याय के प्रति होता है, जान पाने और बच्चों की मुश्किलों को सहानुभूति से समझने का एक विलक्षण माध्यम है नाटक, जिसके आईने में बच्चे ही नहीं, बड़े भी अपनी शक्ल देखकर अपनी बहुत-सी कमियाँ दूर और दुरुस्त कर सकते हैं।

फिर बच्चे की प्रतिभा के विकास के लिहाज से तो बाल नाटक का महत्त्व अन्यतम है। इसलिए कि बाल नाटक ही बाल साहित्य की वह विधा है, जो बच्चे को इतनी देर तक अपने आपमें तल्लीन रख सकती है कि एक क्षण के लिए भी वहाँ से भटकाव या इधर-उधर ताकने-झाँकने का मौका नहीं मिलता। शायद इसलिए कि बाल नाटकों में बाल साहित्य की अन्य विधाएँ खुद-ब-खुद चली आती हैं। बाल नाटकों में अगर बच्चों की कहानी का तत्त्व है, तो बाल कविता की भाषा और भंगिमाएँ भी हैं। इसके अलावा अभिनय और संवाद का जादू तथा आवाज के उतार-चढ़ाव और कायिक-भाषा का विचित्र सम्मोहन तो वहाँ है ही, जिसके साथ एक मीठे उपदेश का सजीलापन मिलकर उसे एक समग्र रचना बना देता है।

लिहाजा बच्चा जितनी देर बाल नाटकों की दुनिया में ऊभ-चूभ होता है, उतनी देर के लिए वह अपनी बहुत सी शरारतें भूल जाता है। नाटक में तल्लीन होकर वह जिस भावना को ग्रहण करता है, लंबे समय तक और कभी-कभी तो जीवन भर, उसे भूल नहीं पाता। इसमें निस्संदेह बाल नाटकों के पात्रों के नाटकीय वेश-विन्यास, मोहक दृश्य-सज्जा और चुस्त-चटपटे संवादों का अपना रोल रहता है। पर बाल नाटकों में ये सब

चीजें अलग-अलग नहीं, एक बड़े प्रभाव में खुद-ब-खुद बिला जाती हैं और यह प्रभाव या रसात्मक अन्विति बाल नाटक को बाल साहित्य की अन्य विधाओं की तुलना में एक तरह की ऊँचाई दे देती है।

बाल नाटकों की एक खासियत यह भी है कि इसमें बच्चों की ऊर्जा या एक्टिविटी का सर्वाधिक रोल है, यानी बच्चे की ऊर्जा को बहने का जितना खुला और व्यापक मौका बाल नाटक में मिलता है, उतना शायद ही कहीं और संभव हो। बच्चा चाहे किसी शरारती बच्चे का अभिनय कर रहा हो या देश पर कुरबान होनेवाले क्रांतिकारी का, किसी तेजस्वी साधु का अभिनय कर रहा हो या ध्रुव, प्रह्लाद, नचिकेता जैसे किसी निर्भीक, त्यागी बच्चे का, शेर, हाथी जैसे किसी जानवर का मजेदार रोल कर रहा हो या किसी हँसोड़ पात्र का, मंच पर आते ही उसके भीतर की सारी शक्तियाँ मानो फूट पड़ती हैं, जो सामने बैठे दर्शकों को, चाहे वे बच्चे हों या बड़े, अपने साथ बहा ले जाती हैं। वहाँ वीरता के भावों की अभिव्यक्ति के साथ ही दर्शकों के उत्साहित और जोश भरे चेहरे देखे जा सकते हैं, और बच्चों के चंचल, चुलबुले हास्य के साथ दर्शकों को पूरे सभागार में हँसते, ठहाके लगाते और तालियाँ बजाते देखा जा सकता है। बाल नाटकों की सहज, सरल, चुलबुली और कभी-कभी करुण दुनिया जिस तरह बच्चों और बड़ों पर असर डालती है, वैसा कई बार वास्तविक दुनिया में भी नहीं हो पाता। इसलिए कि बाल नाटकों को देखते समय हमारे हृदय पर पड़े हुए ईर्ष्या, लोभ, मोह आदि के आवरण खुद-ब-खुद हट जाते हैं और बच्चे ही नहीं, जब बड़े भी इन नाटकों को देखते हैं, तो सचमुच बच्चे ही बन जाते हैं।

शायद यही वजह है कि वे लेखक, जो बच्चों के लिए बाल नाटक लिखते हैं या बाल नाटकों के वे निर्देशक, जो अकसर बच्चों की दुनिया में रमे रहते हैं, बड़े समृद्ध अनुभव बटोरते हैं। उनके अनुभव सचमुच बहुत अद्भुत और आनंदकारी हैं। इनमें से बहुतेरे लेखक एकदम अभिमानशून्य होकर बड़ी सरलता से यह स्वीकार करते हैं कि वे बच्चों को सिखाने के लिए जो कुछ सोचकर जाते हैं, वह बच्चों के निकट जाते ही खुद-ब-खुद हवा हो जाता है और फिर जल्दी ही उन्हें यह अहसास हो जाता है कि सीधे, सरल और सामान्य दिखनेवाले बच्चे भी इतने अभिनय-पटु और कल्पनाशील होते हैं कि उन्हें कुछ सिखाने की नहीं, बल्कि उनसे बहुत कुछ सीखने की जरूरत होती है। सच तो यह है कि बच्चों के जितने भी अच्छे से अच्छे नाटक लिखे गए हैं, वे सब बच्चों के साथ खेल-खेल में सीखते हुए ही लिखे गए हैं।

बाल नाटकों का यह दुर्वह आकर्षण ही है कि रेखा जैन जैसी मूर्धन्य लेखिका का समूचा जीवन ही मानो बाल नाटकों को समर्पित रहा है। बच्चों के साथ खेल-खेल में नाटक करते हुए कितना कुछ उन्होंने सीखा, कितना सुख और आह्लाद उन्हें मिला और किस तरह खेल-खेल में एक से एक बढ़िया बाल नाटक तैयार हुए या मंच पर अभिनीत हुए, इस बारे में उनके अनुभव जगह-जगह सुनने को मिलते रहे हैं। खुद रेखा जैन के नाटक पढ़ें तो समझ में आता है कि इनमें कितना सरल और निर्मल आनंद छिपा है, जिसका बच्चों के मन और दुनिया से सीधा वास्ता है। इस कारण जो मीठे उपदेश वे बड़े हलके ढंग से नाटकों में डाल देती हैं, वे सचमुच मिठास से भरे और सजीले लगते हैं, जिन्हें अपनाने को दिल चाहता है। वे उन रूखे, कर्कश उपदेशों से अलग हैं, जिन्हें सुधारवादी नाटक बच्चों पर थोपते हैं या थोपना चाहते हैं और बच्चे डरकर या ऊबकर उनसे दूर भागते हैं, जबकि बच्चों के साथ खेल-खेल में लिखे गए नाटकों में ऐसे संदेश या मीठे उपदेश भी एक तरह

से आनंदकारी खेल का हिस्सा बन जाते हैं। सर्वेश्वरदयाल सक्सेना के 'लाख की नाक' या 'भों-भों, खो-खो' भी इसी तरह के मजेदार या खिलंदड़ेपन से भरपूर बाल नाटक हैं। लेकिन रेखा जैन का उदाहरण इस रूप में अलग है कि उन्होंने अपना पूरा जीवन ही बच्चों और बाल नाटकों के प्रति समर्पण के अद्वितीय उदाहरण के रूप में ढाल लिया है, और मैं समझता हूँ, ऐसे अनोखे और बड़े उदाहरण हमारे पास कम हैं।

यों बाल नाटकों का यह सौभाग्य ही कहा जाएगा कि हिंदी साहित्य के एक से एक दिग्गज लेखकों ने भी बाल नाटक लिखे। एक ओर भारतेंदु हरिश्चंद्र, राजा लक्ष्मण सिंह, रामनरेश त्रिपाठी, रामधारी सिंह दिनकर, हरिकृष्ण प्रेमी, जगन्नाथप्रसाद 'मिलिंद', डॉ. रामकुमार वर्मा, मन्मथनाथ गुप्त, विष्णु प्रभाकर, डॉ. लक्ष्मीनारायण लाल, प्रभाकर माचवे, नरेश मेहता तथा चंद्रकिरण सोनरेक्सा ने बाल नाटक लिखे, तो दूसरी ओर केशवचंद्र वर्मा, आनंदप्रकाश जैन, मनोहर वर्मा, कमलेश्वर, श्रीकृष्ण, रेखा जैन, सर्वेश्वरदयाल सक्सेना, के.पी. सक्सेना, चिरंजीत, मस्तराम कपूर, हरिकृष्ण देवसरे, वेद राही, स्वदेशकुमार, सत्येंद्र शरत, मंगल सक्सेना, केशव दुबे, पुष्पलता दीप, राधेश्याम 'प्रगल्भ', कुदसिया जैदी तथा विभा देवसरे के बाल नाटकों की खासी धूम रही है।

इनमें केशवचंद्र वर्मा, सर्वेश्वरदयाल सक्सेना, कमलेश्वर और रेखा जैन का बाल नाटकों के क्षेत्र में किया गया काम युगांतकारी और ऐतिहासिक महत्त्व का है, जिससे आज भी बहुत कुछ सीखा जा सकता है। ये बाल नाटकों के वे आधार-स्तंभ हैं, जिन्होंने हिंदी बाल नाटक को एक साथ ऊँचाई, व्यापकता और सही पहचान दी, जिससे वह बच्चों के मन और तेजी से बदलती हुई नई दुनिया से जुड़ सका। इसके अलावा श्रीलाल शुक्ल, रमेशचंद्र शाह, मृदुला गर्ग, सुधा अरोड़ा, गिरिराज किशोर, श्रीप्रसाद, राष्ट्रबंधु, प्रकाश मनु, उषा यादव, बानो सरताज, राजेश जैन, राजेश जोशी, दिविक रमेश, डॉ. कमल वसिष्ठ, रामनिरंजन शर्मा 'ठिमाऊ', श्यामलाकांत वर्मा, राजेंद्रकुमार शर्मा, चंद्रदत्त 'इंदु', रमेशदत्त शर्मा, हरदर्शन सहगल, सूर्यकुमार पांडेय, विमला रस्तोगी, शुभा सक्सेना, प्रकाश पुरोहित, श्रीनिवास वत्स, रोहिताश्व अस्थाना, भगवतीप्रसाद द्विवेदी, परशुराम शुक्ल, जाकिर अली 'रजनीश', ओमप्रकाश कश्यप, बलराम अग्रवाल, अखिलेश श्रीवास्तव 'चमन', हेमंतकुमार, नागेश पांडेय 'संजय' तथा साजिद खान ने भी बच्चों के लिए नाटक लिखे हैं। यह खुशी की बात है कि इनमें सभी का रंग और अंदाज अलग है और बालनाटकों का आस्वाद भी, हालाँकि डॉ. श्रीप्रसाद, राष्ट्रबंधु, प्रकाश मनु और बानो सरताज ने जिस तरह डूबकर बच्चों के लिए विविध भंगिमाओं के नाटक लिखे हैं, वैसे अधिक उदाहरण इधर देखने को नहीं मिलते।

सच तो यह है कि बाल नाटक समय के साथ अपना मिजाज बदलते हुए आज पूरी शक्ति और प्रखरता के साथ मौजूद हैं तथा बच्चों और उनकी दुनिया के इतने निकट हैं कि उनमें हर क्षण कुछ नया ग्रहण करने की नूतनता या नूतन गति, भाषा और अभिव्यक्ति की एक से एक चंचल भंगिमाएँ और धार बची हुई हैं, तो इसका श्रेय केशवचंद्र वर्मा, सर्वेश्वरदयाल सक्सेना और रेखा जैन जैसे बाल नाटकों के बड़े और सक्रिय लेखकों को ही जाता है। इन्हीं के कारण आज बाल नाटकों में जीवन के प्रायः सभी रंग हैं और बच्चों की दुनिया की तमाम-तमाम हलचलें भी।

अगर बदलते हुए समय से मुठभेड़ करनेवाले नए और आधुनिक शिल्प के बाल नाटक हमारे यहाँ लिखे गए, तो 'हिरण्यकश्यप मर्डर केस' (श्रीकृष्ण), 'नाटक जो नहीं हो सका' (केशव दुबे), 'नाटक से पहले'

(मनोहर वर्मा), 'बाल संसद' (हरिकृष्ण देवसरे), 'चकमा' (मस्तराम कपूर) जैसे प्रयोगधर्मी और दुस्साहसी नाटक भी, जिनकी बाल नाटकों के शुरुआती जमाने में शायद कल्पना तक नहीं की जा सकती थी। इसी तरह ऐसे नाटक लिखे गए, जिसमें हास्य के छींटे या मीठी फुहारें हैं तो ऐसे नाटक भी लिखे गए, जो जीवन की विसंगतियों को दर्शाते हैं। खासकर बच्चों और बड़ों की दुनिया के आपसी रिश्तों की तमाम विडंबनाएँ वहाँ खुलती हैं। इसी के साथ ही ऐतिहासिक, पौराणिक और सुधारवादी नाटकों की अपनी धारा चलती रही। कुल मिलाकर बाल नाटकों की दुनिया में जीवन के इतने रंग हैं और उन रंगों के भी इतने शेड्स कि बाल नाटकों की दुनिया को सचमुच 'हमारी जीवन-रंगशाला की एक रंगारंग दुनिया' कहना ही अच्छा लगता है।

❖

करीब सौ साल की हिंदी बाल नाटकों की 'यात्रा' की एक और खासियत पर ध्यान जाए बगैर नहीं रहता। वह यह कि बाल साहित्य की अन्य विधाओं के मुकाबले बाल नाटकों में अपने कथ्य के विस्तार की प्रवृत्ति कहीं ज्यादा दिखाई देती है, साथ ही अपने आपको बदले हुए समय के मिजाज से जोड़ने की भी। आश्चर्य इस बात का है कि बाल नाटकों के शुरुआती दौर में ही 'छींक', 'वैयाकरण' जैसे विषयों पर काफी अच्छे और कलात्मक नाटक पढ़ने को मिल जाते हैं। इसी तरह रेखा जैन, मस्तराम कपूर और राजेश जैन ने 'गणित' जैसे नीरस और रूखे-सूखे समझे जानेवाले विषय पर नाटक लिखकर साबित किया कि बच्चों से जुड़ा कोई भी विषय बाल नाटकों के लिए अछूता नहीं है। मस्तराम कपूर ने अपने बाल नाटकों में बहुत से सामाजिक और वैचारिक मुद्दों को उठाया और गजब के नाटक लिख डाले। ये नाटक आज भी मंचों पर खेले जाते हैं और बच्चे उनका पूरा आनंद लेते हैं। यों जो नाटक खेले नहीं जाते, उन्हें पढ़ने का भी अपना मजा है और बच्चे जब रस लेकर उन्हें पढ़ रहे होते हैं तो वे कहीं न कहीं बच्चों के कल्पना जगत में तो जरूर मंचित होते ही हैं!

बाल साहित्य की अन्य विधाओं की तुलना में बाल नाटकों से जुड़नेवाले लेखकों की संख्या कम जरूर है, पर बाल नाटकों में उल्लेखनीय काम नहीं हो रहा, ऐसा नहीं है। बहुत-से लेखक पूरा रस लेकर बच्चों के लिए नाटक लिख रहे हैं। डॉ. बानो सरताज, प्रकाश मनु और राष्ट्रबंधु के बाल नाटकों के बड़े संग्रह आए हैं। डॉ. बानो सरताज का 'तीस एकांकी' (2004), राष्ट्रबंधु का 'अब्बा की खाँसी' (2005) और प्रकाश मनु के 'मुनमुन का छुट्टी क्लब' (2004), 'इक्कीसवीं सदी के बाल नाटक', 'बच्चों के अनोखे हास्य नाटक', 'बच्चों के रंग-रंगीले नाटक' तथा 'मेरे प्रिय बाल नाटक' आज के बच्चे की समस्याओं से दो-चार होते बाल नाटकों के संग्रह हैं। जाकिर अली 'रजनीश' द्वारा संपादित बाल नाटकों की पुस्तक 'तीस बाल नाटक' (2003) भी कुछेक सीमाओं के बावजूद इस दिशा में एक उल्लेखनीय काम है। इसी तरह अशोक वाजपेयी के संपादन में बारह बाल नाटकों का संग्रह छपा है, जिसमें श्रीलाल शुक्ल, रमेशचंद्र शाह, गिरिराज किशोर, सुधा अरोड़ा, मृदुला गर्ग, दिविक रमेश, उदय प्रकाश सरीखे ख्यातनाम लेखकों के नाटक हैं। इनमें सभी अच्छे नहीं हैं, फिर भी हिंदी साहित्य के चर्चित लेखकों का ध्यान बच्चों के नाटकों की ओर गया, इसका स्वागत किया जाना चाहिए।

हिंदी बाल नाटकों की विकास-यात्रा

हिंदी बाल नाटकों की विकास-यात्रा को अध्ययन की सुविधा के लिए हम तीन कालखंडों में बाँट सकते

हैं। पहले कालखंड में, जो बाल नाटकों का प्रारंभिक युग है, मोटे तौर से बीसवीं शताब्दी के प्रारंभ से लेकर 1947 तक लिखे गए नाटक हैं। हिंदी बाल साहित्य के लिए यह गौरव की बात है कि इस दौर में हिंदी साहित्य के बहुत से नामचीन साहित्यकारों ने भी बच्चों के लिए नाटक लिखने में रुचि ली। दूसरे कालखंड (स्वतंत्रता-प्राप्ति से लेकर 1980 तक) में हिंदी बाल नाटकों की विकास-यात्रा अपने स्वर्णिम शिखर तक पहुँची। बच्चे के मन और संवेदना से जुड़े जितने अच्छे और दमदार बाल नाटक इस दौर में लिखे गए, वैसे न पहले कभी लिखे गए और न बाद में। इसे बाल नाटकों का गौरव युग कहा जा सकता है।

सन् 1981 से मौजूदा दौर तक का समय बाल नाटकों का विकास युग है, जिसमें बाल नाटक निरंतर और बड़े उत्साह के साथ लिखे जा रहे हैं। इस कालखंड में बच्चों के लिए विविधताओं से पूर्ण नाटकों के सृजन में तीन पीढ़ियों के लेखकों की सक्रियता दिखाई पड़ती है। कई नए लेखक भी इधर आए, पर वे कुल मिलाकर कोई शिखर नहीं बना पाते। हालाँकि वर्तमान दौर के बाल नाटक बच्चों की दुनिया से एकदम सटकर चलते हैं और उनमें बच्चों और उनके क्रियाकलापों की बड़ी प्रचुरता से उपस्थिति नजर आती है, यह खुद में एक बड़ी और महत्त्वपूर्ण उपलब्धि है। इतना ही नहीं, आज के बाल नाटकों में समकालीन समस्याओं के साथ-साथ बहुत से नए-नए विषयों का समावेश होना भी एक अच्छी और सार्थक शुरुआत कही जाएगी।

फिर इधर नए और प्रतिभाशाली लेखकों में नाट्य लेखन की ओर रुझान बढ़ा है और वे केवल नाट्य लेखन से ही नहीं, रंगमंच से भी सक्रियता से जुड़े हैं, यह एक शुभ संकेत है।

पहला चरण : प्रारंभिक युग

दमदार शुरुआत

यह सचमुच किसी सुखद आश्चर्य की तरह है कि हिंदी बाल नाटकों का प्रारंभिक दौर खासा समृद्ध और गौरवपूर्ण है। यहाँ तक कि उन्नीसवीं शताब्दी के उत्तरार्द्ध में इतने अच्छे, चुस्त और सुघड़ नाटक लिखे गए कि उन्हें पढ़ना आज भी मन में रोमांच पैदा करता है। सन् 1862 में लिखा गया हिंदी के चर्चित लेखक राजा लक्ष्मण सिंह (1826-1896) का 'भरत' इस लिहाज से भारतीय नाट्य-परंपरा का सच्चा प्रतिनिधित्व करता है, हालाँकि इस बाल नाटक का आधार महाकवि कालिदास का प्रसिद्ध नाटक 'अभिज्ञान शाकुंतलम्' मालूम देता है, पर राजा लक्ष्मण सिंह ने शकुंतला के पुत्र, बाल भरत को नाटक के केंद्र में रखकर इस नाटक को एक नई चमक दे दी है। इससे वह निस्संदेह बाल-मन और बाल मनोविज्ञान के अधिक निकट आ गया है। यह नाटक खासा अभिनेय है। अपने चुस्त और प्रभावशाली संवादों के कारण आज भी यह मंच पर खेला जाए तो दर्शकों को प्रभावित किए बिना न रहेगा।

यहीं भारतेंदु हरिश्चंद्र (1850-1885) के अविस्मरणीय, बल्कि महान नाटक 'अंधेर नगरी' (1881) का जिक्र किया जा सकता है। उन्नीसवीं शताब्दी के ही अंतिम दौर में लिखा गया यह नाटक इस कदर प्रयोगात्मक, चुस्त और अपने शिल्प में इतना अद्भुत है कि आज भी यह नाटक न केवल दर्शकों, अभिनेताओं और निर्देशकों को लुभाता है, बल्कि कोई सवा सौ साल गुजर जाने पर भी यह आज तक हिंदी के नाटककारों के लिए एक बड़ी चुनौती बना हुआ है। 'अंधेर नगरी' की खासियत यह है कि ऊपर से देखने पर यह एक

हलका-फुलका प्रहसन नजर आता है, पर थोड़ा आगे बढ़ते ही इसका मार्मिक कटाक्ष और राजनीतिक चोट भी खुलकर सामने आ जाती है। 'अंधेर नगरी' नाटक इस बात की मिसाल है कि हलके-फुलके ढंग से भी कितनी तीखी और भीतर तक तिलमिला देनेवाली बातें कही जा सकती हैं। मोटे तौर से यह व्यवस्था पर, कहना चाहिए कि सामंती व्यवस्था पर भीषण चोट करनेवाला नाटक है। पर इसके साथ ही यह थोड़े इशारों में, यानी सांकेतिक ढंग से अंग्रेज सरकार की कानून-व्यवस्था की धज्जियाँ भी उड़ाता है, जिसमें कोई सीधा-सादा आदमी ढंग से जी नहीं सकता और सरकारी जुल्म से कोई भी बेकसूर कभी भी मारा जा सकता है। यह ठीक है कि भारतेंदु का 'अंधेर नगरी' नाटक मूल रूप से बच्चों के लिए नहीं लिखा गया था, पर यह भी उतना ही सच है कि बच्चे इस नाटक में खासा आनंद लेते हैं, यानी यह उन नाटकों में से है, जो बच्चों और बड़ों दोनों को समान रूप से लुभाते हैं।

यह एक सुखद आश्चर्य की तरह है कि बाल नाटक के शुरुआती दौर में ही न सिर्फ समर्थ रचनात्मक प्रतिभाओं ने बच्चों के लिए नाटक लिखने की ओर ध्यान दिया, बल्कि नाटक ने अपने शुरुआती दौर में विकास की उन भंगिमाओं का पा लिया, बाल साहित्य की दूसरी विधाएँ जिन्हें पाने के लिए अभी प्रतीक्षा कर रही थीं। बीसवीं शताब्दी के प्रारंभिक दौर में ही हमें बाल नाटकों में हास्य-विनोद के साथ-साथ ऐसा खिलंदड़ापन देखने को मिलने लगता है, जो बच्चों को अपने साथ जोड़ने और बहा ले जाने में पूरी तरह समर्थ है। शायद यही कारण है हिंदी के बाल नाटक बड़ी तेजी से लोकप्रिय हुए और देखते ही देखते स्कूल के कार्यक्रमों और अन्य उत्सवों में उन्हें मंचित किए जाने की होड़ लग गई। इसके अलावा सामाजिक और ऐतिहासिक नाटक भी कम नहीं लिखे गए और बच्चों ने खूब ललककर उन्हें अपनाया।

बाल नाटकों के इस दौर के प्रसिद्ध लेखकों में भगवन्नारायण भार्गव, जगन्नाथप्रसाद 'मिलिंद', रामचंद्र रघुनाथ सर्वटे, मास्टर बलदेव प्रसाद, रामनरेश त्रिपाठी, रामेश्वरदयाल दुबे, डॉ. रामकुमार वर्मा तथा हरिकृष्ण प्रेमी का खासकर जिक्र किया जा सकता है। भगवन्नारायण भार्गव का 'पाठशाला' (1917) तथा रामचंद्र रघुनाथ सर्वटे का 'पाठशाला का एक दृश्य' बच्चों और उनकी पढ़ाई से संबंधित नाटक होने पर भी खासे मजेदार हैं। ये करीब-करीब मिलते-जुलते बाल नाटक हैं। इन दोनों नाटकों की सबसे बड़ी खासियत यह है कि इनमें दूर-दूर तक उस आरोपित आदर्श की छाया तक नहीं है, जिसका आरोप अकसर बीसवीं शताब्दी के प्रारंभिक दौर के बाल साहित्य पर लगाया जाता है। उलटे दोनों ही नाटकों में बच्चों को शिक्षा देने के ढंग तथा अध्यापकों के गलत रवैए और बेधुरेपन की खिल्ली उड़ाई गई है। भगवन्नारायण भार्गव के बाल नाटक 'पाठशाला' में बच्चे कुछ ज्यादा ही शरारती हैं और रूखे-सूखे, पारंपरिक ढंग से पढ़ानेवाले पंडितजी को खिजाते हैं। वे असल में पढ़ना ही नहीं चाहते और खूब शरारतें और शैतानियाँ करना चाहते हैं, जिनमें उन्हें रस मिलता है। जब अध्यापक उन्हें जबरन डंडे के जोर से पढ़ाना चाहता है और डंडा लाने के लिए कहता है, तो एक चपल छात्र पूछता है, "पंडितजी, डंडे का क्या कीजिएगा?" पंडितजी जवाब देते हैं कि "तुम लोगों की मरम्मत करूँगा।" तो फिर एक शरारती बच्चा पूछ लेता है, "क्या हम टूटे-फूटे पदार्थ हैं, जो आप हमारी मरम्मत करेंगे?" इस तरह के चुस्त, शरारती संवाद नाटक का खासा आकर्षण हैं। आखिर में बच्चे खेलने चले जाते हैं और पंडितजी खीजते हुए घर की राह लेते हैं।

रामचंद्र रघुनाथ सर्वटे के बाल नाटक 'पाठशाला का एक दृश्य' का परिवेश भी इसी से मिलता-जुलता है। अपनी मौज में रहनेवाले शरारती बच्चों को भूगोल या व्याकरण के पाठ याद करना किसी पहाड़ की चढ़ाई से कम नहीं लगता। अध्यापक के जोर-जबरदस्ती काम करवाने पर वे बच निकलने के बड़े अजीबोगरीब किस्म के मजेदार बहाने ढूँढ़ लेते हैं। ऐसे-ऐसे बहाने कि उन्हें पढ़-सुनकर आप लोटपोट हो सकते हैं। इससे नाटक में हास्य की फुहारों के साथ-साथ एक अनोखी जीवंतता और सक्रियता भी आ जाती है। अलबत्ता यह नाटक बड़ी बारीकी से इस ओर इशारा करता है कि अगर बच्चों में अच्छे संस्कार नहीं हैं या उनकी पढ़ने-लिखने में रुचि नहीं है तो इसका एक बड़ा कारण यह भी है कि अध्यापक उन्हें इसके लिए ऊपर-ऊपर से कह देता है। खुद अध्यापक में बच्चों के दिलों में उतरने की इच्छा-शक्ति और समर्पण नहीं है। उसके ज्यादातर आदर्श दिखावटी हैं। नाटक के क्लाइमेक्स में इसे बड़े खूबसूरत ढंग से दर्शाया गया है।

इसी तरह मास्टर बलदेवप्रसाद का 'मच्छड़राम', रामनरेश त्रिपाठी का 'कर्तव्य-पालन', रामेश्वरदयाल दुबे का 'वैयाकरण', डॉ रामकुमार वर्मा का 'छींक' और 'तैमूर की हार' तथा हरिकृष्ण प्रेमी का 'राखी का मूल्य' और 'मातृभूमि का मान' ऐसे नाटक हैं, जिन्होंने हिंदी बाल नाटकों की नींव रखी। इनमें 'तैमूर की हार', 'राखी का मूल्य' और 'मातृभूमि का मान' ऐतिहासिक-पौराणिक नाटक हैं, तो मास्टर बलदेवप्रसाद का 'मच्छड़राम' में मच्छर और बालक के संवाद के जरिए सफाई का संदेश दिया गया है।

रामेश्वरदयाल दुबे (1908-2011) का 'वैयाकरण' भी बिल्कुल अलग ढंग का नाटक है, जिसमें श्रीमान व्याकरणचंद्र की चिंताएँ हैं, जिनकी कोई परवाह ही नहीं करता और ज्यादातर लोग गलत-सलत भाषा बोलते हैं। यह देखकर व्याकरणचंद्र को क्रोध आता है और वे बार-बार लोगों की गलतियों की ओर इशारा करते हैं, ताकि भाषा शुद्ध और सलीके की हो। उधर भाषा और क्रियादेवी की चिंताएँ अपनी-अपनी जगह हैं। आश्चर्य, व्याकरण जैसे रूखे विषय पर भी रामेश्वरदयाल दुबे ऐसा बढ़िया और सक्षम नाटक रच सके। दुबेजी हिंदी के समर्थ बाल कवि तो हैं ही, 'वैयाकरण' नाटक लिखकर हिंदी के समर्थ बाल नाटककारों की पाँत में भी आ गए हैं।

❖

हिंदी में निस्संदेह ऐतिहासिक-पौराणिक बाल नाटकों की भी एक सतत धारा नजर आती है, जिसमें बाल नाटकों को किसी आदर्श की स्थापना के लिए खेला या लिखा जाता है। हाँ, यह दीगर बात है कि यह आदर्श कहीं बहुत स्थूल रूप में सामने आता है और उपदेशात्मक रवैया अख्तियार कर लेता है, तो कहीं वह बाल नाटक की केंद्रीय भावधारा और कथ्य में घुल-मिल गया-सा लगता है। इस तरह के नाटक हिंदी बाल नाटकों के शुरुआती दौर से लेकर अब तक किसी न किसी रूप में लिखे और खेले जा रहे हैं।

हिंदी बाल नाटकों के शुरुआती दौर में अगर राजा लक्ष्मण सिंह का पौराणिक पृष्ठभूमि पर लिखा 'भरत' नाटक मिलता है, तो आगे चलकर जगन्नाथप्रसाद 'मिलिंद' का नाटक 'प्रताप-प्रतिज्ञा', नर्मदाप्रसाद खरे का 'शिवाजी का सच्चा रूप', हरिकृष्ण प्रेमी का 'मातृभूमि का मान' और डॉ. रामकुमार वर्मा का 'तैमूर की हार' जैसे नाटक लिखे गए। इनमें राजा लक्ष्मण सिंह का 'भरत' दुष्यंत और शकुंतला के पुत्र भरत पर लिखा गया एक सीधा-सादा नाटक है, पर इसमें नाटकीयता और दृश्य-विधान सुंदर है। खासकर इसके छोटे-छोटे चुस्त

और सुथरे संवाद, 'भरत' को खासा अभिनेय बना देते हैं।

जगन्नाथप्रसाद 'मिलिंद' के नाटक 'प्रताप-प्रतिज्ञा' और नर्मदाप्रसाद खरे के 'शिवाजी का सच्चा रूप' में भारतीय इतिहास के दो तेजस्वी नायकों महाराणा प्रताप और शिवाजी के चरित्र की शक्ति को नाटकों के जरिए दर्शाने की कोशिश की गई है। इनमें जगन्नाथप्रसाद 'मिलिंद' (1907-1986) का नाटक 'प्रताप-प्रतिज्ञा' तो खासा आवेगपूर्ण और प्रभावशाली है। इसमें प्रताप की वीरता और स्वाभिमान का इतने उदात्त ढंग से चित्रण किया गया है कि पढ़कर आँखें भर आती हैं। नाटक के अंत में शक्तिसिंह के पश्चात्ताप का दृश्य भी विगलित कर देनेवाला है। नर्मदाप्रसाद खरे (1913-1975) के नाटक 'शिवाजी का सच्चा रूप' में शिवाजी के चरित्र की उदारता है। नाटक की केंद्रीय कथा यह है कि जब शिवाजी शत्रु को जीतते हैं, तो उनके सैनिक किसी मुस्लिम सरदार की सुंदर पत्नी को भी बलात उठाकर ले आते हैं। उस स्त्री को जब शिवाजी के सामने प्रस्तुत किया गया तो शिवाजी का जवाब था, "काश, मेरी माँ भी इतनी ही सुंदर होती तो मैं आज कितना सुंदर होता!" वे उस स्त्री को जबरन उठा लानेवाले अपने सैनिकों को फटकारते हैं और मुस्लिम युवती को सम्मान सहित उसके परिवार में छोड़ आने का आदेश देते हैं। बेशक इस नाटक में 'प्रताप प्रतिज्ञा' जैसा तेज घात-प्रतिघात और सशक्त नाटकीय विधान नहीं है, पर शिवाजी के चरित्र का एक उज्ज्वल पक्ष इससे सामने आता है, जो सचमुच हृदय को प्रभावित करता है।

इस दौर के ऐतिहासिक बाल नाटकों में डॉ. रामकुमार वर्मा (1905-1990) का 'तैमूर की हार' नाटक भी बहुत महत्त्वपूर्ण है। इस नाटक की खासियत यह है कि इसमें तैमूर लंग के आतंक के साथ-साथ भारतीय जनता के साहस और बहादुरी का चित्र भी है। यहाँ तक कि एक छोटा-सा बच्चा, जिसके पास सिर्फ रसोई के फल-सब्जी काटने वाला साधारण चाकू है, तैमूर को अपनी निडरता और सच्ची वीरता से प्रभावित करता है। इसी तरह वर्माजी का 'छींक' एक नए अंदाज का नाटक है, जिसमें छींक को लेकर पंडितजी के तमाम बखेड़े और दकियानूसी विचारों की खिल्ली उड़ाई गई है। इस नाटक में खासी हास्यपूर्ण स्थितियाँ हैं और बड़े सलीके से नए विचारों की दिशा की ओर इशारा किया गया है। यह परंपरा बाल नाटकों में आगे भी चलती रही। 'दूध हरा क्यों नहीं' भी वर्माजी का बाल मन से जुड़ा हुआ बड़ा रसपूर्ण बाल नाटक है, जिसमें बच्चे को अपने तरह-तरह के अटपटे सवालों के बीच में ही आगे बढ़ने की राह नजर आने लगती है।

रामधारीसिंह दिनकर (1908-1974) का बाल नाटक 'मगध-महिमा' एक काव्य-नाटक है, जिसमें मगध सम्राट् चंद्रगुप्त मौर्य द्वारा यूनानी सम्राट् सेल्यूकस को परास्त किए जाने की रोमांचक इतिहास-कथा है। नाटक की शुरुआत कल्पना के इस प्रश्न से होती है, "यह किस तापस की समाधि है/किसका यह उजड़ा उपवन है/ईंट-ईंट हो बिखर गया यह,/किस रानी का राजमहल है/यहाँ कौन है रुक-रुक जिसको/रवि-शशि नमन किए जाते हैं?/जलद जोड़ते हाथ और/आँसू का अर्घ्य दिए जाते हैं?" जवाब में मगध के खँडहरों में बसा भारत का इतिहास और चंद्रगुप्त की शौर्य गाथा बड़े आजस्वी ढंग से सामने आती है। सेल्यूकस को पराजित करने के बाद किस तरह चंद्रगुप्त का नाम सारी दुनिया में गूँजने लगता है, दिनकरजी ने इस बाल नाटक में अद्‌भुत नाटकीयता के साथ उसे सामने रखा है।

इसी तरह हरिकृष्ण प्रेमी (1908-1974) के 'राखी का मूल्य' और 'मातृभूमि का मान' हृदय में

देशभक्ति की भावना भरनेवाले जोशीले नाटक हैं। 'राखी का मूल्य' का कथानक इतिहास-प्रसिद्ध कथानक है, जिसमें संकट में पड़ी रानी कर्मवती मुगल सम्राट् हुमायूँ से मदद माँगती है। वह हुमायूँ के पास राखी का धागा भेजकर अनुरोध करती है कि मैंने आपको भाई मान लिया है तो आप भी इस राखी की लाज रखें! इस बात से प्रभावित होकर हुमायूँ सचमुच रानी कर्मवती की मदद के लिए अपनी सेना लेकर युद्ध-भूमि पहुँच जाता है। हरिकृष्ण प्रेमी का 'मातृभूमि का मान' भी ऐतिहासिक नाटक है, जिसका कथानक बूँदी के किले से जुड़ी एक अविस्मरणीय इतिहास कथा पर आधारित है। महाराजा लाखा ने अपनी प्रतिज्ञा पूरी करने के लिए बूँदी के नकली किले पर चढ़ाई की थी, पर एक बहादुर किशोर वीरसिंह के बलिदान से उनका मस्तक झुक जाता है। वंशीधर श्रीवास्तव का 'अशोक का शस्त्र-त्याग' तथा रामधारीसिंह दिनकर का 'मगध-महिमा' भी इसी तरह की ऐतिहासिक पृष्ठभूमि के नाटक हैं, जो खुद में इतिहास के किसी न किसी वीरता भरे या करुणार्द्र पन्ने को समेटे हुए हैं।

आजादी से पहले के बाल नाटकों में मनोरंजन सहाय श्रीवास्तव के 'अच्छा रास्ता' का भी जिक्र किया जा सकता है। 'बाल विनोद' के जून 1947 में छपे इस नाटक में खादी पहनने की सीख दी गई है, क्योंकि खादी के साथ खुद्दारी और राष्ट्रीय स्वाभिमान का भाव जुड़ा है। स्वतंत्रता के आंदोलन में खादी मानो आजादी की सच्ची तड़प लेकर आई, जिसने पूरे भारत में स्वदेशी की एक लहर पैदा कर दी। जून 1947 में, जब मनोरंजन सहाय श्रीवास्तव का यह नाटक लिखा गया, आजादी की प्रभात-वेला निकट थी और तब भी खादी की यह महिमा धूमिल न हुई थी। स्वतंत्रता के बाद भी यह देशराग बना रहे और बच्चे खादी के साथ-साथ राष्ट्रीय स्वाभिमान और आजादी की कीमत पहचानें, यह कोशिश उस समय स्वाभाविक थी और यही प्रकारांतर से इस नाटक की केंद्रीय प्रेरणा भी थी।

दूसरा चरण : गौरव युग

नए प्रयोग, नया अंदाज

हिंदी बाल नाटकों की आगे की यात्रा भी कम उत्साहजनक नहीं है। असल में हिंदी बाल नाटक की सबसे बड़ी खासियत और शक्ति यह है कि उसने बच्चों के मन और उसके भीतर-बाहर की दुनिया के साथ-साथ बदले हुए समय और जमाने पर भी अपनी नजर गड़ाए रखी है। इसी वजह से निरंतर विकास-क्रम में बाल नाटकों में समय के साथ नए रंग, अंदाज और नाटकीय प्रविधियाँ भी जुड़ती चली गईं और बाल नाटकों का आकर्षण निरंतर बढ़ा है। कहा जा सकता है कि बच्चों के नाटकों की दुनिया आज बच्चे के मन और इच्छा-संसार के एकदम पास खिसक आई है।

हिंदी बाल नाटकों के दूसरे चरण (सन् 1947 से 1980 तक) में बेशक हिंदी बाल नाटकों को विस्तार मिला और नए से नए अंदाजवाले प्रयोगात्मक नाटक नजर आने लगे। छठे दशक में केशवचंद्र वर्मा और कुदसिया जैदी ने तो एक नया युगांतर ही कर दिया। कुदसिया जैदी के 'चचा छक्कन के ड्रामे' (1957) में हास्य की भरपूर खुराक थी, तो केशवचंद्र वर्मा की 'बच्चों की कचहरी' (1956) में शामिल नाटक बच्चों की दुनिया के इस कदर निकट आ जाते हैं कि उनकी दुनिया का छोटे-से छोटा भेद और छोटी-बड़ी हर समस्या

हमें यहाँ नाटकों की शक्ल में झाँकती नजर आ जाती है। इसी दौर में लिखे गए नर्मदाप्रसाद खरे के बाल नाटकों की पुस्तक 'बाल नाटक माला' (1955) में अपेक्षाकृत सीधे-सादे ऐतिहासिक और संदेश प्रधान परंपरागत नाटक थे, जिन्हें बच्चे आसानी से स्कूल के कार्यक्रमों में मंचित कर सकते थे।

इसके बाद सातवें दशक में तो नाटकों की दुनिया में खासे बड़े काम हुए और बड़ी हलचल रही। श्रीकृष्ण और योगेंद्रकुमार लल्ला के संपादन में निकला 'प्रतिनिधि बाल एकांकी' (1962) संग्रह बाल नाटकों में उचित ही मील का पत्थर माना जाता है। संपादक-द्वय ने बच्चों के ये नाटक लेखकों से विशेष आग्रह करके लिखवाए थे ताकि बच्चों की दुनिया में ऐसे नाटक भी हों, जो बच्चों के मन, इच्छा-संसार और समस्याओं से सीधे-सीधे रू-ब-रू हों। लिहाजा इस संग्रह में बच्चों के आरोपित आदर्शोंवाले नाटक न के बराबर थे और ज्यादातर नाटक ऐसे थे, जिनमें बच्चे अपनी पूरी सक्रियता और खिलंदड़ेपन के साथ नजर आते थे। जाहिर है इसी कारण बच्चों ने इस संग्रह का भरपूर स्वागत किया तथा बाल साहित्य में उसे बड़ी उपलब्धि माना गया।

इसी दौर में कमलेश्वर, श्रीकृष्ण, राधेश्याम 'प्रगल्भ', व्यथित हृदय और डॉ. महेंद्र भटनागर के बच्चों के लिए लिखे गए नाटक पुस्तकाकार सामने आए। सिद्धनाथ कुमार के बाल नाटकों का संग्रह 'आओ नाटक खेलें' (1962), डॉ. महेंद्र भटनागर का 'बच्चों के रूपक', व्यथित हृदय का 'सवेरे के फूल', कमलेश्वर का 'पैसों का पेड़', श्रीकृष्ण का 'परीक्षा' (1963) और राधेश्याम 'प्रगल्भ' का 'राह अनेक मंजिल एक' (1964) निस्संदेह बाल नाटकों की विकास-यात्रा में अपनी खास अहमियत रखते हैं। कमलेश्वर के 'पैसों का पेड़' में उनके छह बाल नाटक शामिल थे, तो श्रीकृष्ण के 'परीक्षा' संग्रह में उनके तीन नाटक पहली बार सामने आए, जिनमें 'झगड़ालू लड़का' को काफी ख्याति मिली। बाद में चलकर उनका यही नाटक 'मरखना बैल' नाम से चर्चित हुआ। राधेश्याम 'प्रगल्भ' के 'राह अनेक मंजिल एक' संग्रह में उनके पाँच सशक्त नाटक पहली बार सामने आए। आठवें दशक में छपे बाल नाटकों के महत्त्वपूर्ण संग्रहों में रेखा जैन का 'खेल-खिलौनों का संसार' (1973) और 'दीवाली के पटाखे' (1977) खासकर उल्लेखनीय हैं, जिनके जरिए बच्चों के नाटकों के क्षेत्र में एक बड़ी प्रतिभा के आगमन के संकेत मिलने लगते हैं।

हिंदी के मूर्धन्य साहित्यकारों प्रभाकर माचवे, नरेश मेहता और चंद्रकिरण सोनरेक्सा ने भी इस कालखंड में बच्चों के लिए नाटक लिखे। प्रभाकर माचवे (1917-1992) की 'सयानी गुड़िया' में अलग-अलग भाषा बोलनेवाले अलमस्त बच्चे गुड़िया को अलग-अलग नामों से पुकारते हैं, लेकिन सभी उसे बेहद चाहते हैं। एक दिन गुड़िया रूठकर चली गई, पर इतने सच्चे और निराले बच्चे उसे पूरी दुनिया में कहीं और नहीं मिले। आखिर गुड़िया वहीं लौट आई, जहाँ उसे प्यार करनेवाले प्यारे-प्यारे बच्चों की टोली थी। नरेश मेहता (1922-2000) के 'सिद्धार्थ का गृहत्याग' में गौतमबुद्ध के गृहत्याग की बहुत सादा, लेकिन मार्मिक नाट्य प्रस्तुति है। नाटक का अंत बेहद करुण है। वे रथ से उतरकर अपने सेवक छंदक को बताते हैं कि अब वे सबकुछ त्यागकर वन में रहेंगे और एक-एक कर अपने सभी राजसी वस्त्र उतार फेंकते हैं। अंत में वे छंदक से ही पहली भीख माँगते हैं। उसी का दिया साधारण वस्त्र पहन तथा उसी के द्वारा अपने सुंदर केशों को कटवाकर वे वन की राह लेते हैं। चंद्रकिरण सोनरेक्सा (ज. 1920) ने 'परी माँ' में परीलोक का कुछ अलग ही ढंग से चित्रण किया है। ज्यादातर परियाँ जहाँ काम से जी चुराती हैं, वहीं कमल परी त्याग और कर्मठता की अनोखी मिसाल प्रस्तुत

करती है। कमल परी से चिढ़कर उलटे उस पर तोहमत लगानेवाले भी हैं, लेकिन बड़े निराले अंदाज में कमल परी के त्याग और गहरे समर्पण का चित्र नाटक के अंतिम दृश्य में उभरता है।

इस दौर में बच्चों के चुने हुए नाटकों के संचयन तैयार करने में खासा उत्साह दिखाई देता है। लिहाजा भारत सरकार के प्रकाशन विभाग ने 'चुने हुए एकांकी' पुस्तक छापी, तो योगेंद्रकुमार लल्ला के संपादन में बाल नाटकों के दो महत्त्वपूर्ण संग्रह 'राष्ट्रीय एकांकी' (1964) और 'हास्य एकांकी' (1965) छपे। प्रकाशन विभाग द्वारा छपी बच्चों के नाटकों की पुस्तक 'चुने हुए एकांकी' में विष्णु प्रभाकर, मन्मथनाथ गुप्त, शचीरानी गुर्टू, श्रीकृष्ण, स्वदेशकुमार, नरेश मेहता, देवराज 'दिनेश', नारायण भक्त, मदनमोहन शर्मा, इंदु जैन, रमेश भाई, ललित सहगल, प्रफुल्लचंद्र ओझा 'मुक्त' और रामपाल सिंह के नाटक शामिल थे। जाहिर है यहाँ तक आते-आते बाल नाटकों का एक उत्साहपूर्ण माहौल बन गया था और साहित्य के बड़े और चर्चित लेखक भी बच्चों के लिए नाटक लिखने की ओर प्रेरित हुए थे। योगेंद्रकुमार लल्ला द्वारा संपादित 'हास्य एकांकी' (1965) में भी बाल साहित्य के कई चर्चित लेखकों के नाटक शामिल किए गए। बच्चों के लिए चुटीले हास्य नाटक लिखनेवाले ये लेखक थे—आनंदप्रकाश जैन, चिरंजीत, देवराज 'दिनेश', मंगल सक्सेना, मनोहर वर्मा, मस्तराम कपूर 'उर्मिल', विष्णु प्रभाकर, वेद राही, स्वदेशकुमार, सत्येंद्र शरत और श्रीकृष्ण।

❧ ❖ ❧

अलबत्ता आजादी के बाद बाल नाटकों की दुनिया में सचमुच एक जादुई परिवर्तन नजर आता है। बच्चों के लिए लिखे गए नाटक मानो देखते ही देखते बदल गए और उनमें ऐसे-ऐसे रंग और भंगिमाएँ नजर आने लगीं कि आश्चर्य होता था, अच्छा, बच्चों के लिए भी यह सब लिखा जा सकता है, या कि बाल नाटकों की दुनिया में भी यह सब आ सकता है! यह जादू जिन नाटकों ने कर दिखाया, उनमें केशवचंद्र वर्मा का नाटक 'बच्चों की कचहरी', प्रफुल्लचंद्र ओझा 'मुक्त' का 'शिशुनगर', वेद राही का 'झूठ का अलार्म', स्वदेशकुमार का 'ऐ रोने वालो', डॉ. मस्तराम कपूर 'उर्मिल' का 'चकमा', आनंदप्रकाश जैन का 'परियों के देश में', सर्वेश्वरदयाल सक्सेना का 'भों-भों, खों-खों' तथा 'लाख की नाक', रेखा जैन का 'अप्सरा का तोता' तथा 'थप्प रोटी थप्प दाल', विष्णु प्रभाकर का 'ऐसे-ऐसे', श्रीकृष्ण का 'हिरण्यकश्यप मर्डर केस', कमलेश्वर का 'पैसों का पेड़', चिरंजीत का 'मदारी' और 'चुन्नू का चमत्कार' तथा हरिकृष्ण देवसरे का 'बाल संसद' खासकर याद आते हैं। इसके अलावा इस कालखंड के अन्य प्रमुख बाल नाटककार हैं—मनोहर वर्मा, देववती शर्मा, मंगल सक्सेना, शीला गुजराल, रामधारी सिंह दिनकर, देवराज 'दिनेश', सरस्वतीकुमार दीपक, विमला लूथरा, गोविंद शर्मा, प्रेमलता दीप, कुदसिया जैदी, के.पी. सक्सेना, केशव दुबे, नारायणलाल परमार, भूपनारायण दीक्षित, नारायण भक्त, विनोद रस्तोगी और रमेशकुमार माहेश्वरी।

बाल नाटकों के दूसरे चरण के प्रारंभ में जिन लेखकों ने बड़ी सक्रियता के साथ लिखा तथा बाल नाटकों की समझ और दृष्टि को विकसित किया, उनमें विष्णु प्रभाकर, मन्मथनाथ गुप्त, सिद्धनाथ कुमार, व्यथित हृदय और चिरंजीत के नाम भी बड़े आदर से लिये जाते हैं। विष्णु प्रभाकर (1912-2009) के बाल नाटकों का पहला संग्रह 'हड़ताल' (1972) सातवें दशक में छपा था, जिसमें उनके बच्चों के लिए लिखे गए तीन नाटक शामिल थे, 'हड़ताल', 'भूगोल के मास्टर' और 'काबुली वाला'। इन बाल नाटकों की खासी चर्चा रही

और इसके बाद तो उन्होंने बच्चों के लिए नए-नए अंदाज में बहुतेरे नाटक लिखे। उनके बाल नाटकों के कई संग्रह हैं, जिनमें 'जादू की गाय' (संस्क. 1972) सबसे अधिक चर्चित है। विष्णुजी के बाल नाटकों के चर्चित संग्रह हैं, 'दादा की कचहरी' (1959), 'रामू की होली' (1959), 'कुंती के बेटे' (1958), 'अभिनव बाल एकांकी' (1968), 'नूतन बाल एकांकी', 'ऐसे-ऐसे' (1978), 'बाल वर्ष जिंदाबाद' (1984,), 'जादू की गाय तथा अन्य बाल एकांकी' (2002)। विष्णुजी के बाल नाटकों की विविधता ही नहीं, बाल मन से जुड़ी उनकी सृजनात्मकता भी चकित करती है। बेशक हिंदी बाल नाटकों के विकास में उनका ऐतिहासिक योगदान है।

विष्णु प्रभाकर के नाटक बच्चों के मन में गहराई से झाँकते हुए उनके इच्छा संसार, सपनों तथा शिकवे-शिकायतों को भी समझने की कोशिश करते हैं। उनका 'ऐसे-ऐसे' (1978) बाल नाटक एक ऐसे बच्चे मोहन को केंद्र में रखकर लिखा गया है, जो यों तो दिन भर खेलता-कूदता रहता है, मगर फिर उसे पेट में कुछ 'ऐसे-ऐसे' दर्द होने लगते हैं। माँ-पिता दोनों परेशान हैं। वैद्यजी आते हैं और दवा की पुड़िया दे जाते हैं, मगर 'ऐसे ऐसे' का इलाज किसी के पास नहीं है। डॉक्टर आता है और मोहन के पेट को गरम पानी की बोतल से सेंकने के लिए कहता है, मगर यह 'ऐसे-ऐसे' ऐसी अजब बीमारी है कि ठीक होने में ही नहीं आती। फिर जब मास्टरजी आते हैं और मोहन को होमवर्क पूरा करने के लिए पूरे दो दिन की छुट्टी दे देते हैं तो उसका 'ऐसे-ऐसे' खुद-ब-खुद भाग जाता है, जैसे उसे पेट में दर्द कभी था ही नहीं। हलकी हास्य की स्थितियों से बच्चे के भोले मन के भय का इसमें अच्छा चित्रण है।

इसी तरह विष्णु प्रभाकर के बाल नाटक 'हमारा नाटक' में बच्चों की शरारतों को बड़ी ही गहरी सहानुभूति से भरकर देखा गया है। इसलिए कि बच्चे अपनी शरारतों में वे बड़े-बड़े काम कर दिखाते हैं, जिन्हें बड़े नहीं कर पाते। मसलन 'हमारा नाटक' में बच्चे सोते नहीं, जागते रहते हैं और अपनी नटखट शरारतों में लीन रहते हैं। मगर यही बच्चे अपने चौकन्नेपन से एक चोर को पकड़ दिखाते हैं तो बड़े लोग ही नहीं, बल्कि थानेदार भी हैरान-सा रह जाता है। विष्णुजी का 'दादा की कचहरी' भी दिलचस्प नाटक है, जिसमें बच्चों की बुरी आदतों को लेकर जमकर चर्चा होती है और फिर खेल-खेल में अच्छा बनने की सीख भी दी गई है। नाटक का अंत बड़ा मजेदार है। विष्णुजी के 'रिहर्सल' और 'पुस्तक कीट' बाल नाटक भी बच्चों की समस्याओं को केंद्र में रखकर लिखे गए हैं। 'रिहर्सल' का केंद्रीय पात्र असित है, जिसे गुस्सा बहुत जल्दी आता है। इसीलिए जिस नाटक की रिहर्सल हो रही है, उसे वह छोड़कर भाग जाता है और पूरा नाटक बिगड़ जाता है। पर प्यार मिलने पर धीरे-धीरे असित सुधरता है और फिर नाटक की रिहर्सल ठीक उसी जगह से शुरू होती है, जहाँ उसे छोड़कर बंदर बना असित भाग गया था। यों नाटक एक सुखांत मोड़ पर खत्म होता है। 'पुस्तक कीट' में रात-दिन किताबें घोंटनेवाली निर्मला है। क्लास में अध्यापिका के पूछने पर वह गड़बड़ा जाती है और कुछ का कुछ जवाब देती है। इस पर उसकी खूब हँसी उड़ती है। आखिर उसे कुछ समय किताबों से दूर रहने और किसी प्राकृतिक स्थल पर घूमने की सजा सुनाई जाती है। मुख्याध्यापिका शिमला घूमने जा रही हैं। वे निर्मला को भी अपने साथ चलने के लिए कहती हैं और यों निर्मला के जीवन में एक स्वस्थ बदलाव आता है।

विष्णुजी का 'दो मित्र' भी सुंदर बाल नाटक है, जिसके मुख्य पात्र हैं सैयद साहब यानी मेंहदी हसन और लाला भागीरथलाल, जिनकी न जाने कितनी पुरानी दोस्ती है। दोनों शतरंज खेलने के शौकीन हैं और शतरंज

खेलते-खेलते किसी चाल को लेकर कब झगड़ पड़ें, कुछ पता नहीं चलता। बात बढ़ते-बढ़ते बहुत बढ़ जाती है, लेकिन फिर मेंहदी हसन समझ गए कि खेल-खेल में झगड़ा हो जाना अलग बात है, पर लाला भागीरथ लाल का दिल सोने का है और इस दोस्ती पर तो उन्हें गर्व करना चाहिए। अंत में दोनों दोस्त एक-दूसरे के गले से लग जाते हैं। देशराग की भावना से जुड़ा विष्णुजी का जोशीला बाल नाटक 'स्वाधीनता का संग्राम' (2006) भी बच्चों में खासा लोकप्रिय हुआ था। इसमें छह अंकों में संपूर्ण भारतीय स्वतंत्रता संग्राम की झाँकी प्रस्तुत की गई थी, जिसने अंग्रेजी शासन की चूलें हिला दीं और उनके जाने के बाद देश अँगड़ाई लेकर उठ खड़ा हुआ। नाटक के कई दृश्य बहुत रोमांचक और भावुक कर देनेवाले हैं तथा संवाद बड़े जोशीले। बीच-बीच में कई सुंदर कविताओं का भी प्रयोग हुआ है, जिससे उसका प्रभाव और बढ़ गया है।

चिरंजीत (1919-2007) के नाटक 'चुन्नू का चमत्कार' में भी एक विचारशील लड़के चुन्नू की बड़ी सहज भूमिका है। चुन्नू का छोटा भाई मुन्नू बड़ा तेज-तर्रार है और मोहल्ले के दूसरे बच्चों की तरह उसका ध्यान भी लड़ने-झगड़ने में है। मोहल्ले में बच्चों की बाकायदा दो पार्टियाँ बन जाती हैं। आपस में युद्ध-नीति के हिसाब से बड़ी पैंतरेबाजियाँ और लड़ाई की तैयारियाँ चलती हैं। एक-दूसरे दल की जासूसी की जाती है। एक-दूसरे का सिर फोड़ने में कोई कुछ कसर नहीं रखना चाहता। बच्चों की दोनों सेनाएँ अब इस कदर आमने-सामने आ चुकी हैं कि युद्ध होना ही चाहता है। तभी अचानक चुन्नू की सूझ से दोनों की दुश्मनी हवा हो जाती है और वे मिलकर प्रेम और शांति के गीत गाने लगते हैं। चिरंजीत का यह नाटक बड़ा चुस्त और कसा हुआ है और उसका शिल्प-विधान तथा नाटकीय घात-प्रतिघात बच्चों को लुभानेवाला है। चिरंजीत के 'मदारी' और 'गुड़िया का इलाज' बाल नाटक भी खासे चर्चित रहे। उनके रेडियो नाटक, जो 'ढोल की पोल' नाम से रेडियो से प्रसारित होते थे, खासे पसंद किए जाते थे।

चिरंजीत की 'देशभक्ति के नाटक' (1991) भी महत्त्वपूर्ण पुस्तक है, जिसमें मन में देशप्रेम, भाईचारा और राष्ट्रीय स्वाभिमान जगानेवाले पाँच नाटक शामिल हैं। ये नाटक हैं, 'मंदिर की जोत', 'राम-रहीम', 'एक और प्रह्लाद', 'हमला' तथा 'चक्रव्यूह'। इनमें 'हमला', 'राम रहीम' तथा 'मंदिर की जोत' बड़े सुंदर भावनात्मक नाटक हैं, जिन्हें आसानी से मंचित किया जा सकता है। 'एक और प्रह्लाद' भी लीक से हटकर लिखा गया बाल नाटक है, जिसमें एक बच्चा अपने पिता के काले धंधे की पोल खोलता है। नाटक के अंत में पिता बेटे की बात मानकर अच्छी राह पर चलने का निश्चय कर लेता है।

'बालभारती' पत्रिका के संपादक रहे मन्मथनाथ गुप्त (1908-2000) ने भी अच्छे बाल नाटक लिखे। एक ओर ऐतिहासिक संदर्भ के प्रभावी बाल नाटक उनके यहाँ हैं, तो दूसरी ओर स्वाधीनता संग्राम की जोशीली आँधी में बच्चों के त्याग और बलिदान को भी उन्होंने अपने नाटकों में साकार किया है। 'टेढ़ी अँगुली' में मुगलकाल के काजीजी का चरित्र उभरता है, जो बड़ी होशियारी से लोभी सेठ को फंदे में उलझाकर, मानिकचंद को उसका धन दिलवाते हैं। 'माँ का लाल' भी गुप्तजी का बड़ा मर्मस्पर्शी नाटक है, जिसमें देश के लिए कुर्बान होनेवाले साहसी बालक माधव की गाथा को इतने प्रभावी ढंग से प्रस्तुत किया गया है कि इस नाटक को पढ़ते हुए आँखें नम हो जाती हैं।

बाल नाटकों के दूसरे चरण में व्यथित हृदय, सिद्धनाथ कुमार और डॉ. महेंद्र भटनागर ने भी बड़ी सक्रियता

से बच्चों के लिए विविध किस्म के रुचिकर नाटक लिखे। डॉ. महेंद्र भटनागर के 'बच्चों के रूपक' में उनके चार नाटक शामिल हैं। इसी तरह महेंद्रजी के बाल नाटकों का एक और संग्रह छपा है, 'स्वार्थी दैत्य एवं अन्य रूपक'। इसमें उनके पाँच चर्चित बाल नाटक हैं—'दो मित्र', 'इस हाथ ले उस हाथ दे', 'स्वार्थी दैत्य', 'राम जीते रावण हारा' तथा 'श्रवणकुमार'। ये पाँचों बाल नाटक बड़े चुस्त-दुरुस्त हैं तथा इनमें पर्याप्त अभिनेयता है। खासकर 'दो मित्र' बड़ा सुंदर नाटक है। हितोपदेश की एक कथा के आधार पर लिखे गए इस बाल नाटक में कबूतरों के नेता चित्रग्रीव और चूहों के राजा हयग्रीव की मित्रता का आदर्श रूप है। असल में तो मित्र वही है, जो संकट के समय काम आए। यही इस बाल नाटक का संदेश भी है। 'इस हाथ ले उस हाथ दे' में बोधिसत्व के पूर्व जन्म की कथा है, जब उन्होंने बंदर के रूप में जन्म लिया था। एक शिकारी जब तीर-कमान लेकर उनकी माँ के प्राण लेना चाहता है तो बंदर के रूप में जनमे बोधिसत्व माँ को बचाने के लिए पहले अपने प्राण दे देते हैं। फिर बोधिसत्व का भाई, जो बंदर के रूप में है, अपने प्राण दे देता है। फिर भी उस लोभी शिकारी को चैन नहीं पड़ा। वह तीर चलाकर उनकी माँ को भी मार डालता है। अब वह खुश है, पर थोड़ी देर बाद ही उस शिकारी को अपने जीवन में जो कुछ देखना और सहना पड़ा, उससे वह समझ गया कि क्रूरता का क्या नतीजा होता है। उसके अंत:करण में सच्चा ज्ञान और करुणा उत्पन्न हुई। सच तो यह है कि महेंद्र भटनागर के सभी बाल नाटकों में मनुष्य के आपसी प्रेम और करुणा का संदेश है, जो कहीं स्थूल रूप में सामने नहीं आता।

व्यथित हृदय (1908-1990) के 'सवेरे के फूल' में उनके सत्रह एकांकी एक साथ पुस्तकाकार पढ़ने को मिलते हैं। सिद्धनाथ कुमार (ज. 1927) ने भी ऐतिहासिक-पौराणिक नाटक लिखे। उनके बाल नाटकों के संग्रह 'आओ नाटक खेलें' (1962) में दो नाटक शामिल थे, 'देश का कानून' और 'एकलव्य'। इनमें 'देश का कानून' सुकरात के जीवन पर आधारित बड़ा मर्मस्पर्शी नाटक है। इसी तरह सिद्धनाथ कुमार का 'एकलव्य' भी बड़ा सुंदर, भावनात्मक बाल नाटक है, जिसे बच्चों ने खासा पसंद किया।

❧ ❖ ❧

इस दौर में केशवचंद्र वर्मा (1925-2007) ने बच्चों के नाटकों का चेहरा और मिजाज बदलने में बड़ी भूमिका निभाई। साठोत्तरी बाल नाटकों को एक नई और ताजगीभरी पहचान देने में उनके प्रयोगधर्मी नाटकों का बड़ा योगदान है। 'बच्चों की कचहरी' (1956) नाम से बीसवीं शताब्दी के छठे दशक में केशवचंद्र वर्मा के बाल नाटकों का जो संग्रह निकला था, एक तरह से नए बाल नाटकों की नींव उसी से पड़ी, जिससे तमाम नए-पुराने लेखकों ने दिशा और प्रेरणा ग्रहण की। संग्रह के सर्वाधिक चर्चित नाटक 'बच्चों की कचहरी' की एक बड़ी खासियत यह है कि यह पूरी तरह से बच्चों का नाटक है, जिसके कर्ता-धर्ता, यहाँ तक कि शिकायतकर्ता और जज भी बच्चे ही हैं। ये बच्चे अपने अधिकारों के लिए लड़ाई लड़ना चाहते हैं और अपनी कचहरी में एक-एक करके उन लोगों को बुलाते हैं, जो बच्चों की आजादी में बाधा डालते हैं। बच्चों की कचहरी में बाकायदा उन पर मुकदमा चलाया जाता है। सबसे पहला मुकदमा माली पर चलाया जाता है, जो बच्चों को बेरोकटोक फल और फूल नहीं तोड़ने देता। आखिर में माली को बड़े मजेदार किस्म की यह सजा दी जाती है कि जब बच्चे फल-फूल तोड़ने आएँ, तो वह अपनी आँखें दूसरी ओर फेर ले, जैसे उसने उन्हें देखा ही नहीं! और यों 'रामू दादा की जै' के नारे के साथ कचहरी बर्खास्त होती है।

केशवचंद्र वर्मा के 'काला चोर', 'शेर का शिकार' और 'बड़े भैया' भी मजेदार नाटक हैं, जो मानो बच्चों के साथ खेल-खेल में तैयार हुए हैं। 'काला चोर' में डींगें हाँकने वाले जग्गू को सपने में काला चोर नजर आ जाता है और फिर उसकी जो गत बनती है, उसका तो कहना ही क्या। नाटक का अंत बड़ा मजेदार है। 'शेर का शिकार' में भी अपनी बहादुरी की लंतरानियाँ हाँकता यही जग्गू जंगल में शेर की बोली सुनकर डर के मारे काँपने लगता है। बाद में मालूम पड़ता है कि शेर की बोली तो बड़े भैया निकाल रहे थे। फिर तो जग्गू का खूब मजाक बना। केशवचंद्र वर्मा के एक और बाल नाटक 'बड़े भैया' के नायक यानी बड़े भैया कुछ-कुछ प्रेमचंद की 'बड़े भाई साहब' कहानी की याद दिलाते हैं, लेकिन 'बड़े भाई' में हास्य के रंग कहीं अधिक गाढ़े हुए हैं।

स्वतंत्रता प्राप्ति के बाद लिखे गए बाल नाटकों में हिंदी के मूर्धन्य कवि रघुवीर सहाय (1929-1990) का भी बड़ा योगदान है। रघुवीर सहाय ने पाँचवें-छठे दशक में बच्चों के लिए एक से एक सुंदर और रसपूर्ण नाटक लिखे, जिनमें खेल-खेल में बच्चों को मीठी सीख भी दी गई। रघुवीर सहाय के बाल नाटक किस्से-कहानियों की तरह है, जिन्हें पढ़ने पर परीकथाओं का सा आनंद आता है। हालाँकि सहायजी ने अपने छोटे-छोटे संवादों और बीच-बीच में मजेदार गीतों से सज्जित कर, उन्हें अद्‌भुत नाटकीयता प्रदान की है। 'परियों के बच्चे', 'चुनगुन का मेमना', 'जब गुड़िया बोल उठी', 'परी से भेंट', 'खोई हुई गुड़िया' रघुवीर सहाय के ऐसे बाल नाटक हैं, जो बच्चों के इच्छा-संसार में दूर तक उड़ाने भरते, उन्हें कल्पना में तैरने का सुख देते हैं। इन कोमल नाटकों में परियों के बच्चे तो अद्‌भुत हैं, इनमें कुछ परियों के बच्चे इस दुनिया को देखने की उत्सुकता से धरती पर आते हैं, पर यहाँ उनका सामना ज्यादातर बिगड़ैल और निर्मम लोगों से हुआ, जिन्होंने उनका खूब मजाक उड़ाया, लेकिन धीरे-धीरे उनकी मोहिनी ने असर डालना शुरू किया और फिर वे जो झगड़ालू लोग थे, धीरे-धीरे प्यार के रस और आनंद से भीगने लगते हैं।

'चुनगुन का मेमना' में भाई-बहन के बीच का मीठा झगड़ा है। भाई बहन को चिढ़ाता है, बहन रूठकर माँ से शिकायत करती है। पर फिर भी जब बहन को खेलने के लिए मेमना मिला और भाई ने उसे माँगा, तो वह उसे देने से खुद को रोक नहीं पाई। सहायजी का 'जब गुड़िया बोल उठी' भी मजेदार बाल नाटक है, जिसमें यह मजेदार गीत भी पिरो दिया गया है—

पहले एक बनाया गोला
गुड़िया का मुँह भोला-भोला,
उस पर आँखें काली-काली
बाल सँवारे माँग निकाली।...

इस नाटक का अंत बड़ा ही सुखद है, जिसमें सपने में गुड़िया आखिर बोल ही पड़ती है और नन्ही बालिका शबनम के मन की चाहत पूरी हो जाती है। 'परी से भेंट' और 'खोई हुई गुड़िया' भी सहायजी के ऐसे बाल नाटक हैं, जिन्हें मंच पर खेला जाए या पढ़ा जाए, हर बार उनमें नया रस मिलता है।

डॉ. मस्तराम कपूर (1926-2013) ने भी बच्चों के लिए ऐसे नाटक लिखे, जिनमें बच्चों की दुनिया की गहरी समझ और नया विजन था। उनका 'चकमा' बहुत मजेदार नाटक है। इसकी खासियत यह है कि माफी बच्चे नहीं, बड़े माँगते हैं और बच्चे बड़ों को उनके कसूर पर खुशी-खुशी माफ कर देते हैं। 'अब हम आजाद

हैं' नाटक बाल-मुक्ति या बाल-स्वतंत्रता का नाटक है। बच्चे मस्ती से खेलना और चहकना चाहते हैं, लेकिन बड़े हर वक्त उन पर अनुशासन का बोझ लादने में ही सुख पाते हैं। वे समझ नहीं पाते कि ऐसा करके वे बच्चे के मन को मार रहे हैं और उन पर कितने अत्याचार कर रहे हैं। खास बात यह है कि 'अब हम आजाद हैं' में बच्चों पर अनुशासन के नाम पर अत्याचार करनेवाला उन्हीं का बड़ा भाई कैलाश है, जिसे पिता ने यह जिम्मेदारी दी थी कि वह देखे कि उसके छोटे भाई ठीक से होमवर्क कर लें! मगर उँगली पकड़कर पौंचा पकड़नेवाला कैलाश ऐसा डिक्टेटर बन गया कि उसके छोटे भाई-बहनों का तो दम ही घुटने लगा। तब किस होशियारी से वे खुद को कैलाश के चंगुल से आजाद कर लेते हैं और मुक्त परिंदों की तरह चहचहाने लगते हैं, मस्तराम कपूर के इस बाल नाटक में यह दृश्य सचमुच अनूठा है।

'नींद की गोलियाँ' मस्तराम कपूर का खेल-खेल में सीख देनेवाला मजेदार नाटक है। उनके 'टोली प्रवेश', 'जागते रहो', 'ढेर सारे फल-मेवे', 'शोर' और 'चना जोर गरम' ये सभी बच्चे और बच्चों की छोटी-बड़ी मुश्किलों, इच्छाओं और सपनों से जुड़े हुए बाल नाटक हैं, जिनके केंद्र में पूरी तरह बच्चों का निजी संसार है। एक ओर इनमें बच्चों की आजादी और बाल-मुक्ति के रंग हैं तो दूसरी ओर बड़ों की दुनिया के प्रति एक किस्म का विद्रोह भी है। साथ ही इधर के बाल नाटकों में सामाजिक सवालों को लेकर भी एक तरह की जागरूकता आ रही है। मस्तराम कपूर के 'नए समाज का निर्माण', 'चना जोर गरम' और 'शरारत' जैसे नाटक पढ़कर समझ में आता है कि आज के बच्चे बदले हुए बच्चे हैं। वे जात-पाँत और ऊँच-नीच की दीवारों को तोड़ देना चाहते हैं, साथ ही ऐसे न्याय को मानने से इनकार करते हैं, जो कमजोर को सताए और ताकतवर को और ज्यादा कठोर, निर्मम और दुस्साहसी बनाए। बाल नाटकों में इस तरह की चेतना और विद्रोह के भाव नाटक की शर्तों पर ले आना बड़ी हिम्मत और दिलेरी की बात है। मस्तराम कपूर के ज्यादातर नाटक इस मामले में बड़े सहज, सफल और मुकम्मल लगते हैं। इन्हें बड़ी आसानी से मंचित भी किया जा सकता है।

'न्याय-व्यवस्था' भी मस्तराम कपूर का अनूठा बाल नाटक है। ऐसा बाल नाटक जिसमें कुसुम की ईमानदारी और न्यायप्रियता की गहरी छाप पड़ती है। कुसुम ऐसी लड़की है, जो न सिर्फ पढ़ाई-लिखाई में गंभीर और होशियार है, बल्कि अपनी अध्यापिका की भी हर तरह से मदद करनेवाली है। कक्षा की कुछ लड़कियाँ इस बात से चिढ़ती हैं और एक दिन कुछ ऐसा नाटक करती हैं, जिसमें कुसुम पर यह आरोप लगाया जाता है कि उसने एक दूसरी लड़की शैला को पीटा है। बाल नाटक के अंत में एरूषा जिस होशियारी से एक-एक लड़की से बयान लेते हुए, उन बयानों के परस्पर अंतर्विरोध के हिसाब से झूठ की कलई खोलती है और कुसुम को बेकसूर साबित करती है, उससे उसमें किसी न्यायाधीश जैसे बड़ी प्रतिभा और तेजस्विता प्रतीत होती है। नाटक का यह हिस्सा सचमुच बड़े ही कमाल का है, क्योंकि यहाँ सवाल कुसुम के निर्दोष साबित होने का ही नहीं, बल्कि सच्चाई की विजय का भी है। यहाँ एरूषा की भूमिका इतनी जबरदस्त है कि सचमुच बार-बार उसकी तारीफ करनी पड़ती है। इसी तरह मस्तराम कपूर के एक अन्य बाल नाटक 'चना जोर गरम' में ऐसे ढोंगी पंडितजी की कलई खोली गई है, जो बच्चों के साथ ट्रेन में यात्रा कर रहे हैं और बार-बार इस बात पर जोर देते हैं कि वे किसी का छुआ हुआ या जूठा नहीं खाते। नाटक में हास्य के रंग बड़े गजब के हैं। बच्चों के नटखट चरित्र और पंडितजी का कैरीकेचर बस देखते ही बनता है।

मस्तराम कपूर का 'शरारत' बिल्कुल अलग तरह का नाटक है, जिसमें दादा किस्म के जग्गा के खिलाफ एक दबे-कुचले हुए कमजोर बच्चे का गुस्सा एक अलग ही ढंग से प्रतिशोध बनकर सामने आता है। यह कम हैरानी की बात नहीं कि मस्तराम कपूर ने कुल पंद्रह नाटक लिखकर ही बाल नाटकों की दुनिया में इतना बड़ा और सार्थक हस्तक्षेप किया है। यह खुशी की बात है कि उनके ये सभी बाल नाटक अब एक साथ उनकी पुस्तक 'पाँच उपन्यास पंद्रह नाटक' (2003) में उपलब्ध हैं।

बाल पत्रिका 'पराग' के पूर्व संपादक और बाल साहित्य के शलाका पुरुष कहे जाने वाले आनंदप्रकाश जैन (1927-1996) ने भी बहुत बाल नाटक लिखे और उनमें अपने व्यक्तित्व की गहरी छाप छोड़ी। उचित ही बाल साहित्य के बड़े स्तंभों में उनकी चर्चा होती है। आनंदप्रकाशजी के बाल नाटक सचमुच कमाल के हैं, जिनमें उनका शब्दों से खेलनेवाला मस्त अंदाजा देखते ही बनता है। इसीलिए वे बच्चों के पसंदीदा नाटककार हैं। आनंदप्रकाशजी का बहुचर्चित नाटक 'परियों के देश में' कथानक और चरित्रों को लेकर बेहद नाटकीय कल्पना से भरपूर और बारीकी से बुना हुआ है। इसमें चाचा रंगी और भतीजे की दोस्ती और उनके आपसी संवाद सचमुच गजब के हैं। बातों-बातों में परियों के देश की जो कल्पना गढ़ी गई है, वह सचमुच भुलाए नहीं भूलती। खासकर नाटक के अंत का वह दृश्य तो अविस्मरणीय है, जब परियों के देश का बना बहुत बड़ा विशालकाय रसगुल्ला लाया जाता है। उसे बड़े स्वाद से खाते हुए जब विपिन की आँखें खुलती हैं, तो उसे पता चलता है कि उसके मुँह में रसगुल्ला नहीं, अमरूद है। ज्यादा भूख के कारण यह अमरूद ही उसे रसगुल्ले का सुख दे रहा है। इस नाटक के टिपिकल किस्म के रंगी चाचा भी कभी भुलाए न जा सकनेवाले चरित्र हैं। सच ही अब तक किसी और कहानी या नाटक में मैंने बच्चों से बिल्कुल बराबरी के स्तर पर आकर प्यार और दोस्ती करनेवाले ऐसे प्यारे रंगी चाचा नहीं देखे।

इसी तरह आनंदप्रकाश जैन का एक यादगार बाल नाटक है, 'भूख हड़ताल'। इस नाटक के केंद्र में बच्चे हैं, जो भोपाल के गैस पीड़ितों की सहायता के लिए भूख हड़ताल कर रहे हैं। इस क्रमिक भूख हड़ताल में बच्चों का एक बैच भूख हड़ताल करके उठता है तो दूसरा आकर बैठ जाता है। बच्चों ने इस हड़ताल को नाम दिया है, 'रिले भूख हड़ताल', पर इस पर लोग चंदा देने से आनाकानी करते हैं। तब एक छोटा सा बच्चा दीपक चुनौती स्वीकार करता है और आमरण अनशन करने बैठ जाता है। उसका कहना है कि जितने लाख वोटों से प्रधानमंत्री राजीव गांधी चुनाव जीतेंगे, उतने हजार रुपए वह गैस पीड़ितों की मदद के लिए चंदा करके देगा। उतने रुपए न हुए तो वह हड़ताल नहीं तोड़ेगा। पहले तो लोगों ने इसे मजाक ही समझा, पर जब दीपक का पक्का इरादा देखा तो लोगों को भी जोश आया और चंदा देनेवालों का ताँता लग जाता है।

पूरे शहर में इसे लेकर हलचल है। अखबारों में खबरें छपती हैं। हर कोई दीपक की एक झलक देखना चाहता है। दीपक के अनशन का इतना असर पड़ा कि आखिर तीन हजार से भी ज्यादा चंदा हो गया। तब दीपक का अनशन खत्म होता है। हेडमास्टर साहब उसके इस संकल्प और दृढ़ता से प्रभावित होकर न सिर्फ अपनी ओर से चंदा देते हैं, बल्कि दीपक की खूब तारीफ भी करते हैं कि ऐसे बच्चे हों तो देश और समाज को आगे बढ़ने से कोई नहीं रोक सकता। यों नाटक का अंत बड़े खुशनुमा माहौल में होता है। नाटक में बच्चों की सक्रियता शुरू से अंत तक बनी रहती है और उसी से इसमें हलचल और गहमागहमी बनी रहती है। बात की

बात में आमरण अनशन के लिए तैयार हो जाने वाले बच्चे दीपक का चरित्र इतने अच्छे ढंग से उभरा है कि नाटक खत्म करने के बाद भी उसे भूल पाना मुश्किल है। उसकी दृढ़ता जाने-अनजाने बाल पाठकों के मन में भी कुछ करने की जिद पैदा करती है।

आनंदप्रकाश जैन का 'बचत आंदोलन' भी बड़ा मजेदार बाल नाटक है, जिसमें बच्चे देश के लिए बचत करने की बड़ी लंबी-चौड़ी योजनाएँ बनाते हैं। नाटक के ज्यादातर पात्र बच्चे ही हैं, जिनमें हँसी-मजाक, आपसी छींटाकशी और हलका-फुलका लड़ाई-झगड़ा सब चलता है, लेकिन एक बात सबमें समान है। देश में बचत आंदोलन चल रहा है तो वे भी कुछ कर दिखाना चाहते हैं, ताकि कोई यह न कहे कि इस देश में बच्चे पीछे हैं। वे बचत आंदोलन में अपना योगदान करना चाहते हैं, इसलिए बड़ी-बड़ी कसमें खाते हैं। पर फिर आइसक्रीम का ठेला वहाँ आता है, तो उसे देखकर उनका मन कैसा डाँवाँडोल हो जाता है, इसका नाटक में बहुत बढ़िया चित्रण है। आखिर बच्चे आइसक्रीम लिये बगैर रह नहीं पाते और फिर स्वाभाविक है कि उनका बचत आंदोलन भी ठप हो जाता है।

यह पूरा बाल नाटक हास्य-विनोद के रंगों से सराबोर है और बड़े खिलंदड़े अंदाज में आगे बढ़ता है। आनंदप्रकाशजी ने बच्चों के मन और मनोविज्ञान को इस नाटक में खूबसूरती से चित्रित किया है। बच्चों के चरित्र भी खूब उभरे हैं। उनका हास-परिहास नाटक में बड़ा रस पैदा कर देता है।

आनंदजी के बाल नाटक 'जानमेटरी-उलझमरा' में भी बच्चों की एक समस्या है, हालाँकि इसे बड़े दिलचस्प ढंग से लिखा गया है। बच्चे अकसर गणित से घबराते हैं और वह किसी दैत्य की तरह उन्हें डराता है। नाटक का नाम 'जानमेटरी उलझमरा' में भी बच्चों के इसी भय की छाया है। हालाँकि इस नाटक की खासियत यह है कि यह बच्चों के मन से गणित के भय को दूर करके, उन्हें गणित के आनंद और उसके जरिए होनेवाले बड़े-बड़े कामों और आविष्कारों का परिचय देता है। इस तरह आनंदप्रकाश जैन बच्चों में गणित के प्रति रुचि पैदा करने का काम करते हैं कि गणित को भी उसी तरह खेल-खेल में सीखा जा सकता है, जैसे बच्चे दूसरे विषयों को पढ़ते हैं।

आज के नेताओं की राजनीति की पोल खोलता आनंदजी का 'दूध में चूहा' भी बढ़िया बाल नाटक है, जिसमें खूब हास्य-विनोद के छींटे हैं। इस नाटक के केंद्र में भी एक समस्या है। दूध की बोतल में चूहा निकल आया है, इसलिए पूरे संस्थान में खलबली है। सवाल यह है कि दूध की बोतल में चूहा आया कहाँ से और इसके लिए कौन जिम्मेदार है ? आखिर इसके लिए बहुत जरूरी बैठक होती है। उसमें अध्यक्ष, मंत्री, ठेकेदार और समिति के बाकी लोग बैठते हैं और बड़ी गंभीरता से विचार होता है कि इसके लिए जिम्मेदार कौन है, किसे सजा मिनी चाहिए ? आखिर में रहस्य खुला तो हर कोई हक्का-बक्का रह गया। नाटक कुछ राजनीतिक रंगत भी लिये हुए है, पर आनंदप्रकाश जैन ने इसे बड़े सधे हाथों से लिखा है।

सर्वेश्वरदयाल सक्सेना (1927-1983) ने अपने रचनात्मक हस्तक्षेप से बाल नाटकों की दुनिया को मानो बदल ही दिया। उनके 'भौं-भौं, खों-खों' और 'लाख की नाक' नाटक अपने नए-निराले अंदाज के कारण बच्चों में खासे लोकप्रिय हुए हैं। इसमें 'भौं-भौं, खों-खों' नाटक में आपस की तू-तू और लड़ाई है, जिसके बीच में जीवन की सीधी-सरल राह खोजने की कोशिश की गई है। नाटक के शुरू में दो लड़के छीना-

झपटी करते लड़ते नजर आते हैं। इतने में नट-नटी निकले तो उन्हें देखकर उनके मन में 'भौं-भौं, खों-खों' का आइडिया आया और सचमुच नाटक शुरू हो गया। नाटक के पहले दृश्य में भौं-भौं, खों-खों की बातचीत है। इससे पता चलता है कि गाँव में सूखा पड़ा है। सिर्फ भौं-भौं, खों-खों रह गए हैं, जिन्हें कल से रोटी मिलने की कोई उम्मीद नहीं है। एक मदारी, जो उनकी बात सुन रहा था, उन्हें रोटी दिखाता है और ललचाकर अपने कब्जे में ले लेता है। मदारी उन्हें आपस में लड़ाता है और इस तरह खुद मजे में लंबी तानकर सोता है। यह तो चूँ-चूँ-चूँ चिड़िया थी, जिसने दोनों को बताया कि मदारी झूठ बोलकर दोनों को आपस में लड़वा रहा है। यों दोनों की गलतफहमी दूर हुई तो मन का मैल भी बह गया। अंत में गाँव को स्वर्ग बनाने का उनका संकल्प एक बड़े मजेदार गीत की शक्ल में ढलकर सामने आता है—

जिसके हाथ में कोड़ा है, उसे बनाना घोड़ा है,
जो हमको लड़वाएगा, उसकी नाक पकौड़ा है।
भौं-भौं खों-खों के संग मिलकर, गाँव को स्वर्ग बनाएँगे,
नानीजी का मूसल है और नानाजी का हथौड़ा है।

'लाख की नाक' भी सर्वेश्वरदयाल सक्सेना का बड़ा काव्यात्मक नाटक है, जिसमें 'भौं-भौं, खों-खों' की तरह नट-नटी हैं, जो पूरे नाटक को अपने हिसाब से संचालित करते हैं और बीच-बीच में मजेदार टिप्पणियाँ करते हैं। इस पूरे नाटक में नाक की महिमा का बखान है, पर साथ ही साथ एक राजनीतिक व्यंग्य भी चलता है, जिसमें बताया गया है कि देश के जितने बड़े-बड़े और ऊँचे लोग हैं, दुर्भाग्य से वे नकटे हैं, यानी सबकी नाक कटी है। इसीलिए देश रसातल में जा रहा है और हर मोर्चे पर हार रहा है। एक लोककथा को आधार बनाते हुए, नाटक बड़ी खूबसूरती से बच्चों के दिल में यह बात जमा देता है कि—"नाक हो लाख की या लोहे की,/नाक दिल्ली की हो या अमरोहे की,/नाक को कटने से बचाना है/नाक से यहाँ जमाना है!"

इसी तरह मनोहर वर्मा (1931-2015) के नाटक अपने चुटीलेपन के कारण अलग से पहचान में आते हैं। वर्माजी ने एक ओर 'नाटक से पहले' सरीखे प्रयोगात्मक नाटक लिखे, तो दूसरी ओर 'नन्हा सिपाही' जैसे उनके भावनात्मक नाटकों का एक अलग ही रंग है, जो बच्चों में देशभक्ति का जज्बा पैदा करते हैं। उनके 'नाटक से पहले' में बच्चों की असली उलझन यह है कि बड़ों की दुनिया में उन्हें कोई समझता ही नहीं है। बड़े लोग तो यह भी नहीं समझते कि बच्चों को अपना नाटक करना है तो भला वे अपनी रिहर्सल कहाँ करें? जहाँ भी वे अपनी रिहर्सल करना चाहते हैं, वहाँ से उन्हें दुरदुराकर भगा दिया जाता है। यहाँ तक कि उनका मेकअप भी अधूरा रह जाता है, उनके संवाद बीच में छूट जाते हैं। अलबत्ता नाटक से पहले नाटक की तैयारी का जो नाटक होता है, वह कितना उलझनों से भरा, मगर कितना दिलचस्प होता है, मनोहर वर्मा के बेहद खूबसूरत बाल नाटक 'नाटक से पहले' को पढ़कर इसे जाना जा सकता है। यह नाटक सच में तो 'नाटक की तैयारी का नाटक' है और इसे मंचित किया जाए तो दर्शक निश्चय ही बच्चों की मुश्किलों को न सिर्फ समझेंगे, बल्कि कई जगह ऐसे मजेदार दृश्य उपस्थित होते हैं कि वे हँसते-हँसते लोटपोट हो जाएँगे।

वर्माजी का 'गाड़ी रुकी नहीं' भी बड़ा दिलचस्प बाल नाटक है, जिसमें लेट-लतीफों की काहिली पर तीखा व्यंग्य है। नाटक के केंद्र में कुछ लापरवाह बच्चे हैं, जिन्हें मास्टरजी के साथ यात्रा पर जाना है, पर न तो

ये बच्चे समय की कीमत समझते हैं और न ही कोई काम व्यवस्थित ढंग से करना जानते हैं। लिहाजा यात्रा की तैयारी करते हुए क्या हालत हुई होगी, इसकी हम कल्पना कर सकते हैं। रेलगाड़ी आने से पहले ये आलसी और गैर-जिम्मेदार बच्चे हड़बड़ी में सारे काम और बिगाड़ लेते हैं। किसी की चादर नहीं मिल रही है, किसी की पैंट, किसी के होलडाल का फीता टूट गया है तो बेवकूफी में किसी ने अपने कपड़ों पर सब्जी गिरा ली है। सब एक-दूसरे पर हँसते और खिल्ली उड़ाते हैं, पर यह नहीं देखते कि समय खुद उनकी खिल्ली उड़ा रहा है। यों देर पर देर होती जाती है, जिसमें कोई किसी के साथ सहयोग नहीं करता। सबको बस अपनी-अपनी पड़ी है। आखिर हर काम इतनी लापरवाही और ढीले-ढाले ढंग से करने की सजा यह मिली कि बच्चे स्टेशन पर पहुँच ही नहीं पाए और गाड़ी छूट गई।

वर्माजी का 'गाड़ी रुकी नहीं' नाटक सचमुच बहुत चुस्त और सधा हुआ है और बगैर कुछ कहे, हर काम को सही समय पर और व्यवस्थित ढंग से करने की सीख देता है। नाटक में कोई आरोपित संदेश नहीं है, पर एक के बाद एक स्थितियाँ ऐसे प्रभावी अंदाज में सामने आती हैं कि हर बच्चे को वे अपने से जुड़ी बातें लगती हैं और उसके अंदर गहरी उधेड़-बुन शुरू हो जाती है। वह अंदर ही अंदर चुपचाप अपने आप को बदलने की कोशिश करता है। यह है एक नाटक की वास्तविक शक्ति!

वर्माजी का एक और यादगार बाल नाटक है, 'हम सब एक हैं'। बड़ा ही हास्य-विनोदपूर्ण नाटक। खूब गति, चुहल और दृश्यात्मकता लिये हुए, लेकिन साथ ही एक बड़ा संदेश भी इसमें है। देश और देशवासियों की एकता का संदेश। हालाँकि यह संदेश कहीं भी थोपा हुआ नहीं लगता और किसी स्थूल ढंग से प्रकट भी नहीं होता, बल्कि कथानक में ही वह पिरोया हुआ सा है और संवादों के जरिए ही रंगमंच पर इस कदर प्रभावी ढंग से उतरता है कि हर किसी के दिल में वह जगह बना लेता है। इस नाटक के पात्रों में कोई बंगाली, कोई राजस्थानी तो कोई गुजराती बोलता है और पूरे देश की साझा संस्कृति हमारी आँखों के आगे आ जाती है। नाटक में गुड्डे-गुड़िया के विवाह का आयोजन है, जिसमें गुड्डे और गुड़िया के परिवार के लोग आपस में एक नकली लड़ाई-झगड़ा शुरू कर देते हैं। इस पर उनमें सुलह कराते-कराते बाराती भी खुद-ब-खुद आपसी प्रेम और एकता का पाठ सीख लेते हैं। नाटक में संवाद इतने चुस्त और चुटीले हैं कि मंच पर प्रस्तुत किया जाए तो यह नाटक दर्शकों को हँसी की गुदगुदाहट के साथ ही देश की एकता का संदेश देगा।

इसी तरह मनोहर वर्मा के देशभक्ति के नाटकों का अपना अलग रंग है। वहाँ देश के लिए कुछ करने की सच्ची भावना है और यह छोटे-छोटे बच्चों के जरिए ही सामने आती है। इन बच्चों के मन में देशप्रेम का सच्चा जोश है और ये इसके लिए जरूरत पड़े तो एक समय भूखे भी रह सकते हैं, ताकि थोड़े पैसे बचाकर सीमाओं पर लड़ रहे जवानों की मदद के लिए चंदा भेज सकें। 'नन्हा सिपाही', 'देश के लिए' और 'नया इतिहास लिखना है' वर्माजी के देशभक्ति के सुंदर नाटक हैं, जिनमें छोटी-छोटी घटनाओं के जरिए बड़ा संदेश सामने आता है।

यों देखा जाए तो मनोहर वर्मा ने अपने नाटकों में इतने जबरदस्त प्रयोग किए हैं कि उन्हें पढ़कर हैरानी होती है कि वह कैसा ऊर्जावान समय रहा होगा, जबकि ऐसे अद्‌भुत नाटक लिखे जा सके। खासकर उनका एक बड़ा ही प्रयोगशील नाटक 'नाटक से पहले' तो पढ़ते ही मेरी स्मृतियों में दर्ज हो गया था। सही मायने में

लीक से हटकर लिखी गई एक बड़ी और यादगार रचना शायद ऐसी ही होती है।

डॉ. हरिकृष्ण देवसरे (1940–2013) का बहुचर्चित नाटक 'बाल संसद' भी उन नए और आधुनिक किस्म के बाल नाटकों में आता है, जिनमें देश की बड़ी-बड़ी सामाजिक-राजनीतिक विडंबनाओं को थोड़े हलके-फुलके अंदाज में बाल नाटकों में लाने की कोशिश की जाती है। इसमें अध्यक्ष, सूचनामंत्री, वित्तमंत्री, गृहमंत्री, सभी बच्चे ही हैं, जो संसद की कार्यवाही को मजेदार लहजे में प्रस्तुत करते हैं। यह कार्यवाही जाहिर है, एक तरह का चुटीलापन लिये हुए है। इसलिए बच्चों को इसमें खासा मजा आएगा, पर खास बात यह है कि हलके-फुलके अंदाज में लिखा हुआ हरिकृष्ण देवसरे का यह बाल नाटक हमारी उस संसदीय व्यवस्था पर एक बारीक व्यंग्य भी है, जहाँ अब मसखरेपन का बोलबाला है तथा कोई गंभीर बात अब वहाँ सुनने को नहीं मिलती। नाटक का अंत तीव्र व्यंग्यात्मक है, जिससे पता चलता है कि हमारी संसदीय प्रणाली में अध्यक्ष के सम्मानित पद पर बैठा हुआ आदमी भी किस कदर बिकाऊ है। जरा-से 'लालीपॉप' से उसे खरीदा जा सकता है।

देवसरेजी के नाटक 'कहीं देर न हो जाए' के केंद्र में भी बच्चे हैं, पर ये बच्चे बड़े जागरूक बच्चे हैं, जिनके मन में बहुत सारी बातों को लेकर गुस्सा है। वे इस समाज का चलन ठीक करना चाहते हैं, जिससे लोग बिना वजह दूसरों को न सताएँ। नाटक का सूत्रधार नाथामल है, जिसके सामने एक-एक कर नंदू, चंदर, दीपा, देवेंद्र सब आते हैं और अपना-अपनी परेशानियाँ रखते हैं। नंदू के पिता शराब पीकर उसकी माँ को पीटते हैं, इससे वह बहुत दुःखी और परेशान है। चंदर टंडन मैडम के कारण परेशान है, जो उसके सही उत्तरों को भी काट देती हैं। दीपा घर-परिवार में लड़की के साथ हो रहे भेदभाव से दुःखी है। ये सभी अपनी परेशानियाँ दर्शकों के आगे रखते हैं और अपनी रोज-रोज की मुश्किलों का जवाब माँगते हैं। नाटक के अंत में दर्शक जोर-जोर से चिल्लाने लगते हैं 'बंद करो ये नाटक…!' और नाथामल का आखिरी संवाद है, "हमें मालूम था कि इस प्रोग्राम का अंत यही होगा। आप लोग दर्पण में अपना असली चेहरा देखकर डर गए हैं, लेकिन इस प्रोग्राम से कोई सबक जरूर लीजिएगा…वरना ऐसा न हो जाए कि पानी सिर से ऊपर गुजर जाए। सावधान, कहीं देर न हो जाए…!"

कमलेश्वर (1932–2007) के बाल नाटकों का भी अपना अलग रंग है, जो बच्चों को ही नहीं, बड़ों को भी लुभाता है। उनके नाटक 'पिटारा', 'जेबखर्च', 'झूठी दीवारें', 'डॉक्टर की बीमारी' एकदम नए ढंग के हैं और कथ्य, भाषा और अंदाज में बहुत कुछ पुराना तोड़ और छोड़कर बाल नाटकों की एक नई राह बनाने की कोशिश के साथ लिखे गए हैं। खासकर 'पिटारा' नाटक इसलिए आकर्षित करता है, क्योंकि वह ऊपर से देखने पर बड़ा हलका-फुलका नाटक लगता है, जिसमें तमाशा दिखानेवाले मदारी और जमूरे के दिलचस्प संवाद हैं, पर हलके-फुलके लगते इस नाटक में बहुत कुछ गंभीर भर दिया गया है। वह नाटक में इस करीने से आता है कि बच्चे के मन में अपने समय, समाज और देश की असली तसवीर छप जाती है।

कमलेश्वर के नाटक 'झूठी दीवारें' में देश की सांस्कृतिक भिन्नता और उनके बीच बसनेवाली आत्मा की एकता के सूत्र नजर आते हैं, हालाँकि यह नाटक भी बड़ी मजेदार और जिंदादिली से भरपूर भाषा में लिखा गया है। उनके 'डॉक्टर की बीमारी' और 'जेबखर्च' भी कुछ अलग से बाल नाटक हैं। इनमें 'डॉक्टर की बीमारी'

थोड़ा मजेदार प्रहसनात्मक नाटक है। मरीजों के न आने की चिंता से परेशान डॉक्टर और कंपाउंडर नाटक के दो मुख्य पात्र हैं, जिनके बीच दिलचस्प संवाद चलते रहते हैं। दोनों दिनभर मरीजों का इंतजार करते हैं, पर मरीज वहाँ फटकते ही नहीं। नाटक के अंत में जिस फोन करनेवाले शख्स को डॉक्टर मरीज समझ बैठता है, वह उलटा रोब-दाब से अपने आने-जाने का किराया वसूल करके चल पड़ता है, मगर फिर भी डॉक्टर की उम्मीद कम नहीं होती। उसके इस मजेदार किस्म के संवाद के साथ नाटक का अंत होता है, "चिंता मत करो कंपाउंडर साहब…एक दिन दुनिया में बीमारी फैलेगी। सब बीमार पड़ेंगे…तब मरीज आएँगे…उस दिन का इंतजार करो…भगवान् से प्रार्थना करो…हे भगवान्!" यहाँ आकर समझ में आता है, सचमुच इस बाल नाटक का नाम 'डॉक्टर की बीमारी' कितना सार्थक है!

कमलेश्वर का 'जेबखर्च' अपेक्षाकृत गंभीर और मर्मस्पर्शी नाटक है, लेकिन बच्चों के मन और सरल हृदय की भावना से सीधे-सीधे जुड़ता है। कमल और रम्मू की आपस में गहरी दोस्ती है और दोनों एक ही कक्षा में पढ़ते हैं। जब फीस न दे पाने के कारण स्कूल से रम्मू का नाम कटने लगता है, तब कमल तय करता है कि वह अपने जेबखर्च के पैसों को बचाकर रम्मू की फीस देगा। नाटक के अंत में वह अपने पालतू तोते हीरा को उड़ा देता है। राजा कुत्ते को खोल देता है। उस समय उसकी आँखें भरी हुई हैं। बड़ी मुश्किल से वह अपनी रुलाई रोक पाता है। नाटक का यह दृश्य सचमुच बहुत प्रभावशाली है और दर्शाता है कि बच्चों का मन इतना ही सीधा-सरल हो, उनमें दूसरों के लिए इतनी ही करुणा हो, तो सचमुच दुनिया सुंदर बन जाएगी।

'पैसों का पेड़' कमलेश्वर का सबसे सुंदर और लाजवाब नाटक है—एक साथ मनोरंजक और प्रेरक भी। हिंदी बाल नाटकों में इतने सहज, सफल नाटक कम ही हैं। 'पैसों का पेड़' में रीता, विमल, बीरू, मितुन बच्चे हैं, जो अपने खेल में मगन हैं। इतने में उन्हीं बच्चों जैसा एक और बच्चा मोहन आता है, जिसे सभी बच्चे अपने साथ खेलने के लिए कहते हैं, पर मोहन खेलने नहीं, चंदा इकट्ठा करने आया है। यह चंदा वह बिहार के बाढ़-पीड़ितों के लिए माँगता है। उसकी बात सुनते ही बच्चे मजाक उड़ाते हैं, "खेलो भाई, यह मोहन तो नेता हो गया।" बस, तत्काल मोहन के मन में एक योजना आती है। वह सबको पैसों के पेड़ के बारे में बताता है। सभी अपने-अपने गमले में चवन्नियाँ, अठन्नियाँ गाड़ देते हैं, ताकि जल्दी से जल्दी पैसों का पेड़ उग आए। यही चवन्नियाँ, अठन्नियाँ मोहन बाद में चुपके से निकाल ले जाता है और सबकी जेब पर यह कहते हुए झंडे लगा देता है कि "भाई, तुम्हारा चंदा मिल गया है!" बच्चे समझ जाते हैं कि पैसों का पेड़ जैसी कोई चीज नहीं होती। मोहन ने उन्हें चकमा देकर पैसे लिये तो हैं, पर एक नेक काम के लिए लिये हैं। मोहन की चतुराई पर बच्चे दिल खोलकर हँसते हैं। कमलेश्वर का यह नाटक भाषा और शिल्प के लिहाज से बेहद चुस्त-चौकस और कसा हुआ है। बेशक हिंदी के सबसे अच्छे और सफल बाल नाटकों में इसकी चर्चा होनी चाहिए। कमलेश्वर ने लोक परिवेश पर आधारित बाल नाटक भी लिखे, इनमें 'जैसी करनी वैसी भरनी' सुंदर और प्रभावी नाटक है।

कमलेश्वर के ये बाल नाटक बाल-मन से सीधे जुड़ते हैं और उनमें बच्चों की ऊर्जा का सीधा और रचनात्मक इस्तेमाल हुआ है। ये नाटक निस्संदेह बच्चों को अपने बहुत करीब लगेंगे। कमलेश्वर के बाल नाटकों के प्रमुख संग्रह हैं, 'कमलेश्वर के बाल नाटक' (2000) और 'पैसों का पेड़'। इनमें उनके रंग-रंग

के बाल नाटक शामिल हैं, जिन्हें सरलता से मंचित किया जा सकता है।

श्रीकृष्ण (1934-2011) भी इस दौर के प्रतिनिधि बाल नाटककार हैं, जिनके बाल नाटकों ने बाल नाटकों की विकास-यात्रा में खासा योगदान दिया है। सन् 1963 में छपे श्रीकृष्ण के बाल नाटकों के संग्रह 'परीक्षा' में उनके बच्चों के लिए लिखे गए तीन नाटक शामिल थे, 'बच्चों की अदालत में झगड़ालू लड़का', 'पुस्तकालय' तथा 'परीक्षा'। उनके बाल नाटकों के दूसरे संग्रह 'तोताराम' (1971) में चार बाल नाटक शामिल थे, जिनमें 'हिरण्यकश्यप मर्डर केस' की सबसे ज्यादा चर्चा हुई। श्रीकृष्ण की खासियत यह है कि वे अपने नाटकों में बच्चों की दुनिया को संपूर्णता के साथ पेश करते हैं। एक ओर वे बच्चों की खेल-कूद की मस्ती, शरारतों और खिलंदड़ेपन को मजेदार ढंग से बाल नाटकों में लाते हैं तो दूसरी ओर रोचक अंदाज में यह सीख भी देते चलते हैं कि अगर उन्होंने ढंग से अपने काम नहीं किए, घर-परिवार और समाज में अच्छे ढंग से अपनी भूमिका नहीं निभाई, पढ़ाई-लिखाई और अपने कर्तव्यों को पूरा करने में ढील दी, तो उससे उनका सही विकास तो रुकेगा ही, आगे भी उनके सामने बहुत मुश्किलें आएँगी। पर श्रीकृष्ण अपने बाल नाटकों में यह संदेश इतने गुपचुप ढंग से और इतने मजेदार अंदाज में देते चलते हैं कि बच्चों को वह कतई उपदेश नहीं लगता और सहज ही बात उनके भीतर उतर जाती है।

'अपरिचितों से मिलते समय' और 'खेल के मैदान में' सरीखे श्रीकृष्ण के बाल नाटक 'सुधारवादी' ढंग के लगते हैं, पर वे भी खासे क्रिएटिव हैं और खेल-खेल में बच्चों को बड़ी बातें सिखा जाते हैं। 'बलिदान' और 'देशभक्त पुरु' श्रीकृष्ण के ऐतिहासिक बाल नाटक हैं, जो पन्ना धाय के महान त्याग और वीर तथा स्वाभिमानी राजा पुरु के चरित्र को उभारते हैं। 'गुप्तदान' में धार्मिक मेलों का दृश्य है, जिनमें दिखावे से ज्यादा गुप्तदान की महिमा का बखान है, तो 'करुणा का व्यापार' में उन ढोंगी लोगों की पोल खोली गई, जो तरह-तरह की दीनता का नाटक करके और झूठ बोलकर लोगों से पैसे वसूल करते हैं। ऐसे ही 'हृदय-परिवर्तन' में एक नेक और ईमानदार बच्चे अब्दुल कादिर का चरित्र बखूबी उभरकर आया है। हालाँकि शायद श्रीकृष्ण के इससे भी प्रभावशाली नाटक 'हिरण्यकश्यप मर्डर-केस', 'शिशु सम्मेलन', 'तोताराम' और 'मरखना बैल' हैं, जिनमें खासा खिलंदड़ापन है और बच्चों की शरारतों और समस्याओं का खुलकर जिक्र भी है।

श्रीकृष्ण के 'शिशु सम्मेलन' में तो छोटे-छोटे बच्चे अपनी समस्याएँ उठाते हुए यह माँग करते हैं कि अगर उनकी स्कूल जाने की तबीयत नहीं है तो उन्हें स्कूल न भेजा जाए और मजे में खेलने-कूदने की आजादी मिले। उनके 'माँग-पत्र' बाल नाटक में भी ऐसी ही मजेदार माँगें हैं। 'तोताराम' में रट्टू तोताराम की कथा है। ऐसा रट्टू तोताराम, जो इतिहास को रट रहा है और रटते-रटते कहीं से कहीं जा पहुँचता है, और अंत में बड़ा गड़बड़झाला हो जाता है।

'झगड़ालू लड़का' श्रीकृष्ण के सुधारवादी बाल नाटकों में कुछ अलग किस्म का है। नाटक में अदालत का दृश्य है, जिसमें जज, वकील आदि के साथ झगड़ालू लड़के सुशील को भी हम देखते हैं। वकील जज के सामने सुशील के बारे में अपना आरोप-पत्र दाखिल करता है कि "माई लॉर्ड, यह बहुत झगड़ालू और नटखट है। इसकी शैतानियों का कहाँ तक बयान करूँ! कितनों के ही इसने सिर फोड़े, कितनों को ही टाँग में टाँग उलझाकर गिरा दिया, किसी की निब तोड़ी, किसी की कॉपी पर स्याही बिखेर दी। दूसरों की किताबों पर अपना

नाम लिख देना इसके लिए मामूली बात है।" फिर वकील गवाह के रूप में दीपक, नरेंद्र, मंजू और आभा को पेश करता है। वे सभी सुशील के झगड़ालूपन की गवाही देते हैं, हालाँकि उनमें नरेंद्र साथ में यह भी कहता है, "जी, मुझे डर लगता है। यह बाहर निकलकर मारेगा!" आखिर में जज 'ऑर्डर, ऑर्डर' चिल्लाते हुए फैसला सुनाता है कि सुशीलकुमार पर लगाए गए आरोप सही हैं, पर चूँकि उसका यह पहला अपराध है, इसलिए उसे माफी दी जाती है। जाहिर है, श्रीकृष्ण का 'झगड़ालू लड़का' इस कदर तेज घटनाओंवाला चुस्त नाटक है कि एक किस्म का सुधारवादी नाटक होते हुए भी, इसकी कलात्मकता को कोई क्षति नहीं पहुँचती। यह सच में कुछ इस ढंग का कल्पनाशील नाटक है, जिससे सीखा जा सकता है कि बच्चों के लिए अच्छे नाटक कैसे लिखे जाएँ। श्रीकृष्ण का यही नाटक बाद में 'मरखना बैल' नाम से छपा।

श्रीकृष्ण के बहुचर्चित नाटक 'हिरण्यकश्यप मर्डर-केस' का माहौल भी कुछ-कुछ ऐसा ही मजेदार है, जिसमें पौराणिक और आधुनिकता के परिवेश मानो गड्डगड्ड से हो गए हैं। भगवान विष्णु को ले जाकर मुलजिम के कठघरे में खड़ा कर दिया जाता है। उन पर हिरण्यकश्यप के मर्डर का आरोप है। जज मेज पर हथौड़ी मारकर 'आर्डर, आर्डर' चिल्लाता है और सरकारी वकील फर्माता है, "माई लार्ड, यही है वो खतरनाक कातिल, जिसने किंग हिरण्यकश्यप का मर्डर किया।" इस पर जज आश्चर्यचकित हो उठता है, "यह आधा शेर, आधा आदमी!" जज ने विष्णुजी से पूछा, "तुम्हारा वकील कहाँ है ?" तो नारद प्रवेश करते हुए कहते हैं, "नारायण! नारायण! माई लार्ड, मैं उपस्थित हूँ।" नाटक में प्रह्लाद की आया मिस खप्परभरनी और प्रह्लाद को हाथी के आगे डालनेवाला हस्तिदमन भी है। प्रह्लाद को पहाड़ से गिराकर मार डालनेवाला चरमसुख है, तो नगर कमेटी के बिजली विभाग का साक्ष्यजीवी भी है, जो यह बताता है कि राजमहल की बिजली फेल हो जाने पर वह वहाँ गया था और उस समय न दिन था, न रात। अंततः जज की अदालत में विष्णुजी को फाँसी की सजा मिलती है, मगर नाटक का अंत बड़े हास्य-विनोदपूर्ण वातावरण में होता है।

खुशी की बात यह है कि श्रीकृष्ण के बाल नाटकों की कई पुस्तकें इधर फिर से छपकर आई हैं, जिससे इन बाल नाटकों से फिर से गुजरने और उनके मूल्यांकन में आसानी होती है। पिछले कुछ वर्षों में छपी श्रीकृष्ण के बाल नाटकों की किताबें हैं, 'छह बाल नाटक', 'अभिनेय बाल नाटक', 'देशभक्त पुरु', 'बलिदान', 'अपरिचितों से मिलते समय', 'हृदय परिवर्तन', 'खेल के मैदान में', 'गुप्त दान', 'पुस्तकालय में' तथा 'करुणा का व्यापार'। इनमें श्रीकृष्ण की 'छह बाल नाटक' पुस्तक इस लिहाज से महत्त्वपूर्ण है कि इसमें श्रीकृष्ण के अत्यधिक चर्चित रहे प्रसिद्ध बाल नाटक एक साथ पढ़ने को मिल जाते हैं। 'अभिनेय बाल नाटक' (2011) भी श्रीकृष्ण के नाटकों का सुंदर और यादगार संचयन है।

प्रफुल्लचंद्र ओझा 'मुक्त' के नाटक 'शिशुनगर' का मिजाज भी इस दौर के बाल नाटकों में सबसे अलग है। इसलिए कि यहाँ शिशु समाचार प्रेस के दफ्तर का माहौल है। अखबार के छपने की तैयारी हो रही है। अखबार के संपादक और सहकारी संपादक ही नहीं, अनुवादक, प्रेस कर्मचारी और नौकर भी बच्चे ही हैं। उनके बीच अखबार के काम-काज को लेकर बड़ी दिलचस्प बातें हाती हैं। जरा संपादक के बोलने का अंदाज देखिए, "लाइए, देखूँ, प्रधानमंत्री का वक्तव्य! नेपाल का शासन सुधार! कोरियाई युद्ध किधर ? शीर्षक तो ठीक ही हैं। रख दीजिए, जरा देर बाद देख लूँगा। लेकिन रतनजी, हमें एक बात हमेशा याद रखनी है। हमें और किसी

की नकल नहीं करनी है। 'शिशुनगर' की अपनी एक हस्ती है। 'शिशु-समाचार' के लिए लिखते हुए हमें अपने आदर्श के अनुसार, अपने स्वतंत्र दृष्टिकोण का ध्यान रखना चाहिए।" मजे की बात यह है कि शिशुनगर में 'शिशु-समाचार' में काम करनेवाले सभी छोटे से छोटे बच्चे इतने गंभीर, समझदार और आदर्शों की लीक पर चलनेवाले हैं कि कहीं दूर से चलकर आया एक अध्यापक भी उन्हें देखकर चकित है। उस अध्यापक की आधी जिंदगी बच्चों को पढ़ाते-लिखाते ही बीती है, पर शिशुनगर में आने के बाद वह एक नया ज्ञान लेकर लौट रहा है। उसके आनंद से थरथराते शब्द हैं, "ईश्वर करे, शिशुनगर सारे देश में फैल जाए और देश के नौनिहाल देश की खुशहाली और तरक्की के मजबूत पाए बन सकें। जय हिंद, जय भारत!"

वेद राही (ज. 1933) भी बहुत सशक्त नाटककार हैं, जिनके बाल नाटकों का अपना अलग और चुटीला रंग है, जो बच्चों पर गहरी छाप छोड़ता है। उनका 'झूठ का अलार्म' तो लाजवाब नाटक है। एक छोटा बच्चा संजू बार-बार झूठ बोलता है। माँ को उसके झूठ बोलने का पता चल गया, पर वह अपने बेटे की यह आदत छुड़ाए कैसे? आखिर में 'झूठ के अलार्म' की मदद ली जाती है। 'झूठ का अलार्म' असल में एक घड़ी का अलार्म है, जो बच्चे की छाती से बाँध दी जाती है। नाटककार की कल्पना है कि झूठ बोलते समय दिल की धुकधुकी बढ़ जाती है, इसीलिए आप से आप अलार्म बज उठता है। इस अद्‌भुत घड़ी का परिणाम भी अद्‌भुत रहा। दो-चार बार शुरू-शुरू में अलार्म बजा तो संजू ने टालने की कोशिश की, पर आखिर में वह समझ गया कि इस झूठ के अलार्म से बच पाना मुश्किल है और यों उसकी झूठ बोलने की आदत हमेशा-हमेशा के लिए खत्म हुई। वेद राही का 'नीलम परी और उड़न खटोला' भी दिलचस्प बाल नाटक है, जिसमें परीकथाओं और फंतासी के रंग है।

स्वदेशकुमार (ज. 1921) के नाटक 'ऐ रोने वालो' में हमेशा किसी न किसी बात पर रोते रहनेवाले बच्चों पर करारा व्यंग्य है। स्वदेशकुमार के अधिक बाल नाटक पढ़ने को नहीं मिले, पर उनका यह नाटक पढ़कर पता चलता है कि उनमें नाटकीय स्थितियों को पकड़ने का गजब का सामर्थ्य था। स्वदेशकुमार का 'हरी मिर्च' भी मजेदार नाटक है, जिसमें एक बच्चा अपने ढंग से पुरोहितजी के ढोंग का बदला लेता है। ऐसे ही सत्येंद्र शरत (ज. 1929) ने भी काफी अलग ढंग के प्रयोगात्मक नाटक लिखे। उनका 'इच्छापूर्ति' एक खूबसूरत फंतासी नाटक है। इसमें नाटक का एक सूत्रधार है, जिसके घंटी बजाते ही नाटक के अभिनेता रंगमंच पर आ जाते हैं, मगर नाटक की तैयारी तो अभी पूरी हुई ही नहीं। नाटक में सुनहरी नदी का जिक्र है, मगर मंच पर कहीं नदी नहीं दिखाई देती। फिर नदी में मछलियाँ दिखाई देने का तो सवाल ही क्या! मगर सूत्रधार किसी तरह नाटक को सँभालता है तो आगे और एक के बाद एक मुश्किलें आती चली जाती हैं। इस तरह यह बाल नाटक लोककथा और आधुनिकता दोनों तरह के परिवेशों को मिला-जुलाकर आगे बढ़ता है। बच्चों की सक्रिय हिस्सेदारी इसका खास आकर्षण है। सत्येंद्र शरत का 'खतरनाक घर' बाल नाटक भी खासा चर्चित हुआ था, जिसमें दिखाया गया कि घर की व्यवस्था ठीक न होने पर क्या कुछ गड़बड़झाला हो सकता है। उनका 'मजेदार मामाजी' हास्य के रंगों से सराबोर हलका-फुलका बाल नाटक है।

जाने-माने नाटककार विनोद रस्तोगी के बाल नाटक भी लीक से हटकर अपनी राह बनाते हैं। उनके बाल नाटक जीवन की वास्तविक स्थितियों से सटकर चलते हैं तथा बच्चे और उनके क्रिया-कलाप ही उनके केंद्र में

रहते हैं। रस्तोगीजी के 'क्या समझे?', 'सच बताइए पापा!' और 'परीक्षा' नाटकों की बहुत चर्चा हुई है। इनमें 'क्या समझे?' में एक डाकबँगले का दृश्य है। रिंकू, डब्बू और रितु अपनी दीदी और जीजाजी के साथ घूमने गए हैं। वे जिस डाक बंगले में रुके हैं, वह जंगल में है। सब लोग आपस में गपशप कर रहे हैं। रिंकू बातचीत में रह-रहकर अपनी बहादुरी की डींगें हाँकता है, पर इस बीच चौकीदार आकर बताता है कि यहाँ कभी-कभी चीता आ जाता है और जंगल में डाकू मंगलसिंह का आतंक भी बहुत है। वह बड़ा जालिम है। सुनकर रिंकू कुछ घबराता है, पर उसका बड़बोलापन रुकता नहीं है। कुछ देर में साथवाले कमरे में डाकू मंगलसिंह की आवाज सुनाई देती है तो रिंकू ही सबसे ज्यादा डरता है, जो कुछ देर पहले अपनी बहादुरी की डींगें हाँक रहा था। डब्बू और रितू डाकू मंगलसिंह को होशियारी से अपनी बातों में उलझाए रखते हैं और फिर डब्बू की बुद्धिमत्ता से ही यह पोल खुलती है कि जीजाजी ही डाकू मंगल सिंह बनकर साथवाले कमरे में बोल रहे हैं। उनके तकियाकलाम 'क्या समझे' से ही डब्बू ने यह राज खोला कि असल में जीजाजी ही डाकू मंगलसिंह बनकर यह सारा ड्रामा कर रहे हैं, ताकि बच्चों की बहादुरी की परीक्षा ली जा सके।

'सच बताइए पापा!' भी विनोद रस्तोगी का बहुत प्रभावशाली बाल नाटक है। इसके केंद्र में एक छोटा सा बच्चा पंकज है। पंकज के पापा इंजीनियर हैं और उसके घर में हर तरह की सुख-सुविधाएँ हैं। लगता है, जैसे पैसा बरस रहा है। पंकज भी ठाट-बाट और अमीरी में रहने का शौकीन है। एक दिन अखबार में एक दुर्घटना की खबर आती है। पता चलता है कि एक स्कूल की बिल्डिंग गिरने से कुछ छात्राओं की मौत हो गई। बिल्डिंग सिर्फ दो साल पहले बनी थी, पर ठेकेदार और इंजीनियर ने मिली-भगत से घटिया सामान लगाया, जिससे बहुत सारे बच्चों की जान चली गई। इसके साथ ही पंकज को पता चलता है कि उसके पापा भी रिश्वत लेते हैं और घटिया सामान से बनी बिल्डिंग को भी रिश्वत लेकर पास कर देते हैं। इस बात से उसे बेहद दु:ख होता है। शाम को पापा उससे पूछते हैं कि वह उसके लिए कौन सा कीमती खिलौना लाएँ, पर पंकज का कहना है कि पापा, मुझे यह सब नहीं, सच चाहिए। पहले आप बताइए कि आपके बारे में जो बातें लोग कहते हैं, क्या वे सच हैं? आखिर में पापा अपनी गलती महसूस करते हैं और बेटे को वचन देते हैं कि अब वे अपने आपको बदलेंगे। यों 'सच बताइए पापा!' इस यकीन के साथ लिखा गया बाल नाटक है कि बच्चे अपने आप को बदलेंगे, तो आखिर यह दुनिया जरूर बदलेगी। 'असली नाटक कल होगा' में नाटक की ग्रैंड रिहर्सल होनी है। नाटक का निर्देशक कलाकारों की प्रतीक्षा कर रहा है। बच्चे आते हैं, पर वे नाटक की रिहर्सल करने से इनकार कर देते हैं, इसलिए कि जो नाटक खेला जा रहा है, वह उनके जीवन से जुड़ा हुआ नहीं है। नाटक कैसा होना चाहिए, पूछने पर वे खुलकर अपने जीवन की मुश्किलें बताते हैं और फिर खुद-ब-खुद एक नाटक शुरू हो जाता है। 'परीक्षा' भी विनोद रस्तोगी का सुंदर और प्रभावी बाल नाटक है।

हिंदी के प्रसिद्ध नाटककार डॉ. लक्ष्मीनारायण लाल (1927-1987) ने भी बच्चों के लिए नाटक लिखे। उनका 'बिल्ली का खेल' बड़ा जबरदस्त नाटक है, जिसमें नाटकीय सक्रियता ऐसी है कि शुरू से ही बच्चों को बाँध लेता है। मंच पर बच्चे ही घोड़ा, गधा और बिल्ली के रूप में मौजूद हैं। बच्चे बिल्ली का सबसे ज्यादा मखौल उड़ाते हैं कि वह किसी काम की नहीं है। पर फिर बिल्ली का खेल शुरू होता है। अपनी बुद्धिमत्ता से वह एक गरीब बच्चे कुमार की मदद के लिए ताना-बाना बुनती है और आखिर कुमार को एक शानदार किले

का राजा बनाकर उसके जीवन को ऐश्वर्य और सुख-आनंद से भर देती है।

इसी तरह बच्चों के अनूठे साहित्यकार मंगल सक्सेना (1936-2016) का 'आदत-सुधार दवाखाना' सुधारवादी लीक पर चलते हुए भी एक बढ़िया बाल नाटक बन पड़ा है। पूरा नाटक बड़े प्रफुल्ल और मजेदार अंदाज में लिखा गया है। दो बच्चे बबलू और डब्बू अपनी आदत सुधरवाने के लिए आदत-सुधार दवाखाने में पहुँचते हैं। बच्चे ठगे जाते हैं और कंपाउंडर की जेब में पैसे इकट्ठे होते जाते हैं। जिस तरह कंपाउंडर घनचक्कर है, उसी तरह डॉक्टर भी घनचक्कर हैं और असल में तो पूरा आदत-सुधार दवाखाना ही घनचक्कर है, मगर भोले बच्चे बेचारे इस बात को क्या जानें! इस आदत-सुधार दवाखाना का असली पर्दाफाश तब होता है, जब दो गोल-मटोल लोग हँसते-हँसते अंदर आते हैं और हँसते, मटकते-मटकते सीटी बजाने लगते हैं। डॉक्टर और कंपाउंडर दोनों पकड़े जाते हैं और तब पता चलता है कि ये वे बदमाश थे, जिनकी पुलिस को अरसे से तलाश थी।

'नाटक में नाटक' मंगल सक्सेना का हास्यपूर्ण बाल नाटक है। इसमें नाटक करते हुए बच्चों की तैयारी और विविध किस्म के झमेले हैं, जो नाटक को बहुत ही रसपूर्ण बना देते हैं। सच पूछिए तो बच्चे किसी नाटक की तैयारी में जो भी जतन करते हैं, वे खुद में किसी दिलचस्प नाटक से कम नहीं हैं। सक्सेनाजी का 'नाटक में नाटक' इसी कारण बच्चों का पसंदीदा नाटक है। 'चंदा मामा की जय' भी मंगल सक्सेना का बड़ा कल्पनापूर्ण सुंदर बाल नाटक है। इसमें नींदपरी कुछ शरारती बच्चों को पकड़कर चंदा मामा के पास लाती है, जिससे कि उन्हें सजा दी जाए, पर चंदा मामा उन बच्चों से खूब प्यार करते हैं और उलटा नींदपरी को ही समझाते हैं कि सिर्फ दूसरों में दोष देखने की आदत अच्छी नहीं है। आखिर जिन बच्चों को अपराधी की तरह पकड़कर पेश किया गया है, उनमें कितने सारे गुण भी तो हैं। हम दूसरों में दोष ही न देखें, गुणों को पहले देखें। मंगल सक्सेना के इस नाटक में चंदा मामा का कोमल रूप तो उभरता ही है, उनकी मीठी सीख भी दिल में बस जाती है।

इस दौर में राधेश्याम 'प्रगल्भ' (1929-1999) ने भी बच्चों के लिए अच्छे और लीक से हटकर नाटक लिखे। 'राह अनेक मंजिल एक', 'हारिए न हिम्मत' और 'विपति कसौटी जे कसे' उनके चर्चित बाल नाटक हैं, जिसमें बच्चों को आगे बढ़कर, हिल-मिलकर कुछ करने का संदेश दिया गया है। पर ये नाटक स्थूल नहीं हैं और मन पर धीरे-धीरे गहरा असर डालते हैं। इन्हें आसानी से मंचित भी किया जा सकता है। इसी तरह सत्य जैसवाल का 'तोतली भाषा का सूबा', अमृतलाल वेगड़ का 'हमें बापू से शिकायत है', डॉ. चंद्रप्रकाश वर्मा का 'वीर अभिमन्यु', देवेंद्रप्रताप पांडेय का 'अक्ल बड़ी या भैंस', घनश्याम गोयल का 'ज्योतिष का चमत्कार', गंगाप्रसाद माथुर का 'आया का मुकदमा', श्याम व्यास का 'डर' और लक्ष्मीकांत वैष्णव का 'श्वान धर्म यह जिंदाबाद' इस दौर के चर्चित बाल नाटक हैं।

बालकराम नागर, रमेश भाई और दिग्विजय नारायण सक्सेना के बाल नाटकों को भी बच्चों ने पसंद किया। इनमें बालकराम नागर (ज. 1928) का 'सहयोग' नाटक खासा चर्चित रहा, जिसमें मिलकर काम करने की भावना से जुड़ी एक छोटी सी कथा को बड़े संदेश में ढाल दिया गया। ऐसे ही रमेश भाई के बाल नाटक 'पानी और रसगुल्ले' में पानी की बचत का संदेश बहुत असरदार ढंग से सामने आता है। जिस पानी को हम मुफ्त की चीज समझते हैं, वह सच में कितना अमूल्य है, इसे रमेश भाई का यह नाटक बड़े सुंदर ढंग से

दरशता है। 'बालसखा' के अगस्त 1964 अंक में छपे दिग्विजय नारायण सक्सेना के 'राष्ट्रध्वज का सम्मान' नाटक में देशभक्ति और सच्ची वीरता का भाव है। राजेश, जो बचपन में स्कूल में बढ़िया झंडा बनाकर ले जाता था, बड़े होने पर फौज में शामिल हुआ। उस समय चीनी आक्रमण का मुँहतोड़ जवाब देने की उसकी गहरी तड़प इस नाटक में बखूबी उभरकर आई है।

ꚛ ❖ ꚛ

बच्चों के साथ खेलते हुए, खेल-खेल में नाटक रच देने की जैसी बड़ी रचनात्मक प्रतिभा रेखा जैन (ज. 1924) में है, वैसी शायद ही कहीं और नजर आए। 28 सितंबर, 1924 को आगरा में जनमी रेखा जैन अपनी असाधारण कल्पनाशीलता और खिलंदड़ी अभिव्यक्ति के बल पर ऐसे विषयों पर भी जोरदार नाटक रचकर दिखाती हैं, जिन पर लिखने से लोग घबराते हैं। बच्चों के सामने गणित को लेकर आनेवाली मुश्किल ऐसी ही एक समस्या है, जिस पर रेखा जैन ने 'गणित देश' (1998) नाम से कमाल का नाटक लिखा है। नाटक में एक छोटी-सी लड़की सोनू है, जो गणित में कमजोर है। उसका कहना है, "मुझे जोड़-बाकी, घटाना, बिल्कुल अच्छा नहीं लगता पापा। मुझे गणित की कोई चीज अच्छी नहीं लगती। मैं नहीं जाऊँगी स्कूल।" पिता जब यह कहते हैं कि गणित के बिना तो जिंदगी कुछ भी नहीं है, तो सोनू चिढ़कर कहती है, "मैंने कह दिया न। मैं अंक नहीं पढ़ूँगी, नहीं पढ़ूँगी, नहीं पढ़ूँगी।"

इस पर सोनू के कमरे से टेलीफोन, कलैंडर, घड़ी समेत हर वह चीज हटा ली जाती है, जिस पर अंक बने हैं। एक दिन दुःखी और परेशान सोनू सपने में 'गणित देश' में जा पहुँचती है, जहाँ अंक ही अंक हैं। अंकों का प्यारा-सा नृत्य चल रहा है और वे खेल-खेल में इस तरह जोड़, गुणा, भाग सिखा देते हैं कि सोनू का मन खिल उठता है। अगले दिन सोनू को हम बड़ी लगन से पहाड़ा पढ़ते देखते हैं और वह उमंग से भरकर मम्मी से कहती है, "जानती हो मम्मी, अब मुझे अंक बहुत अच्छे लगने लगे हैं। मैं गणित पढ़ूँगी।" नाटक के अंत में बड़े ही मधुर संगीत के साथ माँ तथा भाई टेलीफोन, कलेंडर, घड़ी लाते हैं। सोनू के कमरे में यथावत रखते हैं। नाटक का यह अंत सचमुच प्रभावशाली है और बिना कुछ कहे, सिर्फ इस दृश्य के द्वारा ही जीवन में गणित के महत्त्व और उपयोग के बारे में बहुत कुछ कह डालता है।

हिंदी में इधर ऐसे नाटक लिखने पर जोर दिया जा रहा है, जो आज के बच्चे और उसकी मुश्किलों से सीधे-सीधे जुड़ते हैं। रेखा जैन का 'गणित देश' इसी तरह का एक खूबसूरत और प्रभावशाली नाटक है, जो हर बच्चे को पढ़ना चाहिए और हर स्कूल में जरूर दिखाया जाना चाहिए। खासकर गणित से डरनेवाले बच्चे तो यह नाटक पढ़कर काफी सीख ले सकते हैं। इसी तरह नेशनल बुक ट्रस्ट से छपा रेखाजी का 'कौन बड़ा कौन छोटा' (2000) भी सुंदर और प्रभावी बाल नाटक है। नाक, कान, मुख और आँख समेत शरीर के सब अंग अपने-अपने बड़प्पन की डींग हाँकते हैं, पर अंत में एक मीठी सीख ने सबको शांत कर दिया। नाटक में बीच-बीच में हास्य-विनोद के सुर खासी राहत देते हैं। कहीं-कहीं कव्वाली के सुर भी सजते हैं। आँख देश, नाक देश, कान देश और मुख देश की कल्पना बड़ी मनोरंजक है। इसी तरह सब अंगों के आपसी झगड़े और लड़ाई की कहानी सुनानेवाला चियांग ची भी नाटक में बहुत मजेदार भूमिका निभाता है।

रेखा जैन ने पौराणिक-ऐतिहासिक पृष्ठभूमि पर भी नाटक लिखे। उनके इस तरह के नाटकों में 'रामायण

प्रसंग', 'नटखट कृष्ण' तथा 'स्वाधीनता संग्राम' काफी अच्छे और प्रभावशाली हैं। रेखाजी के 'रामायण-प्रसंग' नाटक की तारीफ यह है कि इसमें संवाद वगैरह रामचरित मानस की चौपाइयों में ही हैं। नाटक की शुरुआत प्रसिद्ध राम-भजन 'श्रीरामचंद्र कृपाल, भजु मन हरण भव भय दारुणम' से होती है। नाटक के बीच में कहीं सूत्रधार अपनी आवेगपूर्ण नाटकीय कविताओं से नाटक में नया रंग और जोश भरता है, तो कहीं नेपथ्य से रामचरितमानस की चौपाइयों के गायन के जरिए बिल्कुल पौराणिक परिवेश की रचना की गई है। शुरू में बच्चे नाटक में राम बनने के लिए जिस तरह से हठ करते और झगड़ते हैं, उससे नाटक में बड़ी ही स्वाभाविकता आ गई है। यों पौराणिक परिवेश का होते हुए भी, रेखा जैन का 'रामायण-प्रसंग' नाटक वर्तमान में अपनी आवाजाही बनाए रखता है।

'नटखट कृष्ण' (2001) भी रेखाजी बड़ा लालित्यपूर्ण नाटक है, जिसमें कृष्ण की बाल लीलाओं की मनोहारी छवियाँ हैं। उनका 'स्वाधीनता संग्राम' देशभक्ति की भावना जगानेवाला जोशीला नाटक है। 'भारत की आजादी की हम कथा सुनाते हैं…' के उद्घोष से शुरू हुआ यह नाटक बहुत सलीके से यह बताता है कि हमारा देश कितना खुशहाल था! अंग्रेजों ने अपनी दुष्ट चालों, षड्यंत्रों और मित्रता करने के बाद पीठ में छुरा घोंपने की अमानवीय हरकतों के जरिए कैसे इस देश में पाँव जमाए, यहाँ की समृद्धि को लूटा और बर्बाद किया। बाद में नाटक में स्वाधीनता-संग्राम का बड़ा जोशीला रूप दिखाया गया है, जिसमें बच्चे-बड़े सभी अंग्रेजों को देश से बाहर निकालने के लिए कमर कस लेते हैं और बड़ी से बड़ी कुर्बानी देने के लिए तैयार हो जाते हैं। नाटक के अंत में स्वाधीनता की सुबह का चित्र भी बड़ा उत्साह भरा है।

रेखा जैन के 'थप्प रोटी थप्प दाल', 'काक भगोड़ा' और 'बैलों की जोड़ी' चर्चित बाल नाटक हैं। 'बैलों की जोड़ी' में बौना एक राजा को उसकी दुष्टता का सबक सिखाता है। राजा जब उसके बैल छीनना चाहता है तो रोते हुए बौना कहता है, "मत लो मेरे बैल सिपाही, मत लो मेरे बैल/इससे मेरा दाना-पानी, मत लो मेरे बैल।" मगर इसके बाद भी जब राजा का अन्याय नहीं रुकता तो बौना सूरज, नदी और हवा जैसे अपने साथियों के साथ मिलकर घमंडी राजा को सबक सिखाता है और आखिरकार "हा-हा जी, हो-हो जी, राजाजी ने मानी हार।" लेकिन लोक-कथा पर आधारित नाटकों में रेखाजी का नाटक 'माल्यांग की कूची' संभवतः सबसे कल्पनापूर्ण और खूबसूरत नाटक है। इसी तरह 'अप्सरा का तोता' रेखाजी का गजब का नाटक है, जिसमें सादगी और कल्पनाशीलता का अजब सा मेल है। अंत में समझ में आता है कि धरती के लोगों का सीधा-सरल प्रेम अप्सराओं के वैभव और स्वर्ग की दौलत से कहीं अधिक कीमती है। रेखा जैन के नाटकों की खासियत यह है कि उनमें हर चीज नाटकीय उठान के साथ आती है तथा अंत तक उत्सुकता और रोमांच बना रहता है।

इसी दौर में महिला नाटककारों में देववती शर्मा, शीला गुजराल और सूर्यबाला के भी बाल नाटक सामने आए। देववती शर्मा के 'भूलसुधार' और 'मुर्गी चोर' नाटक चर्चित हुए थे। इनमें 'भूलसुधार' में इस बात को दर्शाया गया है कि गलती हमेशा बच्चों से ही नहीं होती, बड़ों से भी हो सकती है। हालाँकि नाटक का पूरा ढाँचा पुराने ढंग का है और भाषा भी जगह-जगह बनावटी हो गई है। इसकी तुलना में देववतीजी का 'मुर्गीचोर' कुछ बेहतर बाल नाटक है, जिसमें मुर्गीखाने के मालिक असलम और सिपाही के बीच बड़ी रोचक बातचीत है। आखिर पाँच सौ रुपए इनाम का ढिंढोरा पीटा गया तो मुर्गीचोर पकड़ में आ गया। वह एक डेढ़ फुट का बिलाव

था, जो मुर्गियाँ खा जाता था। शीला गुजराल (ज. 1924) की 'खेलघर' (1989) पुस्तक में उनके तीन पारंपरिक बाल नाटक हैं, जो सुधारवादी होते हुए भी खासे रोचक हैं। इनमें 'खेलघर' नाटक बच्चों के बीच कहीं अधिक लोकप्रिय हुआ है। 'हिंदी-रूसी परिवार' भी शीला गुजराल का उम्दा और सधा हुआ बाल नाटक है।

सूर्यबाला (ज. 1943) के नाटक बाल मन की शरारतों तक पहुँचते हैं। उनके नाटक 'लॉली पॉप' के केंद्र में बच्चे हैं। इनमें नरेंद्र एक बिगड़ा हुआ बच्चा है, जो खाने-पीने का इस कदर शौकीन है कि रिक्शा या फीस देने के लिए मिले पैसों से भी खाने-पीने की चीजें लेकर खा लेता है। एक दिन इसी चटोरेपन में वह सस्ती लॉली पॉप बेचनेवाले के चक्कर में पड़ गया। लॉली पॉपवाला उसे बेहोश करके अपने साथ ले जा रहा था, पर तभी उसके एक समझदार दोस्त अजय को कुछ शक हुआ। वह उस आदमी का पीछा करता है और पुलिस को सबकुछ बता देता है। तब बच्चों का अपहरण करने वाले खतरनाक गिरोह का पता चलता है, जिसे पुलिस गिरफ्तार कर लेती है। नाटक एक सुखांत स्थिति में खत्म होता है, जिसमें अजय की होशियारी की हर कोई तारीफ कर रहा है। सूर्यबाला की मँजी हुई शैली से यह नाटक बड़ा ही चित्ताकर्षक बन पड़ा है।

इसके अलावा इस दौर में बच्चों के लिए अनूठे नाटक लिखनेवाले लेखकों में शैलेश मटियानी, शांति भटनागर, विश्वदेव शर्मा और राजेंद्रकुमार शर्मा का नाम लिया जा सकता है। शांति भटनागर का 'घर के मालिक', शैलेश मटियानी का 'गुरु का आदेश' तथा 'भरत मिलाप', विश्वदेव शर्मा का 'सेर को सवा सेर', गंगाप्रसाद माथुर का 'आया का मुकदमा' और राजेंद्रकुमार शर्मा का 'खिलाड़ीराम का मुकदमा' इस दौर के चर्चित बाल नाटक हैं।

❧ ❖ ☙

हिंदी के बाल साहित्य के बारे में आम तौर से कहा जाता है कि उसमें हास्य का अभाव है या कि उसमें जीवन की मुक्त हँसी नहीं है और इसीलिए बच्चे उससे कुछ कतराते हैं, लेकिन सौभाग्य से हिंदी के गौरव युग के बाल नाटकों के बारे में यह बात नहीं कही जा सकती। हिंदी के बाल नाटकों में दर्जनों ऐसे हास्य-नाटक हैं, जो पढ़ने पर या मंच पर देखते समय हँसते-हँसते लोटपोट कर देनेवाले हैं। इनमें के.पी. सक्सेना का 'चोंचू नवाब' और 'दस पैसे के तानसेन', विमला लूथरा का 'मोटे मियाँ', प्रेमलता दीप का 'सिर मुँडाते ओले पड़े', गोविंद शर्मा का 'डॉक्टर चुनचुन', कुदसिया जैदी का 'चाचा ने तसवीर टाँगी', स्वदेशकुमार का 'ऐ रोने वालो', केशव दुबे का 'नाटक जो नहीं हो सका' जैसे ढेरों नाटकों के नाम गिनवाए जा सकते हैं।

विमला लूथरा (ज. 1916) का 'मोटे मियाँ' खासा मजेदार बाल नाटक हैं। इसमें सिर्फ चार ही पात्र हैं—एक विचित्र किस्म का डॉक्टर, उस डॉक्टर का नौकर कैलाश तथा दो खूब मोटे आदमी, जिनके नाम मोटूमल और गोलमटोल हैं। मोटूमल और गोलमटोल डॉक्टर के पास पतला होने की दवा लेने आए हैं। वे बड़ी मुश्किल से सीढ़ियाँ चढ़कर हाँफते-काँपते हुए डॉक्टर के कमरे तक पहुँचते हैं, जहाँ डॉक्टर ने उनके इलाज का कुछ अलग ही इंतजाम किया है। जैसे ही मोटूमल और गोलमटोल कमरे में दाखिल हुए, उनके कोट और जूते उतरवा दिए गए और फिर कमरे का दरवाजा बंद हो जाता है। अचानक दोनों को महसूस हुआ कि उनके पैरों के नीचे लोहे की चादर है, जो लगातार गरम हो रही है। होते-होते फर्श इतना गरम हो जाता है कि थोड़ी ही देर में मोटूमल और गोलमटोल उछलते-कूदते और नाचते नजर आते हैं। अंत में दोनों जोर-जोर

से चीखते हुए कसमें खाते हैं कि वे अपनी खुराक कम करेंगे और कसरत शुरू करेंगे, तभी दरवाजा खुलता है। इस नाटक में दोनों मोटों यानी मोटूमल और गोलमटोल की उछल-कूद और चीख-पुकार बच्चों का खासा मनोरंजन करेगी। नाटक के शुरू में डॉक्टर के अनोखे इलाज को लेकर जो एक 'सस्पेंस' बना रहता है, वह भी दर्शकों या पाठकों की जिज्ञासा को खासा बढ़ा देता है।

गोविंद शर्मा (ज. 1946) का 'डॉक्टर चुनचुन' भी खासा दिलचस्प नाटक है। पहले तो यह जान लें कि डॉक्टर चुनचुन है कौन? असल में डॉक्टर चुनचुन एक चतुर किस्म का चूहा है, जिसने 'बुद्धू हकीम यूनियन' के दफ्तर की अलमारी को कुतर-कुतरकर डॉक्टरी का सर्टीफिकेट प्राप्त कर लिया है। वहीं से सिरदर्द की गोलियों की एक थैली और एक एक्स-रे की मशीन उठा लाया है और डॉक्टर बनकर अपना अस्पताल खोलकर बैठ गया है। मगर जब हाथी, जिराफ, गधे और बिल्ली जैसे मरीज आने लगे तो डॉक्टर चुनचुन की हालत देखने लायक हो गई। आखिर वह सिरदर्द की गोलियों की थैली और 'बुद्धू हकीम यूनियन' का सर्टिफिकेट बिल्ली के मुँह में ठूँसकर भाग जाता है। 'डॉक्टर चुनचुन' नाटक खासी चुस्ती के साथ लिखा गया है और उसके संवादों में बड़ी जान है। बच्चे जब चूहे, हाथी, जिराफ और बिल्ली के मुखौटे पहनकर मंच पर आएँगे तो उनकी धज और चपलताएँ तथा पात्रों की सहज चातुरी निश्चय ही दर्शकों को लुभाएगी। नाटक के बीच-बीच में कई चंचल, चुटीले और हँसते-हँसते लोटपोट कर देनेवाले प्रसंग हैं।

प्रेमलता दीप के नाटक 'सिर मुँडाते ओले पड़े' में भी बच्चों का ही प्रभुत्व है। ये बच्चे मिलकर एक नाटक करना चाहते हैं। इनमें सबसे सक्रिय है संजीव, जो पूरी तरह नाटक में डूबा हुआ लगता है। यहाँ तक कि अपने पलंग को ही मंच समझकर वह उछलकर खड़ा हो जाता है और ऊँची आवाज में मुद्राओं सहित रावण को फटकारने लगता है, "ओ रावण, हट जा सामने से, नहीं तो शिवजी की तरह अपना तीसरा नेत्र खोलकर तेरा दहन कर दूँगी!" संवाद बोलते-बोलते अचानक उसे ध्यान आता है, 'अरे, ये तो सीताजी के संवाद हैं, जिन्हें मैं गलती से बोल गया!'···और फिर वह तो लड़का है। तब कुछ सोच-विचारकर वह लक्ष्मण बनता है और चिल्लाकर कहता है, "सूर्पनखा-सूर्पनखा···!" इतने में उसकी बहन पूर्णिमा आती है तो पूरी तरह नाटक में खोए हुए संजीव और पूर्णिमा के बीच बड़े अजब-गजब संवाद चलते हैं। फिर मम्मी-पापा के आने की बात पता चलती है, तो बेचारे संजीव की हालत खस्ता हो जाती है। संजय जेब से एक शीशी और रुई निकालकर बड़ी मुश्किल से उसकी ड्रेस उतारता है और माता-पिता के आने तक बच्चे फिर से अपने असली रूप में आकर हँसते और गाते हैं, "जान बची तो लाखों पाए, लौट के बुद्धू घर को आए!"

हिंदी में एक निश्चित गढ़े-गढ़ाए कथ्य के बिना अनौपचारिक ढंग से खुद-ब-खुद अपनी राह लेनेवाले नाटकों की संख्या बहुत अधिक नहीं है। इस लिहाज से प्रेमलता दीप के 'सिर मुँडाते ओले पड़े' नाटक का महत्त्व कुछ कम नहीं है और खास बात यह है कि एकदम अनौपचारिक होते हुए भी इसमें अंत तक पाठकों की उत्सुकता और नाटकीयता बरकरार रहती है। यों प्रेमलता दीप का यह नाटक सच में बाल-मन, बाल कल्पना और ऊर्जा से लबालब है।

इस दौर में लिखे गए कुदसिया जैदी (1914-1968) के बाल हास्य नाटकों की भी काफी धूम रही। 'चचा छक्कन के ड्रामे' (1957) शीर्षक से छपी उनकी किताब में एक से एक मजेदार और हास्य से सराबोर,

फड़कते हुए बाल नाटक हैं। 'चाचा ने तसवीर टाँगी' का रंग-अंदाज कुछ अलग है तथा हास्य का रंग यहाँ कहीं अधिक गाढ़ा है। अंग्रेजी में 'अंकल पोजर हैंग्स ए पिक्चर' एक मशहूर हास्य-रचना है, जिसमें अंकल पोजर के तसवीर टाँगने की और तसवीर टाँगते हुए पूरे घर में हड़कंप मचाने की बड़ी अजीबोगरीब और मजेदार स्थितियाँ हैं। कुदसिया जैदी का बाल नाटक 'चाचा ने तसवीर टाँगी' कुछ-कुछ उससे प्रभावित दिखता है, पर यह बहुत कुछ अलग और मौलिक है। खासकर चची का चरित्र और नाटक के अंत में मामा का चरित्र खासा उभरा है। फिर चचा तो हैं ही एकदम से फन्ने खाँ तबीयत के। चची के मुँह से तसवीर टाँगने की बात निकली ही थी कि चचा बोले, "कौन-सी ऐसी दूध की नहर लानी है। रहने दो, मैं अभी सबकुछ खुद ही किए लेता हूँ।" आखिर घर भर को परेशान करने तथा पूरी दीवार का हुलिया बिगाड़ने के बाद चचा टेढ़ी तसवीर टाँग लेते हैं और फिर बड़े संतोष के साथ कहते हैं, "अजी, लग गई तसवीर। बस, इतनी सी बात थी। लोग इस काम के लिए मिस्त्री बुलवाया करते हैं।"

बाल हास्य नाटकों के लेखन में के.पी. सक्सेना (1932-2014) का भी जवाब नहीं। उनके 'चोंचू नवाब', 'दस पैसे के तानसेन', 'फकनूस गोज टू स्कूल', 'अपने-अपने छक्के', 'ताऊ इमरतीलाल क्रांतिकारी', 'खामोश! पढ़ाई जारी है', 'लार्ड एंटोनियो डी फुंसी' जैसे कई बाल नाटक खासे चर्चित हुए। 'चोंचू नवाब' के पात्रों में नवाब साहब के अलावा उनका नौकर कुस्तुनतुनियाँ और मीर साहब भी हैं। नवाब साहब लगातार आँसू बहाते हुए अपने कमरे में बैठे हैं कि इतने में मीर इलायची साहब आते हैं। मीर इलायची साहब को देखकर बड़ा अचरज होता है कि नवाब साहब बिना कोमा-फुलस्टॉप के रोए जा रहे हैं और बार-बार अपने आँसू बालटी में निचोड़ रहे हैं। मीर साहब के बहुत बार पूछने और बहुत हमदर्दी जताने पर नवाब साहब आखिर बता ही देते हैं कि चोंचू नवाब नहीं रहे और वे उन्हीं के गम में रो रहे हैं। मीर साहब बार-बार पूछते रहे और नवाब हर बार टुकड़ा-टुकड़ा कुछ बताते रहे। इससे पूरी तसवीर बनी, तो मीर साहब झुँझलाकर पूछते हैं, "तो क्या चोंचू नवाब मुरगा थे?" नवाब साहब का बड़ा सादगी भरा जवाब है, "आप उन्हें मुरगा कह लीजिए। हमारे तो चोंचू नवाब थे!" और 'हाय, चोंचू नवाब' कहकर फिर रोना शुरू कर देते हैं और जनाजा उठाने की तैयारियों में लग जाते हैं। पूरे नाटक में नवाब साहब की चोंचलेबाजी और बालटी भर 'झूठे आँसुओं' से बच्चों का खासा मनोरंजन होता है।

के.पी. सक्सेना का एक और बाल नाटक 'दस पैसे के तानसेन' भी खासा मजेदार है, जिसमें एक नजूमी यानी भविष्यवक्ता है। उसके पास एक हीरामन तोता है, जिसके जरिए वह भविष्य बताने का दावा करता है और लोगों को ठगता है, साथ ही उसके पास कनपटीमार चूरन भी है। बच्चों को वह इस चूरन के नाम पर ललचाता है, "शाबाश, कनपटीमार चूरन खिलाएँगे, जिस्म मजबूत बनाएँगे। आज खाओ लंबे, कल खाओ बिजली के खंभे। पत्थर पर घूँसा मारो, टन्न से बोले। बच्चे समझेंगे कि स्कूल की छुट्टी हो गई। इस जालिम चूरन में गुल चमचम की जड़, हाथी दाँत का बुरादा, सफेद कौए की चोंच और गुलाबजामुन का अर्क घोलकर दस-दस साल बीस पहाड़ों पर घोंटा गया। दस पैसे पुड़िया—आज चूरन खाओ, कल अभिताभ बच्चन जैसे लंबे हो जाओ!" बच्चे शुरू-शुरू में नजूमी के चक्कर में आ जाते हैं, पर अंत में वे नजूमी के खिलाफ मिलकर 'हाय, हाय!' करते हैं तो उसे घबराकर अपना सामान समेटना पड़ता है और बच्चे हँसते

हुए अपने घर की ओर चल पड़ते हैं। इस नाटक का पूरा ढाँचा वैसे तो सुधारवादी ही है, पर के.पी. सक्सेना ने अपने चुस्त-चंचल संवादों और भाषा की मनोहारी छटाओं से इसमें हास्य का अजब-गजब प्रभाव और स्थितियाँ पैदा कर दी हैं।

स्कूल के वातावरण को लेकर लिखा गया के.पी. सक्सेना का हलका-फुलका हास्य नाटक 'फुकनूस गोज टू स्कूल' भी बड़ा मजेदार है। लगता है, के.पी. सक्सेना ने बड़ा रस ले लेकर इसे लिखा है। इसमें किस्सा कुल मिलाकर यह है कि फूलकुमार नारायण सिन्हा उर्फ फुकनूस का एडमीशन कराने उसके पिता रतनलाल एक अंग्रेजी स्कूल में पहुँचते हैं। वहाँ के दृश्य और स्थितियाँ के.पी. सक्सेना के छोटे-से चुस्त नाटक में दरशाई गई हैं। मेम साहब फुकनूस के बारे में पूछती हैं, "बच्चा पैले किदर पड़ता था?" और यह बताने पर कि उसने बाल निकेतन से तीसरी क्लास पास की है, मेम साहब की खीज भरी प्रतिक्रिया है, "बाबा रे, इंडी स्कूल में पड़ा है। इंग्लिश में अब्बी कैसे चलेगा?" बहरहाल इसी तरह के अजीबोगरीब सवाल-जवाब होते हैं और जब रतनलाल फुकनूस को लेकर बाहर चले जाते हैं, तो दाँत पीसते हुए मेम साहब का संवाद है, "एकदम इंडियन फुकनूस कहीं का!" इससे मालूम पड़ता है कि हिंदी अपने देश में ही कितनी बेगानी है!

के.पी. सक्सेना का 'अपने-अपने छक्के' भी गजब का हास्य नाटक है। इसमें क्रिकेट के ऐसे बुखार का चित्रण किया गया है, जिसकी गिरफ्त में आकर आदमी आएँ-बाएँ बर्राने लगता है। इतने मजेदार ढंग से यह नाटक लिखा गया है कि इसे पढ़ते हुए बच्चे हँसते-हँसते लोटपोट हो जाते हैं। 'ताऊ इमरतीलाल क्रांतिकारी' और 'खामोश! पढ़ाई जारी है' भी सक्सेनाजी के ऐसे टिपिकल हास्य नाटक हैं, जिनमें उनका बात में से बात निकालनेवाला खिलंदड़ा अंदाज सामने आता है। ताऊ इमरतीलाल हलवाई हैं, पर जब वे अंग्रेजों के खिलाफ लड़ाई में अपनी अनोखी शूरवीरता का बखान करते हैं तो देखते ही बनता है। 'खामोश! पढ़ाई जारी है' में स्कूल के उनींदे वातावरण का जिक्र है, जिसमें बच्चों को शोर मचाने से इसलिए रोका जाता है ताकि मास्टरजी और प्रिंसिपल साहब आराम से सो लें। 'लार्ड एंटोनियो डी फुंसी' नाटक भी बड़ा मजेदार है। के.पी. सक्सेना की खासियत यह है कि वे कितने ही हलके-फुलके ढंग से अपनी बात कहें, पर अंत तक आते-आते उसमें अनायास एक गंभीर आशय भी झलक उठता है।

केशव दुबे के बाल नाटकों में भी हास्य-विनोद की फुलझड़ियाँ हैं। उनके 'जादूगर' नाटक में महान जादूगर अजायबसिंह अपना जादू दिखाने के लिए मंच पर उपस्थित है। उसका रोबदाब, तिलिस्म और जादुई कारनामे भी ऐसे हैं कि देखनेवाले दाँतों तले उँगली दबा लें। वह भूत-प्रेत, तंत्र-मंत्र स्पेशलिस्ट है। जिन्न को बोतल में बंद करके दिखा सकता है। जब चाहे किसी को गायब कर सकता है और किसी जीवित व्यक्ति को काटकर फिर से जीवित कर सकता है। उस बड़बोले जादूगर की बातें सुनकर एक छोटी बच्ची उठकर अपनी तोतली भाषा में ऐसी बातें कहती है कि जादूगर पानी-पानी हो जाता है। नाटक का अंत बड़ा ही दिलचस्प है।

केशव दुबे का 'नाटक जो नहीं हो सका' भी लाजवाब हास्य-नाटक है। नाटक की पृष्ठभूमि में शहजादे सलीम और अनारकली की प्रेमकथा है, जिससे शहंशाह अकबर बेहद नाराज हैं और दुःखी स्वर में बड़बड़ाते हैं, "अब हम बूढ़े हो गए। जवानी में माशा अल्लाह दो कड़ियल पट्ठों को बगल में दबाकर आगरा के किले पर घोड़ा दौड़ाते थे। उफ! उम्र ने हमें कितना लाचार बना दिया!" मानसिंह उन्हें बार-बार धीरज देते हैं और

शहंशाह की इस बात पर हाँ में हाँ मिलाते हैं कि ये नई उम्र के छोकरे नालायक हैं! बाद में शहंशाह और सलीम की आमने-सामने की बातचीत होती है, जो बड़ी जल्दी 'गरम' होने लगती है। शहंशाह अकबर गुस्से में उठकर खड़े हो जाते हैं और हवा में घूँसा लहराते हैं। चीख-पुकार और भयंकर कोलाहल के बीच घुप अँधेरे में नाटक खत्म होता है।

'नाटक के बाद' और 'भूतों का डेरा' केशव दुबे के अलग ढंग के बाल नाटक हैं। इनमें 'नाटक के बाद' में अभिनेताओं की मन:स्थिति का चित्रण है। जहाँपनाह अकबर का अभिनय करनेवाला नत्थूलाल घासीराम जनकधारी नाटक के बाद भी खुद को शहंशाह अकबर ही समझता है। तब उसे समझाना बड़ा मुश्किल हो जाता है कि असल में तो वह नत्थूलाल है। जितनी देर नाटक चलता रहा, बस तभी तक उसे खुद को शहंशाह अकबर समझने का हक था। अगर बाद में भी उसने खुद को शहंशाह ही समझने की भूल की तो उसका राजगद्दी का नशा उतारने के लिए बहुत कुछ है। इस लिहाज से बेगम बननेवाली अभिनेत्री और शहजादा सलीम बननेवाले अभिनेता के संवाद इतने मजेदार हैं कि दर्शक हँसते-हँसते दोहरे हो जाते हैं। 'भूतों का डेरा' केशव दुबे का बिल्कुल अलग तरह का नाटक है, जिसमें हास्य के साथ ही करुण रस भी मिला हुआ है। इसमें जिन भूतों से हमारी मुलाकात होती है, वे इसी दुनिया के लोग हैं, जिन्हें इतना सताया गया या परेशान किया गया कि भूत बनकर वे हमारे सामने आ जाते हैं और अपनी-अपनी तकलीफों की दर्द भरी दास्तान सुनाते हैं। हालाँकि बीच-बीच में संवाद ऐसे हैं कि हास्य की फुहारें छूटती रहती हैं। हिंदी बाल साहित्य में शायद ही कोई दूसरा नाटक हो, जिसमें ट्रेजिडी और कॉमेडी का ऐसा विचित्र मेल हो।

नारायणलाल परमार (1927-2003) बच्चों के जाने-माने कवि हैं, पर उन्होंने बाल नाटक भी लिखे हैं। परमारजी का नाटक 'दाँतों की चोरी' बड़ी दिलचस्प हास्यपूर्ण स्थितियों को खुद में समेटे हुए है। इस दिलचस्प नाटक की कथावस्तु यह है कि सुबह-सुबह नगरसेठ परेशान हैं और वे थानेदार को बुलाकर बताते हैं कि "मेरे घर चोरी हो गई। मैं तो लुट गया, बरबाद हो गया।" सेठजी की बहुत हाय-तोबा के बाद पता चलता है कि उनके दाँत चोरी हो गए। भला कौन चोर उनके दाँत ले गया होगा? इस पर काफी मत्थापच्ची होती है और नाटक के अंत में चोर आखिर पकड़ा जाता है। नौकर आकर बताता है कि ये दाँत भंडारघर में बने चूहे के एक बिल के पास मिले हैं, यानी चूहा ही वास्तविक चोर है। इस पर सेठजी को चोर के पकड़े जाने की बधाइयाँ मिलती हैं और विनोदपूर्ण वातावरण में नाटक खत्म होता है।

नारायण भक्त और भूपनारायण दीक्षित ने भी मजेदार बाल नाटक लिखे, जिनमें हास्य-विनोद के रंग थे। नारायण भक्त के नाटक 'फिर इंस्पेक्टर साहब मुआयना करने आए' और भूपनारायण दीक्षित के 'बहुरूपिया' में इंस्पेक्टर द्वारा स्कूल के मुआयने के दृश्य हैं। नारायण भक्त (ज. 1934) के नाटक 'फिर इंस्पेक्टर साहब मुआयना करने आए' में मोटेराम मास्टरजी पढ़ाते कम हैं, बच्चों से बतकही ज्यादा करते हैं। वे अजीबोगरीब ढंग से कुछ पढ़ाते भी हैं तो उनका पढ़ाई का ढंग ऐसा मौलिक और नायाब है कि सारे बच्चे बिना पढ़े, खूब होशियार हो गए हैं और अजीबोगरीब ढंग से जवाब देना सीख गए हैं। लिहाजा जब इंस्पेक्टर साहब मोटेराम की पाठशाला में मुआयना करने पहुँचते हैं तो बिल्लू, सिल्लू, टिल्लू आदि-आदि ने ऐसे-ऐसे छक्के छुड़ानेवाले जवाब दिए कि इंस्पेक्टर साहब बेचारे भौचक्के रह गए। मोटेरामजी और पाठशाला के बच्चों को

हार्दिक धन्यवाद देकर वे खिसक लेते हैं और यों मोटेरामजी की परमानंदी पाठशाला अपनी सदाबहार चाल से चलती रहती है।

भूपनारायण दीक्षित (1895-1986) का नाटक 'बहुरूपिया' कहीं अधिक मजेदार है। इसलिए कि इस नाटक में इंस्पेक्टर तो नहीं आते, लेकिन इंस्पेक्टर की शक्ल में बहुरूपिया दो-दो बार आता है और दोनों बार ऐसी अजीब हास्यपूर्ण स्थितियाँ बनती हैं कि नाटक पढ़ते या देखते हुए, पेट में बल पड़ने लगते हैं। इंस्पेक्टर की शक्ल में आए बहुरूपिए को कोई पहचान नहीं पाया। उसके आने से पहले हेडमास्टर साहब अपनी बहादुरी की बहुत डींगें हाँक रहे थे, लेकिन इंस्पेक्टर बनकर आए बहुरूपिए के आगे उनकी सारी बहादुरी काफूर हो गई। यहाँ तक कि बहुरूपिया खुद कहता है, "मैं बहुरूपिया ही तो हूँ, इंस्पेक्टर थोड़े ही हूँ!" तब भी बड़ी मुश्किल से उन्हें यकीन होता है कि यह शख्स इंस्पेक्टर नहीं है। बहुरूपिए को बगैर ढंग का इनाम दिए हेड मास्टर साहब जाने के लिए कह देते हैं। इस धमकी के साथ कि "अगली बार मैं तुम्हारे चक्कर में नहीं आऊँगा।" पर थोड़ी ही देर में बहुरूपिया फिर मोटर पर बैठकर आ जाता है और घबराए हुए हेड मास्टर और सैकिंड मास्टर फिर उन्हें असली इंस्पेक्टर समझकर सेवा और जी-हुजूरी में लग जाते हैं। अंत में बहुरूपिया ही अपनी पोल खोलता है और पूरा इनाम लेकर जाता है। भूपनारायण दीक्षित का यह नाटक बहुत सफल है और इसमें एक के बाद एक नाटकीय स्थितियों का कमाल देखते ही बनता है। मास्टरजी के पढ़ाने के अजीबोगरीब तरीकों का जो बखान इस नाटक में किया गया है, उसका तो खैर कोई जवाब ही नहीं है।

रत्नप्रकाश 'शील' (ज. 1935) के नाटकों में भी भरपूर हास्य और खिलंदड़ापन है। सातवें दशक में लिखे गए तथा बाल पत्रिका 'मिलिंद' में छपे उनके 'छोटे सिरकार' और 'गड़बड़ स्कूल' नाटक खासे चर्चित हुए थे। ये दोनों ही नाटक शीलजी द्वारा संपादित 'मिलिंद' पत्रिका में छपे थे। इन नाटकों में बच्चों की कल्पनाशक्ति और प्रतिभा का रचनात्मक इस्तेमाल है, तो साथ ही हमारी शिक्षा पद्धति की विसंगतियों की ओर भी इशारा किया गया है। विश्वदेव शर्मा का 'सेर को सवा सेर' भी एक के बाद एक हास्यपूर्ण स्थितियों को खुद में सहेजे हुए है। लाला मूँजीमल तो लोगों को कम तोलकर ठगते ही थे, पर जब पंडितजी ने स्वर्ग का वास्ता देकर उन्हें खासी चपत लगा दी, तो उनकी हालत देखने लायक थी और आस-पड़ोस के लोगों का हँसते-हँसते बुरा हाल था। यह नाटक बड़ी चुटीली भाषा में लिखा गया है, हालाँकि पंडितजी के ढोंग को उचित ठहराना बड़ा अटपटा लगता है।

खेल-खेल में किसी गहरी समस्या की ओर इशारा करनेवाले नाटकों में रमेशकुमार माहेश्वरी के 'गुड़िया का ब्याह' की भी चर्चा की जा सकती है। इस मजेदार बाल नाटक में गुड्डी और गुड्डी की जीजी का तो गुड्डा है और मंजू और टुइयाँ की है गुड़िया, जिनका ब्याह होना तय हुआ है। अब ब्याह को लेकर बच्चों को जिस तरह की चिंता और सिरदर्दी होती है और जितने जोर-शोर से गुड्डे-गुड़िया की शादी की तैयारियाँ चल रही हैं, उनका अंदाजा लगाया जा सकता है। मगर इससे भी मजेदार बात यह है कि मंजू अपने भाई टुइयाँ को लेकर शादी की तैयारी को लेकर बात करने आती है और पूछती है कि आखिर दावत कैसी होनी है और गुड्डे को क्या-क्या दिया जाना है? इस पर उन बच्चों की बातें लगभग उन्हीं बड़े-बुजुर्गों की तर्ज पर होने लगती हैं, जिनमें शादी पर बेटीवाले को बहुत झुकना पड़ता है और बेटेवाले लंतरानियाँ हाँकते हुए, बेशर्मी से तरह-तरह की शर्तें लादते

जाते हैं। रमेशकुमार माहेश्वरी का यह बाल नाटक बड़ी खूबसूरती और व्यंग्यात्मक अंदाज से गुड़िया के ब्याह को लेकर गुड्डी और जीजी यानी बेटेवालों की झूठी शान और हेकड़ी को तार-तार कर देता है।

❖

बाल नाटकों में पद्य नाटकों का अपना अलग रंग, अलग अंदाज है। इससे संवादों में जो तुर्शी, नाटकीयता और भाषा में जो लाघव आता है, उससे पद्य नाटक कई बार तो अन्य नाटकों की तुलना में कहीं अधिक प्रभावशाली साबित होते हैं। इस तरह के नाटक तो तमाम हैं, जिनमें बीच-बीच में कविता का प्रयोग होता है, लेकिन पद्य नाटक तो शुरू से अंत तक काव्य-रूप में ही लिखे जाते हैं। सर्वेश्वरदयाल सक्सेना 'भौं-भौं, खों-खों' और 'लाख की नाक' जैसे नाटकों में नट-नटी कविताओं का खासा प्रयोग करते हैं और इससे सर्वेश्वर के इन नाटकों की कुछ अलग ही पहचान बनती है, लेकिन पद्य-नाटक इन्हें नहीं कहा जा सकता।

इस कालखंड के अच्छे और सफल पद्य-नाटकों में रामधारी सिंह दिनकर के 'मगध-विजय', देवराज 'दिनेश' के 'पक्षी (कवि) सम्मेलन', सरस्वतीकुमार दीपक के 'आराम हराम है', चंद्रपालसिंह 'मयंक' के 'स्वतंत्रता की देवी', युक्तिभद्र दीक्षित के 'अक्षर-सम्मेलन' और उमाकांत मालवीय के 'सूरज की जीत' बाल नाटकों का जिक्र किया जा सकता है। इनमें रामधारी सिंह दिनकर (1908-1974) के नाटक 'मगध-महिमा' में चंद्रगुप्त मौर्य द्वारा सेल्यूकस पर विजय की ऐतिहासिक कथा है, जो बड़े वीर भाव तथा जोशीले अंदाज में कही गई है, पर इस काव्य-नाटक की भाषा, बाल पाठकों के लिहाज से थोड़ी मुश्किल है।

देवराज 'दिनेश' (ज. 1922) हिंदी के प्रसिद्ध कवियों में से हैं, जिनकी कवि-सम्मेलनों में धाक रही है। बच्चों के लिए उन्होंने कुछ अधिक नहीं लिखा, पर आश्चर्य, देवराज 'दिनेश' का बच्चों के लिए लिखा गया 'पक्षी (कवि) सम्मेलन' अपने आप में अनूठा नाटक है। इस नाटक के पात्रों में हरिराम कपोत, राधेलाल बटेर, बगुला, उल्लू, कोयल, तोता, मुरगा, मोर आदि हैं। सभी पक्षी अपनी-अपनी लुभावनी शैली में अपने-अपने गुणों और विशेषताओं का बखान करते हैं। बीच-बीच में दिल्लगी और हँसी-मजाक भी चलता है। कभी कोकिलाजी की कुहुक और कभी कुक्कुट महाराज की अदाएँ सबको लुभाती हैं। फिर सबकी अपनी-अपनी काव्य-शैली या अंदाज तो है ही। कोयल के गीत, 'मैं कोयल मतवाली, मैं मन से उतनी ही उजली, जितनी तन से काली।' में सुरीलापन है तो सहजता भी, जबकि 'तोते की कैद' कविता में किस्सागोई का पूरा आनंद है। तोता किस तरह बहेलिए के जाल में उलझा, कैसे एक पनवाड़िन ने उसे खरीदा, फिर तोता किस होशियारी से पनवाड़िन की कैद से छूटकर बाहर आ गया, यह खुद में एक मजेदार कहानी है, जिसे तोते के काव्यात्मक अंदाज में सुनना अच्छा लगता है। इसी तरह मुरगा अपने को जागरण-दूत बताते हुए खूबसूरत कविता सुनाता है, तो मोर का संदेश यह है, जो शायद पूरे कवि-सम्मेलन का भी संदेश है कि—

प्यारे भोले बच्चो, तुमसे इतना मुझको कहना,
दुष्टों से अच्छे लोगों की रक्षा करते रहना।
मीठी कूक सुनाना सबको, कभी न देना गाली,
कवि-सम्मेलन खत्म हुआ, अब शीघ्र बजाओ ताली।

यह एक सुखद आश्चर्य है कि देवराज 'दिनेश' ने इस बाल नाटक में अपनी जिन बाल कविताओं को

शामिल किया है, वे सीधे-सीधे बच्चों के मन और रुचियों से जुड़ती हैं और उन्हें अपने साथ बहा ले जाती हैं। देवराज 'दिनेश' का 'सब्जी सम्मेलन' भी बड़ा रोचक बाल नाटक है।

बच्चों के लिए सुंदर और मोहक कविताएँ लिखनेवाले सरस्वतीकुमार दीपक (1918-1986) ने भी बच्चों के लिए एक से एक सुंदर पद्य नाटक लिखे हैं। 'गुड़ियों का देश' पुस्तक में दीपकजी के सात सुंदर पद्य नाटक शामिल हैं, 'गुड़ियों का देश,' 'जाग उठी है सोई मिट्टी', 'चोरी का फल', 'बंदर का कलेजा', 'नटखट चंदू', 'सोने का हिरन' और 'रामू'। इनमें 'गुड़ियों का देश' बड़ा सुंदर भावनात्मक नाटक है, जिसमें इस देश की सुंदरता, वीरता और महान परंपराओं की झाँकी है। 'जाग उठी है सोई मिट्टी', 'नटखट चंदू' और 'रामू' भी दीपकजी के बड़े सुंदर पद्य नाटक हैं, जिन्हें पढ़ते हुए एक साथ कविता और नाटक का आनंद मिलता है। उन्हें बड़े सुंदर ढंग से मंचित भी किया जा सकता है। इसके अलावा 'जय जननी, जय भारती' और 'आराम हराम है' भी दीपकजी के अपने ढंग के सुंदर बाल नाटक हैं। इनमें 'आराम हराम है' ग्रामीण परिवेश का नाटक है, जिसमें संवाद बड़े काव्यमय और प्रभावशाली है। 'आराम हराम है' एक किसान भोला और उसकी तीन बेटियों रामी, श्यामा और रधिया को लेकर बुना गया है। भोला की इन बेटियों में रामी तो दौड़-दौड़कर काम करनेवाली है, लेकिन श्यामा और रधिया सुस्त और आलसी हैं। काम से जी चुराती हैं। भोला बीच-बीच में उन्हें अच्छी सीख देता है। छोटे-छोटे काम करने के लिए बताता है, लेकिन श्यामा और रधिया टालती हैं। भोला जब बाहर से खाने-पीने की कोई अच्छी चीज लेकर आता है, तो वे दोनों आलसी बहनें उछलकर सबसे आगे आ जाती हैं। लेकिन जब भोला पूछता है, "श्यामा, क्या तू पानी लाई, रधिया, तूने आग जलाई?" तो वे उलटे रामी पर ही आरोप लगा देती हैं, "रामी सब कुछ करने बैठी/हम दोनों को धता बताई।" आखिर में दोनों आलसी बहनें सुधरती हैं।

दीपकजी के इस बाल नाटक की खासियत यह है कि इसमें शुरू से अंत तक नाटकीय सक्रियता बनी रहती है तथा संवादों का काव्यमय होना उसे एक अतिरिक्त सुंदरता और धार दे देता है। बीच-बीच में वाचक अपनी सरस टिप्पणियों से नाटक को गति देता चलता है। इस वाचक के गीत भी किसी नदी की तरह बहते हुए गीत हैं, "गया अँधेरा, हुआ सवेरा।/पंछी जागे, पौधे जागे, भागीं नदियाँ आगे-आगे।/जब मुरगा आँगन में बोला, आँखें मलकर जागा भोला।/बाँधी गाय, पिलाया पानी, खोले बैल, खिलाई सानी।/उसे खेत पर जाना था, खेतों को सरसाना था।" इतने सहज और असरदार गीत तथा संवाद लिख पाना सचमुच सरस्वतीकुमार दीपक की बड़ी प्रतिभा के कारण ही संभव हो पाया है।

युक्तिभद्र दीक्षित का 'अक्षर-सम्मेलन' भी रोचक पद्य नाटक है, जिसमें एक कवि सम्मेलन का एक पूरा नजारा है। संचालक के पुकारने पर हर अक्षर उठकर आता है और अपना परिचय देते हुए एक कविता सुनाता है। ज्यादातर कविताएँ विनोदपूर्ण हैं। बीच-बीच में कवियों और श्रोताओं की चुहल भी चलती है। उमाकांत मालवीय (1931-1982) के नाटक 'सूरज की जीत' में इंद्रधनुष के अपने पिता सूरज से रूठ जाने की कथा है, पर बाद में उसे अपनी भूल पता चली। उमाकांतजी का यह बाल नाटक बड़ा भावपूर्ण और मन को छू लेनेवाला है। उनका 'फूलों की सभा' भी चर्चित पद्य नाटक है। इसके अलावा 'कुमार हृदय' का 'अभिनय गीत' तथा संतकुमार का 'जिन फूलों में है गंध नहीं' भी अच्छी और अभिनेय पद्य नाटिकाएँ हैं।

तीसरा चरण : विकास युग

संभावनाएँ अभी हैं

बाल नाटकों के तीसरे चरण (सन् 1981 से आज तक) में बच्चों के लिए नाटक लिखने की गति और उत्साह कुछ धीमा पड़ा, फिर भी बाल नाटकों की विकास-यात्रा थमी नहीं तथा कई नए और संभावनाशील लेखक इस दिशा में आए। एक ओर श्रीलाल शुक्ल, रमेशचंद शाह, मृदुला गर्ग, सुधा अरोड़ा, यादवेंद्र शर्मा 'चंद्र', अलखनंदन, असगर वजाहत, उदयप्रकाश, भारतरत्न भार्गव, डॉ. श्रीप्रसाद, विभा देवसरे, विनोद शर्मा, दिविक रमेश, प्रकाश मनु और प्रताप सहगल सरीखे लेखकों ने बच्चों के लिए नई रंगभाषा और भंगिमाओंवाले काफी कल्पनापूर्ण नाटक लिखे तो दूसरी ओर बानो सरताज, उषा यादव, राष्ट्रबंधु, जयप्रकाश भारती, चंद्रदत्त 'इंदु', चंद्रपाल सिंह यादव 'मयंक', प्रेमस्वरूप श्रीवास्तव, गिरिराजशरण अग्रवाल, प्रकाश पुरोहित, भगवतीप्रसाद द्विवेदी, पूरन सरमा, चक्रधर 'नलिन', रोहिताश्व अस्थाना, श्यामलाकांत वर्मा, ओमप्रकाश सिंहल, इंद्रा स्वप्न, अजय प्रसून, रामकुमार गुप्त, अखिलेश श्रीवास्तव 'चमन', घमंडीलाल अग्रवाल, शमशेर अहमद खान, श्यामसुंदर 'सुमन', राधेलाल 'नवचक्र', हरदर्शन सहगल, सूर्यकुमार पांडेय, प्रसाद निष्काम, जाकिर अली 'रजनीश', श्रीनिवास वत्स, ओमप्रकाश कश्यप, रमेशदत्त शर्मा, रामनिरंजन शर्मा 'ठिमाऊ', हेमंतकुमार, उषा सक्सेना, रेनू चौहान, मो. साजिद खान आदि बाल साहित्य के रचनाकारों ने अपने-अपने अंदाज में बाल नाटक लिखे। इनमें कुछ हलके-फुलके, कुछ सुधारात्मक नाटक हैं, तो ऐसे नाटक भी, जो खासी क्रिएटिव ऊर्जा लिये हुए हैं और बाल नाटकों की विकास-यात्रा में जिनका खासा योगदान है।

इस दौर के प्रतिनिधि बाल नाटककार हैं—असग़र वजाहत, प्रताप सहगल, डॉ. श्रीप्रसाद, राष्ट्रबंधु, जयप्रकाश भारती, विभा देवसरे, प्रकाश मनु, बानो सरताज, प्रेमस्वरूप श्रीवास्तव, गिरिराजशरण अग्रवाल, दिविक रमेश, राजेश जैन, बलराम अग्रवाल, हेमंतकुमार, प्रकाश पुरोहित, रेनू चौहान तथा मो. साजिद खान। इनके नाटकों और रचनाधर्मिता में बहुत कुछ नया नजर आता है, जो आज के बच्चे की मुश्किलों और बदले हुए समय के साथ चलते हुए नई शैली और भंगिमाओं को अपनाने में संकोच नहीं करता। यही कारण है कि इस दौर के नाटकों में प्रयोगधर्मी नाटक खूब लिखे गए, बल्कि प्रयोगधर्मिता इन नाटकों का सहज संस्कार बनती गई।

असगर वजाहत (ज. 1946) का 'हड्डी' भी एकदम निराले अंदाज का बाल नाटक है। नाटक के शुरू में हम एक परी को बड़े प्यार से गाते हुए देखते हैं, जो इस सृष्टि की शुरुआत का जिक्र कर रही है, जब हर व्यक्ति आजाद था और सबको अपने-अपने ढंग से जीने और रहने की आजादी थी। लेकिन फिर आती है एक बिल्ली, जो चूहों को खाना चाहती है। तब चूहों में से एक को एक बड़ी-सी हड्डी के रूप में हथियार मिल जाता है। बिल्ली के आने पर वह और चूहों की मदद से बिल्ली पर इस हथियार से हमला करता है। बिल्ली भाग जाती है, मगर अब एक दूसरा ही नाटक शुरू हो गया। हड्डी-वाला चूहा अब राजा बन जाता है और बाकी चूहों से अपने सारे काम कराता हुआ, उन्हें तरह-तरह से सताता है। चूहे अपने ही एक साथी की 'डिक्टेटरशिप' से परेशान हैं, तो फिर एक दिन परी आती है और चुपके से एक राह सुझा जाती है। आखिर सारे चूहे मिलकर उस हड्डी को तोड़ देते हैं और वे फिर पूरी तरह आजाद हो जाते हैं। राजा बना चूहा पागल हो जाता है और अपने ही बाल नोचने लगता है, लेकिन चूहे सचमुच अब आजाद हैं, इसलिए कि "अब नौकर

या मालिक कोई नहीं है। सेवक-स्वामी कोई नहीं, तेरा-मेरा कोई नहीं। सब सबका है, सब सबका है···!"

असगर वजाहत का बाल नाटक 'हड्डी' सचमुच बेहद कलात्मक ढंग से बुना हुआ बहुत खूबसूरत और प्रभावशाली नाटक है, जो यह दर्शाता है कि तानाशाह कोई भी हो, उसकी तानाशाही को खत्म करके ही आखिर सुखी जीवन जिया जा सकता है। असगर वजाहत के एक और बाल नाटक 'जयगान' में चूहे बिल्ली के गले में घंटी बाँधने के लिए किस्म-किस्म की तरकीबें सोचते हैं। अंत में उन्हें एक नायाब तरकीब सूझती हैं। वे बिल्ली के गले में माला डालते हैं, जिसमें घंटी बँधी होती है और यों चूहों की तरकीब काम आ जाती है। इधर लिखे गए असगर वजाहत के एक और बाल नाटक में दो परिवारों का किस्सा है, जिनमें अनबन और झगड़ा है। आखिर में बच्चे बड़ी खूबसूरती से उन्हें एहसास कराते हैं कि उनके ये झगड़े और बातें किताबी हैं और सच्चाई कुछ और है।

प्रताप सहगल (ज. 1945) के बाल नाटकों में नए जमाने के बदले हुए हालात और मुश्किलें हैं। इसीलिए इनमें कोई न कोई नया विचार और सूझ है, साथ ही संवाद खासे चुटीले होने के कारण उनके ज्यादातर बाल नाटक अभिनेय हैं। प्रताप सहगल के बाल नाटकों के संग्रह 'छूमंतर' (2004) में उनके बच्चों के लिए लिखे गए पाँच नाटक शामिल हैं। इनमें 'छूमंतर-एक' और 'छूमंतर-दो' सचमुच आँख खोल देनेवाले नाटक हैं। ऐसे नाटक, जो कि बच्चों में अंधविश्वासों से लड़ने का माद्दा और वैज्ञानिक समझ दोनों ही पैदा करते हैं। दोनों नाटकों में जादुई करतबों का जिक्र है, जिनके पीछे कोई न कोई वैज्ञानिक कारण है, लेकिन जादूगर हो या भोली-भाली स्त्रियों से सोने के गहने ठगनेवाले साधु, वे इन्हें अपनी सिद्धि या जादू की ताकत बताकर दूसरों पर रौब गालिब करते हैं। इन दोनों ही नाटकों में बच्चे प्रमुख हैं और उन्हीं के जरिए सारी हकीकत सामने आती है। 'आओ खेलें एक कहानी' में पंचतंत्र की लोमड़ी और कौए की प्रसिद्ध कथा है, पर यहाँ उसे आधुनिक संदर्भ मिल जाता है और कौआ अब लोमड़ी की चाल में आने से इनकार कर देता है।

प्रताप सहगल का 'नकली दीवार' नाटक भी बच्चों ने पसंद किया था, जिसमें मम्मी-पापा बच्चों के मन की बात नहीं समझते। यों बच्चों और मम्मी-पापा के बीच एक नकली दीवार खिंच जाती है। बाद में मम्मी-पापा ने अपनी गलती महसूस की तो घर में खुशियों से भरा जीवन का संगीत गूँज उठा। प्रतापजी के एक और नाटक 'आत्मदीपो भव' में कुछ बच्चे पढ़ाई में होशियार होने के लिए सिद्ध बाबा की शरण में जाना चाहते हैं। तब दादाजी ने उन्हें ऐसे ही एक सिद्धबाबा की कहानी सुनाई, जो सिर्फ बातों से लोगों को ठगा करता था और बच्चे सब समझ गए। प्रताप सहगल के नाटकों में विचार कई बार इतना प्रमुख होता है कि नाटकों का असली आनंद दब जाता है और वे सीख देते अधिक जान पड़ते हैं।

कुछ अरसा पहले छपे प्रताप सहगल के बाल नाटक संग्रह 'दो बाल नाटक' (2012) में उनके दो चर्चित नाटक शामिल हैं, 'आओ खेलें एक कहानी' और 'नकली दीवार'। उन्होंने रवींद्रनाथ टैगोर की बाल कहानियों का सुंदर नाट्य रूपांतरण भी किया है। 'दस बाल नाटक' (2011) में ऐसे दस चुस्त नाटक हैं, जिन्हें आसानी से खेला जा सकता है, खासकर 'काबुलीवाला' और 'अब्दुल माँझी की गप' तो बड़े सुंदर नाटक बन पड़े हैं।

इसी तरह डॉ. श्रीप्रसाद (1932-2012) ने भी बड़े सुंदर और अभिनेय नाटक लिखे हैं, जिनमें कई

तरह की रंग-छटाएँ हैं। उन्होंने लोककथाओं और पंचतंत्र की कथाओं को आधार बनाकर 'मटर का दाना', 'हुआँ-हुआँ', 'ढोल बजा' जैसे नाटक लिखे, तो 'जादू की लकड़ी' और 'बिन्नी की बकरी' जैसे खेल-खेल में अच्छी सीख देनेवाले नाटक भी। इन नाटकों में बीच-बीच में उन्होंने बड़े सुंदर और नाटकीय शैलीवाले गीत भी पिरो दिए हैं, जिनमें नाटक का पूरा मर्म छिपा है। इसीलिए वे बच्चों के दिल पर गहरा असर छोड़ते हैं और नाटक के भावनात्मक हिस्सों को गहराते हैं। 'जादू की लकड़ी' नाटक में एक टेढ़ी-सीधी मामूली लकड़ी आड़े वक्त में बड़े काम की साबित होती है, इसीलिए हमारा मन उसे जादू की लकड़ी मान लेता है। वह हाथ में आते ही जाने क्या से क्या कर देती है। इसीलिए नाटक में पिरोए गए गीत में उसका मर्म कुछ यों खुलता है, "टेढ़ी-मेढ़ी उलटी-सीधी/बड़े काम की लकड़ी,/कुछ करने के लिए हाथ में/मैंने है यह पकड़ी।/टेढ़ी-मेढ़ी··· !"

'बिन्नी की बकरी' भी श्रीप्रसादजी का बड़ा मर्मस्पर्शी बाल नाटक है। बिन्नी की बकरी को राजा के सेवक ले गए, क्योंकि राजा की बेटी की शादी पर बहुत बड़ी दावत का आयोजन किया गया था। उसके लिए सैकड़ों मुरगे और बकरे-बकरियों को मारा जाना जाना था, पर बिन्नी को पता चला तो उसका रो-रोकर बुरा हाल था। वह रोती हुई राजा के पास पहुँच गई और फरियाद की, "मेरी छोटी सी बकरी का ही श्यामा है नाम,/ले आए हैं उसे आपके नौकर, देकर दाम।/उसे मार डालेंगे नौकर, मेरी श्यामा प्यारी,/मेरी श्याम मुझको दे दो, बात यही है सारी।/मैं श्यामा के बिना रहूँगी अपने घर में कैसे,/मैं श्यामा को ले जाऊँगी, चाहे दे दो जैसे।" इतना ही नहीं, उसने अपनी कान की बालियाँ और गले की चाँदी की जंजीर उतारी और उन्हें भी राजा के आगे रख दिया, ताकि राजा को बकरी के दाम मिल जाएँ और वह बिन्नी की प्यारी बकरी को छोड़ दे। राजा बिन्नी की बातों से इतना प्रभावित हुआ कि बिन्नी की बकरी ही नहीं, जितने पशुओं को दावत के लिए लाया गया था, उन सभी को छोड़ने का आदेश देता है। यों नाटक का अंत बड़े ही सुखद वातावरण में होता है।

'परिवर्तन' में बँधुआ बाल श्रमिकों की समस्या है। जिन बच्चों को किताबें और बस्ता लेकर स्कूल जाना चाहिए, वे बेचारे गुलामों की तरह काम में जुटे रहते हैं, पर नाटक के अंत में बच्चों में जागृति आती है और उनके मन में पढ़-लिखकर कुछ बनने की ललक पैदा हो जाती है। 'हम कहाँ आ गए' श्रीप्रसादजी का एकदम अलग अंदाज का बाल नाटक है, जिसमें हास्य के बड़े चुटीले रंग हैं। एक जमींदार साहब गाँववालों पर बड़ा अत्याचार करते थे और हर वक्त उन्हें मूर्ख, जाहिल और न जाने क्या-क्या कहते थे, पर एक दफा गाँववालों ने अपनी सोची-समझी तरकीब से उनके छक्के छुड़ा दिए। घबराकर जमींदार साहब को फौरन गाँव छोड़कर भागना पड़ा और गाँववाले उनके जाने पर खूब ठहाका लगाकर हँसे।

'ढोल बजा' श्रीप्रसादजी का शायद सबसे अच्छा और यादगार नाटक है, जिसे खेलना बच्चों को एक आनंदकारी अनुभव लगेगा। 'ढोल बजा' नाटक में शेर, खरगोश, लोमड़ी, भालू, बंदर, सियार जैसे पशु हैं और मंच पर जंगल का दृश्य है। वहाँ सियार अपनी बुद्धिमत्ता और समझदारी की ऐसी छाप छोड़ता है कि पूरा जंगल 'सियार महाराज की जय' के नारे से गूँज उठता है। श्रीप्रसादजी का यह बाल नाटक सचमुच बड़ा मजेदार है, अच्छी सीख देनेवाला भी। इसलिए कि इसमें लोकतंत्र का जय-जयकार है। जंगल के जानवरों का नाटक होते हुए भी इसका कथ्य इतना नया और आधुनिक है कि यह समूचा नाटक मानो जीवन के हर क्षेत्र, हर दिशा में प्रजातांत्रिक मूल्यों की दुहाई देता जान पड़ता है। श्रीप्रसादजी के अन्य नाटकों में 'बाँसुरीवाला',

'मुरगे के घर जन्मदिन', 'सम्मेलन अंगों का', 'एक थी चिड़िया', 'एक थी लड़की' और 'अपना काम बना' बाल मन को छू लेनेवाले हैं।

विभा देवसरे (ज. 1940) ने एकदम अलग अंदाज के दमदार बाल नाटक लिखे हैं। वे लोक-कथाओंवाला शिल्प उठाती हैं, पर बात इस अंदाज में कहती हैं कि आज का बच्चा सीधे-सीधे उनसे जुड़ता है और बड़े कौतुक के साथ इन नाटकों को पढ़ता या देखता है! विभाजी के ऐसे नाटकों में सन् 2003 में छपे 'सबसे अमीर सबसे गरीब' और 'बुद्धि बड़ी या धन' खासकर महत्त्वपूर्ण है। ये दोनों ही बाल नाटक अनोखे शिल्प में ढले हैं, जिनमें कुछ बनजारे और जोकर मिलकर अपना मजेदार खेल दिखाते हैं और खेल-खेल में अचानक एक नई कथा चल पड़ती है। ऐसी ही दो कथाएँ 'सबसे अमीर सबसे गरीब' तथा 'बुद्धि बड़ी या धन' बाल नाटकों में हैं। पहले बाल नाटक में एक राजकुमारी अपने लिए योग्य वर ढूँढ़ने निकलती है। वह कई धनी राजकुमारों को ठुकरा देती है, लेकिन एक गरीब मजदूर को देखकर मुग्ध हो जाती है, जिसके माथे पर चमकती हुई पसीने की बूँदें उसकी मेहनत के कारण उसको आकर्षक बना रही थीं। राजकुमारी उस मजदूर की इस बात से प्रभावित होती है कि रात-दिन मेहनत करके वह इतनी भव्य और वैभवशाली इमारतें बनाता है, इसलिए उससे ज्यादा अमीर कौन हो सकता है? फिर इतनी भव्य इमारतों का निर्माता होकर भी वह उनका मालिक नहीं है, इसलिए उससे ज्यादा गरीब कौन हो सकता है! अंततः राजकुमारी, जिसने अनेक धनी लोगों और राजकुमारों को ठुकराया था, उस साधारण मेहनतकश मजदूर से विवाह करती है और यह संदेश देती है कि दुनिया में मेहनत से बड़ा खजाना कोई और नहीं है।

विभाजी के बाल नाटक 'बुद्धि बड़ी या धन' में एक सेठ के दो सलाहकारों लक्ष्मीप्रसाद और बुद्धिनाथ के बीच का झगड़ा बड़े अजब ढंग से सुलझता है। अंत में आकर नाटक धन और बुद्धि दोनों के महत्त्व को स्वीकार करता है। विभा देवसरे के कुछ और सशक्त बाल नाटक हैं, 'भोलू भैया बने गवैया', 'गोलमटोल गुब्बारा', 'रावण वध' तथा 'नाटक का अंत'। इनमें 'रावण वध' बड़ा प्रभावशाली बाल नाटक है, जिसमें लड़कियों की शक्ति का अहसास कराया गया है। नाटक में कॉलोनी के लड़के और लड़कियाँ दशहरे पर दहन के लिए रावण बनाने में जुटे हैं। लड़कों के घमंडीपन के कारण लड़कियाँ अलग रावण बनाती हैं, जिसके दस सिर दस बुराइयों के प्रतीक हैं। रावण के दस सिर ढके हुए हैं, फिर एक-एक करके उसके एक-एक सिर से परदा हटता है और बाद में वे दसों सिर एक साथ गिर जाते हैं। देखकर हर कोई हैरान होकर लड़कियों के कौशल की तारीफ करता है। इससे दशहरे के दिन बहुत नाटकीय स्थितियाँ पैदा हो जाती हैं। लड़कों के द्वारा बनाए गए रावण का वध करने का अधिकार भी लड़कियों को ही मिलता है। विभाजी के ज्यादातर नाटक अभिनेय हैं और बच्चों के मन में कोई अच्छा विचार पैदा करते हैं। इसके अलावा विभाजी का नाटक 'हमने खोजी नई कहानी' (2010) भी ध्यान आकर्षित करता है, जिसमें पृथ्वी को बचाने और पर्यावरण की चिंताओं को एक बड़े केनवास पर प्रस्तुत किया गया है। यह सात दृश्यों में बँटा काफी अलग सा नाटक है, जिसे थोड़ी तैयारी के साथ मंचित किया जा सकता है।

प्रकाश मनु (ज. 1950) के बाल नाटकों में बच्चों का संसार अपनी नटखट शरारतों, सक्रियता और अलमस्त ऊर्जा के साथ नजर आता है। उनके बाल नाटकों के कोई डेढ़ दर्जन संग्रह हैं, जिनमें 'मुनमुन का

छुट्टी-क्लब', 'बच्चों के अनोखे हास्य नाटक', 'बच्चों के रंग-रँगीले नाटक', 'बच्चों के श्रेष्ठ सामाजिक नाटक', 'आओ नाटक खेलें', 'पंपापुर में टूटू हाथी', 'नए-निराले बाल एकांकी', 'खेल-खेल में नाटक', 'मुझसे दोस्ती करोगे', 'हास्य-विनोद के बाल नाटक' तथा 'इक्कीसवीं सदी के बाल नाटक' खासे मशहूर हैं, जिनमें विविध रंग-रूपोंवाले बाल नाटक शामिल हैं। इनमें 'मुसीबत दीनू की' और 'अजब छींक नंदू की' में हास्य की अजीबोगरीब स्थितियाँ हैं। 'मुसीबत दीनू की' में एक गप्पी नटखट लड़का दीनू अपने बड़बोलेपन से बाज नहीं आता। वह इस कदर शेखीखोर है कि उसका झूठ बार-बार खुल जाता है, इसीलिए सारे बच्चे बार-बार उसका मजाक उड़ाते हैं। मगर फिर एक दिन जब दीनू बहुत दुःखी हुआ और लालाराम के बगीचे में उदास बैठा था तो चीं-चीं चिड़िया ने उसे राह सुझाई कि जब तुम जरूरत से ज्यादा गप हाँक रहे होगे, बस तभी मैं चीं-चीं-चीं की आवाज करूँगी और तुम गप हाँकना बंद कर देना। इसके बाद स्कूल में और बच्चों के बीच दीनू के साथ क्या-क्या अजीबोगरीब स्थितियाँ हुईं, कैसे गप हाँकते-हाँकते बेचारा चीं-चीं की आवाज सुनकर रुका और अपनी बात बदली, इस सबका वर्णन दिलचस्प है। इसी कारण सब बच्चों को मिलकर गाना पड़ता है, "डब्बा गोल, डब्बा गोल,/दीनूजी का डब्बा गोल/आगे गोल, पीछे गोल,/डब्बे में बस पोल ही पोल,/ दीनूजी का डब्बा गोल··· !" मगर फिर दीनू सीखता है और बदलता भी है। नाटक में दीनू का यह अंतर्द्वंद्व कि वह कहना कुछ चाहता है, कह कुछ जाता है; मजेदार ढंग से उभरा है।

इसी तरह प्रकाश मनु के 'अजब छींक नंदू की' का दुबला-पतला साहसी नंदू सचमुच अजीब है, जिसकी छींक से बड़े अजीबो-गरीब कमाल-धमाल होते हैं और राह चलते लोग डर जाते हैं। जमालपुर के नंदू के ऐसे तमाम मजेदार कारनामे 'अजब छींक नंदू की' बाल नाटक में हैं। प्रकाश मनु के यहाँ हास्य-विनोद के रंगों से भरे ऐसे कई मजेदार बाल नाटक हैं, जो खेल-खेल में बड़े पते की बातें भी कह जाते हैं। इनमें 'झटपट सिंह फटफट सिंह', 'यारो मैं करमकल्ला नहीं हूँ' और 'धमाल पंपाल के जूते' में बच्चों की ऐसी शरारतों और अजीबोगरीब सनकों की ओर ध्यान दिलाया गया है, जिनसे वे खुद ही नहीं, दूसरे भी परेशान होते हैं। 'निठल्लूपुर का राजा' और 'अजब तमाशा गजब तमाशा' में ऐसे विचित्र पात्र हैं, जिनके मजेदार करतब पेट पकड़कर हँसने पर मजबूर करते हैं। 'पप्पू बन गया दादा जी', 'मुन्नू का अजब नाटक', 'खेल-खेल में नाटक' तथा 'हमारा हीरो शेरू' नाटकों में छोटे बच्चों की छोटी-छोटी परेशानियों, कौतुक और शरारतों को सहज हास्य के साथ बाल नाटकों में ढाला गया है। इसी तरह 'भुलक्कड़राम' बाल नाटक में पापा अपने बचपन के भुलक्कड़पने का एक पन्ना खोलकर बेटी के आगे रखते हैं, तो सभी का हँसते-हँसते बुरा हाल हो जाता है।

प्रकाश मनु के बहुत से बाल नाटक पर्यावरण, युद्ध, निरक्षरता जैसे मुद्दों पर भी लिखे गए हैं। इनमें बच्चे भी अपने-अपने ढंग से शरीक होते हैं। 'मुनमुन का छुट्टी क्लब', 'सपनों का पेड़', 'नए साल क्या-क्या लाओगे' और 'सांताक्लाज आया' बाल नाटकों में बच्चों के सपनों का पसारा है, जो उन्हें कुछ न कुछ नया करने के लिए प्रेरित करता है। इनमें बच्चों की यह चिंता किसी न किसी रूप में सामने आती है कि वे झुग्गी-झोंपड़ियों और गरीब बस्तियों में रहनेवाले अपने गरीब साथी बच्चों को ऊपर उठाने के लिए आखिर क्या भूमिका अदा कर सकते हैं। 'सांताक्लाज आया' में नाटक के सूत्रधार हीरेन दा खुद सांताक्लाज बनकर एक गरीब बच्चे नील के पास पहुँच गए और उस समय नील जिस तरह खुशी से नाच उठता है, यह दृश्य भावुक

कर देनेवाला है। 'युद्ध अब कभी नहीं' में अवंतीपुर का राजा बीसलदेव बड़ा युद्धाभिमानी है और अपनी वीरता पर उसे हद से ज्यादा घमंड है, पर जब वह सच्चे वीर और तेजस्वी राजा मुकुंदपाल से टकराया तो उसका सारा घमंड चूर-चूर हो गया। वह समझ गया कि सच्ची वीरता क्या है।

प्रकाश मनु का 'जानकीपुर की रामलीला' भी बहुत भावनात्मक बाल नाटक है, जिसमें गाँव में रामलीला शुरू करने में गाँव के जमींदार रहमत साहब सबसे आगे बढ़कर हिस्सा लेते हैं और सारे गाँववालों का दिल जीत लेते हैं। प्रकाश मनु ने 'कहानी नानी की' सरीखे बहुत से पद्यात्मक बाल नाटक भी लिखे हैं। इसके अलावा 'पंचतंत्र के अनोखे नाटक' शीर्षक से उन्होंने पंचतंत्र की कथाओं का नाट्य रूपांतरण किया है। कुछ अरसा पहले उनके चुनिंदा बाल नाटकों का संचयन 'मेरे प्रिय बाल नाटक' (2015) प्रकाशित हुआ है।

लंबे अरसे से बच्चों के लिए लिखती आ रही बानो सरताज (ज. 1945) ने भी निरंतर लिखकर बाल नाटकों में अपनी अलग पहचान बनाई है। उनके बहुत से नाटक ध्यान खींचते हैं। हालाँकि बानो सरताज के सभी बाल नाटक उम्दा नहीं हैं और कुछ तो बड़े सपाट भी हैं, पर 'चुनाव का चक्कर', 'टकलम टोला घी का गोला', 'मुझे शिकायत है', 'चूँ-चूँ का मुरब्बा', 'शर्त मंजूर है' में उनके बाल नाटकों के कुछ नए रंग-अंदाज देखने को मिलते हैं। 'चुनाव का चक्कर' में बच्चे क्लास के मॉनीटर का चुनाव करने की इच्छा प्रकट करते हैं। टीचर चूँकि बच्चों से सचमुच प्यार करती हैं, इसलिए बच्चों की सारी इच्छाएँ पूरी हो जाती हैं। किसी बच्चे को कैडबरी चुनाव-चिह्न पसंद आया तो किसी को दही-बड़ा, किसी को बालपैन पसंद आया तो किसी को डंडा उर्फ मौलाबक्श चुनाव-चिह्न मिला। अब चुनाव प्रचार इस जोशीली शैली में होता है कि "कोई बड़ा न छोटा होगा, सबका होगा एक झंडा, रामप्रसाद को वोट दे दो, रक्षा तुम्हारी करेगा डंडा।" बड़े जोरों से चुनाव-प्रचार की मुहिम चलती है और आखिर में सलमान ही मॉनीटर चुना जाता है, जिसे खुद क्लास टीचर भी मॉनीटर बनाना चाहती थीं। जब सलमान के चुने जाने पर क्लास टीचर ने अपने मन की बात बताई तो बच्चे अवाक् रह जाते हैं और फिर जोरों से 'मीनाक्षी टीचर ग्रेट हैं' और 'कक्षा मॉनीटर सलमान जिंदाबाद' के नारे लगते हैं। 'मुझे शिकायत है' भी बानो सरताज का एकदम अलग तरह का बाल नाटक है, जिसमें अदालत का दृश्य है। बहुत-से बच्चे उस अदालत में अपनी-अपनी शिकायतें लेकर मौजूद हैं, मगर नाटक का असली मजेदार दृश्य वहाँ उपस्थित होता है, जब अदालत में नकली मम्मी को हटाकर खुद असली मम्मी आकर खड़ी हो जाती हैं।

बानो सरताज के 'वतन के लिए' और 'अकबर का न्याय' भी याद रह जानेवाले अच्छे ऐतिहासिक बाल नाटक हैं। 'वतन के लिए' में वीर योद्धा टीपू सुल्तान और उसके दो साहसी बच्चों की कथा है। अंग्रेजों से हार जाने के बाद टीपू को अपने दोनों बेटों को अंग्रेज शासन के बंधक रखना था। दरबार में टीपू को यह सलाह दी जाती है कि वह अपने बच्चों के बजाय किन्हीं और दो बच्चों को अंग्रेजी सत्ता को सौंप दे। उन्हें भला यह क्या पता चलेगा कि टीपू के ये अपने बच्चे हैं या नहीं? मगर बड़ा शहजादा जब यह कहता है कि "आपकी प्रजा आपसे प्यार करती है, आप पर जान छिड़कती है बाबा, जान! क्या उसकी वफादारी का यही सिला होगा कि···" तो टीपू को एकाएक अपने कर्तव्य का भान हो जाता है। बानो सरताज के ऐतिहासिक नाटक 'अकबर का न्याय' में अकबर का उदार चरित्र खूब उभरा है।

बानो सरताज के 'सच्चे का बोलबाला', 'प्रगति के पथ पर', 'दीवाली का उपहार' और 'क्या मैंने गलत

कहा' सरीखे कई बाल नाटक समाज के गरीब और कमजोर वर्ग के दर्द को मार्मिकता से उभारते हैं और बच्चों के मन में अपने ही गरीब साथियों के लिए कुछ कर गुजरने का भाव पैदा करते हैं। बानो सरताज के कई बाल नाटकों में हास्य-विनोद के भी छींटे हैं। खासकर 'चूँ-चूँ का मुरब्बा' उनका एक अनोखा हास्य बाल नाटक है, जिसमें एक अखबार के दफ्तर का दृश्य है। फिर होता यह है कि संपादक थोड़ी देर के लिए कहीं चला जाता है तो उसकी जगह कोई दूसरा आकर बैठ जाता है और फिर एक के बाद एक गड़बड़झाले होने लगते हैं। संपादक इतनी अजीबोगरीब बातें फोन पर करता है और दफ्तर में इतने अजीबोगरीब आदेश देता है कि किसी की समझ में नहीं आता कि अखबार के दफ्तर में यह हो क्या रहा है। आखिर में जाकर रहस्य से परदा उठता है और यह पहेली खुलती है कि संपादक की जगह एक घर से भागकर आए चचाजान विराजमान हो गए हैं। 'गालियाँ और गोलियाँ', 'मुझे शिकायत है', 'टकलम टोला घी का गोला' और 'टमाटर खा' बानो सरताज के कुछ और दिलचस्प हास्य बाल नाटक हैं, जिनमें एक से एक अजब-गजब स्थितियाँ दर्शाई गई हैं।

राष्ट्रबंधु (1933-2015) के बाल नाटकों के संग्रह 'अब्बा की खाँसी' (2005) में शामिल पच्चीस बाल नाटकों में अधिकांश पारंपरिक सुधारवादी किस्म के ही नाटक हैं। 'जन्मदिन', 'शिकायत', 'पॉलीथिन', 'अहिंसा से शांति प्रसार', 'कुदरत के सब बंदे', 'पाँचवाँ चोर', 'सजा पिताजी को', 'आज का अर्जुन', 'अब्बा की खाँसी' जैसे बाल नाटक बच्चों को ही नहीं, बड़ों को भी अपने आपको सुधारने और दूसरों के प्रति ज्यादा सदय और उदार होने की प्रेरणा देते हैं। इनमें नए जमाने की मुश्किलें हैं, तो साथ ही महज नएपन की रौ में न बहकर, अपनी संस्कृति और परंपराओं के प्रति आदर रखने का भाव भी है। राष्ट्रबंधु के इस तरह के नाटकों में कुछ उपदेशात्मक भी हो गए हैं, पर 'सजा पिताजी को', 'आज का अर्जुन', 'जन्मदिन', 'हम बदलेंगे युग बदलेगा', 'रुकावट के लिए खेद है' सरीखे नाटक खासे मजेदार हैं और उनकी नाटकीयता लुभाती है। राष्ट्रबंधु के अनेक नाटकों में बीच-बीच में कविताओं का प्रयोग हुआ है, जो उनके प्रभाव को बेशक बढ़ा देता है। ये नाटक अधिक कलात्मक न होते हुए भी अपनी छाप छोड़ते हैं और आसानी से मंचित किए जा सकते हैं।

राष्ट्रबंधु ने भी ऐतिहासिक पृष्ठभूमि पर कुछ बाल नाटक लिखे हैं। उनके बाल नाटक संग्रह 'अब्बा की खाँसी' में 'अहिंसा से शांति प्रसार', 'देश हमारा जागा', 'जादुई स्त्री', 'अमर शहीद अशफाक उल्ला खां', 'शहीद भगतसिंह', 'पं. रामप्रसाद बिस्मिल' सरीखे कुछ अच्छे ऐतिहासिक बाल नाटक शामिल हैं। खासकर क्रांतिकारियों अशफाक उल्ला खां, रामप्रसाद बिस्मिल और भगतसिंह पर लिखे गए राष्ट्रबंधु के नाटक प्रभावशाली हैं। पौराणिक पृष्ठभूमि पर लिखे गए राष्ट्रबंधु के 'जय माँ काली' और 'परिपालय देवि विश्वम्' भी अच्छे नाटक हैं, लेकिन बाल पाठकों को देखते हुए इनकी भाषा सहज, सरल होती तो इनका प्रभाव अधिक उभरता।

गिरिराजशरण अग्रवाल (ज. 1944) ने भी बच्चों के लिए बहुत नाटक लिखे हैं, जिनमें कई रंग हैं। इनमें 'आधा सेर रबड़ी', 'मैं धनकलाल हूँ, धनकू नहीं', 'मक्खीमार से वार्तालाप' और 'ठलुए कवि' मजेदार हास्य नाटक हैं। 'एक चुटकी संतोष' दहेज की समस्या पर लिखा गया प्रभावशाली नाटक है। गिरिराजजी का 'आम का पौधा' भी बच्चों को खेल-खेल में मीठी सीख देनेवाला बाल नाटक है, जो मन में कर्तव्य-भावना और अपनी परंपरा के लिए सम्मान का भाव पैदा करता है। आम का पौधा, जो दादाजी ने लगाया, उसके फल आज तीसरी पीढ़ी के लोग खा रहे हैं तो फिर हम अपने बाद आने वाली पीढ़ियों के लिए भला क्या छोड़कर

जा रहे हैं? यह बाल नाटक सीधे-सादे ढंग से मन में यह सवाल उठाता है। गिरिराजजी के बाल नाटकों के कई संग्रह छपे हैं। इनमें हास्य-विनोदपूर्ण नाटक हैं, तो भारतीय संस्कृति और इतिहास के गौरवपूर्ण पन्नों से जुड़े नाटक भी। उनके बाल नाटकों के संग्रह हैं—'बच्चों के रोचक नाटक', 'बच्चों के हास्य नाटक', 'बच्चों के उत्तम नाटक', 'बच्चों के शिक्षाप्रद नाटक' तथा 'भारतीय गौरव के बाल नाटक'। इनमें 'भारतीय गौरव के बाल नाटक' संचयन है, जिसमें हरिकृष्ण प्रेमी, रामकुमार वर्मा, राजा लक्ष्मणसिंह, नरेश मेहता, नर्मदाप्रसाद खरे, सेठ गोविंददास, केशव दुबे के साथ-साथ मौजूदा दौर के लेखकों के लिखे बाल नाटक भी शामिल हैं।

गिरिराजशरण अग्रवाल ने अपने बाल नाटकों के जरिए एक बड़े अभाव को दूर किया है। हालाँकि उनके कुछ नाटक उपदेशात्मक हो गए हैं। अगर नीतिगत आदर्शों का बोझ कुछ कम तथा क्रिएटिविटी थोड़ी अधिक होती, तो ये बच्चों को कहीं अधिक रुचिकर लगते। गिरिराजजी ने प्रेमचंद की कई कहानियों का भी सुंदर नाट्य-रूपांतरण किया है। इनमें प्रेमचंद की 'जुलूस', 'सवा सेर गेहूँ', 'गुल्ली-डंडा', 'मोटेराम शास्त्री' तथा 'पंच परमेश्वर' सरीखी बहुचर्चित कहानियाँ शामिल हैं।

बाल साहित्य की वरिष्ठ पीढ़ी के साहित्यकारों में प्रेमस्वरूप श्रीवास्तव और जयप्रकाश भारती के बाल नाटक भी ध्यान आकर्षित करते हैं। प्रेमस्वरूप श्रीवास्तव (1929-2016) के नाटक बच्चों को खेल-खेल में सीख देनेवाले हैं। उनके बाल नाटकों की दो पुस्तकें हैं, 'जिस देश में गौतम-गांधी जनमे' तथा 'आँखों का तारा'। 'जिस देश में गौतम-गांधी जनमे' पुस्तक में बच्चों के लिए लिखे गए उनके सात नाटक शामिल हैं, जिनमें भारत देश की गौरव-गाथा बड़े प्रभावी ढंग से सामने आती है। इनमें 'बुद्धं शरणं', 'एक कंगाल राजा', 'रत्न पारखी', 'जुलाहे का बेटा' और 'मैं झाँसी नहीं दूँगी' ध्यान खींचनेवाले बड़े सुंदर और भावपूर्ण बाल नाटक हैं। 'आँखों का तारा' में प्रेमस्वरूप श्रीवास्तव के दो चर्चित नाटक शामिल हैं, 'आँखों का तारा' और 'वन की पुकार'। इनमें 'आँखों का तारा' में भारत के सब नगरों की एक बड़ी दिलचस्प प्रतियोगिता होती है, जिसमें तय होना है कि आखिर कौन सा नगर भारत की आँखों का तारा है? सभी नगर बढ़-चढ़कर अपनी-अपनी विशेषताओं का बखान करते हैं। किसी को अपनी सुंदरता पर अभिमान है तो किसी को अपनी सदियों पुरानी परंपराओं पर। आखिर में उदयपुर को 'भारत की आँखों का तारा' के पद से नवाजा जाता है, क्योंकि उसका त्याग सबसे महान है। नाटक बड़े रोचक ढंग से आगे बढ़ता है और बाल पाठकों को सचमुच बाँध लेता है। श्रीवास्तवजी का 'वन की पुकार' पर्यावरण की समस्या पर केंद्रित बड़ा सुंदर और प्रभावी नाटक है। मनुष्य अपने स्वार्थ के लिए पेड़ों को बेरहमी से काटता जा रहा है, पर ये पेड़-पौधे भी तो मनुष्य की इस क्रूर संहार-लीला के बारे में कुछ सोचते होंगे। नाटक में यह विचार बड़े अच्छे ढंग से सामने आता है।

जयप्रकाश भारती (1936-2005) के नाटकों की पुस्तक 'चाँद पर चहलपहल' (1993) में उनके आठ बाल नाटक शामिल हैं। इनमें 'सारे जहाँ से अच्छा' की शुरुआत अच्छी है, जहाँ दादाजी राकेश और छाया के मन में कुछ नया करने की लगन भरते हैं। जहाज बनाकर आसमान में उड़ने के उनके सपने और लगन से उत्साहित होकर पीठ ठोंकते हैं, लेकिन आगे नाटक में यह नाटकीयता बनी नहीं रहती और वह एक लेख जैसा हो जाता है। 'चाँद पर चहलपहल' में चाँद पर मनुष्य के पैर रखने की ऐतिहासिक घटना और चंद्रयान को लेकर बहुत उपयोगी जानकारियाँ दी गई हैं। उन्हें यथासंभव रोचक अंदाज में भी प्रस्तुत किया गया है,

पर अपेक्षित नाटकीयता इसमें नहीं आ सकी। 'दोस्ती के फूल' भारतीजी के इन नाटकों में सबसे सहज और आकर्षक है, जिसमें दादाजी और बच्चों की दोस्ती बड़े निराले रूप में मुखर हुई है। साथ ही यह भी कि दादाजी कैसे प्यार-प्यार में बच्चों को ऐसी सीख दे देते हैं, जो उन्हें भीतर से बदल देती है। पर यह सब बड़ी सहज नाटकीयता के साथ सामने आता है।

भारतीजी का 'ढोल चला' भी मजेदार बाल नाटक है, जिसमें कूड़ा डालनेवाला ढोल एक दिन अचानक चल पड़ा। चलते-चलते वह सड़क पर आ जाता है और फिर वहाँ अजब-गजब तमाशे होते हैं। भारतीजी ने बाल नाटकों की पुस्तक 'श्रेष्ठ बाल एकांकी' का भी संपादन किया है।

बच्चों के जाने-माने कवि दिविक रमेश (ज. 1946) ने भी बच्चों के लिए कुछ सुंदर नाटक लिखे हैं। खासकर उनके बाल नाटक 'बल्लू हाथी का बाल-घर' की काफी चर्चा हुई है, जो जानवरों के माध्यम से प्रेम और भाईचारे का संदेश देता है। शहर से आया एक बूढ़ा हाथी जंगल में जानवरों के छोटे-छोटे बच्चों की निगरानी का जिम्मा लेता है और फिर उसका बाल-घर किस तरह बच्चों को कहानियाँ सुनाकर खेल-खेल में जीवन की सीख देनेवाला विद्यालय बन जाता है, दिविक के इस नाटक में बड़े सुंदर ढंग से इसका चित्रण है। नाटक में बूढ़े हाथी ही नहीं, जंगल के और जानवरों का चरित्र भी खूबसूरत ढंग से उभरा है। दिविक का यह पहला ही बाल नाटक है, पर इसे पढ़कर एक अच्छे और समर्थ नाटककार के रूप में उनकी छवि मन पर अंकित होती है। इधर उन्होंने बच्चों के कुछ और दिलचस्प नाटक लिखे हैं।

प्रसिद्ध कथाकार राजेश जैन (ज. 1949) के बाल नाटक भी ध्यान आकर्षित करते हैं। 'गणित देवता' (2001) में राजेश जैन के दो बाल नाटक शामिल हैं, 'होम कारपोरेशन' और 'गणित देवता'। इनमें 'गणित देवता' में गणित को लेकर बच्चों की मुश्किलों, भय और फोबिया को मनौवैज्ञानिक धरातल पर समझने की कोशिश की गई है। हैरानी की बात यह है कि कई बच्चे, जो खासे तेज-तर्रार है और अन्य विषयों में औरों से आगे हैं, लेकिन गणित ऐसा दैत्य है, जिसके आगे उनकी घिग्घी बनती है। स्कूल में मेथ्स की एक्स्ट्रा क्लास लगती है, पापा केरियर बनाने की सीख देते हैं, पर असल में कोई उनकी मदद के लिए आगे नहीं आता। तब कुछ बच्चे पूजा की सामग्री लाकर गणित देवता की पूजा-अर्चना शुरू कर देते हैं। आखिर में दादाजी दोस्त बनकर उन्हें सही राह दिखाते हैं। इसी तरह 'होम कारपोरेशन' राजेश जैन का सुंदर नाटक है, जिसमें बच्चे अपनी पढ़ाई-लिखाई की मुश्किलों का खुद ही आपसी ताल-मेल से रास्ता निकाल लेते हैं। राजेश जैन के इन दोनों ही नाटकों में बच्चों की सक्रियता और खिलंदडा अंदाज प्रभावित करता है, जिससे ये नाटक ऊबभरे न होकर खेल-खेल में बड़ी बात कह जाते हैं। राजेश जैन का 'चप्पल कांड' भी बड़ा मजेदार बाल नाटक है, जिसमें मन को प्रफुल्ल कर देनेवाले हास्य-विनोद के रंग हैं।

इधर बलराम अग्रवाल (ज. 1952) ने भी बच्चों के लिए कुछ सुंदर एकांकी लिखे हैं। उनकी पुस्तक 'ग्यारह अभिनेय बाल एकांकी' (2012) में कई एकांकी बच्चों के मन को बाँध लेनेवाले हैं। इनमें 'आज का गांधी', 'पिंकी और पापा', 'टिंकू बन गया टीचर जी', 'शिवाजी की बहन' और 'कृष्ण का नामकरण' बहुत अच्छे हैं। 'आज का गांधी' में अन्ना हजारे के आंदोलन के प्रभाव की एक झाँकी बड़ी नाटकीयता के साथ दिखाई गई है। अगर एक सच्चा आदमी सही बात कहने के लिए हिम्मत से उठ खड़ा होता है तो हजारों लोग

उसके पीछे चलने को तैयार हो जाते हैं। देश से भ्रष्टाचार मिटाने की मुहिम का असर कैसे नन्हे-नन्हे बच्चों की टोलियों में भी आ पहुँचा है और कैसे उससे देश में एक बदलाव आ रहा है, इसे बलराम अग्रवाल ने बहुत अच्छे ढंग से दर्शाया है।

'पिंकी और पापा' तथा 'टिंकू बन गया टीचर जी' में थोड़ा हास्य-विनोद का रंग है। 'पिंकी और पापा' में पिंकी दादी माँ बनकर पापा को डाँटते हुए अपनी परवाह करने की हिदायत देती है तो पापा पिंकी को झट पहचान जाते हैं, पर फिर भी वे उसके नाटक का आनंद लेते हैं। नाटक का अंत बड़ा मजेदार है। यही नाटकीय भंगिमा 'टिंकू बन गया टीचर जी' में भी है। टिंकू टीचर बनकर मम्मी-पापा को बिल्कुल अपने छात्रों की तरह सामने बैठाकर बारिश कैसे होती है, बादल कैसे बनते हैं, यह सब उसी तरह समझाता है, जैसे कक्षा में अध्यापक पढ़ाते हैं। मम्मी-पापा भी बिल्कुल बच्चों की तरह उसकी बातें सुनते हैं और मन ही मन उसकी एक्टिंग पर हँसते हैं। इसी तरह बलराम अग्रवाल के दो सुंदर पद्य एकांकी 'गिनती का गीत' और 'नहीं रहेंगे गर जंगल' भी पुस्तक में शामिल हैं। ये पद्य एकांकी अभिनेय हैं और बहुत खूबसूरती से नृत्य और संगीत के साथ मंचित किए जा सकते हैं।

रंगमंच से करीबी तौर से जुड़े हेमंतकुमार (ज. 1958) ने भी बच्चों के लिए बड़े दमदार नाटक लिखे हैं। 'कहानी तोते राजा की' (2009) में उनके पाँच चर्चित बाल नाटक शामिल हैं। ये नाटक हैं, 'कहानी तोते राजा की', 'पोलमपुर का उलटा-पुलटा', 'जैसी करनी वैसी भरनी', 'मछुआ और काना बैल' तथा 'गुरु घंटाल चेला चंडाल'। इनमें 'कहानी तोते राजा की' टैगोर की एक कहानी से प्रभावित है, पर हेमंत ने उसमें कई समसामयिक रंग-प्रभाव उकेर दिए हैं। इसी तरह 'पोलमपुर का उलटा-पुलटा' भी बड़े केनवस का नाटक है, जिनमें कहीं हास्य-विनोद की फुरफुरी तो कहीं व्यंग्य की तीखी चोट है। महारानी पोम्पाबाई का आदेश है कि अब स्त्रियाँ बाहर का सब काम करेंगी और पुरुष घर में रहकर घर सँभालेंगे। इससे चीजें जिस तरह उलट-पुलट होती हैं, उसका चित्रण मजेदार है। 'जैसी करनी वैसी भरनी', 'मछुआ और काना बैल' तथा 'गुरु घंटाल चेला चंडाल' नाटकों में इतना विस्तार नहीं है, पर इनमें भी खासी अभिनेयता है तथा ये ऐसे नाटक हैं, जिनमें किस्सागोई के अंदाज में बहुत कुछ कह दिया गया है। एक नाटककार के रूप में हेमंत की यही खासियत है। उनके ज्यादातर नाटकों का ऊपरी कलेवर हास्य की गुदगुदी लिये है, पर हलके-फुलके ढंग से भी वे बड़ी-बड़ी बातें कह जाते हैं। हेमंत के बाल नाटकों का एक और संग्रह है, 'राष्ट्रीय एकता' (1989)। इस पुस्तक में उनके दो सीख देनेवाले भावपूर्ण नाटक शामिल हैं, 'गाँव का बेटा' और 'दो हीरे'। इनमें 'गाँव का बेटा' में छोटे-बड़े की दीवारें तोड़कर सबको एक समान समझने का संदेश है। 'दो हीरे' में चीन के आक्रमण की पृष्ठभूमि में एक वीर माता और उसके दो बेटों की रोमांचक कथा है। दोनों बाल नाटकों को आसानी से मंचित किया जा सकता है।

प्रकाश पुरोहित (ज. 1954) भी रंगमंच से गहरे जुड़े नाटककार हैं, जिनके नाटकों को बच्चों ने बहुत पसंद किया है। 'तीन बाल नाटक' (2008) में उनके तीन बहुचर्चित बाल नाटक शामिल हैं, 'किसी रोते हुए बच्चे को हँसाया जाए', 'पसीना है अनमोल' और 'उतंक मेघ'। इनमें 'किसी रोते हुए बच्चे को हँसाया जाए' में बड़ों की दुनिया द्वारा बच्चों पर किए जा रहे अत्याचारों का बड़ा ही मार्मिक ढंग से चित्रण हुआ है।

'पसीना है अनमोल' का संदेश है कि जब तक हम मेहनत नहीं करते, इस दुनिया को खुशहाल नहीं बनाया जा सकता। सच तो यह है कि पसीने की महक सबसे मधुर होती है, जिससे हमारा मन और आत्मा शीतल होती है। आरामनगर के राजा और राजपरिवार ने यह जाना तो राज्य में जैसे हर ओर खुशियाँ बरसने लगीं। 'उतंक मेघ' में पौराणिकता और आधुनिकता के मेल से नाटक की कथावस्तु में एक अलग सा ही अर्थ प्रकाशित हो उठता है। यह खासा चुस्त नाटक है। प्रकाश पुरोहित के नाटकों में संवादों का जादू पाठकों को अपने साथ बहा ले जाता है। यही उनके नाटकों की लोकप्रियता का रहस्य भी है।

गोविंद शर्मा (ज. 1946) ने इस दौर में बच्चों के लिए विविध किस्म के नाटक लिखे हैं। 'नया बाल दिवस' (2009) संग्रह में उनके दस बाल नाटक शामिल हैं। इनमें 'नया बालदिवस', 'राजा शर्तराज सिंह', 'कौन है बेटी नंबर एक', 'उसकी जाति क्या है', 'मुकदमा हवा-पानी का' और 'डॉ. चुनचुन' बाल नाटक बच्चों को अच्छे लगेंगे। खासकर 'डॉ. चुनचुन' तो बड़ा ही मजेदार बाल नाटक है, जो बच्चों को जी भरकर हँसाता है। इसमें सिरदर्द की गोलियाँ और बुद्धू हकीम यूनियन के एक झूठे सर्टीफिकेट का जुगाड़ करके डाक्टर बना चुनचुन मरीजों पर खूब रोब डालता है। उसकी बेतुकी बातें और बेसिर-पैर का इलाज देखकर भी सब चुप रहते हैं, पर एक दिन बिल्ली मरीज बनकर आई और डॉ. चुनचुन ने उसके आगे भी अपनी यही डाक्टरी अदा दिखाई तो उसकी शामत आ गई। बेचारे को भागकर अपनी जान बचानी पड़ी। काश, गोविंद शर्मा ने ऐसे दिलचस्प नाटक और भी लिखे होते।

रेनू चौहान (ज. 1955) बाल कहानीकार के रूप में जानी जाती हैं, पर उन्होंने बच्चों के लिए नाटक भी लिखे हैं। 'रंग-बिरंगे बादल' (2013) पुस्तक में उनके लिखे छह बाल नाटक शामिल हैं। ये अलग-अलग रंग-रूप के नाटक हैं, जिनमें पर्याप्त विविधता है। रेनू के लिखे नाटक बच्चे के मन और कल्पना-संसार से सीधे-सीधे जुड़ते हैं, इसलिए बाल पाठकों को सहज ही आकर्षित करते हैं। इसी तरह इन नाटकों की काव्यात्मकता भी मोहती है। 'रंग-बिरंगे बादल' पुस्तक का सबसे रोचक और अभिनेय नाटक है, जो बच्चों को भेदभाव से ऊपर उठकर मिलकर खेलने की सीख देता है। 'और घर बच गया' में जंगल के जीव-तंतु मिलकर रहने की सीख देते हैं, जिससे हम किसी भी आपदा का सामना कर सकें। 'मैराथन' में रोचक ढंग से मैराथन दौड़ की जानकारी दी गई है। 'नौकर हो तो ऐसा' खासा मनोरंजक नाटक है। इसी तरह 'बस, एक मिनट' में खेल-खेल में समय के महत्त्व को दर्शाया गया है। रेनू चौहान के प्रायः सभी नाटक आसानी से खेले जा सकते हैं। हाँ, उन पर थोड़ी और मेहनत की जाती तो उनका प्रभाव कहीं अधिक निखर सकता था।

मो. साजिद खान (ज. 1976) ने भी बच्चों के लिए सुंदर कहानियों के साथ-साथ ऐसे नाटक लिखे हैं, जिनमें कहीं बतकही तो कहीं हास्य-विनोद की फुरफुरी है। उनके बाल नाटकों के संग्रह 'सब्जी-सभा' में छोटे-बड़े तथा अलग-अलग मिजाज के सात नाटक शामिल हैं। हालाँकि इन नाटकों में कहीं-कहीं सीख देने की कोशिश इतनी अधिक है कि नाटक का आनंद कुछ दब सा जाता है। 'विद्यालय की बाल सभा' ऐसा ही नाटक है, जिसे थोड़ा ढंग से लिखा जाता तो यह बहुत रोचक और प्रभावी बन सकता था। 'मुझे भी खिलाओ ना', 'दोष मेरा नहीं', 'आज तनख्वाह मिली है' और 'सब्जी-सभा' साजिद के अच्छे बाल नाटक हैं। 'मुझे भी खिलाओ ना' नाटक बच्चों को हर तरह के भेदभाव से ऊपर उठने तथा मिलकर खेलने की सीख देता है।

नाटक में दादाजी की भूमिका बड़ी सुंदर है। 'दोष मेरा नहीं' नाटक में एक बच्चे के अकेलेपन की तसवीर है। उस पर मम्मी-पापा समेत सभी अपनी-अपनी महत्त्वाकांक्षाओं का बोझ लाद देते हैं, पर उसकी मुश्किलों को समझने और मदद करने के लिए कोई आगे नहीं आता। बच्चे की यह त्रासदी नाटक में प्रभावी ढंग से उभरी है। 'आज तनख्वाह मिली है' थोड़ा हलका-फुलका नाटक है। पापा तनख्वाह लेकर घर आए हैं, पर परिवार के लोगों की माँगों की लिस्ट इतनी बड़ी है कि उसमें तनख्वाह कैसे गायब हो जाती है, इसका पता ही नहीं चलता। 'सब्जी-सभा' खेल-खेल में सब्जियों के महत्त्व को दर्शानेवाला सुंदर बाल नाटक है। कुल मिलाकर साजिद के बाल नाटकों की विविधता अधिक आकर्षित करती है। इसके अलावा साधना श्रीवास्तव, ओमप्रकाश आर्य और मधुकांत ने भी बच्चों के नाटक लिखे हैं, पर वे अधिक प्रभाव नहीं छोड़ते।

बड़े साहित्यकारों ने लिखे हैं बाल नाटक

इस कालखंड में हिंदी के बहुत से चर्चित और जाने-माने साहित्यकारों ने भी बच्चों के लिए नाटक लिखे। इनमें अमृतलाल नागर, शैलेश मटियानी, श्रीलाल शुक्ल, यादवेंद्र शर्मा 'चंद्र', रमेशचंद्र शाह, गिरिराज किशोर, मृदुला गर्ग, भारतरत्न भार्गव, राजेश जोशी आदि के नाम उल्लेखनीय हैं।

हिंदी के मूर्धन्य उपन्यासकार अमृतलाल नागर (1916-1990) ने बच्चों के बड़े ही सुंदर और रसपूर्ण नाटक लिखे, जिनमें कुछ रेडियो पर भी प्रसारित हुए। नागरजी के बाल नाटकों के संग्रह 'बाल दिवस की रेल' (2002) में उनके दो बाल नाटक शामिल हैं—'बाल दिवस की रेल' तथा 'परी देश की सैर'। इनमें 'बाल दिवस की रेल' बड़ा मोहक बाल नाटक है, जिसमें बाल मन और भावनाओं का इंद्रधनुषी संसार है। नागरजी ने बाल दिवस की अनोखी रेल में बैठाकर बच्चों को पूरे भारत की सांस्कृतिक झाँकी दिखाई है और बड़े रोचक ढंग से अपने देश के गौवमय इतिहास से परिचित कराया है। खासकर बाल दिवस की इस रेल में बैठकर दक्षिण के राज्यों के संगीत, संस्कृति और जीवनचर्या को देखना बड़ा रोचक लगता है। बेशक नागरजी ने बड़ा रस लेकर इसे लिखा है। इसी तरह 'परी देश की सैर' की खासियत यह है कि इसमें परीलोक के चमत्कार और सुंदरता की भरपूर झाँकी देखने के बाद भी बच्चों का अपनी धरती से अनुराग कम नहीं होता, बल्कि वे अपनी इस धरती को ही सुंदर बनाने का संकल्प करते हैं।

इसी तरह शैलेश मटियानी (1931-2003) ने बच्चों के लिए कुछ अनूठे नाटक लिखे हैं। 'भरत मिलाप' (1988) में मटियानीजी के दो सुंदर बाल नाटक शामिल हैं, 'भरत मिलाप' और 'गुरु का आदेश'। ये दोनों ही मटियानीजी के बड़े प्रभावशाली और भावनात्मक बाल नाटक है, जिनका मन पर गहरा प्रभाव पड़ता है। 'भरत मिलाप' में दो भाइयों के बीच पैसे को लेकर पड़नेवाली दरार का चित्रण है, लेकिन जब बच्चे बड़ों के आगे सुंदर ढंग से 'भरत मिलाप' नाटक खेलते हैं तो राम और भरत के अनोखे चरित्र का बड़ों पर भी असर पड़ता है। देखते ही देखते वे एक-दूसरे के गले से लग जाते हैं और उनके मन का मैल बह जाता है। 'गुरु का आदेश' में एक बड़े ही सीधे-सरल और स्नेहिल मास्टरजी का चित्रण है। बच्चों को वे भरपूर प्यार देते हैं और जब एक गरीब बच्चा स्कूल में न आ पाने की लाचारी दर्शाता है तो मास्टरजी का चरित्र कहीं ऊपर उठ जाता है और वे कहते हैं—यह गुरु का आदेश है, तुम्हें पढ़ने के लिए विद्यालय आना ही होगा। इस तरह एक

कर्तव्यनिष्ठ अध्यापक अपने विद्यार्थी के भविष्य को सँवारने की जिद ठान लेता है। मटियानीजी के ये दोनों ही नाटक आसानी से मंचित किए जा सकते हैं तथा अपनी नाटकीयता के कारण मन में गहरी छाप छोड़ते हैं।

अच्छे और अनूठे बाल नाटक लिखकर बाल साहित्य में योगदान करनेवाले इस दौर के चर्चित लेखकों में श्रीलाल शुक्ल, गिरिराज किशोर, सुधा अरोड़ा, मृदुला गर्ग, असगर वजाहत, भारतरत्न भार्गव, रमेशचंद्र शाह, राजेश जोशी आदि का नाम लिया जा सकता है। इनमें हास्य-विनोद के गजब के रंगों से बुना गया श्रीलाल शुक्ल (1925-2011) का 'आविष्कार जूते का' सबसे मजेदार और बेहतरीन बाल नाटक है। रवींद्रनाथ ठाकुर की एक छोटी सी पद्य-कथा के आधार पर रचा गया यह बेहद चुलबुला और विनोदपूर्ण बाल नाटक हिंदी बाल नाटकों को एक नए शिखर पर पहुँचा देता है। इसमें कहीं विनोद भाव की प्रबलता है, तो कहीं व्यंग्य, कटाक्ष और छेड़छाड़ है। राजा की सनक का कमाल का चित्रण है, तो दरबारियों की चापलूसी का भी। और नाटकीय घात-प्रतिघात और सक्रियता तो ऐसी है कि श्रीलाल शुक्ल की नाट्य प्रतिभा का कायल होना पड़ता है। काश, श्रीलाल शुक्ल ने ऐसे बाल नाटक और लिखे होते। अलबत्ता हिंदी बाल नाटक को एक नई ऊँचाई देनेवाले श्रीलाल शुक्ल के 'आविष्कार जूते का' को हिंदी बाल नाटकों की दुनिया में एक ऐतिहासिक घटना ही माना जाएगा।

इस दौर के चर्चित नाटककारों में यादवेंद्र शर्मा 'चंद्र' (1932-2009) की भी गिनती होती है। चंद्रजी के नाटक आज के समाज और बच्चों की नई समस्याओं से दो-चार होते नजर आते हैं। उनके कई बाल नाटक भी एक नए और आधुनिक विचारों से भरे उन्नत समाज की रचना की प्रेरणा देते हैं। चंद्रजी के 'नशा बिगाड़े दशा', 'धरती है असली धन' (1990) तथा 'खादी है आजादी' बाल नाटक बड़े सीधे-सादे ढंग से यह संदेश देते हैं कि अगर हमें देश और समाज का विकास करना है तो अपनी धरती की जड़ों को नहीं भूल जाना चाहिए और बुराइयों से लड़ाई निरंतर जारी रहनी चाहिए। इनमें 'खादी है आजादी' कहीं ज्यादा खूबसूरती से बुना हुआ कलात्मक बाल नाटक है, जिसमें आजादी से पहले और बाद के दृश्यों की तुलना बड़ी प्रभावशाली है। चंद्रजी ने कुछ मजेदार हास्य नाटक भी लिखे हैं। उनके चर्चित नाटक 'हाकूजी' में टिपिकल किस्म के मास्टर हाकूजी का पढ़ाई का टिपिकल ढंग है। वे जो कुछ पढ़ाते हैं, उसमें बच्चे मीन-मेख निकालते हैं तो हाकूजी गुस्से में बौखला जाते हैं और चिल्लाकर कहते हैं, "चिल्ड्रन ऑफ डंकी, यू आर उड़ाइंग माई मजाक ?"

रमेशचंद्र शाह (ज. 1937) के 'टिंबक टू' नाटक में बच्चों की मस्ती और खेलकूद के साथ कल्पना और फंतासी का गजब का मेल है। बच्चों के सिर पर हर वक्त बस्ते का बोझ लटका रहता है, जिससे निजात पाने के लिए वे खिलौनेवाले अल्लादिया मियाँ का साथ पसंद करते हैं और फिर टिंबक टू और चंदा मामा खुद आकाश से उतरकर बच्चों के पास आते हैं। मृदुला गर्ग (ज. 1938) का 'साम, दाम, दंड, भेद' भी मजेदार नाटक है, जिसमें बच्चों के खेलकूद और मस्ती का वर्णन है। मगर क्रिकेट खेलते बच्चों की मस्ती में विघ्न डालने आ पहुंचते हैं बंदर, जो विकेट लेकर पेड़ पर चढ़ जाते हैं। बच्चे हक्के-बक्के और परेशान है। तब गोमती की सूझ-बूझ से कैसे विकेट मिले, नाटक में बड़े मजेदार ढंग से यह दृश्य आता है। नाटक छोटे-छोटे चुस्त संवादों के जरिए सहज ही आगे बढ़ता है। इसके अलावा प्रसिद्ध कथाकार सुधा अरोड़ा का 'ऑड मैन आउट उर्फ बिरादरी बाहर' तथा डॉ. कमल वसिष्ठ का 'ये सृष्टि-निर्माता' भी उल्लेखनीय बाल नाटक है।

भारतरत्न भार्गव (ज. 1938) के बाल नाटक इशारों-इशारों में बहुत बड़ा संदेश देते हैं। उनके ये नाटक बढ़िया, चुस्त संवादों के साथ-साथ खूब कसी हुई पटकथा वाले कलात्मक नाटक हैं, जो मानो बच्चों के साथ खेल-खेल में लिखे गए हैं। एकलव्य प्रकाशन से छपे संग्रह 'हड्डी तथा अन्य नाटक' (1997) में भारतजी के 'शास्त्र देखो, शास्त्र' का आधार पंचतंत्र की एक चर्चित कथा है। पर भारतरत्न भार्गव ने उसका ऐसा कमाल का नाट्य रूपांतरण किया है कि इस कथा में एक जादुई ढंग का नाटकीय प्रभाव आ गया है। नाटक की शुरुआत एक अध्यापक और उसके शिष्यों की बातचीत से होती है। शिष्य जब पूछते हैं कि क्या हमारी शिक्षा पूर्ण हो गई तो अध्यापक उन्हें एक पुरानी कहानी सुनाता है, जिसमें शास्त्र पढ़े हुए चार विद्वान गुरु के आश्रम से निकलते हैं और जब वे लोगों के बीच पहुँचते हैं तो हर बात में शास्त्र देखकर या शास्त्र की युक्तियों के अनुसार निर्णय लेते हैं। वे समय या समाज या परिस्थितयों को नहीं देखते। बस, हर चीज में शास्त्र में कही गई बातों को ही प्रमाण मानते हैं। लिहाजा वे इस कदर मूर्ख साबित होते हैं कि जगह-जगह उनकी खासी पिटाई होती है और उन्हें हर जगह से भागना पड़ता है।

लिहाजा इस कहानी के जरिए गुरुजी अपने शिष्यों को यह सीख देते हैं कि प्यारे बच्चो, सोच-समझकर हर काम करो। शिष्य, जो गुरु की बात को अच्छी तरह समझ गए हैं, यह दोहराते हैं कि, "ज्ञान वही है, जिसका जग में होता है व्यवहार।/जिसका कुछ उपयोग न हो शिक्षा बेकार।/वो शिक्षा बेकार!/वो शिक्षा बेकार!/वो शिक्षा बेकार… !" भारतजी का एक और बाल नाटक 'पंख पखेरू' रवींद्रनाथ ठाकुर की एक कविता पर आधारित है, जिसका नायक एक तोता है। वह प्रकृति के चुस्त साहचर्य में रहनेवाला तोता है, जिसे धर्म, जाति और संप्रदाय की नफरत के पाठ पढ़ाए जाते हैं, तो वह बेहद अकुलाता है। उसे खुला आकाश पसंद है, भेदभाव की दीवारें नहीं। अंत में आदिवासी और वनवासी लोग अपने उस प्यारे तोते को चतुराई से राजा की कैद से छुड़ा लेते हैं।

राजेश जोशी (ज. 1946) का 'ब्रह्मराक्षस का नाई' एक लोककथा की मजेदार नाट्य प्रस्तुति है। राजेश जोशी ने चतुर और बुद्धिमान नाई का चरित्रांकन बड़ी खूबसूरती से किया है, जिसमें हास्य और चुटीलापन भी है। उनका यह नाटक किस्से और कहानी का मिला-जुला आनंद देता है। गिरिराज किशोर का 'मोहन का दु:ख' गांधीजी के बचपन को लेकर लिखा गया संजीदा नाटक है, जो मन पर गहरी छाप छोड़ता है। अशोक वाजपेयी (ज. 1941) ने 'उमंग' में हिंदी के इन दिग्गज लेखकों से बाल नाटक लिखवाकर तथा उन्हें एक संचयन में शामिल करके एक अनूठी शुरुआत की है। हालाँकि इनमें कुछ ऐसे नाटक भी हैं, जिन्हें नाटक क्यों कहा जाए, समझ पाना मुश्किल है।

❦ ❖ ❦

इस दौर में ऐसे बाल नाटककार भी हैं, जिन्होंने बच्चों के लिए अधिक नाटक नहीं लिखे, पर जो भी लिखा है, उसकी मन पर गहरी छाप पड़ती है। इनमें चंद्रदत्त 'इंदु', देवेंद्रकुमार और प्रसाद निष्काम के नाम खास तौर से याद आते हैं। चंद्रदत्त 'इंदु' (1935-2007) अपनी चुस्त और सुंदर बाल कविताओं के लिए जाने जाते हैं, पर उन्होंने बच्चों के लिए बड़े मजेदार बाल नाटक भी लिखे हैं। 'एक मूँछ और' इंदुजी का कमाल का बाल नाटक है, जिसमें एक सनकी राजा का बढ़िया खाका खींचा गया है। उसे दूसरे राजाओं को जीतकर उनकी

मूँछें कटवाकर अपने अँगरखे में लगवाने का शौक है, पर अंत में जब खुद उसकी मूँछें कटीं, तो बेचारे राजा का बुरा हाल था। इंदुजी के इस बाल नाटक में किस्से और नाटक का बढ़िया संयोग है।

प्रसाद निष्काम (ज. 1936) के बेहद चर्चित बाल नाटक 'ओना मासी धम' का एक अलग ही रंग है, जिसमें बड़ी उदात्त तरंगें हैं। यह खासा दमदार और रोमांचक स्थितियों का नाटक है। नाटक में धम्मनगर का राजा, 'ओम नम: सिद्धम्' है जबकि 'फी फा हम' हमलावर फौजी तानाशाह है। अचानक फी फा हम धम्मनगर पर हमला बोल देता है तो धम्मनगर में सभी परेशान होते हैं। राजा ओम नम: सिद्धम् विचलित होकर कहता है, "जियो और जीने दो, हमारा धर्म, कर्म और राजनीति है। फिर क्यों यह फी फा हम तमाम निर्दोष लोगों का खून बहा रहा है ?" इस पर सेनापति का कहना है, "फी फा हम एक ऐसा दिग्विजयी घोड़ा है महाराज, जो अपनी फौजी ताकत के नशे में सारी दुनिया को रौंदता चलता है।" धम्मनगर में सभी दु:खी और परेशान हैं। तब आखिर बच्चे ही धम्मनगर की रक्षा का संकल्प लेते हैं। किले का द्वार खुलते ही, गीत गाते बच्चों की बैंड-ब्रिगेड रणभूमि में जाती है। फौजी तानाशाह फी फा हम आँखें फाड़े देख रहा है और बच्चे निडर होकर गा रहे हैं, "हम बच्चे है आपके, दिल में देखो झाँक के,/ओना मासी-धम, ओम नम: सिद्धम्!" फी फा फम चिल्लाकर कहता है, "ये बकवास बंद करो!" वह म्यान से तलवार खींचकर चलाना चाहता है, मगर सबसे आगे जो लड़की खड़ी हुई है, उसमें उसे हू-ब-हू अपनी बेटी की छवि दिखाई पड़ती है और तलवार उसके हाथ से छूट जाती है। यह सचमुच एक करुणार्द्र करनेवाला नाटक है, जिसमें बच्चों की भूमिका और उसका असर देर तक मन पर बना रहता है।

देवेंद्रकुमार (ज. 1940) ने अधिक बाल नाटक नहीं लिखे, पर उनका 'छुट्टी का दिन' बड़ा मर्मस्पर्शी बाल नाटक है, जिसमें जीवन की 'तलछट' में जी रहे बच्चों का दर्द और खुशी एक साथ उभरती है। इन बच्चों में एक कूड़ा बीननेवाला है, एक ढाबे में बर्तन माँजनेवाला है और एक गा-बजाकर थोड़े से पैसे कमानेवाला है। सब मिलकर तय करते हैं कि वे एक इतवार को छुट्टी करेंगे और मस्ती से घूमेंगे-घामेंगे। वे सचमुच यही करते हैं और किस अंदाज में करते हैं, यह देवेंद्र का 'छुट्टी का दिन' पढ़कर जाना जा सकता है।

रामनिरंजन शर्मा 'ठिमाऊ' (ज. 1928) के पाँच नाटक 'बाल लघु नाटिकाएँ' (2002) पुस्तक में संगृहीत हैं। इनमें 'टमरम टूँ' बच्चों को खासकर अच्छा लगेगा। यों संत कबीर और तुलसीदास की तेजस्विता को उभारनेवाले 'बालक कबीर' और 'पहरेदार' भी ठिमाऊजी के अच्छे बाल नाटक हैं। इसी तरह 'बाल शक्ति' में बच्चों के मिलकर कुछ करने और इस दुनिया को बदलने की धुन और प्रेरणा को अभिव्यक्ति मिली है। केशवप्रसाद सिंह ने बच्चों के लिए देशभक्ति के नाटक लिखे हैं। 'देश की आन पर' और 'पूजा के फूल' उनके बाल नाटकों की पुस्तकें हैं, जिनमें देशभक्ति और राष्ट्रीय स्वाभिमान का स्वर मन पर गहरा असर छोड़ता है। 'देश की आन पर' में केशवप्रसाद सिंह के दो बाल नाटक शामिल हैं, 'देश की आन पर' और 'नमन करो'। इसी तरह पूजा के फूल में शामिल नाटक हैं, 'पूजा के फूल' तथा 'रक्षक धरती आकाश के'। केशवप्रसाद सिंह के ये चारों ही नाटक मन में देशभक्ति की लौ पैदा करनेवाले सशक्त नाटक हैं। इनमें 'पूजा के फूल' में क्रांतिकारी चाफेकर बंधुओं का चरित्र बहुत प्रभावशाली ढंग से उभरा है। इसी तरह 'देश की आन पर' में शिवाजी के पुत्र शंभाजी के गहरे मानसिक द्वंद्व और व्यक्तित्व-परिवर्तन की झलक है। जगदीशचंद्र शर्मा ने भी बाल नाटक लिखे हैं, पर 'विद्यालय बाल एकांकी' (1998) में शामिल उनके बाल नाटक अधिक प्रभावी नहीं लगते।

रमेश वर्मा और रमेशदत्त शर्मा की ख्याति विज्ञान लेखक के रूप में अधिक है, पर उन्होंने बच्चों के लिए नाटक भी लिखे। खासकर रमेश वर्मा (1930–1971) को तो बाल नाटकों में खासी सफलता मिली। उनका चर्चित नाटक 'टिकट नहीं लिया' कुछ-कुछ सुधारवादी शैली में होने पर भी खासा रोचक है। इसमें दो बच्चे बस मजे और तफरीह के लिए रोजाना ट्रेन में बेटिकट यात्रा करते हैं, पर एक दिन वे पकड़े गए तो उनकी हालत देखने लायक थी। यह दृश्य तब और मजेदार हो गया, जब टिकट चेकर उनके पापा का पूर्व-परिचित और सहपाठी निकला। नाटक का अंत खासा कौतुकपूर्ण है। डॉ. रमेशदत्त शर्मा (ज. 1939) के बाल नाटकों में कोई न कोई संदेश छिपा होता है, जिसे वे रोचक ढंग से सामने रखते हैं। 'भाँप लेते हैं लिफाफा देखकर' में वे सनसनीखेज जादू का खेल दिखाकर लोगों को मूर्ख बनानेवालों की पोल खोलते हैं और यह सबकुछ बच्चों की सहज बतकहीवाले अंदाज में ही सामने आता है।

इस कालखंड में ओमप्रकाश सिंहल, श्यामलाकांत वर्मा और चक्रधर नलिन ने पौराणिक संदर्भ के नाटक लिखे। ओमप्रकाश सिंहल (ज. 1937) के 'आत्मबलिदान' में धौम्य ऋषि के शिष्य आरुणि की कथा एकदम पारंपरिक ढंग से आती है। श्यामलाकांत वर्मा का 'सत्य हरिश्चंद्र' भी पौराणिक संदर्भ का सीख देनेवाला बाल नाटक है। चक्रधर नलिन (ज. 1939) के नाटक 'दो मित्र' में कृष्ण और सुदामा के साथ-साथ पढ़ने और बाल मित्रता के दृश्य हैं। आगे सुदामा की परिचित कथा चल पड़ती है और नाटक कुछ नया नहीं कह पाता। महेश दर्पण ने 'पंचतंत्र की कथा निराली' (2009) शीर्षक से पंचतंत्र की दस चुनिंदा कथाओं का सुंदर नाट्य रूपांतरण किया है, खासकर उनका अनौपचारिक अंदाज भाता है, जिससे वे आज के बाल पाठकों को अपने समय से जुड़े नाटक लगेंगे। 'बिना विचारे जो करै', 'एकता में बल', 'चुहिया रानी', 'मूर्ख विद्वान' और 'पंडित जी की बकरी' नाटक खासे दिलचस्प हैं, जो बच्चों को मोह लेते हैं।

जाने-माने नाट्यकर्मियों अलखनंदन और गौरीशंकर रैना के बच्चों और किशोरों के लिए लिखे गए नाटक भी ध्यान आकर्षित करते हैं। अलखनंदन (ज. 1948) ने इधर ऐसे नाटक लिखे हैं, जो अपनी ताजगी के कारण असर डालते हैं। सन् 2003 में छपे 'उजबक राजा तीन डकैत' और 'चंदा बेड़नी' उनके चर्चित नाटक हैं, जिनमे लोक नाट्य शैली का इस्तेमाल करते हुए बड़ी बातें कही गई हैं। अलखनंदन की खासियत यह है कि वे बहुत हलके-फुलके ढंग से ऐसी बातें कहते हैं, जो नाटक में तीखी व्यंग्यात्मक धार पैदा कर देती हैं। इस लिहाज से 'उजबक राजा तीन डकैत' तो सचमुच बड़ा गजब का नाटक है, जिसमें बीच-बीच में कविताओं का इस्तेमाल उसके असर को और बढ़ाया जाता है। 'चंदा बेड़नी' में भी कथा, चरित्र और संवादों की तुर्शी ऐसी है कि लगता है नाटक के जरिए हमारे जमाने की और आसपास की बातें ही कही जा रही हैं। स्वाँग शैली का इस्तेमाल नाटक को और अधिक तुर्श और तीखा बना देता है। मजाहिया अंदाज में तीखी मार करनेवाले ये नाटक न सिर्फ बाल पाठकों और दर्शकों में लोकप्रिय हुए, बल्कि वे उनमें खुद नाटक बनाकर खेलने और नाट्य लेखन की संभावनाएँ भी पैदा करते हैं। बच्चे निस्संदेह अलखनंदन के नाटकों को पढ़कर या देखकर भरपूर आनंद लेंगे और बहुत कुछ नया सीखेंगे भी।

गौरीशंकर रैना ने बच्चों के लिए बहादुरशाह जफर के जीवन पर आधारित एक मर्मस्पर्शी नाटक लिखा है। नाटक में मुगल बादशाह बहादुरशाह जफर निर्वासित होकर रंगून में हैं और निराशा और अकेलेपन के

दौर में जीनतमहल उन्हें सहारा देती है। अंग्रेजों की कैद में भी बहादुरशाह जफर का मन अभी आजाद है और उनकी भावनाएँ बार-बार देश के लिए मर मिटनेवाले शहीदों के बलिदानों को याद करके अब भी कुछ नए सपने सँजोना चाहती हैं। नाटक में एक ओर बहादुरशाह जफर की निराशा है तो दूसरी ओर कभी न झुकनेवाला मन। दोनों के बीच गहरा द्वंद्व चलता है और बादशाह जफर की बड़ी ही निर्मल और उदात्त छवि सामने आती है। नाटक की भाषा अगर सीधी-सरल होती तो बच्चों पर इसका और भी गहरा असर होता। इसी तरह जाने-माने नाटककार, निर्देशक और अभिनेता राजेंद्रकुमार शर्मा का 'खिलाड़ीराम का मुकदमा' शिक्षा-व्यवस्था की खामियों को उजागर करने के साथ-साथ अपने हास्यपूर्ण चुटीले संवादों के कारण याद रहता है।

❖

बाल नाटकों के मौजूदा दौर में उषा यादव, विमला रस्तोगी, उषा सक्सेना, इंद्रा स्वप्न, डॉ. उषा गोपाल, शुभा सक्सेना, अंकुश्री, बाबूराम पालीवाल, ओमप्रकाश कश्यप, अखिलेश श्रीवास्तव 'चमन', नागेश पांडेय 'संजय', जाकिर अली 'रजनीश' सरीखे लेखकों के भी विविध रंग-ढंगवाले बाल नाटक पढ़ने को मिलते हैं। इनमें खिलंदड़ेपन से बात कहने के साथ-साथ क्रियात्मकता पर भी जोर है, जिससे ये बाल नाटक बच्चों की दुनिया की भीतरी मुश्किलों के साथ-साथ बाल मन की मस्ती को भी उभारते हैं। यह दीगर बात है कि उनमें पर्याप्त नाटकीयता न उभर पाती हो या भाषा और शिल्प के स्तर पर कहीं-कहीं अनगढ़पन हो।

उषा यादव (ज. 1948) ने इधर कई सुंदर भावनात्मक नाटक लिखे हैं। उनके बाल नाटकों के संग्रह 'तसवीर के रंग' (2000) में तीन नाटक शामिल हैं, 'तसवीर के रंग', 'अंशदान' और 'चौथी पीढ़ी'। इनमें 'तसवीर के रंग' काफी स्वाभाविक और गतिशील नाटक है। समीर के मन में भारत माता का चित्र बनाने की धुन है। इसलिए वह खेल छोड़कर चित्र बनाने में लगा है। उसके दोस्त पहले खीजते हैं, फिर वे भी उसकी इस लगन पर मुग्ध होकर चित्र में अपनी-अपनी पसंद का रंग भरते हैं, जिससे भारत माँ का सुंद्रर और अनोखा चित्र बनता है। जाहिर है, उषा यादव के इस नाटक में देशभक्ति की महिमा है, पर देशप्रेम के ढर्रे के नाटकों से यह एकदम अलग और कहीं अधिक प्रभावशाली है। उषाजी के 'अंशदान' और 'चौथी पीढी' बाल नाटकों में भी देशभक्ति के भावों की व्यंजना है, पर इनमें नयापन नहीं है। विमला रस्तोगी (ज. 1948) ने भी बच्चों के लिए नाटक लिखे। उनका 'खरगोश की दुकान' दिलचस्प बाल नाटक है। इसमें बाहर से आया एक खरगोश नंदन वन के जानवरों के साथ ठगी करता है। सब उसकी मीठी बातों में आ जाते हैं और धोखा खाते हैं, पर आखिर में उसकी चाल उलटी पड़ जाती है और उसे सभी से माफी माँगनी पड़ती है। विमलाजी के इस बाल नाटक में संवाद बड़े चुस्त और सधे हुए हैं।

इंद्रा स्वप्न के बाल नाटकों की पुस्तक 'भामाशाह का त्याग' (2002) में तीन ऐतिहासिक बाल नाटक शामिल हैं। 'भामाशाह का त्याग', 'ढेले का मूल्य' और 'मरीचि'। इनमें 'भामाशाह का त्याग' और 'ढेले का मूल्य' नाटक महाराणा प्रताप और महाराजा रणजीत सिंह के हृदय की महानता को उजागर करते हैं तो 'मरीचि' नाटक में एक साहसी पहाड़ी लड़की मरीचि की वीरता की कथा है, जिसने एक दुष्ट अंग्रेज को सजा देकर उसे यह समझा दिया कि भारतीय लड़कियाँ साहस और वीरता में किसी से कम नहीं हैं। वे आतताइयों से खुद अपनी रक्षा करने में समर्थ हैं। शुभा सक्सेना के बाल नाटकों का संग्रह 'हरियाली जिंदाबाद' (1997)

भी ध्यान आकर्षित करता है। उनके इस संग्रह में तीन बाल नाटक हैं—'अकल का पौधा', 'शेरों ने मुँह धोया' और 'हरियाली जिंदाबाद'। इनमें 'शेरों ने मुँह धोया' बड़ा मजेदार बाल नाटक है, जो खेल-खेल में बच्चों को अपनी आदतें सुधारने और अच्छा बनने के लिए प्रेरित करता है। मजे की बात यह है कि शुभा सक्सेना के अन्य नाटकों की तरह इस नाटक में उपदेश नाममात्र को भी नहीं है, पर नाटक के दृश्य और नाटकीय विन्यास इतना गजब का है कि बच्चे खुद-ब-खुद नया सीखने और खुद को बदलने के लिए प्रेरित होते हैं। शुभा सक्सेना के इन नाटकों में बच्चों की मस्ती के साथ-साथ उनकी समझदारी के भी सुंदर चित्र हैं। इसके अलावा इस दौर की महिला बाल नाटककारों में उषा सक्सेना, डॉ. उषा गोपाल, डॉ. विद्या श्रीवास्तव, अंकुश्री, उर्मिल सत्यभूषण, सीमा जैन आदि के नाम लिये जा सकते हैं।

इस दौर के अन्य नाटककारों में पूरन सरमा, बाबूराम सिंह लमगोड़ा, रोहिताश्व अस्थाना, अजय प्रसून, रामकुमार गुप्त, अरविंद बेलेवार, श्रीनिवास वत्स, अखिलेश श्रीवास्तव 'चमन', शमशेर अहमद खान, बाबूराम पालीवाल और घमंडीलाल अग्रवाल के नाम लिये जा सकते हैं। पूरन सरमा (ज. 1954) का 'सोनू का सपना' चर्चित बाल नाटक है, जिसमें सोनू बीमार पड़ता है और उसकी बीमारी झूठी है। वह घर के नौकर रामू के साथ मिलकर ऐसी शैतानी रचता है कि मम्मी-पापा, जो हमेशा लड़ते-झगड़ते रहते हैं, अचानक सोनू की बीमारी देखकर घबरा जाते हैं। सोनू के पेट में नकली दर्द हो रहा है और वह रो-रोकर पूरे घर भर को सिर पर उठाए हुए है। पर जब पापा इंजेक्शन लगवाने की बात करते हैं और घर का नौकर रामू तय समय से पहले ही शरबत लेकर चला आता है, तो सोनू की बीमारी की पोल खुल जाती है। मम्मी-पापा उसके लिए चॉकलेट्स और जींस लाने की बात कहते हैं, पर सोनू का जवाब है, "नहीं पापा, न जींस चाहिए, न चॉकलेट, मैं तो आप दोनों में प्रेम देखना चाहता था।"

रोहिताश्व अस्थाना (ज. 1949) का 'बाल प्रतिज्ञा' पारंपरिक ढंग का बाल नाटक है, जिसमें कुछ नयापन नहीं है, पर 'इंस्पेक्टर सिलबिलराम' उनका चुस्त और चुलबुल बाल नाटक है, जो बच्चों को अपने रंग में रँग लेता है। बाबूराम सिंह लमगोड़ा का 'अहंकार' नाटक इस मायने में दिलचस्प है कि राजा भोज और माघ जैसे विद्वानों को राह में मिली एक साधारण स्त्री बातों-बातों में उन्हें निरुत्तर कर देती है। उनकी विद्वत्ता का सारा अहंकार चूर-चूर हो जाता है। अजय प्रसून का 'भक्तराज प्रह्लाद' और रामकुमार गुप्त का 'शहीदों की मजारों पर' भी ठीक-ठाक नाटक हैं, पर वे कोई विशेष प्रभाव नहीं छोड़ते। श्यामसुंदर 'सुमन' का नाटक 'मिल के चलो' इस लिहाज से कहीं बेहतर नाटक है। शंकर और पार्वती का युवा बेटा है गणेश। पार्वती इस बात से बहुत परेशान है कि गणेश कॉलेज के बाद न जाने क्या करता फिरता है और उसके दोस्त न जाने कौन-कौन हैं! और इधर गणेश है कि उसे "मिल के चलो, मिल के चलो, चलो भई, मिल के चलो!" का राग ऐसा भा गया है कि इसके सिवा कोई और गाना उसके होंठों पर आता ही नहीं है। जात-पाँत और मजहब के झगड़े यहाँ फिजूल हैं और सबसे बढ़कर है देशराग तथा इनसानियत। श्यामसुंदर 'सुमन' का नाटक 'मिल के चलो' कुछ उपदेशात्मक भले ही है, पर इसमें नुक्कड़ नाटकों की तरह, बहुत कुछ ऐसा 'अनौपचारिक' भी है, जो हमें लुभा लेता है। काश, यह नाटक थोड़ा ढंग से और अच्छी तैयारी के साथ लिखा गया होता, तो हिंदी के बढ़िया बाल नाटकों में इसकी गिनती होती।

शमशेर अहमद खान (1953–2011) के नाटक 'फल मेहनत का' में गोलू के पापा काफी भाग-दौड़ के बावजूद गोलू का कहीं दाखिला नहीं करा पाते। इसी बात से वे परेशान हैं। आखिर बड़ी मुश्किल से एक अंग्रेजी स्कूल में उसका दाखिल होता है और गँवई परिवेश का गोलू अपनी मेहनत और लगन से, सबसे अच्छे नंबर लाकर दिखा देता है। शमशेर अहमद खान का यह नाटक एकरेखीय हो गया है, जो बिना किसी घात-प्रतिघात के बड़ी जल्दी परिणाम तक पहुँच जाता है। इसीलिए इस नाटक का पूरा प्रभाव उभर नहीं पाया। घमंडीलाल अग्रवाल (ज. 1954) के बाल नाटकों की दो पुस्तकें छपी हैं, 'पापा-मम्मी पर मुकदमा' तथा 'दादा जी ने पेड़ लगाया'। इनमें परंपरावादी उपदेशात्मक नाटक ही अधिक हैं। 'पापा-मम्मी पर मुकदमा' और 'शिकार एक शेर का' में थोड़ा नयापन देखने को मिलता है। ऐसे ही अरविंद बेलेवार का 'न्याय-शक्ति' लोक परिवेश का ठीक सा नाटक है।

अखिलेश श्रीवास्तव 'चमन' (ज. 1958) के ज्यादातर बाल नाटक सीख देने वाले हैं। 'हड़ताल' (2006) में उनके पाँच बाल नाटक शामिल है, 'हड़ताल', 'कर्फ्यू', 'फलों की चौपाल', 'धूर्ताचार्य का औषधालय' और 'नन्ही अदालत'। इनमें ज्यादातर सुधारवादी पारंपरिक नाटक हैं, जो किसी न किसी तरह बच्चे को उपदेश देने के लिए उतावले लगते हैं। 'फलों की चौपाल' इनमें अपेक्षाकृत बेहतर और थोड़ा रसपूर्ण बाल नाटक है। पारंपरिक होते हुए भी यह नाटक इसलिए दिलचस्प लगता है, क्योंकि इसमें केला, आम, अमरूद, संतरा, गाजर, मूली, अंगूर, सेब—इन सभी फलों की चौपाल वाकई बड़ी जिंदादिली से भरपूर है। बारी-बारी से सभी फल सामने आकर बड़े प्रभावशाली लहजे में अपने गुणों और खासियत का बखान करते हैं। फिर चौपाल के दूसरे फल एक-दूसरे के खिलाफ अपनी-अपनी आपत्तियाँ दर्ज करते हैं और सचमुच एक बढ़िया महफिल जमती है। बाबूराम पालीवाल के बाल नाटक-संग्रह 'पक्षियों का कवि सम्मेलन' (2010) में उनके तीन बाल नाटक शामिल हैं, 'पक्षियों का कवि सम्मेलन', 'खेल-खेल में' और 'पेड़ सम्मेलन'। इनमें पक्षियों का कवि सम्मेलन नाटक मजेदार है। श्रीनिवास वत्स (ज. 1959) की पुस्तक 'मंत्रजाप' (2000) में उनके दो नाटक शामिल हैं—'मंत्रजाप' तथा 'नए महाराज'। थोड़ी नाटकीयता और उभरती तो ये अच्छे नाटक बन सकते थे।

ओमप्रकाश कश्यप (ज. 1959) कहीं अधिक समर्थ बाल नाटककार हैं। बाल साहित्य की कई अन्य विधाओं की तरह उन्होंने बहुत अच्छे बाल नाटक भी लिखे। कश्यप ने अपने बाल नाटकों में एकदम मौलिक ढंग से हास्यपूर्ण स्थितियों को प्रस्तुत किया है। उनके नाटक 'दो राजा अलबेले' (2005) में दो राजाओं बैगनमल और भिंडीमल के बीच लंबी तकरार, युद्ध और मान-मनौवल है। बैगनमल और भिंडीमल के झगड़े का असली कारण यह है कि बैगनमल को बैगन ही बैगन पंसद है और अपने राज्य में हर तरफ उन्होंने बैगन ही बैगन उगा रखे हैं, जबकि भिंडीमल को बैगन फूटी आँखों नहीं सुहाते। वे भिंडी के मुरीद हैं और भिंडी के सिवा किसी और सब्जी का नाम तक नहीं सुनना चाहते। अंततः यही बात दोनों राजाओं के बीच युद्ध का कारण बन जाती है। दोनों ओर से बड़े जोर-शोर से लड़ाई की तैयारियाँ शुरू हो जाती हैं। बड़ी मुश्किल से समझौते का रास्ता निकलता है तथा लड़ाई और खून-खराबा टलता है। यह नाटक जैसे खेल-खेल में अहंकारी राजाओं के बीच होनेवाले बेमतलब के युद्धों और लड़ाई-झगड़ों का मजाक उड़ाता है और उनकी निरर्थकता साबित करता है। ओमप्रकाश कश्यप के एक और नाटक 'हलवाई की दुकान' (2005) में बीमारियों से बचने

और मक्खी-मच्छर से सावधान रहने का संदेश है। लेकिन यह संदेश उपदेशात्मक कतई नहीं है और इतनी मजेदार नाटकीय स्थितियों के जरिए दिया गया है कि पाठक चकित हुआ, इस नाटक के साथ बहता चलता है।

इस दौर के अन्य बाल नाटककारों में भगवतीप्रसाद द्विवेदी, नागेश पांडेय 'संजय', राजकुमार अनिल और राजेंद्र जोशी भी हैं। इनमें भगवतीप्रसाद द्विवेदी (ज. 1955) का 'आदमी की खोज' बड़ा दिलचस्प नाटक है। देखने में बिल्कुल साधारण लगनेवाला मनुष्य अपनी बुद्धिमत्ता से शेर समेत सभी जानवरों पर जिस तरह अपना रोब गालिब कर देता है, नाटक में उसका सुंदर चित्रण हुआ है। यों 'आदमी की खोज' बाल नाटक संग्रह में भगवतीप्रसाद द्विवेदी के सात बाल नाटक शामिल हैं, जिनमें शीर्षक नाटक के अलावा 'स्वर्ग-नरक का चक्कर', 'भाषा की रेल' और 'बलि का बकरा' अपेक्षाकृत बेहतर हैं। इनमें 'स्वर्ग-नरक का चक्कर' में बड़ा सहज हास्य है। 'बलि का बकरा' में चंपारण से जुड़ा गांधीजी के जीवन का एक प्रसंग अच्छे ढंग से उभरा है। 'भाषा की रेल' खेल-खेल में बच्चों को भाषा सिखाने की प्रेरणा से लिखा गया है, पर यह नाटक कुछ उपदेशात्मक अधिक हो गया है, जिससे मन पर उसका कोई विशेष रंग नहीं जम पाता। भगवतीप्रसाद द्विवेदी अपने नाटकों में अधिक डूबे नहीं हैं। इसलिए कथ्य के स्तर पर ठीक-ठाक होते हुए भी उनमें पर्याप्त नाटकीयता नहीं उभर सकी।

नागेश पांडेय 'संजय' (ज. 1974) के बाल नाटकों के संग्रह 'छोटे मास्टरजी' में शीर्षक नाटक 'छोटे मास्टरजी' सचमुच रोचक है। एक छोटे बच्चे का घर के नौकर को पढ़ाने और छोटे मास्टरजी कहलाने का शौक अच्छा लगता है, हालाँकि सधे हाथों से लिखा जाता तो नाटक और भी प्रभावी बनता। नागेश का 'मजे आ गए गाँव में' भी ठीक सा बाल नाटक है। अगर कोई ढंग की कथा होती तो इसका पूरा रंग सामने आता। सुमनकुमार के नाटक 'फंटूस चीलर' (2013) में हास्य-विनोद और लोक संगीत की ध्वनियाँ हैं, जो नाटक को दिलचस्प बना देती हैं। नाटक सधे हाथों से लिखा जाता तो बच्चों को कहीं अधिक आकर्षित करता। सुमनकुमार ने पौराणिक परिवेश पर भी एक नाटक 'अहल्या उद्धार' (2013) लिखा है, पर उसे बहुत आकर्षक वे नहीं बना पाए। अशोक अंजुम, राजकुमार अनिल, राजेंद्र जोशी और पृथ्वीनाथ पांडेय ने भी इस दौर में बच्चों के लिए नाटक लिखे हैं। इनमें पृथ्वीनाथ पांडेय का हास्य-व्यंग्यपूर्ण बाल नाटक 'धातुओं की रंगबाजी' ध्यान खींचता है।

इसके अलावा रमेश बक्षी का 'ता-म-क-तू-म', शंकर सुल्तानपुरी का 'रिहर्सल', शकुंतला वर्मा का 'कुसंगति', ऋषिमोहन श्रीवास्तव का 'आयडिया छुट्टी का', डॉ. सेवा नंदवाल के 'हमारी माँगें पूरी हों' तथा 'दर्द का एहसास', जगदीशचंद्र शर्मा का 'जहर', विष्णुकांत पांडेय का 'अपने हाथ जगन्नाथ', कुमुदिनी दुबे का 'वायुमंडल', उषा गोपाल का 'घर का डॉक्टर', निशीथ का 'त्योहारों की गूँज' ऐसे समकालीन बाल नाटक हैं, जिनमें आगे आनेवाले समय और बाल नाटकों की धमक सुनी जा सकती है। यों यह सिलसिला तो बहुत आगे जाना है। अभी हाल में ही मो. अरशद खान (ज. 1977) की रानी चेनम्माँ के शौर्यपूर्ण व्यक्तित्व पर केंद्रित बड़ा दमदार नाटक पढ़ने को मिला है, जो 'बालवाटिका' के जनवरी 2018 अंक में छपा है। बेशक अरशद खान में नाट्य लेखन की संभावनाएँ हैं।

❧ ❖ ☙

इस दौर में भी पद्य नाटकों की परंपरा नजर आती है, जिनमें कुछ तो बड़े ही रचनात्मक और प्रभावशाली बन पड़े हैं। श्रीप्रसाद का 'ढोल बजा', चंद्रपालसिंह यादव 'मयंक' का 'स्वतंत्रता की देवी', विनोद शर्मा का 'बुद्ध बालक की कथा', सूर्यकुमार पांडेय का 'जंगल में कवि-सम्मेलन', प्रकाश मनु का 'कहानी नानी की' और भगवतीप्रसाद द्विवेदी का 'भाषा की रेल' काफी काव्यात्मक किस्म के बाल नाटक हैं। इनमें वरिष्ठ बाल कवि श्रीप्रसाद (1932-2012) का 'ढोल बजा' बेशक एक अच्छा और यादगार नाटक है, जिसे खेलना बच्चों को एक आनंदकारी अनुभव लगेगा। 'ढोल बजा' नाटक में शेर, खरगोश, लोमड़ी, भालू, बंदर, सियार जैसे पशु हैं और मंच पर जंगल का दृश्य है। इतने में कहीं से 'ढम-ढम' ढोल की आवाज सुनाई देती है, जो लगातार बढ़ती ही जाती है। सब जानवर हैरान होते हैं कि भला जंगल में यह कौन-सा नया जानवर आ गया, जिसकी आवाज इतनी तेज है कि सबको बहरा किए देती है। खुद शेर उससे लड़ने के बजाय डरकर बैठ जाता है, तो आखिर एक सियार अकेला उससे लड़ने जाता है। वह जाकर उस ढोल को उठा लाता है और इतने जोर-जोर से उसे बजाना शुरू कर देता है कि शेर और भालू जैसे जानवर भी सियार से डरकर चिल्लाना शुरू कर देते हैं, "मुझे न मारें, आप बड़े हैं!" पूरा जंगल 'सियार महाराज की जय' के नारे से गूँज उठता है। शर्त के अनुसार अब वही जंगल का राजा भी है, क्योंकि अनोखे जीव से लड़ने के लिए वह अकेला गया था। लेकिन सियार उस राज-पद को स्वीकार नहीं करता। उसका कहना है कि, "जंगल के हम सारे प्राणी, सदा रहें निडर,/अब से रहे न कोई राजा, शेर, सियार बंदर।/हममें प्रजा नहीं है कोई, हम समान सब हैं…!"

श्रीप्रसाद का यह बाल नाटक सचमुच बड़ा मजेदार है। जंगल के जानवरों का नाटक होते हुए भी इसका कथ्य इतना नया और आधुनिक है कि यह समूचा नाटक मानो जीवन के हर क्षेत्र, हर दिशा में प्रजातांत्रिक मूल्यों की दुहाई देता जान पड़ता है।

प्रकाश मनु ने 'कहानी नानी की', 'पढ़ता एक गुलाब' सरीखे कई पद्य बाल नाटक लिखे हैं। इनमें 'कहानी नानी की' खासा चर्चित हुआ था। इस बाल नाटक में नानी निक्का और मिंकी को एक मजेदार कहानी सुना रही है, जिससे सुनते हुए बच्चे एक कल्पना लोक में पहुँच जाते हैं, जिसमें परियाँ हैं, दैत्य हैं, बौने हैं, हरा समंदर गोपी चंदर और हिम्मती राजतकुँवर भी है। धीरे-धीरे आसपास के और बच्चे भी आकर शामिल होते जाते हैं, साथ ही नट और नटी भी हैं, जो अपनी उत्सुकता नहीं रोक पाते और वे भी नानी की कहानी के साथ बहते-बहते एक भावलोक में पहुँच जाते हैं। नाटक में अंत तक उत्सुकता और कौतुक बना रहता है। नाटक के अंत में सब झूम-झूमकर गाते हैं—

> इसीलिए जैसे फुलवारी, अमर कहानी नानी की,
> इस दुनिया में सबसे प्यारी मधुर कहानी नानी की।
> खत्म न हो जाए दुनिया से कभी कहानी नानी की,
> अजब कहानी नानी की, गजब कहानी नानी की!

चंद्रपाल सिंह यादव 'मयंक' (1925-2000) ने भी कुछ सुंदर पद्य नाटिकाएँ लिखी हैं। 'स्वतंत्रता की देवी', 'हम अपना कर्तव्य करेंगे', 'है आराम हराम', 'सारी ऋतुओं का देश' उनके पद्य एकांकी हैं, जिनमें एक ओर राष्ट्रीय स्वाभिमान का भाव है तो दूसरी ओर देश के नए निर्माण के लिए जी भर मेहनत करके कुछ

कर दिखाने का। मयंकजी के पद्य नाटक 'स्वतंत्रता की देवी' में देशप्रेम का संदेश है। स्वतंत्रता की देवी का यह कहना है कि वह वहीं रहना पसंद करती है, जहाँ लोग आलस छोड़कर काम करते हैं और आपस का वैर-भाव छोड़कर प्यार से रहते हैं। नाटक के अंत में बच्चों द्वारा आदर्शों पर चलने की शपथ खाने पर स्वतंत्रता की देवी मुसकराकर उन्हें अभयदान देती है, "अच्छा बच्चो, प्यारे बच्चो, फिर मैं यही निवास करूँगी/वीरो, मैं इस वीरभूमि में ही विचरूँगी, यहीं रहूँगी!"

मयंकजी के 'इम्तिहान', 'चना जोर गरम' और 'उभरते अंकुर' ऐसे बाल एकांकी हैं, जो समकालीन यथार्थ से गहरे जुड़े हैं। वे शिक्षा और आज की अन्य समस्याओं की तह में जाते हैं और बच्चों को अच्छा बनने तथा आगे बढ़ने की सीख देते हैं। 'पहली फुहार' मयंकजी का राष्ट्रीय उद्बोधन का बाल नाटक है, जो बच्चों के मन में देशप्रेम और बलिदान का भाव जाग्रत् करता है।

बच्चों के लिए अच्छी कविताएँ लिखनेवाले कवि विनोद शर्मा (ज. 1944) ने भी एक सुंदर पद्य नाटक लिखा है 'बुद्धू बालक की कथा', जो बाल पत्रिका 'बाल भारती' में प्रकाशित हुआ था। इसमें विनोद शर्मा के समर्थ कवि और नाटककार दोनों रूपों की झलक है। नाटक की शुरुआत खेल-खेल में इन सुरीली पंक्तियों से होती है, "अच्छी नानी प्यारी नानी, हमें सुनाओ एक कहानी,/आज नहीं मानेंगे नानी, अच्छी नानी, प्यारी नानी।" नाटक में एक गप्पी और शरारती बच्चे की कहानी है, जो झूठ बोलकर लोगों को चौंकाया करता है। उसे यह खेल बड़ा मजेदार लगता है, पर इसका नतीजा यह हुआ कि एक बार जब वह खतरे में पड़ा, कोई उसकी मदद के लिए नहीं आया। तब उसे अपनी भूल पता चली। इस सुपरिचित कथा को विनोद शर्मा ने बहुत सलीके से नाटक में ढाला है। विनोद शर्मा का एक और पद्य नाटक 'बात पते की' पर्यावपरण की समस्या पर लिखा गया है। 'बाल भारती' के जून 2002 अंक में छपे इस नाटक को बच्चों ने खासा पसंद किया था।

सूर्यकुमार पांडेय (ज. 1956) के नाटक 'जंगल में कवि-सम्मेलन' का मिजाज भी कुछ ऐसा ही है, पर यहाँ हास्य का रंग कुछ गहरा है तथा कविताएँ बड़ी चुटीली और मजेदार हैं। नाटक के पात्र हैं—ऊँट, हाथी, चूहेलाल, खटमलजी, कोकिला देवी, वैशाखनंदन, शेरजी तथा रंग-बदल गिरगिट। नाटक का दृश्य, जाहिर है, जंगल का है और होली के मौसम में सभी ओर आसमान अबीर-गुलाल से सराबोर है। ऊँट जंगल साहित्य परिषद् की ओर से आयोजित होनेवाले कवि-सम्मेलन के शुभारंभ की सूचना देता है। नाटक में हास्य कवि-सम्मेलन का-सा दृश्य दिखाई देने लगता है। आश्चर्य नहीं कि इस नाटक को देखनेवाले बाल दर्शक पेट पकड़कर हँसें। किस तरह हाथी मुँह में चार पान दबाए हुए खाँसकर कविता पढ़ने के लिए तैयार होता है, किस तरह शेरजी गावतकिए की सहायता से मंच पर बीचोबीच जमकर बैठे हैं और चूहेलालजी सुरीले स्वर में बिल्ली मैया की वंदना करते हैं, यह सारा कुछ नाटक पढ़कर या देखकर ही जाना जा सकता है। इसी तरह कोकिला देवी का स्वर मीठा और सुरीला है, तो शेर की कविता सचमुच शेर के ही अंदाज में है, "मेरी दहाड़, मेरी दहाड़,/देती लोगों के कान फाड़,/मेरी दहाड़!/आ जाता नदियों में पानी,/मर जाती दादी की नानी,/हिल जाते हैं बीहड़ पहाड़,/मेरी दहाड़।"

बलराम अग्रवाल के पद्य बाल नाटक 'गिनती का गीत' और 'नहीं रहेंगे गर जंगल' भी बड़े सुंदर और प्रभावी हैं और इन्हें बड़े मजे में मंचित किया जा सकता है। इनमें 'गिनती का गीत' में मजे-मजे में गिनती

सिखाने का खेल चलता है और 'नहीं रहेंगे गर जंगल' में पर्यावरण को बचाने के लिए जंगल की जरूरत और महत्त्व को सुंदर ढंग से उभारा गया है।

इस दौर में बच्चों के लिए नाटक लिखकर अपनी उपस्थिति दर्ज करानेवाले अन्य लेखक हैं—जाकिर अली 'रजनीश', राधेलाल 'नवचक्र', हरदर्शन सहगल, साबिर हुसैन, प्रेमचंद गुप्त 'विशाल', श्यामकुमार दास, परशुराम शुक्ल तथा मो. फहीम। जाकिर अली 'रजनीश' का 'हम तो हुए टीचर', हरदर्शन सहगल का 'पुरस्कार', साबिर हुसैन का 'कोट और मेडल', मो. फहीम का 'मेरी भी सुनिए', रमाशंकर का 'बूढ़े शेर का न्याय' तथा राधेलाल 'नवचक्र' का 'सोने का मकान' उल्लेखनीय नाटक है। हालाँकि इन्हें शुरुआती दस्तकें ही मानना होगा। अभी इस दिशा में टिककर बहुत काम करने की दरकार है।

चुनिंदा बाल नाटकों के संग्रह तथा महत्त्वपूर्ण संपादित ग्रंथ

बाल नाटकों की विकास-यात्रा को समय-समय पर प्रकाशित होनेवाले बाल नाटकों के प्रतिनिधि संचयनों ने भी किसी कदर आगे बढ़ाया है। इसलिए कि ऐसे संचयनों में अलग-अलग पीढ़ियों के विविध रंगों और मूड्स के बाल नाटक एक साथ पढ़ने को मिल जाते हैं, खासकर जिन बाल नाटककारों के स्वतंत्र संग्रह अभी तक नहीं छपे, उनके नाटकों से परिचित होने का तो यह बड़ा ही उपयोगी अवसर है। सौभाग्य से सातवें दशक से बाल नाटकों के विभिन्न संचयनों का यह सिलसिला अब तक चलता आया है। सातवें दशक में हिंदी में बच्चों के प्रतिनिधि नाटकों के कुछ अच्छे संचयन छपे हैं। इनमें श्रीकृष्ण और योगेंद्रकुमार लल्ला द्वारा संपादित 'प्रतिनिधि बाल एकांकी' (1962, आत्माराम, दिल्ली), योगेंद्रकुमार लल्ला द्वारा संपादित 'राष्ट्रीय एकांकी' (1964) तथा 'हास्य एकांकी' (1965) शामिल हैं। इसके बाद छपे बाल नाटक संचयनों में हरिकृष्ण देवसरे द्वारा संपादित 'हमारा नाटक' (1984) तथा 'बच्चों के सौ नाटक' (1979) महत्त्वपूर्ण हैं।

श्रीकृष्ण और योगेंद्रकुमार लल्ला द्वारा संपादित 'प्रतिनिधि बाल एकांकी' इस लिहाज से उल्लेखनीय है कि इसमें शामिल बाईस बाल नाटकों में सभी एक से एक बढ़कर हैं और यह पुस्तक छठे दशक के बाल नाटकों का एक आईना कही जा सकती है। लेकिन बाल नाटकों में सबसे बड़ा, सबसे महत्त्वपूर्ण और सचमुच ऐतिहासिक महत्त्व का संग्रह तो डॉ. हरिकृष्ण देवसरे द्वारा संपादित 'बच्चों के सौ नाटक' है, जिसमें न सिर्फ एक से एक बेहतरीन बाल नाटकों का चयन किया गया है, बल्कि हिंदी के बाल नाटकों की समूची विकास-यात्रा इसे पढ़ने के बाद आँखों के आगे आ जाती है। एक ओर इसमें राजा लक्ष्मणसिंह, भारतेंदु हरिश्चंद्र, भगवन्नारायण भार्गव, रामचंद्र रघुनाथ सरवटे, मास्टर बलदेवप्रसाद, जगन्नाथप्रसाद मिलिंद, रामनरेश त्रिपाठी, हरिकृष्ण प्रेमी, डॉ. रामकुमार वर्मा, रामधारीसिंह दिनकर, वंशीधर श्रीवास्तव, नर्मदाप्रसाद खरे तथा रामेश्वरदयाल दुबे जैसे हिंदी के मूर्धन्य और वरिष्ठ लेखकों के बाल नाटक शामिल किए गए हैं तो दूसरी ओर हिंदी के अपेक्षाकृत नए और युवा लेखकों की रचनाएँ भी शामिल हैं। एक खास बात यह है कि इन सौ बाल नाटकों में किस्म-किस्म के बाल नाटकों की प्रकृति ही नहीं पता चलती, बल्कि अलग-अलग छोरों तक फैले हुए बाल नाटकों की बड़ी उपलब्धियाँ भी एक साथ आँखों के आगे आ जाती हैं। सचमुच हरिकृष्ण देवसरे ने बच्चों के सौ नाटकों का यह ऐसा शानदार और अभूतपूर्व संग्रह तैयार किया है, जो बाल साहित्य में एक संदर्भ

ग्रंथ की तरह है और आज से पचास-सौ साल बाद भी इसका यह महत्त्व बना रहेगा।

इसी तरह जयप्रकाश भारती ने भी बाल नाटकों का एक संचयन प्रकाशित करवाया है। उनके द्वारा संपादित 'श्रेष्ठ बाल एकांकी' (2001) में बच्चों के अठारह नाटक शामिल हैं, पर इनमें ज्यादातर वही हैं, जो पहले के संचयनों में आ चुके हैं। जाकिर अली 'रजनीश' (ज. 1975) ने भी हिंदी के चुनिंदा बाल नाटकों का एक बड़ा संग्रह संपादित किया है। 'तीस बाल नाटक' नाम से छपे उनके इस संग्रह में विष्णु प्रभाकर, श्रीकृष्ण, मनोहर वर्मा और के.पी. सक्सेना सरीखे हिंदी बाल साहित्य के दिग्गजों समेत हिंदी बाल साहित्य की वरिष्ठ पीढ़ी और आज के लेखकों समेत कुल तीस लेखकों के अलग-अलग रंग-ढंग के नाटक शामिल हैं। कुछ अरसा पहले घमंडीलाल अग्रवाल ने भी बाल नाटकों के दस संचयन तैयार किए हैं, जिनमें विविध विषयों के अनुसार बाल नाटक संकलित किए गए हैं। इनमें हास्य-विनोद के नाटक हैं तो विभिन्न समस्याओं पर केंद्रित नाटक भी। कुछ नाटक उत्सव और पर्वों आदि पर केंद्रित हैं, तो देशभक्ति और राष्ट्रीय गौरव के नाटक भी हैं। यह एक बड़ा काम है, पर दुर्भाग्य से इन संचयनों में बहुत से भरती के बाल नाटक भी आ गए हैं, जिससे कुल मिलाकर इन संचयनों का ज्यादा प्रभाव नहीं पड़ता।

बाल नाटकों का एक संचयन चिल्ड्रंस बुक ट्रस्ट ने भी प्रकाशित किया है, जिसमें छह बाल नाटक शामिल हैं। पुस्तक में शामिल नाटक हैं—श्रीनिवास वत्स का 'पीपलवासी भूत', क्षमा पंत का 'आँगन के वृक्ष', श्रीपाद विष्णुकानाडे का 'प्रगति का अभिशाप', परशुराम शुक्ल का 'तीन मूर्ख' तथा रामबंसल विज्ञाचार्य का 'इंद्रधनुष'। इनमें रामबंसल विज्ञाचार्य के 'इंद्रधनुष' में मनोरम कल्पना का सुंदर वितान है।

अशोक वाजपेयी द्वारा संपादित बारह सुप्रसिद्ध साहित्यकारों के बाल नाटकों का संचयन 'उमंग' (2004) अपनी एक अलहदा पहचान रखता है। इसमें हिंदी के जाने-माने साहित्यकारों द्वारा लिखे गए बाल नाटक शामिल हैं। पुस्तक में संगृहीत बाल नाटक हैं—श्रीलाल शुक्ल का 'आविष्कार जूते का', मृदुला गर्ग का 'साम-दाम-दंड-भेद', रमेशचंद्र शाह का 'टिंबकटू', गिरिराज किशोर का 'मोहन का दु:ख', राजेश जोशी का 'ब्रह्मराक्षस का नाई', दिविक रमेश का 'बल्लू हाथी का बालघर', सुधा अरोड़ा का 'ऑड मैन आउट उर्फ बिरादरी बाहर', डॉ. कमल वसिष्ठ का 'ये सृष्टि निर्माता', उदय प्रकाश का 'अनमोल खजाना', कमलेश्वर का 'जंगे आजादी' तथा राजेश जैन का 'चप्पल-कांड'। इनमें कुछ जबरदस्ती बाल नाटकों की दुनिया में धँसाए गए बाल नाटक थे, तो श्रीलाल शुक्ल का गजब का नाटक 'आविष्कार जूते का' भी, जिसकी जितनी तारीफ की जाए, कम है।

इसी तरह कुछ अरसा पहले हरिकृष्ण देवसरे द्वारा संपादित बाल नाटकों के दो संचयन छपे। इनमें नेशनल बुक ट्रस्ट द्वारा प्रकाशित 'श्रेष्ठ हिंदी बाल नाटक' (2009) में जाने-माने बाल साहित्यकारों के पंद्रह बाल नाटक शामिल हैं। साहित्य अकादेमी द्वारा प्रकाशित 'प्रतिनिधि हिंदी बाल नाटक' (2014) में तीस चुनिंदा बाल नाटक संगृहीत हैं। इनमें बहुत से नाटक वही हैं, जो देवसरेजी के संचयन 'बच्चों के सौ नाटक' में छपे हैं। कुछ नए भी हैं। देवसरेजी द्वारा संपादित बाल नाटकों के ये संचयन भी महत्त्वपूर्ण हैं और हमारा ध्यान खींचते हैं।

हिंदी में अनूदित बाल नाटक

इसी तरह भारतीय तथा अन्य भाषाओं से हिंदी में अनूदित बाल नाटकों के कई संग्रह नजर आते हैं। इनमें नेशनल बुक ट्रस्ट द्वारा प्रकाशित 'नाटकों के देश में' तथा निकोलाई नोसोव की कहानी के नाट्य रूपांतरण 'नजानू के रंग' सर्वाधिक प्रमुख हैं। 'नाटकों के देश में' (1994, नेबुट्र., न.दि., अनु. मस्तराम कपूर) संग्रह में एशिया और प्रशांत क्षेत्र के चौदह एक से एक दिलचस्प बाल नाटक हैं, जो बाल नाटकों की नई से नई संभावनाओं के द्वार खोलते हैं। इनमें कई बाल नाटक बड़े दिलचस्प हैं और बाल नाटकों की दुनिया के कुछ ऐसे अज्ञात क्षितिजों की ओर इशारा करते हैं, जहाँ की यात्रा बाल पाठकों को खासी रोमांचक लगेगी। मस्तराम कपूर ने इन बाल नाटकों का खिलंदड़ी भाषा में उम्दा अनुवाद किया है। बेशक नाटकों में रुचि रखनेवाले हर बच्चे को यह पुस्तक पढ़नी चाहिए। यों भी यह ऐसे नाटकों की दुनिया में ले जानेवाली किताब है, जिनकी ताजगी मोह लेती है।

'नजानू के रंग' (1997, नाट्य रूपां. कविता सुरेश) में प्रसिद्ध रूसी कथाकार निकोलाई नोसोव द्वारा बच्चों के लिए लिखी गई खासी दिलचस्प और मजेदार बाल कहानियाँ 'नजानू की कहानियाँ' नाट्य रूपांतरण के रूप में प्रस्तुत की गई हैं। इन कहानियों का बेहद कल्पनाशीलता से पूर्ण तथा भावपूर्ण नाट्य रूपांतरण कविता सुरेश ने किया है। 'नजानू के रंग' में ऐसे चार मजेदार बाल नाटक हैं, 'नजानू कवि बना', 'नजानू बना संगीतकार', 'नजानू बना चित्रकार' तथा 'नजानू ने रंग जमाया'। जाहिर है, इन सभी बाल नाटकों का प्रमुख पात्र या नायक नजानू ही है, जो अपने तरह-तरह के करतबों से दूसरे बच्चों का ध्यान आकर्षित करने की कोशिश करता है। नजानू अपने जीवन में कुछ न कुछ नया कर गुजरना चाहता है। इसलिए तरह-तरह की चीजें अपनाता है, जिनमें उसे एक के बाद एक असफलताएँ मिलती हैं। उसका मजाक उड़ता है, लेकिन धुनी नजानू निराश नहीं होता और अपनी धुन में लीन रहता है। आखिर वह ऐसा कुछ कर गुजरता है कि साथ के सभी बच्चों पर उसका खासा रंग जम जाता है। 'नजानू कवि बना' में नजानू गुलदस्ता नाम के एक कवि के पास कविता सीखने जाता है। गुलदस्ता कवि उसे तुकें मिलाना और कविता करना सिखाते हैं मगर नजानू की कविताओं से उसके साथ खेलनेवाले बच्चे खासे चिढ़ जाते हैं। जब वह कविता की ये लाइनें सुनाता है कि "जानू गया टहलने नदिया के तट पर, जाते-जाते कूदा मोटर की छत पर" तो जानू की तरफ से एतराज यह होता है कि उसने तो ऐसा काम कभी किया ही नहीं, लिहाजा कविता झूठी है।

'नजानू बना संगीतकार' में दृश्य और भी ज्यादा मजेदार है, क्योंकि नजानू बाजाबाज नाम के संगीतकार के पास संगीत सीखने जाता है और आखिर इतना बेसुरा बिगुल बजाने लगता है कि आसपास मोहल्ले के सभी लोग और नजानू के दोस्त बुरी तरह चिढ़ने लगते हैं। तब नजानू को हम मन-ही-मन यह कहते पाते हैं कि "मेरा संगीत किसी की समझ में नहीं आता। असल में अभी लोगों की समझ मेरे संगीत के लायक नहीं हुई है।" तो भी नजानू फिर चित्रकार बनने की कोशिश करता है और लोगों के ऐसे अजीबोगरीब चित्र बनाता है कि पिटते-पिटते बचता है। लेकिन किताब के आखिरी नाटक 'नजानू ने रंग जमाया' में कई बार हार चुका नजानू आखिर साथ के बच्चों पर रंग जमाने में कामयाब हो ही जाता है। वह गणित के ऐसे-ऐसे अनोखे खेल सीख लेता है कि बड़ी से बड़ी संख्याओं के गुणा-भाग के सवालों को चुटकियों में हल कर दिखाता है और

बच्चे देखते रह जाते हैं। मगर खास बात यह है कि नजानू गणित के इस जादू को खाली अपने तक महदूद नहीं रखता, बल्कि साथ के सब बच्चों को भी इसका राज और तौर-तरीके बता देता है। जाहिर है, इससे नजानू का रंग घटने के बजाय और बढ़ता है और उसकी खूब वाहवाही होती है।

ऐसे ही श्रीकृष्ण ने भी कुछ विदेशी लेखकों के विश्वप्रसिद्ध बाल नाटकों का हिंदी में रूपांतरण किया है। इनमें जॉन गॉल्सवर्दी का 'देवता' (1995), बर्नार्ड गिल्बर्ट का 'वसीयत' (1995) और हैराल्ड ब्रिगहाउस का 'खतरे की घंटी' (1995) महत्त्वपूर्ण बाल नाटक हैं, जिन्हें आसानी से मंचित किया जा सकता है।

साहित्य अकादेमी ने गंगाधर गाडगील के चार मराठी बाल नाटकों का हिंदी अनुवाद 'होनहार बच्चे' (2007) शीर्षक से छापा है। उनके ये बाल नाटक हैं, 'खेल-खेल में', 'सुलु का सीक्रेट', 'सजा' और 'मददगार बच्चे'। इन नाटकों की विशेषता यह है कि बच्चे अपनी नटखट शरारतों और पूरी सक्रियता के साथ मौजूद हैं। गंगाधर गाडगील के इन हास्य-विनोदपूर्ण चुलबुले बाल नाटकों का सुंदर रूपांतरण माधवी देशपांडे ने किया है। 'बच्चों ने दबोचा चोर' (1993) भी गंगाधर गाडगील के तीन मजेदार बाल नाटकों का संग्रह है। इनका अनुवाद ह.श्री. साने ने किया है।

इधर बानो सरताज द्वारा अनूदित मराठी बाल नाटकों की तीन खूबसूरत किताबें छपी हैं, जिन्हें पढ़कर मराठी बाल नाटकों की शक्ति और रचनात्मकता का कायल होना पड़ता है। ये किताबें हैं—अनुराध खोत की 'चालाक सियार' (2004), जयवंत दलवी की 'चोरी हुई ही नहीं' (2004) तथा मधुकर आष्टीकर की 'कावले सेकंडरी स्कूल' (2004)। इनमें अनुराधा खोत के नाटक 'चालाक सियार' में बात तो जंगल की है, मगर वह इतनी गहरी और प्रतीकात्मक है कि लौटकर शहर में भी आती है और आदमियों पर भी उसी तरह लागू होती है। इसी तरह जयवंत दलवी के 'चोरी हुई ही नहीं' और मधुकर आष्टीकर के 'कावले सेकंडरी स्कूल' में हास्य का अनोखा पुट है। जयवंत दलवी के 'चोरी हुई ही नहीं' बाल नाटक में शास्त्रीजी के घर चोरी हुई और चोर ले गया सिर्फ नकली गहने, मगर दूसरों पर रोब गालिब करने के लिए शास्त्रीजी और उनकी पत्नी ने चोरी गई चीजों की लंबी-चौड़ी फेहरिस्त गिना दी। तब आखिर चोर लौटकर आया और उसके आगे झूठ बोलनेवाले शास्त्रीजी और उनकी पत्नी इतनी सिटपिटाई कि उन्होंने कान पकड़ लिये और कहा कि नहीं-नहीं, चोरी तो हुई ही नहीं! सभ्य समाज के दोहरेपन की कलई खोलनेवाला यह नाटक बच्चों को खासा पसंद आएगा। मधुकर आष्टीकर के 'कावले सेकंडरी स्कूल' में ऊटपटाँग पढ़ानेवाले कावले मास्टरजी का वर्णन है, जिन्होंने सिर्फ दिखाने के लिए भैंसों के बाड़े में एक नकली पाठशाला खोल ली है। मुआयना करने आए इंस्पेक्टर साहब स्कूल को एक बड़ा अनुदान देने ही वाले थे, मगर इस भैंस के डकराने की आवाज ने कुछ ऐसा तमाशा किया कि सारा गुड़गोबर हो गया। मधुकर आष्टीकर का यह बाल नाटक खेल-खेल में हमारे आज के स्कूलों की हालत और पढ़ाई के तौर-तरीकों पर बड़ी गहराई से व्यंग्यात्मक चोट कर जाता है। मराठी से अनूदित सुधाकर प्रभु का बाल नाटक 'पुस्तक हंडी' भी खासा मजेदार है और बड़े दिलचस्प अंदाज में बच्चों में किताबों के प्रति प्रेम और आकर्षण की भावना पैदा करता है। इस बाल नाटक का मराठी से अनुवाद जया विवेक ने किया है और यह अनुवाद सचमुच बहुत जानदार और जिंदादिली से भरपूर भाषा में किया गया है।

मिर्जा अदीब ने उर्दू में बड़े चुस्त और चुटीले बाल नाटक लिखे हैं, जो खेल-खेल में बच्चों को अच्छी

सीख भी देते हैं। उनके दो दिलचस्प बाल नाटकों की किताबें 'दो और दो पाँच' (2005) और 'नानी अम्माँ की ऐनक' (2005) इधर छपी हैं। इन नाटकों का बेहतरीन अनुवाद सुरजीत ने किया है।

और अंत में...

अंत में, हिंदी बाल नाटकों के बारे में यह कहना जरूरी है कि बाल साहित्य की अन्य विधाओं की तरह हिंदी बाल नाटकों में भी बहुत काम हुआ है। एक ओर पारंपरिक ढंग के ऐतिहासिक-पौराणिक बाल नाटकों का बोलबाला रहा, तो दूसरी ओर ऐसे प्रयोगात्मक बाल नाटक लिखने का भी चलन बढ़ा, जो आज के बच्चे के भय, उलझनों और छोटी-बड़ी मुश्किलों से सीधे-सीधे जुड़ते हैं तथा उसे चुपके से जीवन की एक नई राह सुझा देते हैं। बाल नाटकों के जरिए बच्चों को नया, खुशहाल समाज बनाने के सपने और नए विचारों से जोड़ने की बहुत अच्छी और सृजनात्मक कोशिशें भी हुई हैं, जिनमें बच्चों की दबी हुई क्रिएटिव ऊर्जा को खुलकर सामने आने का मौका मिला। बच्चों के साथ खेल-खेल में लिखे गए ऐसे नाटकों का भी चलन बढ़ा, जिनके संवाद बच्चों द्वारा ही लिखे गए और यहाँ तक कि उनका कथानक भी खुद बच्चों ने ही गढ़ा। आश्चर्य नहीं कि ऐसे नाटक खासे लोकप्रिय भी हुए।

इसी तरह, हास्य की घिसी-पिटी स्थितियों को छोड़कर हास्य की ऐसी बारीक स्थितियों की खोज हिंदी के बाल नाटकों में दिखाई देती है, जिनमें हास्य हलका और उबाऊ नहीं होता तथा आज के बच्चे की जीवन-स्थितियों से सीधे-सीधे जुड़ता है। कुछ सुंदर और चुलबुले पद्यनाटक भी लिखे गए। फिर भी चूँकि आज का जीवन बहुत जटिल है और खुद बच्चे के सिर पर पढ़ाई और दूसरी चीजों का खासा बोझ है, बच्चे को भटकानेवाली चीजें भी तमाम हैं, इसलिए अभी ऐसे दर्जनों बाल नाटक लिखे जाने की जरूरत है, जो अलग-अलग ढंग से आज के बच्चे की मुश्किलों से गुजरकर कुछ ऐसा रचें कि बच्चों को ये नाटक अपने, नितांत अपने लगें। इस लिहाज से बाल नाटकों के विशाल कैनवस पर अभी काफी कुछ छूटा हुआ है। खुशी की बात यह है कि हमारे नए नाटककार फिर से बड़ी गंभीरता के साथ इधर ध्यान दे रहे हैं।

□

6
बाल ज्ञान-विज्ञान साहित्य

विज्ञान साहित्य आज की जरूरत है

आज का युग 'विज्ञान युग' है और बिना अच्छे विज्ञान साहित्य के कोई भाषा अपने को मुकम्मल नहीं मान सकती। विज्ञान-साहित्य आज की जरूरत है और चुनौती भी! लेकिन बच्चों के लिए सहज और रोचक भाषा में विज्ञान साहित्य लिखना कहीं ज्यादा बड़ी चुनौती है। इसलिए कि एक ओर यहाँ विज्ञान के बहुत गहरे और प्रामाणिक अध्ययन-मनन की दरकार है तो दूसरी ओर उस बहुत जाने हुए को एकदम पचाकर, बहुत सीधे-सादे अल्फाज और दिलचस्प अंदाज में बच्चों के लिए पेश करने की जरूरत है। यह एक नाजुक मसला है और विषय की गंभीरता और शैली की रोचकता के बीच संतुलन साधना कई बार बड़ा मुश्किल हो जाता है। लेकिन यहीं किसी लेखक की असली कला और हुनर की परख होती है, उसके सामर्थ्य और भाषा-शक्ति की भी। बच्चों की कथा-कहानियों में जिस तरह कल्पना की लहरों पर सवार होकर बहने और कई बार तो 'गप्पबाजी' की भी खुली और खिलंदड़ी छूट मिल जाती है, वैसा यहाँ नहीं है। विज्ञान-लेखक का एक-एक शब्द सधा हुआ होना चाहिए, ताकि वह उसी जरूरत और मंतव्य को पूरा करे, जो लेखक के मन में है, वरना अर्थ का अनर्थ होते देर नहीं लगेगी। कई बार तो महज एक गलत शब्द का किसी असावधानी या अज्ञानतावश इस्तेमाल हो जाने पर ही चीजें गड़बड़ा जाती हैं।

दूसरी ओर बच्चों के लिए लिखे गए विज्ञान साहित्य के साथ एक बड़ी चुनौती यह जुड़ी है कि उसे रोज इस्तेमाल में आने वाले मोटे-मोटे शब्दों में ही विज्ञान की बड़ी-बड़ी पेचीदा बातों को समेटना है। बच्चों के लिए लिखा गया विज्ञान-साहित्य पेचीदा और उलझाऊ किस्म का नहीं, बच्चों की कथा-कहानी की तरह सरस और मनोज्ञ होना चाहिए, जिसे पढ़ने की ललक बच्चों में खुद-ब-खुद हो और वे ज्ञान-विज्ञान से जुड़ी इन रोचक किताबों के पास खिंचे चले जाएँ। हम सभी यह जानते हैं कि बच्चों के लिए लिखी गई किसी अच्छी कविता या कहानी का सबसे बड़ा गुण यह होता है कि बच्चों को उसे पढ़ने के लिए बार-बार कहना नहीं पड़ता। किसी भी सुंदर कविता या कहानी की किताब देखकर बच्चे का मन खुद-ब-खुद उसे पढ़ने के लिए ललकता है। कहना न होगा कि बच्चों के लिए लिखे गए विज्ञान साहित्य में भी यही खासियत होती है। वह प्रामाणिक होना चाहिए, दिलचस्प भी और कुछ इस ढंग से लिखा गया हो कि बच्चे के मन में भी नया सोचने और समझने, जानने की इच्छा जाग्रत हो, ताकि उसकी कल्पना और जिज्ञासा के बंद कपाट खुलने लगें।

विदेशी भाषाओं में बच्चों को विज्ञान की जानकारी देनेवाली पुस्तकें इतनी खूबसूरत भाषा में और इतने आकर्षक ढंग से छापी जाती हैं कि वे बच्चों को खेल-खिलौनों से कम नहीं लगतीं। हिंदी के लेखकों, प्रकाशकों में यह चेतना बहुत अधिक नजर नहीं आती। पर हाँ, कभी-कभार बच्चों के लिए विज्ञान से जुड़ी अच्छी और दिलचस्प पुस्तकें पढ़ने को मिल जाती हैं।

हिंदी में बच्चों के लिए लिखे गए विज्ञान साहित्य की त्रासदी यह है कि अधिकतर विज्ञान के जानकार या अधिकारी विद्वान इस ओर कदम नहीं बढ़ाते। वे या तो बच्चों के लिए लिखना ही नहीं चाहते या अगर लिखने की इच्छा उनके भीतर है भी, तो वह सीधी-सरल और प्रांजल भाषा उनके पास नहीं है, जिसके जरिए विज्ञान की बड़ी-बड़ी उपलब्धियों, पेचीदा बातों और तकनीकी जानकारियों को रोचक और हलके-फुलके अंदाज में बच्चों तक ले जाया जा सकता है। लिहाजा ऐसे अधिकतर विद्वान बच्चों के लिए विज्ञान-लेखन से दूर ही रहते हैं। इसके बजाय अल्प प्रतिभावाले ऐसे लेखकों की भरमार है, जो यहाँ-वहाँ से थोड़ा-सा कुछ उठाकर, जैसे-तैसे कच्चा-पक्का बच्चों के आगे परोस देते हैं। इससे बच्चों को भला क्या हासिल होगा? कोई नई जानकारी तो वे ग्रहण कर ही नहीं पाते। ऐसा भी नहीं होता कि पाठ्यक्रमों के बोझ से ऊबा हुआ बच्चा इन पुस्तकों को पढ़कर अपने भीतर विज्ञान की सही रुचि जाग्रत् कर पाए या कम से कम उसमें नया जानने, जीवन और आसपास की चीजों के बारे में नए ढंग से सोचने की जिज्ञासा उत्पन्न हो। आखिर हर नए वैज्ञानिक सोच और वैज्ञानिक आविष्कार की शुरुआत यहीं से होती है।

बच्चों के लिए वैज्ञानिक विषयों पर लिखनेवाले हिंदी के सिरमौर और सर्वाधिक विद्वत्तापूर्ण लेखकों में गुणाकर मुले का जिक्र बड़े सम्मान से किया जाना चाहिए। बाल पाठकों को विज्ञान की दुर्लभ और महत्त्वपूर्ण जानकारी देने में जितना कठिन श्रम अकेले गुणाकर मुले ने किया है, उतना शायद दस-बीस लेखकों ने भी मिलकर न किया हो। गुणाकर मुले की खासियत यह है कि वे प्राच्य भारतीय विद्या के विद्वान हैं ही, पाश्चात्य ज्ञान-विज्ञान की भी उन्हें बड़ी गहरी समझ है। इसलिए जब वे लिखते हैं तो विज्ञान की नई से नई रोमांचक जानकारियों के साथ-साथ उस महान भारतीय परंपरा का भी बोध होता है, जिसने ज्ञान-विज्ञान के आविष्कार में एक बहुत बड़ी और ऐतिहासिक भूमिका निभाई है।

इसी तरह बच्चों को ज्ञान-विज्ञान से करीबी तौर से जोड़नेवाले समर्थ और प्रतिभावान लेखकों की एक पूरी कतार है। रमेश वर्मा, देवेंद्र मेवाड़ी, दिलीप एम. सालवी, प्रमोद जोशी, रमेशदत्त शर्मा, कुलदीप शर्मा, हरीश गोयल, प्रदीप मुखोपाध्याय 'आलोक', जयप्रकाश भारती, हरिकृष्ण देवसरे, रत्नप्रकाश 'शील' और सुरजीत बच्चों के लिए ज्ञान-विज्ञान के विषयों पर रोचक और आधिकारिक ढंग से लिखनेवाले बड़े क्षमतावान लेखक हैं। इसके बाद की पीढ़ी में दीक्षा बिष्ट, विनीता सिंघल सुबोध महंती, प्रकाश मनु, मनोज पटैरिया आदि लेखक बड़ी निष्ठा और प्रामाणिकता से बच्चों के लिए वैज्ञानिक विषयों पर लिख रहे हैं।

हिंदी बाल विज्ञान-लेखन की विकास-यात्रा

बीसवीं शताब्दी एक तरह से विज्ञान के महत्त्व और प्रसार की ही नहीं, बल्कि विज्ञान के आधिपत्य की भी शताब्दी है। कह सकते हैं कि बीसवीं शताब्दी के शुरू में ही पूरी दुनिया में विज्ञान का एकछत्र साम्राज्य

स्थापित हो गया, जो न सिर्फ अब तक चला आता है, बल्कि उसका अपार प्रभामंडल तथा नित्य प्रति के जीवन में उसकी पैठ निरंतर बढ़ती ही जाती है। तो फिर बच्चों के लिए लिखा गया साहित्य विज्ञान से अछूता कैसे रहता? यह अलग बात है कि साहित्य में जब विज्ञान की बात की जाती है या वैज्ञानिक आविष्कारों के बारे में पाठकों को बताया जाता है, तो लेखक की कोशिश होती है कि वह ऐसी भाषा में लिखे कि अधिक से अधिक पाठक उसे समझ सकें और उसके महत्त्व से परिचित हो सकें। इसी तरह वैज्ञानिकों की जीवनियों और उनके कामों के बारे में जब आम पाठकों को बताया जाता है, तो कोशिश यह होती है कि उन्हें ज्यादा से ज्यादा रोजमर्रा की चलती हुई भाषा में बताया जाए, जिससे पाठकों को विज्ञान की पेचीदा और तकनीकी बातों में उलझे बगैर काफी कुछ जानकारी मिल जाए।

बच्चों के लिए लिखी गई विज्ञानपरक रचनाओं को काल-क्रम के हिसाब से तीन खंडों में बाँटा जा सकता है। प्रारंभिक चरण (1901-1947) में आजादी से पहले बाल साहित्य को रखा जा सकता है। यह कम आश्चर्य की बात नहीं कि शुरुआती दौर होने के बावजूद इस कालखंड में बच्चों के लिए विज्ञान लेखन की दृष्टि और दिशा काफी संतुलित और सही थी तथा लेखकों ने बच्चों के लिए ज्ञान-विज्ञान के बहुतेरे पहलुओं तथा नए-नए विषयों को सहेजने की कोशिश की। दूसरे चरण (1947-1980) में स्वतंत्रता-प्राप्ति से लेकर सन 1980 तक के विज्ञान-लेखन को सहेजा गया है। यह बाल साहित्य की अन्य विधाओं की तरह बाल विज्ञान-लेखन का गौरव काल है। एकदम नई सूझ-बूझ और वैज्ञानिक दृष्टि के साथ बच्चों के लिए ज्ञान-विज्ञान की बड़ी ही सुंदर पुस्तकें इस दौर में लिखी गईं। इनमें वैज्ञानिक जानकारीवाली पुस्तकें हैं तो वैज्ञानिकों की जीवनियाँ और विज्ञान-फंतासी कथाएँ भी। बाल साहित्य की अन्य विधाओं की तरह बाल विज्ञान-लेखन का भी यह स्वर्णिम दौर है।

बाल विज्ञान-लेखन का तीसरा चरण 1981 से आज तक माना जा सकता है, जिसमें खासा विस्तार और विविधिता दिखाई देती है। यह बाल साहित्य का मौजूदा या वर्तमान दौर है, जिसे विकास युग नाम देना संगत है। खुशी और संतोष की बात है कि बाल विज्ञान की धारा समय के साथ आगे बहती हुई, निरंतर समृद्ध और अधिक विस्तृत हुई है।

पहला चरण : प्रारंभिक युग

विज्ञान-लेखन की सही राह

बीसवीं शताब्दी की शुरुआत में ही यह समझ लिया गया कि विज्ञान के बारे में जितना बड़ों को बताना जरूरी है, उतना ही यह भी जरूरी है कि बाल पाठकों को विज्ञान के महत्त्व और उसके उन अद्भुत आविष्कारों के बारे में बताया जाए, जिन्होंने हमारे जीवन को बदल दिया है। कारण यह था कि अगर बच्चों को शुरू में ही विज्ञान का संस्कार दिया जाए, तो वे अधिक तार्किक, विचारशील बनेंगे और जीवन को देखने-समझने का उनका दृष्टिकोण वैज्ञानिक दृष्टिकोण होगा, जो जीवन-संग्राम में उन्हें आगे बढ़ने में मदद देगा। पर अब सवाल यह है कि बच्चों को विज्ञान के बारे में बताया कैसे जाए? वे तो कठिन और तकनीकी शब्दों को बिल्कुल नहीं समझते। थोड़ी दुरूहता और लंबे, उलझाऊ वाक्यों के आते ही वे ऐसे लेखों या किताबों को दूर उठाकर रख देंगे। तब··· ?

बेशक बच्चों के लिए विज्ञान-लेखन कहीं ज्यादा कठिन और चुनौती भरा था। विज्ञान के बहुत-से नियमों, उपनियमों, उपकरणों तथा सिद्धांतों की जानकारी खासी नीरस ढंग की है। बच्चे पाठ्य पुस्तकों में ही उन्हें पढ़-पढ़कर ऊबते और बिदकते हैं, तो फिर बाल पत्रिकाएँ भी क्या यही उबाऊ काम शुरू कर दें? और बच्चे उनसे आनंद लेने के बजाय उन्हें भी कुछ और तरह की पाठ्य पुस्तकें मानने लगें! क्या यह उचित होगा?

पर इसके लिए सही राह निकालने का उत्साह बीसवीं शताब्दी की शुरुआत में ही देखने को मिला और इसके लिए जो तरीका खोजा गया, वह न सिर्फ उस समय एकदम सही था, बल्कि आज भी उसे ही बाल विज्ञान-लेखन की दिशा में सबसे उम्दा, सही और प्रभावी तरीका माना जाता है। यह तरीका था बच्चों को खेल-खेल में विज्ञान के बारे में बताना और यह इतने रोचक अंदाज में होता कि बच्चे खुद-ब-खुद ललककर विज्ञान को लेकर लिखी गई रचनाएँ और पुस्तकें पढ़ें।

रामदहिन मिश्र ने ऐसे ही खेल-खेल में बच्चों को विज्ञान के बारे में रोचक ढंग से बताने के लिए पुस्तक लिखी, 'विज्ञान की सरल बातें'। इस पुस्तक को लिखने के पीछे रामदहिन मिश्र की चिंता और विचार क्या थे और किस दृष्टि से विज्ञान की सरल बातों को समझानेवाली यह किताब उन्होंने लिखी, इसके बारे में उनकी भूमिका पढ़कर थोड़ा अंदाजा लगाया जा सकता है। वे लिखते हैं कि इस पुस्तक में विज्ञान की मोटी-मोटी बातें बड़ी सीधी-सरल भाषा में लिखी गई हैं। आगे वे अपनी बात को कुछ और स्पष्ट करते हुए कहते हैं, "इनके पढ़ने से लड़कों का जरा भी जी न ऊबेगा और ऐसी नीरस बातों को मजेदार मजमूनों से पढ़कर लड़के लोटपोट हो जाएँगे। उनको इनके पढ़ने से वैसा ही आनंद मिलेगा, जैसा कहानियों को पढ़ने में।..."

रामदहिन मिश्र यहीं नहीं रुकते, बल्कि इसके बाद वे कहानियों और विज्ञान साहित्य की तुलना भी करते हैं और एक बड़े पते की बात कहते हैं कि कहानियों से तो अकसर मनोरंजन ही होता है, पर इन्हें पढ़ने से मनोरंजन के अलावा जानकारी भी बढ़ती है।

यों आजादी से पहले हिंदी में बाल विज्ञान-लेखन को अगर इतना बढ़ावा मिला, तो इसका बहुत कुछ श्रेय आचार्य महावीरप्रसाद द्विवेदी (1864-1938) को जाता है। द्विवेदीजी के नैतिकतावादी रुझान की तो बहुत चर्चा की जाती है, पर उनके तर्कपूर्ण, प्रगतिशील दृष्टिकोण और समय से बहुत आगे देख पाने की दूरदृष्टि और समझदारी को अकसर भुला दिया जाता है। आचार्य द्विवेदी ने न सिर्फ 'सरस्वती' पत्रिका में विज्ञान को लेकर गंभीर लेख छापे, बल्कि साथ ही वैज्ञानिकों के जीवन-चरित और विज्ञान की नई-नई जानकारियों को पाठकों तक पहुँचाने में भी महत्त्वपूर्ण पहल की। यहाँ तक कि उनके संपादन में 'सरस्वती' पत्रिका में विज्ञान के नए-नए आविष्कारों से जुड़ी अनोखी विज्ञान फंतासी कथाएँ भी निरंतर छपती रही हैं। द्विवेदीजी के प्रयत्नों से इंडियन प्रेस से निकलनेवाली पत्रिका 'बालसखा' में भी ज्ञान-विज्ञान से संबंधित काफी लेख प्रकाशित हुए। इंडियन प्रेस से ज्ञान-विज्ञान की रोचक जानकारी देनेवाली पुस्तकें भी छपीं।

इस दौर में बच्चों के लिए विज्ञान पर लिखने और विज्ञान से जुड़ी चीजों, आविष्कारों और वैज्ञानिक के जीवन-चरित्र बच्चों के लिए प्रस्तुत करनेवाले लेखक थे—नवलबिहारी मिश्र, डॉ. सत्यप्रकाश, जगपति चतुर्वेदी, पारसनाथ, श्रीनाथसिंह, डॉ. गोरखप्रसाद, रामदास गौड़, कृष्णानंद गुप्त, सुरेशसिंह, चंद्रमौलि शुक्ल और श्यामनारायण कपूर। इनमें डॉ. गोरखप्रसाद, नवलबिहारी मिश्र, जगपति चतुर्वेदी और श्यामनारायण

कपूर की रचनाएँ खासी महत्त्वपूर्ण हैं। इस दौर में विज्ञान-विषयक बाल पुस्तकें बहुत अधिक भले ही न हों, पर 'बिजली के चमत्कार' (1939) तथा 'विज्ञान की सरल बातें' सरीखी किताबों ने विज्ञान को लेकर एक उत्साहपूर्ण, स्वस्थ माहौल बनाया। नवलबिहारी मिश्र की 'दूध पिलाने वाले जंतु', 'विचित्र जीव-जंतु', 'मक्खियों की करतूत', डॉ. सत्यप्रकाश की 'सृष्टि की कथा' (1930), जगपति चतुर्वेदी की 'आग की कहानी' (1931), 'वायुयान' (1934) और 'बिजली की लीला', पारसनाथ की 'पक्षी परिचय', श्रीनाथसिंह की 'आविष्कारों की कथा', डॉ. गोरखप्रसाद की 'आकाश की सैर' (1936), रामदास गौड़ की 'विज्ञान हस्तामलक', कृष्णानंद गुप्त की 'जीव की कहानी' (1940) तथा 'आकाश दर्शन', सुरेशसिंह की 'हमारी चिड़िया' (1941), श्यामनारायण कपूर की 'भारत के वैज्ञानिक' (1936) तथा 'विज्ञान की कहानियाँ' भी इस दौर में लिखी गई दिलचस्प किताबें हैं, जिन्होंने बच्चों को लुभाया।

सबसे खास बात यह है कि विज्ञान को लेकर लिखी गई ये पुस्तकें एक सही और स्वस्थ दृष्टि को लेकर चलीं, जो आगे भी बाल साहित्य के लिए बहुत उपयोगी और मार्ग-निर्देशक साबित हुईं। एक ओर इन लेखकों ने सृष्टि, जीवों और अंतरिक्ष के रहस्यों से बच्चों को परिचित कराने की कोशिश की, तो दूसरी ओर जगपति चतुर्वेदी की 'आग की कहानी', 'वायुयान', 'बिजली की लीला' सरीखी पुस्तकें उन्हें अपने आसपास की दुनिया और परिवेश से कहीं अधिक बखूबी परिचित कराती हैं। इसी तरह श्यामनारायण कपूर ने कई वैज्ञानिकों की सुंदर और प्रभावशाली जीवनियाँ लिखीं और इस दिशा में नींव रखने का काम किया। श्यामनारायण कपूर की 'भारत के वैज्ञानिक' (1936) संभवत: ऐसी पहली पुस्तक थी, जिसमें भारतीय वैज्ञानिकों के जीवन-चरित, संघर्ष और उपलब्धियों को बड़े प्रभावी ढंग से बच्चों के लिए प्रस्तुत किया गया था। आगे चलकर श्यामनारायण कपूर ने भारत के प्रख्यात वैज्ञानिकों की अलग-अलग जीवनियाँ तैयार कीं। यह सचमुच एक बड़ा और महत्त्वपूर्ण कार्य था।

इसके अलावा चंद्रमौलि शुक्ल, डॉ. गोरखप्रसाद आदि विद्वानों के लेखों ने बाल विज्ञान-लेखन की दिशा में एक स्वस्थ माहौल बनाया और देखते-ही-देखते विज्ञान से संबंधित नए-नए ढंग के रोचक लेख सामने आने लगे, जिन्हें बाल पाठकों ने काफी पसंद किया। गोरखप्रसाद की 'आकाश की सैर' (1931) भी बड़े मजेदार ढंग से लिखी गई थी, जो सचमुच उन्हें साथ ले जाकर आकाश के गूढ़ और मनोरम रहस्यों से परिचित कराती थी। उस दौर में बच्चों के लिए ज्ञान-विज्ञान साहित्य लिखना कितना जरूरी और महत्त्वपूर्ण समझा गया, यह इसी से समझ में आ सकता है कि कृष्णानंद गुप्त और ठाकुर श्रीनाथ सिंह सरीखे हिंदी के सुप्रतिष्ठित साहित्यकारों ने भी बच्चों के लिए विज्ञान साहित्य लिखा।

बीसवीं शताब्दी के चौथे दशक में लिखी गई ठाकुर श्रीनाथ सिंह (1901-1996) की बच्चों के लिए लिखी गई 'आविष्कारों की कथा' अपने समय को देखते हुए काफी अच्छी जानकारियों से भरी पुस्तक थी। इससे यह भी पता चलता है कि हिंदी के साहित्यकारों में केवल साहित्यिक ही नहीं, बल्कि ज्ञान-विज्ञान के अन्य क्षेत्रों के बारे में जानने की खासी ललक उन दिनों नजर आने लगी थी। इसी तरह कृष्णानंद गुप्त की 'जीवन की कहानी' तथा 'आकाश दर्शन' ज्ञान-विज्ञान की दुनिया से जुड़ी उल्लेखनीय पुस्तकें हैं, जिनकी उस दौर में खासी चर्चा हुई थी। कृष्णानंद गुप्त की इन पुस्तकों की खासियत यह है कि इनके पीछे मौलिक

दृष्टि और सूझ थी। वे भारतीय और पाश्चात्य ज्ञान-विज्ञान धाराओं का सुंदर समन्वय करके, उसका सार बाल पाठकों के आगे रखते हैं।

पशु-पक्षियों से बच्चों का स्वाभाविक तथा उनकी निराली दुनिया के बारे में वे बहुत कुछ जानना-समझना चाहते हैं। यही कारण है कि इस कालखंड में कई लेखकों ने पशु-पक्षियों के बारे में रोचक पुस्तकें लिखीं। इनमें सुरेश सिंह का नाम अव्वल है। उनकी 'हमारी चिड़ियाँ' पुस्तक पशु-पक्षियों की दुनिया में बड़ी अंतरंगता से झाँकती है। 'पक्षियों की दुनिया', 'जानवरों का जगत', 'समुद्र के जीव-जंतु' और 'रेंगने वाले जीव' भी सुरेश सिंह की लिखी गई बड़ी सुंदर पुस्तकें हैं। उनकी भाषा मुग्ध करती है, पर साथ ही उनकी जानकारियाँ भी तर्कसम्मत और तथ्यात्मक है तथा उनकी सूक्ष्म निरीक्षण क्षमता का कायल होना पड़ता है।

'पक्षियों की दुनिया' में सुरेश सिंह हमारे परिचित पक्षियों के साथ-साथ उन पक्षियों और उनकी आदतों तथा स्वभाव के बारे में भी बताते हैं, जिनके बारे में हमें बहुत कम जानकारी है। 'जानवरों का जगत' भी ऐसी ही जिंदादिली से भरी पुस्तक है, जिसे पढ़ते हुए लगता है, मानो हम किसी अभयारण्य या वन-प्रदेश में घूम रहे हैं। 'समुद्र के जीव-जंतु' में सुरेश सिंह ने समुद्र कैसे बने, समुद्र के भीतर की दुनिया आदि शीर्षकों से भी बड़ी रोचक और नई जानकारी दी है। इसी तरह रेंगनेवाले जीवों के वर्णन में भी उनकी सूक्ष्म निरीक्षण क्षमता पता चलती है। खासकर जीवों के उदय और विकास की कहानी को उन्होंने रुचिकर ढंग से समझाया है। इसके अलावा पशु-पक्षियों के स्वभाव, जीवन और रुचियों को लेकर उन्होंने पत्र-पत्रिकाओं में भी कई सुंदर लेख लिखे।

इस कालखंड की पुस्तकों में पारसनाथ की 'पक्षी परिचय' पक्षियों के बारे में परिचयात्मक जानकारी देने वाली अच्छी किताब है। इसी तरह नवलबिहारी मिश्र की 'इधर मिलने वाले जंतु', 'विचित्र जीव-जंतु' और 'मक्खियों की करतूत' पुस्तकें भी जीव-जंतुओं के संसार को नजदीक से देखने-दिखानेवाले अंदाज में लिखी गई थीं। इस दौर में अन्य भाषाओं के बाल ज्ञान-विज्ञान साहित्य को हिंदी में लाने में भी नवलबिहारी मिश्र ने खासा श्रम किया। लिहाजा बाल साहित्य के प्रारंभिक चरण में बच्चों के लिए ज्ञान-विज्ञान की धारा को समृद्ध करने में उनका सम्माननीय स्थान है।

जाहिर है, आजादी से पहले जो बाल साहित्य लिखा गया, वह संख्या की दृष्टि से बहुत संपन्न और संतोषजनक नहीं था। यों भी यह हिंदी में बाल विज्ञान-लेखन का पहला या आरंभिक चरण ही था। हाँ, पहले चरण में भी बाल विज्ञान-लेखन के पीछे लेखकों और बाल-पत्रिकाओं की सही-संतुलित दृष्टि थी, यह बात कहीं अधिक महत्त्वपूर्ण है। बाल लेखकों की कोशिश विज्ञान-विषयक नीरस चीजों को भी रोचक ढंग से कहने की होती थी, ताकि बिना अधिक तकनीकी शब्दों का प्रयोग किए हुए ही, बच्चों को विषय का पूरा मर्म समझा दिया जाए। पर साथ में उचित ही, तथ्यों की शुद्धता पर भी पूरा जोर था, ताकि रोचकता पैदा करने की कोशिश में कहीं कोई गलत या तर्कविरुद्ध बात न चली जाए, जो बच्चों के मन में हमेशा के लिए जड़ जमा ले।

यही नहीं, बाल साहित्य के प्रारंभिक चरण में दूसरी भाषाओं की प्रमुख विज्ञानपरक पुस्तकों को अनूदित करके हिंदी में लाने की होड़ भी दिखाई पड़ती है। आचार्य हजारीप्रसाद द्विवेदी ने गुरुदेव रवींद्रनाथ ठाकुर की जीवन-जगत के रहस्यों को लेकर लिखी गई अत्यंत प्रसिद्ध पुस्तक 'विश्व परिचय' का हिंदी में अनुवाद किया

था। निस्संदेह इसे खूब सराहना मिली। इसी तरह जगदानंद राय की बड़ी सुंदर और उपयोगी पुस्तकों 'वैज्ञानिकी प्राकृतिकी' और 'ग्रह-नक्षत्र' का भी हिंदी में अनुवाद हुआ था। डॉ. नंदनकिशोर राय और जर्नादन झा ने यह अनुवाद किया। इसी तरह अंग्रेजी और फ्रांसीसी विज्ञान कथाओं का भी उस दौर में हिंदी में अनुवाद हुआ था और उसे खासा पसंद किया गया था।

दूसरा चरण : गौरव युग

एक से एक अनूठी और दिलचस्प पुस्तकें

बाल विज्ञान-लेखन का दूसरा चरण आजादी के बाद के कालखंड से लेकर सन् 1980 तक माना जा सकता है। यह वह दौर है, जिसमें हिंदी में बाल विज्ञान-लेखन न सिर्फ तेजी से आगे बढ़ा, बल्कि उसमें कई ऐसी दिलचस्प और अनूठी कृतियाँ सामने आईं, जिन्होंने विज्ञान के विषयों को एकदम बाल कल्पना के रंग और मिजाज के हिसाब से ढालकर प्रस्तुत किया। लिहाजा उनमें बाल विज्ञान-लेखक की आगे के रास्ते खोजने और लीक से हटकर कुछ काम करने की ललक प्रकट हुई। इस दौर में भगवतीप्रसाद श्रीवास्तव, हरीश अग्रवाल, केशवसागर मिश्र, राजेश्वरप्रसाद नारायण सिंह, व्यथित हृदय, श्रीकृष्ण, रामेंद्रकुमार वाजपेयी, रमेश प्रभाकर, जयप्रकाश भारती, हरिकृष्ण देवसरे, संतराम वत्स्य, प्रमोद जोशी, शुकदेव दुबे, राष्ट्रबंधु,, प्रमोदशंकर भट्ट तथा प्रवीणकुमार गुप्त ने बच्चों के लिए विज्ञान और वैज्ञानिक विषयों पर लिखा। इसके अलावा वैज्ञानिकों की जीवनियाँ लिखने में सिद्धहस्त श्यामनारायण कपूर ने इस दौर में भी काफी लिखा। उन्होंने चंद्रशेखर वेंकटरमन, आचार्य जगदीशचंद्र बसु, प्रफुल्लचंद्र राय और रामानुजन की बड़ी प्रभावशाली जीवनियाँ लिखीं, जिसमें सहज भाषा में उनके जीवन की प्रमुख घटनाओं और उपलब्धियों का ब्योरा था। ये जीवनियाँ जानकारीपरक होने के साथ-साथ कथात्मक जीवनियाँ थीं।

अलबत्ता इस दौर में प्रकाशित बाल विज्ञान साहित्य की वे महत्त्वपूर्ण कृतियाँ, जो एक संतुलित दृष्टि के साथ सामने आईं और बच्चों में लोकप्रिय भी हुईं, ये हैं—भगवतीप्रसाद श्रीवास्तव की 'आविष्कार कथा', हरीश अग्रवाल की 'भारत के महान वैज्ञानिक', केशवसागर मिश्र की 'पानी में', राजेश्वरप्रसाद नारायण सिंह की 'हमारे वन्य पशु' (1962), व्यथित हृदय की 'पानी और हमारा जीवन' तथा 'आवाज की कहानी', श्रीकृष्ण की 'तुम पूछो, हम बताएँ', रमेश प्रभाकर की 'कीड़ों की विचित्र दुनिया', रामेंद्रकुमार वाजपेयी की 'फल कैसे रखें', श्यामनारायण कपूर की 'चंद्रशेखर वेंकट रमन' (1965), 'आचार्य जगदीशचंद्र बसु', (1965), 'आचार्य प्रफुल्लचंद्र राय' (1965) तथा 'रामानुजन' (1965), जयप्रकाश भारती की 'विज्ञान की विभूतियाँ' (1966), डॉ. गोविंद चातक की 'आओ क्यारी लगाएँ', हरिकृष्ण देवसरे की 'नन्हे साथी,' संतराम वत्स्य की 'पौधों की कहानी' (1971), 'पानी की कहानी', (1971), 'हवा की कहानी' (1971), 'हमारा शरीर' (1971), 'सूरज' (1971), 'चाँद' (1971), 'सितारे' (1971) तथा 'कितने बजे' (1971), प्रमोद जोशी की 'कीड़ों की कहानी, कीड़ों की जबानी' (1972), शुकदेव दुबे की 'साँपों का संसार'(1972), राष्ट्रबंधु की 'प्रयोगों की कहानी' (1972), प्रमोदशंकर भट्ट की 'पनडुब्बी', अवतार सिंह की 'विज्ञान की आँख : रडार' (1974), प्रवीणकुमार गुप्त की 'परमाणु शक्ति' (1972) तथा 'कंप्यूटर' (1975)।

जाहिर है, इन पुस्तकों में कथ्य और विषयों के लिहाज से खासी विविधता है और विज्ञान के ओनों-कोनों को छू लेने की उत्साही ललक भी। एक ओर 'आविष्कार-कथा', 'प्रयोगों की कहानियाँ', 'पनडुब्बी', 'विज्ञान की आँख : रडार', 'कंप्यूटर', 'परमाणु शक्ति' सरीखी अपेक्षाकृत तकनीकी पुस्तकें हैं, जो विज्ञान की दुनिया के गूढ़ रहस्यों और जानकारियों को आसान भाषा में हमारे सामने रखती हैं, तो दूसरी ओर 'कीड़ों की कहानी, कीड़ों की जबानी', 'कीड़ों की विचित्र दुनिया', 'साँपों का संसार', 'पौधों की कहानी', 'पानी की कहानी', 'हवा की कहानी', 'हमारा शरीर', 'सूरज', 'चाँद', 'सितारे', 'हमारे वन्य पशु', 'जानवरों का जगत', 'पानी और हमारा जीवन', 'फल कैसे रखें', 'आओ क्यारी लगाएँ' सरीखी पुस्तकें लिखी गईं, जो बच्चों के आगे आसपास की दुनिया, जीव-जंतुओं तथा ब्रह्मांड के रहस्यों को रोचक ढंग से सामने लाने की कोशिश करती हैं।

वन्य पशुओं, कीड़े-मकोड़ों और अन्य जीवधारियों पर लिखी गई ऐसी कई किताबें इस दौर में आईं, जिनका बाल साहित्य के इतिहास में बड़ा सम्मानपूर्ण स्थान है। राजेश्वरप्रसाद नारायण सिंह की 'हमारे वन्य पशु' (1962) ऐसी ही किताब है, जिसमें सिंह, हिरन आदि वन्य पशुओं की दुनिया में उतरकर उनके रहन-सहन स्वभाव आदि से बच्चों को बड़ी अंतरंगता से परिचित कराया गया है। उन्होंने 'भारतीय हरिण' पुस्तक भी लिखी, जिसमें हिरनों के स्वभाव, आदतों तथा बहुत सी अन्य बातों की प्रामाणिक जानकारी है। जल विहगों पर लिखी गई उनकी पुस्तक 'हमारे जल-पक्षी' (1962) भी बहुत प्रसिद्ध हुई थी। यही नहीं, राजेश्वरप्रसाद ने 'हमारे वृक्ष' शीर्षक से भारतीय पेड़-पौधों तथा उनकी विशेषताओं को प्रकट करनेवाली पुस्तक भी लिखी है। इसमें आम, अमरूद, जामुन, इमली, शहतूत, नारियल जैसे सुपरिचित पेड़ों के साथ-साथ काजू, लीची, शरीफा, सुपारी, गूलर सरीखे कम जाने गए वृक्षों की भी चर्चा है। पुस्तक पढ़कर पता चलता है कि भारतीय संस्कृति में पेड़ों को इतना अधिक महत्त्व क्यों दिया जाता है। राजेश्वरजी ने वैज्ञानिक तथ्यों के साथ-साथ भारत की प्राचीन मान्यताओं का भी जिक्र किया है। यही कारण है कि प्रकृति और पर्यावरण के महत्त्व से परिचित करानेवाले उस दौर के जाने-माने लेखकों में राजेश्वरप्रसाद नारायण सिंह की गिनती होती है।

इसी तरह रमेश प्रभाकर की 'कीड़ों की विचित्र दुनिया' और प्रमोद जोशी की 'कीड़ों की कहानी, कीड़ों की जबानी' ऐसी नायाब किताबें हैं, जिन्हें पढ़कर पता चलता है कि कीड़े तुच्छ नहीं हैं और उनकी दुनिया हमारी दुनिया से कहीं अधिक चुस्त और कहीं अधिक बहुरंगी है, जो अपने आप में जीवन के बहुत से भेद और रहस्य छिपाए हुए है। खासकर 'कीड़ों की कहानी, कीड़ों की जबानी' तो बड़ी अद्‌भुत पुस्तक है। संतराम वत्स्य (ज. 1923) ने बच्चों के लिए एकदम कहानी-किस्सेवाले अंदाज में हवा पानी-सूरज और सितारों के बारे में दिलचस्प बातें बताईं और यों उन्होंने बच्चों के लिए विज्ञान-लेखन की एक बिल्कुल नई शैली और अंदाज सामने रखा। उन्होंने दो खंडों में छपी पुस्तक 'मौसम की कहानी' में मौसम के बारे में उपयोगी जानकारी दी। इसी तरह श्रीकृष्ण की 'तुम पूछो हम बताएँ' सरीखी पुस्तकें नन्हे बच्चों को भी विज्ञान से जोड़ने के लिए पुल का काम करती हैं।

इसके अलावा प्रमोद जोशी, वीरकुमार अधीर, अवतार सिंह, रामेश बेदी, योगेंद्रकुमार लल्ला, जयप्रकाश भारती और वेद मित्र ने भी इस कालखंड में बच्चों के लिए विज्ञान की कई सुंदर पुस्तकें लिखी हैं। इनमें जयप्रकाश भारती की 'कितना अनजाना तुम्हारा कारखाना', योगेंद्रकुमार लल्ला की 'खेल भी विज्ञान भी',

वीरकुमार अधीर की 'मस्तिष्क का रहस्य' और 'सपने कहाँ से आते हैं', वेद मित्र की 'दूरबीन की कहानी', रामेश बेदी की 'हमारे प्यारे जीव', 'जंगल के दुलारे जीव' तथा 'जंगल की बातें' और प्रमोद जोशी की 'बस्ता बोला' और 'कीड़ों की कहानी कीड़ों की जबानी' खासी महत्त्वपूर्ण हैं और अपने अंदाजेबयाँ से बच्चों को लुभाती हैं।

गौरव युग में केवल विज्ञान और टेक्नोलॉजी ही नहीं, बल्कि मानव सृष्टि और संसार के एक से एक अनोखे रहस्यों की जानकारी देनेवाली पुस्तकें भी बच्चों के लिए निरंतर लिखी गईं। बच्चों को घरेलू सामान से ही खेल-खेल में प्रयोग करके नई-नई चीजें बनाने और विज्ञान के रहस्यों को जानने के लिए प्रेरित करनेवाली सुंदर पुस्तकें श्रीकृष्ण और योगेंद्रकुमार लल्ला ने लिखीं। इसी तरह दुनिया के महान वैज्ञानिक आविष्कारों की जानकारी देनेवाली एक से एक उम्दा किताबें बच्चों के लिए लिखी गईं। रत्नप्रकाश 'शील' की 'विज्ञान की कहानियाँ' ऐसी ही खूबसूरत किताब है। रामेश बेदी सरीखे लेखकों ने वन्य पशुओं, उनके जीवन स्वभाव और उनसे जुड़ी एक से एक रोमांचक कहानियों से जुड़ी पुस्तकें लिखकर बाल-विज्ञान लेखन की दुनिया ही बदल दी। अब भी बीच-बीच में बाल विज्ञान की इतनी सुंदर और आकर्षक पुस्तकें पढ़ने को मिल जाती हैं कि उनसे होकर गुजरना, बच्चों के लिए ही नहीं, बल्कि बड़ों के लिए भी एक निराला अनुभव है।

❧ ❖ ❧

इस कालखंड में रचनात्मक दृष्टि के साथ बच्चों के लिए विज्ञान-लेखन करनेवाले प्रतिनिधि लेखक हैं रमेश वर्मा, हरिकृष्ण देवसरे, प्रमोद जोशी, गुणाकर मुले, जमाल आरा, जयप्रकाश भारती, वीरकुमार अधीर, वेद मित्र, श्रीकृष्ण, योगेंद्रकुमार लल्ला, मनमोहन सरल, व्यथित हृदय तथा वी.के. गुप्ता। इनमें से प्रायः सभी ने विज्ञान-लेखन की अपनी एक शैली विकसित की और बच्चों को सहज ही विज्ञान की दुनिया, वैज्ञानिकों के जीवन-संघर्ष और उनके महान आविष्कारों की ओर आकर्षित किया।

इनमें रमेश वर्मा (1930-1971) का नाम अपनी लेखकीय शैली के आकर्षण के कारण सबसे अलग नजर आता है। उनकी पुस्तक 'झिलमिलाते सितारे' (संस्क. 2002) अधिक चर्चित नहीं है, पर वह बच्चों को अंतरिक्ष, ग्रहों और तारों की जानकारी देनेवाली अनोखी किताब है। बाल पाठकों के मन को बाँध लेनेवाले जादुई असर के कारण यह हिंदी में इस विषय पर लिखी गई शायद सबसे अच्छी किताबों में से एक है। एक ऐसी पुस्तक, जिसे पढ़कर गर्व होता है कि अच्छा, हिंदी में भी अब विज्ञान को लकर इतनी जिंदा भाषा में इतनी खूबसूरती से लिखी गई किताबें पढ़ने को मिलती हैं। रमेश वर्मा की भाषा में ऐसा आकर्षण है कि झिलमिलाते सितारों पर लिखी गई यह पुस्तक किसी परीलोक की सैर जैसी लगती है। बाल पाठक ही नहीं, बड़े भी इस पुस्तक को हाथ में लेंगे तो पूरा पढ़े बगैर छोड़ नहीं पाएँगे। इसके अलावा रमेश वर्मा ने रेडियो, टेलीविजन, रॉकेट, उड़न तश्तरी तथा कृत्रिम उपग्रह जैसे विषयों पर भी पुस्तकें लिखी हैं और उनकी कुछ नायाब विज्ञान-कथाएँ भी हैं।

आज यह देखकर हैरानी होती है कि बच्चों को खेल-खेल में नायाब ढंग से विज्ञान की जानकारी देनेवाली जैसी पुस्तकें वर्षों पहले रमेश वर्मा ने लिखीं, वैसी हिंदी में बहुत कम हैं। रमेश वर्मा की भाषा में इतनी नाटकीयता और कल्पनाशीलता है कि इसे पढ़ते हुए, अंतरिक्ष में पहुँच जाने का-सा रोमांच होता है। 'अंतरिक्ष

एक परिचय', 'अनंत की ओर', 'बाह्य अंतरिक्ष के उपग्रह', 'अंतरिक्ष की खोज', 'उड़न तश्तरी' तथा 'पृथ्वी से अंतरिक्ष तक' रमेश वर्मा की अंतरिक्ष के रहस्यों से जुड़ी खूबसूरत किताबें हैं। ऐसे ही देवेंद्र मेवाड़ी की 'सूरज के आँगन में' और 'अनोखा सौरमंडल' बच्चों को खेल-खेल में अंतरिक्ष की सैर करानेवाली मजेदार किताबें हैं।

मूर्धन्य लेखक गुणाकर मुले (1935-2009) ने भी इस दौर में हिंदी में बाल-विज्ञान-लेखन को समृद्ध किया। बच्चों के लिए ज्ञान-विज्ञान की उनकी ऐसी कई पुस्तकें आईं हैं, जिन्होंने इस क्षेत्र में बहुत कुछ नया खोजकर बच्चों को उन्हीं की भाषा में समझाने की पहल की है। एक ओर उन्होंने सौर मंडल के बारे में बेहद दिलचस्प लेख और पुस्तकें लिखी हैं, तो दूसरी ओर 'प्राचीन अंकों की कहानी', 'लिपियों की कहानी' जैसी उनकी पुस्तकें मनुष्य की हजारों वर्ष लंबी सभ्यता की विकास परंपरा को समझने की नई दृष्टि देती हैं। गुणाकर मुले की 'भारतीय विज्ञान की कहानी' (1973) अपेक्षाकृत बड़ी उम्र के बच्चों या किशोर पाठकों के लिए लिखी गई पुस्तक है, जिसमें बड़े दिलचस्प ढंग से यह बताया गया है कि विश्व में ज्ञान-विज्ञान के महान आविष्कारों में भारतीय परंपरा और भारतीय वैज्ञानिकों का कितना बड़ा योगदान है। मसलन सारी दुनिया में आज जो गिनती लिखी जाती है, जिसमें एक से नौ तक अंकों के अलावा दसवाँ अंक शून्य है, उसका आविष्कार भारत में ही हुआ था। सारी दुनिया में विज्ञान के आविष्कार में भारत की इस गिनती की पद्धति ने सचमुच एक बड़ा क्रांतिकारी योगदान दिया। इससे पहले दूसरे देशों में संख्याओं को लिखने का जो ढंग था, वह बड़ा अजीब था और उसे वैज्ञानिक तो कहा ही नहीं जा सकता था। जबकि भारत ने पहली बार संख्याओं को लिखने की एक ऐसी वैज्ञानिक पद्धति ईजाद की, जो देखते ही देखते पूरी दुनिया में फैल गई और आज संसार भर में उसी गणना-पद्धति का उपयोग होता है।

गुणाकर मुले की 'अंकों की कहानी' और 'अक्षरों की कहानी' भी ऐसी ही उपयोगी पुस्तकें हैं। 'अंकों की कहानी' (1989) में अंकों को लिखने की प्राचीन मिस्र की पद्धति, सुमेरी बेबीलानी और चीन की अंक-पद्धति आदि का वर्णन करने के साथ-साथ भारतीय अंक-पद्धति की विशेषताओं का भी वर्णन है। साथ ही यह भी बताया गया है कि अशोक की ब्राह्मी लिपि के अंक उस काल को देखते हुए सचमुच कितने अधिक विकसित थे। इससे पता चलता है कि गणित और विज्ञान के विकास में प्राचीन भारत ने एक बड़ी भूमिका निभाई है। 'अक्षरों की कहानी' (1989) में बड़े दिलचस्प ढंग से यह बताया गया है कि आदि मानव ने भाषा को लिखने की विधि यानी लिपि का आविष्कार कैसे किया।

'प्राचीन भारत के महान वैज्ञानिक', 'आधुनिक भारत के महान वैज्ञानिक', 'आर्यभट' और 'भास्कराचार्य' पुस्तकों में गुणाकर मुले ने भारतीय वैज्ञानिकों और गणितज्ञों के जीवन और उनकी महान खोजों के बारे में बाल पाठकों को बड़ी रोचक और तथ्यात्मक जानकारी दी है। 'प्राचीन भारत के महान वैज्ञानिक' (1989) पुस्तक में गुणाकर मुले ने भारत के जिन प्राचीन दस वैज्ञानिकों को शामिल किया है, वे हैं— बोधायन, चरक, कौमारभृत्य जीवक, सुश्रुत, आर्यभट, वराहमिहिर, ब्रह्मगुप्त, वाग्भट, नागार्जुन और भास्कराचार्य। इसी तरह 'आधुनिक भारत के महान वैज्ञानिक' (1989) में वैज्ञानिकों के व्यक्तित्व और कामों की जानकारी देने का ढंग ऐसा लाजवाब है कि बाल पाठकों को लगेगा कि उनके पिता या दादाजी सामने बैठे हुए रोचक ढंग से उन्हें

कहानियाँ सुनाते जा रहे हैं और उन कहानियों में ज्ञान-विज्ञान की अनोखी जानकारियाँ पिरोई हुई हैं। अलबत्ता गुणाकर मुले की ये दो पुस्तकें बड़े ठोस ढंग से यह बात सामने रखती हैं कि आज के वैज्ञानिक आविष्कारों और संसार के वैज्ञानिक विकास में भारत और भारतीय वैज्ञानिकों का योगदान किसी से कम या हेठा नहीं है।

इसी तरह गुणाकर मुले की 'आर्यभट' और 'भास्कराचार्य' पुस्तकें पढ़कर पता चलता है कि पाँचवीं शताब्दी से लेकर नवीं शताब्दी तक भारत में वैज्ञानिक विकास किस ऊँचाई तक था! आज से कोई डेढ़ हजार साल पहले जनमे आर्यभट ने राहु-केतु जैसी तमाम गप्पों और कपोल कल्पनाओं को झूठा ठहराते हुए यह साबित किया कि चंद्रग्रहण या सूर्यग्रहण किन्हीं राहु-केतु के कारण नहीं, बल्कि इन ग्रहों की अपनी-अपनी गतियों के कारण होते हैं। उन्होंने यह साफ-साफ कहा कि सृष्टि के केंद्र में पृथ्वी नहीं, बल्कि सूर्य है और पृथ्वी अचल नहीं, बल्कि लगातार घूमती है। इसी तरह गणित के तमाम तरह के समीकरणों को हल करने की जो विधि आर्यभट ने बताई, वह आज भी हमें खासी उपयोगी लगती है। इसमें शक नहीं कि गुणाकर मुले की ये पुस्तकें बाल पाठकों के मन में नई-नई जिज्ञासाओं की खिड़कियाँ खोलेंगी और उन्हें बहुत कुछ नया जानने-सीखने के लिए प्रेरित करेंगी। 'नक्षत्र लोक' भी गुणाकर मुले की बहुत उपयोगी पुस्तक है।

हरिकृष्ण देवसरे (1940-2013) ने भी बच्चों के लिए विज्ञान की दिलचस्प पुस्तकें लिखने के साथ-साथ, अपने बाद की पीढ़ी के विज्ञान लेखकों के लिए राह बनाने के लिए चुनौतीपूर्ण काम किया है। विज्ञान और टेक्नोलॉजी के ज्ञान और रहस्यपूर्ण संसार के भेद खोलकर बच्चों को दुनिया की सैर कराने का काम भी देवसरेजी ने भी सुंदर ढंग से किया। उनकी 'नील गगन पर उड़ते विमान' तथा 'सागर पर चलते जलयान' खासे शोध के बाद, मेहनत से लिखी गईं अच्छी पुस्तकें हैं। 'नील गगन पर उड़ते विमान' (संस्क. 2003) में उड़ने वाले गुब्बारे का वर्णन दिलचस्प है, जिसका आविष्कार दो भाइयों—जोजेफ मोंट गोल्फियर तथा जेम्स मोंट गोल्फियर ने किया था। आगे जेप्लिन वायुपोत का वर्णन है, जिसमें हाइड्रोजन गैस भरी जाती थी और हाइड्रोजन गैस के ज्वलनशील होने के कारण ये वायुपोत काफी असुरक्षित और खतरनाक थे। पुस्तक में राइट बंधुओं के ग्लाइडर के प्रयोग का रोमांचक वर्णन है तथा जेट और टर्बोजेट वायुयानों की जानकारी भी दी गई है। पुस्तक के आखिरी अध्याय 'भारत में वायुयान और वायु-सेना' में भारत में निर्मित विमानों की जानकारी दी गई है, तो साथ ही यह भी बताया गया है कि वायु-सेना की मदद से भारतीय सेना किस कदर शक्तिशाली और दुर्जेय हो गई है।

देवसरेजी की 'सागर पर चलते जलयान' (संस्क. 2003) भी इसी श्रृंखला की एक और महत्त्वपूर्ण कड़ी है। उन्होंने काफी विस्तृत अध्ययन के बाद यह पुस्तक लिखी है। इसीलिए यह इस कदर रुचिकर है तथा छोटे कलेवर के बावजूद इसमें काफी कुछ सिमट आया है। खासकर पुस्तक का शुरुआती अध्याय 'भारत के प्राचीन जहाजों की कहानी' तो बेहद दिलचस्प और अद्‌भुत जानकारी से भरा है। कैसे हजारों साल पहले भी भारत की जहाजरानी विकसित थी तथा भोज ने 'युक्ति कल्पतरु' में उसका अत्यंत विस्तृत और विविधतापूर्ण वर्णन किया है, देवसरेजी ने बड़े रोचक अंदाज में यह पूरी कहानी लिखी है। 'भारतीय जहाजरानी और भारतीय नौसेना' तथा 'पनडुब्बी भी एक नौसैनिक शस्त्र है' भी खासे दिलचस्प अध्याय हैं, पर इनमें इधर के कुछ दशकों की ताजा जानकारियों का न होना थोड़ा खटकता है। देवसरेजी ने 'डॉ. बोमा की डायरी' सरीखी विज्ञान-कथाएँ

भी लिखीं और 'होटल का रहस्य' सरीखे अद्‌भुत विज्ञान फंतासी उपन्यास भी। इसी तरह संसार के प्रसिद्ध वैज्ञानिकों और आविष्कारकों की जीवनियों की भी उन्होंने कई सुंदर पुस्तकें लिखी हैं। उनकी 'नन्हे हाथ खोज महान' तथा 'दुनिया की खोज' पुस्तकें भी बच्चों ने खासी पसंद कीं।

सुरजीत (1937-2017) की 'हमारे विचित्र जीव-जंतु' (1996) भी खासी रोचक पुस्तक है। इसमें सुरजीत ने बया, नीली तितली, बिच्छू, जिराफ, लोमड़ी, काक्रोच वुलवेरीन, डॉल्फिन, ऊदबिलाव के बारे में काफी दिलचस्प और विस्तृत जानकारी दी है। न सिर्फ सुरजीत की भाषा बच्चों के लिए बहुत मोहक और चित्ताकर्षक है, बल्कि वे इन जानवरों के बारे में जो जानकारियाँ सँजोते हैं, वे भी मन में नक्श हो जानेवाली हैं। एक समर्थ विज्ञान-लेखक के रूप में सुरजीत का अंदाजेबयाँ बड़ा मौजूँ और बच्चों को बाँध लेनेवाला है। हिंदी में बाल विज्ञान साहित्य में यहाँ-वहाँ से चीजें उठाकर झटपट किताब तैयार कर लेने वाला झटपटिया लेखन तो बहुत मिलता है, पर सुरजीत की 'हमारे विचित्र जीव-जंतु' जैसी मौलिक कल्पनाशीलता और जिंदादिली से भरी किताबें ढूँढ़े नहीं मिलतीं। हालाँकि यह किताब बड़े अनाकर्षक ढंग से छपी है। इसका खूबसूरत नया संस्करण सामने आना चाहिए।

बच्चों तक विज्ञान तथा आस-पास की दुनिया की सामान्य जानकारियों को पहुँचाने का सबसे अच्छा ढंग आत्मकथात्मक शैली है, यानी ऐसे लेख और पुस्तकें, जिनमें चीजें खुद अपनी कहानी सुनाती हैं। हिंदी के बाल-विज्ञान साहित्य में भी कुछ इस तरह की अच्छी कोशिशें हुई हैं। प्रमोद जोशी (ज. 1942) की 'कीड़ों की कहानी, कीड़ों की जुबानी' (1962) तथा 'बस्ता बोला' (संस्क. 2002) ऐतिहासिक महत्त्व की पुस्तकें हैं, जिन्हें बार-बार पढ़ा जाना चाहिए। ऐसी पुस्तकें, जो बच्चों को ही नहीं, बल्कि बड़ों को भी यह सिखा सकती हैं कि ज्ञान-विज्ञान की दुनिया के बारे में किस्से-कहानियों की तरह खूब रस लेकर कैसे लिखा जा सकता है। प्रमोद जोशी की 'बस्ता बोला' पुस्तक की तो खूब धूम रही थी और आज से पचास-सौ साल बाद भी बच्चे इसे ढूँढ़कर पढ़ेंगे। यह पुस्तक इतनी मेहनत और इतने गहन शोध के बाद लिखी गई है कि कागज, किताब, रबर, पेंसिल जैसी निर्जीव चीजें भी हमें सजीव और कहानी के पात्रों जैसी लगने लगती हैं। इसी तरह प्रमोद जोशी की 'कीड़ों की कहानी कीड़ों की जुबानी' लाजवाब पुस्तक है, जिसमें कीड़े-मकोड़े खुद अपनी कहानी सुनाते हैं। किताब पढ़कर समझ में आता है कि जिन कीड़े-मकोड़ों को हम बड़े तिरस्कार से देखते हैं, उनका जीवन भी अपने आप में कितना सुंदर और व्यवस्थित है तथा मानव के लिए उपकारी भी है। कीड़े-मकोड़े भी इस संसार के 'सम्मानित नागरिक' हैं, यह प्रमोद जोशी की पुस्तक पढ़कर समझ में आता है। कीड़ों की दुनिया के बारे में जैसी प्रामाणिक और बहुरंगी जानकारी इस पुस्तक से मिलती है, वैसी कहीं और ढूँढ़े न मिलेगी।

❖

इस कालखंड में बच्चों के लिए कुछ ऐसी पुस्तकें लिखी गईं, जिनमें अंतरिक्ष और सृष्टि के रहस्यों, मनुष्य की शरीर-रचना तथा मन और भीतर की दुनिया को समझने की कोशिश की गई है। साथ ही खेल-खेल में विज्ञान और वैज्ञानिक आविष्कारों की जानकारी देनेवाली एक से एक अच्छी पुस्तकें लिखी गईं। इस लिहाज से जयप्रकाश भारती, वीरकुमार अधीर, योगेंद्रकुमार लल्ला, श्रीकृष्ण, मनमोहन सरल और वी.के. गुप्ता आदि लेखकों ने उल्लेखनीय काम किया।

जयप्रकाश भारती (1936-2005) ने बच्चों को आसान और रोचक शैली में वैज्ञानिक विषय की

जानकारी देने की कोशिश की। उनकी कई पुस्तकें विज्ञान-लेखन की शैली के लिहाज से मॉडल कही जा सकती हैं। भारतीजी की 'कितना अनजाना तुम्हारा कारखाना' (संस्क. 2003) कोई और नहीं, बल्कि यह शरीर ही है। जरा गौर से देखें तो इसका काम करने ढंग भी किसी कारखाने की तरह है, जिसमें कोई कमी नहीं है। हाँ, आदमी अपनी गलतियों से ही कभी-कभी उसमें गड़बड़ियाँ पैदा कर देता है। हालाँकि इस कारखाने की खूबी यह है कि उनमें हुई गड़बड़ियों को भी वह खुद-ब-खुद दूर कर लेता है। बहुत ज्यादा मुश्किल आने पर ही हमें डॉक्टर के पास जाना पड़ता है ताकि हमारा कारखाना आगे अच्छे ढंग से चलता रहे। इस किताब में कारखाने के अंगों के रूप में दिल, फेफड़े, रक्त तथा कारखाने के ताने-बाने यानी हड्डियों, नसों, धमनियों आदि के बारे में इतने मजेदार ढंग से बातें बताई गईं हैं कि बच्चे खेल-खेल में बहुत कुछ सीख जाएँगे। सच तो यह है कि बच्चों के लिए विज्ञान की अच्छी पुस्तकें कैसे लिखी जाएँ, इसके मॉडल के रूप में भारतीजी की इस पुस्तक को प्रस्तुत किया जा सकता है।

भारतीजी की बच्चों के लिए लिखी गई ज्ञान-विज्ञान की अन्य पुस्तकें हैं, 'पेड़ लगाओ सुखी रहो' (2003), 'चलो चाँद पर' (1968), 'अग्नि' (1989) तथा 'विज्ञान की विभूतियाँ' (संस्क. 2003)। इनमें 'चलो चाँद पर चले' और 'अग्नि' पुस्तकें खासी चर्चित हुईं थीं। भारतीजी की बच्चों के लिए लिखी गई विज्ञानपरक पुस्तकों की यह विशेषता है कि उनमें अत्यंता सहजता और सुबोधता है। भारतीजी विज्ञान की नई से नई खोजों और गूढ़ रहस्यों को भी बहुत सीधी-सरल भाषा में बच्चों तक पहुँचा देते हैं। अकसर छोटे-छोटे आसान वाक्यों में वे बड़ी से बड़ी बातें कह जाते हैं, जो पढ़ते ही बच्चे के दिल में उतर जाती हैं। भारतीजी ने 'ग्रामीण जीवन में विज्ञान' (1981) सरीखी उपयोगी पुस्तक भी लिखी। 'विज्ञान की विभूतियाँ' भी प्रसिद्ध वैज्ञानिकों पर लिखी गई भारतीजी की अत्यंत रोचक पुस्तक है।

इसी तरह वीरकुमार अधीर (ज. 1937) की 'मस्तिष्क के रहस्य' तथा 'सपने कहाँ से आते हैं' पुस्तकें भी बड़े रोचक ढंग से मनुष्य की भीतरी दुनिया की खबर देती हैं। इनमें 'मस्तिष्क के रहस्य' (संस्क. 2003) एकदम अनूठे अंदाज में लिखी गई है। देखा जाए तो संसार की सब चीजों में मनुष्य विचित्र है और उससे भी विचित्र है उसका मस्तिष्क। पर मनुष्य का मस्तिष्क काम कैसे करता है, उसकी बनावट कैसी है, शरीर के बाकी अंगों के साथ वह कैसे जुड़ा हुआ है, मनुष्य की इच्छा-शक्ति और कल्पनाएँ इससे कैसे जन्म लेती हैं तथा स्वस्थ मस्तिष्क और स्वस्थ शरीर के जरिए लंबी आयु कैसे प्राप्त की जा सकती है? इन सारे सवालों से गुजरते हुए वीरकुमार अधीर ने बच्चों के लिए बच्चों की ही भाषा में मस्तिष्क के रहस्य को खोलने की कोशिश की है। उनकी 'सपने कहाँ से आते हैं' (संस्क. 2003) भी करीब-करीब इसी विषय से जुड़ी किताब है, इसलिए कि मनुष्य की इच्छाओं और कल्पना-संसार की तरह सपनों का संबंध भी मस्तिष्क से ही है। मनुष्य के मस्तिष्क में चेतन की तरह एक अवचेतन संसार भी है। सपनों का संबंध दरअसल इसी अवचेतन से है। पर सपने क्यों आते हैं, सपनों का क्या कोई मतलब होता है या नहीं? सपने ऊटपटाँग लगते हैं, पर कभी-कभी सपनों में आज के समय की बड़ी-बड़ी सच्चाइयाँ भी बड़े आश्चर्यजनक रूप से प्रकट हो जाती हैं। यह कैसे होता है, सपनों से क्या कोई लाभ भी है? वीरकुमार अधीर ने इन सवालों के जवाब देते हुए अपने ढंग से सपनों की दुनिया के बारे में बहुत कुछ बताया है।

इस कालखंड में बच्चों के प्रिय नाटककार श्रीकृष्ण (1934–2011) ने भी बच्चों के लिए वैज्ञानिक विषयों पर जमकर लिखा। उनकी 'विज्ञान की मजेदार बातें' (संस्क. 2001) तथा 'तुम पूछो हम बताएँ' ऐसी पुस्तकें हैं, जो चुपके से विज्ञान के प्रति रुचि जगाकर बाल पाठकों को विज्ञान की दुनिया को और निकट से जानने के लिए उत्साहित करती हैं। 'विज्ञान की मजेदार बातें' में श्रीकृष्ण ऐसी शैली में लिखते हैं, जो छोटे-छोटे बच्चों को भी लुभाती है और उनके मन में विज्ञान और उसकी हैरतअंगेज उपलब्धियों को जानने की ललक पैदा करती है। वह जीवन के कई क्षेत्रों—यातायात, चिकित्सा, संचार, मनोरंजन, अंतरिक्ष-अध्ययन आदि क्षेत्रों में विज्ञान की एक से एक बड़ी खोजों और उपलब्धियों की चर्चा करते हैं, जिनके कारण न सिर्फ आज मनुष्य का जीवन सरस और सुविधापूर्ण हुआ है, बल्कि साथ ही साथ मनुष्य के ज्ञान में भी इजाफा हुआ है। वह दुनिया को कहीं अधिक खरे और बेहतर ढंग से जान पा रहा है। इसी तरह श्रीकृष्ण द्वारा लिखी गई पुस्तक 'मैं हूँ दिल्ली का रक्तरंजित लाल किला' में लाल किले के गौरव की कहानी है तो साथ ही उन खूनी लड़ाइयों की भी, जिनके पीछे केवल सत्ता और दौलत की भूख थी और जिसके कारण हजारों बेगुनाह लोग मारे गए। साथ ही श्रीकृष्ण ने 15 अगस्त, 1947 की उस रोमांचक घड़ी का भी जिक्र किया है, जब लाल किले पर देश का तिरंगा झंडा फहरा उठा था और भारत आजाद हुआ था। श्रीकृष्ण की 'चट एक्सरे पट आपरेशन' (संस्क. 2004) में विज्ञान के नए से नए आविष्कारों के बारे में संक्षेप में बताया गया है।

बच्चों में विज्ञान के प्रति रुचि पैदा करने का सबसे अच्छा ढंग यह है कि उन्हें खेल-खेल में मजेदार ढंग से विज्ञान की कठिन से कठिन बातें और सिद्धांत समझाए जाएँ। अगर छोटे-छोटे प्रयोगों के जरिए यह सब बताया जाए, तब तो कहना ही क्या! यही सोचकर योगेंद्रकुमार लल्ला (1937–2016) ने 'खेल भी विज्ञान भी' (संस्क. 2003) किताब लिखी, जो भाषा और प्रस्तुति दोनों ही लिहाज से सचमुच अनूठी है। इनमें विज्ञान के जिस तरह के खेल या प्रयोग दिए हैं, उनके लिए बड़ा तामझाम नहीं, बल्कि घर-परिवार में आसानी से मिल जानेवाली छोटी-छोटी चीजों की ही जरूरत पड़ती है। पुस्तक में कुल 25 खेल हैं और ये सभी एक से एक नायाब हैं। दस किलो का वजन कैसे फूँक मारकर उड़ाया जाए, मौसम बिगड़ने की सूचना देनेवाली 'खतरे की घंटी' कैसे बनाई जाए, डिब्बे में बँधी डोर को कैसे तोड़ें? उबले और बिना उबले अंडे की पहचान, आटे का बम बनाने का नायाब तरीका, चीजों को नीचे से ऊपर की ओर लुढ़काना, ऐसे एक से एक मजेदार खेल इस पुस्तक में दिए गए हैं। यह सचमुच बच्चों की अपनी किताब है, जिसे वे क्षण भर भी खुद से दूर नहीं होने देंगे। सच तो यह है कि ऐसी और भी पुस्तकें वे के लिए लिखी जाएँ तो बच्चों की किताबों का संसार कहीं अधिक दिलचस्प नजर आएगा। योगेंद्रकुमार लल्ला की 'मक्खी और मच्छर की कहानी' भी रोचक किताब है। इसी तरह मनमोहन सरल (ज. 1934) ने भी बच्चों के लिए कई सुंदर और रोचक विज्ञानपरक पुस्तकें लिखी थीं। मनमोहन सरल और योगेंद्रकुमार लल्ला की 'विज्ञान की कहानियाँ' पुस्तक भी खासी चर्चित रही है। 'संसार की छत', 'चाँद-सूरज पर मुसीबत', 'पृथ्वी का जन्म' और 'पृथ्वी का बचपन'—इन चार अध्यायों में बँटी यह पुस्तक बच्चों से खेल-खेल में बातें करते हुए, बच्चों को धरती और अंतरिक्ष के बारे में कई महत्त्वपूर्ण वैज्ञानिक तथ्यों से परिचित करा देती है।

रत्नप्रकाश 'शील' (ज. 1935) ने भी बच्चों को ज्ञान-विज्ञान की जानकारी देने वाली कई उपयोगी और

दिलचस्प पुस्तकें लिखी हैं। 'विज्ञान की कहानियाँ' (1963) में शीलजी ने विज्ञान और टेक्नोलॉली के क्षेत्र में हुए आविष्कारों की एक से एक रोमांचक कहानियाँ लिखी हैं। शुरू-शुरू में जब रेल चली तो लोगों ने इस 'दौड़ती हुई विचित्र चीज' को भूत समझ लिया था और इस कारण कुछ के तो डर के मारे प्राण भी निकल गए। अंधविश्वासी लोगों के साथ-साथ बहुत-से पढ़े-लिखे लोगों ने भी इसका विरोध किया था। आज जब रेलगाड़ी हमारे रोजमर्रा के जीवन का हिस्सा बन चुकी है, तब इसके आविष्कार की कथा को पढ़ना कहीं अधिक मजेदार और रोमांचक लगता है। इसी तरह मोटर और पानी के जहाज का आविष्कार कैसे हुआ, निरंतर असफलताओं के बाद वैज्ञानिक कैसे अपने प्रयत्न में सफल हुए और अपने से पहले के मॉडलों में निरंतर सुधार करते हुए उन्होंने उसे अधिक से अधिक पूर्ण बनाने की कोशिश की, इस पुस्तक के जरिए यह जानना बच्चों को अच्छा लगेगा।

वायुयान, रॉकेट, कैमरा, सिनेमा, टेलीफोन, ग्रामोफोन, वायरलेस तथा रेडियो के आविष्कार की कथाएँ भी ऐसी ही मजेदार और अनोखी हैं। इन्हें पढ़कर पता चलता है कि कोई भी नई टेक्नोलॉजी आती है तो शुरू में उसका खूब विरोध होता है। उसकी कमियों को खोज-खोजकर खिल्ली उड़ाई जाती है, पर बाद में वही लोग उसे अपनाने के लिए टूट पड़ते हैं। इसी कारण विज्ञान और टेक्नोलॉजी के क्षेत्र में नया काम करनेवालों को सचमुच काँटों भरी राह पर चलना होता है। वैज्ञानिक दृष्टि से संपन्न शीलजी की पुस्तकों में 'विज्ञान की कहानियाँ' (1963), 'रंग-बिरंगे धागे' (1983), 'ज्ञान पहेली' (1989), 'भारत का संविधान' (1991), 'नशीली दवाएँ कितनी घातक' (1991), 'अक्ल की कुश्ती' (1996), 'धरती बनी ऐसे', 'पहली कमीज', 'ब्लैक आउट', 'नीली डायरी', 'मिलिंद बना प्रधानमंत्री', 'मिंकी की पाताल यात्रा' और 'अज्ञात द्वीप' खासी चर्चित हुईं। इनमें 'धरती बनी ऐसे' (1966), 'पहली कमीज' (1966), 'ब्लैक आउट' (1966), 'नीली डायरी' (1966), 'मिलिंद बना प्रधानमंत्री' (1966), 'मिंकी की पाताल-यात्रा' (1966) और 'अज्ञात द्वीप' (1966) खेल-खेल में आसपास की दुनिया और वैज्ञानिक विषयों की जानकारी देने वाली पुस्तकें हैं। शीलजी की ये रचनाएँ उन्हीं के द्वारा संपादित बाल पत्रिका 'मिलिंद' में सातवें दशक में धारावाहिक रूप में प्रकाशित हुई थीं।

इस कालखंड के प्रमुख बाल विज्ञान-लेखकों में वेद मित्र, रमेश प्रभाकर और वी.के. गुप्ता भी हैं। इनमें वेद मित्र (ज. 1938) ने काफी लिखा तथा एकदम मौलिक अंदाज में लिखा। लिहाजा इस कालखंड में बच्चों के लिए लिखी गई उनकी ज्ञान-विज्ञान की पुस्तकें खासी महत्त्वपूर्ण हैं। वेद मित्र की पुस्तक 'दूरबीन की कहानी' (संस्क. 2003) उनकी उस चिरपरिचित कथा-शैली में लिखी गई है, जिसे बच्चे बेहद पसंद करते हैं। दूरबीन की कहानी में बड़े मजेदार ढंग से यह बताया गया है कि इसका आविष्कार एक संयोग का ही नतीजा है। चश्मा बनानेवाले हैंस लिपरशी ने दो लैंसों को बनाकर सामने की मीनार को देखा तो वह उन्हें अधिक साफ और चमकीली नजर आई। उन्हें यह भी लगा कि वह मीनार अब दूर नहीं, बल्कि उनके काफी पास खिसक आई है। इसी से शुरू-शुरू में दूरबीन बनी। गैलीलियो ने किस तरह दूरबीन के जरिए अंतरिक्ष और खगोल के बारे में नई जानकारियाँ हासिल करके पुराने अंधविश्वासों को तोड़ा? इस तरह नित्य नए प्रयोगों और आविष्कारों के बाद दूरबीन में भी सुधार कैसे होते रहे? उसे अधिक से अधिक सक्षम और कारगर कैसे

बनाया गया? वेद मित्र ने इस पुस्तक में विस्तार से इस बारे में लिखा है। वेद मित्र की कई अन्य पुस्तकों की भी बाल विज्ञान लेखन में सम्मान से चर्चा होती है। इनमें प्रमुख हैं, 'कोई खेत न सूखे', 'धरती की दौलत', 'विज्ञान के झरोखे से' तथा 'तुम्हारी दुनिया'।

रमेश प्रभाकर की किताब 'कीड़ों की विचित्र दुनिया' में छोटे-छोटे और उपेक्षणीय समझे जानेवाले कीड़ों की दुनिया के कई अजूबों की बड़े प्रभावी ढंग से चर्चा है। बदसूरत गिंडार में से खूबसूरत तितली कैसे निकल आती है? दुनिया में कीड़े-मकोड़ों की संख्या कितनी है तथा बहुत-से कीड़े जो अब हमें छोटे-छोटे दिखते हैं, वे सृष्टि के प्रारंभ में कितने विशालकाय और बड़े थे? आपसी सहमेल, दोस्ती और समझदारी से कीड़ों का रोजमर्रा का काम कैसे चलता है, इस सबके बारे में भी बताया गया है। पुस्तक में कीड़ों के संसार की भीतरी बातों से परिचित कराने के लिए एक अच्छा रास्ता यह अपनाया गया है कि एक छोटी बच्ची, जो चींटी से बातें कर रही है, अचानक महसूस करती है कि वह खुद चींटी बन गई है और फिर वह किसी जादुई चमत्कार से चींटियों की दुनिया में जा पहुँचती है। वहाँ चींटियों के नेता लालबुझावन से उसकी भेंट होती है। वह चींटियों के संसार को अंदर से देखती है। जुगनू उसे प्रकाशित कर रहे हैं। टिड्डे चींटे-चींटियों के वायुयान का काम करते हैं और जमीन के अंदर चींटियों की जिस तंग और अँधेरी दुनिया की हम कल्पना करते हैं, उसके बजाय चींटियों की यह दुनिया बहुत जगमग-जगमग करती खुली दुनिया है। खासकर गोबरीले और टिड्डों के बाड़ों का वर्णन दिलचस्प है।

वी.के. गुप्ता की 'धरती से निकला एक नगर' (संस्क. 1987) भी बिल्कुल अलग से विषय पर लिखी गई दिलचस्प और खासी पठनीय पुस्तक है। असल में धरती से निकले जिस नगर की यहाँ चर्चा है, वह कोई हजार साल पहले विसूवियस ज्वालमुखी के विस्फोट के कारण धरती में समा गया था। रोम के निकट बसे पाम्पी शहर में विसूवियस ज्वालामुखी के विस्फोट से पाम्पी नगर मानो देखते ही देखते धरती में समा गया। उस पर चारों ओर ज्वालामुखी का उबलता हुआ लावा फैलता चला गया। यह लावा बाद में मोटी, सख्त पपड़ी के रूप में जम गया। प्रकृति की इस विनाश-लीला के कोई हजार साल बाद पाम्पी नगर की खुदाई हुई। बारूदी विस्फोट से ऊपर की मोटी पपड़ी हटाई गई तो उसमें से एक जीवित, जागता नगर निकल आया। मृत्यु की करुण लीला ने वहाँ के लोगों के प्राण हर लिये थे, पर शहर उसी हालत में छूट गया था, जैसे आज से हजार साल पहले था। कुरसियाँ, फर्नीचर, सीढ़ियाँ, मूर्तियाँ, दीवारों पर बनी तसवीरें तथा उन पर लिखी इबारत भी जस की तस पाई गई। एक कमरे में सात छोटे बच्चे थे। विस्फोट के समय उन्होंने एक-दूसरे को कसकर पकड़ लिया। उनके जीवाश्म या अवशेष उसी रूप में मिले हैं। इसी तरह एक स्त्री बच्चे को दूध पिला रही थी। उसी हालत में वह उस भीषण प्रकोप की चपेट में आ गई और वे माँ-बेटा उसी रूप में इतिहास और काल के पटल पर अंकित हो गए। मानो वह माँ आज भी बच्चों को उसी तरह दूध पिला रही है। पुस्तक बहुत प्रभावशाली ढंग से लिखी गई है और उसका अंत इन पंक्तियों के साथ होता है कि न जाने कितने पाम्पी नगर आज भी धरती के भीतर दफन हैं। पता नहीं, उन्हें बाहर आकर खुली हवा में साँस लेने का मौका कभी मिलेगा भी कि नहीं?

वरिष्ठ लेखकों में व्यथित हृदय, संतराम वत्स्य और जगतराम आर्य ने भी इस कालखंड में बच्चों के लिए ज्ञान-विज्ञान के विविध पहलुओं पर बड़ी सुंदर और उपयोगी पुस्तकें लिखीं। व्यथित हृदय (1908-1990)

बच्चों के प्रिय कथाकार हैं, पर उन्होंने बच्चों के लिए वैज्ञानिक विषयों पर भी जमकर लिखा। उनकी पुस्तक 'समुद्र का खजाना' (2003) समुद्र के जन्म की कहानी से लेकर समुद्र के क्रोध, समुद्री लहरों, समुद्री खाइयों और समुद्र में रहनेवाले अनोखे जीव-जंतुओं के बारे में उपयोगी जानकारी देती है। व्यथित हृदय की 'मैं हवा हूँ' (1964), 'पानी और हमारा जीवन' तथा 'आवाज की कहानी' पुस्तकें भी खूब चर्चित रही थीं। इसी तरह संतराम वत्स्य (ज. 1923) ने प्रकृति और पर्यावरण से जुड़े विषयों पर अनूठी शैली में पुस्तकें लिखीं। आठवें दशक के प्रारंभ में आई उनकी 'पौधों की कहानी' (1971), 'पानी की कहानी' (1971) तथा 'हवा की कहानी' (1971) पुस्तकें बाल पाठकों ने खूब पसंद कीं। इसी तरह 'हमारा शरीर' (1971), 'सूरज' (1971) 'चाँद' (1971) तथा 'कितने बजे' (1971) बच्चों को अपने शरीर और प्रकृति के अनंत रहस्यों की जानकारी देनेवाली उपयोगी पुस्तकें हैं। वत्स्यजी की भाषा की यह खूबी है कि वे बच्चों को किस्से-कहानीवाले अंदाज में ज्ञान-विज्ञान की बड़ी से बड़ी बातें समझा देते हैं। उनकी कई पुस्तकें रोचक शैली में प्रकृति के रहस्यों को खोलती हैं। लिहाजा छोटे बच्चे हों या किशोर, सभी उन्हें बड़ी रुचि से पढ़ते हैं। वत्स्यजी की 'हमारे पशु', 'हमारे पक्षी' तथा 'खेल-खेल में सीखें' पुस्तकें भी उस दौर में खासी चर्चित हुई थीं। जगतराम आर्य (1910-1993) ने भी गंभीरता और जिम्मेदारी से बच्चों के लिए वैज्ञानिक विषयों पर लिखा। उनकी 'चमत्कार विज्ञान के', 'धरती काँपती क्यों है' और 'देखो समझो करो' विज्ञान में रुचि उत्पन्न करनेवाली बहुत अच्छी पुस्तकें हैं, जिनसे बच्चे खेल-खेल में बहुत कुछ सीखेंगे और नए-नए वैज्ञानिक आविष्कारों के बारे में जानकारियाँ हासिल करेंगे। साथ ही ये बच्चों में वैज्ञानिक दृष्टि उत्पन्न करनेवाली पुस्तकें हैं। जगतराम आर्यजी की पुस्तकें बड़ी रोचक भाषा में लिखी गई हैं। इसीलिए आज भी बच्चे इन्हें रुचि से पढ़ते हैं।

गौरव युग में प्रकृति और पशु-पक्षियों पर कहीं अधिक अंतरंगता और कलात्मक अभिरुचि के साथ लिखा गया। राजेश्वरप्रसाद नारायण सिंह, केशवप्रसाद मिश्र, शुकदेव दुबे ने बच्चों को प्रकृति, पर्यावरण और पशु-पक्षियों के जीवन और आदतों से परिचित करानेवाली सुंदर और उपयोगी पुस्तकें लिखीं। इनमें राजेश्वरप्रसाद नारायण सिंह की 'हमारे वन्य पशु' (1961) तो बहुत ही रोचक और पठनीय पुस्तक है। उन्होंने इस पुस्तक में सिंह, हिरन आदि वन्य पशुओं के जीवन, रहन-सहन, आदतों और स्वभाव आदि के बारे में काफी प्रामाणिक जानकारी दी है। इस दौर में पशु-पक्षियों के बारे में आधिकारिक ढंग से लिखनेवाले लेखकों में राजेश्वर नारायण सिंह का नाम सम्मान से लिया जाता है। शुकदेव दुबे की 'साँपों का संसार' और साँपों के साथ जुड़े कल्पित भय को हटाकर उनकी दुनिया को सही और संगत वैज्ञानिक नजरिए से देखने के लिए प्रेरित करती है। केशवप्रसाद मिश्र की 'पानी में' जल के भीतर के विचित्र संसार की अच्छी जानकारी देनेवाली पुस्तक है।

मनोहरलाल चतुर्वेदी की 'बिल्ली मौसी का परिवार' (1971) भी बहुत सुंदर ढंग से छपी पढ़ने लायक पुस्तक है। अपने समय में प्रसिद्ध शिकारी रहे चतुर्वेदीजी ने बाघ, सिंह, गुलदार, तेंदुआ, चीता सभी को बिल्ली मौसी के परिवार में शामिल करते हुए, बड़ी दिलचस्प जानकारी दी है। अकसर बातचीत में बिल्ली को शेर की मौसी कहा जाता है, पर उसके पीछे के वैज्ञानिक तथ्य को चतुर्वेदीजी ने उद्घाटित किया है। पुस्तक बहुत सी ऐसी जानकारियाँ देती है कि बाल पाठक विस्मित से रह जाते है। पुस्तक में चित्र भी बहुत अच्छे हैं। इसी

तरह बच्चों को प्रकृति, पेड़-पौधों और वनस्पतियों की रोचक जानकारी देनेवाली बड़ी उपयोगी पुस्तकें इस कालखंड में लिखी गईं।

विज्ञान और तकनीकी जानकारियों से जुड़ी कई रोचक पुस्तकें भी इस दौर में लिखी गईं। इनमें शकुन जैन की पुस्तक 'टिक-टिक, टन-टन' (संस्क. 2002) में घड़ियों से जुड़ी टेक्नोलॉजी के वर्णन के साथ-साथ उसके निरंतर विकास की कहानी भी कही गई है। इसी तरह विनोद प्रभाकर की पुस्तक 'माटी हो गई सोना' (संस्क. 2003) में मिट्टी की किस्मों के साथ-साथ उसके वैज्ञानिक अध्ययन और उसमें छिपे धातु-भंडार, कच्चे तेल और तरह-तरह की अमूल्य संपदा को खोदकर हासिल करने की तकनीकी प्रणालियों के बारे में बहुत विस्तार से बताया गया है। दुर्गाप्रसाद शुक्ल की 'टेलीविजन' (1972) भी बहुत महत्त्वपूर्ण पुस्तक है। शुक्लजी ने इतने रोचक ढंग से टेलीविजन के आविष्कार, उसकी बारीक तकनीकी जानकारियों और मन पर पड़ने वाले चमत्कारी प्रभाव का वर्णन किया है कि एक बार पढ़ने के बाद पाठक पुस्तक को भूल नहीं पाता। दुर्गाप्रसाद शुक्ल जाने-माने कथाकार हैं। इस पुस्तक को लिखते हुए भी उन्होंने कहानी-किस्से जैसी शैली को ही अपनाया है। इसीलिए विज्ञान के इस अबूझ आविष्कार को लेकर भी वे इतनी रुचिकर और यादगार पुस्तक लिख पाए। पुस्तक में जगह-जगह जटिल जानकारियाँ हैं, फिर भी पाठक एक साँस में उसे पढ़ जाता है।

इसके अलावा बाल स्वभाव और रुचियों का खयाल रखते हुए मन्मथनाथ गुप्त, जहीर नियाजी, गोविंद चातक, रमेशचंद्र प्रेम, हरीश यादव और राजेश गंगवार ने भी बच्चों के लिए ज्ञान-विज्ञान के विविध विषयों पर लिखा। इसी तरह रमेशचंद्र प्रेम की 'नन्हे-मुन्ने वैज्ञानिक बनें', 'सरीसृप जुरासिक डायनोसोर', गोविंद चातक की 'भारतीय रेल की कहानी', जहीर नियाजी की 'आँखें विज्ञान की', मन्मथनाथ गुप्त की 'आदमी का जन्म', हरीश यादव की 'कागज और कलम की कहानी', 'सितारों का जगमग संसार', 'ऐसा है हमारा सौर-मंडल' तथा 'जीव-जंतुओं का रोचक संसार', राजेश गंगवार की 'अनंत अंतरिक्ष में', गौरीशंकर पंड्या की 'अनोखी यात्रा', वर्षा दास की 'मौसी ने कही कहानी' तथा मनोहर पुरी की 'पानी तेरे रूप अनेक ' इस कालखंड में बच्चों की भाषा में लिखी गई विज्ञान की उम्दा किताबें हैं।

बच्चों के लिए देश-विदेश के प्रमुख वैज्ञानिकों की जीवनियों का लिखा जाना तथा बाल पाठकों को उनके जीवन, व्यक्तित्व, प्रसिद्ध काम और आविष्कारों से परिचित कराना भी बाल विज्ञान-लेखन का ही एक महत्त्वपूर्ण अंग है। इस कालखंड में भी भारत और संसार के प्रमुख वैज्ञानिकों की जीवनियों को सरल, सुबोध भाषा में बच्चों के लिए पेश किया गया। इस दिशा में श्यामनारायण कपूर और हरीश अग्रवाल का काम बेहद महत्त्वपूर्ण है। हरीश अग्रवाल विज्ञान और वैज्ञानिक विषयों के खासे जानकार हैं। लिहाजा उनकी पुस्तक 'भारत के महान वैज्ञानिक' (1968), जगदीशचंद्र बसु, सी.वी. रमन, डॉ. भाभा, डॉ. आत्माराम सरीखे वैज्ञानिकों की संक्षिप्त, लेकिन प्रभावी छवियाँ बाल पाठकों के सामने रखती है। हरीश अग्रवाल की 'चट्टान और खनिज की कहानी' भी बच्चों को ज्ञान-विज्ञान की ढेरों जानकारियाँ देनेवाली बहुत महत्त्वपूर्ण पुस्तक है।

श्यामनारायण कपूर ने बाल साहित्य के प्रारंभिक युग में 'भारत के वैज्ञानिक' पुस्तक लिखकर बच्चों के लिए वैज्ञानिकों की जीवनियाँ लिखने की शुरुआत की थी। गौरव युग में उन्होंने यह सिलसिला आगे बढ़ाया। इस कालखंड में भी श्यामनारायण कपूर ने वैज्ञानिकों की आधिकारिक और प्रभावपूर्ण जीवनियाँ लिखने में

बड़ा श्रम किया। उनकी 'चंद्रशेखर वेंकट रमन', 'आचार्य जगदीशचंद्र बसु', 'आचार्य प्रफुल्लचंद्र राय', 'रामानुजन', 'डॉ. गणेशप्रसाद', 'मेघनाथ साहा' इस लिहाजा से खासी उल्लेखनीय और महत्त्वपूर्ण पुस्तकें हैं।

छठे-सातवें दशक में पीपल्स पब्लिशिंग हाउस द्वारा जगदीशचंद्र बसु सरीखे विश्वप्रसिद्ध वैज्ञानिकों की बड़ी सुंदर जीवनियाँ निकाली गईं, जिन्हें बच्चों ने बहुत पसंद किया। सुभाष मुखोपाध्याय ने बाँग्ला में बच्चों के लिए जगदीशचंद्र बसु की बड़ी रोचक जीवनी लिखी, जिसमें उनके आविष्कारों के साथ-साथ उस अनोखी धुन का भी वर्णन था, जिसने उन्हें कभी शांति से नहीं बैठने दिया। आखिर वनस्पति विज्ञान में बसु के महान आविष्कारों के कारण विश्व के अग्रणी वैज्ञानिकों में उनका नाम लिया जाता है। इस पुस्तक का हिंदी अनुवाद त्रिभुवननाथ ने किया और मई, 1957 में पुस्तक का पहला हिंदी संस्मरण प्रकाशित हुआ। जगदीशचंद्र बसु की यह जीवनी इतने दिलचस्प ढंग से लिखी गई है कि आज भी बच्चे इसे पढ़ने के लिए ललकते हैं।

इस कालखंड में बच्चों को ज्ञान-विज्ञान के अन्यान्य क्षेत्रों की जानकारी देने की भी होड़ नजर आती है। खासकर बाल पाठकों को देश की आजादी की लड़ाई से परचाने की गंभीर कोशिशें हुईं। सुमंगल प्रकाश ने बच्चों के लिए 'स्वराज्य की कहानी' (1972) लिखी है, जिसे पढ़कर वे गुलामी की बेड़ियों से मुक्ति पाने के लिए भारतीय जनता द्वारा किए गए लंबे संघर्ष को समझ पाएँगे। इसी तरह प्रसिद्ध लेखिका सावित्रीदेवी वर्मा की 'युद्ध-मोर्चों की कहानी' बहुत अच्छी और रोमांचक पुस्तक है। इसमें खासकर 1962 के भारत-चीन युद्ध और 1965 के भारत-पाक युद्ध के समय की वीरतापूर्ण घटनाओं और भारत के ऐसे वीर, दिलेर बेटों के बहादुरी के कारनामों का बखान है, जिन्होंने अपनी जान की परवाह नहीं की और गोली खाकर भी पीछे हटने के बजाय, बहादुरी से अपना कर्तव्य करते हुए, दुश्मन के हमलों को नाकाम कर दिया। सावित्रीदेवी वर्मा की भाषा बहुत दमदार है और पुस्तक को पढ़ते समय भारतीय रणबाँकुरों की दिलेरी, हौसला और जान पर खेल जाने के महान संकल्प का पता चलता है। खासकर मेजर आशाराम त्यागी जैसे जांबाज योद्धा की बहादुरी और बलिदान का वर्णन तो ऐसा है कि पढ़ते हुए रोंगटे खड़े होते हैं। हर किशोर पाठक को यह पुस्तक पढ़नी चाहिए, पर साथ ही युद्ध मोर्चे पर अपनी वीरता और बहादुरी का प्रदर्शन करनेवाले नौजवानों को भी इस पुस्तक का अक्षर-अक्षर पढ़ना चाहिए। ऐसे ही श्यामसिंह 'शशि' ने 'बहादुर बाँग्ला देश के' (1971) पुस्तक में बाँग्ला देश के उदय की पूरी कहानी लिखी है। उसके लिए वहाँ के बहादुर नौजवानों ने कितनी विकट यातनाएँ झेलीं और कैसी मर्मांतक लड़ाइयाँ उन्हें लड़नी पड़ीं, यह पूरी शौर्यकथा शशिजी ने बड़े रोमांचक ढंग से लिखी है। शशिजी की यह पुस्तक बहुत लोकप्रिय हुई थी और आज भी इसका महत्त्व कम नहीं है।

विष्णु प्रभाकर (1912-2003) की 'एक देश एक हृदय' (1973) बाल पाठकों को इस देश के सांस्कृतिक रूप से संपन्न राज्यों और उनकी प्राचीन लोक परंपराओं से परिचित कराने वाली पुस्तक है। पुस्तक बहुत अच्छे ढंग से लिखी गई है, जिसमें विष्णु प्रभाकरजी की शैली का अपना आनंद है। सच पूछिए तो यह कविता जैसे रस और भावनाशीलता के साथ लिखी गई पुस्तक है, जो मानो बाल पाठकों को इस महादेश की आत्मा का साक्षात्कार कराती है। खासकर दक्षिण भारत के राज्यों की जानकारी तो बड़ी ही अद्भुत है। पुस्तक में हर राज्य के इतिहास, भूगोल के साथ-साथ उसकी सांस्कृतिक पीठिका और लोक परंपराओं को भी सुंदर शब्दों में उकेरा गया है।

इसी तरह भारत सरकार के प्रकाशन विभाग द्वारा 'हमारे देश के राज्य' पुस्तक-श्रृंखला के अंतर्गत अलग-अलग राज्यों के भूगोल, लोकजीवन, तीज-त्योहार, मेले-ठेले और संस्कृति की जानकारी देनेवाली पुस्तकें निकाली गई हैं। इनमें एम.रामुन्नि की 'लक्षद्वीप' (1976) तथा ए.सी. रे की 'मिजोरम' (1975) अच्छी परिचयात्मक पुस्तकें हैं, जो भारत के इन राज्यों के भूगोल, इतिहास, पर्यावरण और वहाँ की धार्मिक, सांस्कृतिक पहचान से जुड़ी उपयोगी जानकारी देती हैं। ये दोनों ही पुस्तकें सुचित्रित हैं और बड़े सुंदर ढंग से छपी हैं। पुस्तक में वहाँ के लोगों और जनजातियों के रोजमर्रा के जीवन, परिधानों और सांस्कृतिक झाँकियों के चित्र बाल पाठकों को विशेष रूप से आकर्षित करते हैं।

इस कालखंड में विज्ञान लेखन को गरिमा प्रदान करनेवाले ख्यात लेखक देवीप्रसाद चट्टोपाध्याय की बहुत महत्त्वपूर्ण पुस्तकें प्रकाशित हुईं। हिंदी अनुवाद के जरिए उन्हें बाल पाठकों को उपलब्ध कराने की भी निरंतर कोशिशें हुईं। देवीप्रसाद चट्टोपाध्याय की तीन महत्त्वपूर्ण पुस्तकें हैं—'जीव आया', 'मनुष्य जनमा' और 'पृथ्वी बनी'। इनका हिंदी रूपांतरण विष्णुदत्त विकल और निशानाथ मन्ना ने किया।

मनमोहन सरल (ज. 1934) की 'रोमांचक ऐतिहासिक यात्राएँ' भी इस दौर की अत्यंत महत्त्वपूर्ण पुस्तकों में से है। 28 दिसंबर, 1934 को नजीबाबाद (उ.प्र.) में जनमे मनमोहन सरल की इस बहुचर्चित पुस्तक में प्राचीन काल में चीन से भारत आए यात्रियों तथा एशिया के आर-पार हुई ऐतिहासिक यात्राओं के साथ ही आधुनिक दुनिया के धुनी यात्रियों और उनकी साहसी यात्राओं का वर्णन है, जिन्हें पढ़कर आज भी हम आश्चर्य चकित रह जाते हैं। पुस्तक नौ अध्यायों में बँटी है—चीन से भारत, एशिया के आर-पार, नई दुनिया की खोज, सोने की चिड़िया तक, दुनिया गोल है, अंध महाद्वीप में, उत्तरी ध्रुव, दक्षिणी ध्रुव तथा एवरेस्ट विजय। यों तो मनमोहन सरल ने कोलंबस और वास्कोडिगामा की यात्राओं का रोचक वर्णन किया है, एवरेस्ट विजय का भी, पर पुस्तक में उत्तरी ध्रुव और दक्षिणी ध्रुव की रोमांचक यात्राओं का वर्णन इतना अद्भुत है कि पाठक एक साँस में उन्हें पढ़ जाता है।

जाहिर है बाल ज्ञान-विज्ञान लेखन का यह चरण न सिर्फ कलात्मक लेखन की दृष्टि से उत्कृष्ट था, बल्कि ज्ञान-विज्ञान की चहुमुँखी उपलब्धियों को सहेजने और बाल पाठकों में वैज्ञानिक दृष्टि विकसित करने के लिहाज से भी काफी काम हुआ। इस दौर में ज्यादातर लेखकों ने एक से एक अच्छे लेख और पुस्तकें लिखकर हिंदी में बच्चों के लिए ज्ञान-विज्ञान लेखन को समृद्ध किया।

तीसरा चरण : विकास युग

विविधता और विस्तार

बच्चों के लिए विज्ञान लेखन के तीसरे चरण (1981 से आज तक) यानी विकास युग की शुरुआत नवें दशक के प्रारंभ से मानी जा सकती है, जब एक ओर व्यक्ति और समाज की परिस्थितियों और सोच में तो दूसरी ओर साहित्य में भी गुणात्मक परिवर्तन नजर आ रहे थे। यही समय था, जब देश के तत्कालीन प्रधानमंत्री राजीव गांधी ने भारत में कंप्यूटर युग की शुरुआत की। बदली हुई परिस्थितियों में बच्चे के भीतर ज्ञान-विज्ञान की दुनिया को जानने की तीव्र भूख थी। लिहाजा नए-नए ढंग की पुस्तकें इस दौर में आईं, जो एक ओर

आधुनिक विज्ञान की आश्चर्यजनक उपलब्धियों तो दूसरी ओर प्राचीन विज्ञान की हैरान कर देनेवाली खोजों और जानकारियों को खुद में समेटे हुए थीं।

हिंदी में बाल विज्ञान-लेखन के ताजा दौर के लेखकों में हरीश अग्रवाल, देवेंद्र मेवाड़ी, रमेशदत्त शर्मा, कुलदीप शर्मा, दिलीप एम. सालवी, रामेश बेदी, डॉ. प्रदीप मुखोपाध्याय 'आलोक', शिवगोपाल मिश्र, श्यामसुंदर शर्मा, राजेश जैन, प्रकाश मनु, राजेंद्रकुमार राजीव, जगदीप सक्सेना, शक्ति त्रिवेदी, ललितनारायण उपाध्याय, शुकदेव प्रसाद, पृथ्वीनाथ पांडेय, राजीव गर्ग, विनीता सिंघल, दीक्षा बिष्ट, रामस्वरूप वशिष्ठ, बृजमोहन गुप्त, विश्वामित्र शर्मा, राकेशकुमार सिंह, ऋचा मनु आदि का नाम लिया जा सकता है। इन्होंने वैज्ञानिकों के जीवन-संघर्ष और अद्‌भुत आविष्कारों को रोचक कथाओं, लेखों, दिलचस्प पुस्तकों और यहाँ तक कि विज्ञान-फंतासी कहानियों और उपन्यासों की शक्ल में पेश किया।

देवेंद्र मेवाड़ी की 'फसलें कहें कहानी', 'सूरज के आँगन में' (1994) और 'अनोखा सौर-मंडल' (1997), रमेशदत्त शर्मा की 'धान-कथा' (1991), दिलीप एम. सालवी की 'एक हजार पर्यावरण प्रश्नोत्तरी' (2003) तथा 'वैज्ञानिकों की रोचक बातें', शुकदेव प्रसाद की 'पर्यावरण और हम', 'अनजाने में हुए आविष्कार' तथा 'कैसा है हमारा वायुमंडल', राजेश्वरप्रसाद नारायण सिंह की 'हमारे वृक्ष', शिवगोपाल मिश्र की 'जल-प्रदूषण', प्रकाश मनु की 'अजब-अनोखी विज्ञान कथाएँ', अद्‌भुत कहानियाँ ज्ञान-विज्ञान की, रोचक कहानियाँ ज्ञान-विज्ञान की, विज्ञान की आश्चर्यों से भरी कहानियाँ (दो खंड), महान भारतीय वैज्ञानिक, भारत के विश्वप्रसिद्ध वैज्ञानिक तथा विज्ञान फंतासी कथाएँ, शक्ति त्रिवेदी की 'आओ वृक्ष लगाएँ', शैलेंद्रमोहन कुमार की अभयारण्य, रामस्वरूप वशिष्ठ की 'ऐसी है हमारी पृथ्वी' और 'शनि', रेखा अग्रवाल और यतीश अग्रवाल की 'रक्त की कहानी', श्यामसुंदर शर्मा की 'अंटार्कटिक : भविष्य का महाद्वीप', ललितनारायण उपाध्याय की 'आश्चर्यों से भरा संसार' अरूपकुमार दत्त की 'चाय की कहानी' तथा ख्वाजा अहमद अब्बास की 'फिल्म कैसे बनती है', रामेश बेदी की 'हमारे प्यारे जीव', 'जंगल के दुलारे जीव' तथा 'जंगल की बातें', तुरशनपाल पाठक की 'मैं हूँ पानी' और 'मैं हूँ हवा' तथा विनीता सिंघल की 'कोशिका में कारीगरी' पिछले कुछ दशकों में छपी उल्लेखनीय पुस्तकें हैं, जिनसे बच्चों के लिए लिखे गए विज्ञान साहित्य की निरंतरता की एक झलक मिल जाती है।

इनमें रमेशदत्त शर्मा की 'धान-कथा', देवेंद्र मेवाड़ी की 'फसलें कहें कहानी', दिलीप एम. सालवी की 'वैज्ञानिकों की रोचक बातें', प्रकाश मनु की 'अजब-अनोखी विज्ञान कथाएँ', भारत के विश्वप्रसिद्ध वैज्ञानिक तथा विज्ञान फंतासी कथाएँ, ख्वाजा एम. अब्बास की 'फिल्म कैसे बनती है' ऐसी किताबें हैं, जिन्हें बच्चों के लिए विज्ञान लेखन में एक मॉडल की तरह सामने रखा जा सकता है। इन्हें इतना रस लेकर तथा इतने आधिकारिक ढंग से लिखा गया है कि बच्चे बार-बार इन किताबों को पढ़ना पसंद करते हैं। खासकर देवेंद्र मेवाड़ी और दिलीप एम. सालवी की पुस्तकें पढ़कर तो यह सीखा जा सकता है कि बच्चों के लिए विज्ञान-लेखन की भाषा क्या हो! 'फसलें कहें कहानी' सरीखी पुस्तकें कितना श्रम करके लिखी गई हैं, इसे इसी बात से जाना जा सकता है कि जितनी बार भी इन्हें पढ़ा जाए, ये हर बार नई लगती हैं।

देवेंद्र मेवाड़ी (ज. 1944) ने सचमुच बच्चों के लिए विज्ञान की इतनी अच्छी और दिलचस्प पुस्तकें

लिखी हैं कि पढ़कर हैरानी होती है—अच्छा, बच्चों के लिए ऐसा भी लिखा जा सकता है। देवेंद्र मेवाड़ी की हर पुस्तक, यहाँ तक कि हर लेख के पीछे गहरा शोध और अनुसंधान झलकता है। पर इससे भी बड़ी बात यह है कि उन्हें इस कदर किस्सागोई के अंदाज में अपनी बात कहना आता है कि बच्चे सारे-सारे दिन उन्हें सुनते रहें या उनकी किताबें पढ़ते रहें तो भी थकेंगे नहीं। बच्चों के लिए विज्ञान-लेखन को किस्से-कहानियों की तरह कैसे दिलचस्प बनाया जाए, यह मेवाड़ीजी से सीखना चाहिए। मेवाड़ीजी की इन पुस्तकों में सबसे महत्त्वपूर्ण या कहें कि उनकी कालजयी कृति है 'फसलें कहें कहानी' जिसे बेशक हिंदी बाल विज्ञान-लेखन के सबसे अच्छे उदाहरण के रूप में पेश किया जा सकता है। इस पुस्तक में गेंहू, धान, मक्का, आलू, सोयाबीन, गन्ना, चुकंदर, कपास, तम्बाकू, चाय, कॉफी, कोको, मूँगफली, मशरूम जैसी फसलों की कहानी है। ये फसलें खुद अपनी कहानी कहती हैं कि हजारों वर्ष पहले कहाँ उनकी खेती होती थी। कैसे-कैसे बीहड़ जंगलों आदि में उन्हें खोजा गया और वहाँ से कैसे उनकी विश्वयात्रा शुरू हुई और होते-होते कैसे एक जगह होनेवाली फसल देखते ही देखते दुनिया के सारे देशों में जा पहुँची। लोग भूल ही गए कि उसका आदि स्थान कहाँ है, जहाँ से चलकर वह हम तक आई है।

देवेंद्र मेवाड़ी ने खूब खोज और अथक परिश्रम करके हर फसल के बारे में ऐतिहासिक तथ्यों को इकट्‌ठा किया और फिर इतने मजेदार ढंग से कहानी बुनी कि उसे सुनते समय हम सचमुच इतिहास के पुराने गलियारों में खो जाते हैं। इस पुस्तक में हर फसल अपनी कहानी खुद सुनाती है और सुनाने का उसका अपना दिलकश अंदाज है। खासकर मक्का, आलू, सोयाबीन, मूँगफली, चाय और कॉफी की कहानी तो इतनी दिलचस्प और हैरतअंगेज है कि बार-बार पढ़ो तो भी मन नहीं भरता। हिंदी में विश्वस्तरीय बाल विज्ञान लेखन की शीर्ष कसौटी के रूप में बेशक इस पुस्तक को सामने रखा जा सकता है।

देवेंद्र मेवाड़ी की 'सूरज के आँगन में' (1994), 'अनोखा सौरमंडल' (1997) अंतरिक्ष को लेकर लिखी गई रोचक पुस्तकें हैं। इनमें मेवाड़ीजी अंतरिक्ष के गूढ़ से गूढ़ रहस्यों को बच्चों के आगे खेल-खेल में उजागर कर देते हैं। 'अनोखा सौरमंडल' में अंतरिक्ष, धरती, सूरज और ग्रहों के बारे में रोचक परिचयात्मक जानकारी है तो 'सूरज के आँगन में' पुस्तक में मानो धरती, सूरज और हर ग्रह के बारे में नई से नई जानकारियों को किसी किस्से कहानी में पिरोया गया है और देवीदा जैसे अलमस्त वैज्ञानिक बच्चों को अंतरिक्ष की ये रोमांचक कहानियाँ सुनाते हैं, तो वे सबकुछ भूलकर मानो अंतरिक्ष के अद्‌भुत रहस्यलोक में ही खो जाते हैं। कहना न होगा कि देवेंद्र मेवाड़ी के ये देवीदा वे स्वयं ही हैं। उनका व्यक्तित्व तथा कहानी सुनाने का अंदाज इतना दिलचस्प है कि बार-बार हम उन्हें सुनते या पढ़ते हुए मुग्ध हो उठते हैं। मेवाड़ीजी ने वैज्ञानिकों की सुंदर जीवनियाँ भी लिखीं। उनकी 'विज्ञान जिनका ऋणी है' (दो भाग, 1996) वैज्ञानिक जीवनियों की अनूठी पुस्तक है। दो खंडों में छपी मेवाड़ीजी की पुस्तक 'मेरी विज्ञान डायरी' (2012 एवं 2013) भी मुग्ध करनेवाले अंदाज में लिखी गई है और जीवन में पल-प्रतिपल विज्ञान और वैज्ञानिक दृष्टि की सार्थकता को रेखांकित करती है। मेवाड़ीजी ने इस अनोखी विज्ञान डायरी में अपने रोजमर्रा के अनुभवों को शामिल करके, इसे और भी रोचक तथा मानीखेज बना दिया है।

बच्चों के लिए रोचक और सार्थक विज्ञान-लेखन में दिलीप एम. सालवी (ज. 1952) का भी जोड़ नहीं।

उन्होंने प्राचीन और आधुनिक युग के प्रसिद्ध भारतीय वैज्ञानिकों की अद्‌भुत जीवनियाँ लिखी हैं। इसी तरह दुनिया के महान आविष्कारों पर लिखी गई उनकी पुस्तक 'युग-प्रवर्तक आविष्कार' (1997) कई मायनों में बेमिसाल है। 'वैज्ञानिकों की रोचक बातें' (2004) और '1000 पर्यावरण-प्रश्नोत्तरी' (2003) सरीखी उनकी पुस्तकें किशोर पीढ़ी में विज्ञान और पर्यावरण के लिए रुचि पैदा करने का काम करती हैं। सालवीजी की पुस्तक '1000 पर्यावरण-प्रश्नोत्तरी' पर्यावरण से जुड़े सवालों को प्रश्नोत्तरी की शक्ल में काफी रोचक ढंग से हमारे सामने रखती है। इस किताब में पर्यावरण और उससे जुड़े कई पहलुओं को लेकर, यहाँ तक कि पर्यावरण से जुड़े धार्मिक, सामाजिक और सांस्कृतिक पहलुओं को लेकर भी सवाल हैं और उनके जवाब भी। अपने हास्य-व्यंग्य चित्रों द्वारा जनसाधारण का ध्यान जानवरों की ओर खींचनेवाला प्रथम व्यक्ति कौन था? जल-प्रदूषण की समस्या पहचाननेवाला पहला व्यक्ति कौन था? संसार का पहला राष्ट्रीय उद्यान कौन-सा है? अब विलुप्त मोअस, घास चरनेवाली बड़ी-सी चिड़िया कहाँ पाई जाती है? इस तरह के एक से एक रोचक सवाल और जवाब इस पुस्तक में हैं।

दिलीप एम. सालवी लोकप्रिय विज्ञान के अन्यतम लेखकों में से हैं, जिन्होंने गंभीर शोध और अध्ययन के बाद इस पुस्तक को लिखा है तथा एक से एक ऐसे सवाल सामने रखे हैं, जिनसे पर्यावरण असंतुलन की चुनौतियाँ ही नहीं, बल्कि उससे लड़नेवाली शक्तियों और आंदोलनों की भी खूब विस्तार से चर्चा हुई। पर्यावरण-आंदोलन क्या है और आज के समय में यह क्यों इस कदर जरूरी हो उठा है? इस किताब को पढ़कर इसका पूरा नक्शा पाठकों के दिल में उतर जाएगा। सचमुच, बच्चों और किशोर पाठकों के लिए यह पर्यावरण पर बड़ी समझदारी से लिखी गई, एक अनूठी और दिलचस्प पुस्तक है।

दिलीप एम. सालवी की 'युग-प्रवर्तक आविष्कार' शायद इस तरह की सबसे प्रामाणिक और दिलचस्प पुस्तक है, जिसे उन्होंने बड़ी खोज के बाद लिखा है। उनका श्रम, अध्ययन और बच्चों को विज्ञान की बड़ी से बड़ी खोजों के बारे में प्रभावशाली ढंग से बताने की ललक देखकर हैरान होना पड़ता है। पुस्तक मूल रूप से अंग्रेजी में लिखी गई थी, जिसका बेहद खूबसूरत हिंदी अनुवाद चेतन क्रांति ने किया है और शायद दुनिया के महान आविष्कारों को एक साथ पढ़ने के लिहाज से इससे उम्दा किताब कोई दूसरी नहीं है। दिलीप एम. सालवी ने वैज्ञानिकों की जीवनियाँ भी बड़े दिलचस्प और प्रामाणिक ढंग से लिखीं। 'भारतीय वैज्ञानिक' उनकी अपने ढंग की नायाब पुस्तक है।

❖

इस कालखंड के अन्य प्रमुख और प्रतिनिधि लेखकों में शिवगोपाल मिश्र, श्यामसुंदर शर्मा, रमेशदत्त शर्मा, कुलदीप शर्मा, शुकदेव प्रसाद, प्रकाश मनु, लक्ष्मण प्रसाद, विनोदकुमार मिश्र, तुरशनपाल पाठक, ललितनारायण उपाध्याय, रामस्वरूप वशिष्ठ, सुनीलदत्त तिवारी, वीरेंद्रकुमार और रंजना अग्रवाल का नाम लिया जा सकता है। इन लेखकों ने अपने-अपने ढंग से बाल ज्ञान-विज्ञान की धारा को समृद्ध किया।

शिवगोपाल मिश्र (ज. 1931) बच्चों के लिए ज्ञान-विज्ञान से संबंधित विषयों पर निरंतर लिख रहे हैं। उनकी 'धातु लोक की सैर' (1989) भी एक भिन्न तरह की टेक्नोलॉजी के विकास और उपयोगिता को दर्शानेवाली पुस्तक है, पर यह ज्यादा रोचक नहीं बन पाई। मिश्रजी ने सुनीलदत्त तिवारी (ज. 1967) के साथ

मिलकर 'मानव की रोचक बातें' (2003) पुस्तक लिखी है। इसमें मनुष्य के मस्तिष्क और शरीर-रचना के बारे में ऐसी जानकारियाँ दी गईं हैं, जो एक ओर हमें चकित करती हैं तो दूसरी ओर खेल-खेल में विज्ञान की नवीनतम खोजों से भी परिचित करा देती हैं। मनुष्य की शरीर-रचना में आश्चर्यजनक पूर्णता है, इस बात की ओर भी हमारा ध्यान जाए बगैर नहीं रहता। 'मानव-शरीर विषयक कुछ विक्षलणताएँ', 'क्या बुढ़ापा रोक सकते हैं', 'भारतीय परखनली शिशु की कहानी', 'कुंभकर्ण को मात करनेवाली नींद', 'सबसे लंबा आदमी कितना लंबा', 'बारह उँगलियों वाला मनुष्य', 'पुरुष बनाम महिला आवास', 'डर से चेहरा पीला क्यों', 'अभी भी रहस्य हैं सपने', 'तरह-तरह की नाकें', 'मनुष्य जंतु-परिवार का सर्वश्रेष्ठ प्राणी क्यों'—पुस्तक के ये ऐसे अध्याय हैं, जिनमें बाल पाठकों के लिए खासी दिलचस्प जानकारियाँ हैं। 'वायु प्रदूषण' (2003) और 'जल प्रदूषण' भी शिवगोपाल मिश्र की बच्चों के लिए लिखी गई रोचक जानकारी देनेवाली पुस्तकें हैं।

इसी श्रृंखला की पुस्तक 'गणित की रोचक बातें' (2004) सचमुच इतनी रोचक है कि गणित से दूर भागनेवाले बच्चे भी इसे पढ़ें तो गणित पढ़ने को उनका मन ललक उठेगा। पुस्तक के लेखक वीरेंद्रकुमार ने गणित की बहुत सी गूढ़ बातों को किसी किस्से-कहानी की तरह बताया है। पुस्तक के कुछ अध्याय 'प्रकृति और गणित', 'शून्य और अनंत', 'चर्चित गणितीय प्रमेय' तथा 'गणित-जगत की कुछ रोचक बातें' बाल पाठकों को खुद में लीन कर लेते हैं। 'गणित-जगत की कुछ रोचक बातें' में विश्व के महानतम गणितज्ञ आर्किमिडीज के जीवन के कभी न भूलनेवाले प्रसंग हैं तो प्राचीन भारतीय गणितज्ञ भास्कराचार्य, फ्रांस के गणितज्ञ बीटा आदि की विद्वत्ता से जुड़ी कई आश्चर्यजनक घटनाएँ और किंवदंतियाँ भी हैं। इसी तरह विश्व के अन्य जाने-माने गणितज्ञों यूक्लिड, न्यूटन, रैनीदकारते, गॉस, विलियम रॉबन हैमिल्टन, डैडीकाइंड, रामानुजन के जीवन के ऐसे मजेदार प्रसंग दिए गए हैं, जो बाल पाठकों को खेल-खेल में बहुत कुछ सिखाते और मनोरंजन भी करते हैं।

श्यामसुंदर शर्मा (ज. 1929) भी लंबे अरसे से गंभीर और प्रामाणिक विज्ञान-लेखन करते आ रहे हैं। उनकी 'अंटार्कटिक : भविष्य का महाद्वीप' तथा 'ज्वालामुखी : भयंकरतम प्राकृतिक आपदा' अपेक्षाकृत बड़े बच्चों या किशोर पाठकों के लिए लिखी गई पुस्तकें हैं। इनमें 'अंटार्कटिक : भविष्य का महाद्वीप' (2004) कहीं अधिक दिलचस्प किताब है, जो इस बर्फीले महाद्वीप, जिसे आज बोलचाल की भाषा में 'पेंग्विन का देश' भी कहा जाता है, के बारे में हमें क्रमवार संपूर्ण जानकारी देती है। यह पुस्तक पढ़कर पता चलता है कि अंटार्कटिक को भविष्य का महाद्वीप क्यों कहा जाता है और पूरे संसार की इकोलॉजी या पारिस्थतिकी—या मोटे तौर से कहें विश्व पर्यावरण को यह महाद्वीप कितना अधिक प्रभावित करता है। बर्फीली हवाओं और विशाल हिमखंडोंवाले इस अनोखे महाद्वीप की खोज की कहानी तथा कैप्टन बूवे लोजियर, जेम्स कुक, कैप्टन एडवर्ड ब्रांसफील्ड, हैनरी जानबुल, जॉन डेविस, जेम्स वेडल आदि के साहसिक अभियानों के बारे में विज्ञान-लेखक श्यामसुंदर शर्मा ने जिस रोमांचक ढंग से बताया है, उससे मनुष्य के जीवट पर विश्वास के साथ-साथ अंटार्कटिक के बारे में बहुत कुछ और जानने की नई इच्छा पैदा होती है। श्यामसुंदर शर्मा की 'ज्वालामुखी : भंयकर प्राकृतिक आपदा' भी ज्वालामुखियों के बारे में उपयोगी जानकारी देनेवाली अच्छी पुस्तक है। उनकी 'मैं हूँ कंप्यूटर' और 'मैं हूँ अंतरिक्ष', 'अपोलो चंदा के देश में', 'चंद्रलोक की यात्रा', 'आओ प्रयोग करें',

'कंप्यूटर सबके लिए', 'मैं हूँ चुंबक', 'मैं हूँ वायुयान', 'मैं हूँ गणित' भी ज्ञान-विज्ञान की बातों को कथा-शैली में सामने रखने की कोशिश करती हैं।

रमेशदत्त शर्मा (ज. 1939) हिंदी के प्रतिष्ठित विज्ञान लेखक हैं, जिन्होंने विज्ञान की नई से नई खोजों तथा टेक्नोलॉजी के रहस्यों और पेचीदगियों को भी खासे रोचक अंदाज में बच्चों के लिए पेश किया है। इनमें रमेशदत्त शर्मा की 'धान-कथा' (1991) सबसे सुंदर पुस्तक है, जो काफी खोजबीन और बड़ी तैयारी के साथ लिखी गई है। धान के साथ जुड़ी पुराण कथाओं का जिक्र करने के साथ-साथ रमेशदत्त शर्मा धान की विश्व-यात्रा का भी जिक्र करते हैं, जिसके कारण यह अन्न प्रायः संसार भर में हर कहीं मिलता है। धान के उत्पादन, धान की खेती को बढ़ाने के तरीकों और उससे जुड़ी वैज्ञानिक खोजों आदि के बारे में भी रमेशदत्त शर्मा ने बाल पाठकों को उपयुक्त जानकारी दी है। इसी तरह कुलदीप शर्मा ने भी बच्चों के लिए काफी जिम्मेदारी और प्रामाणिकता के साथ वैज्ञानिक विषयों पर लिखा। उन्होंने एक ओर प्रकृति और पर्यावरण के रहस्यों से बाल पाठकों को परिचित कराया, तो दूसरी ओर वैज्ञानिक आविष्कारों और तकनीकी विकास के बारे में भी आसान शब्दों में लिखा। विज्ञान के नए से नए आविष्कारों से परिचित करानेवाले लेख उन्होंने लिखे तो रोजमर्रा के जीवन में इस्तेमाल होनेवाले वैज्ञानिक उपकरणों की जरूरत और आविष्कार कथाओं को भी बड़े रोचक अंदाज में लिखा। विभिन्न वैज्ञानिकों विषयों पर उनके लेख और टिप्पणियाँ अकसर पत्र-पत्रिकाओं में पढ़ने को मिलती हैं। साथ ही उन्होंने बच्चों के लिए बड़ी सुंदर विज्ञान-फंतासी कथाएँ भी लिखी हैं। इस तरह बच्चों को सहज ही विज्ञान की ओर आकर्षित करने में उनका खासा योगदान है।

रवि लायटू (ज. 1947) ने भी, जो आइवर यूशियल उपनाम से लिखते हैं, विज्ञान के बारे में कई अच्छी और उपयोगी पुस्तकें लिखीं, जिनका आनंद सभी उठा सकते हैं। 'रोचक विज्ञान' (1996) सरल भाषा में लिखी गई उनकी बहुत अच्छी पुस्तक है, जिसमें छोटे-छोटे और आसान प्रयोगों के जरिए विज्ञान के गूढ़ रहस्य समझाए गए हैं। इसी तरह गणित पर उन्होंने बड़ी रोचक पुस्तकें लिखी हैं, जिन्हें पढ़ते हुए बच्चों को खेल जैसा आनंद आएगा। वे बच्चे, जो गणित से दूर भागते हैं, आइवर यूशियल की 'मनोरंजक गणित' (2006) सरीखी पुस्तकों को बड़ी रुचि और आनंद से पढ़ेंगे। पुस्तक तीन भागों में बँटी है—अंकों की जादूगरी, अंकों का खेल और कैसी-कैसी संख्याएँ। बच्चों के साथ-साथ बड़े भी गणित की इस जादूगरी का पूरा आनंद लेंगे। एक लेखक के लिए यह सुख और सार्थकता की अनुभूति बड़ी बात है। 'रोचक खेल' (1996) और 'रोचक जादू' (1996) भी आइवर यूशियल की बच्चों को भानेवाली सुंदर पुस्तकें हैं।

विकास युग में शुकदेव प्रसाद (ज. 1954) ने भी निरंतर लिखकर बाल-ज्ञानविज्ञान की धारा को समृद्ध किया। उनकी चर्चित पुस्तक 'अनजाने में हुए आविष्कार' (1981) में विज्ञान के तेंतीस ऐसे आविष्कारों के बारे में बताया गया है, जो मानो अचानक ही हो गए थे और बाद में वे इतने उपयोगी साबित हुए कि उन्होंने मानव सभ्यता का एक नया ही इतिहास रच डाला। ऐसे आविष्कारों में रेलगाड़ी भी है, जिसके बिना आज के जीवन की कल्पना करना तक मुश्किल है। लेकिन इसका आविष्कार जेम्स वाट के खेल-खेल में किए गए एक अनोखे निरीक्षण से हुआ। दूरबीन का आविष्कार चश्मे का काम करनेवाले हैंस लिपरशी ने किया था। इसी तरह गुब्बारे, स्टेथिस्कोप, चुंबक, पिन, पेंसिल, सोख्ते, क्लोरोफार्म, दियासलाई, पेंसिलिन, कुनेन, रेलवे सिग्नल तथा

बॉल प्वाइंट पैन आदि का खेल-खेल में आविष्कार हुआ और सचमुच उन्होंने हमारी दुनिया को आमूलचूल बदल दिया। इसी तरह 'विमानन के सौ वर्ष' (2013) शुकदेव प्रसाद की पढ़ने लायक पुस्तक है, जिसमें उन्होंने उड़नेवाले गुब्बारों, ग्लाइडरों से होते हुए हवाई जहाज के आविष्कार और फिर समय के साथ-साथ विमानन में हुए चमत्कारी विकास की समूची कहानी बाल पाठकों को बताई है। 'वैज्ञानिकों के रोचक और प्रेरक प्रसंग' तथा 'वैज्ञानिकों का बचपन' (2004) भी शुकदेव प्रसाद की बड़ी सुंदर और पठनीय पुस्तकें हैं। इसके अलावा उनकी कुछ और महत्त्वपूर्ण पुस्तकें हैं, 'जल के यान', 'जीवों का आश्चर्यलोक', 'पौधों का आश्चर्यलोक', 'खतरे दूषित पानी के', 'खतरे दूषित वायु के', 'कैसा है हमारा वायुमंडल' तथा 'पानी है अनमोल'।

लक्ष्मणप्रसाद (ज. 1960) और विनोदकुमार मिश्र (ज. 1960) ने भी वैज्ञानिक आविष्कारों को लेकर बड़ी रोचक और उम्दा किताबें लिखीं हैं। उनके द्वारा मिलकर लिखी गई किताब 'बच्चों की प्रिय वस्तुओं के आविष्कार' और 'साधारण आविष्कारों की असाधारण सफलताएँ' में बहुत सरल और रोचक भाषा में उन आविष्कारों की जानकारी दी है, जिन्होंने देखते ही देखते हमारी दुनिया बदल दी। इन आविष्कारों की प्रेरणा या विचार पहले-पहल किस रूप में जनमा और फिर कितने लंबे जतन के बाद वे चीजें सामने आ सकीं, यह कहानी भी वे बीच-बीच में देते चलते हैं। 'बच्चों की प्रिय वस्तुओं के आविष्कार' (2005) में उनके पसंदीदा खाने-पीने की चीजें, खेल-खिलौने और वैज्ञानिक उपकरणों के आविष्कारों की चर्चा है, तो 'साधारण आविष्कारों की असाधारण सफलताएँ' (2002) में सिलीपुट्टी, क्रेओन, बाथ टब, चाकू, आरामकुर्सी, आलू चिप्स, बर्तन साफ करनेवाला पैड, ग्रीटिंग कार्ड, बैंड-एड, जिप फासनर, प्लास्टिक पैन, ग्लू, कॉफी के कप जैसी छोटी-छोटी और उपयोगी चीजों के आविष्कार की चर्चा है। ये जीवन में इतने उपयोगी साबित हुए कि देखते ही देखते इनके आविष्कारकों को यश और समृद्धि के शिखर पर पहुँचा दिया। विनोदकुमार मिश्र ने 'बचाओ जल, यही है जीवन' (2009) पुस्तक भी लिखी है, जिसमें पानी के महत्त्व के बारे में बताया गया है।

डॉ. रामस्वरूप वशिष्ठ की 'ऐसी है हमारी पृथ्वी' और 'शनि' पृथ्वी और शनि लोक के बारे में लिखी गई परिचयात्मक पुस्तकें हैं। 'ऐसी है हमारी पृथ्वी' (2003) में पृथ्वी के बारे में बड़ी उपयोगी जानकारियाँ हैं, जिन्हें हर किसी को जानना ही चाहिए। इसी तरह वशिष्ठजी की 'शनि' (2003) पुस्तक बड़े अच्छे ढंग से यह समझा देती है कि जिस शनि को लेकर हमारे समाज में तरह-तरह के अंधविश्वास चल निकले हैं तथा जिसे अतिशय क्रोधी और अनिष्ट करनेवाला देवता मान लिया है, वह शनि तो अपने आप में बहुत सुंदर ग्रह है, जिसके चारों ओर चूड़ियों जैसे बहुत खूबसूरत वलय हैं। हालाँकि शनि के इस रूप को सामने लाने में विज्ञान का बहुत बड़ा योगदान है, जिसने बहुत सारे अंधविश्वासों की कलई खोलकर दूरबीन के जरिए शनि को देखकर इसके असली स्वरूप का पता लगाया। रामस्वरूप वशिष्ठ की अंतरिक्ष और सागर की जानकारी देने वाली अन्य पुस्तकें हैं, 'सागर पुराण', 'पत्थर पुराण', 'ब्रह्मांड'। ऐसे ही आर.के. अग्रवाल की छोटी सी पुस्तक 'हमारी पृथ्वी' (2007) भी पढ़ने लायक है, हालाँकि इसकी भाषा कहीं-कहीं कठिन है। अनिल राणा ने भी अंतरिक्ष के बारे लिखा, पर उनकी 'चंद्रग्रहण और सूर्यग्रहण' (2004) सामान्य-सी जानकारी देनेवाली परिचयात्मक पुस्तक है। कँवल नयन कपूर की 'पाँच तत्त्वों की कहानी' कुछ-कुछ सैद्धांतिक होते हुए भी दिलचस्प है। भारतीय दर्शन में पाँच तत्त्वों की चर्चा क़ी गई है—धरती, पानी, अग्नि, हवा और आकाश। कँवल

नयन कपूर की पुस्तक 'पाँच तत्त्वों की कहानी' इन्हीं तत्त्वों को वैज्ञानिक ढंग से पेश करती है। बस, अग्नि की जगह उन्होंने प्रकाश को ले लिया है, जो अग्नि का ही एक रूप है। कँवल नयन कपूर ने विज्ञान के साथ मिथक-कथाओं और पौराणिक कल्पनाओं को मिलाकर धरती, पानी, प्रकाश, हवा और आकाश के महत्त्व और उसके रूप को समझाया है।

ललितनारायण उपाध्याय 'आश्चर्यों से भरा संसार' (2004) पुस्तक में विज्ञान की इन्हीं खोजों, आश्चर्यजनक आविष्कारों और जीवन के आश्चर्यजनक सत्यों को इस ढंग से सामने रखते हैं कि हम चकित रह जाते हैं। धरती के वायुमंडल का वजन पाँच अरब टन है। तारे स्वयं नहीं टिमटिमाते, बल्कि हमें हवा के तापमान और हवा की घनता की विभिन्नता के कारण टिमटिमाते हुए दिखते हैं। सिक्कों के चारों ओर बनी हुई छोटी-छोटी लकीरें उन्हें घिसने से बचाने के लिए होती हैं। वाशिंगटन में एक ऐसे पेन का आविष्कार हुआ है, जो लिखने के अलावा देख भी सकता है। विज्ञान और टेक्नोलॉजी के बारे में ऐसी कई मजेदार बातें बच्चे इस पुस्तक में पढ़ेंगे। ललितनारायण उपाध्याय की बच्चों के गईं ज्ञान-विज्ञान की अन्य पुस्तकें हैं, 'वनस्पति जगत की आश्चर्यजनक बातें', 'सिंह सहोदरों की आश्चर्यजनक बातें', 'पक्षियों की आश्चर्यजनक बातें' तथा 'गणित के जादू'।

प्रकाश मनु (ज. 1950) ने बाल साहित्य की कई विधाओं में लिखा है। बच्चों के लिए एकदम नए अंदाज में ज्ञान-विज्ञान की कई अच्छी पुस्तकें भी उन्होंने लिखीं। इनमें पाठकों को विज्ञान के गूढ़ रहस्यों को तो समझाया ही गया है, विज्ञान के नए-नए आविष्कारों और उनकी खोज करनेवाले धुनी वैज्ञानिकों के बारे में भी रोचक ढंग से बताया गया है। बाल पाठकों को बड़े ही मजेदार ढंग से वे कार की कहानी, कपड़े की कहानी, आइसक्रीम की कहानी, चाकलेट की कहानी, रेलगाड़ी की कहानी, हवाई जहाज की कहानी, रेडियो की कहानी, टेलीविजन की कहानी जैसी एक से एक सरस कहानियाँ सुनाते हैं। विज्ञान के हर नए आविष्कार की रोमांचक गाथा को वे इस तरह प्रस्तुत करते हैं कि बच्चे किसी किस्से-कहानी की तरह उनका आनंद लेते हैं और खेल-खेल में बहुत कुछ सीखते भी हैं। ज्ञान-विज्ञान के अबूझ रहस्यों को समझानेवाली प्रकाश मनु की पुस्तकें हैं—'अद्‌भुत कहानियाँ ज्ञान-विज्ञान की', 'रोचक कहानियाँ ज्ञान-विज्ञान की', 'विज्ञान की आश्चर्यों से भरी कहानियाँ' (दो खंड), 'विज्ञान की अनोखी कहानियाँ', अजब-अनोखी विज्ञान कथाएँ तथा 'विज्ञान फंतासी कथाएँ'। इनमें ज्ञान-विज्ञान के गूढ़ रहस्यों को खोलने और नई-नई वैज्ञानिक खोजों की जानकारी देनेवाली रोचक कहानियाँ हैं, तो 'लो चला पेड़ आकाश में' और 'मंगल ग्रह की अनोखी चिड़िया' सरीखी जैसी अद्‌भुत विज्ञान फंतासी कथाएँ भी, जिन्हें बच्चे किसी परीकथा की तरह ललककर पढ़ते हैं।

इसके साथ ही प्रकाश मनु ने भारतीय वैज्ञानिकों की ऐसी जीवनियाँ लिखीं, जो बचपन से ही उनकी कुछ अलग सी उधेड़बुन और बेचैनियों से शुरू होकर उनकी विश्वप्रसिद्ध खोजों और महान वैज्ञानिक उपलब्धियों तक को सहेजती हैं। मनु ने भारत के प्राचीन वैज्ञानिकों आर्यभट, ब्रह्मगुप्त, भास्कराचार्य, नागार्जुन आदि की विस्तारपूर्वक चर्चा के साथ ही उस दौर के भारत की शीर्ष वैज्ञानिक उपलब्धियों की भी चर्चा की है। इसी तरह आधुनिक भारत के जाने-माने वैज्ञानिकों के जीवन और आविष्कारों को उन्होंने रोचक कहानियों के रूप में लिखा है। 'महान भारतीय वैज्ञानिक' तथा 'भारत के विश्वप्रसिद्ध वैज्ञानिक' इस लिहाज से प्रकाश मनु की चर्चित पुस्तकें हैं। इसके अलावा प्रकाश मनु और डॉ. सुनीता ने छत्तीसगढ़ राज्य की प्राचीन लोक संस्कृति,

इतिहास और आदिवासियों की कला, संगीत व परंपराओं की रोचक जानकारी देनेवाली पुस्तक 'छत्तीसगढ़ : लोक संस्कृति, कला और साहित्य' लिखी, जो अपनी तरह की बड़ी रोचक और विशिष्ट पुस्तक है।

रंजना अग्रवाल ने भी बच्चों के लिए ज्ञान-विज्ञान को बहुत रसपूर्ण ढंग से प्रस्तुत किया। उनकी 'विज्ञान में ताक-झाँक' (2012) लीक से हटकर बड़ी कल्पनाशीलता के साथ लिखी गई पुस्तक है, जिसमें बड़े रोचक और रसमय ढंग से विज्ञान के जटिल रहस्यों को समझाया गया है। पुस्तक पढ़ते हुए एकदम किस्से-कहानी के ढंग से हमें अपनी पृथ्वी, जल, चाँद के घटने-बढ़ने के रहस्य, हवा, इंद्रधनुष, चुंबक, ध्वनि, टेलीविजन वगैरह के बारे में पता चलता है। खास बात यह है कि इस पुस्तक में जल पृथ्वी, चाँद सब अपनी कहानी खुद सुनाते हैं और इतने मजेदार ढंग से कि एक बार सुनकर आप कभी भूल नहीं पाते। ऐसे ही पी.आर. शुक्ल (ज. 1947) की पुस्तक 'रेलों का विचित्र संसार' (1993) में रोचक ढंग से रेलगाड़ी की कहानी बताई गई है। यह एक आश्चर्यजनक बात है कि विश्व की प्रथम रेलगाड़ी तो बहुत पुरानी नहीं है, लेकिन पटरियों की कहानी सचमुच खासी पुरानी है; कोई ढाई हजार साल पुरानी। यानी ढाई हजार साल पहले आदमी ने यह खोज लिया था कि अगर गाड़ियों को पटरियों में फँसाकर खींचा जाए तो उसमें सुविधा होती है। पी.आर. शुक्ल ने सुंदर ढंग से रेलों की कहानी कही है। साथ ही भारतीय रेलों की विकास-यात्रा की कहानी भी पुस्तक में शामिल कर ली गई है।

इस कालखंड में छपी डी.डी. ओझा की 'जानिए मंगल ग्रह को', अरुण की 'रोचक और रोमांचक अंटार्कटिका' और विनीता सिंघल की 'आज का युग इंटरनेट का युग' पुस्तकें भी खासी रोचक और महत्त्वपूर्ण हैं। डी.डी. ओझा की पुस्तक 'जानिए मंगल ग्रह को' (2005) में मंगल ग्रह के बारे में भारतीय ज्योतिष शास्त्र की अवधारणा को देने के साथ-साथ मंगल ग्रह के वैज्ञानिक अध्ययन और खोजों के बारे में भी खासी जानकारी दी गई है। पुस्तक का अंतिम अध्याय मंगल पर 'जल या जीवन' महत्त्वपूर्ण है, जिससे पता चलता है कि मंगल ग्रह पर जीवन खोजने की मनुष्य की कोशिशें अभी किस हाल में हैं और मंगल तक पहुँचने की आदमी की कहानी अभी संघर्षों के किस पड़ाव पर है। अरुण (ज. 1954) की पुस्तक 'रोचक और रोमांचक अंटार्कटिका' (2005) में बहुत आसान भाषा में बर्फ के अनोखे समंदर यानी अंटार्कटिका की खूबसूरती और जीवन को प्रस्तुत करने की कोशिश की गई है। पुस्तक में अंटार्कटिका की खोज से लेकर भारत तथा विश्व के अन्य देशों के दुस्साहसी यात्रियों की रोमांचक अंटार्कटिक यात्राओं की कहानी देने के साथ-साथ, इस हिम प्रदेश के इतने सुंदर, नयनाभिराम चित्र दिए गए हैं कि वे देखते ही बनते हैं।

भगवतीप्रसाद द्विवेदी तथा राजेंद्रकुमार राजीव ने भी प्रामाणिकता से बच्चों को ज्ञान-विज्ञान की जानकारी दी। भगवतीप्रसाद द्विवेदी (ज. 1955) की 'विज्ञान के ज्ञानदीप', 'हमारे राष्ट्रीय प्रतीक', 'अमर रहे जनतंत्र हमारा' तथा 'जीवाणु की जीवन-यात्रा' अच्छी परिचयात्मक पुस्तकें हैं। राजेंद्रकुमार राजीव भी मेहनत से बच्चों के लिए लिखते हैं। उनकी 'हिमालय की कहानी', 'परिवहन की कहानी', 'इक्यावन महान आविष्कार', 'जीव-जंतुओं की विचित्र आदतें और प्रवृत्तियाँ' और 'अद्भुत दुनिया पक्षियों की' बच्चों को आज के जीवन संसार की धरती से अंतरिक्ष तक की जानकारी उपलब्ध कराती हैं। इसी तरह राजेंद्रकुमार की 'अंतरिक्ष की सैर' (दो भाग) भी उपयोगी पुस्तक है।

विज्ञान और उसके महान आविष्कारों को लेकर कुछ बाल कविताएँ भी लिखी गई हैं। अखिलेश

श्रीवास्तव 'चमन' की 'एक पते की बात' तथा भगवतीप्रसाद द्विवेदी की 'इक्कीसवीं सदी के खेल' (दो भाग) ऐसी ही विज्ञान-आधारित बाल कविताओं की पुस्तकें हैं। अखिलेश श्रीवास्तव 'चमन' की 'एक पते की बात' (1995) पुस्तक में सूरज, धरती, मौसम पानी, पृथ्वी, मानव शरीर, बिजली, प्रदूषण आदि को लेकर कविताएँ हैं। भगवतीप्रसाद द्विवेदी की 'इक्कीसवीं सदी के खेल' (2004) में बिजली, फ्रिज, केलकुलेटर, सूक्ष्मदर्शी, रडार, रोबोट, स्कूटर, मोटरगाड़ी, टी.वी., रेडियो, टेलीफोन और कंप्यूटर वगैरह पर कविताएँ हैं, हालाँकि इन दोनों ही पुस्तकों में कविताएँ इतिवृत्तात्मक ज्यादा हैं। इनमें काव्य-रस भी होता तो बच्चों को ज्यादा आनंद आता। चक्रधर नलिन, परशुराम शुक्ल और प्रदीप शुक्ल ने भी विज्ञानपरक कविताएँ लिखी हैं। इनमें प्रदीप शुक्ल ने वैज्ञानिक विषयों पर बड़ी सुंदर और रसपूर्ण कविताएँ लिखी हैं। अभी हाल में अमीबा पर उनकी बड़ी अद्‌भुत कविता पढ़ने को मिली है।

आत्मकथात्मक शैली में लिखी गई, पुस्तकें बच्चों को अधिक आकर्षित करती हैं। छठे दशक में प्रमोद जोशी की 'बस्ता बोला' और 'कीड़ों की कहानी, कीड़ों की जुबानी' पुस्तकों की खासी धूम रही। इस कालखंड में भी कई लेखकों ने आत्मकथात्मक शैली को अपनाकर हवा, पानी, पर्यावरण, बिजली, रोबोट, कंप्यूटर और इलेक्ट्रोनिकी आदि की रोचक कहानियाँ लिखी हैं। इनमें तुरशनपाल पाठक का नाम अव्वल है। उनकी पुस्तकों में हवा, पानी, पौष्टिक आहार, इलेक्ट्रोनिकी, पर्यावरण आदि का अपनी कथा सुनाने का अंदाज बहुत सादा है। 'मैं हूँ हवा' (2002) में हवा अपनी रोचक कथा सुनाते हुए पृथ्वी के वायुमंडल और उसमें मिली अनेक प्रकार की गैसों के बारे में बताती है, तो साथ ही बड़े रोचक अंदाज में आदमी की उड़ने की जिज्ञासा के बारे में भी बताती है। चिड़ियों और हवाई जहाजों का उड़ना कभी संभव न होता, अगर हवा न होती। हवा के कारण ही पौधे कार्बन डाईआक्साइड लेते हैं, जो उनकी बढ़वार के लिए जरूरी है। इसी तरह आवाज के बारे में हवा बड़े रोचक अंदाज में यह बताती है कि बाँसुरी की सुरीली धुन और किसी संगीतकार का मधुर गाना हम कभी न सुन पाते, अगर हवा न होती, क्योंकि हवा के माध्यम से ही संगीत और दूसरी आवाजें तरंगों के रूप में हमारे कानों तक पहुँचती हैं।

तुरशनपाल पाठक की पुस्तक 'मैं हूँ पानी' (2001) में पानी अपनी कथा सुनाते हुए उचित ही कहता है, इस संसार में हर प्रकार के जीवन का मूलाधार मैं ही हूँ। खारा और मीठा पानी क्या होता है, अथाह सागर और बर्फ के पहाड़ होते हुए भी दुनिया में पानी की कमी क्यों है ? बारिश क्यों होती या ओले क्यों गिरते हैं ? पानी के प्रदूषण से बीमारियाँ किस तरह फैलती हैं ? इस पुस्तक में पानी इस सबकी जानकारी देता है और अपनी यह शक्ति बताने से भी वह नहीं चूकता कि भाप का इंजन हो या कल-कारखाने, पानी के बगैर वे काम नहीं कर पाते। ऐसे ही पाठकजी की 'मैं हूँ पौष्टिक आहार' (2001) पुस्तक में संतुलित भोजन पर जोर देते हुए बताया गया है कि उलटा-सीधा ठूँस-ठूँसकर खाने से आदमी बेडौल, आलसी और निकम्मा हो जाता है। तुरशनपाल पाठक की 'मैं हूँ इलेक्ट्रॉनिकी' (2002) और 'मैं हूँ पर्यावरण' भी अपने विषय की अच्छी जानकारी देनेवाली दिलचस्प पुस्तकें हैं।

राजीव गर्ग की 'मैं हूँ रोबोट' (2001) भी खासी कल्पनाशीलता के साथ लिखी गई है। चेकोस्लोवाकिया के प्रसिद्ध लेखक कारेल चापेक के नाटक 'रोसम्स यूनिवर्सल रोबोट' में सबसे पहले रोबोट की चर्चा थी।

चेक भाषा में 'रोबोट' का अर्थ है, सेवक या गुलाम। इसी रोबोट से असली रोबोट बना और अब तो मनुष्य का यह गुलाम इतना समर्थ हो गया है कि कई बार अपनी बुद्धि और कारनामों में मनुष्य को भी पीछे छोड़ देता है। रोबोट ही पहलेपहल चंद्रमा की सतह पर जाकर वहाँ की मिट्टी खोदकर लाया था। वह आदेश दिए जाने पर वेक्यूम क्लीनर द्वारा घर भर की सफाई कर सकता है। कुत्ते को घुमाने ले जा सकता है। मैदानों की घास और भेड़ों की ऊन काट सकता है। जरूरत पड़ने पर इंजेक्शन लगा सकता है और मनोरंजन के लिए वाद्य-यंत्र भी बजा सकता है। यहाँ तक कि बातें करने और गानेवाले रोबोट भी बना लिये गए हैं। राजीव गर्ग की 'मैं हूँ रोबोट' पुस्तक में रोबोट द्वारा सुनाई गई अपनी कथा कहीं न कहीं आनेवाले समय की कथा भी है। इसी तरह धुरेंद्रकुमार गर्ग की 'मैं हूँ बिजली' तथा श्यामसुंदर शर्मा की 'मैं हूँ चुंबक', 'मैं हूँ अंतरिक्ष' और 'मैं हूँ कंप्यूटर' भी आत्मकथात्मक शैली में लिखी गई उल्लेखनीय पुस्तकें हैं।

❖

आज के विज्ञान युग में अंतरिक्ष से लेकर पाताल तक टेक्नोलॉजी का पसारा है और टेक्नोलॉजी के आश्चर्यजनक चमत्कारों ने ऐसा बहुत कुछ संभव कर दिखाया है, जिसकी हम आज से कुछ दशकों पहले तक कुछ कल्पना भी नहीं कर सकते थे। चाँद तक पहुँचनेवाले रॉकेट, विभिन्न उपग्रह और अंतरिक्ष योजनाएँ, पाँच सौ किलोमीटर प्रति घंटे से भी ज्यादा रफ्तार से दौड़नेवाली रेलगाड़ियाँ, जेब में आ जानेवाले छोटे-छोटे कंप्यूटर और मोबाइल फोन तथा अंतरिक्ष में बस्तियाँ बसाने और उसे आदमी की सैरगाह बनाने का वैज्ञानिकों का सपना, यह सब टेक्नोलॉजी के आश्चर्यजनक कमालों से ही संभव हुआ है। किसी जादू से बढ़कर है विज्ञान की यह हैरतअंगेज दुनिया। विनीता सिंघल, चेतनकुमार, डॉ. शिवतोष दास, राजेंद्रकुमार राजीव आदि लेखकों ने बच्चों को सरल भाषा में विज्ञान और टेक्नोलॉजी की रोचक जानकारी देनेवाली उपयोगी पुस्तकें लिखीं।

इनमें विनीता सिंघल ने पिछले कुछ वर्षों में अपनी अलग पहचान बनाई है। उनकी 'कोशिका में कारीगरी' (1999) जैव-विज्ञान और इसकी अनोखी तकनीक के बारे में एकदम बोलचाल की भाषा में लिखी गई, नई से नई जानकारियाँ देनेवाली किताब है। इसे पढ़कर पता चलता है कि विज्ञान और टेक्नोलॉजी के क्षेत्र में इधर के वर्षों में इस कदर खोजें हुई हैं कि कह सकते हैं मनुष्य ने धरती से आकाश तक हर क्षेत्र में टेक्नोलॉजी के सहारे एक लंबी छलाँग लगाई है और बहुत कुछ जो कल तक असंभव लगता था, आज संभव लगने लगा है। विनीता सिंघल की 'आज का युग : इंटरनेट का युग' किताब भी खासी रोचक और महत्त्वपूर्ण है, जिसे सचमुच किसी कहानी की तरह पढ़ा जा सकता है। इंटरनेट के कारण हमारी आज की दुनिया में होनेवाले परिवर्तनों की कथा भी विनीताजी ने रोचक अंदाज में लिखी है। उनकी एक अन्य पुस्तक 'हैलो मैं हूँ इंटरनेट' (2004) छोटे बच्चों के लिए इंटरनेट की परिचयात्मक जानकारी प्रस्तुत करती है। विनीता सिंघल की 'मुझे बताओ क्यों' (2005) में ऐसे कई विषयों की चर्चा है, जिन्हें लेकर बच्चों की उत्सुकता होती है। मौसम क्यों बदलता है, हवाएँ क्यों चलती हैं, तारे क्यों टिमटिमाते हैं, नींद क्यों आती है, जैसे सहज-स्वाभाविक सवालों के उन्होंने संतुष्ट करनेवाले उत्तर दिए हैं।

चेतनकुमार की 'पहिए की विकास कथा' (2004) टेक्नोलॉजी के प्रारंभिक रूप की बुनियादी जानकारी देनेवाली रोचक पुस्तक है। इसमें बड़ी खूबसूरती से यह बताया गया है कि मनुष्य के आधुनिकतम विकास की

नींव असल में उस दिन पड़ी, जब हजारों वर्ष पहले उसने पहिए की खोज की। पहिए की खोज से ही मनुष्य ने जाना कि बहुत कम श्रम करके भी बड़े-बड़े काम किए जा सकते हैं। असाधारण वेग से चलती आज की रेलगाड़ियाँ, वायुयान, रॉकेट और कंप्यूटर तक का आविष्कार संभव नहीं था, अगर मनुष्य ने पहिए की तकनीक और उसके नए-नए उपयोगों को न जान लिया होता। पुस्तक रोचक ढंग से लिखी गई है और यह बच्चों में टेक्नोलॉजी के नए-नए रूपों को जानने की जिज्ञासा पैदा करती है।

तुरशनपाल पाठक की 'भारत के उपग्रह', राजीव गर्ग की 'भारत में विज्ञान', डॉ. सी.एल. गर्ग की 'समुद्री संसाधन' और प्रवीणकुमार गुप्त की 'कंप्यूटर व परमाणु शक्ति' भी उपयोगी जानकारी देनेवाली पुस्तकें हैं। इसके अलावा राजेंद्रकुमार राजीव की 'विज्ञान की रहस्यमयी किरणें' और 'तरंगें', डॉ. शिवतोष दास की 'शक्ति का अनंत स्रोत : सौर ऊर्जा', राजेंद्रकुमार की 'अंतरिक्ष की सैर' (दो भाग), डी.डी. ओझा की 'सौर ऊर्जा के चमत्कार' तथा अमित गर्ग की 'आओ कंप्यूटर जानें' टेक्नोलॉजी के अलग-अलग पहलुओं से जुड़ी ऐसी पुस्तकें हैं, जो बाल पाठकों को नई-नई बातें बताने के साथ-साथ रिझाती भी हैं। बेशक ये पुस्तकें टेक्नोलॉजी को हौवा न मानकर उनके बारे में इतने सुलझे हुए शब्दों में रुचिकर जानकारी देने की कोशिश करती हैं कि हर बच्चे के मन में उनके बारे में जानने की उत्सुकता पैदा होती है। लक्ष्मी खन्ना सुमन की 'क्या, क्यों, कैसे' तथा डॉ. महाबीर की 'क्यों और कैसे' भी विज्ञान की जटिलताओं को सरल शब्दों में समझानेवाली पुस्तकें हैं। राजेश जैन ने 'विस्फोट' में परमाणु बम के बारे में जानकारी दी है।

बाल पाठकों के लिए विज्ञान की कुछ स्तरीय पुस्तकें राष्ट्रीय शैक्षिक अनुसंधान और प्रशिक्षण परिषद् (न.दि.) ने भी छापी हैं। इनमें से कुछ उल्लेखनीय पुस्तकें हैं, 'समुद्र : कुबेर का एक भंडार' (प्रभातनाथ मुखर्जी), 'तारों की जीवन-गाथा' (जयंत विष्णु नार्लीकर), 'ब्रह्मांड का रहस्य' (के.पी. सिन्हा और ई.ए. लार्ड), 'जीवाणुओं की दुनिया और हम' (दयाशंकर मिश्र), 'तत्त्व नए-पुराने' (रामचरण मेहरोत्रा और रमाशंकर राय) तथा 'जैव तकनीक' (राजकुमार बंसल)। पर इन किताबों के साथ मुश्किल यह है कि ये अध्यापकीय या अकादमिक अधिक हो गई हैं और बच्चों के मन में 'विज्ञान पढ़ने का सच्चा आनंद' उत्पन्न नहीं करतीं।

मुझे लगता है, अब यह सही समय आ गया है कि हमारे शिक्षा-शास्त्री अपनी इस बनी-बनाई धारणा पर पुनर्विचार करें कि स्कूलों में ज्ञान-विज्ञान की सीख देनेवाली पुस्तकें खाली उबाऊ ही हो सकती हैं। यह 'खेल-खेल में पढ़ाने' का युग है और जिन्हें खेल-खेल में पढ़ाना नहीं आता, उन्हें सच में पढ़ाना नहीं आता। विज्ञान की पुस्तकें भी बेशक खेल-खेल में पढ़ानेवाले दोस्ताना अंदाज में ही लिखी जानी चाहिए।

❖

बाल पाठकों को जीव-जंतुओं, पक्षियों और वनस्पति-जगत के बारे में जानकारी देनेवाली पुस्तकें भी इधर हिंदी में तेजी से आ रही हैं। इनमें सभी बच्चों के लिहाज से आकर्षक और उपयोगी नहीं हैं। बच्चों को यहाँ-वहाँ से टूटी-फूटी, आधी-अधूरी जानकारी देनेवाली पुस्तकें भी कम नहीं हैं। अकसर दो-चार किताबें इधर-उधर से पढ़कर, उन्हीं में से एक नई किताब बना लेने का बचकाना उत्साह बहुतेरे नए लेखकों में दिखाई पड़ता है। खुद गहन अध्ययन और खोज-बीन करके बच्चों को मौलिक ढंग से कुछ नया और आकर्षक देने

का चाव कम ही देखने में आता है। तो भी इस दिशा में कुछ छिटपुट अच्छे स्तरीय काम हुए हैं।

हिंदी में वन्य जीवों के बारे में जितना रामेश बेदी (1915-2003) ने लिखा है और जितनी प्रामाणिकता और आत्मीयता के साथ लिखा है, वैसी कोई दूसरी मिसाल मिलना मुश्किल है। उन्होंने मानो अपना पूरा जीवन ही वन्य पशुओं के साहचर्य और उन पर प्यार लुटाने में ही अर्पित कर दिया। रामेश बेदी की 'वन्य जीवों का अनोखा संसार' सीरीज में शामिल, विलक्षण जानकारी से भरी नौ रोचक किताबों के जिक्र के बगैर यह चर्चा पूरी नहीं हो सकती। सस्ता साहित्य मंडल द्वारा सुरुचिपूर्ण ढंग से प्रकाशित ये पुस्तकें हैं, 'जंगल का राजा शेर', 'प्रचंड धावक चीता', 'सुगंध का भंडार कस्तूरी मृग', 'राष्ट्रीय पक्षी मोर', 'जंगल की शान हाथी', 'जंगल का राजकुमार तेंदुआ', 'सबका प्यारा भालू', 'पानी का राजा घड़ियाल' तथा 'आदि-युग का पशु गैंडा'। ये पुस्तकें इन वन्य जीवों के बारे में बहुत रोचक अंदाज में लगभग संपूर्ण जानकारी देती हैं। इन वन्य जीवों का भारतीय तथा अन्य संस्कृतियों में क्या स्थान रहा है, उनकी खाने-पीने, रहने, शिकार और घूमने-फिरने आदि की आदतें कैसी हैं, इसका जिक्र करते हुए रामेश बेदी ने अपनी पुस्तकों में कई ऐसे अनोखे और मार्मिक प्रसंग लिखे हैं, जिन्हें पढ़ते हुए हम रोमांचित होते हैं।

इक्कीसवीं सदी के पहले दशक में छपी रामेश बेदी की पुस्तकें 'हमारे प्यारे जीव' (2002), 'जंगल के दुलारे जीव' (2002) तथा 'जंगल की बातें' (2001) भी अपने ढंग की अनूठी पुस्तकें हैं, जिन्हें बाल पाठक ही नहीं, बड़े भी खोज-खोजकर पढ़ते हैं। 'हमारे प्यारे जीव' में रामेश बेदी अपनी पालतू नेवला रानी, गिरगिट, अजगर, सफेद शेर, चूहों, टिड्डे, अप्स् और बँदरिया के बारे में बड़े ही दिलचस्प ढंग से लिखते हैं। उनकी 'जंगल के दुलारे जीव' भी इसी किस्म की पुस्तक है। इसमें रट्टू तोते, मैना, सारस जैसे पक्षियों और शेर, पंडा आदि के साथ जिए गए रामेश बेदी के स्नेहिल क्षण बहुत जीवंत होकर सामने आते हैं। यह भी पता चलता है कि इनके कारण सामान्य जीवन जीने में रामेश बेदी के सामने बार-बार दिक्कतें आती थीं। कभी-कभी झुँझलाहट भी होती थी, पर पशु-पक्षियों को निकट से जानने की उनकी धुन इतनी गहरी थी कि वह कभी टूटती नहीं थी। यहाँ तक कि उनकी पत्नी और बच्चे भी न जाने कब उनके इस खेल में शरीक हो जाते थे और फिर पशु-पक्षियों के अलग-अलग मूड्स और खाते-पीते हुए या चलते-फिरते क्षणों की उनकी तसवीरें लेने का सिलसिला भी चल पड़ता था। रामेश बेदी के ये अनुभव इतने सच्चे और जीवंत हैं कि बच्चे न सिर्फ चाव से इन पुस्तकों को पढ़ेंगे, बल्कि उम्र भर याद भी रखेंगे। एक अच्छी पुस्तक का सबसे बड़ा गुण भी शायद यही है। रामेश बेदी की तीसरी पुस्तक 'जंगल की बातें' में विवरण ज्यादा लंबे नहीं हैं, लेकिन जंगल में जिन वन्य पशुओं से फोटोग्राफी आदि के सिलसिले में उनका सामना हुआ, उनका वर्णन इतना रोमांचक है कि पाठक पूरी पुस्तक पढ़े बगैर उसे छोड़ नहीं पाते। बेशक रामेश बेदी की ये पुस्तकें हमेशा सहेजकर रखी जाने लायक हैं।

रामेश बेदी की 'जंगली हाथियों की शोकसभा', 'शेरों और हाथियों के बीच', 'गैंडा' और 'कबूतर : शांति का प्रतीक' भी खासी प्रभावशाली और दिलचस्प पुस्तकें हैं। शेरों और हाथियों के बारे में रामेश बेदी पहले भी काफी कुछ लिख चुके हैं, पर 'शेरों और हाथियों के बीच' पुस्तक में उन्होंने शेरों और हाथियों को लेकर खास तौर से अपने अनुभवों को ही लिखा है और उनसे जुड़े हुए ऐसे अनोखे प्रसंगों का जिक्र किया है कि उन्हें पढ़ते हुए सचमुच जंगल में वन्य जीवों के बीच घूमने जैसा अहसास होता है। पुस्तक का अनुवाद

बृजमोहन गुप्त ने किया है। इसी तरह अपनी पुस्तक 'कबूतर : शांति का प्रतीक' में कबूतरों की आदतों और उसकी अलग-अलग किस्मों आदि का बखान करते हुए रामेश बेदी उनके पारिवारिक जीवन का भी बड़ा सुंदर चित्रण करते हैं कि कबूतर और कबूतरी, जो एक बार साथ रहते हैं, तो वे जीवन भर अपने इस संबंध को निभाते हैं। किसी सद्गृहस्थ की तरह वे अपने बच्चों का बड़े ही प्यार के साथ लालन-पालन करते हैं।

सुनील शर्मा की 'प्रवासी जीव-जंतु' (2003) पुस्तक बच्चों की इस जिज्ञासा को शांत करती है कि प्रवासी जीव-जंतु कौन हैं तथा उनके प्रवास का मुख्य कारण या परिस्थिति कौन-सी है। पुस्तक पढ़कर पता चलता है कि केवल पक्षी ही हवा में उड़ान भरते हुए लंबी प्रवास-यात्राएँ नहीं करते, बल्कि जल में मछलियाँ, कछुए भी सैकड़ों मील लंबी यात्राएँ करके प्रवास पर जाते हैं। इसी तरह भूमि पर रहनेवाले जंगली हाथी भी मीलों लंबी प्रवास-यात्राएँ करते हैं। प्रवास का मुख्य कारण है भोजन की कमी या मौसम का असहनीय हो जाना। पर ये पशु-पक्षी किसी खास जगह ही प्रवास के लिए क्यों जाते हैं तथा अपने मूल निवास, प्रवास-स्थान और सही दिशा को कैसे याद रखते हैं? यह आज भी हमारे लिए एक बड़ा रहस्य है। पुस्तक में सुनील शर्मा ने प्रवासी पशु-पक्षियों के बारे में कई चिर-परिचित बातों के साथ-साथ बहुत-सी नई और रोचक बातें बताई हैं, जिससे इस पुस्तक का महत्त्व बढ़ गया है।

इस दौर में ललितनारायण उपाध्याय, हेमललित तथा रजनीश प्रकाश ने भी पशु-पक्षियों के बारे में रोचक पुस्तकें लिखीं। 'विद्या मंदिर' से छपी 'आश्चर्यजनक बातें' सीरीज में इनकी पुस्तकें पढ़ने को मिल जाती हैं। इनमें ललितनारायण उपाध्याय की 'सिंह-सहोदरों की आश्चर्यजनक बातें' (2002) में सिंह के अलावा उसकी प्रजाति के बाघ, तेंदुए, चीता, शेर आदि के स्वभाव, आदतों, शारीरिक बनावट, शिकार और भोजन के ढंग आदि के बारे में कुछ उपयोगी बातें बताई गई हैं। इनमें से अधिकतर बातें जानी-पहचानी सी हैं, पर एक पुस्तक में सिंह-सहोदरों से जुड़ी सारी बातें एक साथ पढ़ना शायद बच्चों को अच्छा लगेगा। पुस्तक के अंत में भारत के अचूक शिकारी जिम कार्बेट की चर्चा है, जिनकी रोमांचक शिकार-कथाओं को बच्चे और बड़े आज भी रुचि से पढ़ते हैं। जिम कार्बेट ने शौकिया शिकार करना छोड़कर 'जानवरों को बचाओ' अभियान क्यों शुरू किया, इसके बारे में भी उन्होंने लिखा है। ललितनारायण उपाध्याय ने इसी सीरीज में 'पक्षियों की अश्चर्यजनक बातें' पुस्तक भी लिखी है, पर उसमें कोई विशेष नयापन नहीं है। हेमललित की 'जीव-जंतुओं की आश्चर्यजनक बातें' (2002) में स्पंज, मछली, घड़ियाल, अजगर तथा गैंडा, जिराफ, जेबरा, याक आदि के बारे में सामान्य जानकारियाँ हैं। पुस्तक ज्यादा कल्पनाशीलता के साथ नहीं लिखी गई, लेकिन जीव-जंतुओं के बारे में सामान्य जानकारियाँ ठीक-ठाक हैं।

इस कालखंड में शिवानी चतुर्वेदी, प्रवीण शर्मा और परशुराम शुक्ल ने भी पशु-पक्षियों के संसार से बच्चों को आत्मीय ढंग से परिचित करानेवाली दिलचस्प पुस्तकें लिखी हैं। इनमें शिवानी चतुर्वेदी की 'वन्य जीवों की रोमांचक कहानियाँ' में वन्य जीवों की चिंताओं और उनसे जुड़ी समस्याओं को खूबसूरत कहानियों की शक्ल में पेश किया गया। 'कुहू कोयल के गीत', 'गोलू की ईमानदारी', 'बाबूजी का सुंदर घर' जैसी शिवानी चतुर्वेदी की कहानियाँ बच्चों को रिझा लेती हैं। प्रवीण शर्मा की 'चूहा' (1989) पुस्तक में चूहा खुद अपनी कहानी कहता है। परशुराम शुक्ल ने 'भारतीय हिरनों का अनोखा संसार' (2007) और 'मानव का मित्र साँप'

(2007) पुस्तकों में उपयोगी जानकारी दी है। राजेंद्रकुमार राजीव की 'अद्‌भुत दुनिया पक्षियों की' तथा डी.डी. ओझा की 'कीट-पतंगों का रोचक संसार' व 'लाभदायक औषधीय पौधे' भी पढ़ने लायक पुस्तकें हैं।

वरिष्ठ कथाकार रमेश बक्षी की शिशुओं के लिए लिखी गई दिलचस्प पुस्तक 'हमारा प्यारा मोर' (1988) अपने बढ़िया चित्रांकनों के साथ-साथ लेखक की आसान और भावपूर्ण भाषा के कारण, नन्हे-मुन्नो को एक खूबसूरत खिलौने जैसी लगेगी। नीरेन सेन गुप्ता के चित्र ऐसे हैं कि बच्चों को लगेगा कि उन्होंने नाचते हुए मोरों की एक झलक देखी है। नन्हे-मुन्नों के लिए लिखी गई हाइड्रोसे आल्वा की 'पूँछ' (1992) तथा अरोबिंदो कुंडू और रमेश बक्षी की 'इनकी दुनिया' (1986) भी बड़ी ही खूबसूरत तथा चित्रात्मक पुस्तकें हैं, जो शिशुओं के लिए सचमुच एक बेहतरीन तोहफे की तरह है।

❖

आधुनिक जीवन में जैसे-जैसे विज्ञान और उद्योगों का विकास हुआ है, जीवन में तेजी और भागम-भाग आ गई है, वैसे-वैसे मनुष्य प्रकृति से दूर हुआ है। यही नहीं, बल्कि प्रकृति के प्रति उसका रवैया लापरवाही और आपराधिक उपेक्षा से भरा हुआ है। अपने तनिक से स्वार्थ के कारण मनुष्य प्रकृति के साथ खिलवाड़ करने तथा उसका बुरी तरह दोहन करने से नहीं चूकता। इसी का परिणाम यह हुआ कि धरती का पर्यावरण आज भीषण खतरे में है। प्रदूषण का खतरा जीवन के हर क्षेत्र में मँडरा रहा है और इस कारण मनुष्य कई भीषण रोगों और मानसिक तनाव की चपेट में है। इसलिए आज दुनिया भर में प्रकृति के निकट लौटने और अपने पर्यावरण को बचाने की गुहार की जा रही है। बाल पाठकों और किशोरों को भी पर्यावरण के महत्त्व और उसे बचाए रखने की चिंताओं से जोड़ने की कोशिशें की जा रही हैं।

पर्यावरण और उससे जुड़ी चिंताओं को लेकर पिछले कुछ वर्षों में बहुत से लेखकों ने बड़ी गंभीरता से लिखा। अनिलकुमार मिश्र ने अपनी पुस्तक 'पर्यावरण और स्वास्थ्य' (2004) में बातचीत की सहज शैली में ही पर्यावरण की चुनौतियों को सामने रखा है और बताया है कि हर आदमी चाहे तो पर्यावरण के सुधार के लिए अपने-अपने ढंग से काम कर सकता है। ऐसा करके वह अपना ही नहीं, बल्कि अपने अड़ोसियों-पड़ोसियों और पूरे समाज का भला करेगा। इसी तरह शक्ति त्रिवेदी की पुस्तक 'आओ वृक्ष लगाएँ' (2004) में हजारों वर्षों से चली आई मनुष्यों और वृक्षों की दोस्ती की चर्चा है। जगजीत सिंह की 'धरती कहे पुकार के' (1997) भी पर्यावरण के प्रति सचेत करनेवाली पुस्तक है, मानो धरती हमसे पुकार-पुकारकर कह रही है कि अगर हम आज भी इस दृष्टि से जागरूक नहीं हुए तो कुछ समय बाद धरती पर जीवन असंभव हो जाएगा।

इस कालखंड में छपी दामोदर शर्मा तथा हरिश्चंद्र व्यास की 'आधुनिक जीवन और पर्यावरण', शुकदेव प्रसाद की 'पर्यावरण और हम', दिलीप एम. सालवी की '1000 पर्यावरण-प्रश्नोत्तरी', शिवगोपाल मिश्र तथा सुनीलकुमार तिवारी की 'वायु-प्रदूषण' और शिवगोपाल मिश्र की 'जल-प्रदूषण' अपेक्षाकृत बड़े बच्चों या किशोर पाठकों के मतलब की पुस्तकें हैं। इनमें दामोदर शर्मा तथा हरिश्चंद्र व्यास द्वारा संपादित 'आधुनिक जीवन और पर्यावरण' (2004) तथा शुकदेव प्रसाद द्वारा संपादित 'पर्यावरण और हम' पर्यावरण से जुड़ी आज की विश्व समस्याओं की अत्यंत विस्तार से चर्चा के साथ-साथ उस प्राचीन मानव-संस्कृति की पर्यावरण को लेकर धारणाओं की भी चर्चा करती हैं, जो आज की अपेक्षा कहीं अधिक समझदारी भरी थीं और जिनके

कारण मनुष्य और उसका पर्यावरण दोनों बचे हुए थे। दिलीप एम. सालवी की पुस्तक '1000 पर्यावरण-प्रश्नोत्तरी' (2003) भी पर्यावरण से जुड़े सवालों को प्रश्नोत्तरी की शक्ल में बहुत रोचक ढंग से हमारे सामने रखती है। 'वायु-प्रदूषण' (शिवगोपाल मिश्र तथा सुनीलदत्त तिवारी) और 'जल-प्रदूषण' (शिवगोपाल मिश्र) भी काफी उपयोगी पुस्तकें हैं और पानी और हवा के उस भीषण प्रदूषण की जानकारी देती हैं, जिसके कारण अब मनुष्य का जीना दूभर हो गया है। कोई आश्चर्य नहीं कि आगे चलकर यही प्रदूषण मानव-सभ्यता के विनाश का कारण बने। दोनों ही पुस्तकें बहुत गंभीरता से इस खतरे की ओर किशोर पाठकों का ध्यान आकर्षित करती हैं।

शुभा सक्सेना भी पर्यावरण से जुड़े मुद्दों पर गंभीरता से लिखती रही हैं। उनकी 'इक्कीसवीं सदी का राक्षस प्लास्टिक' (1998) पुस्तक बच्चों को आकर्षित करेगी। इसलिए कि इस पुस्तक में पर्यावरण के महत्त्व और चुनौतियों को कहीं अधिक सृजनात्मक और प्रभावी ढंग से सामने रखा गया है। यों तो 'इक्कीसवीं सदी का राक्षस प्लास्टिक' नाट्य-शैली में लिखी गई पुस्तक है, पर यह नाटक ऐसा है, जिससे बच्चे पर्यावरण को बचाए रखने की चिंताओं से गहरा जुड़ाव महसूस करते हुए, खुद-ब-खुद इन चुनौतियों का सामना करने के लिए आगे आएँगे। प्लास्टिक आधुनिक जीवन की उपज है तथा बहुत-से कामों में बेहद उपयोगी है। इसका बहुत बड़ा गुण इसका लंबा जीवन, यानी आसानी से नष्ट न होना है, पर इसी कारण इसने मनुष्य के पर्यावरण में कुछ ऐसा असंतुलन पैदा कर दिया है कि आज सारी मानवता किसी राक्षस के खतरे की तरह इससे त्रस्त है। मनुष्य जहाँ-जहाँ जाता है, वहाँ-वहाँ प्लास्टिक भी पहुँचता है, फिर चाहे वह सागर तट हो, नदियाँ हों या ऊँचे दुर्गम्य पर्वत—और फिर देखते ही देखते वहाँ का पर्यावरण तहस-नहस होने लगता है। पहाड़ों का सौंदर्य और हरियाली नष्ट हो रही है। नदियों का जल-प्रवाह रुक रहा है तथा हजारों पालतू पशु इसे खाकर अपने प्राण गँवा चुके हैं। शुभा सक्सेना की 'पोलियो की पराजय' (1998) में नाटक की शक्ल में पोलियो रोग के बारे में बताते हुए सारी दुनिया में पोलियो के खिलाफ लड़ी जा रही उस लड़ाई का वर्णन है, जिसका उद्देश्य है कि सारी दुनिया में कोई भी बच्चा अब पोलियो से ग्रस्त न हो।

ऋचा मनु (ज. 1984) की 'समुद्री जीवों का अनोखा संसार' तथा 'प्रकृति, पर्यावरण और हम' भी खासी रोचक पुस्तकें हैं। 'समुद्री जीवों का अनोखा संसार' (2002) पढ़कर पता चलता है कि समुद्री दुनिया को हम जितना जानते हैं, वह काफी कम है और एक बहुत विशाल, बहुरंगी, जादुई संसार उसके भीतर साँस ले रहा है। उसे जानने से हम खुद को और दुनिया को कहीं अधिक बेहतर ढंग से समझ पाएँगे। ऋचा मनु की 'प्रकृति, पर्यावरण और हम' (2006) भी पर्यावरण के प्रति सजगता पैदा करने वाली उम्दा किताब है। इस पुस्तक में पृथ्वी, जल और ध्वनि आदि से जुड़े प्रदूषण से मनुष्य जीवन के लिए उत्पन्न होनेवाले खतरों और चुनौतियों को उभारने के साथ-साथ उन पर्यावणविदों के संघर्ष की भी विस्तार से चर्चा की गई है, जो इस संसार को हरा-भरा और सुंदर बनाने की मुहिम में जुटे हैं, ताकि धरती पर मनुष्य ठीक से साँस ले सके और सुख से जी सके। इनमें एक ओर अनिल अग्रवाल, सुंदरलाल बहुगुणा, सुनीता नारायण, राजेंद्र सिंह, मेधा पाटकर जैसे भारतीय पर्यावरणविद् हैं, तो दूसरी ओर सारी दुनिया में पर्यावरण की रक्षा के लिए जंग छेड़नेवाले पर्यावरणविदों वांगरी मथाई, लोइस गिब्स आदि के बारे में रोचक ढंग से बताया गया है। साथ ही अपने आस-

पास प्रकृति और पर्यावरण की रक्षा के लिए हम क्या कर सकते हैं, इस बारे में कई छोटी-छोटी बातें बताई गई हैं, जिनसे छोटे बच्चे और किशोर भी पर्यावरण की रक्षा के लिए आगे आकर काम कर सकते हैं। इस लिहाज से 'जल जो जीवन है', 'जरा जानिए भूमि को' और 'वायु जो है पृथ्वी पर जीवन का आधार' पुस्तक के खासे महत्त्वपूर्ण अध्याय हैं।

पृथ्वीनाथ पांडेय की पुस्तक 'पेड़-पौधों की विचित्र दुनिया' (1989) पुस्तक में दूध देनेवाले वृक्ष, जल बरसानेवाले वृक्ष, यहाँ तक कि हँसने और रोनेवाले वृक्षों की भी चर्चा है। कनाडा के रोशनी देनेवाले वृक्ष और उत्तरी अमरीकी के उस गुस्सैल वृक्ष के बारे में भी बताया गया है, जिसके पत्तों की खड़खड़ाहट ऐसी होती है, मानो वृक्ष काफी गुस्से में हैं। इसी तरह डॉ. ब्रिजमोहन जौहरी एवं डॉ. शीला श्रीवास्तव की 'प्रसिद्ध पौधे' में बड़े मजेदार ढंग से यह बताया गया है कि कैसे कुछ पौधों के साथ इतिहास की महत्त्वपूर्ण घटनाएँ और संदर्भ जुड़ गए हैं और इस तरह उन्हें खास महत्त्व मिल गया है। क. स. सेखाराम की 'छोटे पौधे, बड़े पौधे' (1982) और मधु पंत की 'पानी तेरी अजब कहानी' नन्हे-मुन्ने पाठकों के लिए लिखी गई बढ़िया पुस्तकें हैं। 'पानी तेरी अजब कहानी' पुस्तक कविता के रूप में लिखी गई है, लेकिन कविता की भाषा इतनी सहज लयात्मक है कि वह उनकी बात के प्रभाव को और अधिक बढ़ा देती है। संतोषकुमार सिंह की 'पर्यावरण की कहानी दादाजी की जुबानी' (2000) में दादीजी बच्चों को प्रदूषण और उससे जुड़े खतरों की बड़े आसान लफ्जों में जानकारी देते हैं।

नेत्रपाल सिंह और दयाशंकर पांडेय ने 'भारतीय पुष्प' (2010) पुस्तक में भारत के तरह-तरह के फूलों के बारे में बहुत रोचक ढंग से बताया है। पुस्तक में गेंदा, गुलाब, कनेर, गुड़हल, सूरजमुखी जैसे बहुत से जाने-पहचाने फूल हैं तो कुछ ऐसे फूल भी, जिनके बारे में बहुत कम लोगों को जानकारी है। भारत के अलग-अलग अंचलों में मिलनेवाले इन फूलों और उनकी विशेषताओं का विस्तार से वर्णन करने के साथ-साथ लेखकों ने इन फूलों से जुड़ी भारतीय सांस्कृतिक और लोक परंपराओं का भी जिक्र किया है। इससे पुस्तक कहीं अधिक रुचिकर बन गई है।

इसके अलावा बच्चों के लिए वृक्ष, फल-फूल और पर्यावरण से जुड़ी कुछ और उल्लेखनीय पुस्तकें हैं—श्यामसुंदर शर्मा की 'फूलों का परिचय', लालबहादुर सिंह चौहान की 'भारत के प्रमुख फल', श्रीचंद जैन की 'भारत के वृक्ष', डॉ. अनिलकुमार की 'हरियाली लौट आई', प्रतिभा आर्य की 'पेड़ों की कहानी : पेड़ों की जुबानी', राजेंद्र चंद्रकांत राय की 'पेड़ों ने पहने कपड़े हरे' तथा राजेंद्रकुमार राजीव की 'अद्‌भुत दुनिया पक्षियों की' (तीन भाग)। पिछले कुछ वर्षों में लिखी गईं राजीव सक्सेना की 'प्रदूषण और हमारा स्वास्थ्य', राकेश खन्ना की 'पेड़ लगाओ, प्रदूषण भगाओ' (दो भाग), विनीता सिंघल की 'प्रदूषण हटा, पर्यावरण बचाओ' और बजरंगलाल जेठू की 'पर्यावरण पचीसी' पुस्तकें भी बाल पाठकों में प्रकृति और पर्यावरण के प्रति एक नई चेतना और जागरूकता पैदा करने की कोशिश करती हैं।

बच्चों के लिए शरीर, स्वास्थ्य और चिकित्सा विज्ञान पर लिखी गई पुस्तकें अधिक नहीं हैं। इस लिहाज से डॉ. यतीश अग्रवाल ने बच्चों के लिए काफी उपयोगी पुस्तकें लिखीं। इनमें डॉ. यतीश अग्रवाल और रेखा अग्रवाल द्वारा मिलकर लिखी गई 'रक्त की कहानी' तो बहुत मशहूर हुई है। हमारे शरीर में रक्त कैसे बनता है,

रक्त के सफेद और लाल कण क्या है, रक्त प्रवाह कैसे होता है और क्यों जरूरी है तथा स्वास्थ्य का उससे क्या संबंध है, यतीश अग्रवाल ने इन मुद्दों पर बड़ी आसान और रोचक भाषा में लिखा है। इसी तरह उनकी 'फर्स्ट एड' पुस्तक में अचानक चोट लगने या दर्द उठ जाने पर किस तरह का प्राथमिक उपचार किया जाए, इसके बारे में बच्चों को आसान भाषा में बहुत कुछ बताया गया है। इसके अलावा हरीश यादव की 'ऐसा है हमारा शरीर', संतराम वत्स्य की 'हमारा स्वास्थ्य', हीरालाल बाछोतिया की 'रोग और प्राथमिक चिकित्सा', संज्ञा बाछोतिया की 'स्वच्छ रहेंगे : स्वस्थ रहेंगे' तथा रेनू चौहान की 'अच्छा भोजन', 'भोजन और हमारा शरीर', 'कम खर्च अच्छा आहार', 'बँधेज की कला' तथा 'पर्यावरण व मानव' ही कुछ ढंग की पुस्तकें कही जा सकती हैं। इसी तरह छोटे बच्चों के लिए लिखी गई पुलक विश्वास की सुचित्रित पुस्तक 'छोटी चींटी काम बड़ा' भी बहुत दिलचस्प है।

ज्ञान-विज्ञान का विविधता भरा संसार

नदियों की कहानी से फिल्मों तक

ज्ञान-विज्ञान खाली विज्ञान के भारी-भारी अकादमिक पोथों में ही सिमटा नहीं है, बल्कि देखा जाए तो इस पृथ्वी और भूमंडल की हर चीज का संबंध किसी न किसी रूप में ज्ञान-विज्ञान की दुनिया से है। हमारी इस रंग भरी दुनिया के तमाम खेल, रीति-रिवाज, परंपराएँ, त्योहार, नदियाँ, पहाड़, समंदर, नाटक, फिल्में, अखबार और टेलीविजन, पेड़-पौधे, भोजन और स्वास्थ्य, फल-फूल—हर चीज का रिश्ता उस ज्ञान-विज्ञान से है, जो हमें हर क्षण सचेत और जागरूक रखता है और जीवन में आगे बढ़ने की प्रेरणा देता है। देखा जाए तो मनुष्य का सबसे बड़ा खजाना यही है, जिसे उसने हजारों वर्षों से किसी न किसी रूप में स्मृति में रखते हुए अपनी आगे की विकास-यात्रा की है। तो भला बाल साहित्य में ज्ञान-विज्ञान की दुनिया के रहस्यों और किस्म-किस्म की जानकारियोंवाली पुस्तकें क्यों न लिखी जाएँ? शुरू में सृजनात्मक प्रतिभावाले लेखकों को इन विषयों पर लिखने पर कुछ झिझक होती थी। लिहाजा ज्ञान-विज्ञान से जुड़ी उम्दा पुस्तकें कम लिखी गईं। लेकिन धीरे-धीरे लेखकों में विज्ञान के रहस्यों को जानने की ललक बढ़ी और उसके साथ-साथ उनके दृष्टि-फलक में भी विस्तार आया। लिहाजा इधर ज्ञान-विज्ञान की दुनिया के साथ-साथ ज्ञान-विज्ञान पर लिखी गई पुस्तकों के संसार का भी खूब पसारा हुआ है। और इधर तो दिलचस्प शैली में लिखी गई एक से एक बढ़िया किताबें पढ़ने को मिल रही हैं, जो बच्चों और किशारों की मानसिक भूख को तृप्त कर सकें। इसे बाल साहित्य की प्रगति में एक अच्छा और स्वस्थ लक्षण मानना चाहिए।

पिछले कुछ दशकों में बच्चों के लिए ऐसी पुस्तकें बहुत छपी हैं, जो बाल पाठकों के लिए ज्ञान-विज्ञान की दुनिया की तमाम खिड़कियाँ एक साथ खोलकर उन्हें अधिक सजग और समझदार बनाती हैं। फिल्म, अखबार, नाटक, पुस्तकें, आहार, स्वास्थ्य से लेकर अच्छी चाय और शतरंज की जानकारी तक ऐसा कोई विषय नहीं है, जो बच्चों के लिए अबूझ या अनछुआ हो। इस लिहाज से अपने आसपास के परिवेश और रोजमर्रा के जीवन से जुड़ी चीजों से परिचित करानेवाली ज्ञान-विज्ञान की कुछ बड़ी सुंदर पुस्तकें इधर देखने को मिलीं, जो इस क्षेत्र में काम करने के लिए दिशा-निर्देशक का काम कर सकती हैं।

इनमें शंकर बाम की नदियों के बारे में लिखी गई पुस्तकों की खासकर चर्चा की जा सकती है। उन्होंने भारतीय नदियों के बारे में बहुत डूबकर लिखा है। शंकर बाम की 'कावेरी' (2002) एक सुंदर पुस्तक है, जो कावेरी नदी से जुड़ी सांस्कृतिक और भौगोलिक हर तरह की जानकारी से लबरेज है। कावेरी नदी का महत्त्व बताते हुए उससे जुड़े लोक आख्यानों की भी चर्चा की गई है। शंकर बाम की 'गोदावरी की कहानी' और 'नर्मदा की कहानी' भी नदियों के बारे में रोचक जानकारी देनेवाली सुंदर पुस्तकें हैं। कैप्टेन विमलकुमार ने 'गोताखोरी की कहानी' (1987) में बड़े दिलचस्प शब्दों में गोताखोरी के बारे में बताया है।

इसी तरह 'भारतीय त्योहार' (1983) नेशनल बुक ट्रस्ट द्वारा संकलित-प्रकाशित अपने ढंग की एक अच्छी पुस्तक है। पुस्तक में बुद्ध पूर्णिमा, बिहू, रथ-यात्रा, रक्षाबंधन, ओणम, ईद, गणेश चुतर्थी, दुर्गा-पूजा, दशहरा, दीवाली, क्रिसमस, लोहड़ी, पोंगल, होली तथा नवरोज पर बड़े ही रोचक और जानकारी भरे लेख हैं, जो अपने-अपने ढंग से भारतीय संस्कृति की महत्ता और समृद्धि को सामने लाते हैं। ये त्योहार कुल मिलाकर रंग-बिरंगी छवियोंवाले एक खूबसूरत देश के रूप में भारत की तसवीर दुनिया के सामने रखते हैं। पुस्तक इन त्योहारों की सांस्कृतिक झलक के साथ-साथ उससे जुड़ी मिथक-कथाओं और सामाजिक उल्लास को भी सुंदर ढंग से सामने रखती है। गिरिराजशरण अग्रवाल ने 'आओ अतीत में चलें' (2005) पुस्तक में हजारों बरस पुरानी मनुष्य के क्रमिक विकास की कहानी बताई है। रमेशचंद्र प्रेम ने बाल पाठकों के लिए 'देश-विदेश की विचित्र प्रथाएँ' (2005) पुस्तक लिखी, जो बड़ी रोचक और पठनीय है। संजीवप्रसाद 'परमहंस' ने 'बाल रामायण' (2016) पुस्तक में वाल्मीकि रामायण को बच्चों के लिए सरल और संक्षिप्त कलेवर में प्रस्तुत किया। इसमें प्रामाणिक रूप से पूरी राम-कथा सामने आ जाती है।

बच्चों को कला और जीवन के विविध क्षेत्रों और पहलुओं की रोचक जानकारी देनेवाली सुंदर और कल्पनापूर्ण पुस्तकें भी अब हिंदी में आ रही हैं। यह एक सुखद लक्षण है। इनमें ख्वाजा अहमद अब्बास की 'फिल्म कैसे बनती है' शायद बच्चों के लिए सबसे ज्यादा रोमांचक और महत्त्वपूर्ण पुस्तक है। ख्वाजा अहमद अब्बास उर्दू के अत्यंत प्रसिद्ध लेखक होने के साथ-साथ फिल्म माध्यम से भी गहरे जुड़े हुए थे। लिहाजा इस पुस्तक में फिल्में बनाने के तौर-तरीके को उन्होंने इतने आसान और मजेदार ढंग से बताया है कि बच्चों को यह एक नई रोमांचक दुनिया की सैर करने जैसा लगेगा। पुस्तक कई अध्यायों में बँटी है, जिनके नाम भी बड़े सुंदर और कौतुकपूर्ण हैं, जैसे 'परदे का जादू', 'चलचित्र जो चलते नहीं', 'एक समय की बात है', 'अलादीन और उसका जादुई चिराग', 'सागर-तट पर पिकनिक', 'छद्म गायक' वगैरह-वगैरह। फिल्म, जो हमें किसी जादुई दुनिया जैसी लगती है, वह असल में तो किसी लंबे नाटक के फिल्मांकन जैसी है। पर नाटक और फिल्म में अंतर क्या है, फिल्म में सेट और दृश्यावलियाँ कैसे उपस्थित की जाती हैं, अभिनय, निर्देशन, गायन, लाइटिंग आदि की बेहतर व्यवस्था कैसे होती है, फिल्म का संपादन कैसे किया जाता है? और अंत में फिल्म किस तरह अलादीन के चिराग की तरह दर्शकों तक पहुँचती है, इसका बड़ा ही मजेदार और खिलंदड़ेपन से भरा वर्णन ख्वाजा अहमद अब्बास ने किया है। पुस्तक को पढ़ते हुए लगता ही नहीं कि हम कोई पुस्तक पढ़ रहे हैं, बल्कि लगता है, हमारा कोई प्यारा दोस्त हमें किसी फिल्म स्टूडियो में ले जाकर वहाँ की एक-एक चीज के बारे में बड़े प्यार से बता रहा

है। यह सचमुच अपने ढंग की एक अनोखी, बल्कि जादुई किताब है, जिसे हर बच्चे को पढ़ना चाहिए। इसी तरह फैसल अल्काजी की 'रंग-बिरंगा रंगमंच' (2000) नाटकों और रंगमंच के पूरे तौर-तरीकों की जानकारी देनेवाली बहुत अच्छी और उपयोगी पुस्तक है। नाटक कैसे किया जाता है, उसके लिए क्या-क्या तैयारियाँ करनी पड़ती हैं, बढ़िया नाटक करने और दर्शकों पर अपना गहरा प्रभाव छोड़ने के क्या तरीके हैं, सबके बारे में उन्होंने बहुत दिलचस्प ढंग से बताया है।

आशारानी व्होरा (1921-2009) ने बच्चों के लिए कहानियाँ और कविताएँ लिखने के साथ-साथ ज्ञान-विज्ञान की रोचक जानकारी देनेवाली पुस्तकें भी लिखी हैं। उनकी 'मीठी-मीठी कहानियाँ' (2001) असल में कुछ मजेदार आविष्कारों की कहानियाँ हैं। इस पुस्तक में डबल रोटी की कहानी, बिस्कुट की कहानी, टाफी और चॉकलेट की कहानी, आइसक्रीम की कहानी, रसगुल्ले की कहानी, आम की कहानी और किताब की कहानी, कुल मिलाकर ये सात अध्याय हैं। इन कहानियों को इतने मजेदार अंदाज में बताया गया है कि बच्चे बार-बार इस किताब को पढ़ना पसंद करेंगे। इसी तरह आनंदकुमार की छोटी-सी पुस्तक 'इतना तो जानिए' (संस्क. 2006) भी अपने ढंग की अनूठी पुस्तक है, जिसके पीछे उनका गहरा शोध पता चलता है। 'सिक्के की कहानी', 'कपड़े की कहानी', 'नमक की कहानी', 'रोटी की कहानी', 'डाक और टिकट की कहानी' जैसे रोचक विषयों को एकदम कथा-कहानीवाले अंदाज में समेटती यह एक ऐसी दिलचस्प किताब है, जिससे बच्चे की ज्ञान-विज्ञान की दुनिया का दूर-दूर तक पसारा होता है और उसे मानव इतिहास के बारे में बहुत कुछ नया और रोमांचक जानने को मिलता है। कम से कम शब्दों में विभिन्न विषयों की इतनी अच्छी जानकारी देनेवाली पुस्तकें हमारे यहाँ कम हैं। आनंदकुमार की ज्ञान-विज्ञान पहेलियों की पुस्तक 'बूझो तो जानें' भी बड़ी रोचक है।

चंद्रकिरण राठी की 'शतरंज की कहानी' (1996) भी दिलचस्प पुस्तक है। शतरंज का खेल कब शुरू हुआ और उसका इतिहास कितना रोमांचक है, यह इस छोटी-सी पुस्तक को पढ़कर पता चलता है। शतरंज के मोहरे शुरू में कैसे थे और उनका रूप समय के साथ कैसे बदला, इसका वर्णन दिलचस्प है। शतरंज की दुनिया में अब कंप्यूटर की भी बात होने लगी हैं, पर क्या कंप्यूटर शतरंज में आदमी को हरा देगा? ऐसे मजेदार सवालों पर भी चंद्रकिरण राठी ने इस छोटी सी किताब में ढंग से चर्चा की है। भारत के अभयारण्यों की प्रामाणिक जानकारी देनेवाली शैलेंद्रमोहन कुमार की पुस्तक 'अभयारण्य' (1988) भी खासी उपयोगी है। पुस्तक में जिम कार्बेट, कान्हा, नामदफा, बाँदीपुर, पेरियार, काजीरंगा, दाचीगाँव, गीर, केवलादेव घाना तथा फूलों की घाटी आदि का वर्णन रोचक है। भारत में कहाँ-कहाँ राष्ट्रीय पार्क और अभयारण्य हैं तथा उनमें कौन-कौन से वन्य जीव खास तौर से देखने को मिलते हैं, इस बारे में भी शैलेंद्रमोहन कुमार ने काफी प्रामाणिक जानकारी दी है।

बच्चों को संगीत की रोचक जानकारी देनेवाली पुस्तकें अधिक नहीं हैं। इस लिहाज से रेखा जैन की 'संगीत की कहानी', विनयचंद्र मौद्गल्य की 'संगीत बच्चों के लिए' तथा मंजरी जोशी की 'भारतीय संगीत की परंपरा' खासी महत्त्वपूर्ण और दिलचस्प किताबें हैं। रेखा जैन (ज. 1924) ने 'संगीत की कहानी' (2006) में संगीत के स्वर और श्रुतियों के बारे में दिलचस्प बतकही के अंदाज में ढेर सारी जानकारियाँ

दी हैं। प्राचीन धर्म-ग्रंथों और पुराण कथाओं में संगीत का जिस तरह का वर्णन है, उसकी एक झलक देते हुए उन्होंने बाल पाठकों को मंजीरा, करताल, झाँझ, जल-तरंग, काष्ठ तरंग, घंटा आदि वाद्यों के बारे में भी उपयोगी जानकारी दी है। साथ ही तानसेन और बैजू बावरा जैसे दिग्गज संगीतकारों से जुड़ी रोचक कथाएँ प्रस्तुत करके उन्होंने संगीत की कहानी को सचमुच बच्चों के लिए एक कहानी ही बना दिया है।

विनयचंद्र मौद्गल्य 'संगीत बच्चों के लिए' (1986) पुस्तक में संगीत के इतिहास की कथा सीधे-सादे शब्दों में बाल पाठकों को बताते हैं, तो साथ ही रुद्र वीणा, विचित्र वीणा, सितार, सरोद, सारंगी, संतूर, तंबूरा, पखावज, तबला, मंजीरा, जलतरंग आदि संगीत के वाद्यों से भी बाल पाठकों का परिचय कराते हैं। इसी तरह मंजरी जोशी की 'भारतीय संगीत की परंपरा' (2002) संगीत के शास्त्रीय पक्षों की रोचक ढंग से जानकारी देनेवाली उपयोगी पुस्तक है। पुस्तक में संगीत कैसे पैदा हुआ, इसे बड़े दिलचस्प ढंग से समझाया गया है। इसी तरह शास्त्रीय, उपशास्त्रीय और लोक संगीत की धाराएँ अलग-अलग हैं, पर उनमें जीवन बहता है और कहीं न कहीं वे एक-दूसरे को प्रभावित भी करती हैं। हिंदुस्तानी संगीत और कर्नाटक संगीत का परिचय भी मंजरी जोशी ने बड़े सुंदर ढंग से कराया है।

अखिलेश श्रीवास्तव 'चमन' (ज. 1958) की 'ज्ञान की बातें' (2005) पुस्तक में हमारी राष्ट्रभाषा, राष्ट्रध्वज और हिमालय आदि की जानकारी है, तो 'विज्ञान की बातें' में पृथ्वी, पानी, पर्यावरण, प्रदूषण, विटामिन और सौरमंडल के बारे में सीधे सरल ढंग से बताया गया है। उनकी एक और पुस्तक है, 'नीला आसमान' (2001)। इसमें अंतरिक्ष, सूर्य, चंद्रमा, विभिन्न ग्रहों और धूमकेतुओं के बारे में परिचयात्मक जानकारी दी गई है। राकेशकुमार सिंह की पुस्तक 'कहानियाँ ज्ञान की, विज्ञान की' (2005) में हिमालय की कहानी के साथ-साथ टाइटैनिक की कहानी, धूमकेतु की कहानी और डोडो की कहानी भी बताई गई है।

जगजीत सिंह की पुस्तक 'हमारी संसद' संसद भवन के निर्माण और इतिहास के साथ-साथ राष्ट्रपति, प्रधानमंत्री आदि के चुने जाने की तथ्यात्मक जानकारी देती है। उनकी 'संयुक्त राष्ट्र संघ' भी उपयोगी पुस्तक है, जिसमें संयुक्त राष्ट्र संघ के जन्म की कहानी बताते हुए, उसकी विकास-यात्रा तथा संसार में शांति और अमन कायम करने में उसकी भूमिका का वर्णन किया गया है। मुकुंदलाल गुप्ता की 'भारत रत्न से सम्मानित विभूतियाँ' में चक्रवर्ती राजगोपालाचार्य से लेकर जे.आर.डी. टाटा तक भारत रत्न से सम्मानित तीस महानायकों के बारे में संक्षिप्त परिचयात्मक जानकारी है। इसी तरह विभा देवसरे की 'आजादी की कहानी' (2002) अच्छे ढंग से लिखी गई बहुत पठनीय पुस्तक हैं, जिसमें स्वाधीनता संग्राम की पूरी कहानी बाल पाठकों को बड़े प्रभावशाली ढंग से बताई गई है।

सौरभ गर्ग की 'बुद्धि-विकास' और अंकित अग्रवाल की 'बुद्धि-कौशल' पुस्तकें प्रश्नोत्तर शैली में लिखी गई हैं और सवाल-जवाब के इस रोचक सिलसिले के रूप में ही देश और संसार के भूगोल, संस्कृति, पर्यावरण, धर्म और युद्धों आदि के बारे में कई उपयोगी जानकारियाँ देती चलती हैं। अशोक आत्रेय की पुस्तक 'गणित गंगा' (2005) गणित जैसे उबाऊ समझ लिये गए विषय को बच्चों के लिए रोचक बनाने का प्रयत्न करती है। सीमा जैन की पुस्तक 'क्या करें आग लगने पर' में नाटक की शक्ल में बताया गया है कि आग लगने पर क्या सावधानियाँ बरतनी चाहिए, ताकि स्थिति पर काबू पाया जा सके।

सीमा निरुपम की 'स्वस्थ जीवन' (2004) में संतुलित आहार और व्यायामों की चर्चा है, जिससे हम स्वस्थ रहें। बलदेवराज दावर ने बड़ी रोचक शैली में 'कहानी माप-तोल की' (1993) पुस्तक लिखी। इसमें खेल-खेल में काफी उपयोगी जानकारियाँ दी गई हैं।

वर्षा सहस्रबुद्धे की 'गुब्बारे' (1999) शिशुओं के लिए लिखी गई पुस्तक है, जिसमें एक नन्हे-मुन्ने शिशु को यह बताया गया है कि गुब्बारा क्या है, कैसे उसमें हवा भरने पर वह फूलता है और गुब्बारे का फटना या हवा निकलने पर फिर उसका पिचकना कितना अजीब लगता है। छोटे-छोटे शब्दों में कुछ इस ढंग से गुब्बारे के बारे में बताया गया है कि छोटे बच्चे खेल-खेल में बहुत कुछ सीख लेते हैं। इसी तरह 'टपक पाँ भर्र', 'पत्ते ही पत्ते' तथा 'पास या ना पास' भी वर्षा सहस्रबुद्धे की नन्हे बच्चों को आसपास की दुनिया की नन्ही-नन्ही बातें सिखानेवाली बड़ी खिलंदड़ी पुस्तकें हैं। एकलव्य प्रकाशन ने इन्हें छापकर एक बड़ी कमी को पूरा किया है।

❖

बच्चों को सोचने-विचारने और खुद निष्कर्ष निकालने में मदद देनेवाली पुस्तकें भी हिंदी में लिखी गईं। इनमें डॉ. हरिकृष्ण देवसरे की 'देखा-परखा सच' बच्चों को संजीदगी से अपने आसपास के परिवेश को समझने में मदद देनेवाली बढ़िया पुस्तक है। यह पुस्तक विज्ञान के गूढ़ रहस्यों और सिद्धांतों को बच्चों के आगे बातचीत की शैली में प्रस्तुत करती है। बच्चों के मन में आसपास की चीजों और विज्ञान के सिद्धांतों को लेकर जो सवाल, जिज्ञासाएँ और शंकाएँ पैदा होती हैं, 'देखा-परखा सच' खेल-खेल में बड़े दोस्ताना अंदाज में उनका समाधान भी करती चलती है।

इसी तरह सुबीर शुक्ला की एक निराले ही अंदाज में लिखी गई दोस्ताना किताब 'क्योंजीमल और कैसे कैसलिया' में 'क्योंजीमल' और 'कैसे-कैसलिया' जैसे पात्रों से मिलना बाल पाठकों को बड़ा ही मजेदार लगेगा, क्योंकि जो श्रीमान क्योंजीमल हैं, वे तो बात-बात में बस यही पूछते हैं कि क्यों, क्यों, क्यों, यानी कि ऐसा क्यों हुआ? और जो उनके दोस्त 'कैसे-कैसलिया' हैं, वे भी कुछ कम नहीं हैं और मौका देखते ही पूछ लेते हैं, कैसे, कैसे, कैसे, यानी कि ऐसे कैसे हुआ? बच्चे इन अजीबोगरीब लेकिन, प्यारे साथियों से मिलकर अच्छे सवाल पूछना और बातों की तह तक जाना सीखेंगे, यह उम्मीद की जा सकती है।

हिंदी के बड़े और जाने-माने कथाकार भीष्म साहनी (1915-2003) ने 'जलियाँवाला बाग' (1994) पुस्तक लिखी। बाल पाठकों के लिए लिखी गई यह एक अनोखी और प्रभावशाली पुस्तक है, जिसमें अंग्रेजों द्वारा किए गए बर्बर जलियाँवाला हत्याकांड की इतनी करुण और प्रभावशाली तसवीरें आँखों के आगे आ जाती हैं, मानो हम उसी दौर में जाकर इतिहास के इस करुण कांड को अपनी आँखों से देख पा रहे हैं। 13 अप्रैल, 1919 को यह ऐतिहासिक बर्बर गोली कांड हुआ था, जिसने अंग्रेजी शासन की क्रूरता की पूरी असलियत सारी दुनिया के आगे रख दी और उससे भारतीय नौजवान इतने भड़क गए थे कि पूरे देश में क्रांति की ज्वालाएँ दहकने लगीं। किताब बेहद प्रभावशाली भाषा में लिखी गई है और इससे सीखा जा सकता है कि बच्चों के लिए लिखी गई पुस्तकों की भाषा कैसी होनी चाहिए।

सुप्रसिद्ध कथाकार हिमांशु जोशी (ज. 1935) की 'यातना शिविर में' (2001) पुस्तक में काला

पानी कही जानेवाली अंडमान की सेल्यूलर जेल का बड़ा ही मार्मिक वर्णन है। भारत के अनेक स्वाधीनता सेनानियों और क्रांतिकारियों को 'काला पानी' के नाम पर जिस तरह की अमानुषिक यातनाएँ दी जाती थीं, उसका वर्णन पढ़ते हुए आज भी मन हाहाकार करता है। हिमांशु जोशी ने बहुत प्रभावशाली अंदाज में असंख्य स्वाधीनता सेनानियों की राष्ट्रभक्ति और बलिदान की याद दिलानेवाली सेल्यूलर जेल का ऐसा वर्णन किया है, जिसे पढ़ते हुए बाल पाठकों की आँखों में भारतीय स्वाधीनता संग्राम की अमिट झाँकी उभर आती है। बेशक सभी बाल और किशोर पाठक इसे पढ़ना चाहेंगे। डॉ. राजनारायण राय की 'प्रसिद्ध द्वंद्व-युद्धों की कहानियाँ' (2005) भी एक अनोखी पुस्तक है, जो देश-विदेश के बहुत चर्चित द्वंद्व-युद्धों से हमें परिचित कराती है। एक ओर इस किताब में सुग्रीव और रावण, भीम और दुर्योधन, जरासंध और भीमसेन आदि के द्वंद्व-युद्ध का वर्णन है, तो दूसरी और सोहराब और रुस्तम तथा पुश्किन-हेक्केरेन के द्वंद्व-युद्ध का भी बड़ा सजीव चित्रण है।

भारत के अलग-अलग राज्यों की अलग-अलग जीवन-शैली और सांस्कृतिक परिवेश से परिचित करानेवाली रोचक और उम्दा किताबें भी लिखी गई हैं। इनमें प्रभा चोपड़ा की 'भारतीय संस्कृति की झाँकी' (1994) तो अद्‌भुत है। इस पुस्तक में प्रभा चोपड़ा ने भारत के भिन्न-भिन्न प्रदेशों की ऐतिहासिक, भौगोलिक जानकारी के साथ-साथ उनसे जुड़े सांस्कृतिक पर्वों, मेलों, लोक संस्कृति आदि से भी बच्चों को परिचित कराया है। राजेंद्र भट्ट की 'झाँकी हिंदुस्तान की' (2003) भी खूबसूरत ढंग से छपी अपने ढंग की निराली और दिलचस्प पुस्तक है, जिसमें भारत के हर राज्य की बड़ी मनोहर और रंग-बिरंगी सांस्कृतिक झाँकी है। साथ ही वहाँ की ऐतिहासिक पृष्ठभूमि, प्रकृति-सौंदर्य तथा लोगों के रहन-सहन, पर्व-त्योहारों आदि का वर्णन बड़ी रोचक शैली में किया गया है। सच तो यह कि प्रभा चोपड़ा की 'भारतीय संस्कृति की झाँकी' और राजेंद्र भट्ट की 'झाँकी हिंदुस्तान की' ऐसी संदर्भ पुस्तकें हैं, जो हर घर में होनी चाहिए। इसी तरह डॉ. सुनीता की 'भारत दर्शन : रंग-बिरंगा अपना देश' भी भारत के अलग-अलग राज्यों की सांस्कृतिक झाँकियों और लोक परंपराओं को दर्शाती बड़ी सुंदर पुस्तक है।

प्रेमस्वरूप शर्मा ने 'वतन है हिंदोस्ताँ हमारा' (1981) पुस्तक में भारत देश की महान सांस्कृतिक परंपराओं की चर्चा की है। साथ ही उन्होंने यहाँ के मेले, त्योहारों, प्राचीन धार्मिक ग्रंथों, नदियों आदि के बारे में भी बड़े भावनात्मक ढंग से बताया है। रमेश बक्षी की 'मध्यप्रदेश से जान-पहचान' हमें सचमुच मध्यप्रदेश की सैर करा देती है, तो भगवतीप्रसाद द्विवेदी की 'बिहार से जान-पहचान' बिहार की सांस्कृतिक-ऐतिहासिक परंपराओं से हमें परिचित कराती है। इसी तरह यादवेंद्र शर्मा 'चंद्र' ने 'राजस्थान से जान-पहचान' (2002) पुस्तक लिखी है, जो राजस्थान के इतिहास, भूगोल और सांस्कृतिक परंपराओं से परिचित कराती है। शरदिंदु सेन राय की 'रंग-बिरंगा राजस्थान' (1986) और सचिन सिंघल की 'जानिए छत्तीसगढ़ को' (2002) बहुत सुंदर चित्रात्मक पुस्तकें हैं। लीना और संजयकुमार की 'नगालैंड के रंग-बिरंगे उत्सव' (2005) भी बड़ी रोचक पुस्तक है। प्रकाश मनु और डॉ. सुनीता की 'छत्तीसगढ़ : लोक संस्कृति, कला और साहित्य' भी लीक से हटकर लिखी गई सुंदर पुस्तक है।

महेश सक्सेना की 'राज्य हमारे राष्ट्र के' (दो भाग) में कश्मीर से लेकर मणिपुर, नागालैंड और

त्रिपुरा तक भारत के छोटे-बड़े राज्यों के भूगोल, इतिहास और सांस्कृतिक जीवन को समेटती हुई कविताएँ हैं। ये इतिवृत्तात्मक कविताएँ चाहे काव्य-गुणों से संपन्न न हों, पर भारत के अलग-अलग राज्यों की मोहक झाँकी अवश्य प्रस्तुत करती हैं, जिससे संपूर्ण भारत की यात्रा जैसा अनुभव होता है। डॉ. सुधा शर्मा की 'धरोहर' भारतीय काल-गणना, पर्व-त्योहारों और भाषा तथा लिपि आदि को लेकर लिखी गई बड़ी सुंदर शोधपूर्ण पुस्तक है, पर किशोर पाठक ही इसका आनंद ले पाएँगे। 'दिवस-वंदना' में वर्ष के अलग-अलग दिनों का महत्त्व क्या है, उनका सांस्कृतिक और ऐतिहासिक महत्त्व क्या है तथा किस दिन, किस महानायक तथा महापुरुष का जन्म हुआ, इस सबके उल्लेख के साथ-साथ ऐसे हर प्रसंग को लेकर एक संक्षिप्त परिचयात्मक टिप्पणी भी है। इस लिहाज से इस पुस्तक का महत्त्व असंदिग्ध है और बाल पाठक इसे पढ़कर भारत की सांस्कृतिक, ऐतिहासिक विरासत से परिचित होंगे। अशोककुमार मल्होत्रा और श्यामसुंदर शर्मा ने 'देश-विदेश के चिड़ियाघर' (1991) पुस्तक लिखी। यह बच्चों के लिए बहुत रोचक जानकारियों से भरी पुस्तक है।

प्रभा शुक्ला की 'साक्षरता के पड़ाव' (2004) भी एक उपयोगी और प्रेरक पुस्तक है, जिसमें लेखिका ने साक्षरता अभियान से जुड़े सच्चे और मार्मिक प्रसंगों को लिखा है। सचमुच किसी को शिक्षित करने का मतलब ज्ञान का दीपक जलाना ही है, जिससे चारों ओर प्रकाश फैल जाता है। राकेश पोपली 'खोया हुआ जन्मदिन' पुस्तक में बच्चों को बातों-बातों में कैलेंडर की पूरी कहानी समझा देते हैं। श्यामबहादुर वर्मा की 'भारत के मेले' (2002) बड़ी रोचक पुस्तक है। भारत के मेलों-ठेलों में प्राचीन संस्कृति की सुवास है, जिससे वे बच्चों को भी परिचित कराते हैं। 'भारत का संविधान' (2001) भी श्यामबहादुर वर्मा की लिखी अच्छी पुस्तक है। 'एवरेस्ट की कहानी' (2007) में आल अहमद सुरदर ने एवरेस्ट पर चढ़ाई करनेवालों की रोमांचक गाथाओं को बड़े करीने से पिरो दिया है। राजकिशोर सिंह ने 'भारत के प्राचीन स्मारक' (1991) पुस्तक में सारनाथ, राजगिरि, पाटलिपुत्र, अजंता, एलोरा, कोणार्क, साँची, बोधगया आदि स्थलों पर बने भारत के विश्वप्रसिद्ध स्मारकों के बारे में बहुत रोचक शैली में बताया है। संकटाप्रसाद उपाध्याय ने बच्चों के लिए महाभारत की कथा को 'संक्षिप्त महाभारत' (1988) पुस्तक में सहेजा। इस पुस्तक को राष्ट्रीय शैक्षिक अनुसंधान और प्रशिक्षण परिषद् ने छापा है।

मनोहर वर्मा की 'भारतीय जयंतियाँ एवं दिवस' (2010) अपने ढंग की बड़ी उपयोगी पुस्तक है, जिसमें वर्माजी ने खूब अध्ययन करने के बाद प्रामाणिक जानकारी दी है। पुस्तक बच्चों में देशानुराग जगाने के साथ-साथ अपने महापुरुषों के त्याग और बलिदान को जानने के लिए भी प्रेरित करती है। पृथ्वीनाथ पांडेय ने 'लाहौर से कारगिल तक' (2001) पुस्तक में कारगिल युद्ध में भारत के विजय अभियान का रोमांचक ढंग से वर्णन किया है। 'ज्ञान-विज्ञान का अनोखा संसार', 'आप भी जानिए' तथा 'रोग और उनकी रोकथाम' भी उनकी उपयोगी व रुचिकर पुस्तकें हैं। बानो सरताज ने 'दुनिया कार्टून और कॉमिक कैरेक्टर्स की' (2013) पुस्तक लिखी है, जिसमें फैंटम, सुपरमैन, गुफी, चाचा चौधरी, शक्तिमान, मिकी माउस सरीखे देश-विदेश के जाने-माने कॉमिक कैरेक्टर्स के बारे में बहुत रुचिकर जानकारी दी गई है। बच्चे जिन कॉमिक कैरेक्टर्स को छोटे परदे पर देखते हैं, उनके बारे में नई-नई बातें जानना उन्हें अच्छा

लगेगा। पंकज चतुर्वेदी ने छोटे बच्चों के लिए 'मेट्रो का मजा' (2013) और 'मेरा पहला हवाई सफर' (2013) जैसी रोचक पुस्तकें लिखीं।

बाल पाठकों को जीवन के अलग-अलग क्षेत्रों की सामान्य जानकारी देनेवाली कुछ और पुस्तकें हैं—गोविंद शर्मा की 'विश्व के सात आश्चर्य', ओमप्रकाश कश्यप की 'सबके लिए स्वास्थ्य', केदारनाथ शर्मा की 'आदर्श नागरिक बनें', एम. लाल की 'खेल खो-खो', डॉ. रोहित अग्रवाल की 'आहार और स्वास्थ्य', हरिसिंह फलक की 'दुर्घटनाओं से बचें', नचिकेता की 'अपने हुनर दिखाएँ', म.ना. भारती की 'कहावतों में खेतीबाड़ी', पृथ्वीनाथ पांडेय की 'कैसे करें बागवानी' तथा श्रुति की 'पंक्ति में खड़े हों'। हालाँकि ये पुस्तकें बच्चों को जीवन के जिन क्षेत्रों के बारे में बताती हैं, उनकी केवल सामान्य और प्रारंभिक जानकारी ही दे पाती हैं। थोड़ी अधिक कल्पनाशीलता के साथ रोचक अंदाज में लिखी जातीं तो ये बच्चों को कहीं ज्यादा अपनी किताबें लगतीं। मोहित की पुस्तक 'हमारे लोकगीत' में कुछ ऐसे सुंदर लोकगीत इकट्ठे किए गए हैं, जिन्हें आज भी भारत के हिंदी-भाषी क्षेत्रों में बड़े प्रेम से गाया जाता है। इनमें बच्चों के वे सुंदर, अलबेले और अटपटे खेल-गीत भी शामिल कर लिये जाते, जिन्हें जाने-अनजाने मस्ती से गाते-गुनगुनाते और साथ-साथ खेलते हुए वे बड़े होते हैं, तो किताब बाल पाठकों को कहीं ज्यादा अपनी-सी लगती।

आओ बच्चो खेलें खेल

इसी तरह बच्चे खेल-कूद के शौकीन होते हैं, पर बच्चों के खेल-कूद पर लिखी गई पुस्तकें भी हिंदी में ज्यादा नहीं हैं। इस लिहाज से सुधीर सेन की हॉकी, क्रिकेट, फुटबॉल, वालीबाल, कबड्डी, खो-खो आदि पर लिखी गई दस किताबों की एक शृंखला खासी महत्त्वपूर्ण है, जिसमें आसान भाषा में रोचक ढंग से बच्चों को इन खेलों के बारे में पर्याप्त जानकारी दी गई हैं। सुधीर सेन की लिखी ये पुस्तकें हैं, 'आओ बच्चो खेलें—हॉकी', 'आओ बच्चो खेलें—क्रिकेट', 'आओ बच्चो खेलें—फुटबॉल', 'आओ बच्चो खेलें—वालीबाल', 'आओ बच्चो खेलें—बास्केटबाल', 'आओ बच्चो खेलें-दौड़ें', 'आओ बच्चो खेलें-कूदें', 'आओ बच्चो खेलें—कुश्ती', 'आओ बच्चो खेलें—कबड्डी-खो-खो', 'आओ बच्चो खेलें—बैडमिंटन'।

हालाँकि बच्चों के लिए खेल पर बढ़िया किताबें कैसी लिखी जाएँ, इसके उदाहरण के रूप में जिस पुस्तक को सबसे अधिक आत्मविश्वास के साथ सामने रखा जा सकता है, वह है विजय मर्चेंट की 'क्रिकेट' (1976)। विजय मर्चेंट स्वयं भी भारतीय क्रिकेट के एक बड़े सितारे और मशहूर बल्लेबाज रहे हैं। क्रिकेट की इस मशहूर हस्ती ने बच्चों को क्रिकेट-खेल के तौर-तरीके, क्रिकेट खिलाड़ियों के व्यक्तित्व की अंतरंग बातों और क्रिकेट के इतिहास की बड़ी ही रोचक जानकारी देनेवाली यह किताब लिखी, यह खुद में एक बड़ी उपलब्धि है। इस पुस्तक में क्रिकेट के खेल के सामान्य परिचय, उसकी शुरुआत, खेल के सामान और खिलाड़ियों की ड्रेस, टॉस, गेंदबाजी, बल्लेबाजी, क्षेत्र-रक्षण तथा क्रिकेट के नियमों की जानकारी देने की भरसक कोशिश की गई है। साथ ही पुस्तक में जगह-जगह ऐसे चित्र भी हैं, जिनमें क्रिकेट खिलाड़ियों की विभिन्न मुद्राओं को दर्शाया गया है। इससे बच्चे बेशक क्रिकेट और उसकी पेचीदगियों को कहीं अधिक अच्छे ढंग से समझ पाएँगे। मूलतः अंग्रेजी में लिखी गई इस पुस्तक का हिंदी अनुवाद योगराज थानी ने

किया है, जो स्वयं भी एक खेल पत्रिका के संपादक होने के साथ-साथ खेलों के विशेषज्ञ लेखक के रूप में जाने जाते हैं। लिहाजा किताब जिंदादिली से भरपूर है और खेल में दिलचस्पी रखने वाले हर बाल और किशोर पाठक को इसे पढ़ना चाहिए।

श्रीकृष्ण की 'आओ, खेलें खेल' (2004) बच्चों के खेल-कूद से जुड़ी उल्लेखनीय पुस्तक है। इसकी खासियत यह है कि इसमें किस्म-किस्म के नए खेल ईजाद किए गए हैं, जिन्हें खेलने में बच्चों को मजा आएगा तो साथ ही उनकी कल्पनाशीलता का विकास होगा। सामूहिकता का भाव या सामाजिक भावना भी उदित होगी। 'आओ, खेलें खेल' में शामिल ऐसे मजेदार किस्म के खेल हैं—शब्दवेध, परछाइयों का खेल, कुर्सी का खेल, झूले का खेल, भस्मासुर, पान-सुपारी, गुब्बारों का खेल, पानी की रस्साकशी, खुडका-खुडकी तथा 'गुप्त संदेश'। सचमुच ये ऐसे खेल हैं, जिन्हें आज के बच्चे भी बड़ा रस लेकर खेल सकते हैं और इनमें अपनी तरफ से भी बहुत-सी नई बातें जोड़कर इन खेलों को नया रूप प्रदान कर सकते हैं। निश्चित रूप से ये ऐसे खेल हैं, जो बच्चों को शरीर और दिमागी रूप से चुस्त बनाने के साथ-साथ उनकी कल्पनाशीलता का विकास करेंगे।

आजाद रामपुरी (ज. 1954) की पुस्तक 'सुनो कहानी खेलों की' (2004) भी आज के प्रसिद्ध खेलों के बारे में लिखी गई एक परिचयात्मक पुस्तक है, जिसमें फुटबॉल, हॉकी, बास्केट बॉल, क्रिकेट, टेबल टेनिस, लान टेनिस आदि के बारे में रोचक ढंग से जानकारी दी गई है। हॉकी के खेल का नाम हॉकी कैसे पड़ा, क्रिकेट को क्रिकेट क्यों कहा गया? ये खेल कब और कैसे इतने लोकप्रिय हुए? इन सबके बारे में भी आजाद रामपुरी ने बताया है। लेकिन अगर थोड़े विस्तार से इनकी चर्चा होती तो किताब का महत्त्व और अधिक बढ़ जाता। ललित किशोर की 'टेबिल टेनिस' (1987) खेल के बारे में तकनीकी जानकारी तो खासी देती हैं, पर उसमें विश्व और राष्ट्रीय स्तर की टेबिल टेनिस प्रतिस्पर्धाओं के बारे में रोचक जानकारी और मजेदार प्रसंग भी होते तो बच्चों को यह कहीं अधिक आकर्षित करती।

हिंदी में बच्चों और किशोर पाठकों के लिए खेलों और खिलाड़ियों के बारे में विस्तार से जानकारी देनेवाली पुस्तकें अधिक नहीं हैं। इस लिहाज से योगराज थानी की 'संसार के महान खिलाड़ी' सराहनीय पुस्तक है, जो संसार के महानतम खिलाड़ियों के जीवन की संक्षिप्त और प्रभावी छवियाँ बच्चों के आगे प्रस्तुत करती है। योगराज थानी खेल की दुनिया से जुड़े आधिकारिक व्यक्ति माने जाते थे, लिहाजा उनकी लिखी इस किताब का अलग ही महत्त्व है। सन् 2004 में प्रभात प्रकाशन द्वारा प्रकाशित प्रसिद्ध क्रिकेट खिलाड़ियों की शृंखला भी महत्त्वपूर्ण है। इस शृंखला में चार सुंदर पुस्तकें प्रकाशित हुईं हैं—गुलु इजीक्यल की 'मास्टर बलास्टर तेंदुलकर' और 'बंगाल टाइगर गाँगुली', वेदम जयशंकर की 'भारत का भरोसा द्रविड़' तथा विजय लोकापल्ली की 'मुलतान का सुलतान सहवाग'। इन पुस्तकों की खासियत यह है कि ये इन प्रसिद्ध खिलाड़ियों की सफलता और उपलब्धि की कहानियाँ तो बताती ही हैं, साथ ही यह भी बताती हैं कि आखिर इन खिलाड़ियों में क्रिकेट खेलने और एक बड़ा क्रिकेट खिलाड़ी बनने की तड़प बचपन में कैसे पैदा हुई। किस-किस तरह की तकलीफें उठाकर भी वे अपने लक्ष्य की ओर बढ़ते रहे। विपरीत स्थितियों में भी घबराए नहीं और आखिर इन्होंने वह बनकर दिखाया, जिसका सपना उनके मन में बचपन

से ही जगमगा रहा था। इन चारों पुस्तकों में प्रसिद्ध खिलाड़ियों के बचपन के वृत्तांत बहुत रोचक ढंग से प्रस्तुत किए गए हैं, जिन्हें बाल और किशोर पाठक खासी रुचि के साथ पढ़ेंगे।

हिंदी में छोटे बच्चों के लिए खेलों पर अच्छी पुस्तकें ज्यादा नहीं लिखी गईं, पर फिर भी यह नहीं कहना चाहिए कि बाल साहित्य में इधर काम बिल्कुल नहीं हुआ। और तो और, मुल्कराज आनंद सरीखे मूर्धन्य लेखकों का ध्यान इधर गया। उनकी 'गली-मोहल्ले के कुछ खेल' नन्हे-मुन्ने पाठकों के लिए लिखी गई बड़ी ही मजेदार किताब है। इसमें मुल्कराज आनंद ने अपने बचपन के खेलों को याद करते हुए उनके बारे में इतने दिलचस्प अंदाज में लिखा है कि उसका एक-एक शब्द पढ़ने लायक है। उलटबाजी या कलाबाजी, कंचे, इकड़ी-दुकड़ी, आँख-मिचौनी, तीर-कमान, लट्टू, गुल्ली-डंडा, कुश्ती, कबड्डी, पतंगबाजी, छिया-छी, झूला झूलें जैसे खेलों के तौर-तरीके और उनके खेलों के रोमांच को मुल्कराज आनंद ने अपने शब्दों में मानो साकार कर दिया है। पुस्तक में चित्र इतने अच्छे और खूबसूरत हैं कि लगता है, सचमुच हम गली-मोहल्ले के बच्चों को इकड़ी-दुकड़ी, गुल्ली-डंडा, आँख-मिचौनी वगैरह खेलते हुए देख रहे हैं।

बच्चों के वैज्ञानिक विकास के लिए समर्पित संस्था 'एकलव्य' की ओर से भी बच्चों के खेल-खिलौनों से जुड़ी कुछ किताबें प्रकाशित हुई हैं। इनमें ज्यादातर खेल एकलव्य द्वारा प्रकाशित पत्रिका 'चकमक' में छप चुके हैं। ये खेल ऐसे हैं, जिनके बारे में कहा जा सकता है कि ये खेल भी हैं और कला भी, यानी खेल-खेल में सीखी जानेवाली कला। असल में ये ऐसे खेल हैं, जिनमें कागज या ऐसी ही कुछ और चीजों को काटकर कुछ मजेदार कलाकृतियाँ और नायाब चीजें बनाई जा सकती हैं। इस तरह के दिलचस्प खेलों की तीन महत्त्वपूर्ण पुस्तकें हैं, 'खेल-खिलौने', 'तितलियाँ और अन्य खिलौने' तथा 'एक आधार : अनेक आकार'। 'खेल-खिलौने' में बच्चे लूडो का पासा, चार सहेलियाँ, अनाज कूटती औरत, घेरे में सहेलियाँ, 'पिरामिड' और 'पिटारा' वगैरह बनाना सीखेंगे तो 'तितलियाँ और अन्य खिलौने' किताब में किस्म-किस्म की रंग-बिरंगी तितलियाँ बनाना सिखाया गया है। बेशक 'एकलव्य' द्वारा प्रकाशित ये पुस्तकें कल्पनाशीलता से पूर्ण हैं और बहुत खूबसूरत ढंग से छपी हैं। इनमें सिखाए गए खेलों की खासियत यह है कि बच्चे इन्हें बनाते समय अपनी कल्पनाशीलता से उनमें मन के रंग भरकर, नए-नए डिजाइन तैयार कर सकते हैं।

विज्ञान-प्रसार संस्था ने भी बच्चों के खेलों को लेकर कुछ सुंदर और आकर्षक पुस्तकें निकाली हैं। इनमें रविंद्र केशकर की 'चौकोर कागज से गोल आकृतियाँ', प्रतापमल देवपुरा की 'गिलास से खेल करके देखो' तथा 'गिलास से कुछ और खेल, अरविंद गुप्ता की 'पत्तों का चिड़ियाघर', 'खेल-खेल में खिलौने', 'अँगूठे की छाप' तथा 'कुछ खोजें, कुछ बनाएँ' अच्छी पुस्तकें हैं, जो खुद में बच्चों के लिए दिलचस्प खेलों का खजाना समेटे हुए हैं। खासकर अरविंद गुप्ता की 'पत्तों का चिड़ियाघर' सरीखी पुस्तकें ऐसी हैं, जो खेल-खेल में बच्चों की सृजनात्मक प्रतिभा को भी आगे बढ़ाती चलती हैं। हिंदी में शिशुओं के लिए खेलों पर बहुत कम सामग्री है। इस लिहाज से डॉलफिन प्रकाशन (पेइचिङ्) ने 'नन्हे खिलाड़ी' नाम से बड़ी सुंदर और दर्शनीय चित्रात्मक किताब प्रकाशित की है।

अनोखी फंतासी से जुड़ी विज्ञान-कथाएँ

बाल विज्ञान साहित्य में विज्ञान-कथाओं का अपना योगदान है। विज्ञान-कथाओं की खासियत यह है कि वे वैज्ञानिक सत्यों और उपलब्धियों को रोचक कथाओं और रहस्यपूर्ण फंतासी की शक्ल में प्रस्तुत करती हैं। इससे वे गूढ़, गंभीर वैज्ञानिक सत्य बच्चों को अपने निकट और सरस जान पड़ते हैं तथा उनकी स्मृति उनके समूचे व्यक्तित्व में व्याप जाती है। एक बार पढ़ लेने के बाद बच्चे इन विज्ञान-कथाओं को भूलते नहीं हैं।

हिंदी में विज्ञान-कथाओं के नाम पर जासूसी वृत्तांत और अवास्तविक तिलिस्म परोसने का चस्का इधर चल पड़ा है। ऐसी हलकी और चटखारेदार विज्ञान-कथाएँ विज्ञान का मजाक ही हैं। पर इसके साथ ही हिंदी में अच्छी वैज्ञानिक कथाएँ भी निरंतर लिखी जाती रही हैं। प्रसिद्ध साहित्यिक पत्रिका 'सरस्वती' के प्रकाशन के पहले वर्ष में ही केशवप्रसाद सिंह की विज्ञान-कथा 'चंद्रलोक की यात्रा' छपी। बाद में डॉ. नवलबिहारी मिश्र की 'मंगल ग्रह की यात्रा' भी सरस्वती में ही छपी। एक ओर राहुल सांकृत्यायन, डॉ. संपूर्णानंद और आचार्य चतुरसेन जैसे दिग्गजों ने विज्ञान-कथाएँ लिखीं, तो दूसरी ओर हरिकृष्ण देवसरे, जयंत विष्णु नार्लीकर, आनंदप्रकाश जैन, डॉ. भगवतशरण उपाध्याय, राममूर्ति, हमीदुल्ला, प्रमोद जोशी, डॉ. ओमप्रकाश, मायाप्रसाद त्रिपाठी, ब्रह्मदेव, सत्येंद्र शरत, समीरकुमार गाँगुली, केशव दुबे, मनहर चौहान, देवेंद्र मेवाड़ी, हरीश गोयल, रमेश वर्मा, अरविंद मिश्र, विनीता सिंघल, विष्णुप्रसाद चतुर्वेदी, कल्पना कुलश्रेष्ठ, लक्ष्मीनारायण कुशवाहा और डॉ. मनोज पटैरिया की सुंदर विज्ञान-कथाएँ पढ़ने को मिलती रही हैं। समीरकुमार गाँगुली का 'जैड जुइंग की डायरी', डॉ. संपूर्णानंद का 'पृथ्वी से सप्तर्षि मंडल', कैलाश शाह का 'अंतरिक्ष के पार' और 'हरे दानवों का देश', डॉ. ओमप्रकाश का 'मंगल ग्रह', मायाप्रसाद त्रिपाठी का 'युग मानव' और 'साढ़े सात फुट की तीन औरतें', सत्येंद्र शरत का 'प्रोफेसर सारंग', सुशील कपूर का 'मंगल की सैर', सुरजीत का 'अंतरिक्ष से आने वाला', ब्रह्मदेव का 'रोहित का सपना', हरिकृष्ण देवसरे और विभा देवसरे का 'अंतर्ग्रहीय जासूसी' तथा डॉ. शोभनाथ लाल का 'सीपियांडेला की सैर' बच्चों के लिए लिखे गए रोचक विज्ञान-फंतासी उपन्यास हैं।

हरिकृष्ण देवसरे भी जाने-माने विज्ञान लेखक हैं और उन्होंने कुछ अनोखी विज्ञान-कथाएँ लिखी हैं। हरिकृष्ण देवसरे और विभा देवसरे का साझा संग्रह 'अंतर्ग्रहीय जासूसी' (2004) भी छपा है। इसमें देवसरेजी का मशहूर विज्ञान उपन्यास 'दूसरे ग्रहों के गुप्तचर' और विभा देवसरे का विज्ञान उपन्यास 'शनिलोक की यात्रा' एक साथ छपे हैं। हरिकृष्ण देवसरे का 'दूसरे ग्रहों के गुप्तचर' पहले होटल का रहस्य नाम से छपा था। इसी की यहाँ नए नाम से प्रस्तुति है। बेशक यह अज्ञात ग्रहों के बारे में मन में गहरी रुचि और उत्सुकता पैदा करनेवाला अद्भुत विज्ञान उपन्यास है, जिसकी अनोखी फैंटेसी चकित करती है। इसी तरह विभा देवसरे का विज्ञान-उपन्यास 'शनिलोक की यात्रा' एक बच्चे के मन में शनिलोक को जानने और वहाँ तक पहुँचने की चाह को बड़ी कल्पनाशीलता के साथ शब्दों में उतारता है। असल में ये दोनों ही उपन्यास विज्ञान फैंटेसी के लिहाज से मयार बन चुके हैं। 'अंतर्ग्रहीय जासूसी' में उनका एक साथ आना एक सुखद विस्मय की तरह है। 'तोता-मैना का नया संवाद' (2001) भी देवसरेजी की दिलचस्प पुस्तक है, जिसमें तोता-मैना की बातचीत के जरिए उन्होंने प्रकृति और पर्यावरण के संबंध में बहुत काम

की बातें कही हैं। देवसरेजी का विज्ञान फंतासी उपन्यास 'लूशिएन का रहस्य' (2012) सचमुच रहस्यपूर्ण है और अन्य ग्रहों पर जीवन की अद्भुत संभावनाओं से हमें परिचित कराता है। बाल पाठकों को बड़े ही धुनी और प्रतिभाशाली वैज्ञानिक प्रो. सुधीर स्वामीनाथन के साथ एक लंबी अंतर्ग्रहीय यात्रा करके नए-नए रहस्यों को जानना अच्छा लगेगा। देवसरेजी की विज्ञान-कथाओं में फैंटेसी है तो कथा कहने की उस्तादी भी। उनकी विज्ञान-कथाएँ सीधे-सीधे कोई सीख नहीं देतीं, पर बच्चों को ज्यादा सचेत, जागरूक और कल्पनाशील तो बनाती ही हैं।

शक्तिकुमार त्रिवेदी की पुस्तक 'उड़नतश्तरियों का रोमांस' (2000) में उनकी बीस विज्ञान-कथाएँ शामिल हैं। इनमें सभी विज्ञान-कथाएँ अच्छी नहीं है। कुछ तो विज्ञान की किसी खोज या वैज्ञानिक तथ्य को समझाने के लिए फार्मूलाबद्ध ढंग से गढ़ी गई लगती हैं। इसीलिए इनमें कहानी का सच्चा आनंद नहीं आता। 'विज्ञापन का रोग', 'उड़नतश्तरियों का रोमांस', 'अनोखी खबर', 'हरे सूरज का देश', 'प्लूटो का लुप्त प्राणी' और 'मिस्र का काला रथ' शक्तिकुमार त्रिवेदी की कुछ उम्दा विज्ञान-कथाएँ हैं। जाकिर अली 'रजनीश' की 'विज्ञान-कथाएँ' (2000) में उनकी दस विज्ञान फंतासी कहानियाँ शामिल हैं, जिनमें 'एक कहानी' और 'निर्णय' खासी प्रभावशाली हैं।

पिछले कुछ वर्षों में डॉ. प्रदीपकुमार मुखर्जी, कल्पना कुलश्रेष्ठ, प्रकाश मनु, संजीव जायसवाल 'संजय', राजीव सक्सेना, सूर्यनाथ सिंह तथा अखिलेश श्रीवास्तव 'चमन' की विज्ञान फंतासी कथाएँ भी पुस्तकाकार सामने आईं। इनमें डॉ. प्रदीपकुमार मुखर्जी लंबे अरसे से विज्ञान फंतासी कथाएँ लिखते आ रहे हैं। उनकी 'रोबोट की निराली दुनिया', 'तिल-तिल घिसती पेंसिल' और 'पुच्छल तारे का आश्चर्यलोक' भी कुछ अलग ढंग की विज्ञान फंतासी को सहेजे हुए, सुंदर विज्ञान-कथाओं की पुस्तकें हैं। संजीव जायसवाल 'संजय' की 'मानव फैक्स मशीन' (2005) भी अद्भुत पुस्तक है। उन्होंने विज्ञान और वैज्ञानिक आविष्कारों को लेकर ऐसी गजब की कल्पना की हैं कि हैरत होती है। इन्हीं में किसी जीवित आदमी को फैक्स मशीन के जरिए फैक्स करके एक जगह से दूसरी जगह भेजने की रोमांचक कल्पना है। मगर इसमें क्या गड़बड़झाले हुए और क्या-क्या दिलचस्प भ्रांतियाँ पैदा हुईं, इसे उनकी अनोखी विज्ञान कथा 'मानव फैक्स मशीन' पढ़कर जाना जा सकता है। यों उस किताब में उनकी कई और भी ऐसी अनोखी विज्ञान-कथाएँ हैं, जिनकी ताजगी और अनूठापन बाल पाठकों को लुभा लेता है।

प्रकाश मनु (ज. 1950) की विज्ञान-कथाओं में भी कई रंग हैं। उन्होंने लीक से हटकर ऐसी विज्ञान फंतासी कथाएँ लिखीं, जो वैज्ञानिक तथ्यों और अवधारणाओं के बीच उपजती हैं, पर तथ्यात्मकता से कतई बोझिल नहीं हैं। लिहाजा बच्चे किसी दिलचस्प परीकथा की तरह उनका आनंद ले सकते हैं। प्रकाश मनु की विज्ञान फंतासी कथाओं में विविधता भी है और रस भी। उनकी विज्ञान कथाओं के संग्रह हैं, 'अजब-अनोखी विज्ञान-कथाएँ' तथा 'विज्ञान फंतासी कथाएँ'। इनमें रोबोट, सुपर कंप्यूटर, अदृश्य जासूसी कैमरा और शब्द-भेदी तीर से लेकर अंतरिक्ष तक की रहस्य कथाएँ हैं। हर कथा एक अलग दुनिया में ले जाती है। इसलिए प्रकाश मनु की विज्ञान फंतासी कथाओं की भी कई दुनियाएँ हैं। खासकर 'लो चला पेड़ आकाश में', 'अनोखी चिड़िया शिंगाई फू शुम्मा', 'गिली गुलगुल', 'गिल-गिल सेवन चौकीदार', 'दुनिया

का सबसे अनोखा सुपर हाइटेक चोर', 'नीली किताब का रहस्य' और 'मंगल ग्रह की लाल चिड़िया' उनकी एकदम अलग ढंग की विज्ञान-फंतासी कहानियाँ हैं। इनमें 'लो चला पेड़ आकाश में' विज्ञान-कथा में पेड़ का उड़कर घर से दफ्तर और दफ्तर से घर ले आना एक अजब से आश्चर्यलोक की सृष्टि करता है। 'मंगल ग्रह की लाल चिड़िया' और 'गोपी की अनोखी टोपी' भी विज्ञान की अधुनातन खोजों से जुड़ी कुछ अलग ढंग की कहानियाँ हैं। 'गिल-गिल सेवन चौकीदार' एक रोबो वैज्ञानिक की अजब रहस्य कथा है। 'पप्पू की रिमझिम छतरी' इन सबसे अलग एक मनमौजी बच्चे की खोज-कथा है, जिसके पीछे लेजर किरणों का कमाल है। बेशक ये कहानियाँ वैज्ञानिक तथ्यों से जुड़ी होकर भी कुछ-कुछ किस्सागोईवाले अंदाज में लिखी गई हैं। इसीलिए बच्चे इन्हें रुचि से पढ़ते हैं।

इसी तरह सूर्यनाथ सिंह (ज. 1966) ने बच्चों के लिए बड़े सुंदर विज्ञान फंतासी उपन्यास लिखे। 'बिजली के खंभों जैसे लोग' और 'सात सूरज सत्तावन तारे' उनके बड़े ही सुंदर और पढ़ने लायक विज्ञान फंतासी उपन्यास हैं। हमें नहीं पता कि हमारी पृथ्वी के अलावा भी अन्य ग्रहों पर कहीं जीवन है या नहीं, पर हम यह कल्पना तो कर ही सकते हैं। ऐलियन की कल्पना यहीं से जनमी है। सच पूछिए तो यह कल्पना खुद में ही बड़ी रोमांचक है और यही रोमांच सूर्यनाथ सिंह के बाल विज्ञान फंतासी उपन्यासों में है। वे अन्य ग्रहों पर मानव जीवन की इतनी रोचक और कल्पनापूर्ण तसवीर पेश करते हैं कि उन्हें साँस रोककर पढ़ना पड़ता है। खास बात यह है कि सूर्यनाथ की कल्पना और फंतासी में भले ही किस्से-कहानियों जैसा रस हो, पर वे सीधे-सीधे वैज्ञानिक अवधारणाओं से जुड़ती हैं। इसीलिए उनके ये विज्ञान फंतासी उपन्यास बाल पाठकों के मन में विज्ञान के प्रति जिज्ञासा भाव के साथ-साथ गहरी वैज्ञानिक दृष्टि भी उत्पन्न करते हैं।

राजीव सक्सेना (ज. 1963) की विज्ञान कथाओं का भी अलग आस्वाद है। उनकी ज्यादातर विज्ञान फंतासी कथाएँ किसी न किसी रूप में बच्चे से जुड़ती हैं। इस कारण बच्चों को वे अपनी कहानियाँ लगती हैं। फिर राजीव सक्सेना की एक विशेषता और है। वे भारतीय सांस्कृतिक परंपराओं को आधुनिक वैज्ञानिक अवधारणाओं से जोड़कर कभी-कभी अद्‌भुत विज्ञान फंतासी रच डालते हैं। उनकी विज्ञान फंतासी की पुस्तकें हैं, 'प्रोफेसर खुराना का क्लोन' (2011) और 'टाइम मशीन' (2012)। इनमें 'अंतरिक्ष का उपहार', 'प्रोफेसर खुराना का क्लोन', 'मशीनों की लड़ाई' और 'कंप्यूटरों की हड़ताल' कहानियाँ पढ़ने लायक हैं। यों राजीव सक्सेना की विज्ञान कथाओं में एक कमी भी है। वे प्राय: एक ही ढंग से शुरू होती हैं और एक ही ढर्रे पर आगे चलती है। इतना ही नहीं, वे बहुत बार अति वर्णनात्मकता से बोझिल भी हो जाती हैं। अगर राजीव इससे बच सके तो उनकी विज्ञान कथाएँ कहीं अधिक रोचक और पठनीय हो सकती हैं।

कल्पना कुलश्रेष्ठ की 'उस सदी की बात' (2005) पुस्तक में ग्यारह विज्ञान-कथाएँ शामिल हैं, जिनमें 'उस सदी की बात', 'और रौबी चला गया', 'जीवित मशीन', 'नया नौकर' बच्चों को खासकर लुभाएँगी। पर कल्पना कुलश्रेष्ठ की विज्ञान-कथाओं में रूप-विन्यास और कल्पना की विविधता नहीं है। लिहाजा कई विज्ञान-कथाएँ एक जैसी हो गई हैं। अखिलेश श्रीवास्तव 'चमन' ने भी विज्ञान-कथाएँ लिखी हैं। 'बंटी का कंप्यूटर' में उनकी कई विज्ञान-कथाएँ शामिल हैं, पर पुस्तक में कई ऐसी रचनाएँ भी हैं, जिन्हें विज्ञान-कथाएँ कहना विज्ञान-कथा का मखौल उड़ाना है। अखिलेश श्रीवास्तव 'चमन' को विज्ञान-

कथा और विज्ञान पर लिखे गए लेख का फर्क जानना चाहिए।

पिछले कुछ वर्षों में बाल विज्ञान-कथाओं के कुछ बड़े संचयन भी सामने आए। इनमें जयप्रकाश भारती द्वारा संपादित पुस्तक 'इक्कीसवीं सदी की श्रेष्ठ विज्ञान-कथाएँ' (2003) बच्चों की अच्छी विज्ञान-कथाओं को संकलित करने की दिशा में अच्छा और सार्थक प्रयास है। इन विज्ञान-कथाओं में हरीश गोयल अगर काल-पात्र को लेकर विज्ञान-कथा की फैंटेसी गढ़ते हैं, तो अरविंद मिश्र उस दिन की कल्पना करते हैं, जब रोबोट आदमी की सत्ता को मानने से इनकार कर देगा। इसी तरह रमेश सोममंशी की 'अंडे दनेवाले मुरगे', विष्णुप्रसाद चतुर्वेदी की 'याददाश्त की चोरी', विनीता सिंघल की 'अपराधी कौन' और डॉ. मनोज पटैरिया की 'प्रतिभा का गान' निस्संदेह सुंदर विज्ञान-कथाएँ हैं। इनमें विष्णुप्रसाद चतुर्वेदी की अनोखी विज्ञान-कथा में डॉ. रघुनंदन एक बच्चे की याददाश्त को चुराकर दूसरे बच्चे के मस्तिष्क में डाल देते हैं। इससे गजब का गड़बड़घोटाला हुआ, जिसने पूरे विश्वविद्यालय को और बाद में मुख्यमंत्री तक को परेशान कर दिया। डॉ. जयंत विष्णु नार्लीकर की 'यक्षोपहार' एक लंबी खूबसूरत विज्ञान कथा है, जो इस बात का संकेत करती है कि कंप्यूटर की आज की दुनिया में जासूसी के बहुत बारीक ताने-बाने बुने जा सकते हैं और कोई बहुत ऊँचा प्रतिभावान मस्तिष्क ही उसकी काट कर पाएगा।

जाकिर अली 'रजनीश' (ज. 1975) ने भी कई सुंदर विज्ञान-कथाएँ लिखी हैं, जिनका संग्रह प्रकाशित हुआ है। रजनीश की इन विज्ञान-कथाओं में वैज्ञानिकता के साथ-साथ मानवीय भावनाओं और कल्पना का समावेश प्रभावित करता है। उनके द्वारा संपादित पुस्तक 'प्रतिनिधि बाल विज्ञान-कथाएँ' (2003) में हिंदी के कई चर्चित विज्ञान लेखकों के साथ-साथ नए लेखकों की भी कुल इकतीस विज्ञान-कथाएँ शामिल हैं। इनमें कुछ बेहद प्रभावी हैं, तो कुछ ऐसी विज्ञान-कथाएँ भी हैं, जो हलकी सनसनी और चुटकुलेबाजी के स्तर से आगे नहीं बढ़ पातीं। डॉ. अरविंद मिश्र की 'रोबो मेरा यार', विष्णुप्रसाद चतुर्वेदी की 'नीली पहाड़ी के पीछे', हरीश गोयल की 'हरे मानव', साबिर हुसैन का 'शैनटो का रोबो', नाहिद फरजाना की 'क्रिस्टल सेवन', डॉ. श्रीप्रसाद की 'डॉ. के.के.के.' तथा रमेश सोमवंशी की 'अनोखी अदालत' अपेक्षाकृत बेहतर बाल विज्ञान-कथाएँ हैं। इनमें डॉ. श्रीप्रसाद की 'डॉ. के.के.के.' इतनी सहजता से लिखी गई अनूठी विज्ञान-कथा है कि बच्चे इसे बार-बार पढ़ना पसंद करेंगे। जोसेफ तुस्कानो की पुस्तक 'नन्हे वैज्ञानिक' (2011) में भी कुछ पढ़ने लायक विज्ञान फंतासी कथाएँ हैं।

इसी तरह रमाशंकर द्वारा संपादित पुस्तक 'विज्ञान का आसमान' (2015) में इक्कीस लेखकों की एक से एक सुंदर और चुनिंदा विज्ञान फंतासी कथाएँ शामिल हैं। इनमें देवेंद्र मेवाड़ी की 'लौटे हुए मुसाफिर', मनोहर वर्मा की 'क्या ऐसे होगी परीक्षा', प्रकाश मनु की 'लो चला पेड़ आकाश में', अरविंद मिश्र की 'स्वप्न यंत्र', प्रदीपकुमार मुखर्जी की 'बारिश', पंकज चतुर्वेदी की 'बेलगाम घोड़ा', राजीव सक्सेना की 'प्रोजेक्ट गांधी', जाकिर अली 'रजनीश' की 'मेरा क्लोन बना दो', कल्पना कुलश्रेष्ठ की 'तेईसवीं सदी का एक दिन', रमाशंकर की 'अंतरिक्ष का स्वप्निल लोक', स्वाति ओमनहार की 'यंत्रलोक का अजनबी' और अमिताभ शंकर रायचौधरी की 'रोबोट का भाई' पढ़ने लायक कहानियाँ हैं।

❖

बाल पाठकों के लिए देश-विदेश के वैज्ञानिकों की रोचक और प्रेरक जीवनियाँ भी लिखी गईं। इनमें गुणाकर मुले द्वारा लिखी गई भास्कराचार्य, केपलर, मेंडेलीफ, आर्कमिडीज और पास्कल की जीवनियाँ एक मानक की तरह हैं। इसी तरह जयप्रकाश भारती की 'विज्ञान की विभूतियाँ', हरिकृष्ण देवसरे की 'वैज्ञानिकों की जीवन कथाएँ', सुरजीत की 'प्रसिद्ध वैज्ञानिक और उनके आविष्कार', श्रीकांत व्यास की 'परमाणु शक्ति के आविष्कारक फेर्मी की कहानी' तथा 'ग्रामोफोन और चलचित्र के आविष्कारक एडीसन की कहानी' कांतिमोहन की 'टेलीग्राफ के आविष्कारक फिनले मोर्स की कहानी', विश्वमित्र शर्मा की 'संसार के प्रसिद्ध वैज्ञानिक', शुकदेव प्रसाद की 'वैज्ञानिकों का बचपन', विश्वमित्र शर्मा की 'संसार के प्रसिद्ध खोजी', अनिल पद्मनाभन की 'कल्पना चावला: सितारों से आगे', चित्रा गर्ग की 'विश्व की महान वैज्ञानिक महिलाएँ' तथा दीक्षा बिष्ट की 'भारत की वैज्ञानिक विभूतियाँ' इस लिहाज से उल्लेखनीय और महत्त्वपूर्ण पुस्तकें हैं। इसी तरह देवेंद्र मेवाड़ी की दो भागों में छपी 'विज्ञान जिनका ऋणी है' (दो भाग, 1966) उनकी एक शाहकार और बार-बार उद्धृत की जानेवाली पुस्तक है। इसमें विश्व के चौदह महान वैज्ञानिकों की जीवन गाथाएँ हैं। खास बात यह है कि मेवाड़ीजी ने इन वैज्ञानिकों की जीवन-कथाएँ ही पेश नहीं कीं, बल्कि उनकी उन संघर्ष-गाथाओं को भी लिखा है, जिन्हें पढ़ते हुए कई बार तो हमारी आँखें भीग जाती हैं। अपने काम में डूबे इन वैज्ञानिकों के आगे कई बार तो इतनी मुश्किलें आईं, इतना अधिक विरोध और उपेक्षा उन्हें झेलनी पड़ी कि उनके लिए काम करना तक असंभव हो गया। फिर भी उन्होंने हिम्मत नहीं हारी और बड़े से बड़े विरोधों और मुश्किलों का सामना करते हुए अपने पथ पर आगे बढ़ते रहे और ऐसे आश्चर्यजनक आविष्कार करके दिखाए, जिन्होंने इस दुनिया की सोच और नक्शा ही बदल दिया। सुबोध महंती की 'विज्ञान के अनन्य पथिक' (दो भाग) भी लंबा शोध और अध्ययन करने के बाद एक अलग 'विजन' के साथ लिखी गई किताब है। सुबोध ने 'अलबर्ट आइंस्टाइन : सापेक्षता सिद्धांत के संस्थापक' (2005) शीर्षक से आंस्टाइन की संक्षिप्त जीवनी भी लिखी है।

दिलीप एम. सालवी (ज. 1952) की 'भारतीय वैज्ञानिक' और 'वैज्ञानिकों की रोचक बातें' वैज्ञानिकों के जीवनी-लेखन के लिहाज से मॉडल कही जा सकती हैं। सच तो यह है कि बच्चों के लिए लिखी गई विज्ञान की आदर्श पुस्तक कैसी हो और उसे किस तरह की भाषा में, कैसे दिलचस्प अंदाज में लिखा जाए, अगर किसी को यह सीखना हो तो वह दिलीप एम. सालवी की 'वैज्ञानिकों की रोचक बातें' पढ़कर बखूबी यह सीख सकता है। खासकर अलबर्ट आइंस्टाइन, आर्किमिडीज, जेम्स कुक, थॉमस एल्वा एडीसन, गैलीलियो गैलीलाइ, मेरी क्यूरी, लुई पाश्चर, माइकल फेराडे, आइजक न्यूटन, हंफ्री डेवी, जॉन डाल्टन, अर्नेस्ट रदरफोर्ड, नील्स बोर, प्रफुल्लचंद्र रे, चंद्रशेखर, वेंकटरमन, प्रशांतचंद्र महालानोबिस तथा मेघनाद साहा के जीवन से जुड़े प्रसंग पढ़कर पता चलता है कि अपने महान आविष्कारों के कारण अद्भुत जीनियस समझे जानेवाले वैज्ञानिक अपने निजी जीवन में कितने सरल और अबोध होते हैं और उनके हास-परिहास में भी बड़ी सरलता होती है।

वैज्ञानिक जीवनियों में एक महत्त्वपूर्ण पुस्तक विनोदकुमार मिश्र द्वारा लिखी 'अल्बर्ट आइंस्टाइन' (2005) है। पुस्तक में उनके महान जीनियस होने की चर्चा है, तो साथ ही अतिशय विनम्र स्वभाव और

सरलता की भी। नोबेल पुरस्कार मिलने और इतनी अपार ख्याति प्राप्त होने के बाद भी आइंस्टाइन के जीवन में कोई बदलाव नहीं आया और वे जीवन भर उसी फक्कड़ी के साथ जीते और नई से नई खोजों में जुटे रहे। इस इतिहास-ग्रंथ के बाल जीवनियोंवाले अध्याय में वैज्ञानिकों की जीवनियों की भी पर्याप्त चर्चा है। इसलिए यहाँ विस्तार से बचा जा रहा है। हरिकृष्ण देवसरे ने 'सम्मान की काँटों भरी राह' (2005) शीर्षक से संसार के वैज्ञानिकों तथा जीवन के अन्य क्षेत्रों में काम करनेवाले धुनी लोगों की जीवनी लिखी है, जिन्हें अपने जीवन में बड़ी से बड़ी मुश्किलों का सामना करना पड़ा। फिर भी उन्होंने हार नहीं मानी। प्रकाश मनु की 'महान भारतीय वैज्ञानिक' और 'भारत के विश्वप्रसिद्ध वैज्ञानिक' पुस्तकें भी काफी मेहनत के साथ लिखी गई हैं तथा विज्ञान जीवनी लेखन में अपनी एक अलग राह लेती हैं।

इधर पत्र-पत्रिकाओं में भी विज्ञान और टेक्नोलॉजी के नवीनतम आविष्कारों के बारे में रोचक ढंग से बाल पाठकों को जानकारी देने की होड़ लग गई है। इस लिहाज से बाल पत्रिका 'नंदन' का 'टेक्नोलॉजी विशेषांक' तो खूब चर्चित रहा, जिसमें हमारे जीवन में आकाश से पाताल तक टेक्नोलॉजी के पसारे की जानकारी दी गई है। घरों में सफाई करनेवाले उपकरण या कपड़े धोनेवाली वाशिंग मशीन हो या फिर कंप्यूटर टेलीविजन, जहाज, रॉकेट और पनडुब्बियाँ, टेक्नोलॉजी के विविध पक्षों को रोचक अंदाज में बच्चों के लिए पेश करने की इस मुहिम का बच्चों ने जी भरकर स्वागत किया। इससे पता चलता है आज के बच्चे एक बदली हुई दुनिया के बच्चे हैं और उनमें विज्ञान और टेक्नोलॉजी की नवीनतम खोजों को जानने में भी गहरी दिलचस्पी है। उम्मीद है, इस लिहाज से अभी और भी आकर्षक बाल पुस्तकें सामने आएँगी, आनी चाहिए भी।

हिंदी में अनूदित ज्ञान-विज्ञान-साहित्य

हिंदी बाल साहित्य में अन्य भारतीय भाषाओं तथा विदेशी भाषाओं से अनूदित विज्ञान साहित्य भी काफी छपा है। इनमें कई तो इतनी महत्त्वपूर्ण पुस्तकें हैं कि उन्होंने बच्चों के लिए विज्ञान-लेखन को अपने तईं खासा प्रभावित किया है। बीसवीं शताब्दी के प्रारंभ में ही बाँग्ला की बाल-विज्ञान संबंधी पुस्तकें हिंदी में अनूदित होकर सामने आईं। गुरुदेव रवींद्रनाथ ठाकुर की 'विश्व-परिचय' तथा जगदानंद राय की 'वैज्ञानिकी प्राकृतिकी' और 'ग्रह-नक्षत्र' पुस्तकों का हिंदी में अनुवाद किया गया। गुरुदेव रवींद्रनाथ ठाकुर की 'विश्व-परिचय' पुस्तक का अनुवाद आचार्य हजारीप्रसाद द्विवेदी ने किया, जबकि अन्य पुस्तकों का अनुवाद डॉ. नंदनकिशोर राय तथा जनार्दन झा आदि ने किया। इसी तरह अंग्रेजी और फ्रांसीसी के कई विज्ञान-फंतासी उपन्यासों का हिंदी में अनुवाद बीसवीं शताब्दी के प्रारंभिक दशकों में ही हुआ और यह सिलसिला निरंतर जारी है।

बच्चों की भाषा में ही बच्चों को विज्ञान की रोचक जानकारियाँ और सही दृष्टि देनेवाली अनूदित पुस्तकों में मीर नजाबत अली की 'विश्व को बदल देने वाले आविष्कार' और 'विज्ञान के उपहार', जमाल आरा की 'पक्षी जगत', जित राय की 'वन्य जीवन' और लाइक फतेह अली की 'हमारी धरती' हर लिहाज से अव्वल हैं। नेशनल बुक ट्रस्ट ने इन्हें सुंदर कलेवर में छापा है। मीर नजाबत अली की 'विश्व को बदल

देने वाले आविष्कार' (1972) पुस्तक दो खंडों में है। पहले खंड में मीर नजाबत अली पहिया, भाप का इंजन, माइक्रोस्कोप, मुद्रण जैसी चीजों पर बिल्कुल आम बोलचाल की भाषा में चर्चा करते हुए बच्चों को यह बताते हैं कि ऊपर से साधारण लगनेवाली इन चीजों ने किस तरह से हमारी दुनिया में एक क्रांति कर डाली है तथा इनके कारण मनुष्य का जीवन कितना आसान और सुविधामय हो गया है। वे पहिए को मनुष्य का सबसे बड़ा आविष्कार बताते हैं, जिसके कारण मनुष्य ने तेजी से सभ्यता की दिशा में दौड़ लगा दी। जमाल आरा की पुस्तक 'पक्षी जगत' (1970) का लहजा भी करीब-करीब ऐसा ही है। यह पुस्तक हमें पक्षियों की अनोखी दुनिया में ले जाती है और तरह-तरह के रंग, आकारों और अदाओंवाले किस्म-किस्म के पक्षियों से मिलवाती है।

जित राय की पुस्तक 'वन्य जीवन' (अनु. द्रोणवीर कोहली) भी खासी कल्पनाशीलता के साथ लिखी गई सुंदर पुस्तक है, जिसमें वन्य जीवन की सुंदरता का बड़ा ही मनोहारी चित्र उभरता है। जित राय की इस पुस्तक की खासियत है कि इस छोटी-सी किताब में ही उन्होंने न सिर्फ प्रकृति के और वन्य जीवों के मुक्त जीवन की खूबसूरती का वर्णन किया है, बल्कि साथ ही वनवासियों के जीवन की सरलता, सादगी और प्रेमपूर्ण व्यवहार की भी बहुत कृतज्ञता से चर्चा की है, जिससे शहराती आदमी आज भी बहुत कुछ सीख सकता है। लाइक फतेह अली की 'हमारी धरती' भी एक लाजवाब किताब है, जिसमें बहुत आसान भाषा में बताया गया कि हमारी धरती का हमारी सभ्यता और विकास से कितना गहरा संबंध है और इस धरती की रक्षा किए बगैर मनुष्य सभ्यता का बच पाना असंभव है। सिर्फ पेड़ लगाने और जल का ठीक प्रकार से संचय करने से ही धरती की रक्षा हो सकती है।

जयंत विष्णु नार्लीकर बच्चों के लिए बहुत जमकर लिखते हैं और उनकी किताबों में अनोखा रस है। इसीलिए ज्ञान-विज्ञान के भारी-भरकम विषयों से उलझने के बावजूद बच्चे इन किताबों को बड़ी रुचि से पढ़ते हैं। खासकर 'ब्रह्मांड की यात्रा' (1995, अनु. कृष्णकुमार) नार्लीकरजी की बाल पाठकों को अंतरिक्ष और सौर मंडल की उपयोगी जानकारी देनेवाली बड़ी रोचक किताब है, जो खासी समझदारी के साथ लिखी गई है। पुस्तक का हिंदी अनुवाद सुप्रसिद्ध लेखक कृष्णकुमार ने किया। 'ब्रह्मांड की यात्रा' में जयंत विष्णु नार्लीकर एकदम बातचीत की शैली में अपनी बात कहते हुए बाल पाठकों को ब्रह्मांड के जन्म, रचना और उसके बारीकतम रहस्यों से परिचत कराते हैं। सफेद बौने, लाल बौने तथा सुपरनोवा जैसी ब्रह्मांड की विचित्र रहस्यात्मक क्रियाएँ क्या हैं? ऐसे तमाम सवाल हैं, जिनका जवाब जयंत विष्णु नार्लीकर एकदम बातचीतवाली शैली में देते हैं और मोटे शब्दों में बड़ी से बड़ी बात कह देते हैं। नार्लीकर की 'अंतरिक्ष में विस्फोट' भी विज्ञान-फंतासी से जुड़ी कमाल की औपन्यासिक कृति है। इसमें दर्शाया गया है कि प्रलय या वैज्ञानिक विकास के बाद जो दुनिया बच रहेगी, उसमें मनुष्य कितना साधनहीन और लाचार होगा। आज के वैज्ञानिक उपकरण और आविष्कार तब महज किस्से-कहानी जैसे लगेंगे।

नेशनल बुक ट्रस्ट ने दो खंडों में 'हमारी नदियों की कहानी' प्रकाशित की है। इसके पहले खंड की लेखिका हैं लीला मजूमदार तथा दूसरा खंड अल वलीअप्पा ने लिखा है। लीला मजूमदार की पुस्तक 'हमारी नदियों की कहानी' (1970, भाग-एक) में गंगा, यमुना, महानदी, ब्रह्मपुत्र, दामोदर आदि नदियों

का वर्णन है। लीला मजूमदार की शैली बड़ी दिलचस्प और बच्चों को भानेवाली है। गंगा के बारे में बताते हुए वे गंगा की सुंदरता का वर्णन करने के साथ-साथ उससे जुड़ी पौराणिक कथाओं का भी वर्णन करती हैं। ब्रह्मपुत्र, महानदी, रावी, वितस्ता आदि नदियों का वर्णन भी बहुत सजीव है। इसी तरह अल वलीअप्पा द्वारा लिखी गई 'हमारी नदियों की कहानी' (1973, भाग-दो) एक खूबसूरत पुस्तक है, जिसमें मुख्य रूप से दक्षिण भारत की नदियों की चर्चा है। कावेरी, गोदावरी, कृष्णा, तुंगभद्रा, नर्मदा जैसी प्रमुख नदियों के अलावा पेन्नार, पालार, शरावती, पेरियार, ताम्रपर्णी, वागाई जैसी छोटी नदियों की भी बहुत आत्मीयतापूर्ण चर्चा है। इन नदियों की खूबसूरती का बड़ा ही सुंदर वर्णन उन्होंने किया है कि कैसे वे हजारों वर्षों से भारतीय समाज का जीवन-प्रवाह बनकर बह रही हैं। पुस्तक में खासकर कावेरी नदी का वर्णन इतना सजीव और रोचक है कि उसे बार-बार पढ़ने का मन होता है।

नेशनल बुक ट्रस्ट से छपी उमा आनंद की पुस्तक 'आओ नाटक खेलें' (अनु. बलराम पंडित) भी कम मजेदार नहीं है और नाटक की दुनिया की कई भीतरी बातों को बड़े दिलचस्प अंदाज में हमारे सामने रखती है। इस पुस्तक में नाटक के बारे में ऊपरी ढंग से कुछ न बताकर असल में तो बच्चों को नाटक की तैयारियाँ करते, बल्कि उसमें पूरी तरह रमे हुए दिखाया गया है। किस उत्साह से वे नाटक की तैयारी में जुटते हैं? फिर यह नाटक कितने अटपटे, लेकिन मजेदार ढंग से होता है! उसमें क्या-क्या मुश्किलें और दिक्कतें आती हैं। सामान कहाँ-कहाँ से लाया गया, मंच की सजावट कैसे हुई, ड्रेसों का इंतजाम कैसे हुआ, उमा आनंद ने इसका बड़ा ही जानदार वर्णन किया है।

मिलिंद प्रभाकर सबनीस ने 'वंदे मातरम्' (2003) पुस्तक में बंकिम बाबू के वंदे मातरम् गीत के साथ जुड़ी भारतीय जनता की भावना का वर्णन किया है, जिसके कारण आजादी की लड़ाई में वंदे मातरम् गीत ने जन-जन में अंग्रेजी शासन से मुक्त होने का जोश और ललकार पैदा कर दी। इस मराठी पुस्तक का हिंदी अनुवाद मो.ग. तपस्वी ने किया है। 'पुस्तकें जो अमर हैं' में मनोजदास ने वेद, पुराण, रामायण, महाभारत आदि के साथ-साथ पंचतंत्र, कथा सरित्सागर और जातक कथाओं का वर्णन किया है, जो भारतीय संस्कृति का प्राण हैं। 'चाय की कहानी' (अनु. एम.एल. गुप्ता) में अरूपकुमार दत्त दो उत्साही बच्चों प्रांजल और राजवीर की बातचीत के जरिए चाय के बारे में बड़ी उपयोगी जानकारी देते हैं। हम जिस चाय के लिए अकसर बात-बात में फरमाइश करते हैं कि 'दो कप चाय देना' और वह झट से हमारे सामने आ जाती है, उसकी कहानी किसी परीकथा से कम रोमांचक नहीं है। चीनी मिथक-कथाओं और बौद्ध धर्म से जुड़ी कथा-कहानियों में भी चाय का मजेदार उल्लेख मिलता है, जिसे अरूपकुमार दत्त दो बच्चों की सीधी-सरल बातचीत के जरिए सामने रखते हैं।

पिछले कुछ वर्षों में छपी पुस्तकों में दिलीप एम. सालवी की 'युग-प्रवर्तक आविष्कार' बहुत महत्त्वपूर्ण है। दिलीप एम.सालवी द्वारा लिखे गए वैज्ञानिक आविष्कारकों के ये जीवन-चरित 'साइंस रिपोर्टर' में छपे थे। आर. चेतनक्रांति ने बहुत उम्दा ढंग से उनका हिंदी अनुवाद किया है। दिलीप एम. सालवी की इस पुस्तक की खासियत यह है कि यह हमें सिर्फ दुनिया के महान आविष्कारकों और उनके आविष्कारों के बारे में ही नहीं बताती, बल्कि उन आविष्कारों के पीछे कितना लंबा संघर्ष, कितने दु:ख, उपेक्षा और गर्दिश

के दिनों का अनकहा इतिहास और कैसी अनवरत धुन छिपी है, इसे भी पूरी शिद्दत से उजागर करती है। यही अनोखी धुन है, जो वैज्ञानिकों को भी 'दुनिया के महान साधकों' की श्रेणी में ले आती है। पुस्तक पढ़ते हुए लगता है, जैसे हम अपनी आँखों से महान आविष्कारों को जन्म लेते देख पा रहे हों और उन क्षणों में इन वैज्ञानिकों की आँखों में छाई खुशी की निर्मल चमक को भी।

अनूदित पुस्तकों में एक और बेहद महत्त्वपूर्ण पुस्तक 'सितारों की कहानी' (1995) है, जो 'ऑल अबाउट द स्टार्स' का हिंदी अनुवाद है। इसका अनुवाद केशव सागर ने किया है, जबकि मूल लेखक का नाम पुस्तक में कहीं नहीं है। पुस्तक का अनुवाद इतनी खूबसूरत और खिलंदड़ी भाषा में हुआ है तथा पुस्तक में सितारों के बारे में इतनी दिलचस्प जानकारी दी गई है कि निस्संकोच कहा जा सकता है कि हिंदी में फिलवक्त तारों के बारे में बतानेवाली ऐसी सुंदर पुस्तकें उँगलियों पर गिनी जा सकती हैं। इसी तरह विज्ञान प्रसार द्वारा प्रकाशित आइजिक ऐसिमोव की 'हमें कैसे पता चला कि पृथ्वी गोल है' (2007) भी बड़ी दिलचस्प पुस्तक है। इसका अनुवाद अरविंद गुप्ता ने किया है।

हिंदी में अनूदित विज्ञान-लेखन में 'स्कॉलास्टिक' से छपी चार पुस्तकों की श्रृंखला का भी अपना योगदान है। सन् 1999 में प्रकाशित ये सुंदर पुस्तकें हैं, 'विज्ञान के आश्चर्य' (मेल्विन बर्जर), 'विज्ञान के अचरज' (सैंड्रा मार्केल), 'विज्ञान : 150 तथ्य जिन पर आप यकीन नहीं करेंगे' (हरमान और नीना श्नायडेर) तथा 'झटपट विज्ञान'। चारों पुस्तकों का अनुवाद अरविंद गुप्ता ने खासी रोचक और हलकी-फुलकी भाषा में किया है। इन पुस्तकों की खासियत यह है कि विज्ञान के बारे में बगैर कोई भारी-भरकम गंभीरता चस्पाँ किए, एकदम खेल-खेल में विज्ञान की ऐसी बातें बता दी गई हैं, जो हमारे जीवन से सीधे-सीधे जुड़ी हैं और हमें अपने आसपास की दुनिया को कहीं अधिक बेहतर ढंग से देखने और सोचने-समझने के लिए तैयार करती हैं।

चारों पुस्तकों में एक कोशिश यह भी है कि विज्ञान की रोचक बातों को बच्चों के आगे रखा जाए, जिससे उनके भीतर विज्ञान पढ़ने की ललक पैदा हो। इसके लिए छोटे-छोटे आसान प्रयोग करने के लिए भी ये पुस्तकें बाल पाठकों को प्रेरित करती हैं। इनमें अपेक्षाकृत छोटी पुस्तक 'विज्ञान : 150 तथ्य जिन पर यकीन नहीं करेंगे' की खासियत यह है कि इसमें विज्ञान की आश्चर्यजनक बातों को मजेदार ढंग से दो-दो, चार-चार पंक्तियों में कह दिया गया है। उसी के अनुरूप मजेदार चित्र भी हैं, जिससे कुल मिलाकर पुस्तक का प्रभाव बच्चे के मन से कभी उतरता नहीं है। 'झटपट विज्ञान' में बच्चों को बड़े दोस्ताना अंदाज में ऐसे झटपट प्रयोग करना सिखाया गया है, जिन्हें सिर्फ एक या दो मिनट में वे पूरा कर सकते हैं और यों विज्ञान के किसी बड़े सत्य या नियम को खुद अपनी आँखों के सामने सही होते देख सकते हैं।

❧ ❖ ❧

पिछले कुछ वर्षों में बच्चों के लिए आकर्षक ढंग से विज्ञान पुस्तकें छापने की होड़ दिखाई पड़ती है। इस लिहाज से नेशनल बुक ट्रस्ट, चिल्ड्रन बुक ट्रस्ट तथा प्रकाशन विभाग की कई उम्दा किताबें याद आती हैं। इनमें नेशनल बुक ट्रस्ट बेशक सबसे अव्वल रहा है। भले ही उसने हिंदी में अनूदित पुस्तकें अधिक छापी हैं। नेशनल बुक ट्रस्ट द्वारा प्रकाशित ज्ञान-विज्ञान से जुड़ी ऐसी कई उल्लेखनीय अनूदित पुस्तकें

हैं, जिन्हें अंग्रेजी या फिर अन्य भारतीय भाषाओं से हिंदी में अनुवाद या रूपांतरण के जरिए प्रस्तुत किया गया है। इस तरह की उल्लेखनीय अनूदित पुस्तकें हैं—कृष्णा सत्यानंद की 'रेडक्रास की कहानी' (अनु. मोहिनी राव), रस्किन बॉण्ड की 'चिड़ियाघर में' (अनु. मस्तराम कपूर), 'भूकंप और जंगल की आग' (अनु. ऋषिकांत चतुर्वेदी), खालिद अशरफ की 'हमारे त्योहार' (अनु. इजहार अहमद नदीम), कृष्ण चैतन्य की 'भारत ने आजादी कैसे जीती' (अनु. मोहिनी राव), एम.आर. चिदंबरा की 'यंत्र मानव और यंत्र मानव विज्ञान' (अनु. वासुदेव प्रसाद), हरिकृष्ण की 'हिमाचल प्रदेश' (अनु. नरेश नदीम), एस.एम. नायर की 'भारत के संकटग्रस्त वन्य प्राणी और उनका संरक्षण' (अनु. हरीचरण अग्रवाल), मोहन सुंदर राजन की 'अंतरिक्ष का वरदान' (अनु. सुरेश उनियाल), ई.आर.सी. दावेदार की 'एक वन्य जंतु वार्डन के साहसिक कारनामे' (अनु. सुरेश उनियाल), मोनिषा बॉब की 'बैलगाड़ियाँ और उपग्रह : विज्ञान और तकनीकी का भारत में विकास' (अनु. पी.एल. चित्रकार), मेहरू जे. वाडिया की 'हम हिंदुस्तानी' (अनु. रमेश बक्षी), वैजयंती सावंत टोणपे की 'साँप' (अनु. सुमन वाजपेयी), मार्टी की 'पेड़' (अनु. देवशंकर नवीन), इंद्रनील दास, जई और रॉम व्हिटेकर की 'कछुए और मगर' (अनु. हरशरण सिंह विश्नोई), तंग शिवरासन की 'चलो चाँद की ओर' (अनु. विजयलक्ष्मी सुंदरराजन), प्रीति सेनगुप्ता की 'मेरी चुंबकीय उत्तरी ध्रुव-यात्रा' (अनु. बृजमोहन गुप्त), हरेंद्र धनौआ मोतीहार की 'कीटों का अनोखा संसार' (अनु. उमा बंसल), एम. शेषगिरि की 'प्रदूषण' (अनु. पंचमलाल चित्रकार), बी. चैतन्य देव की 'वाद्य यंत्र' (अनु. अलका पाठक), चंचल सरकार की 'समाचार-पत्रों की कहानी' (अनु. नरेंद्रसिंह) तथा स.आ. सप्रे की 'काम की प्रशंसा में' (अनु. रामचंद्र मिश्र)।

इनमें रस्किन बॉण्ड की 'चिड़ियाघर में' खासी रोचक पुस्तक है, जो बाल पाठकों को सचमुच चिड़ियाघर में ले जाकर खड़ा कर देती है, जहाँ कहीं वे काले हिरन को देखते हैं तो कहीं सारस, चिंपेंजी, काकातुआ, मगर, हाथी, जिराफ, तेंदुआ, दरियाई घोड़ा, कंगारू, बबर शेर, गैंडा, बाघ, ऊदबिलाव आदि को। रस्किन बॉण्ड ने इन जानवरों के रंग-रूप और स्वभाव के बारे में बड़े रोचक ढंग से कुछ बातें बताई हैं, जो बाल पाठकों को दिलचस्प लगेंगी और उन्हें इन जानवरों के बारे में और अधिक जानने, समझने के लिए प्रेरित करेंगी। रस्किन बॉण्ड का वर्णन करने का अंदाज किसी किस्सागो की तरह है, इसलिए अपनी छोटी-छोटी बातों से भी वे बाल पाठकों के मन को बाँध लेते हैं। रस्किन बॉण्ड की 'संकट साँप का' (1992) भी सुंदर और पठनीय पुस्तक है। पुस्तक का अनुवाद मोहिनी राव ने किया है। उनकी 'भूकंप और जंगल की आग' (1994) पुस्तक भी एक नए विषय पर लिखी गई उपयोगी किताब है। इंद्रनील दास और रोमुलस व्हिटेकर की 'छिपकलियाँ', हरेंद्र धनौआ मोतीहार की 'कीटों का अनोखा संसार', एस.एम. नायर की किताब 'भारत के संकटग्रस्त वन्य प्राणी और उनका संरक्षण', वैजयंती सावंत टोणपे की 'साँप' तथा इंद्रनील दास, जई और रॉम व्हिटेकर की 'कछुए और मगर' भी उपयोगी पुस्तकें हैं, जो इन जीव-जंतुओं के अंत:संसार से बड़ी सहानुभूति से बाल पाठकों को परिचित कराती हैं। मार्टी की 'पेड़' छोटे बच्चों के लिए लिखी गई एक निराली आकर्षक किताब है, जो पेड़ों की दुनिया को बड़े ही खूबसूरत चित्रों के साथ रोमांचक अंदाज में नन्हे-मुन्ने बाल पाठकों के आगे पेश करती हैं।

ई.आर.सी. दावेदार की 'एक वन्य जंतु वार्डन के साहसिक कारनामे' (1982) पुस्तक कथात्मक शैली में वन्य जंतुओं के संसार, उनकी मुश्किलों और परेशानियों को बड़ी हमदर्दी और निकटता से देखने-जानने की कोशिश करती है। एन. शेषगिरि की 'प्रदूषण' (1997) पुस्तक में आज के मशीन युग के उस महाराक्षस का वर्णन है, जिसे दुनिया आज प्रदूषण के रूप में याद करती है। एन. शेषगिरि ने प्रदूषण के बारे में तथ्यात्मक जानकारी देने के साथ-साथ यह चेतावनी भी दी है कि अगर मनुष्य अब भी न चेता, तो जल्दी ही वह समय आनेवाला है कि पृथ्वी पर सृष्टि बनी न रह सकेगी और मानव-सभ्यता का अंत हो जाएगा। एम.आर. चिदंबरा की 'यंत्र-मानव और यंत्र मानव-विज्ञान' रोबोट की कहानी बतानेवाली पुस्तक है, जिसमें उसकी तकनीक का भी दिलचस्प वर्णन है।

खालिद अशरफ की 'हमारे त्योहार' पुस्तक में एक ओर स्वतंत्रता दिवस, गणतंत्र दिवस और गांधी जयंती जैसे राष्ट्रीय पर्वों के बारे में बताया गया है तो दूसरी ओर भारत की सामाजिक, सांस्कृतिक पहचान से जुड़े त्योहारों—होली, दीवाली, बैसाखी, लोहड़ी, ओणम, बिहू, पोंगल, क्रिसमस, ईद-उल-फितर आदि के बारे संक्षिप्त, लेकिन रोचक जानकारी पुस्तक में मिल जाती है। इसके अलावा 'फूल वालों की सैर' जैसे धार्मिक सद्भाव से जुड़े पर्व का भी वर्णन है, जो सदियों से हिंदू-मुसलमानों को आपस में प्यार और भाईचारे से रहने का संदेश देता आया है। कृष्ण चैतन्य की पुस्तक 'भारत ने आजादी कैसे जीती' (अनु. मोहिनी राव) भी एक रोमांचक पुस्तक है, जिसे पढ़ते हुए भारत के स्वाधीनता संघर्ष का चित्र आँखों के आगे आ जाता है। भारतीय जनता ने अंग्रेजी शासन के खिलाफ विद्रोह का शंख फूँकते हुए जिस तरह निरंतर स्वाधीनता-संघर्ष के जरिए अंग्रेजों को देश छोड़ने के लिए बाध्य किया, वह वृत्तांत भी कम रोमांचक नहीं है। मोहिनी राव द्वारा किया गया पुस्तक का अनुवाद भी बहुत अच्छा है। हरिकृष्ण की 'हिमाचल प्रदेश', मेहरू जे. वाडिया की 'हम हिंदुस्तानी', मोनिषा बॉब की 'बैलगाड़ियाँ और उपग्रह : विज्ञान और तकनीकी का भारत में विकास' भी सुंदर और पठनीय पुस्तकें हैं।

कृष्णा सत्यानंद की 'रेडक्रास की कहानी' मानवता की सेवा के लिए समर्पित एक विश्व-संस्था पर खूबसूरत ढंग से लिखी गई पुस्तक है। पर इस कहानी के साथ जुड़ी हुई है हेनरी दूनाँ के बचपन की कहानी, जब उन्होंने युद्ध में घायल सिपाहियों को देखा था और वे मर्माहत हो उठे थे। तभी उन्होंने निश्चय कर लिया था कि युद्ध में घायल तड़पते हुए सैनिकों की मदद के लिए कोई संस्था होनी चाहिए, क्योंकि आखिर तो दुश्मन भी मनुष्य है और युद्ध कोई नहीं चाहता। पुस्तक में इस महान संस्था की जानकारी के साथ-साथ, इसके पीछे हेनरी दूनाँ का जो निर्मल, सेवाभावी व्यक्तित्व था, उसका बहुत प्रभावशाली ढंग से वर्णन हुआ है।

मोहन सुंदर राजन की 'अंतरिक्ष का वरदान' (1983) किसी अज्ञात ग्रह से आए संदेशों की गुत्थियों को सुलझाती हुई एक अलग ढंग की प्रभावशाली विज्ञान फंतासी है, तो तंग शिवरासन की 'चलो चाँद की ओर' (2000) पुस्तक में चाँद की कल्पित, सपनीली दुनिया से शुरुआत करके, धीरे-धीरे चाँद की दुनिया की असलियत की ओर कहानी बढ़ती है। तंग शिवरासन ने चाँद के बारे में अजब-अनोखी जानकारियों को बड़ी सरल भाषा में बाल पाठकों के आगे पेश किया है, मसलन यह कि हमारी पृथ्वी चाँद की तुलना

में इक्यासी गुना बड़ी है। इसी तरह एक मजेदार बात यह है कि चाँद पर हम कितना ही चिल्लाएँ, आवाज नहीं सुनाई देगी, क्योंकि अगर कोई बोलता है तो उसे सुनने के लिए केवल कान ही नहीं, हवा भी चाहिए। इससे भी मजेदार बात यह है कि अगर गिलास को उलटा कर दें तो भी पानी के गिरने का डर नहीं है। इसलिए कि पानी गिरेगा नहीं, बल्कि उड़ेगा। चाँद के बारे में ये बातें हमें जादुई लग सकती हैं, पर इन सबके वैज्ञानिक कारण हैं, जिनका तंग शिवरासन ने किताब में जिक्र किया है।

प्रीति सेनगुप्ता की 'मेरी उत्तरी चुंबकीय ध्रुव-यात्रा' (1997) में उनके जीवन और उत्तरी ध्रुव की यात्रा के साहसिक अभियान के बारे में खासी जानकारी मिलती है, तो साथ ही उत्तरी ध्रुव के ठिठुरा देनेवाले परिवेश के बारे में भी, जहाँ मानो चारों ओर बर्फ ही बर्फ है। बर्फ के समुद्र के बीच जहाँ दूर-दूर कोई वनस्पति तक नहीं है। अपने साहसिक अभियान के कारण पहुँचा हुआ कोई मनुष्य ऐसा लगता है, मानो कोई आदिकालीन प्राचीन यात्री हो। चंचल सरकार की 'समाचार-पत्रों की कहानी' (1991) पुस्तक में अखबारों के बारे में मजेदार जानकारी है। अखबार आज इस कदर हमारी जिंदगी का हिस्सा बन गए हैं कि जिस दिन अखबार पढ़ नहीं लेते, हमें लगता है कि दिन की ठीक से शुरुआत नहीं हुई। मगर यह अखबार आया कहाँ से, अखबार की शुरुआत कब और कैसे हुई और मानव-सभ्यता के विकास में उसका योगदान कितना बड़ा है! भारतीय समाचारों-पत्रों का इतिहास क्या है? चंचल सरकार इस बारे में अपनी छोटी-सी किताब में बड़ी महत्त्वपूर्ण सूचनाएँ देते हैं। इसे पढ़ते हुए बच्चे अखबारी दुनिया के कोने-कोने में झाँकने का-सा रोमांच महसूस करेंगे।

ज्ञान-विज्ञान की अनूदित पुस्तकों में राष्ट्रीय शैक्षणिक अनुसंधान एवं प्रशिक्षण परिषद् द्वारा प्रकाशित अहल्या चारी की 'मिलकर सोचें' (1994, अनु. राजीव रमणन्) भी एक यादगार पुस्तक है। पुस्तक की भूमिका में ठीक ही कहा गया है, "हमारे पास ऐसी पुस्तकें बहुत कम हैं, जिनसे विद्यार्थियों की निरीक्षण शक्ति का विकास हो या अपने खुद के अंदर तथा अपने पर्यावरण में रोजाना घटनेवाली घटनाओं का विवरण मिल सके। अत: विद्यार्थियों को स्वयं सोचने, प्रश्न करने तथा उसे सुलझाने के उपाय ढूँढ़ निकालने के लिए यह पुस्तक मार्गदर्शन करती है। यही इस पुस्तक की प्रमुख विशेषता है।"

बेशक बाल पाठकों को अपने आसपास के संसार और जीवन की जानकारी देने तथा उनके भीतर ज्ञान-विज्ञान की सही दृष्टि विकसित करने में अहिल्या चारी की यह पुस्तक एक उपयोगी भूमिका निभा सकती है। सच तो यह है कि 'मिलकर सोचें' जैसी पुस्तकें और भी लिखी जानी चाहिए, ताकि बच्चे जीवन में छिपे हुए ज्ञान-विज्ञान के मर्म को समझें और खुद अपने जीवन में आगे की राहें खोज सकें।

□

7

बाल जीवनी तथा अन्य विधाएँ

अच्छी जीवनियों में छिपी है सफलता की राह

हिंदी बाल साहित्य की जिस विधा के बारे में निश्चित रूप से कहा जा सकता है कि वह हिंदी बाल साहित्य के प्रारंभिक चरण से लेकर आज तक न सिर्फ हर काल में मौजूद रही है, बल्कि हमेशा विकासमान और महत्त्वपूर्ण भी रही है, वह है बाल जीवनियों की विधा। आखिर बच्चे के लिए लिखी गई ये जीवनियाँ इतनी जरूरी क्यों हैं? क्यों हम बाल जीवनियों के बगैर बाल साहित्य की ठीक-ठीक कल्पना तक नहीं कर सकते? इसका जवाब यह है कि बाल जीवनियाँ एक ऐसा झरोखा हैं, जहाँ से झाँककर बच्चे सबसे पहले अपने आसपास की दुनिया या समाज पर नजर डालते हैं और उससे सीधे-सीधे संबंध कायम करते हैं। यही नहीं, बल्कि बाल जीवनियाँ साहित्य की ऐसी विधा हैं, जो बच्चों को वर्तमान के साथ-साथ अतीत और भविष्य में भी झाँकने की सुविधा देती है।

बाल जीवनियाँ पढ़ते समय बच्चा जाने-अनजाने यह सोचता है कि उसे क्या बनना या कैसा बनना है, किस रास्ते पर चलना है और जीवन में क्या काम या कमाल करके दिखाना है। इस लिहाज से बाल जीवनियाँ बच्चों के लिए प्रेरणा और आत्म-साक्षात्कार का अक्षय स्रोत हैं, जिन्हें पढ़ने के बाद वे खुद को पहचानना सीखते हैं और अपने भीतर सो रही असीम शक्तियों को जान लेते हैं। इसके अलावा बाल जीवनियाँ एक तरह से आत्म-विस्तार का भी मौका देती हैं, क्योंकि किसी भी महापुरुष की जीवनी पढ़ने के बाद बच्चे उसके सुख-दु:ख और संघर्षों से जुड़ाव महसूस करते हैं और तब इस बात से कोई फर्क नहीं पड़ता कि वह महापुरुष किस देश या जाति का है। इंग्लैंड में पैदा हुआ था या रूस या अमरीका में? बाल पाठक को उसके अच्छे काम और संघर्ष ही भाते हैं और देश-देशांतर तथा भूगोल की सारी सीमाएँ तोड़कर उसका दिल या भावना उससे जा मिलती है। यह एक तरह से आत्मविस्तार तो है ही, तंग घेरों से ऊपर उठकर सारी मानवता के संदर्भ में सोचने की शुरुआत करना भी है। एक तरह से अच्छी बाल जीवनियाँ बच्चों में विश्व-प्रेम और बंधुत्व भी पैदा करती हैं। वे हमें सारी इनसानियत से प्यार करना सिखाती हैं।

इस बात पर भी गौर करने की जरूरत है कि बाल जीवनियाँ बच्चों को सीधे-सीधे नहीं, बल्कि अप्रत्यक्ष तौर से यह बताने के लिए लिखी जाती हैं कि बच्चो, तुम ऐसे बनो!…बच्चो, तुम ऐसे काम करके दिखाओ! मजे की बात यह है कि जब बच्चों को ये बातें सीधे-सीधे उपदेशात्मक ढंग से कही जाती हैं कि बच्चो, तुम इस राह

पर चलकर दिखाओ। तुम ऐसे नेक काम करो, तो उनके मन में ऐसी पुस्तकों के प्रति एक अजीब-सी खीज पैदा होती है। वे उनसे दूर भागना चाहते हैं, पर यही बात जब अच्छी, उम्दा और कल्पना-प्रवण बाल जीवनियों के माध्यम से सामने आती है, तो बच्चे बड़े रस और उत्सुकता के साथ उन्हें पढ़ते हैं। भीतर ही भीतर न सिर्फ वे उनसे प्रभावित, बल्कि कभी-कभी इस कदर आंदोलित भी होते हैं कि उनका पूरा जीवन ही बदल जाता है।

शायद इसीलिए बहुत से लेखकों, कलाकारों, स्वाधीनता-सेनानियों और वैज्ञानिकों ने अपनी सफलता की कहानी बताते हुए बड़े भावपूर्ण शब्दों में लिखा है कि बचपन में पढ़ी हुई महापुरुषों, लेखकों, क्रांतिकारियों और महान समाज-सुधारकों की जीवनियों का उन पर गहरा असर पड़ा और इससे उनका समूचा जीवन ही बदल गया। वे अपने जीवन की सफलता और उपलब्धियों का सारा श्रेय बचपन में पढ़ी बाल जीवनियों की पुस्तकों को देते हैं। प्रसिद्ध भारतीय खगोल विज्ञानी वेणु बप्पू ने तो साफ-साफ लिखा है कि "लोग मुझसे मेरी सफलता का रहस्य पूछते हैं या मुझे राह बताने के लिए कहते हैं। पर मेरा एक ही कहना है कि महान लोगों की जीवनियाँ पढ़कर उन्हें और उनके जीवन-संघर्ष को पहचानिए। उनसे जुड़िए। राह आपसे आप सुलझती जाएगी। इसके अलावा सफल होने का कोई और रास्ता है ही नहीं!"

जब बड़ों के लिए जीवनियाँ इतनी प्रेरक हो सकती हैं तो बच्चों के कोमल, कल्पनाशील मन पर तो उनका असर कितना गहरा होता होगा। इससे पता चलता है कि बाल साहित्य की यह विधा खुद में कितनी असरदार और प्रेरक है तथा बाल साहित्य में इसकी जगह कितनी महत्त्वपूर्ण है।

पर बाल जीवनियों में आखिर यह प्रभाव आता कहाँ से है या कहें कि किसी अच्छी बाल जीवनी की शक्ति का केंद्र या उत्स कहाँ है? इसका जवाब शायद यह हो सकता है कि कोई भी अच्छी बाल जीवनी सबसे पहले एक अच्छी कहानी होती है। हो सकता, इसे पढ़कर कुछ लोग चौंकें, पर असलियत यही है। एक अच्छी बाल जीवनी बगैर कथा-तत्त्व के बन ही नहीं सकती। हाँ, यह दीगर बात है कि किसी बाल कहानी में यह कथा-तत्त्व पूरी तरह कल्पना पर आधारित होता है, जबकि बाल जीवनी में चरितनायक एक वास्तविक प्राणी होता है, जिसके जीवन और कामों से और लोग भी परिचित होते हैं। पर जब जीवनीकार उस पर बाल जीवनी लिखता है, तो उसके जीवन और व्यक्तित्व के ऐसे मार्मिक टुकड़ों का संचयन करता है और उन्हें ऐसे सधे ढंग से जोड़ता है कि खुद-ब-खुद उस बाल जीवनी में एक 'कथात्मक प्रवाह' या कहें कि 'कहानीपन' पैदा हो जाता है।

इसके अलावा बाल जीवनी में एक उत्साह दिलानेवाला तत्त्व हमेशा शामिल होता है, जो हमें जीवन में कुछ नया कर दिखाने के लिए उत्प्रेरित करता है। कभी यह मन में बुराई को दूर करके दुनिया को बेहतर बनाने के सपने से जोड़ता है। तो कभी पीड़ितों, गरीबों के कल्याण और मानवता की भलाई के लिए जी-जान से जुट जाने की प्रेरणा देता है। कभी यह दुष्टों, बैरियों, अत्याचारियों का संहार करके अपनी मातृभूमि की आजादी और स्वाभिमान की रक्षा के लिए मन में जोश भरता है।

ऐसा नहीं कि बाल कहानियों में यह जोश और उत्साह का भाव नहीं होता। वहाँ भी ऐसे हिम्मती और दीवानगी से भरे पात्र बराबर आते हैं, जो मन में कुछ कर गुजरने या बड़े से बड़े साहसिक अभियानों में निकल पड़ने के लिए उत्साहित करते हैं। पर कहानी की तुलना में बाल जीवनियाँ अधिक प्रेरक होती हैं। उनमें यह

उत्साह का भाव अधिक प्रभावी और असरदार होकर सामने आता है। इसलिए कि बाल जीवनियों के नायक वास्तविक होते हैं और उसी ठोस संसार के होते हैं, जिसमें हम जीते हैं। इसलिए उनके सुख-दुःख, आशा-निराशा और संघर्ष का हम पर सीधा असर पड़ता है और हमें लगता है कि अगर ये लोग ऐसा कर सकते हैं, तो भला हम क्यों नहीं कर सकते हैं? यानी इन्होंने जो बड़े-बड़े काम कर दिखाए, वे कोई कल्पना की बात नहीं, बल्कि इसी दुनिया में हुए हैं। तो फिर आखिर हम उन्हें क्यों नहीं कर सकते? बस, जरूरत है दृढ़ निश्चय करने की। लिहाजा बच्चे इन जीवनियों को पढ़ते समय निष्क्रिय तो रह ही नहीं सकते। या कहें कि उनके मन पर इन बाल जीवनियों का असर न पड़े, वे उससे प्रेरित और प्रभावित न हों, उनके जीवन में थोड़ा या अधिक बदलाव न आए, यह हो ही नहीं सकता।

❧ ❖ ☙

इसी में इस बात का जवाब भी शामिल है कि बच्चों के लिए लिखी गई अच्छी जीवनियाँ कैसी हों, या वे कैसी न हों! एक जीवनीकार को बच्चों के लिए जीवनियाँ लिखते समय किन बातों पर गौर करना चाहिए? इस बारे में मोटे तौर से यह तो कहा ही जा सकता है कि बच्चों के लिए लिए लिखी गई जीवनियाँ उपदेशपरक हरगिज नहीं होनी चाहिए। बहुतों को यह बात अटपटी लगेगी। वे सोचेंगे कि जब बाल जीवनियों का उद्देश्य बच्चों को अलग-अलग क्षेत्रों में कुछ बड़ा काम कर दिखानेवाले नायकों के बारे में बताकर खुद भी उन्हें कोई बड़ा काम करने के लिए प्रेरित करना है, तो आखिर बाल जीवनियाँ उपदेशपरक क्यों न हों और बगैर उपदेशपरक हुए वे अच्छी जीवनियाँ कैसे हो सकती हैं?

ऐसा कहनेवाले नहीं जानते कि बच्चे के मन पर उपदेश का हमेशा उलटा और बुरा असर पड़ता है। बच्चा जिस चीज को सबसे ज्यादा नापसंद करता है, वह है उपदेश की गठरी लादना। उसे जिस काम को करने के लिए उपदेश दिया जाता है, उसका मन होता है, उसके उलट कोई काम करे। इसलिए उपदेश के जरिए बच्चों को प्रेरित करने की समझ गलत है। इसके बजाय कोई अच्छा बाल जीवनीकार किसी महानायक के बारे में बात कर रहा होता है, तो उसके व्यक्तित्व, जीवन-संघर्ष और कामों को, उसके जीवन में पल-पल चलनेवाले आशा-निराशा के घोर युद्ध को, उसके तीखे मानसिक द्वंद्व के क्षणों और निर्णायक पलों को इतने सहज नाटकीय विन्यास और कथात्मक बहाव में लाकर सामने रखता है कि बच्चों को अचानक लगने लगता है, 'अरे, यह तो ठीक हमारे साथ घट रहा है!' तब वह दम साधकर उस जीवनी के एक-एक शब्द को पढ़ता है, उसके सुख-दुःख और खुशियों को साथ-साथ जीता है और अंततः वह बाल जीवनी किसी कहानी की तरह भावना के चरमोत्कर्ष पर पहुँचती है।

घनघोर दुःख, संकट भुलाकर, निराशा के उस घटाटोप से निकले नायक के हाथों में कोई बड़ी सफलता या उपलब्धि नजर आती है, तो उस नायक से भी अधिक खुशी शायद उस बाल पाठक को होती है, जो उस बाल जीवनी को पढ़ते-पढ़ते खुद को उस चरितनायक के साथ पूरी तरह एकाकार कर चुका होता है। और तब उसे अलग से टोककर कुछ कहना नहीं पड़ता या उपदेश देना नहीं पड़ता। वह खुद-ब-खुद जगदीशचंद्र बसु, मैडम क्यूरी, लुई पास्चर या मेंडेलीफ के बारे में पढ़कर संसार को बेहतर बनाने के सपने में डूब जाता है। महात्मा गांधी के बारे में पढ़कर त्याग, तपस्या, साहस और धीरज का पाठ पढ़ता है। सेवा का पाठ सीखता

है। सुभाषचंद्र बोस, भगतसिंह और चंद्रशेखर आजाद के बारे में पढ़कर देश के लिए मर मिटने की शहादत का भाव उसके मन में पैदा होता है। भाभा जैसे वैज्ञानिकों के बारे में पढ़कर देश को वैज्ञानिक प्रगति के जरिए महान देश बनाने का वह दृढ़ निश्चय करता है। और यह सब खुद-ब-खुद होता है। इन जीवनियों के जरिए अवचेतन में पड़ा हुआ प्रभाव इतना गहरा होता है कि जीवन भर वह हमें रास्ता दिखाता है। जीवन भर वह हमें कर्तव्य और नैतिकता के पथ से डिगने नहीं देता है। कितना ही अँधेरा हो, वह हारने नहीं देता और दीप की लौ की तरह हर पल झलमलाता रहता है।

बाल जीवनियों की विकास-यात्रा

बाल जीवनियाँ बाल साहित्य के प्रारंभिक चरण से लेकर अब तक निरंतर लिखी जाती रही हैं और उनके लिए बाल पाठकों का उत्साह कभी कम नहीं हुआ। अच्छे से अच्छे और समर्थ बाल जीवनीकार भी हर दौर में रहे। एक से एक कुशल शिल्पी इस विधा को मिले और जैसे दीए से दीया जलाया जाता है, बाल जीवनियों की धारा भी निरंतर विकासमान रही। उसमें नए-नए युग-चरित्र जुड़ते गए, लेकिन पुराने और भुला दिए गए चरित्रों का भी पुनः-पुनः स्मरण और बखान नए दौर में होता रहा। यह नैरंतर्य ही बाल जीवनी साहित्य की बड़ी ताकत है।

बाल जीवनियों की समूची विकास-यात्रा को मोटे तौर पर तीन चरणों में बाँटा जा सकता है। पहले चरण में बीसवीं शताब्दी के प्रारंभिक दौर से लेकर सन् 1947 में आजादी मिलने से पहले लिखी गई बाल जीवनियों की चर्चा की जा सकती है। शुरुआती दौर होने के बावजूद इस कालखंड में लिखी गई जीवनियाँ कई दृष्टियों से उल्लेखनीय हैं और बराबर ध्यान आकर्षित करती हैं। इनमें जीवन उत्साह तथा देश-समाज की रक्षा के लिए सर्वस्व बलिदान का भाव है। त्याग, तपस्या और ललकार है। दूसरे चरण यानी गौरव युग में आजादी के बाद से सन् 1980 तक लिखी गई जीवनियाँ शामिल हैं। यह दौर बेशक अच्छी और कलात्मक बाल जीवनियों के लिहाज से आदर्श और अविस्मरणीय है और इसका शिखरस्थ महत्त्व आज भी बरकरार है।

तीसरे चरण यानी विकास युग में सन् 1981 से लेकर आज तक लिखी गई जीवनियाँ शामिल हैं। मोटे तौर से इसे 'जीवनी-लेखन का मौजूदा या समकालीन दौर' कह सकते हैं। एक अच्छी बात यह है कि बाल जीवनी लेखन में क्रमिक परिवर्तनों के बावजूद एक निरंतरता का अहसास हमें हर काल में देखने को मिलता है। यही शायद बाल जीवनियों की शक्ति और महत्त्व की पहचान भी है।

पहला चरण : प्रारंभिक युग

चरित्र-निर्माण का आग्रह

बाल जीवनियों का प्रारंभिक चरण बीसवीं शताब्दी के प्रारंभ से लेकर 1947 तक है। यह एक सुखद आश्चर्य है कि प्रारंभिक युग में ही हमें बच्चों के मन पर असर डालनेवाली भावपूर्ण जीवनियाँ पर्याप्त मात्रा में मिलती हैं। जाहिर है, इस दौर की बाल जीवनियों में भावुकता और उपदेशात्मक प्रभाव खासा बना रहा। मानो इन जीवनियों के जरिए बच्चों को संबोधित करते हुए उन्हें सीधे-सीधे यह बताया जा रहा हो कि प्यारे बच्चो, तुम

ऐसे-ऐसे बनो। वीर, धीर, साहसी बनो। देश-प्रेम का पाठ सीखो। स्वाभिमानी बनो, राष्ट्र के लिए मर मिटना सीखो, इसलिए तुम्हें ये बाल जीवनियाँ पढ़ने के लिए दी जा रही हैं!

लेकिन इस उपदेशात्मक प्रभाव के बावजूद आजादी से पहले लिखी गई बाल जीवनियों के महत्त्व को नकारा नहीं जा सकता। एक तो इसलिए कि बाल साहित्य में जीवनियों के लेखन का यह पहला चरण था और उसकी ठीक-ठीक कलात्मक और प्रभावी शक्ल अभी सामने आनी बाकी थी। दूसरे, वह परतंत्रता का दौर था। लोगों को अंग्रेजों का अन्याय और उत्पीड़न हर दिन झेलना पड़ता था। जलियाँवाला बाग जैसे भीषण नरसंहार हुए थे। निहत्थों पर अंग्रेजी सेना की गोलियाँ चलतीं और लाशों के अंबार लग जाते थे। कहीं इसकी फरियाद नहीं थी। भारतीय जनता त्राहि-त्राहि कर रही थी और जो लोग आजादी की माँग करते थे, 'अंग्रेजो, भारत छोड़ो' का नारा लगाते थे, वे जेल की सीखचों के भीतर बंद कर दिए जाते थे। उन्हें एक से एक भीषण यातनाएँ झेलनी पड़ती थीं। जनता यह सब देख रही थी, पर लाचार थी। उसका विरोध, विद्रोह और प्रतिकार धीरे-धीरे सामने आने लगा था, लेकिन अभी तेज लहर या तूफान की शक्ल में नहीं बदला था।

जाहिर है, ऐसे में यह उम्मीद करना कि हमारे बच्चे वीर बनें, शिवाजी और महाराणा प्रताप से प्रेरणा लें, अंग्रेजों की गुलामी का जुआ उतार फेंकें और भारत को एक बार फिर से महान देश बनाएँ, कुछ गलत न था। लिहाजा इस दौर की जीवनियाँ अधिक भावनात्मक या उपदेशात्मक थीं तो इसके पीछे उस समय की माँग थी, जिसमें पूरा देश एक भावात्मक आघात के दौर से गुजर रहा था और जो दीन-हीन, प्रताड़ित जनता थी, उसके मन में कहीं न कहीं यह सोया हुआ सपना अँगड़ाई ले रहा था कि उनके बच्चे या आनेवाली पीढ़ी उनके अपमानों का बदला लेगी और फिर से देश आजादी की हवा में साँस लेगा।

यह भावना उस दौर में लिखी गई बाल कविताओं, कहानियों में भी बार-बार भिन्न-भिन्न रूपों में आती है, जिसमें आजादी की आकांक्षा और परतंत्रता का दु:ख फूटा पड़ता है। तो फिर बाल जीवनियाँ ही इस धारा से कैसे बाहर रह सकती थीं, जबकि वहाँ इन बातों को कहने का अवकाश सबसे अधिक था। लिहाजा कोई आश्चर्य नहीं कि आजादी से पहले के दौर में जिन महानायकों की जीवनियाँ लिखी गईं, वे अधिकांशत: देश-प्रेम का संदेश देनेवाले वीर और साहसी महापुरुष थे। हालाँकि देश-विदेश में विज्ञान, कला और जीवन के अन्य क्षेत्रों में काम करनेवाले महानायकों की जीवनियाँ भी लिखी गईं, पर उनकी संख्या इस दौर में स्वाभाविक रूप से कम थी।

हिंदी बाल जीवनी-लेखन का पहला चरण शुरुआती दुर्बलताओं के बावजूद अमहत्त्वपूर्ण कतई नहीं है और लगातार ध्यान खींचता है। हिंदी में बाल जीवनियाँ लिखने की शुरुआत बीसवीं शताब्दी के दूसरे-तीसरे दशक में ही हो चुकी थी। यह दौर हिंदी साहित्य के इतिहास में 'द्विवेदी युग' के नाम से जाना जाता है। आचार्य महावीरप्रसाद द्विवेदी के व्यक्तित्व पर नैतिक मूल्यों के साथ-साथ प्रगतिशीलता और राष्ट्रीय स्वाभिमान के भाव का भी गहरा असर था। इसलिए यह स्वाभाविक ही है कि उस दौर में जो जीवनियाँ लिखी गईं, उनके पीछे महापुरुषों के जीवन से प्रेरणा लेकर नैतिक मूल्यों को अपनाने और बच्चों को भारतीयता, राष्ट्रीयता और स्वाभिमान से ओतप्रोत करने का भाव काम कर रहा था।

आचार्य द्विवेदी की ही प्रेरणा से एक ओर 'बालसखा' में ऐसी प्रेरक जीवनियाँ छप रही थीं, जो बच्चों को

वीर और निडर होने की प्रेरणा देती थीं, तो साथ ही 'शिशु', 'बाल-विनोद' जैसी पत्रिकाएँ भी अपने-अपने ढंग से सुंदर बाल जीवनियाँ और जीवनचरित छाप रही थीं। आगे चलकर तो ये बाल जीवनियाँ स्वतंत्र पुस्तकों के रूप में भी सामने आने लगीं। इन पुस्तकों में मन्नन द्विवेदी 'गजपुरी' (1885-1921) की 'भारत के प्रसिद्ध पुरुष' और 'आर्यललना' ने एक तरह से नींव रखने का काम किया। श्रीनाथ सिंह (1901-1996) की 'दस कथाएँ' (1929) तथा महावीरप्रसाद द्विवेदी (1864-1938) की 'चरित-चित्रण' (1938) जीवनी-लेखन में ऐतिहासिक महत्त्व की पुस्तकें हैं। इनमें भावनाशीलता और कलात्मकता का सुंदर मेल है। लिहाजा ये पुस्तकें भारत के महान पुरुषों और महिलाओं के जीवन चरित्रों को इतने ओजस्वी ढंग से सामने रखने का प्रयत्न करती हैं कि वे हर बच्चे को आकर्षित कर सकें। इन चरित्रों में ऐसे ऐतिहासिक चरित्र हैं, जो भारत के गौरवशाली अतीत की झलक देते हैं तो ऐसे पौराणिक चरित्र भी, जिनकी प्रासंगिकता आज भी बनी हुई है और जो हमें ऊपर उठने और चरित्र निर्माण की सीख देते हैं।

इसी तरह महान संतों और समाज-सुधारकों की जीवनियाँ लिखने का सिलसिला चला, जिससे परतंत्रता-काल में भारत की जनता उनसे प्रेरणा लेकर, अपना लक्ष्य पहचान सके और ऊँचा चरित्र रखे। इसी उद्देश्य से मराठी में लक्ष्मण रामचंद्र पांगारकर ने महान संत एकनाथजी के जीवन पर केंद्रित 'श्रीएकनाथ चरित्र' लिखा। बड़े परिश्रम और श्रद्धा से लिखी गई इस जीवनी का प्रसिद्ध साहित्यकार लक्ष्मणनारायण गर्दे ने बड़ा ही सुंदर हिंदी अनुवाद किया। गीताप्रेस से छपी यह एक सुंदर और आदर्श जीवनी है।

आजादी से पहले के जीवनी-लेखन में प्रेमचंद (1880-1936) द्वारा लिखी गई जीवनियों का उल्लेख भी बहुत जरूरी है। आश्चर्य यह है कि प्रेमचंद की बड़ों के लिए लिखी गई पुस्तकों की तो खासी चर्चा होती है, पर उन्होंने बच्चों के लिए सुंदर जीवनियाँ लिखीं, इसका उल्लेख तक करने की जरूरत किसी ने नहीं समझी। प्रेमचंद की लिखी गई जीवनियों में 'शेख सादी' और 'दुर्गादास' तो इतनी विस्तृत हैं कि वे अपने आपमें स्वतंत्र पुस्तकें हैं। शेख सादी के बारे में लिखते हुए प्रेमचंद जीवन-कथा और संघर्षों के बारे में काफी विस्तार से लिखने के साथ-साथ उनकी अपूर्व समझदारी और उस बुद्धिमत्ता की भी चर्चा करते हैं, जिससे वे विपरीत से विपरीत परिस्थितियों में भी धीरज नहीं खोते थे और कोई न कोई राह निकाल लेते थे। शायद यही वजह है कि शेख सादी का लेखन हमारे दिलों को छूता है और आज भी लाखों लोग दीवानगी से उन्हें पढ़ते और याद करते हैं। प्रेमचंद ने शेख सादी की मशहूर पुस्तक 'गुलिस्ताँ' का भी खूबसूरत अनुवाद करके इसे जीवनी में शामिल किया है, ताकि बच्चे और किशोर पाठक पूरी तरह उनसे परच सकें और शेख सादी एक अच्छे मित्र की तरह हमेशा उनके साथ रहें।

इसके अलावा पुस्तक रूप में प्रकाशित प्रेमचंद की एक और जीवनी है, 'दुर्गादास'। इसमें इतिहास के अमर तेजस्वी नायक दुर्गादास की अद्भुत वीरता के साथ-साथ उनके भीतर राजपूती स्वाभिमान और आन-बान-शान की कई ऐसी झलकियाँ हैं कि पढ़ते-पढ़ते हम रोमांचित हो उठते हैं। यों दुर्गादास का पूरा जीवन खुद में करुण विडंबना लिए है। वीर राजपूत जसवंत सिंह के पुत्र अजीत सिंह को औरंगजेब के हाथों से बचाने के लिए दुर्गादास ने अनगिनत लड़ाइयाँ लड़ीं और घाव खाए। वही अजीत सिंह दुर्गादास की जीत और अनवरत कोशिशों के बाद गद्दी पर बैठा तो कुछ चापलूस सरदारों के बहकावे में आकर उसने दुर्गादास को धोखे से

मरवाने की कोशिश की। यहाँ भी दुर्गादास अपने विकट साहस और चतुराई से बच निकला, पर इस वीर नायक का करुण अंत मन में अजब-सी करुणा भर देता है।

इसी तरह श्रीरामचंद्रजी की भी विस्तृत जीवनी प्रेमचंद ने लिखी है। शायद आधुनिक हिंदी साहित्य में गद्य में लिखी गई रामचंद्रजी की पहली जीवनी प्रेमचंद की ही है। रामचंद्रजी के गौरवशाली जीवन पर लिखी गई यह विस्तृत जीवनी एक अलग पुस्तक के रूप में है और राम के जन्म से लेकर उत्तरकांड तक का पूरा वर्णन इसमें मिलता है, यानी सीता-निर्वासन और लव-कुशवाले प्रसंग भी इसमें शामिल हैं। राम की यह जीवनी प्रेमचंद ने पहले उर्दू में लिखी, फिर हिंदी में रूपांतरण या लिप्यंतरण हुआ। जो भी हो, उर्दू का असर उसके संवादों पर काफी अधिक है, जो बेहद चुटीले और नाटकीय हैं। यहाँ तक कि रोजमर्रा के बोलचाल के ऐसे हलके शब्द भी उसमें आ गए हैं, जिन्हें रामकथा में पढ़ना थोड़ा अटपटा लगता है। कहीं-कहीं तो उससे मन को धक्का-सा भी लगता है। यह उर्दू के प्रभाव के कारण अधिक है, पर अच्छी बात तो यह है कि राम जैसे चरितनायक पर प्रेमचंद ने बड़े मन से यह जीवनी लिखी और इस उद्देश्य के साथ लिखी कि इसे पढ़कर हम सीखें कि राम क्यों बड़े थे या कि उनमें क्या गुण और महानता थी।

बच्चों के लिए लिखी गई प्रेमचंद की जीवनियों की एक और पुस्तक है, 'कलम, तलवार और त्याग'। यह पुस्तक दो भागों में है और इसमें देश-विदेश के अनेक लेखकों, कलाकारों, पत्रकारों, स्वाधीनता सेनानियों, इतिहास-पुरुषों और जननायकों की जीवनियाँ शामिल की गई हैं। पुस्तक में राणा प्रताप, रणजीत सिंह, राणा जंगबहादुर, अकबर महान, स्वामी विवेकानंद, राजा मानसिंह, राजा टोडरमल, गोपालकृष्ण गोखले, गैरी बाल्डी, मौलाना वहीदुद्दीन सलीम, डॉ. सर रामकृष्ण भंडारकर, बदरुद्दीन तैयबजी, सर सैयद अहमद खाँ, मौलाना अब्दुल हलीम 'शरर' तथा रेनॉल्ड्स के जीवन-चरित बहुत सजीव और भावपूर्ण भाषा में पढ़ने को मिलते हैं।

जाहिर है, प्रेमचंद की दृष्टि इस मामले में बहुत कुछ को सहेजनेवाली थी। जो भी चरित बच्चों में नया उत्साह फूँक सके, उन्हें त्याग, सेवा और बड़प्पन सिखा सके, वे आधुनिक काल के हों या प्राचीन काल के, भारत के हों या विदेश के, प्रेमचंद ने बहुत गहराई और गहरे आत्मीय जुड़ाव के साथ उन पर लिखा है। सबको सहेजने की उनकी प्रवृत्ति के कारण यहाँ किसी तरह की संकीर्णता या तंगदिली नहीं है। एक ओर राणा प्रताप को वे महान वीर, साहसी और स्वाभिमानी नायक के रूप में प्रस्तुत करते हुए उनकी राजपूती आन-बान की रोमांचित होकर प्रशंसा करते हैं, तो दूसरी ओर अकबर महान के उन गुणों, धार्मिक सहिष्णुता, उदारता और दूर-दृष्टि की भी वे खुलकर तारीफ करते हैं, जिसके कारण देखते-देखते वह पूरे भारत का महान सम्राट् बना। उसका साम्राज्य दूर-दूर तक फैल गया और उसने हिंदू-मुसलिम एकता की जो नींव डाली, उसे आज भी सभी आदर से याद करते हैं।

हालाँकि ये जीवनियाँ अपने चरितनायकों के नेक गुणों का जी भरकर बखान करती हैं तो भी उनकी सीमाओं या कमियों को दिखाने से गुरेज नहीं करतीं, और कहीं-कहीं तो प्रेमचंद की आलोचना थोड़ी तीखी भी हो जाती है। पर इससे अपने चरितनायक की जो प्रेरक तसवीर वे बना रहे हैं, उस पर ज्यादा असर नहीं पड़ता। सर सैयद अहमद खां ने मुसलिमों को हिंदुओं का साथ छोड़कर अंग्रेजों से हाथ मिलाने की जो हिमायत की

थी, प्रेमचंद एक गहरे कटाक्ष के साथ उसकी आलोचना करते हैं। पर सर सैयद अहमद खाँ के काम का महत्त्व फिर भी उनकी निगाहों में कम नहीं होता। हाँ, एक दोष इन जीवनियों में फिर भी नजर आता है। वह यह कि इनकी भाषा कहीं-कहीं बच्चों के लिए लिखी गई जीवनियों की भाषा से अलग और थोड़ी बोझिल हो जाती है। जो भी हो, प्रेमचंद द्वारा लिखी गईं इन बाल तथा किशोरोपयोगी जीवनियों का आजादी मिलने से पहले के बाल साहित्य में बड़ा महत्त्व है, इसमें शक नहीं।

इसी तरह आजादी से पहले, लगभग 20वीं शताब्दी के प्रारंभ में ही हिंदी में वैज्ञानिकों की जीवनियाँ लिखी जाने लगी थीं। 'शिशु', 'बालसखा', 'बाल विनोद' समेत हिंदी की कई पत्रिकाएँ बड़े उत्साह से ये जीवनियाँ छापती थीं। इनमें से कुछ तो आगे चलकर पुस्तकाकार भी सामने आईं। चौथे-पाँचवें दशक में देश-विदेश के प्रमुख वैज्ञानिकों के कामों का सहज, सरल और रोचक ढंग से परिचय देनेवाली उम्दा वैज्ञानिक जीवनियों की कई उल्लेखनीय पुस्तकें देखने को मिलती हैं। इस लिहाज से हिंदी लेखकों में न सिर्फ जागरूकता दिखाई देती है, बल्कि देश के लाखों बच्चों के वैज्ञानिक विकास और उन्हें संतुलित व्यक्तित्व देते हुए आगे बढ़ाने की उनकी चिंता भी सामने आती हैं।

दूसरा चरण : गौरव युग

बाल जीवनियों का सर्जनात्मक दौर

दूसरे चरण (1947 से 1980 तक) में आजादी के बाद से लेकर आठवें दशक तक लिखी गई बाल जीवनियों की चर्चा की जा सकती है। देखा जाए तो यही वह दौर था, जब बाल जीवनियाँ सबसे अधिक प्रमुखता से छपकर सामने आईं। इतना ही नहीं, बल्कि इन जीवनियों में विविधता और कलात्मक पूर्णता भी बेशक सबसे अधिक थी। इस दौर में लेखकों, कलाकारों, संतों, समाज-सुधारकों और वैज्ञानिकों की जीवनियाँ भी काफी अधिक लिखी गईं, पर सबसे अधिक जीवनियाँ क्रांतिकारियों और स्वाधीनता-सेनानियों की ही लिखी गईं।

शायद इसके पीछे एक छिपा हुआ भाव यह था कि आज हम आजाद हैं, खुली हवा में साँस ले रहे हैं, मुक्त आकाश के नीचे स्वाभिमान से जी रहे हैं, पर यह आजादी हमें यों ही नहीं मिली। इस आजादी के लिए जीवन भर दुःख उठाने, तरह-तरह की यातनाएँ झेलने और मर मिटनेवाले वीर नायक और क्रांतिकारी कौन थे, जिनकी बदौलत हमें यह आजादी मिली, इसे हम भूल न जाएँ, क्योंकि इसे भूलने का मतलब यह है कि वह आजादी, जो आज है, कल नहीं रहेगी। इसलिए इस दौर में जाने-माने क्रांतिकारियों और राजनेताओं के अलावा ऐसे भूले-बिसरे क्रांतिकारियों की जीवनियाँ भी सामने आईं, जिन्हें लोग भूलते जा रहे थे, लेकिन जिनकी कुर्बानी किसी से कम नहीं थी।

हिंदी बाल जीवनी-लेखन का दूसरा चरण मोटे तौर से आजादी के बाद के तीन दशकों को समेटता है। आजादी के बाद हिंदी में बाल जीवनी-लेखन की ओर काफी ध्यान दिया गया। उसमें जीवन के अलग-अलग क्षेत्रों में काम करनेवाले देश-विदेश के अनेक प्रेरणाप्रद महापुरुषों के जीवन-चरित सहेजने की कोशिश की गई। साथ ही उन्हें ज्यादा से ज्यादा नए, आकर्षक और कलात्मक ढंग से कहने का चलन बढ़ा। आजादी के

बाद शुरू-शुरू में जो बाल जीवनियाँ लिखी गईं, उनमें स्वाभाविक रूप से 'शुभेच्छाओं' से जुड़ी भावुकता और भावोच्छ्वास अधिक था। बाद में धीरे-धीरे उनमें यथार्थ-कथन, नाटकीय विन्यास और तार्किकता आती गई। जीवन में कुछ कर गुजरनेवाले महानायकों और गौरवशाली महिलाओं के जीवन-चरितों के अधिक प्रभावी हिस्सों को लेकर उन्हें सहज नाटकीय कौशल और प्रभावी अंदाज में कहने का चलन बढ़ा।

पुरानी चाल की जीवनियाँ जिस सीधे-सादे ढंग से शुरू होती थीं, उन्हें देखते हुए गौरव युग में कुछ आगे चलकर इन जीवनियों की शुरुआत कहीं अधिक नाटकीय और अनौपचारिक ढंग से होने लगी थी। लिहाजा ये बाल जीवनियाँ अधिक पठनीय तो थीं ही, साथ ही बाल पाठकों का ध्यान खींचने और उन्हें भीतर तक प्रभावित करने के लक्ष्य को देखते हुए कहीं अधिक सफल और प्रभावशाली कही जा सकती हैं।

इसके अलावा इस दौर में लिखी गई जीवनियों में विविधता खासी है। एक तो इस अर्थ में कि जीवन के अलग-अलग क्षेत्रों में उपलब्धियाँ हासिल करने या नाम कमानेवाले नायकों की खोज हुई तथा लेखकों, कलाकारों, वीर योद्धाओं, साहसिक अभियानों के नायकों के अलावा खिलाड़ियों, वैज्ञानिकों, विद्वानों आदि की एक से एक सुंदर जीवनियाँ लिखी गईं। शायद भारत के प्रमुख वैज्ञानिकों, लेखकों आदि पर जीवनियों की इतनी अधिक पुस्तकें इससे पहले कभी नहीं आईं। फिर केवल अपने देश ही नहीं, विश्व के महानतम् वैज्ञानिकों, चिंतकों, कलाकारों, वीर नायकों आदि पर भी खुलकर लिखा गया। यों कहा जा सकता है कि सुंदर बाल कविताओं, कहानियों, नाटकों और उपन्यासों के अलावा अनूठी बाल जीवनियों के लिहाज से ही यह कालखंड एक तरह से बाल साहित्य का स्वर्णकाल है।

इस दौर में मुकुंददेव शर्मा, बलदेवप्रसाद शुक्ल, राजेंद्रसिंह, जयचंद विद्यालंकार, नर्मदाप्रसाद खरे, सोम सुंदरम्, यशपाल जैन, लल्लनप्रसाद व्यास, चतुरसेन, नागार्जुन, राजीव सक्सेना, रामविलास शर्मा, रजिया सज्जाद जहीर, नागार्जुन, विष्णु प्रभाकर, भदंत आनंद कौसल्यायन, नित्य आनंद तिवारी, वेद मित्र, जयप्रकाश भारती, हरिकृष्ण देवसरे, वीरेंद्रकुमार गुप्त, मनमोहन सरल, योगराज थानी और सत्यनारायण सिन्हा सरीखे जाने-माने और ख्यात लेखकों ने जीवन के अलग-अलग क्षेत्रों के महानायकों की सुंदर जीवनियाँ बच्चों के लिए लिखी हैं। जीवनी लेखन के बने-बनाए परंपरागत ढाँचे को छोड़कर नई-नई कथात्मक शैलियों और नाटकीय भंगिमाओं के जरिए महापुरुषों की सुंदर और प्रेरक छवि बच्चों के मन में उतारने की कोशिश यहाँ दिखाई देती है, तो अलग-अलग क्षेत्रों के महानायकों को चुनने में रुचि की विविधता और विस्तार काफी नजर आता है। यहाँ तक कि इस दौर में इतिहास और समाज-सुधार के क्षेत्र में क्रांतिकारी काम करने वाले महानायकों की औपन्यासिक जीवनियाँ लिखने की भी खासी होड़ दिखाई पड़ती है, जिन्हें बाल पाठकों ने बहुत पसंद किया। दिल्ली के उमेश प्रकाशन, शकुन प्रकाशन और पीपुल्स पब्लिशिंग हाउस ने इस लिहाज से सचमुच बड़ा और उल्लेखनीय काम किया है।

सुंदर और प्रेरक बाल जीवनियों के लिहाज से इस दौर की सर्वाधिक प्रमुख और प्रतिनिधि पुस्तकों की चर्चा करनी हो तो सबसे पहले जिन पुस्तकों पर ध्यान जाता है, वे हैं—नित्य आनंद तिवारी की 'पाँच पांडव' (1948), मुकुंददेव शर्मा की 'कृष्णद्वैपायन व्यास' (1955) और 'नन्हों के नेता' (1960), जयचंद विद्यालंकर की 'पुरखों का चरित' (1955), राजेंद्र की 'संत कबीर दर्शन' (1955), बलदेवप्रसाद शुक्ल

की 'देश दीपक' (1956), सोम सुंदरम् की 'तिरवल्लुवर' (1956), यशपाल जैन की 'तीर्थंकर महावीर' (1957) और 'पाँच विभूतियाँ', नर्मदाप्रसाद खरे की 'धन्य ये बेटियाँ' (तीन भाग) और 'भारत की विभूतियाँ' (दो भाग), चतुरसेन की 'महापुरुषों की झाँकियाँ', लल्लनप्रसाद व्यास की 'चरित्र निर्माण की कहानियाँ', नार्गाजुन की 'प्रेमचंद', राजीव सक्सेना की 'प्रफुल्लचंद्र राय', रामविलास शर्मा की 'सूर्यकांत त्रिपाठी निराला', रजिया सज्जाद जहीर की 'मिर्जा गालिब', विष्णु प्रभाकर की 'शरतचंद्र' तथा 'बापू की बातें' (1960), भदंत आनंद कौसल्यायन की 'राहुल सांकृत्यायन', बालकृष्ण की 'जब वे बच्चे थे' (1959), वेद मित्र की 'प्रतिभा के पुत्र', जयप्रकाश भारती की 'उनका बचपन यों बीता', 'सरदार भगतसिंह' (1963) तथा 'विज्ञान की विभूतियाँ', हरिकृष्ण देवसरे की 'अमीर खुसरो', वीरेंद्रकुमार गुप्त की 'कूटनीति के पंडित चाणक्य', मनमोहन सरल की 'मनुज साहसी, जिसने पग तल से नापी दुनिया सारी', योगराज थानी की 'संसार के प्रसिद्ध खिलाड़ी', सत्यनारायण सिन्हा की 'आजादी की पहरेदारी में', सर्वदमन की 'हमारे बहादुर जनरल', सुभाष मुखोपाध्याय की 'जगदीशचंद्र बसु', वजीर हसन आब्दी की 'रामानुजन' तथा नागार्जुन की 'प्रेमचंद'। इनमें से बहुतेरी जीवनियाँ बाल साहित्य में मील का पत्थर कही जा सकती हैं। जाने-माने इतिहासकार और प्राचीन भारतीय संस्कृति के सुविख्यात विद्वान जयचंद विद्यालंकार (1889) ने इस कालखंड में बाल जीवनियों के क्षेत्र में काम किया, बाल साहित्य के लिए यह गौरव की बात है। यही बात रामविलास शर्मा, नागार्जुन, रजिया सज्जाद जहीर और भदंत आनंद कौसल्यायन के लिए कही जा सकती है।

यह बात कम उल्लेखनीय नहीं कि रामविलास शर्मा (1912-2000) ने बच्चों के लिए निराला की जीवनी 'सूर्यकांत त्रिपाठी निराला' अपनी ऐतिहासिक महत्त्व की पुस्तक 'निराला की साहित्य साधना' से पहले लिखी थी। पुस्तक लिखने का ढंग भी बड़ा रोचक है। पूरी पुस्तक पिता और बेटी के संवाद के रूप में है। बेटी कुतूहलवश पिता से महाकवि निरालाजी और उनके जीवन के बारे में पूछती है और पिता रोचक ढंग से सवालों के जवाब देते हैं और यों ही बातों-बातों में निराला की यह अद्‍भुत जीवनी तैयार हो जाती है, जिसे बाल साहित्य में मील का पत्थर कहा जा सकता है। इसी तरह विष्णु प्रभाकर ने छठे दशक में बच्चों के लिए महान साहित्यकार शरत की जीवनी 'शरतचंद्र' लिखी और यहीं से शायद उन्हें शरत की कालजयी जीवनी 'आवारा मसीहा' लिखने की प्रेरणा मिली। पुस्तक में शरत के बचपन, उनके जिद्‍दी और भावुक स्वभाव, साहित्यिक रुचियों और लेखन के साथ-साथ उनकी पूरी संघर्ष-कथा की भी झलक है। रजिया सज्जाद जहीर की 'मिर्जा गालिब', भदंत आनंद कौसल्यायन की 'राहुल सांकृत्यायन', नित्य आनंद तिवारी की 'पाँच पांडव', जयचंद विद्यालंकार की 'पुरखों का चरित', जयप्रकाश भारती की 'विज्ञान की विभूतियाँ' और वेद मित्र की 'प्रतिभा के पुत्र' बड़ी सारपूर्ण और भावनात्मक पुस्तकें हैं, जो असाधारण काम करनेवाले आदर्श नायकों की सुंदर छवियाँ बच्चों के मन में उकेरती हैं।

इन जीवनी पुस्तकों के नाम भी काफी सांकेतिक रखे गए। उदाहरण के लिए, नित्य आनंद तिवारी की 'पाँच पांडव' के चरितनायक महाभारत के पांडव नहीं, बल्कि स्वाधीनता संघर्ष में बढ़-चढ़कर हिस्सा लेने वाले महात्मा गांधी, जवाहरलाल नेहरू और राजेंद्र बाबू जैसे हमारे महानायक हैं।

इसी तरह पद्य में जीवनियाँ लिखने का चलन भी शुरू हुआ। मुकुंददेव शर्मा की 'नन्हों के नेता' ऐसी ही

पुस्तक है, जिसमें स्वाधीनता संघर्ष के महानायकों की छोटी-छोटी जीवनियाँ नन्हे-मुन्नों के लिए कविता के छंदों में पिरोकर पेश की गईं। लेकिन अफसोस, ऐतिहासिक महत्त्व की होने पर भी हमारी उपेक्षा-वृत्ति और प्रकाशकीय असावधानी के कारण इनमें से बहुत सी जीवनियाँ अब उपलब्ध नहीं हैं।

ꕥ ❖ ꕥ

पहले हिंदी में संतों, क्रांतिकारियों, राजनेताओं और ऐतिहासिक विभूतियों की जीवनियाँ लिखने का रिवाज अधिक था, पर छठे दशक तक आते-आते जीवन के तमाम क्षेत्रों में अपने-अपने ढंग से बड़ा काम करनेवाले ख्यात लोगों की जीवनियाँ भी प्रचुरता से लिखी जाने लगीं। एक ओर महात्मा बुद्ध, चैतन्य महाप्रभु, नरसी मेहता, गुरुनानक देव, स्वामी दयानंद, महर्षि अरविंद जैसे भारत के महान संतों पर लिखी गई जीवनियाँ हैं तो दूसरी ओर महात्मा गांधी, कस्तूरबा, जवाहरलाल नेहरू, सुभाषचंद्र बोस, बाबा साहेब अंबेडकर, सरदार पटेल सरीखे स्वाधीनता सेनानी की जीवनियाँ प्रचुरता से लिखी गई। क्रांतिकारियों में चंद्रशेखर आजाद और भगतसिंह पर सबसे अधिक लिखा गया, तो महाराणा प्रताप, शिवाजी, झाँसी की रानी लक्ष्मीबाई जैसे वीर नायकों पर कई पीढ़ियों के लेखकों ने एक साथ कलम चलाई। राजा राममोहन राय के तेजस्वी व्यक्तित्व और समाज सुधारक चरित्र की ओर भी बहुत-से लेखकों का ध्यान गया।

हिंदी बाल साहित्य का यह सौभाग्य ही कहा जाएगा कि इस युग में महादेवी वर्मा, राहुल सांकृत्यायन, अमृतलाल नागर, रामविलास शर्मा, उमाशंकर जोशी, नागार्जुन और विष्णु प्रभाकर सरीखे दिग्गज साहित्यकारों ने भी बच्चों के लिए सुंदर भावपूर्ण जीवनियाँ लिखीं। महादेवी वर्मा और उमाशंकर जोशी ने बापू के जीवन के बहुत से मार्मिक और प्रेरक प्रसंगों का भावपूर्ण चित्रण किया है, जिन्हें पढ़कर बच्चों के मन में महात्मा गांधी की एक बड़ी ही प्यारी आत्मीय छवि बैठ जाती है। महादेवी वर्मा की 'जवाहर भाई' भी पंडित जवाहरलाल नेहरू पर बड़ी अंतरंगता से लिखी गई अच्छी पुस्तक है। राहुल सांकृत्यायन ने बाबा साहब अंबेडकर पर इतनी ही सरलता से और डूबकर लिखा है।

ऐसी पुस्तकें भी बहुत हैं, जिनमें एक ही जगह अपने देश या संसार के ऐसे महान नायकों की संक्षिप्त छवियाँ सँजो ली गई हैं, जिन्होंने मानवता की भलाई के काम किए और बड़ी से बड़ी मुश्किलों का हँसकर सामना किया। आचार्य चतुरसेन शास्त्री की 'महापुरुषों की झाँकियाँ', जगतराम आर्य की 'देशभक्त शहीदों की गाथाएँ', चंद्रपालसिंह यादव 'मयंक' की 'भारत के संत', 'भारत के निर्माता' और 'भारत के रत्न', विश्वनाथ की 'महापुरुषों के संस्मरण', प्राणनाथ वानप्रस्थी की 'महापुरुषों का बचपन' इस कालखंड में बड़े से बड़ा जोखिम उठाकर, बड़े काम करनेवाले महापुरुषों और तेजस्विनी महिलाओं पर लिखी गई ऐसी ही पुस्तकें हैं।

इस दौर में लिखी गई सुंदर जीवनियों में अवनींद्रकुमार विद्यालंकार की 'मालवीयजी' (1971) पुस्तक खासकर उल्लेखनीय है। इसमें महामना मदनमोहन मालवीय के व्यक्तित्व, जीवन और उनके महान कार्यों के बारे में बहुत कुछ एक साथ पढ़ने को मिल जाता है। महामना मदनमोहन मालवीय बचपन से ही सरलता और देशभक्ति की भावनाओं से ओतप्रोत थे और जीवन में कुछ बड़ा काम करना चाहते थे। इसकी झलक पुस्तक के शुरुआती पन्नों में मिल जाती है। इसके बाद महामना मदनमोहन मालवीय ने एक ओर पत्रकारिता, तो दूसरी ओर स्वाधीनता संग्राम में हिस्सा लेकर जिस तरह भारतीय जनता का नेतृत्व किया और अंग्रेजों के खिलाफ

अलख जगाया, अवनींद्रकुमार विद्यालंकार ने बहुत सुंदर ढंग से उन प्रसंगों को लिखा है। इसी तरह काशी हिंदू विश्वविद्यालय की स्थापना के लिए कैसे उन्हें जगह-जगह जाकर झोली फैलानी पड़ी और भीख माँगनी पड़ी, लेकिन भारत माँ की सेवा के लिए यह काम करने से उन्हें लज्जा नहीं आई। इसका वर्णन पुस्तक में बहुत प्रभावशाली ढंग से हुआ है। अवनींद्रकुमार विद्यालंकार की यह पुस्तक सचमुच मालवीयजी के व्यक्तित्व को समग्रता के साथ सामने रखने के साथ-साथ उनकी तेजस्विता से भी बाल पाठकों को परिचित कराती है।

इसी तरह विष्णु प्रभाकर (1912-2009) की लिखी 'सरदार वल्लभभाई पटेल' (1976) भारतीय जनता के लाड़ले सरदार पटेल की बड़ी सुंदर जीवनी है। सरदार पटेल की दृढ़ता और बिना लाग-लपेट के अपनी बात कहनेवाला कड़क व्यक्तित्व, उनकी दूरदृष्टि, सच्ची विनम्रता और अथाह देशप्रेम, हर पहलू के बारे में विष्णुजी ने बहुत अच्छे और आधिकारिक ढंग से लिखा है। पुस्तक में उनके बचपन और तरुणाई के भी बहुत से अद्‌भुत प्रसंग सँजोए गए हैं।

इस कालखंड में राहुल सांकृत्यायन ने बच्चों के लिए 'बाबा साहब अंबेडकर' शीर्षक से अंबेडकर की जीवनी लिखी, तो विद्याधर भारती की 'आजादी के नायक सुभाषचंद्र बोस' तथा आचार्य चतुरसेन शास्त्री की 'बा और बापू' तथा 'महापुरुषों की झाँकियाँ' काफी प्रसब्धि हुईं। अमृतलाल नागर की 'महान विचारक' भी इस दौर में लिखी गई जीवनियों की महत्त्वपूर्ण पुस्तक है। हरिकृष्ण देवसरे की 'संत ज्ञानेश्वर', 'चैतन्य महाप्रभु', 'नरसी मेहता' तथा 'भक्ति भंडारी बसवेश्वर' ने संतों और समाज-सुधारकों के जीवन-चरित रोचक अंदाज में पाठकों के सामने ला दिए हैं। इसके अलावा चंद्रपालसिंह यादव 'मयंक' की 'भारत के संत', 'भारत के निर्माता' तथा 'भारत के रत्न', जगतराम आर्य की 'युग-निर्माता स्वामी दयानंद', 'देशभक्त शहीदों की गाथाएँ', 'हमारे स्वतंत्रता-सेनानी', 'महान देशभक्त स्वामी श्रद्धानंद', 'दिव्य पुरुष गुरु नानक देव', सत्यकाम विद्यालंकार की 'सरदार पटेल' और 'शिवाजी', विश्वनाथ की 'महापुरुषों के संस्मरण', राधाकृष्ण की 'बाबा साहब अंबेडकर', सीमा की 'राजा राममोहन राय', नारायणप्रसाद बिंदू की 'श्री अरविंद', प्राणनाथ वानप्रस्थी की 'चंद्रशेखर आजाद', 'सुभाषचंद्र बोस', 'महात्मा गांधी', 'सम्राट् अशोक', 'गुरु नानक देव', 'महाराणा प्रताप', 'झाँसी की रानी', 'गौतम बुद्ध' तथा 'महापुरुषों का बचपन', अरुणकुमार की 'साहस ही जिनका चरित्र है', ज्योतिपुंज की 'गोविंद गुरु', आशा श्रीधर की 'चंदन-पानी', अक्षयकुमार जैन की 'परमवीर सेनानी', देशराज गोयल की 'बात जवाहरलाल की' तथा 'याद जवाहरलाल की', उमाशंकर जोशी की 'बापू की बातें' तथा 'सबका साथी सबका दोस्त', लीला जॉर्ज की 'सच की खोज', इंदिरा बिश्नोई की 'संत जंभेश्वर' इस दौर की महत्त्वपूर्ण बाल जीवनियाँ हैं।

पीपुल्स पब्लिशिंग हाउस ने छठे-सातवें दशक में डार्विन, एडीसन, मैडम क्यूरी, जगदीशचंद्र बसु और कोपरनिकस जैसे विश्वप्रसिद्ध वैज्ञानिकों की जीवनियाँ आधिकारिक विद्वानों से लिखवाकर छापीं। इसके अलावा जयप्रकाश भारती की 'विज्ञान की विभूतियाँ', विश्वमित्र शर्मा की 'संसार के प्रसिद्ध वैज्ञानिक', सुरजीत की 'प्रसिद्ध वैज्ञानिक और उनके आविष्कार', कांति मोहन की फिनले मोर्स और श्रीकांत व्यास की एडीसन और फेर्मी पर लिखी गई चित्रात्मक जीवनियों ने सहज-सरल अंदाज में वैज्ञानिकों के जीवन संघर्ष और उनके कालजयी आविष्कारों की कथा प्रस्तुत की।

यों हिंदी में वैज्ञानिकों की जीवनियाँ लिखने के मामले में जो आचार्य ही नहीं, बल्कि गुरुपद पर बैठने के काबिल हैं, वे हैं हिंदी के दिग्गज विद्वान लेखक गुणाकर मुले (1935-2009)। देश-विदेश के वैज्ञानिकों की प्रभावशाली जीवनियाँ लिखने में उन्होंने जितना भारी श्रम किया और जितनी महत्त्वपूर्ण उपलब्धियाँ हासिल कीं, उसकी तुलना में उनके सामने ठहरनेवाला कोई विज्ञान-लेखक हिंदी में नहीं आया। इस मामले में वे सचमुच हिंदी के कोलंबस है। गुणाकर मुले ने एक ओर आधुनिक भारत के प्रसिद्ध वैज्ञानिकों की जीवनियाँ लिखीं, तो दूसरी ओर प्राचीन भारत के महान वैज्ञानिकों और गणितज्ञों आर्यभट, भास्कराचार्य आदि की अत्यंत खोजपूर्ण और प्रभावशाली जीवनियाँ लिखकर हमें उनसे कहीं अधिक अंतरंगता से परिचित कराया। उन्होंने संसार के महान गणितज्ञों और वैज्ञानिकों के संक्षिप्त जीवन-चरित लिखे, तो साथ ही मेंडेलीफ, पास्कल, आर्किमिडीज और केप्लर पर एकदम रोचक और खिलंदड़ी भाषा में किताबें लिखकर मानो बच्चों के मन के एक खाली कोने को ताजी हवा और प्रकाश से भरने का काम किया। पर गुणाकर मुले के व्यक्तित्व की असली शक्ति और विशेषज्ञता तब प्रकट होती है, जब वे भास्कराचार्य और आर्यभट सरीखे प्राचीन वैज्ञानिकों पर लिखते हैं। इन प्राचीन विद्वानों पर लिखी गईं गुणाकर मुले की जीवनियाँ खासी चर्चित हुईं।

गुणाकर मुले की खासियत यह है कि जब वे किसी वैज्ञानिक का जीवनचरित लिखते हैं तो उसके व्यक्तित्व की अंतरंग रेखाओं को छूने के साथ-साथ रोमांचक ढंग से उन चुनौतियों को भी सामने रखते हैं, जिनका उस वैज्ञानिक को अपने जीवन-काल में सामना करना पड़ा। इसीलिए आर्किमिडीज के बारे में वे लिखते हैं तो यूरोप में सिसली द्वीप के सिराक्यूज नगर का पूरा नक्शा आँखों के आगे उभार देते हैं, जिसमें आर्किमिडीज जैसा प्रभावशाली वैज्ञानिक जनमा था। उनमें न सिर्फ जीवन और प्रकृति के अंतर्सत्यों को समझने की विलक्षण वैज्ञानिक प्रतिभा थी, बल्कि इस प्रतिभा का विस्फोट कई दिशाओं में हुआ। जब उनके नगर पर शत्रुओं का हमला हुआ तो उन्होंने दर्पण के वैज्ञानिक इस्तेमाल से ऐसी आसान राह निकाली कि शत्रु के जो भी जहाज निकट आते, वे देखते-ही-देखते भस्म हो जाते थे। यह बात किसी को आश्चर्यजनक जादू भी लग सकती है, पर आर्किमिडीज का जादू विज्ञान की वास्तविक शक्ति पर ही आधारित था और उसने शत्रु-सेना में खलबली मचा दी थी। गुणाकर मुले ने इसका प्रभावशाली चित्रण किया है। इसी तरह गुणाकर मुले ने आर्किमिडीज की मृत्यु का जो करुण चित्र खींचा है, वह आँखें नम कर देनेवाला है। आर्किमिडीज जमीन पर रेखाएँ खींचते हुए अपने अध्ययन में गहरे डूबे थे और विचारलीन थे, तभी एक शत्रु सैनिक ने अपनी तलवार से उनका सिर काट दिया। यों एक महान वैज्ञानिक प्रतिभा का करुण अंत हुआ।

जाहिर है, गुणाकर मुले जिस वैज्ञानिक पर लिखने के लिए कलम उठाते हैं, उसकी भीतरी तड़प और बेचैनी उनके शब्दों में उतर आती है और वह वैज्ञानिक एक व्यक्ति से अधिक एक निरंतर सत्यखोजी के रूप में हमारे सामने प्रकट होता है। गुणाकर मुले द्वारा लिखी गई मेंडेलीफ, पास्कल और केप्लर की जीवनियाँ भी काफी भावपूर्ण और प्रभावशाली हैं।

सुभाष मुखोपाध्याय द्वारा लिखी गई जगदीशचंद्र बसु तथा वजीर हसन आब्दी द्वारा लिखी गई कोपरनिकस और रामानुजन् की जीवनियाँ भी आकर्षक हैं। इनमें सुभाष मुखोपाध्याय (1931-1981) ने बड़ी अंतरंगता और दिलचस्प अंदाज में भारत के महान वैज्ञानिक जगदीशचंद्र बसु की जीवन-कथा लिखी है। 'जगदीशचंद्र

बसु' (1957) पढ़ते समय ऐसा लगता है कि हम उसे पढ़ नहीं रहे हैं, बल्कि खुद सुभाष मुखोपाध्याय जगदीशचंद्र बसु के जीवन से जुड़ी छोटी-छोटी बातों और किस्सों के जरिए उनकी जीवन-कथा हमें सुना रहे हैं। खेल-खेल में तार से तार जोड़ते हुए वे उसे आगे बढ़ाते हैं। इसे पढ़कर पता चलता है कि जगदीशचंद बसु का बचपन कैसा था और बचपन में उनके भीतर प्रकृति के अनुपम संसार को समझने की जो धुन थी, वही एक दिन उन्हें देश और दुनिया का महान वैज्ञानिक बना देती है। मूल बाँग्ला से हिंदी में इस जीवनी का अनुवाद त्रिभुवननाथ ने बड़े सुथरे ढंग से किया है।

इसी तरह वजीर हसन आब्दी (1922-1999) ने बड़े रोचक अंदाज में देश के महान गणितज्ञ रामानुजन् की जीवनी लिखी है ('रामानुजन्', 1961)। रामानुजन् को बचपन में जिस तरह के अभाव और कष्ट झेलने पड़े, उनका वर्णन मन को व्याकुल कर देता है, पर गणित के लिए उनका पागलपन और मन की भूख कम होने में ही नहीं आती थी। कहाँ तो हालत यह थी कि उन्हें अपने देश में गुजर-बसर के लिए मामूली क्लर्क की नौकरी के भी लाले थे और कहाँ आगे चलकर वे दुनिया के महान गणितज्ञ माने गए। बहुत थोड़ी उम्र में ही जो उन्होंने कर दिखाया और अंतिम समय तक गणित में कुछ नया खोजने और कर दिखाने की उनकी जो धुन थी, उसका वर्णन वजीर हसन आब्दी ने बड़ी जिंदा भाषा में शिद्दत के साथ किया है।

वजीर हसन आब्दी द्वारा लिखी गई महान वैज्ञानिक कोपरनिकस की जीवनी भी अद्भुत है, बच्चे जिसका शब्द-शब्द पढ़ेंगे ('कोपरनिकस', संस्क. 1998)। कोपरनिकस ने ही सबसे पहले यह खोज की थी कि पृथ्वी सूर्य के चारों ओर घूमती है। अभी तक सभी लोग यही मानते आए थे और ईसाई धार्मिक विश्वासों के आधार पर भी बार-बार यही कहा जाता था कि धरती अपनी जगह स्थिर है और सूरज घूमता है। पर कोपरनिकस ने बताया कि सचाई इसके उलट है। इसके लिए जीवन भर उन्होंने अंतरिक्ष और तारों के अध्ययन के साथ-साथ तमाम तरह के प्रयोग किए और अपनी स्थापना के अकाट्य प्रमाण जुटाए। हालाँकि इसके बाद भी कोपरनिकस को पग-पग पर अपमानित होना पड़ा। जीवन भर उन्हें उपेक्षा और अवहेलना झेलनी पड़ी। उनके जीवन-काल में किसी ने उनकी इस नई स्थापना को महत्त्व नहीं दिया। उनकी मृत्यु के बाद भी उनकी बातों को सिर्फ गप और कपोलकल्पना मानकर चर्चा की जाती रही। लेकिन फिर समय के साथ यह साबित हुआ कि उनकी स्थापनाएँ कितनी सही और क्रांतिकारी थीं। तब न सिर्फ वैज्ञानिकों ने उनकी स्थापना के आधार पर आगे प्रयोग किए, बल्कि धार्मिक रूढ़िवादियों को भी उनके विचारों के आगे नतमस्तक होना पड़ा।

कोपरनिकस जैसे महान वैज्ञानिक अकसर हलाहल पीकर अमृत देते हैं। वजीर हसन आब्दी ने बहुत प्रभावी और भावपूर्ण ढंग से उनकी तार्किक स्थापनाओं और उनके मन की उधेड़बुन का वर्णन किया है। सचमुच कोपरनिकस पर लिखी गई यह एक अनोखी और यादगार जीवनी है।

इसके अलावा जयप्रकाश भारती (1936-2005) द्वारा लिखी गई 'विज्ञान की विभूतियाँ' तथा विश्वमित्र शर्मा की 'संसार के प्रसिद्ध वैज्ञानिक' भी महत्त्वपूर्ण पुस्तकें हैं। 'विज्ञान की विभूतियाँ' में भारतीजी ने गैलीलियो, डार्विन, पास्चर, जगदीशचंद्र बसु, मैडम क्यूरी, आइंस्टाइन, अलेक्जेंडर फलेमिंग तथा सर सी.वी. रमन की जीवन-कथाएँ लिखी हैं। भारतीजी की भाषा सीधी-सरल है तथा बात को छोटे-छोटे वाक्यों में रोचक ढंग से कहना उन्हें आता है। लिहाजा 'विज्ञान की विभूतियाँ' बाल जीवनियों में अपने ढंग की एक महत्त्वपूर्ण

पुस्तक कही जा सकती है। भारतीजी का किसी रोचक किस्से-कहानी की तरह जीवनी लिखने का यह अंदाज बच्चों को लुभानेवाला है। नई पीढ़ी के लेखक उनसे यह सीख सकते हैं।

विश्वमित्र शर्मा की पुस्तक 'संसार के प्रसिद्ध वैज्ञानिक' में आर्किमिडीज से लेकर डॉ. मेघनाथ साहा तक देश-विदेश के ऐसे पचीस सुप्रसिद्ध वैज्ञानिकों की जीवनियाँ दी गई हैं, जिन्होंने अपनी महान वैज्ञानिक प्रतिभा से संसार को बेहतर बनाने की कोशिश की। पुस्तक में दिए गए जीवन-चरित बहुत संक्षिप्त है और कहीं-कहीं आधे-अधूरे भी लगते हैं, मगर मोटे तौर पर विश्व के महान वैज्ञानिकों के बारे में जानकारी हासिल करने के लिहाज से यह कोई बुरी किताब नहीं है। पुस्तक में आर्किमिडिज, निकोलस कोपरनिकस, गैलीलियो, आइजक न्यूटन, अल्बर्ट आइंस्टाइन जैसे दिग्गज वैज्ञानिकों के साथ-साथ होमी जहाँगीर भाभा, डॉ. शांतिस्वरूप भटनागर तथा डॉ. मेघनाद साहा को भी शामिल किया गया है। आश्चर्य, इस पुस्तक में भारतीय वैज्ञानिकों में भाभा और डॉ. मेघनाथ साहा तो हैं, पर भौतिक विज्ञान में नोबेल पुरस्कार जीतकर सारी दुनिया में भारत का नाम फैलानेवाले महान वैज्ञानिक सर सी.वी. रमन को छोड़ दिया गया। यह चूक कैसे हुई, समझना मुश्किल है। विश्वमित्र शर्मा की 'संसार के प्रसिद्ध खोजी' भी बहुत अच्छी पुस्तक है, जिसमें मार्को पोलो, वास्कोडिगामा, कोलंबस, जेम्स कुक आदि की रोमांचक जीवनियाँ हैं।

सुरजीत (1937-2017) की संसार के प्रसिद्ध वैज्ञानिकों के जीवन और आविष्कारों पर लिखी गई किताब 'प्रसिद्ध वैज्ञानिक और उनके आविष्कार' एक अच्छी और स्पृहणीय पुस्तक है। बच्चों के लिए वैज्ञानिकों की अच्छी जीवनियाँ कैसे लिखी जाएँ, इस लिहाज से यह एक आदर्श पुस्तक है, जिसमें महान वैज्ञानिकों की रोमांचक जीवन-कथाएँ पढ़ने को मिलती हैं। खासकर गेलीलियो, आर्किमिडीज, जॉर्ज स्टीवेंसन, राइट बंधु, फिनले मोर्स, आर्क राइट, सर आइजैक न्यूटन और थॉमस एल्वा एडीसन की जीवन-कथाएँ तो इतने दिलचस्प ढंग से लिखी गई हैं कि बच्चे किसी रोमांचक कथा-कहानी की तरह उनका एक-एक शब्द पढ़ेंगे।

सुरजीत की इस पुस्तक की खासियत यह है कि वे जगह-जगह दर्शाते हैं कि संसार के महान वैज्ञानिकों के आविष्कारों ने पूरी दुनिया को बदला और मनुष्य के जीवन को सुखी बनाया, लेकिन इसके लिए खुद उन्हें अपने जीवन में अंतहीन पीड़ाएँ झेलनी पड़ीं। उदाहरण के लिए गैलीलियो ने जब यह लिखा कि सूरज धरती के चक्कर नहीं लगाता, बल्कि धरती सूरज के चारों तरफ घूमती है, तो गैलीलियो को रोम में बुलाया गया और उन पर मुकदमा चला। रोम के बड़े-बड़े लोगों को सिफारिश पर पोप ने उन्हें मुक्त तो कर दिया, पर उनकी पुस्तक को जब्त कर लिया। पोप का दबाव पड़ने पर गैलीलियो ने यह लिख दिया कि मेरे विचार गलत थे और अब मैं यह मानता हूँ कि धरती स्थिर है और सूरज इसके ईद-गिर्द घूम रहा है। लेकिन अदालत से बाहर आकर गैलीलियो ने अपने एक मित्र से कहा, "मैं बूढ़ा और बीमार हूँ, इसीलिए मैंने पोप के कहने पर यह बात लिख दी है। सचाई अपनी जगह अटल है, उसे कोई बदल नहीं सकता। धरती सूरज के गिर्द घूम रही है और घूमती रहेगी।" बच्चों के लिए लिखी गई वैज्ञानिकों की जीवनियों में यह पुस्तक एक मयार की तरह है।

हरिकृष्ण देवसरे (1940-2013) की प्रकाशन विभाग से छपी 'वैज्ञानिकों की जीवन-कथाएँ' बहुत सुंदर और पठनीय पुस्तक है। इस पुस्तक में देवसरेजी ने विश्व के ग्यारह महान वैज्ञानिकों की जीवन-कथाएँ देकर बाल पाठकों को यह बताने की कोशिश की है कि इन धुनी वैज्ञानिकों के भीतर की गहरी तड़प और लगन ने ही उनसे महान आविष्कार करवाए। पुस्तक में आर्किमिडीज, गैलीलियो, आईजेक न्यूटन, जेम्स वाट अलेक्जेंडर,

ग्राहम बेल, थॉमस अल्वा एडीसन, मेरी क्यूरी, अल्बर्ट आइंस्टाइन, जगदीशचंद्र बसु, चंद्रशेखर वेंकटरमन तथा सत्येंद्रनाथ बोस की जीवन-कथाओं को बड़े दिलचस्प और प्रभावशाली अंदाज में प्रस्तुत किया गया है। देवसरेजी बार-बार इन वैज्ञानिकों के जीवन के ऐसे क्षणों की ओर इशारा करते हैं, जब उन्हें सत्य की एक बारीक-सी किरण दिखाई दी और फिर उन्होंने अपना पूरा जीवन उसी सत्य के प्रयोग और आविष्कार में लगा दिया, ताकि वे मानवता की सेवा कर सकें। अपनी धुन में काम करनेवाले इन वैज्ञानिकों को कई बार सनकी और पागल भी समझा गया, लेकिन उनके महान आविष्कारों ने दुनिया की आँखें खोल दीं।

देवसरेजी की 'सम्मान की काँटों भरी राह' भी पठनीय पुस्तक है, जिसमें उन्होंने संसार के महान वैज्ञानिकों, साहित्यकारों, चिंतकों और दार्शनिकों के विकट जीवन संघर्ष को दर्शाया है। आज सारा संसार उन्हें मानता है, उनके नाम का स्मरण करके श्रद्धा-सुमन चढ़ाता है। पर अपने जीवनकाल में जिस तरह के कष्ट और परेशानियाँ उन्होंने झेलीं, उन्हें याद करके हृदय काँपता है। इनमें से बहुतों को अपने जीवन-काल में पागल और सनकी तक समझ लिया गया और उन्हें मृत्युदंड दिया गया, पर बाद में लोगों को अपनी भूल पता चली।

श्रीकांत व्यास ने भी कुछ अलग ढंग से बाल पाठकों लिए वैज्ञानिकों की जीवनियाँ लिखी हैं। 'शिक्षा भारती' से छपी उनकी दो पुस्तकें 'ग्रामोफोन और चलचित्र के आविष्कारक एडीसन की कहानी' तथा 'परमाणु शक्ति के आविष्कारक फेर्मी की कहानी' इस लिहाज से अनूठी पुस्तकें हैं। श्रीकांत व्यास द्वारा लिखी इन पुस्तकों की खासियत यह है कि इनमें वैज्ञानिकों के बचपन और स्वभाव का अध्ययन करके वे बातें खोजी गई हैं, जो उन्हें आनेवाले कल का महान आविष्कारक बना रही थीं। परमाणु शक्ति के आविष्कारक फेर्मी का बचपन भी और बच्चों से कुछ अलग था। इसलिए कि वह हमेशा सोचता रहता था और बचपन में खेलते समय उसने समझ लिया था कि जब लट्टू नाचता है, तब इसकी कील, यानी धुरी सीधी क्यों रहती है और जैसे ही इसका नाच बंद होता है, लट्टू गिर पड़ता है। फेर्मी समझ गया था कि लट्टू की कील सीधी इसलिए रहती है कि यह नाचता रहता है। पृथ्वी और चाँद-सितारे भी कुछ-कुछ इसी तरह अपनी धुरी पर नाचते हैं।

श्रीकांत व्यास की ये पुस्तकें इतने खूबसूरत ढंग से छपी और लिखी गई हैं कि इन्हें पढ़ने के बाद यह कहना गलत होगा कि हिंदी में बच्चों के लिए अच्छा विज्ञान-साहित्य नहीं लिखा जा रहा। इसी तरह कांति मोहन ने 'टेलीग्राफ के आविष्कारक फिनले मोर्स की कहानी' लिखी, जो खासी रोचक है। टेलीग्राफ के आविष्कारक फिनले मोर्स के बचपन की जिज्ञासा-वृत्ति ने उसे इतना धुनी और विचारशील बना दिया कि वह अपने ढंग से जिया और अपने महान आविष्कार से दुनिया को प्रभावित कर सका। हरीश अग्रवाल द्वारा इस दौर में लिखी गई 'भारत के महान वैज्ञानिक' (संस्क. 1968) पुस्तक भी बहुत चर्चित हुई, जिसमें चंद्रशेखर वेंकटरमन, जगदीशचंद्र बसु, प्रफुल्लचंद्र राय, श्रीनिवास रामानुजन, मेघनाद साहा, शांतिस्वरूप भटनागर और होमी जहाँगीर भाभा समेत भारत के पंद्रह सिरमौर वैज्ञानिकों की बहुत अच्छी और प्रभावित करनेवाली जीवनियाँ हैं।

❖

बच्चों के लिए लिखी गई सुप्रसिद्ध लेखकों की जीवनियों में विष्णु प्रभाकर की 'शरतचंद्र', डॉ. रामविलास शर्मा की 'निराला', नागार्जुन की 'प्रेमचंद', अमृतराय की 'प्रेमचंद', कमलकिशोर गोयनका की 'प्रेमचंद : चित्रात्मक जीवनी', राधेश्याम 'प्रगल्भ' की 'उपन्यास-सम्राट् प्रेमचंद', नागार्जुन की 'प्रेमचंद',

हरिकृष्ण देवसरे की 'रहीम' तथा 'अमीर खुसरो', राजेंद्र सिंह की 'संत कबीर दर्शन' (1955), सोम सुंदरम् की 'तिरुवल्लुवर' (1956), मुकुंददेव शर्मा की 'कृष्ण द्वैपायन व्यास' (1955) पुस्तकें प्रसिद्ध हैं। पीपुल्स पब्लिशिंग हाउस से प्रसिद्ध चिंतक वालतेयर की जीवनी छपी तो शकुन प्रकाशन ने अनंत द्वारा लिखी गई 'हिंदी साहित्य के सितारे' पुस्तक छापी, जिसमें मध्ययुगीन लेखकों के अलावा छायावादी और अन्य कवियों की भी संक्षिप्त जीवनियाँ थीं। इसी तरह पीपुल्स पब्लिशिंग हाउस ने निराला, शरतचंद्र आदि लेखकों की सुंदर जीवनियाँ छापीं, जो खासी चर्चित हुईं।

इनमें विष्णु प्रभाकर (1912–2009) की लिखी 'शरतचंद्र' (1959) बेहद अच्छी जीवनी है। खासकर शरत के बचपन और उनकी शरारतों का चित्रण इतना मोहक है कि बार–बार उसे पढ़ने का मन करता है। पर इसे पढ़कर यह भी समझ में आता है कि ऐसी क्या चीज थी, जो उन्हें आगे चलकर इतना बड़ा लेखक बनाती है। उनके जीवन में एक के बाद एक जो संघर्ष और परेशानियाँ आईं, उनका भी चित्रण बड़े सधे ढंग से हुआ है। शरत की पहली ही रचना से लोगों का ध्यान उनकी तरफ गया था और लगने लगा था कि कोई असाधारण प्रतिभा उनके बीच मौजूद है। बाद में उनका नाम तो तेजी से फैला, पर उनके बारे में तरह–तरह की गलत–सलत बातें और अफवाहें भी फैलीं। लोग उनकी आवारगी के बारे में खूब बढ़ा–चढ़ाकर बातें करते थे। सच तो यह है कि शरत गरीबों, दलितों, स्त्रियों के बारे में सहानुभूति से भरकर लिखते थे, तो बहुत से सभ्य लोग नाक–भौंह सिकोड़ते थे, पर जनता शरत की रचनाओं को इतना अधिक पसंद करती थी कि देखते–ही–देखते उनकी चारों ओर धूम मच गई।

विष्णु प्रभाकर ने कहानी सुनानेवाले मजेदार अंदाज में ये सारी बातें लिखी हैं। गांधीजी से शरत की मुलाकात का वर्णन बहुत रोचक है। किताब में जगह–जगह यह बात खुलती है कि इतने बड़े लेखक होने पर भी शरत में जरा भी अभिमान नहीं था। शरत जैसा बड़ा लेखक असल में अंदर से बच्चों की तरह भोला था। विष्णु प्रभाकर की लिखी इस बेजोड़ पुस्तक को पढ़कर शरत के काम और लेखन–संसार को बच्चे बखूबी समझ पाएँगे।

डॉ. रामविलास शर्मा (1910–2000) द्वारा लिखी गई निराला की जीवनी 'निराला' (1959) भी रोचक है और निराला के जीवन के सभी पहलुओं तथा उनके व्यक्तित्व को बाल पाठकों के आगे खोल देती है। निराला का बचपन कैसा था, उस समय उनके शौक क्या थे, पिता से वे किस कदर डरते थे, पर इस सबके बावजूद कविता लिखने की धुन कैसे उनमें जाग रही थी? पुस्तक में इस सबका वर्णन है। निराला की शुरुआती कविताओं में सबसे चर्चित कविता 'जुही की कली' की काफी चर्चा है। निराला के गीतों तथा मुक्त छंद कविताओं का भी बखान है। एक पगली स्त्री पर लिखी गई उनकी कहानी 'देवी' की भी लंबी चर्चा है। अपने साथ के लेखकों के लिए उनका गुस्सा और प्यार खुलकर सामने आता है, तो निराला के उन कठिन संघर्षों का भी, जिन्होंने उन्हें बुरी तरह तोड़ दिया, पर उनका स्वाभिमान किसी के आगे झुका नहीं। इस जीवनी की एक सीमा यह है कि ऐसे कई साहित्यिक प्रसंग, जो बच्चों के बहुत काम के नहीं थे, वे तो इस पुस्तक में आ गए हैं, जबकि निराला के जीवन–संघर्ष से जुड़ी कई मार्मिक बातें और प्रसंग छूट गए हैं। संभवत: यह संवाद–शैली की एक सीमा है, जिसके कारण रचना में कथात्मक प्रवाह पैदा नहीं हो पाया। तो भी यह निराला की बच्चों के लिए लिखी गई अपने ढंग की एक जीवनी है, इसमें शक नहीं।

इसी तरह प्रेमचंद की बहुत अच्छी जीवनियाँ इस कालखंड में लिखी गईं। जाने-माने प्रगतिशील कवि बाबा नागार्जुन और मधुकर सिंह ने भी प्रेमचंद पर कलम चलाई। बाबा नागार्जुन की 'प्रेमचंद' और मधुकर सिंह की 'मुंशी प्रेमचंद' पुस्तकें इस कलम के सिपाही के अनवरत जीवन संघर्षों और महान रचनाओं की छवि पाठकों के मन में उकेरती हैं। इनमें बाबा नागार्जुन (1911-1998) ने पीपुल्स पब्लिशंग हाउस के लिए प्रेमचंद की जिंदादिली से भरपूर, बड़ी अद्भुत जीवनी लिखी, जिसमें बात-बात में प्रेमचंद के ठहाके सुनाई देते हैं। प्रेमचंद के जाने के बरसों बाद उनसे और शिवरानी देवी से ऐसा अद्भुत संवाद नागार्जुन ही कर सकते थे। फिर इस संवाद के साथ ही प्रेमचंद की यह भावप्रवण जीवन-कथा चल पड़ती है, जिसमें जगह-जगह उनके संघर्षपूर्ण जीवन की झाइयाँ हैं और उनके सरल स्वभाव से जुड़े जीवन प्रसंग भी। जीवन में मुश्किलें हैं, परेशानियाँ हैं, पर प्रेमचंद इस सबसे बेखबर अपने लिखने की धुन में हैं और होते-होते कलम का यह सिपाही पूरी भारतीय जनता का लाड़ला साहित्यकार बन जाता है। बाबा नागार्जुन ने इतनी जिंदादिली के साथ यह जीवनी लिखी है कि इसे पढ़ते हुए प्रेमचंद हर बच्चे के भीतर पैठ जाएँगे, साथ ही जीवन में कुछ आगे बढ़ने और कुछ कर गुजरने की सीख देंगे।

अमृतलाल नागर (1916-1990) की 'शांतिनिकेतन के संत का बचपन' बच्चों के लिए लिखी गई बड़ी सुंदर कलात्मक जीवनी है। इसी तरह बच्चों के लिए बोलचाल की भाषा में प्रेमचंद की एक और छोटी सी, लेकिन अच्छी जीवनी प्रसिद्ध कवि-लेखक राधेश्याम 'प्रगल्भ' (1929-1999) ने भी लिखी है। 'उपन्यास-सम्राट् प्रेमचंद' शीर्षक से लिखी गई यह अनूठी जीवनी रोचक ढंग से प्रेमचंद के जीवन और कामों का ब्योरा देती है। शुरू में प्रगल्भजी बच्चों से पूछते हैं कि अच्छा बताओ, 'सम्राट' शब्द का मतलब क्या है, उपन्यास-सम्राट् किसे कहें? प्रेमचंद को उपन्यास-सम्राट् क्यों कहा जाता है? यहाँ से चलकर बात खुद-ब-खुद एक महान लेखक के रूप में प्रेमचंद की महिमा के बखान और उनकी महत्त्वपूर्ण रचनाओं के वर्णन की दिशा में चल पड़ती है।

प्रगल्भजी की कस्तूरबा गांधी के त्यागमय जीवन और दृढ़ चरित्र को सँजोती पुस्तक 'कस्तूरबा' भी इस दौर में लिखी गई जीवनियों में अपना अलग महत्त्व रखती है। प्रगल्भजी ने सीता की भी जीवनी लिखी है। उनकी लिखी पुस्तक 'सीता' सीता के पौराणिक चरित्र को एकदम नए कथात्मक अंदाज में बाल पाठकों के मन में उतार देती है। इसमें संदेह नहीं कि प्रगल्भजी की कथात्मक शैली जीवनी-लेखन में एकदम मौजूँ है और बच्चे कहानियों की ही तरह इन जीवनियों को रस लेकर पढ़ते और बहुत कुछ सीखते हैं। इसी तरह नर्मदाप्रसाद खरे की 'धन्य ये बेटियाँ' (तीन भाग) महिला चरित्रों की तेजस्वी छवियाँ बाल पाठकों के आगे रखती हैं।

गीताप्रेस से छपी 'वीर बालक' (सं. हनुप्रसाद पोद्दार) पुस्तक में पौराणिक पात्रों से लेकर वीर प्रताप, शिवाजी, छत्रसाल और दुर्गादास राठौर के बचपन के साहस और वीरतापूर्ण कारनामों की ऐसी अद्भुत कथाएँ हैं, जिन्हें पढ़ते हुए आज भी हम चकित और रोमांचित होते हैं। 'दयालु और परोपकारी बालक बालिकाएँ', 'बड़ों के जीवन से शिक्षा' तथा 'आदर्श देशभक्त' भी गीताप्रेस से प्रकाशित जीवनियों की श्रेष्ठ और सुंदर पस्तकें हैं। हाँ, अगर ये जीवन कथाएँ सहज, सरल भाषा में लिखी जातीं, तो इनका प्रभाव और बढ़ता।

❧ ❖ ❧

हिंदी बाल साहित्य में साहसिक अभियानों पर निकले धरती-पुत्रों की गाथाएँ अधिक नहीं नजर आतीं। इस लिहाज से इस कालखंड में मनमोहन सरल, व्यथित हृदय और के.सी. खन्ना द्वारा लिखी गईं संसार के महान यात्रियों और साहसिक अभियानों पर निकले दिलेर नायकों की जीवनियाँ अपना अलग आकर्षण रखती हैं। खासकर मनमोहन सरल (ज. 1934) की पुस्तक 'रोमांचक साहसिक यात्राएँ' (संस्क. 2003) इतनी रोमांचक और दिलचस्प है कि इसकी जितनी तारीफ की जाए, कम है। सच कहा जाए तो हिंदी में साहसिक अभियानों पर निकले विश्व के महानायकों पर लिखी गई ऐसी कोई दूसरी किताब है ही नहीं। पुस्तक कुल नौ अध्यायों में बँटी है—'चीन से भारत', 'एशिया के आर-पार', 'नई दुनिया की खोज', 'सोने की चिड़िया तक', 'दुनिया गोल है', 'अंध महाद्वीप में', 'उत्तरी ध्रुव', 'दक्षिणी ध्रुव' तथा 'एवरेस्ट विजय'। इसी से पता चलता है कि मनमोहन सरल की शैली की खूबी क्या है और उनकी दृष्टि कहाँ-कहाँ तक जाती है। पुस्तक की भूमिका में उचित ही लिखा गया है, "मनुष्य ने अब तक जल, थल, हिम और आकाश पर अनेक कठिन यात्राएँ की हैं। विभिन्न प्रकार की बाधाओं और संकटों पर अपनी वीरता और साहस से विजय प्राप्त की है, अनेक दुर्गम और अनजाने स्थलों की खोज में अपने जीवन तक को होम कर दिया है। हिंदी में साहसपूर्ण कार्यों तथा निर्भीकतापूर्वक आत्मोत्सर्ग की गाथाओं का विवरण देनेवाली अच्छी पुस्तकों का सर्वथा अभाव है। इस दिशा में प्रथम प्रयास यहाँ प्रस्तुत है।"

मनमोहन सरल ने चीनी यात्री ह्वेनसांग, महान विश्व-यात्री मार्को पोलो, कोलंबस, वास्कोडिगामा आदि की संघर्षभरी रोमांचक यात्राओं का वर्णन किया है। लेकिन उत्तरी ध्रुव की यात्रा पर निकले साहसी यात्री पेरी और दक्षिणी ध्रुव पर अपना झंडा लहराने के बाद मृत्यु की गोद में सो गए महान यात्री पीटर स्कॉट के साहसिक अभियानों के वर्णन तो खासे रोमांचक हैं। महान विश्व-यात्री मार्को पोलो जब दुनिया के अनेक देशों की यात्रा के बाद अपने देश वापस लौटा, तो अपने ही लोगों ने उसे नहीं पहचाना। फिर किस अनोखे ढंग से उसने अपनी पहचान बताई, यह प्रसंग भी खासा रोचक है। कुल मिलाकर मनमोहन सरल की 'रोमांचक साहसिक यात्राएँ' एक ऐसी पुस्तक है, जो बाल साहित्य के बड़े अभाव की पूर्ति करने के साथ-साथ बच्चों में बहुत कुछ नया जानने-समझने की जिज्ञासा उत्पन्न करती है।

हिंदी के मूर्धन्य लेखक व्यथित हृदय (1908-1990) की 'साहसिक खोजें, साहसिक कहानियाँ' भी एक दिलचस्प और अनोखी पुस्तक है। इसमें मनुष्य की साहसिक यात्राओं का वर्णन है, जिनके कारण आज हम सभ्यता के एक नए चरण तक पहुँच पाए हैं। मानवता इन साहसिक खोजों की आभारी है। यह दीगर बात है कि जब अलग-अलग देशों के धुनी यात्रियों ने अपने-अपने समय में इन यात्राओं को प्रारंभ किया, तो उनकी मदद करनेवाले बहुत कम लोग थे। उन्हें जिस तरह की मुश्किलों और बाधाओं का सामना करना पड़ा, उसे याद करके आज भी दिल दहल उठता है। पुस्तक में साहसी यात्री मैगलिन की कथा भी है, जो यह साबित करने के लिए कि पृथ्वी गोल है, अपने प्राणों को संकट में डालकर एक खतरनाक समुद्री यात्रा पर निकला। पर अफसोस, बीच यात्रा में ही उसे प्राणों से हाथ धोना पड़ा। तब उसकी अधूरी यात्रा उसके कमांडर डैल्केनो ने पूरी की। इसी तरह उत्तरी ध्रुव की कठिन और चुनौतीभरी यात्रा करनेवाले साहसी यात्री नैनसन और पीरी, नील नदी का उद्गम खोजने निकले जेम्स ब्रूस, दक्षिणी ध्रुव की यात्रा करके वहाँ अपने विजयी पदचिह्न छोड़नेवाले

एमेंडसन और स्कॉट की यात्राओं का वर्णन रोमांचक है। इनमें स्कॉट दक्षिणी ध्रुव में पहुँचा तो था, लेकिन वापस नहीं लौट सका। वहाँ बर्फ की आँधियों ने उसे सदा-सदा के लिए एक लंबी नींद में सुला दिया, लेकिन मरकर भी स्कॉट ने अपनी विजय-कथा की पताका सारी दुनिया में लहरा दी। पुस्तक के आखिरी अध्याय 'विचित्र विज्ञान' में व्यथित हृदय बड़े प्रभावशाली ढंग से यह बताते हैं कि अज्ञान का कोहरा भेदकर आज के वैज्ञानिक युग तक आने में मनुष्य को सचमुच कितना श्रम करना पड़ा तथा कैसी-कैसी विघ्न-बाधाओं को पार कर, वह आधुनिकता की इस मंजिल तक पहुँचा है।

इसके साथ ही व्यथित हृदय ने क्रांतिकारियों की बड़ी सुंदर और भावनात्मक जीवनियाँ लिखीं। उनकी लिखी हुई महान क्रांतिकारी खुदीराम बोस की जीवनी 'खुदीराम बोस' पढ़कर देश की परतंत्रता का वह दौर आँखों के आगे आ जाता है, जब देश के वीर क्रांतिकारियों ने जान हथेली पर रखकर मातृभूमि की स्वाधीनता के लिए संघर्ष किया और देश के लिए हँसते-हँसते देश के प्राणों की बाजी लगा दी। इस जीवनी को लिखने के पीछे प्रेरणा क्या थी, इसे व्यथित हृदय के इन शब्दों से समझा जा सकता है, "स्वतंत्र भारत के लिए जिन्होंने बलिदान दिया, उन्हें आज हमारे युवा दिनोंदिन भूलते जा रहे हैं। इसी कारण आज उनमें राष्ट्रीयता की भावनाएँ लुप्त होती जा रही हैं और स्वार्थ भावनाएँ प्रबल हो रही हैं। अमर शहीद खुदीराम बोस की जीवनी युवा पीढ़ी को राष्ट्र के प्रति समर्पित होने की भावनाओं से ओतप्रोत कर देगी। युवक इससे प्रेरित होकर कोई व्रत लें, यही लेखक की आराधना है।"

इन शब्दों में व्यथित हृदय की गहरी पीड़ा भी है। इसे समझने की जरूरत है। जिन महान क्रांतिकारियों ने देश की आजादी के लिए अपना तन-मन-धन सबकुछ कुर्बान कर दिया, उन्हें भूलना तो कृतघ्नता होगी। बच्चों और किशोरों के लिए वीर क्रांतिकारियों की जीवनियाँ इसी भाव से लिखी जाती हैं। आजादी के बाद निस्संदेह इस तरह की बहुत सुंदर और आदर्श जीवनियाँ लिखी गईं।

इसी तरह व्यथित हृदय ने 'लाला हरदयाल' पुस्तक में गदर पार्टी के संस्थापक तथा सारी दुनिया में भारत की आजादी की लड़ाई की चिनगारियाँ फैलानेवाले महान क्रांतिकारी हरदयाल की भी जीवनी लिखी। पुस्तक में लाला हरदयाल के बचपन के भी अद्भुत प्रसंग हैं, जिन्हें पढ़कर पता चलता है कि बचपन से ही उनमें देश के लिए कुछ करने की तड़प थी। यही तड़प आगे चलकर उन्हें क्रांतिपथ पर ले आई। लाला हरदयाल की यह जीवनी अनेक रोमांचक घटनाओं से भरी हुई है, जिसमें किसी उपन्यास जैसी रोचकता है। पुस्तक में लाला हरदयाल के अपरिमित त्याग और वीरता का वर्णन करते हुए व्यथित हृदय ने जो शब्द कहे हैं, उनकी टंकार मानो दूर हवाओं तक सुनाई देती है। वे लिखते हैं—

"जिस प्रकार पर्वत बूँदों की चोट को सहता है, प्रखर हवाओं के झोंकों को सहन करता है, उसी प्रकार लाला हरदयालजी देश की स्वतंत्रता के लिए सहन किया करते थे। वे भूखे रहे, विदेशों की सड़कों पर भटके, बर्फानी शीत के झोंकों में भी सूती कपड़े पहनकर रहे और उबले हुए आलुओं पर अपने दिन बिताए थे। सच है, वे जेल नहीं गए, वे फाँसी के तख्ते पर नहीं चढ़े, पर उन्होंने जो संकट झेले थे, उसे दृष्टि में रखकर यह कहने में संकोच नहीं क्या जा सकता कि वे न जाने कितनी बार जेल गए थे और न जाने कितनी बार फाँसी के फंदे पर चढ़े थे। उनका त्याग महान था। उनका शौर्य महान था। वे अपने त्याग और शौर्य से मनुष्यों में ही नहीं, देवताओं में भी आदर पाएँगे।"

इस क्षेत्र में हरिकृष्ण देवसरे का भी योगदान बड़ा है। उन्होंने इस कालखंड में 'महानायक मंगल पांडे' और 'तात्या की तलवार' शीर्षक से मंगल पांडे और तात्या टोपे की बहादुरी की सच्ची तसवीरें पेश करनेवाली बड़ी प्रेरक जीवनियाँ लिखी हैं। दो वीर स्वाधीनता सेनानियों पर लिखी गई देवसरेजी की ये पुस्तकें आज भी बाल पाठकों को प्रेरित करती हैं। इसी तरह प्रेमचंद महेश की 'सम्राट् अशोक' (1967) भारत के महान सम्राट् अशोक की बड़ी सुंदर जीवनी है, जिसमें उनके जीवन के अनेक मार्मिक प्रसंगों का वर्णन है, जिसने उन्हें महान बनाया। पुस्तक पढ़कर पता चलता है कि सम्राट् अशोक को अपनी प्रजा के कल्याण का कितना खयाल था। उनकी दृष्टि बहुत दूर तक जाती थी और चरित्र बहुत ऊँचा था। सम्राट् अशोक की यह सुंदर जीवन कथा किसी भावनात्मक उपन्यास की तरह पाठकों के दिल में उतर जाती है। इसी तरह प्रेमचंद महेश की 'काशी का जुलाहा' कबीर की बड़ी सुंदर और पठनीय जीवनी है, जिसमें कबीर की फक्कड़ता, मन की निर्मलता और साधुता का वर्णन है।

शिवकुमार गोयल (1938–2014) की इस कालखंड में लिखी गई 'हिमालय के प्रहरी' भी बाल जीवनियों के क्षेत्र में एक बड़ी उपलब्धि है। गोयलजी ने भारत के सीने को छलनी करनेवाले चीनी हमलावरों का मुँहतोड़ जवाब देनेवाले भारतीय जाँबाजों के शौर्य और पराक्रम की कथाएँ लिखी हैं। पुस्तक में सेनापति जोरावर सिंह, मेजर धनसिंह थापा, सूबेदार जोगिंदर सिंह, मेजर शैतान सिंह समेत अनेक रणबाँकुरों के साहस और वीरता की कथाएँ हैं, जिन्होंने जान हथेली पर रखकर दुश्मन से मोरचा लिया तथा देश के गौरव और आन–बान की रक्षा की। भारतीय वीरों के साहस और शौर्य की इन कथाओं को पढ़ते हुए हमारा मस्तक आदर से झुक जाता है। पुस्तक सच ही बाल पाठकों को रोमांचित करनेवाली है। इसकी भूमिका राष्ट्रकवि मैथिलीशरण गुप्त ने लिखी है।

'भारत के गौरव' पुस्तक–शृंखला

इस दौर में बाल जीवनियों के प्रकाशन में संभवतः सबसे महत्त्वपूर्ण काम प्रकाशन विभाग की 'भारत के गौरव' सीरीज के जरिए हुआ। नौ खंडों में छपे 'भारत के गौरव' ग्रंथ के जरिए देश की लगभग पौने दो सौ महान विभूतियों के जीवन–चरित एक साथ सामने आए। भले ही ये जीवनियाँ बहुत लंबी और विस्तृत नहीं थीं, पर इनमें जिस भी महान विभूति के बारे में लिखा गया है, उसके व्यक्तित्व की भीतरी–बाहरी रेखाओं और खासियत के साथ–साथ, उसके पूरे जीवन के उतार–चढ़ाव, उपलब्धियों और प्रमुख कामों के बारे में ठोस और तथ्यात्मक ढंग से बताने की कोशिश जरूर की गई। फिर ये जीवनियाँ एक बड़े और विस्तृत कालखंड को समेटती हैं। प्रसिद्ध जैन तीर्थंकर महावीर से प्रारंभ हुआ जीवनियों का यह सिलसिला आधुनिक काल में संपूर्णानंद पर जाकर ठहर जाता है और यों इन जीवनियों के बहाने भारत का कोई ढाई हजार साल का गौरवपूर्ण इतिहास भी हमारी आँखों के आगे आकर झिलमिलाने लगता है।

इतने बड़े कालखंड के सुप्रसिद्ध संत, चिंतक, सम्राट, लेखक, शिक्षाविद, वैज्ञानिक, चित्रकार, संगीतकार, विद्वान, वीर योद्धाओं तथा क्रांतिकारियों की जीवनियों को एक साथ समेटना कोई आसान काम नहीं है। बहुत से महत्त्वपूर्ण नाम छूट भी गए हैं। फिर भी जिन नामों को शामिल किया गया है, उनकी महानता या बड़प्पन

पर किसी को संदेह नहीं हो सकता। फिर काल-क्रम के हिसाब से उनका एक साथ आना एक तरह से उन्हें इतिहास की धारा में बहते हुए देखने जैसा है। 'भारत के गौरव' सीरीज की टक्कर की कोई दूसरी जीवनियों की पुस्तक फिलहाल हिंदी में नजर नहीं आती।

इस ग्रंथ-माला की महत्ता का एक कारण यह भी है कि इसमें किसी एक ही लेखक से सारी जीवनियाँ लिखवाने की बजाय, अलग-अलग क्षेत्रों के जाने-माने लेखकों और विद्वानों से इन्हें लिखवाया गया है। 'भारत के गौरव' सीरीज का पहला भाग सन् 1960 में छपा था तथा इसका आखिरी, यानी नौवाँ हिस्सा 1974 में प्रकाशित हुआ। जाहिर है, 14 वर्षों के निरंतर श्रम के बाद भारतीय महानायकों की जीवनियों की यह सुविन्यस्त श्रृंखला सामने आ सकी। बेशक इसकी कुछ एक सीमाओं के बावजूद इसे भारतीय महापुरुषों की जीवनियों में सबसे बड़ी और महत्त्वपूर्ण श्रृंखला होने का गौरव हासिल है। 'भारत के गौरव' में जिन संतों, विद्वानों, वीर नायकों, लेखकों, कलाकारों की जीवनियों और व्यक्तित्व की झलक है, उनके नामों पर एक नजर डालें तो इस श्रृंखला का महत्त्व खुद-ब-खुद उजागर हो जाएगा। इसमें प्राचीन युग से लेकर आधुनिक काल के जिन प्रमुख संतों, भक्तों और चिंतकों की जीवनियाँ शामिल की गई हैं, वे हैं—महावीर, बुद्ध, पाणिनी, आर्यभट, नागार्जुन, शंकराचार्य, कबीर, नानक, नरसिंह मेहता, महाप्रभु चैतन्य, पुरंदरदास, तुलसी, सूरदास, मीराबाई, ज्ञानेश्वर, विद्यारण्य, दयानंद सरस्वती, रामकृष्ण परमहंस, विवेकानंद, महर्षि कर्वे, अरविंद घोष, श्रद्धानंद तथा रमण महर्षि।

इसी तरह भारत के अनेक प्रतापी राजाओं और सम्राटों के जीवनचरित 'भारत के गौरव' में शामिल किए गए हैं। इनमें कुरु, चंद्रगुप्त मौर्य, हर्ष, पुलकेसिन-द्वितीय, राजराज चोल, कृष्णदेव राय, पृथ्वीराज चौहान, शेरशाह सूरी, अकबर, महाराणा प्रताप, शिवाजी, अहिल्याबाई, लक्ष्मीबाई, टीपू सुल्तान तथा चाँद बीबी शामिल हैं। जिन प्रमुख क्रांतिकारियों, स्वाधीनता-सेनानियों और समाज-सुधारकों की जीवनियाँ 'भारत के गौरव' में शामिल हैं, वे हैं—राजा राममोहन राय, नाना फड़नवीस, नाना साहब पेशवा, तात्या टोपे, लाला लाजपतराय, महात्मा गांधी, कस्तूरबा, जवाहरलाल नेहरू, अजमल खां, सी.एफ. एंड्रयूज, तेजबहादुर सप्रू, गोपालकृष्ण गोखले, श्यामजी कृष्ण वर्मा, ज्योतिबा फुले, मौलाना अब्दुल कलाम आजाद, आचार्य नरेंद्रदेव, संपूर्णानंद, मदन धींगड़ा, राजेंद्रप्रसाद, तथा बिरसा मुंडा।

इसके अलावा संस्कृत, हिंदी और अन्य भारतीय भाषाओं के जिन प्रसिद्ध लेखकों की जीवनियाँ इस श्रृंखला में शामिल हैं, वे हैं—कालिदास, जयदेव, कल्हण, कंबन, खुसरो, मिर्जा गालिब, त्यागराज, माइकल मधुसूदन दत्त, रवींद्रनाथ ठाकुर, शरतचंद्र, बंकिमचंद चट्टोपाध्याय, इकबाल, अरविंद घोष, भाई महावीर, हाली, हरिनारायण आप्टे, बाबू रामानंद चटर्जी, महावीरप्रसाद द्विवेदी, प्रेमचंद, सरोजिनी नायडू तथा वल्लातोल। इसी तरह भारत के प्रमुख चित्रकारों में रवि वर्मा और अवनींद्रनाथ ठाकुर के जीवनचरित शामिल हैं, तो संगीतकारों में विष्णु दिगंबर पलुस्कर, विष्णु नारायण भातखंडे सरीखे दिग्गजों को शामिल किया गया है। प्राचीनकाल से लेकर आधुनिक युग की जिन गौरवशालिनी महिलाओं के जीवनचरित 'भारत के गौरव' में स्थान पा सके हैं, वे हैं—चाँद बीबी, मीराबाई, लक्ष्मीबाई, रमाबाई पंडिता, रमाबाई रानाडे, एनी बेसेंट, तरुदत्त, मादाम भीकाजी कामा, भगिनी निवेदिता तथा सरोजिनी नायडु।

जाहिर है, यह सूची बहुत विस्तृत, विविधतापूर्ण और समृद्ध है, पर इसकी सीमाएँ भी हैं, जो इस पर एक नजर डालते ही सामने आ जाती हैं। मसलन इन जीवन-चरितों में चरक, सुश्रुत, कणाद जैसे विश्वप्रसिद्ध प्राचीन भारतीय वैज्ञानिकों की चर्चा न होना कुछ खटकनेवाली बात है। इसी तरह साहित्यकारों में निराला, जयशंकर प्रसाद, पंत, महादेवी, आचार्य रामचंद्र शुक्ल, हजारीप्रसाद द्विवेदी, राहुल सांकृत्यायन, अज्ञेय, मुक्तिबोध, जैनेंद्र, अमृतलाल नागर, यशपाल, जैसे हिंदी के दिग्गज लेखकों को तो शामिल किया ही जा सकता था। चंद्रशेखर आजाद भगतसिंह सरीखे वीर क्रांतिकारियों को शामिल किए बिना कोई जीवनी-माला पूरी हो ही नहीं सकती। सुभाषचंद्र बोस और भीमराव अंबेडकर सरीखे महानायकों को भी छोड़ा नहीं जा सकता। पर 'भारत के गौरव' में पता नहीं क्यों इन वीर नायकों को शामिल नहीं किया गया। जयप्रकाश नारायण, राममनोहर लोहिया, विनोबा भावे, लालबहादुर शास्त्री, सर्वपल्ली राधाकृष्णन, जाकिर हुसैन आदि सर्वमान्य राजनेताओ को भी 'भारत के गौरव' श्रृंखला में स्थान मिलना चाहिए था। कोई हर्ज नहीं था, अगर यह श्रृंखला नौ के बजाय दस-बारह खंडों तक चली जाती। तब अलग-अलग क्षेत्रों के भारत के महान नायकों का प्रतिनिधित्व कहीं अधिक सही और अर्थ-संगत होता।

इसी तरह चिल्ड्रंस बुक ट्रस्ट द्वारा भी 'महान व्यक्तित्व' शीर्षक से भारत के महानायकों की जीवनियों की एक श्रृंखला निकाली गई है। उसमें भारत के स्वाधीनता सेनानियों के साथ ही जीवन के अन्य क्षेत्रों में बड़ा काम करनेवाले महानायकों की सुंदर जीवनियाँ संगृहीत हैं, जिन्हें अधिकारी विद्वानों से लिखवाया गया है।

तीसरा चरण : विकास युग

विविधता और विस्तार

तीसरे चरण (1981 से आज तक) में बाल जीवनियों की धारा में पहले जैसी क्षिप्र गति और उत्साह नहीं बना रहा। कभी-कभी इस धारा में थोड़ा ठहराव या गतिरोध भी नजर आया, पर इसके बावजूद बाल-मन को प्रभावित करनेवाली प्रेरक जीवनियाँ निरंतर लिखी जा रही हैं। एक अच्छी बात यह थी कि इस दौर में लिखी गई जीवनियों में ज्यादा भावुकता के बजाय थोड़ा सधाव और तार्किक संगति या संतुलन आया। समकालीन जीवन और जीवन मूल्यों का प्रभाव भी इन पर साफ नजर आता है। लिहाजा जिस भी आदर्श नायक के जीवन संघर्षों और बड़ी उपलब्धियों की चर्चा हुई, उसके विचारों और जीवन दृष्टि की प्रासंगिकता का भी जिक्र होने लगा, ताकि बच्चे समझ सकें कि आज के जीवन में उनसे क्या हासिल किया जा सकता है। एक और खास बात यह थी कि इस दौर की बाल जीवनियों में कथ्य और विषयों की विविधता पर भी खासा जोर दिया गया। एक ओर देश के महान क्रांतिकारियों, संतों, समाज-सुधारकों, राजनेताओं और महानायकों पर लिखा गया तो दूसरी ओर देश-विदेश के सुप्रसिद्ध लेखकों, कलाकारों और वैज्ञानिकों की जीवनियाँ लिखने पर भी जोर रहा। इससे अति भावुकता के साथ-साथ अति दोहराव से बचने की राह भी खुद ही निकल आई। इस दौर की एक विशेषता यह भी है कि जीवन के अलग-अलग क्षेत्रों में बड़ा काम करनेवाली महिलाओं पर जीवनियों की कई अच्छी और उल्लेखनीय पुस्तकें लिखी गईं।

हिंदी बाल जीवनी-लेखन का यह चरण काफी विस्तार लिये हुए है। इस दौर में जीवनी-लेखन में एक

ओर विविधता तो दूसरी ओर खासा कलात्मक निखार दिखाई देता है। इस चरण में चार पीढ़ियों के जिन लेखकों ने बच्चों के लिए देश-विदेश के महापुरुषों की रोचक जीवनियाँ, परिचयात्मक जीवन-वृत्त या जीवन के विविध क्षेत्रों के नायकों के प्रेरक प्रसंग लिखकर इस विधा में उल्लेखनीय योगदान किया, उनमें प्रमुख हैं—व्यथित हृदय, शुकदेव प्रसाद, कमलकिशार गोयनका, अक्षयकुमार जैन, प्रभा शुक्ल, श्रीकृष्ण, आशारानी व्होरा, चित्रा गर्ग, दीक्षा बिष्ट, अनिल पद्मनाभन, श्रीकांत व्यास, प्रकाश मनु, क्षमा शर्मा, दिलीप एम. सालवी, रूपसिंह चंदेल, शांता ग्रोवर, डॉ. सुनीता, सुबोध महंती, सत्यनारायण नाटे, डॉ. नरेंद्रकुमार तथा सतीशकुमार। इस क्षेत्र में महत्त्वपूर्ण योगदान करके बाल जीवनी-लेखन को कलात्मक समृद्धि देनेवाले लेखकों में खासकर शुकदेव प्रसाद, श्रीकांत व्यास, अक्षयकुमार जैन और दिलीप एम. सालवी को तो भुलाया ही नहीं जा सकता। चित्रा गर्ग की 'विश्व की महान वैज्ञानिक महिलाएँ', दीक्षा बिष्ट की 'भारत की वैज्ञानिक विभूतियाँ', शुकदेव प्रसाद की 'वैज्ञानिकों का बचपन', अनिल पद्मनाभन की 'कल्पना चावला सितारों से आगे', सुबोध महंती की 'विज्ञान पथ के अनन्य पथिक', इंदु जैन की 'सरोजिनी नायडू', अलका पाठक की 'कस्तूरबा गांधी', क्षमा शर्मा की 'पन्ना धाय', अक्षयकुमार जैन की 'देश-विदेश के महापुरुष', डॉ. राजेंद्रप्रसाद श्रीवास्तव की 'भारत के महान शिक्षाशास्त्री', उषा यादव की 'सुनो कहानी नानक बानी', डॉ. सुनीता की 'धुन के पक्के', शांता ग्रोवर की 'दस गुरु साहिबान', रूपसिंह चंदेल की 'अमर बलिदान', डॉ. नरेंद्रकुमार की 'महर्षि दयानंद' तथा 'युगप्रवर्तक महर्षि स्वामी दयानंद', श्रीकृष्ण की 'विश्वास का फल', 'भलाई की राह' और 'मैं जवाहरलाल हूँ' तथा डॉ. सतीशकुमार की 'नेत्रहीनों का मसीहा लुई ब्रेल' (2004), 'मिसाइलमैन डॉ. एपीजे अब्दुल कलाम' (2003) और 'अंतरीक्ष महिला कल्पना चावला' (2003) इस दौर की बाल जीवनियों की उल्लेखनीय पुस्तक हैं।

इनमें अक्षयकुमार जैन की 'देश-विदेश के महापुरुष', डॉ. राजेंद्रप्रसाद श्रीवास्तव की 'भारत के महान शिक्षाशास्त्री', उषा यादव की 'सुनो कहानी नानक बानी', प्रकाश मनु की 'जो खुद कसौटी बन गए', शांति अग्रवाल की 'भारत के राष्ट्रपति : राजेंद्र बाबू से कलाम तक', डॉ. सुनीता की 'धुन के पक्के', इंद्रसेन शर्मा की 'राठौर वीर दुर्गादास', डॉ नरेंद्रकुमार की 'महर्षि दयानंद' तथा प्रभा शुक्ल की 'साक्षरता के पड़ाव' पुस्तकों की खासकर चर्चा की जा सकती है। हिंदी के सुप्रसिद्ध पत्रकार अक्षयकुमार जैन ने बच्चों के लिए जीवन के अलग-अलग क्षेत्रों के नायकों की जीवन-कथाएँ लिखीं। उनकी पुस्तक 'देश-विदेश के महापुरुष' (1988) में देश-विदेश के बीस महापुरुषों के जीवन की रोचक झलकियाँ हैं। इनमें एक ओर महाराजा रणजीत सिंह, स्वामी दयानंद सरस्वती, रानी लक्ष्मीबाई, स्वामी विवेकानंद, महात्मा गांधी, लोकमान्य बालगंगाधर तिलक, ईश्वरचंद्र विद्यासागर, महर्षि अरविंद, सरदार वल्लभ भाई पटेल, राजर्षि पुरुषोत्तमदास टंडन, डॉ. राजेंद्रप्रसाद, पंडित गोविंदवल्लभ पंत, जवाहरलाल नेहरू, लालबहादुर शास्त्री, चंद्रशेखर आजाद, अब्दुल हमीद जैसे भारत के सुविख्यात रत्न और महान विभूतियाँ हैं, तो दूसरी ओर जॉर्ज वाशिंगटन, अब्राहम लिंकन, व्लादिमिर लेनिन आदि के जीवन-प्रसंग बहुत सुंदर, सहज शैली और नाटकीय अंदाज में पेश किए गए हैं।

तारा अली बेग की 'जवाहरलाल नेहरू' (1994) भी एक दिलचस्प किताब है, जिसमें बच्चे भारत के पहले प्रधानमंत्री तथा महान जननायक पं. जवाहरलाल नेहरू के जीवन की पूरी कहानी पढ़ेंगे। इस किताब में नेहरूजी के बचपन के प्रसंग तो खासकर बहुत अच्छे हैं, जिनसे पता चलता है कि उनके भीतर शुरू से देश के

लिए कुछ करने और समाज को बदलने का जज्बा था। इसी तरह स्वाधीनता संघर्ष के दिनों में किस तरह अपने और अपने परिवार के सारे सुखों को दाँव पर रखकर उन्होंने देश की आजादी के लिए अपार यातनाएँ सहीं, उनका वर्णन भी मन को बाँध लेनेवाला है। इस किताब की खासियत यह है कि इसमें नेहरूजी के बचपन से लेकर प्रधानमंत्री होने तक के लंबे जीवन सफर से जुड़े एक से एक भावपूर्ण और सुंदर फोटोग्राफ दिए गए हैं।

डॉ. राजेंद्रप्रसाद श्रीवास्तव ने शिक्षा के क्षेत्र में मौलिक चिंतन करनेवाले भारत के महापुरुषों के जीवन-परिचय और विचारों को एक पुस्तक में समेटा है। उनकी पुस्तक 'भारत के महान शिक्षाशास्त्री' (1992) में आधुनिक भारत के उन महान शिक्षा-शास्त्रियों की चर्चा है, जिन्होंने शिक्षा के बारे में अपने चिंतन और नए विचारों से पूरे देश को राह दिखाई और एक नई रोशनी दी। पुस्तक में स्वामी दयानंद, रवींद्रनाथ ठाकुर, मदनमोहन मालवीय, स्वामी विवेकानंद, महात्मा गांधी, अरविंद घोष, डॉ. राधाकृष्णन और डॉ. जाकिर हुसैन के जीवन, व्यक्तित्व और शिक्षा के बारे में उनके विचारों तथा दर्शन को बहुत सरल भाषा में प्रभावशाली ढंग से समझाया गया है।

बाल साहित्य की वरिष्ठ लेखिका शांति अग्रवाल (ज. 1920) ने भारत के राष्ट्रपतियों पर एक सुंदर और अनोखी किताब लिखी, 'भारत के राष्ट्रपति : राजेंद्र बाबू से कलाम तक'। इस पुस्तक में डॉ. राजेंद्रप्रसाद, राधाकृष्णन, जाकिर हुसैन आदि से लेकर डॉ. कलाम तक भारत के सभी राष्ट्रपतियों पर बहुत सुंदर और आत्मीय शैली में लिखा गया है। शांति अग्रवाल की इस पुस्तक की खासियत यह है कि वे भारत के जिन राष्ट्रपतियों से स्वयं मिली हैं, उनके अंतरंग संस्मरण भी उन्होंने इसमें गूँथ दिए हैं। लिहाजा एक ओर भारत के हर राष्ट्रपति के बारे में अलग-अलग तथ्यात्मक विवरण, उनके व्यक्तित्व, जीवन-संघर्ष और उपलब्धियों का ब्योरा है, तो साथ ही उनके आंतरिक व्यक्तित्व की भी झलक है, जिसके कारण वे इतने बड़े बने और देश के करोड़ों लोगों का स्नेह हासिल कर सके। बेशक यह अपने ढंग की दस्तावेजी किताब है, जिसे शांति अग्रवाल ने बड़ी प्रामाणिकता और श्रम से तैयार किया है। इसके अलावा शांतिजी की 'पाँच नारी-रत्न' (2003) भी बाल जीवनियों की एक उम्दा किताब है, जिसमें भारत की ऐसी पाँच ऐतिहासिक-पौराणिक महिलाओं के जीवन और जीवन-आदर्शों को सामने रखा गया है, जिन्हें आज भी सम्मान से याद किया जाता है। उनके नाम पर उल्लेखनीय कार्य करनेवाली महिलाओं को भारत सरकार द्वारा प्रतिष्ठापित पुरस्कार भी दिए जाते हैं। इनमें तमिलनाडु की महान तेजस्वी महिला कन्नगी भी हैं, जिन्होंने अपने भटके हुए पति को अपनी सेवा और समर्पण से राह दिखाई और आखिर सचाई के लिए अपने प्राण देकर एक महान भारतीय नारी का आदर्श उपस्थित किया।

विभा देवसरे ने क्रांतिकारियों और स्वाधीनता सेनानियों की बहुत सुंदर भावपूर्ण जीवनियाँ लिखीं। उनकी पुस्तक 'फाँसी के फंदे' (1975) में क्रांतिकारियों की मर्मस्पर्शी जीवनियाँ तथा उनके बलिदानों की गाथाएँ हैं। इसी तरह 'आजादी की कहानी' (1980) में भारत के स्वाधीनता संघर्ष का लंबा इतिहास है और यह भी कि इस आजादी को हासिल करने के लिए भारतीय जनता ने कितनी बड़ी कुर्बानियाँ दी हैं। प्रकाश मनु ने 'जो खुद कसौटी बन गए' पुस्तक में महात्मा गांधी और वीर संन्यासी विवेकानंद के साथ ही भारत की स्वाधीनता सेनानी महिलाओं तथा विदेशों से आकर भारत-भू की सेवा करनेवाले भारत-भक्तों के बारे में लिखा है। उन्होंने हिंदी के अनन्य सेवकों की भी चर्चा की है।

उषा यादव (ज. 1948) की 'सुनो कहानी : नानक बानी' (2005) भी हिंदी बाल जीवनियों में एक खास महत्त्व रखती है। गुरु नानक के जीवन-वृत्तांत और उनके जीवन के प्रेरक प्रसंगों पर हिंदी में कई पुस्तकें लिखी गई हैं, पर उषाजी की यह पुस्तक उनसे अलग है। इसलिए कि यह पुस्तक सचमुच गुरु नानक के तेज, तपस्या, जीवन-संघर्ष और उनके महान अध्यात्म तथा मानवतावादी भावना को समग्रता में प्रस्तुत करती है। गुरु नानक का बचपन और बच्चों से अलग था। पिता के लाख समझाने पर भी वे खेती करने के लिए तैयार नहीं हुए और साफ कहा, "मैं सच्ची खेती करना चाहता हूँ।" आखिर पूरे संसार ने एक महान गुरु की महिमा को जाना और नमन किया। उषा यादव ने इस कहानी को अपनी पुस्तक में बड़े रोचक और प्रेरक अंदाज में प्रस्तुत किया है। इस पुस्तक में नानी बच्चों को कहानी सुनाती हैं और कहानी के बीच-बीच में ऐसे प्रसंग आते हैं, जब बच्चे स्वयं महसूस करते हैं कि गुरु नानक कितने बड़े और उदार थे तथा उनके वचनों और उपदेशों को आज भी जीवन में उतारा जा सकता है।

रत्नप्रकाश 'शील' (ज. 1935) ने भी बच्चों के लिए उपयोगी जीवनियाँ लिखीं। उनकी 'शांतिदूत की देन' (1964), 'जवाहरलाल नेहरू' (1987) नेहरूजी के जीवन प्रसंगों और अनूठी छवियों को सामने रखनेवाली रोचक और पठनीय पुस्तकें हैं। इसी तरह रूपसिंह चंदेल ने 'अमर बलिदान' (1991) पुस्तक में देश पर प्राण न्योछावर करनेवाले महान क्रांतिकारी कर्तारसिंह सराबा की बड़ी सुंदर और भावनात्मक जीवनी लिखी। उनकी 'क्रांतिदूत अजीमुल्ला खाँ' (1992) भी सच्चे वीर और देशभक्त अजीमुल्ला खाँ की बड़ी सुंदर और भावनात्मक जीवनी है। सत्यनारायण नाटे ने 'झारखंड के सपूत' (2005) पुस्तक में बिरसा मुंडा और तिलका माँझी समेत झारखंड के उन बहादुर स्वतंत्रता सेनानियों का जिक्र है, जिन्होंने आजादी की लड़ाई में अंग्रेजों के दाँत खट्टे किए। विनोदकुमार मिश्र ने 'राणा संग्राम सिंह' (2005) पुस्तक में राणा साँगा के नाम से मशहूर राणा संग्राम सिंह की कुछ अलग ढंग से, बड़ी खोजपूर्ण जीवनी लिखी। उन्होंने राणा साँगा की वीरता का जिक्र करते हुए कुछ अलक्षित तथ्यों की ओर भी ध्यान दिलाया है। विनोदकुमार मिश्र की 'वैज्ञानिकों का बचपन' (2009) भी बच्चों के लिए रुचिकर पुस्तक है।

वाल्मीकि चौधरी ने 'डॉ. राजेंद्रप्रसाद चित्रावली' (1983) पुस्तक में देशरत्न राजेंद्र बाबू के बचपन और तरुणाई के प्रेरक प्रसंगों के साथ-साथ स्वाधीनता संग्राम में उनकी सक्रिय भूमिका की भी सुंदर झाँकियाँ प्रस्तुत की हैं। पुस्तक राजेंद्र बाबू के बचपन से लेकर आखिरी दौर तक के मनोरम चित्रों से सजी हुई है। ये चित्र स्वयं एक कहानी कहते हैं। राधेश्याम 'प्रगल्भ' ने भारत के महान क्रांतिकारी रामप्रसाद बिस्मिल पर 'अमर शहीद रामप्रसाद बिस्मिल' (1996) पुस्तक लिखी। बिस्मिल की यह सुंदर और पठनीय जीवनी है, जिसमें उनके जीवन के बहुत से जाने-अनजाने प्रसंगों के बारे में विस्तार से बताया गया है। इसी तरह यशपाल जैन द्वारा संपादित पुस्तक 'पथ के आलोक' में ईसा मसीह, पैगंबर साहब, गुरु नानक, महात्मा बुद्ध समेत देश-दुनिया के महापुरुषों की जीवन-झाँकियाँ हैं, जिन्हें जाने-माने लेखकों ने शब्दबद्ध किया है। अक्षयकुमार जैन ने 'परम वीर सेनानी' (1993) पुस्तक में जान हथेली पर लेकर दुश्मन से जूझनेवाले मेजर सोमनाथ शर्मा, नायक जदुनाथ सिंह, मेजर धनसिंह थापा, मेजर शैतान सिंह सरीखे भारत के वीर और साहसी रणबाँकुरों को याद किया है।

बलदेव वंशी (1938–2017) ने 'संत कबीर' (2007) पुस्तक में धार्मिक अंधविश्वासों के खिलाफ लड़ाई छेड़ने और प्रभु दर्शन की सीधी-सादी प्रेम की राह दिखानेवाले कबीर की जीवन-कथा लिखी है। पुस्तक में कबीर के जीवन की सादगी, दृढ़ता और सरलता को दर्शाने वाले प्रसंग हैं। पुस्तक के अंत में कबीर के कुछ दोहों का संचयन भी है। इन्हें पढ़कर पता चलता है कि अपने समय में उनके विचार कितने प्रगतिशील और क्रांतिकारी थे तथा आज भी हम उनसे बहुत कुछ सीख सकते हैं। सोहनपाल सुमनाक्षर ने 'अमीर खुसरो' (1990) पुस्तक में महान साहित्यकार अमीर खुसरो की घटनाबहुल जीवन कथा के साथ-साथ उनके साहित्य की भी बखूबी चर्चा की है। पुस्तक बच्चों के साथ-साथ बड़ों को भी भाएगी।

डॉ. सुनीता (ज. 1954) की पुस्तक 'धुन के पक्के' में दुनिया को बदलने का स्वप्न लेकर चलनेवाले अट्ठाईस महान नायकों की जीवन-कथाएँ हैं। इनमें एक ओर रवींद्रनाथ ठाकुर और प्रेमचंद जैसे महान लेखक हैं तो दूसरी ओर मादाम भीकाजी कामा, मदनलाल ढींगरा और अमर शहीद बिस्मिल जैसे महान क्रांतिकारी, नारायण गुरु, महर्षि कर्वे, महात्मा हंसराज और विवेकानंद जैसे तेजस्वी संत और समाज सुधारक हैं तो चंद्रशेखर वेंकटरमन जैसे महान वैज्ञानिक और दादा साहब फाल्के सरीखे भारतीय सिनेमा के आदि पुरुष भी। ये जीवनियाँ बच्चों को अपने जीवन में कुछ नया करने के लिए प्रेरित करती हैं। शांता ग्रोवर की 'दस गुरु साहिबान' (2006) भी उल्लेखनीय पुस्तक है। उन्होंने सिख धर्म के दस गुरुओं के ऐसे सुंदर और मार्मिक प्रसंगों को सहेजा है, जिनसे आज भी हमारा जीवन प्रकाशित हो सकता है। शांताजी की भाषा बड़ी सहज और भावपूर्ण है। पुस्तक पढ़कर बच्चों के मन में भी सच्चा और निर्भीक बनने की प्रेरणा उत्पन्न होगी। जयदयाल गोयन्दका ने 'नल-दमयंती' पुस्तक में महाभारत ग्रंथ के आधार पर नल और दमयंती की सीख देनेवाली कथा लिखी। माणिक गोविंद चतुर्वेदी ने 'संक्षिप्त बुद्धचरित' (1999) पुस्तक लिखी, जिसे राष्ट्रीय शैक्षिक अनुसंधान और प्रशिक्षण परिषद् ने प्रकाशित किया। महेंद्र मित्तल ने 'भगवान बुद्ध' (2005) पुस्तक में महान युगपुरुष बुद्ध की समग्र जीवनी प्रस्तुत की है। इसमें उनके जीवन की प्रमुख घटनाओं के साथ-साथ, तेजस्वी व्यक्तित्व और सम्यक जीवन जीने के संदेश की भी चर्चा है।

डॉ. नरेंद्रकुमार (ज. 1960) की पुस्तक 'महर्षि दयानंद' (1998) में स्वामी दयानंद की जीवन-कथा को संक्षेप में और बड़े सरल शब्दों में सामने रखा गया है। उनकी 'युगप्रवर्तक महर्षि स्वामी दयानंद' (1994) पुस्तक किशोर पाठकों के लिए लिखी गई है। इसमें महर्षि दयानंद के जीवन प्रसंगों को कहीं अधिक विस्तार से तथा प्रभावी ढंग से लिखा गया है। इसी तरह 'मोती हैं अनमोल' (1996) भी उनकी बाल जीवनियों की सुंदर पुस्तक है। इसमें उन्होंने स्वामी विरजानंद सरस्वती, स्वामी दयानंद, स्वामी श्रद्धानंद, पं. लेखराम, महात्मा हंसराज और पं. गुरुदत्त विद्यार्थी की जीवन कथाओं को सुंदर और भावपूर्ण शब्दों में लिखा है। इंद्रसेन शर्मा की 'राठौर वीर दुर्गादास' (2004) भी सुंदर ढंग से लिखी गई राठौर वीर दुर्गादास की ऐसी जीवनी है, जो बच्चों के मन में वीरता और उत्साह की भावना भरती है। वीर दुर्गादास ऐसे दुर्दांत योद्धा थे, जिन्होंने मुगल साम्राज्य को उस समय ललकारा था, जब सब ओर उसकी तूती बोल रही थी। अंत में उनके संन्यासी हो जाने का प्रसंग एक साथ करुण और उदात्त भी है, जिससे इस महाबली की वीरता की कभी न भूलनेवाली छाप मन पर पड़ती है। इंद्रसेन शर्मा ने सुंदर ढंग से वीर दुर्गादास राठौर के चरित्र की खूबियों का बखान किया है।

श्याम सुशील (ज. 1957) ने 'श्रीकृष्ण' (2017) पुस्तक में बड़े सुंदर शब्दों में पुराण-पुरुष श्रीकृष्ण की जीवनी लिखी। इसमें उनके बचपन और तरुणाई की मोहक लीलाओं के साथ-साथ ऐसे अद्भुत जीवन प्रसंग भी हैं, जिनके कारण वे महाभारत के युद्ध के सूत्रधार बने तथा महान लीलापुरुष बनकर जन-जन के दिलों में बस गए। इसी तरह संजीव ठाकुर (ज. 1967) ने बड़ी सुंदर कथात्मक जीवनियाँ लिखीं। 'अँधेरी राहों के उजाले' (2010) उनकी बाल जीवनियों की बहुत अच्छी और प्रेरक पुस्तक है। इसमें संजीव ने गोर्की, चार्ली चैप्लिन, बेबी हालदार और बहुत से जाने-अनजाने नायकों पर कलम चलाई है। उनके कठिन जीवन संघर्षों को उन्होंने इतने सुंदर और प्रभावी ढंग से सामने रखा है कि बाल पाठक इन्हें पढ़कर प्रेरित होंगे। उनके मन में भी जीवन में कुछ करने, कुछ बनने की इच्छा पैदा होगी। संजीव ठाकुर की 'बड़ों का बचपन' (2010) भी बड़ी अच्छी पुस्तक है, जिसमें मैक्सिम गोर्की, राजा रवि वर्मा, रवींद्रनाथ ठाकुर, शरतचंद्र, महात्मा गांधी और राजेंद्रप्रसाद सरीखे महापुरुषों के बचपन को सुंदर कहानियों के रूप में पिरोया गया है। प्रमोद भार्गव ने 'शहीद बालक' (2002) पुस्तक लिखी।

भगवतीप्रसाद द्विवेदी (ज. 1955) ने भी बाल पाठकों के लिए रोचक जीवनियाँ लिखी हैं। उनके द्वारा लिखी गई 'बापू का बचपन' (2014) बड़ी सुंदर और पठनीय पुस्तक है। बापू बड़े होकर इतने महान कैसे बने, इसे जानना हो तो उनके बचपन में झाँकना चाहिए। भगवतीप्रसाद द्विवेदी ने इस पुस्तक के जरिए असल में यही काम किया है। पुस्तक बाल पाठकों के लिए बहुत उपयोगी है। इसी तरह 'टैगोर का बचपन' और 'चाचा नेहरू का बचपन' भी भगवतीप्रसाद द्विवेदी की बच्चों के लिए लिखी गई बड़ी रुचिकर पुस्तकें हैं। परशराम शुक्ल ने 'पं. जवाहरलाल नेहरू : व्यक्तित्व के विविध आयाम' (2012) पुस्तक लिखी। बलराम अग्रवाल की 'अकबर के नौ रत्न' भी अपने ढंग की निराली पुस्तक है, जिसमें अबुल फजल, फैजी, तानसेन, बीरबल, टोडरमल, मानसिंह आदि की जीवन कथाओं के साथ-साथ उनके बुद्धिमत्तापूर्ण व्यक्तित्व को भी बाल पाठकों के सम्मुख रखने की कोशिश की गई है। चक्रधर नलिन ने 'आलोकपुरुष महावीर' (2017) पुस्तक में बाल पाठकों के लिए जैन तीर्थंकर भगवान महावीर की सुंदर पद्य कथा लिखी है। गौरी शैली ने 'अमर शहीद भगतसिंह' (1987) पुस्तक में बहुत आवेगपूर्ण ढंग से भारत के महान शहीद भगतसिंह की वीरता, त्याग और बलिदान की कथा लिखी है।

श्यामसिंह 'शशि' (ज. 1935) की 'स्वतंत्रता सेनानी बिरसा मुंडा' (1990) पुस्तक महान बलिदानी बिरसा के जीवन की वीरतापूर्ण घटनाओं और तेजस्वितापूर्ण जीवन प्रसंगों को सहेजती है। उन्होंने 'भारत के यायावर' (2009) पुस्तक भी लिखी है। इसमें यहाँ की घुमंतू जनजातियों, उनके पर्व-त्योहार, रहन-सहन, खान-पान, स्वभाव और रीतियों आदि की चर्चा है। भारत की बहुत सी यायावर जातियाँ विदेशों में जाकर बस गई हैं। डॉ. शशि ने अपनी विश्व-यात्राओं के दौरान उनके बारे में जानकारी हासिल की और पुस्तक में इसे बड़ी प्रामाणिकता के साथ लिखा है। 'देश-देश के रोमा बच्चे' (1990) भी श्यामसिंह 'शशि' की बहुचर्चित पुस्तक है। इसमें उन्होंने रोमा जाति, उसकी लोक संस्कृति और घुमंतू स्वभाव के बारे में विस्तार से बताया है। यूरोप में जिप्सी कहे जाने वाले रोमा जाति के लोग मूल रूप से भारत के ही हैं, शशिजी ने इस बात की भी चर्चा की है। भारत से यूरोपीय देशों में गए इन फक्कड़ और घुमंतू रोमाओं को जिस तरह के उत्पीड़न से

गुजरना पड़ा, उसकी कथा बड़ी खौफनाक है। डॉ. शशि ने बीच-बीच में उसकी भी चर्चा की है। देश-देश के रोमा बच्चों के जीवन, सांस्कृतिक रुचियों, स्वभाव और वर्तमान परिस्थितियों की जानकारी देनेवाली यह बड़ी सुंदर और पठनीय पुस्तक है।

थंगा मणि ने अपनी पुस्तक 'बच्चे जिन्होंने कमाल किया' (2005, अनु. अमर गोस्वामी) में देश की बारह जानी-मानी शख्सियतों के बचपन की प्रामाणिक झाँकी प्रस्तुत की। इनमें लेखक और कलाकार हैं तो खेल, नृत्य और संगीत से जुड़ी हस्तियाँ भी। नानी पालकीवाला, मेधा पाटेकर, सतीश गुजराल, लीला सेठ, राहुल बजाज, विश्वनाथन आनंद, अमजद अली खाँ, मृणालिनी साराभाई, रस्किन बॉण्ड, एम.एस. स्वामीनाथन, सईं परांजपे के बचपन की दिलचस्प झाँकियों से गुजरते हुए हम बहुत कुछ नया और मूल्यवान पा लेते हैं।

इसके अलावा पिछले कुछ वर्षों में छपी महापुरुषों की जीवनियों और प्रेरक प्रसंगों की कुछ अन्य उल्लेखनीय पुस्तकें हैं—यादवेंद्र शर्मा 'चंद्र' की 'एकता के प्रतीक बाबा रामदेवजी' (दो भाग), अशोक आत्रेय की 'महात्मा बुद्ध', हरिशंकर कश्यप की 'मेरे देश के ऋषि-मुनि', 'मेरे देश के संत महात्मा' तथा 'मेरे देश के महान बालक', स्नेहलता पाठक की 'मेरे देश की महान नारियाँ', विजय अग्रवाल की 'भक्त रैदास', इंद्रा स्वप्न की 'वे जो भय से झुके नहीं' (दो भाग) तथा 'शहीद जो देवता बन गए' (दो भाग), अशोक जैन की 'राजा राममोहन राय', रामकृष्ण शर्मा की 'बापू की बोधकथाएँ', भरतराम भट्ट की 'स्वाधीनता के पुजारी', अजय चावला की 'संतों की अमरवाणी' (दो भाग), रामचरण सिंह साथी की 'महापुरुषों का बचपन', गुरदेव सिंह सैनी की 'गुरु की सीख', ए.वि. सुरेशकुमार की 'भूले-बिसरे क्रांतिकारी' तथा डॉ. सतीशकुमार की 'मिसाइलमैन डॉ. ए.पी.जे. अब्दुल कलाम'। इनमें से ज्यादातर परिचयात्मक पुस्तकें हैं। कुछ और मेहनत से लिखी जातीं तो शायद बच्चों के लिए ये अधिक उपयोगी और रुचिकर साबित होतीं।

इसी तरह जीवन में असाधारण काम करनेवाले साहसी और प्रतिभाशाली बच्चों को केंद्र में रखकर कई पुस्तकें लिखी गईं। इनके कथानायक नन्हे-मुन्ने बच्चे हैं, जिन्हें प्रोत्साहन मिले तो वे आगे चलकर जीवन में और भी बड़े काम कर सकते हैं। शंकर बाम की 'संसार के वीर बालक' तथा 'संसार की वीर बालिकाएँ', पांडुरंग शास्त्री की 'वीर बालिकाएँ', लक्ष्मीनारायण की 'साहसी बालिकाएँ', राजेंद्र अवस्थी की 'वीर बालक', शिवनाथ की 'बच्चे जो भय से डरे नहीं', संजीव गुप्ता की 'साहसी बच्चों के कारनामे', शंकर सुल्तानपुरी की 'बेटे हों तो ऐसे' तथा 'बेटियाँ हों तो ऐसी' इसी तरह की अच्छी और प्रेरक पुस्तकें हैं। कुछ अरसा पहले छपी रजनीकांत शुक्ल की 'बहादुर बच्चों की सच्ची कहानियाँ' (2008) भी खासी महत्त्वपूर्ण पुस्तक है। इसमें बहादुरी का काम करनेवाली बच्चों की सच्ची कहानियों को बड़े रोचक और प्रभावशाली अंदाज में प्रस्तुत किया गया है। पुस्तक को पढ़ते हुए इन बहादुर बच्चों की छवियाँ आँखों के आगे कौंधती हैं, जिनकी बहादुरी पर पूरे देश को नाज है।

❖

बाल साहित्य के मौजूदा दौर में वैज्ञानिकों की बहुत अधिक विविधतापूर्ण जीवनियाँ लिखी गईं और उनके एक से बढ़कर एक संचयन सामने आए। किसी पुस्तक में विश्व के महान वैज्ञानिकों की चर्चा थी तो किसी में भारत के प्रसिद्ध वैज्ञानिकों की। भारत के प्राचीन वैज्ञानिकों पर भी अच्छी पुस्तकें देखने को मिलीं। छोटे

बच्चों और किशोरों के लिए ज्ञान-विज्ञान की दुनिया से जुड़े लोगों की जीवनियों पर भी कुछ अच्छी पुस्तकें लिखी गई हैं। इनमें मुख्य हैं—चित्रा गर्ग की 'विश्व की महान वैज्ञानिक महिलाएँ', दीक्षा बिष्ट की 'भारत की वैज्ञानिक विभूतियाँ', शुकदेव प्रसाद की 'वैज्ञानिकों का बचपन', अनिल पद्मनाभन की 'कल्पना चावला : सितारों से आगे', सुबोध महंती की 'विज्ञान के अनन्य पथिक' (दो खंड), देवेंद्र मेवाड़ी की 'विज्ञान जिनका ऋणी है' (दो खंड) और प्रकाश मनु की 'महान भारतीय वैज्ञानिक' तथा 'भारत के विश्वप्रसिद्ध वैज्ञानिक'।

इनमें नोबेल पुरस्कार पानेवाली महिला वैज्ञानिकों की जीवनियों पर चित्रा गर्ग की विशेष उल्लेखनीय पुस्तक है, 'विश्व की महान वैज्ञानिक महिलाएँ' (2001)। पुस्तक में चित्रा गर्ग ने नोबेल पुरस्कार से सम्मानित होनेवाली विश्व की सात प्रसिद्ध वैज्ञानिक महिलाओं के बारे में काफी मेहनत करके लिखा है। इनमें दो बार नोबेल पुरस्कार जीतनेवाली विश्व की पहली विलक्षण वैज्ञानिक महिला मैडम क्यूरी की मर्मस्पर्शी जीवन-कथा है तो उनकी बेटी आयरिन जूलियट क्यूरी की कथा भी है, जिसने माता-पिता द्वारा दिखाई राह पर आगे चलकर स्वयं भी नोबेल पुरस्कार प्राप्त किया। 'विश्व की महान महिलाएँ' भी चित्रा गर्ग की अत्यंत पठनीय पुस्तक है। इसी तरह दीक्षा बिष्ट की पुस्तक 'भारत की वैज्ञानिक विभूतियाँ' में भारत के विश्व-प्रसिद्ध वैज्ञानिक चंद्रशेखर वेंकट रमन, सत्येंद्रनाथ बोस, जगदीशचंद्र बोस, होमी जहाँगीर भाभा की जीवन-कथाएँ हैं, तो शांतिस्वरूप भटनागर, बीरबल साहनी, प्रशांतचंद्र महालानोबिस, विक्रम साराभाई, जे.बी.एस. हाल्डेन तथा मनाली कलात वेणु बप्पू जैसे कई अन्य वैज्ञानिकों के जीवन-वृत्तांत भी हैं, जिनकी अथक धुन के कारण आज भारत तेजी से विज्ञान की नई उपलब्धियों की ओर बढ़ रहा है। दीक्षा बिष्ट ने बहुत सहज, सरल भाषा में ये जीवनियाँ लिखी हैं। आशारानी व्होरा की 'नोबल पुरस्कृत महिलाएँ' (2004) भी अपने ढंग की विशिष्ट पुस्तक है, जिसे उन्होंने काफी लंबे शोध और श्रम के साथ लिखा है, पर यह पुस्तक किशोरों और तरुण पाठकों के लिए है।

वैज्ञानिकों और विश्व की जानी-मानी हस्तियों पर लिखी गई पुस्तकों में शुकदेव प्रसाद (ज. 1954) की 'वैज्ञानिकों का बचपन' (2004) पुस्तक बच्चों को ज्यादा आकर्षित करेगी, क्योंकि इस पुस्तक में वैज्ञानिकों के बचपन की वे छोटी-छोटी घटनाएँ और प्रसंग लिखे गए हैं, जिनसे पता चलता है कि उनमें कुछ नया खोजने, कुछ नया करने की कितनी गहरी तड़प थी। बच्चों को यह जानना दिलचस्प लगेगा कि जगदीशचंद्र बसु को बचपन में वनस्पति और पेड़-पौधों की ओर आकर्षित करनेवाला व्यक्ति पहले एक डाकू था, लेकिन बाद में वह सुधर गया। वह बालक जगदीशचंद्र बसु को अपने रोमांचक जीवन की ऐसी कहानियाँ सुनाया करता था कि जगदीशचंद्र बसु के मन में भी जीवन में कुछ नया करने की तड़प पैदा हुई। ऐसे ही श्रीनिवास रामानुजन, जो आगे चलकर विश्वप्रसिद्ध गणितज्ञ बने, उनका बचपन इतने अभावों से भरा हुआ था कि गणित के सवाल हल करने के लिए रजिस्टर खरीदने के लिए भी उनके पास पैसे नहीं होते थे। तब वे अपने लिखे हुए पन्नों पर ही किसी दूसरी स्याही से लिख-लिखकर गणित के पेचीदा सवाल हल करते थे। शुरू में उन्हें क्लर्क की नौकरी के भी लाले पड़ गए, लेकिन इंग्लैंड के महान गणितज्ञ प्रो. हार्डी ने उनकी प्रतिभा से प्रभावित होकर उन्हें इंग्लैंड बुलाया और तब रामानुजन की प्रतिभा ने सारे संसार को चौंका दिया। यह पूरी पुस्तक ऐसे ही दिलचस्प प्रसंगों से भरी हुई है।

भारत की सुप्रसिद्ध अंतरिक्ष-यात्री कल्पना चावला का नाम आज बच्चे-बच्चे की जुबान पर है। एक महान उद्देश्य के लिए उनका बलिदान कभी भुलाया नहीं जा सकता। अनिल पद्मनाभन की पुस्तक 'कल्पना चावला सितारों से आगे' (2004) इस धुनी युवा वैज्ञानिक की धुन को रोमांचक अंदाज में सामने रखती है। किताब खूब मेहनत से लिखी गई है, जिसका शब्द-शब्द बच्चों को आगे बढ़ने की प्रेरणा देता है। किताब की भूमिका में कोलंबिया अंतरिक्ष-यान की उस दुर्घटना का थरथरा देनेवाला वर्णन है, जिसे संसार के वैज्ञानिक कभी भूल नहीं पाएँगे। इकतालीस वर्षीया कल्पना का अपने छह अन्य साथियों के साथ आकस्मिक निधन हो गया। लेकिन कल्पना कैसी बहादुर लड़की थी, उसका बचपन कैसा था ? आगे बढ़कर चुनौतियों को स्वीकार करने की उसकी तड़प कैसी थी ? इस सबको जानना बच्चों को बहुत ही प्रेरणादायी लगेगा।

सुबोध महंती (ज. 1954) की दो खंडों में प्रकाशित पुस्तक 'विज्ञान के अनन्य पथिक' (2005) वैज्ञानिकों की जीवनियों के क्षेत्र में एक बड़ी और सार्थक उपलब्धि की तरह है। हिंदी में इस तरह के लेखक बहुत हैं, जो यहाँ-वहाँ से थोड़ी-सी सामग्री उठाकर काम चला लेते हैं और घिसी-पिटी बातों को ही बार-बार दोहराते हैं। इस लिहाज से सुबोध महंती का काम एकदम अलग है। उन्होंने सच में भारत और विश्व के वैज्ञानिकों की ऐसी जीवनियाँ लिखीं हैं, जिनके पीछे लंबी खोज का सिलसिला और अन्वेषण की गंभीर दृष्टि दिखाई पड़ती है। इसीलिए चाहे वे भारत के वैज्ञानिकों पर लिखें या विश्व के जाने-माने वैज्ञानिकों के जीवन-संघर्ष और आविष्कारों पर, वे बहुत-सी ऐसी बातें कहते हैं, जो अभी तक अज्ञात या अनकही ही थीं और उन वैज्ञानिकों के व्यक्तित्व के अनेक अछूते और अव्यक्त पहलुओं को खोलकर दिखाती हैं। हिंदी में वैज्ञानिकों की जीवनियाँ लिखने का इतना श्रमसाध्य काम गुणाकर मुले और वजीर हसन आब्दी को छोड़कर अभी तक किसी ने नहीं किया। सुबोध महंती ने 'आइंस्टाइन' नाम से महान वैज्ञानिक आइंस्टाइन की जीवनी भी लिखी है, जिसमें उनके व्यक्तित्व के ऐसे रोचक पहलू हैं, जिन्हें पढ़कर पता चलता है कि इस महान वैज्ञानिक के भीतर सचमुच बच्चों जैसा दिल था।

इसी तरह देवेंद्र मेवाड़ी की दो खंडों में लिखी गई पुस्तक 'विज्ञान जिनका ऋणी है' (2001) विश्व के महान वैज्ञानिकों की बाल जीवनियों की उत्कृष्ट और आदर्श पुस्तक है। पुस्तक में आर्किमिडीज, कोपरनिकस, ब्रूनो और गैलीलियो सरीखे विश्वप्रसिद्ध वैज्ञानिकों की बड़ी रोचक ढंग से लिखी गई जीवन कथाएँ हैं, जिनमें सच्चाई के लिए उनके अपरिमित साहस का वर्णन है।

प्रकाश मनु (ज. 1950) की 'महान भारतीय वैज्ञानिक' और 'भारत के विश्वप्रसिद्ध वैज्ञानिक' पुस्तकों में प्राचीनकाल के महान भारतीय वैज्ञानिकों से लेकर आधुनिककाल के शीर्षस्थ वैज्ञानिकों तक की रोचक जीवनियाँ हैं, जिन्हें बड़ी सीधी-सहज भाषा में लिखा गया है। इन पुस्तकों में एक ओर आर्यभट, वराहमिहिर, ब्रह्मगुप्त, भास्कराचार्य और नागार्जुन की जीवन कथाएँ हैं, तो दूसरी ओर सी.वी. रमन, डॉ. होमी जहाँगीर भाभा सरीखे बड़े और विश्वप्रसिद्ध वैज्ञानिकों के जीवन, नवीन खोजों और उपलब्धियों को सुंदर कहानी की शक्ल में प्रस्तुत किया गया है। पुस्तक पढ़कर बाल पाठकों के मन में भी अपने जीवन में कुछ कर गुजरने की तड़प पैदा होगी।

डॉ. सतीशकुमार (ज. 1952) ने 'अंतरिक्ष महिला कल्पना चावला' पुस्तक में इस धुनी अंतरिक्ष यात्री

की साहसिक तस्वीर पेश की है। उनकी 'मिसाईलमैन डॉ. एपीजे अब्दुल कलाम' तथा 'नेत्रहीनों का मसीहा लुई ब्रेल' भी ढंग की पुस्तकें हैं। डॉ. सतीशकुमार की शैली सादा और प्रभावी है।

❖

वर्तमान दौर में लेखकों की अच्छी और कलात्मक जीवनियाँ लिखने का भी आग्रह रहा है, खासकर प्रेमचंद की दो बहुत अच्छी जीवनियाँ लिखी गईं और ये दोनों जीवनियाँ प्रेमचंद साहित्य के आधिकारिक विद्वानों द्वारा लिखी गईं। इनमें प्रेमचंद के बेटे अमृत राय (1921-1996) द्वारा लिखी गई 'प्रेमचंद' (1981) एक सुंदर और पठनीय पुस्तक है। इसमें यों तो अमृतराय ने प्रेमचंद पर लिखी मशहूर जीवनी 'कलम का सिपाही' का ही बच्चों के लिए सरल और संक्षिप्त रूपांतरण किया है, पर यह काम इतनी लगन और खूबसूरती से हुआ है कि यह खुद में एक यादगार पुस्तक बन गई है। इसमें उचित ही अमृतराय ने प्रेमचंद के बचपन की घटनाओं को बहुत प्रमुखता से सामने रखा है। यों एक कलमकार के रूप में उनके संघर्षों और आदर्शों का बखान भी मार्मिक प्रसंगों के जरिए हुआ है। किस तरह अंग्रेजी सल्तनत की शर्तें मानने के बजाय उन्होंने अपने विद्रोही तेवर को बनाए रखा और अपना नाम बदलकर लिखना जारी रखा। गांधीजी के आह्वान पर सरकारी नौकरी को लात मारकर कलम के जरिए देश और समाज को जगाने के काम में वे जुट गए। इसकी प्रामाणिक तसवीरें इस जीवनी में हैं। इसलिए यह एक उम्दा जीवनी तो है ही, एक योग्य लेखक-पुत्र द्वारा अपने जगविख्यात लेखक पिता को दिया गया 'ट्रिब्यूट' भी है।

कमलकिशोर गोयनका (ज. 1938) द्वारा लिखी गई 'प्रेमचंद : चित्रात्मक जीवनी' (1986) भी प्रेमचंद की एक उम्दा जीवनी है, जो उनके रचना-संसार और जीवन-संघर्षों को एक साथ सामने लाकर, प्रेमचंद की एक सादा, लेकिन तेजस्वी तसवीर बच्चों के हृदय में अंकित कर देती है। पुस्तक के आखिर में प्रेमचंद के साहित्य की सूची भी दी गई है। साथ ही पुस्तक में प्रेमचंद और उनसे जुड़े परिवार के लोगों और लेखकों के चित्रों की भी एक लंबी झाँकी है। ये चित्र इतने सजीव हैं कि लगता है, वे खुद में प्रेमचंद की कहानी को बड़े सजीव अंदाज में हमारे सामने रख रहे हैं। इस पुस्तक में प्रेमचंद के बचपन से लेकर उनके आखिरी दिनों तक के अनेक फोटोग्राफ और चित्र भी दिए गए हैं, जो अपने आप में भी प्रेमचंद की एक मुकम्मल जीवनी सामने रखते हैं। प्रेमचंद द्वारा निकाले गए पत्रों के मुखपृष्ठ तो हैं ही, उनके 'गोदान', 'सेवासदन', 'प्रेमाश्रम' जैसे उपन्यासों के मुखपृष्ठ तथा उनकी लिखाई तथा चिट्‌ठी-पत्री की झलक तक मौजूद है। इस लिहाज से प्रेमचंद की यह जीवनी बाल पाठकों को कहीं ज्यादा अंतरंगता से प्रेमचंद से जोड़ देती है।

इसके अलावा बच्चे और किशोर पाठक ऐसी जीवनियाँ बड़े शौक से पढ़ते हैं, जिनमें रोजमर्रा के जीवन से अलग, साहसिक अभियानों पर निकले विश्वयात्रियों आदि की रोमांचक जीवन-कथाएँ कही गई हों। छठे-सातवें दशक में मनमोहन सरल और व्यथित हृदय जैसे सरीखे लेखकों ने ऐसी जीवनियाँ लिखी थीं, वर्तमान दौर में भी ऐसी कुछ उल्लेखनीय पुस्तकें दिखाई दे जाती हैं। के.सी खन्ना द्वारा लिखी गई 'भारत में विदेशी यात्री' बाल जीवनियों की एक महत्त्वपूर्ण पुस्तक है। इसमें चार महत्त्वपूर्ण विदेशी यात्रियों—मेगस्थनीज, फाह्यान, ह्वेनसांग तथा अलबरुनी के जीवन, व्यक्तित्व की खूबियों और भारत-यात्राओं का रुचिकर वर्णन मिलता है तथा उनकी आँखों से देखे गए प्राचीन भारत के दृश्य भी। हजारों वर्ष पहले इन विदेशी यात्रियों का भारत आना

क्यों इतना महत्त्वपूर्ण था, या भारत के प्राचीन इतिहास और संस्कृति के अध्ययन में उनकी इन यात्राओं का कितना बड़ा योगदान है, यह विदेशी यात्रियों की जीवनियों की यह पुस्तक पढ़कर समझा जा सकता है।

बेशक इन चारों प्राचीन विदेशी यात्रियों के व्यक्तित्व और सोचने के ढंग अलग-अलग थे। वे अलग-अलग समूहों में भारत आए थे और यहाँ के लोगों के जीवन और संस्कृति के बारे में उन्होंने अलग-अलग कोणों से लिखा है। फिर भी बहुत सी बातें उनके वर्णनों में समान हैं और इससे पता चलता है कि इतिहास के लंबे काल-प्रवाह में भारत के उत्थान और पतन के दौर तो आए, पर इसके बावजूद भारत में संस्कृति और सभ्यता की एक गौरवपूर्ण परंपरा शुरू से ही निरंतर बनी रही तथा ज्ञान-विज्ञान, अध्ययन और सांस्कृतिक वैचारिक जागरूकता में दुनिया में उसका कोई सानी नहीं है। सुंदर ढंग से लिखी गई विदेशी यात्रियों की जीवनियों की इस पुस्तक का उम्दा अनुवाद मस्तराम कपूर ने किया है।

❖

भारत की गौरवशालिनी और वीर, तेजस्वी महिलाओं के अच्छे जीवन-चरित भी इधर छपी पुस्तकों में देखने को मिलते हैं। भारत सरकार के प्रकाशन विभाग ने इस दिशा में अच्छी पहल की है और एक से एक रुचिकर पुस्तकें छापी हैं। 'भारत की महान नारियाँ' शृंखला में पुष्पा पाल की 'अहिल्याबाई होलकर', डॉ. शशि शर्मा की 'रानी लक्ष्मीबाई', अलका पाठक की 'कस्तूरबा गांधी', इंदु जैन की 'सरोजिनी नायडू', डॉ. उषा गोयल की 'कमलादेवी चट्टोपाध्याय', शशिप्रभा की 'रानी दुर्गावती', संतोष नागाइच की 'हाड़ा रानी', डॉ. सुधा त्यागी की 'अवध की बेगम', क्षमा शर्मा की 'पन्ना धाय', डॉ. राजकुमार की 'एनी बेसेंट' और एम.जी. माली की 'क्रांतिज्योति सावित्रीबाई फुले' सुंदर और पठनीय जीवनियाँ हैं।

यह अच्छी बात है कि ये ज्यादातर जीवनियाँ महिला लेखकों से ही लिखवाई गई हैं और स्त्रियाँ स्त्री-मन की कोमलता के अलावा उस अनोखी दृढ़ता को भी बखूबी जान सकती हैं, जिससे बड़ा से बड़ा दुःख उन्हें कर्तव्य-पथ से विचलित नहीं करता। उदाहरण के लिए क्षमा शर्मा (ज. 1955) द्वारा लिखी गई पन्ना धाय की जीवनी 'पन्ना धाय' (1993) में चरित-नायक कोई राजा या रानी नहीं, बल्कि एक वीर दासी है। पर समय और इतिहास की पुकार को वह सुनती है और इतनी बड़ी कुर्बानी देकर देश और समाज के लिए अपना फर्ज अदा करती है कि आज हम बड़े आदर के साथ उसका नाम लेते हैं। पन्ना धाय के व्यक्तित्त्व की दृढ़ता, कर्तव्यभावना, सूझ-बूझ तथा इस सबसे बढ़कर पुत्र की कुर्बानी दे देने का उसका महान त्याग उसे इतिहास की एक असाधारण वीरांगना के रूप में उपस्थित करता है। इसी तरह अलका पाठक की 'कस्तूरबा गांधी' तथा इंदु जैन की 'सरोजिनी नायडू' सुंदर जीवनियाँ हैं। इनके जरिए कस्तूरबा गांधी और सरोजिनी नायडू के जीवन के अनेक मार्मिक और भावनात्मक प्रसंग बाल पाठकों के आगे आते हैं, जिन्हें पढ़कर उन्हें भी कुछ करने और आगे बढ़ने की प्रेरणा मिलती है। एम.जी. माली की 'क्रांतिज्योति सावित्रीबाई फुले' (1986) पुस्तक में सावित्रीबाई फुले का बड़ा तेजस्वी रूप उभरता है। उस कालखंड में जब स्त्री-शिक्षा और स्त्री-स्वतंत्रता की बात कोई सोच भी नहीं सकता था, सावित्रीबाई को अपने पति ज्यातिबा फुले के साथ कंधे से कंधा मिलाकर चलते हुए स्त्री-स्वतंत्रता के लिए काम करने में कितनी मुश्किलों का सामना करना पड़ा होगा, इनकी कल्पना की जा सकती है। एम.जी. माली ने पूरी तथ्यात्मकता के साथ यह जीवनी लिखी है। डॉ. राजकुमार की पुस्तक

'एनी बेसेंट' (1988) में भी भारत की महान स्वाधीनता सेनानी एनी बेसेंट का व्यक्तित्व निखरकर आया है। पुस्तक में एनी बेसेंट के जीवन की सुपरिचित घटनाओं के साथ ही बहुत से अनजाने या कम जाने गए पहलुओं की भी चर्चा है। बच्चे और किशोर पाठकों के साथ-साथ बड़े भी इसे रुचि से पढ़ेंगे।

इसके अलावा शांति अग्रवाल की 'पाँच नारी-रत्न', चित्रा गर्ग की 'विश्व की महान वैज्ञानिक महिलाएँ', स्नेहलता पाठक की 'मेरे देश की महान नारियाँ', शंकर सुल्तानपुरी की 'बेटियाँ हों तो ऐसी', प्राणनाथ वानप्रस्थी की 'मीराबाई', 'वीर पुत्रियाँ', 'आदर्श देवियाँ', 'सच्ची देवियाँ', 'झाँसी की रानी', पांडुरंग शास्त्री की 'वीर बालिकाएँ', लक्ष्मीनारायण की 'साहसी बालिकाएँ', कन्हैया अगनानी की 'प्रेरणादायक बालिकाएँ' तथा शंकर बाम की 'संसार की वीर बालिकाएँ' कुछ अन्य उल्लेखनीय जीवनियाँ हैं। इनमें स्नेहलता पाठक की 'मेरे देश की महान नारियाँ' (2002) सुंदर ढंग से लिखी गई किताब है, जो भारत की महान और प्रेरक नारियों के त्याग व बलिदान से परिचित कराती है। चित्रा गर्ग की 'विश्व की महान वैज्ञानिक महिलाएँ' (2001) भी काफी तैयारी के साथ लिखी गई अच्छी पुस्तक है। बाला दुबे ने 'अनजानी वीरांगनाएँ' (1987) पुस्तक में भारत की उन वीर और साहसी स्त्रियों की चर्चा की है, जिनकी वीरता, त्याग और बलिदान से लोग अपरिचित हैं। इनमें पादशाह बेगम, नीलदेवी, सदरुन्निसा बेगम, भीमाबाई आदि के साथ-साथ एक अनाम वीरांगना भी है, जिसका नाम हम नहीं जानते, पर जिसकी वीरता की कहानी आज भी हमें रोमांचित करती है।

बेहतर हो, अगर महादेवी वर्मा, महाश्वेता देवी, आशापूर्णा देवी, इंदिरा गांधी, बछेंद्रीपाल, कर्णम मल्लेश्वरी, पी.टी. उषा सरीखी जीवन के विविध क्षेत्रों में अनूठे काम करके कीर्तिमान स्थापित करनेवाली चर्चित महिलाओं पर भी बच्चों के लिए अच्छी, रोचक जीवनियाँ लिखी जाएँ।

इधर पत्र-पत्रिकाओं में भी जीवन के विविध क्षेत्रों में उल्लेखनीय काम करनेवाले नायकों की सुंदर और प्रभावी जीवन-कथाएँ देने का चलन बढ़ा है। आशा की जानी चाहिए यह अच्छी परंपरा आगे भी चलती रहेगी, ताकि वे महानायक या 'रोल मॉडल' निराशा के अँधेरे और कुहासे को भेदकर बच्चों की आँखों में कुछ नया करने के सपने और जिदें भरते रहें!

देश-विदेश के महापुरुषों के जीवन के प्रेरक प्रसंग

बच्चों के लिए बाल जीवनियों का जितना महत्त्व है, उतना ही महापुरुषों के प्रेरक प्रसंगों के आधार पर लिखी गई सुंदर कथाओं का। बच्चों को महापुरुषों के जीवन से जुड़े ये छोटे-छोटे प्रसंग और प्रेरणास्पद कथाएँ जीवन में कुछ आगे बढ़ने और कर गुजरने की राह सुझाती हैं। हिंदी में ऐसे प्रेरक प्रसंग पत्रिकाओं और अखबारों में तो यदा-कदा देखने को मिल जाते हैं, पर इन प्रेरक प्रसंगों को पुस्तक रूप में लाने की कोशिशें ज्यादा नहीं हुईं, जबकि बच्चे रुचि से इन पुस्तकों को पढ़ते हैं। इस लिहाज से श्रीकृष्ण द्वारा लिखी गई प्रेरक प्रसंगों की कुछ उम्दा किताबें बेशक बाल साहित्य में एक बड़े अभाव की पूर्ति करती जान पड़ती हैं। सन् 2004 में श्रीकृष्ण द्वारा लिखे गए प्रेरक प्रसंगों की कई छोटी-छोटी रोचक पुस्तकें प्रकाशित हुईं। ये पुस्तकें हैं—'विश्वास का फल', 'भलाई की राह', 'विवेक की आँखें', 'मैं जवाहरलाल हूँ', 'अनोखा आशीर्वाद', 'गुणों की प्रशंसा' तथा 'बुरे काम का अंकुर'। इसके अलावा नीरा की 'मन के हारे हार' और धनप्रकाश गुप्त

की 'सुखमय जीवन' भी ऐसे छोटे-छोटे रोचक प्रसंगों को खुद में समोए हुए हैं कि उन्हें पढ़ना बच्चों के लिए बेशक एक दिलचस्प अनुभव होगा।

श्रीकृष्ण की 'भलाई की राह' में महात्मा बुद्ध से जुड़े कुछ छोटे-छोटे प्रसंग हैं, जो मन पर गहरा प्रभाव डालते हैं। 'भलाई की राह' में एक दुष्ट और निर्दयी राजकुमार को महात्मा बुद्ध अपनी सरल वाणी से जिस तरह प्रभावित करते हैं, उससे पता चलता है कि अगर किसी महापुरुष का जीवन तप से पवित्र है तो उसके सरल शब्दों में भी अनोखा जादू आ जाता है। इसी पुस्तक की अन्य कथाओं में बड़े सुंदर ढंग से यह बात सामने आती है कि महात्मा बुद्ध के जीवन में एक से एक बड़े कष्ट और रुकावटें आईं, लेकिन उनके धीरज के आगे कोई भी मुश्किल ठहर नहीं पाती थी। 'अनोखा आशीर्वाद' में गुरु नानक से जुड़े कुछ सीधे-सादे, मार्मिक प्रसंगों को शामिल किया गया है। 'मैं जवाहरलाल हूँ' में भारत के प्रथम प्रधानमंत्री पं.जवाहरलाल नेहरू के जीवन से जुड़े कुछ ऐसे अनोखे और कम सुने गए प्रसंग हैं, जो नेहरूजी के साहस, आत्मविश्वास और दृढ़ता को सामने लाते हैं। श्रीकृष्ण की 'विश्वास का फल', 'गुणों की प्रशंसा' तथा 'बुरे काम का अंकुर' भी महानायकों के प्रेरक प्रसंगों की पुस्तकें हैं, जिनमें सिकंदर, क्रांतिकारी करतारसिंह, पं. ईश्वरचंद विद्यासागर, बालकृष्ण शर्मा 'नवीन', सर सैयद अहमद खाँ, महान स्वाधीनता-सेनानी वीर कुँवरसिंह, काका कालेलकर, डॉ. राधाकृष्ण, सुभाषचंद्र बोस, निराला आदि के जीवन से जुड़े अनोखे प्रसंग हैं। ऐसे ही 'विवेक की आखें' में श्रीराम से जुड़े एक से एक ऐसे अनूठे प्रसंग हैं, जिनसे रामचंद्रजी के साथ-साथ सीता, हनुमान और एक नन्ही गिलहरी का व्यक्तित्व भी खूब उभरा है।

लेखिका नीरा की पुस्तक 'मन के हारे हार' में संत कंफ्यूशियस, स्वामी विवेकानंद, महात्मा गांधी, महाकवि सूरदास, सर आशुतोष मुखर्जी और ईरान के राजा दारा का चरित्र कुछ सुंदर प्रेरक प्रसंगों के रूप में उभरकर आता है। धनप्रकाश गुप्त की 'सुखमय जीवन' पुस्तक में भी छोटे-छोटे प्रसंग हैं, पर वे महापुरुषों के जीवन से संबंधित न होकर, आम आदमियों के रोजमर्रा के जीवन से जुड़े प्रसंग हैं। इनमें छोटी-छोटी बातों के जरिए बड़े-बड़े सच कह दिए गए हैं। पुस्तक इतनी रोचक है कि बच्चे इसे पूरा पढ़े बगैर नहीं छोड़ेंगे और खेल-खेल में बहुत कुछ नया सीखेंगे।

जाने-माने साहित्यकार विष्णु प्रभाकर ने महात्मा गांधी से जुड़े अनोखे प्रेरणादायक प्रसंगों को सुंदर ढंग से संपादित करके 'गांधी आख्यान माला' (2005) के दो भागों में प्रकाशित किया है। गांधीजी के जीवन और व्यक्तित्व से जुड़े ये छोटे-छोटे प्रसंग इतने रोचक और प्रभावित करनेवाले हैं कि बाल पाठक इन्हें खासी रुचि से पढ़ते और सराहते आए हैं। 'मैं महात्मा नहीं हूँ', 'यदि मैं तानाशाह बना', 'प्रभु ही मेरा रक्षक है', 'संगठन में ही शक्ति है', 'त्याग हृदय की वृत्ति है', 'मेरा पेट भारत का पेट है', 'यह तो सार्वजनिक पैसा है', 'हम कभी दंभी न बनें', 'मेरा धर्म सेवा करना है', 'हे राम, हे राम' सरीखे उपखंडों में छपे गांधीजी के ये संस्मरण उनके चरित्र की सरलता और दृढ़ता को तो प्रकट करते ही हैं, साथ ही खुद में भारतीय स्वाधीनता संग्राम के पूरे इतिहास को ही समोए हुए हैं।

वचनेश त्रिपाठी (1920-2006) ने भी देश-विदेश के महापुरुषों, लेखकों, गायकों, क्रांतिकारियों तथा वैज्ञानिकों आदि के जीवन-प्रसंग बड़ी भावनात्मक शैली में प्रस्तुत किए हैं। उनकी 'बालोपयोगी प्रेरक प्रसंग'

(2002) पुस्तक में ऐसे इक्यावन प्रेरक प्रसंग हैं, जिन्हें बच्चे रुचि से पढ़ेंगे तथा उनसे जीवन में कुछ करने और आगे बढ़ने की प्रेरणा ग्रहण करेंगे। पुस्तक में 'गूँगा बालक जो बन गया विख्यात बालक', 'बालक क्रांतिकारी', 'वह बड़ा लेखक बन गया', 'मगरमच्छ ने मदद की', 'आजाद और इकन्नी', 'न्यूटन की तरह', 'शहीद सादिक' और 'क्रांतिकारी बाल अवनी का त्याग' सरीखे प्रसंग मन पर गहरा असर छोड़ते हैं।

शुकदेव प्रसाद की पुस्तक 'बड़ों की बातें' (2012) में देश-विदेश के महापुरुषों के सुंदर जीवन प्रसंग हैं। पुस्तक में राजनेता, साहित्यकार, वैज्ञानिक और आध्यात्मिक विभूतियाँ हैं, तो कला और संगीत की महान हस्तियाँ भी। सभी के चुने हुए जीवन प्रसंग एक जगह संकलित किए गए हैं। पुस्तक बहुत रोचक ढंग से लिखी गई है। बाल पाठक इसे सहेजकर रखेंगे। राष्ट्रबंधु की 'प्रेरक प्रसंग' (2012) भी बहुत सुंदर और उपयोगी पुस्तक है। इसमें देश के महापुरुषों और वीरांगनाओं के जीवन प्रसंग सुंदर कहानियों के रूप में प्रस्तुत किए गए हैं। इसी क्रम में रजनीकांत शुक्ल की 'बहादुरी की प्रेरक घटनाएँ' (2014) और 'साहसी घटनाएँ' (2017) पुस्तकों का जिक्र किया जा सकता है। इनमें बहादुरी के राष्ट्रीय पुरस्कार पानेवाले बच्चों की उन साहसपूर्ण घटनाओं का वर्णन है, जिन्हें पढ़कर हर कोई प्रभावित होता है। खासकर बाल पाठक इनसे जीवन में कुछ कर दिखाने की सीख ले सकते हैं। रजनीकांत ने इन प्रेरक घटनाओं को सुंदर कहानियों की शक्ल में पेश किया है। इसलिए ये और भी पठनीय हो गई हैं।

इसी तरह एकलव्य द्वारा प्रकाशित 'आजादी की नुक्ती' (1997) बड़ी रोचक पुस्तक है, जिसमें छोटे-छोटे बच्चों ने स्वयं अपने जीवन प्रसंगों और अनुभवों के बारे में लिखा है।

बाल साहित्य की कुछ अन्य विधाएँ

बाल साहित्य की विधाओं में कविता, कहानी, उपन्यास, नाटक, जीवनी-लेखन वगैरह में तो खासा काम हुआ है, लेकिन कुछ विधाएँ अपेक्षाकृत उपेक्षित नजर आती हैं। ये विधाएँ हैं—निबंध या लेख, आत्मकथा, डायरी, संस्मरण, यात्रा-निबंध, पत्र-लेखन, चित्रकथा आदि। लेकिन राहत और खुशी की बात यह है कि इधर बाल साहित्य की अपेक्षाकृत गौण समझी जानेवाली विधाओं में कहीं अधिक ध्यान दिया गया है और उनमें लिखा गया बाल साहित्य भी पर्याप्त मात्रा में छपकर सामने आ रहा है। खासकर बाल पत्रिकाओं में इधर बच्चों के लिखे हुए छोटे-छोटे निबंधों, पत्रों, डायरी अंश, यात्रा-वृत्तांत, रेखाचित्र, संस्मरण आदि छापने की खासी होड़ दिखाई पड़ती है। और अब तो बाल साहित्य की इन विधाओं में आनेवाली रचनाएँ पुस्तक रूप में भी छपकर सामने आने लगी हैं। उम्मीद की जा सकती है कि इनका महत्त्व समझते हुए आगे इनका और विकास होगा।

हिंदी में खासकर बच्चों और किशोरों को ध्यान में रखकर लिखी गई आत्मकथाएँ या आत्मकथात्मक लेखन अभी बहुत महत्त्वपूर्ण रूप में नहीं उभर पाया। लेकिन फिर भी ऐसी कुछ पुस्तकें इधर दिखाई पड़ने लगी हैं, जिनमें समाज के महत्त्वपूर्ण लोगों और महानायकों के जीवन-वृत्तांत आत्मकथात्मक विन्यास में ढालकर प्रस्तुत किए गए हैं। इनमें से बहुत सा आत्मकथा-लेखन तो बड़ों के लिए किया गया। उसी को बच्चों के लिए सहज, सरल भाषा और रोचक अंदाज में पेश किया गया है। ऐसी पुस्तकों में जयप्रकाश भारती की 'उनका

बचपन यों बीता' (संस्क. 1992) एक अच्छी और आदर्श किताब कही जा सकती है। इस पुस्तक में महात्मा गांधी, चाचा नेहरू, नेताजी सुभाषचंद्र बोस, लोकमान्य तिलक, विश्वकवि रवींद्रनाथ टैगोर, राजेंद्र बाबू, सरदार पटेल, पं. मदनमोहन मालवीय, संत विनोबा भावे और वीर सावरकर के बचपन को मानो शब्दों में साकार कर दिया गया है। पुस्तक की खासियत यह है कि इन महापुरुषों के बारे में लेखक की ओर से बहुत कम कहा गया है। अधिकतर तो ये अलग-अलग क्षेत्रों में काम करनेवाले स्वनामधन्य व्यक्तित्व अपने बचपन की एक से एक जीवंतता और नटखटपन से भरी कहानियाँ खुद-ब-खुद सुनाते हैं। इन्हें पढ़कर लगता है, मानो हम इन महापुरुषों के पास बैठकर सचमुच इनके मुँह से इनके बचपन की कहानी सुन रहे हैं।

इस पुस्तक को पढ़कर यह भी पता चलता है कि इन सभी महापुरुषों में कुछ न कुछ नया करने की धुन थी, जो इन्हें इतना आगे बढ़ाती चली गई और बड़ी से बड़ी मुश्किलें आने पर भी इनके पैर कहीं थमे नहीं। महात्मा गांधी की बचपन की कहानी में बड़े मार्मिक ढंग से यह प्रसंग आता है कि कैसे उन्होंने एक बार चोरी की। पर चोरी करने के बाद उन्हें इतना गहरा पछतावा हुआ कि उन्होंने पिता को पत्र लिखकर अपनी गलती के लिए माफी माँगी। गांधी डर रहे थे कि यह पत्र पढ़ने के बाद पिता उन्हें खूब मारेंगे, पर हुआ उलटा ही। पिताजी ने यह चिट्ठी पढ़ी तो उनकी आँखों से आँसू गिरने लगे और उन्होंने बालक मोहन को अपनी छाती से लगा लिया। इसी तरह संत विनोबा भावे और लोकमान्य बाल गंगाधर तिलक के बचपन के वृत्तांत खासे रोचक हैं। सरदार पटेल के जीवन में जो दृढ़ता थी, उसकी छाप उनके बचपन में ही कैसे दिखाई पड़ने लगी थी, इसे पुस्तक में उनके बचपन की कहानी पढ़कर आसानी से जाना जा सकता है।

इसी तरह श्रीकृष्ण द्वारा संपादित 'मेरा बचपन' (2004) में अनेक सुप्रसिद्ध लेखकों ने बड़े दिलचस्प अंदाज में अपने बचपन की कहानी सुनाई है। इनमें जैनेंद्रकुमार, राजेंद्र यादव, अमृता प्रीतम, मन्नू भंडारी, आबिद सुरती और नरेंद्र कोहली शामिल हैं। इन सभी लेखकों ने बहुत रमकर बचपन की घटनाओं तथा उन दिनों के सरलता से भरे, एक तरह के 'जादुई संसार' का जिक्र किया है, जो बड़े होने पर भी गया नहीं, बल्कि और-और निखरता जाता है। बेशक यह अपने ढंग की एकदम अनोखी किताब है, जो बाल पाठकों के दिलों को छू लेती है। हालाँकि पुस्तक पढ़ने के बाद लगता है कि काश, ये वर्णन इतने संक्षिप्त न होते तथा कुछ और चर्चित व्यक्तित्व भी शामिल किए जाते, तो पुस्तक और भी बहुमूल्य हो जाती!

बचेंद्रीपाल की पुस्तक 'एवरेस्ट : मेरी शिखर-यात्रा' बच्चों के लिए लिखी गई आत्मकथात्मक पुस्तकों में सबसे निराली और आकर्षक है। इस पुस्तक में बचेंद्रीपाल ने अपनी पूरी कहानी बच्चों को सुनाई है। बचपन से ही उनके मन में प्रकृति और पहाड़ों को लेकर एक तरह का आकर्षण था और वे अपने जीवन में कुछ नया करके दिखा देना चाहती थीं। कुछ बड़े होने पर नेहरू पर्वतारोहण संस्थान में प्रवेश पाकर उन्होंने पर्वतारोहण सीखा। पहाड़ों की चढ़ाई तब कैसी रोमांचक लगती थी, इसका जिक्र उन्होंने बहुत सुंदर ढंग से किया है। इसी तरह एक के बाद एक नए-नए अभियानों से जुड़ती हुई बचेंद्रीपाल आखिर एवरेस्ट की चढ़ाई की ओर बढ़ीं। यह एक रोमांचक क्षण था, क्योंकि अभी तक कोई महिला पर्वतारोही एवरेस्ट पर नहीं चढ़ पाई थी। पुस्तक में 'एवरेस्ट के साथ मेरी भेंट' और 'सागरमाथा के प्रति श्रद्धाभाव' अध्याय बहुत ही भावपूर्ण हैं और बाल पाठकों को जीवन में कुछ आगे बढ़ने की प्रेरणा देते हैं। सिगरून श्रीवास्तव की 'भारत के बहादुर नवजवान' में उन

छह वीर बच्चों की कहानियाँ बताई गई हैं, जिनकी बहादुरी और साहस से प्रभावित होकर उन्हें बच्चों के लिए दिया जानेवाला राष्ट्रपति पदक दिया गया।

कुछ लेखकों ने भी अपने जीवन के यादगार प्रसंग बड़े रोचक अंदाज में दर्ज किए हैं। डॉ. श्रीप्रसाद (1932-2012) बच्चों के जाने-माने लेखक हैं। 'नन्ही कलम' पत्रिका में उन्होंने नन्हे-मुन्ने बच्चों को अपनी कहानी सुनाई है, यानी अपने लेखक होने की कहानी। पत्र-पत्रिकाओं में उनकी लिखी कविताएँ छपने लगी थीं, हालाँकि कोई किताब नहीं छपी थी। लेकिन फिर किताबें भी छपीं। उनकी पहली किताब किस तरह छपी, यह किस्सा उन्होंने बड़े दिलचस्प अंदाज में बताया है।

प्रभा शुक्ल की 'साक्षरता के पड़ाव' भी एक अलग तरह की मर्मस्पर्शी किताब है। इसकी खासियत यह है कि इसमें जो जीवन-प्रसंग दिए गए हैं या जिन घटनाओं का वर्णन है, वे महान व्यक्तियों से नहीं, बल्कि बहुत मामूली और शायद दीन-हीन किस्म के लोगों से संबंध रखती हैं। प्रभा शुक्ल 'साक्षरता के अभियान' से बहुत गहराई से जुड़ी हुई संवेदनशील लेखिका हैं। उन्होंने साक्षरता मिशन के दौरान जो द्रवित कर देनेवाली घटनाएँ देखीं तथा जिनका उनके मन पर गहरा असर पड़ा, उन्हीं को उन्होंने अपनी इस नायाब किताब की शक्ल में लिखा है। पुस्तक का पहला ही अध्याय 'सबसे मीठी मिठाई' गजब का है। लेखिका एक मैले-कुचैले बच्चे को कभी नाले में और कभी कूड़े के ढेर पर तो कभी भोज के बाद बची हुई जूठी पत्तलों पर कुछ ढूँढ़ते-तलाशते हुए देखती थीं। उन्होंने बच्चे से उसका नाम पूछा तो उसने झिझकते हुए बताया—ब्रजेश। क्या तुम लिखना-पढ़ना चाहोगे, लेखिका के पूछने पर ब्रजेश का जवाब था कि मेरा मन तो बहुत करता है पर··· ? और जब लेखिका ने उसे पढ़ने-लिखने की एक नई दुनिया में ले जाकर अक्षरों का प्रकाश दिखाया तो यही ब्रजेश बदला और जीवन में एक के बाद एक सफलता की सीढ़ियाँ चढ़ने लगा।

कुछ समय बाद ब्रजेश दीपावली के दिन लेखिका के घर मिठाई का डिब्बा लेकर आता है। अब उसने सलीके के कपड़े पहने हुए हैं और किसी फैक्टरी में उसे सामान की चेकिंग का काम मिल गया है। उस समय ब्रजेश की आँखों में चमक थी, लेकिन उससे भी ज्यादा लेखिका की आँखों में थी, जिसने देखा था कि पढ़-लिखकर कैसे एक लावारिस बच्चे के जीवन में नई उम्मीद की किरण पैदा हो जाती है। पूरी पुस्तक में ऐसे ही एक से एक रोमांचक और चकित कर देनेवाले प्रसंग हैं, जिन्हें बच्चे गहरी रुचि से पढ़ेंगे, क्योंकि इन्हें पढ़कर पता चलता है कि पढ़ाई-लिखाई एक ऐसी रोशनी की दुनिया है, जो गरीब से गरीब, दीन-हीन व्यक्ति के जीवन में भी नई उम्मीदों का उजाला भर सकती है। लेखिका प्रभा शुक्ल ने अपने इन अनुभवों को किताब की शक्ल में लिखकर बाल पाठकों को इस नई दुनिया में झाँकने का अवसर दिया है। बेशक ऐसी पुस्तकें और लिखी जानी चाहिए, जिससे शहरों में रहनेवाले बच्चे 'हाशिए की दुनिया' के दर्द और गरीब बच्चे की पीड़ा को समझ सकें। प्रभा शुक्ल ने सचमुच राह दिखा दी है, पर इस क्षेत्र में अभी बहुत काम करने की दरकार है।

पिछले दिनों विकासवाद के जनक मशहूर वैज्ञानिक चार्ल्स डार्विन की आत्मकथा हिंदी में छपी है। पुस्तक का नाम है 'चार्ल्स डार्विन की आत्मकथा' (2007), जिसका अनुवाद प्रमोद झा ने किया है। अनुवाद बहुत अच्छा नहीं हुआ, पर डार्विन की यह आत्मकथा इतनी दिलचस्प है कि इस पुस्तक को बाल पाठक बड़ी रुचि से पढ़ेंगे। यह आत्मकथा पढ़कर चार्ल्स डार्विन की उस जिद्दी शख्सियत का पता चलता है, जिसके

कारण उसने बड़ी से बड़ी मुश्किलों की परवाह नहीं की और एक ऐसी खोज कर डाली जिसने संसार में हलचल मचा दी।

यहीं आत्मकथात्मक शैली में लिखी गई कुछ उम्दा किताबों का भी जिक्र किया जा सकता है। जिस तरह से आत्मकथात्मक शैली में हम अपने जीवन के मार्मिक प्रसंगों और दुःख-तकलीफों या संघर्षों को अभिव्यक्ति देते हैं, उसी तरह बेजान चीजों, कीड़े-मकोड़ों, जीवधारियों, यहाँ तक कि वैज्ञानिक उपकरणों तक के बारे में रोचक और प्रभावी ढंग से बताया जा सकता है। आत्मकथात्मक शैली में जब हम इनका वर्णन करते हैं तो एक निराला ही प्रभाव पैदा हो जाता है और बच्चों के साथ इन बेजान चीजों और जीवधारियों की कुछ अलग ढंग की दोस्ती-सी हो जाती है। प्रमोद जोशी की 'बस्ता बोला', 'कीड़ों की कहानी : कीड़ों की जबानी' और देवेंद्र मेवाड़ी की 'फसलें कहें कहानी' इस तरह की उम्दा और बेहतरीन किताबें हैं।

प्रमोद जोशी की 'कीड़ों की कहानी : कीड़ों की जबानी' (1962) किताब में छोटे-छोटे कीड़े-मकोड़े भी इतने लाजवाब ढंग से कहानी कहते हैं कि उनका एक अलग-सा आत्मीय चित्र बच्चों की आँखों के आगे बनने लगता है। तब समझ में आता है कि छोटे नाचीज और बदसूरत कहे जानेवाले ये कीड़े-मकोड़े भी हमारी दुनिया को खूबसूरत बनाने में कितनी बड़ी भूमिका निभाते हैं। इसी तरह प्रमोद जोशी की 'बस्ता बोला' (2002) बड़ी खूबसूरत किताब है, जिसमें बस्ते की कहानी के साथ-साथ बच्चा एक साथ बहुत सी चीजों की आविष्कार कथा को जान लेता है और रबर, पेंसिल, कागज, कॉपी सबकी बड़ी आत्मीय छवियाँ उसके भीतर दर्ज हो जाती हैं।

देवेंद्र मेवाड़ी की 'फसलें कहें कहानी' भी बड़ी मेहनत और शोध के साथ लिखी गई असाधारण किताब है, जिसमें गेहूँ, मक्का, सोयाबीन, चाय, मूँगफली सबकी कहानियाँ बड़े नाटकीय अंदाज में बयाँ की गईं हैं। तुरशनपाल पाठक और श्यामसुंदर शर्मा ने 'मैं हूँ बिजली', 'मैं हूँ इलेक्ट्रॉनिकी', 'मैं हूँ कंप्यूटर' सरीखी कई पुस्तकें लिखी हैं, जिनमें ये उपकरण खुद ही बड़े अंतरंग लहजे में अपनी कहानी सुनाते हैं और बात-बात में काफी बड़ा ज्ञान दे जाते हैं। इसी तरह श्रीकृष्ण की 'मैं हूँ दिल्ली का लालकिला' में खुद लालकिला बड़े जोशीले अल्फाज में अपनी रोमांचित कर देनेवाली कहानी सुनाता है। जाहिर है, इस तरह की आत्मकथात्मक शैली में लिखी गई पुस्तकें बच्चों के मन पर गहरा असर छोड़ती हैं, पर अभी इस दिशा में बहुत काम होना बाकी है।

❖

आत्मकथा की तरह संस्मरण भी एक महत्त्वपूर्ण विधा है, पर बाल साहित्यकारों ने इस पर ज्यादा ध्यान नहीं दिया। अलबत्ता 'बालवाटिका' पत्रिका के भव्य संस्मरण विशेषांक (मई, 2016) में कई बाल साहित्यकारों ने अपने लेखन और बचपन के बारे में बड़े दिलचस्प संस्मरण लिखे हैं। 'नन्ही कलम' पत्रिका का भी सुंदर संस्मरण विशेषांक आया है। दिविक रमेश की 'फूल भी और फल भी' (1994) बाल संस्मरणों की एक सुंदर पुस्तक है। इसमें उन्होंने कई बड़े लेखकों से जुड़े छोटे-छोटे भावनात्मक संस्मरण लिखे हैं, पढ़ने पर जिनकी सुवास मन में रह जाती है। इनमें महादेवी वर्मा, हरिवंश राय बच्चन, अज्ञेय, शमशेरबहादुर सिंह, भारतभूषण अग्रवाल, त्रिलोचन, भीष्म साहनी और बालकराम नागर शामिल हैं। सभी संस्मरण बड़ी सहज, सरल भाषा में

लिखे गए हैं। बाल पाठक एक बार पढ़कर इन्हें कभी भूल नहीं पाएँगे और इन लेखकों की बड़ी आत्मीय छवि उनके मन में पैठ जाएगी। बाल संस्मरणों की यह सचमुच अनमोल पुस्तक है, जिसे सहेजकर रखना चाहिए।

खुशी की बात है कि पिछले कुछ वर्षों में बाल साहित्यकारों के संस्मरणों की दो बड़ी सुंदर पुस्तकें निकली हैं, जिन्हें युवा लेखक रमाशंकर ने संपादित किया है। ये पुस्तकें हैं, 'बाल साहित्यकारों के संस्मरण' और 'साहित्यकारों का बचपन'। इनमें 'बाल साहित्यकारों के संस्मरण' (2007) पुस्तक में हिंदी के नए-पुरानी पीढ़ी के छत्तीस सहित्यकारों के संस्मरण हैं। इनमें सब तो अच्छे नहीं हैं और कुछ तो बेहद चलताऊ भी हैं, पर पुस्तक में डॉ. श्रीप्रसाद, शकुंतला कालरा, बानो सरताज, कृष्ण शलभ और उषा यादव के संस्मरण याद रह जाते हैं। ये संस्मरण अपने आप में संपूर्ण रचनाएँ हैं तथा सुंदर भावनात्मक कहानियों की तरह हैं, जिनमें सुख-दुःख के रंग सीधे दिल में उतर जाते हैं। खासकर शकुंतला कालरा के शब्दों में उभरा उनकी माँ का चेहरा इस कदर प्रभावी है कि उसे कभी भुलाया ही नहीं जा सकता। इसी तरह उषा यादव और बानो सरताज ने बचपन में अपने पढ़ाई के शौक के बारे में लिखा है, तो श्रीप्रसाद ने बचपन की एक अजब सी घटना और उससे जुड़े मासूमियत भरे भय के बारे में। इसके अलावा शोभनाथ लाल, गोपीचंद श्रीनागर, इंदिरा गौड़, भगवतीप्रसाद द्विवेदी, मो. अरशद खान, डॉ. संगीता, बलवंत, सुरेंद्र विक्रम और नागेश पांडेय 'संजय' के संस्मरण भी मन को छूने वाले हैं। पुस्तक पढ़कर खुशी होती है कि अब हिंदी में बाल साहित्य की उपेक्षित और अमहत्त्वपूर्ण समझ ली गई विधाओं में भी अच्छा काम हो रहा है। इसे बाल साहित्य के सर्वांगीण विकास की दिशा में बढ़ा एक सही और जरूरी कदम कह सकते हैं।

रमाशंकर द्वारा संपादित बाल साहित्यकारों के संस्मरणों की दूसरी और बृहत् पुस्तक है, 'साहित्यकारों का बचपन' (2016, तीन खंड)। यह पुस्तक मानो बाल साहित्यकारों के बचपन के अनुभवों का बेशकीमती और अनमोल खजाना है। बचपन की मस्ती, बचपन की अनकही खुशियाँ और आनंद, बचपन के दोस्त, बचपन में पढ़ी चीजें और दादी-नानी से सुनी हुई कहानियाँ, बचपन के छोटे-छोटे सुख-दुःख, मन की कोई छिपी हुई कचोट और मीठी कसक—कुछ भी ऐसा नहीं है, जिसे पाठक आसानी से भुला सकें। सच पूछा जाए तो हर किसी का बचपन अपार संभावनाओं से भरा होता है, भले ही वह कितने ही अभावों और दुश्वारियों से त्रस्त और बेहाल क्यों न हो। जीवन में बहुत कुछ जो हम सीखते हैं और आगे चलकर कर गुजरते हैं, उसकी शुरुआत किसी न किसी रूप में बचपन से ही हो जाती है। ऊपर से देखने पर हम सभी का बचपन लगभग एक जैसा लगता है, पर गौर से देखें तो हर किसी के बचपन में एक अलग और खास धुन होती है, अपनी नन्ही सीमाओं के बावजूद जिसे हम साथ लिये चलते हैं और मानो तभी तय हो जाता है कि आगे चलकर हम क्या बननेवाले हैं। इसी तरह बचपन खुद में अपार संभावनाओं से भरी रचनात्मकता का बेमिसाल खजाना है। शायद इसीलिए बहुत से बड़े-बड़े लेखकों और रचनाकारों ने भी माना है कि बचपन में पढ़ी या सुनी गई कहानियों ने ही आगे चलकर उन्हें लेखक बनाया।

पुस्तक के पहले खंड में गुरुदेव रवींद्रनाथ टैगोर से लेकर शमशेर अहमद खान तक 29 दिवंगत साहित्यकारों के बचपन की कहानियाँ हैं। यों तो इस खंड के सभी संस्मरण बड़े जीवंत हैं और एक जीवंत दस्तावेज सरीखा महत्त्व रखते हैं, पर खासकर रवींद्रनाथ टैगोर, प्रेमचंद, सुभद्राकुमारी चौहान, महादेवी वर्मा,

बच्चन, देवेंद्र सत्यार्थी, अमृतलाल नागर, आनंदप्रकाश जैन, शकुंतला सिरोठिया और द्वारिकाप्रसाद माहेश्वरी की बचपन की यादों में डुबकी लगाएँ, तो बाहर आने का मन ही न करेगा। उनके बचपन की छोटी-बड़ी घटनाओं से गुजरते हुए यह भी पता चलता है कि आगे चलकर वे जीवन में जो इतने बड़े काम कर सके, उसके बीज कहीं न कहीं उनके मन-मस्तिष्क में बचपन में ही पड़ चुके थे। दूसरे खंड में बाल साहित्य की वरिष्ठ पीढ़ी के चवालीस सहित्यकारों के बचपन की कहानियाँ शामिल हैं। इनमें सरोजिनी कुलश्रेष्ठ, बालस्वरूप राही, डॉ. शेरजंग गर्ग और योगेंद्रकुमार लल्ला से लेकर इधर सक्रिय कृष्ण शलभ, रमेश तैलंग, दिविक रमेश, उषा यादव, देवेंद्र मेवाड़ी समेत बहुत से चर्चित बाल साहित्यकार हैं, जिन्हें हम निरंतर पढ़ते हैं। पुरानी पीढ़ी के बाल साहित्यकारों के इन खुले-खिले संस्मरणों को पढ़ते हुए उनके रचनात्मक व्यक्तिव पर नई रोशनी पड़ती है और उनकी सजीली बाल रचनाओं के पीछे छिपी बचपन की मीठी स्मृतियाँ भी मन को गुदगुदाती हैं। परवर्ती साहित्यिकों में देवेंद्रकुमार, देवेंद्र मेवाड़ी, शकुंतला कालरा और प्रकाश मनु समेत बहुत से लेखकों ने बचपन की यादों को खँगालते हुए, पाठकों को बहुत से ऐसे मार्मिक क्षणों का साक्षी बना दिया है, जिनमें आँसू हैं, करुणा है और उन्हीं के बीच एक झिलमिल करती हँसी भी, जो हर हाल में जीने और आगे बढ़ने की एक जिजीविषा लिये हुए है। तीसरे खंड में इधर की पीढ़ी के बहुत से जाने-माने बाल साहित्यकारों के साथ-साथ कुछ अपेक्षाकृत नए रचनाकार भी हैं। कालखंड भी थोड़ा बदला हुआ है और आजादी के बाद देश में आए बदलावों और उस दौर की देश-समाज की घटनाओं की कुछ झलक भी यहाँ मिलने लगती है। यों तो इस खंड में भी सबने अपने-अपने स्मृति के गलियारों में चहलकदमी करते हुए, बहुत कुछ खुलकर बताया है, जिसकी रस-फुहारों में भीगने का अपना आनंद है। निस्संदेह रमाशंकर ने तीन खंडों में बाल साहित्यकारों के बचपन की जानी-अजानी कहानियों का विरल कोश तैयार करके बड़ा काम किया है।

इसी तरह 'बालवाटिका' का मई, 2016 अंक बाल साहित्यकारों के अद्‌भुत संस्मरणों की झाँकी सँजोए ऐतिहासिक अंक है, जो इस दिशा में किसी मील के पत्थर से कम नहीं है, ऐसा भव्य विशेषांक, जिसे आनेवाले कई दशकों तक याद किया जाएगा। पत्रिका में एक ओर रामदरश मिश्र, डॉ. शेरजंग गर्ग, बालस्वरूप राही, रत्नप्रकाश 'शील' जैसे सम्मान्य लेखकों की अनूठी आत्मसंस्मरणात्मक कृतियाँ हैं, तो दूसरी ओर देवेंद्र कुमार, शिव मृदुल, शकुंतला कालरा, दिविक रमेश, प्रकाश मनु, भगवतीप्रसाद गौतम, रमेश तैलंग, मुरलीधर वैष्णव, विष्णुप्रसाद चतुर्वेदी, योगेंद्रदत्त शर्मा, सूर्यनाथ सिंह, प्रह्लाद श्रीमाली, प्रत्यूष गुलेरी, नागेश पांडेय 'संजय' और बाल साहित्य के बहुत से सुचर्चित लेखकों के साथ-साथ प्रदीप शुक्ल, सोना शर्मा और मंजुरानी जैन सरीखे नए उभरे समर्थ लेखकों की इस कदर सक्रिय भागेदारी सुखद है।

बाल संस्मरणकार के रूप में सोना शर्मा, मंजुरानी जैन, सूर्यनाथ सिंह, प्रह्लाद श्रीमाली, श्याम सुशील, रेनू चौहान, प्रदीप शुक्ल बिल्कुल नए हैं, पर अपनी गहरी निश्छलता से भीतर संवेदना की गहरी परतों में उतरते हुए। और देवेंद्रकुमार… ? उनका गहरी करुणा से भीगा संस्मरण पढ़कर पाठक कुछ क्षणों के लिए अवाक् रह जाता है। आश्चर्य, कितना कम कहकर कितना ज्यादा संवेदित कर देते हैं वे। यों रामदरशजी, डॉ. शेरजंग गर्ग, बालस्वरूप राही, रत्नप्रकाश 'शील', शिव मृदुल, काशीलाल शर्मा, शकुंतला कालरा, दिविक रमेश, योगेंद्रदत्त शर्मा, रमेश तैलंग, भगवतीप्रसाद गौतम, गोविंद शर्मा, नागेश पांडेय 'संजय' सब अपने साथ बहा ले जाते हैं।

रमेश तैलंग अपने आत्मीय संस्मरण में जिंदगी के हाशिए में पड़े जिन बड़े चरित्रों की बात करते हैं, वे कहाँ मिलते, अगर संवेदना की आँख से उन्हें पकड़ा न गया होता। भगवतीप्रसाद गौतम की सूना बुआ तो अनपढ़ होकर भी इतनी दिलेर हैं, इतनी हिम्मती और समझदार हैं कि उनके आगे माथा झुकता है। आखिर ये सूना बुआ ही हैं, जो हँसते-हँसते कह सकती हैं कि अरे बच्चो, मैं स्कूल कहाँ जा पाई? पढ़ी-लिखी कहाँ? अगर पढ़-लिख गई होती तो आसमान के बादलों में छेद न कर देती!…और फिर भैरूँलाल गर्ग का गाँव सोडार को एक चलचित्र की तरह पेश कर देना, रामदरशजी के संस्मरण में झाँकती माँ की वह सरल, लेकिन दृढ़ मूरत, शिव मृदुल के यहाँ बच्चों को आम लूटते देख परम आनंदित होते ठाकुर साहब, दिविक के यहाँ ठेठ गँवई बचपन का ठाट, किसका जिक्र करूँ और किसे छोड़ूँ? प्रकाश मनु का श्याम भैया पर लिखा गया संमरण भी बेहद मार्मिक है। कुल मिलाकर 'बालवाटिका' का यह संस्मरण विशेषांक 'स्मरणीय' ही नहीं, 'अविस्मरणीय' भी बन गया है।

कोई आश्चर्य नहीं कि 'बालवाटिका' का यह भव्य संस्मरण विशेषांक पढ़ते हुए किसी को प्रेमचंद द्वारा निकाले गए 'हंस' के आत्मकथांक की याद आए, जिसमें हिंदी के एक से एक बड़े और दिग्गज साहित्यकारों की आत्मपरक रचनाएँ थीं। लगता है, 'बालवाटिका' ने इस संस्मरण विशेषांक के जरिए बाल साहित्य में कुछ वैसा ही करके दिखा दिया है, जिसकी पहली लकीर प्रेमचंद ने खींची थी। निस्संदेह, 'बालवाटिका' का यह अद्‌भुत संस्मरण विशेषांक आगे काम करनेवाले लोगों को रास्ता दिखाता रहेगा। यों भी 'बालवाटिका' में इधर निरंतर अच्छे संस्मरण पढ़ने को मिल रहे हैं। ब्रजेश कृष्ण, कानन झींगन, सुरेश्वर, वेदमित्र शुक्ल और प्रेमपाल शर्मा के संस्मरण बड़े निश्छल और भावपूर्ण हैं, जो याद रह जाते हैं।

इसके अलावा बाल संस्मरणों में मो. साजिद खान (ज. 1976) की 'यादें बचपन की' (2013) पुस्तक भी उल्लेखनीय है। साजिद ने इस पुस्तक में अपने बचपन की बहुत सी रोचक घटनाओं को सुंदर कहानियों की शक्ल में प्रस्तुत किया है। इनमें 'सूना मैदान', 'तोता वापस आया', 'वह गहरा दलदल था', 'अध्यापक ने नहीं देखा', 'वह साँप' ऐसे आत्म-संस्मरण हैं, जिन्हें बच्चे एक बार पढ़कर कभी भूल नहीं पाएँगे।

❧ ❖ ❧

बच्चों द्वारा लिखे संस्मरण और बच्चों के इंटरव्यू भी बहुत अधिक नहीं मिलते, पर रामकुमार कृषक द्वारा संपादित 'नई पौध' और श्याम सुशील (ज. 1957) द्वारा संपादित 'नन्ही कलम' में बच्चों के संस्मरण और इंटरव्यू दिख जाते हैं। वे सचमुच बड़े सुखद और आत्मीय लगते हैं। 'नन्ही कलम' के अंक दस में नौवीं कक्षा में पढ़नेवाले बच्चे अंजस का एक संस्मरण है जिसका 'नई पौध' के लिए इंटरव्यू श्याम सुशील ने लिया था। जब उसे मम्मी ने बताया कि अंकल तुम्हारा इंटरव्यू लेने आएँगे, तो उस छोटे-से बच्चे अंजस पर क्या गुजरी, इसे लेकर उन्होंने एक प्यारा-सा संस्मरण बुना है। अंजस के इस विलक्षण अनुभव को उन्हीं के शब्दों में पढ़ना अच्छा लगेगा :

"दिन का सबसे अच्छा समय—शाम का समय, जब मैं पढ़ाई-लिखाई से दूर अपने दोस्तों के साथ खेल रहा होता हूँ। उस दिन भी मैं अपने दोस्तों के साथ खेल रहा था, तभी मेरे कानों में मेरी माँ की आवाज पड़ी—अंजस!…मुझे लगा कि बस, यही मेरी खुशियों का अंत है। अब मुझे घर जाकर होमवर्क करना पड़ेगा।

मैं चुपचाप मुँह लटकाकर घर आ गया।'"'कल 'नई पौध' के लिए श्याम सुशील अंकल तुम्हारा इंटरव्यू लेने आ रहे हैं!' मेरी माँ ने कहा। यह सुनते ही मुझे लगा कि मैं हवा में उड़ रहा हूँ। रात भर मुझे सपने आते रहे कि मैं प्रसिद्ध पपेटियर बन गया हूँ और सब लोग मुझे बधाइयाँ दे रहे हैं। अगले दिन सुबह मैं जल्दी उठ गया और नहा-धोकर उनका इंतजार करने लगा। अचानक मेरा मन घबरा उठा कि वे न जाने क्या-क्या प्रश्न पूछेंगे। मैं उत्तर दे भी पाऊँगा या नहीं!.. दस बजे, फिर ग्यारह बजे। दरवाजे की घंटी बजी और श्याम सुशील अंकल आ गए। उन्हें देखते ही मेरा दिल तेजी से धड़कने लगा, हथेलियों में पसीना आ गया, और मेरे पैर काँपने लगे।" हालाँकि जब इंटरव्यू लिया गया तो अंजस को उन सवालों के जवाब देते हुए बहुत अच्छा लगा और इंटरव्यू खत्म होने के बाद उसे लगा कि "यह सब कितना आसान था!"

अलबत्ता अंजस का यह संस्मरण लाजवाब है। अगर कोई पत्रिका बच्चों के संस्मरण और अनुभवों को लगातार छापे और वे किसी पुस्तक के रूप में आएँ, तो बेशक वह दुनिया की सबसे दिलचस्प और पठनीय किताब होगी। बच्चे ही नहीं, बड़े भी उसे खोजकर पढ़ना चाहेंगे। जयपुर से निकली 'अलारिप्पू' पत्रिका के 'मेरा हाथी', 'मेरी याद', 'मेरा आकाश', 'मेरा वसंत', 'मेरी कथा' आदि अंकों में कई बच्चों के संस्मरण और आपबीती की झलक है। इनमें गोपाल लाल की आपबीती रोमांचक है। हमारे गाँव के चित्र, हमारे गाँव के कलाकार विषयों पर भी बच्चों ने बड़े मजेदार ढंग से लिखा है।

इसके अलावा इंटरव्यू शैली में लिखी गई दो अच्छी पुस्तकों की भी यहाँ चर्चा की जा सकती है। ये पुस्तकें हैं, मनोहर वर्मा की 'जानवरों से इंटरव्यू' और डॉ. हरिकृष्ण देवसरे की 'अनोखी मुलाकातें'। इन्हें पढ़कर समझा जा सकता है कि लोगों या चीजों का आत्मीय ढंग से वर्णन करने के लिए इंटरव्यू शैली का कितना बढ़िया इस्तेमाल हो सकता है। इनमें मनोहर वर्मा की 'जानवरों से इंटरव्यू' तो अपनी चुटीली शैली के कारण खासी चर्चित हुई थी और आज भी बच्चे उसे बड़े चाव से पढ़ते हैं। इसी तरह 'बच्चों का ईश्वर' विषय को लेकर 'कादंबिनी' में प्रकाशित बच्चों का इंटरव्यू भी बड़ा गजब का है, जिसमें श्याम सुशील और शिप्रा सिंह ने नन्हे-मुन्ने बच्चों से ईश्वर के बारे में अनेक मजेदार सवाल पूछे और बच्चों ने अपनी कल्पना और सूझ से बड़े ही कमाल के उत्तर दिए।

डायरी-लेखन और पत्र

बच्चों के डायरी लेखन और उनके लिखे सरलता से भरे पत्रों की बहुत ज्यादा किताबें हालाँकि नहीं हैं और उनके महत्त्व को अभी ठीक-ठीक समझा भी नहीं गया, तो भी इस ओर ध्यान दिए जाने लगा है। ये दोनों ही विधाएँ अपनी-अपनी जगह महत्त्वपूर्ण हैं। बच्चों के डायरी-लेखन की खासियत यह है कि अपने मन में उमड़ते-घुमड़ते भावों को वे पूरी सच्चाई और निर्मलता से यहाँ कह सकते हैं और उनकी छोटी-छोटी मुश्किलें, छोटी-छोटी इच्छाएँ, भय और तनाव भी खुल पड़ते हैं। जाहिर है, बच्चों की डायरी में उनका जीवन इतने पारदर्शी ढंग से सामने आता है कि उसे पढ़कर बच्चे को अच्छे ढंग से समझने की एक शुरुआत हो सकती है। इस लिहाज से एक छोटे बच्चे शिवांक (ज. 1991) के डायरी-लेखन की किताब 'आज से मैंने सोचा' (2004) का महत्त्व काफी अधिक है। शिवांक की यह डायरी पहले रामकुमार कृषक द्वारा संपादित 'नई पौध'

पत्रिका में निरंतर छपती रही है। बाद में यही पुस्तकाकार 'आज से मैंने सोचा' नाम की एक दिलचस्प और आकर्षक किताब की शक्ल में सामने आई। रामकुमार कृषक शिवांक की इस डायरी और उसमें दर्ज उनके खट्टे-मीठे अनुभवों के बारे में मुग्ध होकर लिखते हैं, "सितंबर 2002, 'नई पौध' के प्रकाशन की तैयारी। श्याम सुशील से कहा कि शिवांक की कविताएँ चाहिए। उन्होंने कहा, डायरी भी है। मैंने कहा—गुड, दीजिए मुझे। उन्होंने लाकर दी। पढ़ी तो पढ़ता ही चला गया। जनवरी, फरवरी और मार्च, सिर्फ तीन महीने और उनका हर रोज, प्रवेशांक से ही छापता रहा! करीब-करीब डेढ़ साल। खूब पसंद की गई। बच्चों और बड़ों के पत्र, जिज्ञासाएँ और सवाल। कुछ बच्चों ने सूचना दी—हम भी डायरी लिखने लगे हैं! लगा कि इसे किताब की ही तरह क्यों न छाप दिया जाए।···दरअसल आठ वर्षीय शिवांक की यह डायरी बाल साहित्य में बच्चों की ही ओर से कुछ नया जोड़ने की एक खूबसूरत कोशिश है।"

नन्हे शिवांक की इस डायरी के लिखने की शुरुआत कैसे हुई और उसमें उसके भीतरी और बाहरी संसार के कैसे-कैसे रंग और छवियाँ हैं। शिवांक की नजर कहाँ-कहाँ जाती है! किन-किन चीजों से वे खुश और किनसे परेशान होते हैं, इसकी झलक डायरी के इन हिस्सों से लग सकती है :

"आज से मैंने सोचा है कि हर रोज डायरी लिखूँगा। आज का दिन मुझे बहुत अच्छा लग रहा है। आज से नया वर्ष 2000 शुरू हुआ है। आज मैंने सबको हैप्पी न्यू ईयर कहा" (1.1.2000)

"सुबह बहुत कोहरा था। स्कूल जाने का मन नहीं कर रहा था, तब भी गया। मैंने आज क्रिकेट नहीं खेला। मैं सुबह दवाई खाना भूल गया। स्कूल में मैथ का नया लेसन पढ़ा—प्वाइंट। मजा आया। हमने स्कूल में बालीवुड गेम खेला, जिसमें हमारी टीम बार-बार जीती।···आज मैंने अपने ठंडे-ठंडे हाथों से छूकर दीदी को तंग किया। वह चीं-चीं चिल्लाती थी तो मम्मी गुस्साती थीं।" (5.1.2000)

"आज खरपत्तू बाबा के साथ मेरी बहुत बातें हुईं। मैंने उनका इंटरव्यू लिया। मैंने उनसे बहुत सारे प्रश्न पूछे, उन्होंने मुझसे भी प्रश्न पूछे। खरपत्तू बाबा की दाढ़ी बहुत छोटी थी। वे हमें बहुत दिनों के बाद मिले थे। मैंने बाबाजी को जनवरी 2000 की 'चकमक' दी। इसमें मेरी भी कविता पहले पन्ने पर छपी है। मेरी कविता का नाम है, 'पापा ऐसा नहीं हो सकता क्या?" (22.1.2000)

इधर एक और नन्ही लेखिका अपूर्वा जगता (ज. 1994) की डायरी 'समंदर के तट पर' शीर्षक से छपी है। इसमें अपूर्वा ने बहुत सी मन की बातें कही हैं। कहीं-कहीं तो उसकी भाषा बिल्कुल कविता जैसी लगती है। मसलन, "आज फिर मिट्टी का हर कण भीग चुका है। मेरे आम के बौर भी भीग चुके हैं। हर पौधा, हर पक्षी फिर मस्ती में झूम रहा है। मंदिर का झंडा भी किस कदर लहरा रहा है···हर पक्षी ने अभी-अभी स्नान किया है। लगता है बादल चाचा के घर जाएँगे नहा-धोकर।"

अगर बच्चों की इस तरह की डायरियाँ सामने आएँ तो बच्चों के मन और भीतरी जगत के खुलने के साथ-साथ, उनकी भाषा के बड़े जीवंत और विलक्षण नमूने भी सामने आएँगे। इसी सिलसिले में सविता चड्ढा की 'मुसकान की डायरी' (2012) की चर्चा की जा सकती है। इसमें सविताजी ने अपनी बेटी को जैसे लाड़ से पाला, समय-समय पर जो कुछ बताया और जैसी सीख दी, हर चीज को उन्होंने सिलसिलेवार लिखा है। यह डायरी माँ और बेटी के भावनात्मक संबंधों का बखान करती है। बिनय राजाराम की 'चारु की डायरी' भी

एक बच्ची के मनोभावों को सुंदर ढंग से प्रकट करती है। यह डायरी बिनय राजाराम की विविध विधाओं की पुस्तक 'जंगल का राजा' में संकलित है।

ꕥ ❖ ꕥ

इसी तरह बाल साहित्य में सुंदर, भावपूर्ण पत्रों का भी अपना खासा महत्त्व है, फिर चाहे वे बड़ों द्वारा बच्चों को लिखे गए हों या फिर बच्चों द्वारा बड़ों को। बच्चों को लिखे गए अंतरंग और महत्त्वपूर्ण पत्रों की चर्चा चलते ही सबसे पहले जिस पुस्तक का खयाल आता है, वह है पं. जवाहरलाल नेहरू (1889-1964) की 'पिता के पत्र पुत्री के नाम' (संस्क.1977, अनु. प्रेमचंद)। नेहरूजी ने ये पत्र तब लिखे थे, जब इंदिरा गांधी नौ-दस वर्ष की थीं और मसूरी में पढ़ रही थीं। पत्र मूल रूप से अंग्रेजी में लिखे गए थे और इनका हिंदी अनुवाद कथा-सम्राट् मुंशी प्रेमचंद ने किया था। पं. जवाहरलाल नेहरू ने 6 जुलाई, 1931 को लिखी गई इस किताब की भूमिका में इन पत्रों के लिखे जाने और पुस्तक रूप में छपाने की वजह बताते हुए लिखा है, "तीन वर्ष हुए, मैंने ये खत अपनी पुत्री इंदिरा को लिखे थे। वह उस समय मसूरी में थी और मैं इलाहाबाद में। वह दस वर्ष की थी और यह खत उसी के लिए लिखे गए और किसी दूसरे का खयाल नहीं। लेकिन फिर बाद में बहुत मित्रों ने मुझे राय दी कि मैं इनको छपवाऊँ, ताकि और लड़के और लड़कियाँ भी इनको पढ़ें।"

नेहरूजी द्वारा बेटी इंदिरा को लिखे गए ये पत्र खासे रोचक तो हैं ही, पर साथ ही साथ वे पूरी दुनिया की सभ्यता, संस्कृति, इतिहास, भूगोल और लोक-परंपराओं को भी किसी दिलचस्प कहानी की शक्ल में बाल पाठकों के आगे रखते जान पड़ते हैं। एक और खास बात यह है कि ये पत्र बच्चों को अपने आसपास की दुनिया और जीवन को एक नई आँख के साथ देखना सिखाते हैं। नेहरूजी का यह वाक्य क्या कोई बाल पाठक या पाठिका एक बार पढ़ने के बाद कभी भूल सकती है, "एक छोटा सा रोड़ा, जिसे तुम सड़क पर या पहाड़ के नीचे पड़ा हुआ देखती हो, शायद संसार की पुस्तक का छोटा सा पृष्ठ हो, शायद उससे तुम्हें कोई नई बात मालूम हो जाए। शर्त यही है कि तुम्हें उसे पढ़ना आता हो।" इसी तरह शुरू का इतिहास कैसे लिखा गया, जमीन कैसे बनी, आदमी कब पैदा हुआ, तरह-तरह की कौमें क्योंकर बनीं, सरगना राजा हो गया, पुरानी दुनिया के बड़े-बड़े शहर तथा भाषा, लिखावट और गिनती—ये पुस्तक के ऐसे अध्याय हैं, जिन्हें बच्चे खासी रुचि के साथ पढ़ेंगे।

बाल साहित्यकारों में भी यत्र-तत्र पत्र-शैली में अपनी बात कहने का उत्साह नजर आता है। इस तरह की कुछ रचनाएँ तो खासी चर्चित हुईं। पत्र-शैली में लिखी रचनाओं में चंद्रपाल सिंह यादव 'मयंक' का भी योगदान है। मयंकजी की एक अत्यंत चर्चित पत्र-रचना है, 'चाचा नेहरू का पत्र बच्चों के नाम' जिसमें उन्होंने नेहरूजी की कोमल भावनाओं को प्रकट किया है। पं. जवाहरलाल नेहरू के मन में अच्छे बच्चे की क्या छवि थी और वे कैसे भारत देश का सपना देखते थे, इस पत्र में मयंकजी ने उसका एक सुंदर चित्र उपस्थित किया है।

पत्र-शैली का रोचक और सर्जनात्मक इस्तेमाल राष्ट्रबंधु ने भी किया, जिन्होंने पत्र के रूप में बहुत रोचक ढंग से यात्रा-वृत्तांत लिखे। राष्ट्रबंधु की 'तमिलनाडु वणक्कम' यात्रा-वृत्तांत की सुंदर पुस्तक है। यह भी एक भावनात्मक पत्र है, जिसमें भारत देश की विविधता में एकता का महासंदेश छिपा है। इस पत्र में दक्षिण

से उत्तर प्रदेश में आए स्वामीनाथन अपनी बेटी को पत्र में उत्तर प्रदेश की संस्कृति, लोक परंपराओं और यहाँ के निवासियों के रहन-सहन आदि के बारे में बड़ा रस लेकर बताते हैं। चूँकि यह सारा वर्णन दक्षिण के एक भद्र व्यक्ति द्वारा उत्तर भारत में देखे गए दृश्यों और अनुभवों पर आधारित है। इसलिए इसमें पत्र-शैली की आत्मीयता तथा निरीक्षण-कौशल के अलावा यह कौतुक भी छिपा है कि आखिर दक्षिण के लोग उत्तर भारत को किन आँखों से देखते हैं।

डॉ. सुनीता की पुस्तक 'खेल-खेल में बातें' में भी एक अध्याय चिट्ठी की शक्ल में है, 'एक चिट्ठी कुरुक्षेत्र से'। इस चिट्ठी में एक नन्ही बच्ची अपर्णा अपनी सहेली अनुप्रिया को बहुत रुचि से कुरुक्षेत्र के बारे में बताती है और चिट्ठी की शुरुआत इस तरह होती है, "प्रिय अनुप्रिया, मधुर स्मृति! आज मैं खुश हूँ, बहुत खुश। क्यों भला, पूछना नहीं चाहोगी? चलो, मैं खुद ही बता देती हूँ। यह तो मैंने तुम्हें दिसंबर के शुरू में ही बता दिया था कि इस बार हम छुट्टियों में कुरुक्षेत्र जाएँगे, नानी के घर। तुम्हें यह जानकर खुशी होगी कि यह चिट्ठी मैं कुरुक्षेत्र से ही लिख रही हूँ। यही नहीं, बल्कि यह चिट्ठी इस कुरुक्षेत्र की पावन धरती के बारे में है। वही कुरुक्षेत्र, जहाँ महाभारत का युद्ध हुआ था। वही कुरुक्षेत्र, जिसे आज मंदिर और तालाबों की नगरी कहा जाता है।" इस चिट्ठी में कुरुक्षेत्र में ताँगे पर घूमने का जिक्र बड़े दिलचस्प अंदाज में किया गया है।

बच्चों के लिखे पत्रों में उनकी भावनाएँ और अंत:संसार खुलकर सामने आता है, और यह भी कि अपने आस-पास की दुनिया और घर-परिवार को देखते हुए किस तरह वे धीरे-धीरे कुछ सीखने और समझने की कोशिश करते हैं। ऐसा ही एक पत्र एक छोटे बच्चे हर्ष परिहार का है। वह 'चकमक' में छपे अपने एक पत्र में लिखते हैं, "मुझे मेरे पापा से डर लगता है, बहुत भारी से बोलते हैं। एक बार मुझे बहुत मारा था। मैडम बोलती हैं कि जो अपने को सबसे ज्यादा मारता है, वह ही सबसे ज्यादा प्यार करता है। मम्मी भी यही कहती हैं। इसलिए मुझे पापा और मैडम सबसे ज्यादा प्यार करते हैं।"

खास बात यह है कि बच्चों के लिखे पत्रों का महत्त्व इधर समझा गया है और उन्हें खाली अखबार, पत्रिका का स्थान भरने के लिए ही नहीं, बल्कि महत्त्व देकर छापने की कोशिशें हो रही हैं। जिन पत्रिकाओं ने इस दिशा में एक अच्छी और सार्थक पहल की है, उनमें 'चकमक' के अलावा हाथ से लिखकर निकाली जानेवाली बच्चों की नन्ही पत्रिका 'नन्ही कलम' भी है। 'नन्ही कलम' के अंक-तीन में बच्चों ने होली को लेकर अपनी-अपनी बातें कही हैं। कक्षा दो की प्रांजलि का कहना है, जब कोई मेरे मुँह पर रंग डालता है, तब अच्छा नहीं लगता। पिचकारी से होली खेलने में मुझे मजा आता है। जबकि के.जी. कक्षा के निस्सीम का कहना है कि मुझे उस दिन चिड़िया मिल जाए तो मैं उसके ऊपर रंग डालूँगा और अगर डॉगी मिल जाएगा तो उसकी पूँछ रँग डालूँगा और जब वह पूँछ हिलाएगा तो भाग जाऊँगा। कक्षा तीन की कुशा का होली के बारे में कहना है कि होली तो जरूर खेलूँगी, दोस्तों को रंग लगाऊँगी, मम्मी-पापा को लगाऊँगी, दादी को इतना लगाऊँगी कि उन्हें लाल, हरा, पीला बना दूँगी।

तीसरी कक्षा की कुशा सिंह 'मेरी आमा' नाम से अपनी दादी के बारे में लिखती हैं तो उनके शब्द भावनाओं से इस कदर सराबोर होते हैं कि 'मेरी आमा' को एक अच्छे और उम्दा बाल निबंध का दर्जा दिया जा सकता है। 'नन्ही कलम' के तीसरे अंक में छपे इस बाल निबंध की पंक्तियाँ हैं, "मेरी आमा कहती हैं कि

उनकी कहानी बहुत लंबी है, मैं नहीं लिख पाऊँगी···मैं अपनी दादी अम्माँ को आमा बोलती हूँ—आ···मा···! उनका नाम कुंतीदेवी है। उनकी उम्र 78 साल है और उनका जन्म पिथौरागढ़ जिले (उत्तरांचल) के लीमा गाँव में हुआ था।···आमा मेरे साथ खेलती हैं, मुझे खेल सिखाती हैं और अपने बचपन की कहानियाँ सुनाती हैं। जब आमा बहुत खुश होती हैं, तब वो पहाड़ी गाना गाती हैं और कभी-कभी नाचती भी हैं। आमा मेरे पापा की बुराई कभी नहीं सुन सकतीं। वो कहती हैं, मेरा बेटा बड़ा भोला है। भगवानजी, मेरी प्रार्थना है कि ऐसी आमा हर किसी को मिले। नहीं, नहीं, नहीं···भगवानजी, मेरी प्रार्थना है कि ऐसी आमा किसी को न मिले, सिर्फ मुझे मिले!"

'नन्ही कलम' के एक अंक में नन्हे-मुन्ने बच्चों के तत्कालीन राष्ट्रपति अब्दुल कलाम के नाम लिखे पत्र छापे गए हैं। इन पत्रों में बाल पाठकों ने अपने मन में उमड़नेवाले भावों को खुलकर प्रकट किया है और राष्ट्रपति अब्दुल कलाम से आदर के साथ-साथ थोड़े दोस्ताना अंदाज में बातें की हैं। सबसे मार्मिक पत्र है झोंपड़-पट्टी के गरीब बच्चे रिंकू का, जो जैसे-तैसे जीवन बसर करते हुए अपनी पढ़ाई भी कर रहा है, लेकिन वहाँ से उसे उजाड़ने की कोशिशें चल रही हैं। झोंपड़-पट्टी का वह गरीब बच्चा रिंकू अपनी टूटी-फूटी भाषा में राष्ट्रपति तक अपनी भावनाएँ पहुँचाने का जतन करता है। उसके शब्दों में गहरी पीड़ा और दर्द है, "हम राष्ट्रपतिजी को विज्ञानी के रूप में जानते हैं।···अपने बारे में राष्ट्रपतिजी को बताएँ तो राष्ट्रपतिजी हम सब झुग्गी-झोंपड़ी में रहते हैं।···वो भी बहुत गंदी जगह रहते हैं। तब भी हमको यहाँ से हटाया जा रहा है।···अपने जीवन, अपने मोहल्ले और आस-पास के बारे में राष्ट्रपतिजी को बताएँ तो हमारे आसपास बहुत गंदगी है। हम बहुत परेशान हैं।···अपनी पढ़ाई, शिक्षा और स्कूल के बारे में राष्ट्रपतिजी को बताएँ तो हमारा स्कूल एक टूटा-फूटा स्कूल है···जमीन पर बैठते हैं। आप ही बताएँ, हम क्या करें!"

इसी तरह तमन्ना पंकज, अपर्णा मनु और प्रियंवदा त्रिपाठी के बड़े निजत्व भरे पत्र हैं, जिसमें उन्होंने राष्ट्र-प्रमुख से अपने मन की बातें कहीं हैं। किसी ने अपने बस्ते का बोझ कम करने के लिए कहा है तो किसी ने राष्ट्रपति से जल्दी हिंदी सीख लेने की मनुहार की है, जिससे उनसे खुलकर बात हो सके। जाहिर है, इन बच्चों के पत्रों में सरलता है, लेकिन एकदम 'अबोधता' या निरा भोलापन नहीं! पत्रों की भाषा से उनकी बेचैनी पता चलती है। देश की समस्याओं की ओर उनका ध्यान है और जब उनका हल नहीं मिलता, तो वे काका कलाम से इस तरह उनका जिक्र करते हैं, जैसे घर के किसी 'बड़े' से शिकायत की जाती है!

निस्संदेह पत्र-शैली में अपनी और आस-पास की दुनिया की बहुत-सी चीजें बड़े नायाब ढंग से बताई जा सकती हैं। पत्र-शैली में खुलकर अपनी बात कहने का मौका मिलता है और बीच-बीच में हम बड़े अनौपचारिक अंदाज में अपनी भावनात्मक प्रतिक्रियाएँ भी व्यक्त करते चल सकते हैं। लिहाजा पत्र-शैली में जिस व्यक्ति, वस्तु या पशु-पक्षी का चित्रण किया जाता है, उसका व्यक्तित्व बड़ी गहराई से मन में अंकित हो जाता है। कल्पना कीजिए कि कोई गौरैया हमें पत्र लिखे तो वह कैसा होगा और किसी शेर या चीते के पत्र से वह कितना अलग होगा? और रोजाना कूँ-कूँ करके हमारे पीछे भागनेवाला कुत्ता हमें पत्र क्यों नहीं लिख सकता? अगर वह लिखे तो कितने दिलचस्प ढंग से उसके अनुभव और सुख-दुःख हमारे आगे खुलेंगे। इस तरह की शैली को आधार बनाकर लिखी गई कुछेक रचनाएँ हमें मिलती हैं, पर अभी इस क्षेत्र में काम करने की बहुत गुंजाइश है? और उम्मीद है, पत्र-शैली में जो रचनाएँ आएँगी, वे लीक से हटकर और खासी पठनीय

होंगी। और तो और, पत्र-शैली में बढ़िया कविताएँ भी लिखी जा सकती हैं। प्रसिद्ध कवि चंद्रदत्त 'इंदु' की बच्चों के लिए लिखी गई 'एक थी गुड्डी' और 'एक थी गुड़िया' पत्र-शैली में लिखी गई बड़ी नायाब कविताएँ हैं, जो बाल पत्रिका 'नंदन' में छपी थीं। वर्षों बाद भी उन्हें भूल पाना मुश्किल है।

यात्रा-संस्मरण और निबंध-लेखन

बच्चों के लिए लिखे गए यात्रा-वृत्तांत या यात्रा-संस्मरणों की पुस्तकें हिंदी में प्रायः नहीं हैं। पुरानी पीढ़ी के लेखकों में हिमांशु जोशी, जयप्रकाश भारती, कन्हैयालाल नंदन, राष्ट्रबंधु, चंद्रपालसिंह यादव 'मयंक' और चक्रधर 'नलिन' ने कुछ अच्छे यात्रा-संस्मरण लिखे, तो बाद में चलकर स्वर्णलता वर्मा, शमशेर अ. खान आदि ने इस विधा में कलम चलाई। इनमें हिमांशु जोशी (ज. 1935) की नार्वे-यात्रा पर लिखी गई किताब 'सूरज चमके आधी रात' (1989) सचमुच यात्रा-वृत्तांत की अनोखी शाहकार किताब है, जिसमें किस्से-कहानी जैसा गाढ़ा रस है। जब तक इस किताब का एक-एक अक्षर पढ़ न लिया जाए, चैन नहीं पड़ता। जोशीजी ने सचमुच गहरी तल्लनीता के साथ यह किताब लिखकर एक उदाहरण पेश किया है कि बच्चों के लिए अगर यात्रा-वृत्तांत लिखे जाएँ, तो वे कितने सहज, आत्मीय और रसमय होने चाहिए। खास बात यह है कि हिमांशु जोशी के इन यात्रा-वृत्तांतों में यात्रा के दौरान मिलनेवाले अनुभवों के साथ-साथ संस्मरणों का रस भी घुल-मिल-सा गया है। इसीलिए इसमें सचमुच जादुई आकर्षण है।

इसी तरह जयप्रकाश भारती ने सोवियत संघ की यात्रा के बारे में लिखा। उनकी 'सपनों का देश' (1982) यात्रा-वृत्तांत की बड़ी सुंदर पुस्तक है। भारतीजी ने न सिर्फ सोवियत संघ की आश्चर्यजनक सुंदरता, वैज्ञानिक विकास, सुव्यवस्था और प्रीतिपूर्ण आतिथ्य के बारे में लिखा, पर इसके साथ ही उन्होंने वहाँ के विशिष्ट साहित्यकारों आदि से मुलाकातों के हृदयग्राही संस्मरण भी इस पुस्तक में पिरो दिए हैं। इसलिए बच्चे इसका शब्द-शब्द बड़े आनंद के साथ पढ़ेंगे। आज भले ही सोवियत संघ नहीं है, पर उस दौर का भारतीजी का यात्रा-संस्मरण सचमुच सपनों के देश की यात्रा सरीखा ही लगता है, जिसे भारतीजी ने किसी रोचक किस्से-कहानी की तरह पेश किया है।

प्रसिद्ध लेखक-पत्रकार कन्हैयालाल नंदन (1933-2010) ने भी बच्चों के लिए बड़े सुंदर और लाजवाब यात्रा-वृत्तांत लिखे हैं। 'देशी पाँव विदेशी धरती' उनके यात्रा-संस्मरणों की अनोखी पुस्तक है, जिसमें विदेशों में रहनेवाले लोगों के रहन-सहन, जीवन-व्यवहार, भाषा, संस्कृति, त्योहार और परंपराओं के बारे में बड़े भावनात्मक अंदाज में लिखा गया है। वर्षों तक बाल पत्रिका 'पराग' के संपादक रहे कन्हैयालाल नंदन की भाषा में ऐसा जादू है कि वे बच्चों को सहज ही लुभा लेते हैं। इसीलिए बाल मन और संवेदना से गहरे जुड़ी उनकी यह पुस्तक बच्चों में इस कदर लोकप्रिय है। इसके अलावा सत्यनारायण पँवार की 'मेरी अविस्मरणीय विदेश यात्राएँ' (2008) भी पढ़ने लायक पुस्तक है।

चंद्रपालसिंह यादव 'मयंक' (1925-2000) की 'चलो करें हम सैर' (1984) इस लिहाजा से काफी उल्लेखनीय पुस्तक है, जिसमें यात्रा का जोश, रस, मस्ती और जिज्ञासा सभी कुछ एक साथ देखने को मिलता है। त्रिवेंद्रम के पद्मनाभ मंदिर, कन्याकुमारी के विवेकानंद स्मारक, मदुराई के मीनाक्षी मंदिर, हैदराबाद के

सालारजंग म्यूजियम और सुदूर दक्षिण में रामेश्वर धाम आदि की यात्राओं की यह सजीव झाँकी बाल पाठकों को आनंदित करेगी। राष्ट्रबंधु (1933-2015) ने अपनी कुमाऊँ यात्राओं को लेकर बच्चों के लिए बड़े सुंदर यात्रा निबंध लिखे। इसी तरह उनकी यात्रा-पुस्तक चिट्ठी की शक्ल में बहुत कुछ कहती है। उत्तर प्रदेश की यात्रा पर आए दक्षिण के एक सज्जन अपनी बेटी को उत्तर प्रदेश की सुरम्य झाँकियों के बारे में पत्र में लिखते हैं। यों राष्ट्रबंधु की इस पुस्तक में उत्तर और दक्षिण के हृदयों का मिलन है और यह भी पता चलता है कि दक्षिण भारत का कोई व्यक्ति उत्तर में आकर कैसा महसूस करता है। ये पत्र बेटी को लिखे गए हैं, लिहाजा इसमें अजब-सा भोलापन और सरलता है। बेशक यात्रा-निबंधों पर यह कहीं अधिक सृजनात्मक रूप है, जो राष्ट्रबंधु की पुस्तक में चिट्ठियों की शक्ल में सामने आता है। चक्रधर 'नलिन' (ज. 1939) की 'भारत दर्शन' (1994) पुस्तक भी बाल यात्रा-वृत्तांतों के लिहाज से उल्लेखनीय है।

प्रज्ञा (ज. 1971) की 'तारा की अलवर यात्रा' (2008) भी लीक से हटकर लिखी गई यात्रा-वृत्तांत की बड़ी सुंदर पुस्तक है। इसमें अलवर में देखे गए स्थलों और मनोहर दृश्यों का तो रोचक वर्णन है ही, पूरा यात्रा-वृत्तांत किसी सुंदर किस्से-कहानी की तरह है। इसे पढ़कर लगता है, जैसे लेखिका के साथ हमने भी अलवर की अनोखी यात्रा कर ली हो।

स्वर्णलता वर्मा की 'पर्वत की पुकार' और शमशेर अ. खान की 'आओ बच्चो सैर करें : गाजियाबाद से जम्मूतवी' यात्रा-निबंधों की उल्लेखनीय पुस्तकें हैं। स्वर्णलता वर्मा की 'पर्वत की पुकार' (2003) कुछ-कुछ औपन्यासिक ढंग से बुनी हुई यात्रा-वृत्तांत की पुस्तक है, जिसमें सुधा और वैभव को नाना-नानी और मामा सुदूर पर्वतीय राज्य सिक्किम की सैर कराने ले गए। वहाँ उन्हें सिक्किम और आसपास के इलाकों के बारे में बहुत-सी जानकारियाँ मिलीं और अनोखे प्राकृतिक दृश्य देखने को मिले। यह यात्रा इतनी घटनाओं भरी और रोमांचक थी कि सुधा और वैभव उसे कभी भूल नहीं पाए। आज भी उन्हें लगता है मानो पर्वत पुकार-पुकारकर फिर बुला रहे हैं। स्वर्णलता वर्मा ने सिक्किम की प्राकृतिक सुंदरता के साथ-साथ वहाँ की भौगोलिक और सांस्कृतिक जानकारी इतने रोचक अंदाज में दी है कि बाल पाठक 'पर्वत की पुकार' का एक-एक अक्षर रुचि से पढ़ेंगे। शमशेर अ. खान की पुस्तकें 'आओ बच्चो सैर करें : गाजियाबाद से जम्मूतवी' (1992) तथा 'आओ बच्चे सैर करें : शिमला से बदरीनाथ' भी खासी दिलचस्प हैं। इनमें जम्मूतवीवाली पुस्तक में यात्रा का विवरण जितने विस्तार से आता है, जम्मू की प्राकृतिक छवि और सांस्कृतिक समृद्धि का वैसा मनोहारी वर्णन नहीं है।

डॉ. सुनीता की 'खेल-खेल में बातें' पुस्तक में भी 'चलो घूमने चलें' शीर्षक से एक रोचक और लंबा यात्रा-वृत्तांत है। स्वाति और श्रेया मम्मी-पापा के साथ आगरा में ताजमहल और फतेहपुर सीकरी देखने जाते हैं तो वे सिर्फ इन ऐतिहासिक इमारतों के स्थापत्य से प्रभावित होते हैं, बल्कि मम्मी-पापा से उनके साथ जुड़ी घटनाएँ और ऐतिहासिक प्रसंग सुनकर, अपनी यात्रा को एक सांस्कृतिक यात्रा में भी बदल लेते हैं। खासकर फतेहपुर सीकरी में मिले गाइड भगवान सिंह की अनोखी बातों का वर्णन दिलचस्प है और यह यात्रा-वृत्तांत पढ़ने के बाद भी देर तक उसका चेहरा आँखों के आगे बना रहता है। स्वाति और श्रेया की नित नया जानने की उत्सुकता और जिज्ञासा इस यात्रा-वृत्तांत में एक नया रस भर देती है। डॉ. बिनय राजाराम की पुस्तक 'जंगल का राजा' (2012) में भी 'अविस्मरणीय उज्जैन' उज्जैन की यात्रा से जुड़ा सुंदर यात्रा-संस्मरण है।

इधर पत्र-पत्रिकाओं में बच्चों या बड़ों द्वारा लिखे गए कुछ ऐसे यात्रा-वृत्तांत भी मिल जाते हैं, जो बाल पाठकों को ध्यान में रखकर लिखे जाते हैं। इस लिहाज से बच्चों की हस्तलिखित पत्रिका 'नन्ही कलम' (प्रधान संपादक : श्याम सुशील) का चौदहवाँ अंक खासकर इसलिए महत्त्वपूर्ण है, क्योंकि इस पूरे अंक में सुप्रसिद्ध बाल साहित्यकार डॉ. श्रीप्रसाद (1932-2012) की बुलगारिया यात्रा के संस्मरण दिए हैं। डॉ. श्रीप्रसाद ने ये संस्मरण 'नन्ही कलम' के बाल संपादकों शिप्रा और शिवांक को पत्र के रूप में लिखे हैं और ये इतने रोचक और जानकारीपूर्ण हैं कि हर बाल पाठक इन्हें रुचि से पढ़ना चाहेगा। इन यात्रा-संस्मरणों में श्रीप्रसाद जी ने हिंदुस्तान की तुलना में एक बिल्कुल भिन्न परिवेशवाले देश बुलगारिया के वर्तमान के साथ-साथ उसकी पूरी संस्कृति ही शब्दों में उतार दी है। बीच-बीच में वे यह बताना भी नहीं भूलते कि आखिर बुलगारिया में कौन-सी चीजें हैं, जो उन्हें मोहती रहीं और हिंदुस्तान के लोग भी जिनसे प्रेरणा ले सकते हैं।

श्रीप्रसादजी मुग्ध होकर इस सुविधासंपन्न देश की तारीफ करते हुए लिखते हैं, "सोफिया बुलगारिया की राजधानी है, जिसे बार-बार देखा। बहुत सुंदर है सोफिया। फूलों की बहुतायत के चलते इसे पुष्पनगर भी कह सकते हैं। सेंट्रम सोफिया की सबसे प्रसिद्ध जगह है, जहाँ इवान वाजोव विशाल रंगमंच है। यह सुंदर नाट्यगृह बुलगारिया के प्रसिद्ध कवि इवान वाजोव के नाम पर है। कवि के नाम पर कलावीथी भी है।...यहाँ पत्थर की ईंटों की रोमन सड़क रोमन काल की ही है। यहीं है सोफिया विश्वविद्यालय, जो बुलगारिया के दो संतों के नाम पर है...!"

इसी तरह 'बालवाटिका' के मई 2016 अंक में काशीलाल शर्मा का जापान का यात्रा-संस्मरण बड़ा आत्मीय है। इसे पढ़ते हुए लगता है, जैसे हम सभी काशीलालजी के साथ-साथ जापान यात्रा में हैं। यह सुंदर संस्मरण हमें एक भद्र जापानी सज्जन डॉ. मत्सुदा के साथ-साथ उनकी सहृदय पत्नी और नन्हे बेटे से मिलवाता है। इसका अपना आनंद है। यात्रा-संस्मरण की आखिरी सतरें मन को आर्द्र किए बिना नहीं रहतीं। 'बालवाटिका' के ही अप्रैल 2017 अंक में महेश प्रजापति का जैसलमेर पर लिखा गया यात्रा-वृत्तांत अविस्मरणीय है। उन्होंने जैसलमेर का पूरा शब्द-चित्र ही मानो आँखों के आगे उतार दिया है। वहाँ रेत के विशाल ढूह, वहाँ के मेहनतकश लोगों का जीवट और जिंदादिली और लोक संस्कृति के इंद्रधनुषी रंग, सबकी सुवास पाठकों के दिल में उतर जाती है। 'बालवाटिका' में ही सुरेश्वर और प्रेमपाल शर्मा के कुछ सुंदर यात्रा-संस्मरण पढ़ने को मिले हैं। इनमें जहाँ प्रेमपाल शर्मा के यात्रा-संस्मरणों में लोक जीवन की सम्यता और सहज छटाएँ हैं, वहीं सुरेश्वर के यात्रा-संस्मरणों में प्रकृति सौंदर्य और पक्षी-अवलोकन का आनंद है। सुरेश्वर की यात्राओं का उद्देश्य ही पक्षी-अवलोकन है, और इस क्षेत्र में वे उस्ताद हैं।

अन्य भाषाओं के यात्रा-संस्मरणों को हिंदी अनुवाद के जरिए बाल पाठकों तक पहुँचाने की कोशिशें भी हुई हैं। बचेंद्रीपाल की 'एवरेस्ट : मेरी शिखर यात्रा' (अनु. बी.एन. गोयल) और प्रीति सेनगुप्ता की 'मेरी चुंबकीय उत्तरी ध्रुव यात्रा' (अनु. बृजमोहन गुप्त) ऐसी ही सुंदर और आकर्षक पुस्तकें हैं, जिन्हें हर बच्चा पढ़ना पसंद करेगा।

हिंदी बाल साहित्य में ऐसे प्यार से रमकर यात्रा-संस्मरण लिखे जाएँ, तो सचमुच एक बड़े अभाव की पूर्ति हो सकती है। इस लिहाज से 'नन्ही कलम' का 'यात्रा-संस्मरण अंक' (अप्रैल-जून 2005) बेशक यादगार

अंक कहा जाएगा। 'चकमक' पत्रिका में भी बच्चों के लिए यात्रा-संस्मरण बीच-बीच में पढ़ने को मिल जाते हैं। 'चकमक' के बाल पाठक छुट्टियों में दादी या नानी के घर जाते हैं या किसी अन्य महत्त्वपूर्ण ऐतिहासिक स्थल की यात्रा पर जाते हैं, तो लौटकर अकसर अपने दिलचस्प अनुभव लिखते हैं। 'चकमक' में छपे ऐसे कई अच्छे यात्रा-संस्मरण याद आते हैं। हालाँकि बेशक अभी इस दिशा में काफी काम किया जाना बाकी है।

❧ ❖ ❧

यात्रा-संस्मरणों की तरह हिंदी बाल साहित्य में निबंध-लेखन की स्थिति भी बहुत अच्छी नहीं है, हालाँकि बाल साहित्य के शुरुआती चरण में ऐसा नहीं था और रोचक अंदाज में बच्चों को तरह-तरह की चीजें बताने के लिए सुंदर निबंध लिखने का चलन था। इन निबंधों में सर्जनात्मकता भी थी और रोचक ढंग से बात समझाने का अंदाज भी। 'बालसखा' में निरंतर ऐसे लेख छपते रहे, जो एक ओर बच्चों को हर विषय की नवीनतम जानकारी देते थे, तो दूसरी ओर अच्छे दोस्तों की तरह उन्हें अपना जीवन सँवारने और आगे बढ़ने के गुर भी समझाते चलते थे। जानकारी देनेवाले लेख विज्ञान विषयक होते थे, तो सिनेमा, पुस्तकालय जैसे विषयों पर भी बड़े सुथरे ढंग से लिखा गया। सिनेमा की ओर बच्चों का अधिक झुकाव या फिर पुस्तकालय में जाकर शोर मचाना और पुस्तकों के पन्ने फाड़ना अभद्रता है। यह सिखाने के लिए बहुत सरस तरीका अपनाया गया। बताया गया कि पुस्तकालय का भी दिल होता है और जब कोई वहाँ जाकर असभ्यता करता है तो पुस्तकालय का दिल दुखता है।

दूसरी ओर जाड़ों की लंबी रातें बर्बाद न हों और कैसे बढ़िया ढंग से उनका उपयोग हो, इस पर भी एक मजेदार लेख हरिकृष्णदास हरि ने लिखा है। इसे निबंध विधा का सर्जनात्मक इस्तेमाल कहा जा सकता है, जिसके जरिए बच्चों से सीधा संवाद स्थापित करने की लेखकों की चाहत बड़े कलात्मक अंदाज में सामने आती है। कहना न होगा कि प्रारंभिक युग में निबंध विधा को खासी संपूर्णता मिली और इस विधा का रचनात्मक इस्तेमाल करने में ज्यादातर लेखकों को कामयाबी मिली। इस लिहाज से 'बालसखा' में न सिर्फ कविता, कहानी, उपन्यास जैसी सर्जनात्मक विधाओं का विकास किया, बल्कि निबंध जैसी उपेक्षित विधा को रचनात्मक समृद्धि देने का बड़ा काम किया।

एक लंबे अंतराल के बाद, पिछले कुछ दशकों में बच्चों के लिए अच्छे निबंध लिखने की कुछ उत्साहजनक कोशिशें हुई हैं। इस लिहाज से राष्ट्रीय शैक्षिक अनुसंधान और प्रशिक्षण परिषद् द्वारा छपी अहिल्या चारी की 'मिलकर सोचें' (1994) एक अच्छी पुस्तक है। इस पुस्तक में बच्चों को खेल-खेल में अपने आसपास के संसार, समाज, जीवन और पर्यावरण तथा उसकी समस्याओं के बारे में बताया गया है। साथ ही बच्चों में इनके प्रति जागरूकता उत्पन्न करने की कोशिश की गई है, जिससे वे इस संसार की बेहतरी के लिए काम करें और दुनिया को अधिक सुंदर बनाएँ। पुस्तक में कुल बीस अध्याय हैं, जो बच्चों से सीधे-सीधे जुड़ते हैं—'नवीन का नया विद्यालय', 'घर और उसका प्रभाव', 'क्या आत्मनिर्भर होना चाहोगे', 'निर्णय लेना', 'बातचीत की कला', 'भागीदारी का सुख', 'व्यक्ति और उसका व्यवहार', 'स्कूल का वार्षिकोत्सव', 'चुनौती का सामना करना', 'अदिति के मन को चिंतित करनेवाले प्रश्न', 'धन', 'सुंदरता' आदि ऐसे निबंध हैं, जो बच्चों को इन विषयों के बारे में नए ढंग से सोचने के लिए प्रेरित करते हैं। ये निबंध निस्संदेह ऐसी भाषा में

लिखे गए हैं कि इन्हें पढ़कर बच्चों को लगेगा, मानो वे अपने आप से बातें कर रहे हैं और बातें करते-करते उनके मन की गुत्थियाँ खुल रही हैं तथा नए-नए रास्ते निकलते जा रहे हैं।

हरिकृष्ण देवसरे की 'देखा-परखा सच' (1994) भी बाल निबंधों की अनोखी पुस्तक है। देवसरेजी ने इस पुस्तक में बच्चों को नए जमाने के नए अनुभवों और चुनौतियों से जोड़ते हुए, उनमें आत्मविश्वास भरने की कोशिश की है, ताकि वे खुद सोचें-समझें और जीवन की अपनी राह चुनें। खास बात यह है कि देवसरेजी की इस पुस्तक में निबंध बच्चों को संवाद के लिए न्योतते जान पड़ते हैं। बच्चों की सक्रिय साझेदारी के कारण ही यह पुस्तक इतनी जानदार और आत्मीय लगती है। इसी तरह सुबीर शुक्ला की 'क्योंजीमल और कैसेकैसलिया' (2000) एक अद्भुत किताब है, जिसके जोड़ की कोई दूसरी किताब मेरे देखने में नहीं आई। सुबीर शुक्ला मानो इस किताब के जरिए बच्चों को सवाल पूछने के लिए उकसाते हैं, क्योंकि बगैर सवाल पूछे कोई बच्चा बड़ा नहीं हो सकता और उसमें आत्मविश्वास नहीं आ सकता। इस पुस्तक में दो पात्र है, क्योंजीमल और कैसेकैसलिया और वे बच्चों के ऐसे प्यारे दोस्त हैं, उन्हें इस कदर खेल-खेल में जीवन और विज्ञान की बड़ी-बड़ी बातें बताते हैं कि सच, मजा आ जाता है। मेरिलिन हर्श की 'मैं क्या बनूँगा' भी नन्हे-मुन्ने बच्चों को सोचना सिखानेवाली बड़ी सुंदर चित्रात्मक पुस्तक है, जिसे हर बच्चा पसंद करेगा। भगवतीप्रसाद द्विवेदी की 'हम होंगे कामयाब' (2002) में सीख देनेवाले नौ निबंध हैं, जिनसे जीवन में आगे बढ़ने की प्रेरणा मिलती है, हालाँकि ये निबंध कुछ बोझिल भी हो गए हैं।

इसके अलावा बच्चों के लिए विविध विषयों पर लिखे गए प्रेरक और जानकारीपूर्ण लेखों की उल्लेखनीय पुस्तकें हैं—डॉ. सुधा शर्मा की 'धरोहर', विभा देवसरे की 'आजादी की कहानी' तथा डॉ. सुनीता की 'खेल-खेल में बातें'। इनमें विभा देवसरे की 'आजादी की कहानी' (2002) एक उल्लेखनीय किताब है, जो परतंत्रता के भीषण दौर में भारत की जनता की आजादी की गहरी तड़प, जिजीविषा और उस लंबी तेजस्वितापूर्ण लड़ाई का वर्णन करती है, जिससे भारत गुलामी की बेड़ियों को काटकर फिर से आजाद हुआ। सुधा शर्मा की 'धरोहर' (2003) पुस्तक में भारत की प्राचीन संस्कृति, परंपराओं और काल-गणना आदि को लेकर कई ऐसी नई बातें हैं, जो बच्चों को रोचक लगेंगी तथा वे भारत की प्राचीन संस्कृति और ज्ञान-विज्ञान की लंबी परंपरा को बेहतर ढंग से समझ पाएँगे।

डॉ. सुनीता की 'खेल-खेल में बातें' (2006) पुस्तक के ज्यादातर निबंध ऐसे हैं, जो बच्चों को खेल-खेल में अपने आसपास के जीवन को समझने और खुद को बेहतर बनाने में मदद करेंगे। 'अहा, फूल कितने सुंदर हैं', 'आओ खेलें खेल', 'वर्षा का पहला दिन', 'मेरे नाना जी', 'चलो बाजार चलें', 'सीखो शिष्टाचार' पुस्तक के ऐसे निबंध हैं, जिनमें बच्चों की नन्ही-मुन्नी शरारतों का जिक्र है और यह भी कि वे किस तरह पिछली बातों को भूल, अपनी गलतियों से सीखते हैं। उनमें इतना गहरा प्यार और दोस्ती नजर आने लगती है कि याद ही नहीं आता कि अभी थोड़ी देर पहले ये झगड़ रहे थे। बच्चों की छोटी-छोटी इच्छाओं और कोमल भावनाओं को लेकर बुने गए ये निबंध इतनी आसान भाषा में हैं कि हर बच्चा इन्हें रुचि से पढ़ लेगा और बिना किसी के कहे खुद को बदलने की कोशिश करेगा। पुस्तक के 'हमारे त्योहार' और 'ईद मिलन' निबंधों में राष्ट्रीय त्योहारों के साथ-साथ सांस्कृतिक त्योहारों का उत्साह और सुवास भी है। वर्षा सहस्रबुद्धे की सन्

1999 में छपीं तीन छोटी-छोटी पुस्तकों 'टिपिक पाँ भर', 'पत्ते ही पत्ते' तथा 'पास या ना पास' पुस्तकों में शिशुओं को अपने आसपास के परिवेश और संसार के परिचित करानेवाली खिलंदड़ी निबंधात्मक टीपें हैं। खेल-खेल में बड़ी रोचक जानकारी देनेवाली पुस्तकें एकलव्य प्रकाशन ने छापी। संभवत: नन्हे बच्चों को आस-पास की दुनिया को देखना, सुनना, समझना सिखानेवाली ये आदर्श पुस्तकें हैं।

डॉ. श्यामसिंह 'शशि' की 'देश-देश के रोमा बच्चे' और 'जंगल में नाचा मोर' पुस्तकें रोमा तथा भारत के अन्य आदिवासियों के बारे में लिखी गईं रोचक पुस्तकें हैं, जो उनके रहन-सहन और लोक परंपराओं के बारे में अच्छी जानकारी देती हैं। डॉ. शशि इस क्षेत्र के अधिकारी विद्वानों में से हैं। उन्होंने बच्चों के लिए बच्चों की भाषा में ही उपयोगी पुस्तकें लिखी हैं। इसी तरह रामेश्वरदयाल दुबे ने नाथद्वारा के बारे में लिखा, तो ऋषीश्वरनाथ भट्ट ने हरिद्वार और चंद्रपालसिंह यादव 'मयंक' ने कामाख्या मंदिर के बारे में। उल्लेखनीय बात यह है कि इन लेखकों ने धर्म के नाम पर होनेवाली बलि और दूसरी कुरीतियों का डटकर विरोध किया, ताकि बच्चे यह बात अच्छी तरह समझ लें कि धर्म का अर्थ ढकोसला नहीं है, बल्कि सच्चा धर्म तो हमें सच्चाई और इनसानियत की राह पर ले जाता है।

इसी तरह बच्चों को भानेवाले कार्टून कैरेक्टर्स और उन्हें बनानेवाले प्रतिभाशाली लोगों के बारे में कई अच्छे लेख पत्र-पत्रिकाओं में नजर आ जाते हैं। माधव जोशी, प्रकाश मनु और अनिल जायसवाल ने ऐसे लेख लिखे, जिनमें बड़े मजेदार ढंग से यह जानकारी दी गई है कि इन कार्टून कैरेक्टर्स की रचना करनेवालों के मन में यह विचार कैसे आया? कैरेक्टर्स में समय के साथ-साथ क्या-क्या बदलाव हुए और उन्होंने किस तरह बच्चों की दुनिया पर जादुई असर डाला? कार्टून और उन्हें जन्म देनेवाले रचनाकारों का इतिहास बताने वाले ऐसे लेखों में माधव जोशी के टिनटिन, सुपरमैन, डोनाल्ड डक, फेंटम, गारफील्ड वगैरह याद आते हैं, तो अनिल जायसवाल का 'टॉम एंड जैरी के जन्मदाता जोसफ बारबरा' भी अपने ढंग का अनूठा लेख है। कार्टून कैरेक्टर्स पर प्रकाश मनु ने भी कई दिलचस्प लेख लिखे, जिन्हें बाल पाठकों ने सराहा। ऐसे ही 'बालभारती' के फरवरी 2005 अंक में 'विज्ञान हमारे आसपास' शृंखला में छपा डॉ. प्रदीप मुखोपाध्याय 'आलोक' का निबंध 'स्पंज एक चलता फिरता होटल' खासा दिलचस्प है। बच्चों की सक्रिय हिस्सेदारी उसे और ज्यादा मजेदार तथा किसी किस्से-कहानी की तरह कल्पनाशीलता से भरपूर बना देती है। 'बालभारती' के जनवरी 2005 अंक में सुप्रिया का लेख 'कैसे शुरू हुआ शुभकामना पत्र भेजने का चलन' भी काफी रोचक जानकारी लिये हुए है और निश्चय ही बाल-मन और रुचियों के अनुकूल है।

यों बाल साहित्य में निबंध-लेखन की कुछ अच्छी कोशिशें यत्र-तत्र दिखाई दे जाती हैं। बीच-बीच में कभी कोई ढंग की पुस्तक भी देखने को मिल जाती है, पर सच तो यह है कि इस सबके बावजूद बाल साहित्य में निबंध विधा अभी बहुत ज्यादा विकसित नहीं हो पाई। यानी बच्चों के लिए दिलचस्प अंदाज में लिखे गए ऐसे निबंध बहुत अधिक नहीं मिलते, जो उन्हें आस-पास की दुनिया के बारे में काम की बातें बताएँ और ऐसे दोस्ताना अंदाज में बताएँ कि वे बातें बच्चों के दिलो-दिमाग में दर्ज हो जाएँ।

इधर अच्छी बात यह है कि खुद बच्चों, यानी बाल पाठकों ने आगे आकर बाल निबंध लिखने की शुरुआत की है और उनमें थोड़ी अनगढ़ता या कच्चेपन के बावजूद बहुत कुछ ऐसा है, जो बच्चों को सहज ही

छू लेता है। स्वयं बच्चों के द्वारा लिखे गए निबंध किस तरह उनके मन को तीव्रता से मथ रहे विचारों को सामने लाने के साथ-साथ, आज के समय के सवालों को भी प्रखरता से सामने रखते हैं, इसे 'चकमक' में छपे रुचि जोशी के एक निबंध से समझा जा सकता है। वह अपने 'शोर-प्रदूषण' निबंध में लिखती हैं :

"उत्सवों के आते ही हर जगह खंभों पर माइक, स्पीकर आदि इतने तेज चलाकर कुछ लोगों का सोचना होता है कि वह इनको चलाकर भक्ति कर रहे हैं या वातावरण को भक्तिमय मना रहे हैं, लेकिन उन लोगों का सोचना गलत रहता है। हम इन सब चीजों को बगैर करे भी भक्ति कर सकते हैं। यह सब करके किसी को बताने की आवश्यकता नहीं होती है। इस माह में हर विद्यार्थी की कभी न कभी परीक्षा होती है और इस ध्वनि-प्रदूषण के कारण कई समस्याएँ उत्पन्न होती हैं, जैसे कि शोरगुल होना, हल्ला मचना, जिस कारण कुछ पढ़ा या याद नहीं किया जा सकता। क्या इन समस्याओं का कोई निराकरण नहीं है ?"

'अलारिप्पू' पत्रिका के 'मेरा हाथी' (1999) अंक में भी कुछ बच्चों के सुंदर निबंध छपे हैं, जिन्हें पढ़ना बच्चों के मन को पढ़ने सरीखे लगता है।

पहेलियाँ : एक चक्करदार जंतर-मंतर

बाल साहित्य की एक महत्त्वपूर्ण विधा पहेली बूझने के लिए रची गई पहेलियाँ भी हैं। बच्चों को रोचक पहेलियाँ हल करने में मजा आता है और पहेलियाँ बूझने की परंपरा इतनी पुरानी है कि सदियों पहले खुसरो ने अपने काव्य में जिन पहेलियों और मुकरियों को रचा था, वे आज भी लोगों की जुबान पर हैं और बच्चों, बड़ों सभी को आनंद देती हैं। जब हम सुनते हैं कि "एक थाल मोती से भरा,/सबके सिर पर औंधा धरा,/चारों ओर वह थाल फिरे,/मोती उससे एक न गिरे!" तो एकाएक हमारे मुँह से निकल पड़ता है—आकाश और सचमुच चार पंक्तियों की इस पहेली में अमीर खुसरो ने आसमान का जो चित्र खींचा है, वह कभी भुलाया नहीं जा सकता। अमीर खुसरो ने ऐसी कई पहेलियाँ रची हैं, जो आज भी खासी लोकप्रिय हैं। हालाँकि इससे भी पहले मौखिक पहेलियाँ बूझने की परंपरा तो हमारे यहाँ शायद हजारों वर्षों से है। आज भी बच्चों को कभी-कभी दादी-नानी से इनमें से कुछ पहेलियाँ सुनने को मिल जाती हैं।

इसके अलावा लोक-काव्यों में भी ऐसी कई पहेलियाँ निरंतर रची जाती रही हैं, जो बच्चों में खासकर लोकप्रिय होती हैं और खुद-ब-खुद दूर-दूर तक फैलती रहती हैं। प्रसिद्ध लेखक सुरजीत ने अपनी पुस्तक 'रोचक पहेलियाँ' (1985) में ऐसी कई सुंदर और मजेदार पहेलियों को एक जगह इकट्ठा कर दिया है, जो बच्चों और बड़ों दोनों को ही रिझा देती हैं। ये बहुत थोड़े में इतना कुछ कह जाती हैं कि 'गागर में सागर भरने' का मुहावरा याद आने लगता है। ग्रामोफोन को लेकर बनाई गई ऐसी ही एक मजेदार पहेली है, "एक गवैया घर में आए, कान मरोड़ो, चक्कर खाए।"

इसी तरह दीये की बाती को लेकर बनाई गई एक अनोखी पहेली है, "एक राजा की अनोखी रानी, दुम के रास्ते पीती पानी!" शहद के छत्ते को लेकर बनाई गई पहेली तो और भी मजेदार है—

एक किले में बुर्ज हजार, बुर्ज-बुर्ज में पहरेदार,
कैसा अजीब किला बना, ना मिट्टी, ना चूना लगा।

इन पहेलियों की खासियत यह है कि इनमें बहुत थोड़े में बहुत कुछ कह डालने की कोशिश की गई है। इसीलिए इनमें गहरी सांकेतिकता है, जो अकसर एक रहस्यात्मक आवरण में प्रकट होती रहती है। मसलन प्रकाश में झट दूर-दूर तक फैल जाने का गुण है। इसी को लेकर बनाई गई यह पहेली, 'एक चमचा आटा, घर भर में बाँटा'। कभी-कभी तो इन पहेलियों में चटुल कला और चुस्तबयानी ऐसी होती है कि मन मुग्ध हो उठता है। तब हाथी जैसा विशालकाय जीव दो पंक्तियों की इस नन्ही पहेली के धागे में बँध जाता है—

अरे, वाह रे वाह, तुम,
आगे भी दुम, पीछे भी दुम!

सुरजीत ने ऐसी कई मजेदार और कलात्मक पहेलियों को एक पुस्तक में समेटकर सचमुच इस अनोखी विधा को बचाए रखने का काम किया है और बाल साहित्य की सच्ची सेवा की है।

डॉ. श्रीप्रसाद, प्रकाश मनु घमंडीलाल अग्रवाल ने भी पहेलियाँ रचीं, जिनमें डॉ. श्रीप्रसाद द्वारा लिखी गई पहेलियाँ बाल मन और रुचियों के कहीं अधिक नजदीक हैं। डॉ. श्रीप्रसाद की 'गीत भी पहेली भी', 'गीत-गीत में पहेलियाँ' (दो भाग), 'पहली पहेलियाँ', 'दूसरी पहेलियाँ' बच्चों के लिए रची गईं सुंदर पहेलियों की ही पुस्तकें हैं। छाया को लेकर रची गई उनकी एक पहेली है—

धूप देकर आ जाती है, घटती है बढ़ जाती है
चलते हैं तो पीछे-पीछे, छूती-छूती आती है।
हो जाती है छूमंतर यह, छिप जाती है धूप अगर
और धूप के आते ही फिर, चलती है साथी बनकर।

जाहिर है, इसमें कविता का आनंद या काव्य-रस जितना है, उसकी तुलना में पहेलियों में छिपा रहनेवाला रहस्य या अबूझापन कम है। लिहाजा यह बच्चों को उतनी आकर्षित तो नहीं करती, फिर भी किसी चीज के बारे में नए ढंग से सोचने के लिए जरूर प्रेरित करती है। टेलीफोन, हवाई जहाज आदि पर लिखी गई श्रीप्रसाद की पहेलियाँ भी ऐसी ही हैं, जिनमें कौतुक अपेक्षाकृत कम है। लिहाजा उन्हें उम्दा पहेलियाँ कहना मुश्किल है। प्रकाश मनु की पुस्तक 'बच्चों की 101 गीत पहेलियाँ' में भी बच्चों को झट से याद हो जानेवाली चक्करदार पहेलियाँ हैं। इनमें पहेली बूझने के साथ-साथ कविता का भी आनंद है। 'एक पहरेदार', 'खूब उजाला', 'सबसे मिलवाता', 'जब चाहो तो', 'कितने सारे मोती', 'एक आग का गोला', 'बड़ा चँदोवा' उनकी बहुचर्चित पहेलियाँ हैं। प्रकाश मनु की 'एक पहरेदार' गीत पहेली की पंक्तियाँ हैं—

बौना है एक पहरेदार, छोटा, बिल्कुल छोटा सा,
नहीं किसी की चलने देता, छोटा है, पर खोटा सा।
अगर कभी अड़ जाता है वो, सारी ताकत है बेकार,
उसे भगाना है तो भैया, बस ताली की है दरकार।
जल्द बताओ कौन भला वह बौना है हिम्मतवाला,
एक अकेले के आगे चोरों का होता मुँह काला।

जाहिर है, इस चक्करदार पेचवाली पहेली का उत्तर है, ताला। इसके अलावा नागेश पांडेय 'संजय'

ने 'श्रेष्ठ बाल पहेलियाँ' (2017) पुस्तक में अनेक बाल साहित्यकारों की पहेलियों को संकलित किया है। उन्होंने अमीर खुसरो से लेकर नए बाल साहित्यकारों तक की पहेलियों को एक स्थान पर सहेजा है, यह अच्छी बात है। बलदेवराज दावर की 'जानो और बूझो' (1992) पुस्तक में वैज्ञानिक पहेलियाँ हैं, पर उन्हें भी बहुत सफल नहीं कहा जा सकता। इस पुस्तक में पहेलियाँ काव्य-रूप में हैं, तो उनके उत्तर भी कविता की शक्ल में ही हैं।

असल में पहेलियाँ अगर मजेदार नहीं हैं और अपने कौतुक और रहस्यात्मकता से बच्चों के दिलों पर छा नहीं जातीं, तो उन्हें पहेलियाँ कहना मुश्किल है। हमारे यहाँ चुस्त-दुरुस्त और उम्दा पहेलियाँ लोक परंपरा में तो बहुत हैं, पर नई लिखी नहीं जा रही हैं। शायद सोच-विचारकर या बहुत संकल्प करके इन्हें रचना भी मुश्किल है। ये समय की एक लंबी विकास-धारा में खुद-ब-खुद बनती और रूप लेती हैं। लिहाजा बेहतर तो यह होगा कि लोक परंपरा में सुरक्षित ऐसी मजेदार पहेलियों का कोई बड़ा और सचमुच प्रतिनिधि संग्रह सामने आए। बेशक उसमें बहुत कुछ ऐसा मूल्यवान और मनोरंजक होगा, जो आज भी बच्चों को रिझा सकता है। आनंदकुमार की 'बूझो तो जानें' (संस्क. 2001) पुस्तक में यही कोशिश है। इसमें काव्य के रूप में पहेलियाँ हैं, तो साथ ही ऐसी मजेदार पहेलियाँ भी हैं, जो किसी अबूझ और जटिल समस्या के रूप में सामने आती हैं और फिर इसका हल खोजने की होड़ लग जाती है। आनंदकुमारजी ने लोक परंपराओं में सुरक्षित इन पहेलियों को अपनी पुस्तक में करीने से सहेज लिया, यह अच्छी बात है।

भारतभूषण अग्रवाल और बिंदु अग्रवाल ने भी अपनी 'खेल-खेल में' (2001) पुस्तक में बहुत उम्दा और खूबसूरत पहेलियाँ रची हैं, जो बच्चों को दिलचस्प ढंग से सारे भारत की जानकारी देती हैं। भारत के प्रमुख पौधे, प्रमुख वृक्ष, प्रमुख फूल और फल, प्रमुख पक्षी और जानवर, प्रमुख पर्वत और नदियाँ, प्रमुख भाषाएँ, प्रमुख वाद्य यंत्र तथा भारत के राज्यों की राजधानियों को लेकर इतनी सुंदर पहेलियाँ उन्होंने रच डाली हैं कि यह छोटी-सी पुस्तक बच्चों के लिए खेल-खेल में एक अनोखे और विशाल ज्ञान-संसार के द्वार खोल देती है। यह निस्संदेह हर बच्चे को पढ़नी चाहिए। काश, पहेलियों के जरिए बच्चे को उसके आसपास के संसार से परिचित करानेवाली ऐसी खूबसूरत किताबें हिंदी में और भी होतीं। ऐसे ही आबिद सुरती की 'अक्ल बड़ी या ढब्बू जी' (2002) ढब्बू जी के कारनामों की अनोखी पुस्तक है, जिसमें खेल-खेल में रोचक पहेलियाँ रच दी गई हैं। बच्चे इनका खूब आनंद लेंगे, साथ ही हँसेंगे और खिलखिलाएँगे भी।

इसके अलावा ललितनारायण उपाध्याय, सौरभ गर्ग, अंकित अग्रवाल, विजयकुमार, राष्ट्रबंधु, डॉ. प्रतीक मिश्र, सुबीर शुक्ला आदि ने भी बच्चों के लिए पहेलियों की पुस्तकें लिखी हैं। ललितनारायण उपाध्याय की 'जो बूझे सो बुद्धिमान' (2002), 'जो बूझे सो चतुर सुजान' (2002), 'उलझे मोती' (2002), 'दिमागी कसरत' (2002), 'गणित के जादू' (1988) बाल पहेलियों की बड़ी सरस पुस्तकें हैं। ऐसी पुस्तकें, जिनके जरिए बच्चे बहुत कुछ नया जानेंगे भी और खेल-खेल में अपना दिमाग भी तेज कर लेंगे। इसी तरह सौरभ गर्ग की 'बुद्धि विकास' (2004) और अंकित अग्रवाल की 'बुद्धि कौशल' (2004) बच्चों को पहेलियों के जरिए खेल-खेल में ज्ञानवर्द्धन के लिए न्योतती जान पड़ती हैं। सुबीर शुक्ला की 'क्योंजीमल और कैसेकैसलिया' (2000) तो सवाल पूछने को एक ऐसे दिलचस्प और रोमांचक खेल में बदल देती है कि बच्चे जीवनभर एक

प्यारे दोस्त की तरह इस पुस्तक को सहेजकर रखेंगे।

विजयकुमार की 'सांस्कृतिक पहेलियाँ' (2002), डॉ. राष्ट्रबंधु और सत्यकाम पहारिया की 'नाम बताइए' (2006) तथा डॉ. प्रतीक मिश्र की 'अंत्याक्षरी शिशुगीत' (2006) भी भिन्न प्रकार की पहेलियाँ हैं। विजयकुमार की पुस्तक 'सांस्कृतिक पहेलियाँ' चार-चार पंक्तियों की कविताओं के जरिए बच्चों को इस देश के वीर और महान नायकों तथा वीरांगनाओं से परिचित करानेवाली सुंदर पुस्तक है। इन पहेलियों के साथ बाल पाठकों को रिझानेवाले सुंदर भावपूर्ण चित्र भी हैं। पर पुस्तक में कहीं-कहीं वर्तनी की अशुद्धियाँ हैं, जो अखरती हैं। प्रतीक मिश्र की 'अंत्याक्षरी शिशुगीत' में हिंदी भाषा के हर वर्ण को लेकर छोटी-छोटी कविताएँ हैं, जिन्हें बच्चे अंत्याक्षरी में गा सकते हैं। इनमें कुछ सपाट हैं तो कुछ कल्पनाशीलता से भरी चुस्त और लुभावनी भी। डॉ. प्रतीक मिश्र ने वर्ण क्रम से कविताएँ देकर बच्चों के बीच खेली जानेवाली अंत्याक्षरी को एक ठोस आधार देने की कोशिश की है।

डॉ. राष्ट्रबंधु और सत्यकाम पहारिया की 'नाम बताइए' (2006) पुस्तक में देश के उनतालीस महान पुरुषों की संक्षिप्त जीवनियाँ हैं, लेकिन उनका नाम नहीं बताया गया। हर महापुरुष का जीवन-वृत्तांत देने के बाद बाल पाठकों से उनका नाम बताने के लिए कहा गया है। ये जीवनियाँ अपने ढंग से देश के महानायकों के बारे में जानने के लिए बच्चों को प्रोत्साहित करेंगी। बच्चों के लिए मनोरंजक चित्र-पहेलियों की भी पुस्तकें इधर छपीं। इनमें धर्मपाल डोगरा की 'टाइम पास दिलचस्प चित्र-पहेलियाँ' बच्चों को खेल सरीखी लगेंगी।

इसी तरह बच्चों को खेल-खेल में चित्र, कलाकृतियाँ और पेपरमेसी आदि का काम सिखानेवाली कई पुस्तकें भी देखने में आईं। इनमें रविंद्र केसकर की 'तितलियाँ' तथा 'एक आधार, अनेक आकार' (1998), अरविंद गुप्ता की 'पत्तों का चिड़ियाघर' (1991) तथा अरविंद गुप्ता तथा रमेश कोठारी की 'खेल-खेल में खिलौने' (1991) काफी उपयोगी और दिलचस्प पुस्तकें हैं, जो दोस्तों की तरह बच्चों को विविध क्रिया-कलापों के कलात्मक संसार में ले जाती हैं। अखबारों और पत्रिकाओं में अब इस तरह की सामग्री बहुत आने लगी है, जिसमें खुद बच्चों को चीजें बनाना सिखाया जाता है।

चित्रकथाएँ : कल और आज

हिंदी बाल साहित्य की सबसे उपेक्षित विधाओं में चित्रकथा भी है। यह बात थोड़ी विचित्र लग सकती है, इसलिए कि चित्रकथा कहते ही 'चाचा चौधरी' का नाम सबसे पहले जुबान पर आता है—एक ऐसा चरित्र, जो बच्चों में खासा लोकप्रिय है और उसके प्रकाशक (डायमंड कॉमिक्स) के लिए मोटी कमाई का साधन भी है। पर प्रसिद्ध चित्रकार प्राण द्वारा रचा गया चाचा चौधरी का चरित्र लोकप्रिय भले ही हो, स्तरीय तो वह नहीं ही है। 'चाचा चौधरी' पर सस्ती व्यावसायिकता का इतना दबाव है कि उसे हिंदी में अच्छी या उम्दा चित्रकथा का उदाहरण हरगिज नहीं कहा जा सकता।

उस पर हद तो यह है कि चाचा चौधरी की नकल करके या उसी में कुछ जोड़ या घटा करके हिंदी में और भी ढेरों चरित्र और कॉमिक्स लिखे गए हैं। हालाँकि मौजूदा वक्त में चाचा चौधरी के साथ-साथ जो दूसरे और कॉमिक्स प्रचलित हैं और एक बच्चे से दूसरे बच्चे के हाथों में नशे की गोलियों की तरह इधर से उधर जा

रहे हैं, वे बच्चों को कुछ दे पा रहे हैं, ऐसा शायद ही कोई कहेगा।

सच पूछा जाए तो हिंदी बाल साहित्य में चित्रकथा-लेखन को ऊँचाई सातवें-आठवें दशक में 'अमर चित्रकथा' सीरीज की बेहद सुंदर और कलात्मक चित्रकथाओं के प्रकाशन से मिली। बेशक अनंत पै (ज. 1929) द्वारा प्रस्तुत की गई 'अमर चित्रकथा' सीरीज की चित्रकथाएँ बहुत अधिक लोकप्रिय थीं, पर लोकप्रियता के साथ-साथ उन्होंने अपने स्तर और कलात्मक ऊँचाई को भी बनाए रखा। लिहाजा उस 'अमर चित्रकथा' सीरीज की हर चित्रकथा पुस्तक बच्चों को अपने देश और समाज के महानायकों, वीरों, संतों, क्रांतिकारियों आदि के जीवन को निकटता से देखने, महसूस करने में मदद करती थी। इनमें ऐतिहासिक, पौराणिक चरित्रों को लेकर लिखी गई चित्रकथाएँ संभवत: सबसे अधिक लोकप्रिय थीं। वे कथ्य और प्रस्तुति के लिहाज से स्तरीय ही नहीं, बल्कि अपने समय से काफी आगे थीं।

एक ओर इस तरह की चित्रकथाओं में रामायण और महाभारत के चरित्रों की कल्पनापूर्ण प्रस्तुति थी, तो दूसरी ओर झाँसी की रानी, रानी दुर्गावती, रानी चेन्नम्माँ, नाना साहब, तात्या टोपे, भगत सिंह, चंद्रशेखर आजाद, महात्मा गांधी, बाल गंगाधर तिलक, रजिया सुल्तान आदि के जीवन की भी प्रेरक झलक उनमें मिल जाती थी। अनंत पै के संपादन में निकलनेवाली महाभारत की कथाओं में द्रौपदी का जन्म, पांडवों और कौरवों का जन्म, सेनाएँ कुरुक्षेत्र में, पांडवों का वनवास, युधिष्ठिर का राज्यारोहण सरीखी कई ऐसी चित्रकथा पुस्तकें हैं, जो अब भी आँखों के आगे साकार हो उठती हैं। इसके लिए अनोखी सूझ-बूझ के धनी अनंत पै का हमें कृतज्ञ होना चाहिए, जिनके भीतर एक ओर भारत की सांस्कृतिक, ऐतिहासिक परंपराओं की गहरी समझ है तो दूसरी ओर चित्र-कथाओं के वे आचार्य हैं। बच्चों के लिए पौराणिक-ऐतिहासिक चरित्रों को एकदम जीवंत अंदाज में चित्र-कथा में कैसे ढाला जाए, यह उन्हें पढ़कर सीखा जा सकता है।

भारत के प्रसिद्ध संतों, लेखकों, कलाकारों, सम्राटों आदि की जैसी एक से एक उत्कृष्ट चित्रकथाएँ 'अमर चित्रकथा' ने प्रस्तुत कीं, वैसी कभी देखने को नहीं मिलीं। इनकी तुलना में अगर आज की चित्रकथाओं को देखें, तो वे ऐसी सस्ती और व्यक्तित्वहीन चित्रकथाएँ लगेंगी, जिनमें कलाकार की कोई निजी छाप न होकर, सिर्फ 'ठप्पे' नजर आ जाते हैं। इस लिहाज से 'पराग' पत्रिका ने लंबे समय तक शेहाब रचित 'छोटू-लंबू' जैसे चरित्रों की रोमांचक, कॉमिकल प्रस्तुति करके और 'नंदन' ने 'तेनालीराम' और 'चीटू-नीटू' की परंपरा को लंबे समय तक चलाते रहकर चित्रकथा के क्षेत्र में संभवत: कहीं अधिक और मूल्यवान योगदान किया। यह कम आश्चर्य की बात नहीं कि कई दशकों की यात्रा के बाद भी 'नंदन' के 'तेनालीराम' और 'चीटू-नीटू' की लोकप्रियता और बढ़ती ही जा रही है। पिछले कुछ बरसों में प्रकाश मनु और रत्नप्रकाश 'शील' ने तेनालीराम की कई कथाओं को नए अंदाज में प्रस्तुत किया है।

इसी तरह 'नंदन' और 'बालभारती' सरीखी पत्रिकाओं ने बच्चों के लिए उत्कृष्ट और स्तरीय चित्रकथाएँ छापने की परंपरा शुरू की। 'नंदन' की कई ऐसी चित्रकथाएँ हैं, जिनमें हलका कॉमिक टच उन्हें और मजेदार बना देता है और बच्चे बड़ी रुचि से उन्हें पढ़ते और सराहते हैं। ये चित्रकथाएँ कभी पशु-पक्षियों के जरिए मजेदार कथाएँ बुनकर पेश की जाती हैं, तो कभी इनमें अजब-अनोखे पात्र और उनके मजेदार किस्सों को खासी दृश्यात्मकता के साथ पेश करने की कोशिश होती हैं। 'बालभारती' ने भी हर अंक में बच्चों के लिए एक

रोचक चित्रकथा छापने की परंपरा शुरू की, जिसे खासा सराहा गया।

चित्रकथाओं को सुंदर पुस्तकों के रूप में सहेजने की भी निरंतर कोशिशें हुई हैं। राजेश जैन की 'इमारतों की चोरी' और 'रोबो कैट' जासूसी चित्रकथाओं की कुछ उम्दा किताबें हैं। गीताप्रेस गोरखपुर से हनुमानप्रसाद पोद्दार के संपादन में निकली 'बाल चित्रमय कृष्णलीला', 'बाल चित्रमय बुद्धलीला', 'बाल चित्रमय चैतन्यलीला' तथा 'बाल चित्र रामायण' पुस्तकें भी ध्यान आकर्षित करती हैं, पर उपदेशात्मकता के बोझ के कारण बच्चे इनसे अधिक नहीं जुड़ पाते। भाषा सहज, सरल होती तो बच्चे इनकी ओर अधिक आकर्षित होते। सच तो यह है कि बच्चों की चित्रकथाओं के क्षेत्र में अभी बहुत-सा काम किया जाना बाकी है। अभी कुछ अरसा पहले विज्ञान के प्रसार में जुटी संस्था 'विज्ञान प्रसार' ने 'भौतिक विज्ञान की कहानी' शीर्षक से एक अच्छी और संग्रहणीय चित्रकथा छापी है, जिसमें विज्ञान की बड़ी-बड़ी खोजों और बड़े-बड़े सिद्धांतों को बड़े रोचक अंदाज में पेश किया गया है। इस तरह की कोशिशें और भी हों, तो बच्चों को पढ़ाई बोझ न लगकर एक मजेदार खेल लगने लगेगी।

जाने-माने लेखक और चित्रकार आबिद सुरती (ज. 1935) 'धर्मयुग' में छपनेवाली चित्रकथा-पट्टी ढब्बूजी के लिए जाने जाते हैं। इधर उन्होंने 'डाक्टर चींचू के कारनामे' (2014) शीर्षक से सुंदर पुस्तक तैयार की है, जिसमें उनकी एक से एक सुंदर हास्यपूर्ण कथाएँ सुंदर सजीले चित्रों के साथ बाल पाठकों को रिझाती हैं। पुस्तक में वजन घटाने का सरल उपाय, कार्क की ऊँची आवाज, कुतिया उड़ी आकाश में, पूँछ की आग, चमत्कारी गुड़िया, दो गेंद एक फूँक जैसी मजेदार चित्रकथाएँ हैं, बच्चे जिनका भरपूर आनंद लेंगे।

इसी तरह बच्चे चुटकुले सुनने-सुनाने के शौकीन होते हैं। लिहाजा बच्चों के लिए ढंग के चुटकुले पेश करना खुद में बड़ा रोचक, लेकिन जिम्मेदारी भरा काम है। चुटकुले का अर्थ है चोट करने का खेल या चुटकी लेने की कला, लेकिन यह चोट करना या चुटकी लेने का खेल जितना विशुद्ध आनंद से जुड़ा हो, उतना ही अच्छा है। चुटकुले के जरिए किसी जाति, वर्ग या व्यक्ति विशेष पर भद्दी टिप्पणी की जाए, यह बुरा है और ऐसे चुटकुलों को बच्चों से दूर ही रखना चाहिए। इसी तरह बच्चों को विद्रूपता में रस लेना सिखानेवाले, कुरुचिपूर्ण और अश्लील चुटकुलों का भी बाल साहित्य में कोई स्थान नहीं हो सकता। चुटकुले के जरिए कितने लाघव और बारीकी से कोई बात कही जा सकती है और एक मजेदार विनोदपूर्ण वातावरण की सृष्टि की जा सकती है, इसी में चुटकुले की सार्थकता है, लेकिन खेद है कि इस लिहाज से बच्चों के लिए अच्छे, सुंदर और सरस चुटकुलों के संचयन की कोई गंभीर कोशिश अभी नहीं हुई, जबकि इस तरह के अच्छे संचयन निकलें तो बच्चे बेशक उन्हें हाथों-हाथ लेंगे।

बाल जीवनी तथा अन्य विधाओं की अनूदित पुस्तकें

इसके अलावा अन्य भारतीय भाषाओं से हिंदी में अनूदित बाल जीवनियों की भी कई सुंदर पुस्तकें छपी हैं, जिनका अपना महत्त्व है। हिंदी साहित्य संसार की इस सजगता की तारीफ करनी होगी कि अन्य भाषाओं की सुंदर पुस्तकों को हिंदी पाठकों के लिए प्रस्तुत करने में अधिक विलंब नहीं होता। हिंदी बाल साहित्य के पाठक, चाहे वे बच्चे हों या बड़े, इन्हें रुचि से पढ़ते हैं।

इन जीवनी पुस्तकों में अधिकतर अनुवाद बाँग्ला से हुए हैं। अंग्रेजी से अनूदित पुस्तकों की भी बड़ी संख्या है। अलबत्ता हिंदी में अनूदित बाल जीवनियों की कुछ उल्लेखनीय पुस्तकें हैं—लीला मजूमदार की 'जोड़ासाँको वाला घर' (अनु. प्रफुल्लचंद्र ओझा 'मुक्त'), लीला मजूमदार और बच्ची करकरिया की 'मदर टेरेसा' (अनु. नरेंद्र सिन्हा), राजम कृष्णन की भारतीय स्वतंत्रता संग्राम में महिलाएँ (अनु. विजयलक्ष्मी सुंदरराजन), बचेंद्रीपाल की 'एवरेस्ट : मेरी शिखर-यात्रा' (अनु. बी.एन. गोयल), एस. भट्टाचार्य की 'युवाओं के लिए बुद्ध' (अनु. मधुकर उपाध्याय), अनु बंद्योपाध्याय की 'बहुरूप गांधी', सिगरून श्रीवास्तव की 'भारत के बहादुर नवजवान' (अनु. हरिकृष्ण देवसरे), अमिताभ चौधुरी की 'रवि कहानी' (अनु. अमर गोस्वामी), प्रीतम सिंह की 'महाराजा रणजीत सिंह' (अनु. रमेश बक्षी), स्वामी विश्वाश्रयानंद की 'बच्चों के श्रीरामकृष्ण' (अनु. हंसकुमार तिवारी), यदुनाथ थत्ते की 'साने गुरुजी' (अनु. रामेश्वरदयाल), रवींद्रनाथ शर्मा की 'सी.वाई. चिंतामणि' (अनु. मोहिनी राव), दिलीपकुमार मुखर्जी की 'चैतन्य' (अनु. कमलेश), कृष्ण स्वामीनाथन की 'रमण महर्षि' (अनु. रमानाथ शास्त्री), नवजात की 'श्री अरविंद' (अनु. जगदीश अग्रवाल), ल.ग. जोग की 'संत नामदेव' (अनु. हीरालाल शर्मा), प्रेमानंद कुमार की 'श्रीमाँ' (अनु. सुरेश उनियाल), तारा अली बेग की 'जवाहरलाल नेहरू' (अनु. रमेश बक्षी), लीला जॉर्ज की 'गौतम बुद्ध' (अनु. गायत्रीनाथ पंत), दिलीप मधुकर सालवी की 'हमारे वैज्ञानिक' (अनु. मनमोहिनी पुरी), विजितकुमार दत्त की 'राजा राममोहन राय' (अनु. सूर्यनाथ सिंह), बसुधा चक्रवर्ती की 'काजी नजरुल इस्लाम' (अनु. इलाचंद्र जोशी), ए. महलनवीस की 'प्रशांतचंद्र महलनवीस' (अनु. सुरेंद्र गुप्त), अशोक दावर की 'तानसेन : जादूगर संगीतज्ञ' (अनु. रमेश बक्षी) तथा के.सी. खन्ना की 'भारत में विदेशी यात्री' (अनु. मस्तराम कपूर)।

इनमें अमिताभ चौधुरी द्वारा लिखी गई 'रवि कहानी' (2000, अनु. अमर गोस्वामी) में गुरुदेव रवींद्रनाथ ठाकुर के व्यक्तित्व, पारिवारिक जीवन और एक लेखक तथा बुद्धिजीवी के रूप में अंग्रेजी सरकार के खिलाफ उनके गुस्से और लड़ाई की भी कई ऐसी प्रेरक घटनाएँ हैं, जो इससे पहले ज्यादा परिचित नहीं थीं। अमिताभ चौधुरी ने रवींद्रनाथ ठाकुर के बचपन का यह किस्सा बड़े मजेदार ढंग से बताया है कि किस तरह उन्हें नौकरों के हाथों घर में बंदी जीवन बिताना पड़ता था और तब उनके लेखक बनने की शुरुआत कैसे हुई। उन्होंने शांतिनिकेतन के जरिए एक ओर भारत में शिक्षा और प्राचीन संस्कृति के प्रति नई चेतना जगाने का काम किया, तो साथ ही सारे संसार को यह संदेश भी दिया कि भारतीय गुलाम होने के लिए पैदा नहीं हुए हैं। वे चाहें तो बहुत कुछ करके दिखा सकते हैं। अमिताभ चौधुरी ने रवींद्रनाथ ठाकुर से जुड़े इन प्रसंगों को सुंदर ढंग से लिखा है। साथ ही महात्मा गांधी और रवींद्रनाथ ठाकुर के बीच के भावनात्मक संबंधों पर बहुत अच्छे ढंग से प्रकाश डाला है।

लीला मजूमदार और बच्ची करकरिया द्वारा लिखी गई 'मदर टेरेसा' (1990, अनु. नरेंद्र सिन्हा) पुस्तक में युगोस्लाविया में जनमी एग्नेस के बड़े होकर मानवता की सेवा का व्रत लेने और मदर टेरेसा बनने तक की समूची कहानी बड़े भावनात्मक अंदाज में कही गई हैं। भारत आकर उन्होंने किस तरह यहाँ की गरीब जनता के दुःखों और कष्टों को देखकर अपना लक्ष्य तय कर लिया और फिर वे भारत की होकर ही रह गईं। उनकी इस प्रेरणा के पीछे सच्ची भावना क्या थी? 'मदर टेरेसा' पढ़कर इसके बारे में बहुत कुछ पता चलता है।

एस. भट्टाचार्य की 'युवाओं के लिए बुद्ध' (1998, अनु. मधुकर उपाध्याय) पुस्तक खासी खोजपूर्ण है और बुद्ध के जीवन की बहुत-सी ऐसी घटनाओं और प्रसंगों को यहाँ लिखा गया है, जिनके बारे में लोग अधिक नहीं जानते। यों तो यह पुस्तक युवाओं के लिए लिखी गई है, लेकिन इसकी भाषा इतनी सरल, सुबोध और प्रवाहमयी है और लिखने का अंदाज इतना रोचक है कि बड़े बच्चे, यानी किशोर भी इसे बहुत रुचि से पढ़ेंगे और बुद्ध के जीवन की सच्ची करुणा से प्रभावित होंगे। अनु बंद्योपाध्याय की 'बहुरूप गांधी' (1971) में महात्मा गांधी के व्यक्तित्व की जानी-पहचानी छवियों के अलावा उनके बहुत से ऐसे रूप हैं, जिनसे लोग ज्यादा परिचित नहीं है। महात्मा गांधी कर्म को ही पूजा मानते थे और किसी को छोटा या हीन नहीं समझते थे। लिहाजा वे बहुत-से ऐसे काम भी बड़े गर्व और गौरव के साथ करते थे, जिन्हें करने की कल्पना से भी पढ़े-खिले संभ्रांत लोग दूर भागते हैं। पुस्तक में महात्मा गांधी के कर्मयोगी, बैरिस्टर, सेनापति, लेखक, पत्रकार, शिक्षक जैसे रूपों की चर्चा है तो उनके दर्जी, धोबी, नाई, भंगी, मोची, नौकर, हकीम, दाई, बुनकर, कतैया, किसान, भिखारी आदि-आदि रूपों का भी वर्णन है। लेखक अनु बंद्योपाध्याय ने इतने रोचक अंदाज में यह किताब लिखी है कि इसे बार-बार पढ़ने का मन होता है। पुस्तक में सुविख्यात कार्टूनिस्ट आर.के. लक्ष्मण द्वारा बनाए ऐसे कई व्यंग्य-चित्र हैं, जिनमें गांधी के नए-नए रूपों में एक से एक विलक्षण छवियाँ हैं, जिन्हें देखना अपने-आप में एक अनोखा अनुभव है।

स्वामी विश्वाश्रयानंद की पुस्तक 'बच्चों के श्रीरामकृष्ण' (1976, अनु. हंसकुमार तिवारी) में रामकृष्ण परमहंस के जीवन के कई ऐसे छोटे-छोटे प्रसंग दिए गए हैं, जिनसे पता चलता है कि बचपन से ही वे दुनियादारी से अलग एक नई राह पर चल पड़े थे। ईश्वर को पाने की धुन में वे इतने लीन रहते थे कि उन्हें अपनी देह तक का कुछ होश नहीं रहता था। उनकी इसी भाव-तन्मयता ने उन्हें महान संत बनाया। प्रीतम सिंह की 'महाराजा रणजीत सिंह' (1989, अनु. रमेश बक्षी) में नानी और बच्चों की बतकही के बीच चुपके-चुपके महाराजा रणजीत सिंह के जीवन और व्यक्तित्व की कथाएँ चल पड़ती हैं और वे इस ढंग से सामने आती हैं कि बच्चे उनसे प्रभावित हुए बगैर नहीं रहते। प्रीतम सिंह ने बहुत छोटे-छोटे प्रसंगों के जरिए महाराजा रणजीत सिंह के व्यक्तित्त्व की महानता को उजागर किया है।

नेशनल बुक ट्रस्ट द्वारा प्रकाशित लीला मजूमदार की 'जोड़ासाँको वाला घर' (1978, अनु. प्रफुल्लचंद ओझा) भी खासी रोचक और पठनीय पुस्तक है, जिसे पढ़कर सीखा जा सकता है कि बच्चों के लिए अच्छी जीवनियाँ कैसे लिखी जाएँ। 'जोड़ासाँको वाला घर' असल में वह घर है, जहाँ महाकवि रवींद्रनाथ ठाकुर का जन्म हुआ था तथा जहाँ प्रतिष्ठित ठाकुर परिवार रहा करता था। पुस्तक में लीला मजूमदार ने रवींद्रनाथ ठाकुर के बचपन की ऐसी जीवंत झाँकियाँ प्रस्तुत की हैं कि उन्हें पढ़कर हम गुरुदेव रवींद्रनाथ ठाकुर के व्यक्तित्व को नजदीक से देख और महसूस कर सकते हैं। बचपन में रवींद्र को पढ़ना तो पसंद था, लेकिन स्कूल जाने से नफरत थी और प्रकृति की गोद में रहकर गीत-संगीत का अभ्यास करना अच्छा लगता था। ऐसे रवींद्रनाथ ठाकुर में कविता लिखने की प्रेरणा कहाँ से आई? शुरू में उन्हें साधारण बालक समझा गया, लेकिन उनकी कवि-प्रतिभा ने कैसे धीरे-धीरे परिवार ही नहीं, दूर-दूर तक लोगों को मुग्ध करना शुरू किया और एकाएक उनकी कीर्ति चारों ओर फैलती चली गई। लीला मजूमदार ने इन प्रसंगों को बड़े ही अच्छे और संवेदनात्मक

ढंग से लिखा है। पुस्तक पढ़ते हुए लगता है कि रवींद्रनाथ ठाकुर हमारे पास बैठे हैं और हम उनके व्यक्तित्व की एक-एक रेखा और एक-एक विशेषता को अपनी आँखों से देख पा रहे हैं। इस लिहाज से रवींद्रनाथ ठाकुर के बचपन पर लिखी गई लीला मजूमदार की यह अनोखी पुस्तक है, जिसे खोजकर पढ़ा जाना चाहिए।

इसके अलावा यदुनाथ थत्ते की 'साने गुरुजी', राजम कृष्णन की 'भारतीय स्वतंत्रता संग्राम में महिलाएँ', बसुधा चक्रवर्ती की 'काजी नजरुल इस्लाम', थंगमणि की 'बच्चे जिन्होंने कमाल किया' और के.सी. खन्ना की 'भारत में विदेशी यात्री' नेशनल बुक ट्रस्ट द्वारा प्रकाशित बाल जीवनियों की अच्छी अनूदित पुस्तकें हैं।

कुल मिलाकर कहा जा सकता है कि बाल साहित्य में महापुरुषों और जीवन के अलग-अलग क्षेत्रों में विशिष्ट योगदान करनेवाले नायकों की एक से एक अच्छी जीवनियाँ लिखी गई हैं और उनमें समय के साथ-साथ निरंतर कलात्मक विकास भी लक्षित किया जा सकता है। आजादी से पहले लिखी गई जीवनियाँ अगर ऐतिहासिक चरित्रों पर केंद्रित और ज्यादा भावावेगी थीं तो इधर लेखकों, कलाकारों, संगीतकारों, वैज्ञानिकों, संतों, क्रांतिकारियों, राजनेताओं आदि की जीवनियाँ अधिक लिखी जा रही हैं। ये जीवनियाँ भावपूर्ण और तथ्यात्मक तो हैं, पर अति-प्रशंसात्मक और भावावेगी नहीं हैं, ताकि बच्चे सिर्फ उन्हें पढ़ें ही नहीं, बल्कि उनके जीवन-संदेश और बातों को जीवन में भी उतार लें।

लेकिन जहाँ तक हिंदी बाल साहित्य में जीवनियों के अलावा अन्य विधाओं, यानी बच्चों और किशोरों को नजर में रखकर लिखी गई आत्मकथा, संस्मरण, इंटरव्यू, पत्र, निबंध-लेखन, चित्रकथा आदि की बात है, तो निस्संदेह इस क्षेत्र में अभी काफी कुछ किया जाना बाकी है। हाँ, इन विधाओं की सक्रिय शुरुआत पिछले एक-डेढ़ दशक से नजर आ रही है और आगे की संभावनाएँ निरंतर उजागर हो रही हैं। यह उपलब्धि भी कुछ कम नहीं है। बाल जीवनियों के अलावा अन्य विधाओं में बेशक बाल चित्रकथाओं को भी शामिल किया जा सकता है, जो इन दिनों लोकप्रियता के लिहाज से तो खासी उछाल पर हैं, पर उनमें उत्कृष्ट कलात्मक लेखन की अभी काफी गुंजाइश है। काश, हिंदी के बाल साहित्यकार और चित्रकार इस ओर कुछ अधिक ध्यान दे पाते।

□

8

बाल पत्रिकाओं की विकास-यात्रा

बाल पत्रिकाएँ : एक सही संवाद का पुल

हिंदी बाल साहित्य को बच्चों के बीच लोकप्रिय बनाने और उसका परचम लहराने में बेशक हिंदी बाल साहित्य की पत्र-पत्रिकाओं का बड़ा योगदान है। यह योगदान तब कहीं अधिक बड़ा और महत्त्वपूर्ण लगने लगता है, जब हम देखते हैं कि इन पत्रिकाओं को निकालने के पीछे बच्चों के लिए कुछ करके सुख पानेवाला प्रसन्न भाव या फिर बच्चों के स्वस्थ विकास की सामाजिक-सांस्कृतिक चिंताएँ कहीं अधिक बड़ी थीं, लाभ या मुनाफा कमाने की इच्छा नहीं। शायद यही वजह है कि दो-एक अपवादों को छोड़ दें, तो हिंदी की ज्यादातर बाल पत्रिकाएँ घाटे में चलती रही हैं या फिर वे निरंतर आर्थिक संकटों से घिरी रहीं। लेकिन उनको निकालने के पीछे की धुन इतनी तेज थी और इन बाल पत्रिकाओं को ऐसे समर्पित और असाधारण योग्य संपादक मिले कि सब तरह के संकटों का मुकाबला करते हुए भी, एक साथ बच्चों और बड़ों दोनों के मन को रिझाती ये बाल पत्रिकाएँ बाल साहित्य को आगे बढ़ाने और बच्चों के व्यक्तित्व के संपूर्ण विकास के लिहाज से ऐतिहासिक भूमिका निभा सकीं। सच पूछिए तो बाहरी कलेवर में छोटी नजर आतीं, इन बाल पत्रिकाओं ने बाल साहित्य की सर्वाधिक मूल्यवान थाती को सँभाले रखा, जिससे आगे चलकर बाल साहित्य का इतिहास लिखे जाने की नींव पड़ी। सृजन के सच्चे आनंद और ज्ञान-विज्ञान की जानकारियों को दिलचस्प अंदाज में बाल पाठकों के सामने लानेवाली बाल पत्रिकाएँ बरसोंबरस से मानवीय संवेदना के दुर्लभ खजाने को खुद में सँजोए हुए हैं। उनसे गुजरने पर समझ में आ जाता है कि बाल पत्रिकाओं के रूप में कितनी बड़ी धरोहर हमारे पास है, जिसका महत्त्व समय के साथ निरंतर बढ़ता जा रहा है।

यह एक सुखद आश्चर्य की तरह लगता है कि बीसवीं शताब्दी के शुरुआती वर्षों में ही बाल साहित्य और बाल पत्रिकाओं के महत्त्व और जरूरत को पहचान लिया गया था और यह भी कि बाल पत्रिकाओं की दोहरी भूमिका है। एक ओर तो यह कि वे लेखकों को उत्प्रेरित करके निरंतर बच्चों के मन और मनोविज्ञान को संतुष्ट करने तथा बदलते समय के हिसाब से नए-नए रंग और शैलियोंवाला बाल सहित्य लिखवाएँ। दूसरी भूमिका इन बाल पत्रिकाओं की यह रही कि वे अच्छे बाल साहित्य और बच्चों के बीच एक पुल का काम करती थीं। पिछले कोई सौ-सवा सौ बरसों में निकली बाल पत्रिकाओं के स्वरूप और प्रकृति का अध्ययन किया जाए, तो एक बात बड़े प्रमुख रूप से सामने आती है कि प्राय: सभी बाल पत्रिकाओं ने बच्चों के स्वस्थ मनोरंजन और

संतुलित विकास पर ध्यान दिया। अधिकतर बाल पत्रिकाओं के संपादक इस बात को लेकर सचेत थे कि बच्चों के लिए रचनाओं का चयन बालमन और मनोविज्ञान के अनुरूप किया जाना चाहिए, ताकि स्वस्थ मनोरंजन की राह से बच्चों के स्वस्थ विकास की नींव पड़ सके। आखिर तभी तो वे शारीरिक, बौद्धिक और चारित्रिक रूप से संपन्न होकर, देश और समाज को आगे बढ़ाएँगे और बड़े-बड़े काम करेंगे।

बाल पत्रिकाओं की एक बड़ी विशेषता उनका पाठकों तक त्वरित प्रसार और पहुँच है। इसमें दो राय नहीं कि पुस्तकों की तुलना में पत्रिकाएँ बच्चों तक जल्दी पहुँच जाती हैं और मूल्य कम होने से उन्हें खरीदना भी आसान है। लिहाजा जो कुछ अच्छा लिखा जा रहा था, वह इन पत्र-पत्रिकाओं द्वारा जल्दी ही बच्चों के संसार तक पहुँचा और उस पर बच्चों की सीधी-सादी ईमानदार प्रतिक्रियाएँ भी लेखकों को सहज ही मिल जाती थीं। यानी बाल पत्रिकाएँ एक दोहरे संवाद का माध्यम थीं। वे लेखकों की लिखी हुई चुनिंदा और बेहतरीन रचनाएँ बच्चों तक ले जातीं और दूसरी ओर बच्चे क्या पढ़ना पसंद करते हैं, क्या नहीं, यह बात भी पूरी जिम्मेदारी के साथ लेखकों तक पहुँचा देती थीं। इससे लेखकों को अपनी रचना, विषय तथा लेखन-शैली के बारे में पुनर्विचार करने की चुनौती मिलती, साथ ही आगे लिखने के लिए नई दिशाएँ और रास्ते भी सामने आते। कहना न होगा कि इससे जाने-अनजाने बाल साहित्य के विकास के रास्ते खुले। उसमें कई युगांतकारी और ऐतिहासिक मोड़ आए। पर इसके पीछे बाल पत्रिकाओं की कितनी महत्त्वपूर्ण भूमिका थी, इसका गंभीर अध्ययन होना अभी बाकी है।

निरंकारदेव सेवक (1919-1994), जिन्होंने बाल सहित्य के क्षेत्र में बहुत बड़ा काम किया है तथा जिन्हें खुद में बाल साहित्य का चलता-फिरता इतिहास माना जाता था, ने बाल पत्रिकाओं और उनकी ऐतिहासिक भूमिका के बारे में काफी विस्तार से लिखा है। सेवकजी ने बच्चों का पहला पत्र लखनऊ से सन् 1891 में प्रकाशित होनेवाले 'बालहितकर' को माना है। जाहिर है कि बाल साहित्य बच्चों को अच्छा बनाने और उनमें नैतिक भावनाएँ भरने तथा उन्हें एक बड़े उद्देश्य से जोड़ने के लिए माध्यम भर है। बाल साहित्य के बारे में यह दृष्टि उन्नीसवीं शताब्दी के अंत में दिखाई पड़ती है। 'बालहितकर' नाम के पीछे भी ध्वनि कुछ-कुछ ऐसी ही है और इससे इसका प्रयोजन भी कुछ-कुछ स्पष्ट हो जाता है। हालाँकि 'बालहितकर' से कोई नौ बरस पहले, सन् 1982 में इलाहाबाद से 'बाल दर्पण' पत्र निकला था, जिसमें बच्चों के लिए देशभक्ति की भावनाओं से पूर्ण आदर्शवादी रचनाएँ छपती थीं। उन्नीसवीं शताब्दी के आखिरी दशक में निकला 'बालहितकर' भी उससे कुछ भिन्न न था।

इसके कोई तीन साल बाद सन् 1894 में पटना से बाल साहित्य की वार्षिक पत्रिका 'बालविनोद' निकली, जिसे जाने-माने साहित्यिकों का बड़ा उदारतापूर्ण सहयोग मिला। सन् 1906 में अलीगढ़ से 'छात्र हितैषी' पत्र निकला, जिससे पता चलता है कि बीसवीं शताब्दी के पहले दशक में भी बाल साहित्य के प्रति दृष्टि लगभग वही थी। बाल साहित्य में रंजक तत्त्व कहीं अधिक जरूरी है और यही बाल साहित्य को सच्चे अर्थों में बाल साहित्य बनाता है या बच्चों से जोड़ता है, यह समझ पाना तब शायद मुश्किल रहा होगा। अलबत्ता 'छात्र हितैषी' बीसवीं शताब्दी में निकला बाल साहित्य का पहला पत्र था। इसके बाद 'बाल प्रभाकर' (1906), 'बाल हितैषी' (1911), 'मॉनीटर' (1912) जैसे पत्र निकले। इनमें बनारस से निकले 'बाल प्रभाकर' के संपादक पं. किशोरीलाल गोस्वामी थे, जिनका नाम आधुनिक हिंदी कथा-साहित्य के प्रारंभिक काल के

दिग्गजों में लिया जाता है। जाहिर है, इसके कारण 'बाल प्रभाकर' को कहीं अधिक कीर्ति मिली और इस दौर की बाल पत्रिकाओं में इसकी चर्चा हुई। बाल पाठकों तक वह पहुँचा भी। नरसिंहपुर (म.प्र.) से प्रकाशित होनेवाली बाल पत्रिका 'मॉनीटर' ने भी कुछ समय बाल साहित्य की सेवा की तथा बच्चों के लिए अच्छी और संदेशपरक रचनाएँ छापीं। यह पत्रिका लगभग चार वर्ष तक चलती रही और इसने अपनी उपस्थिति दर्ज की। इसी तरह 'बाल हितैषी' भी कोई पाँच वर्ष तक ही चल पाई।

सच तो यह है कि इस कालखंड में निकली कोई भी पत्रिका ज्यादा लंबे समय तक नहीं चल पाई और बच्चों में ऐसी लोकप्रियता भी उन्हें नहीं मिली कि वे पूरे हिंदीभाषी राज्यों के बाल पाठकों से संवाद साध सकें। फिर भी निस्संदेह, इनका अपना ऐतिहासिक महत्त्व है। बाल साहित्य की प्रारंभिक नींव रखनेवाली पत्रिकाओं के रूप में इनका नाम सम्मान से लिया जाना चाहिए।

कुछ आगे चलकर सन् 1914 में इलाहाबाद से 'विद्यार्थी' तथा आगर (मालवा) से 'बाल मनोरंजन' पत्र निकले। इनमें 'विद्यार्थी' अपेक्षाकृत बेहतर पत्र था, जो बाल साहित्य की एक सही समझ और दृष्टि लेकर चला। 'विद्यार्थी' बच्चों के मनोरंजन और व्यक्तित्व-विकास दोनों के बीच एक सही संतुलन साध पाया। इसीलिए इसे एक ओर बच्चों ने पसंद किया और दूसरी ओर बच्चों के लिए लिखनेवाले लेखकों का भी यह प्रिय पत्र बना। उस दौर में लिखनेवाले बहुत से जाने-माने लेखकों का रचनात्मक सहयोग पत्रिका को मिला।

बाल पत्रिकाओं का ऐतिहासिक दौर : आजादी से पहले

लेकिन जिन दो पत्रिकाओं को आजादी से पहले और आजादी के बाद के कुछ वर्षों तक हिंदी बाल साहित्य की नींव खड़ी करने और बाल साहित्य की सृजन की दिशा तय करने में निर्विवाद रूप से ऐतिहासिक काम करने का श्रेय हासिल है, वे हैं 'शिशु' और 'बालसखा'। इनमें 'शिशु' का जन्म सन् 1915 में हुआ, तो इंडियन प्रेस की 'बालसखा' सन् 1917 से अस्तित्व में आई। ये दोनों ही बच्चों की ऐसी पत्रिकाएँ थीं, बीसवीं शताब्दी के प्रारंभ में जिनका होना किसी आश्चर्य से कम नहीं था। इसलिए कि यह बाल साहित्य का एकदम प्रारंभ-काल था। एकदम शून्य की-सी स्थिति से उसे शुरू करके आगे बढ़ाना था। जाहिर है कि किसी भी नए सर्जना-क्षेत्र की शुरुआती चीजों में स्थूलता और अधकचरापन भी होता है। ऐसे हालात में भी सही दृष्टि तथा अच्छी सामग्री के चयन से 'शिशु' और 'बालसखा' जैसी पत्रिकाएँ अपना-अपना खास व्यक्तित्व और प्रभामंडल कायम कर सकीं। बाल साहित्य के क्षेत्र में उन्होंने उत्साह भरा माहौल बनाया तथा अपने समय के प्रसिद्ध लेखकों के साथ-साथ नए लेखकों को भी बाल साहित्य लिखने के लिए प्रेरित किया। यों इन पत्रिकाओं ने एक स्वस्थ दृष्टि के साथ बाल साहित्य की रचना को प्रोत्साहित किया। यह किसी ऐतिहासिक योगदान से कम नहीं था।

'शिशु' पत्रिका पं. सुदर्शनाचार्य (1879-1942) ने निकाली थी, जो स्वयं भी बाल साहित्य के अच्छे तथा प्रतिभाशाली लेखक थे। पत्रिका में संपादक के रूप में उनकी पत्नी गोपाल देवी का नाम छपता था, पर पत्रिका का सारा कामकाज वे देखते थे और लेखकों को बराबर अपनी पत्रिका में एक से एक नए विषयों पर विविधता भरी रचनाएँ लिखने के लिए उत्साहित करते थे। यह पं. सुदर्शनाचार्य के जादुई और सम्मोहक व्यक्तित्व का ही असर था कि बहुत जल्दी हिंदी साहित्य-जगत में 'शिशु' पत्रिका की धाक जम गई।

मैथिलीशरण गुप्त, दिनकर, अयोध्यासिंह उपाध्याय 'हरिऔध' सरीखे स्वनामधन्य लेखक उसके साथ जुड़े। यों भी पं. सुदर्शनाचार्य से जुड़े लेखकों के संस्मरण पढ़कर पता चलता है कि उनके खुशदिल और उत्साह भरे व्यक्तित्व के कारण 'शिशु' कार्यालय एक से एक दिग्गज लेखकों की मिलन-स्थली थी, जो प्रतिदिन शाम को मिलते थे। वहाँ साहित्य-चर्चा के साथ-साथ बाल साहित्य को आगे बढ़ाने की नई से नई योजनाएँ बनतीं। नई-नई रचनाएँ लिखी जातीं और बच्चों के मन, स्वभाव और बाल साहित्य पर उनकी प्रतिक्रियाओं को लेकर भी विचार होता था।

बच्चों को भानेवाली रसपूर्ण कविताओं और कहानियों के लिए पत्रिका में चटपटे नामोंवाले बड़े दिलचस्प स्तंभ भी थे। 'चिट्ठी चपाती', 'दो-दो बातें', 'कुछ इधर-उधर की' सरीखे रोचक स्तंभ बच्चों से सीधा संवाद स्थापित करते हुए उनके मन को बाँध लेते थे। यों 'शिशु' ने बच्चों और बड़ों के साहित्य के बीच एक अच्छा संवाद-सेतु बनाने का जरूरी काम किया। बाल साहित्य को लोकप्रियता देने और उसे पूरे हिंदी-भाषी क्षेत्र के बच्चों से जोड़ने में 'शिशु' पत्रिका ने एक बड़ी भूमिका निभाई, जिसे आज भी बड़े सम्मान के साथ याद किया जाता है।

पं. सुदर्शनाचार्य के बाद उनके योग्य बेटे पं. सत्यवान शर्मा ने 'शिशु' पत्रिका को उसी तरह, उन्हीं सिद्धांतों और आदर्शों के हिसाब से चलाया, जिसकी स्थापना पं. सुदर्शनाचार्य शुरू में ही कर चुके थे। अफसोस, परतंत्र भारत में बड़े गौरव और गर्व के साथ बाल साहित्य की पताका लहराने और बाल पाठकों में आजादी और जातीय गौरव का भाव भरनेवाली 'शिशु' पत्रिका आजाद भारत में कुछ ही बरस चलने के बाद मुरझा गई। कोई बयालीस बरस तक बाल साहित्य की निरंतर सेवा करने के बाद सन् 1957 में 'शिशु' पत्रिका बंद हुई। किसी ने उसकी ठीक-ठाक सुध नहीं ली और न उसे ख़ाद-पानी देने की जरूरत समझी। सुविख्यात बाल साहित्यकार विष्णुकांत पांडेय मानो एक दीर्घ निःश्वास के साथ लिखते हैं, "बाल मन की जिन गहराइयों को पं. सुदर्शनाचार्य ने समझा था, उनको अब तक कोई नहीं समझा था। यही कारण है कि 'शिशु' की ख्याति-पताका पूरे हिंदी संसार में फहराती रही, लेकिन यह भी एक क्रूर विडंबना ही थी कि परतंत्र भारत में जिस पत्रिका ने युगों-युगों तक संघर्षरत रहकर हिंदी माध्यम से देश के अनगिनत बाल-गोपालों की सेवा की और बड़ी-बड़ी हस्तियाँ पैदा कीं, वह पत्रिका देश की आजादी के बाद बंद होने को विवश हो गई।"

पर 'शिशु' बंद हुई, तो क्या! पं. सुदर्शनाचार्य का सपना, जो उन्होंने एक अच्छी बाल पत्रिका के रूप में देखा था, आज भी हमें जागता महसूस होता है और आगे बढ़कर कुछ करने की चुनौती देता है। 'शिशु' पत्रिका की यह सफलता भी कोई छोटी सफलता नहीं है।

❖

'शिश' की तरह 'बालसखा' भी हिंदी की अपने ढंग की शीर्ष बाल पत्रिका थी, जिसकी चर्चा आज भी हिंदी की सबसे अच्छी, लोकप्रिय और मानक पत्रिका के रूप में होती है। 'शिशु' की तरह 'बालसखा' की भी बाल साहित्य के बारे में अपनी एक स्पष्ट नीति और समझ थी। हालाँकि 'बालसखा' पत्रिका का व्यक्तित्व और कलेवर किसी कदर 'शिशु' से भिन्न था। शिशु जहाँ छोटे बच्चों की पत्रिका थी, वहाँ 'बालसखा' में अपेक्षाकृत कुछ बड़े बच्चों के साथ-साथ किशारों के लिए भी चर्चा, कविता, कहानी व लेख आदि छपते थे।

'बालसखा' ने बाल साहित्य के सृजन को उत्प्रेरित करने के साथ-साथ उसे दिशा देने में जो ऐतिहासिक महत्त्व का काम किया, उसे आज भी ठीक-ठीक समझा नहीं जा सका। वरना बाल साहित्य की चर्चा करनेवाली इतनी सरकारी, गैर-सरकारी संस्थाएँ हैं, वे बस गोष्ठियाँ वगैरह करने या फिर इनाम आदि देने तक अपने को महदूद रखती हैं। इनमें से किसी ने भी 'बालसखा' की तेजी से नष्ट होती फाइलों की सुरक्षा की चिंता नहीं की। उनमें छपी अच्छी कविता, कहानी व लेखों आदि के बढ़िया संचयन भी निकल सकते हैं, लेकिन किसी ने अब तक इस दिशा में कुछ करना तो दूर, सोचा तक नहीं।

और यह तो तब, जब 'बालसखा' की ऐतिहासिक भूमिका लगभग जगजाहिर है। बाल साहित्य से जुड़े सभी लेखकों, आलोचकों व चिंतकों ने उसके महत्त्व को निर्विवाद रूप से माना है। सच तो यह है कि 'बालसखा' और 'सरस्वती' दोनों इंडियन प्रेस की गौरवशाली पत्रिकाएँ थीं। यह कहना कुछ गलत न होगा कि बड़ों के लिए अच्छा साहित्य लिखे जाने और उसके विकास एवं संवर्द्धन में 'सरस्वती' पत्रिका ने जो काम किया, 'बालसखा' ने भी बाल साहित्य के विकास में लगभग वैसी ही जरूरी और बड़ी भूमिका निभाई। अगर 'बालसखा' सरीखी पत्रिकाएँ न होतीं, तो बाल साहित्य की वह धारा, जो हम तक बहकर आई है, न जाने कब की सूख चुकी होती।

यह ठीक है कि आचार्य महावीरप्रसाद द्विवेदी (1864-1938) की नैतिक दृष्टि का प्रत्यक्ष या परोक्ष प्रभाव 'बालसखा' पर जरूर पड़ा, पर यह नहीं भूलना चाहिए कि द्विवेदीजी में आचार्यत्व की कठोरता के साथ-साथ एक बाल-सुलभ कोमलता और भावुकता भी थी। 'बालसखा' में कोई ऐसी चीज न जाए, जो बच्चों के विकास में बाधक हो, मोटे तौर से यह चिंता तो ठीक है। 'बालसखा' के संपादक चाहे जो भी रहे हों, पं. कामताप्रसाद गुरु, देवीदत्त शुक्ल, सोहनलाल द्विवेदी या लल्लीप्रसाद पांडेय, उन्होंने इस मोटी लीक का पालन किया। पर दूसरी ओर 'बालसखा' का अपना एक खुला संसार था, जिसमें बच्चों के मन को रंजित करनेवाली एक से एक लुभावनी रचनाओं का अभाव न था। अगर एक ओर मजेदार शिशुगीत और खिलंदड़ी बाल कविताएँ थीं, तो दूसरी ओर एक से एक दिलचस्प कहानियाँ, बाल नाटक और धारावाही उपन्यास भी। इसके अलावा 'बालसखा' का एक प्रमुख आकर्षण वे रोचक जानकारी देनेवाले लेख होते थे, जो विज्ञान के नए-नए आविष्कारों और बच्चों के आसपास के संसार से जुड़ी ऐसी तमाम चीजों को लेकर लिखे जाते थे, जिनसे बच्चों का वास्ता पड़ता है। फिर धुनी, कर्मठ लोगों, महान लेखकों, वैज्ञानिकों, राजनेताओं और इतिहास-पुरुषों की जीवनियाँ भी होती थीं। कुल मिलाकर बच्चों को जीवन से जोड़ने और आगे बढ़ने की सीख देनेवाले लेखों की 'बालसखा' में कमी न थी। दूसरी ओर, अच्छा बाल साहित्य क्या हो, अच्छे बाल साहित्य के पीछे दृष्टि या विचार कैसे हों, बच्चे क्या पढ़ना पसंद करते हैं या क्या नहीं, जैसे मुद्दों पर बहस छेड़ने लायक लेख भी 'बालसखा' में बीच-बीच में पढ़ने को मिल जाते थे। इससे यह पत्रिका बच्चों के साथ-साथ बड़ों तथा बाल साहित्य के लेखकों को भी निरंतर आंदोलित करती थी।

यह कोई कम सौभाग्य की बात नहीं है कि 'बालसखा' को संपादक के रूप में एक से एक धुनी और दिग्गज साहित्यकार मिले। इनमें पं. कामताप्रसाद गुरु, गिरिजादत्त शुक्ल 'गिरीश', देवीदत्त शुक्ल, ठाकुर श्रीनाथ सिंह, लल्लीप्रसाद पांडेय तथा सोहनलाल द्विवेदी जैसी एक से एक हिंदी की शीर्षस्थ हस्तियाँ थीं।

लल्लीप्रसाद पांडेय (1886–1977) सबसे लंबे समय तक 'बालसखा' के संपादक रहे हैं और सच तो यह है कि 'बालसखा' पत्रिका, जो इतने लंबे समय तक चली, अपनी परंपरा और आदर्शों से विचलित हुए बगैर, हिंदी के बड़े से बड़े लेखकों और बाल पाठकों से निरंतर संपर्क कायम करने में कामयाब हुई तथा अपनी धज को इतिहास के इतने लंबे कालखंड तक बनाए रख सकी, तो इसके पीछे लल्लीप्रसाद पांडेय की तपस्या के वे श्रम-बिंदु ही हैं, जिन्हें कोई निरा अधम और कृतघ्न प्राणी ही भुला सकता है। लल्लीप्रसाद पांडेय हिंदी बाल सहित्य के महावीरप्रसाद द्विवेदी हैं। जिस तरह आचार्य द्विवेदी के बगैर 'सरस्वती' को समझा और जाना नहीं जा सकता, उसी तरह एक संपादक के रूप में लल्लीप्रसाद पांडेय की काबिलीयत, निरंतर कुछ नया करने की धुन, बाल पाठकों से अथाह प्रेम और एक तपस्या की तरह बाल पत्रिका को चलाने की मुहिम के बिना 'बालसखा', उसके ऐतिहासिक योगदान और परंपरा को समझा ही नहीं जा सकता।

लल्लीप्रसाद पांडेय बार-बार इस बात पर जोर देते रहे हैं कि कब तक बच्चों के लेखक चाँद-तारे, फूल-तितली जैसे विषयों पर ही कविता लिखते रहेंगे? अब ये विषय घिस-पिट गए हैं, इसलिए कवियों को नए-नए विषयों पर कुछ नए अंदाज की कविताएँ लिखनी चाहिए। पांडेयजी ने एक कविता में बालसखा-संपादक के रूप में अपना मजेदार, व्यंग्यात्मक आत्म-चित्र प्रस्तुत किया है। इसे पढ़कर पता चलता है कि हर महीने बच्चों के लिए अच्छी से अच्छी सामग्री प्रस्तुत करने की चुनौती को वे किस शिद्दत से महसूस करते थे। बाल साहित्य में ऐतिहासिक भूमिका निभानेवाली पत्रिका 'बालसखा' का सन् 1970 में आखिरी अंक निकला। यों कोई 53 वर्षों तक बच्चों और बाल साहित्य के संवर्धन के लिए निरंतर सजग रही यह पत्रिका बंद हो गई और इसके साथ ही बाल पत्रकारिता का एक महत्त्वपूर्ण अध्याय खत्म हो गया।

❧ ❖ ❧

जिन दिनों 'शिशु' और 'बालसखा' पत्रिकाएँ निकलीं, लगभग उसी समय बच्चों की एक और महत्त्वपूर्ण पत्रिका 'बालक' भी सामने आई। सन् 1916 में आचार्य रामलोचन शरण के संपादन में 'बालक' का प्रकाशन पटना से हुआ और 'शिशु' व 'बालसखा' की तरह यह भी लंबे समय तक निरंतर निकलती रही। आठवें दशक के अंत तक उसने एक दोस्त पत्रिका के रूप में बच्चों को एक से एक सुंदर रचनाओं के साथ बौद्धिक और भावनात्मक खुराक दी। रामवृक्ष बेनीपुरी, दिनकर और आरसीप्रसाद सिंह समेत हिंदी के कई बड़े साहित्यकारों की रचनाएँ बालक में बड़ी धज के साथ छपती थीं। निस्संदेह बाल साहित्य की सेवा और उसे आगे बढ़ाने में 'बालक' पत्रिका का भी खासा योगदान है।

पर 'शिशु' और 'बालसखा' की तुलना में 'बालक' पत्रिका कुछ निचली सीढ़ी पर दिखाई देती थी। इसका कारण यह है कि 'शिशु' और 'बालसखा' पत्रिकाएँ शुरू में बाल साहित्य का जो आदर्श और सपना लेकर चल रही थीं, उसे उन्होंने अंत तक निभाया। कभी हलकी और सतही रचनाएँ नहीं परोसीं और अपनी रीति-नीति से कोई समझौता नहीं किया। इसलिए इन पत्रिकाओं का जो स्तर और पहचान शुरू में बनी, वह अंत तक कायम रही। जबकि दुर्भाग्य से 'बालक' के साथ ऐसा नहीं था। शुरू में 'बालक' में भी सार्थक और स्तरीय साहित्य ही छपा था और बड़े से बड़े कवि व लेखक उसमें अपनी रचना छपवाने में गर्व महसूस करते थे। रामवृक्ष बेनीपुरी और दिनकरजी का उसे आशीर्वाद मिला और तब 'बालक' ने सचमुच एक बड़ा

कद और स्तरीयता कायम कर ली। उन दिनों 'बालक' बाल साहित्य का शिखर और मानदंड था। पर बाद में चलकर हलकी और स्तरहीन रचनाएँ छपने लगीं और उसमें बाल साहित्य की नई दिशाओं के साथ आगे चलने का उत्साह नजर न आया तो ज्यादातर बाल साहित्य के अच्छे लेखकों ने उससे मुँह मोड़ लिया। यही वजह है कि इतने लंबे कालखंड तक बाल साहित्य की सेवा करनेवाली पत्रिका का बंद होना कोई खबर नहीं बना और न ही किसी ने उसका नोटिस लिया।

❖

बीसवीं शताब्दी के चौथे और पाँचवें दशक में, जब स्वाधीनता संग्राम की जोशीली आँधी घर-घर जा पहुँची थी, हिंदी के बड़े साहित्यकारों में बच्चों के लिए लिखने और उनमें से बहुतों के मन में बाल पत्रिका निकलने का उत्साह भी मन में सुखद आश्चर्य पैदा करता है। आजादी से पहले के कुछ वर्षों में प्रकाशित होनेवाली विविध रंग-रूप की चर्चित बाल पत्रिकाएँ थीं—'छात्र सहोदर' (1920, जबलपुर), 'वीर बालक' (1924, दिल्ली), 'खिलौना' (1926, इलाहाबाद), 'चमचम' (1930, इलाहाबाद), 'वानर' (1931, इलाहाबाद), 'कुमार' (1932, कालाकांकर), 'बाल विनोद' (1933, मुरादाबाद), 'अच्छे भैया' (1934, इलाहाबाद), 'बालहित' (1937, उदयपुर), 'किशोर' (1938, पटना) 'बाल संदेश' (1940, दिल्ली), 'हमारे बालक' (1942, दिल्ली), 'होनहार' (1944, लखनऊ), 'तितली' (1946, इलाहाबाद), 'बालबोध' (1947, इलाहाबाद)। इन बाल पत्रिकाओं को निकालने का प्रयोजन एक जैसा नहीं था और उनके पीछे की दृष्टि भी भिन्न-भिन्न थी। यही कारण है कि इस दौर में निकली बाल पत्रिकाओं के व्यक्तित्व में खासी विविधता नजर आती है।

इनमें 'खिलौना', 'वानर' और 'चमचम' पत्रिकाएँ बच्चों में ज्यादा लोकप्रिय हुईं। सन् 1926 में इलाहाबाद से प्रकाशित 'खिलौना' पत्रिका प्रसिद्ध बाल साहित्यकार पं. रामजीलाल शर्मा निकालते थे और उनकी कोशिश थी कि बच्चों के लिए अधिक से अधिक रोचक सामग्री वे अपनी पत्रिका में दें। पं. रामजीलाल शर्मा के बाद उनके पुत्र पं. रघुनंदन शर्मा ने भी 'खिलौना' की इसी परंपरा को जीवित रखा और उसे बच्चों की लोकप्रिय पत्रिका बनाए रखा। 'खिलौना' में बच्चों के मन को रिझानेवाली एक से एक बेहतरीन कविताएँ, चुस्त शिशुगीत, कहानियाँ और लेख होते। ऐसी रचनाएँ, जो बच्चों को चटपट बाँध लें, पर ये रचनाएँ रोचक थीं, स्तरहीन नहीं। बच्चों के लिए रुचिकर रचनाएँ देते हुए भी बाल साहित्य के विशिष्ट कलात्मक स्तर को बनाए रखने की जिम्मेदारी 'खिलौना' के संपादकों ने महसूस की और उसे अंत तक निभाया। बेशक इसी कारण 'खिलौना' ने कोई चौंतीस वर्ष तक बच्चों से निरंतर दोस्ती और संवाद कायम रखते हुए, बाल साहित्य के विकास में बड़ा योगदान दिया और आज भी सम्मान से इसे याद किया जाता है।

रामनरेश त्रिपाठी (1890-1962) हिंदी के अत्यंत लोकप्रिय और मूर्धन्य लेखक थे, पर बच्चों के लिए चौथे दशक के प्रारंभ में ही सन् 1931 में उन्होंने 'वानर' पत्रिका निकाली, तो अपना गुरुत्व भूलकर पूरी तरह खुद को बालकमय कर दिया और वे बाल साहित्य में इस कदर डूबे कि उनके इस अद्भुत योगदान को याद करना बहुत बार चमत्कृत करता है। अलबत्ता रामनरेश त्रिपाठी के संपादन में निकलनेवाली पत्रिका 'वानर' में भी ज्यादातर बच्चों को रिझाने और खुद में लीन कर लेनेवाली रचनाएँ छपती थीं। खुद रामनरेश त्रिपाठी ने बच्चों के लिए एक से एक सुंदर कविताएँ लिखकर 'वानर' में प्रकाशित कीं। रोचक कहानियाँ, लेखक तथा

ऐतिहासिक पुरुषों की जीवनियाँ भी 'वानर' में छपती थीं। इसलिए देखते-ही-देखते 'वानर' ने बच्चों और बाल साहित्य के लेखकों के बीच अपनी एक अलग, विशिष्ट जगह और पहचान बना ली और लंबे समय तक निरंतर निकलती रही।

इसी तरह की लोकप्रियता पं. गंगाप्रसाद उपाध्याय द्वारा सन् 1930 में निकाली गई बाल पत्रिका 'चमचम' ने हासिल की। पत्रिका का नाम जितना आकर्षक और संगीतमय है, वैसी ही पत्रिका की रचनाएँ भी होतीं। सीधी-सादी, लेकिन बच्चों के मन को भाने वाली। शिशुओं के लिए छपनेवाली रचनाएँ और शिशुगीत तो बेजोड़ थे और सीधे बच्चों के मन में उतर जाते थे। पं. गंगाप्रसाद उपाध्याय के बाद उनके योग्य पुत्र विश्वप्रकाश 'कुसुम' ने—जिन्होंने खुद भी बच्चों के लिए अनोखी कविताएँ लिखी हैं, उसी धूम से इसे निकाला और 'चमचम' की परंपरा को जारी रखा। विश्वप्रकाश कुसुम बहुत अच्छे कवि और संवेदनशील लेखक थे, जिन्होंने अपनी प्रतिभा से 'चमचम' को सींचा। लगभग चौदह वर्षों तक निरंतर 'चमचम' पत्रिका ने बच्चों और बाल साहित्य से अपना रिश्ता कायम रखा और बाल साहित्य में अपने ढंग से योगदान दिया। खासकर एक से एक चुनिंदा शिशुगीतों और बाल कविताओं के लिहाज से 'चमचम' के योगदान को भुलाया नहीं जा सकता।

सन् 1932 में कालाकांकर (प्रतापगढ़) के साहित्यिक अभिरुचिवाले राजा सुरेश सिंह के विशेष प्रयत्नों से निकली 'कुमार' किशोरों की पत्रिका थी, जो अन्य बाल पत्रिकाओं से अलग दृष्टिकोण लेकर चल रही थी। जिस समय 'कुमार' पत्रिका प्रारंभ हुई, तब छोटे बच्चों के लिए तो हिंदी में कई पत्रिकाएँ थीं, पर किशोरों के लिए कोई पत्रिका नहीं थी। फिर बहुत सी बाल पत्रिकाएँ प्रचुरता से पौराणिक कथाएँ और उपदेशात्मक रचनाएँ छाप रही थीं। 'कुमार' का दृष्टिकोण इससे अलग था। 'कुमार' के संपादन के पीछे दृष्टि यह थी कि बच्चों के सामने स्वस्थ वैज्ञानिक दृष्टिकोणवाली रचनाएँ प्रस्तुत की जाएँ, ताकि वे तार्किक और विचारशील बनें। अतीत की ओर देखते रहने के बजाय वे भविष्य-उन्मुख बनें और देश और समाज के विकास में अपनी भूमिका बनाएँ। 'कुमार' में छपनेवाली रचनाओं की एक खासियत यह भी थी कि वे कलात्मक दृष्टि से बड़ी समृद्ध रचनाएँ थीं, जिन्होंने बाल साहित्य के विकास में अपना योगदान दिया। कविवर सुमित्रानंदन पंत समेत हिंदी के कई जाने-माने साहित्यकारों की रचनाएँ 'कुमार' में छपीं। पंतजी की 'घंटा' सरीखी कविताएँ पहलेपहल 'कुमार' में ही छपकर चर्चित हुई थीं।

इसी धारा की एक और अच्छी पत्रिका थी 'किशोर'। सन् 1938 में जाने-माने बाल साहित्यकार रामदहिन मिश्र के संपादन में पटना से निकली 'किशोर' पत्रिका ने भी कोई तीन दशकों तक सफलतापूर्वक अपनी यात्रा जारी रखी। बड़ी संतुलित वैज्ञानिक दृष्टि के साथ किशोर पाठकों के लिए बाल साहित्य की विविध विधाओं की एक से एक सुंदर रचनाएँ प्रकाशित कर, इस पत्रिका ने किशोर साहित्य के विकास और संवर्द्धन में बड़ा काम किया। ठाकुर श्रीनाथ सिंह द्वारा संपादित 'बालबोध' पत्रिका के अंक भी बहुत अच्छे थे और इनमें बच्चों के मन को रिझानेवाली बड़ी सुंदर और उत्कृष्ट रचनाएँ छपती थीं। फिर ठाकुर श्रीनाथ सिंह की संपादन-कला का जादू। वे बाल पाठकों से निरंतर संवाद करते थे। बच्चों के लिए रोचक स्तंभों के साथ बहुत सी मनोरंजक सामग्री इसमें थी और पत्रिका देखते ही देखते बाल पाठकों की पसंदीदा पत्रिका बन गई, पर 'बालबोध' भी लंबे समय तक नहीं चल पाई।

'बालहित', 'हमारे बालक' जैसे पत्र एक तरह से बच्चों के अपने पत्र नहीं थे, बल्कि इनमें बालक और बाल साहित्य के विकास, बच्चे की मुश्किलों और मनोवैज्ञानिक समस्याओं तथा बदले हुए वक्त और समाज में बच्चे के आगे आनेवाली चुनौतियों या परेशानियों आदि के बारे में चर्चा की जाती थी। बीच-बीच में बाल साहित्य के बारे में लेख भी छपते थे। तथा अच्छा बाल साहित्य कैसा हो, वह बच्चों से कैसे जुड़े, इन बातों को लेकर विचार होता था। तो भले ही ये पत्र सीधे-सीधे बच्चों को संबोधित न हों, फिर भी वे बाल साहित्य और बच्चों की चिंताओं से जुड़े हुए पत्र तो थे ही। लिहाजा बाल साहित्य के विकास में उनके योगदान को भुलाया नहीं जा सकता। फिर 'हमारे बालक' के संपादक रामकृष्ण शर्मा 'खद्दरजी' तो स्वयं बच्चों के लिए एक से एक निराले शिशुगीत लिखने के अलावा रोम-रोम से बालक और बाल साहित्य की चिंता करनेवाले मनीषियों में से थे। लिहाजा 'हमारे बालक' को उन्होंने अपने समय में बच्चों और बाल साहित्य की चिंता से जिस गहराई से जोड़ दिया था, उसकी कल्पना की जा सकती है।

इसके अलावा बड़ों के लिए निकलनेवाली पत्रिकाओं, जिनमें 'सरस्वती' का नाम सर्वाधिक उल्लेखनीय है, में भी बच्चों के लिए निरंतर एक से एक सुंदर रचनाएँ छपती थीं। मैथिलीशरण गुप्त, हरिऔध, श्रीधर पाठक समेत हिंदी के बहुत से अनेक जाने-माने साहित्यकारों की बाल पाठकों के लिए लिखी गई रचनाएँ 'सरस्वती' में समय-समय पर प्रकाशित हुईं। बच्चों में देश के लिए स्वाभिमान का भाव और कुछ करने की प्रेरणा जाग्रत् करने के लिए सन् 1927 में आचार्य महावीरप्रसाद द्विवेदी के संपादन में 'सरस्वती' पत्रिका का वीरांक भी निकला था, जिसमें बहुत से बड़े साहित्यकारों की बच्चों के लिए रचनाएँ छपी थीं और इस विशेषांक की बहुत चर्चा हुई थी। इस कालखंड में दर्जनों हस्तलिखित बाल पत्रिकाएँ भी सामने आईं, जिनके जरिए बाल साहित्यकारों द्वारा बच्चों के लिए लिखी गईं बहुत सी अच्छी रचनाएँ सुंदर और कलात्मक चित्रों के साथ उन तक पहुँचीं।

आजादी के बाद की बाल पत्रिकाएँ

आजादी के बाद के शुरुआती परिदृश्य में बाल साहित्य की पुरानी और गौरवशाली पत्रिकाओं 'शिशु', 'बालसखा' और 'बालक' ने ही बाल साहित्य को दिशा देने ओर आगे बढ़ाने का अपना दायित्व सँभाला। तब भी इन पत्रिकाओं की स्तरीयता के साथ-साथ वह संतुलित दृष्टिकोण बना हुआ था, जिसमें बाल साहित्य की रचना के केंद्र में बालक के संपूर्ण विकास की चिंताएँ थीं। साथ ही बदलते हुए समय के हिसाब से बच्चे का व्यक्तित्व गढ़ने तथा उसे निरंतर आगे बढ़ाने और दिशा देने के प्रश्न इन बाल पत्रिकाओं के रचनाकारों के लिए सबसे बड़े प्रश्न या मुद्दे थे। इन तीनों पत्रिकाओं में 'बालसखा' बेशक अग्रणी थी। लिहाजा ये मुद्दे एक सार्थक पत्रिका के रूप में 'बालसखा' में निरंतर शक्ति भरते थे और उसे भटकने से बचाते थे।

बाद में 'शिशु' तो छठे दशक के बाद बंद हो गई, पर 'बालसखा' आजादी के कोई बीस वर्षों तक बाल पाठकों और लेखकों के आकर्षण का केंद्र बनी रही। साथ ही 'बालक' में भी इस दौर में जाने-माने लेखकों द्वारा लिखी गई एक से एक अच्छी कविता, कहानियाँ, लेख छपे। बाल साहित्य के बहुत से प्रसिद्ध लेखकों की ऐसी रचनाएँ इस दौर में छपीं, जो बाल पाठकों को रिझाने के साथ-साथ आगे चलकर खुद नजीर साबित हुईं और बाल साहित्य के इतिहास का एक जरूरी हिस्सा बन सकीं। इस लिहाज से 'बालसखा' और बालक

ऐसी पत्रिकाएँ साबित हुईं, जिन्होंने बाल साहित्य का इतिहास बनाने का काम किया।

पाँचवें दशक में ठाकुर श्रीनाथ सिंह (1901-1996) के संपादन में निकली मित्र प्रकाशन की लोकप्रिय बाल पत्रिका 'मनमोहन' ने एक युग-परिवर्तन किया। पत्रिका बहुत सादा, अखबारी कागज पर छपती थी, रंग भी उसमें कुछ खास न थे, पर उसके पूरे संयोजन में आकर्षण ऐसा था कि उसे भुला पाना मुश्किल है। कुल मिलाकर 'मनमोहन' बच्चों को खुद में लीन कर लेनेवाली एक संपूर्ण पत्रिका थी। कुछ आगे चलकर सत्यव्रतजी ने इसका संपादन दायित्व सँभाला और उनके संपादन का जादू ऐसा था कि देखते ही देखते हर ओर 'मनमोहन' की दुंदुभि बजने लगी। जल्दी ही उसने लंबी उड़ान ली और बाल पाठकों में खासी लोकप्रियता हासिल कर ली थी। बाल साहित्य की नई दिशाएँ तलाशने में निस्संदेह 'मनमोहन' का योगदान बड़ा है। आज की पीढ़ी में भी 'मनमोहन' के ऐसे पाठक मिल जाते हैं, जो आज भले ही स्थापित लेखक हैं, पर अपने बचपन को याद करें तो बेहिचक यह स्वीकार करते हैं कि बाल पत्रिका 'मनमोहन' को पढ़कर उनके व्यक्तित्व का विकास हुआ···या उसके बाद ही उनके मन में साहित्य के प्रति आकर्षण पैदा हुआ। 'मनमोहन' में छपनेवाली कहानियाँ बच्चों से सीधे-सीधे जुड़ती थीं और बाल-मन को मोहती थीं।

बेशक 'मनमोहन' ऐसी पत्रिका है, जिसके बिना बाल पत्रिकाओं का इतिहास नहीं लिखा जा सकता। मस्तराम कपूर, मनोहर वर्मा, द्रोणवीर कोहली, सीताराम गुप्त सरीखे बड़े रचनाकारों की रोचक और रसपूर्ण रचनाएँ 'मनमोहन' में निरंतर छपती थीं। बाल साहित्य में वरिष्ठ पीढ़ी के बहुत से लेखक ऐसे हैं, जिन्हें सामने लाने का श्रेय 'मनमोहन' को ही है। इन वरिष्ठ साहित्यकारों ने बड़े आदर और सम्मान के साथ इस बात का जिक्र किया है कि 'मनमोहन' के संपादक सत्यव्रतजी के उत्साहपूर्ण पत्रों से ही उन्हें बच्चों के लिए लिखने की प्रेरणा मिली।

इसके अलावा आजादी के बाद के दो-तीन दशकों में जो पत्रिकाएँ एक-एक कर सामने आईं और जिन्होंने बाल पाठकों के दिलों में जगह बनाते हुए अपना महत्त्व स्थापित किया, उनमें खासकर इन पत्रिकाओं का जिक्र किया जा सकता है, 'शेर बच्चा' (1947, इलाहाबाद), 'लल्ला' (1948, इलाहाबाद), किशोर भारती (1948), 'बालभारती' (1948, दिल्ली), 'चंदामामा' (1949, चेन्नई), 'चुन्नू-मुन्नू' (पटना), 'पराग' (1958, मुंबई), 'नंदन' (1964, दिल्ली), 'शेरसखा' (कलकत्ता), 'मिलिंद' (1967, दिल्ली), 'चंपक' (1968, दिल्ली) तथा 'मेला' (1979, कलकत्ता)।

इलाहाबाद से निकलनेवाली 'शेर बच्चा' और 'लल्ला' पत्रिकाओं ने आजादी के बाद के बदले हुए परिदृश्य में लीक से कुछ हटकर, रुचिकर और मनोरंजक बाल पत्रकारिता की तस्वीर पेश की। इन पत्रिकाओं को सभामोहन अवधिया 'स्वर्णसहोदर' और सोहनलाल द्विवेदी सरीखे बाल साहित्य के सुप्रसिद्ध रचनाकारों के अलावा हिंदी के वरिष्ठ और जाने-माने साहित्यकारों का भी पर्याप्त रचनात्मक सहयोग मिला। खासकर बाल साहित्य के अपने ढंग के निराले लेखक और कार्टूनिस्ट शिक्षार्थी के संपादन में निकली 'लल्ला' पत्रिका की खासी धूम रही। पत्रिका में कविता, कहानी के अलावा लघु उपन्यास और विविध विधाओं की छोटी-छोटी मनोरंजक रचनाएँ बड़े खूबसूरत और कलात्मक कलेवर के साथ छपीं। बाल पाठकों ने भी खुले दिल से पत्रिका में छपी रचनाओं को सराहा और इस नए ढंग की पत्रिका का स्वागत किया। पाँचवें दशक के अंत में

शत्रुघ्न भार्गव के संपादन में निकली 'किशोर भारती' की भी अपने समय में खासी चर्चा थी और इसे हिंदी के बहुत से ख्यातनाम साहित्यकारों का सहयोग मिला। पर अपने ढंग की यह अच्छी और सुरुचिपूर्ण पत्रिका छठे दशक के मध्य में, कोई सात वर्ष की छोटी सी अवधि के बाद ही बंद हो गई।

इसी कालखंड में अपेक्षाकृत बड़े फलक और तैयारी के साथ 'बालभारती' और 'चंदामामा' पत्रिकाएँ बड़ी धज के साथ निकलीं और अपनी अलग-अलग और विशिष्ट पहचान बनाने में कामयाब हुईं। सन् 1948 में भारत सरकार के सूचना और प्रसारण मंत्रालय के प्रकाशन विभाग से निकली 'बालभारती' ने कहानी या कविताओं को लेकर अपनी कोई एक जड़ रीति-नीति नहीं बनाई और जो भी चीजें बच्चों के लिए रोचक नजर आईं, उन्हें पेश करने में संकोच नहीं किया। इसके अलावा 'बालभारती' में बच्चों को अपने देश या समाज की रोचक जानकारी देनेवाले लेख तथा एक से एक सुंदर बाल एकांकी भी छपे। इन सबने 'बालभारती' को बाल पत्रिकाओं में एक अलग रंग दिया। देवेंद्र सत्यार्थी, मन्मथनाथ गुप्त और द्रोणवीर कोहली सरीखे बड़े संपादक 'बालभारती' को मिले, जिन्होंने पत्रिका की कीर्ति को दूर-दूर तक फैलाया। बहुत कम लोगों को पता होगा कि 'बालभारती' ने मैथिलीशरण गुप्त, भीष्म साहनी, कृश्न चंदर, इस्मत चुगताई, कृष्ण बलदेव वैद समेत हिंदी के एक से एक दिग्गज साहित्यकारों की कहानियाँ छापी हैं और उनका पसारा परीकथाओं से लेकर आधुनिक कथाओं और हास्य-व्यंग्य की चुलबुली कृतियों तक है। राष्ट्रप्रेम का संदेश देनेवाली रचनाएँ और लेख तो उसमें समय-समय पर छपते ही हैं। इस कारण भी 'बालभारती' का एक अलग पाठक वर्ग है, जो इसे बड़े चाव से पढ़ता है।

सन् 1949 में चेन्नई (तब मद्रास) से निकली 'चंदामामा' ने भी लोकप्रियता के नए कीर्तिमान बनाए। इसका रूप-रंग, सज्जा और विन्यास अन्य बाल पत्रिकाओं से कतई अलग है, बल्कि कहना चाहिए कि हिंदी की सभी बाल पत्रिकाओं में 'चंदा मामा' एकदम अलग नजर आती है। 'चंदामामा' की दुनिया भी पुरानी लोककथाओं, रोमांचक रहस्य-कथाओं या विक्रम-बेताल की कहानियों की दुनिया है, जिसमें बाल फंतासी-कथाओं पर खास जोर रहता है। लिहाजा उसमें भूत-प्रेत की कहानियाँ बहुत छपती हैं और प्रमुखता से छपती हैं। कुछ अलग अंदाज की लोककथाएँ छपती हैं तो बीच-बीच में छोटी-मोटी बोध-कथाओं को भी स्थान मिलता है। कुल मिलाकर अपने इस खास रूप में 'चंदामामा' ने बाल पाठकों के बीच अपनी अच्छी-खासी धाक और पठनीयता कायम कर ली है। 'चंदामामा' में धारावाहिक रूप में रहस्य-रोमांचपूर्ण उपन्यास छापने की भी परंपरा रही है। 'चंदामामा' के ऐसे विशिष्ट अंक आज भी याद आते हैं, जिसमें पूरे अंक में सिर्फ एक रहस्यपूर्ण रोमांचक उपन्यास ही छपा होता था, जिसकी बाल पाठकों में, जाहिर है, खासी माँग होती थी।

इसके अलावा धारावाहिक रूप में छपनेवाला विक्रम-बेताल तो 'चंदामामा' का एक ऐसा स्थायी स्तंभ था कि 'चंदामामा' की बात करते ही, विक्रम-बेताल याद न आए, ऐसा हो ही नहीं सकता था। बेशक हिंदी बाल साहित्य के विकास में 'चंदामामा' की अपनी ऐतिहासिक भूमिका है, जिसे कम करके नहीं आँका जा सकता। यह दीगर बात है कि समय के नए परिवर्तनों के साथ न चल पाने तथा अपनी एकरसता के कारण यह पत्रिका बाल पाठकों को अब पहले की तरह नहीं लुभा पा रही।

❖

इसके बाद सन् 1958 में निकली टाइम्स आफ इंडिया प्रतिष्ठान की बाल पत्रिका 'पराग', सन् 1964 में

निकली हिंदुस्तान टाइम्स की 'नंदन' और सन् 1968 में निकली दिल्ली प्रेस की 'चंपक' ऐसी पत्रिकाएँ थीं, जिन्होंने बाल साहित्य का पूरा परिदृश्य ही बदल दिया। सच तो यह है कि 'पराग', 'नंदन' और 'चंपक' ऐसी पत्रिकाएँ हैं, जिन्हें अपने आकर्षक बहुरंगी कलेवर और भव्य सज्जा के कारण बाल पाठकों के बीच व्यापक लोकप्रियता मिली तथा बाल साहित्य के समूचे परिदृश्य और मिजाज को बदलने में जिन्होंने सचमुच बहुत बड़ा काम किया। एक तो ये पत्रिकाएँ बड़े औद्योगिक घरानों या बड़े प्रकाशन संस्थानों द्वारा निकाली गईं, इसीलिए इनका आधार अपेक्षाकृत बड़ा था। दूसरी ओर ये ऐसी पत्रिकाएँ थीं, जिन्होंने पहली बार अखिल भारतीयता से अपना नाता जोड़ा। यानी ये पत्रिकाएँ पूरे भारत के बच्चों को संबोधित थीं। हिंदीभाषी क्षेत्र के बच्चों से तो ये संवाद करती ही थीं, अहिंदीभाषी क्षेत्रों, असम, मणिपुर आदि दूर के क्षेत्रों, यहाँ तक कि विदेशों में भी बसे हिंदीभाषी बाल पाठकों तक इन्होंने अपनी पहुँच बनाई। फिर एक अच्छी बात यह है कि चाहे ये सभी पत्रिकाएँ अपने-अपने ढंग से बच्चों तक पहुँच बनाकर बाल साहित्य के विकास में योगदान दे रही हों, पर उन्होंने एक-दूसरे का अनुसरण नहीं किया और बाल साहित्य की अपनी-अपनी अलग दृष्टि और समझ के साथ अपनी राह पर आगे बढ़ीं। या कहें कि इन सभी पत्रिकाओं ने एक मानी में अपनी अलग राहें खोजीं। यह निश्चय ही एक चुनौतीपूर्ण काम था, पर इससे इन पत्रिकाओं को अलग व्यक्तित्व और पहचान मिली।

'चंपक' अपेक्षाकृत छोटे बच्चों की पत्रिका है और छोटे बच्चों को जानवरों की कहानियों से कुछ ज्यादा ही प्रेम और लगाव होता है। लिहाजा 'चंपक' ने मुख्य रूप से इसी तरह की कहानियाँ प्रकाशित कीं, जिनमें चंपक वन में एक सिंहराज होता है, एक हीरा हाथी होता है, एक चीकू खरगोश होता है और उनके आपस के सीधे-सादे या उलझे हुए मसले होते हैं। इस तरह की जानवरों की छोटी-छोटी कहानियाँ छापकर 'चंपक' ने छोटे बच्चों में अपनी जगह बनाई और 'चंपक' के प्रकाशन को इतने दशक बीत जाने के बावजूद इसकी यह लोकप्रियता अभी तक बरकरार है। अगर व्यावसायिक छाप और रचनाओं की एकरसता कुछ कम होती तो इसका प्रभाव और गहरा पड़ता।

'नंदन' और 'पराग' अपेक्षाकृत बड़े बच्चों की पत्रिकाएँ थीं, जिनमें 'पराग' दुर्भाग्य से कुछ बरस पहले बंद हो गई, पर इससे 'पराग' का बाल साहित्य में ऐतिहासिक योगदान किसी भी तरह कम नहीं हो जाता। आज भी हजारों लेखक, पाठक 'पराग' और उसके मिजाज को प्यार से याद करते हुए मिल जाते हैं। अलबत्ता 'नंदन' और 'पराग' चूँकि अपेक्षाकृत बड़े बच्चों की पत्रिकाएँ थीं, तो यह मानो खुद-ब-खुद होने लगा कि ज्यादातर बच्चे 'चंपक' की सीढ़ी पर पैर रखकर ही 'नंदन' या 'पराग' तक आए। ये दोनों ही मोटे तौर से ऐसे बच्चों की पत्रिकाएँ थीं, जो आठ-नौ साल के बच्चे से लेकर सोलह-सत्रह साल के किशोर पाठकों तक को रिझा लेती थीं। लेकिन 'नंदन' और 'पराग' दोनों ही पत्रिकाओं की दृष्टि में इतना अंतर था कि बाल साहित्य को लेकर तमाम बहसें यहीं से चलीं और उन्हें कई तरह से हवा, पानी मिलने लगा।

'नंदन' और 'पराग' पत्रिकाओं में सबसे बड़ा फर्क और दृष्टि-भिन्नता यह थी कि 'पराग' का आधुनिक ढंग की कहानियाँ छापने पर जोर रहा, जबकि 'नंदन' का रुख बहुत कुछ परंपरावादी था। यानी मोटे तौर से जिसे दादी-नानी की कहानियों की परंपरा कहते हैं, 'नंदन' ने वह लीक पकड़ी। ये कहानियाँ सीधे-सीधे आज के बच्चे की समस्याओं से भले ही न जुड़ें, पर कहीं न कहीं बच्चे को एक बेहतर इनसान बनने के लिए प्रेरित

जरूर करती हैं। उसमें सच्चाई, करुणा, दया, ममता जैसे भाव भरने के साथ-साथ उसे जिम्मेदार और ईमानदार बनने की सीख भी देती हैं। 'नंदन' में बहुधा ऐसी लोककथाएँ भी छपती हैं, जो बच्चे को खेल-खेल में कोई सीख भी देती हैं या रोमांचक ढंग से जीवन का कोई पाठ सामने रखती हैं। इसी बात को लक्ष्य करके यह प्रचारित किया गया कि 'नंदन' पत्रिका बच्चों को पलायन सिखाती है या दकियानूसियत को बढ़ावा दे रही है, पर ऐसा कहना निश्चित रूप से अन्याय ही है।

यह ठीक है कि 'नंदन' में शुरू के कुछ दशकों में ऐसी कहानियाँ अधिक नहीं छपती थीं, जो आधुनिक परिवेश की हों या आज के बच्चे की मुश्किलों को आधार बनाकर लिखी गई हों, पर इसका यह कतई मतलब नहीं था कि 'नंदन' पत्रिका दकियानूसियत को बढ़ावा दे रही थी। उस दौर में भी 'नंदन' के कई ऐसे स्तंभ थे, जो बच्चों को किसी न किसी तरह से आज के समय, समाज और परिवेश से जोड़ते थे। मसलन 'नंदन' का 'विश्व की महान कृतियाँ' स्तंभ बहुत लोकप्रिय हुआ है, जिसके जरिए बाल पाठक अनेक भाषाओं की विश्व प्रसिद्ध कृतियों के लेखकों से परिचित हो जाते हैं। इसके अलावा 'नंदन' में समय-समय पर छपनेवाले फीचर, बाल समाचार और दूसरे स्तंभ बच्चों को पिछड़ा तथा दकियानूस तो हरगिज नहीं बनाते। 'नंदन' का जोर शुरू से ही बच्चों के संपूर्ण विकास पर रहा, जिससे मनोरंजन, जानकारी और रचनात्मक प्रतिभा का विकास—तीनों बिंदुओं के बीच संतुलन साधने की कोशिश की गई।

'नंदन' पत्रिका सन् 1964 में नेहरूजी के निधन के बाद, उसी वर्ष नवंबर में प्रसिद्ध कथाकार राजेंद्र अवस्थी (1930-2009) के संपादन में निकली थी। कुछ वर्ष बाद जयप्रकाश भारती (1936-2005) इसके संपादक हुए, जिन्होंने बहुत लंबे समय तक पत्रिका के संपादन के साथ-साथ, उसे लोकप्रिय विन्यास दिया। देखते ही देखते 'नंदन' बच्चों की लाडली पत्रिका बन गई। यह 'नंदन' के महत्त्व का व्यापक स्वीकार ही है कि एक ओर जवाहरलाल नेहरू, मोरारजी देसाई, इंदिरा गांधी, कृष्णा हठीसिंह, अटलबिहारी वाजपेयी जैसे बड़े राजनेताओं की रचनाएँ 'नंदन' में प्रकाशित हुईं, तो साथ ही अमृतलाल नागर, यशपाल, वृंदावनलाल वर्मा, जैनेंद्रकुमार, आचार्य चतुरसेन शास्त्री, कृश्न चंदर, उपेंद्रनाथ अश्क, मैथिलीशरण गुप्त, दिनकर, माखनलाल चतुर्वेदी, मोहन राकेश, फणीश्वरनाथ रेणु, सुमित्रानंदन पंत, कमलेश्वर, राजेंद्र यादव, मन्नू भंडारी, देवेंद्र सत्यार्थी, भीष्म साहनी, सुभद्राकुमारी चौहान, भवानीप्रसाद मिश्र, प्रभाकर माचवे, रघुवीर सहाय, हरिशंकर परसाई, रामदरश मिश्र, शिवानी, रजिया सज्जाद जहीर, मन्मथनाथ गुप्त, सोहनलाल द्विवेदी और शेखर जोशी जैसे लेखकों ने भी 'नंदन' में समय-समय पर लिखकर बाल पाठकों तक अपनी रचनाएँ पहुँचाईं।

बाल साहित्य में अलख जगानेवाली 'पराग' पत्रिका सन् 1958 में सत्यकाम विद्यालंकार के संपादन में मुंबई से निकली। बाद में बाल साहित्य के पुरोधा और जाने-माने साहित्यकार आनंदप्रकाश जैन इसके संपादक हुए तो 'पराग' ने बच्चों में खासी लोकप्रियता के साथ ही कई नए कीर्तिमान गढ़े। उनके बाद कन्हैयालाल नंदन, सर्वेश्वरदयाल सक्सेना और हरिकृष्ण देवसरे ने अपने कुशल संपादन से उसे कुछ अलग कलेवर दिया। उसमें बच्चों के लिए कई रोचक और उपयोगी फीचर और स्तंभ जुड़े। हालाँकि एक बात तो स्पष्ट है ही कि 'नंदन' के बरक्स 'पराग' ने प्रारंभ से ही परंपरा को छोड़कर आधुनिकता का पल्ला पकड़ा और उसमें ऊपर से देखने पर विचार और आधुनिकता कहीं अधिक नजर आती थी, पर शायद 'नंदन' की अपने बाल पाठकों

पर जैसी गहरी पकड़ थी, 'पराग' में वह नहीं आ सकी। 'नंदन' में छोटे-छोटे वाक्यों और सादा शब्दों में बड़ी से बड़ी बात बच्चों तक पहुँचाने का जो लाघव और चुनौती थी, 'पराग' में वह कम नजर आती है। बच्चे लंबे, उलझाऊ, पेचीदा वाक्यों से घबराते हैं। बाल पाठकों के लिए लिखी गई रचनाओं में ज्यादा से ज्यादा बोलचाल की भाषा बरतने पर जोर दिया जाता, तो 'पराग' की लोकप्रियता बेशक और बढ़ती।

यों इसमें शक नहीं कि 'पराग' में आधुनिक बोध की कहानियों तथा बच्चों को जानकारी देनेवाले लेखों के अलावा कई फीचर्स भी बहुत अच्छे थे। बच्चों के लिए एक से एक खूबसूरत यात्रा-वृत्तांत 'पराग' में छपे। शहरों और ऐतिहासिक स्थलों के बारे में बड़े मजेदार ढंग के विवरण और लेख छपे। विज्ञान-कथाएँ और विज्ञान फंतासी से जुड़ी रचनाएँ छपीं। चुस्त-चटपटे शिशुगीत छपे, जिन्होंने बाल पाठकों को बहुत अधिक आकर्षित किया। इसी तरह 'पराग' में विश्व की प्रमुख रचनाओं के अनुवाद छपे, जिनके जरिए विश्व साहित्य को जानने की खिड़की खुली। लेकिन स्वयं मेरा अनुभव है कि इनमें से अनेक अनुवाद बच्चों के लिए बोझिल और दुर्बोध भाषा में थे, जबकि 'नंदन' में विश्व की प्रमख कृतियों के रूपांतरण बहुत सीधी-सरल भाषा में बच्चों तक पहुँचें, इस बात पर अतिरिक्त बल रहता था। 'पराग' की कई खासियतें और भी हैं, जैसे बाल नाटकों को प्रमुखता से स्थान देना, बाल उपन्यासों का धारावाहिक रूप में छापना और बाल पाठकों को आज की समस्याओं और विश्व बाल साहित्य की नई से नई दिशाओं और धड़कनों से जोड़ते चलना। बेशक हिंदी बाल साहित्य को नयापन, गति और स्फूर्ति देने में 'पराग' का एक बड़ा योगदान है।

यहीं थोड़े समय तक ही चल सकी एक अच्छी पत्रिका 'मिलिंद' की चर्चा की जा सकती है। रत्नप्रकाश 'शील' (ज. 1935) ने सातवें दशक के अंतिम वर्षों में 'मिलिंद' बाल पत्रिका शुरू की थी, जिसने थोड़े समय में ही खासा नाम कमाया और बाल साहित्य के जाने-माने लेखकों की रचनाएँ उसमें छपीं। 'मिलिंद' की रचनाओं में विविधता खासी थी और कविता, कहानी, उपन्यासों आदि के अलावा दिलचस्प लेख भी छपते थे। अपने समय को देखते हुए 'मिलिंद' की बाल साहित्य की दृष्टि भी खासी परिपक्व कही जाएगी। इसलिए कि 'मिलिंद' की रचनाएँ बाल पाठकों पर उपदेश का भारी बोझ डाले बगैर उनका मनोरंजन करती थीं और समय के हिसाब से उन्हें होशियार, समझदार और सचेत बनने के लिए प्रेरित करती थीं। बेशक मनोरंजन का तत्त्व उनमें अधिक था, लिहाजा जासूसी कथाएँ 'मिलिंद' में बहुत प्रचुरता से छापी गईं। इसी तरह बाल उपन्यासों को भी बड़ी शान से छापा गया। बाल उपन्यास धारावाहिक रूप से तो छपे ही, कभी-कभी पत्रिका के एक अंक में ही पूरा बाल उपन्यास प्रकाशित किया गया। 'मिलिंद' की कला-सज्जा सादा होते हुए भी आकर्षक और मोहक थी। दुर्भाग्य से हिंदी की यह अच्छी बाल पत्रिका कुछ वर्षों के बाद ही बंद हो गई।

आठवें दशक के अंत में हिंदी की एक अच्छी बाल पत्रिका का जिक्र भी बहुत जरूरी है, जिनका बंद होना एक दुखद आघात की तरह था। यह पत्रिका थी 'मेला', जो सन् 1979 में बच्चों के जाने-माने कवि योगेंद्रकुमार लल्ला (1937-2016) के संपादन में कलकत्ता से निकली थी। लल्लाजी की उत्कृष्ट संपादकीय दृष्टि की छाप उसमें साफ नजर आती थी। सुरुचिपूर्ण कला-सज्जा और बच्चों को लुभानेवाली सामग्री के कारण 'मेला' ने बहुत जल्दी बच्चों के दिलों में अपनी जगह बना ली थी। एक से एक सुंदर और भावपूर्ण कहानियाँ, नटखटपन और चटकीले रंगोंवाली खूबसूरत कविताएँ और बाल पाठकों के मन को बाँध लेनेवाले

बड़ी ही कल्पनाशीलता से भरे स्तंभ। सबमें एक अलग सुवास थी। खासकर 'मेला' में छपनेवाली चुस्त-चुटीली कविताओं का तो जवाब ही नहीं था। पत्रिका देखते ही देखते लोकप्रियता के शिखर पर जा पहुँची। उसका कलेवर भी बहुत आकर्षक था। पर अफसोस, यह पत्रिका जिस कौंध के साथ आई थी, उसी तरह एकाएक विलुप्त भी हो गई।

आजादी के बाद निकली उल्लेखनीय बाल पत्रिकाओं में 'राजा भैया', 'रानी बिटिया', 'शेरसखा' और 'शिशु बंधु' भी हैं। 'राजा भैया' पत्रिका सन् 1959 में बाल साहित्य के बहुचर्चित हस्ताक्षर दयाशंकर मिश्र 'दद्दा' के संपादन में दिल्ली से निकली थी और इसमें परंपरागत कथाओं और आधुनिक ढंग की कहानियों; दोनों को ही स्थान मिला। पत्रिका का रूप आकर्षक था, बच्चों के लिए रचनाएँ और अन्य सामग्री भी रुचिकर थी। पत्रिका करीब दो दशक तक निरंतर निकलती रही, फिर इसका प्रकाशन रुक गया। इसके कुछ अंतराल बाद सन् 1963 में शिवनारायण उपाध्याय के संपादन में 'रानी बिटिया' पत्रिका का प्रकाशन हुआ, जिसमें मुख्य रूप से बालिका-केंद्रित रचनाएँ छपती थीं। मनोरंजक रचनाओं के साथ ही बालिकाओं को सिलाई-कढ़ाई समेत बहुत सारे घरेलू काम सिखाने पर भी जोर था, जिससे वे आत्मनिर्भर बन सकें। कोई नौ वर्ष तक चलने के बाद बालिकाओं की यह अकेली पत्रिका अस्त हो गई।

'शेरसखा' सन् 1964 में सुप्रसिद्ध्ध बाल साहित्यकार शंभूप्रसाद श्रीवास्तव के संपादन में निकली और प्रारंभ में ही इसने एक अच्छी बाल पत्रिका के रूप में अपनी पहचान बना ली। इसमें प्रकाशित होनेवाली रचनाएँ और स्तंभ ही नहीं, पत्रिका की सज्जा भी खासी आकर्षक थी और बाल पाठकों ने इसे बहुत पसंद किया। शंभूप्रसाद श्रीवास्तव (1936-1993) एक अच्छे कवि थे और 'शेरसखा' को उन्होंने बड़ा सुरुचिपूर्ण विन्यास दिया। पत्रिका केवल दो वर्ष ही चली, पर बाल पत्रिकाओं के इतिहास में अपनी एक अलग धवल छाप छोड़ गई। सन् 1966 में सरोजिनी कुलश्रेष्ठ के संपादन में लखनऊ से निकली 'शिशु बंधु' पत्रिका का भी बाल जगत में पर्याप्त स्वागत हुआ। अफसोस, यह पत्रिका कुल पाँच वर्ष ही चल पाई और 1970 में बंद हो गई। इसके अलावा 'बालबंधु' (1958, मुरादाबाद), 'हमारा शिशु' (1960, कानपुर), 'फुलवारी' (1961, वाराणसी) सरीखी बाल पत्रिकाओं ने भी समय-समय पर बाल साहित्य के परिदृश्य में रुचिकर रंग भरने की कोशिश की, पर इनमें से कोई पत्रिका लंबे समय तक नहीं चल सकी।

इस कालखंड में जो अन्य बाल पत्रिकाएँ उभरकर आईं, उनमें अपनी बहुतेरी सीमाओं के बावजूद विज्ञान से लेकर नैतिक सीख और हास्य से लेकर बच्चे के मन की उलझनों तक अपनी पहुँच बनाने की कोशिश नजर आती है। ये पत्रिकाएँ हैं—'वैज्ञानिक बालक' (जयपुर), 'जीवन शिक्षा' (वाराणसी), 'मुकुल' (जयपुर), 'बाल स्पूतनिक' (दिल्ली), 'बाल जगत' (लखनऊ), 'मुन्ना' (दिल्ली), 'नन्ही दुनिया' (देहरादून), 'बाल दुनिया' (दिल्ली), 'नटखट' (जबलपुर), 'छात्र हितैषी' (अजमेर), 'पूत-सपूत' (दिल्ली), 'लोटपोट' (दिल्ली), 'अंजू-पंजू' (लखनऊ), 'मीनू-टीनू' (चक्रधरपुर, बिहार), 'बाल जीवन' (करनाल), 'आदर्श बालसखा' (वाराणसी), 'चमाचम' (लखनऊ), 'बाल पताका' (मथुरा), 'संदेश' (बदायूँ), 'बालमन' (कानपुर), 'आनंद' (पूना), 'बाल फुलवारी' (अमृतसर), 'बाल उपहार' (जालंधर), 'बालकुंज' (लुधियाना)। पर इनमें चार-छह पत्रिकाओं को छोड़ दें, तो ज्यादातर पत्रिकाएँ, दुर्भाग्य से, बस आधी-अधूरी

चेष्टा बनकर रह गईं। न ये किसी बड़ी तैयारी के साथ निकली थीं और न बच्चे और बाल साहित्य को लेकर कोई स्पष्ट दृष्टि उनके पास थी। इसलिए अपनी कोई अलग छाप वे नहीं छोड़ पाईं और बहुत जल्दी विलुप्त हो गईं। 'लोटपोट' हास्यपूर्ण रचनाओं की पत्रिका है, जो अब भी निकल रही है, पर बदले हुए हालात में बच्चों के मन और संवेदना से कोई रिश्ता वह नहीं बना सकी।

आठवाँ दशक बाल साहित्य के उत्कर्ष का दौर था। इस कालखंड में स्वाभाविक है कि बाल साहित्य और बाल पत्रिकाओं के परिदृश्य में बड़ी तेज हलचल और ऊर्जा नजर आती है। देश के विभिन्न हिस्सों से एक के बाद एक दर्जनों पत्रिकाएँ निकल रही थीं, पर दुर्भाग्य से कोई अच्छी तैयारी, सुनियोजित रंग-ढंग और व्यवस्था न होने से वे बिना कोई निशान छोड़े उतनी ही तेजी से काल-कवलित भी होती जा रही थीं। 'गोलगप्पा' (1971), 'गुड़िया' (1973), 'किशोर मिलिंद' (1973), 'बाल बंधु' (1973), 'प्यारा बुलबुल' (1974), 'लल्लू-पंजू' (1975), 'शावक' (1975), 'बालेश' (1975), 'बाल रुचि' (1975), 'देवछाया' (1975), 'शिशुरंग' (1977), 'आदर्श बालसखा' (1977), 'कलरव' (1977), 'बालपताका' (1978) 'मुसकराते फूल' (1978), 'बाल कल्पना' (1979), 'बालरत्न' (1980) ऐसी ही पत्रिकाएँ थीं। इनमें मनमोहन सरल के संपादन में निकली 'देवछाया', जयव्रत चटर्जी के संपादन में मथुरा से प्रकाशित 'बालपताका', डॉ. सरोजिनी प्रीतम और अंजू बजाज के संपादन में दिल्ली से प्रकाशित 'शावक' और रामप्रवेश चौबे के संपादन में वाराणसी से प्रकाशित 'आदर्श बालसखा' ही कुछ ढंग की पत्रिकाएँ थीं। इसी तरह 'अंजू-पंजू' बच्चों की हास्य पत्रिका के रूप में एक अलग रूप और चटपटी रचनाएँ लेकर आई। बच्चों के लिए दिलचस्प हास्य कथाएँ और नाटक लिखनेवाले के.पी. सक्सेना सरीखे साहित्यकार की संपादन दृष्टि के होते हुए भी पत्रिका बाल साहित्य में कोई सार्थक योगदान नहीं कर पाई और जल्दी ही बंद हो गई।

इसी कालखंड में घनश्याम रंजन के संपादन में 'चमाचम' पत्रिका का प्रकाशन शुरू हुआ। सन् 1972 में लखनऊ से निकलनेवाली यह पत्रिका साधनों की सीमा के बावजूद, हर बार सुंदर चित्रांकन के साथ कुछ अच्छी रचनाएँ लेकर आती थी। सन् 1975 में कानपुर से नरेशचंद्र सक्सेना 'सैनिक' के संपादन में 'बालदर्शन' पत्रिका का प्रवेशांक आया, जो कुछ आश्वस्त करता था। पत्रिका में सादे कलेवर के बावजूद ठीक-ठाक रचनाएँ नजर आ जाती थीं। बाद में मानवती आर्या ने इसका संपादन सँभाला। सन् 1973 में बच्चों के लिए 'हँसती दुनिया' पत्रिका निकली, जिसमें ज्यादातर नैतिक सीख देनेवाली रचनाएँ ही छपती थीं। पत्रिका बिना कोई प्रभाव छोड़े अब भी निकल रही है।

इस दौर की उल्लेखनीय बाल पत्रिकाओं में 'देवपुत्र' की भी चर्चा की जा सकती है। सन् 1979 में ग्वालियर से निकली इस पत्रिका को निरंतर छपते हुए कोई छत्तीस वर्ष हो गए। अब यह कृष्णकुमार अष्ठाना के संपादन में इंदौर से निकल रही है। कला-सज्जा, चित्रांकन आदि के लिहाज से यह पत्रिका अच्छी है और अब तो पत्रिका पूरी तरह बहुरंगी और रूप-रंग के लिहाज से आकर्षक हो चुकी है, पर यह बात 'देवपुत्र' की रचनाओं तथा अन्य सामग्री को देखकर नहीं कही जा सकती।

सन् 1972 में दिल्ली से मस्तराम कपूर के संपादन में निकला 'बच्चे और हम' एक विचारोत्तेजक पत्र था, जिसने बिल्कुल अलग राह ली। 'बच्चे और हम' पत्र इस कालखंड में निकलनेवाली पत्र-पत्रिकाओं से अपनी

सोच और विन्यास दोनों में ही बहुत भिन्न था। इसलिए कि पत्र के संपादक मस्तराम कपूर (1926-2013) अन्य बाल पत्रिकाओं की तरह केवल बालोपयोगी रचनाएँ ही नहीं छापते थे, बल्कि बच्चे के मन और व्यक्तित्व के विकास से जुड़े वैचारिक निबंध और बाल साहित्य के संबंध में आलोचनात्मक लेख प्रकाशित करने पर उनका कहीं अधिक जोर था, ताकि हमारा समाज बच्चे और बाल साहित्य के महत्त्व से परिचित हो सके। 'बच्चे और हम' पत्र में बच्चों की समस्याओं और बाल साहित्य को लेकर गंभीर लेख छपे, जो आज भी बाल-मन और बाल साहित्य के बारे में नए ढंग से सोचने के लिए प्रेरित करते हैं। स्वयं मस्तराम कपूर बाल साहित्य के मूर्धन्य रचनाकार, चिंतक और आलोचक थे। उनके इस विचारशील और गंभीर सर्जनात्मक व्यक्तित्व का लाभ 'बच्चे और हम' को मिला। बहुत से अन्य जाने-माने रचनाकारों ने भी इसमें लिखा, पर दुर्भाग्य से यह बेहद स्तरीय और गंभीर वैचारिक पत्र बहुत समय तक नहीं चल सका।

इसी तरह श्रीकृष्ण तिवारी राष्ट्रबंधु (1933-2015) द्वारा संपादित 'बाल साहित्य समीक्षा' ने बाल साहित्य आलोचना और विमर्श को केंद्र में रखते हुए बाल साहित्य की अन्य पत्रिकाओं से एक अलग राह ली। सन् 1977 में कानपुर से एक बड़े संकल्प के साथ निकली 'बाल साहित्य समीक्षा' पत्रिका मुख्य रूप से बाल साहित्य की समीक्षा और मूल्यांकन को लक्ष्य मानकर चली। शुरू के कुछ वर्षों में 'बाल साहित्य समीक्षा' का रूप आकर्षक था। पत्रिका में सादगी के साथ-साथ सुरुचि थी। बाल साहित्य के मूर्धन्य रचनाकारों पर बड़े अच्छे अंक निकले, जिनमें एक साथ उनकी बहुत सी रचनाओं के साथ, गंभीर मूल्यांकनपरक लेख भी छपते थे। नए उभरनेवाले बाल साहित्यकारों की रचनाएँ भी निरंतर छपीं। ऐसे बहुतेरे लेखक हैं, जो 'बाल साहित्य समीक्षा' के द्वारा उभरे और आज वे बाल साहित्य में पर्याप्त प्रसिद्धि प्राप्त कर चुके हैं। 'बाल साहित्य समीक्षा' का यह रूप अनुकरणीय था, पर फिर आगे चलकर पत्रिका का यह स्तर न रहा और वह लक्ष्य से कुछ भटकती नजर आई और अंततः बंद हो गई! राष्ट्रबंधुजी के निधन के बाद यह पत्रिका लखनऊ से नए कलेवर में, नीलम राकेश के संपादन में निकल रही है।

बाल साहित्य की बहुतेरी अल्पप्राण पत्रिकाओं की तुलना में 'धर्मयुग' और 'साप्ताहिक हिंन्दुस्तान' के बाल पृष्ठों ने बाल साहित्य की कहीं अधिक सेवा की और नई दृष्टि, नई शिल्पवाली बाल कविता, कहानियाँ, लेखों को छापकर समूचे हिंदी बाल साहित्य को एक नई दिशा देने का महत्त्वपूर्ण और ऐतिहासिक काम किया। खासकर 'धर्मयुग' में छपनेवाली बाल कविताओं का मुझे खासा स्मरण है। 'धर्मयुग' में छपी बाल कविताएँ कलात्मकता के लिहाज से इस कदर उत्कृष्ट और अद्वितीय हुआ करती थीं, उनमें गजब की नाटकीयता और मासूमियत बच्चों को लुभा लेनेवाली मोहिनी होती थी कि सच तो यह है कि उन्हीं बाल कविताओं को पढ़कर मेरे भीतर पहले-पहल यह समझ बनी कि अच्छी बाल कविताएँ कैसी हों या कि ताजगी से भरी अच्छी बाल कविताओं को पढ़ने का आनंद क्या होता है। 'धर्मयुग' के संपादक धर्मवीर भारती खुद बड़े कवि थे। इसलिए 'धर्मयुग' के बाल पन्नों को इस ऊँचाई तक ले गए कि वे बाल साहित्य में एक किस्म का मयार बने। यों बाल कविताओं के अलावा 'धर्मयुग' की कहानियों और 'ढब्बूजी' की लोकप्रियता भी अपार थी और धर्मवीर भारती के हजारों ऐसे पाठक थे, जिनकी 'धर्मयुग' पढ़ने की शुरुआत आबिद सुरती के शानदार कार्टून 'ढब्बूजी' से होती थी। 'धर्मयुग' की तरह 'साप्ताहिक हिंदुस्तान' में भी बीच-बीच में ऐसी अद्‌भुत बाल कविताएँ पढ़ने को

मिल जाती थीं जिनसे बाल साहित्य की नई दिशाओं का पता चलता था। इसी तरह 'साप्ताहिक हिंदुस्तान' में बच्चों के पन्ने पर छपनेवाली अन्य सामग्री भी खासी दिलचस्प और स्तरीय होती थी।

आज 'धर्मयुग' और 'साप्ताहिक हिंदुस्तान' में छपी बाल रचनाओं, खासकर बाल कविताओं की ढंग से चर्चा की जाए, तो पता चलेगा कि इन पत्रिकाओं का योगदान कितना बड़ा और अद्वितीय था। यों बड़ों के लिए छपनेवाली ऐसी और भी पत्रिकाएँ थीं, जो बच्चों के लिए अलग से दो-एक पृष्ठ छापती थीं, पर 'धर्मयुग' एवं 'साप्ताहिक हिंदुस्तान' से उनकी तुलना नहीं की जा सकती। सच तो यह है कि इन पत्रिकाओं को यह श्रेय हासिल है कि इनके कारण हिंदी के बड़े-से-बड़े लेखक बाल साहित्य से जुड़े और बाल साहित्य में कुछ नया करने और अभिव्यक्ति के नए-नए रास्ते तलाशने का एक उत्साहभरा नया अभियान चल पड़ा। यह सचमुच एक बड़ी और अभूतपूर्व सफलता है।

इसके अलावा 'दैनिक हिंदुस्तान', 'नवभारत टाइम्स', 'अमर उजाला' और 'दैनिक जागरण' के रविवारीय परिशिष्टों ने भी बच्चों के मन और जरूरतों से जुड़े स्वस्थ बाल साहित्य को सामने लाने में काफी बड़ा योगदान किया। यों तो 'नई दुनिया', 'दैनिक भास्कर' जैसे अखबारों के बाल परिशिष्ट भी काम के थे तथा इस क्रम में कुछ और अखबारों के नाम भी जुड़ सकते हैं, पर इनमें सर्वाधिक योगदान 'दैनिक 'हिंदुस्तान' और 'नवभारत टाइम्स' के रविवारीय परिशिष्टों का था। अफसोस, आज ज्यादातर अखबार बच्चों के प्रति अपनी जिम्मेदारी भूलकर बाल पृष्ठों पर जो कुछ छाप रहे हैं, उसके पीछे न कोई दृष्टि है और न सर्जनात्मकता। काश, वे बच्चों और बाल साहित्य के प्रति अपनी जिम्मेदारी को समझें तो बच्चे ही नहीं, देश और समाज के माहौल में एक सकारात्मक बदलाव आ सकता है।

तीसरा चरण : सन् 1980 के बाद

आठवें दशक के बाद बाल साहित्य में एक बड़ा विस्तार आया और नई ऊर्जा, नई संभावनाओं से भरे दर्जनों नए लेखक बाल साहित्य से जुड़े। उन्होंने बाल साहित्य की वर्षों पुरानी चौहद्दियों को तोड़कर बच्चों से सीधे-सीधे जुड़ना पसंद किया। बाल साहित्य की सर्जना से जुड़ी बहुत सी जड़ और निरर्थक रूढ़ियाँ टूटीं। नई पीढ़ी के लेखकों ने बच्चों के लिए कुछ नए रंग और शैली की रचनाएँ देने की कोशिश की, जिनमें एक नए ढंग की ताजगी थी।

इस कालखंड में 'नंदन', 'पराग','चंपक', 'बालभारती', 'चंदा मामा' जैसी पत्रिकाओं ने अपने-अपने तयशुदा रास्ते और फ्रेम तो नहीं बदले, पर काफी स्पष्ट सीमा-रेखाओं और सुपरिचित फ्रेमों के भीतर नए-नए ढंग से नई-नई बातें कहने का चाव इनमें जरूर नजर आया। लिहाजा 'चंपक' की कहानियों में जानवर तो वही रहे, उनके नाम भी नहीं बदले, परंतु उनकी समस्याओं और परिवेश में आज की जिंदगी की बहुत-सी उथल-पुथल जुड़ गई, यहाँ तक कि शेर या लोमड़ी कानों में फोन का चोगा लगाए दिखने लगी। इसी तरह 'नंदन' में परीकथाओं और लोककथाओं को अब भी प्रमुखता से छापा गया, पर उन्हें नए कथात्मक विन्यास के साथ-साथ परोक्ष रूप से ही सही, आज के नए मूल्यों और समस्याओं से जोड़ा गया। यों इन कहानियों में आधुनिकता और पुरातनता के संश्लेषण की एक नई कोशिश हुई। कहानियों का ढाँचा भले ही पुराना था

और उनमें किस्सागोई भले ही दादी-नानी की कहानियोंवाली थी, पर अंततः उनसे एक नया मूल्य, नया विचार निकलकर सामने आता था, जो आज के जीवन में सीधे-सीधे दखल देता था। यहाँ तक कि स्त्री-पुरुष समानता, बाहरी सुंदरता के मुकाबले मन की सुंदरता का महत्त्व, दहेज जैसी बुराइयों का विरोध, जैसी बातें भी इन परीकथाओं के जरिए बड़े खूबसूरत ढंग से कही गईं।

'नंदन' में विश्व की महान कृतियों के संक्षिप्त रूपांतरण देने का सिलसिला शुरू हुआ, जो आज तक निरंतर चला आता है। इस क्रम में अंग्रेजी, रूसी, चीनी, जापानी, फ्रांसीसी, जर्मन, स्पानी तथा भारतीय भाषाओं में हिंदी, बाँग्ला, मराठी, गुजराती, तमिल, तेलुगु, असमी, मलयालम, कन्नड़ आदि भाषाओं की चार सौ से अधिक कृतियों को स्थान मिला। इन्हें बच्चों की सीधी, सहज भाषा में इस ढंग से लिखा गया कि बच्चे कृति की पूरी संवेदना, प्रमुख चरित्रों और कथावस्तु से जुड़ जाएँ। 'पराग' में भी आधुनिकता के आग्रह को बरकरार रखते हुए ऐसी रचनाएँ खूब आईं, जिनमें खासी किस्सागोई थी। विश्व के महान लेखकों की कृतियों के अनुवाद और रूपांतरण, परीकथाओं के आकर्षण को बहुत कुछ पूरा कर देते थे। फिर आधुनिकता के साथ-साथ विज्ञान-कथाओं और विज्ञान-फंतासी के मेल ने 'पराग' को खासा रोचक और आकर्षक बनाया। 'पराग' की एक खास बात यह भी थी कि उसमें नित नए प्रयोगों की गुंजाइश थी। बहुत कुछ ऐसा था, जो समय के साथ-साथ बदलता रहता था और नित नया होता रहता था। लिहाजा 'पराग' ऐसी पत्रिका बन गई थी, जिससे हर बार कुछ न कुछ नए की उम्मीद बँधती थी। पर इस सबके बावजूद 'पराग' बंद हुआ। यह दुर्भाग्य केवल 'पराग' से जुड़े लोगों या पत्रिका का नहीं, बल्कि समूचे बाल साहित्य का था। वे लेखक, जो प्रयोगशीलता के आग्रही थे, बाल साहित्य को आज के समय और बच्चों के निकट लाना चाहते थे तथा जो बाल साहित्य में नए ढंग से कुछ नया कर गुजरना चाहते थे, उन्हें इस बात से सचमुच झटका पहुँचा। कुल मिलाकर 'पराग' के जरिए जो ऊर्जा बाल साहित्य को मिलती थी, वह सिलसिला खत्म हुआ।

नवें दशक के प्रारंभ में चंडीगढ़ में 'नन्हे तारे' पत्रिका का उदय हुआ। 'नन्हे तारे' सन् 1981 में चंडीगढ़ से हरियाणा सरकार ने सूचना विभाग के अंतर्गत निकाली थी, पर सरकारी प्रकाशन होने के बावजूद इस पर कहीं सरकारी पत्रिकाओं जैसी प्रचार-छाया नहीं थी। पत्रिका के संपादक थे पुष्पकुमार सिंह, जिन्होंने इसे बहुत सुंदर कलेवरवाली रुचिकर पत्रिका बना दिया था, जिसे खूब सराहा गया। 'नन्हे तारे' ने अपने थोड़े-से जीवन-काल में ही बेहतरीन कहानी, कविताएँ, लेख आदि छापे और उन्हें खासे कलात्मक तथा सुरुचिपूर्ण अंदाज में पेश किया। कोई बाल पत्रिका सादा होते हुए भी आकर्षक कैसे हो सकती है, इसे 'नन्हे तारे' के उदाहरण से समझा जा सकता है, पर यह अच्छी पत्रिका भी कुछ वर्ष निकलने के बाद बंद हो गई।

नवें दशक की उल्लेखनीय बाल पत्रिकाओं में विश्वनाथ द्वारा संपादित 'सुमन-सौरभ' की भी गिनती की जा सकती है। सन् 1983 में निकली 'सुमन-सौरभ' भी 'चंपक' की तरह दिल्ली प्रेस की पत्रिका है, जिसका अपना एक तयशुदा, बल्कि तंग किस्म का ढाँचा है, जिसमें नए विचारों की आवाजाही खुलेपन से नहीं हो पाती। इसलिए आधुनिक विचारों की पत्रिका होने के बावजूद 'सुमन-सौरभ' में सर्जनात्मक आब नहीं आ सकी। कुछ अरसे के बाद, सन् 1986 में 'राजस्थान पत्रिका' की ओर से एक नई बाल पत्रिका 'बालहंस' सामने आई। अनंत कुशवाह इसके संपादक थे और बाल साहित्य के दिग्गज लेखक मनोहर वर्मा का इसे

उचित दिग्दर्शन मिला। यों 'बालहंस' का व्यक्तित्व बरसों पहले से छप रही 'नंदन' पत्रिका से बहुत भिन्न नहीं था। 'बालहंस' भी मोटे तौर से कथा-पत्रिका थी और उसमें लोककथाओं की प्रस्तुति पर जोर था, हालाँकि बीच-बीच में युवा लेखकों की बड़ी यथार्थपरक कहानियाँ भी देखने को मिल जातीं। बाल साहित्य के ऐसे बहुत से कथाकार हैं, जो मुख्य रूप से 'बालहंस' के जरिए ही उभरे और अब भी वे सक्रिय रूप से और अच्छा लिख रहे हैं। 'बालहंस' की एक खासियत यह थी कि उसमें बाल पाठकों की रचनात्मक भागीदारी कहीं अधिक थी। इसी तरह 'बालहंस' ने एक अच्छी परंपरा यह शुरू की कि हिंदी के कई वरिष्ठ कवियों की बाल कविताएँ भी, जो अब ऐतिहासिक महत्त्व की हैं, सम्मान के साथ छापी गईं। पर आगे चलकर सही दृष्टि के अभाव में पत्रिका अपनी राह से भटक गई और अब तो उसे उल्लेखनीय बाल पत्रिका कहना भी कठिन है।

किशोर पाठकों के लिए हास्य-विनोद और रोमांचपूर्ण कहानियों के साथ सन् 1988 में 'नन्हे सम्राट' का पदार्पण हुआ और इसने बाल पत्रिकाओं में अपनी अलग जगह बनाई। यों 'नन्हे सम्राट' में भी ऐसी रचनाएँ अकसर नजर आ जाती हैं, जिन्हें बहुत स्तरीय नहीं कहा जा सकता। बहुत सी रचनाओं की तो भाषा भी सधी नहीं होती, पर फिर भी पत्रिका में यह कोशिश तो नजर आती ही है कि पाठकों के लिए ऐसी रोचक और रसपूर्ण रचनाएँ दी जाएँ, जिन्हें वे रुचि से पढ़ें। आनंद दीवान इसके संपादक हैं, हालाँकि संपादन में सुखवंत सिंह का भी काफी योगदान है, जो स्वयं भी अच्छे रचनाकार हैं। किशोर पाठकों के लिए देवेंद्रकुमार देवेश ने भी सन् 1988 में एक गैर-व्यावसायिक पत्रिका 'किशोर लेखनी' निकाली, जिसमें कई महत्त्वपूर्ण लेखकों की रचनाएँ छपीं और अल्प साधनों से निकली इस पत्रिका ने अपनी अलग जमीन बनाई। पत्रिका के कुछ ही अंक निकल सके, पर 'किशोर लेखनी' का महत्त्व यह है कि इस पत्रिका के जरिए किशोर साहित्य पर चिंतन-मनन की गंभीर शुरुआत हुई। किशोर साहित्य से जुड़ी चिंताओं पर प्रमुख साहित्यकारों द्वारा लिखे गए महत्त्वपूर्ण लेखों की एक पुस्तक भी बाद में देवेंद्रकुमार देवेश के संपादन में प्रकाशित हुई।

नवें दशक की दो और महत्त्वपूर्ण बाल पत्रिकाएँ हैं, 'बालमेला' और 'समझ झरोखा'। सन् 1989 में दोनों ही पत्रिकाएँ एक ताजगी और आशा भरा संदेश लेकर आईं। इनमें 'बालमेला' राधेश्याम 'प्रगल्भ' के संपादन में दिल्ली से निकली थी। प्रगल्भजी स्वयं भी बाल साहित्य के प्रमुख स्तंभों में से हैं। उन्होंने बहुत अच्छी सामग्री और बड़ी धज के साथ पत्रिका का प्रवेशांक निकाला। बाद में कुछ और अंक भी निकले, जिससे पत्रिका के उज्ज्वल भविष्य की उम्मीद बँधने लगी थी, पर यह सुंदर और सृजनशीलता की अपरिमित संभावनाओं से जुड़ी बाल पत्रिका कई अबूझ व्यावसायिक दबावों के कारण जल्दी ही अस्त हो गई। इसी समय भोपाल से बच्चों के लिए निकली 'समझ झरोखा' ने शुरू से ही एक अच्छी और सुरुचिपूर्ण बाल पत्रिका के रूप में अपनी छाप छोड़ी, जिसे बाल पाठक बड़ी रुचि से पढ़ते और सराहते थे। पत्रिका में छपनेवाली कहानियाँ, कविताएँ, नाटक और ज्ञान-विज्ञान से जुड़े लेख रोचक थे तो उनकी प्रस्तुति भी कलात्मक थे। प्रारंभ से ही 'समझ झरोखा' बच्चों में लोकप्रिय हो गई और उसका स्तर और लोकप्रियता निरंतर बनी रही। इधर लंबे अरसे से पत्रिका अस्तप्राय है, हालाँकि पत्रिका के जितने भी अंक निकले, वे उम्मीद बँधाते हैं और सँजोकर रखने लायक हैं।

बीसवीं शताब्दी के आखिरी दशक में बाल पत्रिकाओं का कारवाँ थोड़ा और आगे बढ़ा। इस दौर की बाल पत्रिकाओं में अल्प साधनों से निकलनेवाली सुरुचिपूर्ण पत्रिका 'बालवाटिका' का जिक्र अवश्य

किया जाना चाहिए, जिसने अपने सादा कलेवर के बावजूद बाल साहित्य और बाल पाठकों के दिलों में भी अपनी जगह बनाई है। भैरूँलाल गर्ग (ज. 1949) के संपादन में सन् 1996 में भीलवाड़ा से निकलनेवाली 'बालवाटिका' ने अपनी दो दशकों की यात्रा में कई महत्त्वपूर्ण पड़ाव पार किए। शुरू से ही अन्य बाल पत्रिकाओं से 'बालवाटिका' ने एक अलग रास्ता लिया। इसलिए कि यह शायद अकेली मासिक पत्रिका है, जो एक बाल पत्रिका होने के साथ-साथ बाल साहित्य आलोचना और बच्चों से जुड़ी चिंताओं को रेखांकित करनेवाली पत्रिका भी है। जून 2011 में 'बालवाटिका' का कलेवर बदला और अब यह धीरे-धीरे बाल साहित्य की केंद्रीय पत्रिका बनती जा रही है।

किसी भी अन्य बाल पत्रिका की तरह 'बालवाटिका' में भी बेशक बच्चों के लिए लिखी गई रोचक कहानियाँ और कविताएँ ही अधिक प्रमुखता से छपती हैं, पर साथ ही समय-समय पर बच्चों के लिए विज्ञान आदि विषयों पर लेख, यात्रा-वृत्तांत, रेखाचित्र, बाल साहित्यकारों से जुड़े संस्मरण और आलोचनात्मक लेख, पुस्तक-समीक्षा, बाल साहित्य की समस्याओं पर लेख, परिचर्चाएँ और उपन्यास-अंश आदि भी देखे जा सकते हैं। पिछले दिनों हरिकृष्ण देवसरे, जयप्रकाश भारती, डॉ. श्रीप्रसाद, आनंदप्रकाश जैन, राष्ट्रबंधु और मनोहर वर्मा सरीखे दिग्गज बाल साहित्यकारों पर निकले 'बालवाटिका' के भव्य विशेषांक सचमुच ऐतिहासिक महत्त्व के हैं। बाल साहित्यकारों पर किसी पत्रिका के ऐसे सुंदर विशेषांक पहले कभी नहीं निकले। इसी तरह कुछ अरसा पहले निकला 'बालवाटिका' का भव्य संस्मरण विशेषांक, जिसमें ज्यादातर लेखकों ने अपने बचपन के दिनों को याद किया है, स्मरणीय बन गया है। 'बालवाटिका' में पुस्तक-समीक्षाएँ भी बहुत विस्तार के साथ प्रमुखता से दी जाती हैं। इस दृष्टि से भी इस पत्रिका ने एक नई मिसाल कायम की है। इसी तरह 'बालवाटिका' में लेखकों और पाठकों के आपसी विचार-विमर्श का कॉलम 'चिट्ठी आई है' भी बहुत दिलचस्प है, जिसमें पाठक पत्रिका में छपी रचनाओं पर खुलकर चर्चा करते हैं। इन अनौपचारिक बतकही जैसी चिट्ठियों को पढ़कर लगता है, जैसे बाल पत्रिका 'बालवाटिका' एक पारिवारिक चौपाल हो, जिसमें लेखक न सिर्फ एक-दूसरे को अपनी कहानियाँ, कविताएँ वगैरह सुना रहे हैं, बल्कि साथ ही दूसरों की रचनाओं पर भी खुलकर अपनी राय प्रकट कर रहे हैं। सच पूछिए तो बाल साहित्य में सही आलोचना की राह यहीं कहीं से निकलेगी।

इसी दौर में निकलनेवाली बाल पत्रिकाओं में सन् 1999 में राजस्थान के जयपुर शहर से प्रकाशित 'बच्चों का देश' भी है। कल्पना जैन के संपादन में सामने आई 'बच्चों का देश' पत्रिका अपने सुंदर रूप-रंग और विन्यास से बच्चों को लुभानेवाली थी, पर दुर्भाग्य से पत्रिका में रचनाओं के चयन में संपादकीय सजगता और स्तरीयता नजर नहीं आती। ऐसे ही इस दौर की एक और बाल पत्रिका 'बालवाणी' का भी जिक्र किया जाना चाहिए। नवंबर, 1994 में उत्तर प्रदेश हिंदी संस्थान, लखनऊ से प्रकाशित 'बालवाणी' के प्रधान संपादक थे विनोदचंद्र पांडेय 'विनोद'। इस पत्रिका के परामर्शदाता थे हिंदी के मूर्धन्य कवि लक्ष्मीकांत वर्मा। पत्रिका में कविता और कहानियों के अलावा नाटक भी समय-समय पर छपते थे। इसके अलावा जीवन के विविध क्षेत्रों के नायकों की जीवनियाँ, लेख आदि छपते थे, तो बच्चों के लिए रोचक प्रतियोगिताएँ भी आयोजित की जाती थीं। पत्रिका में 'कवि एक : कविताएँ अनेक' स्तंभ भी था, जिसमें एक कवि की अलग-अलग रंग-अंदाज की कविताएँ एक जगह पढ़ने को मिल जाती थीं। 'बालवाणी' में कई पीढ़ियों के लेखकों की रचनाएँ छपीं।

इनमें रामधारीसिंह दिनकर, रामेश्वरदयाल दुबे, योगेंद्रकुमार लल्ला, विष्णुकांत पांडेय, रमेशचंद्र शाह, श्रीप्रसाद, सीताराम गुप्त आदि के नाम खासकर उल्लेखनीय हैं। बेशक बाल साहित्य के विकास में 'बालवाणी' ने भी उल्लेखनीय भूमिका निभाई। खुशी की बात यह है कि 'बालवाणी' पत्रिका अब भी निरंतर छप रही है और बाल साहित्य के महत्त्वपूर्ण साहित्यकारों के अलावा नए लेखकों की रचनाएँ भी उसमें अकसर दिखाई पड़ जाती हैं। यों पत्रिका को रचनात्मक उत्कर्ष देने की अभी बहुत संभावनाएँ हैं।

लखनऊ से ही सन् 1995 में बच्चों के लिए 'अनुराग' पत्रिका निकली, जिसका व्यक्तित्व दूसरी बाल पत्रिकाओं से कुछ भिन्न था। सादा कलेवर के बावजूद 'अनुराग' की ताजगी और कहानियों की किस्सागोई निश्चित रूप से लुभाती है, पर इस पत्रिका के साथ गड़बड़ यह है कि इसमें ज्यादातर विदेशी रचनाओं का अनुवाद और रूपांतरण ही छपता है। यही कारण है कि पत्रिका लोकप्रियता हासिल नहीं कर पाई। दूसरी ओर, सन् 1996 में प्रारंभ हुई राष्ट्रीय पुस्तक न्यास की द्विभाषी बाल पत्रिका 'पाठक मंच बुलेटिन' ने अच्छी और सुरुचिपूर्ण रचनाओं के कारण बहुत जल्दी अपना एक अलग व्यक्तित्व बना लिया।

इसके अलावा 'कुटकुट' (1981, रतलाम), 'बालनगर' (1982, इलाहाबाद), 'लल्लू जगधर' (1982, लखनऊ), 'किलकारी' (1984, दिल्ली), 'पमपम' (1992, दिल्ली), 'कच्ची धूप' (1997, अलीगढ़), 'तितली' (1998, बरेली), स्नेह (1998, कमलकांत अग्रवाल) सरीखी पत्रिकाएँ भी निकलीं। इनमें से ज्यादातर पत्रिकाएँ बाल साहित्य के विविधता भरे रंगमंच पर अपनी-अपनी भूमिका निभाकर विलीन हो गईं। प्रेमचंद गुप्त 'विशाल' द्वारा संपादित अर्द्ध वार्षिक पत्रिका 'लल्लू जगधर' और कमलकांत अग्रवाल द्वारा संपादित 'स्नेह' अब भी निकल रही है, पर अपनी कोई दमदार उपस्थिति वे दर्ज नहीं कर पाईं। इसके अलावा सन् 1981 में इलाहाबाद से प्रदीप सौरभ और अजामिल के संपादन में 'नन्हे-मुन्नों का अखबार' भी इसी दौर में निकला, जिसमें निरंकारदेव सेवक समेत बहुत से समर्थ रचनाकारों ने बच्चों के लिए रुचिपूर्वक लिखा। इस अखबार ने स्तरीय रचनाओं और सुरुचिपूर्ण संयोजन के कारण बाल पत्र-पत्रिकाओं के इतिहास में अपनी अलग छाप छोड़ी।

पर निस्संदेह बच्चों की एक बिल्कुल अलग-सी पत्रिका, जिसे बच्चों की 'दोस्त पत्रिका' कहलाने का हक है और जिसने बच्चों और बच्चों के लेखकों, दोनों को पहली बार एक साथ मिला-जुला मंच दिया, वह 'चकमक' है, खासकर बच्चे के भीतर छिपी नैसर्गिक कलात्मक प्रतिभा को सामने लाने में 'चकमक' की भूमिका सराहनीय है। 'चकमक' की सबसे बड़ी खूबी या उपलब्धि मेरी नजर में यह है कि उसने साबित किया कि बच्चों की रचनाओं, विचारों और उनकी अपनी 'क्रिएटिविटी' का बाल साहित्य में खास स्थान है और उसकी उपेक्षा करके बाल साहित्य को देखने पर, हमारी दृष्टि हमेशा अधूरी रहेगी। लिहाजा 'चकमक' में बच्चों के लिखे संस्मरणों, विचारों, यात्रा-वृत्तांतों, डायरी आदि को बड़े सम्मान से छापा जाता है। बेशक 'चकमक' को देखते ही यह खयाल आता है कि 'चकमक' एक पत्रिका नहीं, एक आंदोलन है और सच तो यह है कि एक अच्छी पत्रिका का मतलब ही 'एक आंदोलन' होता है, नहीं तो वह पत्रिका भी कहाँ होती है!

बाल पत्रिकाएँ : वर्तमान परिदृश्य

वर्तमान दौर में जब इक्कीसवीं सदी ने पिछले पंद्रह बरसों में हमारी जीवन-शैली के साथ-साथ बच्चों के

दिलों में भी अपना खासा प्रभाव और प्रभामंडल जमा लिया है, उन्हें अपने आसपास की चीजें और परिवेश दोनों ही बदले-बदले लग रहे हैं। आज बच्चों को किसी संवेदनशील व समझदार मित्र की तरह बाल साहित्य और बाल पत्रिकाओं की कहीं अधिक जरूरत है। इस हालत में बाल साहित्य का महत्त्व यकीनन बढ़ा है तथा बाल पत्रिकाओं के सामने अनंत संभावनाओं के द्वार खुले पड़े हैं। कुछ द्वंद्व और विरोधाभास भी हैं। किस ओर जाएँ और आगे किन रास्तों पर चलकर अपनी यात्रा को आगे बढ़ाएँ, यह एक बड़ा सवाल है और उससे भी बढ़कर एक बड़ी चुनौती।

पर एक चीज तय है और वह यह कि बाल साहित्य का महत्त्व दिनोंदिन बढ़ रहा है और वह अभिव्यक्ति के नए-नए रास्ते और माध्यम खोज रहा है। ऐसा लगता है कि बाल साहित्य की हजारों संभावनाएँ एक साथ खुल गई हैं और वे सब मानो बाँहें पसारकर बाल लेखकों और बाल पत्रिकाओं को यह चेता देना चाहती हैं कि हम पर गौर करो, हमें महत्त्व दो और अपनी दुनिया में शामिल करो, हमें भूलना मत! पर उस लिहाज से बाल लेखकों और बाल पत्रिकाओं में इतनी सजगता या चेतना आई है, लग नहीं रहा, बल्कि इस लिहाज से बाल साहित्य की एक-दो नहीं, दर्जनों पत्रिकाएँ अपने-अपने ढंग से बाल साहित्य की इन चुनौतियों को स्वीकार करके आगे बढ़तीं तो बाल साहित्य का नक्शा ही बदल जाता। पर अभी तक तो इस मामले में कोई बहुत अच्छे संकेत मिले नहीं हैं।

दूसरी ओर देखा जाए तो हालत एकदम बुरे और अंधकारमय भी नहीं हैं और कम से कम इन चुनौतियों को स्वीकार करने की ईमानदार और चौकन्नी पहल हो चुकी है। इस लिहाज से कोई पचास बरस पुरानी पत्रिका 'नंदन' का पिछले कुछ बरसों में नया रूप या 'कल्पांतर' हैरान कर देता है। ऐसा महसूस हुआ कि सब तरह के परिर्वतनों से अविचलित और निरपेक्ष रहनेवाला पुराना 'नंदन' गया और उसकी जगह एक नए रूप, नए कलेवरवाले 'नंदन' ने ले ली है। इस बीच 'नंदन' की कहानियों में तो बदलाव आया ही है और वे आज के बच्चे की परेशानियों और मुश्किलों में उसके कहीं अधिक निकट खड़ी जान पड़ती हैं। हालाँकि व्यावसायिकता के दबाव में कुछ भटकाव भी आए हैं, जिन्होंने परिवर्तन की धुन में कुछ अच्छी और शानदार परंपराओं को भी तिरोहित कर दिया।

इक्कीसवीं सदी की बाल पत्रिकाओं में 'अभिनव बालमन', 'अपना बचपन', 'बाल प्रहरी' और 'किल्लोल' की भी चर्चा की जानी चाहिए। सन् 2007 में अलीगढ़ से बच्चों के लिए निकली 'अभिनव बालमन' भी बड़ी सुरुचिपूर्ण बाल पत्रिका है, जिसमें नन्हे लेखकों की रचनाओं के साथ ही बाल साहित्य के सुविख्यात लेखकों की रचनाएँ भी बड़े सम्मान से छपती हैं। शुरू में यह पत्रिका 'बालमन' नाम से निकली, जो वार्षिक थी। बाद में यही 'अभिनव बालमन' के रूप में निकलने लगी और कुछ अंतराल के बाद त्रैमासिक हो गई। पत्रिका के उत्साही संपादक निश्चल हर अंक पर बहुत मेहनत करते हैं और बड़ी तैयारी और सज्जा के साथ पत्रिका का नया अंक सामने आता है, जिसे बाल साहित्य के पाठक और लेखक दोनों ही बड़ी रुचि से पढ़ते और सराहते हैं। पत्रिका में बच्चों द्वारा लिखी गई कविता, कहानियों और अन्य रचनाओं के साथ ही उनके द्वारा बनाए गए चित्रों को छापने से वह और अधिक प्रिय और सहज ही कलात्मक लगने लगती है। पत्रिका के संपादन में भी बच्चों और किशोर पाठकों का सक्रिय योगदान है। खुशी की बात है कि इधर पत्रिका

को द्वैमासिक बनाए जाने की घोषणा की गई है। इसका स्वागत किया जाना चाहिए।

भोपाल से महेश सक्सेना द्वारा सन् 2006 में बच्चों के लिए निकाला गया पत्र 'अपना बचपन' पाठकों को बाल साहित्यकारों के अंत:संसार में झाँकने का दुर्लभ अवसर देता है। पत्र में बालोपयोगी रचनाएँ और अन्य सामग्री भी छपती है, पर लेखकों के बचपन पर लिखे गए आत्मपरक लेख इसकी सर्वाधिक महत्त्वपूर्ण विशेषता हैं। उत्तराखंड से सन् 2004 में बच्चों के लिए निकली पत्रिका 'बाल प्रहरी' में भी बच्चों की रचनाओं के साथ-साथ प्रमुख बाल साहित्यकारों की रचनाएँ समय-समय पर स्थान पाती रहती हैं। भोपाल से निकलनेवाली 'बच्चों की दुनिया', कलकत्ता से प्रकाशित 'दूध बताशा' और भोपाल से कमलकांत अग्रवाल के संपादन में बच्चों के लिए प्रकाशित 'बाल अखबार' इस दौर की कुछ अन्य पत्र-पत्रिकाएँ हैं। इसके अलावा नागेश पांडेय 'संजय' के संपादन में सन् 2012 से शाहजहाँपुर से निरंतर वार्षिक पत्रिका 'बालप्रभा' का प्रकाशन हो रहा है। पत्रिका का अपना अलग व्यक्तित्व है और इसे जाने-माने बाल साहित्यकारों का सहयोग भी मिल रहा है। रावेंद्रकुमार 'रवि' के संपादन में निकली 'बाल साहित्य की धरती' भी बड़ी कल्पनाशीलता के साथ निकाली गई एक उल्लेखनीय पत्रिका है, जिसके कुछ अच्छे अंक आए हैं।

यों इधर के कुछ वर्षों में बच्चों के मन को गहराई से समझकर उसके अनुसार पत्रिका निकालने की कुछ और उत्साही और मौलिक कोशिशें भी नजर आती हैं। इनमें 'नई पौध' (2002, दिल्ली) और 'नन्ही कलम' (2001, दिल्ली) पत्रिकाओं की चर्चा खासकर की जा सकती है। रामकुमार कृषक के संपादन में निकलनेवाली 'नई पौध' ने भी बच्चों से संवाद साधने की एकदम नए ढंग की कोशिशें कीं, जिनमें बच्चों की भागेदारी आश्वस्त करनेवाली थी। बच्चों की लिखी कविताएँ ही नहीं, उनके लेख, विचार, डायरी सभी को 'नई पौध' में सम्मानपूर्ण स्थान मिला और इससे उसकी एक अलग पहचान बनी। 'नई पौध' ने संभवत: पहली बार एक नन्हे बच्चे शिवांक की डायरी को धारावाहिक छापकर साबित किया कि बाल साहित्य में बच्चों की अपनी लिखी रचनाओं और विचारों की अपनी एक खास जगह है और उसकी उपेक्षा नहीं की जा सकती। इसी तरह बच्चों से लिये गए दिलचस्प इंटरव्यूज को छापना एक अनोखी सूझ थी, जिसके लिए 'नई पौध' के संपादक रामकुमार कृषक की जितनी भी तारीफ की जाए, कम है। असल में किसी बच्चे से खुलकर बात करने का मतलब बच्चों की दुनिया को जानना ही नहीं, बल्कि उसके सबसे सच्चे और बेशकीमती अनुभव को बटोरना है। पता नहीं, 'नई पौध' के अलावा दूसरी पत्रिकाओं ने इस बारे में क्यों नहीं सोचा? अफसोस, बच्चों की यह अच्छी पत्रिका साधनों के अभाव के चलते, कोई साल, डेढ़ साल बाद ही लड़खड़ाने लगी और बाल पाठक एक अच्छी पत्रिका से वंचित रह गए।

बच्चों की जिस दूसरी उत्कृष्ट पत्रिका की यहाँ चर्चा की जा रही है, वह है बच्चों की एक नन्ही हस्तलिखित पत्रिका 'नन्ही कलम'। 'नन्ही कलम' को दिल्ली से बच्चों के जाने-माने कवि श्याम सुशील ने निकाला है। इस पत्रिका की खासियत यह है कि इसमें बच्चों का सक्रिय रचनात्मक सहयोग बहुत अधिक है। नन्हे बच्चों शिवांक और शिप्रा के अलावा कुछ दूसरे बच्चे भी मनोयोग से इसके संपादन में सहयोग देते हैं और लिखते भी हैं। 'नन्ही कलम' का कलेवर छोटा-सा ही है। केवल सोलह से बत्तीस पृष्ठों तक में सिमटी पत्रिका है, जिसे हाथ से लिखकर तथा फोटो स्टेट कराके कई प्रतियाँ तैयार की जाती हैं, लेकिन हस्तलिखित होते हुए भी यह

नन्ही पत्रिका अपने ढंग की अच्छी खासी दिलचस्प और महत्त्वपूर्ण पत्रिका है। पत्रिका के हर अंक में बच्चों और बाल साहित्य के लेखकों को पास लाने की कोशिश बहुत साफ दिखाई देती है। कभी बच्चे अपने पसंदीदा लेखकों से बात करते हैं तो कभी किसी बच्चे से बातचीत भी की जाती है। कभी-कभी बाल साहित्यकार खुद ही लिखकर अपने बचपन और अपने शुरुआती लेखन के अनुभव बताते हैं। 'नन्ही कलम' की एक और बढ़िया कोशिश यह होती है कि बाल लेखकों की रचनाएँ उनकी अपनी हस्तलिपि में ही छापें। इससे पत्रिका का आनंद दोगुना हो जाता है और किसी लेखक को पढ़कर उससे मिल लेने जैसा अनुभव होता है।

इससे इतना तो कहा ही जा सकता है कि एक छोटी पत्रिका अगर इतना कुछ कर सकती है, तो यह कहना कि इलेक्ट्रॉनिक माध्यम की प्रमुखता के कारण आजकल बच्चे पढ़ने-लिखने की आदतों या किताबों, पत्रिकाओं से दूर चले गए हैं, ठीक नहीं होगा। हाँ, यह चुनौती तो हमें समझनी ही होगी कि बाल पाठकों तक अपनी पहुँच बनानी है, तो हमें उनके मन को पढ़ना भी आना चाहिए, यानी सही दिशा में, सही काम करके ही आज की पत्रिकाएँ बाल पाठकों के दिलों में अपनी जगह बना सकी हैं। नन्ही-सी पत्रिका 'नन्ही कलम' ने मानो बाल पत्रिकाओं के आगे आनेवाली इस नई चुनौती को पूरे खरेपन के साथ हमारे सामने रखा है। यह मानो एक छोटी गिलहरी द्वारा 'रामजी के पुल' में अपना नन्हा-सा योगदान करना है, पर यह नन्हा-सा योगदान भी नन्हा नहीं है। दूसरी पत्रिकाएँ भी चाहें तो इससे बहुत कुछ सीख सकती हैं। इसी तरह जब ज्यादातर अखबारों में बच्चों का पन्ना विलुप्त होता जा रहा है या फिर उसका रूप ही बिगड़ गया है, तब 'जनसत्ता', 'हरिभूमि' सरीखे कुछ ही अखबार बचे हैं, जो बच्चों के लिए लिखी कविता-कहानियों को पूरे सम्मान के साथ छाप रहे हैं। इसे भी बाल साहित्य की सेवा ही कहा जाएगा।

बेशक, यह तय है कि बाल पत्रिकाओं को अब नए समय की नई चुनौतियों का आगे बढ़कर सामना करते हुए, बड़ी लगन और उत्साह के साथ आगे बढ़ना होगा। समय बदल रहा है। बाल साहित्य अपने बहुमुखी विकास के साथ अभिव्यक्ति के रास्ते और माध्यम भी खोज रहा है। ऐसे में बाल पत्रिकाएँ नई धज और नए नजरिए के साथ आगे आएँ, यह बच्चों और बाल साहित्य की बहुत बड़ी सेवा होगी और बेशक कल के स्वस्थ और सुसंस्कारित समाज को रचे जाने की नींव भी इसी से तैयार होगी। इसी के साथ ही पिछले सौ-सवा सौ वर्षों में निकली दुर्लभ और ऐतिहासिक महत्त्व की बाल पत्रिकाओं को सँजोकर रखने की भी व्यवस्था करनी होगी। इसके लिए बाल साहित्य का कोई केंद्रीय पुस्तकालय हो तो बहुत अच्छा। इसकी पहल अभी करनी होगी, ताकि बाल पत्रकारिता की यह गौरवशाली परंपरा केवल याद बनकर न रह जाए!

□

अनुक्रमणिका

□□□